Stahlbau Atlas

SCHULITZ
SOBEK
HABERMANN

Birkhäuser – Verlag für Architektur
Basel · Boston · Berlin

Autoren:

Helmut C. Schulitz
Prof. Dipl.-Ing., Architekt
Leiter des Instituts für Baukonstruktionen und Industriebau,
Technische Universität Braunschweig

Werner Sobek
Prof. Dr.-Ing.,
Leiter des Instituts für Leichte Flächentragwerke, Universität Stuttgart

Karl J. Habermann
Dr.-Ing.,
Architekt und Fachautor

Mitarbeiter:
Stefan Schäfer, Dipl.-Ing.; Martin Siffling, Dipl.-Ing.;
Thomas Müller, Volker Rohweder, Britta Schmähring, Thies Wachter

Herausgeber:
Institut für internationale Architektur-Dokumentation GmbH, München
und Deutscher Stahlbau-Verband e.V. DSTV, Köln
Redaktion und Lektorat:
Karl J. Habermann, Dr.-Ing.; Christian Schittich, Dipl.-Ing.
Susanne Funk, M.A.; Johanna Reichel-Vossen, Dipl.-Ing.
Zeichnungen:
Marion Griese, Dipl.-Ing.

Die Deutsche Bibliothek – CIP-Einheitsaufnahme

Stahlbau-Atlas / [Hrsg.: Institut für Internationale
Architektur-Dokumentation GmbH, München und Deutscher Stahlbau-Verband
e.V., DSTV, Köln]. Schulitz ; Sobek ; Habermann. - 1., unveränd.
Nachdr. - Basel ; Boston ; Berlin : Birkhäuser; München : Ed. Detail,
2001
ISBN 3-7643-6399-1

Gedruckt auf säurefreiem Papier, hergestellt aus chlorfrei gebleichtem Zellstoff. TCF ∞
Printed in Germany

ISBN 3-7643-6399-1

9 8 7 6 5 4 3 2 1

Inhalt

Vorwort

»Das Eisen ist das beste Werkzeug im Leben und zugleich das schlimmste. Mit ihm durchfuhren wir die Erde, pflanzen Bäume, scheren die Hecken und schneiden die Reben; mit ihm bauen wir Wohnungen und behauen die Steine. Zu vielerlei Nützlichem brauchen wir es. Aber auch zum Krieg, zu Raub und Mord. ... Denn indem wir dem Eisen Schwingen geben, haben wir dem Tode Flügel verliehen.«
Plinius 1. Jh. n. Chr.

Das Material Stahl hat, seit es Anfang des 19. Jahrhunderts in großen Mengen zur Verfügung stand, die gesamte Entwicklung der Architektur grundlegend verändert. Konnte der Baumeister früher außer Holz nur auf Druck beanspruchbare Materialien nutzen, die die Spannweiten drastisch beschränkten, so eröffneten sich plötzlich ungeahnte Möglichkeiten in Bezug auf Spannweiten und Gebäudehöhen.
Die alten Gebäudetypen, die sich aus den engen baukonstruktiven Möglichkeiten über Jahrhunderte entwickelt hatten, verloren plötzlich ihre Gültigkeit. So verdeutlicht die Umsetzung der basilikalen Bauform in Eisen zur Jahrhundertwende die Kluft zwischen den traditionellen Formen und den neuen noch ungenutzten technischen Möglichkeiten. Ein Beispiel hierfür ist die Kirche Notre Dame du Travail in Paris.

Die Bautechnik verführt heute zu immer weiteren Höchstleistungen und zu neuen Gebäudeformen. Als Reaktion beginnt man inzwischen zu bedauern, daß Bindungen, wie sie in der Vergangenheit bestanden, nicht mehr berücksichtigt werden und oft eine gewisse Beliebigkeit die Gebäudeformen und damit das Bild der Städte bestimmt. Technisch gesehen sind im Bausektor durch das Material Stahl fast keine Grenzen mehr gesetzt; alles ist baubar – auch das Unsinnige. Für die architektonische Gestaltung ergibt sich das Problem, daß Architekten im Vertrauen auf die Machbarkeit oft entwerfen, ohne zu konstruieren und es dem Statiker überlassen, den Entwurf baubar zu machen. Der Statiker aber ist kein Tragwerksplaner, und nur ein solcher wird gemeinsam mit dem Architekten von Anfang an eine sinnvolle Lösung erarbeiten.
Die Autoren der vorliegenden Neufassung des Stahlbau Atlas sehen daher ihre Aufgabe darin, die Einheit von Entwurf und Konstruktion zum Thema zu machen und die Bindungen, die sich für das Konstruieren aus dem Material, der Verarbeitung, der Herstellung und der Montage ergeben, klar zu formulieren. Es geht nicht darum, alles was heute im Stahlbau üblich geworden ist, als »Standard« zu dokumentieren, sondern selektiv solche Bauweisen zu beschreiben, die sinnvoll erscheinen, vor allem auch im Hinblick auf ein Material- und Montageaufwand minimierendes Bauen.

Schon im ersten Teil des Buches, der »Geschichte des Stahlbaus«, wird erstmalig die historische Entwicklung nicht, wie bislang üblich, nach Nutzungskategorien aufgezeigt, sondern – parallel zu den folgenden Grundlagenteilen – nach konstruktiven Prinzipien in einzelnen Entwicklungslinien nachgezeichnet. Ein weiterer wesentlicher Aspekt der Darstellung der geschichtlichen Abfolgen besteht im schrittweisen Heranführen an das aktuelle Baugeschehen. Nur so bleibt geschichtliches Wissen lebendig und weiterhin verwertbar. Zahlreiche Originalzitate unterstützen das Bemühen um größtmögliche Authentizität. Sigfried Giedions im Jahre 1928 aufgestellte These aus seinem berühmten Buch »Bauen in Frankreich, Bauen in Eisen, Bauen in Eisenbeton« mag dies hier beispielhaft belegen: »Der Sinn des Eisens ist: Hohe Beanspruchsmöglichkeit auf geringste Dimensionen zu kondensieren. ... Eisen öffnet die Räume. Die Wand kann zur durchsichtigen Glashaut werden. ... Dies führt zu neuen Gesetzen der Gestaltung.« Dergestalt formulierte Aspekte der Ästhetik offener Stahlkonstruktionen sind bis heute Bestandteil der Architekturdiskussion geblieben.
In den folgenden Teilen des Buches werden die Grundlagen des Konstruierens in Stahl mit Vorgriffen aus dem anschließenden Beispielteil verknüpft und so der Anspruch einer integrierten Gesamtschau untermauert. Der Grundlagenteil wurde als völlig neu strukturierte Stahlkonstruktionslehre formuliert. Der Klarheit halber werden Begriffe eingeführt, die schon seit langem in anderen Bereichen der stahlverarbeitenden Industrie üblich sind.
Im Beispielteil werden ausgeführte Projekte dokumentiert, die das gesamte Spektrum der Stahlbauten von einfachen Hallen und Geschoßbauten bis zu komplexen Konstruktionen und Hochhäusern abdeckt.

Das gewählte Vorgehen, einer geschichtlichen Analyse die Grundlagenkapitel mit dem aktuellen Stand der Technik folgen zu lassen, um schließlich die Anwendung der dargelegten technischen Möglichkeiten in einem umfangreichen Beispielteil praktisch zu belegen, ist seit geraumer Zeit Prinzip der Konstruktionsatlanten aus der Reihe der Edition DETAIL.
Das Buch erhebt den Anspruch, ein umfassendes Informations- und Nachschlagewerk für den Stahlhochbau zu sein, das dem praktizierenden Architekten und Ingenieur sowie dem Lehrenden und Studierenden wichtige Informationen für die Arbeit des Konstruierens und Entwerfens bieten will. Es muß aber darauf hingewiesen werden, daß sowohl die Grundlagen wie auch die Beispiele nicht als Rezeptur, sondern als Basis für weiterzuentwickelnde Konstruktionen und Details gedacht sind.

Die hohe Dichte an Informationen war nur durch zahlreiche Kontakte mit Fachkollegen aus dem In- und Ausland erzielbar. Besonderer Dank soll hier den Herren Rainer Graefe, Theodor Hugues, Bertrand Lemoine, Werner Lorenz, Christian Schädlich und Eberhard Schunck für Ihre Hinweise für den historischen Teil ausgesprochen werden.
Ebenso bedanken wir uns für das große Engagement und die umfassende Hilfe bei dieser Veröffentlichung bei unseren Mitarbeitern Stefan Schäfer für den Grundlagenteil sowie Martin Siffling, Thomas Müller, Volker Rohweder, Britta Schmäring und Thies Wachter für den Beispielteil.

Die Autoren

Teil 1 • Geschichte des Stahlbaus

Karl J. Habermann

»La Tour de 300 mètres«,
Paris 1889, Gustave Eiffel

Entwicklungslinien des Bauens mit Eisen und Stahl

1.1 St. Peter in Rom, Eiserne Ringanker in der Kuppel, Michelangelo. Nach Josef Durm, Handbuch der Architektur, 1905
1.2 »Eiserne Häuser«, Allgemeine Bauzeitung, Wien 1845

»Die ersten eisernen Wohngebäude waren für die Kolonien bestimmte bewegliche Häuser, welche in England angefertigt wurden, und die durch die Festigkeit der einzelnen Theile und durch die Einfachheit ihrer Verbindungen von der Beschaffenheit waren, sowohl dem Feuer und den Erdbeben als auch dem in heißen Ländern mit großer Schnelligkeit um sich greifenden Wurmfraße zu widerstehen. Nur trat bei diesen Gebäuden der Übelstand ein, daß sie, da ihre Wände nur aus einfachen Blechtafeln bestanden, bei der brennenden Sonnenhitze zu leicht erwärmt wurden, so daß der Aufenthalt in ihnen unausstehlich sein mußte.«[1]

Dieses Zitat aus einem Artikel in der »Allgemeinen Bauzeitung« aus dem Jahr 1845 – der Autor bleibt anonym – gibt einen interessanten Hinweis auf die Situation im frühen Eisenbau. Fasziniert von den technischen Möglichkeiten des neuen Baustoffes geht man in einer Phase, da das Material offensichtlich bereits in ausreichenden Mengen zur Verfügung steht, übereilt daran, diesen in einer Art industrieller Vorfertigung für den Export zu verarbeiten. Dabei werden weder die klimatischen Voraussetzungen am Einsatzort ausreichend untersucht noch die zu berücksichtigenden bauphysikalischen Bedingungen überprüft. Diese Vorgehensweise ist nicht ungewöhnlich. Bis heute werden bei Baumaßnahmen der Entwicklungshilfe europäische Technologien ohne Rücksicht auf Ressourcen und ortsübliche Methoden eingesetzt, mit schlimmen Folgen für die Betroffenen. Die Wellblechhütte ist das Synonym für verfehlte Entwicklungspolitik geblieben. Erst in jüngster Zeit gibt es positive Ansätze: Glen Murcutt baut für australische Ureinwohner unter Zuhilfenahme von aktuellen Fertigungsmethoden und dem Einsatz sorgfältig geplanter Materialkombinationen, nicht ohne vorab Klima und Lebensverhältnisse seiner Bauherrn ausreichend analysiert zu haben.

Die besonderen Eigenschaften des Eisens machen es wertvoll und heute im Bauwesen längst unverzichtbar. Nur die unsachgemäße Verarbeitung und Anwendung führt zu Problemen. Das Material spielt im Laufe der Geschichte stets eine dominierende Rolle, obgleich eher selten in friedlicher Anwendung als Grundstoff für Schmuck, Werkzeug oder Pflugschar. Seine technischen Entwicklungsmöglichkeiten sind noch lange nicht ausgeschöpft.

In der Baugeschichte findet man zahlreiche Einsatzmöglichkeiten in unterschiedlichsten Epochen. Hier sollen die wichtigsten Stationen nur streiflichtartig erhellt werden.
Im 5. Jahrhundert v. Chr. werden in Griechenland bereits eiserne Klammern zur Verankerung großer Steinquader im Tempelbau verwendet, eine Technik, die die Römer später übernehmen.
Bei der Erbauung der Hagia Sophia in Konstantinopel (532–537) werden im Bereich der mächtigen Gewölbe eiserne Zugstangen eingesetzt.
Kommen die Bauwerke der Romanik nahezu ohne eiserne Bauteile aus, so werden in der Gotik Konstruktionen entwickelt, die ohne diesen Baustoff nicht realisierbar sind.
Fenster und Maßwerk werden geschickt mit Hilfe eiserner Stäbe stabilisiert, die Gewölbe mit schmiedeeisernen Zugstangen gehalten.
Die wichtigsten Kuppelbauten des 16. und 17. Jahrhunderts sind auf eiserne Verankerungen bis hin zum kompletten Ringanker angewiesen (Michelangelo sieht 1546 bei der Kuppel von St. Peter in Rom sechs Ringanker vor, weitere sechs müssen in den Jahren 1743–1748 nachgerüstet werden).
Die Ingenieurarchitekten aus Renaissance und Barock setzen das wertvolle Material vorwiegend unsichtbar zu Armierungszwecken ein. Bei Mischkonstruktionen aus Stein und Eisen oder Holz und Eisen übernimmt das eiserne Bauteil Zug- oder in geringem Umfang auch Scherspannungen, der Stein die Druckkräfte auf. Das Konstruktionsprinzip der späteren Stahlbetonkonstruktion hat somit eine erstaunlich lange Vorgeschichte.

Die Verfügbarkeit von Eisen in größeren Mengen sowie ausreichend guter Qualität ist eine wesentliche Voraussetzung für die Entwicklung einer eigenständigen Bautechnik. Eine vom Material geprägte Architektur des Eisens kann sich erst nach der schrittweisen Entwicklung entsprechend leistungsfähiger Bauelemente (Aufnahme von Druck- und Zugspannungen) und Fügetechniken ausbilden. Die Eisenverhüttung mittels Holzkohle ist lange Zeit verfahrenstechnisch in ihrer Leistungsfähigkeit begrenzt. Erst als es nach langen Versuchen in der Mitte des 18. Jahrhunderts gelingt, Eisenerz mit Steinkohlenkoks zu verhütten, ist die Voraussetzung für den breiten technischen Einsatz des Eisens im Bauwesen gegeben.

1.1

1.2

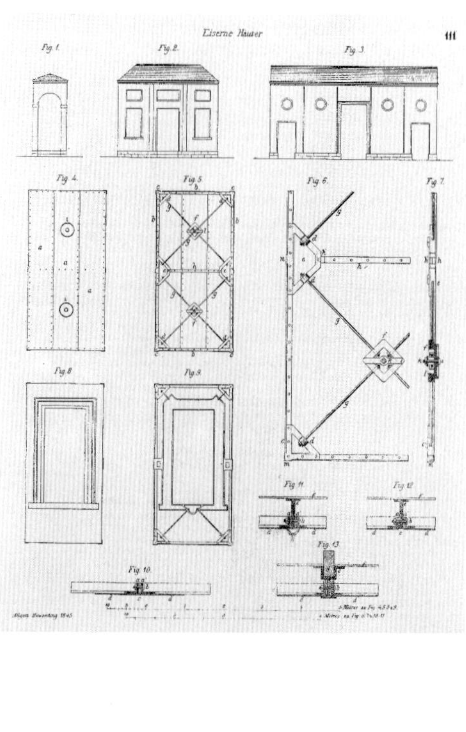

»Man umschlägt Schmiedeeisen mit einem Teige von Asche, Kohlen, Urin, thierischen Knochen, Kalk, Ruß etc, thut es zusammen in eine eiserne Kapsel, und setzt es einem Feuer aus, wodurch es erglühet, ohne zu schmelzen, so wird binnen einigen Stunden alles Eisen einer Linie mit Stahl überzogen seyn. Je länger man es im Feuer läßt, um so stärker ist die Verwandlung wenn es dann den gehörigen Grad nach der Probe erreicht hat, wirft man die Masse in kaltes Wasser.
Dieser Methode bedienen sich die Waffenschmiede, Messerschmiede und Schwerdtfeger, um ihr Eisen in Stahl zu verwandeln.«[3]
Johann Georg Krünitz, 1838

Obgleich die Geschichte der Verwendung von Eisen heute weitgehend geklärt ist, so gilt es bei der Entwicklung der Materialgewinnung noch Wissenslücken zu füllen. Die experimentelle Archäologie ist den frühen Herstellungstechniken von Eisen und Stahl auf der Spur. Mit dem Nachbau sogenannter Rennöfen versucht man, die unterschiedlichsten Bedingungen wie Qualität und Vorbereitung des zu bearbeitenden Erzes, Material und Form der Ofenwandung, Feuerung mit Holzkohle, System der Luftzuführung und vieles mehr in ihren Auswirkungen zu testen und das Ergebnis zu vergleichen. Eine andere Methode besteht darin, gerade noch existierendes Wissen um Herstellungstechniken wie in Schwarzafrika wiederzubeleben. Hier haben sich bis zur Phase der Kolonialisierung Methoden erhalten, wie sie bei uns etwa im Mittelalter gebräuchlich waren. So wagt der Ethnologe Hans Peter Hahn den Versuch, die Einwohner eines Dorfes im Norden Togos einen traditionellen Hochofen aus Lehmfladen errichten zu lassen. Der Aufbau des zweieinhalb Meter hohen Ofens und die ausgeklügelte Luftzuführung sorgen bei dem mit Holzkohle und kleineren Mengen von Eisenerzknollen beschickten Innenraum für ein überraschendes Ergebnis: Werkzeugstahl in besserer Qualität (d. h. mit höherem Sauerstoffanteil) als bei deutschem Stahl aus der Zeit um die Jahrhundertwende.[2]
Unterschiedliche Bezeichnungen des Materials Eisen bzw. Stahl haben ihren Ursprung in der Art und Weise der Herstellung oder der späteren Weiterbearbeitung. Schon in der »Oeconomischen Enzyklopädie« von Johann Georg Krünitz (ab 1785) wird zwischen Eisen und Stahl differenziert. Die eher an alchimistische Methoden erinnernden Verfahren, wie etwa »Waffenschmiede, Messerschmiede und Schwerdtfeger« ihre Klingen härten, werden unter dem Stichwort »Stahl« (Rezept Nr. 5, siehe oben) ausführlich beschrieben.
Das bis heute oft zitierte Standardwerk, »Geschichte des Eisens« von Otto Johannsen, unterscheidet vier große Abschnitte. Nach der Urgeschichte gibt es eine erste wichtige Station am Ende des Mittelalters mit der wirtschaftlichen und technischen Etablierung einer umfassenden Eisentechnik. Neben Angaben über die Art und Weise der Kohlen- und Erzgewinnung, über die Aufbereitung der Erze und die Technik der Öfen erfährt man einiges über die Weiterbearbeitung des Materials in unterschiedlichen Handwerksberufen, belegt durch zahlreiche zeitgenössische Abbildungen.
Die folgenden Abschnitte werden als »Zeitalter des Holzkohlenhochofens« (16. und 17. Jahrhundert) und »Zeitalter der Steinkohletechnik« (18. Jahrhundert bis heute) benannt.
Die Abgrenzung der Hauptbegriffe Eisen und Stahl wird über den Kohlenstoffgehalt definiert. Stahl zeichnet sich durch eine höhere Zugfestigkeit und größere Härte aus. Die Abgrenzung der Begriffe bleibt aber im täglichen Gebrauch bis heute diffus und vielfältig, obgleich es bereits im Jahre 1876 anläßlich der Weltausstellung von Philadelphia ernsthafte Versuche zu einer Festlegung der Materialbezeichnung gab:
»Alle geschmiedeten Eisenverbindungen von gewöhnlicher Zusammensetzung, welche entweder aus teigiger Masse, durch Paketierung oder auf irgend eine andere Art und Weise, Schmelzung ausgenommen, hergestellt sind und welche sich nicht merkbar härten und tempern lassen und welche überhaupt denjenigen Stoffen gleichen, die jetzt als Schmiedeeisen bezeichnet werden, sollen Schweißeisen genannt werden. Wenn so dargestellte Verbindungen sich aus irgend einer Ursache härten und tempern lassen und demselben Stoffe gleichen, welcher jetzt Puddelstahl genannt wird, so sollen dieselben als Schweißstahl bezeichnet werden. Alle schmiedebaren Eisenverbindungen von gewöhnlicher Zusammensetzung, welche durch Gießen aus einem flüssigen Zustand erhalten worden sind und welche dadurch, daß man sie zur Rotglut erhitzt und in Wasser abkühlt, sich nicht merklich härten, sollen Flußeisen genannt werden. Alle solche Eisenverbindungen, welche aber aus irgendeiner Ursache sich auf dem angegebenen Wege härten lassen, sollen Flußstahl heißen«.[4]
Frank Werner und Joachim Seidel belegen die Phase der intensiven Bemühung um eine mathematische Annäherung an das tatsächliche Materialverhalten in einer Dokumentation verschiedener Spannungs-Dehnungs-Diagramme für Eisen und Stahl zwischen 1889 und 1944.[5]

Nationale und internationale Wirtschaftsinteressen sowie die rasante Entwicklung in der Materialtechnologie machen die Bemühungen zur Begriffsfestlegung und Normung besonders schwierig.

1.3 Entwicklung der Spannungs-Dehnungs-Diagramme für Eisen und Stahl: Annäherung an das tatsächliche Materialverhalten

E — Elastizitätsmodul $E = \frac{\delta}{\varepsilon}$

I: σ_P Proportionalitätsgrenze
II: σ_E Elastizitätsgrenze
III: σ_{Fo} obere Fließgrenze
IV: σ_{Fu} untere Fließgrenze
V: Bruch

δ Bruchdehnung
F_o urspr. Stabquerschnitt
l_o urspr. Meßgröße
Δl Verlängerung

1887 Mehrtens, Georg

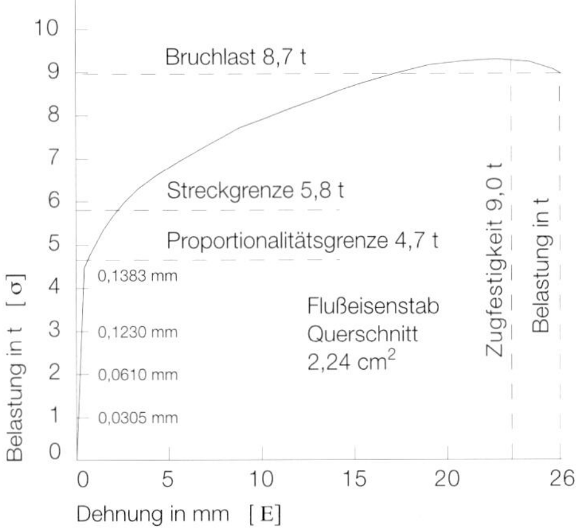

1889 Laissle/Schübler

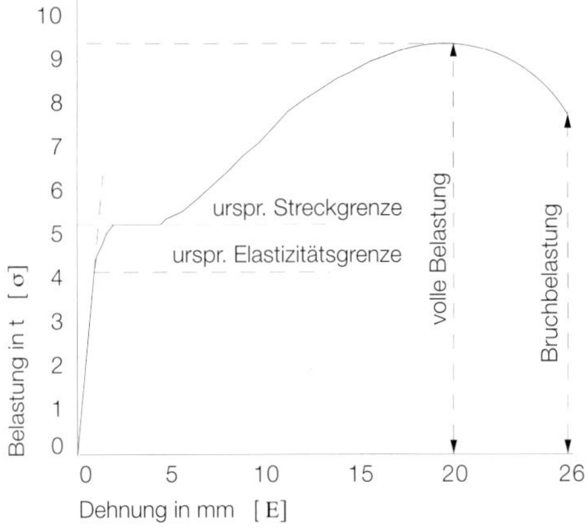

1994 Schaper

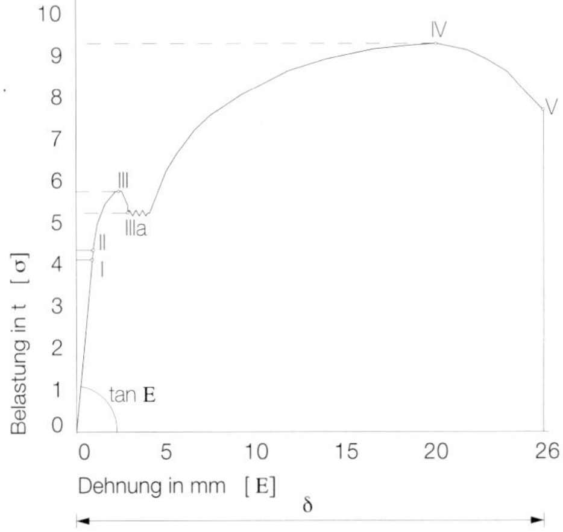

Eisen: das Material der Industriellen Revolution

»Das Eisen und dessen Eigenschaften waren zwar bereits in frühesten Zeiten bekannt. Bis in die neueste Zeit war es aber nicht möglich, das Eisen zu solch geringem Preise und in so großen Mengen und Stücken herzustellen, daß es als ein dem Stein und Holz ebenbürtiges Material in Betracht hätte kommen können«.[6]
Otto Königer, 1902

Das Material Eisen spielt in der Industriellen Revolution eine wesentliche Rolle. Produktionsverfahren werden zum Bildthema in der Kunst erhoben und spiegeln die Verhältnisse eindrucksvoll wider. Der englische Maler Julius Caesar Ibbetson (1759–1817) hat in seinem Bild »Die Eisenwerke von Cyfarthfa« eine Szene aus einem Hammerwerk festgehalten. Glühende Eisenklumpen werden zum Ausschmieden unter den schweren, in der Regel mit Wasserkraft betriebenen Hammer gebracht.
»Nichts ist großartiger, als die Art, wie des Menschen Hand das unbändige Metall bewältigt. Überall, wohin das Auge blickt, sehen wir sorgsame Hände. Dort wälzt der rüstige Handwerker im Puddlingsofen mit gewaltigem Hebel die Eisenluppe umher, die er durch eine Lücke, welche in der Wand des Ofens angebracht ist, betrachtet. Man würde erblinden, wenn man die weißglühende Metallmasse lange und fest anblicken wollte. Weiterhin öffnet ein Arbeiter die Pforten des Frischherdes, ergreift mit der Zange eine ungeheuere Barre und schleppt sie schnell über die Gußeisenplatten des Fußbodens unter den gewichtigen Hammer ... In solchen Werkstätten kann man in der That den Triumph des menschlichen Geistes über die unförmliche Masse erkennen, und hier kann man seiner Entfaltung am besten folgen. Hier finden sich die Urbilder des menschlichen Körpers, indem angestrengte Arbeit die Muskelkraft verdoppelt hat, und treffliche Modelle für den Bildhauer.«[7] Diese Schilderung der Arbeit in den Hammerwerken von Fourchambault, nachzulesen in der »Illustrierten Zeitung« von 1849, idealisiert die harten Arbeitsbedingungen in heroischer Art und Weise.
Der Übergang von Holzkohle zu Steinkohle und Koks bei der Befeuerung der Hochöfen macht neben einer Reihe von zusätzlichen Entwicklungen den Durchbruch zur Massenproduktion von Eisen möglich. Daß dies Folgen für Landschaft, Städtebau und Umwelt haben würde, zeigt die nebenstehende Hochofenanlage der damals fortschrittlichen Laurahüttenwerke.
Anhand eines Vertikalschnittes durch einen Hochofen sollen die wesentlichen Arbeitsschritte beschrieben werden. Durch die Hanglage erübrigt sich bei der Beschickung die Vorhaltung eines Materialaufzuges. Kohle, Erz und Zuschläge werden kontinuierlich von oben nachgefüllt. Die entstehenden Gase kön-

1.4

1.5

1.4 »Die Eisenwerke von Cyfarthfa«, Julius Caesar Ibbetson (1759–1817)
1.5 Hochofenanlage der Laurahüttenwerke
1.6 Schnitt Hochofen
1.7 Schnitt Puddelofen
1.8 Bessemer-Konverter
1.9 Ausschnitt aus Bessemerstahlwerk

1.6

1.7

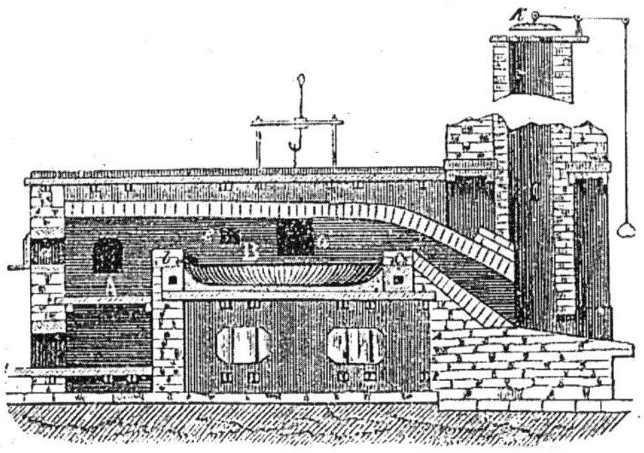

1.8

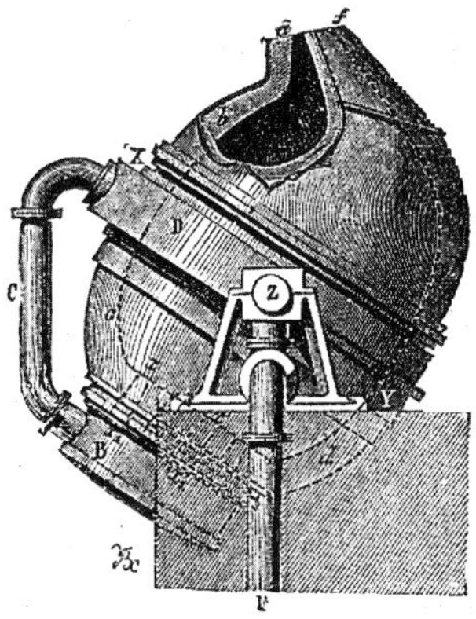

1.9

nen nach oben frei entweichen. Die Füllung setzt sich gemäß dem Schmelzvorgang ab. Von unten wird vorerwärmte Luft eingeblasen. Das Schmelzgut wird in regelmäßigen Abständen abgestochen.
Das nun in großen Mengen erzeugte Gußeisen ist noch durch Sprödigkeit und geringe Zugfestigkeit gekennzeichnet. Unterschiedliche Qualitäten des Ausgangsmaterials führen zu differierenden Ergebnissen. Dennoch lassen auf Grund der 100 mal höheren Druckfestigkeit als beim Stein erste Anwendungen im Bauwesen nicht lange auf sich warten. Die Möglichkeit an Material und Gewicht zu sparen, ist dabei der primäre Aspekt. Da geeignete Berechnungsverfahren fehlen und die metallischen Eigenschaften des Gußeisens längst nicht vollständig bekannt sind, ist man auf Experimente im Maßstab 1:1 angewiesen. Im Brückenbau wie im Industriebau finden die ersten Gehversuche statt.
Durch die Weiterbearbeitung des Roheisens im sogenannten Puddelofen, 1784 von Henry Cort erfunden, wird der Kohlenstoffgehalt des Eisens reduziert. Das Eisen wird darin zum Schmelzen gebracht, gerührt und zu Luppen geformt. Diese Luppen werden anschließend mit dem Luppenhammer zu Kolben von etwa 50 cm Länge und 7 bis 10 cm Durchmesser ausgeschmiedet. Ausgewalzt zu Luppenschienen erfolgt über die weiteren Arbeitsstufen des Paketierens und Schweißens (Luppenschienen, abgelängt auf 50 cm werden zu vieren aufeinandergelegt, schweißwarm gemacht und fertig gewalzt) die endgültige Konfektionierung des Puddeleisens.
Parallel zur ständigen Verfeinerung von Ofentechnik und Metallurgie entwickeln sich mit Dampfmaschine und Eisenbahn wichtige Bausteine der Industrialisierung, die einerseits von der Entwicklung der Eisentechnik profitieren und andererseits bei deren Weiterentwicklung direkt zum Einsatz kommen. Während die Dampfmaschine wichtige Aufgaben bei dem Betrieb von Hochofen, Hammer- und Walzwerk übernimmt, wird die Eisenbahn für den Transport der Rohstoffe wie der Halbzeuge unentbehrlich. Auch die Entwicklung der Werkzeugmaschinen (Erfindung der Drehbank durch Maudslay 1810) ist für die Weiterverarbeitung des neuen Materials maßgebend.
Für die nächste Station in der Geschichte der Eisenproduktion sind Kelly in den USA und Henry Bessemer in Europa verantwortlich.

1.10

Durch die Erfindung des »Bessemerkonverters« (die erste Idee geht zurück bis 1855) wird die direkte Herstellung von Stahl aus Roheisen möglich. Durch Einblasen von Sauerstoff wird dem Eisen Kohlenstoff entzogen. Die Qualität ist noch nicht ausreichend gesichert. Verarbeitbar sind nur phosphorfreie Erze. Das von Sidney Gilchrist Thomas entwickelte Verfahren sorgte hier ab 1879 für Abhilfe.
Das Siemens-Martin-Herdfrischverfahren (Prinzip der Regenerativheizung) wurde anfänglich für das Einschmelzen von Schrott und Abfall aus Walzwerken eingesetzt. Nach der Überwindung vielfältiger technischer Hürden war dieser neue »Herdofen« auch zur Massenerzeugung von Stahl aus Erz geeignet.
Die elektrische Stahlerzeugung ist eine weitere Stufe im hier skizzierten Ablauf. Ihre Wurzeln reichen weit ins 19. Jahrhundert zurück. Erst in jüngerer Zeit, da elektrische Energie in ausreichender Menge zur Verfügung steht, ist auch dieses Verfahren wirtschaftlich.
Ein gern eingesetzter Vergleich am Beispiel Eiffelturm soll die Qualitätssteigerung in der Materialtechnologie während der letzten hundert Jahre illustrieren. Bestand das zu seiner Zeit in Aufbau und Materialeinsatz optimierte Bauwerk aus circa 7000 Tonnen Stahl, so würde man heute mit 2000 Tonnen auskommen. Das optische Ergebnis wäre dabei sicher ein wesentlich anderes ...
Bezogen auf den Zeitraum, da Eisen bekannt ist (3000 Jahre), ist die Zeit der konstruktiven Nutzung von Eisen und Stahl (250 Jahre) relativ kurz. Der Einsatz von Eisen und Stahl in Tragwerken kann in drei Abschnitten erfolgen: die sogenannte Gußeisenperiode (1780–1850), die Schmiedeeisenphase (1850–1900) und die anschließende Stahlperiode von 1880 bis heute. Die Übergänge sind fließend. Guß- und Schmiedeeisen werden geraume Zeit, je nach Erfordernis, auch im Verbund eingesetzt. Sind zu Beginn der Verwendung eiserner Tragwerke im Bauwesen noch umfangreiche Versuche erforderlich, so zeichnet sich zwischen 1850–1870 eine Änderung in der Methode der Dimensionierung ab. Einfache Tragwerke können in der Regel rechnerisch nachgewiesen werden. Dank der von William Rankine 1859 praxisgerecht ausgebauten Elastizitätstheorie (»Manual of Civil Engineering«), einem ausgereiften graphischen Verfahren zur Kräfteermittlung (basierend auf den vorangegangenen Erfahrungen im Holzbau),

1.11

1.10 Entwicklungslinien der Herstellung von Eisen und Stahl nach Werner und Seidel.[8] Hier werden auch die Zusammenhänge einiger der in der Literatur immer wieder verwendeten Begriffe nachgewiesen.
1.11 Ausschnitt aus einem Stahlwerk
1.12 Erzeugung von gelochten Trägern mit CNC-gesteuerter Schneidemaschine

und bestimmten Nietfestigkeiten ist der bemessende Ingenieur in der Lage, seine Tragwerke am Reißbrett festzulegen. Erlaubt der Wechsel vom Schmiedeeisen zum Stahl (ca. 1880–1900) den Ansatz höherer zulässiger Spannungen und die Verwendung größerer gewalzter Querschnitte, so erfolgt erst in den dreißiger Jahren unseres Jahrhunderts eine weitere wesentliche Entwicklung. Die Einführung des Schweißens ändert die Herstellungstechniken grundlegend. Entwurf und Bemessung hatten sich anzupassen. Die Stabilität eher durch biegesteife Ecken als durch diagonale Verstrebungen zu erreichen, führt zum Konstruktionsprinzip des Portalrahmens. Ein Tragwerk, das vor allem auch die Architektur in der Folgezeit nicht unwesentlich mitprägte. Beim Bemessungsverfahren trat neben die Elastizitätstheorie die Plastizitätstheorie. Heute erlaubt die Computertechnik eine wesentlich verfeinertere rechnerische Optimierung der Tragwerke durch die Beurteilung der Gesamtkonstruktion, zum Beispiel durch Einbeziehung der Einflüsse aller Sekundärbauteile wie Fassaden, Verkleidungen und Trennwände.
Die Entwicklung immer maßgenauerer Halbzeuge (Schlagwort: endabmessungsnahes Gießen) mit exakt definierten Materialeigenschaften und deren Bearbeitung mittels CNC-gesteuertem Trenn-, Schneide- und Schweißverfahren macht das Bauen mit Stahl auch in Zukunft zu einer höchst beachtenswerten Angelegenheit. Auch der Aspekt der Wiederverwertbarkeit, der Rezyklierbarkeit des Materials spielt in einer Zeit verstärkter ökologischer Ausrichtung auch im Bauwesen eine nicht unerhebliche Rolle. Dabei ist nicht immer von der Rückführung in das Rohmaterial auszugehen. Die Anpassungsfähigkeit an unterschiedlichste Situationen wie der Forderung nach Veränderung, Abbau und Wiedererrichtung ist mit kaum einem anderen Material in gleicher Art und Weise demonstrierbar.

1.12

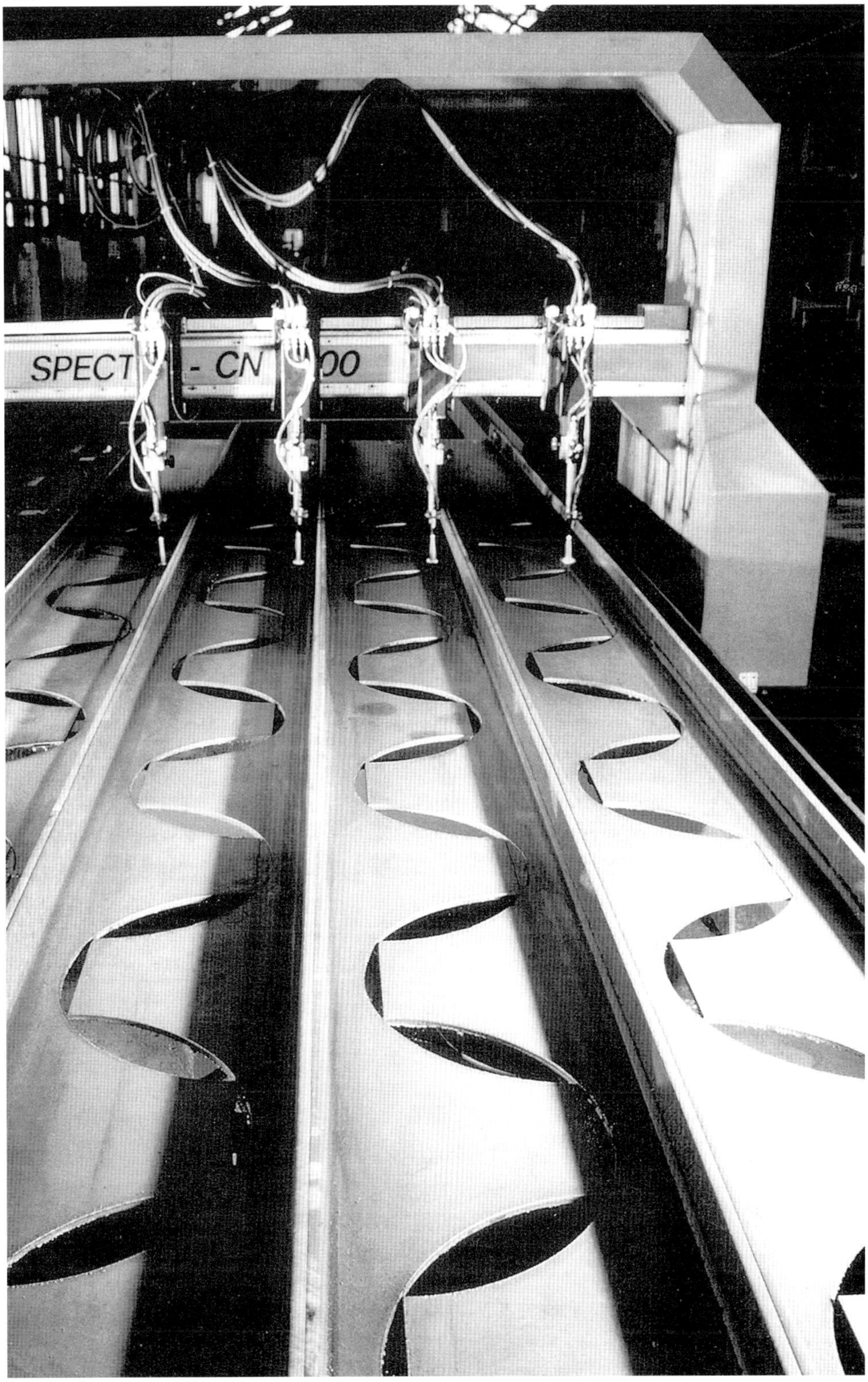

Erziehung zum Eisen

»Dennoch glaube ich, dass die heutige Auffassung (d.h. an dem Tage, da ich dieses niederschrieb. Heute hat sich bereits der eiserne Sinn so entwickelt, dass er unser altes fröhliches England in den Mann mit der Eisernen Maske verwandelt hat.) und Gedankenassociation den Begriff der Baukunst auf nichtmetallische Konstruktionen beschränkt, und das mit einigem Recht.«[10]
John Ruskin, 1880

Eine der wichtigen Quellen bei der Betrachtung der technischen Entwicklung der Eisenkonstruktionen zum selbstverständlich verwendeten Bestandteil im Bauwesen ist Jean-Baptiste Rondelets fünfbändiges Werk »Traité théorique et pratique de l'art de batir«, von 1802 bis 1817 in Paris erschienen. Es erfuhr 16 weitere Ausgaben von 1810 bis 1881 und trug so über nahezu ein ganzes Jahrhundert wesentlich zum Technologietransfer in allen bautechnischen Belangen bei. Damit nimmt das Werk Rondelets eine wichtige Schlüsselfunktion zwischen der Abfolge der klassischen Architekturtraktate von Vitruv über Alberti und Palladio bis hin zu Blondel, dem 18. Jahrhundert als dem Zeitalter der Aufklärung und der ersten Enzyklopädien (Diderot + d'Alembert: Encyclopedie ou dictionaire raisonné des Sciences, Paris 1750–1780) und den Baukonstruktionslehrbüchern des 19. und 20. Jahrhunderts ein. Eine deutsche Übersetzung besorgte Distelbarth ab 1833. Im Kapitel »Schlosserarbeiten« werden Anker, Verbindungsmittel und Dachstuhlkonstruktionen behandelt. Die Technik gußeiserner Bauteile wird ebenso aufgezeigt wie der spektakuläre Einsatz des Eisens im Brückenbau. Auf prächtigen Tafeln erscheinen die Brücke von Coalbrookdale wie auch die Pont des Arts in Paris oder eine typisierte Kettenbrücke. Präzise Ansichtszeichnungen werden mit Details von Auflager und Fügung ergänzt.
Die rasante Entwicklung der Technik führt folgerichtig zu einer stetigen Differenzierung und Spezialisierung der Fachliteratur. Die »Erziehung zur Eisen-Architektur«[9] an Hand einzelner Publikationen unterschiedlichster Art nachzuvollziehen hilft nicht nur dabei, wichtige Zusammenhänge herzustellen, sondern auch wesentliche, bislang zu wenig beachtete Quellen offenzulegen und neu zu bewerten.

Fachzeitschriften für das Bauwesen

Eine wichtige Rolle spielen die ab 1830 in Frankreich, England, Österreich und Deutschland gegründeten Fachzeitschriften, ausgerichtet auf die Berichterstattung über Neuentwicklungen in allen Sparten des Bauwesens. Die »Annales des Ponts et Chaussées« (Paris, 1831–1934) setzen einen ersten Schwerpunkt im Ingenieurbau. Die »Allgemeine Bauzeitung« von Christian Friedrich Ludwig Förster (Wien, 1836–1916) ist von Anbeginn breiter angelegt und will »Architekten, Ingenieure, Dekorateure, Bauprofessionisten, Oekonomen; Bauunternehmer und Alle, die an den Fortschritten und Leistungen der neuesten Zeit in der Baukunst und dahin einschlagenden Fächern Antheil nehmen« (so im Titel) gleichermaßen ansprechen. Auch die englische Zeitschrift »The Builder« (1842–1966) signalisiert Universalität mit ihrem Untertitel: »An illustrated weekly magazine for the Architect, engineer, archaeologist, constructor, sanitary-reformer and art-lover«.
Ein wichtiger Aspekt bei der Weitergabe technischer Neuentwicklungen ist die Tatsache, daß bei der Dokumentation herausragender Bauten nicht nur maßstabsgerechte Zeichnungen auf gesonderten Tafeln über Funktion und Ästhetik informieren, sondern, daß auch durch ergänzende Detailzeichnungen – offensichtlich für die Publikation eigens angefertigt – Einblicke in Konstruktions- und Fügesysteme gewährt werden. Knappe Beschreibungen ergänzen die Darstellungen. Auch statische Berechnungen fehlen nicht. Der interessierte Architekt kann sich über ingenieurstechnische Aspekte ebenso ein Bild machen, wie der Ingenieur über aktuelle ästhetische Diskussionen in der Architektur. Ein umfangreiches Thema über Jahrzehnte hin ist der rasante Ausbau der Eisenbahn mit all seinen Komponenten wie der Trassierung von Bahnlinien, der Optimierung des Schienenunterbaus, der Projektierung von Bahnhofsbauten unterschiedlicher Größe bis zur Konstruktion und Gestaltung der dazugehörigen Lokomotiven und Waggons. Die Ergebnisse aus den Artikeln der Fachzeitschriften fließen nach kurzer Zeit in Konstruktionslehrbücher ein oder erfahren eine direkte Weiterverarbeitung in Fachkompendien desselben Verlages. Ein gutes Beispiel dafür ist die zweibändige »Baukunde des Architekten«, bearbeitet von den »Herausgebern der Deutschen Bauzeitung« (3. Aufl., Berlin 1893).
Erst um die Jahrhundertwende zeichnen sich verstärkt Auflösungserscheinungen am bis dahin gemeinsamen Informationsmedium ab. Die einzelnen Disziplinen beginnen ihr Wissen immer mehr in eigenen Fachpublikationen zu verbreiten. Nach und nach entsteht sogar eine Art Sprachbarriere. Diese verfestigt sich. An ihre Überwindung wagen sich erst in unseren Tagen Ausbildungsstätten für Architekten und Ingenieure – mit unterschiedlichem Erfolg – wieder mühsam heran (»Dortmunder Modell Bauwesen« mit gemeinsamen Vorlesungen und Projektübungen für beide Fachgebiete).

Konstruktionslehrbücher für das Material Eisen

»Dem Prinzipe nach ist kein Unterschied zwischen der Konstruktion aus vollen Stäben in Holz und derjenigen in Eisen oder sonstigem Metall. Nur in den Proportionen und Dimensionen der Konstruktionstheile liegt ein Unterschied, der den hier als bekannt vorausgesetzten physikalischen Unterschieden zwischen beiden Stoffen entspricht. Ferner ist zu berücksichtigen, dass dem Metall einige der Mängel des Holzes als tektonischer Stoff nicht oder doch in geringem Grade eigen sind; nämlich hygrometrisch zu sein, sich zu werfen, sich ungleich zusammenzuziehen oder auszudehnen. Dafür hat das Stabmetall gegen das Holz die Nachtheile zu grosser Biegsamkeit und Elasticität, das Gussmetall den zu grosser Sprödigkeit. Aus dieser Parallele geht hervor, dass die Stabmetallkonstruktion noch unendlich mehr von der monumentalen Kunst entfernt liegt als die Holzkonstruktion, dass die absoluten Stabilitätsverhältnisse hier in noch stärkerem Widerspruche mit denjenigen Verhältnissen stehen, die der mechanischen Thätigkeit der Theile entsprechen, als dies beim Holz der Fall ist«.[11]
Diese von Gottfried Semper 1863 in seinem Buch »Der Stil«, Band II niedergelegte Auffassung steht nicht isoliert, sondern gibt die Grundstimmung auf Seiten der Architekten seiner Zeit wieder. Der Ruf mangelnder Eignung für repräsentative Architekturaufgaben wird dem Material Eisen noch lange anhaften. Es ist verständlich, wenn frühe Konstruktionslehrbücher ihren Anspruch schon im Titel zurücknehmen. »Die Eisenkonstruktionen für Brücken und Dachstühle« von J. Langer übernehmen das von Rondelet bereits vorgegebene Einsatzspektrum und signalisieren den Schwerpunkt der zukünftigen Aufgaben für das neue Material.
E. Brandt merkt 1876 im Vorwort zu seinem »Lehrbuch der Eisenkonstruktionen« an: »Es machte sich zunächst die Nothwendigkeit geltend, das überreiche und stetig noch weiter anwachsende Material einer Sichtung zu unterziehen, ältere Constructionsformen auszuscheiden und solche durch neuere und elegantere Verbindungen zu ersetzen«.[12] Die Gliederung des Buches nach Materialkunde, dem Fügen von Primärelementen (Träger aus Guß- und Schmiedeeisen) und dem Konstruieren von Bauteilen wie Decken, Dächern, Treppen, Erkern und Balkonen ist folgerichtig

1.13 Lehrbuch der Hochbaukonstruktionen, 3. Teil Eisenkonstruktionen, Tafel I

und pragmatisch. Der Ingenieur findet ein Kapitel zur Berechnung der Konstruktion eiserner Dächer. Zahlreiche Detailzeichnungen durchziehen das Buch. Der Versuch, dabei prominente Bauwerke wie die Markthallen Baltards, die Bahnhofshalle des Gare du Nord von Hittorff oder die gußeiserne Treppe im Palais des Prinzen Carl in Berlin von Schinkel einfließen zu lassen, ist ein Beleg für die Bemühungen, das Material auch und vor allem gestalterisch hoffähig zu machen.
In ähnlicher Weise geht Rudolph Gottgetreu 1885 in seinem »Lehrbuch der Hochbaukonstruktionen, 3. Teil Eisenkonstruktionen« vor. Als Architekt und Professor an der Technischen Hochschule München nimmt er die Gelegenheit wahr, auch Beispiele vor Ort zu dokumentieren. Besonders eindrucksvoll ist sein Kapitel zum Thema des Fügens geraten. Auf den ersten zwei Tafeln des Atlasbandes wird ein übersichtlicher Katalog von Verbindungen aus Guß- und Schmiedeeisen sowie Nietverbindungen von Walzprofilen angeboten. Das Konstruieren weitgespannter Dächer steht im Mittelpunkt. Hinweise auf den erfolgreichen Einsatz gußeiserner Bauelemente durch namhafte Kollegen wie Schinkel, Hesse, Knoblauch, Stüler, Hitzig, Neureuther und Adler findet man in einem engagierten »Schlußsatz über die Formgebung des Eisens«. Auch für die Bewertung unserer heutigen Planungs- und Bausituation nicht uninteressant ist wohl die Passage: »Die architektonische, stilgerechte Formenausbildung unserer immer mehr sich geltend machenden Eisenkonstruktionen ist eine bisher noch vollständig unerledigte Aufgabe unserer Zeit, deren Lösung sich nur durch gemeinsames Zusammenwirken aller dazu Berufenen erwarten läßt; in dieser Beziehung möchte das Verlangen nach strenger Trennung der Fächer – Hochbau- und Ingenieur-Wissenschaften – im Interesse der Kunst nicht gerechtfertigt erscheinen.«[13]

Ein bedeutendes Standardwerk der Baukonstruktion ist die vierbändig angelegte »Allgemeine Baukonstruktionslehre« von G.A. Breymann (1853ff.). Ein ganzer Band »Die Konstruktionen in Eisen« (erste Ausgabe 1853, noch unter dem Titel: »Die Konstruktionen in Metall«) widmet sich dem Material, das nun in seiner Bedeutung für das Bauen mit dem Stein (Mauerwerk) und dem Holz Schritt für Schritt gleichzuziehen scheint. Im Vorwort zur ersten

1.13

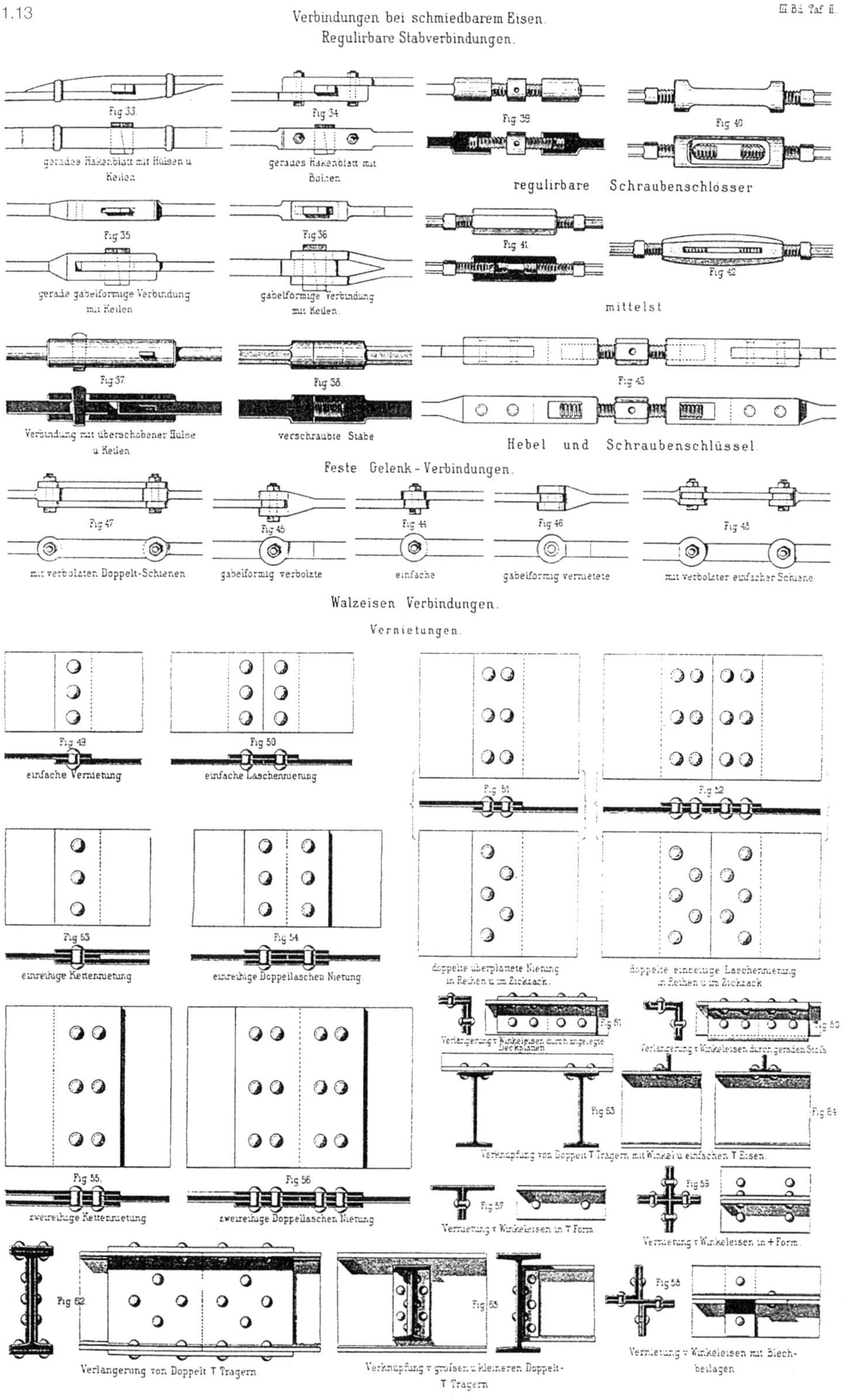

»Die meisten der im Ingenieur-Hochbau zur Ausführung gelangenden eisernen Dachkonstruktionen sind reine Nützlichkeitsbauten, bei denen eine besondere architektonische Ausgestaltung nicht in Frage kommt. ... In jedem Falle ist die architektonische Erscheinung streng aus ihrem Zwecke, der Konstruktion und dem Material herzuleiten, keinesfalls die charakteristische Form durch Verkleidungen zu beseitigen oder eine Schmuckform zu verwenden, die dem Eisen als Baustoff fremd ist und Ausbildungen in Stein und Holz entlehnt wurde ...«[14]
Max Foerster, 1909

Auflage merkt Breymann an: »Ganze Bauwerke aus Eisen, wie z.B. die in Belgien und England schon angefertigten eisernen Häuser für die überseeischen Colonien, und das neueste Wunder der Zeit der ›Krystallpalast‹ der Londoner Weltindustrie-Ausstellung, konnten – nach dem Plane meines Werkes, nur die einzelnen Constructionen, unabhängig von ihrer Verbindung zu ganzen Gebäuden zu lehren – nicht aufgenommen werden«.[15] Sicherlich sind es aber doch ästhetische Vorbehalte, die eine Aufnahme dieser Beispiele in ein Lehrbuch der Baukunst noch nicht angemessen erscheinen ließen. Das Werk wurde in der Folgezeit mehrfach überarbeitet oder wie 1877 durch H. Lang wesentlich revidiert. Der Ingenieur Kutruff übernahm dabei den mathematischen Teil. Der Beispielteil wurde um 57 neue Tafeln erweitert, ein wichtiges Anzeichen für die rasante Entwicklung des Bauens mit Eisen in der zweiten Hälfte des 19. Jahrhunderts.
Otto Königer überarbeitete die fünfte (1890) wie die sechste Auflage (1910). In der Einleitung zu letzterer bemerkt der Autor fast resignierend: »Das Eisen wird demnach bei allen Monumentalbauten äußerlich ebensowenig sichtbar werden, wie früher das Holz. Eine künstlerische Ausbildung der Eisenkonstruktionen kann daher bei derartigen Bauwerken nur in beschränktem Maße bei der Ausstattung der inneren Räume in Frage kommen. ... Ohne hier auf die schwierige Frage der architektonischen Gestaltung der Eisenkonstruktionen näher einzugehen, wollen wir nur bemerken, daß ein dahin gerichtetes Streben nur dann von Erfolg gekrönt sein wird, wenn der Architekt mehr als bisher derartige Ausführungen selbst zu entwerfen lernt und dadurch ein Urteil über das Wesen eines jeden Baugliedes gewinnt, ohne welches ein künstlerischer Erfolg nicht zu erzielen ist. Allerdings ist der Erwerb der hierzu erforderlichen Kenntnisse mit mehr Mühe verbunden, als bei den Stein- und Holzkonstruktionen«.[16]
In der Folgezeit gelingt es nicht mehr, Architekten- und Ingenieurwissen in einem Werk zu vereinigen. Das Feld der Konstruktionen, die durch einen bestimmten Baustoff geprägt sind, entzieht sich zunehmend einer Gesamtschau in einem Buch oder einer Buchreihe. Bald steht dem vielbändigen Handbuch der Architektur das ähnlich breit angelegte Handbuch der Ingenieurwissenschaften gegenüber. Aspekte des Bauens mit Eisen werden unter vielen Teilkapiteln abgehandelt, sei es bauteilbezogen oder nutzungsbedingt (Bahnhofsbauten, Markthallen oder ähnliches) wie im Handbuch der Architektur oder geteilt in Hallenbau, Skelettbau und Brückenbau in der Ingenieurliteratur. Es wird für den am Stahlbau interessierten Ingenieur wie Architekten immer schwieriger, das jeweilige Spezialwissen im Blick zu behalten. Trotz zahlreicher neuer Erkenntnisse bei neuen Berechnungsverfahren, in Metallurgie und Fertigungstechnik stagniert das ästhetische Niveau. Es geht sogar stetig zurück. Der Stellenwert der Gestaltung wird im oben eingefügten Zitat von Foerster deutlich. Der äußerst gehaltvolle und detailreiche Ergänzungsband zum mehrbändigen Handbuch der Ingenieurwissenschaften dokumentiert die wichtigsten Baubeispiele der Zeit. Im Tafelband sind u.a. zeichnerisch aufbereitet: der Bahnhof Alexanderplatz in Berlin, der Bahnhof in Frankfurt a.M., die Hauptbahnhöfe in Köln und Hamburg, die Kuppel des Reichstags in Berlin, die spektakuläre Kuppel der Zigarettenfabrik Dresden, der Hauptbahnhof von Dresden. Eisenkonstruktionen spielen eine dominierende Rolle bei weit gespannten Tragwerken, im Geschoßbau führt der aufkeimende Hochhausbau im folgenden Jahrzehnt zu weiteren konstruktiven Möglichkeiten.

Der Einbruch in der Entwicklung der Architektur wie der Bautechnik Zentraleuropas während zweier Weltkriege ist unübersehbar. Für das Material Eisen stehen andere Einsatzgebiete im Vordergrund ...
Im amerikanischen Hochhausbau erfüllt das Stahlskelett, wohl geschützt und eingepackt in Brandschutzhüllen aus unterschiedlichen Materialien, die hier gestellten hohen Anforderungen an flexible Montage auf engstem Raum wie an schier unbegrenzte Stabilität. Edmund Schüler ist der Organisator einer Ausstellung (1926 in München) mit dem Titel »Neue Amerikanische Architektur«. Die Beurteilung der amerikanischen Szene aus europäischer Sicht durch Thomas E. Tallmadye im Katalog ist geprägt von einer gewissen Überheblichkeit einerseits, aber auch von Bewunderung, wenn er in seinem Essay »Vorwärts in der Architektur« schreibt: »In den achtziger Jahren gab es in den Vereinigten Staaten wenig gelernte Architekten. ... Wir erlebten stilistisch eine Periode des reinsten Eklektizismus. ... Amerikas eigenste Beiträge sind hierbei eben das innere – das Stahlgerüst –, die Konstruktion, an der die Wände aufgehängt, nicht mehr aufgemauert sind –, der Eisenbeton, ein neues Element in der Architektur –, dazu der schnellfahrende Aufzug und andere mehr funktionelle Dinge.«[17]

In einer Phase, da sich der Stahlbau allmählich als technisch ausgereifte Baukomponente präsentiert, erhält er zunehmend Konkurrenz durch den Stahlbeton. Beachtenswert ist in diesem Zusammenhang die ebenfalls bereits 1926 erhobene Forderung Fritz Schumachers nach »Materialwahrheit«: »Ein Baustoff kann konstruktiv zu den verschiedensten Funktionen verwandt werden und muß in der Art, wie er ihnen gerecht wird, wahr bleiben. Das Schichten und Verspannen muß beim Stein, das Verzapfen und Überblatten beim Holz, das elastische kubische Wachsen muß beim Eisenbeton, das Vernieten und Verstreben muß beim Eisen da, wo es zum Vorschein kommt wirklich der Funktion entsprechen, der es konstruktiv dient. ... Insbesondere bei den statischen Zweckmäßigkeitsgebilden des Eisens hat man die eifrigsten Versuche gemacht, das Eisen mit künstlerischen Zierformen zu verbinden. Die beiden Pariser Weltausstellungen und zahlreiche wertvolle technische Bauten der Jahrhundertwende geben Kunde davon. Der Versuch erwies sich als hoffnungslos«.[18]

Diese Aussage ist aus heutiger Sicht in vielfacher Hinsicht kritisch zu hinterfragen. Der Traum von der so beschriebenen, materialgerechten Konstruktion, die dem oberflächlichen Betrachter keinerlei Rätsel aufgibt, läßt sich heute im Zusammenhang komplexer Ansprüche bezüglich Wärmeschutz, Akustik, Korrosionsschutz, Rezyklierfähigkeit etc. als Maxime im Entwerfen und Konstruieren nicht mehr in gleicher Weise aufrecht erhalten. Die gegen das Ornament in der Architektur des Historismus vorgetragene ästhetische Wertung ist aus baugeschichtlicher Sicht heute gut zu verstehen. Die Maßstäbe haben sich längst wieder gewandelt, insbesondere bei der Wertung der Leistungen in der frühen Eisenarchitektur.

1931 legt Alfred Hawranek ein erstes Konstruktionsbuch zum Stahlskelettbau vor. Es ist ein erster Versuch, gegenüber dem ebenso jungen, aber in Europa äußerst erfolgreichen Stahlbetonbau Terrain gut zu machen.

1.14 Schweizerische Landesausstellung in Lausanne: Provisorischer Bahnhof von Pierre Zoelly. Ausschnitt aus der Projektdokumentation von Konrad Gatz, Franz Hart, in: Stahlkonstruktionen im Hochbau 1966

Angesprochen werden Architekten gleichermaßen wie Ingenieure. Systematisch bereitet der Autor die bislang bekannten Grundlagen auf und belegt sie mit aktuellen Beispielen. Die Erweiterungsbauten für das Deutsche Museum in München von German Bestelmeyer (niemand würde hier sorgfältig konstruierte Stahlskelette vermuten) werden ebenso behandelt wie Hans Poelzigs IG-Farben-Verwaltung in Frankfurt a. M. oder das Hochhaus der Allgemeinen Bankvereinigung in Antwerpen, das mit ca. 87 m damals höchste Stahlhochhaus in Europa. »Die Vorschriften für den Entwurf von Hochbauten aus Stahl sind in Amerika im großen und ganzen milder als in Europa«[19], urteilt der Verfasser und schließt sein Buch mit der Darstellung des Empire State Building.

Nach dem Krieg dauert es geraume Zeit bis die weitere Entwicklung von Technik und Architektur im Stahlhochbau wieder in Lehr- und Handbüchern Aufnahme findet. 1966 legen Konrad Gatz und Franz Hart mit dem Werk »Stahlkonstruktionen im Hochbau« ein erstes Resümee vor. Das faktenreiche Einleitungskapitel Franz Harts zeichnet die Entwicklung von der Industriellen Revolution bis zu Egon Eiermanns Deutscher Botschaft in Washington (1964) nach. Das detailreiche Beispielkapitel weist Bauten von Kurt Ackermann, Max Bill, Fritz Haller, Walter Henn, Ludwig Mies van der Rohe, Joachim Schürmann, Heinz Wilke, Pierre Zoelly und anderen auf. Mit dem Stahlbauatlas vom Autorenteam Franz Hart, Walter Henn und Hansjürgen Sontag liegt 1974 ein Buch vor, das – eingegrenzt auf das Gebiet der Geschoßbauten – die Konzeption eines Grundlagenwerkes für den Stahlhochbau verfolgt. Die lange Gültigkeit des 1982 überarbeiteten und ergänzten Buches sowie die Übersetzung in sieben Sprachen setzen die Meßlatte für nachfolgende Fachbücher mit ähnlichen Ambitionen sehr hoch. Inwieweit die ursprüngliche Idee, mit Hilfe eines Buches dem Geschoßbau aus Stahl in Europa wichtige Impulse zu verleihen, von Erfolg gekrönt war, beantwortet der anschließende Beispielteil (siehe S. 224ff.) der vorliegenden Arbeit.
1987 eröffnet Alan Ogg mit »Architecture in Steel – The Australian Context« eine Reihe interessanter neuer Stahlbaubücher.
Die sorgfältig und prägnant herausgearbeitete historische Entwicklung in Europa und den

1.14

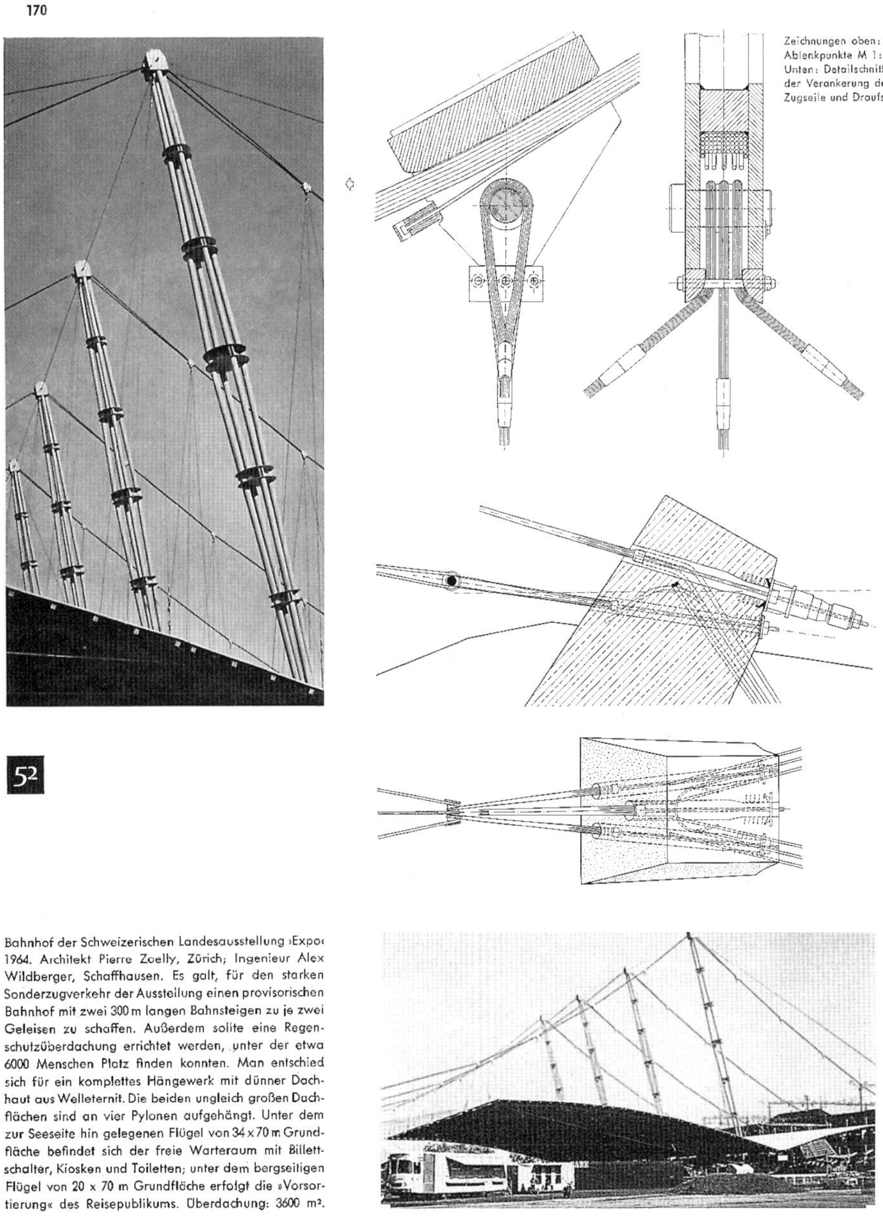
170

52

Zeichnungen oben: Ablenkpunkte M 1:7,5. Unten: Detailschnitt der Verankerung der Zugseile und Draufsicht.

Bahnhof der Schweizerischen Landesausstellung ›Expo‹ 1964. Architekt Pierre Zoelly, Zürich; Ingenieur Alex Wildberger, Schaffhausen. Es galt, für den starken Sonderzugverkehr der Ausstellung einen provisorischen Bahnhof mit zwei 300 m langen Bahnsteigen zu je zwei Geleisen zu schaffen. Außerdem sollte eine Regenschutzüberdachung errichtet werden, unter der etwa 6000 Menschen Platz finden konnten. Man entschied sich für ein komplettes Hängewerk mit dünner Dachhaut aus Welleternit. Die beiden ungleich großen Dachflächen sind an vier Pylonen aufgehängt. Unter dem zur Seeseite hin gelegenen Flügel von 34 x 70 m Grundfläche befindet sich der freie Warteraum mit Billettschalter, Kiosken und Toiletten; unter dem bergseitigen Flügel von 20 x 70 m Grundfläche erfolgt die »Vorsortierung« des Reisepublikums. Überdachung: 3600 m².

USA bindet das örtliche Baugeschehen wie selbstverständlich ein und liefert zahlreiche detailtechnische Informationen. »Construire en Acier«, 1993 erschienen, bildet das französische Pendant. Obgleich nicht so streng und klar gegliedert, bietet das Buch eine Fülle aktueller Basisinformationen.

Die britische Sehweise ist in »Architecture and Construction in Steel« nachzuvollziehen, ein Grundlagenwerk, schlüssig zusammengefügt aus einer Fülle interessanter Einzelbeiträge namhafter Autoren (erschienen 1993). Der norwegische Beitrag zum Thema erschien 1996 unter dem Titel »Stahl in der Architektur« auch in deutscher Übersetzung.

1.15

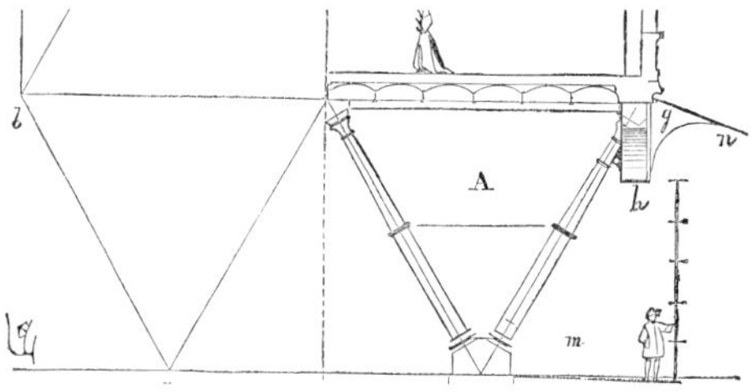

Zweihundert Jahre Fügen und Formen mit Eisen und Stahl

1.15 Schnitt durch eine Markthalle mit schräg gestellten gußeisernen Stützen, Viollet-le-Duc, »Entretiens sur l'architecture«, Paris 1872
1.16 Küche des königlichen Pavillons in Brighton 1815, John Nash, Entwurf mit schlanken Stützen aus Gußeisen
1.17 wie zuvor, nach Ausführung Kapitelle mit Palmenmotiv ergänzt

Das nebenstehende Detail der École du Sacré-Cœur von Hector Guimard ist symptomatisch für viele Aspekte der Entwicklung des Fügens mit Guß-, Schmiedeeisen und Stahl. Es repräsentiert nahezu ein Jahrhundert technischer und ästhetischer Entwicklung. Die Form des Details, von dem Baumeister und Theoretiker Viollet-le-Duc in einer Skizze und weiteren prächtig ausgearbeiteten Perspektiven vorgedacht, wird nach Jahrzehnten von Hector Guimard, in einer Zeit, da sich der Jugendstil zu etablieren beginnt, umgesetzt. Gußeiserne Stützen, zu dieser Zeit längst ein technischer Anachronismus – hier schräg gestellt – stützen einen genieteten Unterzug aus Schmiedeeisen. Darüber liegt ein Trägerrost aus Walzprofilen, mit Beton ummantelt und gewölbten Kappen aus Ziegeln zu einer feuerfesten Decke gefügt. Das Zusammenwirken der einzelnen Bauteile wird nicht, wie lange Zeit üblich, kunstvoll kaschiert, sondern offen gezeigt. Damit greift das Gebäude der folgenden Entwicklung sogar noch ein Stück weit voraus.

Im folgenden Querschnitt der Entwicklung des Fügens und Formens mit Eisen und Stahl wird in der Darstellung nicht nur streng chronologisch und kunsthistorisch wertend auf die großartigen Bauwerke, die imponierenden Brücken, Bahnhofshallen, Ausstellungsgebäude und Wolkenkratzer, der vergangenen 200 Jahre eingegangen werden. Den Schwerpunkt bildet die Fokussierung auf das Detail, wobei ganz besondere Entwicklungslinien und Querverbindungen herausgearbeitet werden. Die gewählte Art der Vorgehensweise soll die Voraussetzung dafür schaffen, dieses besondere Kapitel der Baugeschichte so selbstverständlich wie möglich an unser aktuelles Baugeschehen heranzurücken.
Die frühen Gehversuche beim Einsatz des neuen Baumaterials Gußeisen in der Architektur sind von der besonderen Eigenschaft – einer hohen Druckbelastbarkeit bei relativ schlanker Abmessung – geprägt. Der erste Schritt besteht in der Substitution existierender Konstruktionen aus Stein und Holz durch das neue Material. Man erprobt es an archetypischen Konstruktionen, der Stütze und dem Bogen, und tastet sich an neue technische Anwendungen heran. Die wesentliche Aufgabe der Protagonisten besteht jedoch vor allem auch in der Einführung und Durchsetzung einer neuen Ästhetik.

An Hand des königlichen Pavillons in Brighton von John Nash lassen sich beispielhaft die gestalterischen Probleme beim Einsatz der neuen technischen Möglichkeiten besonders anschaulich belegen. Die erste Zeichnung des Innenraumes der Küche zeigt ein Stützengeviert mit ungewöhnlich schlanken Säulen ohne sonderlich ausgeprägte Kapitelle. Offensichtlich beschert das unerwartete Ergebnis dem Architekten ein gestalterisches Problem und so kommt er auf die Idee, das Tragwerk in seiner Wirkung mit aufgesetzten blechernen Palmblättern zu überspielen bzw. zu verfremden. Die tatsächliche Tragwirkung tritt so in den Hintergrund. Das Palmenmotiv verfehlt die auf Ablenkung zielende Wirkung nicht. Auch in den weiteren Räumen des Gebäudes erhalten die dünnen gußeisernen Stützen Kapitelle mit unterschiedlicher pflanzlicher Ornamentik. Die Einheitlichkeit im Inneren wie im Äußeren dieser pittoresken, von indischen und chinesischen Einflüssen geprägten Gesamtarchitektur bleibt am Ende wieder gewahrt. An bau- und detailtechnisch innovativen Lösungen ist John Nash wohl kaum interessiert.

1.16

1.17

École du Sacré-Cœur,
Paris 1895,
Hector Guimard

Elemente aus Gußeisen
Stützen, Balken, Bogen

Die Bogenform bietet sich bei der Anwendung von Gußeisen aufgrund der Materialeigenschaften nahezu von selbst an. Im Brückenbau, bei dem der Baustoff von Anbeginn der Entwicklung zum Einsatz kommt und die konstruktiven Möglichkeiten, die das Material bietet, getestet werden, gelingen erstaunliche Lösungen. Die hierbei gewonnenen Erfahrungen fließen in der Folgezeit auch in den Hochbau ein. Beispielhaft ist die bis heute erhaltene Brücke über den Severn in Coalbrookdale, die schon für eine Vielzahl historischer Abhandlungen über das Bauen und Konstruieren mit Eisen Anlaß war. Fünf gußeiserne Bogenbinder überspannen ca. 30,5 m bei einer Scheitelhöhe von 13 m. Die statischen Grundsätze des Konstruierens sind noch den herkömmlichen Bauweisen in Stein und Holz entlehnt. Die Binder bestehen aus je zwei etwa sechs Tonnen schweren Halbbogen, die im offenen Sandbett gegossen wurden. Die Fügung erfolgte wie im Holzbau mit Bolzen und Keilen und durch Überblattung. Eine gußeiserne Auflagerplatte verteilt die Punktlasten aus den Rippen auf das Fundament. Heute wird die Brücke nur noch als Fußgängersteg genutzt.
Die bis 1980 bestehende, älteste eiserne Brücke in Frankreich war die Pont des Arts in Paris. Von 1982 bis 1983 wurde allerdings durch L. Arretche eine umfassende »Rekonstruktion mit identischem Charakter« vorgenommen. Die Zahl der Joche wurde dabei von acht auf sieben reduziert. Auch dieses Bauwerk ist ein bedeutender Prototyp gußeiserner Brückenbautechnik. J. B. Rondelet hatte beide Brücken in sein Grundlagenwerk »Traité théorique et pratique de l'art de bâtir« aufgenommen.

Der Vergleich der Brücke von Coalbrookdale mit dem Dachtragwerk des Dianabades in Wien belegt die These, daß der Hochbau mit zeitlicher Verzögerung direkt von der neuen Brückentechnik profitiert und von ihren Ergebnissen beeinflußt wird. Da zu dieser Zeit in der Fachliteratur noch nicht nach Ergebnissen in Ingenieurbaukunst und Architektur differenziert wird, – Architekten werden hier mit Informationen zum Bau von Lokomotiven konfrontiert, Ingenieure erhalten Einblicke in Proportionslehre und klassische Gestaltungsprinzipien – liegen die Gründe für die Nähe in der Tragwerkgestaltung auf der Hand. Die Dachbinder bestehen aus einzelnen Gußelementen, die entsprechend gestaltet mittels Schraubbolzen

1.18

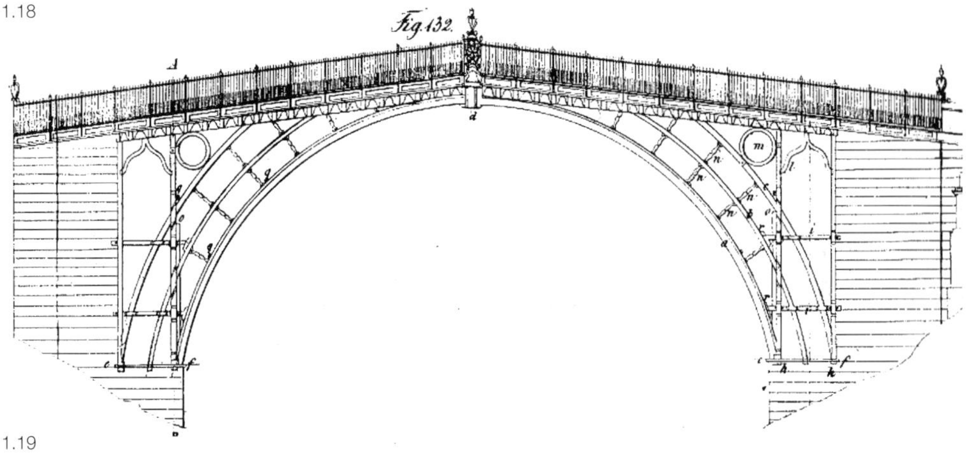

1.19

1.20

1.21

1.18 Brücke von Coalbrookdale, 1777–1779, Thomas F. Pritchard, John Wilkinson, Abraham Darby
1.19 Pont des Arts, Paris 1802–1804, Louis-Alexandre de Cessart, J. Lacroix-Dillon
1.20 Dianabad, Wien 1842, C. F. Ludwig Förster, Karl von Etzel
1.21 Halle au Blé, Paris 1811, Francois-Joseph Bélanger
1.22 Sayner Hütte, Bendorf 1830, Karl Ludwig Althans
1.23 Stanley Mill, Stonehouse 1813, William Strutt

miteinander verbunden sind. Der Einsatz sichtbar belassener, über 16 m weit gespannter gußeiserner Tragstrukturen in einem öffentlichen Gebäude initiiert einen allmählichen Wandel ästhetischer Wertvorstellungen.
Eine der erstaunlichsten Leistungen aus der Pionierzeit der gußeisernen Epoche von 1790 bis 1870 ist die mit einer 40 m weit spannenden gußeisernen Kuppel überdachte Getreidehalle (Halle au Blé) in Paris, die 1888 zur Bourse du Commerce umgebaut wurde. Man übernahm die Struktur einer vormals in Holz konstruierten, im Jahre 1802 abgebrannten Kuppel und gelangte mit Hilfe des neuen Materials zu einem äußerst filigranen Netz aus eisernen Rippen und kreisförmigen Pfetten. Der Architekt François-Joseph Bélanger hatte sich dazu wahrscheinlich auch technischen Rat in England eingeholt.
Im Kernland der Industriellen Revolution war man schnell daran gegangen, die stets feuergefährdeten Gebäude der Textilmühlen mit Hilfe des neuen, als nicht brennbar eingestuften Baumaterials sicherer zu gestalten. In einer ersten Stufe wurden hölzerne Stützen durch solche aus Gußeisen ersetzt, später kommen schwere Schienenprofile an Stelle hölzerner Deckenbalken zum Einsatz, bis man durch die Entwicklung besonders geformter Tragprofile, auf die man direkt gewölbte Ziegeldecken auflegen konnte, schließlich zu gänzlich »feuerfesten Decken« kam. Stanley Mill in Stonehouse ist ein eindrucksvolles Beispiel dafür, wie man mittels eines gotisch anmutenden Tragwerkes zu einer besonderen baulichen Lösung kam. Die kreisförmigen Füllungen erinnern an Coalbrookdale.
Zu den gotisierenden Elementen im Detail tritt bei Hallenbauten aus Eisen bisweilen auch das basilikale Prinzip hinzu. Die Gießereihalle der Sayner Hütte assoziiert nicht nur den Gedanken an eine Kathedrale der neuen Technik, sie demonstriert mit ihrer Baustruktur dem potentiellen Kunden auch gleich die Palette der hier angebotenen technischen Möglichkeiten. Der Architekt Karl Ludwig Althans modifiziert einen ersten Entwurf für ein massives Bauwerk im »griechischen Stil« zur ausgeführten filigranen Lösung im »gotischen Kleid«. Er orientiert sich dabei an Schinkels »Sammlung architektonischer Entwürfe«. Man vermutet, daß die neugotischen gußeisernen Maßwerkfenster des nahen Schlosses aus der Produktion der Hütte stammen könnten. Der Kreis schließt sich.

1.22

1.23

1.24

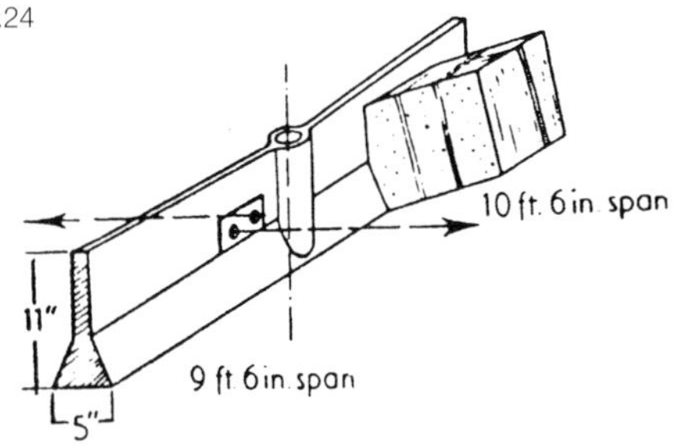

Im folgenden Abschnitt sollen die Vorstufen zum Skelettbau aus Eisen dargestellt werden. Die erforderlichen Elemente wie Unterzüge und Stützen werden in Gußeisen vorentwickelt. Der vollständige Skelettbau ist jedoch erst durch den Einsatz von genieteten Rahmenstrukturen aus Schmiedeeisen umsetzbar. Charles Badge hat für Shrewsbury Mill ein Unterzugelement entwickelt, das sowohl für den Anschluß der Stütze als auch für das Auflager der zwischengespannten steinernen Deckengewölbe ausgeformt ist. Zur Gebäudeaussteifung sind nach wie vor massiv gemauerte Umfassungswände erforderlich. Die erzielbaren Spannweiten sind durch das spröde, kaum auf Biegung beanspruchbare Material begrenzt.
James Bogardus errichtet geraume Zeit später bei seinem eigenen Fabrikgebäude in New York ein erstes gußeisernes Fassadengerüst. Hier werden in der Folgezeit zahlreiche weitere Fassaden gefertigt, wobei sich die Architektursprache noch eng am steinernen Vorbild orientiert. Stolz wird das Projekt auf der Titelseite der Fachzeitschrift »The Iron Age« präsentiert. Man vermutet, daß die übrige statische Struktur wie bei den Edgar Laing Stores, die bis zum Abbruch im Jahre 1971 noch ein eindrucksvolles Zeugnis für diese weit entwickelte Fassadentechnik ablieferten, aus gemauerten Trennwänden und hölzernen Decken bestand. Das Aufmaß aus dem Jahre 1966 und die sorgfältige Dokumentation der Elemente während des Abbruches durch Studenten unter der Leitung von James Marston Fitch geben ein gutes Bild über die erzielte Detailqualität und Paßgenauigkeit. U-förmige gußeiserne Randprofile bieten ein gutes Auflager für die hölzernen Deckenbalken, die Pfeilerelemente werden über Stifte oder Bolzen aufgesetzt. Profilierte Brüstungstafeln und Attikaelemente verstärken die horizontale Verbindung. Die rasante Entwicklung der amerikanischen Städte hat nur wenige Zeugnisse aus dieser Zeit übriggelassen. Cooper Union, eine Schule, gestiftet von einem mächtigen Eisenbahnunternehmen, weist wieder hinter einer konventionell massiv ausgeführten Außenwand ein einfallsreich wie effektiv gefügtes gußeisernes Innenskelett auf. In der teilweise über zwei Geschosse geöffneten Halle im Obergeschoß treten die Möglichkeiten und Vorteile des neuen Systems offen zutage. Das Gebäude wird in der Folgezeit laufend den veränderten Bedürfnissen angepaßt.

1.25

1.26

1.24 Shrewsbury Mill 1797, Charles Badge, gußeiserner Deckenträger
1.25 wie zuvor: Innenraum
1.26 Edgar Laing Stores, New York 1849, James Bogardus
1.27 Bogardus Factory, New York 1848, James Bogardus
1.28 Edgar Laing Stores, New York 1849, James Bogardus, Gußelemente Attika
1.29 wie zuvor, Fassadenelemente
1.30–1.32 wie zuvor, Bildsequenz demontierter Teile
1.33 Cooper Union, New York 1853–59, F. A. Peterson, Raumstruktur
1.34 wie zuvor, Detail Tragstruktur

1.27

1.28

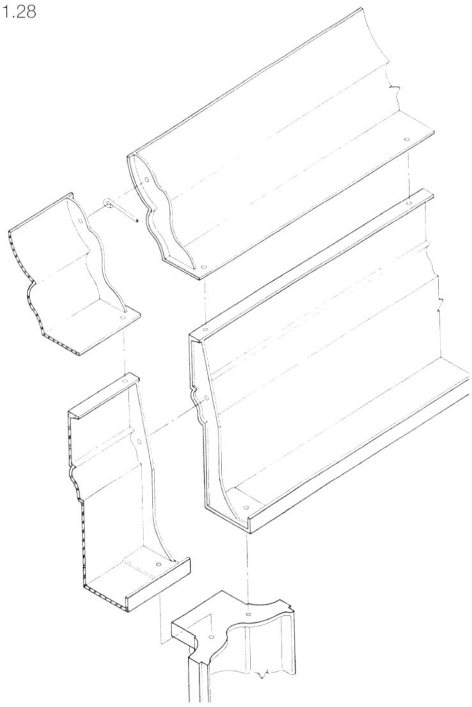

1.29

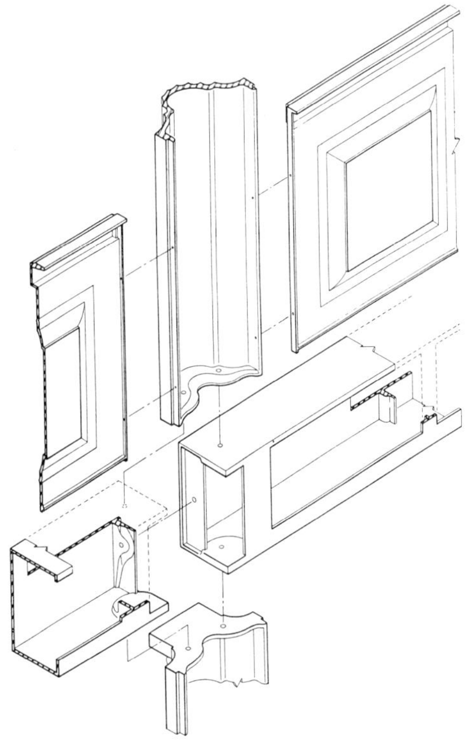

1.30

1.31

1.32

1.33

1.34

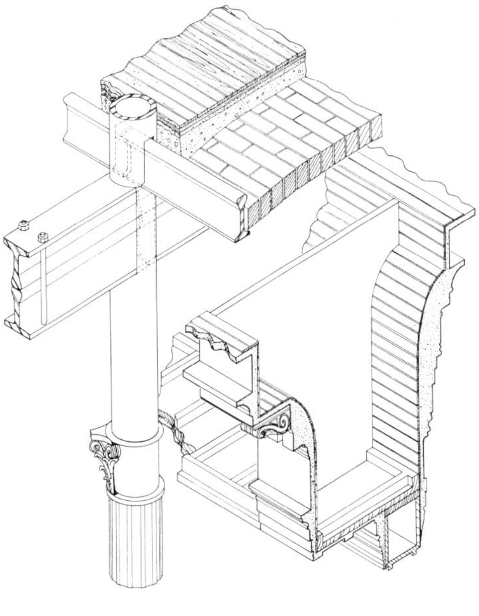

1.35 Bibliothèque Sainte-Geneviève, Paris 1850, Henri Labrouste
1.36 wie zuvor, gußeiserne Bogenelemente
1.37 Lesesaal Bibliothèque Nationale, Paris 1875, Henri Labrouste, Schnittzeichnung
1.38 wie zuvor, Innenraumdarstellung
1.39 Oxford Museum, Oxford 1860, Deane, Woodward, Blick in eine Raumachse
1.40 wie zuvor, Stützendetail

»Es wird noch lange dauern bis das Eisen und überhaupt das Metall, welches erst wieder in seine Rechte als Baumaterial eingetreten ist, auf eine so vollkommene Weise technisch beherrscht sein wird, daß es als künstlerisches Element in der schönen Baukunst neben dem Steine, den Ziegeln und dem Holz Geltung und Würdigung zu finden beanspruchen darf«, schreibt Gottfried Semper in einem Aufsatz 1849, und er fährt fort: »Ein auffallender Beleg zu dem Angeführten ist die neue Bibliothek der Sainte-Geneviève zu Paris, ein Gebäude, das sehr vieles Interessantes darbietet und als das bedeutendste Werk der letzten republikanischen Zeit zu betrachten ist, in welchem aber der Architekt, Herr Labrouste, einen unglücklichen sichtbaren eisernen Dachstuhl anzubringen und ihn noch dazu mit dunkelgrünem Anstrich zu bedecken für gut befand, so daß dem Bibliothekssaale, der zugleich als Lesesaal dient, die für ernste Studien so nötige gemütliche Abgeschlossenheit fehlt und schwerlich jemand denselben ganz befriedigt verläßt.«[20]
Die Äußerung zeigt, wie schwierig es ist, über Jahrhunderte überlieferte Kriterien zur Gestaltung öffentlicher, sogenannter monumentaler Gebäude zu überwinden. Labrouste wagt es, sich bei dem von ihm errichteten Lesesaal über allgemein anerkannte ästhetische Konventionen hinwegzusetzen, indem er versucht, mit dem neuen Material zu neuen ästhetischen Lösungen zu kommen. Auf schlanke gußeiserne Stützen setzt er schmale durchbrochene und gewölbte Gußträger. Die Tonnengewölbe bestehen aus gipsbeschichtetem Maschendraht. Die zweischiffige Anlage erhält einen fast sakralen Raumeindruck. Das Tragwerk wird geschickt ornamental aufgelöst, die Fügungen erscheinen etwas willkürlich angesetzt, entsprechen jedoch den aktuellen statischen wie gußtechnischen Möglichkeiten. Im übrigen wird nach außen die architektonische Konvention im vollen Umfang gewahrt. Labrouste gelingt es zwar durch gute Kontakte zu Cesar Daly, dem Herausgeber der wichtigen Architekturzeitschrift »Revue général de l'Architecture et des Travaux Publics«, seine Ideen und Projekte ausführlich zu publizieren, er bleibt jedoch mit seiner Architekturauffassung ein Einzelgänger.
Die zur gleichen Zeit wirksame Strömung der Wiederbelebung der Gotik hat in Großbritannien mit Augustus W.N. Pugin und John Ruskin

1.35

1.36
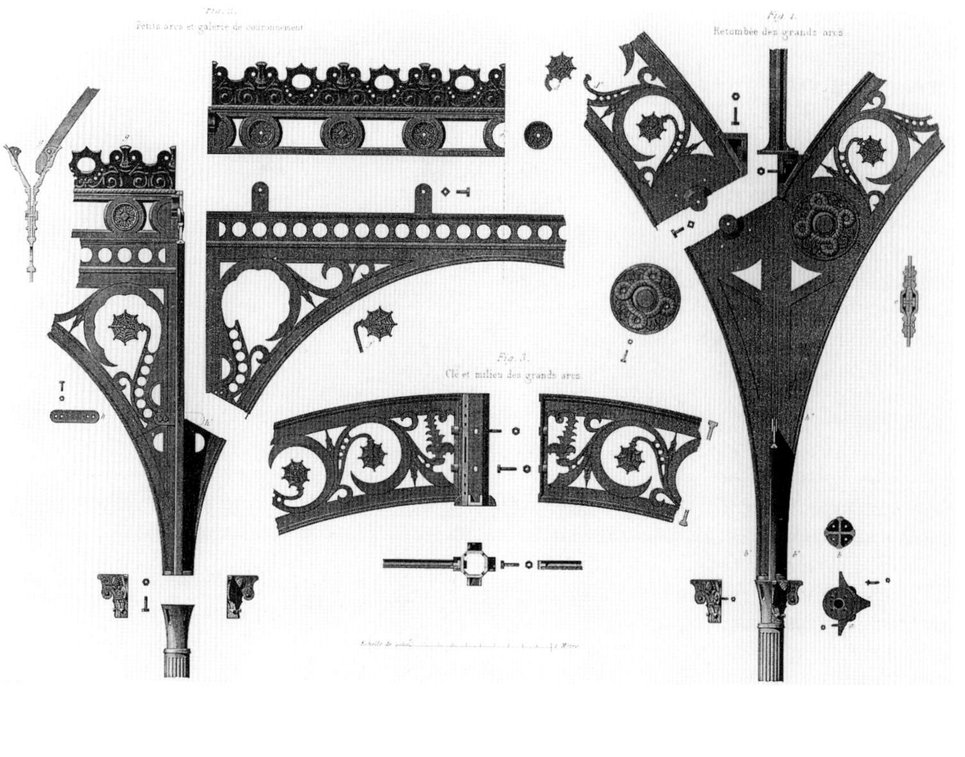

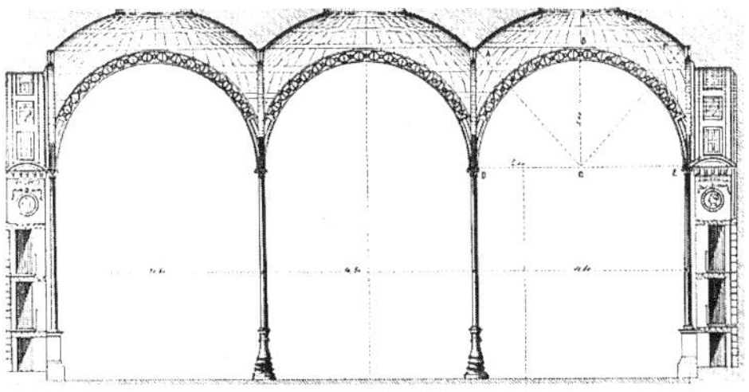

1.37

wichtige Exponenten. Obwohl letzterer auch durch massive Kritik an der neuen Eisenarchitektur, besonders der Bahnhöfe, bekannt ist, hat er als Berater für den Museumsneubau von Deane und Woodward in Oxford einen nicht unwesentlichen Anteil. Gotische Formen sind hier in Eisen umgesetzt und führen mit Glasschuppen überdeckt, zu einem neuen und ungewöhnlichen Raumerlebnis. Die farbig gefaßten Spitzbögen sind aus Schmiedeeisen zusammengenietet. Anfänglich ebenfalls in Schmiedeeisen konzipierte Stützen mußten nach eingehender Beratung durch den versierten Ingenieur und Eisenfachmann William Fairbairn durch solche aus Gußeisen ersetzt werden. Geschickt sind die schlanken Säulen, durch Bündelung der Wirkung herkömmlicher massiver steinerner Stützen angepaßt. John Ruskins Lehrspruch zum richtigen Gebrauch des Eisens steht dazu allerdings im Widerspruch, wenn er sagt: »Wir dürfen es, glaube ich, als Regel aufstellen, daß Metalle wohl als Kitt, aber nicht als Stützen verwendet werden dürfen. ... Aber sobald das Eisen nur im geringsten Grade die Rolle des Steins einzunehmen beginnt und als Mittel dient, um einem Druck zu widerstehen oder ein darauf lastendes Gewicht tragen muß, oder wenn es durch seine eigene Schwere als Gegengewicht dient und auf diese Weise den Gebrauch von Strebepfeilern oder Spitzen zum Widerstand gegen seitlichen Sparrenschub ersetzten soll; oder wenn es in Form eines Balkens oder Trägers hölzerne Balken ersetzt, die den Zweck ebenso gut erfüllt haben würden; so hört in demselben Maße, wie derartige Anwendung des Metalls stattfindet, das Gebäude auf, Architektur zu sein.«[21]

Henri Labrouste erhält beim Einbau der Nationalbibliothek in das Palais Mazarin die Chance für ein weiteres Experiment mit sichtbar geführter und innovativ gestalteter eiserner Tragstruktur in einem öffentlichen Gebäude. Neun Kuppelfelder mit Glasoberlichtern erzeugen einen völlig neuen Raumeindruck. Die Füllungen zwischen dem eisernen Rahmenwerk bestehen aus hellen, matt glänzenden Fayencen, in Sèvre gefertigt. Sie reflektieren das Zenitlicht und streuen es in den Raum. Die eiserne Konstruktion ist von der massiven Gebäudehülle abgesetzt. Allerdings reagiert das Mauerwerk mit Pfeilervorlagen auf die knapp davorgestellten, schlank erscheinenden (30 cm Durchmesser), 10 m hohen gußeisernen Stützen.

1.38

1.39

1.40

1.41 Ca d'oro, Glasgow 1872, John Honeyman
1.42 Drinking Fountain, Newport on Tay 1882
1.43 Metroeingang Porte Dauphine, Paris 1898–1901, Hector Guimard

1.43

1.41

1.42

Das Ergebnis verfehlt seine Wirkung nicht. »Eisenkonstruktionen werden bei Neubauten nur aus ökonomischen Rücksichten angewendet, während man bei Monumentalbauten, wo das künstlerische Element das vorherrschende sein soll, diese bis jetzt unkünstlerischen Eisenkonstruktionen zu vermeiden hat. Sollten solche aber dennoch zur Anwendung kommen, so vermag nur ein großes Genie, den rechten Weg anzubahnen, um ein stylgemäßes Resultat zu erlangen.«[22] Theophil Hansen ist mit dieser 1860 geäußerten Auffassung in bester Gesellschaft. Auch zehn Jahre später ist bei Schwatlo zu lesen: »Überhaupt muß sich erst der Geschmack für jede neue Form neu bilden. Ebenso wie kein gothischer Dom nach antikem Maßstabe beurtheilt werden kann, darf man z. B. von der eisernen Säule nicht antike Verhältnisse erwarten.«[23] Waren bis zum Ende des Jahrhunderts die ästhetischen Vorbehalte gegenüber eiserner Architektur noch lange nicht ausgeräumt, – die Ressentiments halten sich bis heute – so wächst das Angebot bei Bauelementen aus Gußeisen, wie Fassadenteilen und Schaufenstern oder Stadtmobiliar wie Pavillons aller Art, Treppen, Brunnen, Gittern, Balustern und Kandelabern stetig. Das Material ist formal in höchstem Maße anpassungsfähig. In Glasgow entstehen mit Gardner's Building von John Baird (1863) und dem Ca'd'Oro von John Honeyman (1872) eine Reihe filigraner gußeiserner Fassaden, die die geraume Zeit später folgenden Rasterfassaden von Stahlskelettbauten vorwegzunehmen scheinen. 1886 entsteht in Göggingen bei Augsburg als bautechnischer Anachronismus ein Kurhaus in üppig ornamentiertem und farbig bemaltem Gußeisen, zusammengestellt nach Herstellerkatalog, allerdings nach außen mit einer steinernen Hülle verpackt. Schließlich erlebt das Material im Jugendstil, von Hector Guimard bei seinen Metroeingängen in Paris souverän eingesetzt, eine vorerst letzte Blüte.

Hängebrücke,
Dumfries/Schottland 1875

Hängekonstruktionen
Ketten, Stäbe, Seile, Netze

1.44 Menai Strait Suspension Bridge, Bangor 1826, Thomas Telford. Zeichnung aus dem Tagebüchern von Karl Friedrich Schinkel
1.45 Hängebrücke, Fribourg 1834, Joseph Chaley, Ansicht und Details der Kabelführung
1.46 Clifton-Hängebrücke, Bristol 1864, Isambard Kingdom Brunel
1.47 wie zuvor, aktueller Zustand
1.48 wie zuvor, Detail der Aufhängung
1.49 Britanniabrücke 1850, Robert Stephenson, William Fairbairn, Querschnitt Röhrenträger
1.50 wie zuvor, Gesamtansicht
1.51 Brooklyn-Brücke, New York 1883, Johann August Roebling, Übersicht: Ansicht und Grundriß
1.52 wie zuvor, Brückenquerschnitt
1.53 wie zuvor, Montage der Hängekonstruktion

Bereits 1617 signalisiert die frühe Darstellung einer eisernen Kettenbrücke in Faustus Verantius »Machinae novae« eine neue technische Möglichkeit im Brückenbau. Um 1800 beginnt man, nach Fehlversuchen mit gußeisernen Bogenbrücken, über größere Spannweiten mit Hängekonstruktionen aus schmiedeeisernen Kettengliedern und Seilen zu experimentieren. In größeren Mengen verfügbares Schmiedeeisen ist jedoch die Voraussetzung für den Entwurf und die Realisierung. James Finlay erwirkt 1801 ein erstes Patent für eine Hängebrücke mit eisernen Ketten. Samuel Browns erste große Hängebrücke in England führt über den Tweed und weist bereits die beeindruckende Spannweite von 132 Metern auf. Seine Ketten bestehen aus hochkantigen, durch Bolzen verbundene Flacheisen, eine Konstruktion die bei allen folgenden Kettenbrücken zur Anwendung kommen wird. Großes Aufsehen erregt schließlich auch die von Friedrich von Schinkel skizzierte Kettenbrücke Thomas Telfords über die Menai-Meerenge. Ihre Mittelöffnung beträgt 175 Meter. Sie wird 1826 eröffnet und muß sogleich an einigen Stellen verstärkt werden, da die auftretenden Schwingungen in horizontaler Richtung zu groß sind. Während sich Telford noch weitgehend auf sein konstruktives Gefühl und laufende Materialversuche stützt, entwickelt der französische Ingenieur Louis Navier erste Berechnungsmodelle für Hängebrücken. Mit ihm beginnt der wissenschaftliche Brückenbau. In seiner Baupraxis ist er nicht vom Glück begünstigt. Der Hängebrückenbau ist in seinen Anfängen mit hohen Risiken behaftet. Zu viele technische Probleme sind noch zu lösen. Dennoch wird schon zu Beginn des 19. Jahrhunderts eine wesentliche Basis für die heute verfügbare Technik geschaffen. Die Saanebrücke bei Fribourg übertrifft mit 237 Metern Telfords Meisterwerk. Durchlaufende Drahtkabel treten an die Stelle von Kettengliedern. 1834 erbaut, wird das Bauwerk durch seinen Konstrukteur Joseph Chaley 1839 ausführlich beschrieben. Auf steinernen Pfeilern werden die Tragkabel mittels gußeiserner Rollen umgelenkt.
Eine Besonderheit in dieser Reihe stellt die Britanniabrücke von Robert Stephenson und William Fairbairn dar. Ursprünglich als Hängebrücke konzipiert, geriet der Brückenträger zu einem geschlossenen Hohlkastenträger, der auf Grund seiner Steifigkeit der geplanten Abhängung nicht mehr bedarf. Umfangreiche

1.44

1.45
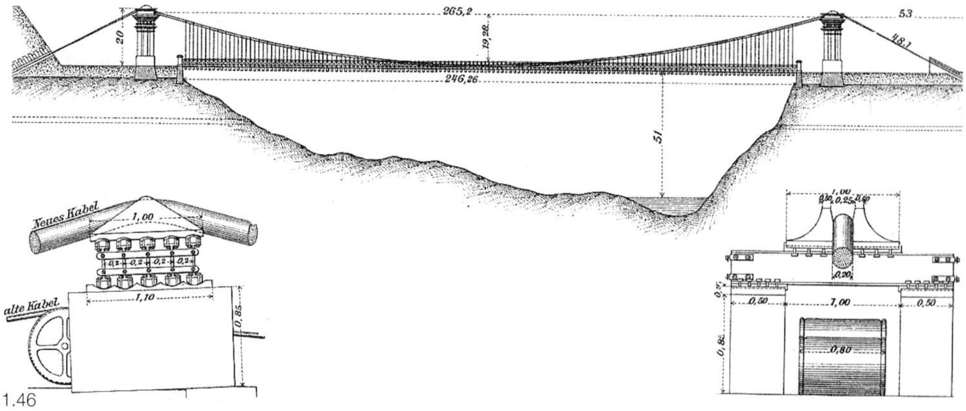

1.46

1.47

1.48

1.49

1.50
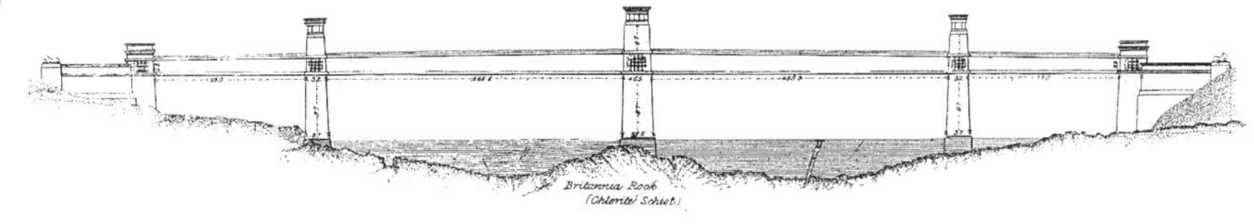

Modellversuche gehen der Realisierung voraus. Eine dampfbetriebene Nietmaschine kommt zum Einsatz. Die Rohrträger werden in voller Länge vorgefertigt, auf dem Wasser eingeschwommen und mittels hydraulischer Pressen in die endgültige Lage gehoben.
Isambard Kingdom Brunels Projekt für die bekannte Clifton-Hängebrücke über den Avon geht aus einem langwierigen Verfahren mit zwei Wettbewerben, Thomas Telford ist einer der Konkurrenten, hervor. Die Spannweite beträgt ca. 214 m. Für die Hängekonstruktion kann Brunel die Doppelketten seiner Hungerfordbrücke in London verwenden. Diese hat einer neuen Eisenbahnbrücke zu weichen. Es genügt, am neuen Standort eine dritte Kettenlage aufzulegen: ein frühes, eindrucksvolles Beispiel der Weiterverwendung bereits eingesetzter eiserner Bauelemente bei einem neuen Bauprojekt. Das von Brunel erreichte Verhältnis der Durchsenkung der Hängekette von 1:10 entspricht auch in unseren Tagen noch den entsprechenden technischen Anforderungen. Die Brücke ist bis heute für den Fahrverkehr in Benutzung. Voraussetzung dafür ist allerdings eine sorgfältige Wartung, insbesondere nach stetiger Kontrolle des Korrosionsschutzes.
Brunel zeichnet sich wie viele seiner Kollegen durch eine große Vielseitigkeit aus. Der Eisenbahnbau steht im Mittelpunkt seiner Arbeiten, dazu gehörten Trassenplanungen ebenso wie die Projektierung von Tunnels, Brücken und Bahnhofshallen. Zudem ist er im Schiffsbau mit großen eisernen Dampfschiffen, wie der Great Western und der Great Britain, erfolgreich.
Die Brooklyn-Brücke in New York ist mit ihren Abmessungen von 1054 m Länge, bei einer Spannweite der Mittelöffnung von 486 m, einer Fahrbahnbreite von 26 m und einer freien Durchfahrtshöhe von 41,14 m ein weiteres bedeutendes Monument im Hängebrückenbau. Bis zu 107 m beträgt die Höhe der Pylone. Für die Projektierung zeichnete Johann August Roebling, für die Realisierung sein Sohn Washington August Roebling verantwortlich. Die Bauarbeiten beginnen offiziell am 2. Januar 1870. Das Material ist Flußstahl. Neue Entwicklungen in der Herstellung des Drahtseils, der Hängekabel sowie bei der Caissongründung der Brückenpfeiler sind erforderlich. Die eingerechneten Tragreserven lassen in der Folgezeit noch mehrere Umbauten und eine wesentliche Erhöhung der Nutzlast zu.

1.51
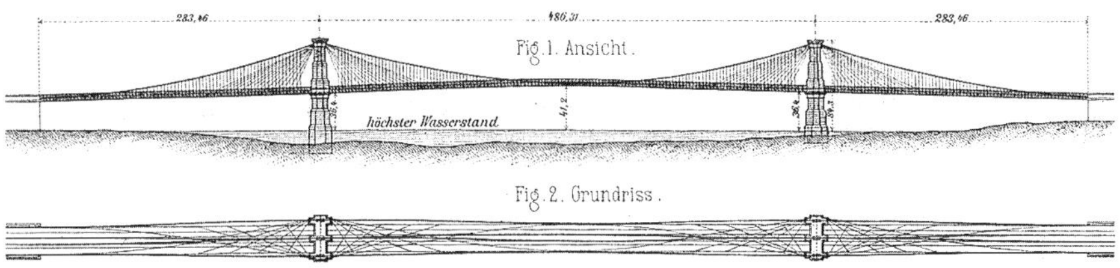

1.52
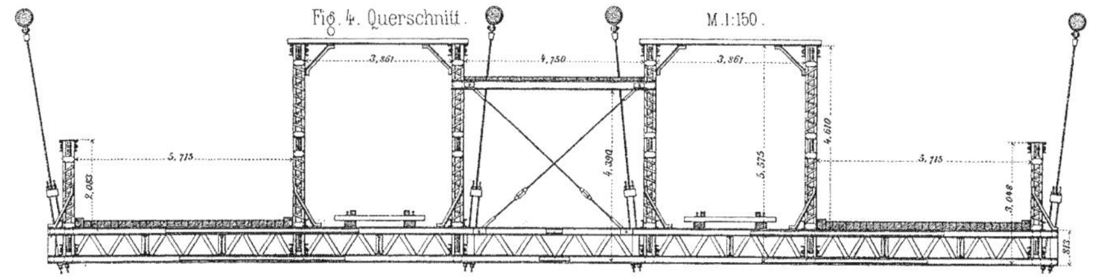

1.53

1.54 Rundpavillon Allrussische Ausstellung Niznij Novgorod 1896, Vladimir Grigorevič Šuchov, Querschnitt
1.55 wie zuvor, Grundriß
1.56 wie zuvor, Innenraum
1.57 Pavillon des Temps Nouveaux, Weltausstellung Paris 1937, Le Corbusier, Detailansicht
1.58, 1.59 wie zuvor, Ansicht und Schnitt
1.60 Deutscher Pavillon, Weltausstellung Montreal 1967, Rolf Gutbrod, Frei Otto, Ansicht
1.61 wie zuvor, Ausschnitt Innenraum

Es dauert geraume Zeit bis das Prinzip der Hängekonstruktion aus eisernen Stangen, Seilen und Netzen in den Hochbau Einzug hält. Archetypische Vorformen aus dem Zeltbau gehen allerdings in prähistorische Zeiten zurück. Seile aus Pflanzenfasern kommen nicht nur beim Zeltbau, sondern auch bei frühen Hängebrücken zum Einsatz, müssen jedoch wegen ihrer beschränkten Lebensdauer ständig ausgewechselt werden.
Nach frühen Entwürfen für bis zu 100 m weitgespannte Hängedächer von P. de Mondésir und Lehaitre, 1864 in der »Gazette des architectes« und 1866 in der »Allgemeinen Bauzeitung« publiziert, setzt der russische Ingenieur Vladimir Grigorevič Šuchov 1895 mit seiner Patentanmeldung für ein »netzförmiges System« zur Überdachung von Gebäuden einen Markstein in der Entwicklung neuer Tragwerke aus eisernen Seilen und Netzen. Auf der Patentzeichnung tauchen zwei Tragwerkstypen auf. Über einem kreisrunden Gebäudegrundriß kombiniert Šuchov ein Hängedach mit doppelt gekrümmter Fläche und eine Gitterkuppel mit bogenförmigen Druckelementen im Zentrum. Verändert sich beim Hängedach die Maschengröße des Netzes nach außen, so wird die Kuppel aus gleichförmigen, sich rechtwinklig kreuzenden Elementen gefügt. Nach dem erfolgreichen Test dieser Konstruktion an dem Werkstattgebäude einer Kesselfabrik in Moskau im Jahre 1894 kommt es zu einer weiteren beeindruckenden Demonstration dieser neuen Konstruktionstechnik bei den Bauten zur Allrussischen Ausstellung von 1896 in Niznij Novgorod, einer Leistungsschau handwerklicher und industrieller Produkte des zaristischen Rußlands. Im zeitgenössischen Ausstellungsführer heißt es dazu: »Die Rotunde und die angrenzenden rechtwinkligen Gebäude könne das Recht, selbständige Exponate zu sein, beanspruchen. Sie sind aus Eisen vom Ingenieur Bary nach dem System des Ingenieur-Mechanikers Schuchov erbaut. Das Originelle in der Construction dieser Gebäude besteht darin, daß ihre Dächer ohne Sparren sind und ein straff angezogenes, hängendes, mit Eisenblech bedecktes Netz bilden. In Folge dieses Systems zeigt das Dach im Durchschnitt die Form einer Kettenlinie.«[24] Auf dem aus vernieteten Bandeisen gefügten Netz erfolgt die Eindeckung aus verzinktem Eisenblech. Rainer Graefe vermutet in einer ausführlichen Analyse, daß durch diese Blechein-

1.54

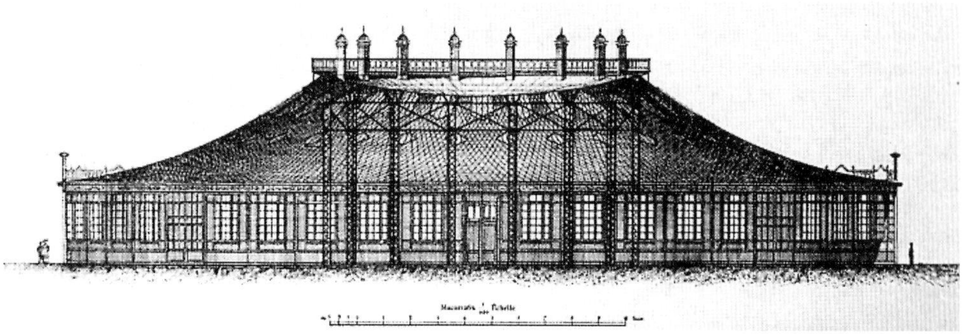

1.55

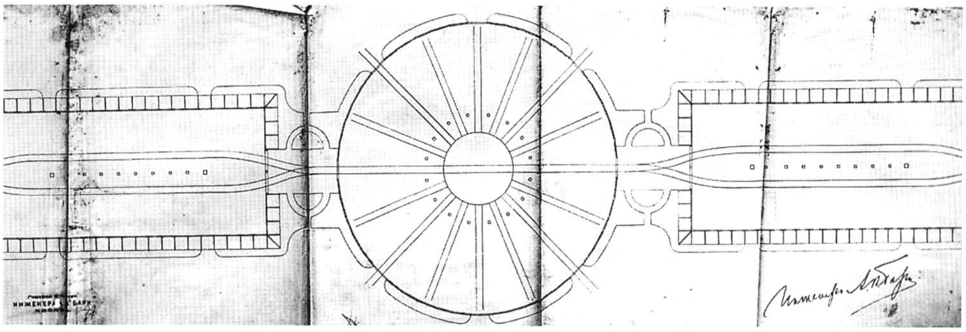

1.56

1.57

1.58

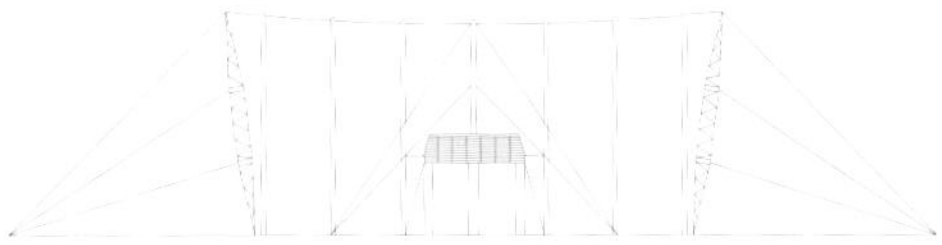

1.59

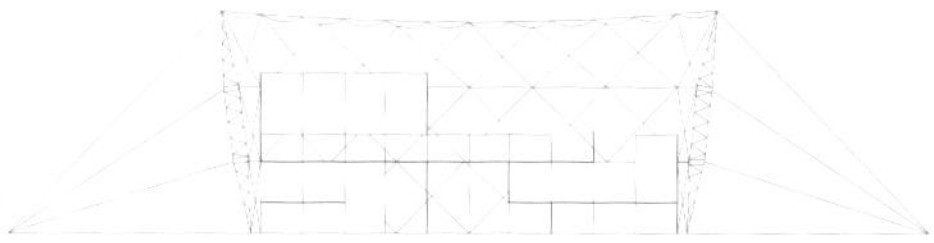

1.60

1.61

deckung schubsteife Flächen gebildet werden, die einer Verformung bei ungleich verteilter Auflast oder bei Windsog entgegen wirken. Erst Jahrzehnte später werden Šuchov Entwicklungen weitergeführt. Dazwischen überrascht Le Corbusier auf der Weltausstellung 1937 in Paris mit seinem Pavillon des Temps Nouveaux. Über filigrane Pylone spannt er ein Seilnetz und schafft mit daran befestigten Zeltplanen einen luftigen, ephemeren Ausstellungsraum.
Ein nächster Höhepunkt in der Reihe von Hängekonstruktionen stellt sicherlich der Zeltbau des Deutschen Pavillons auf der Weltausstellung 1967 in Montreal von Rolf Gutbrod und Frei Otto dar. Umfangreiche und grundlegende Entwicklungsarbeiten über zugbeanspruchte Konstruktionen, von Frei Otto in einem zweibändigen Basiswerk zusammengefaßt, gehen diesem Projekt voraus. Die Realisierung erfordert zahlreiche detailtechnische Versuche, gerade auch für die Aufbauphase des komplizierten und weitläufigen Zeltkontinuums.
Eine neue Technologie ist von Grund auf zu entwickeln: Methoden zur Formfindung und exakten räumlichen Erfassung, die Bereitstellung bestimmter Seil- und Membranqualitäten, der Entwurf geeigneter Verbindungsmittel sowie die Ausarbeitung genauer Montageanweisungen.
Die bei den Olympiabauten in München 1972 erneut eingesetzte Idee einer Zeltlandschaft (Behnisch & Partner, Frei Otto, Leonhardt + Andrä) erfährt neben einer technischen auch eine wesentliche funktionale und ästhetische Ausweitung: die Kombination von Zeltstruktur und Landschaftsgestaltung (Bernhard Grzimek). Der wesentliche technische Unterschied zwischen Montreal und München besteht in der Auslegung letzterer als dauerhafte bauliche Anlage. Dem Durchhaltevermögen aller Beteiligten ist es zu verdanken, daß die Anlage ihren konzeptionell leichten ephemeren Charakter bis zum Ende der Planung bewahren kann. Das Stadiondach wird durch eine Aneinanderreihung von neun sattelförmig gekrümmten, mit Randseilen eingefaßten Netzflächen gebildet. Es ist an acht großen Masten aufgehängt und wird durch direkte Abspannung in den Baugrund gehalten. In Ringrichtung werden die Kräfte über gemeinsame oder gekoppelte Knotenpunkte ausgeglichen. Das vorgespannte Seilnetz übernimmt von der Dachhaut Eigengewichts-, Wind- und Schneelasten und

1.62, 1.63, 1.67, 1.68 Olympiadach München 1972, Behnisch & Partner, Otto, Leonhardt & Andrä, Details Stadiondach
1.69 wie zuvor, Stadiondach Untersicht
1.64, 1.70 Lagergebäude, Swindon 1984, Norman Foster, Ove Arup Partnership, Gebäudestruktur/Ansicht
1.65, 1.71 Forschungsgebäude Princeton 1986, Richard Rogers, F. J. Samuely & Partner, Gebäudestruktur/Ansicht
1.66, 1.72 Forschungsgebäude Cambridge 1984, M. Hopkins, A. Hunt, Ove Arup Partnership, Gebäudestruktur/Ansicht

1.62

1.63
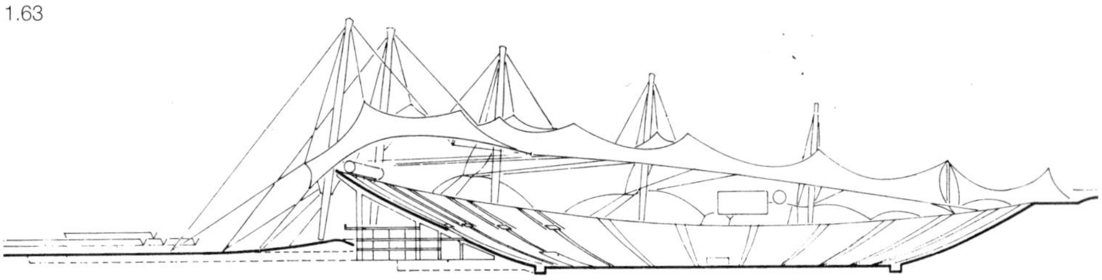

1.64
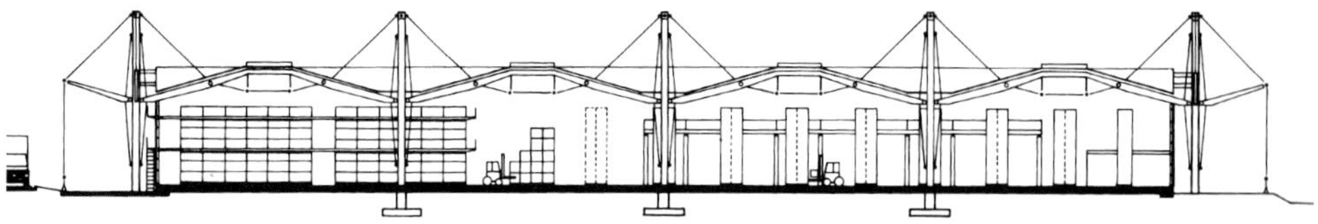

1.65
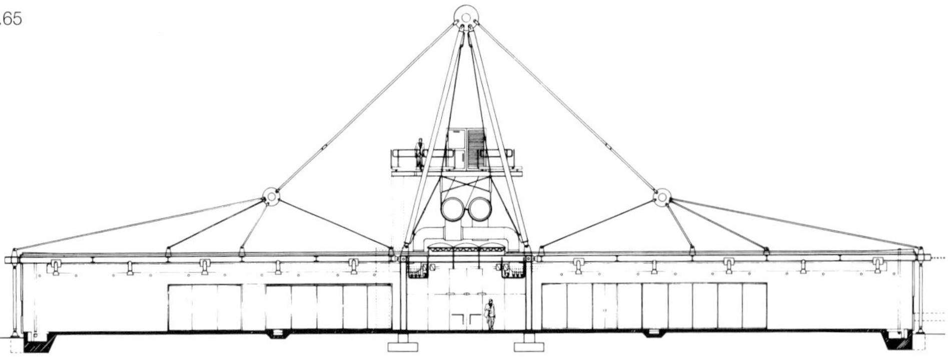

1.66
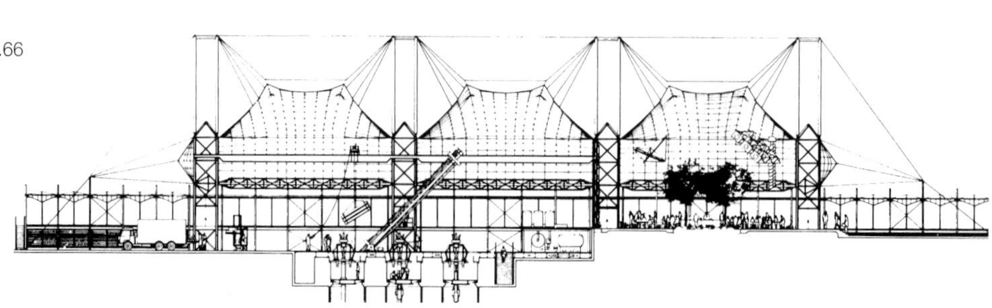

leitet sie an die Randseile weiter. Es hat viereckige Maschen mit gleichen Knotenabständen von 750 mm. Für die Montage sind die Seile biegsam aus möglichst dünnen Drähten geflochten. 19drähtige Litzen aus stark verzinkten Drähten mit 2,3 bis 3,4 mm Durchmesser sollen der Korrosionsanfälligkeit entgegenwirken. Die in verschlossener Bauart ausgeführten Randseile haben bei einem Durchmesser von 81 mm eine zulässige Tragkraft von 3000 kN bei zweifacher Sicherheit nach Berücksichtigung aller tragkraftmindernden Einflüsse. Die Knotenpunkte wurden, der jeweiligen Geometrie folgend, aus Gußstahl angefertigt. Die vorgereckten Seile sind mit einer neu entwickelten Vergußmasse in den Seilköpfen vergossen. Die Deckung aus vorgerecktem Acrylglas wird nun nach der erstaunlich langen Lebensdauer von über 26 Jahren erneuert und so sollte die uneingeschränkte Funktionstüchtigkeit der weltweit einzigartigen Dachkonstruktion für das nächste Vierteljahrhundert gesichert sein.

Ein modulares Raster von 16 m hohen Pylonen bildet die Grundlage für die erweiterungsfähige Hallenstruktur einer Automobilfabrik in Swindon von Norman Foster, in der neben Auslieferungs- und Ersatzteillager auch Büro- und Ausstellungsflächen untergebracht sind. Doppelt abgeknickte und unterspannte Stahlträger hängen an vorgespannten Rundrohrstahlstützen. Die Verspannung der Stützen erhöht die Steifigkeit und verringert die Dimensionen. Die Geometrie von Ab- und Unterspannungen im Dachtragwerk paßt sich dem Momentenverlauf der Hauptträger an. »Form und Dimension der Haupttragglieder machen die statische Beanspruchung deutlich: Stützen als druckbeanspruchte Elemente, Träger als biegebeanspruchte Elemente, Stäbe als zugbeanspruchte Elemente«[25], so analysiert Kurt Ackermann das Gebäude in seinem Buch »Industriebau«. Helmut C. Schulitz weist in seinem Aufsatz »Industriebau – Zukunft der Tradition« Analogien in der Geschichte nach. Konstruktionsvorschläge von Heinrich Hübsch (1825) wie das bereits erwähnte Hängewerksystem von Lehaitre und Mondésir von 1866 werden als frühe, ähnliche Vorstufen zu Fosters Lösung gedeutet. Das Ergebnis der Gegenüberstellung ist verblüffend.
In die bewegte Dachstruktur sind Oberlichter dergestalt eingepaßt, daß die Versorgung mit

1.67

1.68

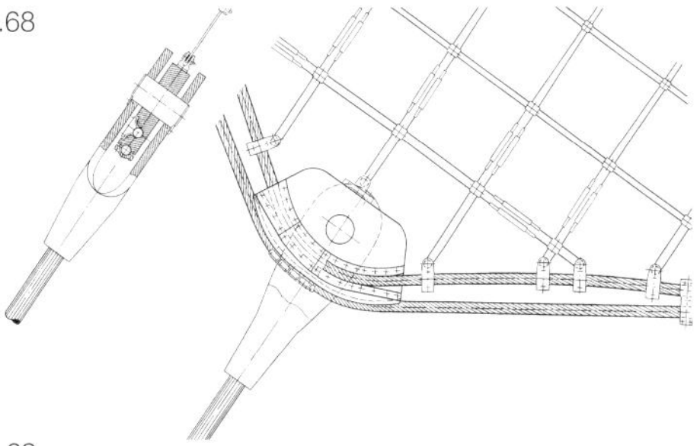

1.69

1.70

1.71

1.72

Tageslicht stets im erforderlichen Maße gewährleistet ist. Jeweils in Feldmitte liegende Oberlichter dienen gleichermaßen als Lüftungs- wie Rauchabzugsöffnungen.
Eine klar erkennbare Entwicklungsachse zeichnet das Forschungs- und Verwaltungsgebäude in Princeton von Richard Rogers aus. Das Rückgrat der Anlage wird durch eine 8 m breite und 80 m lange glasüberdachte Passage gebildet, über der auch die wesentlichen technischen Versorgungseinrichtungen konzentriert sind. 22,8 m tiefe stützenfreie und so mit einem hohen Grad an Flexibilität ausgezeichnete Nutzflächen schließen beidseitig an. Ermöglicht werden diese nutzungsorientierten Vorgaben durch eine hochaufragende Hängekonstruktion aus standardisierten Bauteilen.

Den konstruktiven Kern des Forschungsgebäudes von Michael Hopkins in Cambridge bilden zwei Stahlrahmensysteme aus Fachwerkträgern unterschiedlicher Spannweite und Höhe wie Höhenlage. Zwei parallel in Nord-/Südrichtung verlaufende eingeschossige Forschungstrakte schließen eine Zone von drei 24 m breiten und unterschiedlich hohen Raumabschnitten ein, die für übergeordnete Funktionen wie zentralem Testlabor und Restaurant mit Wintergarten vorbehalten und mit einer transluzenten Membranstruktur überdacht sind. Von den Kanten der mittleren Großmodule steigen gegeneinander mit Seilen verspannte Pylone auf, deren Enden die Ausgangspunkte für die abgehängte und vorgespannte Hülle aus PTFE-beschichtetem Glasfasergewebe bilden.

Hängekonstruktionen sind gerade in Verbindung mit textilen Membranen für unterschiedlichste Einsatzgebiete, für dauerhafte wie für temporäre Nutzungen bestens geeignet. Die Bandbreite der Möglichkeiten erscheint unerschöpflich und die Entwicklung noch lange nicht abgeschlossen. Membranen bieten Schutz gegen Witterungseinflüsse, gegen Niederschläge ebenso wie gegen allzustarke Sonneneinstrahlung. Zunehmend werden auch veränderbare Überdachungen gewünscht und realisiert. Zum konventionellen Stahlbau, der Seil- und Textiltechnik, treten zunehmend Elemente aus dem Maschinenbau hinzu.

1.73 Fabrik in Lessay 1992,
Alluin & Mauduit, Groupe Arcora
1.74 Frachthalle in Roissy 1992,
Bianchi, Groupe Arcora

1.73

1.74

Die Membrandachkonstruktion der Fabrik in Lessay verleiht der linear entwickelten Anlage nicht nur ein außergewöhnliches Erscheinungsbild, sondern sorgt im Inneren für eine angenehm natürlich belichtete Erschließungszone. Eine andere Funktion erfüllt die modulare Dachstruktur aus Stahl und Polyestergewebe der Frachthalle am Flughafen in Roissy. Eine große Fläche ist mit ökonomischen Mitteln vor Witterungseinflüssen zu schützen.

Victoria Station,
London 1862, John Fowler

Prinzip der Unterspannung
Schmiedeeisen als Voraussetzung

1.75
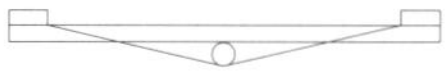

1.76

1.75 Prinzipskizze unterspannter Balken
1.76 Prinzipskizze Polonceau-Träger
1.77 Rudolph Gottgetreu, Lehrbuch der Hochbaukonstruktion 1885, Dritter Theil Eisen-Konstruktionen, Dachkonstruktionen aus Holz und Eisen
1.78 E. Brandt, Lehrbuch der Eisenkonstruktionen 1876, unterspannter Balken

Aus der Kombination von horizontalen oder leicht gewölbten gußeisernen Balken mit schmiedeeisernen Zugbändern resultiert eine Verbesserung der Trageigenschaften. Zudem lassen sich die Spannweiten von Deckenkonstruktionen erweitern. So verwendet Friedrich August Stüler in einem Ausstellungsraum im Obergeschoß des Neuen Museums in Berlin einen leicht gewölbten gußeisernen Balken mit entsprechender Ausformung an beiden Enden, um ein Paar Rundstäbe aus Schmiedeeisen als Spannglieder einsetzen zu können. Das so entstehende Tragwerk wird mit ornamentalem Beiwerk aus Zinkguß überzogen. Quer dazu werden T-förmige Profile gelegt und die Felder mit steinernen Kappen ausgemauert. Nur im Vorraum bleibt der Träger, wie Werner Lorenz annimmt, ganz bewußt ohne Verkleidung. Den auf der gegenüberliegenden Seite oben gezeigten Regelfall eines horizontalen, mit einem kurzen mittig angeordneten Druckelement versehenen, unterspannten Balkens findet man noch im »Lehrbuch der Eisenkonstruktionen« von E. Brandt in der Ausgabe von 1876.

Die nebenstehende Tafel aus Gottgetreus »Lehrbuch für Hochbaukonstruktionen« zeigt die Entwicklung vom hölzernen Dachbinder, der schrittweise mit geeigneten Maßnahmen für größere Spannweiten eingerichtet wird – vom Hängewerk bis zum unterspannten, komplett in Guß- und Schmiedeeisen gefügten Tragwerk, wie es die Ingenieure Wiegmann 1836 und Polonceau um 1839 unabhängig voneinander erfunden haben. Für die entsprechenden auf Zug beanspruchten Elemente ist nur duktiles Schmiedeeisen geeignet. Der sogenannte Polonceau-Träger kam in der Folgezeit bei einer Vielzahl von bedeutenden Bauwerken zum Einsatz.

Ein Beispiel dafür ist die Anlage der Weltausstellung von 1867 in Paris. Sie wird von Frédéric Le Play konzipiert. Die bauliche Umsetzung erfolgt durch den Architekten Léopold Hardy und den Ingenieur Jean-Baptiste Krantz. Die Gebäudestruktur hat die Form eines riesigen Ovals mit den Abmessungen von 490 × 386 m. In allen namhaften Bauzeitschriften wird die Anlage ausführlich behandelt. Sorgfältig dokumentierte Ausführungszeichnungen belegen die rasante Entwicklung der Bautechnik dank der neuen

1.77
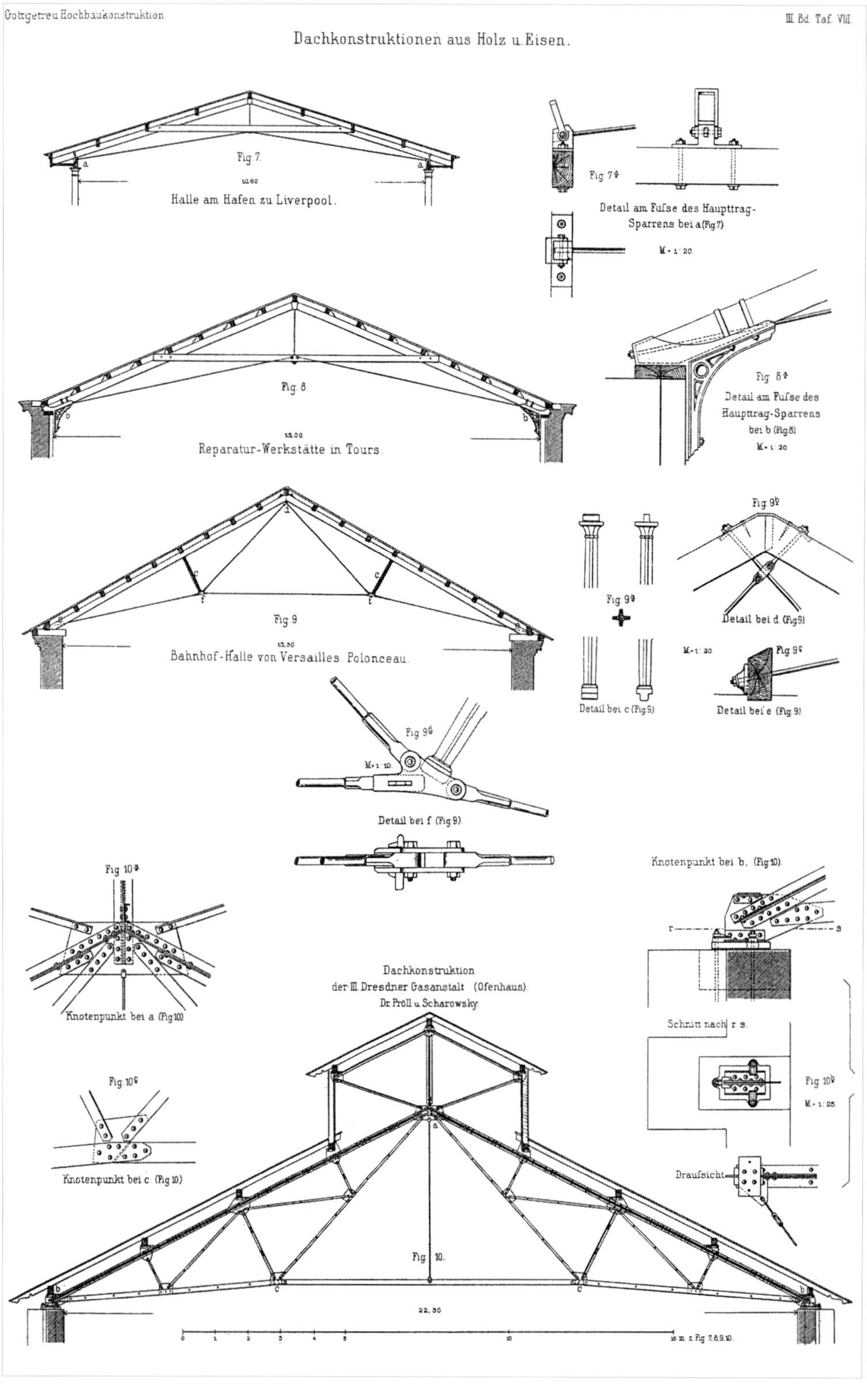

1.79 Weltausstellung Paris 1867, Léopold Hardy, Jean-Baptiste Krantz, Querschnitt Hallenstruktur
1.80 wie zuvor, Details Tragwerk Zwischenhallen
1.81 Gare d'Austerlitz, Paris 1869, Pierre L. Renaud, Louis Sévène
1.82 Bradbury Building, Los Angeles 1893, George Herbert Wyman, Atrium mit Glasüberdachung

1.78

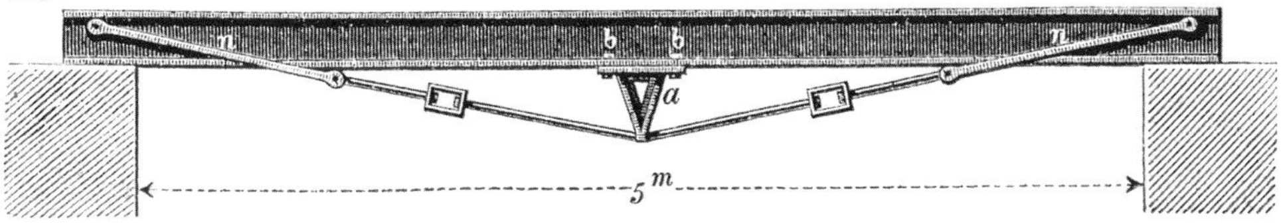

1.79

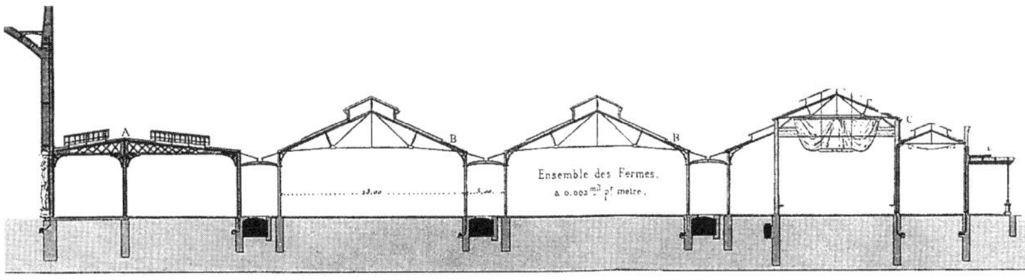

1.80

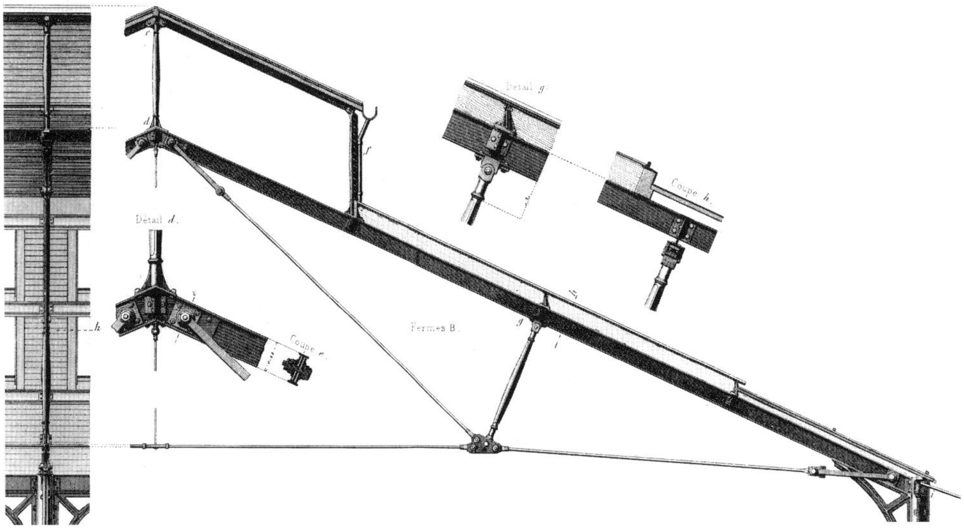

1.81

1.82

Materialien Eisen, Glas und Wellblech. Dabei ist ein Teil der Hallen mit den von Camille Polonceau entwickelten Trägern ausgestattet. Auch bei Bahnhofshallen bewährt sich dieses geschickt nach Zug- und Druckkräften differenzierende Tragwerk. Der Pariser Bahnhof St. Lazare, 1852–54 von dem Architekten Alfred Armand und dem Ingenieur Eugène Flachat neu errichtet, wird mit 40 m weit gespannten Polonceau-Trägern ausgerüstet. Die große Halle des Gare d'Austerlitz in Paris, 1869 erbaut, folgt dem gleichen Prinzip, allerdings in seiner Geometrie erweitert. Die Spannweite mißt hier 52,55 m, die Obergurte der Binder bestehen aus Gitterträgern. Der Abstand der Binder beträgt 10 m, sie sind zur Aussteifung in Längsrichtung biegesteif mit pfettenartigen Fachwerkträgern verbunden. Die Halle ist etwa 22 m hoch und 280 m lang. Als Ingenieur zeichnet Louis Sévène verantwortlich, der Architekt ist Pierre-Louis Renaud. Die Bemühungen um eine Minimierung des Materials bei gleichzeitig erhöhter Spannweite und Tragfähigkeit sind hier bereits deutlich erkennbar. Guß- und Schmiedeeisen lassen sich gut in ihren unterschiedlichen Erscheinungsformen ablesen: die gegossenen, dekorativ behandelten Druckstützen, die gewalzten Profile der vernieteten Fachwerk- und Gitterträger, die gezogenen Stäbe der Unterspannungen. Die auf das ökonomische Mindestmaß begrenzten Verbindungselemente stehen formal den heute verfügbaren und eingesetzten Bauteilen in nichts nach.
In vielen weiteren Bahnhofs- wie Markthallen hält der Polonceau-Träger Einzug und das nicht nur in Frankreich. Das lichtdurchflutete Atrium des von George Herbert Wyman 1893 fertiggestellten Büro- und Geschäftsgebäudes in Los Angeles – der Bauherr ist Louis Bradbury – besticht durch das hohe, auf besonders filigran gestalteten Polonceau-Trägern aufgebrachte Glasdach. Das Material Eisen prägt beim sichtbar eingestellten Tragskelett der umlaufenden Erschließungsflure und bei der Ausformung der angebundenen Treppen und Aufzugsanlagen den Eindruck des gesamten Raumes. Die Gebäudehülle ist jedoch konventionell in einer Mischung aus Mauerwerk und Sandstein ausgeführt.

Es sollte jedoch nun geraume Zeit dauern bis zur Wiederentdeckung der in dieser Weise unterspannten Tragwerke in unseren Tagen.

1.83

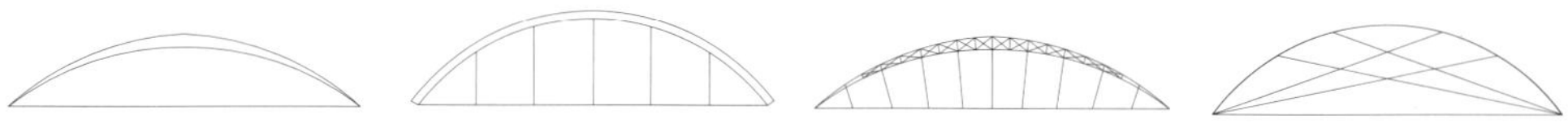

1.84

1.85

Das Prinzip der Unterspannung ist beim Bogentragwerk besonders effektiv einsetzbar. Die auf die Umfassungswände einwirkenden horizontalen Schubspannungen lassen sich problemlos durch ein zwischen den Bogenenden eingefügtes Zugelement (Stab oder Seil) aufnehmen.

Paddington Station in London, 1851 von dem Architekten Matthew Dingby Wyatt zusammen mit dem Allroundtalent Isambard Kingdom Brunel als Ingenieur fertiggestellt, besteht ursprünglich aus einer zentralen, 31 m breiten und 213 m langen Halle mit beidseitig angeschlossenen 21 m breiten Seitenschiffen. Auf schlanken gußeisernen Bogenprofilen, mit Zugstangen unterspannt, verläuft ein breites, nach dem von Paxton entwickelten »ridge and furrow«-System konstruiertes Oberlichtband. Eine Besonderheit sind zwei Querschiffe, die eine wichtige Rolle für die Längsaussteifung der Anlage spielen. Die eben bei der Erstellung des Glaspalastes erfolgreich tätige, auf den Eisenbau spezialisierte Firma Fox & Henderson ist auch hier für die Realisierung verantwortlich.
Etwa zur gleichen Zeit überspannt Richard Turner Lime Street Station in Liverpool mit einem ebenfalls unterspannten, diesmal aber sichelförmig aus Schmiedeeisen konstruierten Binder. Die Weite beträgt hier ca. 47 m.
Die unterspannten Bogen aus Gitterträgern von Victoria Station in London (1860–62) hat der Ingenieur John Fowler entworfen. Die horizontalen Spannglieder aus schmiedeeisernen Kettenelementen werden von oben mittels radial ausgerichteter Stangen gegen Durchhängen gesichert.

Der äußerst kreative und lange Zeit unbeachtete russische Ingenieur V. G. Šuchov hat sich wohl als erster systematisch mit den konstruktiven Möglichkeiten von Bogenkonstruktionen mit biegeweichen Zuggliedern auseinandergesetzt. Murat M. Gappoev beschreibt diese Bemühungen ausführlich in einem Beitrag zu Rainer Graefes Katalogbuch über Šuchov. Den Ausgangspunkt der Untersuchungen bildet der einfachste Fall eines Bogens mit drei Zuggliedern, d. h. mit zwei zusätzlichen Schrägzügen zum bekannten horizontalen Zugband. Da nur Zugkräfte aufgenommen werden können, schalten sich diese Elemente bei auftretenden Druckkräften aus. Šuchov

1.83 Varianten unterspannter Bogentragwerke
1.84 Paddington Station, London 1851, M. Dingby Wyatt, Isambard Kingdom Brunel
1.85 Kaufhaus GUM, Moskau 1893, A. N. Pomerancev, V. G. Šuchov
1.86 Allrussische Ausstellung Niznij Novgorod 1896, A. N. Pomerancev, große Maschinenhalle
1.87 US-Pavillon Weltausstellung Brüssel 1958, Edward D. Stone, W. Cornelius, Schnittschema
1.88 wie zuvor, Trägerlage
1.89 wie zuvor, Detail Druckring mit Anschlüssen
1.90 wie zuvor, Montagezustand

stellt für diese neuen Systeme ausführliche Berechnungs- und Planungsgrundlagen auf. Die große Maschinenhalle der Allrussischen Ausstellung in Niznij Novgorod von A. N. Pomerancev ist ein erster Anwendungsversuch für diese neuen Thesen. Ein weitgespannter Fachwerkträger wird mit acht Schrägzügen stabil gehalten. Die berühmten Passagendächer des Kaufhauses GUM in Moskau folgen demselben Prinzip. Normalerweise gegen Durchhängen eingesetzte Spannschlösser sucht man hier vergeblich. Da auch der Hinweis auf exakte Detailausbildung und präzise Montage keine ausreichende Erklärung liefert, nimmt Gappoev in seiner Analyse an, daß Šuchov im vorliegenden Fall bereits alle Schrägzüge vorgespannt hat. Das feine Netz von Spannstäben wird aus der Entfernung kaum mehr wahrgenommen, es sorgt jedoch für eine ausgesprochen filigrane Konstruktion. Der Materialaufwand ist auf ein Minimum reduziert.

Eine geometrisch zum Vollkreis ergänzte und statisch verfeinerte Form unterspannter Konstruktionen stellt das Speichenrad dar. Weltausstellungen sind stets auch Experimentierfeld für die Erprobung besonderer Konstruktionen. So verzeichnet der US-Pavillon der Ausstellung 1958 in Brüssel bemerkenswerterweise in Ingenieurpublikationen ein größeres Echo als in den zeitgleichen Architekturgazetten. Die unverkleidete Tragstruktur ist auch weitaus interessanter als das schließlich im Zeitgeschmack dekorierte Gebäude. Ein Fachwerkpolygonzug liegt auf einem Doppelring von 72 Stahlstützen. Von hier spannen sich radial 36 fallende und 72 steigende Spannseile zu einem oberen und unteren Zugring im Zentrum der Halle. Lotrechte Stützen halten die beiden Ringe auf Distanz. Auskreuzungen stabilisieren die Zylinderfläche. Die vielschnittigen Anschlüsse der Spannseile am inneren Zugringgurt mittels Breitflachstählen und hochfesten Schrauben werden vor Ausführung an der Technischen Hochschule in Karlsruhe getestet. Die verschlossenen Tragseile bestehen aus inneren Rund- und Keildrähten und äußeren Profildrähten. Die Seilköpfe sind aufgegossen. Von einer Plattform in Bauwerksmitte aus werden während der Montage laufend Höhen- und Winkelmessungen vorgenommen und die Radialabstände mit über Rollen laufende und durch Gegengewichte gespannte Stahldrähte kontrolliert.

1.86

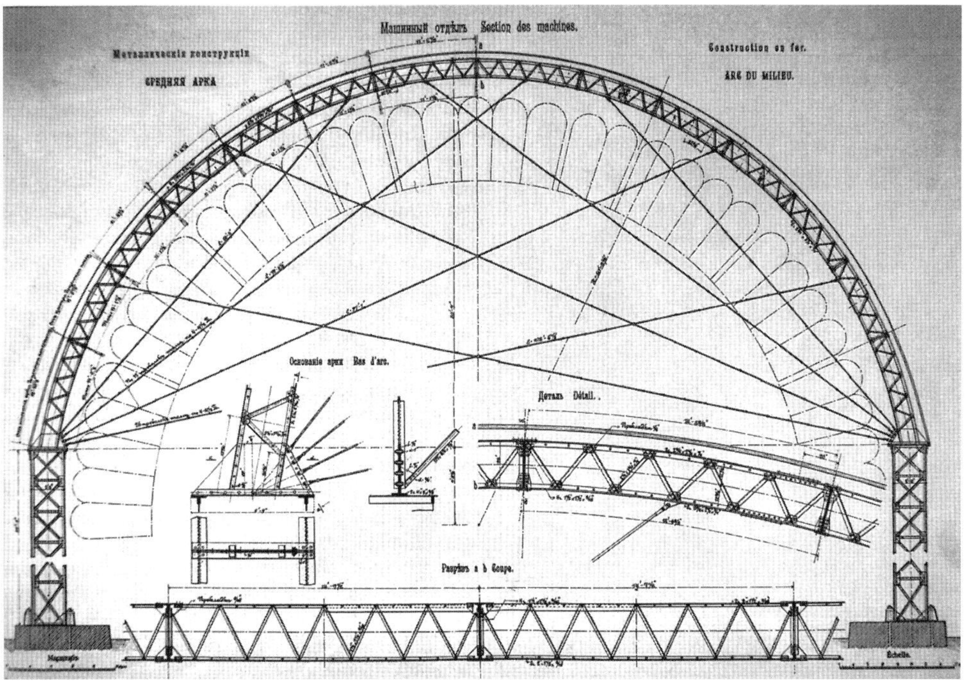

1.87

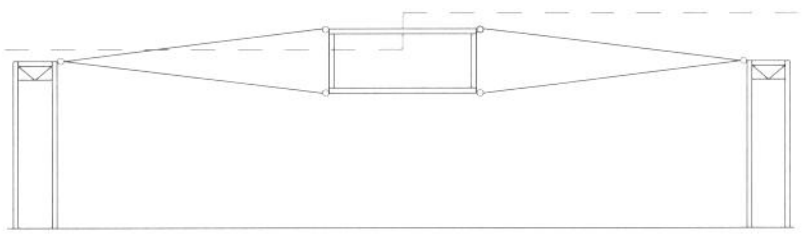

1.88

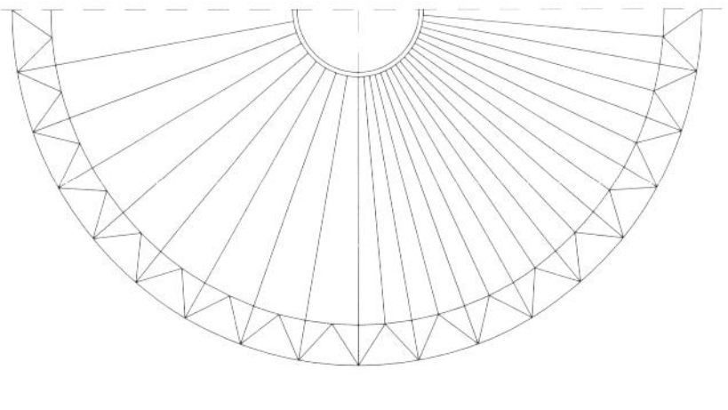

1.89

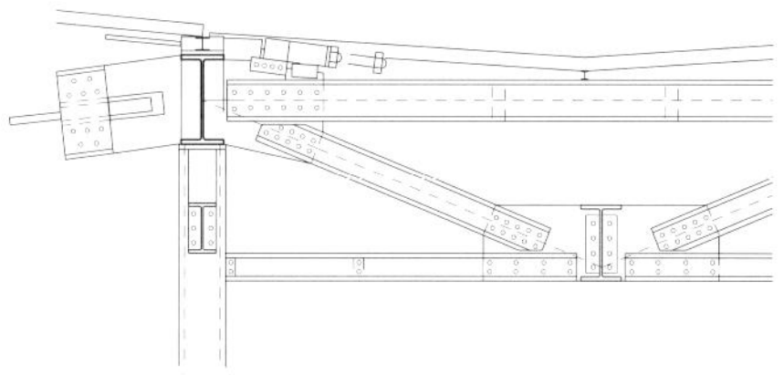

1.90

1.91 Thames Reach Housing, London 1987, Richard Rogers
1.92 Centre Commercial St Herblain, Nantes 1987, Richard Rogers
1.93 Channel 4, London 1994, Richard Rogers

1.91

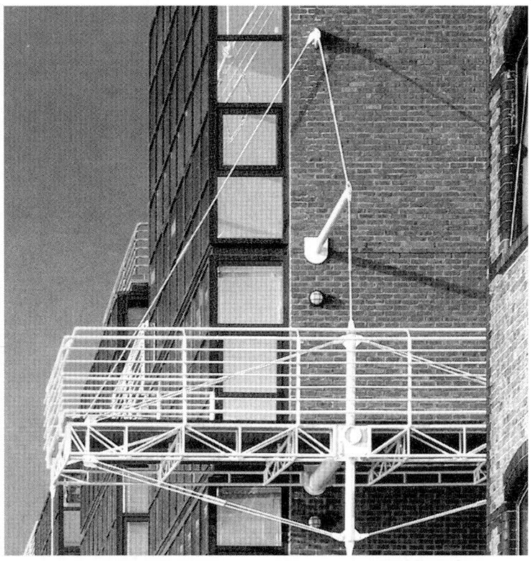

1.92

1.93

Details, die dem Prinzip der Unterspannung folgend zu materialminimierten und filigranen Tragstrukturen führen, prägen zahlreiche Bauten Richard Rogers und seiner Mitarbeiter. Die Basisprofile von unterschiedlichsten Bauteilen wie Balkone, Stege und Brücken lassen sich schlanker dimensionieren und das Ergebnis der sichtbar gemachten Wirkung von Zug und Druck führt zu einer ganz besonderen, neuen ästhetischen Qualität.

Die Wohnanlage Thames Reach Housing, am Ufer der Themse gelegen, wird geprägt von den großzügig bemessenen Balkonen, die schwebend und deckartig eingefügt zwischen die einzelnen Wohnblöcke, zusammen mit den horizontalen Geländerstrukturen Assoziationen an Schiffsaufbauten wecken.

Die Geländemodellierung am Gewerbekomplex St. Herblain bei Nantes erlaubt eine prägnant und brückenartig gestaltete Eingangslösung. Weitere Hervorhebungen und Markierungen sind überflüssig.

Das aufregend inszenierte Eingangsfoyer des Senders Channel 4 in London wird ebenfalls über eine stegartige, hier mit bedruckten Glastafeln belegte Konstruktion erschossen. Der Raum darunter erhält durch die sichtbar gemachte Wirkung des Tragwerks eine besontere Note, obgleich er im Untergeschoß liegt.

Karl Scheffler:
»Er (Endell) hat die profanen Grundformen, wie sie sich von selbst ergeben haben, beibehalten, hat sie aber so durchgeistigt, so gruppiert und in rhythmische Ordnung gebracht, dass man zum erstenmal von einer spezifischen Rennbahnarchitektur sprechen darf. Die scheusslichen Eisen- und Holz-gerüste sind ihm zu geistreichen, herb graziösen Ingenieurarchitekturen geworden ...«[26]

Tribüne Trabrennbahn, Berlin-Mariendorf 1912, August Endell

Fachwerk als Träger
Fachwerk im Geschoßbau

1.94

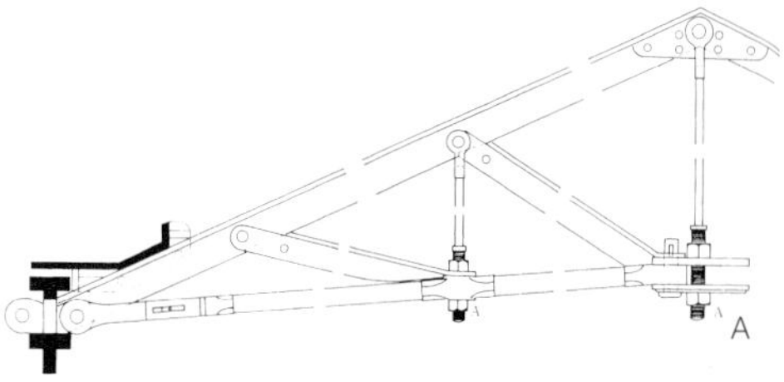

»Unter Fachwerk verstehen wir jenes System von Stäben, deren Endpunkte durch Gelenke miteinander verbunden sind.«[27] Otto Königer 1890
»Fachwerke sind Systeme aus Stäben, die durch Normalkräfte die Belastung auf die Gesamtkonstruktion aufnehmen.«[28] ESDEP 1996

Mitte des 19. Jahrhunderts liegt das klassische Fachwerk in Eisen vor. Zahllose Vorstufen, Varianten und Ableger, vielfach in Holz oder in Mischkonstruktionen aus Eisen und Holz vorformuliert, machen eine klare und übersichtliche Ordnung nahezu unmöglich. Auch der im vorangehenden Kapitel behandelte Polonceau-Träger ist unter dem Oberbegriff des Fachwerks oder des Fachwerkvorläufers subsummierbar. Während die frühen Fachwerkformen auf empirischem Wege entwickelt werden, können nach der Veröffentlichung einer ersten allgemeinen Fachwerktheorie durch J.W. Schwedler 1851 Berechnungen für eine Bemessung herangezogen werden. Wilhelm Ritter und Karl Culmann sind bei der Verfeinerung der Theorie ebenso beteiligt wie Luigi Cremona, der mit dem »Cremona-Plan« ein graphisches Hilfsmittel vorlegt. Auch in Rußland gibt es gleichartige Bemühungen, die erst später im Westen bekannt werden. Mit zunehmender Verbreitung der neuen Konstruktions- und Rechenmethoden sollte jedoch in der Folgezeit eine gewaltige Verarmung in der Vielfalt der Formen verbunden sein. Erst mit dem Beginn der Computertechnik kann diese wieder überwunden werden.
Interessant ist es, an einzelnen wichtigen Beispielen die Entwicklung der eisernen Fachwerke streiflichtartig nachzuvollziehen. Das Dachtragwerk von Euston Station in London weist schon die fachwerkstypische Geometrie auf. Die Ausführung der Elemente sowie die gelenkartige Ausbildung der Knotenpunkte ist bemerkenswert. Victoria Station in Manchester hat ein ähnlich konstruiertes Tragwerk mit größerer Spannweite.
In der »Allgemeinen Bauzeitung« von 1835 schildert der Ingenieur Karl Etzel seine Eindrücke von dem neuen »Magdalenen-Markt zu Paris«: »Das zierliche, spinnenwebähnliche Dachwerk aber, darunter die eleganten Tische, Schränke, Waagen und sonstigen Marktgeräthe, und die mit französischer Koketterie ausgestellten Waren machen einen höchst befriedigenden Eindruck.«[29] Die Konstruktionszeichnungen folgen auf separaten Tafeln. Die mangelhafte Queraussteifung bescherte dem Gebäude keine allzulange Lebensdauer (Einsturz 1842).
Karl Muffat nimmt beim Entwurf seiner »Maximilians-Getreidehalle« in München das filigrane Konstruktionsprinzip des Marché de la Madeleine auf und sorgt durch die Einführung

1.95

1.96

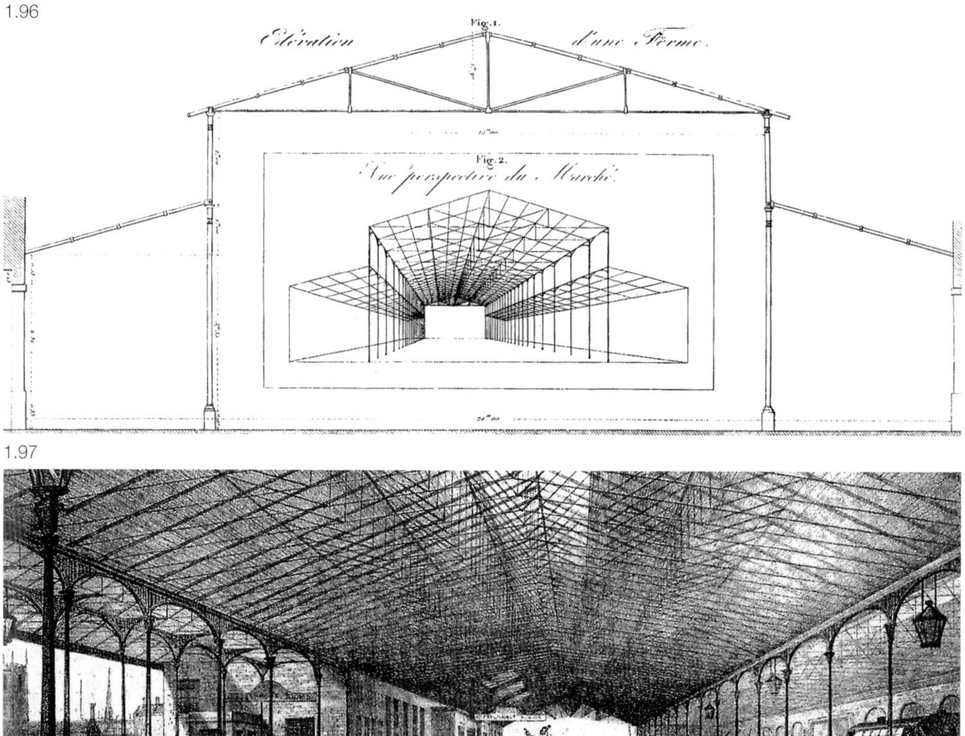

1.97

1.98

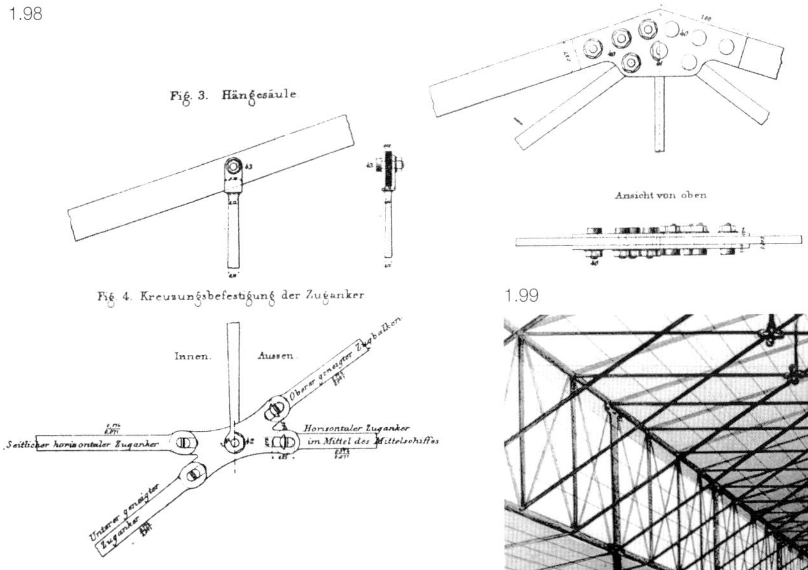

1.94 Euston Station, London 1837, Philip Hardwick, Robert Stephenson, Detail Tragwerk
1.95 wie zuvor, Innenraum
1.96 Marché de la Madeleine, Paris (Entwurf 1824, Ausführung 1838), M. G. Veugny
1.97 Victoria Station, Manchester 1849, George Stephenson
1.98, 1.99, 1.100 Schrannenhalle, München 1853, Karl Muffat
1.101 Patent-Brücke 1841, Squire Whipple

1.99

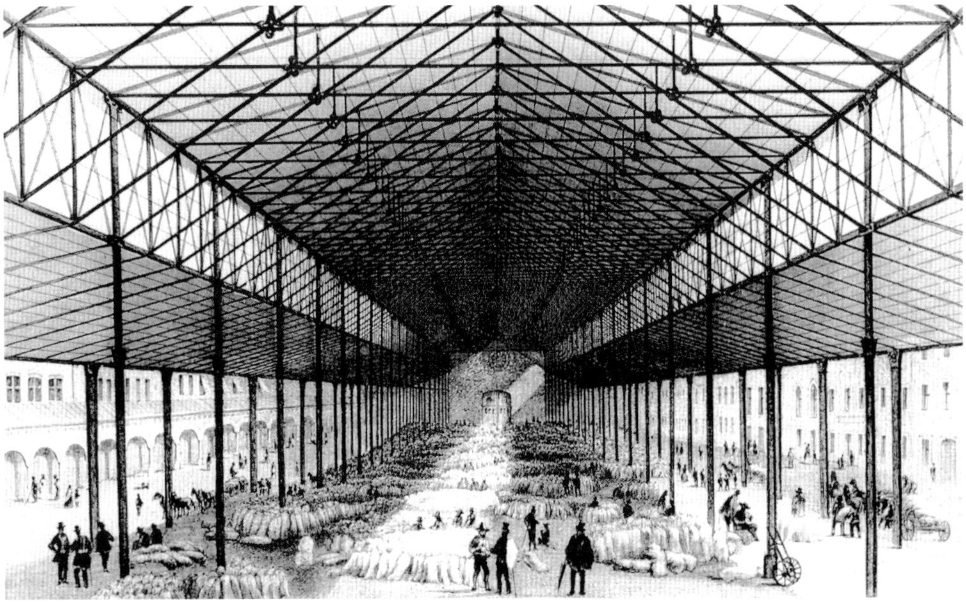

1.100

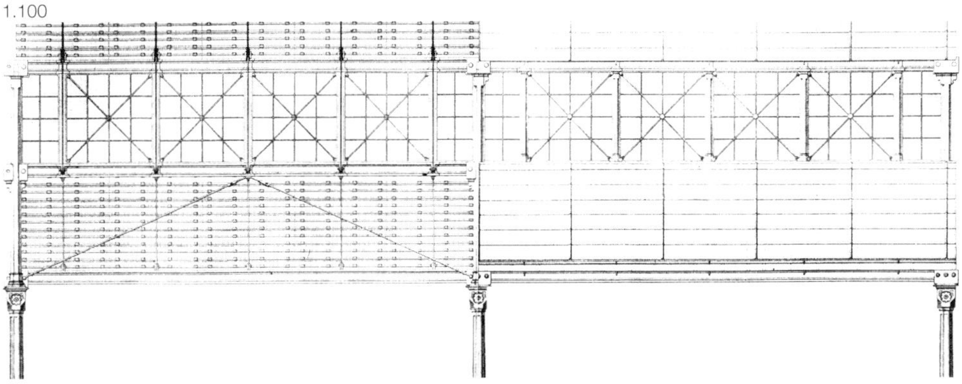

1.101

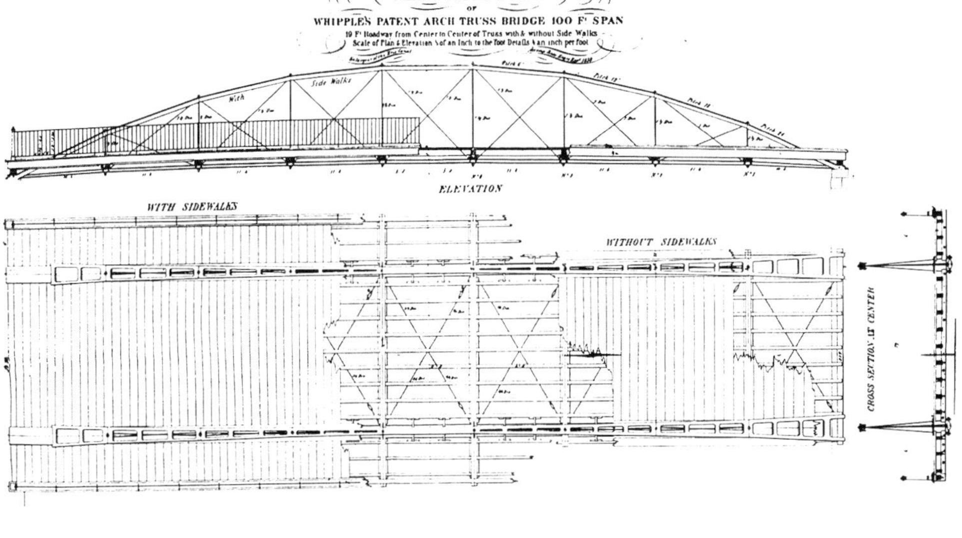

zusätzlicher Zuganker für dauerhafte Stabilität. »Sämtliche Eisentheile wurden entweder einer Zug- oder Belastungsprobe je nach ihrer konstruktiven Anforderung unterworfen«[30], bestätigt L. Wind in einem ausführlichen Bericht der »Allgemeinen Bauzeitung« von 1856. Während der Querschnitt der Halle auch Ähnlichkeiten zum Polonceau-Träger aufweist, so überrascht die Längsansicht im Abschnitt der Dachlaterne mit Gitterträgern, die in ihrer Wirkung der eines Fachwerks schon sehr nahekommen. Die industrielle Vorfertigung mit hoher Präzision und die relativ geringe Anzahl unterschiedlicher Bauelemente revolutionierte den Baubetrieb. Dauerte der Aufbau des Nordflügels noch zwei Monate, so war das Gerüst des südlichen Teils bereits innerhalb von 14 Tagen errichtet. Durch glückliche Umstände ist ein Teil der Halle noch heute erhalten. Er wurde 1997 erneut demontiert und wartet auf seine Wiedererrichtung am originalen Standort. Das System des Längsträgers der Schrannenhalle erinnert direkt an Tragsysteme aus dem zeitgenössischen Brückenbau.
Die Patentbrücke von Squire Whipple steht in einer Entwicklungslinie einer ganzen Reihe von Tragwerksentwürfen von Stephen Harriman Long, William Howe und anderen. Das rasante Tempo beim Aufbau des amerikanischen Verkehrsnetzes stellte hohe terminliche Anforderungen an den Brückenbau. Der Mangel an ausreichend geschulten Bauarbeitern mußte zu anderen Lösungsansätzen als in Europa führen. Der Bedarf an standardisierten Bausystemen war hier ungleich größer. Die Spannweite der Brücke von Squire Whipple ist mit ca. 30 m relativ bescheiden. Ein flacher Bogenträger ist mit einem filigranen Stabwerk und Auskreuzungen aus Rundstäben gefüllt. Die Fahrbahn besteht aus hölzernen Balken und Bohlen. Realisiert wurde der Brückenentwurf über den Erie-Kanal in Rochester.

1.102

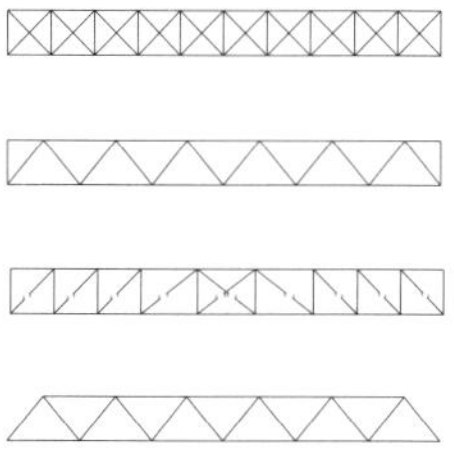

1.102 Fachwerksysteme, eine Auswahl
1.103 Markthallen, Paris 1857, Victor Baltard und Felix Emmanuel Callet, Fassadenausschnitt
1.104 wie zuvor, Vogelschau aus Projektdokumentation von1863
1.105 Schokoladenfabrik, Noisiel 1872, Jules Saulnier, konstruktive Struktur
1.106 wie zuvor, Gesamtansicht
1.107 wie zuvor, Fassadenausschnitt
1.108 wie zuvor, Gebäudeschnitt

Eine kompakte Struktur eiserner Hallen erfüllt über 100 Jahre lang die Funktion des »Bauches« von Paris. Der Architekt Victor Baltard besucht vor Beginn seiner Arbeiten am Projekt einschlägige Bauten in England, Belgien, Holland und Deutschland. Ein erster massiv ausgeführter Pavillon – nur die Dächer sollten eiserne Tragwerke erhalten – löst heftige Widersprüche aus. Nach einem Wettbewerb mit mehr als 40 Konkurrenten erarbeitet Baltard zusammen mit seinem Kollegen Félix Emmanuel Callet in mehreren Stufen das schließlich zwischen 1854–1857 und 1860–1878 realisierte Projekt. Auf Weisung des Präfekten Baron Haussmann – eine ähnliche Intervention auf politischer Ebene wie bei der Schrannenhalle in München – wird eine reine Eisenarchitektur gewählt. Man bezieht den in einschlägigen Konstruktionen erfahrenen Bauunternehmer Joly (Gare de l'Est) in die Planungen mit ein. Im Gegensatz zu späteren Nachfolgeprojekten in anderen europäischen Großstädten sind die Fassaden ebenfalls geprägt von der neuen eisernen Bautechnik. Die von den Architekten selbst erstellte umfangreiche Gebäudedokumentation wartet neben den üblichen Grundrissen, Schnitten und Fassadenplänen auch mit allen wichtigen Detailzeichnungen auf. Ein Skelett aus gußeisernen Stützen und Fachwerkträgern, zusammengenietet aus Walzprofilen, bildet die Basis. Die Ausfachungen erfolgen in Glas und Mauerwerk, später auch mit Blechtafeln. Trotz einer hohen baulichen Differenzierung der einzelnen Pavillons läßt sich durch das zugrundeliegende Raster die Anzahl der erforderlichen Bauelemente verhältnismäßig gering halten. Alle Anschlüsse von Trägern und Säulen, von Paneelen und Rahmen sind sorgfältig detailliert. Auch die technischen Vorkehrungen zur Vorhaltung verbesserter hygienischer Bedingungen beim Umgang mit Lebensmitteln (Kühlanlagen u. a. m.) sind bereits weit entwickelt. »Die neuen Zentralhallen zu Paris können als ein Muster für derartige Anlagen betrachtet werden, obgleich man sie mit mehr Aufwand und Luxus behandelt hat als streng genommen nothwendig gewesen wäre«[31], schreibt ein Berichterstatter in der »Allgemeinen Bauzeitung« im Jahre 1859. Trotz einiger Bemühungen zur Erhaltung ist den berühmten Hallen von Paris 1971 das Schicksal des Abbruchs beschieden (lediglich ein Pavillon wurde 1976 in Nogent wiedererrichtet).

1.103

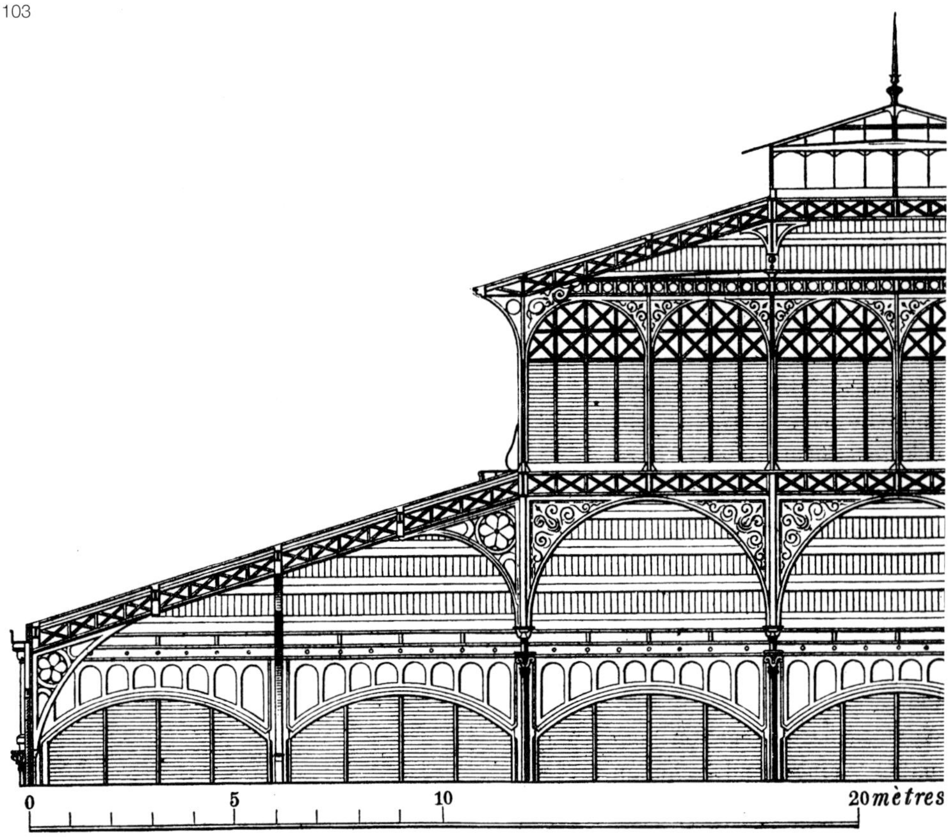

1.104

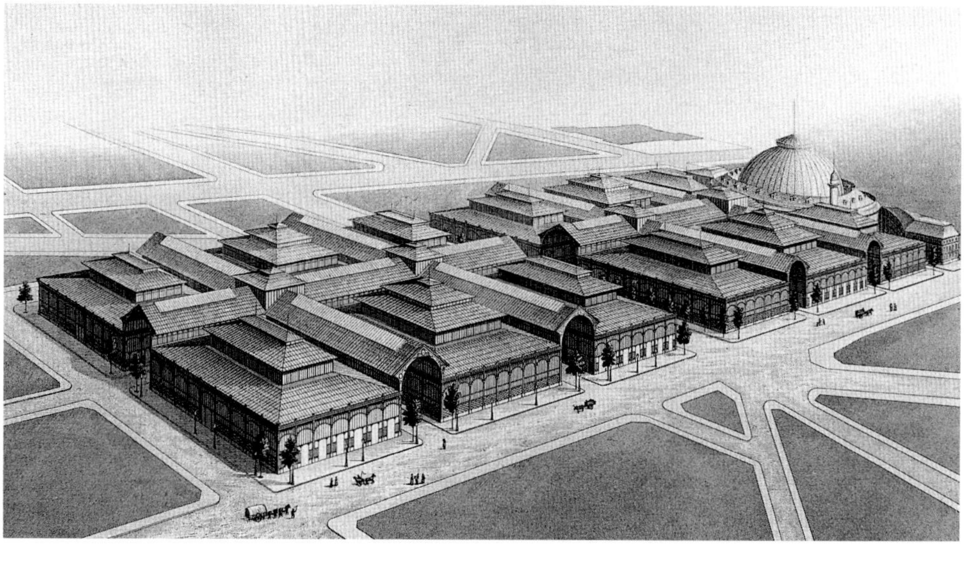

1.105

1.106

1.107

1.108

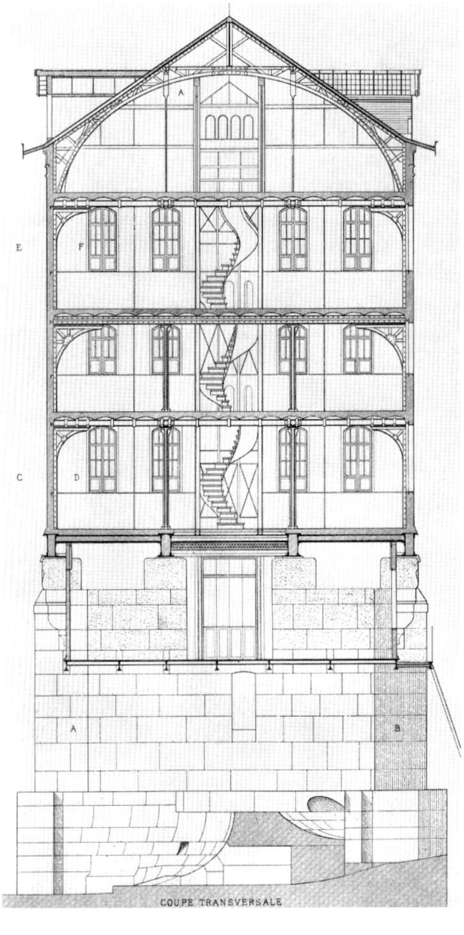

Kaum eine Darstellung der Geschichte des Bauens mit Eisen kommt an einer Würdigung der Schokoladenmühle von Jules Saulnier in Noisiel vorbei. Das Gebäude ist eine direkte Umsetzung des bis dahin üblichen Holzfachwerks in das neue Material Eisen. Technisch tritt zum außen gezeigten diagonalen Windverband, der mit Stützen und Deckenträgern statisch als mächtiger Fachwerkträger funktioniert, das gänzlich aus Eisen gefügte Skelett des Gebäudes. Typologisch kann man die Mühle auch als mehrgeschossiges Brückenbauwerk einstufen. Die oben abgebildete Darstellung des Eisengerippes ist der Beleg dafür. In der Zeitschrift »Encyclopédie d'Architecture« (Ausgabe 1874) beschreibt der Architekt selbst Werdegang und Konstruktion des Projektes: »Ich schlug Herrn Menier vor, alles abzureißen und legte ihm den Plan für ein ganz aus Eisen und Ziegeln gefertigtes Gebäude vor, wobei die Wände der Fassade wie die Träger einer Brücke aus Eisenfachwerk ausgebildet selbst als Träger wirken sollten. ... Das Gebäude war seiner Lage, seiner Größe und Funktion nach das wichtigste seiner Fabrikanlage; er schreckte vor keinen noch so hohen Kosten zurück und beschloß es besonders ansprechend zu gestalten, in einer Art und Weise, die bei Industrieanlagen kaum üblich ist.«[32] So läßt sich die Mühle in ihrer ästhetischen Qualität sicher als frühes Beispiel einer Umsetzung sogenannter Corporate Identity bezeichnen. Der hohe bautechnische Aufwand bei den zweischalig ausgeführten Füllungen aus Sichtmauerwerk ist sicher der Hauptgrund für die eher spärliche Rezeption der viel publizierten Anlage.
Anläßlich der kürzlich erfolgten Sanierung konnte man die hohe technische Qualität im Detail gut analysieren. Erst die Verfügbarkeit von Puddeleisen und davon erzeugten Walzprofilen hoher Genauigkeit und Belastbarkeit machte die Umsetzung des außergewöhnlichen konstruktiven Konzeptes möglich. Da sich das große Metallgefüge bei den üblichen Temperaturschwankungen in der Längsrichtung bis zu fünf Zentimeter ausdehnt bzw. zusammenzieht, mußten die Fugen zwischen Ziegelausfachung und Eisenprofilen mit einem Mörtel besonderer Elastizität verfüllt werden, um eventuellen Rissen und daraus resultierenden möglichen Schäden vorzubeugen. Auch die originale Farbfassung konnte nachgewiesen und wiederhergestellt werden.

1.109

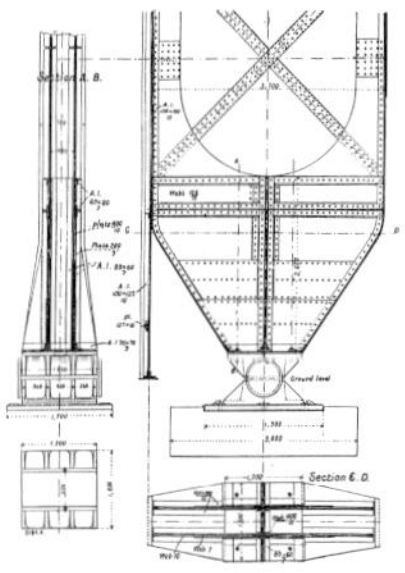

1.110

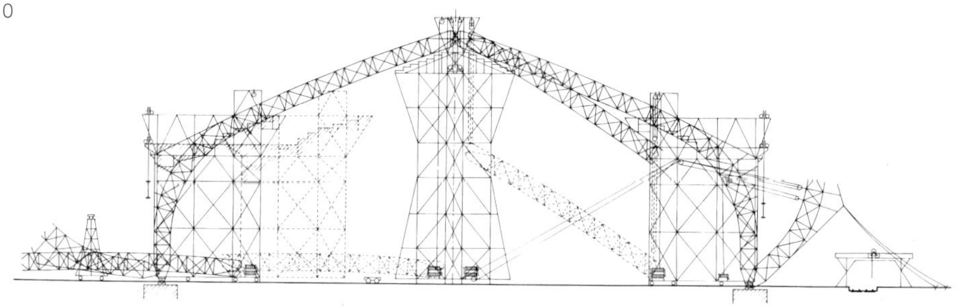

Die folgenden Bauten stellen Höhepunkte im eisernen Fachwerkbau dar. Gustave Eiffel hat am Viadukt von Garabit bereits zahlreiche Details entwickelt und erprobt, die ihm beim Bau des »Tour des 300 Metres« zustatten kommen. Seine Mitarbeiter Émile Nouguier und Maurice Koechlin hatten im Vorfeld der Vorbereitungen zur Weltausstellung 1889 die Idee zu einem Turm als Symbol und Merkzeichen zeichnerisch formuliert. Stephen Sauvestre, der Architekt im Team, präzisiert den Entwurf. Als sich die Chancen zur Realisierung eröffnen, löst Eiffel bei seinen eigenen Mitarbeitern den Entwurf finanziell ab, macht den Turm zu seiner eigenen Idee und setzt nun alle Hebel in Bewegung, um das Projekt zu realisieren. In kurzer Zeit waren Konstruktion, Tonnage, Kosten und Montagezeit soweit präzisiert, daß der Vorsprung gegenüber weiteren Konkurrenten bei einem Ideenwettbewerb 1886 letztendlich zum Erfolg führen sollte. Dutert, Eiffel/Sauvestre und Formigé erhielten die drei ersten Preise. Der Vertrag Eiffels mit Vertretern des Staates, des Bezirkes und der Stadt beinhaltet seine persönliche Verantwortung für den Bau und die Nutzung des Turmes für 20 Jahre.
Ein heftiger Protest des künstlerischen Establishments, angefacht und unterstützt von der einflußreichen Architekturzeitschrift »La Construction Moderne«, wird von Eiffel mit großer Sachlichkeit beantwortet. Die Anerkennung über die unbestrittene Ingenieurleistung hinaus als gleichberechtigtes Objekt der Baukunst bleibt dem Turm noch längere Zeit versagt. In den Architekturzeitschriften wird das Projekt nur in kurzen Baustandsberichten verfolgt. Eiffel dokumentiert schließlich sein Werk selbst in einer großformatig aufgemachten und in 500 Exemplaren aufgelegten Schrift »La Tour de 300 Metres« in allen Einzelheiten. Eines der 500 Exemplare wird mit persönlicher Widmung dem Deutschen Museum in München übergeben. Die immense Planungsleistung Eiffels und seiner Mitarbeiter ist an Hand der minutiös wiedergegebenen Ausführungspläne auch heute noch gut nachvollziehbar. Die präzisen Vorgaben und ein rigides Qualitätsmanagement – fehlerhafte Bauteile werden umgehend in die Fabrik zurückgeschickt – ermöglichen die Realisierung innerhalb von 26 Monaten. Stehen bei der Errichtung der Basis noch mächtige Holzgerüste zur Verfügung, so werden die folgenden Abschnitte mittels eigens entwickelter Kletterkrane montiert.

1.111

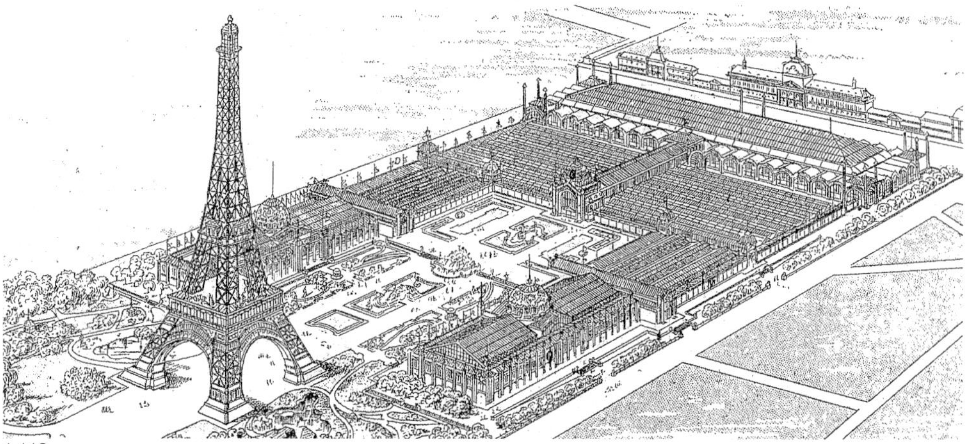

1.112

1.109 Palais des Machines, Paris 1889, Ferdinand Dutert, Victor Contamin, Detail Gelenk Auflager
1.110 wie zuvor, Montagemethode der Firma Fife-Lille, Fügen von vorgefertigten Bauteilen
1.111 Weltausstellung Paris 1889, Gesamtanlage
1.112 wie 1.109, Innenraum
1.113 Viaduct von Garabit 1879–1884, Boyer + Eiffel
1.114 La Tour de 300 Metres, Paris 1889, Gustave Eiffel, Kletterkran
1.115 wie zuvor, Entwurfszeichnung
1.116 Forth Bridge 1883–1890, J. Fowler + B. Baker

1.113

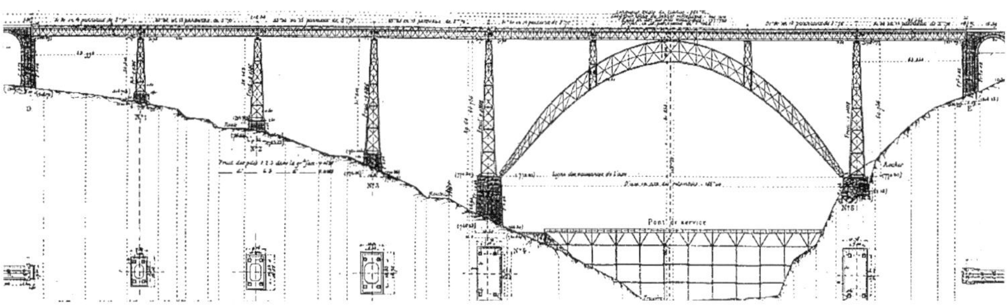

Die Maschinenhalle von Ferdinand Dutert und Victor Contamin (Abmessung: Länge 420 m, Breite 115 m, Höhe 43,50 m) wird in der Architekturfachpresse in allen technischen Einzelheiten beschrieben. Besonders interessant dabei ist der Aspekt, daß die zwei beteiligten Baufirmen nach unterschiedlichen Montageprinzipien vorgehen. Einer konventionellen Montage mittels vollständiger Einrüstung steht die Fügung aus größeren vorgefertigten Binderelementen bei erheblich geringerem Gerüstaufwand entgegen. Letztere Bauweise erfordert noch höhere Anforderungen an die Präzision der Fertigung. Die Leistungsfähigkeit des Dreigelenkgurtsystems, im Brückenbau bis dahin Schritt für Schritt entwickelt, wird hier an einem Hochbauprojekt eindrucksvoll demonstriert. Der Gegensatz zur bis dahin gültigen Ästhetikvorstellung könnte allerdings kaum größer sein. Man vermißt das übliche breite, Vertrauen erweckende Auflager. Die Leichtigkeit der Gelenkpunkte wie der filigranen Bogenträger provoziert Widerspruch. Der schließlich gewählten Version der Ausbildung der Basisgelenke gehen zahlreiche Varianten voraus, ein Beleg für eine sorgfältige, schrittweise Optimierung des so wichtigen Details. Auch bei der folgenden Weltausstellung im Jahre 1900 ist die Halle fester Bestandteil der Veranstaltung, 1909 wird sie wegen fehlender geeigneter Nutzungskonzepte abgebrochen. In formaler wie technischer Hinsicht wirkt das Bauwerk als Vorbild in nachfolgenden Projekten großer Bahnhofshallen fort.
Die Konstruktion der Brücke über den Firth of Forth ist geprägt von einem erhöhten Sicherheitsbewußtsein ihrer Bauherrn und Konstrukteure, ist doch kurz zuvor die nördlich gelegene Taybridge eingestürzt. Der elegantere Entwurf einer Hängebrücke wird umgehend verworfen. Das Prinzip weitauskragender Fachwerkträger mit zwischengehängten Gelenkträgern (H. G. Gerber) führt zu einer einmaligen Skulptur. Erstmalig kommt Stahl zum Einsatz. Auch die Kombination von genieteten Hohlprofilen aus Stahlblech (Druck) mit Gitterträgern aus Walzprofilen (Zug) ist bemerkenswert. Im Gegensatz zum hohen Vorfertigungsgrad einzelner Elemente beim Eiffelturm werden hier Profile und Bleche vor Ort gefügt. Eine hydraulische Nietmaschine wird hierzu ebenso entwickelt wie eine Maschine zum Biegen der Bleche. Die Errichtung der Brücke ist in Wort und Bild ausführlich dokumentiert.

1.114

1.115

1.116

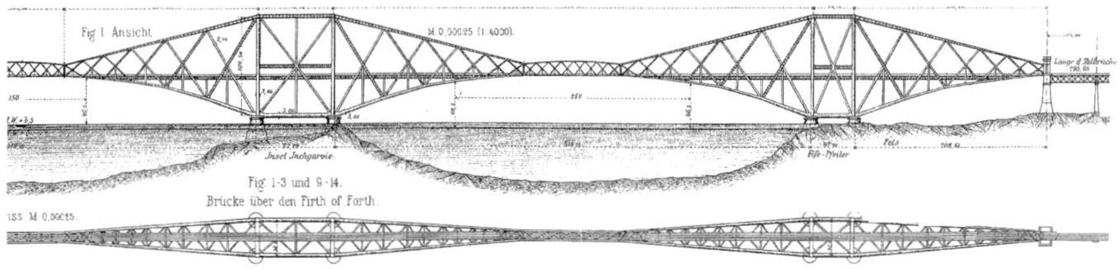

1.117 Hauptbahnhof Frankfurt am Main 1890, H. Eggert, Johann Wilhelm Schwedler, Ansicht Empfangsgebäude
1.118 wie zuvor, Schnitt Gleishalle
1.119 wie zuvor, Innenraum
1.120 Maschinenhalle Zeche Zollern II, Dortmund 1903, Bruno Möhring
1.121 Maison du Peuple, Brüssel 1898, Victor Horta
1.122 Börse, Amsterdam 1903, Henrik Berlage

1.117

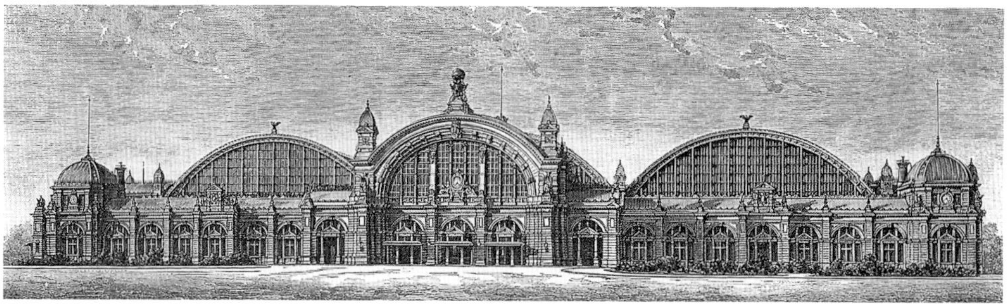

1.118

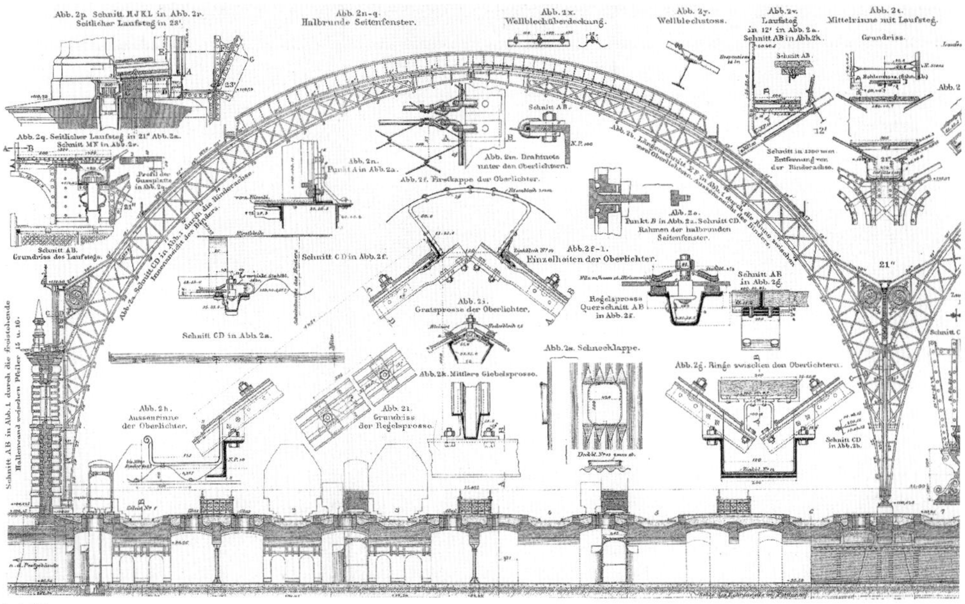

1.119

Neben dem Einsatz im Brückenbau findet der Fachwerkträger breite Verwendung in weit gespannten Bahnhofshallen. St. Pancras Station in London erreicht bereits 1866 bei einer Höhe von 31 m, einer Länge von 210 m eine Spannweite von 47,15 m und nimmt damit die Raumwirkung der Galerie des Machines voraus. Das von den Ingenieuren W. Barlow und R. Ordish entwickelte Tragwerk, ein Spitzbogen, aufgelöst in Fachwerksegmente ohne Scheitelgelenk, jedoch mit Zugband unter dem Boden, wird in der Folgezeit von dem Architekten G. Scott mit einem neugotisch geprägten Hotel- und Empfangsgebäude zur Umgebung teilweise abgeschirmt. Zeitgenössische Kritiker loben die Harmonie der beiden Baukörper.
Der Hauptbahnhof von Frankfurt a. M. weist eine langwierige und komplizierte Planungs- und Baugeschichte auf, die jedoch ausführlich dokumentiert ist. Als Entwurfsverfasser für die Gleishallen werden der geheime Oberbaurat Schwedler und der Regierungsbaumeister Frantz benannt. Schwedler hatte die im Rahmen eines Wettbewerbes ermittelte Hallenlösung unter Kostenaspekten wesentlich modifiziert: »Hinsichtlich der Formgebung für die Eisenkonstruktionen und des Zusammenschlusses mit den Constructionen des Steinbaus ist daran festgehalten, daß alle Künsteleien vermieden werden müßten ...«[33] In drei Bogen wird das breite Gleisfeld überspannt. Ein Dreigelenkbinder überbrückt den jeweiligen Hallenabschnitt.
Der Dreigelenkbogen der Galerie des Machines ist eine logische technische Weiterentwicklung der Halle von St. Pancras und der Lösung von Frankfurt. Die Ausstellungsarchitektur unterstützt die fortschreitende ästhetische Emanzipation offener eiserner Dachtragwerke. Bahnhofshallen, als zunehmend ornamentlose, aber filigran aufgelöste eiserne Konstruktionen errichtet, werden europaweit, ja weltweit zum Standard. Angebundene Empfangsgebäude behalten jedoch in der Regel die an ein öffentliches Gebäude gestellten Forderungen nach Solidität und Monumentalität und sind repräsentativ in Naturstein gekleidet. Die Bahnhofsanlagen von Hamburg und Leipzig setzen die einmal vorgezeichnete Entwicklung fort.
Ästhetisch weitaus unproblematischer ist die Anwendung sichtbarer Eisentragwerke im Industriebau. Hier ist es bereits, wie das Beispiel der Schokoladenfabrik von Saulnier zeigte, eher ungewöhnlich, daß der architektoni-

1.120

»Die architektonische, stilgerechte Formenausbildung unserer immer mehr sich geltend machenden Eisenkonstruktionen ist eine bisher noch vollständig unerledigte Aufgabe unserer Zeit, deren Lösung sich nur durch gemeinsames Zusammenwirken aller dazu Berufenen erwarten läßt; in dieser Beziehung möchte das Verlangen nach strenger Trennung der Fächer – Hochbau- und Ingenieur-Wissenschaften – im Interesse der Kunst nicht gerechtfertigt erscheinen.«[34]

»Es ist ja allbekannt, daß bei den meisten großen Hallendächern aus Schmiedeeisen sich dem Auge ein sinnverwirrendes Durcheinander der sich überall durchkreuzenden eisernen Stäbe, Streben, Zugstangen und Taue darbietet, so daß in dem perspektivischen Gewirr von Konstruktionsteilen selbst der Fachmann nicht leicht sich zurecht findet ...«[35]
Rudolph Gottgetreu, 1885

schen Gestaltung größere Aufmerksamkeit gewidmet wird. Im Falle der Maschinenhalle der Zeche Zollern II war es dem Architekten Möhring möglich, dem mächtigen eisernen Fachwerk durch reduziert eingesetzte Jugendstilelemente eine besondere Note zu verleihen. Aus heutiger Sicht würde man dem Innenraum auch eine fast sakrale Anmutung bescheinigen. Den Vertretern des Jugendstils bzw. Art Nouveau, wie etwa Hector Guimard und Victor Horta, gelingt es, im Umgang mit dem neuen Material neue formale Qualitäten zu entwickeln (siehe auch Seite 28).
Bei Zeitgenossen erzeugt das von Victor Horta in Brüssel erbaute Maison du Peuple zwiespältige Gefühle. Die ungeschminkt eingesetzte Eisenkonstruktion wird als stilistischer Affront empfunden. »Abgesehen von dem künstlerisch verfehlten Gesamteindruck ist doch das Ringen nach der Form im einzelnen sehr interessant«[36], lautet das vernichtende Urteil Alfred Gotthold Meyers. Die vielfältigen technischen wie formalen Möglichkeiten, die das neue Material bietet, werden nicht erkannt. Auch 1964 ist die Bewertung des Gebäudes noch nicht hoch genug, es wird abgebrochen.
»Von den vielen Baumaterialien, die die Industrie täglich erfindet, um immer bessere Resultate auf dem Bausektor zu erzielen, war die Entdeckung des Eisens, das heißt die Anfertigung von Eisenträgern und von Fachwerk, konstruktiv und darum auch stilistisch ohne Zweifel die wichtigste. Denn das Eisen konnte nun neben Stein und Holz das dritte große Baumaterial werden und damit eine neue Periode in der Baukunst einleiten. Heute kann jedoch festgestellt werden, daß das Eisen, obwohl es als solches von großer Bedeutung ist, nicht gehalten hat, was es am Anfang versprach und daß demnach von einem sogenannten Eisenstil, das ist Stil im engeren Sinne als Materialstil gemeint, keine Rede sein kann. Es sieht auch nicht so aus, als ob in dieser Richtung in Zukunft etwas zu erwarten sei.«[37]
Diese resignierende Aussage trifft Henrik Berlage, der Schöpfer der Amsterdamer Börse, im Jahre 1905. Die große Sorgfalt, die er bei der Gestaltung der Übergänge der eisernen Fachwerkbinder zum anschließenden Mauerwerk walten ließ, ist heute noch klar erkennbar. Berlage weist 1905 selbst darauf hin, daß verschärfte Brandschutzvorschriften ein Gebäude wie die 1903 fertiggestellte Börse bereits nicht mehr zulassen würden.

1.121

1.122

1.123 Brückenbau Flender eiserne Doppelhalle für Luftschiffe, Friedrichshafen 1909, Querschnitt
1.124 wie zuvor, Baustellensituation
1.125 Flugzeughalle, Oberwiesenfeld 1929, K.J. Moßner
1.126 wie zuvor, Innenraum

1.123
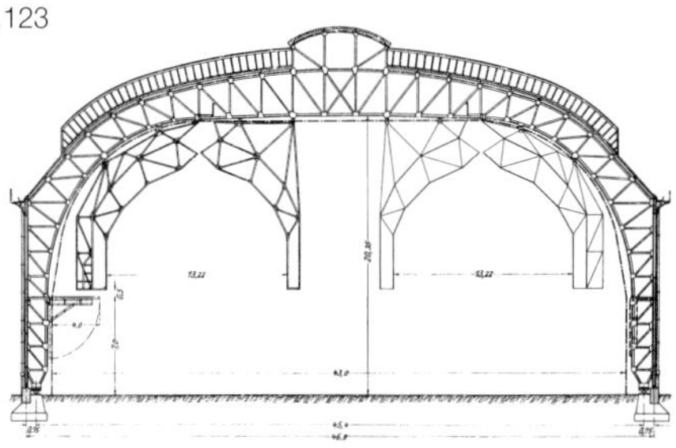

1.124

1.125

1.126

Wenn man erfährt, daß die Dacheindeckung der ersten eisernen Luftschiffhalle mit einer 8 cm dicken Eisenbetonschicht mit bituminöser Abdichtung erfolgt und die seitlichen Eisenfachwerkwände mit einer zweischaligen Ausmauerung mit Luftschicht, außen verputzt, versehen sind, könnte man im ersten Moment überrascht sein. Der Grund dafür liegt jedoch in einer möglichst konstanten und gegen unnötige Aufwärmung geschützten Innentemperatur der Halle, weswegen man auch den Einsatz allzugroßer Oberlichtbänder vermeidet. Faszinierend sind die Lichtraummaße von 43 m Breite und 20 m Höhe sowie 178 m Länge und das filigrane Tragwerk in der Schnittzeichnung wie im Bauzustand. Fahrbare Arbeitsbühnen erlauben den Zugang zu allen Seiten der Luftschiffhülle. Nach 20 Jahren hat die Halle ihren Dienst erfüllt und wird abgetragen. 28 Luftschiffe hat man hier gefertigt. Die rasante Größenentwicklung der Luftschiffe machen den Bau größerer Hallen erforderlich.
1929 wurde der neue Flughafen München auf dem Oberwiesenfeld, dem heutigen Olympiagelände, fertiggestellt. Während das Empfangsgebäude mit seinem Habitus neue monumentale Tendenzen ankündigte, so überraschte die Flugzeughalle mit der klar ablesbaren Geometrie ihres Tragwerks. Die Fachwerkstruktur erscheint zweckmäßig und unaufdringlich, weit entfernt vom ästhetisch überinszenierten Entwurf der Convention Hall von Ludwig Mies van der Rohe in den fünfziger Jahren. »Der Sinn des Eisens ist: Hohe Beanspruchungsmöglichkeit auf geringste Dimensionen zu kondensieren. Wenn Vergleiche statthaft sind, so bedeutet das Eisen in einem Bau zugleich Muskelstrang und Skelett. Eisen öffnet die Räume. Die Wand kann zur durchsichtigen Glashaut werden. Die Wand als Träger des Baues zu gestalten, wird zur unhaltbaren Farce. Dies führt zu neuen Gesetzen der Gestaltung.«[38]
So äußerte sich Sigfried Giedion in seiner programmatischen Schrift »Bauen in Frankreich Bauen in Eisen Bauen in Eisenbeton« 1928. Dies läßt sich auch auf die Flugzeughalle vom Oberwiesenfeld übertragen.
Interessant ist auch ein Vergleich des Hallentragwerkes mit dem konstruktiven Aufbau eines Flugzeugs derselben Zeit: auch hier entdeckt man Fachwerkstrukturen. Nachdem die frühen Fluggeräte noch aus dünnen Stahlblechen gefügt waren, kam man in der Folgezeit mit dem neuen Material Aluminium einen

1.127

1.127 Montage Flugzeug Ju 52/3m 1931, Hugo Junkers
1.128 Flugzeughangar, Baltimore 1937, Albert Kahn
1.129 Fabrikhalle, Los Angeles 1967, Craig Ellwood
1.130 Sainsbury Centre for the Visual Arts, Norwich 1978, Norman Foster, Anthony Hunt

großen Schritt vorwärts in Richtung Leichtbauweise. Ein Konstruktionsprinzip, das im Gegenzug aus dem Flug- und Fahrzeugbau auch wieder Einfluß auf das Bauwesen gewinnen wird. In der Ausgabe 23/1929 der Zeitschrift »Die Form – Zeitschrift für gestaltende Arbeit« ist eine interessante Mischung von Beiträgen zu entdecken. Der Architekt Fritz Block nimmt Details von Schiffen auf, um sie einer »formtechnischen Analyse« zu unterwerfen. Otto Haesler schreibt über den Stahlskelettbau und äußert: »Der Stahlskelettbau überwindet die engen Grenzen, die der Menschheit jahrtausendelang durch den Steinbau gezogen wurden. ... Der Stahlskelettbau in seiner bisherigen Form bildet mit der Verkleidungs- und Ummantelungstechnik noch keine vollkommene Einheit. Die Stahlprofile werden deshalb Änderungen und Verbesserungen erfahren müssen, bis die gegenseitige Anpassung des Stahlskelettes und der Ausfachung ein konstruktiv und architekturästhetisch unlösliches Ganzes ergibt.«[39] Abschließend analysiert Roger Ginsburger neueste Trends im Bau von Eisenbahnwaggons und Automobilen, ohne den Querverweis auf den Flugzeugbau zu vergessen.
Die politischen Umstände der folgenden Jahre sollten in Europa eine Denkpause bis zu Renzo Piano, Norman Foster, Peter Rice und anderen verursachen.
In den USA entwickelt sich Albert Kahn zum dominierenden Industriearchitekten. Neben Automobilfabriken errichtet er riesige Hallen für den Flugzeugbau. Über geschickt angeordnete Oberlichtbänder sorgt er für eine gleichmäßige Versorgung der Arbeitsflächen mit Tageslicht. Der abgebildete Hallenraum mit einer stützenfreien Grundfläche von etwa 100 x 150 m wird fünf Jahre später Mies van der Rohe als Basis für eine Fotomontage dienen. Schwebende Wand- und Deckenflächen sollten die Vorstellungen von einer modernen Konzerthalle unterstützen.
Craig Ellwood nimmt das Miessche Gedankengut auf. In der Fertigungshalle einer Elektronikfirma werden Tragwerk und Detail formal überhöht, technisch und bauphysikalisch nicht immer gänzlich logisch und konform.
Am Sainsbury Centre for the Visual Arts führt Norman Foster das lange Zeit ausschließlich dem Industriebau zugewiesene Fachwerk wieder in Gebäude mit gehobener Nutzung ein. Innovative Details in der Hülle kommen hinzu.

1.128

1.129

1.130

1.131 Sabolovka-Radioturm, Moskau 1922, V. G. Šuchov
1.132 John-Hancock Tower, Chicago 1969, Skidmore Owings & Merrill, Fazlur Khan

1.131

1.132

Ein knapper Exkurs zur Rolle von Fachwerkstrukturen in Türmen und Hochhäusern soll diese wichtige Entwicklungslinie ergänzen und einen Blick in die Zukunft eröffnen.

V. G. Šuchov ist eine herausragende Ingenieurspersönlichkeit an der Schwelle vom 19. zum 20. Jahrhundert. Die bekannten Gittertürme sind nur eine Facette seiner Leistungen. Der Sabolovka-Sendeturm von Moskau ist zwar mit 150 m kleiner als der ursprünglich mit 350 m projektierte Entwurf, aber dennoch ein Meisterwerk an technischem Raffinement und Materialminimierung. Ein riesiger Kegel setzt sich aus mehreren Stufen, gebildet aus Hyperboloiden zusammen. Der Durchmesser der Verbindungsringe nimmt nach oben stetig ab. Dazwischen sind weitere Ringe regelmäßig verteilt. Die Präzision des entstandenen Gitternetzes ist in Anbetracht der verfügbaren Hilfsmittel erstaunlich groß. Montiert wurde der Turm im Teleskopverfahren. Die einzelnen Abschnitte wurden nacheinander in der Mitte hochgezogen. Die Montage des Turmes findet im Teleskopverfahren statt, wobei die einzelnen Abschnitte nacheinander in der Mitte hochgezogen werden. Der untere Durchmesser eines Abschnittes wird jeweils mit Zugbändern verringert.

Der John-Hancock-Tower in Chicago folgt dem Prinzip einer sich nach oben verjüngenden rechteckigen Röhre. Die Schar der Außenstützen wird in regelmäßigen Abschnitten horizontal verbunden und mit Diagonalen zusätzlich stabilisiert. »Trussed Tube« ist der Fachbegriff für das statisch höchst leistungsfähige System. Bei 100 Stockwerken erreicht das Gebäude eine Höhe von 332 m. Der Erfolg des Gebäudes liegt vor allem in seiner besonderen Funktionsmischung vom Parkdeck über Bürozonen, Servicebereichen bis zu Abschnitten mit Wohnnutzung. Eine optimierte vertikale Erschließung mitttels Expreß- und Lokalaufzügen ist dabei unabdingbar.
Das Projekt eines Millenium Towers für Tokio von Norman Foster mit einer Höhe von 1000 m bildet die vorerst letzte Stufe einer Entwicklung. Auch hier ist das Prinzip der außen geführten Diagonalen wieder aufgenommen. Der kreisrunde Grundriß verjüngt sich nach oben stetig. Šuchov steht hier ebenso Pate wie Fazlur Khan, der Tragwerksplaner des Hancock-Tower.

860–880 Lake Shore Drive Apartments Chicago 1948–51, Ludwig Mies van der Rohe

Biegeträger
Rahmen, Skelett, »Tube«

1.133

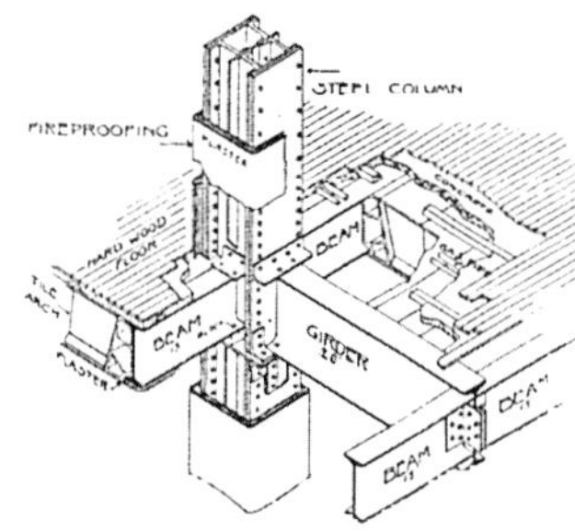

1.133 Fair Store, Chicago 1891, William le Baron Jenney, Stützendetail
1.134 Old Colony Building, Chicago 1894, Holabird & Roche
1.135 wie zuvor, Querschnitt
1.136 wie zuvor, Stockwerksrahmen
1.137 wie zuvor, Stützenanschluß

Im Kapitel »Gußeisen ...« (Seite 22ff.) wurden bereits die Vorstufen des eisernen Skelettbaus dargestellt. Die einzelnen Komponenten bestehen hier aus Gußeisen, einem Material, das Kräfte aus Druckbeanspruchung problemlos aufnehmen kann, das jedoch aufgrund seiner Sprödigkeit für biegebeanspruchte Bauteile nur begrenzt einsetzbar ist. Der vollständige Eisenskelettbau wird erst durch den Einsatz von genieteten Rahmenstrukturen aus Schmiedeeisen möglich und sinnvoll. Ein früher, vollständiger Eisenskelettbau ist die Schokoladenmühle in Noisiel von Jules Saulnier aus dem Jahre 1872 (Seite 47), hier noch als Interpretation eines hölzernen Fachwerks aus Eisen zu sehen. Obwohl es in Frankreich dank Eiffel etwa bei dem bekannten Warenhaus Bon Marché (1876) in Paris bereits zur Entwicklung kompletter Skelettstrukturen kommt, so findet die erfolgreiche Weiterentwicklung des eisernen Geschoßbaus in den Vereinigten Staaten statt. Zentrum des Geschehens ist hier die aufstrebende Handels- und Industriemetropole Chicago. Nach dem verheerenden Brand im Jahre 1871 sieht man sich gezwungen, neue bautechnische Lösungen zu finden. Arbeitslose Eisenbahningenieure – das Eisenbahnnetz war geknüpft – bekommen eine Chance im Hochbau. Die Schwerindustrie boomt mächtig. Eisen bietet sich von selbst als das Material der Wahl an. Der enorme wirtschaftliche Entwicklungsdruck sollte eine ungeahnte städtebauliche Verdichtung zur Folge haben.
Neben den rein konstruktiven Problemen müssen jedoch die Fragen des vertikalen Personenverkehrs ebenso geklärt sein, wie die der weiteren haustechnischen Komponenten, der elektrischen Beleuchtung, der Telekommunikation, der mechanischen Belüftung sowie der sanitären Versorgung. Elisha Graves Otis ist der Erfinder des Sicherheitsaufzuges. Die erste Demonstration erfolgt bereits auf der Weltausstellung 1853 in New York. Otis bestückt bald Hotels und Warenhäuser mit dampfbetriebenen Anlagen, deren Geschwindigkeit stetig erhöht wird. Seine Söhne führen das Erbe fort und haben großen Anteil an der Entwicklung der Hochhäuser der ersten Generation (»erste Schule von Chicago«).
Der Skelettbau in Eisen und Stahl entwickelt sich Zug um Zug. Neben der ständigen Verbesserung der Materialqualitäten spielt die Weiterentwicklung der Technik des Fügens und Konstruierens eine wesentliche Rolle.

1.134

1.136

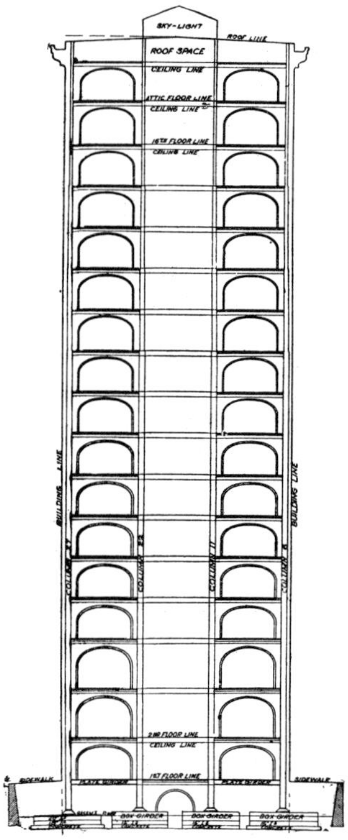

1.135

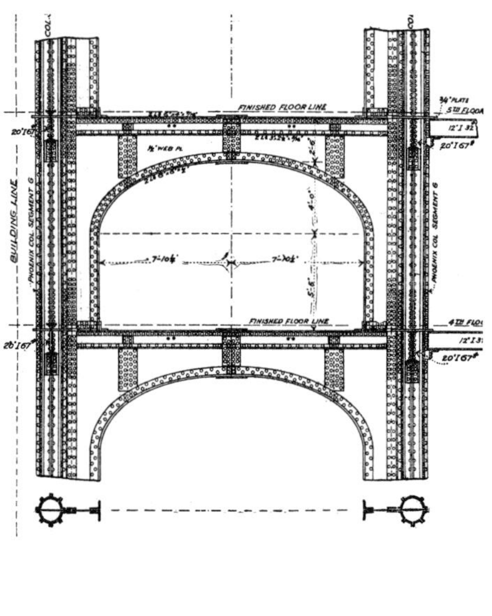

1.137

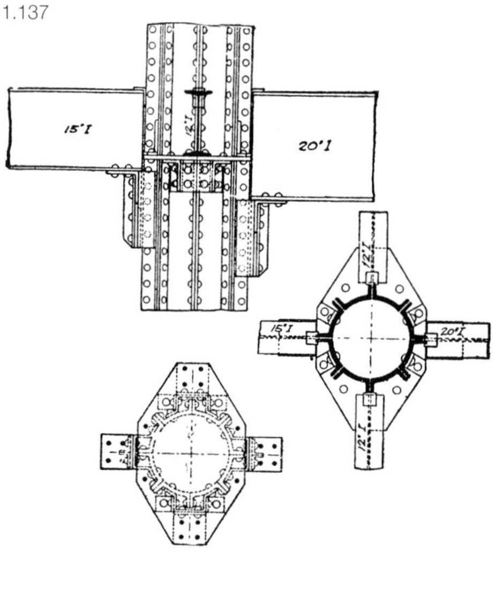

1.138 First Leiter Building, Chicago 1879, William Le Baron Jenney
1.139 Tacoma Building, Chicago 1887, Holabird & Roche
1.140 Reliance Building, Chicago 1894, Charles Atwood
1.141 McClurg Building, Chicago 1900, Holabird & Roche

Das First Leiter Building, von William le Baron Jenney entworfen, ursprünglich fünfgeschossig, 1888 um zwei Etagen aufgestockt, hat noch gußeiserne Säulen, schmiedeeiserne Unterzüge und hölzerne Querbalken sowie gemauerte Fassadenpfeiler. Wegen seines weiten offenen Innenraumes und der nach außen zurückhaltend ornamentierten und kompromißlos demonstrierten Skelettstruktur weist es formal weit in die Zukunft. Das sechs Jahre später fertiggestellte zehngeschossige Home Insurance Building des gleichen Architekten wird übereinstimmend als das erste Hochhaus mit komplettem Eisenskelett bezeichnet. Ab dem sechsten Obergeschoß kommen zudem erste Stahlprofile zum Einsatz. Die Anschlüsse sind verschraubt. Die unter 1.133 gezeigten Verbindungen von Stützen und Unterzügen des Warenhauses Fair Store sind ein Originalbeleg für die derzeit übliche Fügetechnik von Stützen und Unterzügen. Die erzielbare Steifigkeit der Verbindungen hielt sich in Grenzen, die Brandschutzverkleidungen der Stützen aus vorgefertigten Terracottaelementen kann man als maßgeschneidert bezeichnen.
Das Tacoma Building von Holabird & Roche (13 Stockwerke) ist das erste Hochhaus von Bedeutung, in dem Nietverbindungen zum Einsatz kommen. Das erkerartige Relief der Fassade soll die erzielbare Tageslichtrate im Inneren erhöhen. Noch filigraner ist die Fassade des von Charles B. Atwood entworfenen Reliance Building geraten. Das Skelett setzt sich aus Stahlrahmen zusammen, die Erker sind über Konsolen an die Außenstützen angebunden. Brüstungen und Pfostenverkleidungen bestehen aus Terracotta-Elementen. In Anbetracht des hohen Verglasungsanteils läßt sich der Schritt zur Technologie des Curtain Wall schon erahnen.
Das zur gleichen Zeit errichtete Old Colony Building zeigt nach außen eher historisierende Züge, hat aber ein hochinteressantes Innenleben. In zwei Querachsen gestapelte, aus Flachprofilen genietete Portalrahmen sorgen für statischen Halt gegen Windbelastung. William H. Birkmire würdigt den Bau in seinem Buch »Sceleton Construction in Buildings« als perfektestes Stahlskelett seiner Zeit.
Der Fassade des McClurg Building von Holabird & Roche kann im Gegensatz zu anderen Bauten der Zeit bezüglich Proportion und Differenzierung der Elemente höchste Aktualität bescheinigt werden.

1.138

1.140

1.139

1.141

1.142

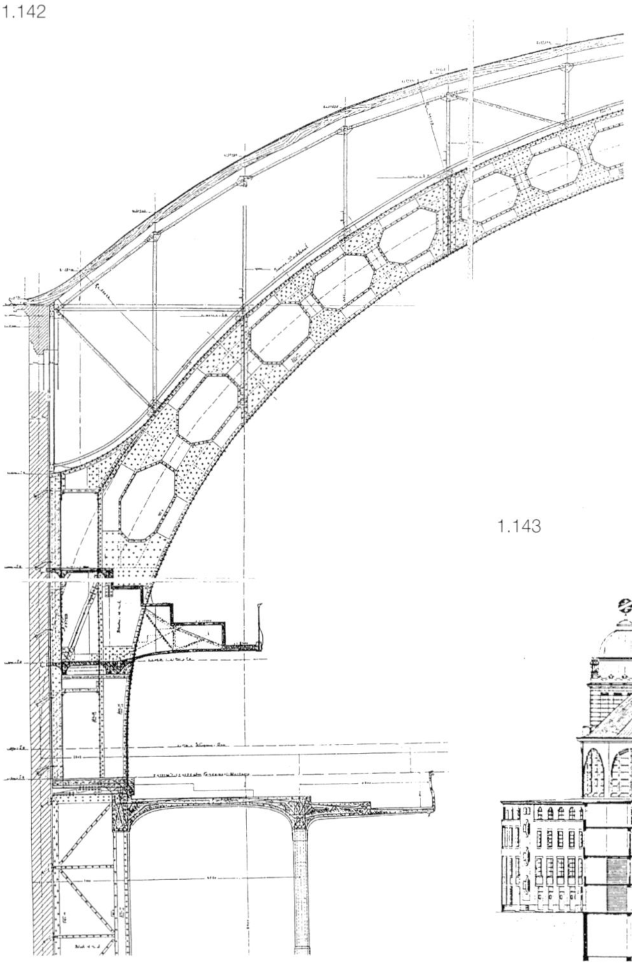

1.142 Festhalle Frankfurt a. Main 1909, Friedrich von Thiersch, Detail Träger
1.143 wie zuvor, Ansicht
1.144 wie zuvor, Innenraum
1.145 Maschinenhalle Ausstellung Brüssel 1910, Peter Behrens
1.146 Zeche Zollverein, Essen 1932, Fritz Schupp und Martin Kremmer

1.143

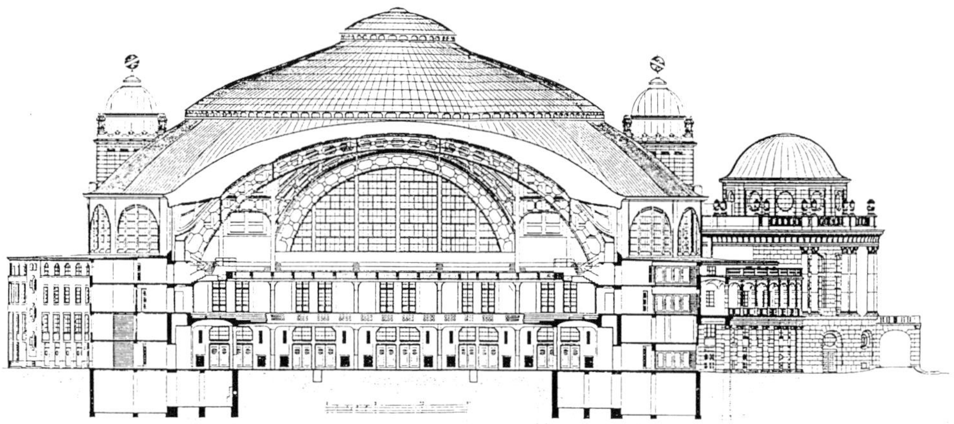

1.144

Die 1909 in Betrieb genommene Festhalle in Frankfurt a.M., von Friedrich von Thiersch erbaut, zeigt eine Dachlandschaft aus elliptischen Kuppel- und kreisförmigen Tonnenelementen. Hier bestehen die Tragelemente aus gebogenen Vierendeelträgern. In der Festschrift zur Eröffnung wird die Entscheidung zur sichtbaren Konstruktion aus Eisen ausführlich erläutert. Die heute als selbstverständlich empfundene Architektursprache ist keinesfalls das Ergebnis einer schnellen schöpferischen Idee, sondern langwieriger, oft mit Skrupeln belasteter Einzelüberlegungen: »Erst bei der dritten Lösung gelangte der Verfasser dazu, die eigentliche Eisenkonstruktion, soweit sie über den beiden Galerien als deckentragendes Element zum Vorschein kommt, vollkommen frei zu legen und diese Konstruktion selbst so auszubilden, daß sie allgemein verständlich und angenehm in der Form als Hauptfaktor der Raumbildung mitwirkte.«[40] Die Thesen eines

Gottfried Semper, wonach sich Eisen zur Ausbildung einer »monumentalen Architektur« nicht eignen würde, wirken immer noch nach. Bemerkenswert ist neben der »modernen Trägerkonstruktion« die Tatsache, daß im Basis- und Emporenbereich der Halle Stahlbeton zum Einsatz kommt, der noch junge Baustoff, der in Kürze auch bei weitgespannten Konstruktionen dem gerade etablierten Baustoff Eisen schon wieder den Rang ablaufen sollte, wie das Beispiel der Jahrhunderthalle von Berg in Breslau von 1911–13 belegt. Der Stahlbeton scheint neben bauphysikalischen Vorteilen die althergebrachten und immer noch oder erneut gewünschten optischen Qualitäten von Monumentalität und Solidität zu bieten.
Die konstruktive Weiterentwicklung des Stahlbaus findet in der Folgezeit vor allem im Industriebau statt. Der vollwandige geschweißte Rahmenträger löst zunehmend das filigrane, genietete Fachwerk ab. Peter Behrens gelingt es beim Deutschen Maschinenbaupavillon auf der Weltausstellung in Paris 1910 einen in der Höhenentwicklung interessant gestaffelten Innenraum zu gestalten. Der Übergang zur Moderne kündigt sich bereits an. Während in der Phase eines restaurativen Neoklassizismus das monumentale Bauen zunehmend in den Vordergrund rückt, findet im Industriebau eine lineare Weiterentwicklung des Stahlbaus statt. Architekten wie Fritz Schupp und Martin Kremmer setzen mit Anlagen wie der Zeche Zollverein in Essen, errichtet zwischen 1928 und 1932, ein wichtiges Zeichen. Die gesamte Anlage steht heute unter Denkmalschutz.
Das Kesselhaus ist von Norman Foster zum Design-Zentrum NRW umgebaut worden. In der von Heinrich Böll und Hans Krabel behutsam renovierten ehemaligen Zentralwerkstatt mit ihren gebäudehohen Portalrahmen werden Ausstellungen veranstaltet. Bei den Reparaturmaßnahmen ist darauf geachtet worden, das mit Sichtmauerwerk ausgefachte Pfosten-/Riegelwerk aus Stahl möglichst unangetastet zu erhalten.

Im Industriebau und bei Sonderaufgaben des Hochbaus bleibt der Stahl unverzichtbar. Läßt man ihn in Industriehallen unverkleidet, so bleibt er während der folgenden Jahrzehnte im Hochbau aus brandschutztechnischen, bauphysikalischen wie ästhetischen Gründen in der Regel hinter einer bewußt massiv gestalteten Verkleidung verborgen.

1.145

1.146

1.147 PSFS Building, Philadelphia 1932, George Howe, William Lescaze
1.148 wie zuvor, Bauzustand
1.149 Seagram Building, New York 1957, Ludwig Mies van der Rohe, Philip Johnson, Detail Horizontalschnitt Gebäudeecke
1.150 Seagram Building, New York 1957, Ludwig Mies van der Rohe, Philip Johnson
1.151 wie zuvor, Baustelle

1.149
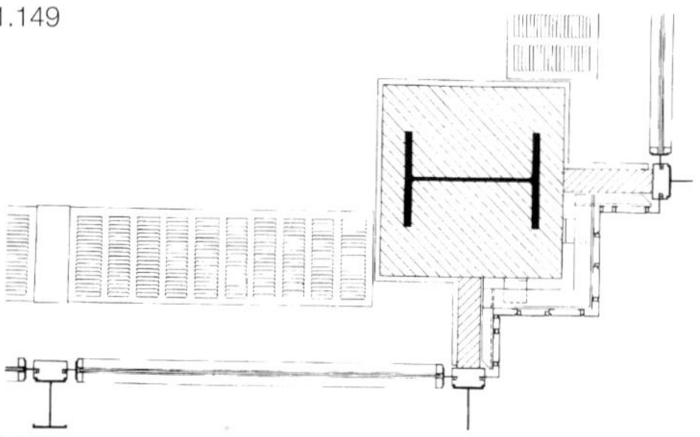

»Nur im Bau befindliche Wolkenkratzer zeigen die kühnen konstruktiven Gedanken, und überwältigend ist dann der Eindruck der hochragenden Stahlskelette. Mit der Ausmauerung der Fronten wird dieser Eindruck vollständig zerstört, der konstruktive Gedanke, die notwendige Grundlage für die künstlerische Gestaltung vernichtet und meist von einem sinnlosen und trivialen Formenwulst überwuchert.«[41] So äußert sich Ludwig Mies van der Rohe 1922 und weist auf seinen Entwurf für ein Hochhaus mit gläserner Außenhaut für den Bahnhof Friedrichstraße in Berlin hin. In den USA wechselt die Hochhausszene parallel zur Verlagerung des wirtschaftlichen Schwerpunktes von Chicago nach New York. Hier soll eine Zonierungsverordnung Problemen der Belichtung im dichten Stadtgefüge vorbeugen und es kommt zu einer Skyline mit pyramidenförmig nach oben abgestuften Baukörpern. Eklektizismen unterschiedlichster Schattierungen feiern Triumphe. Die berühmte, edelstahlumhüllte Spitze des Chrysler-Building von William van Allen (1930) mag hier als Beispiel genügen. Das kurze Zeit später von George Howe und William Lescaze fertiggestellte Philadelphia Saving Fund Society Building wird heute als formaler Wendepunkt zur Moderne eingestuft. An ihm machen Henry Russel Hitchcock und Philip Johnson den Begriff des »International Style« fest. Mächtige Abfangträger ermöglichen die großzügige dreigeschossige Bankhalle über dem Eingangsniveau. Die besondere Nutzung ist hier ebenso nach außen erkennbar gestaltet wie am übrigen Gebäude. Der seitlich hochgezogene Erschließungskern ist deutlich vom Volumen der eigentlichen Bürozonen abgesetzt. Das Hochhaus ist als Stahlrahmenkonstruktion hochgezogen. An den Längsfronten treten die Stützen außen vor und unterstreichen die vertikale Geste. Die nunmehr ablesbare Skelettstruktur nimmt somit die folgenden Ideen und Bauten Mies van der Rohes und seiner Kollegen vorweg. Von 1948–51 errichtet Mies van der Rohe seine berühmten Lake Shore Drive Apartments in Chicago. Das Baustellenbild auf Seite 54 zeigt die klare konstruktive Struktur. Um ein einheitliches Bild zu erhalten, besteht der Architekt nach Fertigstellung des Gebäudes auf gleichen, gebrochen weißen Vorhängen für alle Wohnungen. Da Außenstützen und Deckenrandträger ungeschützt blieben, kam es in der Folgezeit zu erheblichen bauphysikalischen

1.147

1.150

1.148

1.151

1.152

1.152 Sears Tower, Chicago 1974, Skidmore, Owings & Merril (SOM), Fazlur Khan, Stockwerksrahmen
1.153 Verwaltungsgebäude, Düsseldorf 1959, Helmut Hentrich, Hubert Petschnigg
1.154 wie zuvor, Bauzustand
1.155 Sears Tower, Chicago 1974, Skidmore, Owings & Merril (SOM), Fazlur Khan
1.156 wie zuvor, Bauzustand

Problemen, die bei den nachfolgenden Projekten dadurch vermieden werden, daß nun die Glashaut durchgehend vor den Stützen aufgehängt wird. Nun ist die Konstruktion vor Temperaturschwankungen und den daraus resultierenden Bewegungen geschützt. Im Zwischenraum zwischen Stützen und Fassade werden die Leitungen für Heizungs- und Klimaanlage geführt, das Prinzip »Curtain Wall« ist komplett. Zur formalen Perfektion dieser Konstruktionsidee gelangt Mies van der Rohe mit dem 1958 fertiggestellten Seagram Building, einem Verwaltungsgebäude in New York. »Das Seagram Building stellt zusammen mit seiner Plaza den wohl klassischsten Bau dar, den Mies in Amerika errichtete«[42], so urteilt der Biograph Franz Schulze 1986. Er fahndet erfolgreich nach konstruktiven Ungereimtheiten und Kunstgriffen, um am Ende doch festzustellen: »Die Detailbehandlung läßt überall die Sorgfalt erkennen, für die Mies berühmt war.« Detail, Ansicht und Struktur sprechen für sich.
Von den Stahlhochhäusern in Deutschland ist das sogenannte Dreischeiben-Hochhaus der Architekten Hentrich und Petschnigg in Düsseldorf, fertiggestellt 1960, besonders hervorzuheben. Das Skelett mit vier Reihen von Rohrpendelstützen und gelenkig angeschlossenen Längsunterzügen ist mit Windverbänden in den Stirnflächen der drei Gebäudescheiben ausgesteift.
Die weitere technologische Entwicklung des Stahlhochhauses vollzieht sich vorwiegend in den USA. Bei stetig steigenden Gebäudehöhen werden neue konstruktive Lösungen erforderlich. Das Prinzip des Hohlkastens mit zusätzlichen horizontalen Aussteifungen führt zum Tragwerkstyp »Framed Tube« (Beispiel: World Trade Center in New York mit 110 Stockwerken). Eine weitere Möglichkeit bietet das »Tube-in-Tube-System«. Wirtschaftlich ist dieses Tragwerk mit innerer und äußerer Röhre in Stahl bis zu einer Höhe von 80 Stockwerken. Der Sears Tower in Chicago, fertiggestellt 1974, war mit 442 m Höhe lange Zeit das höchste Gebäude der Welt. Er ist nach dem Prinzip gebündelter Röhren konstruiert. In den Ebenen der Rücksprünge der Stockwerke werden die Röhren durch räumliche Fachwerke horizontal verbunden. Die Fachwerkröhre mit horizontalen Versteifungsebenen auch als »Diagonal Truss Tube« bezeichnet wurde bereits auf Seite 54 behandelt.

1.153

1.154

1.155

1.156

1.157 Verwaltungsgebäude, Berlin 1930, Emil Fahrenkamp
1.158 Verwaltungsgebäude, Illinois 1963, Eero Saarinen
1.159 Deutsche Botschaft, Washington 1964, Egon Eiermann
1.160 Höhere technische Lehranstalt, Brugg-Windisch 1966, Fritz Haller

1.157

1.158

1.159

1.160

Die von Mies van der Rohe in den zwanziger Jahren beklagte Architektursprache, die das Stahlskelett so wenig nach außen spürbar macht und im Sinne Gottfried Sempers wieder althergebrachten Modellen monumentalen Bauens verpflichtet ist, wird nur vereinzelt durchbrochen. Namen wie Hans Luckhardt, Erich Mendelsohn oder Emil Fahrenkamp stehen für eine schnörkellose experimentelle Moderne. Fahrenkamps bekanntes Verwaltungsgebäude am Landwehrkanal in Berlin deutet an, welche Gestaltungsmöglichkeiten sich bei einem filigranen Stahlskelett eröffnen. Die gewellte Travertinfassade mag auch heute noch als frühes Beispiel einer furnierartig ausgebildeten steinernen Haut Anregungen geben. In der Folgezeit sorgen die politischen Ereignisse für eine lange Pause in der Weiterentwicklung der Bautechnik in Europa.
Eero Saarinen setzt bei seinem Verwaltungsgebäude in Illinois den neuentwickelten wetterfesten Stahl ein, mit dem sich durch die vor weiterer Korrosion schützenden Rostschicht ungewöhnliche formale Eindrücke erzielen lassen. Die hochgesteckten Erwartungen in das interessante Material konnten auf Dauer leider nicht erfüllt werden.
Die Idee, einer Rasterfassade optische Tiefe zu verleihen, indem man die Funktionen wie Sonnenschutz, Witterungsschutz, Wartung, Wärme- und Schallschutz, natürliche Belichtung und Sichtschutz konstruktiv in einzelne Schichten auflöst, hat Egon Eiermann bei der Deutschen Botschaft in Washington beispielhaft umgesetzt.
Der Schweizer Architekt Fritz Haller greift in den sechziger und siebziger Jahren das Miessche Erbe auf und entwickelt es weiter. Das knapp mit Edelstahl und Glas überzogene Stahlskelett der höheren technischen Lehranstalt in Brugg-Windisch ist ein gutes Beispiel für die großen Möglichkeiten in der Feinabstimmung der Materialien von Stahl und Glas.

Biosphere,
Montreal 1967,
Richard Buckminster Fuller

expo67

Bausysteme
von Paxton bis Fuller

»Und doch sind wir davon überzeugt,
daß dies nicht Architektur ist:
es ist ein Ingenieurswerk
– von höchstem Wert und Rang –
aber nicht Architektur.
Dem Werk fehlt völlig die Form,
und es fehlt ihm die Idee
der Stabilität und Solidität.«[43]
Ecclesiologist, 1851

Trotz der Aufgabenstellung einer lediglich temporären Nutzung wird das Gebäude der Weltausstellung von 1851 in London zur Ikone der neueren Architekturgeschichte. Die Verwendung der neuen Materialien Guß- und Schmiedeeisen in einem vorgefertigten System für einen Bau mit ungewöhnlich großer Ausdehnung spielt hierbei eine wesentliche Rolle. Ein groß angelegtes internationales Wettbewerbsverfahren mit 233 termingerecht eingereichten Arbeiten ergibt eine Fülle interessanter Lösungen sowie mit Hector Horeau und Richard Turner zwei Preisträger. Eine auch nur annähernd preis- und termingerechte Realisierung dieser Beiträge ist jedoch nicht in Sicht. Das Ausstellungskomitee wagt einen eigenen, wenig überzeugenden Entwurf in konventioneller Bauweise und erntet wenig Beifall. Während eines Verfahrens voller Hindernisse gelingt es dem Gewächshausspezialisten Joseph Paxton und seinen Mitstreitern, dem Ausstellungskomitee wie der Öffentlichkeit seine eigene Idee zu einem ansehnlichen und zugleich »preiswerten« Ausstellungsgebäude zu vermitteln. Der Ingenieur Charles Fox trägt zu diesem Erfolg mit seinen Konstruktionszeichnungen und Kalkulationen nicht unwesentlich bei.
Paxtons zum Patent gereiftes »Ridge-and-Furrows«-System für die Dachausbildung von Gewächshäusern sowie zahlreiche weitere Bau- und Konstruktionsdetails machen den Kristallpalast bis heute zur Detailfundgrube. Auch Maschinen zur präzisen Bearbeitung der einzelnen Bauteile und Materialien werden eigens entwickelt oder verfeinert. Dennoch erfolgt die Montage weitgehend mit Muskelkraft, nur die großen Träger über der Haupthalle werden mit Pferden hochgezogen. Organisierte Baustellenbesichtigungen befriedigen das große öffentliche Interesse am Baufortschritt. Für die Verglasung der großen Dachflächen werden fahrbare überdachte Montagebühnen eingesetzt. Vor Wind und Regen geschützt, können so 80 Arbeiter 18 000 Glastafeln pro Woche verarbeiten. Auch Holz wird an Stellen verarbeitet, wo es technische Anforderungen und ökonomische Überlegungen sinnvoll erscheinen lassen, so bei den großen gebogenen Rippen des Querschiffes. Nach einer Bauzeit von sechs Monaten ist das Gebäude fertig. Der 360 Seiten starke Katalog zur Ausstellung zeichnet für unsere Augen ein widersprüchliches Bild von Hülle und Inhalt. Erscheint das Gebäude bis heute in vielerlei

1.161
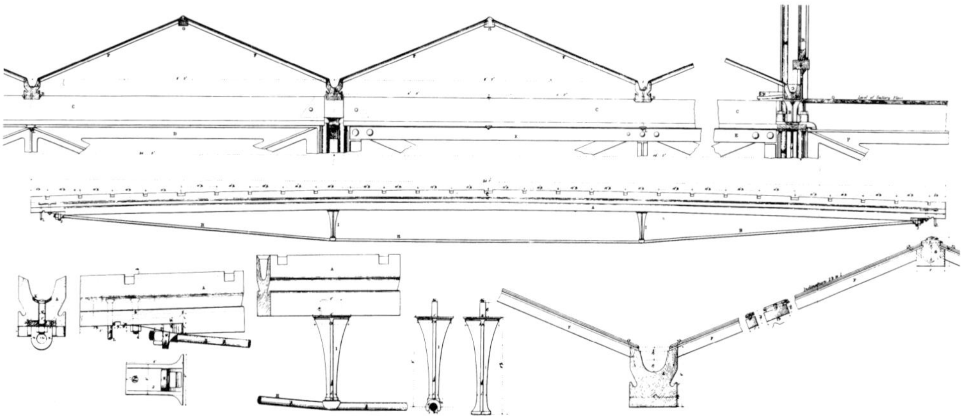

1.162
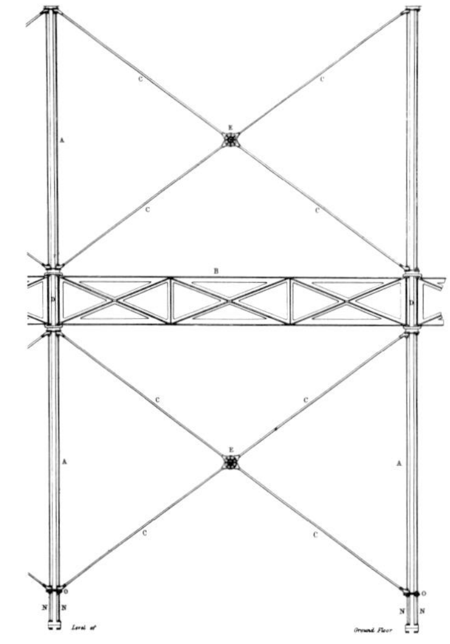

1.163
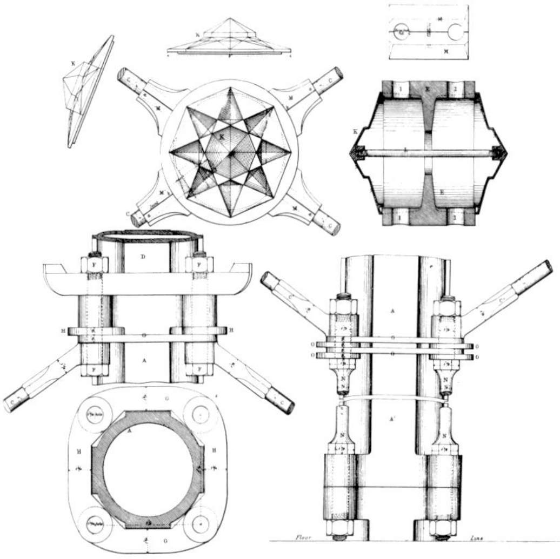

1.164
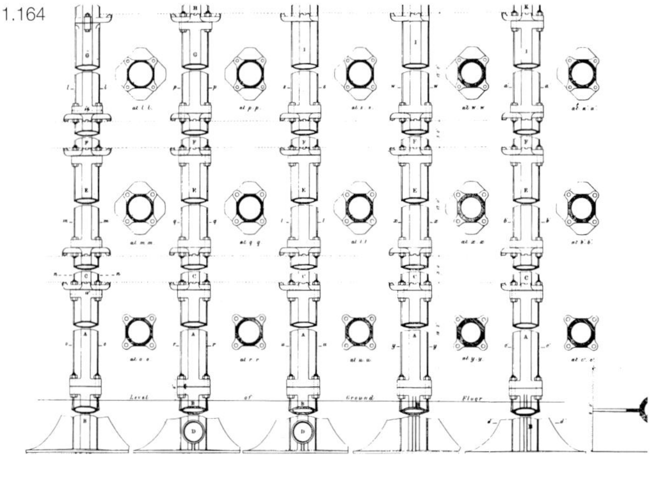

1.165
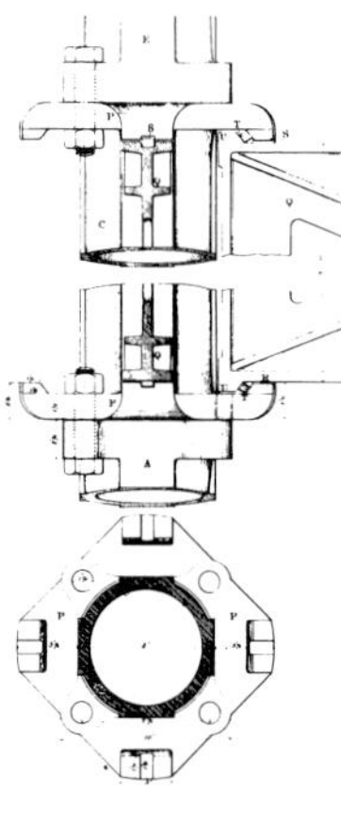

1.166

1.161 Kristallpalast in London 1851, Joseph Paxton Glasdach nach dem »Ridge-and-Furrow-Prinzip«, mit schmiedeeisernen Stangen unterspannte hölzerne Rinnenträger, gußeiserne Druckstäbe
1.162 wie zuvor, Konstrutionsmodul mit gußeisernen Stützen, gußeisernem Träger, Auskreuzungen mit Rundstäben
1.163 wie zuvor, Verbindungsdetails mit Schraubbolzen
1.164 wie zuvor, Katalog der gußeisernen Stützen und Stützenverbindungen
1.165 wie zuvor, Detail Anschlußelement Stütze/Träger
1.166 wie zuvor, Montage mit menschlicher Muskelkraft
1.167 wie zuvor, Innenansicht aus »The Crystal Palace Exhibition Illustrated Catalogue«, London 1851
1.168 Glaspalast in München 1854, August von Voit, Innenansicht 1861

Hinsicht interessant, so würde man die unter dem Titel »The Industry of all Nations« gezeigten Erzeugnisse eher mit den Begriffen Plüsch und Plunder belegen.
Bei der Übertragung des Gebäudes nach Sydenham, abgeschlossen 1854, erfolgen einige Veränderungen. Man fügt zwei weitere Querschiffe ein und führt die Dachtonnen in Eisen aus. Das Gebäude wird genutzt, umgebaut und erneuert, auch dies ein Beleg für die Flexibilität des architektonischen Konzeptes. 1936 fällt es einem Brand zum Opfer.
Auch der Glaspalast in München von August von Voit sollte nur als temporäres Gebäude für die Industrieausstellung im Jahre 1854 errichtet werden, erfüllt jedoch die Aufgabe als kultureller Brennpunkt bis zu seiner Zerstörung durch Brandstiftung im Jahre 1931. Anleihen am großen Londoner Vorbild sind unübersehbar: die eingesetzten Primärbaustoffe Eisen und Glas, ein klares Rastersystem sowie die Verwendung normierter Bauteile. Potente Bauunternehmen machen hier wie dort die fristgerechte Erstellung möglich. Die differenziertere Baustruktur des Münchner Gebäudes unterstützt die These einer technischen Weiterentwicklung. Im Gegensatz zu Paxton gelingt es von Voit die Tragstruktur des Gebäudes nach außen ablesbar zu gestalten. Auch hier wird in den hohlen gußeisernen Stützen Regenwasser abgeleitet. Die Rinnenkonstruktion der Glasdächer kommt ohne hölzerne Bauteile aus. Gleichwohl treten wie beim Londoner Vorbild Undichtigkeiten auf.

Die nebenstehenden Konstruktionszeichnungen des Kristallpalastes in London belegen den mächtigen Innovationsschub im Bauen mit Eisen und Glas. Die »Ridge-and-Furrow«-Struktur der Dachverglasung war zuvor an unterschiedlichen Gewächshäusern erprobt und weiterentwickelt worden. Unterspannte Träger sorgen für die erforderliche Überhöhung in Feldmitte. Die hier noch aus Holz geformten Rinnen hatten innenseitig zusätzliche Nuten für das anfallende Schwitzwasser, bergen aber die material- und verarbeitungsbedingte Gefahr für Undichtigkeiten. Diagonal gespannte Stäbe münden in gußeiserne Knotenelemente hoher Präzision und steifen die Skelettstruktur aus. 140 Jahre später lassen sich Ingenieure wie Anthony Hunt und Architekten wie Norman Foster oder Richard Rogers zu weiterentwickelten Details inspirieren.

1.167

1.168

1.169 Haus aus Wellblech »für den Versand nach überseeischen unkultivierten Orten«
1.170 verschiedene Wellblecharten
1.171 Stahlhaus in Dessau 1926, Georg Muche

Um 1840 wird das verzinkte Wellblech erfunden. Die je nach späterer Belastung modifizierte Ausführung mit flach oder tief geformter Welle ist für ein breites Anwendungsgebiet geeignet. Im Hausbau kommt das neue Halbprodukt umgehend bei Wänden und Dächern sowie im Deckenbereich zum Einsatz. Zusätzlich in Gegenrichtung gebogene, d.h. bombierte Tafeln sind zur freitragenden Überspannung von Hallen gleichermaßen geeignet. Einschlägige Hersteller haben neben zahlreichen Varianten großer und kleiner Wohnhäuser auch vollständig aus Eisen hergestellte Kirchen im Angebot. Ein wichtiger Aspekt besteht darin, daß die Bauten, in Einzelteile zerlegt, problemlos transportiert und an ihren Bestimmungsorten von ungelernten Arbeitskräften zusammengebaut werden können. Im Buch der Erfindungen, Gewerbe und Industrien, erschienen 1906, werden die Vorzüge des nebenstehend abgebildeten Hauses wie folgt beschrieben: »Das für Afrika bestimmte Haus ist allseitig von breiten Schattengängen umgeben, eignet sich aber außerdem in seiner Art speziell dadurch für die tropischen Zonen, daß es vermöge seines stark wärmeleitenden Baumaterials nach Untergang der Sonne schnell wieder abkühlt und infolgedessen nachts stets angenehm temperierte Räume bietet. Andererseits aber gewähren diese Häuser in jenen Gegenden den Vorteil, daß sie weder durch rohe Gewalt, noch durch Tiere leicht zerstört werden können, auch dem Ungeziefer an keiner Stelle ohne weiteres den Eintritt ermöglichen.«[44] Die einseitig geschönten Eigenschaften dieser neuen eisernen Exportgüter ändern nichts an der Tatsache, daß man den klimatischen Bedingungen und Bedürfnissen an Ort und Stelle nur sehr ungenügend Rechnung trug (siehe auch einleitende Bemerkungen auf Seite 10). Die Wellblechhütte sollte noch weltweit zum Synonym für Slums und Elendsquartiere werden …
Erst nach dem ersten Weltkrieg entdeckt die Industrie erneut die Möglichkeiten, die der Baustoff Stahl für das Bauen bietet oder bieten könnte. Der Architekt Hans Spiegel wird zum Promoter einer neuen Bautechnik. Unter der Überschrift »Die Wege zu einer rationellen Wohnungsproduktion« analysiert er in seinem Buch »Der Stahlhausbau« die überlieferten handwerklichen Baumethoden, die seiner Meinung nach nicht mehr dazu in der Lage sind, den steigenden Bedarf an Wohnraum

1.169

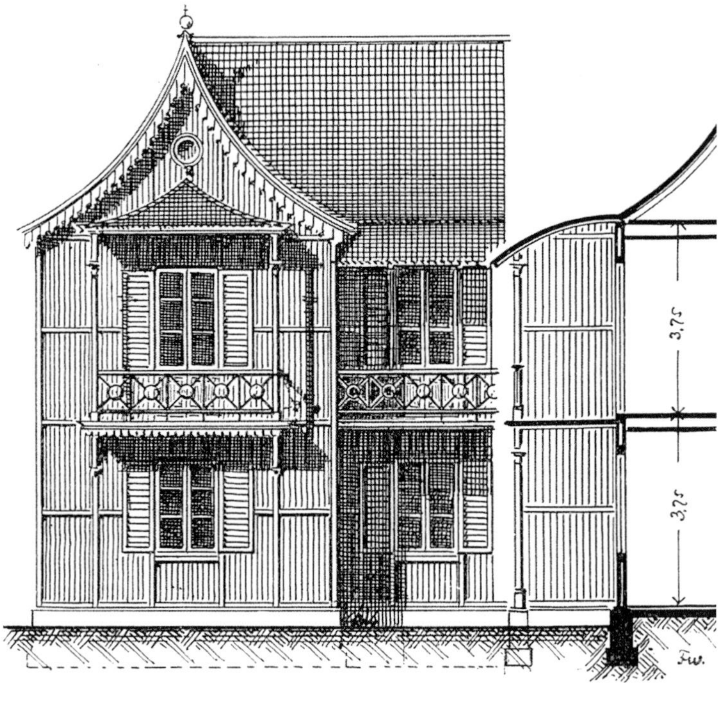

1.170

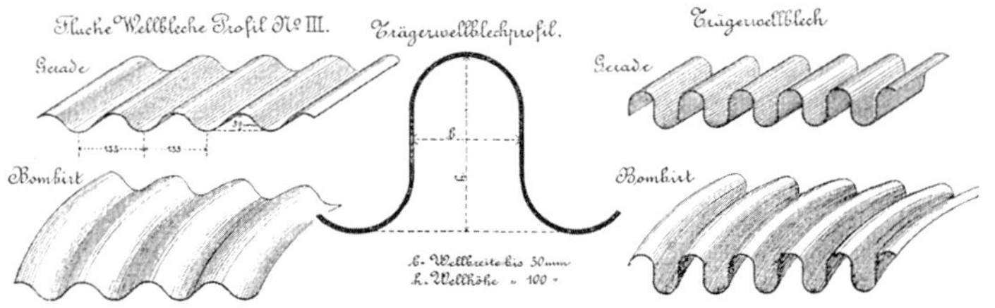

1.171

1.172

1.173

1.172 Urban-Stahlhaus
Werkbundausstellung Stuttgart 1927,
Stahlskelett aus Vierkantrohren
1.173 wie zuvor, fertiges Produkt
1.174 Einfamilienhaus in Stuttgart 1927,
Walter Gropius, Stahlskelett
1.175 wie zuvor, Grundriß
1.176 Clubhaus in Buc 1936,
Jean Prouvé

wirtschaftlich abzudecken. Er sieht die Lösung in einem industrialisierten und standardisierten Wohnungsbau und erklärt ohne Umschweife: »Die nach Eingang der Rüstungsindustrie eintretende Absatzstockung veranlaßte die stahlverarbeitende Industrie zur Umschau nach neuen Absatzgebieten.«[45]
Spiegel knüpft mit dem Hinweis auf den Kristallpalast in London und die beeindruckenden Stahlskelettbauten in Amerika an den historischen Erfolgen des Bauens mit Eisen und Stahl an, stellt jüngste Beispiele aus England, Frankreich und Deutschland vor, um dann Stahllamellenbau, Stahltafelbau, Stahlskelettbau und Stahlrahmenbau in Wort und Bild systematisch abzuhandeln. Das Material der dokumentierten Haustypen wird mit je einem Foto des Gefüges und des Endzustandes belegt. Dabei fällt auf, daß die optische Angleichung an das konventionelle, gemauerte Haus im Vordergrund steht. Ein Phänomen, das im Fertighausbau bis heute beobachtet werden kann.
Andererseits überrascht es nicht, daß bekannte Namen aus dem Kreis der sogenannten Klassischen Moderne wie J.P. Oud, Gerrit Rietveld, Adolf Rading, Georg Muche, Walter Gropius und Ludwig Mies van der Rohe in dieser Phase innovativer Experimente vertreten sind. Die Bauausstellungen in Stuttgart (Werkbundausstellung 1927), Dresden (Jahresschau »Die technische Stadt« 1928) und Breslau (Wohn- und Werkraumausstellung »WUWA« 1929) haben die Aufgabe, diesen neuen Ideen zum Durchbruch zu verhelfen.
Walter Gropius merkt zu seinem Versuchshaus in Stuttgart an: »... die fabrikation solcher häuser kann nicht auf der baustelle erfolgen, sondern muß in stationären werkstätten vollzogen werden. unter verwendung hochwertiger, industriell verarbeiteter materialien ist die last und die masse der baukörper zu verringern, seine stabilität und isolierfähigkeit dagegen zu steigern, so daß es möglich wird, ein in einzelne montable bauteile zerlegbares einfamilienhaus auf wenigen lastautos von den fabrikationsstellen nach einer beliebigen baustelle zu fahren und unabhängig von saison und witterung in kürzester zeit zu montieren.«[46] Das Traggerüst des Hauses besteht aus Walzprofilen. Korkplatten bilden die Wärmedämmung, Asbestzementplatten die Außenverkleidung. Für die Innenwände werden je nach Anforderung Zuckerrohrfaserplatten, silikatgebundene Holz-

1.174

1.175

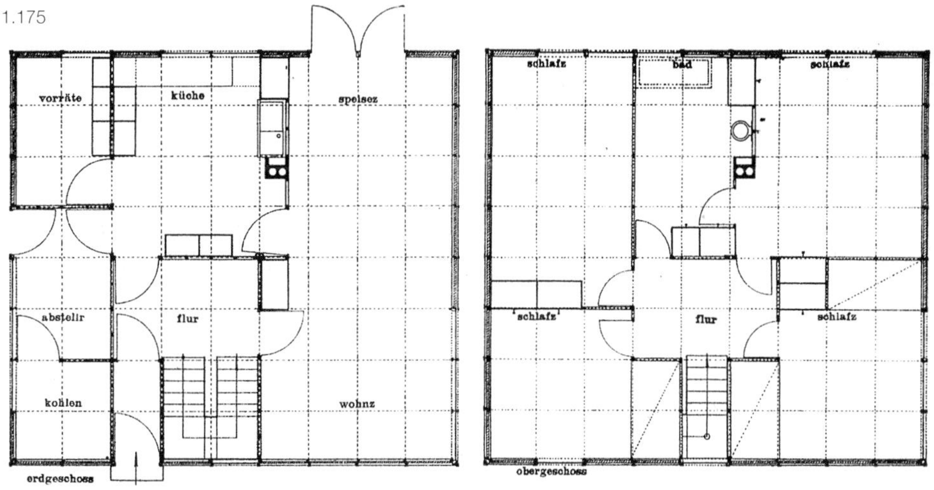

1.176

1.177

faserplatten oder Asbestzementtafeln eingesetzt. Die Wärmedurchlaßzahl der Außenwand entspricht der einer Ziegelsteinmauer von etwa 160 cm Dicke, hergestellt »in normal sorgfältiger Ausführung«. Hans Spiegel weist in seiner Beschreibung kritisch auf die konstruktiven Schwachstellen an den Plattenstößen über den Stahlprofilen hin, da hier die Isolierung unterbrochen ist. Walter Gropius entwickelte Grund- wie Aufriß seines Demonstrationsbaus auf einem strengen Raster, der die standardisierte Fertigung ermöglicht, aber dennoch Spielraum für Variationen zuläßt.
In einem Nachfolgeband bereitet Hans Spiegel 1930 die »Grundlagen zum Bauen mit Stahl« auf. Alle bis dahin bekannten wichtigen technischen Daten werden in diesem Kompendium gesammelt und dargestellt. Auch fließen hier die im Ausland gemachten Erfahrungen im Stahlskelettbau mit ein. Erste Ansätze zum Stahlleichtbau sind ebenfalls bereits erkennbar. Hier wartet ein weiteres Statement mit interessanten Analogien zu anderen Industriezweigen auf: »Wie sich ein Automobil aus den für die verschiedenen Aufgaben nach Konstruktion und Werkstoff verschiedenen Einzelgliedern zum fertigen Fahrzeug zusammenbaut, wie in der Automobilfabrik aus verschiedenartigen Einzelgliedern programmäßig Wagentypen verschiedener Qualität und planmäßig verschiedener Gestehungskosten sich ergeben, wie sich ein medizinisches Medikament zusammenbaut aus Einzelstoffen, deren Art und Menge bestimmt wird von der beabsichtigten mehr oder weniger intensiven Wirkung des Medikamentes – so gibt der Skelettbau dem neuzeitlichen Bauen die Möglichkeit eines wissenschaftlich exakten, systematisch aus der Aufgabe entwickelten und auf die Höhe der Anforderungen abgestimmten Gestaltens.«[47]
Mit Jean Prouvé erhält der Stahlleichtbau einen ersten Meister und Wegbereiter. Die Baugeschichte stellt ihn heute in eine Reihe mit Telford, Paxton, Bogardus, Eiffel und anderen, die als entwerfende Ingenieure, geniale Konstrukteure sowie als Unternehmer gleichermaßen erfolgreich waren. Ausgebildet als Kunstschmied besorgt er sich 1929 ein Autogen-Schweißgerät, elektrische Bohrmaschinen, Stanzmaschinen und eine erste motorgetriebene Abkantpresse, um in der Folgezeit mit diesen neuen technischen Möglichkeiten zu experimentieren. 1931 erwirbt er ein Patent für ein System elementierter umsetzbarer Trennwände aus Stahlblech. Sein erster Bau in Stahlleichtbauweise wird das Clubgebäude für den Flugplatz in Buc. Auf seiner neuen Gesenkbiegemaschine fertigt er das Tragskelett, Decken, Treppen, Sanitärkabinen und Rahmenwerk der Glaswände. Mit seinem Kolonialhaus 1949 und den sogenannten Sahara-Häusern sorgt er erstmalig für sinnvoll ausgeklügelte, mobile Bausysteme aus Stahl, welche nach den kaum zufriedenstellenden frühen Exporten aus Gußeisen und Wellblech endlich mit Lösungen aufwarten können, die den jeweiligen klimatischen Verhältnissen angepaßt sind. Nahezu alle namhaften Ingenieure und Architekten, die sich in der Nachfolge Jean Prouvés dem Systembau in Stahl widmen, werden sich auf ihn berufen.
Eine ähnliche Vorreiterrolle spielt das Ehepaar Ray und Charles Eames. 1945 initiierte der Herausgeber der Zeitschrift Arts & Architecture ein ehrgeiziges Versuchshausprogramm. Acht Architekturbüros werden zur Teilnahme aufgefordert. Das Ende des zweiten Weltkrieges stand kurz bevor. Baumaterialien sind noch knapp bemessen. Nun bietet sich den Architekten die Möglichkeit, die im Krieg entwickelten Produkte und Technologien der Vorfertigung für friedliche Zwecke zu adaptieren. Die neuen Materialien sind unter anderem Plastik, Bindemittel, Flugzeugkleber und synthetische Harze. Die aus der Ausschreibung hervorgehenden Entwürfe für die »Case Study Houses« Nr. 8 und 9 von Charles Eames und Eero Saarinen werden Ende 1945 in »Arts & Architecture« veröffentlicht. Eames überarbeitete den Entwurf für sein Haus (Nr. 8) grundlegend, zu einem Zeitpunkt, da die vorgefertigten Stahlteile bereits auf die Baustelle gebracht sind. 1949 kann das fertige Haus vorgestellt werden. Obwohl es zum Symbol für das gesamte Programm wird, kann man es bei genauer Analyse aus heutiger Sicht kaum mehr als Musterbeispiel für industrielle Vorfertigung werten. Die erzielte Perfektion der Verarbeitung ist das Ergebnis zahlreicher handwerklich geprägter Einzelanpassungen. Auch der hohe Aufwand bei der Instandhaltung darf nicht verschwiegen werden. So schätzt der ehemalige Büromitarbeiter Richard Donges, daß er vom Beginn der sechziger Jahre bis 1979 im Schnitt zwei- oder dreimal die Woche im Haus zu Gange ist, um größere oder kleinere Reparaturen auszuführen.

1.178

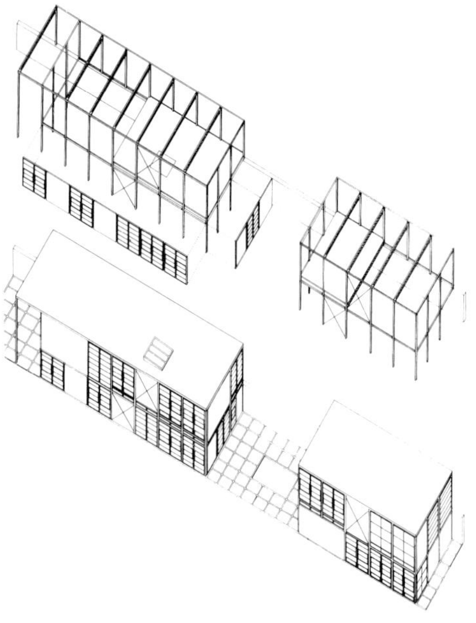

1.179

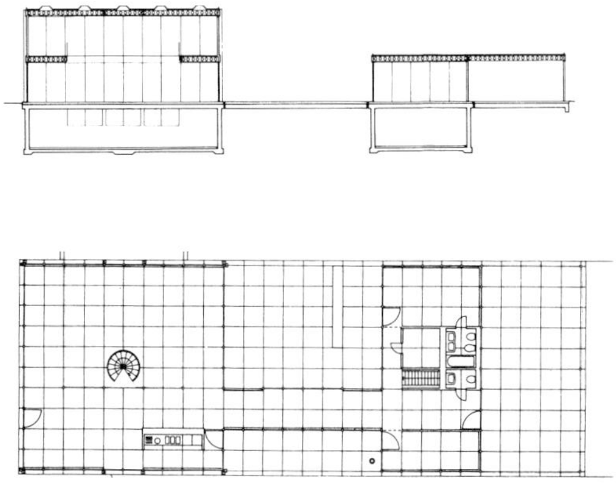

1.180

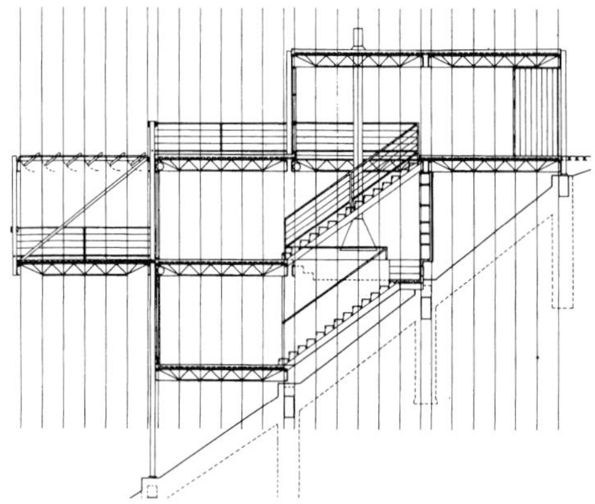

1.181

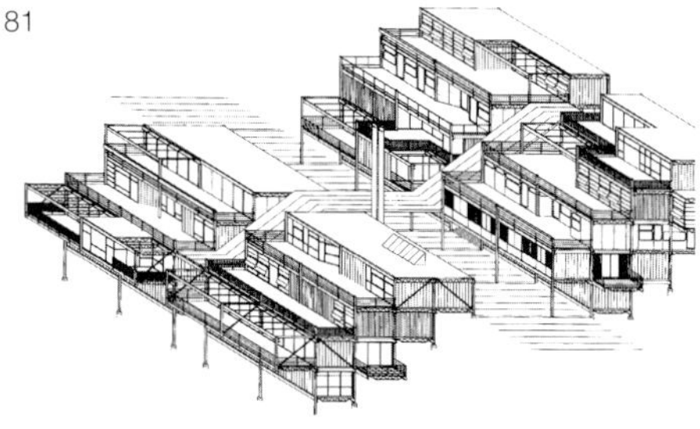

1.182

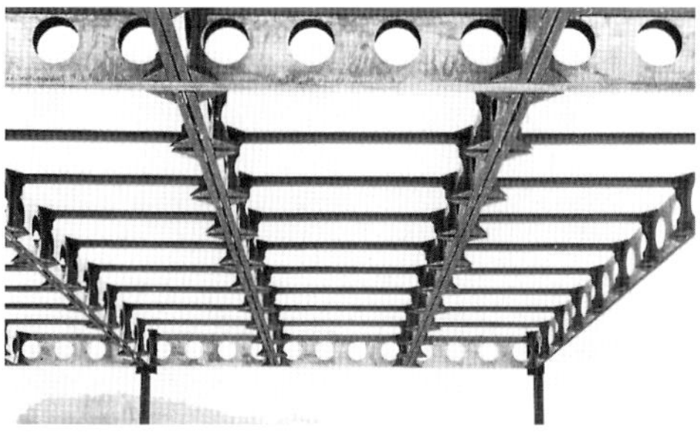

1.177 Clubhaus in Buc 1936, Jean Prouvé, Dachtragwerk
1.178 Wohnhaus bei Los Angeles 1949, Charles und Ray Eames, Isometrie
1.179 Wohnhaus in Solothurn 1977, Fritz Haller, Schnitt/Grundriß
1.180 Wohnbebauung, in Systembauweise, Beverly Hills, Kalifornien 1976, Helmut C. Schulitz, Schnitt
1.181 Wohnbebauung, in Systembauweise, Beverly Hills, Kalifornien 1976, Helmut C. Schulitz
1.182 wie 1.179, Dachtragwerk
1.183, 1.184 Wohnhaus bei Los Angeles 1949, Charles und Ray Eames
1.185 Wohnhaus in Solothurn 1977, Fritz Haller
1.186 wie 1.180, Ansicht

Trotz aller Einschränkungen ist das Eames-Haus in seiner ästhetischen Vorbildrolle bei der Entwicklung des elementierten Bauens in Stahl nicht hoch genug einzustufen.
Als Gegenpol zum Designerpaar Eames ist wohl die Person Fritz Hallers anzusehen. Kann das aus subtil gefügten Halbzeugen entwickelte Eames-Haus in seiner technischen Substanz nur dank aufwendiger ständiger Wartung überleben, so entwickelt Fritz Haller seine Gebäude von Anfang an aus funktional durchgeplanten und getesteten Bauelementen mit hohem Anforderungsprofil. Zum Qualitätsmerkmal der Gebrauchstüchtigkeit treten Aspekte der problemlosen Veränderbarkeit hinzu. Die Notwendigkeit wandelbarer Gebäude begründet Fritz Haller selbst wie folgt: »Häuser werden für eine bestimmte Nutzungsart gebaut – Wohnhäuser, Schulhäuser, Bürogebäude, Fabrikationsanlagen – in der Regel nach den spezifischen Vorstellungen der Auftraggeber und der Architekten. In Wirklichkeit werden die meisten dieser Gebäude nur kurze Zeit gemäß dieser Zweckbestimmung benutzt. Einer relativ kurzen Erstnutzung folgen viele andere Nutzungen, die bei der Planung unbekannt waren und deshalb nicht bedacht werden konnten. In den letzten Jahrzehnten ist dieser Sachverhalt wegen der immer schnelleren wirtschaftlichen und technologischen Entwicklung vor allem in Gebäuden im Produktions- und Dienstleistungsbereich offen zutage getreten. Er müsste eigentlich die Bauplaner dazu veranlassen, die Gebäude nicht für Erstnutzungen, sondern nach allgemeineren Gesichtspunkten zu konzipieren.«[48]
So entwickelte Haller Baukastensysteme mit der Möglichkeit des zerstörungsfreien Um- und Anbaus sowie einer integrierten und anpassungsfähigen technischen Gebäudeausrüstung. Die Tragstruktur der Kantonsschule in Baden ist bereits aus vorgefertigten Elementen errichtet. Mit den in der Folgezeit zur Serienreife entwickelten Bausystemen »Midi« für Geschoßbauten sowie »Maxi« für eingeschossige Hallenkomplexe werden zahlreiche Projekte realisiert. Das System »Mini« deckt unter anderem Lösungen für den Wohnungsbau ab. Wie man am Beispiel des gezeigten Wohnhauses in Solothurn feststellen kann, ist der individuelle Ausdruck deutlich zurückgenommen. Das bekannte Wohnhaus von Helmut C. Schulitz in Los Angeles erscheint im Vergleich hierzu weitaus spielerischer angelegt. Einerseits erlauben die klimatischen Verhältnisse größere

1.183

1.184

1.185

1.186

1.187

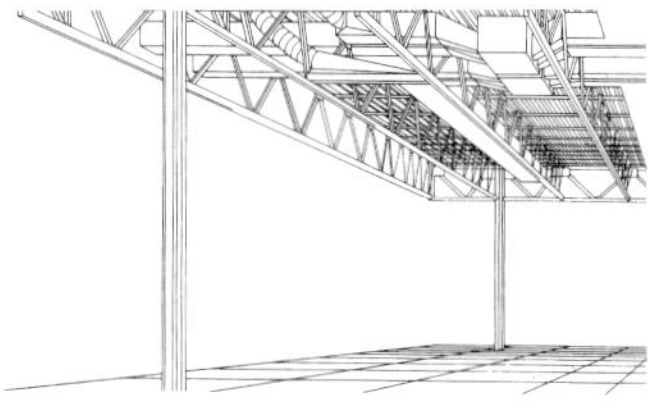

1.187 SCSD in Palo Alto 1965, Ezra Ehrenkrantz
1.188 Kantonsschule Baden 1964, Fritz Haller, Montagephase Traggerüst
1.189 wie zuvor, Fassade Hauptgebäude
1.190 Konservenfabrik in Japan 1969, Noriaki Kurokawa, Eckstütze
1.191 wie zuvor, Ausschnitt Innenraum
1.192 wie zuvor, Fassadenausschnitt

Freiheiten. Andererseits ist der zum Einsatz gebrachte Baukasten als sogenanntes offenes System angelegt. Als Helmut C. Schulitz 1966 nach Kalifornien kommt, hat Ezra Ehrenkrantz bereits den Prototyp für sein SCSD (School Construction Systems Development) fertiggestellt. Norman Foster und Richard Rogers sollten sich später daran orientieren. Schulitz erkennt den Vorteil einer gewissen Kompatibilität mit anderen konkurrierenden Systemen und nimmt dies zum Anlaß, sich um die Entwicklung eines neuen, jedoch offenen Systems zu bemühen. Die 1971 an der Universität gegründete Arbeitsgruppe T. E. S. T. (Team for Experimental Systems-building Techniques) macht es sich zur Aufgabe, auf dem Markt vorhandene Bauelemente auf Kompatibilität zu überprüfen. Bei Neuentwicklungen kann man sich auf fehlende Komponenten für dieses System aus Standardbauteilen beschränken. Das eigene Wohnhaus, realisiert nach diesen Ideen, soll den Beweis erbringen, daß auf diese Weise eine große Vielfalt zu erzielen ist und so die auf Grund großer Produktionsserien drohende Monotonie im industriellen Bauen durchaus vermieden werden kann.
Auch die Entwicklung von Megastrukturen zur Stadtentwicklung und -erneuerung stehen Ende der sechziger und Anfang der siebziger Jahre im Mittelpunkt des Interesses. Dem Ruf nach Veränderbarkeit und Flexibilität kann aus damaliger Sicht nur mittels umfassend angelegter Systeme und Strukturen entsprochen werden. So träumt man davon, städtebauliche Visionen auch mittels flexibler Stahlbaustrukturen umsetzen zu können. Das von einer Gruppe Schweizer Architekten und Ingenieure entwickelte Stahlbausystem VE 66 wird 1976 in der Zeitschrift Detail in allen Einzelheiten vorgestellt. Aus heutiger Sicht ist es viel zu weit getrieben und somit nur begrenzt anpassungsfähig für grundlegend veränderte technische Anforderungen, etwa aus dem Normenbereich, und wenig kompatibel für andere auf dem Markt befindliche Produkte.
Noriaki Kurokawa signalisiert beim nebenstehend abgebildeten Fabrikgebäude bereits durch die besondere Ausbildung der Stützen die Erweiterbarkeit der vorgefertigten Baustruktur nach allen Seiten. Fachwerkträger aus Rohrprofilen überspannen die 17 x 17 m großen Felder diagonal. Peripher angefügte Nebenräume sind demontabel angelegt.
Der 1989 in Betrieb genommene neue Funk-

1.188

1.190

1.191

1.193

1.194

1.193 Erweiterung Krankenhaus, Schongau 1986, Karl J. Habermann in Hackl + Amon, Sepp Rottmayr: Entwicklung Tragsystem, Montage
1.194 wie zuvor, Innenraum Rohbau
1.195 wie zuvor, Fassadenausschnitt
1.196 T.E.S.T. offenes System 1974, Helmut C. Schulitz

1.196

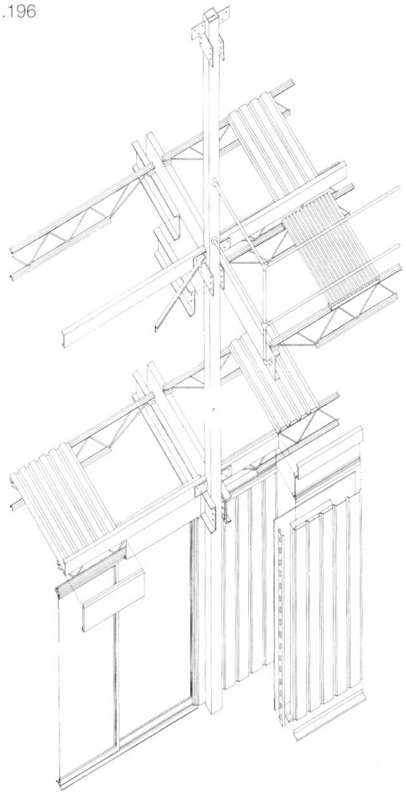

1.189

1.192

1.195

tionstrakt am Kreiskrankenhaus in Schongau wird in einem kubatursparenden Stahl-Stahlbetonverbund-Fertigteilsystem erbaut. Die aus addier- und stapelbarenTischen aufgebaute Struktur ist mittels geeigneter Detailgestaltung besonders installationsdurchlässig ausgelegt. Fertigteilplatten mit wabenförmig ausgeschnittenen Verstärkungsrippen aus Profilstahl übernehmen die Aufgabe von Nebenträgern. Entlang der Hauptunterzüge ist Raum für durchlaufende Installationstrassen, an den unterzugfreien Seiten der Stützen für vertikale Installationsstränge. Die vertikale Durchlässigkeit des Deckensystems kann durch Auswechslungen der Nebenträger zusätzlich erhöht werden. Die Kombination von Stahlbetonfertigteilen mit Stahlbauelementen verbindet brandschutztechnische Vorteile mit der höheren Präzision des Stahlbaus. Die im Krankenhausbau besonders wichtigen Aspekte der nie auszuschließenden notwendigen Anpassung während der Planungs- und Bauzeit sowie der Erweiterbarkeit nach allen Seiten sind hier ebenfalls berücksichtigt. Eine rasche und emissionsarme Montage (Lärm wie Staub) ist gerade in direkter Nachbarschaft zu laufenden Betriebseinheiten ebenfalls relevant.

Helmut C. Schulitz verallgemeinert die aktuellen Ansprüche an die fortschreitende Industrialisierung im Bauwesen und legt dar: »Die Systemtheorie, die Regeln der Kombination, der Permutation und Variation bestätigen uns darin, Architektur im Sinne von Prozessen und nicht als festgelegte Objekte zu sehen.«[49]

1.197 Projekt Flugzeughalle 1951, Konrad Wachsmann
1.198 wie zuvor, Knoten verkeilt
1.199 US-Pavillon Weltausstellung Montreal 1967, (heute »Biosphere«), Buckminster Fuller
1.200 wie zuvor, Knoten verschweißt
1.201 Kirche in Oer-Erkenschwick 1972, Joachim Schürmann
1.202 wie zuvor, Knoten verschraubt
1.203 Climatroffice 1971, Norman Foster, Buckminster Fuller
1.204 Hammersmith Centre 1979, Norman Foster

»Der Kristallpalast kann in der Tat als der nun sichtbar gewordene Wendepunkt angesehen werden, durch den die gesamte Entwicklung der Baugeschichte eine andere Richtung einschlug. Faszinierend dabei ist, daß das Ganze nur aus einfachen, kleinen Teilen besteht, es gibt keine gewaltigen, kolossalen Baukörper. Nichts ist da, was nicht bis in das kleinste Detail sofort verstanden werden kann.«[50]
So nimmt Konrad Wachsmann in seinem programmatischen, 1959 erschienenen Buch »Wendepunkt im Bauen« den Bezug zu den geschichtlichen Wurzeln der Bausysteme auf. Neben den Leistungen Paxtons, Eiffels und Roeblings würdigt er besonders Alexander Graham Bell, der um die Jahrhundertwende mit Konstruktionssystemen basierend auf der Geometrie des Tetraeders, experimentierte. Bell hat damit drachenartige Fluggeräte sowie einen überraschend filigranen Aussichtsturm hergestellt. Mit Hinweisen auf die konstruktiven Finessen der Luftschiffe sowie die längst als selbstverständlich empfundene Form eines Fahrradrahmens beschließt der Autor seinen analytischen Rückblick, um dann seine eigene Ideenwelt auszubreiten. Nach einer allgemeinen Einführung in die maschinellen Bearbeitungstechniken in der Industrie, einem Exkurs über modulare Prinzipien kommt Wachsmann schnell zum Kern seiner Überlegungen, dem intelligenten Fügen von standardisierten Elementen zu größeren Gebilden. In sorgfältig organisierter Teamarbeit entstand von 1951 an eine breit angelegte Studie über die Realisierung mächtiger Flugzeughangars. Neben der Entwicklung einer möglichst leichten, dreidimensionalen modularen Struktur aus Stahlrohren war es wichtig, einen Knotenpunkt zu erfinden, der den gelenkigen Anschluß von bis zu 20 Stäben in beliebiger Variation erlauben würde. Mit Hilfe von drei Keilen wird jeder Knotenpunkt endgültig fixiert. Zur Ausführung gelangten diese Projekte nicht.
Wachsmann vertrat stets die Meinung, daß Industrialisierung keineswegs zwangsweise mit dem Aspekt der gestalterischen Monotonie verbunden ist. Seine Bemühungen gelten der Entwicklung weitgehend offener Systeme. Er formuliert dazu die seiner Meinung nach daraus resultierenden ästhetischen Vorstellungen:
»Der freie Raum wird primär jegliche Planung beeinflussen. Die großen Spannweiten werden neue Raumbegriffe zur Folge haben, wie sie vorher nie konzipiert werden konnten. …

1.197

1.199

1.201

»In the case of architectural structures, dynamic responsive systems, acting much like flexing muscles in a body, will reduce mass to minimum by shifting loads and forces with the aid of an electronic nervous system which will sense environmental changes and register indivdual needs.«[51]
Richard Rogers

1.198

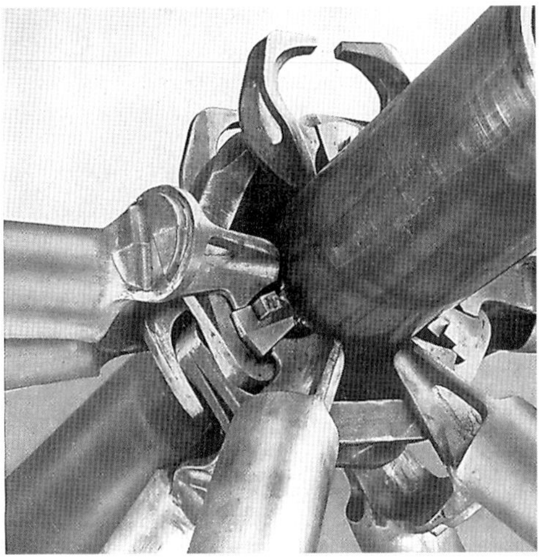

1.200

1.202

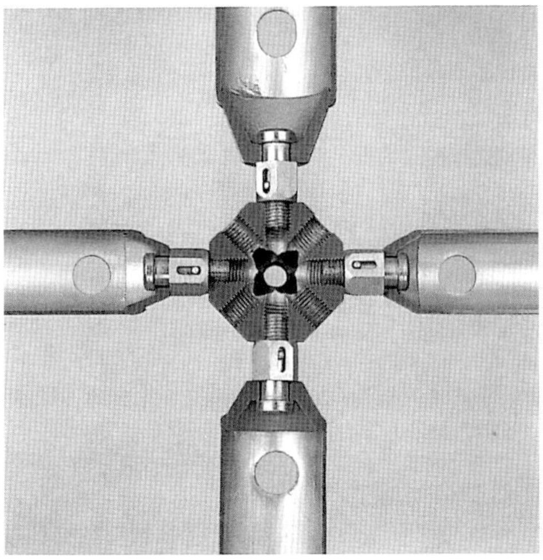

1.203

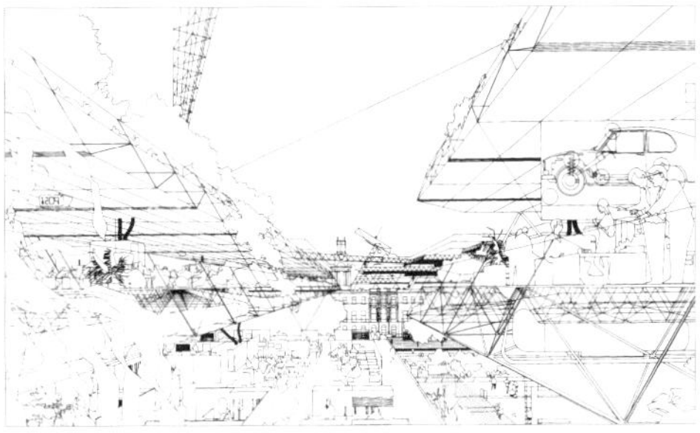

1.204

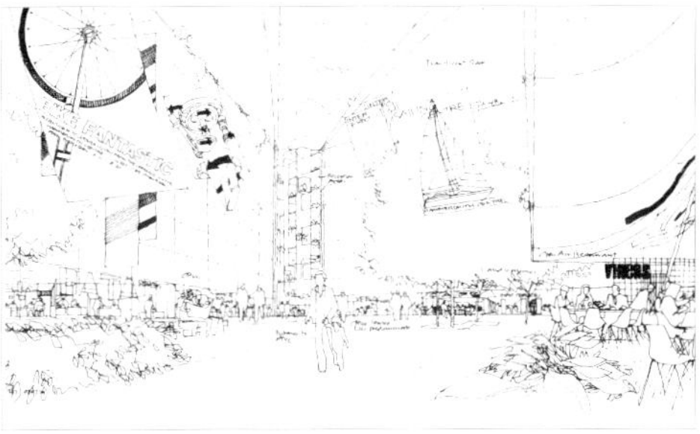

Begriffe von Masse, Fassade oder Monumentalität, nichts mehr als nur zusammenhanglose, visuelle Effekte, werden sich von selbst aufheben ...«[52]

Neben Wachsmann bemühen sich auch Buckminster Fuller und Max Mengeringhausen um eine universale Knotenverbindung für weitgespannte leichte Raumtragwerke. Mengeringhausen beginnt 1937 mit der Entwicklung von Baukastensystemen. Seit 1942 werden erste Raumfachwerke mit dem heute allseits bekannten Knoten realisiert. 1962 können in der Schrift »Komposition im Raum« bereits vielfältige Anwendungsbeispiele vorgestellt werden. Namhafte wie weniger bedeutende Architekten bedienen sich des nun für jedermann zugänglichen Produktes. Neben Hallen für industrielle Nutzung wie für Veranstaltungs- und Ausstellungszwecke gibt es auch Anwendungen im Sakralbau, dem Bausegment mit höchstem ästhetischen Anspruch. Die überzeugendsten Lösungen findet man jedoch meist im Bereich temporärer Bauten, da hier die Tragstruktur in der Regel unverkleidet bleibt und in ihrer ephemeren Wirkung nicht beeinträchtigt wird. Als Beispiel mag hier der Hinweis auf die Tribüne der Hockey-Anlage der Architekten Karg und Schraud für die olympischen Spiele von 1972 in München genügen.

Buckmister Fuller gilt heute neben Wachsmann und anderen als Vordenker einer Architektur der Hochtechnologie. Er beschäftigt sich auch mit dem Schlüsselprodukt industrieller Fertigung, dem Automobil. Aspekte der Aerodynamik dienen ihm bei der Entwicklung seines »Dymaxion Cars« nicht als Selbstzweck, als Designergeste, sondern zur Optimierung von Konstruktion, Funktion und Form. Bereits 1927 denkt er an Wohngebäude, die in Leichtbaukonstruktion aus Stahl und Aluminium vorgefertigt, mittels Zeppelinen von der Fabrik an Ort und Stelle gebracht werden sollen. Der Gesichtspunkt der Materialminimierung bei maximaler Leistung spielt vor allem bei seinen geodätischen Kuppeln eine wichtige Rolle. Als gebautes Weltbild repräsentiert Fullers Pavillon die USA auf der Weltausstellung 1967 in Montreal. Im Inneren der Kuppel werden kulturelle Leistungen und Technologie der Weltraumnation demonstriert. Die Wirkung des Objektes selbst ist auch nach dem Brand der Kunststoffhülle, der 1976 bei Renovierungsarbeiten ausbricht, imposant genug. Das nunmehr offene Raumfachwerk umschließt den Raum wie zuvor und verstärkt eher noch die Vision einer Klimahülle, wie sie Fuller für lebensfeindliche Gebiete wie heiße Wüsten und arktische Zonen vorgedacht hatte. Auch die Idee, ganze Stadtzentren mit einer klimatisch kontrollierbaren Hülle zu versehen, fehlt nicht. Die bekannte Vogelschau mit der mächtigen Seifenblase über Manhattan ist unverzichtbarer Bestandteil aller Abhandlungen über die jüngere Baugeschichte.

Konkreter werden diese Vorschläge 1971 in kleinerem Maßstab, etwa in Zusammenarbeit mit Norman Foster beim Projekt »Climatroffice«. Unter einer ovalen Hülle, konstruiert wie die Kuppel von Montreal, sollte eine in Grund- und Aufriß frei geformte Bürolandschaft entwickelt werden, flexibel in der Nutzung wie der Gestaltung und ohne die üblichen optischen Grenzen zur Umgebung. Mit einem Minimum an notwendiger Oberfläche wollen Foster und Fuller Energie sparend ein Maximum an nutzbarem Raum einschließen. Die Fortsetzung dieser Idee erfolgt von 1977 bis 1979 am Projekt für das Hammersmith Centre in London. Der Innenraum eines städtischen Baublocks mit einem geschickt integrierten Verkehrsknoten aus Metrostation und Busbahnhof soll mittels eines seilnetzgestützten Membrandaches zum Klimapuffer ausgebaut werden. Der ganzjährige Witterungsschutz hätte ein vielfältiges Nutzungsangebot mit Büro- und Einkaufszentrum, Ausstellungen, Kinos, Restaurants und Eislaufarena eingebunden. Leider scheitert das Projekt an den zu unterschiedlichen Interessen der beteiligten Investoren, obwohl die Akzeptanz in der öffentlichen Meinung im vorliegenden Fall überraschend groß war.

Albert G. H. Dietz hielt bereits 1970 einen beachteten Vortrag über »Large enclosures and Solar energy«. Auch wenn die großmaßstäbliche Realisierung der Ideen von Wachsmann, Fuller und Mengeringhausen bis heute aussteht, so bleiben diese nach wie vor aktuell, vor allem im Hinblick auf die verstärkte Umsetzung solarer und ökologischer Energiekonzepte. Im kleineren Maßstab läßt sich an der Flut entstandener »Atrien«, geschlossener innerstädtischer Plätze, der Trend zum klimatisch kontrollierten Stadtraum unschwer ausmachen. Die Technik filigraner, seilnetzgestützter Membranen mit kontrollier- und steuerbaren Eigenschaften ist hierzu stetig weiterzuentwickeln.

Jahr	Material/Halbzeuge	Fügemittel	Tragwerke	
2000				
	TM-Stähle			
1990			Seilnetzkuppel	
	nicht rostende Baustähle Z 30.1-44			
1980	wetterfeste Baustähle DASt 007	CNC-gesteuerte Fertigung		
	Feinkornbaustähle DASt 011			
1970	Stahlguß	HV-Schrauben DASt 010	großflächige Zeltstrukturen	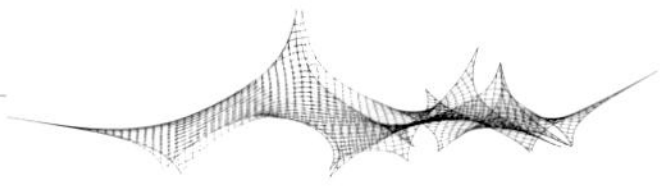
1960		Lichtbogen-Bolzenschweißen	leichte Flächentragwerke	
1950				
1940	St 60	hochfeste Schrauben	leichte Fachwerkträger	
1930	St 52		Stockwerkrahmen	
1920	St 48, St 37	Schweißen		
1910	höherfeste Stähle			
1900	Breitflanschträger		Stützenbinder	
1890				
1880				
1870	Flußeisen		Gelenkträger, Rahmen	
1860				
1850			Fachwerkträger	
1840	Walzprofile	Niete	Skelette	
1830	Rundeisen, Ketten		fachwerkartige Stabwerke	
1820	Schmiedeeisen	Keile, Klammern, Bänder	unterspannte Balken	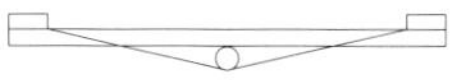
1810	gegossene Träger, Stützen und Bogen			
1800	Gußeisen	Schrauben	Stützen, Bögen, Balken	

	Tragwerktheorie	Bauwerke	Architekt/Ingenieur	Jahr
				2000
				1990
	DIN 18 800, 11/1990		Foster	
		Centre Pompidou Paris	Piano + Rogers, Arup	1980
		Sears Tower Chicago	SOM	
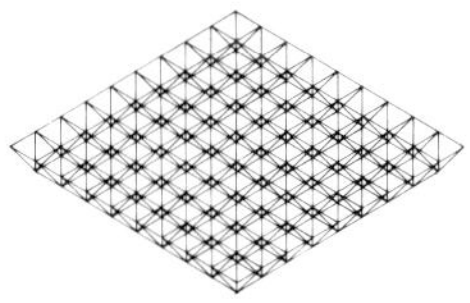		Olympiazelt München	Behnisch & al.	1970
		John Hancock Tower Chicago	SOM	
	Stahlverbundträger DIN 4239	US-Pavillon Brüssel	Stone	1960
		Seagram Building Chicago	Mies v. d. Rohe	
	Finite-Element-Methode	Apartments Chicago	Mies v. d. Rohe	1950
		Eames House Los Angeles	Eames	
				1940
	Traglastverfahren	Maison de Verre Paris	Chareau	1930
	Bleich	Wohnhaus Dessau	Muche	
				1920
		Trabrennbahn Berlin	Endell	
		Turbinenfabrik Berlin	Behrens	1910
		Festhalle Frankfurt	von Thiersch	
		Börse Amsterdam	Berlage	1900
		Maison du Peuple Brüssel	Horta	
	Graphische Statik	Galerie des Machines Paris	Dutert & Contamin	1890
	Müller-Breslau, Cremona	Viadukt Garabit	Eiffel	
		First Leiter Building Chicago	William Le Baron Jenney	1880
		Nationalbibliothek Paris	Labrouste	
		Schokoladenfabrik Noisiel	Saulnier	1870
		St. Pancrass Station London	Scott	
	Nietberechnung Schwedler	Les Halles Paris	Baltard & Callet	1860
		Maximilians-Getreidehalle München	Muffat	
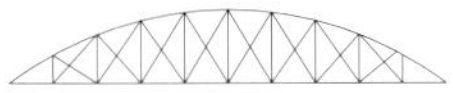	Fachwerkberechnung,	Kristallpalast London	Paxton	1850
	Schwedler, Wiegmann	Bogardus Factory New York	Bogardus	
		Dianabad Wien	Etzel	1840
		Euston Station London	Hardwick	
		Sayner Hütte	Althans	1830
		Menai Bridge	Telford	
	Grundlagen der Baustatik: Navier	Royal Pavillon	Nash	1820
		Stanlay Mill	Strutt	
		Halle au Blé Paris	Bélanger	1810
		Pont des Arts Paris	Cessart	
	Grundlagen der Mechanik:	Shrewsbury Mill	Badge	1800
	Newton, Euler, Bernoulli, Hooke			

Fußnoten

1 Allgemeine Bauzeitung, Wien 1845, S. 110
2 Roland Knauer, Qualitätsstahl aus dem Lehmofen, in: Die Zeit Nr. 39, 22. September 1995, S. 52
3 Johann Georg Krünitz, Oeconomische Enzyclopädie, Stichwort »Stahl« 1838, »Rezept Nr. 5«, S. 609
4 Definition von Philadelphia 1876, zitiert nach: Frank Werner, Joachim Seidel, Der Eisenbau. Vom Werdegang einer Bauweise, Berlin 1992, S. 37
5 Frank Werner, Joachim Seidel, Der Eisenbau. Vom Werdegang einer Bauweise, Berlin 1992, S. 38f.
6 Otto Königer, Allgemeine Baukonstruktionslehre. Die Konstruktionen in Eisen, Leipzig 1902, S. 1
7 Illustrierte Zeitung, Leipzig 1849, S. 55ff.
8 wie 5, S. 41
9 Heinrich Pudor, Erziehung zur Eisen-Architektur, in: Süddeutsche Bauzeitung, Nr. 37 1903, S. 294ff.
10 Ruskin, John, Seven Lamps of Architecture, London 1849, zitiert nach deutscher Übersetzung von Wilhelm Schoelermann, Dresden 1900, S. 72
11 Gottfried Semper, Der Stil, Band II, München 1863, S. 263
12 E. Brandt, Lehrbuch der Eisenkonstruktionen, Berlin 1876, Vorwort S. VII
13 Rudolph Gottgetreu, Lehrbuch der Hochbaukonstruktionen, 3. Teil Eisenkonstruktionen, Berlin 1885, S. 398
14 Max Foerster, Die Eisenkonstruktionen der Ingenieur-Hochbauten, Leipzig S. 724
15 G. A. Breymann, Allgemeine Baukonstruktionslehre. Die Konstruktionen in Metall, Vorwort 1. Auflage, Leipzig 1902
16 wie 6, Vorwort 6. Auflage, S. 2
17 Thomas E. Tallmadey, Vorwärts in der Architektur, in: Edmund Schüler, Neue Amerikanische Baukunst, München 1926, S. 18ff.
18 Fritz Schumacher, Das bauliche Gestalten, Hamburg 1926, zitiert nach Ausgabe Birkhäuser Architekturbibliothek, Basel/Boston 1991, S. 23ff.
19 Alfred Hawranek, Der Stahlskelettbau, Berlin/Wien 1931, S. 276
20 Gottfried Semper, Der Wintergarten zu Paris, in: Zeitschrift für praktische Baukunst 1849, S. 516ff.
21 wie 10, S. 74ff.
22 zitiert nach: Walter Rieger, Eisenarchitektur im Wiener Historismus, ICOMOS, München 1979, S. 127
23 C. Schwatlo, in: Zeitschrift für praktische Baukunst, 1870, Spalte 18ff.
24 V.G. Šuchov 1853–1939, Kunst der Konstruktion, Ausstellungskatalog hrsg. von Rainer Graefe u.a., Stuttgart 1990, S. 30
25 Kurt Ackermann, Industriebau, Hannover 1986, S. 40
26 August Endell, Vom Sehen, Texte 1896–1925, hrsg. von David Helge, Basel/Boston, S. 110
27 wie 6, S. 118
28 ESDEP CD-ROM, Lektion 7.12 Fachwerke, S. 2
29 Karl Etzel, Allgemeine Bauzeitung, Wien 1835, S. 33ff.
30 L. Wind, Allgemeine Bauzeitung, Wien 1856, S. 14
31 Allgemeine Bauzeitung, Wien 1859, S. 240
32 Jules Saulnier, Encyclopédie d'Architecture, Paris 1874, S. 118
33 H. Wegele, Die Hauptbahnhofsanlagen in Frankfurt a. M., Berlin 1892, S. 71
34 wie 13, S. 398
35 wie 13, S. 404
36 A.G. Meyer, Eisenbauten. Ihre Geschichte und Ästhetik, Esslingen 1907, S. 171
37 H.P. Berlage, Über die wahrscheinliche Entwicklung der Architektur, in: Über Architektur und Stil – Aufsätze und Vorträge 1894–1928, Basel/Boston 1991, S. 88
38 Sigfried Giedion, Bauen in Frankreich. Bauen in Eisen, Bauen in Eisenbeton, Leipzig/Berlin 1928, S. 17
39 Die Form, Heft 23/1929, S. 365
40 Friedrich v. Thiersch, Die Ausstellungs- und Festhalle zu Frankfurt am Main, Frankfurt 1909, S. 20
41 Frühlicht, Sommer 1922 (hrsg. von Bruno Taut), zitiert nach: K. Hartmann, F. Bollerey, 200 Jahre Architektur, Delft 1987, S. 244
42 Franz Schulze, Mies van der Rohe Leben und Werk, S. 288ff.
43 Ecclesiologist 1851, S. 28
44 J. Faulwasser, Technik des Bauwesens, in: Das Buch der Erfindungen Gewerbe und Industrien, Leipzig 1896, S. 386ff.
45 Hans Spiegel, Der Stahlhausbau 1, Leipzig 1928, S. 5
46 wie 41, Seite 131
47 Hans Spiegel, Der Stahlhausbau 2, Berlin 1930, S. 62
48 Werk, Bauen + Wohnen 7/8 1992, S. 9
49 Helmut C. Schulitz, Schulitz & Partner. Bauten und Projekte, Berlin 1996, S. 23
50 Konrad Wachsmann, Wendepunkt im Bauen, Wiesbaden 1959, S. 14
51 zitiert nach, Chris Wilkinson, Supersheds, Oxford 1991, S. 111
52 wie 50, S. 231

Teil 2 • Der Baustoff Stahl

Werner Sobek
mit Stefan Schäfer

Der Werkstoff und seine Herstellung

Rohstoffe
Als Stahl bezeichnet man aus Erz erschmolzene Legierungen aus Eisen (Fe), Kohlenstoff (C) und weiteren Begleit- und Legierungsbestandteilen.

Zu den Begleitelementen gehören:
- Phosphor (P)
- Schwefel (S)
- Stickstoff (N)

Zu den Legierungselementen gehören:
- Mangan (Mn)
- Silizium (Si)
- Chrom (Cr)
- Nickel (Ni)
- Molybdän (Mo) u. a.

Jeder Stahl beinhaltet geringe Anteile an Zusatzstoffen, die je nach Zusammensetzung seine Qualität beeinflussen. So können dem Schmelzgut zur Erhöhung der Festigkeit Silizium, Chrom oder Mangan beigemengt werden. In ganz wesentlicher Weise bestimmt der Kohlenstoffgehalt die Eigenschaften der verschiedenen Stähle. Mit steigendem Kohlenstoffgehalt steigen Härte und Zugfestigkeit bei gleichzeitiger Abnahme der Zähigkeit und des Plastifizierungsvermögens. Bei sinkendem Kohlenstoffgehalt steigt die Schweißeignung.

Je nach dem Kohlenstoffgehalt wird unterschieden in:
- unlegierter Stahl mit C < 0,2 %
- niedriglegierter Stahl mit C > 0,2 % und Summe der Legierungselemente < 5 %
- hochlegierter Stahl mit Summe der Legierungselemente > 5 %

Durch eine entsprechende Dosierung der chemischen Zusammensetzung und eine gezielte Wärmebehandlung können die Werkstoffeigenschaften des Stahls präzise auf den Verwendungszweck eingestellt werden.

Man unterscheidet beispielsweise:
- Baustahl
- Betonstahl
- Spannstahl
- Edelstahl (nichtrostend)
- Warmfester Stahl
- Werkzeugstahl
- usw.

2.1

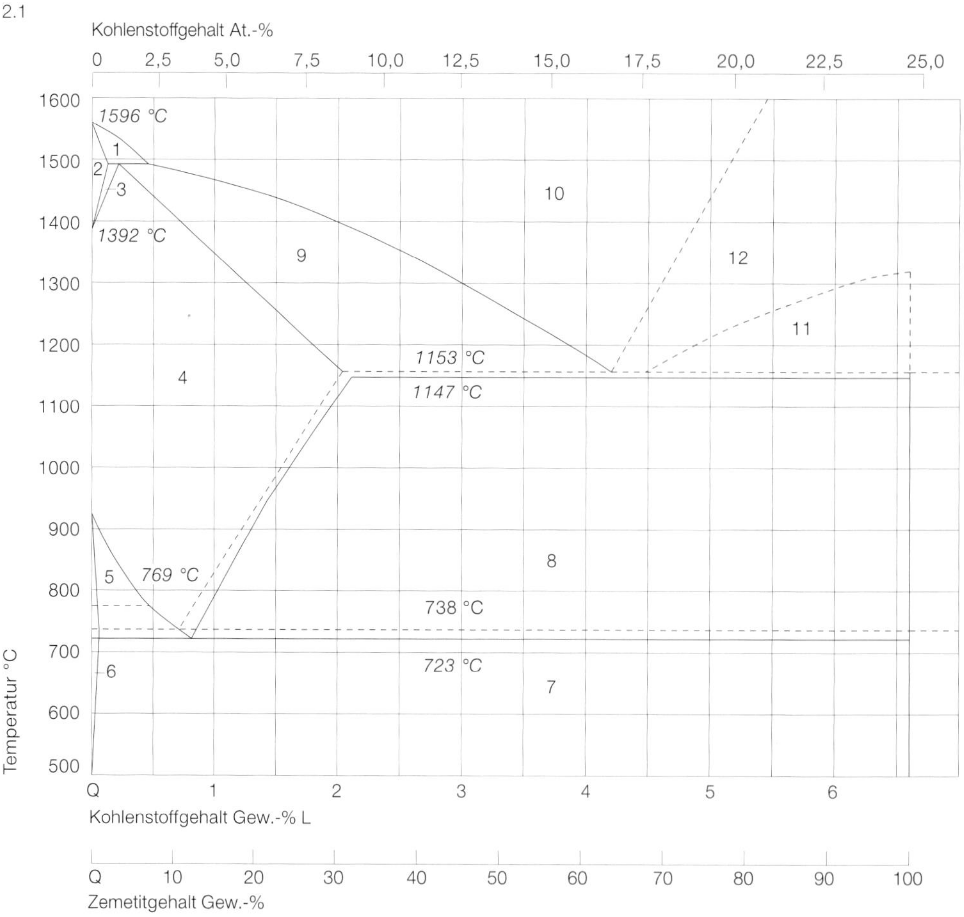

Die in der obigen Zeichnung ersichtlichen Zahlen bezeichnen Flächen
1 Schmelze + δ-Mischkristalle
2 δ-Mischkristalle
3 δ- + γ-Mischkristalle
4 γ-Mischkristalle (Austenit)
5 γ- + α-Mischkristalle
6 α-Mischkristalle (Ferrit)
7 α-Mischkristalle + Fe_3C
8 γ-Mischkristalle + Fe_3C
9 Schmelze + γ-Mischkristalle
10 Schmelze
11 Schmelze + Fe_3C
12 Fe_3C (Zementit)

2.2

Stahlgußsorte Kurzname	Werkstoff-Nr.	Massenanteile in % C	Si ≤	Mn	P ≤	S ≤	Cr ≤	Mo	Ni	Sonstige
GS-16 Mn 5	1.1131	0,15–0,20	0,60	1,00–1,50	0,020	0,015	0,30	≤ 0,15	≤ 0,40	–
GS-20 Mn 5	1.1120	0,17–0,23								
GS-8 Mn 7	1.5015	0,06–0,10	0,60	1,50–1,80	0,020	0,015	0,20	–	–	Nb ≤ 0,05 V ≤ 0,10 N ≤ 0,02
GS-8 MnMo 7 4	1.5430	0,06–0,10	0,60	1,50–1,80	0,020	0,015	0,20	0,30–0,40	–	Nb ≤ 0,05 V ≤ 0,10 N ≤ 0,02
GS-13 MnNi 6 4	1.6221	0, 08–0,15	0,60	1,00–1,70	0,020	0,010	0,30	≤ 0,20	0,80–1,20	Nb ≤ 0,05 V ≤ 0,10 N ≤ 0,02

2.1 Das Zustandsschaubild (Doppelschaubild) Eisen-Kohlenstoff (nach Bericht 180 des Werkstoffausschusses des VDEh, 4. Auflage, 1961). Die gestrichelten Linien beziehen sich auf das stabile System Eisen-Graphit, die ausgezogenen Linien und die Bezeichnungen der Zustandsfelder auf das metastabile System Eisen-Zementit [384]

2.2 Chemische Zusammensetzung der Stahlgußsorten nach der Schmelzanalyse nach DIN 17182

2.3 Chemische Zusammensetzung der für den Stahlbau in Betracht kommenden allgemeinen Baustähle nach DIN 17100

2.4 Chemische Zusammensetzung der Stähle StE 460 und StE 690 [440]

2.3

Stahlsorte Kurzname	Werkstoffnummer	Desoxidationsart [1]	Chemische Zusammensetzung (Massengehalte in %) C für Erzeugnisdicken in mm von ≤16	>16 ≤40	>40 ≤100	>100 höchstens	P	S	N [2]	Zusatz an stickstoffabbindenden Elementen [3]
St. 37-2	1.0037	— [4]	0,17	0,20	0,20	nach Vereinbarung	0,050	0,050	0,009	—
USt. 37-2	1.0036	U	0,17	0,20	0,20		0,050	0,050	0,007	—
RSt. 37-2	1.0038	R	0,17	0,17	0,20		0,050	0,050	0,009	—
St. 37-3	1.0116	RR	0,17	0,17	0,17		0,040	0,040	—	ja
St. 44-2	1.0044	R	0,21	0,21	0,22		0,050	0,050	0,009	—
St. 44-3	1.0144	RR	0,20	0,20	0,20		0,040	0,040	—	ja
St. 52-3 [5]	1.0570	RR	0,20	0,22	0,22		0,040	0,040	—	ja

1) U = unberuhigt,
R = beruhigt (einschl. halbberuhigt),
RR = besonders beruhigt.
2) Eine Überschreitung des angegebenen Höchstwertes ist zulässig, wenn je 0,001% N ein um 0,005% P unter dem angegebenen Höchstwert liegender Phosphorgehalt eingehalten wird. Der Stickstoffgehalt darf jedoch einen Wert von 0,012% nicht übersteigen.
3) z.B. mindestens 0,020% Al_{gesamt}
4) Freigestellt
5) Der Gehalt an Silizium darf 0,55% und an Mangan 1,60% nicht übersteigen.
6) Höchstens 0,20% C für Dicken >16 bis ≤30 mm.

2.4

Stahlsorte	Stahlart	%C	%Si	%Mn	%P	%S	%N	%Cr	%Cu	%Nb	%Ni	%Ti	%V	%Mo	%Zr	%B
StE 460	Ni-V	≤0,20	0,10/0,50	1,1/1,7	≤0,035	≤0,030	≤0,020	—	—	—	0,15/0,80	—	0,10/0,20	—	—	—
	Cu-Ni-V	≤0,18	0,10/0,55	1,1/1,5	≤0,035	≤0,030	≤0,020	—	0,30/0,70	≤0,03	0,40/0,70	—	0,08/0,20	—	—	—
	Ni-Ti	≤0,20	0,10/0,60	1,1/1,6	≤0,035	≤0,030	≤0,007	—	—	—	0,50/0,80	0,10/0,20	—	—	—	—
StE 690	Ni-Cr-Mo-B	≤0,20	0,15/0,35	0,60/1,0	≤0,025	≤0,025	≤0,015	0,40/0,65	0,15/0,50	—	0,70/1,0	—	0,03/0,08	0,40/0,60	—	0,002/0,006
	Cr-Mo-Zr	≤0,20	0,50/0,90	0,70/1,1	≤0,025	≤0,025	≤0,015	0,60/1,0	—	—	—	—	—	0,20/0,60	0,06/0,12	—

1) Alle Stähle müssen feinkörnig erschmolzen sein und können zusätzlich zu den Angaben in der Tabelle Gehalte an Aluminium aufweisen.

2.5 Schema eines Siemens-Martin-Ofens [384]
2.6 Schema eines Elektrolichtbogen-Ofens [384]
2.7 Schema des Thomas-Verfahrens [384]

Für das Bauwesen sind dabei die »Allgemeinen Baustähle« entsprechend der Definition der DIN 17100 sowie die Edelstähle und einige Stähle für Schrauben von besonderer Bedeutung.

Die sogenannten nichtrostenden Stähle werden aus legierten Stählen mit mindestens 12% Chromgehalt hergestellt. Ein höherer Zusatz an Chrom bzw. Zusätze von Nickel oder Molybdän verbessern die Korrosionsbeständigkeit. Generell ist hier darauf hinzuweisen, daß es keine nichtkorrodierenden Stähle gibt. Es gibt lediglich Stähle, die unter bestimmten Umgebungsbedingungen nicht rosten. Es ist also bei der Verwendung von Edelstählen stets sorgfältig darauf zu achten, daß der richtige Stahl für den jeweiligen Verwendungszweck ausgewählt wird. Die nichtrostenden Stähle, die in Deutschland für tragende Bauteile verwendet werden dürfen, sind nicht durch eine DIN-Norm, sondern durch Bauaufsichtliche Zulassungen festgelegt.

Feinkornbaustähle werden aus niedriglegierten, hochfesten Baustählen hergestellt. Diese Stähle besitzen einen vergleichsweise niedrigen Kohlenstoffgehalt, woraus eine gute Schweißeignung resultiert. Die Streckgrenzen liegen bei Werten bis zu 880 N/mm^2. In Deutschland sind die hochfesten Stähle StE 460 und StE 690 für tragende Bauteile im Stahlbau zugelassen. Der Buchstabe E in der Bezeichnung des Werkstoffes zeigt dabei an, daß es sich bei der nachfolgenden Zahl um die Angabe der Streckgrenze handelt.

Wetterfeste Stähle, z.B. Cor-Ten-Stahl, bilden nach dem Einbau unter dem Einfluß der atmosphärischen Umgebung eine dünne Rostschicht aus, die für den darunterliegenden Werkstoff passivierend wirkt, d.h. diese Schicht verhindert eine weitere Korrosion. Als nachteilig hat sich in einigen Fällen der Verwendung von wetterfesten Stählen herausgestellt, daß die Rostschicht bei Beregnung abwäscht. Darunterliegende helle Bauteile, beispielsweise auch Beton, wurden durch diese Abwaschungen immer wieder unschön verfärbt.

Erzeugung

Bei der Stahlerschmelzung müssen durch einen Verbrennungs-/Vergasungsprozeß die im Roheisen eingeschlossenen Elemente

2.5

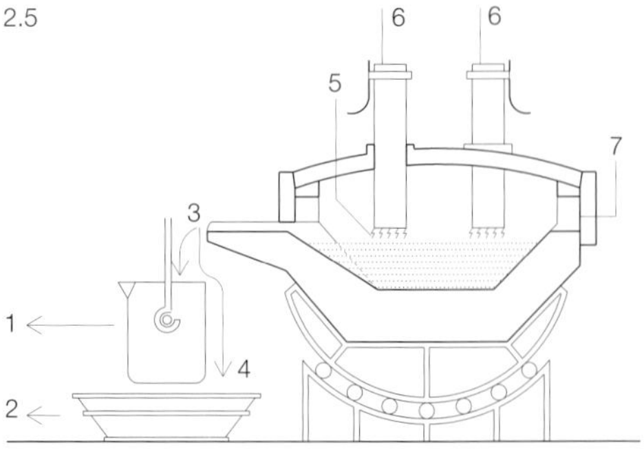

1 zur Gießgrube
2 zur Schlackenhalde
3 Rohstahl
4 Schlacke
5 Lichtbogen
6 Kohleelektroden
7 Schafttür

2.6

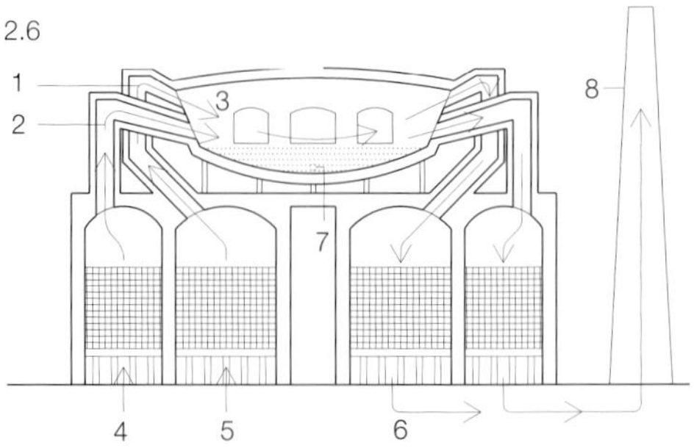

1 heiße Luft
2 heißes Gas
3 Verbrennung
4 kaltes Gas
5 kalte Luft
6 kälteres Abgas zum Kamin
7 Abstrich
8 Kamin

2.7

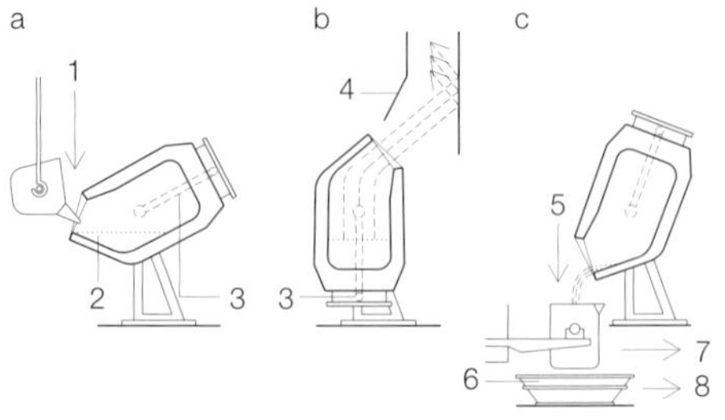

a Füllstellung
b Blasstellung
c Kippstellung
1 Kalk
2 Roheisen
3 Zutrtt der Druckluft
4 Kamin
5 Rohstahl
6 Thomasschlacke
7 zur Gießgrube
8 zur Mühle

Das Formen des Werkstoffes zu Halbzeugen

Phosphor, Mangan und Silizium entfernt bzw. reduziert werden. Diese Verunreinigungen werden durch die Zufuhr von Sauerstoff, dem sogenannten Frischen, verbrannt. Daneben wird die gewünschte chemische Zusammensetzung des Stahls durch das Feinen (= Zufuhr von Kalkschlacke zur Bindung des Phosphors) und die Desoxidation (= Sauerstoffentzug) erreicht. Die Vielzahl der teilweise sehr unterschiedlichen Rohstahlherstellungsverfahren unterscheidet sich im wesentlichen in der Art der Sauerstoffzufuhr und der Temperaturführung. Gängige Verfahren sind das Thomas-Verfahren (Konverterbirne mit Sauerstoffgebläse) sowie das LD-Verfahren (Birne mit Sauerstoffdüse), LDAC-Verfahren (Zufuhr von Sauerstoff und Kalk) sowie der Siemens-Martin-Ofen (Zufuhr von Stahlschrott und zusätzlicher, äußerer Wärme). Alle Schmelzaggregate haben eine im Vergleich zur Badtiefe große Oberfläche gemeinsam.

Zur Vermeidung von Seigerungen, dies sind eingeschlossene feine Blasen aus Kohlen- und Sauerstoffrückständen, die beim Vergießen des flüssigen Stahls zu Brammen entstehen können, werden der Schmelze Zusätze wie Si, Mn, Ca oder Al beigegeben. Die auf diese Weise beruhigten Stähle sind alterungsunempfindlich und sehr gut schweißbar.

Man unterscheidet, je nach Vergießungsart,
- unberuhigte (U)
- beruhigte (R)
- besonders beruhigte (RR)

Stähle.

Mit verschiedenen Temperaturbehandlungen werden unterschiedliche Behandlungszustände hinsichtlich Körnigkeit, Versprödungen und Zähigkeit erreicht. Man bezeichnet die Stähle deshalb zusätzlich mit den Abkürzungen
- unbehandelt (U)
- normalgeglüht (N)
- vergütet (V).

In der Schmelze befindlicher flüssiger Stahl kann auf mehrere Wege in den festen Zustand überführt werden:
- Vergießen zu Vorformen als Standguß (= Gießen in Einzelformen, den sogenannten Kokillen) oder Strangguß (= kontinuierliches Gießen in einem Rollenführungssystem) mit anschließender Warmformgebung zu Flacherzeugnissen, Hohlprofilen, Stab- und Formstählen.
  In der weiterverarbeitenden Industrie kann sich eine weitere Warm- und/oder Kaltumformung anschließen.

- Vergießen zu fertigen Formen mit unterschiedlichen Gießtechniken unter Verwendung von Modellvorlagen. Die Erzeugnisse sind teilweise auch ohne zusätzliche spangebende Verarbeitung weiterverarbeitbar. Gegossen wird meist in einer Sandform, in die mit Hilfe eines 1:1 Modells die gewünschte Produktform eingeprägt wurde.

- Beim Shaw-Verfahren, das gern bei der Herstellung geometrisch komplizierter Gußteile verwendet wird, werden zunächst Kunststoff- oder Hartwachsmodelle der Gußform hergestellt. Dies kann ebenfalls durch ein Abgußverfahren erfolgen. Das zusammengesetzte Gesamtmodell wird danach mit einer Keramik- oder Sandform umhüllt. Anschließend wird der Kunststoff vergast bzw. das Wachs ausgeschmolzen (Wachsausschmelzverfahren). Im sogenannten Feingußverfahren wird der hierdurch freigewordene Hohlraum mit flüssigem Stahl aufgefüllt. Nach dem Erhärten des Stahls wird der Mantel zerstört. Die mit diesem Verfahren erzielbare Oberflächenqualität ist sehr gut, die Toleranzen sind gering.

- Sintern von gepreßtem Stahlpulver. Dabei wird loses Stahlpulver in die fertige Form gepreßt und anschließend durch Sintern zusammengebacken. Dieses Verfahren kommt bei großen Serien komplizierter Kleinteile zur Anwendung.

Ganz allgemein unterscheidet man dabei stets in:
- Roherzeugnis
- Halbzeug (umgeformtes Roherzeugnis z.B. durch Schmieden)
- Fertigerzeugnis (Einsatzfertig)

2.8 Abhängigkeit der gießtechnisch bedingten Mindestwanddicken von unlegiertem Stahlguß von der angewendeten Verfahrenstechnik und vom Größtmaß [303]
2.9 Beispiele für die Gestaltung der Querschnitte von Gußbauteilen [303]

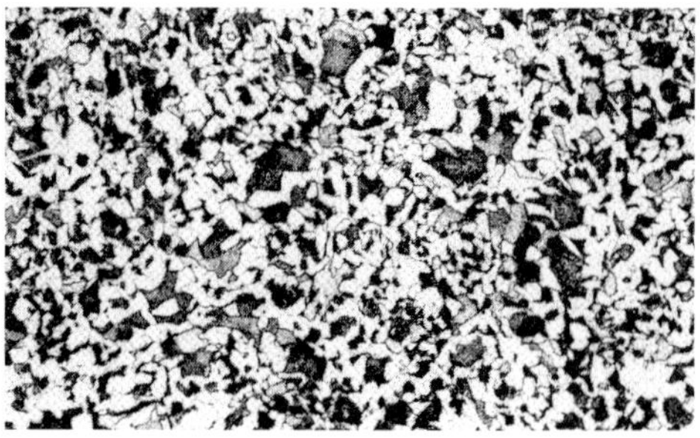

2.8

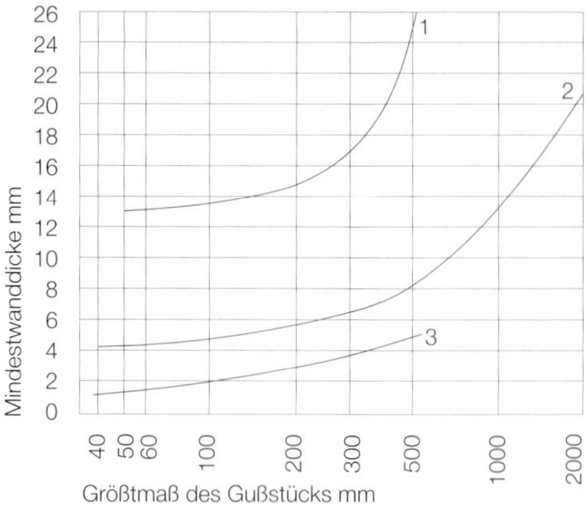

1 Kokillengießverfahren
2 Sandformverfahren einschließlich Maskenformverfahren
3 Feingießverfahren

Gießen
Die wichtige Bedeutung der gießereitechnischen Fertigungsverfahren für die metallverarbeitende Industrie begründet sich in der weitgehenden Gestaltungsfreiheit bei Gußteilkonstruktionen. Eine geringe Anzahl aufeinanderfolgender Prozeßstufen und große Verfahrensspielräume haben eine breite Anwendung ermöglicht.

Materialspezifisch grenzt man die Stahlguß- von den Gußeisenlegierungen gegeneinander ab, wobei man bei einem Kohlenstoffgehalt von unterhalb 2 % von Stahlguß spricht, entsprechend darüber von Gußeisen. Beides sind sogenannten Vielstofflegierungen unter wesentlicher Beteiligung von Eisen, Kohlenstoff, Silicium und Graphit, letzteres als wesentlicher Bestandteil von Gußeisen.

Flüssige Eisengußwerkstoffe erstarren unter Ausbildung unterschiedlichster Kristallgefüge, je nach Legierungszusammensetzung und Wärmebehandlungszustand. Die Kristalle erhalten je nach ihrer Konfiguration verschiedene Namen und sind für die Metalleigenschaften wesentlich verantwortlich. Solche Kristalle sind z. B. Ferrit (Mischkristall mit einem kubisch raumzentrierten Kristallgittergefüge), das Austenit (Mischkristall mit einem kubisch flächenzentrierten Kristallgittergefüge). Die mechanischen Eigenschaften von Eisen-Kohlenstoff-Gußwerkstoffen werden außer der Kristallmatrix auch von Form und Menge des eingelagerten Graphits bestimmt. Kugelförmiger Graphit (Sphäroguß) führt dabei zu einem für Konstruktionswerkstoffe bevorzugten Verhalten, das durch hohe Festigkeiten und eine teilweise sehr hohe Duktilität gekennzeichnet ist. Demgegenüber zeichnen lamellenförmige Einlagerungen von Graphit, die wie innere Kerben wirken, für die bekannten und wenig geschätzten Eigenschaften des klassischen Gußeisens verantwortlich.

Im Vergleich mit Gußeisen besitzt Stahlguß die besseren Warmfestigkeits- und Zähigkeitseigenschaften, Konstruktionsschweißnähte sind gut ausführbar. Jedoch bedingen die größere Neigung zur Blasenbildung beim Giessen sowie eine schlechtere Vergießbarkeit einen erhöhten Fertigungsaufwand sowie größere Mindestwanddicken und größere Ausrun-

2.9

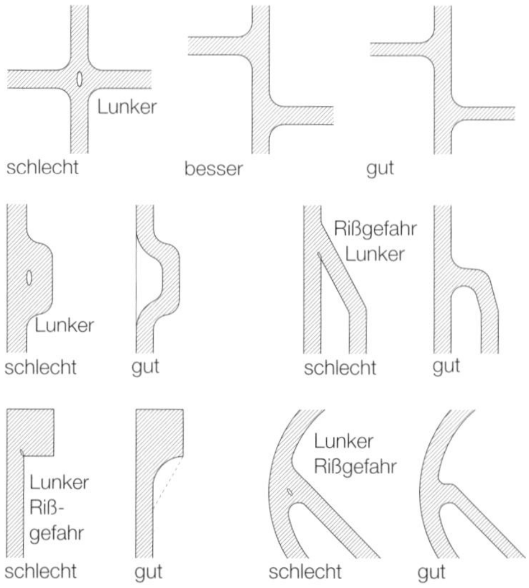

2.10 Walzgerüste zum Walzen von Doppel-T-Profilen [350]
2.11 Die einzelnen Schritte beim Walzen eines Spundbohlenprofils [350]
2.12 Pilgerschritt-Walzverfahren zur Herstellung von Rohren [DIN 8583]

dungsradien. Man unterscheidet unlegierten, niedrig legierten und hochlegierten Stahlguß voneinander, je nach dem prozentualen Anteil an Legierungselementen.

Unter bestimmten Voraussetzungen – vor allem beim Standgießen – können im Rohling Hohlräume, die sog. Lunker, eingeschlossen werden. Ähnlich negative Erscheinungen entstehen durch eingegossene Desoxidationsprodukte, den Eisenbegleitern wie Silikate und Tonerde, die bei der Erstarrung des Stahls in der Form nicht mehr aufsteigen konnten. Solche Fehler sind normalerweise im Innern der Erzeugnisse angeordnet und werden erst im Rahmen einer späteren Weiterverarbeitung bzw. bei entsprechenden Qualitätskontrollen sichtbar. Für derartige Qualitätskontrollen stählerner Werkstücke hat man die verschiedensten Testmethoden entwickelt. Dazu gehören u. a. das Ultraschallverfahren, das Durchstrahlungsverfahren sowie metallographische Verfahren (unter Zerstörung des Testprodukts) wie z. B. Schwefelabdrücke, Mikroätzungen und Makro- oder Mikroaufnahmen.
Die an Stahlgußstücken ausführbaren Schweißarbeiten lassen sich dem Konstruktionsschweißen, dem Fertigungsschweißen und auch dem Reparaturschweißen zuordnen. Besonders an das Konstruktionsschweißen, das dazu dient, gegossene Teile miteinander oder mit umgeformten Teilen zu verbinden, werden erhöhte Anforderungen gestellt. Je nach der Legierungszusammensetzung der zu fügenden Werkstücke, ihrer Größe bzw. ihrem Volumen und der Art der Schweißverbindung müssen die Werkstücke vor dem Schweißen vorgewärmt oder wärmebehandelt werden.

Walzen
Das Walzen ist eine Weiterverarbeitungsstufe des durch Gießen erstellten Roherzeugnisses. Zum Walzen wird das Halbzeug auf ca. 1250 °C erwärmt, danach erfolgt eine Formgebung im Temperaturbereich von 800 bis 1200 °C durch unmittelbar auf das Walzgut aufgetragenen Druck, üblicherweise durch Rollen. Die Werkstoffeigenschaften werden infolge der beim Walzen stattfindenden Warmverfestigung verbessert, das Stahlgefüge verdichtet. Der Querschnitt der typischerweise länglichen Erzeugnisse ist über die gesamte Länge des Produkts gleichbleibend, die Oberflächen sind üblicherweise glatt (walzrauh) oder profiliert.

Das Abkühlen des am Ende des Walzens noch heißen Halbzeugs erfolgt entweder an der Luft oder entlang einer kontrollierten Kühlstrecke.

Als Werkzeuge zum Walzen dienen sog. Walzgerüste, die einzelne Walzen aufnehmen. Hintereinandergeschaltete Gerüste, als Vor- und Fertigwalzgerüste benutzt, bezeichnet man als Tandem. Je größer die beabsichtigte Umformung des Roherzeugnisses ist, umso größer ist die Anzahl der hierfür erforderlichen Walzgerüste. Bei mehr als fünf hintereinanderliegenden Walzgerüsten spricht man von einer Walzstraße. Für individuelle Profile und Drähte gibt es Profil- oder Drahtstraßen.

Man unterscheidet die Walzstahlerzeugnisse nach der Form, der Abmessung, der Herstellung und der Oberfläche in:
- Warmgewalzte Langerzeugnisse
- Walzdraht
- Betonbewehrungserzeugnisse
- Gleise
- Spundwandprofile
- Flachfertigerzeugnisse

Schmieden
Schmieden ist wie das Walzen ein Warmumformen. Die Formgebung erfolgt in erster Linie durch die Druckkräfte, die von den Schmiedewerkzeugen direkt auf das Material ausgeübt werden. Als Schmiedetechniken sind zu nennen:
- Stauchen
- Gesenkschmieden
- Reckschmieden
- Formschmieden,

wofür Hämmer, Pressen und Schmiedewalzen benutzt werden. Als Antriebskraft finden Dampf-, Luft- und Federdruck für leichtere, Spindel- und Kurbelpressen für mittlere sowie hydraulische Pressen für schwere Schmiedearbeiten Verwendung.

Die Art des Krafteinsatzes, ob Hammer oder Presse, wirkt sich auf den Materialfluß während des Umformens direkt aus. Beim Hammerschmieden füllt der Stahl das Gesenk entgegen der Schlagwirkung aus, beim Pressen ist dies umgekehrt.

Beim Schmieden verändert der Werkstoff sein Gefüge. Das grobkörnige Gußgefüge wird in ein feinkörniges Gefüge überführt. Je nach

2.10

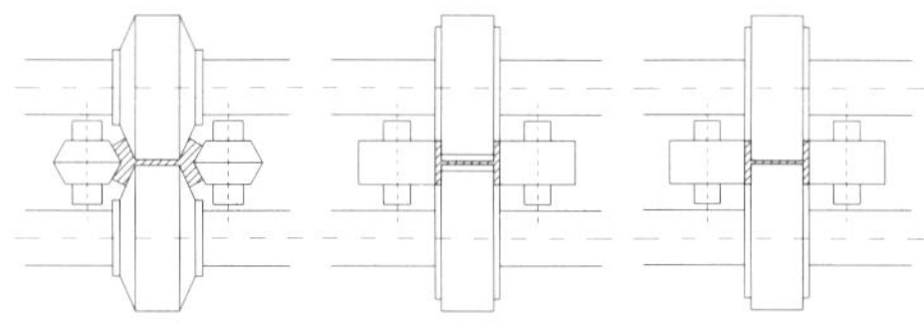

2.11

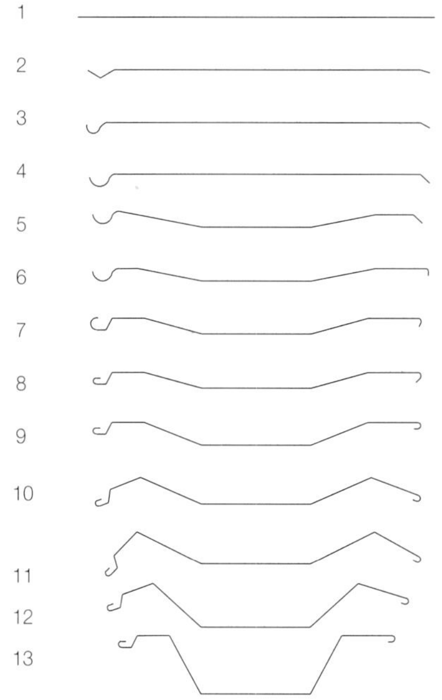

2.12

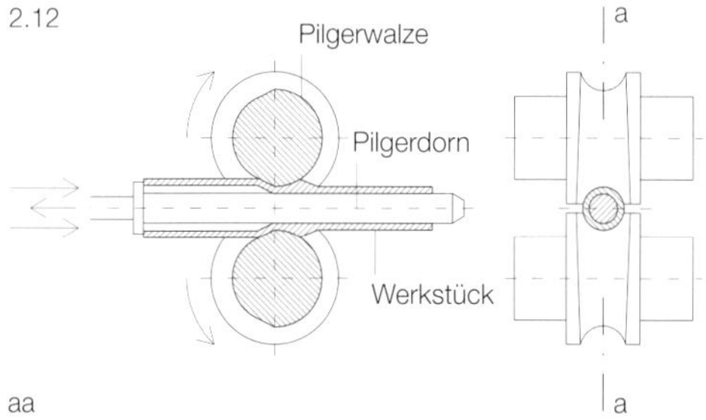

Üblicherweise wird beim Walzen nach Wärmen ein zylindrischer Dorn, beim Walzen bei Raumtemperatur ein kegeliger Dorn benutzt.

2.13 Wirkungsweise von Warmformgebungsverfahren
2.14 Lieferformen von Walzerzeugnissen für den Stahlbau [439]
2.15 Lieferformen von Hohlprofil-Walzerzeugnissen für den Stahlbau [439]

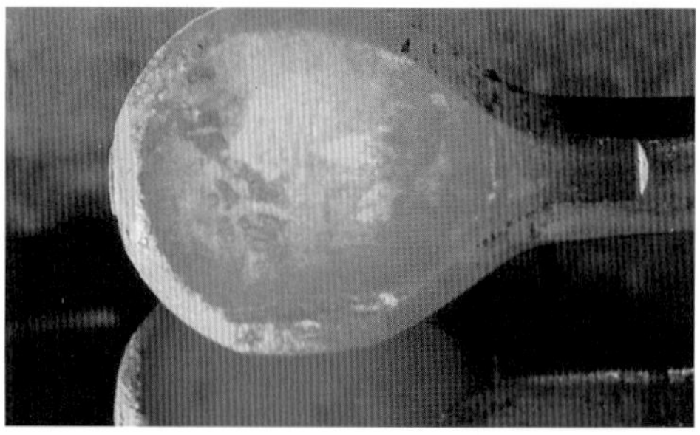

Umformungstemperatur werden vorhandene Hohlräume verschweißt und Einschlüsse gestreckt, was eine wesentliche Festigkeitszunahme mit sich bringt. Ein einwandfreies Gefüge setzt ein genügendes Durchwärmen und Durchformen voraus.

Weitere Warmformgebungsverfahren:
- Lochen
- Strangpressen
- Rohrziehen
- Kümpeln
- Bördeln
- Tiefziehen
- Biegen

Vergüten
Beim Abkühlen aus hohen Temperaturbereichen beeinflußt die Abkühlgeschwindigkeit die Rekristallisation. Bei hohen Temperaturverzögerungen bleibt der Kohlenstoff im Kristallgitter gelöst, man erhält eine als Martensit und Bainit bezeichnete, sehr harte Gefügeart mit allerdings nur mittleren Zähigkeitswerten. Der Vorgang der Temperatursteigerung in den austenitischen Bereich mit anschließendem raschen Abkühlen wird als Härten bezeichnet.

Durch eine abermalige, angehaltene Temperaturerhöhung bis unterhalb des unteren Umwandlungspunktes (Phasenübergang), dem sogenannten Anlassen, wird der im Eisengitter in Zwangslösung befindliche Kohlenstoff in Form von feinverteilten Karbiden ausgeschieden und die hohe Dichte partiell abgebaut. Dadurch sinken Streckgrenze und Zugfestigkeit, während die Bruchdehnung und andere Zähigkeitseigenschaften steigen. Mit der Anlaßtemperatur und -dauer läßt sich das Ausmaß der Eigenschaftsbeeinflussung dirigieren.

Die Kombination aus Härten und Anlassen wird als Vergüten bezeichnet. Je nach Art des Abschreckens, ob in Wasser oder in Öl, spricht man von Wasser- oder Ölvergütung. Einige im Stahlbau eingesetzten Stähle für Schrauben und Muttern werden einer Ölvergütung unterzogen, ein hochfester Feinkornbaustahl wird wasservergütet geliefert.

2.13

Stauchen 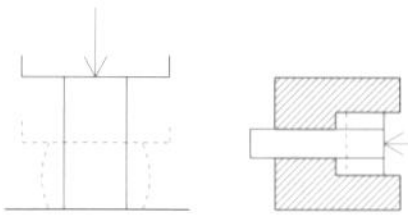	Vermindern der Höhe, Breite oder Länge eines Werkstückes zwischen einfachen, ebenen Werkzeugen (Stauchbahnen).
Recken 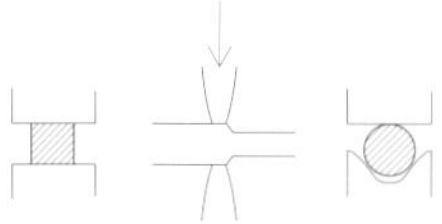	Querschnittsverminderung des Werkstückes durch eine Aneinanderreihung von Stauchdrücken mit quer zur Längsachse liegenden Preßbahnen, wobei die Werkstoffbewegung in Längsrichtung überwiegt.
Breiten 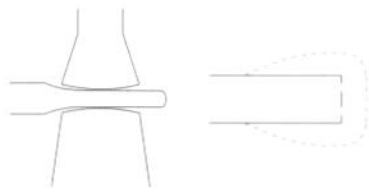	Breiten des Werkstoffs durch ein Aneinanderreihen von Stauchdrücken mit balligen Preßbahnen.
Gesenkschmieden 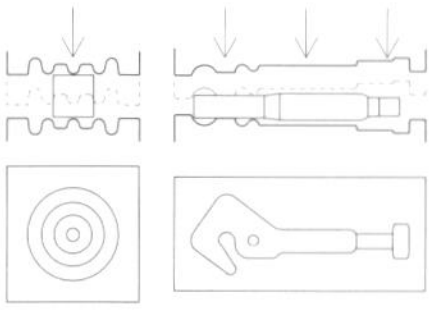	Fertigen durch Druck, Biege- und Schubumformen mit Formwerkzeugen, die das Werkstück ganz oder zu einem wesentlichen Teil umschließen, in Verbindung mit anderen Verfahren des Trennens und Fügens.
Formschmieden 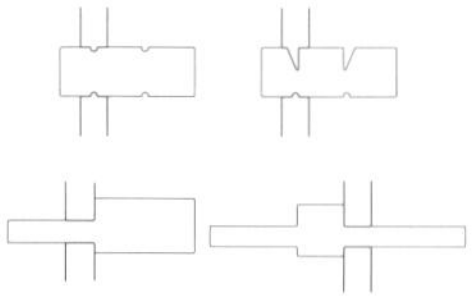	Fertigen durch Umformen, Trennen und Fügen an einem Werkstück mit einfachen, nicht oder nur teilweise die Form des Werkstücks enthaltenden Werkzeugen.
Walzen 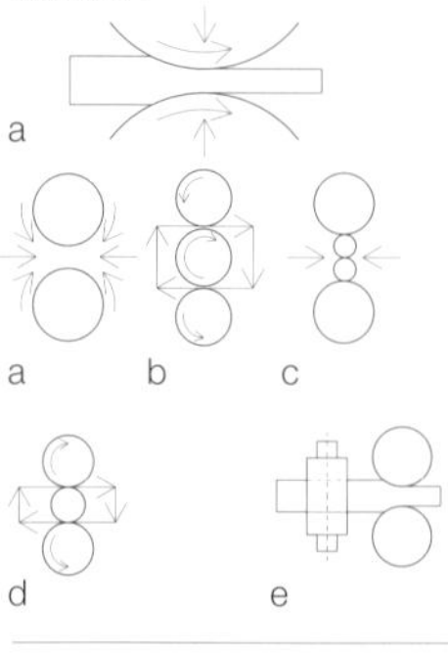	Ausstrecken des Werkstückes und Formen des Querschnittes durch die Druck- und Reckwirkung umlaufender Walzen. a) Duo-Umkehrwalzwerk b) Triowalzwerk c) Quartowalzwerk d) Lauthsches Trio e) Universal-Block-Brammen-Walzwerk

2.14

Flacherzeugnisse (Bleche, Band), Breite 600 mm

Feinblech Dicke	0,35 bis 3,0 mm	DIN 1541	unbehandelt = Schwarzblech oder mit Oberflächenveredelung, z. B. aluminiert; feuerverzinkt; feuerverzinkt + kunststoffbeschichtet = coilcoated
Mittelblech Dicke	3,0 bis 4,75 mm	DIN 1542	Belagbleche, 3 bis 20 mm (Riffel- und Warzenbleche)
Grobblech Dicke	> 4,75 mm	DIN 1543	
Breitflachstahl	Breite 150 bis 1250 mm, Dicke ≥ 4 mm (alle vier Seiten warmgewalzt), DIN 59200, EURONORM 91		

Stabstahl / Bezeichnung	Kurzzeichen	Schreibmaschine	Maße in mm Höhe	Breite	Bemerkungen, Normen
T-Stahl	T	T	20 bis 140	20 bis 140	hochstegig oder breitfüßig, Kanten rund; DIN 1024, scharfkantige Profile; DIN 59051
U-Stahl	U [	U	30 bis 65	15 bis 42	Flansche innen schräg, Kanten rund; DIN 1026, EURONORM 24 bis 62
Z-Stahl	Z	Z	30 bis 160	38 bis 70	Flansche parallel, Kanten rund; DIN 1027
Winkelstahl	L	L	20 bis 200	20 bis 100	gleichschenklig, DIN 1028, EURONORM 56 bis 65; ungleichschenklig DIN 1029, EURONORM 57 bis 65; Kanten rund. Scharfkantige Profile; DIN 1022

Zum Stabstahl zählen auch alle Rund-[1], Vierkant-[2], Sechskant-, sowie Spezialprofile. 1) DIN 1013, EURONORM 60 2) DIN 1014, EURONORM 59

Formstahl / Bezeichnung	Kurzzeichen	Schreibmaschine	Maße in mm Höhe	Breite	Bemerkungen, Normen
U-Stahl	U [	U	80 bis 400	45 bis 110	Flansche innen schräg, Kanten rund DIN 1026, EURONORM 24 bis 62
schmale Träger	I	I	80 bis 600	42 bis 215	Flansche innen schräg, Kanten rund DIN 1025, Bl. 1
mittelbreite Träger	IPE	IPE	80 bis 600	46 bis 228	Flansche parallel, Kanten scharf DIN 1025, Bl. 5, EURONORM 19 bis 57 • Sonderprofile IPE a, o, v nach Werksnormen
breite Träger	HE (IPB)	HE	96 bis 1008	100 bis 402	Flansche parallel, Kanten rund. Mehrere Ausführungen: besonders leicht: Werksnorm HEAA; leicht: DIN 1025, Bl. 3, EURONORM 53 bis 62, HE-A (IPBI); normal: DIN 1025, Bl. 2, EURONORM 53 bis 62, HE-B (IPB); verstärkt: DIN 1025, Bl. 4, EURONORM 53 bis 62, HE-M (IPBV); Weitere Reihen nach Werksnormen: HD, HL, IPBS

In der HE-B-Reihe sind von 100 bis 300 mm Höhe und Breite gleich, darüber bleibt die Breite konstant 300 mm. Für die Reihen HE-A und HE-M gilt dies annähernd.

2.15

Hohlprofile / Bezeichnung	Kurzzeichen	Schreibmaschine	Maße in mm	Wanddicke, s	Bemerkungen, Normen
Rohr	○	Rohr	Durchmesser D 51 bis 1016	2,6 bis 10	Nahtlose Rohre DIN 2448; Geschweißte Rohre DIN 2458
Hohlprofil	□	Quadratprofil	Seitenlänge 40 bis 260	2,9 bis 17,5	warm gefertigt DIN 59410, kalt gefertigt DIN 59411
Hohlprofil	▯	Rechteckhohlprofil	50 × 30 bis 260 × 180	2,9 bis 14,2	

Kaltprofile Profile aus flachgewalztem Stahl mit nahezu gleicher Wanddicke. Formgebung durch Walzen (Dicke > 0,4 bis 8 mm) und Abkanten (Dicke bis 20 mm). DIN 59413 sowie Werksnormen. Große Vielfalt in Formen und Abmessungen.

Trapezprofile Aus Feinblechen rollprofilierte Tafeln mit hoher Tragfähigkeit. Breite 500 bis 1050 mm, Profilhöhe 10 bis 200 mm, Blechdicke 0,65 bis 1,5 mm, Tafellänge bis 22000 mm.

Drähte Seile, Bündel Durch Verdrillen oder Bündeln vieler dünner Drähte (Duchmesser im allgemeinen 0,15 bis 0,35 mm) entstehen Seile von hoher Festigkeitund Biegsamkeit. Sie dienen zur Übertragung von Zugkräften, z. B. bei Brücken, Hängedächern sowie bei Abspannungen für Maste, Antennen, Schornsteine etc. DIN 3051; Merkblatt 496.

2.16 Querschnittsabmessungen und Kennwerte unterschiedlicher Profile der Baureihe 200 [438]

2.16

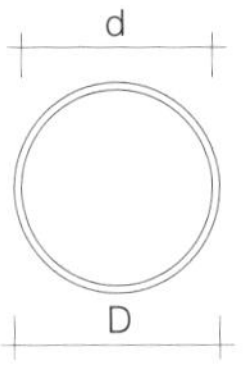

Bezeichung eines nahtlosen Stahlrohres aus St 35, von 168,3 mm Rohr-Außendurchmeeser und 4,5 mm Wanddicke.
Rohr DIN 2448 – St 35 – 168,3 x 4,5

Nahtlose Stahlrohre nach DIN 2448

Außen-durch-messer D	Maße Normal-wand-dicke s	Lichter Durch-messer d	Quer-schnitt F	Gewicht (Eigen-last) G	J	W	i
mm	mm	mm	cm²	kg/m	cm⁴	cm³	cm
219,1	6,3	207,3	42,1	33,1	2386	218	7,53

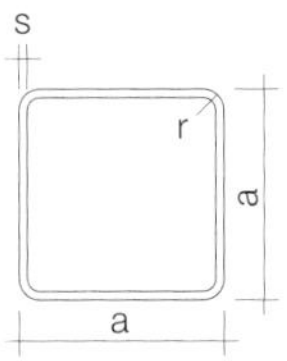

Bezeichung eines quadratischen Hohlprofils mit den Seitenlängen a = 80 mm und der Wanddicke s = 4,5 mm aus S 235 JRG 2 nach DIN EN 10 025: Hohlprofil 80 × 80 × 4,5 DIN 59 410 S 235 JRG 2

Warmgewalzte quaratische Stahlrohre nach DIN 59 410

Nenn-maß a	Wand-dicke s	Quer-schnitt F	Ge-wicht G	Mantel-fläche U	Statische Werte für die Biegeachse x-y = y-y			Statische Werte für die Verdrehung	
					J_x	W_x	i_x	J_t	W_t
		cm²	kg/m	m²/m	cm⁴	cm³	cm	cm⁴	cm³
200	6,3	47,8	37,5	0,778	2960	296	7,86	4660	472
	8,0	59,8	46,9	0,773	3620	362	7,78	5780	588
	10,0	73,4	57,6	0,766	4340	434	7,69	7020	718

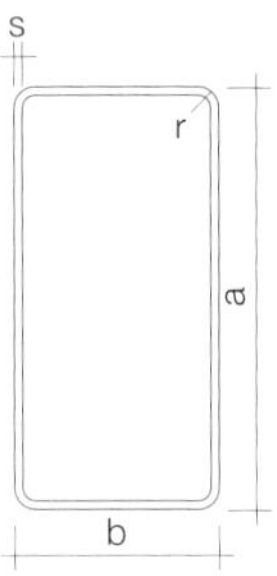

Bezeichung eines rechteckigen Hohlprofils mit den Seitenlängen a = 100 mm und b = 60 mm sowie der Wanddicke s = 5,6 mm aus S 235 JRG 2 nach DIN EN 10 025: Hohlprofil 100 × 60 × 5,6 DIN 59 410 S 235 JRG 2

Warmgewalzte rechteckige Stahlrohre nach DIN 59 410

Nenn-maße a	Wand-dicke s	Quer-schnitt F	Ge-wicht G	Mantel-fläche U	Statische Werte für die Biegeachse x-y			y-y			für die Ver-drehung	
					J_x	W_x	i_x	J_y	Wy	i_y	J_t	W_t
		cm²	kg/m	m²/m	cm⁴	cm³	cm	cm⁴	cm³	cm	cm⁴	cm³
200	6,3	37,7	29,6	0,618	2010	201	7,30	910	152	4,91	2030	277
×	8,0	47,0	36,9	0,613	2440	244	7,21	1100	183	4,84	2490	342
120	10,0	57,4	45,1	0,606	2890	289	7,10	1290	216	4,75	2990	414

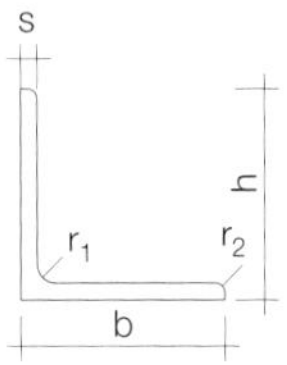

Bezeichung eines [-Stahls von Höhe h = 300 mm aus S 325 J nach DIN EN 10 025: U 300 DIN 1026 S 235 J oder [300 DIN 1026 S 235 J

Warmgewalzter rundkantiger [-Stahl nach DIN 1026

Kurz-zei-chen U	Maße in mm für h	b	s	t	r_1	r_2	Nenn-quer-schnitt F	Längen-ge-wicht[1] G	Mantel-flä-che U	Für die Biegeachse x-x J_x	W_x	i_x	y-y J_y	W_y	i_y	Abstand der Achse e_y	X_M
							cm³	kg/m	m²/m	cm⁴	cm³	cm	cm⁴	cm³	cm	cm	cm
200	200	75	8,5	11,5	11,5	6	32,2	25,3	0,661	1910	191	7,70	148	27,0	2,14	2,01	3,94

1) 7,85 kg/dm³

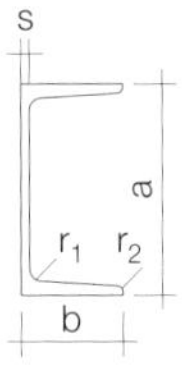

Bezeichung eines Winkelstahls von Schenkelbreite a = 80 mm und Schenkeldicke s = 10 mm aus S 235 J nach DIN EN 10 025: L 80 × 10 DIN 1028 S 235 J

Warmgewalzter gleichschenkliger rundkantiger Winkelstahl nach DIN 1028

Maße in mm Kurzz. L	r_1	r_2	Nenn-quer-schnitt F	Län-gen-ge-wicht[1] G	Man-tel-fläche U	Abstände der Achsen e	w	v_1	v_2	Für die Biegeachse x-x = y-y J_x	W_x	i_x	ξ–ξ J_ξ	i_ξ	η–η J_η	W_η	i_η
			cm²	kg/m	m²/m	cm	cm	cm	cm	cm⁴	cm³	cm	cm⁴	cm	cm⁴	cm³	cm
200 × 16	18	9	61,8	48,5	0,785	5,52	14,1	7,80	7,09	2340	162	6,15	3740	7,78	943	121	3,91
20[2]			76,4	59,9		5,68		8,04	7,15	2850	199	6,11	4540	7,72	1160	144	3,89
24			90,6	71,1		5,84		8,26	7,21	3330	235	6,06	5280	7,64	1380	167	3,90

1) 7,85 kg/dm³ 2) diese Profile werden zur bevorzugten Verwendung empfohlen DSTV Profilliste

Warmgewalzte mittelbreite Doppel-T-Träger (IPE-Reihe), nach DIN 1025

Kurz-zeichen	Maße in mm					Nenn-quer-schnitt	Längen-ge-wicht [1]	Man-tel-fläche	Für die Biegeachse					
									x-x			y-y		
IPE	h	b	s	t	r	F	G	U	J_x	W_x	i_x	J_y	W_y	i_y
						cm^2	kg/m	m^2/m	cm^4	cm^3	cm	cm^4	cm^3	cm
IPE a 200	197	100	4,5	7,0	12	23,5	18,4	0,764	1590	162	8,23	117	23,4	2,23
IPE 200	200	100	5,6	8,5	12	28,5	22,4	0,768	1940	194	8,26	142	28,5	2,24
IPE o 200	202	102	6,2	9,5	12	32,0	25,1	0,779	2210	219	8,32	169	33,1	2,30

1) 7,85 kg/dm^3

Nichtgenormte Profile IPEa, IPE o, IPE v. IPE a aus dem Walzprogramm ARBED. IPE o, IPE v aus dem Walzprogramm Thyssen Stahl AG und Preussag, Peine

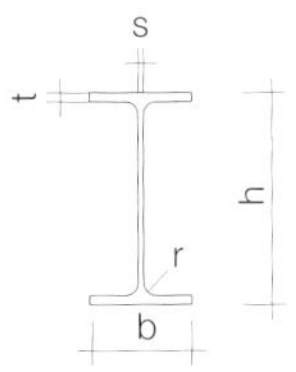

Warmgewalzte breite I-Träger (HEA-Reihe, leichte Ausführung) nach DIN 1025

Kurz-zeichen	Maße in mm					Nenn-quer-schnitt	Längen-ge-wicht [1]	Man-tel-fläche	Für die Biegeachse					
									x-x			y-y		
HE-A	h	b	s	t	r	F	G	U	J_x	W_x	i_x	J_y	W_y	i_y
(IPB_l)						cm^2	kg/m	m^2/m	cm^4	cm^3	cm	cm^4	cm^3	cm
200	190	200	6,5	10	18	53,8	42,3	1,14	3690	389	8,28	1340	134	4,98

1) 7,85 kg/dm^3

Bezeichung eines Doppel-T-Breitflanschträgers mit parallelen Flanschflächen, leichte Reihe (HEA), von Höhe h = 350 mm aus S 235 J nach DIN EN 10 025: HE 360 A EURONORM 53–62 St 37 (IPBI 360 DIN 1025 S 235 J

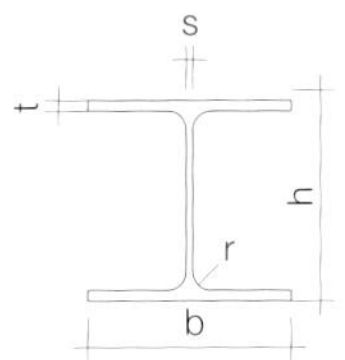

Warmgewalzte breite I-Träger (HEB-Reihe) nach DIN 1025

Kurz-zeichen	Maße in mm					Nenn-quer-schnitt	Längen-ge-wicht [1]	Man-tel-fläche	Für die Biegeachse					
									x-x			y-y		
HE-B	h	b	s	t	r	F	G	U	J_x	W_x	i_x	J_y	W_y	i_y
(IPB)						cm^2	kg/m	m^2/m	cm^4	cm^3	cm	cm^4	cm^3	cm
200	200	200	9	15	18	78,1	61,3	1,15	5700	570	8,54	2000	200	5,07

1) 7,85 kg/dm^3

Bezeichung eines Doppel-T-Breitflanschträgers mit parallelen Flanschflächen (HEB), von Höhe h = 360 mm aus S 235 J nach DIN EN 10 025: HE 360 B EURONORM 53–62 S 235 J (IPB 360 DIN 1025 St 37)

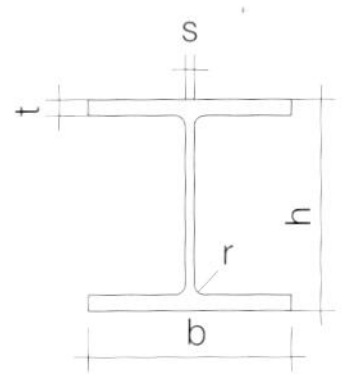

Warmgewalzte breite I-Träger (HEM-Reihe)

Kurz-zeichen	Maße in mm					Nenn-quer-schnitt	Längen-ge-wicht [1]	Man-tel-fläche	Für die Biegeachse					
									x-x			y-y		
HE-M	h	b	s	t	r	F	G	U	J_x	W_x	i_x	J_y	W_y	i_y
(IPBv)						cm^2	kg/m	m^2/m	cm^4	cm^3	cm	cm^4	cm^3	cm
200	220	206	15	25	18	131	103	1,20	10 640	967	9,00	3650	354	5,27

1) 7,85 kg/dm^3

Bezeichung eines Doppel-T-Breitflanschträgers mit parallelen Flanschflächen, verstärkte Reihe HEM, von Höhe h = 395 mm aus S 235 J nach DIN EN 10 025: HE 360 M EURONORM 53–62 S 235 J (IPBv 360 DIN 1025 S 235 J

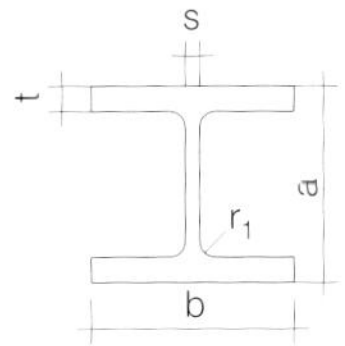

Warmgewalzter ungleichschenkliger rundkantiger Winkelstahl (bevorzugte Reihe) nach DIN 1029

Maße in mm			Quer-schnitt	Ge-wicht [1]	Man-tel-fläche	Abstände der Achsen							Lage der Achse	Für die Biegeachse									
														x-x			y-y			ξ-ξ		η-η	
Kurzz.L	r_1	r_2	F	G	U	e_x	e_y	w_1	w_2	v_1	v_2	v_3	η-η	J_x	W_x	i_x	J_y	W_y	i_y	J_ξ	i_ξ	J_η	i_η
200 × 100 ×			cm^2	kg/m	m^2/m	cm	cm	cm	cm	cm	cm	cm	tan α	cm^4	cm^3	cm	cm^4	cm^3	cm	cm^4	cm	cm^4	cm
10	15	7,5	29,2	23,0	0,587	6,93	2,01	13,2	8,76	3,75	5,98	2,22	0,266	1220	93,2	6,46	210	26,3	2,68	1300	6,66	133	2,14
12			34,8	27,3		7,03	2,10	13,1	8,82	3,84	5,95	2,26	0,264	1440	111	6,43	247	31,3	2,67	1530	6,63	158	2,13
14			40,3	31,6		7,12	2,18	13,0	8,88	3,93	5,92	2,32	0,262	1650	128	6,41	282	36,1	2,65	1760	6,60	181	2,12

1) 7,85 kg/dm^3

Bezeichung eines Winkelstahls von Schenkelbreite a = 100 mm und b = 50 mm und Schenkeldicke s = 10 mm aus S 235 J nach DIN EN 10 025: L 100 × 50 × 10 DIN 1029 S 235 J

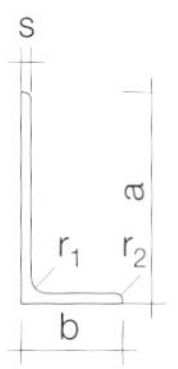

Die Weiterverarbeitung und die Bearbeitung der Halbzeuge

Umformen

Als Umformen wird nach DIN 8580 das Fertigen durch bildsame (also plastische) Formänderung eines festen Körpers bei Erhalt der Masse und des Stoffzusammenhangs bezeichnet. Damit ist das Umformen zu den nichtspanenden oder spanlosen Fertigungsverfahren zu zählen. Dem gegenüber steht die große Gruppe der spanenden Fertigungsverfahren wie z.B. das Fräsen, Bohren oder Schleifen.

Es werden mehr als 200 Verfahren der Umformtechnik unterschieden, die sich nach wesentlichen Merkmalen unterscheiden. Mögliche Verfahrenskombinationen sind dabei noch unberücksichtigt.

Eine Unterteilung der einzelnen Verfahren kann in Abhängigkeit der auf das Material ausgeübten Kräfte in fünf verschiedene Gruppen erfolgen:

Druckumformen
- Ein- oder mehrachsige Druckbeanspruchung, z.B. Walzen, Frei- und Gesenkformen, Eindrücken, Durchdrücken.

Zugdruckumformen
- Zusammengesetzte Zug- und Druckbeanspruchung, z. B. Durchziehen, Tiefziehen, Kragenziehen, Knickbauchen.

Zugumformen:
- Ein- oder mehrachsige Zugbeanspruchung, z.B. Längen, Weiten, Tiefen.

Biegeumformen:
- Biegebeanspruchung, z.B. Biegen, Gesenkbiegen, Rollbiegen, Gleitziehbiegen, Knickbiegen, Walzbiegen, Schwenkbiegen, Rundbiegen u.a.

Schubumformen:
- Schubbeanspruchung, z.B. Verschieben, Durchsetzen, Verdrehen, Schränken.

Durch die Berücksichtigung der Werkzeugbewegungen, der Werkzeuggeometrie, der Werkstückgeometrie etc. lassen sich weitere Verfahrensuntergruppen ableiten. Darüber hinaus läßt sich weiter differenzieren in:
- Umformen ohne Festigkeitsveränderung
- Umformen mit vorübergehender Festigkeitsveränderung

2.17

2.18

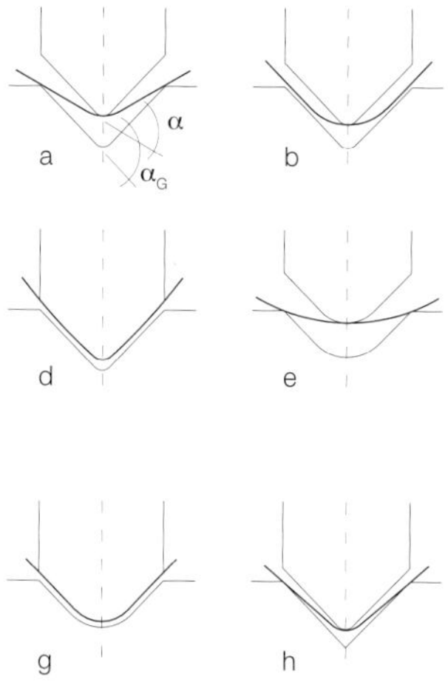

kleiner Stempelradius:
a freies Biegen
b Ende des Freibiegevorganges,
c Ende des Überbiegens
d Rückbiegen

großer Stempelradius:
e freies Biegen
f Weiterbiegen bei Zweipunktauflage am Stempelradius
g Beginn des Nachdrückens
h Nachdrücken im halboffenen Gesenk

2.19

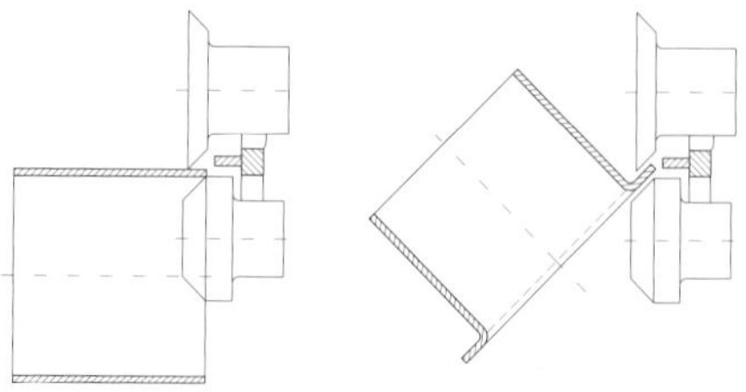

2.20

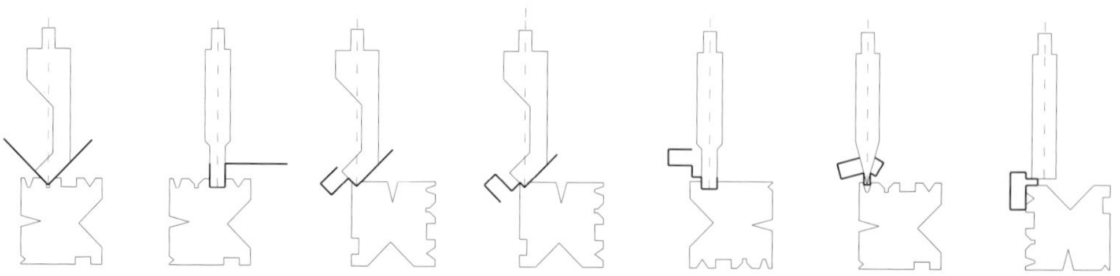

2.17 Fertigungsverfahren nach DIN 8580
2.18 Biegen im 90°-V-Gesenk [83]
2.19 Außenbördeln an der Sickenmaschine [257]
2.20 Herstellung eines Blechprofiles durch Gesenkbiegen [83]
2.21 Drehverfahren nach DIN 8589, Teil 1
2.22 Planfräsverfahren nach DIN 8589
2.23 Bohren

- Umformen mit bleibender Festigkeitsveränderung.

In der industriellen Produktion unterscheidet man lediglich in zwei Hauptgruppen, nämlich der Massivumformung und der Blechumformung. Die Unterscheidungsmerkmale liegen einerseits im aufzuwendenden Kraft- und damit Energieaufwand, andererseits in der räumlich zu beschreibenden Geometrie der Werkstücke und ihrer Wandstärken.

Spanabhebende Technologien
Spanen ist ein Trennvorgang, bei dem ein Werkstück mit Hilfe eines Werkzeugs durch Abtragen von Werkstoffschichten oder Spänen in seiner Form oder seiner Oberfläche verändert wird. Fallen keine Späne oder formlose Stoffe an, so spricht man von Zerteilen. Außer dem Sägen, dem Schleifen oder dem Feilen werden spanende Tätigkeiten vorwiegend durch Maschinen ausgeführt. Man unterscheidet je nach dem verwendeten Werkzeug in:
- Spanen mit geometrisch, numerisch und in der Lage zum Werkstück bestimmten Schneiden: z. B. Drehen, Bohren, Fräsen, Hobeln, Sägen, Raspeln u. a.
- Spanen mit geometrisch, numerisch und in der Lage zum Werkstück unbestimmten Schneiden: z. B. Schleifen, Strahlspanen, Gleitspanen u. a.

Das Polieren gilt nicht als eigenständiges Fertigungsverfahren, da es in der Regel nur in Verbindung mit anderen Fertigungsverfahren vorkommt.

Drehen
Unter Drehen versteht man das Spanen mit geschlossener, meist kreisförmiger Schnittbewegung und beliebiger, quer zur Schnittrichtung liegender Vorschubbewegung.

Der Arbeitsvorgang insgesamt besteht aus der Schruppbearbeitung (Vordrehen) mit möglichst großem Zerspanvolumen und aus der Schlichtbearbeitung (Endbearbeitung), mit der die geforderte Oberflächenqualität sowie Form- und Maßtoleranzen zu erreichen sind.

Man unterscheidet zwischen:
- Runddrehen
- Plandrehen
- Schraubdrehen
- Wälzdrehen
- Profildrehen

Bohren
Bohren ist ein spanendes Verfahren mit ein- oder mehrschneidigen (meist zweischneidigen) Werkzeugen zur Herstellung von Durchgangs- und Sacklöchern. Das Werkzeug steht mit sämtlichen Schneiden im Eingriff und führt i. a. die Dreh- und Vorschubbewegung aus.

Nach DIN 8589 unterscheidet man beim Bohren, Senken und Reiben in:
- Plansenken
- Schraubbohren
- Profilbohren
- Formbohren
- Handbohren

Fräsen
Beim Fräsen führt das Werkzeug die kreisförmige Schnittbewegung aus und die Vorschubbewegung erfolgt quer zur Drehachse durch das Werkstück. Aufgrund der ständigen Schnittunterbrechung entstehen kommaförmige Späne. Das Fräsen zählt zu den mehrschneidigen Zerspanungsverfahren mit geometrisch bestimmter Schneide und weist eine Vielzahl von Variationen auf.

Man unterscheidet zwischen:
- Planfräsen
- Umfangfräsen
- Innenrundfräsen
- Schaftfräsen
- Verzahnungsfräsen

Räumen
Räumwerkzeuge bestehen aus einer Vielzahl hintereinanderliegender, in der Höhe ansteigender Schneiden. Der Vorschub pro Zahn entspricht der Höhendifferenz der Zähne untereinander. Die Schnittbewegung ist in der Regel linear. Geräumt werden Innen- und Außenflächen.

In DIN 8589 ist das Räumen nach Verfahren und Schnittbedingungen definiert:
- Planräumen
- Rundräumen
- Schraubräumen
- Formräumen
- Ungeradräumen
- Drehräumen

2.21

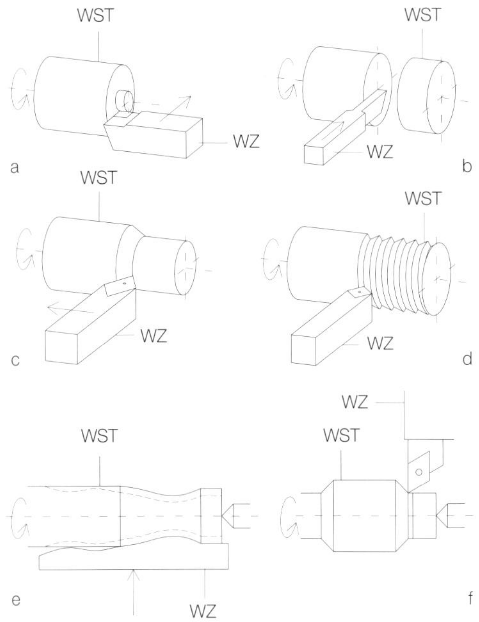

Vorschubrichtung Drehrichtung

WST = Werkstück, WZ = Werkzeug,
a = Plandrehen, b = Abstechdrehen, c = Runddrehen,
d = Gewindedrehen, e = Profildrehen (WST-Kontur ist

2.22

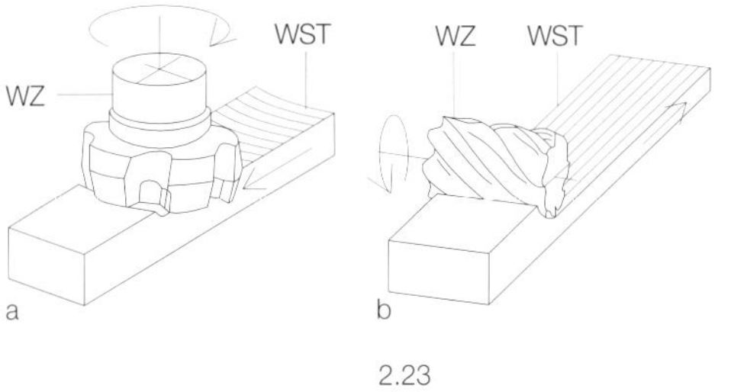

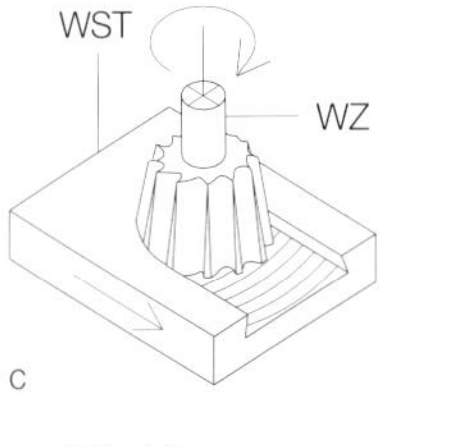

a Stirnfräsen
b Umfangfräsen
c Profilfräsen
Drehrichtung
Vorschubrichtung

2.23

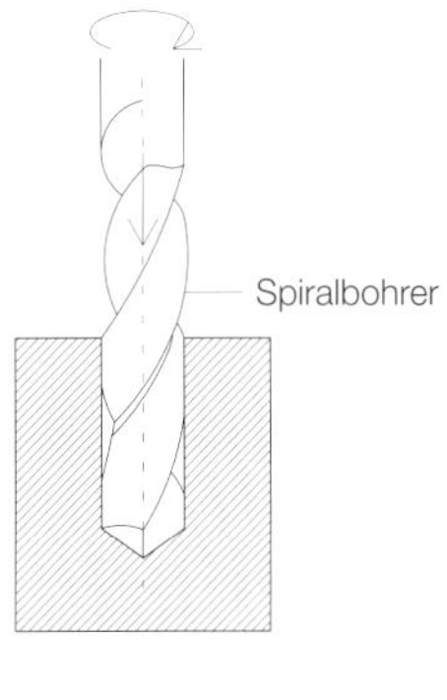

2.24 Planhobeln [83]
2.25 Wasserstrahlschneiden [83]
2.26 Hubsägen nach DIN 8589
2.27 Scherschneiden nach DIN 8588
2.28 Schnittstanzen [257]
2.29 Einteilung der funkenerosiven Verfahren nach VDI-RILI 3400 [83]

Schleifen
Schleifen zählt zu den Zerspanverfahren mit geometrisch unbestimmter Schneide und wird zur Endbearbeitung von Bauteilen mit hohen Genauigkeitsanforderungen eingesetzt.

Man unterscheidet zwischen:
- Außenrundschleifen
- Innenrundschleifen
- Flachschleifen
- Spitzenlosschleifen
- Trennschleifen
- Bandschleifen
- Sonderschleifverfahren

Schneiden
Das Schneiden erfolgt entweder als
- Scheren
- Sägen
- Sauerstoff-Schneidverfahren
- Wasserstrahlschneiden
- Laserschneiden
- Unterwasser-Schneiden

Beim Scheren ergeben sich stets geringfügige Verquetschungen des Materials an der Schnittkante, ein Problem, das sich mit dem Sägen umgehen läßt. Sauerstoff-Schneidverfahren, Wasserstrahlschneiden und Laserschneiden erlauben vielfältige, auch krummlinige und räumliche Schnittführungen.

Neue Technologien
Outsert-Technik
- Hierbei werden mittels der Spritzgießtechnik auf metallische Bauteile, die zumeist in Stanz-, Biege- und Tiefziehverfahren hergestellt wurden, Kunststoffteile aufgebaut. Es entsteht ein hochqualitativer Materialverbund.

Insert-Technik
- In einen Kunststoffkörper werden metallische Bauteile eingebettet.

Kugelstrahlumformen
- Ein Ersatz für das Biegeumformen mit dem Ziel der Vermeidung von sogenannten Fließgelenken. Beschleunigte Kugeln stoßen so auf das umzuformende Bauteil, daß dessen Oberfläche einseitig gedehnt wird und eine Biegeverformung eintritt.

Formstempelumformen
- Dies ist eine Variante des Kugelstrahlumformens. Das Verfahren eignet sich insbesondere zur ebenen Umformung dickwandiger Bauteile. Die Kugeln werden dabei durch einen einzigen Druckstempel ersetzt.

2.26
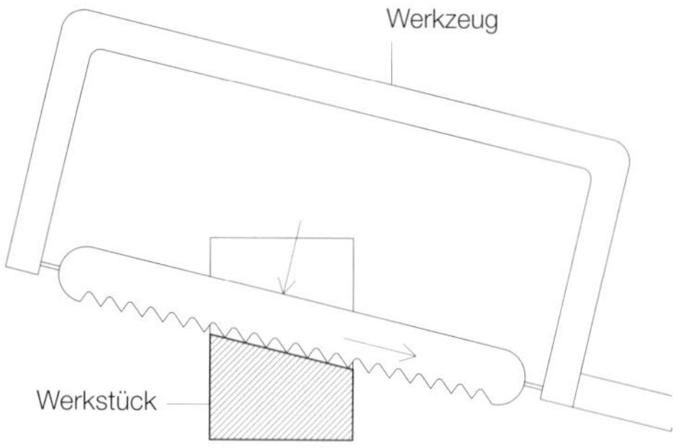

2.24
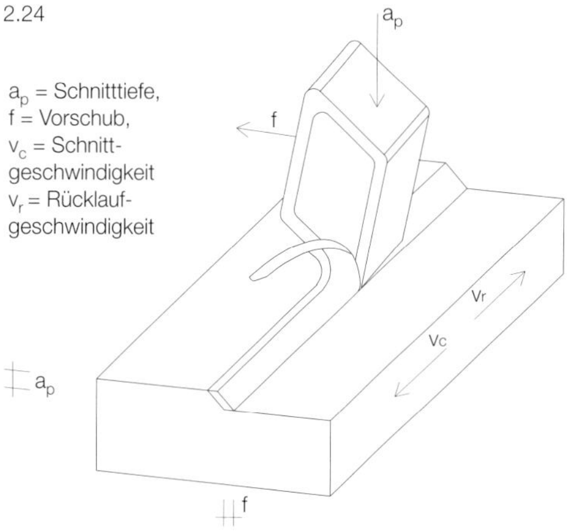

2.27
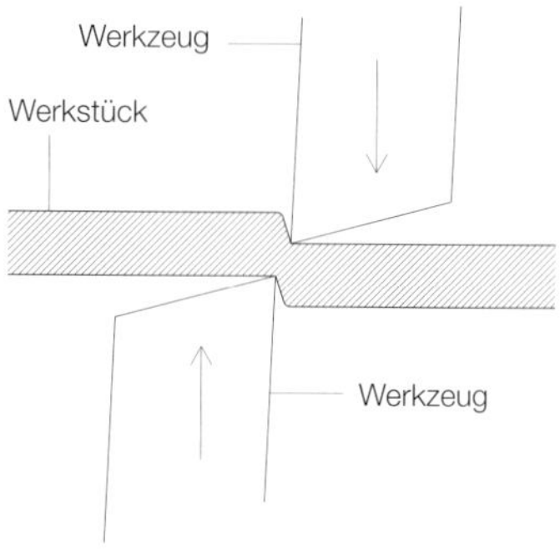

2.25
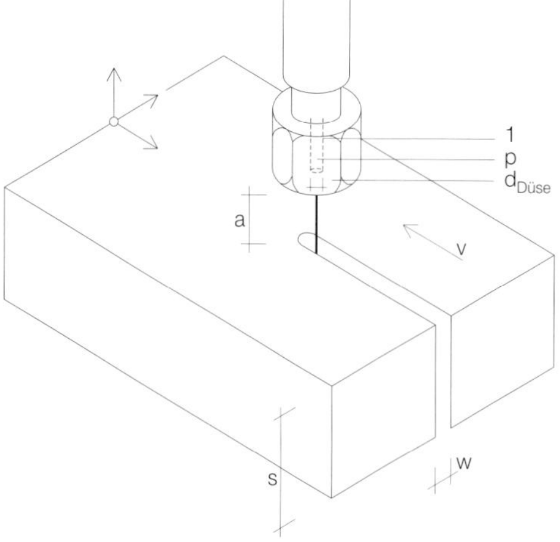

1 = Scheiddüse
p = Pumpendruck
$d_{Düse}$ = Düsendurchmesser
a = Abstand Düse – Werkstück
s = Werkstückdicke
w = Schnittfugenbreite
v = Vorschubgeschwindigkeit

2.28
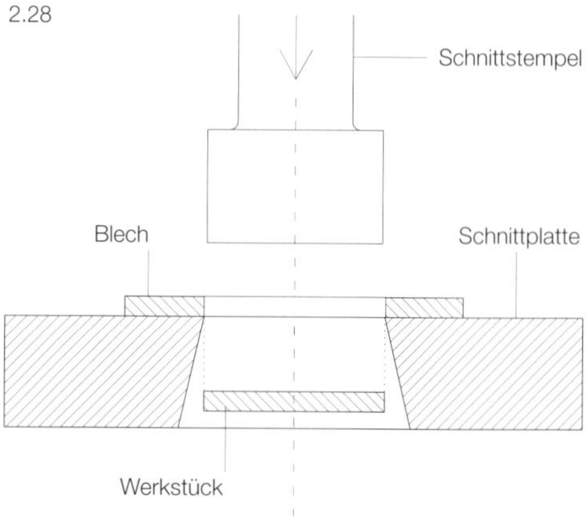

2.29

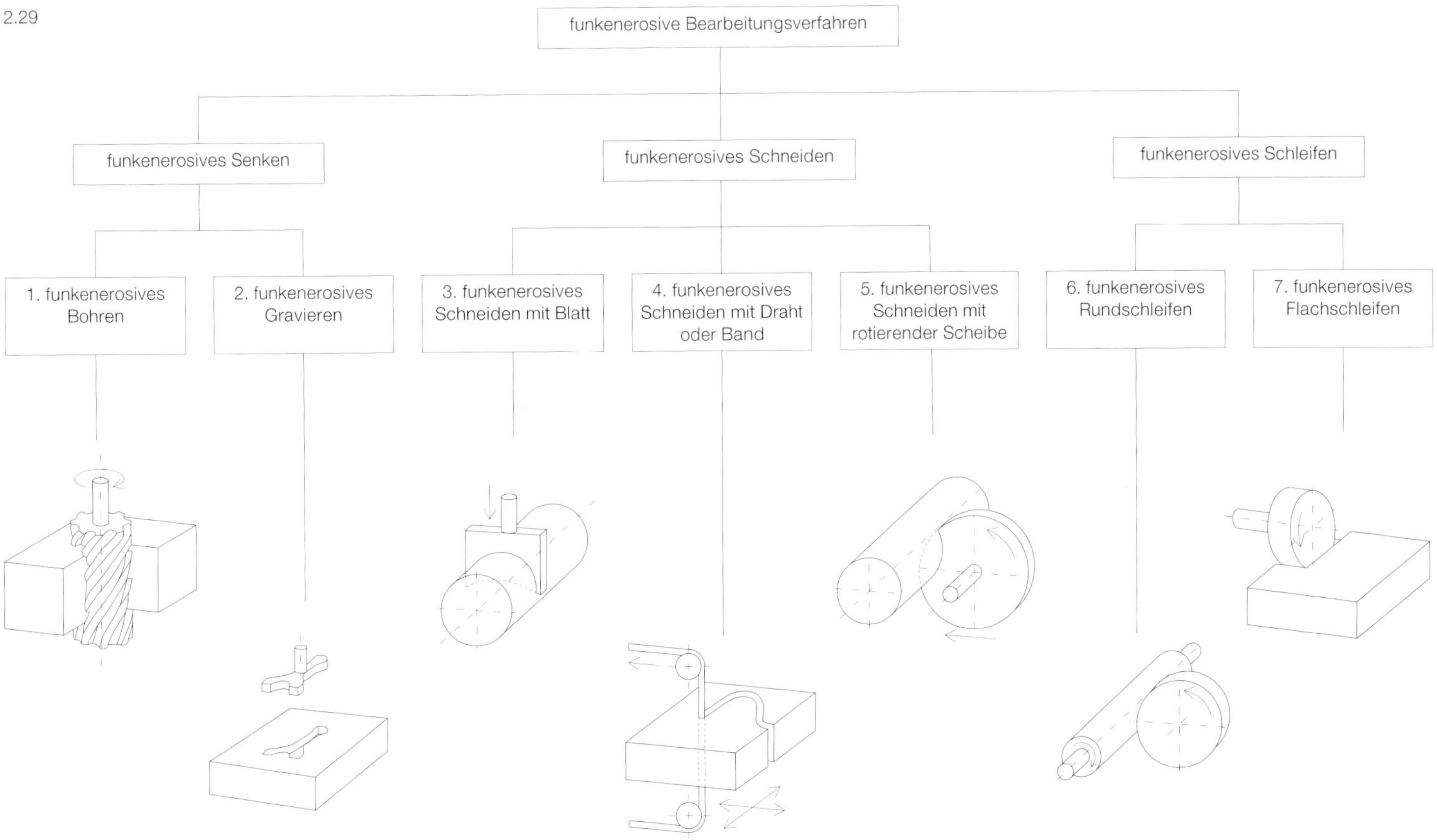
funkenerosive Bearbeitungsverfahren
funkenerosives Senken
funkenerosives Schneiden
funkenerosives Schleifen
1. funkenerosives Bohren
2. funkenerosives Gravieren
3. funkenerosives Schneiden mit Blatt
4. funkenerosives Schneiden mit Draht oder Band
5. funkenerosives Schneiden mit rotierender Scheibe
6. funkenerosives Rundschleifen
7. funkenerosives Flachschleifen

Die Eigenschaften der Stähle

Die verfügbaren technischen Möglichkeiten erlauben die gezielte Einstellung des Eigenschaftsprofils eines Stahlprodukts. Zu berücksichtigen sind bei dieser Einstellung die Erfordernisse aus der Materialverarbeitung, der Materialverwendung oder der gewünschten Materialfestigkeit.

Bei einer Verwendung als tragendes Bauteil im Bauwesen interessieren insbesondere die mechanischen Eigenschaften. Diese können häufig nur durch umschreibende Kennwerte beschrieben werden, die in genormten Laborversuchen ermittelt werden. Die Ergebnisse dieser Versuche werden in Tabellen oder Diagrammen dokumentiert. Als die wichtigsten Versuche zur Ermittlung der mechanischen Eigenschaften der Stähle sind zu nennen:
- Zugversuch
- Zeitstandsversuch
- Dauerschwingversuch
- Kerbschlagbiegeversuch
- Härteprüfung

Oftmals können mit einem einzigen Versuch mehrere Eigenschaften eines Prüfkörpers ermittelt werden. Andererseits gibt es allein für die Härteprüfung von Stahl vier verschiedene Prüfmethoden:
- Rockwell-C-Prüfung: Eindringtiefe eines Diamantkegels
- Brinellverfahren: Eindruckdurchmesser einer Hartmetallkugel
- Vickershärte: Eindruckdurchmesser einer Diamantpyramide
- Shorehärte: Rücksprunghöhe eines aufprallenden Prüfkörpers bei hochharten Stählen

Bei der Durchführung, Auswertung und Interpretation von Versuchen ist zu beachten, daß ein Stahlbauteil üblicherweise keine isotropen Eigenschaften besitzt. Beispielsweise bilden sich aufgrund von sulfidischen und oxidischen Verunreinigungen Einlagerungen, die je nach Verformungsgrad im Herstellungsprozeß (z.B. durch Walzen) ausgerichtet und damit richtungsgebunden ungünstig wirken (Gefahr von Terrassenbrüchen bei Beanspruchung senkrecht zur Walzrichtung). Eigenverfestigungen während der Herstellung, z.B. durch Kaltumformung, sind ebenfalls richtungsgebunden.

Zu den wichtigsten Stahleigenschaften zählen

2.30

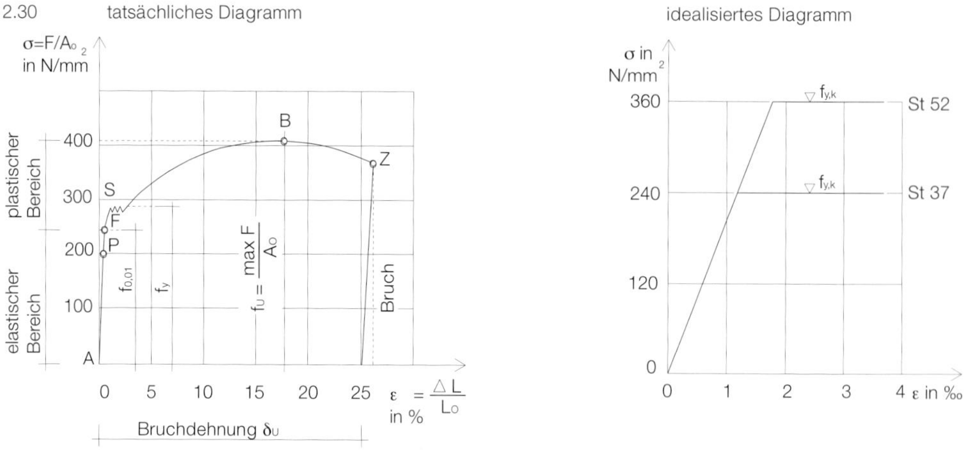

2.31

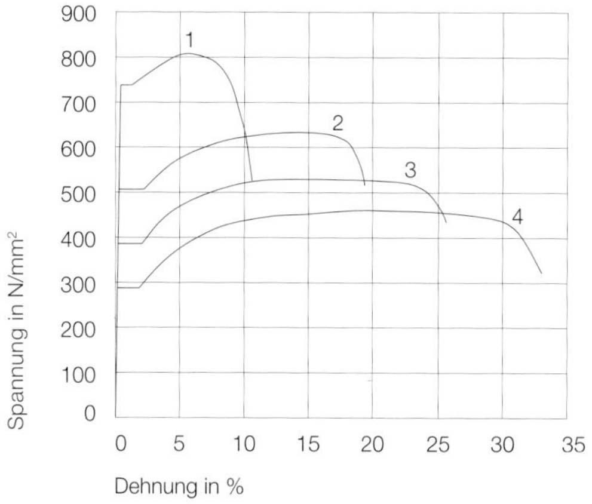

Probenform: Rundzugprobe B 8 x 80
(Versuchslänge = 100 mm) Prüftemperatur: RT
1 St E 690
2 St E 460
3 St 52-3
4 St 37-3

2.32

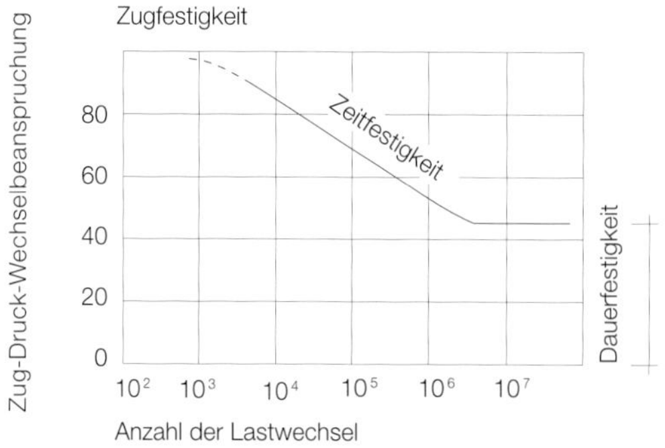

2.30 Spannungs-Dehnungs-Diagramm [306]
2.31 Spannungs-Dehnungs-Linien unterschiedlicher Stähle [440]
2.32 Abnahme der Festigkeit bei zunehmender Anzahl von Lastwechseln [384]
2.33 Probenanordnung im Kerbschlagbiegeversuch [83]
2.34 Härtemessung mit Stahlkugel nach Brinell und mit Diamantpyramide nach Vickers [350]

Festigkeit, Zähigkeit, Schweißeignung, Umformbarkeit und Korrosionswiderstand, die wie folgt über quantifizierbare Kennwerte beschrieben werden können.

Für die Materialverarbeitung wichtige Eigenschaften
- Gießbarkeit
- Kaltformbarkeit
- Schweißbarkeit
- Streckgrenze
- Bruchdehnung
- Biegewinkel
- Schmiedbarkeit
- Umformbarkeit

Eigenschaften mit Festigkeitsaussagen
- Dauerschwingfestigkeit
- Härte
- Kerbschlagarbeit
- Streckgrenze
- Verschleißfestigkeit
- Zähigkeit
- Gleichmaßdehnung
- Bruchdehnung
- Zugfestigkeit

Für die Materialverwendung wichtige Eigenschaften
- Chemische Beständigkeit
- Korrosionswiderstand
- Magnetische Eigenschaften
- Temperaturbeständigkeit

Spannungs-/Dehnungsverhalten
Bruchversuche führen zu Aussagen über die Zug- oder Druckfestigkeit des Baustoffes. Spannungs-/Dehnungs-Versuche ergeben auch Aussagen über die Bruchdehnung, die Brucheinschnürung sowie die Gleichmaßdehnung und den E-Modul.
Die Festigkeits- und Verformungseigenschaften der Stähle sind abhängig von der Temperatur und der Belastungsgeschwindigkeit. Bei höheren Temperaturen zeigt sich eine signifikante Abnahme der Bruchfestigkeit mit gleichzeitiger Zunahme der Bruchdehnung, im Bereich niedriger Temperaturen tritt das umgekehrte Verhalten ein, allerdings weniger signifikant. Mit zunehmender Belastungs- oder Deformationsgeschwindigkeit steigt die Bruchfestigkeit bei gleichzeitiger Abnahme der Bruchdehnung.

Zähigkeit
Über die Zähigkeit läßt sich das Sprödbruchverhalten und die Umformbarkeit von Stahl beschreiben. In einem Kerbschlagbiegeversuch läßt sich die Kerbschlagarbeit, ein für die Zähigkeit ebenfalls wichtiger Kennwert, ermitteln. Der ermittelte Wert für die Kerbschlagarbeit wird dabei von der Temperatur, der Beanspruchungsgeschwindigkeit, der Probenabmessung und der Kerbgeometrie beeinflußt.

Schweißeignung
Ein Stahl gilt als schweißbar, wenn die wirtschaftliche Herstellung von tragfähigen Schweißverbindungen mit herkömmlichen Methoden möglich ist. Es gibt keine Berechnungsformel für die Schweißeignung, die alle Einflußfaktoren berücksichtigen könnte, die Materialzusammensetzung, Korngröße und Reinheitsgrad spielen jedoch eine wichtige Rolle. Die zur Anwendung kommenden Baustähle sind in der Regel allesamt schweißbar. Probleme beim Schweißen entstehen durch:
- Rißbildung
- Eigenschaftsveränderungen
- Versprödung
- Verlust von Vergütungseigenschaften in der Wärmeeinflußzone

Die Neigung zur Rißbildung bildet ein Beurteilungskriterium zur Schweißeignung. Steuerbar wird die Schweißeignung durch Einflußnahme auf die chemische Zusammensetzung des Grundwerkstoffes und der vorliegenden Schweißbedingungen. Hochfeste Stähle mit einem höheren Gehalt an Legierungsbestandteilen erfordern größeren Verarbeitungsaufwand. Getestet wird eine Schweißnaht durch:
- Tekken-Test (Wurzelschweißung)
- CTS-Test (Kehlnaht)
- Implant-Test

Eine zerstörungsfreie Prüfung wird durchgeführt durch:
- Farbeindringverfahren
- Magnetpulverprüfung
- Ultraschall- oder Röntgendurchstrahlung
- Wirbelstromverfahren

Umformbarkeit
Beim Umformen von Stahl wird unterschieden in Warmumformen und Kaltumformen. Letzteres ist als Umformen unterhalb der Rekristallisationstemperatur zu verstehen und bewirkt in Abhängigkeit vom Verformungsgrad eine Eigenschaftsveränderung. Diese Kaltverfesti-

2.33

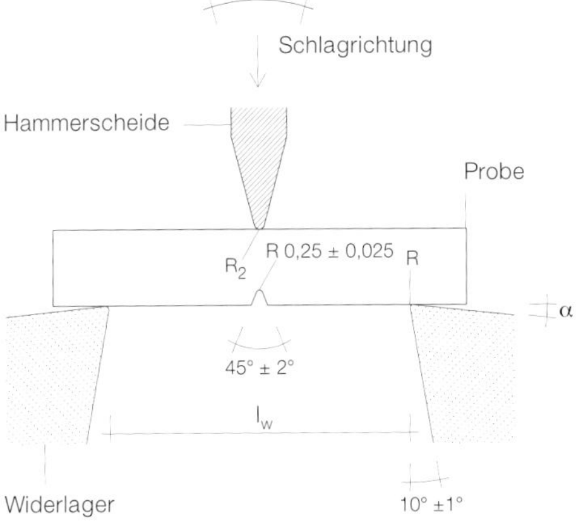

2.34

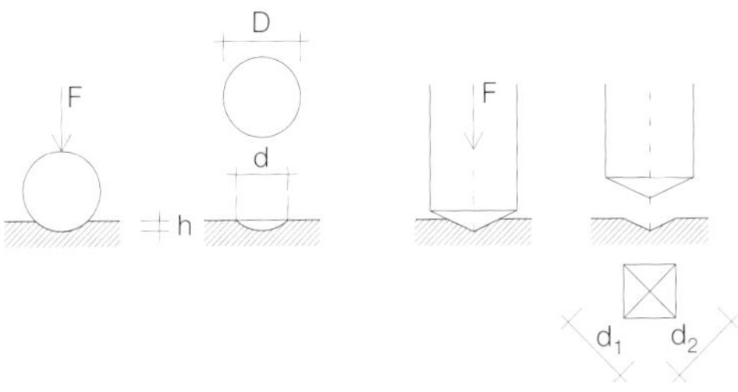

2.35 Mechanische und technologische Eigenschaften ausgewählter Stähle [440]
2.36 Mechanische Eigenschaften der Stähle StE 460 und StE 690 [440]
2.37 Mechanische Eigenschaften nahtloser und geschweißter Rohre [440]

gung unterliegt einem zeitlich abhängigen Alterungsprozeß und führt zu einer zusätzlichen Versprödung, was vor allem die Schweißeignung eines Produkts beeinträchtigt. Durch eine Nachbearbeitung wie Glühen oder Vergüten können diese Nachteile wieder ausgeglichen werden.

Die Warmumformbarkeit läßt sich durch das Verhalten des Stahles beim Schmieden und Walzen definieren. Anhaltswerte über das Formänderungsvermögen bei Wärme geben Warm-Stauchversuche und Warm-Verdrehversuche unter Berücksichtigung der Wärme und Formänderungsgeschwindigkeiten sowie Schmiede- und Walzversuche mit Messung der anzuwendenden Walz- und Schmiededruckkräfte.

Die Schmied- und Walzbarkeit hängt in erster Linie von der chemischen Zusammensetzung ab. Mit Nickel oder Mangan legierte Stähle mit niedrigem C-Gehalt zeigen ein besseres Formänderungsvermögen. Ebenso sind Materialien, die bei Raumtemperaturen bereits ein großes Formänderungsvermögen aufweisen, meistens auch gut schmied- und walzbar. Hohe Brucheinschnürung und große Zähigkeiten weisen ebenfalls auf eine gute Schmied- und Walzbarkeit hin.

Korrosionswiderstand
Unter Korrosion versteht man eine meßbare, chemische, elektrochemische oder metallphysikalische Reaktion eines metallischen Werkstoffes mit seiner Umgebung, die das Material schadhaft verändert. Maßgebliche Einflußfaktoren für die Korrosion liefert die Zusammensetzung der umgebenden Atmosphäre mit ihren Schadstoffen, die zusammen mit Wasser aggressive Säuren bilden. Der Sauerstoffgehalt des das Metall umgebenden Mediums bildet mit steigender Konzentration eine schützende Oxidhaut, die die chemischen Reaktionen verzögert. Verschiedene Umstände führen dazu, daß diese Schutzschicht an einzelnen Stellen oder aber großflächig abgebaut und ein Materialangriff möglich wird. Die Bildung von Schutzschichten aus Oxiden oder Hydroxiden wird verstärkt durch die Zugabe von:
- Chrom
- Phosphor
- Kupfer

Durch entsprechend hohe Dotierungen mit diesen Begleit- bzw. Legierungselementen erhält man die wetterfesten Stähle. Diese bilden eine schützende (passivierende) Deckschicht aus. Nur ein stetes Befeuchten und Trocknen gewährleistet eine homogen ausgebildete Deckschicht, die sehr sensibel auf örtliche klimatische Begebenheiten reagieren kann.
Auf die Abrostungsgeschwindigkeit haben Einfluß:
- Chemische Zusammensetzung der Atmosphäre
- Chemische Zusammensetzung des Stahles und der Legierungsbestandteile
- Wetterausrichtung und Klimaangriff
- Örtliche Temperaturunterschiede
- Abdeckungen

Dynamische Belastbarkeit
Eine Überlagerung von dynamischen und statischen Beanspruchungen kann im Stahlbau zu einem Materialversagen unterhalb der unter statischer Belastung maximal zulässigen Beanspruchung führen. In Schwingversuchen (Wöhler-Versuch) wird deshalb die Dauerschwingfestigkeit von Stahl unter einer Schwingungsbeanspruchung mit 2x 10^6E Schwingspielen ermittelt.

Kerben haben einen entscheidenden und negativen Einfluß auf die Schwingfestigkeit eines Bauteils. Sie sind deshalb stets zu vermeiden.

Härte
Die Materialhärte läßt sich zerstörungsfrei und sehr einfach ermitteln (s.o.). Sie gibt Aufschluß über die Gleichmäßigkeit eines Werkstoffes, seine Zugfestigkeit und eventuell seinen Verschleißwiderstand.

Sprödbruchwiderstand
Die bisher genannten Eigenschaften eignen sich nicht dazu, das Verhalten des Werkstoffs als Bauteil vollständig zu beschreiben. Insbesondere bei sehr komplexen Bauteilen führt man deshalb auch Versuche unter den tatsächlichen Beanspruchungen durch. Zu den Einflußgrößen zählen Temperatur, Verformungsgeschwindigkeit, Spannungszustand und geometrische Dimensionen. Für die Versuche gibt es eine Reihe verschiedener Versuchsaufbauten.
Hierzu zählen:
- Großzugversuch (Wide Plate-Test)
- Kerbzug- und Kerbbiegeversuch
- Aufschweißbiegeversuch
- Rißauffangversuch (Rißauffangvermögen)
- Fallgewichtsversuch

Stahlsorten im Stahlbau
- Allgemeine Baustähle
- Wetterfeste Stähle
- Hochfeste Feinkornbaustähle
- Stähle für Schrauben, Muttern und Nieten
- Stähle für Seildrähte

2.35

Stahlsorte	Zugfestigkeit ≥3[3] ≤100 N/mm²	Zugfestigkeit >100 N/mm²	obere Streckgrenze ≤16 N/mm² mind.	>16 ≤40	>40 ≤63	>63 ≤80	>80 ≤100	>100	Bruchdehnung (L_0 = 5 d_0) für Erzeugnisdicken in mm: Probenlage	≥3 ≤40 % min.	>40 ≤63	>63 ≤100	>100	Faltversuch (180°): Probenlage	Dorndurchmesser[4] ≥3 ≤63	>63 ≤100	>100	Kerbschlagarbeit[2] an ISO Spritzkerb-Längsproben: Behandlungszustand[3]	Prüftemperatur	für Erzeugungsdicken in mm ≥10 ≤16 J mind.	>16 ≤63	>63 ≤100	>100
St 37-2	340	nach Vereinbarung	235	225	215	205	195	nach Vereinbarung	längs	26	25	24	nach Vereinbarung	längs	1a	1,5 a	nach Vereinbarung	U, N	+ 20	27	—	—	nach Vereinbarung
USt 37-2	bis													quer	2 a	2,5 a		U, N	+ 20	27	—	—	
RSt 37-2	470		235	225	215	215	215		quer	24	23	22						U,N	+ 20	27	27	—	
St 37-3														längs	1 a	1,5 a		U	± 0	27	27	23	
														quer	1,5 a	2 a		N	– 20	27	27	23	
St 44-2	410								längs	22	21	20		längs	2,5 a	3 a		U, N	+ 20	27	27	—	
	bis		275	265	255	245	235											U	± 0	27	27	23	
St 44-3	540								quer	20	19	18		quer	3 a	3,5 a		N	– 20	27	27	23	
St 52-3	490		355	345	335	325	315		längs	22	21	20		längs	2,5 a	3 a		U	± 0	27	27	23	
	bis 630								quer	20	19	18		quer	3 a	3,5 a		N	– 20	27	27	23	

1) Die Werte des Zugversuchs und des Faltversuchs gelten für Längsproben außer bei Flachzeug ≥600 mm Breite, aus dem Querproben zu entnehmen sind.
2) Ab Prüfergebnis gilt der Mittelwert aus drei Versuchen.
Der Mindest-Mittelwert von 23 oder 27 J darf nur von einem Einzelwert, und zwar höchstens um 30%, unterschritten werden.
3) U = warmgeformt, unbehandelt; N = normalgeglüht.
4) a= Probendicke.

2.36

Stahlsorte	Erzeugnisform	Behandlungszustand	Mechanische Eigenschaften: Streckgrenze für Dicken in mm[2] ≤12 N/mm² mindestens	>12 ≤16	>16 ≤35	>35 ≤50	>50 ≤60	Zugfestigkeit für Dicken in mm[2] ≤50 N/mm² mindestens	>50 ≤60	Bruchdehnung (L_o = 5 d_o) % mindestens	Probenform	lage	Kerbschlagarbeit[3] bei -60 °C J mindestens	-40 °C	-20 °C	0 °C	+20 °C	Dorndurchmesser beim Faltversuch[4) 5) 6) 7)] längs	quer
St E 460	Blech, Profil, geschweißt. Hohlprofil (Rohr)	N	460	460	450	440	430	560 bis 730		17	ISO-V	längs			39	43	51	3a	4a
	nahtloses Hohlprofil (Rohr)		460	450	440	420	—	530 bis 730			ISO-V	quer				31	31		
St E 690	Blech, Profil, geschweißt.) Hohlprofil (Rohr	V	690	690	690	690	—	790 bis 940		16	ISO-V	längs	30	40	50	60		3a	4a
												quer	27	31	35	40			

1) N = normalgeglüht. V = vergütet (wasservergütet)
2) Für dickere Erzeugnisse sind die entsprechenden Werte zu vereinbaren.
3) Maßgebend ist der Mittelwert aus 3 Proben, wobei nur ein Einzelwert-en geforderten Mindestwert um höchstens 30% unterschreiten darf.
4) Geforderter Biegewinkel jeweils 180°
5) a = Probendicke.
6) Bei Bestellung ist zu vereinbaren, ob Längs- oder Querproben zu prüfen sind.
7) Nicht für Hohlprofile (Rohre).

2.37

Stahlsorte: Kurzname	Werkstoffnummer	Zugfestigkeit bei Raumtemperatur N/mm²	Obere Streckgrenze bei Raumtemperatur für Wanddicken in mm ≤16 N/mm² mind.	>16≤40	>40 ≤65[2]	Bruchdehnung bei Raumtemperatur (L_0 = 5 d_0) längs % min.	quer	Kerbschlagarbeit[1] (ISO-V-Längsproben) Prüftemperatur °C	J mind.
USt. 37-2[3]	1.0036	340 bis 470	235	—	—	26	24	+20	27
RSt. 37-2	1.0038	340 bis 470	235	225	215	26	24	+20	27
St. 37-3	1.0116	340 bis 470	235	225	215	26	24	– 20	27
St. 44-2	1.0044	410 bis 540	275	265	255	22	20	+20	27
St. 44-3	1.0144	410 bis 540	275	265	255	22	20	– 20	27
St. 52-3	1.0570	490 bis 630	355	345	335	22	20	– 20	27

1) Mittelwert aus drei Proben, wobei nur ein Einzelwert den angegebenen Mindestwert um höchstens 30% unterschreiten darf.
2) Dieser Dickenbereich kommt für nahtlose Rohre in Betracht.
3) Nur für geschweißte Rohre mit einer Wanddicke ≤16 mm.

2.38

lfd. Nr.	Stahlsorte Kurzname	Werkstoff-Nr.	Stahlgruppe	Kennzeichnung für Schrauben mit Kopf in Anlehnung an DIN EN ISO 3506–1 Festigkeitsklasse 50	70	80	Kennzeichnung für Gewindestangen, Siftschrauben, Muttern und Scheiben an DIN EN ISO 3506–1+2 Festigkeitsklasse 50	70	80
3	X5CrNi18-10	1.4301	A2	≤ M 39	≤ M 24	≤ M 20	≤ M 64	≤ M 45	–
4	X6CrNiTi18-10	1.4541	A3	≤ M 39	≤ M 20	≤ M 16	≤ M 64	≤ M 30	–
6	X3CrNiCu18-9-4	1.4567	A2L	≤ M 16	–	–	≤ M 24	≤ M 16	–
7	X5CrNiMo17-12-2	1.4401	A4	≤ M 39	≤ M 24	≤ M 20	≤ M 64	≤ M 45	–
8	X2CrNiMo17-12-2	1.4404	A4L	≤ M 39	≤ M 24	≤ M 20	≤ M 64	≤ M 45	≤ M 16
9	X6CrNiMoTi17-12-2	1.4571	A5	≤ M 39	≤ M 24	≤ M 20	≤ M 64	≤ M 45	≤ M 16
10	X1NiCrMoCu25-20-5	1.4539	AK[1]	≤ M 39	≤ M 24	≤ M 20	≤ M 64	≤ M 45	≤ M 16
11	X2CrNiMoN22-5-3	1.4462	FA[1]	–	≤ M 20	≤ M 20	–	≤ M 64	≤ M 16
12	X2CrNiMoNi17-13-5	1.4439	AK[1]	≤ M 20	–	–	≤ M 64	–	–
13	X2CrNiMnMoNbN25-18-5-4	1.4565	KK[1]	–	≤ M 20	≤ M 20	–	≤ M 64	≤ M 20
14	X1NiCrMoCuN-25-20-7	1.4529	KK[1]	≤ M 39	≤ M 20	≤ M 20	≤ M 64	≤ M 45	≤ M 20

1) Die Kennzeichnung für Stähle nach Anhang D der DIN EN ISO 3506 – Teile 1 und 2 wird durch die Zulassung geregelt, da derzeit keine normativen Festlegungen gelten.

2.39

Stahlgußsorte Kurzname	Werkstoff-Nr.	Wärmebehandlungszustand	Wanddicke mm	Streckgrenze[2,3] R_{eH} N/mm² min	Zugfestigkeit[2] R_m N/mm²	Bruchdehnung A_s % min	Kerbschlagarbeit[2,4,5] A_v J min.
GS-16 Mn 5	1.1131	normalgeglüht (N)	bis 50	260	430 bis 600	25	65
			über 50 bis 100	230	430 bis 600	25	45
GS-20 Mn 5	1.1120	normalgeglüht (N)	bis 50	300	500 bis 650	22	55
			über 50 bis 100	280	500 bis 650	22	40
			über 100 bis 160	260	480 bis 630	20	35
			über 160	240	450 bis 600		
GS-20 Mn 5	1.1120	vergütet (V)	bis 50	360	500 bis 650	24	70
			über 50 bis 100	300	500 bis 650	24	50
			über 100 bis 160	280	500 bis 650	22	40
GS-8 Mn 7	1.5015	vergütet (V)	bis 60	350	500 bis 650	22	80
GS-8 MnMo 7 4	1.5430	vergütet (V)	bis 300	350	500 bis 650	22	80
GS-13 MnNi 6 4	1.6221	vergütet (V I)	bis 500	300	460 bis 610	22	80
		vergütet (V II)	bis 200	340	480 bis 630	20	80

1) Die Werte gelten für Proben aus angegossenen oder getrennt gegossenen Probestücken.
2) Die Werte gelten auch für Proben aus dem Gußstück.
3) Falls keine ausgeprägte Streckgrenze auftritt, gelten die Werte für die 0,2 %-Dehngrenze.
4) Mittelwert aus drei Einzelwerten.
5) ISO-V-Proben

2.40

	1	2	3
	Festigkeitsklassen	Streckgrenze $f_{y,b,k}$ N/mm²	Zugfestigkeit $f_{y,b,k}$ N/mm²
1	50	210	500
2	70	450	700
3	80	600	800

Fußnote zu nebenstehender Tabelle:

(1) Bei Stabilitätsnachweisen ist Abschnitt 3.3.81 zu beachten

(2) Die Streckgrenzen sind im Rahmen der Zulassung der Schweißzusätze nachzuweisen. Für Mischverbindungen sind die maximalen Berechnungswerte in den Tabellen 5 bis 7 aufgeführt.

(3) Beim Vorliegen von Druckspannungen gilt $f_{y,k}$ = 355 N/mm2

(4) Beim Vorliegen von Druckspannungen gilt $f_{y,k}$ = 355 N/mm2, sofern nicht ein höherer Wert nachgewiesen wird.

2.41

1	2	3		4		5	6	7	8	9	10	11
Festigkeitsklasse	Werkstoffnummer	Streckgrenze(1)				Zugfestigkeit	E-Modul, Schubmodul (G)				Temperaturdehnzahl	Dichte
		Bauteile		Schweißverbindungen(2)			bei Berechnung von		bei Nachweisen der Stabilitätssicherheit			
		Kaltband	Sonstige	Kaltband	Sonstige		Widerständen, Verformungen	Zwangsschnittgrößen	vereinfacht	mit Sekantenmodul		
		$f_{y,k}$		$f_{y,k}$		$f_{y,k}$	E G	E G	E	$E_{sek,\,y}$		
		N/mm²		N/mm²		N/mm²	N/mm²	N/mm²	N/mm²	N/mm²	$10^{-6} \times k^{-1}$	kg/dm³
235	1.4587	–	175	–	–	450	170 000	200 000	–	–	16	7,9
	1.4301	220	190	220	190	500	65 400	76 800	170 000	60 800		
	1.4541											
	1.4401	240	200	240	200					63 000		8,0
	1.4404											
	1.4571											
	1.4539	240	220	240	220					68 800		
	1.4003	240	–	240	–	450				70 300	10	7,7
	1.4016	–	240	–	–	400			–	–		
275	1.4003	200	275	280	275	650	170 000	200 000	170 000	76 000	10	7,7
	1.4301	275		275	275		65 400	76 900		60 900	18	7,9
	1.4541	–		–	–							
	1.4507	275		275	275				–	–		
	1.4401								170 000	63 000		8,0
	1.4404											
	1.4571											
	1.4539									66 800		
	1.4439	290		290	275					76 000		
	1.4529	300	300	300	300					79 700		7,7
355	1.4318	350	330	350	300	800	170 000	200 000	170 000	83 700	18	7,9
	1.4301	355	355	355	355		65 400	78 900		60 000	18	
	1.4541											
	1.4507	–		–	–				–	–		
	1.4401	355		355	355				170 000	63 000		8,0
	1.4404											
	1.4571											
	1.4539	–		–	320					66 800		
	1.4529	355		355	355					79 700		7,7
460	1.4565	460	420	350	350	600	170 000	200 000	170 000	93 900	16	8,0
	1.4003	–	460	–	320		65 400	76 900		70 300	1	7,7
	1.4301	460		355	355					60 900	16	8,0
	1.4541											
	1.4567	–		–	–				–	–		7,9
	1.4401	460		355	355				170 000	63 000		8,0
	1.4404											
	1.4539	–		–	320					66 800		
	1.4571	460		355	355					63 000		
	1.4529	–		–	420					79 700		7,7
	1.4402(3)	480		–	450					86 800	13	7,6
690	1.4567		690	–	–	800	170 000	200 000	–	–	16	7,9
	1.4539			–	320		65 400	78 900	170 000	66 800		8,0
	1.4529				420					79 700		7,7
	1.4565			–	350					93 900		8,0
	1.4404			–	355					63 000	16	8,0
	1.4571			–								
	1.4462(4)			–	450					88 800	13	7,8

Teil 3 • Baukonstruktive Grundlagen

Werner Sobek
mit Stefan Schäfer

Oberflächenbehandlungen

In diesem Kapitel sollen ausschließlich nicht-schützende Oberflächenbehandlungen erläutert werden. Konservierungs- oder Schutzbehandlungen werden in gesonderten Kapiteln angesprochen.

Meistens stellen die Oberflächen und die randnahen Schichten von Bauteilen den am höchsten beanspruchten Werkstoffbereich dar, da dieser vielfältigen Beanspruchungen standhalten und vielfältigen Ansprüchen genügen muß. Zum Anforderungsprofil gehören beispielsweise Eigenschaften wie Rauhigkeit und Glätte, Härte, Schmierstoffhaftung, Korrosionsschutz etc.

Oberflächenbehandlungen setzen sich meistens aus mehreren Arbeitsgängen zusammen. Grundsätzlich lassen sich abtragende und auftragende/beschichtende Grundoperationen unterscheiden. Letztere erzeugen einen neuen Verbundwerkstoff, bei dem in aller Regel die Grundstabilität vom Basismaterial, das Eigenschaftsprofil aber von der Beschichtung bestimmt wird.

Vorbehandlungen

Die Vorbehandlungen dienen im wesentlichen der Reinigung der Oberflächen. Man unterscheidet:

- Reinigen
- Spülen
- Entschichten

Verunreinigungen können auf zwei Arten an einen Grundwerkstoff gebunden werden: durch chemische Bindungskräfte oder durch Absorbtionskräfte. Entsprechend verläuft der Reinigungsprozeß zweigleisig: entweder durch Auflösung der chemischen Bindungskräfte mittels Alkalilauge, Lösungsmittel etc. oder ein Absorberprodukt, das von der Oberfläche selbst stärker gebunden wird als die eigentlichen Schmutzpartikel. Für die Wahl eines geeigneten Reinigungsverfahrens kann die Dimension des Werkstückes, das Gewicht, die Oberflächenzugänglichkeit und ihre Empfindlichkeit gegenüber chemischen oder thermischen Einflüssen von Bedeutung sein. In der metallverarbeitenden Produktion sind die Reinigungsprozesse meistens automatisiert und werden mit Hilfe von »Waschstraßen« durchgeführt.

Das Spülen dient allgemein der Nachbehandlung und ist für den Erfolg einer Oberflächenbehandlung besonders wichtig. In der Regel kommen erst mit dem Spülen alle angelaufenen Prozesse zum Stillstand.

Mechanische Bearbeitung

Hierunter versteht man alle mechanischen Arbeiten, die die Topographie der zu behandelnden Oberfläche verändern. Eine Ausnahme hiervon bilden diejenigen Maßnahmen, die primär zur Verbesserung der Maßgenauigkeit des Werkstückes dienen.
Mit der mechanischen Bearbeitung der Oberflächen entstehen elastische und insbesondere plastische Deformationen in den Randschichten des Bauteils. Hiermit gehen Ver- und Entfestigungsprozesse in diesen Schichten einher, die durch die Erzeugung, die Auflösung oder die Umordnung von Gitterstörungen im Materialgefüge bedingt sind.
Folgende Verfahren kommen zur Anwendung:

- Sandstrahlen
- Kugelstrahlen
- Hochdruckwasserstrahlen
- Bürsten
- Schleifen
- Polieren
- Festwalzen
- Sonderverfahren

Beim Sandstrahlen wird Sand mit einem Druckluftstrahl unter hoher Geschwindigkeit auf das Bauteil aufgestrahlt. Ähnlich wie beim Kugelstrahlen, bei dem körnige Materialien unterschiedlicher Größe mit hoher kinetischer Energie auf eine Oberfläche aufgestrahlt werden, tritt eine spanabhebende Funktion auf. Die Effektivität des Strahles hängt unter anderem von dem Größenverhältnis zwischen der Rauhigkeit der Oberfläche und der Korngröße des Strahlmittels ab.

Beim Schleifen wird durch eine Reibbewegung zwischen einer Vielzahl harter, unterschiedlich großer Kristalle (Schleifkörner) und der Werkstückoberfläche ein Spanabtrag erzielt. Die dabei entstehende Ritzspur ist umso tiefer, je grober das verwendete Schleifkorn ist. Die infolge der Reibung auftretenden hohen Temperaturen (bis über 1000 Grad Celsius) können durch flüssige Kühlmittel reduziert werden.
Beim Polieren wird hingegen kein Spanabtrag mehr bewirkt sondern es werden lediglich die hochstehenden Materialgrate in die Rauhigkeitstäler plastifiziert. Als Schleif- und Poliermittel dienen Quarz, Bims, Korund, Diamant, Kreide, Schiefer u.a. teilweise auch synthetische Produkte.

Thermische Bearbeitung

Die wichtigsten Verfahren der thermischen Oberflächenbehandlung sind das

- Beflammen
- Glühen

Nicht-schichtbildende chemische Oberflächenbearbeitung

Bei chemischen Bearbeitungsverfahren sind verschiedene Vorbehandlungen erforderlich, die teilweise einen großen Arbeitsaufwand erfordern. Die Art der notwendigen Bearbeitungsverfahren ist sowohl vom Grundwerkstoff als auch vom Beschichtungsmaterial abhängig. Die wichtigsten Verfahren sind:

- Reinigen
- Chemisches Entgraten
- Ätzen
- Beizen
- Brünieren

Beizverfahren werden zur Entfernung von Rost und anderen Oxidationsprodukten verwendet. Sie werden desweiteren zur Oberflächenvorbereitung eingesetzt, um eine Haftungsverbesserung für nachfolgende Schichten zu erzielen.

Durch stark oxydierende Lösungen wird beim Brünieren von Eisenwerkstoffen ein dichter Film an der Oberfläche gebildet. Der Verfahrensweg besteht aus Reinigen, Spülen, Brünieren, Spülen und anschließendem Beölen. Durch die hohen Schmelztemperaturen der verwendeten Salze besteht bisweilen die Gefahr, daß sich die Werkstücke verziehen.

Schichtbildende chemische Oberflächenbearbeitung

Die Auswahl der Beschichtungen richtet sich stets nach der erforderlichen Funktion im Gebrauchszustand. Hierzu zählen unter anderem Ansprüche an Dekor, Korrosion, Verschleiß etc. Man verwendet normalerweise organische, metallische und nichtmetallische Schichtmaterialien in jeweils unterschiedlichen Stärken. Der Auftrag erfolgt durch Tauchen, Spritzen, Rollen und Gießen, wobei die beiden letzteren nur eine untergeordnete Rolle spielen.

- Chromatierung
- Phosphatierung

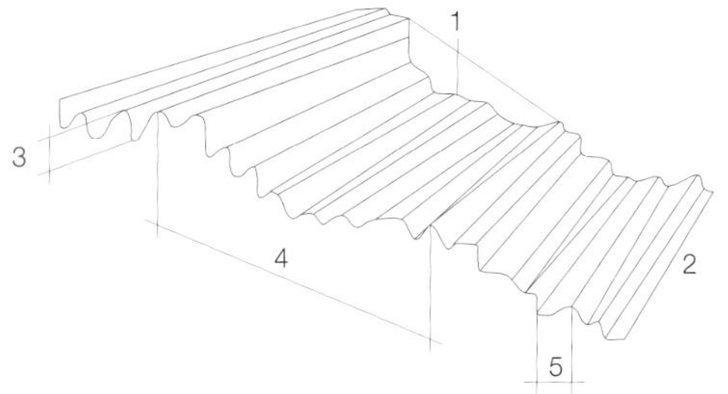

3.1 Begriffe zur Beschreibung einer rauhen Oberfläche [332]
1 Welligkeitstiefe
2 Richtungsabhängigkeit der Oberflächenrauheit
3 Rauhtiefe
4 Welligkeitsabstand
5 Rillenabstand

- Metallspritzen
- Auftragsschweißen
- Plattieren
- Feuerverzinken
- Dünnschichttechnologien
- Schmelztauchschichten
- Eloxieren
- Oxidieren
- Emaillieren
- Chemisch und galvanisches Metallisieren
- Diffusionsschichten
- Galvanisieren
- Lackieren
- Bekleben
- Bedrucken

Die Bildung von Chromatschichten wird im allgemeinen nur bei Aluminium- und Zinkwerkstoffen eingesetzt. Je nach Schichtenfarbe kann man Gelb-, Grün-, Blau-, Schwarz- und Transparentchromatierungen unterscheiden. Aufgebrachte Chromsäuren bilden eine amorphe Chromatschicht, die sich beim Trocknen verfestigt und bedingt durch Interferenzerscheinungen Reflexionen auf der metallischen Oberfläche erzeugt.

Die Phosphatierung erzeugt eine Dampfsperre, die insbesondere unter organischen Beschichtungen zu einem weitaus besseren Korrosionsschutz gegenüber herkömmlichen, nicht wasserdichten Lackaufbauten führt.

Besonders mechanisch höher beanspruchte Materialien können durch das Auftragen von metallischen Dickschichten (bis zu mehreren Millimetern Schichtstärke) geschützt werden. Neben besonders harten Legierungen, die metallisierend aufgetragen werden können, sind hier schweiß- oder spritztechnisch aufgebrachte Schichten zu erwähnen.

Stahl wird in sehr großem Umfang sowohl als Stückverzinkung als auch als Bandverzinkung feuerverzinkt, vorwiegend aus Korrosionsschutzgründen.

Besonders dünne Schichten mit speziellen Eigenschaften können auf zwei verschiedenen Wegen erzielt werden: eine lokal auf der Oberfläche ablaufende chemische Schichtbildungsreaktion (CVD-Verfahren = Chemical Vapour Deposition) oder eine gezielte Schichtablagerung durch physikalische Vorgänge wie Verdampfen oder Kondensieren (PVD-Verfahren = Physical Vapour Deposition).

Aluminiumwerkstoffe können durch eine künstliche Oxidschicht vor Korrosion geschützt werden. Die Behandlung ist auch ohne Einsatz von Lacken farbig möglich und erfolgt entweder chemisch oder elektrochemisch. Die Farbigkeit entsteht dabei durch Farbstoffionen, die organischen oder anorganischen Ursprung haben. Mit bestimmten Trocknungsvorgängen lassen sich auch Mehrfarbeneffekte erzielen.

Beim Emaillieren entsteht durch das auf das Stahlbauteil aufgeschmolzene, glasartige, nichtkristalline Email im Oberflächenbereich ein neuer Verbundwerkstoff. Emaillierungen bieten neben Säurebeständigkeit, Temperatur- und Korrosionsschutz eine Vielzahl weiterer, durch die chemische Zusammensetzung der Emaillierung steuerbare Eigenschaftsprofile. Der Auftrag erfolgt durch Tauchen, Pinseln oder Sprühen in einer oder mehreren Schichten.

Von Metallisieren spricht man, wenn ein billiges Grundmaterial, das die überwiegende Masse eines Werkstückes bildet, mit einer teureren Metallschicht zur Verbesserung mechanischer oder anderer Eigenschaften überzogen wird. Es kommen verschiedene Verfahren, wie z.B. aufgeschmolzene, chemisch oder galvanisch aufgetragene, aufgespritzte, aufgeschweißte u.a. Metallschichten zur Anwendung. Als Schichtmaterial dienen Aluminium, Chrom, Cobalt, Nickel, Kupfer, Messing, Bronze, Zink, Silber, Cadmium, Zinn und Blei.

Farben, Lacke und Anstrichstoffe bestehen aus organischen oder anorganischen Polymeren und können als Bestandteile Bindemittel, Pigmente, Additive, Füllstoffe, Lösungsmittel und Wasser in unterschiedlichen Konzentrationen enthalten, die in intensiven Misch- und Zerkleinerungsvorgängen verarbeitet werden. Gegenüber vielen Oberflächenbehandlungsverfahren liegt beim Beschichten mit Lacken selten eine Beeinflussung der Substratschicht (= Untergrund) vor.

Drucktechniken, die in der Metallindustrie in Frage kommen, sind der Sieb- und der Tampondruck. Im allgemeinen werden sie aber nur in geringen Stückzahlen angewendet.

Qualitätskontrolle
In den meisten Fällen wird eine bearbeitete Oberfläche nicht maschinell vermessen, sondern durch eine Sichtprüfung oder eine Vergleichsprüfung beurteilt. Nur in untergeordneter Größenordnung werden im Bauwesen Oberflächenqualitäten meßtechnisch bewertet. Die wesentlichen Verfahren zur Qualitätskontrolle sind:
- Augenschein
- Fühl- und Tastvergleich
- Vergleichsmuster
- Erstellung eines Oberflächenprofiles mit einem Tastschnittgerät
- Schichtdickenmessung
- Magnetmeßverfahren
- Röntgentechnische Meßverfahren

Behandlungsgerechtes Konstruieren
Zur Erlangung der angestrebten Bauteileigenschaften sind, in Abhängigkeit vom Behandlungsverfahren, bestimmte Konstruktionsmerkmale einzuhalten. Folgende wesentliche Überlegungen sollten berücksichtigt werden:
- Vor dem eigentlichen Behandlungsvorgang muß eine dem Verfahren angepaßte Reinigungsprozedur durchgeführt werden. Dazu gehört z.B. das Entfernen von Fett, Ruß, Oxid- und anderen Fremdschichten, Aufrauhen oder Oberflächenverdichtung.
- Gasförmige, flüssige und feste Behandlungsmedien müssen den Oberflächenbereich ungehindert erreichen und verlassen können.
- Die Bildung von Luftblasen beim Beschichtungsvorgang infolge von Vertiefungen, Erhöhungen oder Falzen muß vermieden werden.
- Scharfe Kanten müssen geringe Mindestradien einhalten.
- An hinterschnittigen Stellen sollen Abflußöffnungen vorgesehen werden.
- Vermeidung von Anhäufung von Beschichtungsmaterial an Bohrungen und Kanten.

Schichtenverschleiß
Eine Zerstörung bzw. ein Verschleiß einer bearbeiteten Oberfläche bzw. aufgebrachten Schicht tritt ein durch:
- Abrasion
- Korrosion
- Erosion
- Adhäsion
- Schwingungsverschleiß

Korrosionsschutz

Korrosion und Korrosionsschutzmaßnahmen
Die im Bauwesen benutzten Stähle sind von unerwünschten Begleitelementen gereinigt und in einem für die technische Anwendung optimalen chemischen Zustand. In diesem Zustand sind die Stähle gegenüber korrosiven Einflüssen besonders empfindlich, vorausgesetzt, die Luftfeuchtigkeit liegt über 65 %. Erst bei einer Feuchtigkeit über 65 % tritt Sauerstoff mit dem Eisen an der Stahloberfläche in Reaktion.

Korrosionserscheinungen an tragenden Bauteilen sind häufig, insbesondere im Stahlleichtbau, mit erheblichen Reduktionen der Tragfähigkeit verbunden. Dem Korrosionsschutz von Tragwerken aus Stahl kommt deshalb auch eine sicherheitstheoretische Bedeutung zu. Darüber hinaus hat sorgfältiger Korrosionsschutz aber auch eine ökonomische wie auch eine ökologische Bedeutung.

Moderne Korrosionsschutzsysteme und Korrosionsschutztechniken sind in der Lage, Stahlbauteile dauerhaft vor Korrosion, auch in schwierigen Umgebungsbedingungen, zu schützen. Darüber hinaus können mit Korrosionsschutzmaßnahmen auch gestalterische Absichten, z. B. hinsichtlich Oberflächenqualität und Farbe, unterstützt werden.

Korrosionsarten
Flächenkorrosion, insbesondere atmosphärische Korrosion
Als Flächenkorrosion bezeichnet man die auf elektrochemischen Vorgängen beruhende materialabtragende Korrosion. Diese kann in der freien Atmosphäre, im Boden oder im Wasser stattfinden. Wenn man einmal vom Stahlwasserbau absieht, ist die in der freien Atmosphäre stattfindende atmosphärische Korrosion für den Stahlbau von besonderer Bedeutung.

Als atmosphärische Korrosion bezeichnet man Sauerstoffkorrosion mit einem wechselweise trockenen und feuchten Umgebungsklima. Bei der atmosphärischen Korrosion bilden sich an der Metalloberfläche kleine Korrosionselemente, die jeweils aus einem anodischen und einem kathodischen Bezirk bestehen. An der Anode startet die Eisenauflösung, dort geht das Metall als Ion unter Freisetzung von zwei Elektronen in Lösung. An der Kathode reagieren die von der Anode zuwandernden Elektro-

3.2

Ort	Korrosionsgeschwindigkeit mm/Jahr
mäßig besiedelte Gebiete	0,02 bis 0,05
Wohnbezirke von Großstädten	0,05 bis 0,10
große Industiestädte	0,08 bis 0,15
in der Nähe der Meeresküste	0,06 bis 0,17
Süßwasser	0,05 bis 0,10
Salzwasser, aggressives Wasser	0,15 bis 0,20

3.3

1	2	3
Gebäudeart	Zugänglichkeit Korrosionsangriff	Korrosionsschutzklasse
Flächen in geschlossenen Gebäuden	zugänglich	I
	nicht zugänglich	II
	chemische Beanspruchung im Inneren[1]	III
Flächen in offenen Gebäuden	zugänglich	I, II, III [2]
	nicht zugänglich	II, III [3]
	chemische Beanspruchung im Inneren[7]	III

1) Hierzu gehören u.a. auch erhöhter Schwefeldioxid- oder Chloridgehalt, Säuredämpfe u.a. auch in Verbindung mit erhöhtem Kondensatanfall.
2) In Abhängigkeit von der Außenluft.
3) II nur dann, wenn die korrosive Beanspruchung nicht zugänglicher Oberflächenbereiche der Stahlbauteile etwa der eines Innenraumes entspricht.

3.4

Atmosphärentyp [1]	Zugänglichlkeit [2]	Korrosionsschutzklasse [3]
L (Landatmosphäre)	zugänglich	I
	nicht zugänglich	II
S (Stadtatmosphäre)	zugänglich	II
	nicht zugänglich	III
I (Industrieatmosphäre)	zugänglich	III
	nicht zugänglich	III
M (Meeresatmosphäre)	zugänglich	III
	nicht zugänglich	III
Sonderbeanspruchungen	zugänglich	III [4]

1) Siehe hierzu DIN 55 928, Teil 1, Ausgabe November 1976, Abschnitt 3.1 und 4.
2) Zugänglich bedeutet hier, daß alle Stahlbauteile ohne größere bauliche Veränderung erreichbar sind, damit die erforderlichen Korrosionsschutzmaßnahmen durchgeführt und die Schutzsysteme geprüft und instandgehalten werden können, siehe auch DIN 55 928, Teil 2, Ausgabe Oktober 1979, Abschnitt 3.2.1.
3) Es bedeuten:
I Bei vergleichsweise geringer korrosiver Beanspruchung oder für kurze Schutzdauer.
II Bei mittlerer korrosiver Beanspruchung oder für lange Schutzdauer.
III Bei besonders starker korrosiver Beanspruchung oder für besonders lange Schutzdauer.
4) Die in Tabelle 3.3 und 3.4 unter III eingestuften Systeme sind nicht generell für alle Arten chemischer und sonstiger Sonderbeanspruchungen geeignet. Es ist daher das für den jeweiligen Anwendungsfall spezifische System zu wählen.

3.2 Korrosionsgeschwindigkeit von Stahl
3.3 Zuordnung von Korrosionsschutzklassen zu Korrosionsangriffen im Gebäudeinneren [DIN 55928]
3.4 Zuordnung von Korrosionsschutzklassen in Abhängigkeit vom Atmosphärentyp und der Zugänglichkeit [DIN 55928]
3.5 Spannungsreihe der Metalle gegen Wasserstoff
3.6 Isolierung einer Verbindung zwischen zwei verschiedenen Metallen zur Vermeidung von Kontaktkorrosion [DIN 55928]

nen mit Wasser und Sauerstoff zu Hydroxilionen (OH-). Da Hydroxilionen ein alkalisches Milieu erzeugen, das schützend wirkt, sind die Kathoden gegen Korrosion geschützt. Der Rost bildet sich an einer dritten Stelle, nämlich dort, wo die Eisenionen mit den Hydroxilionen zusammentreffen und mit Sauerstoff aus dem Elektrolyten zum Rost aufoxidieren können. Bei der atmosphärischen Korrosion werden in trockenen Perioden die in Feuchtigkeitsperioden gebildeten Oxidschichten verdichtet und der Korrosionsvorgang kommt nicht selten zum Stillstand, während in feuchten Perioden Mechanismen im Sinne der Sauerstoffkorrosion ablaufen.

Bei örtlich unterschiedlich hohem Korrosionsabtrag spricht man von Muldenkorrosion, bei Lochfraß von Lochkorrosion. Als Spaltkorrosion bezeichnet man die örtlich verstärkte Korrosion in Fugen und Spalten.

Der bei der Korrosion entstehende Rost hat ein größeres Volumen als Eisen, so daß es während der Korrosion insbesondere in Fugen zu Sprengwirkungen kommen kann. Spalte, Schlitze und Fugen sind deshalb korrosionsschutztechnisch besonders gut zu verschließen.

Kontaktkorrosion
Die sogenannte Kontaktkorrosion tritt ein, wenn sich zwei unterschiedliche Metalle, die leitend miteinander verbunden sind, im gleichen Elektrolyten befinden. Das – zumindest zeitweise – Vorhandensein eines Elektrolyten ist also auch hier Voraussetzung für das Entstehen von Korrosion. Bei der Kontaktkorrosion korrodiert stets das unedlere Metall, das heißt dasjenige Metall, das in der Spannungsreihe weiter unten steht. Die Möglichkeit einer Kontaktkorrosion tritt im Stahlbau insbesondere im Bereich der Befestigung von Fassaden und Dachbauteilen aus anderen Metallen wie z.B. Aluminiumbauteilen auf.

Korrosionsklassen
Je nach der Korrosionsgefährdung und der Zugänglichkeit für Instandhaltung und Kontrolle der zu schützenden Bauteile werden verschiedene Korrosionsklassen unterschieden.

Korrosionsprobleme bei Edelstählen
Geringere als die soeben geschilderten, aber keinesfalls völlig auszuschließende Korrosionsprobleme entstehen bei der Verwendung von Edelstählen. Auch Edelstähle können, bei Vorliegen kritischer Umgebungsbedingungen, korrodieren. Bei der Verwendung von Edelstählen in solchen Bedingungen, z. B. in maritimen Klimata, bei chloridhaltigem Spritzwasser oder entsprechendem Kondenswasser etc. sollte deshalb immer ein Fachberater hinzugezogen werden. Edelstähle sind wegen ihrer hohen Cr-, Ni-Zusätze teuer und deshalb üblicherweise nur in Form dünner Bleche oder technischer Verbindungsmittel gebräuchlich. Gerade diese Bauteile sind gegenüber einer korrosionsbedingten Reduktion der Tragfähigkeit jedoch besonders empfindlich.

Eine interessante Variante besteht darin, unedle Stähle mit einer dünnen Edelstahlschicht zu plattieren (Platinox). Besonderes Augenmerk ist hierbei auf die Kantenausbildung derartiger Verbundbleche zu legen.

Schutzschichtbildende Stähle
In der Gruppe der niedrig legierten Baustähle gibt es besondere Qualitäten wie z. B. solche Stähle, die an ihrer Oberfläche zwar zunächst sehr schnell Rost ansetzen, im Lauf der Zeit das Weiterrosten aber praktisch einstellen: Durch die korrodierte Oberfläche entsteht eine Schutzschicht für den darunterliegenden Stahl. Der beschriebene Mechanismus funktioniert zuverlässig, solange die Konstruktion immer wieder abtrocknen kann. An Stellen dauernder Befeuchtung schreitet die Korrosion allerdings unaufhaltsam fort. Konstruktionen aus diesen Werkstoffen müssen also entsprechend sorgfältig konzipiert werden.

Korrosionsschutzsysteme
Man unterscheidet folgende Korrosionsschutzsysteme:
- Überzüge, z. B. Feuerverzinkung
- Beschichtungssysteme aus ein bis vier Beschichtungslagen
- Kombination von Überzug und Beschichtungssystem, sogenannte Duplex-Systeme

Überzüge bestehen aus einer metallischen Schicht, die auf die Stahloberfläche aufgebracht wird. Die im Stahlbau am häufigsten benutzte Überzugstechnik ist das Feuerverzinken, das durch Eintauchen der Bauteile in mit flüssigem Zink gefüllte Wannen erfolgt.

3.5

Metall		Normalpotential V
Gold	Au	+ 1,50
Quecksilber	Hg	+ 0,85
Silber	Ag	+ 0,80
Kupfer	Cu	+ 0,35
Wasserstoff	H	0
Blei	Pb	– 0,12
Zinn	Sn	– 0,14
Nickel	Ni	– 0,23
Kadmium	Cd	– 0,40
Eisen	Fe	– 0,44
Chrom	Cr	– 0,56
Zink	Zn	– 0,76
Mangan	Mn	– 1,05
Aluminium	Al	– 1,68
Magnesium	Mg	– 2,34
Kalium	K	– 2,92

3.6

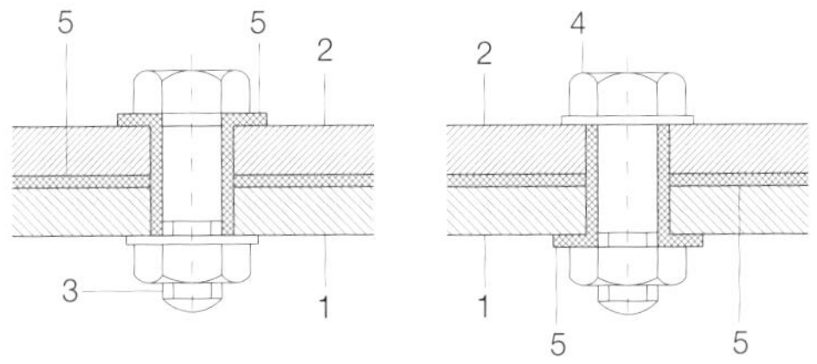

1 Bauteile aus Stahl
2 Bauteile aus Aluminium
3 Verbindungsmittel aus Stahl
4 Verbindungsmittel aus Aluminium
5 Isolierende Zwischenschichten

3.7

1 South Bend (USA), Landatmosphäre, Auslage gegen Süden 30 Grad geneigt
2 Olpe, Landatmosphäre, Auslage gegen Süden 45 Grad geneigt
3 Cuxhaven, Stadt-/Landatmosphäre, Auslage gegen Süden 45 Grad geneigt
4 Mühlheim/Ruhr, Industrieatmosphäre, Auslage gegen Süden 45 Grad geneigt
5/6 Oberhausen, Industrieatmosphäre, Auslage gegen Norden senkrecht
7 Aus Versuchsergebnissen abgeleitete Hüllkurve

▧ direkte Bewitterung in Industriegebieten mit starker Immission
— gemessen
- - extrapoliert

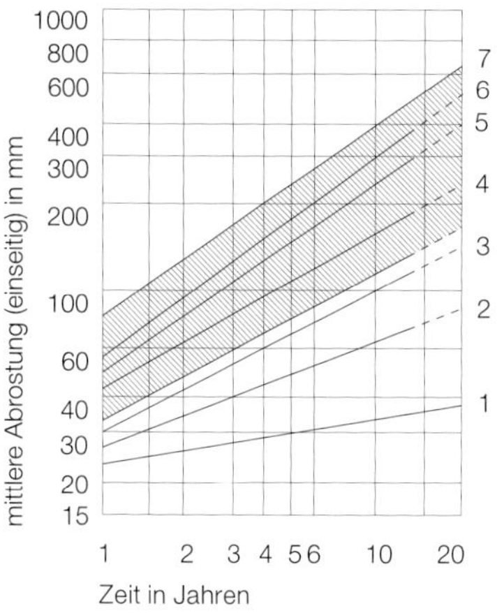

3.8

Bauteile in Schwimmhallenatmosphäre ohne regelmäßige Reinigung	
Wasser nach Trinkwasserverordnung (1)	chloridsalzreiche Wässer (2)
Werkstoffe 10 und 12	Werkstoffe 13 und 14

(1) Cl ≤ 250 mg/l
(2) z.B. Solewasser

3.9

lfd. Nr.	Stahlsorte Kurzname	W.-Nr.	Gefüge 1)	Festigkeitsklassen S 2) und Erzeugnisformen 3) 235	275	355	460	690	Korrosion Widerstandsklasse/ Anforderung	Typische Anwendungen für Bauteile und Verbindungsmittel
1	X2CrNi12	1.4003	F	B, Ba, gH, P	B, Ba, D, gH, S, W,		D, S,		I/gering	Innenräume ohne
2	X6Cr17	1,4016	F	D, S, W	D, S					Chloridbelastung
3	X5CrNi18-10	1.4301	A	B, Ba, D, gH, P, S, W	B, Ba, D, gH, P, S	B, Ba, D, gH, S	Ba, D, S		II/mäßig	Zugängliche
4	X6CrNiTi18-10	1.4541	A	B, Ba, D, gH, P, S, W	B, Ba, D, gH, P, S	Ba, D, gH, S	Ba, D, S			Konstruktionen
5	X2CrNiN18-7	1.4318	A			B, Ba, D, P, S				
6	X3CrNiCu18-9-4	1.4567	A	D, S, W	D, S	D, S	D, S	D, S		
7	X5CrNiMo17-12-2	1.4401	A	B, Ba, D, gH, P, S, W	B, Ba, D, gH, P, S	Ba, D, gH, S	Ba, D, S		III/mittel	Unzugängliche
8	X2CrNiMo17-12-2	1.4404	A	B, Ba, D, gH, P, S, W	B, Ba, D, gH, P, S	Ba, D, gH, S	Ba, D, S	D, S		Konstuktionen
9	X6CrNiMoTi17-12-2	1.4571	A	B, Ba, D, gH, P, S, W	B, Ba, D, gH, P, S	Ba, D, gH, S	Ba, D, S	D, S		
10	X1NiCrMoCu25-20-5	1.4539	A	B, Ba, D, gH, P, S, W	B, Ba, D, S	D, P, S	D, S	D, S	IV/stark	Konstruktionen mit
11	X2CrNiMoN22-5-3	1.4462	FA				B, Ba, D, gH, P, S, W	D, S		hoher Korrosions-
12	X2CrNiMoNi17-13-5	1.4439	A		B, Ba, D, gH, S, W					belastung durch Chloride
13	X2CrNiMnMoNbN25-18-5	1.4565	A				B, Ba, D, gH, P, S	D, S		und/oder Chlor
14	X1NiCrMoCuN-25-20-7	1.4529	A		B, D, S, W	B, D, gH, P, S	D, P, S	D, S		

1) A = Austenit, F = Ferrit, FA = Ferrit-Austenit
2) Die jeweils untersten Festigkeitsklassen sind durch Kaltverfestigung mittels Kaltverformung erzielt.
3) B = Blech, Ba = Band, D = Draht, gezogen, gH = geschweißte Hohlprofile, P = Profile, S = Stäbe, W = Walzdraht

3.7 Abrostungsverhalten von wetterfesten Baustählen [440]
3.8 Für Schwimmhallen geltende Widerstandsklassen gegen Korrosion
3.9 Einteilung der Edelstähle nach Widerstandsklassen
3.10 Norm-Reinheitsgrade [439]
3.11 Reinigungsmethoden und die dabei erreichbaren Reinigungsintensitäten [440]
3.12 Zinkabtrag in Abhängigkeit von der Atmosphäre

Beschichtungssysteme, früher häufig als Anstriche bezeichnet, bestehen aus mehreren nacheinander aufgebrachten und übereinanderliegenden dünnen Schichten von zumeist organischen Polymeren, die üblicherweise mit Füllstoffen versetzt sind. Beschichtungssysteme sind in den unterschiedlichsten Farbstellungen erhältlich. Je nach Produkt sind glänzende, seidenmatte oder matte Oberflächen erzielbar.

Die sogenannten Duplex-Systeme nutzen die vorteilhafte Kombination der Korrosionsschutzeigenschaften sowohl der Überzüge wie der Beschichtungssysteme. Es wird zunächst ein Überzug, zumeist in Form einer Verzinkung aufgebracht. Danach erfolgt die Beschichtung mit einem entsprechend abgestimmten System.

Unter normalen atmosphärischen Bedingungen haben moderne Korrosionsschutzsysteme eine Schutzdauer von 15–20 Jahren. Nach dieser Zeit sind Erneuerungen und Ausbesserungen vorzunehmen.

Überzüge: Verzinkung
Man unterscheidet unterschiedliche Arten der Verzinkung von Stahlbauteilen. Die Feuerverzinkung ist die am häufigsten zur Anwendung kommende Verzinkungsart, somit der am häufigsten benutzte metallische Überzug für Stahlbauteile. Sie stellt einen hochwertigen Korrosionsschutz dar. Ihr Schutzprinzip beruht auf dem Aufbringen einer feuchtigkeitsdichten Barriere auf die Oberfläche des Stahls.

Grundsätzlich lassen sich alle gebräuchlichen Baustähle feuerverzinken. Bei höherfesten Stählen sind jedoch besondere Qualitätssicherungsmaßnahmen vorzunehmen. Hochfeste verzinkte Schrauben bis zur Festigkeitsklasse 10.9 dürfen nur als komplette Garnituren eines Herstellers, bestehend aus Schraube, Mutter und Unterlegscheiben verwendet werden.

Es ist zu beachten, daß in die jeweiligen Verzinkerwannen nur bestimmte Stückgrößen eingebracht werden können. Die Grössen der Bauteile sind hierauf bereits während der Planung abzustimmen. Darüber hinaus ist auf eine möglichst gleichmäßige Dickenverteilung innerhalb der Stahlkonstruktion zu achten, da sonst eine ungleichmäßige Schichtdicke der Zinkschicht entsteht und, zumeist noch wichtiger, da sonst ein durch unterschiedliche Abkühlzeiten bedingter Verzug des Bauteils auftreten kann. Besonders günstig ist, daß die Zinkschicht an sonst schwer zu schützenden Ecken und Kanten üblicherweise eine besonders gute Dickenentwicklung aufzeigt.

Dichtgeschweißte Hohlkörper müssen geeignet plazierte Entlüftungsöffnungen besitzen, da die Bauteile ansonsten beim Eintauchen in die Wanne infolge der temperaturbedingten Expansion der eingeschlossenen Luft regelrecht explodieren. Das in die Hohlräume einfließende Zink muß beim Herausheben des Bauteiles aus der Wanne schnell genug ausfließen können. Hieraus ergeben sich Zwangspunkte für Lage und Größe der hierzu erforderlichen Bohrungen. Die Entlüftungsöffnungen sowie die Zinkausflußöffnungen sind am fertigen Bauteil sichtbar. Sie sollten deshalb auch unter architektonischen Gesichtspunkten plaziert werden, natürlich in Übereinstimmung mit verzinkungstechnischen Überlegungen.

Eine Zinkschicht wird im Laufe der Jahre durch korrosionsbedingten Abtrag immer dünner. Dies hat langfristig den Verlust der Korrosionsschutzwirkung zur Folge. Da die Schutzdauer einer Feuerverzinkung im wesentlichen von der Schichtdicke abhängt, ist diese bei der Planung der Konstruktion a priori entsprechend festzulegen.

Durchführung einer Verzinkung
Vorbehandlung
Im Gegensatz zu Polymerbeschichtungen haben Verzinkungen keinen selbstreinigenden Charakter. Deshalb muß die Oberfläche vor der Verzinkung einen sehr hohen Reinheitsgrad haben. Beim Feuerverzinken wird das Werkstück im Säurebad gereinigt, beim Spritzverzinken wird eine Güte von Sa 3 verlangt. Die Stahlteile werden zunächst in einem Säurebad entrostet, gereinigt und entzundert, dann mit Wasser abgespült und anschließend in einem weiteren Tauchbad mit Flußmittel-Lösung benetzt.

Schutzauftrag bei der Feuerverzinkung
Nach dem Auftrocknen des Flußmittels wird das Bauteil in einer mit flüssigem Zink gefüllten Wanne untergetaucht. Dieser Vorgang ist mit starken Temperaturänderungen im Bauteil und

3.10

Norm-reinheits-grad	Wesentliche Merkmale der vorbereiteten Stahloberfläche
Sa 1	Lediglich loser Zunder, loser Rost und lose Beschichtungen sind entfernt
Sa 2	Nahezu aller Zunder, nahezu aller Rost und nahezu alle Beschichtungen sind entfernt, d.h. auf der Oberfläche dürfen nur so viele fest haftende Reste von Zunder, Rost und Beschichtungen verbleiben (keine zusammenhängende Schicht), daß der Gesamteindruck den photographischen Vergleichsmustern entspricht.
Sa 2,5	Zunder, Rost und Beschichtungen sind soweit entfernt, daß Reste auf der Stahloberfläche lediglich als leichte Schattierungen infolge Tönung von Poren sichtbar bleiben.
Sa 3	Zunder, Rost und Beschichtungen sind vollständig entfernt (ohne Vergößerung betrachtet).

3.11

Methoden	Kenn-zeichen	Intensitäten			
Strahlen	Sa	1	2	2,5	3
Partielles Strahlen	PSa	–	–	2,5	–
Handmaschinelles Reinigen	St	–	2	–	3
Flammstrahlen	Fl	–	–	–	–
Beizen	Be	–	–	–	–

3.12

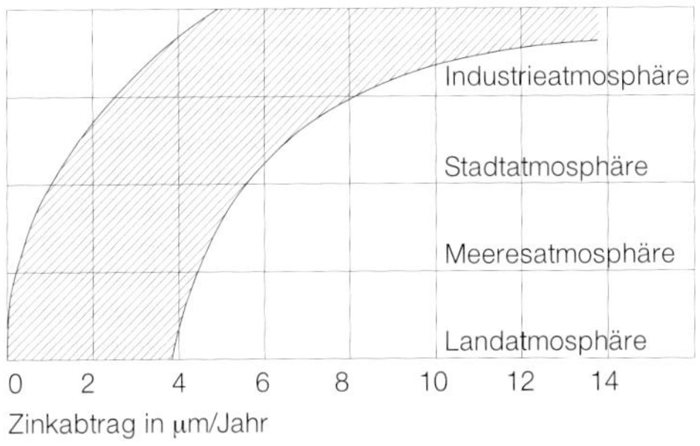

mit Gasentwicklung verbunden. Nach entsprechender Wartezeit (max. wenige Minuten) wird das Bauteil aus dem Bad herausgezogen und dabei so gewendet, daß alles überschüssige Zink abläuft. Falls erforderlich, wird in einem Wasserbad beschleunigt abgekühlt (Abschreckwirkung beachten). Eine Nachbehandlung der Zinkschicht ist möglich.

Durch die beschriebene Prozedur wird auf dem Stahl eine festhaftende, dichte Schicht aus Eisen-Zink-Legierungen verschiedener Zusammensetzungen bis hin zum reinen Zink abgelagert. Die Dicke der anhaftenden Zinkschicht hängt vorzugsweise von der Dicke des Stahlteiles, der Stahlsorte und der Tauchzeit ab. Auf siliziumberuhigten Stählen und wetterfestem Stahl ist die Zinkdicke relativ groß, ebenso steigt sie mit zunehmender Bauteildicke und zunehmender Tauchzeit. Normalerweise schwankt die Zinkdicke zwischen 50 und 100 µm, der häufigste Wert ist etwa 75 µm. Die Oberflächenbeschaffenheit der Zinkschicht variiert von leuchtend metallischem Glanz zu dunkelgrauem, mattem Aussehen, was aber für die Korrosionsschutzwirkung sekundär ist. Metallischen Glanz haben duktile Reinzinkschichten, dunkelgrau und matt sind Eisen-Zink-Legierungsschichten.

Spritzverzinkung
Die Stückverzinkung setzt voraus, daß die Länge der zu schützenden Teile maximal doppelt so groß ist, wie die Abmessungen des Tauchbeckens (zweimaliges Tauchen). Beim Spritzverzinken fällt diese Beschränkung weg. Daher verwendet man das Spritzverzinken bei nicht oder nur schwer zerlegbaren Bauteilen als hochwertige Korrosionsschutzmaßnahme. Wegen der hohen Kosten ist die Spritzverzinkung jedoch weniger gebräuchlich als die Feuerverzinkung.

Schutzauftrag bei der Spritzverzinkung
Bei der Spritzverzinkung wird metallisches Zink in Form von Pulver oder Draht in einer Spritzpistole bis zum Schmelzen erhitzt. Mittels Druckluft wird das flüssige Zink dann auf die vorher bis zum Reinheitsgrad Sa 3 entrostete Stahloberfläche aufgespritzt. Auf dem Stahl bildet sich dabei eine Schicht, die naturgemäß eine ungleichmäßige Schichtdicke und eine porige Struktur hat. Deshalb ist eine Spritzverzinkungsschicht stets mit einer nachfolgenden

3.13

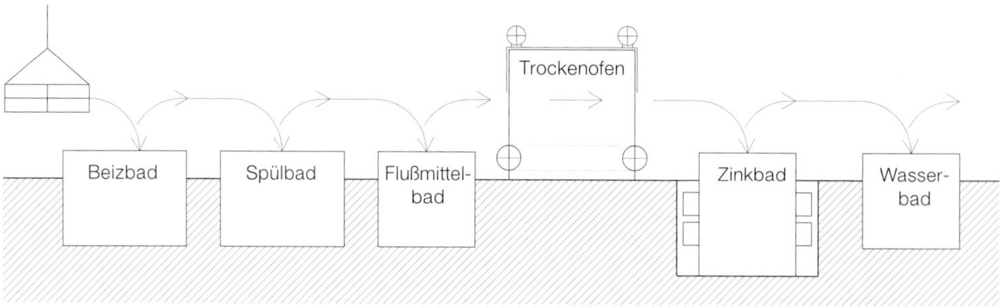

3.14

Außenbeanspruchung	Landluft	Stadtluft	Meeresluft	Industrieluft
DIN 50960 (Beiblatt) alt	1,0–3,4	1,0–6,0	2,4–15,0	3,8–19,0
DIN 50959 (Entwurf 1977)			2,0–4,0	9,0–13,0
Baumann	1,9–2,2	2,8–5,6	2,4–3,6	5,6–11,0
Literaturauswertung	1,0–2,0	2,0–4,0	2,0–6,0	6,0–12,0
Durchschnittswerte	1,3–2,5	1,9–5,2	2,2–7,2	6,4–13,8
Mittelwert	1,9	3,5	4,7	10,1
Innenbeanspruchung (Trockenräume)			Mittelwert 1,5	

3.15

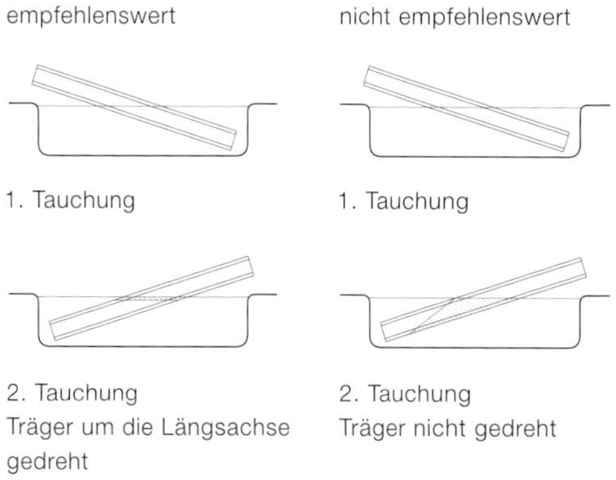

3.16

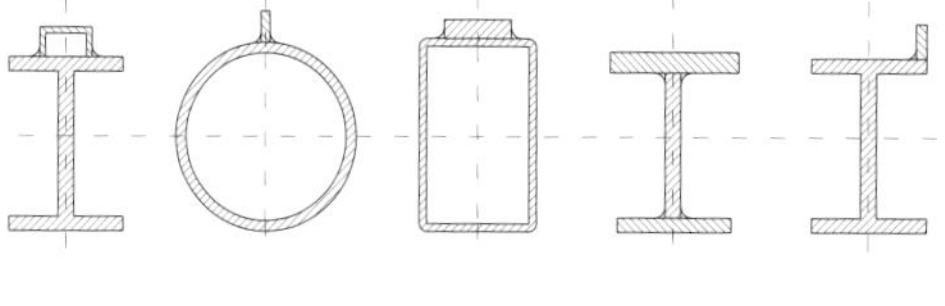

3.13 Verfahrensablauf bei der Stahlverzinkung
3.14 Zinkabtragswerte in Abhängigkeit von der Ermittlungsmethode und der Umgebung
3.15 Mehrfachtauchen von vollwandigen und langen Profilen [438]
3.16 Außermittig angeordnete Schweißnähte an Profilen, die zum Verzug der Stahlteile beim Feuerverzinken führen können [438]
3.17 Fehlstellen im Zinküberzug in einem Behälter, die durch falsch angeordnete Flansche und Stutzen verursacht werden [438]

Polymerbeschichtung zu versiegeln. Die Dicke der Zinkschicht ist durch die Anzahl der Spritzgänge weitgehend beliebig einstellbar. Ein Vorteil der Spritzverzinkung ist, daß ein temperaturbedingtes Verziehen der Konstruktionsteile nicht befürchtet werden muß.

Galvanische Verzinkung
Die galvanische Verzinkung erfolgt durch Aufbringen einer wenige Mikrometer dicken Zinkschicht im Naß-Tauchverfahren unter Anlegen einer elektrischen Spannung (Gleichstrom). Die galvanische Verzinkung dient als temporärer Korrosionsschutz. Hauptanwendungsgebiet ist der Schutz von Kleinteilen, wie Schrauben, Nägel und Verbindungsmittel.

Kaltverzinkung
Mit dem überholten Begriff »Kaltverzinkung« bezeichnet man die Beschichtung mit polymergebundenem Zinkstaub (Zinkstaubanstrich). Es handelt sich bei der Kaltverzinkung also um eine Beschichtung, nicht um einen Überzug. Anwendung: Nachbessern von Fehlstellen und Schweißnähten an Bauteilen mit feuer verzinktem Halbzeug, im wesentlichen aber als Grundierung für nachfolgende Polymerbeschichtungen.

Beschichtungssysteme
Mehrschichtige Beschichtungssysteme auf der Basis von organischen Polymeren stellen die gebräuchlichste Korrosionsschutzmaßnahme dar.

Die wesentlichen Eigenschaften von Polymerbeschichtungen sind:
- gute Anpassungsfähigkeit an korrosive Beanspruchungen
- gute Anpassungsfähigkeit an die Verarbeitungsmöglichkeiten
- Wirtschaftlichkeit im Vergleich zu Alternativen
- Gestaltungsmöglichkeiten durch Glanz- und Farbwahl
- geringe Dicke der Schutzschicht

Polymerbeschichtungen bestehen aus Bindemittel (üblicherweise organische Polymere), aus Pigmenten, Füllstoffen, Lösungsmitteln bzw. Dispergiermitteln und Hilfsstoffen.

Organische Polymere
- sehr große Moleküle, vorzugsweise linear gestaltet und aus Kohlenstoffketten mit angelagerten Wasserstoffatomen und vielen reaktiven Gruppen, in denen Sauerstoff, Stickstoff, Chlor u.a. Atome vorkommen können.
- Früher wurden natürliche organische Polymere verwendet (Naturharze, trockene Öle, Kautschuk, Bitumen), heute benutzt man künstliche Polymere (Kunststoffe). Zunehmend werden auch chemische Vorstufen von Polymeren, die zunächst noch flüssig sind, dann aber bei der Erhärtung in Polymere übergehen, als Bindemittel verwendet (Epoxid, Polyurethan).

Pigmente
- Teilchen in der Größenordnung von 1 µm, die im wesentlichen der Farbgebung, dem Schutz des Bindemittels vor Lichteinwirkung und dem chemischen Korrosionsschutz, den die Beschichtung ausübt, dienen
- Farbgebende Pigmente werden folglich vor allem in der Deckschicht eingesetzt. Korrosionsschutzpigmente werden nur in den Grundschichten angewendet (Bleimennige)

Füllstoffe
- Festkörperteilchen in der Größenordnung von 10 µm, die vor allem das Haftvermögen am Untergrund sichern, die mechanische Widerstandsfähigkeit erhöhen, Stoffkosten senken, Lichtschutz der Pigmente unterstützen und ein für die Verarbeitung der Beschichtungsstoffe günstiges rheologisches Verhalten erzeugen

Schutzdauer von Polymerbeschichtungen
Durch den ultravioletten Anteil des Lichtes wird das Bindemittel (organische Substanz) an der Oberfläche langsam abgebaut (Abtragungsrate ca. 0,5–5 µm pro Jahr. Außerdem kann der Alterungsprozeß des Polymerbindemittels eine Zunahme seiner Härte, eine Abnahme der Festigkeit, erhöhte Eigenspannungen und erhöhte Durchlässigkeit bewirken. Die Korrosionsschutzpigmente reagieren mit eindiffundierenden Aggressivstoffen.

In der Regel bestehen Polymerbeschichtungen aus mehreren Einzelschichten (Schichtsystem aus Grund- und Deckbeschichtung). Kombinationen verschiedener Beschichtungssysteme sind üblich, da bei Stahlbauwerken die korrosiven Belastungen an verschiedenen Stellen sehr unterschiedlich sein können.

3.17
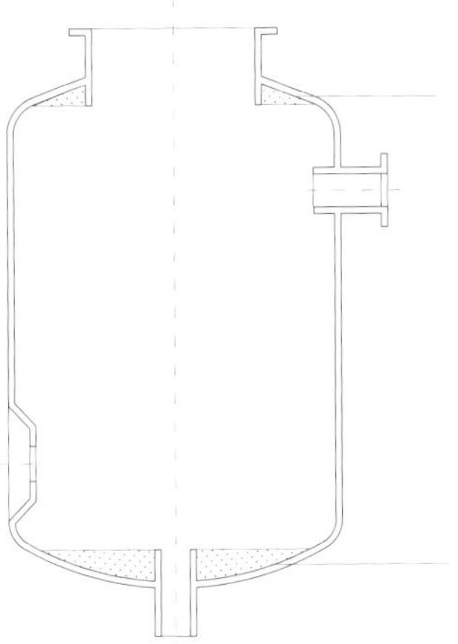

Die Grundbeschichtung wird häufig mit sogenannten Aktivpigmenten versehen, die ein chemisches Milieu erzeugen, das die Korrosion unterbindet oder sehr verlangsamt. So können Bleimennige, Chloride und Sulfate andere Substanzen chemisch binden und damit diese Korrosionsstimulatoren unschädlich machen, unabhängig davon, ob diese Stimulatoren aus der Umgebung in die Beschichtung eindringen oder ob sie auf der nicht genügend gereinigten Stahloberfläche vorhanden sind. Bleimennige als Pigment ist also besonders wichtig, wenn die Stahloberfläche vor dem Beschichten nicht völlig von Korrosionsprodukten befreit werden konnte.

Polymerbeschichtungen können in unterschiedlichsten Glanzgraden und Farbtönen hergestellt werden.
Beschichten, Durchführung, Vorbehandlung
Der für das Aufbringen der Oberflächenbeschichtung erforderliche Reinheitsgrad ist abhängig vom selbstreinigenden Charakter der Grundbeschichtung. Grundsätzlich dürfen Beschichtungssysteme nur auf entsprechend gereinigte und vorbehandelte Stahlteile aufgebracht werden. Hinsichtlich der einzuhaltenden Reinheitsgrade sind jeweils die technischen Merkblätter der Hersteller der Beschichtungsstoffe zu beachten.

Eine völlig reine Metalloberfläche zum Zeitpunkt des Beschichtens und eine Beschichtung frei von elektrolytbildenden Stoffen ist nicht erzielbar. Deshalb muß die Grundbeschichtung Aktivpigmente enthalten. Die Metalloberfläche muß bestmöglich mit dem Beschichtungsstoff benetzt werden, damit sich nie eine Anode und eine Kathode zu einem Korrosionselement vereinigen können.

Schutz aufbringen
Beschichtungsstoffe können mit Pinsel und Rolle aufgetragen werden, gebräuchlicher ist allerdings das Auftragen durch Luftdruckspritzen oder durch Airless-Spritzen. Das Airless-Spritzen erlaubt deutlich größere Flächenleistungen als das Luftdruckspritzen. Elektrostatisches Spritzen, Tauchen, Fluten, Wirbelsintern usw. werden nur bei Werksfertigung eingesetzt.

Die einzelnen Beschichtungslagen sollten zur Unterscheidung verschiedene Farbtöne haben. Der vorhergehende Anstrich muß trocken sein, bevor der folgende aufgebracht wird. Die Zeitspanne zwischen den Anstrichen darf jedoch nicht zu lang sein, damit die Verklammerung der Einzelbeschichtungen noch optimal gewährleistbar ist. Durch die unterschiedliche Farbgebung der einzelnen Beschichtungslagen wird gewährleistet, daß die Überdeckung der jeweils neu aufgebrachten Schicht einfach visuell kontrolliert werden kann.

Fertigungsbeschichtungen (FB) werden zum Schutz der Bauteile während der Produktion im Stahlbaubetrieb aufgebracht. Sie stellen keinen dauerhaften Schutz dar und können auch nicht als ausreichende Grundbeschichtung verwendet werden. Sollen Fertigungsbeschichtungen als Teil der Grundbeschichtung verwendet werden, so sind sie vorher zu reinigen und auszubessern. Die Fertigungsbeschichtung hat üblicherweise eine Schichtdicke von 15–25 µm.

Auf die Fertigungsbeschichtung folgen ein bis zwei Grundbeschichtungen (GB) mit einer Gesamtschichtdicke von 40 µm bei normalen Beschichtungssystemen, von 80 µm bei dickschichtigen Beschichtungssystemen.

Auf die Grundbeschichtung werden ein bis drei Deckbeschichtungen mit einer Gesamtschichtdicke von 40 µm bei normalen Beschichtungssystemen, von 80 µm bei dickschichtigen Beschichtungssystemen aufgebracht.

Duplex-System
Als Duplex-System bezeichnet man ein Korrosionsschutzsystem, das aus einem Überzug (üblicherweise einer Feuerverzinkung) und einer auf die Verzinkung aufgebrachten Beschichtung besteht.

Farbliche Beschichtungen von Verzinkungen werden aus ästhetischen Überlegungen vorgesehen oder auch wegen einer geforderten Signalwirkung vorgenommen. Bei der Anwendung eines Duplex-Systems überlagert sich der Erfüllung dieser Anforderungen noch die erhebliche Verbesserung des Korrosionsschutzes. Ein Duplex-System bietet eine sehr lange Schutzdauer, die wegen des synergetischen Effektes wesentlich länger ist als die Summe der Schutzdauer der jeweiligen Schicht für sich allein. Die Schutzdauer ist etwa um einen Faktor 1,2 bis 2,5 länger als die Summe der Schutzdauer der einzelnen Schutzsysteme.

Die Beschichtung von feuerverzinktem Stahl erfordert, besonders bei frischer Feuerverzinkung, eine besondere Auswahl der Beschichtungsstoffe, um die notwendige Haftung der Beschichtung zu erzielen. Geeignet sind zum Beispiel Beschichtungsstoffe auf Basis von Vinylharz, Epoxidharz, Acrylharz, Epoxidharz-Teer, Steinkohlenteer und Bitumen-Öl-Kombinationen. Eine Spritzverzinkung fordert dagegen keine besondere Auswahl der Beschichtungsstoffe. Bei der Bemessung der Dicke der ersten Beschichtung ist hier jedoch zu beachten, daß die poröse Metallspritzschicht zusätzlich Beschichtungsstoff aufsaugt.

Bei Duplex-Systemen beträgt die Schichtdicke für den Überzug 50–85 µm. Die darauf aufzubringenden ein bis zwei Deckbeschichtungen haben eine Gesamtschichtdicke von 40 µm bei normalen Beschichtungssystemen, von 80 µm bei dickschichtigen Beschichtungssystemen.

Brandschutz

3.18 Idealisierte Spannungs-Dehnungs-Linien von St 37 in Abhängigkeit von der Temperatur [440]
3.19 Einteilung der Feuerwiderstandsklassen [438]
3.20 Einteilung der Baustoffklassen [440]

Grundlagen
Stahl brennt nicht und leitet Feuer nicht weiter. Eine feuerbedingte Temperaturerhöhung verändert jedoch die mechanischen Eigenschaften des Stahls wie Zugfestigkeit, Streckgrenze und E-Modul sowie, unter Umständen, das metallische Gefüge des Baustoffes. Während eines Brandfalles ist also von einer reduzierten Tragfähigkeit der Konstruktion auszugehen, nach einem Brandfall ist eine sorgfältige Analyse des Baustoffes hinsichtlich eventuell veränderter Gefüge- und damit reduzierter Tragfähigkeitseigenschaften erforderlich.

Diejenige Zeitspanne, in der ein Bauteil oder ein Tragwerk während eines Brandfalles nicht versagt, wird als Feuerwiderstandsdauer bezeichnet.

Während eines Brandes liegt eine, vom zugrundgelegten Brandszenario abhängige, reduzierte Tragfähigkeit der Konstruktion vor. Bei der Berechnung dieser Tragfähigkeit sind die bei erhöhten Temperaturen tatsächlich ausnutzbaren Festigkeiten anzusetzen.

Baulicher Brandschutz
Die Aufgabe des baulichen Brandschutzes liegt darin, die Erwärmung eines Bauteils aus Stahl durch geeignete Maßnahmen vollkommen zu verhindern oder zumindest soweit zu verlangsamen, daß die Versagenstemperatur des Bauteils erst nach derjenigen Zeitspanne eintritt, die als Feuerwiderstandsdauer angestrebt wird.

Die beim baulichen Brandschutz eingesetzten Schutzmaßnahmen sind dämmender, abschirmender oder wärmeabführender Art. Sie wirken direkt (als Ummantelung, Beschichtung oder Kernfüllung) oder indirekt (durch Abschirmung).

Ummantelungen
Verwendet werden zementgebundene Spritzputze und Spritzbetone, Betone oder Bekleidungen aus Mineralfasern. Alle diese Systeme sind als örtlich hergestellter Brandschutz sowohl für Träger, Stützen und sonstige Bauteile verwendbar.

Die heute verwendeten Spritzputze haften zumeist ohne Putzträger auf der zu behandelnden Stahloberfläche. Wichtig ist, auf die Verträglichkeit des aufgetragenen Materials mit dem vorhandenen Korrosionsschutz zu achten.

Beton, der sich in hervorragender Weise zum baulichen Brandschutz eignet, wird entweder als Spritzbeton aufgetragen oder die Stahlbauteile werden einbetoniert.

Verkleidungen
Hier werden zumeist vorgefertigte Kasten- oder Profilelemente verwendet. Durch punktuelles Verbinden einzelner, vor Ort zugeschnittener Platten, lassen sich dabei beliebige Formen verkleiden.

Dämmschichtbildende Beschichtungen
Dämmschichtbildende Beschichtungen gelten als besonders stahlbaugerecht. Sie werden als Anstriche oder Folien aufgebracht und schäumen im Brandfall auf, wodurch sie eine schützende dicke Schicht erhalten. Der Aufschäumvorgang setzt ab Temperaturen von ca. 200–300 °C ein. Durch die sich ausbildende Schicht, die bis zu mehreren Zentimetern dick sein kann, wird der Hitzezutritt zum Stahlbauteil verzögert, der Flammenkontakt wird unterbunden. Bei zunehmender Branddauer baut sich die Schutzwirkung durch Veraschung und Rißbildung üblicherweise ab.

Im sogenannten »Bereitschaftszustand« sind die dämmschichtbildenden Beschichtungen für den Laien kaum erkennbar, der Fachmann erkennt sie an der für einen Anstrich ungewöhnlich rauhen Oberfläche, auf der meistens der Pinselstrich noch ablesbar ist. Dämmschichtbildende Beschichtungen erlauben eine farbliche Gestaltung der Konstruktion. Sie bilden außerdem einen guten Korrosionsschutz der Konstruktion.

Folgender Beschichtungsaufbau ist für dämmschichtbildende Systeme typisch:
- Korrosionsschutzgrundierung. Sie muß mit den Folgeanstrichen harmonieren und darf bei Wärmeeinwirkung nicht ablaufen.
- Dämmschichtbeschichtung.
  Sie wird üblicherweise in mehreren Einzelanstrichen aufgebracht. Die Auftragsmengen sind von den zu schützenden Bauteilen und der angestrebten Schutzwirkung abhängig.
- Deckschicht.
  Sie schützt alle darunterliegenden Schichten vor Feuchteeinwirkung und anderen Umwelt-

3.18

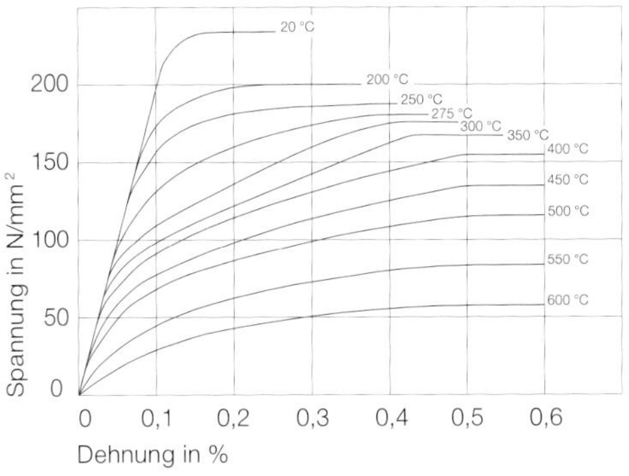

3.19

Feuerwiderstandsklasse	Feuerwiderstandsdauer (Minuten)	zu erfüllende Anforderung
F 30	≥ 30	feuerhemmend
F 60	≥ 60	
F 90	≥ 90	feuerbeständig
F 120	≥ 120	
F 180	≥ 180	

3.20

Baustoffklasse	Bauaufsichtliche Benennung
A	nichtbrennbare Baustoffe
A_1	
A_2	
B	brennbare Baustoffe
B_1	schwerentflammbare Baustoffe
B_2	normalentflammbare Baustoffe
B_3	leichtentflammbare Baustoffe

einflüssen. Sie darf den Aufschäumvorgang nicht behindern.

Dämmschichtbildner gibt es mit organischer (Kohlenstoffschaumgerüst) und anorganischer (keramisches Schaumgerüst) Zusammensetzung. Nach heutigen bauaufsichtlichen Vorschriften ist mit Dämmschichtbildnern die Feuerwiderstandsklasse F 60 zu erzielen.

Abschirmungen
Hier werden ungeschützte Stahlteile durch Decken- oder Wandsysteme vor einer direkten Feuer- oder Hitzebeaufschlagung abgeschirmt.

Wassergefüllte Hohlprofile
Eine Wasserfüllung im Inneren eines Hohlprofils nimmt die auf das Hohlprofil einwirkende Wärmeenergie auf. Folgende Systeme sind möglich:

- Wasser oder eine wässrige Lösung stehen im Profil. Dadurch wird der Temperaturanstieg des Bauteils bei Brandbeaufschlagung verzögert, jedoch nicht prinzipiell verhindert. Der sich im Brandfall im Hohlraum aufbauende Dampfdruck muss über Ventile oder vergleichbar wirkende Maßnahmen abgebaut werden können, da die Bauteile sonst regelrecht explodieren können.

- Wasser oder eine wässrige Lösung strömen durch das Profil. Hierdurch können nahezu beliebig große Wärmemengen, auch über eine langandauernde Brandbeaufschlagung hin, abtransportiert werden.

Prinzipiell sind wassergefüllte Systeme sehr positiv zu bewerten. Bei ihrer Anwendung sind jedoch eine Reihe von Einzelheiten zu beachten:

- Bei außenliegenden Bauteilen ist ein Einfrieren der Wasserfüllung auch wegen der damit einhergehenden Volumenvergrößerung zu vermeiden. Das Einfrieren kann über Zugabe von Frostschutzmitteln verhindert werden.
- Bei hohen Stützen ist zu beachten, daß der entstehende hydrostatische Druck im Inneren der Stütze eine nicht zu vernachlässigende, teilweise enorme statische Beanspruchung des Bauteils darstellt. Im Hochhausbau wird man deshalb immer auf einzelne, in sich abgeschlossene und höhenmäßig begrenzte Systeme zurückgreifen.
- Bei durchströmten Systemen ist darauf zu achten, daß es im Brandfall nicht zur Wasserdampfbildung im System kommt, da hierdurch das Pumpsystem aussetzen kann.
- Korrosion im Innenraum des Systems ist zu vermeiden. Luftzutritt ist demnach auszuschließen, oder die Füllflüssigkeit ist durch entsprechende Zusätze entsprechend auszustatten.

Prinzipiell erscheint es möglich, eine Hohlprofilkonstruktion erst im Brandfall zu fluten. In diesem Fall ist jedoch sicherzustellen, daß ein Brand in allen Fällen hinreichend schnell erkannt wird und daß die erforderliche Wassermenge hinreichend schnell einströmen kann.

Als weitere Brandschutzmaßnahmen kommt eine Sprinklerung (Besprühen der Bauteile mit Wasser) in Frage.

Stahlverbundbauweise mit brandschutztechnischer Auslegung
In einem Brandfall setzt sich die Tragfähigkeit von Stahl-/Stahlbetonverbunden anteilig aus den Tragfähigkeiten der Stahl- und der Betonteile zusammen. Der Beton übernimmt dabei wegen seiner geringeren Wärmeleitfähigkeit und höheren Wärmespeicherkapazität eine Schutzfunktion für die Stahlteile. Diese muß so ausgelegt sein, daß im Brandfall (trotz Verzichts auf sonstige Brandschutzmaßnahmen) innerhalb der geforderten Feuerwiderstandsdauer eine hinreichend hohe Sicherheit verbleibt, auch dann, wenn innerhalb des Verbundbauteiles sichtbare Stahloberflächen vorhanden sind.

Mögliche Deckenkonstruktionen
Die Beispiele zeigen einen konventionellen Brandschutz von Stahlprofildecken mit Aufbeton durch Spritzputz bzw. eine untergehängte Decke. Im Fall 1 ist eine gute Haftung sehr wichtig.

Die weiteren Beispiele zeigen ungeschützte Decken. Es handelt sich dabei um Trapezdecken mit Aufbeton, das Trapezblech bildet lediglich eine verlorene Schalung. Es handelt sich also nicht um Stahl-Stahlbeton-Verbunddecken. Die Bewehrung besteht im Fall 3 aus Baustahlgewebe und im Fall 4 aus Längsbewehrung in den Rippen. Diese Decken werden nach DIN 1045 bzw. DIN 4102 Teil 2 und Teil 4 für den Normal- bzw. den Brandfall ausgelegt. Der Beton schützt die Bewehrung im Brandfall

3.21
Mindestdicken für Ummantelungen
Werte nach Herstellerangaben (in mm)

A = Profilfolgende Ummantelungen aus Vermiculite-Spritzputz und Mineralfaser-Spritzputz (Werte in Klammern) für voll ausgenutzte Träger

B = Kastenförmige Ummantelungen für Stützen (vorgefertigte Fiber-Silikat-Platten)

U = Profilumfang A = Profilfläche

<table>
<tr><th>U/A [1/m]</th><th colspan="2">F 60</th><th colspan="2">F 90</th><th colspan="2">F 120</th></tr>
<tr><th></th><th>A</th><th>B</th><th>A</th><th>B</th><th>A</th><th>B</th></tr>
<tr><td>bis 70</td><td rowspan="2">10 (10)</td><td rowspan="3">10</td><td rowspan="2">15 (20)</td><td>15</td><td rowspan="2">20 (30)</td><td rowspan="3">20</td></tr>
<tr><td>71 bis 90</td><td rowspan="5">20</td></tr>
<tr><td>91 bis 120</td><td>10 (15)</td><td>20 (25)</td><td>30 (35)</td></tr>
<tr><td>121 bis 145</td><td rowspan="2">15 (20)</td><td>12</td><td rowspan="2">25 (30)</td><td rowspan="2">35 (40)</td><td rowspan="2">25</td></tr>
<tr><td>146 bis 175</td><td>15</td></tr>
<tr><td>176 bis 200</td><td rowspan="8">20 (25)</td><td rowspan="6">20</td><td rowspan="8">30 (35)</td><td rowspan="8">40 (50)</td><td rowspan="2">30</td></tr>
<tr><td>201 bis 215</td><td rowspan="2">25</td></tr>
<tr><td>216 bis 235</td><td rowspan="2">35</td></tr>
<tr><td>236 bis 245</td><td rowspan="3">30</td></tr>
<tr><td>246 bis 265</td><td>40</td></tr>
<tr><td>266 bis 275</td><td rowspan="3"></td></tr>
<tr><td>276 bis 290</td><td rowspan="2">25</td><td>35</td></tr>
<tr><td>291 bis 300</td><td>40</td></tr>
</table>

3.21 Gebräuchliche Formen von Brandschutzummantelungen [439]
3.22 Beispiele zur Anordnung von Stahlprofilen in Stahl-Stahlbeton-Verbunden [350]
3.23 Brandschutz von Verbunddecken:
1 Spritzputz,
2 untergehängte Decke,
3–6 ungeschützte Decken [350]

während das Stahlblech den unterseitig abplatzenden Beton abfängt.

»Echte« Stahl-Verbunddecken sind in den Fallbeispielen 4 und 5 dargestellt. Im Fall 4 wird die Feuerbeständigkeit durch eine zusätzliche Bewehrung erreicht, im Fall 5 verhindern die schmalen, schwalbenschwanzförmigen Sicken eine stärkere Erwärmung der im Spalt liegenden Blechteile, die somit bei großer Wärmezufuhr als Zugbewehrung verbleiben. Die obere Bewehrung wird bei durchlaufenden Decken für den Brandfall wie bei Stahlbetonplatten nach DIN 4102 ausgelegt.

Träger in Stahl-Stahlbeton-Verbundbauweise
Die Trägerkammern sind ausbetoniert. Der Kammerbeton wird durch Kopfbolzendübel, durch am Steg angeschweißte oder durch den Steg gesteckte Bügel sowie durch eine Längsbewehrung bewehrt und mit dem Trägerprofil verbunden. Bei einer Brandbeaufschlagung des Trägers sinkt die Tragfähigkeit der ungeschützten Flansche infolge Temperaturerhöhung ab. Der innenliegende, durch den Kammerbeton isolierte Steg erwärmt sich deutlich langsamer und ist mit den unmittelbar an den Stegen befindlichen Teilen der Flansche für die Aufrechterhaltung der Tragfähigkeit verantwortlich.

Stützen in Stahlverbundkonstruktion
Das Tragverhalten von Stahlverbundstützen ist in starkem Maße davon abhängig, ob es sich um Hohlprofilstützen oder Verbundstützen mit einbetoniertem Walzprofil handelt.

Bei ausbetonierten Hohlstützen erwärmt sich das Stahlprofil relativ rasch, auch weil die Wärmeenergie nur verzögert in den Betonkern übergeht. Die Festigkeit des Stahlprofils fällt entsprechend ausgeprägt ab. Zudem dehnt sich das äußere Rohr gegenüber dem Betonkern aus, was bei dünnen Wandstärken ein bereichsweises Beulen des Hohlprofils auslösen kann. Die Tragfähigkeit der Stütze im Brandfall beruht hauptsächlich auf der Tragfähigkeit des Betonkerns. Durch eine zusätzliche Längsbewehrung kann diese gesteigert werden. Aufgrund der stark reduzierten Tragfähigkeit des Stahlmantels ist darauf zu achten, daß die Kräfte aus Trägern, die an die Stütze anzuschließen sind, nicht allein auf das Hohlprofil abgesetzt werden, sondern durch ein entsprechendes Detail in den Gesamtquerschnitt der Stütze eingeleitet werden.

Bei Stahl-Stahlbeton-Verbundstützen mit vollkommen einbetoniertem Stahlprofil verhindert die allseitige Betonumhüllung eine schnelle Aufwärmung des Stahlprofils. Als einbetonierte Profile kommen nahezu alle Walzprofile, Sonderprofile und Vollprofile zur Anwendung. Bei längerer Beflammung stellt sich innerhalb des Querschnittes eine zunehmend ungleichförmige Temperaturverteilung ein, die innere Zwängungen auslöst. Das Versagen geht mit Beulerscheinungen am Steg oder an den Flanschen einher; es sollten daher möglichst massige, dickwandige Profile eingesetzt werden. Die Betonüberdeckung sollte mindestens 5 cm betragen.

Bei Stahl-Stahlbeton-Verbundstützen mit vollkommen einbetoniertem Stahlprofil ist eine Verbügelung des Betons erforderlich, um ein Ablösen der Betondeckung von den Flanschen zu verhindern.

Bei Stahl-Stahlbeton-Verbundstützen mit teilweise einbetoniertem Stahlprofil, also beispielsweise einem durch Kammerbeton geschützten Doppel-T-Profil, liegt im Brandfall ein dem entsprechenden Biegeträger vergleichbares Erwärmungsverhalten vor. Bei Beflammung fallen auch hier die außen liegenden, ungeschützten Teile des Stahlquerschnittes weitestgehend aus. Allerdings stehen der Stegbereich und der Kammerbeton noch zur Lastabtragung zur Verfügung. Da im Gegensatz zum Biegeträger üblicherweise nur eine geringe Biegebeanspruchung der axial beanspruchten Stütze vorliegt, ist die Veränderung der Tragfähigkeit wesentlich positiver zu bewerten. Im Brandfall erreichen solche Stützen eine hohe Widerstandsdauer.

3.22

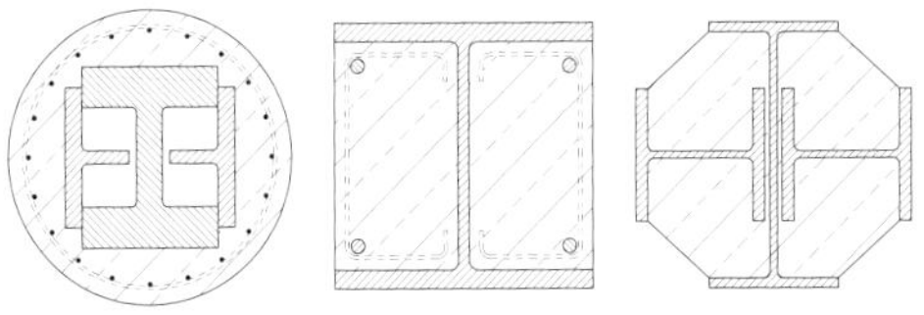

3.23

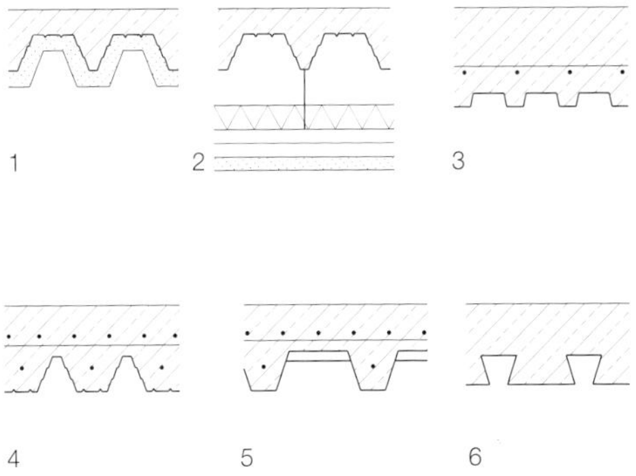

Wärmedämmung

Schallschutz im Stahlbau

Wärmedämmung
Die einzelnen Bauteile eines Gebäudes müssen die Wärmeschutzanforderungen der DIN 4108 sowie der WärmeschutzVO (Energieminimierung) erfüllen.

Der richtige Wärmeschutz einer Konstruktion bewirkt:
- Verringerung des Energieaufwandes für Kühlung und Heizung
- Schutz vor Durchfeuchtung durch Kondensat
- Verhinderung von unzulässigen Bauteildehnungen
- Schutz vor Bauschäden allgemein

Die Wärmedämmeigenschaften von Baustoffen werden beeinflußt von:
- Luft- bzw. Porenanteil (Dämmvermögen)
- Raumgewicht (Speichervermögen)
- Bauteildicke (Wärmedurchlaßwiderstand)
- Luftschichten an den Bauteilgrenzflächen (Wärmeübergangswiderstand)
- Flächenmäßige Glasanteile (solare Wärmegewinne)

Material Stahl
Stahl hat eine hohe Wärmeleitfähigkeit und bildet daher leicht eine ungewollte Wärmebrücke. Dies bedeutet einerseits Heizwärmeverluste, andererseits kann es zur Kondenswasserbildung an der kalten Stahloberfläche kommen. Überall dort, wo Stahlbauteile die Gebäudehaut durchstoßen, ist deshalb besonders auf eine hinreichende Belüftung zu sorgen, um Kondensatbildung zu vermeiden. Erscheint eine ausreichende Belüftung nicht möglich, so ist das Bauteil zu heizen. Nur in Ausnahmefällen ist eine Kondensatbildung mit einer eventuell nachfolgenden Vereisung akzeptabel. Auf keinen Fall sollten Stahlbauteile, an denen mit Kondenswasserausfall zu rechnen ist, mit Mineralwolle etc. »eingepackt« werden.

Allgemeines
Ein ausreichender Schallschutz gehört zu den wesentlichen Forderungen für gesundes Wohnen, Freizeit und Arbeiten. Man unterscheidet den Schutz vor Außenschall sowie den Schutz vor Innenschall. Der Schallschutz der Außenbauteile muß so gestaltet sein, daß der jeweils örtlich vorhandene Außenschallpegel durch die Außenbauteile auf den im Innenraum aufgrund wohnmedizinischer Untersuchungen festgelegten empfohlenen Wert reduziert wird. Vergleichbares gilt für den Innenschall, der durch die Innenbauteile abzuschirmen ist. Die zumutbaren Lautstärken richten sich nach dem Gebäudezweck und der Art des Aufenthaltes. In rein gewerblichen Anlagen liegen die zumutbaren Lautstärken wesentlich höher als im Bereich von allgemeinen Wohngebieten oder von Krankenhäusern, Kurgebieten und Pflegeanstalten.

DIN 4109 und E 1984 regeln die schallschutztechnischen Mindestanforderungen, enthalten Richtwerte und Vorschläge für einen erhöhten Schallschutz. Es werden untere Grenzwerte für das bewertete Schalldämm-Maß und obere Grenzwerte für den bewerteten Norm-Trittschallpegel angegeben. Darüber hinaus werden die durch haustechnische Anlagen erzeugten Schalldruckpegel nach oben begrenzt.

Die VDI-Richtlinie 2058 enthält ergänzende Aussagen, beispielsweise hinsichtlich zumutbarer Lautstärken.

Schallquellen und Schallschutzanforderungen
Schallquellen sind beispielsweise:
- Straßenlärm bis 85 dB (A)
- laute Stimmen bis 70 dB (A)
- Büroräume bis 70 dB (A)
- Werkstätten > 100 dB (A)
- Gaststätten bis 90 dB (A)

Aufgrund der logarithmischen Darstellung der Schallintensität wird eine Pegelzunahme von 10 dB (A) als Verdoppelung der Lautstärke wahrgenommen.

Die Schallschutzanforderungen an Bauteile werden neben der E 1984 durch die DIN 4109 geregelt. Darin sind die Mindestdämmaße festgeschrieben, die ein Gebäude bzw. ein Bauteil gewährleisten muß. Die Obergrenzen für eindringenden Schall liegen bei:
- Ruheräumen bis 30 dB (A)
- Krankenzimmern bis 30 dB (A)
- Klassenräumen bis 35 dB (A)
- Besprechungen bis 35 dB (A)
- Büros bis 40 dB (A)

Tagsüber sind teilweise höhere Werte zulässig.

Schalldämmaßnahmen
Das Maß einer Luftschalldämmung verbessert sich:
- mit Zunahme der Bauteilmasse (hohes Flächengewicht von Bauteilschalen)
- Erhöhung der Schichtenzahl von Bauteilen (Vermeidung von Schallbrücken)
- Vermeidung von Zweischalenresonanz bei mehrschaligen Konstruktionen
- ausreichende Fugendichtigkeit (bis zu 20 dB (A) Dämmverlust möglich)
- Verringerung des Flankenschalls durch unterbrochene Schallnebenwege

Das Maß einer Trittschalldämmung verbessert sich durch:
- hohes Flächengewicht der tragenden Decke
- weiche Beläge oder weichfedernde Bodenbeläge
- biegeweiche Unterdecken
- schwimmende Estriche
- Vermeidung von Schallbrücken
- homogene Bauteile und mehrschalige Konstruktionen

Hinsichtlich detaillierterer Informationen wird auf die oben zitierten Normen bzw. auf die einschlägige Fachliteratur verwiesen.

Montage und Demontage

Bauen mit Stahl bedeutet weitestgehend ein Bauen mit vorgefertigten Elementen. Die einzelnen Bauteile wie Stützen, Träger, Verbindungsbleche oder auch Stahlgußteile werden in der Stahlbauwerkstatt komplett und montagefertig bearbeitet und anschließend mit entsprechenden Korrosionsschutzsystemen versehen. Die Verzinkung erfolgt dabei in Verzinkereien, Beschichtungssysteme werden in der Stahlbauwerkstatt selbst oder in hierfür spezialisierten Betrieben aufgebracht, wobei üblicherweise der Schlußanstrich erst auf der Baustelle nach der Montage aufgetragen wird. Bei Stahl-/Stahlbetonverbundbauteilen werden die fertigen Stahlbauteile zumeist zu einem Stahlbetonbaubetrieb transportiert und dort mit Beton ergänzt. Dieser – auch kostspielige – Umstand ist traditionell bedingt und rührt aus der über viele Jahrzehnte währenden Trennung der Baufirmen nach Baustoffen.

Bei besonders großen Bauvorhaben wird immer wieder eine Feldfabrik als Stahlbauwerkstatt vor Ort errichtet. Auch hier gilt, daß stets montagefertige Bauteile die Fabrikationsanlage verlassen.

Die auf die Baustelle transportierten Bauteile werden dort idealerweise direkt vom Transportfahrzeug mit Hilfe eines Krans zur Einbaustelle gehoben und eingebaut. Dies erlaubt, eine stets kostspielige und mit der Gefahr von Beschädigungen der Beschichtung verbundene Zwischenlagerung vor Ort zu vermeiden.

An der Einbaustelle sind nachträgliche Veränderungen an den angelieferten Bauteilen nur in geringem Umfang möglich und stets mit hohen Kosten verbunden. Insbesondere im Stahlbau ist daher auf eine sorgfältige Planung und Herstellung besonders zu achten. Damit verbunden ist die Berücksichtigung der stahlbauspezifischen Toleranzen sowie die Abstimmung der stets toleranzbehafteten Stahlbauteile mit den Bauteilen aus anderen Werkstoffen, z.B. den üblicherweise aus Stahlbeton hergestellten Fundationen. Die im Stahlbau mögliche, übliche und zu begrüßende hohe Präzision der Bauteile kollidiert auf der Baustelle immer wieder mit wesentlich weniger präzise hergestellten Bauteilen aus Stahlbeton oder aus Holz. An den Fügestellen zwischen Stahlbau und den anderen Gewerken müssen daher stets Maßungenauigkeiten und Toleranzen ausgeglichen werden. Die Detaillierung dieses Werkstoffübergangs erfordert hohe Sorgfalt und Können, da der Entwerfende ein beiden Werkstoffen sowie den Möglichkeiten der Baustelle gerecht werdendes Detail zu entwickeln hat. Meisterliches Konstruieren zeigt sich insbesondere in der Beherrschung dieser Berührungsstellen zwischen Werkstattfertigung und Vor-Ort-Herstellung sowie zwischen unterschiedlichen Werkstoffen.

Planungsunterlagen
Zu den für eine Stahlbaufertigung erforderlichen Planungsunterlagen gehören die Ausführungspläne des Architekten sowie die Tragwerksausführungszeichnungen des Tragwerksplaners. Beide werden ergänzt durch die Festlegungen der Ausschreibung, z.B. den Technischen und den Besonderen Technischen Vorbemerkungen und die statische Berechnung. Auf der Basis dieser Unterlagen werden vom Stahlbaubetrieb die Werkstattpläne erstellt, die Grundlage für die Produktion sind.

Bei der Werkstattplanung werden häufig Planungsvorgaben des Architekten oder Tragwerksplaners auf produktionstechnische Belange hin angepaßt. Dies kann zu erheblichen Veränderungen sowohl in der architektonischen Erscheinung als auch im Lastabtragungsverhalten der Konstruktion führen. Veränderungen der Planung in den Werkstattzeichnungen bedürfen deshalb einer engen Abstimmung zwischen den Planern und der ausführenden Firma sowie einer durch die Freigabe der Werkstattzeichnungen durch die Planer explizit erfolgten Prüfung und Freigabe. Der Prüfung und Freigabe der Werkstattpläne kommt deshalb eine ganz besondere qualitätssichernde Bedeutung zu, die leider nur allzu oft übersehen wird.

Neben den Werkstattzeichnungen, die man auch als Fertigungspläne des Stahlbauers bezeichnen könnte, werden vom Stahlbaubetrieb noch Montagepläne hergestellt. Diese beinhalten z.B.:
- Montageablauf
- Festlegung von Abmessungen, Gewichten und Toleranzen
- Festlegung von Hilfskonstruktionen und -unterstützungen
- Arbeitsschutz
- Aufstiegswege

Maßordnung, Modulordnung und Toleranzen
Maßordnung
Als Maßeinheiten gelten die Festlegungen des SI (Système Internationale). Im Stahlbau werden als Längeneinheit mm verwendet.

Baunormzahlen sind Zahlen für Baurichtmaße und die daraus abgeleiteten Einzel-, Rohbau- und Außenmaße.

Baurichtmaße sind die theoretischen Grundlagen für die Baumaße. Sie sind Maße von Bauteilen einschließlich ihrer Fugen.

Nennmaße (Sollmaße) sind diejenigen Maße, die ein Bauteil entsprechend seiner Konstruktionszeichnung haben soll.

Das Istmaß ist das tatsächlich vorliegende, durch Messung feststellbare Maß. Das Istmaß darf im Rahmen der durch das zulässige Abmaß gegebenen Schranken vom Sollmaß abweichen.

Als Abmaß bezeichnet man die Abweichung von Istmaß und Sollmaß. Für vorgefertigte Bauteile aus Stahl gelten die nebenstehend angegebenen Abmaße für Längen, Breiten, Höhen, Diagonalen und Querschnittsmaße. Als oberes Abmaß bezeichnet man die Größe der maximalen Überschreitung des Sollmaßes, als unteres Abmaß die maximale Unterschreitung des Sollmaßes.

Das zulässige Abmaß ist die vereinbarte maximale Abweichung des Istmaß vom Sollmaß. Dabei können oberes zulässiges Abmaß und unteres zulässiges Abmaß unterschiedlich groß sein bzw. unterschiedlich groß vereinbart werden.

Als Maßtoleranz bezeichnet man die zulässigen oberen und unteren Abmaße.

Toleranzen
Kein Bauwerk und kein Bauteil kann exakt in der Qualität und in den Abmessungen hergestellt und montiert werden, in denen es in der Planung beschrieben wurde. Es ist deshalb zwingend notwendig, sich bereits während der Planung Gedanken über die tolerierbaren Abweichungen (= Toleranzen!) zu machen und die Konstruktion sowie insbesondere die Detaillierung entsprechend auszulegen. Darü-

ber hinaus bedarf es einer klaren schriftlichen Vereinbarung zwischen Bauherr, Planern und den ausführenden Firmen über die von diesen einzuhaltenden Toleranzen. Üblicherweise werden die Toleranzanforderungen in der Ausschreibung festgelegt. Geschieht dies nicht, so gelten automatisch die in den Normen festgelegten Werte.

Um nicht für jedes einzelne Bauwerk eine umfängliche Liste der einzuhaltenden Toleranzen erstellen zu müssen, kann man sich auch auf Normen oder andere Regelwerke beziehen. In der Bundesrepublik Deutschland regeln die Normen DIN 18201, DIN 18202 und DIN 18203 eine große Anzahl von Toleranzfestlegungen. Dort werden auch einzelne Genauigkeitsgruppen unterschieden. In einer Ausschreibung kann eine Toleranzanforderung durch Angabe der Norm und der Genauigkeitsklasse erfolgen. Im allgemeinen gilt, daß niedrigere Toleranzen, d.h. eine höhere Genauigkeitsgruppe, mit erhöhten Herstellungskosten verbunden sind. Es ist deshalb in jedem Einzelfall zu prüfen, welche Genauigkeit man als notwendig und angemessen erachtet. In Einzelfällen kann es erforderlich sein, die in einem Regelwerk wie der DIN beschriebenen Toleranzen zu unterschreiten. In solchen Fällen empfiehlt es sich, vorab mit einem Stahlbaubetrieb die Einhaltbarkeit, d.h. die Realisierbarkeit einer solchen Forderung zu erörtern.

Das Festlegen und das Arbeiten mit Toleranzen erfordert das Verständnis einer Reihe von Fachbegriffen und Zusammenhängen. Die wichtigsten davon werden nachfolgend erläutert.

Als Maßtoleranz bezeichnet man die zulässigen oberen und unteren Abmaße.

Bauwerkstoleranzen sind diejenigen zulässigen Abmaße, die am erstellten Bauwerk gegenüber den in der Planung festgelegten Sollwerten auftreten.

Bauteiltoleranzen sind diejenigen zulässigen Abmaße gegenüber den in der Planung festgelegten Sollwerten, die am angelieferten Bauteil, das üblicherweise noch nicht eingebaut ist, gemessen werden können. Bauteilabmaße und damit die Einhaltung der Bauteiltoleranzen werden an unbelasteten Bauteilen bei einer Temperatur von 15 °C gemessen.

3.24

	Bauwerk und Bauwerksteile	Grenzabmaße in mm bei Nennmaßen bis 3 m	6 m	15 m	30 m	>30 m
1	Längen, Breiten, Achsen und Raster im Grundriß	± 12	± 16	± 20	± 24	± 30
2	Höhen am Bauwerk, z.B. Geschoßhöhen, Podesthöhen	± 16	± 16	± 20	± 30	± 30
3	Lichte Maße im Grundriß zwischen Bauteilen	± 16	± 20	±24	± 30	–
4	Lichte Höhenmaße auch unter Balken und Unterzügen	± 20	± 20	± 30	–	–
5	Öffnungen als Aussparungen für Fenster, Türen, Einbauelemente	± 12	± 16	–	–	–
6	Öffnungen wie zuvor, jedoch mit oberflächigenfertigen Leibungen	± 10	± 12	–	–	–

3.25

2000	4000	8000	12 000	16 000	>16 000
± 1	± 2	± 3	± 4	± 5	± 6

DIN 18 203 T2

3.26

	Straßentransporte ohne besondere Genehmigung				Schwer- und Spezialtransporte	
	Fahrzeuge mit zwei Achsen	Fahrzeuge mit über zwei Achsen	Sattelkraftfahrzüge	Lastzüge	mit Jahresdauergenehmigung	mit Einzelgenehmigung
Länge	12,00 m	12,00 m	15.50 m [1)]	18,00 m	25,00 m	>25,00 m
Breite	2,50 m	2,50 m	2,50 m	2,50 m	3,00 m	> 3,00 m
Höhe	4,00 m	4,00 m	4,00 m	4,00 m	4,00 m	> 4,00 m
Gesamtgewicht	16,00 t	22,00 t	40,00 t	40,00 t	40,00 t [2)]	>40,00 t

1) nach Euro-Norm 16,50 m
2) 42,00 t für unteilbare Lasten

3.24 Grenzabmaße für Bauwerke und Bauwerksteile nach DIN 18202
3.25 Grenzabmaße in Abhängigkeit vom Nennmaß, in (mm) [350]
3.26 Zulässige Abmessungen und Gesamtgewichte für beladene Straßentransportfahrzeuge. § 32 und § 34 StVZO.
3.27 Begriffliche Festlegungen [350]
3.28 Lage von Bauteilen im Koordinaten-Bezugssystem [350]

Walztoleranzen sind diejenigen zulässigen Abweichungen der Querschnittsmaße von den Nennmaßen, die bei gewalzten Stahlprofilen auftreten. Die Walztoleranzen werden in den technischen Lieferbedingungen der Hersteller angegeben.

In der Planung ist sorgfältig darauf zu achten, daß die einzelnen Toleranzen konstruktiv vernünftig aufgenommen werden können. Insbesondere ist darauf zu achten, daß sich die Toleranzmaße aufaddieren können. So ist es ohne weiteres möglich, daß alle angelieferten Bauteile mit ihrem Istmaß gerade das obere zulässige Abmaß einhalten. Die Addition aller auftretenden maximalen Abmaße kann jedoch zu erheblichen Problemen führen. DIN 18302 T2 gibt beispielsweise für ein Bauteil mit einem Nennmaß von 1000 mm ein zulässiges Abmaß von +/- 1mm, bei einem Bauteil mit einem Nennmaß von 12000 mm ein zulässiges Abmaß von +/- 4mm an. Ersetzt man aus irgendeinem Grund das 12 m lange Bauteil durch 12 Bauteile à 1 m Länge, so beträgt die Summation der zulässigen Abmaße 12 mm!

Modulordnung
Unter einem Modul versteht man eine Größeneinheit, die entweder als Ausgangsgröße oder als Maßsprung verwendet wird. Die Modulordnung, die im Bauwesen durch DIN 18800 beschrieben und festgelegt wird, dient der Standardisierung und Rationalisierung, ohne dabei die architektonische und konstruktive Vielfalt einschränken zu wollen.

Maßliche Festlegungen:
Das Grundmodul nach DIN 18800 beträgt M = 100 mm. Multimoduln sind die ausgewählten Vielfachen des Grundmoduls:

3 M = 300 mm
6 M = 600 mm
12 M = 1200 mm

Die Vorzugszahlen sind die begrenzten Folgen der Multimoduln:

1,2,3 bis 30 × M
1,2,3 bis 30 × 3M
1,2,3 bis 30 × 6M
1,2,3 bis 30 × 12M
usw.

Nach Möglichkeit sollten die Vorzugsmaße der Reihe 12 M verwendet werden. Dies führt zu den im Bauwesen sehr geläufigen Maßen 1,20 m, 2,40 m, 3,60 m, ... 7,20 m etc. Ergänzungsmaße sind Maße, die kleiner als das Grundmodul sind. Sie betragen z. B. 25 mm, 50 mm, 75 mm und ergänzen sich jeweils zu M.

Geometrische Festlegungen:
Es werden Kartesische Koordinatensysteme verwendet. Die Maßeinheiten der Achsen des Koordinatensystems sind die sogenannte Koordinationsmaße. Koordinationsmaße sind Multimodulmaße oder Vielfache davon.

Den Koordinatensystemen werden Koordinationsräume mit unterschiedlichen Bezugsarten zugeordnet. Bei den Bezugsarten lassen sich unterscheiden:
- Achsbezug. Die Achse eines Bauteils fällt mit der Koordinationsebene zusammen.
- Grenzbezug. Das Bauteil wird zwischen zwei Koordinationsebenen angeordnet.

Die innerhalb eines Koordinatensystems festgelegten Raster können versetzt angeordnet werden. So kann das Tragraster vom Ausbauraster vollkommen entkoppelt oder auch mit diesem gleichgesetzt werden.

Besonderheiten bei der Montage und der Demontage
Verbindungsmittel
Durch allgemein festgelegte Toleranzen besteht die Möglichkeit, Maßabweichungen konstruktiv zu integrieren. Aufwendige Anpaßarbeiten auf der Baustelle können damit verhindert werden. Die günstigste Verbindungsart auf der Baustelle ist die Schraubverbindung, sie erfordert kaum Vorarbeiten und ist durch eine maßgenaue Bohrung bereits vorjustiert. Gleichzeitig wird ein bereits vorhandener Oberflächenschutz nicht mehr angegriffen. In einem Anschluß wird am besten nur ein Schraubentyp mit gleichem Durchmesser verwendet. Die Schraubenmenge ist durch eine präzise Kalkulation genau vorherbestimmbar. Die Anordnung von Handlöchern an der richtigen Stelle erleichtert das Setzen schwer zugänglicher Schrauben.

Schweißverbindungen hingegen erfordern ein genaues Einjustieren, was Zeit und Gerüstaufwand zur Folge haben kann. Außerdem wer-

3.27
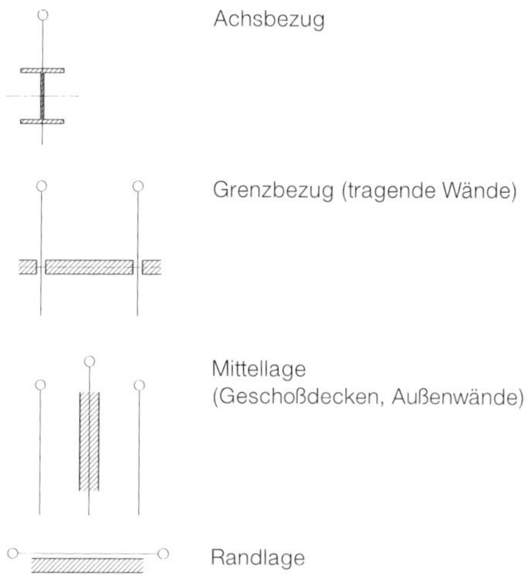

3.28
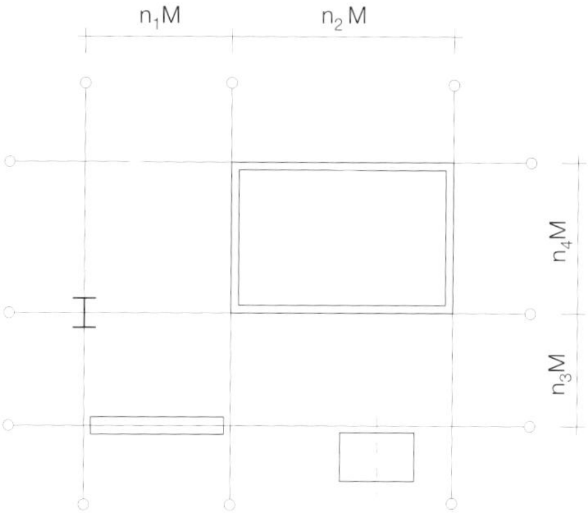

3.29 Aufnahme von Längentoleranzen bei Zugstäben durch Links-Rechts-Gewinde
3.30 Aufnahme von Längentoleranzen bei Seilen und Zugstäben durch Stellschlösser (Spannschlösser)
3.31 Höhentoleranzaufnahme durch Untermörtelung mit Quellmörtel bei einer Stütze
3.32 Toleranzaufnahme durch Futterplatten

den unter Umständen störende Hilfsauflager notwendig. Bei der Notwendigkeit von Schweißarbeiten auf der Baustelle, insbesondere bei dicken Nähten und Schweißarbeiten an komplizierten Geometrien, werden das Gerät und das Schweißverfahren am besten mit der Montagefirma abgestimmt. Soweit möglich sollte das Schweißen in das Werk verlegt werden.

Stützen
Wenn eine Stütze durch entsprechende Vorkehrungen bereits im Montagezustand selbständig stehen bleibt, können sperrige Abspannungen ausbleiben. Die Nivellierung des Unterbaus (Decke oder Fundament) erfolgt in der Regel mit zusätzlichen Unterlagscheiben und einer mit Quellmörtel zu schließenden Fuge. Die Verankerlängen müssen die maximale zulässige Toleranz berücksichtigen. Hilfen für die Ausrichtung können dauerhaft in den Kopf- oder Fußplatten markiert werden. Dabei muß ihre Sollage eindeutig ablesbar sein. (z. B. Markierung von Hauptachsen).

Träger
Alle hinderlichen Aussteifungslagen sollten möglichst nach der Montage der Träger eingebaut werden. Durch die Festlegung einer Einbaurichtung werden Selbstbehinderungen vermieden. Muß eine Durchlaufwirkung erzielt werden, so ist im Montagezustand kurzfristig die Wirkung als Einfeldbalken durch zusätzliche Befestigungsmittel konstruktiv zu sichern (eventuell nur temporär).

Weitere Hinweise werden im Kapitel »Recycling« gegeben.

3.29

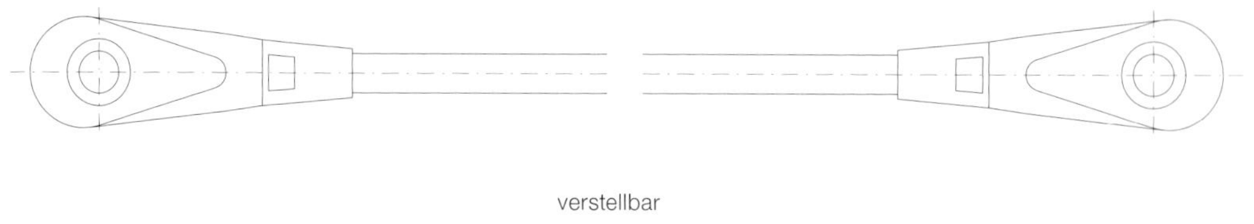

3.30

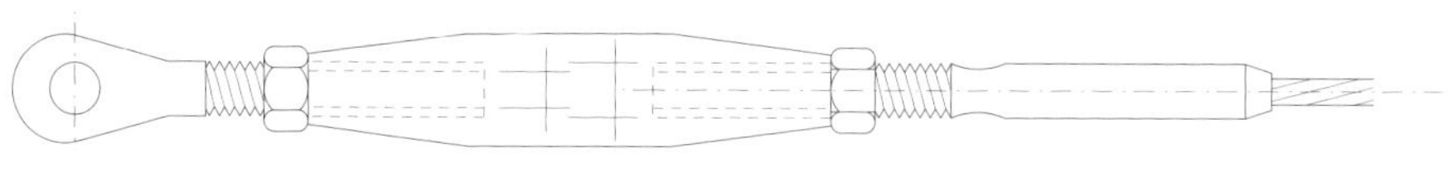

3.31

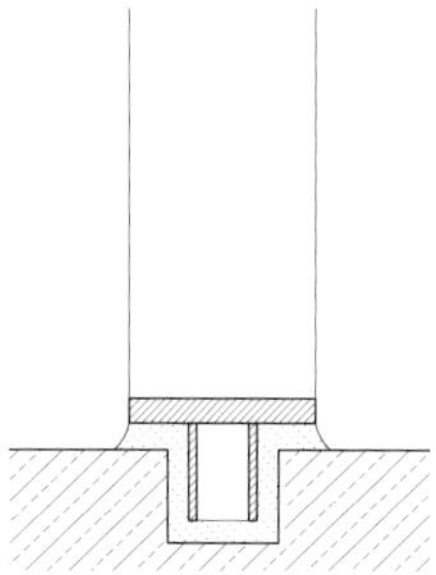

3.32

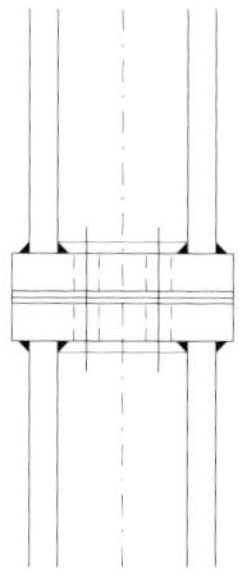

Recycling

Die durchschnittliche Lebenserwartung einer herkömmlichen Hochbaukonstruktion liegt zwischen 20 und 50 Jahren, je nach Industrialisierungsstand. Mit dem gleichen Zeitzyklus wird folglich die viele Millionen Tonnen umfassende Jahresweltproduktion von Stahl für den Hoch- und Brückenbau zu Schrott umgewandelt.

Durch die Notwendigkeit eines schonenden Umganges mit den der Menschheit zur Verfügung stehenden Ressourcen wird dem Rezyklieren der gebauten Umwelt künftig eine immer wichtigere Rolle zukommen. Die logistischen und technischen Voraussetzungen für ein flächendeckendes Stahl-Recycling sind bereits heute gegeben. In allen industrialisierten Gebieten der Welt wird großflächig Schrott gesammelt – er ist zu 100 % recyclingfähig und bildet ca. 50 % des Ausgangsmaterials der Weltrohstahlproduktion.

Das Rezyklieren von Stahl wird durch seine magnetischen Eigenschaften stark vereinfacht, da auf diese Weise eine schnelle Materialsortierung von Bauschutt möglich wird. Probleme beim Einschmelzen oberflächenbehandelter, z. B. lackierter Stähle, sind nicht bekannt.

Eisen ist ein natürliches Element von dem keine umweltbelastenden Einflüsse für Wasser, Luft und Boden ausgehen. Stahl- und Eisenteile, die auf Deponien entsorgt werden, zerfallen in ökologisch unbedenkliche Oxidationsprodukte.

Teil 4 • Das Formen und Fügen von Halbzeugen zu elementaren Bauteilen

Werner Sobek
mit Stefan Schäfer

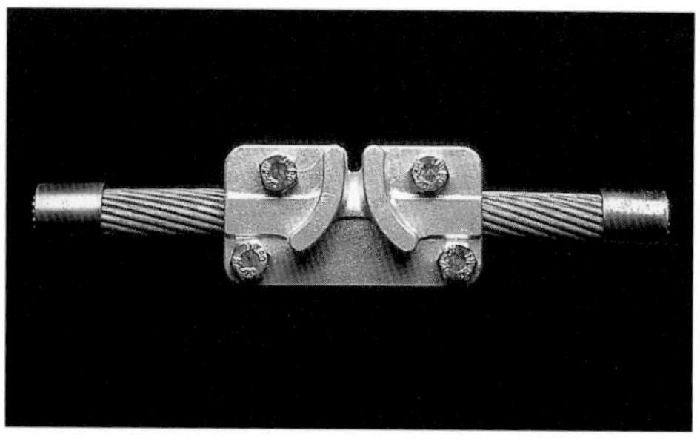

4.1 Ein in Differentialbauweise hergestelltes Bauteil
4.2 Integralbauweise: Zwei aus Vollmaterial gefräste Halbschalen
4.3 Integrierende Bauweise: Durch Verschweißen monolithisch verbundene Profile
4.4 Integrierende Bauweise: Verkleben [424]

4.1

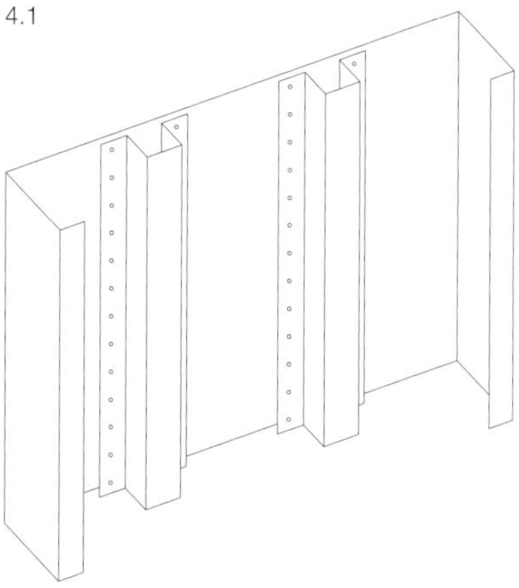

4.2

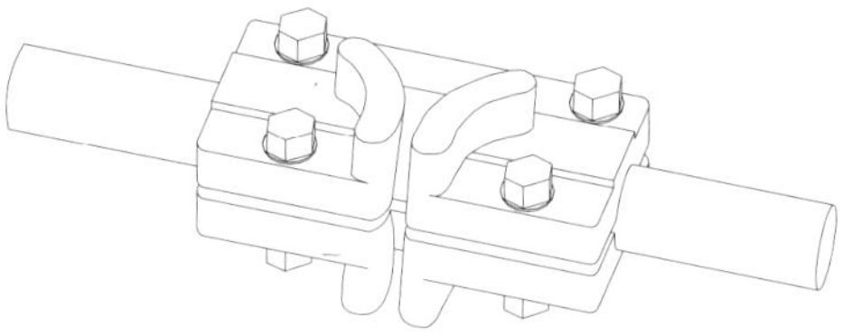

4.3

4.4

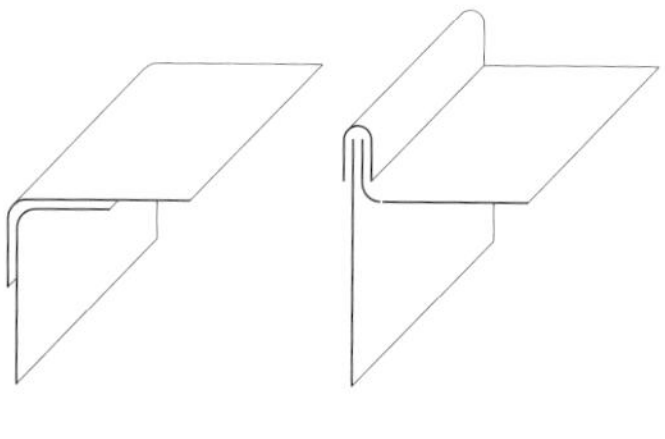

Das Formen und Fügen von Halbzeugen zu elementaren Bauteilen

Grundlegende Überlegungen

Besonders im Stahlbau bedeutet Entwerfen auch gleichzeitig Konstruieren. Souverän konstruieren kann aber nur, wer nicht nur um die mechanischen Eigenschaften der Baustoffe weiß, sondern wer auch die vielfältigen Möglichkeiten der Ausformung, der Formgebung des Werkstoffes sowie die große Palette der Fügetechniken kennt.

Daß die in den nun folgenden Texten dargelegten Überlegungen weit über das hinausgehen, was bisher Inhalt der Konstruktionslehre des Stahlbaus im Bauwesen war, hat seinen Grund: Die Palette an Möglichkeiten bei der Bearbeitung des Werkstoffes hat sich in den vergangenen Jahren dramatisch erweitert. Hiervon muß auch das Bauwesen Kenntnis nehmen. Darüber hinaus ist in den stahlverarbeitenden Bereichen außerhalb des Bauwesens eine Vielzahl von Verbindungstechniken weiterentwickelt bzw. neu eingeführt worden, ohne daß das Bauschaffen hiervon Gebrauch machte.

In beidem liegen große Chancen. Hinzu kommt die Erkenntnis, daß Formen und Fügen nicht mehr nur als »construere« im Sinne von Zusammenfügen gesehen werden dürfen, sondern daß die Überlegungen zum Rezyklieren, zum De-komponieren, zum Ent-fügen grundlegender Bestandteil des Planungs- und Entwurfsprozesses zu sein haben.

Der im nun folgenden Kapitel eingeführte Bauweisenbegriff erlaubt eine werkstoffunabhängige Betrachtung des Formens und Fügens. Darin eingebettet, werden Anwendungen dieser Bauweisen im Stahlbau erläutert und diskutiert.

Fügen und Verbinden: Die unterschiedlichen Bauweisen

Als Bauweise wird die Art und Weise bezeichnet, in der einzelne Werkstoffe geformt und miteinander zu Bauteilen verbunden werden.

Der Bauweisenbegriff, der in der Luftfahrt oder in der Automobiltechnik schon sehr lange verwendet wird, wird hier eingeführt, da er die Grundlegung für ein werkstoffübergreifendes Entwerfen und Konstruieren darstellt. Er ist somit auch Grundlage für ein neues Verständnis des Bauens mit Stahl. Die Einteilung in:
- Differentialbauweisen
- Integralbauweisen
- Integrierende Bauweisen
- Verbundbauweisen

erlaubt nicht nur eine schnelle Bewertung der statisch – konstruktiven Eigenschaften eines Bauteils, sondern sie liefert grundlegende Aussagen über die Rezyklierbarkeit der Konstruktion. Durch die Zuordnung zu einer Bauweise wird somit eine Aussage zur Montage, zum Verhalten im Bauwerk und zum Verhalten bei der Demontage und im Recycling mit einem Begriff möglich.

Differentialbauweisen

Ein in Differentialbauweise hergestelltes Bauteil besteht aus mehreren, für sich jeweils vergleichsweise einfach gestalteten Elementen. Die einzelnen Elemente, die aus unterschiedlichen Werkstoffen bestehen können, werden durch punktförmige Verbindungen zu einem Bauteil gefügt. Die punktförmige Überleitung der Kräfte zwischen den einzelnen Elementen des Bauteils erfolgt beispielsweise durch:
- Bolzen
- Nieten
- Schrauben
- Nägel
- Punktschweißen
- Nähen

Die punktförmige Ein- oder Ausleitung von Kräften in einem Bauelement ist prinzipiell mit Spannungskonzentrationen im Verbindungsbereich verbunden: Der innerhalb des Bauelements üblicherweise gleichförmige Kraftfluß wird im Bereich der Verbindungspunkte konzentriert. Kraftkonzentrationen bedeuten bei gleichbleibenden Querschnittsabmessungen stets Spannungserhöhungen. Es ist typisch für die Differentialbauweise, daß die Festlegung eines Bauteilquerschnittes durch die hohen lokalen Spannungskonzentrationen im Verbin-

4.5

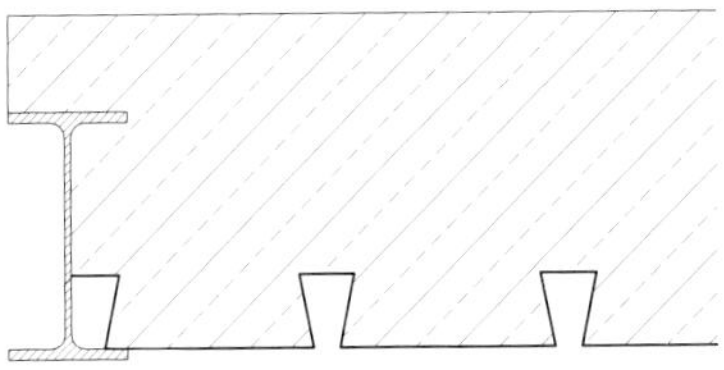

4.5 Verbundbauweise: Stahltrapezblech mit Aufbeton
4.6 Punktförmige Verbindung: Bolzenanschluß
4.7 Bolzenausbildung: Abdeckkappe mit Senkkopfschraube befestigt
4.8 Bolzenverbindung, zweischnittig [440]
4.9 Verbundbauweise: Sandwichelemente aus Blech mit Kern aus Polyurethan

4.10 Elastische Zugspannungsspitzen an Lochflanken. 1, 2 ohne Niet, 3 bei Krafteinleitung durch Niet. Einfluß von Loch- und Randabständen [486]
4.11 Elastische Spannungsspitzen an Augstäben. Erhöhung bei eingeschnürtem Stiel, Reduktion durch Entlastungsspalt [486]

dungsbereich bestimmt wird. Da zudem eine Vielzahl der punktuellen Verbindungsmittel, wie Schrauben oder Nieten, eine Bohrung im Bauelement erfordern, entstehen ebenfalls Spannungskonzentrationen. Die Größenordnung dieser Spannungserhöhungen am Lochrand ist bemerkenswert.

Die Differentialbauweise ermöglicht die einfache Fügung von Elementen aus unterschiedlichen Werkstoffen innerhalb eines Bauteils. Dies erlaubt die optimale Anpassung an das jeweilige Anforderungsprofil, an die jeweilige Funktion. Im Stahlbau sind Schrauben und Nieten als klassische Verbindungsmittel der Differentialbauweise zu sehen. Nachfolgend erfolgt eine nähere Betrachtung der wichtigsten, der Differentialbauweise zuzuordnenden Fügetechniken im Stahlbau.

Nieten
Unter Nieten versteht man das nicht lösbare Fügen von Teilen unter Hinzunahme eines gestauchten Hilfsfügeteils (Niete). Die Einleitung der erforderlichen Preßkraft erfolgt dabei mittels Niethämmer, Nietpressen oder Nietautomaten.

Das klassische Nieten kommt im Stahlbau nur noch selten zur Anwendung. Der Grund hierfür liegt hauptsächlich in der beim Nieten auftretenden hohen Lärmbelästigung sowie in der zeitintensiven und harten Arbeit, die beim Umgang mit den glühenden Nieten erforderlich ist. Im Denkmalschutz oder bei der Reparatur genieteter Konstruktionen werden noch die klassischen (Voll-)Nieten eingesetzt.

Neben dem klassischen Nieten gibt es eine ganze Reihe neuerer Entwicklungen, die insbesondere bei Feinblechkonstruktionen eine große Bedeutung erlangt haben. Hierbei werden aller Regel nach Nieten aus Stahl oder dem kaltaushärtenden AlCuMg 0,5 eingesetzt.

Die wichtigsten im Bauwesen verwendeten Nietarten sind:
- Voll- oder Normalniet (Flachniet, Versenkniet, Einziehniet): Dies ist die klassische Nietform. Es wird mit der Nietzange aus dem Nietofen ein weißrot glühender Niet entnommen und zunächst mit der Drahtbürste entzundert. Danach wird er in das Nietloch eingesetzt. Auf das zylindrische Teil des Niets wird mit

4.6

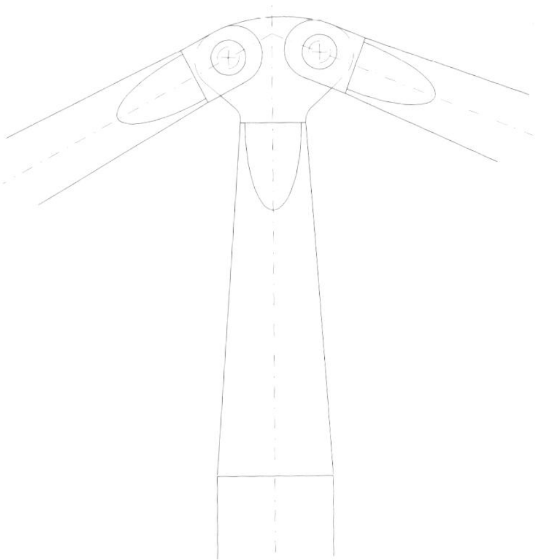

4.7

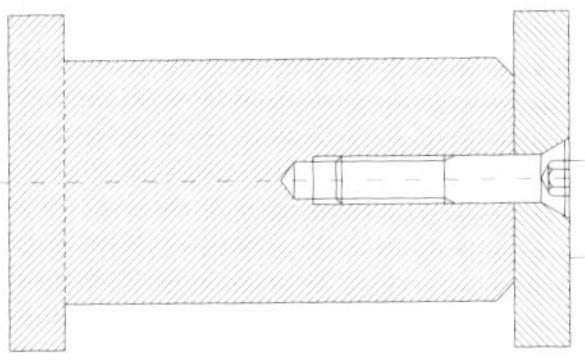

4.8

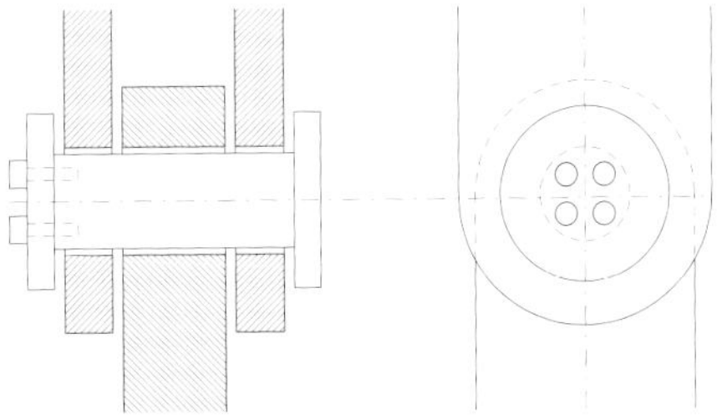

4.9

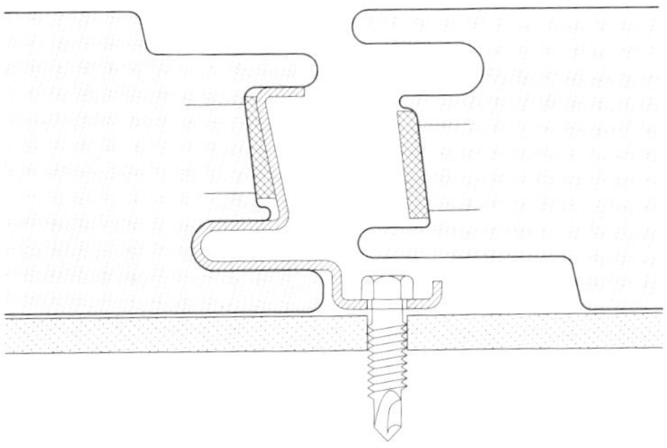

4.10

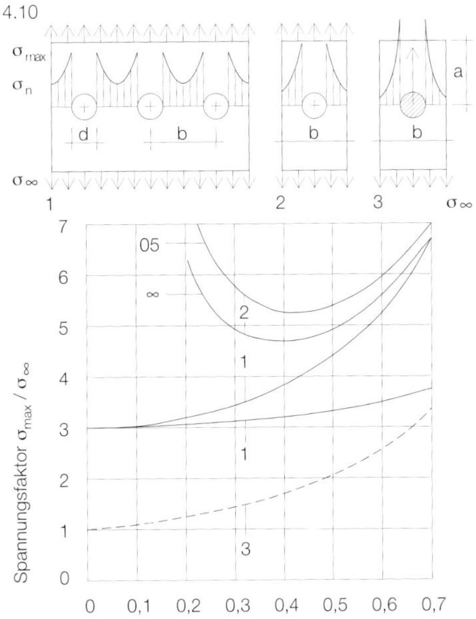

4.11

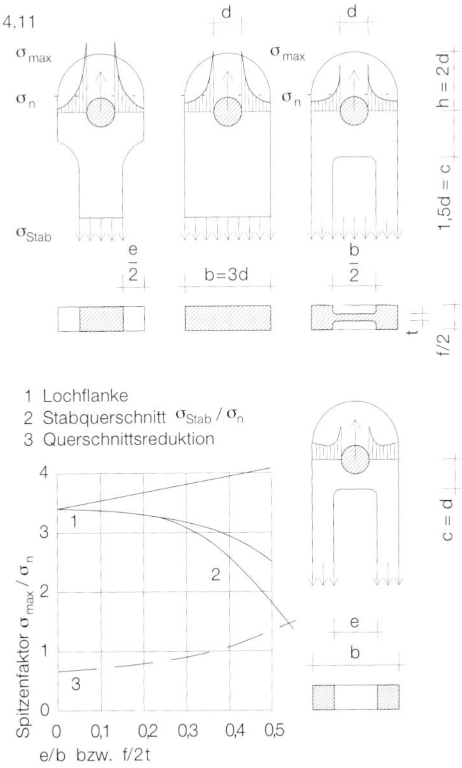

4.12 Nietverbindung: Kopplung der Flansche über Laschen
4.13 Typische Nietformen [257]
4.14 Schließringbolzen, Spannvorrichtung (schematisch) [307]
4.15 Schließringbolzen, fertig gesetzt [307]
4.16 Blind-Einnietmutter und fertige Verbindung
4.17 Arbeitsgänge beim Setzen eines Blindniets [257]

4.12

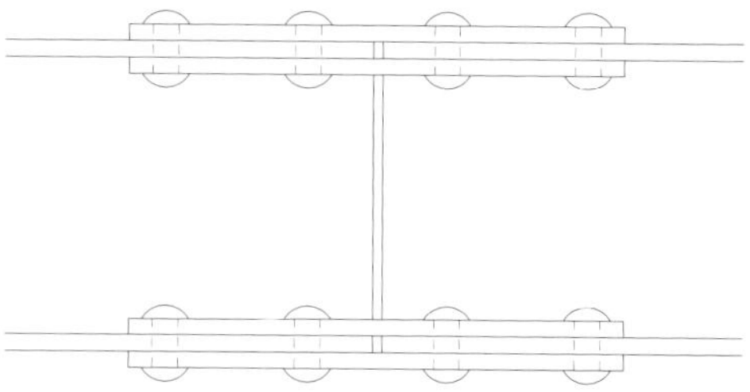

4.13

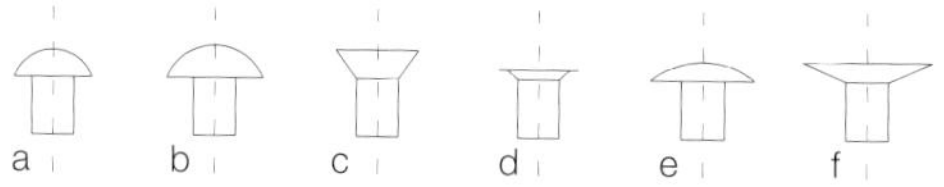

a Halbrundniet (DIN 660);
b Halbrundniet mit großem Kopf (DIN 663);
c Senkniet (DIN 661);
d Linsenniet (DIN 632);
e Flachrundniet (DIN 674);
f Riemenniet (DIN 675)

4.14
Spannvorrichtung (schematisch) und Spannvorgang

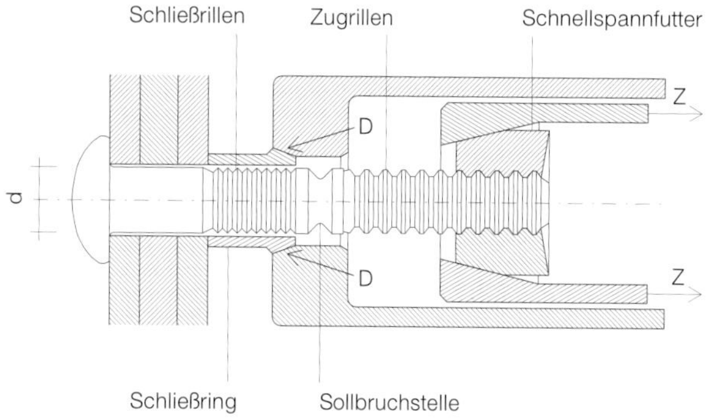

4.15
Fertig gesetzter Schließringbolzen

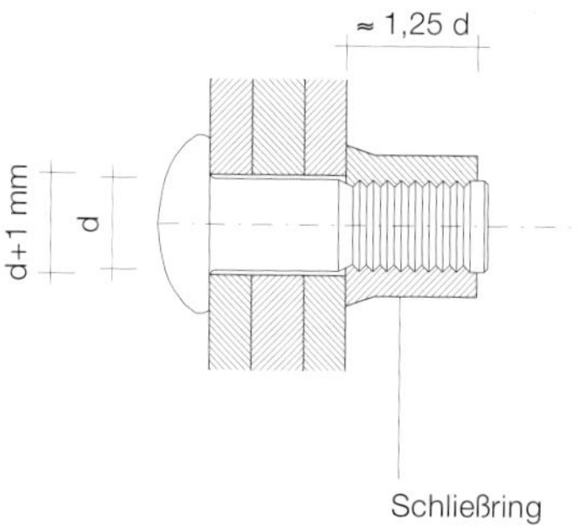

4.16

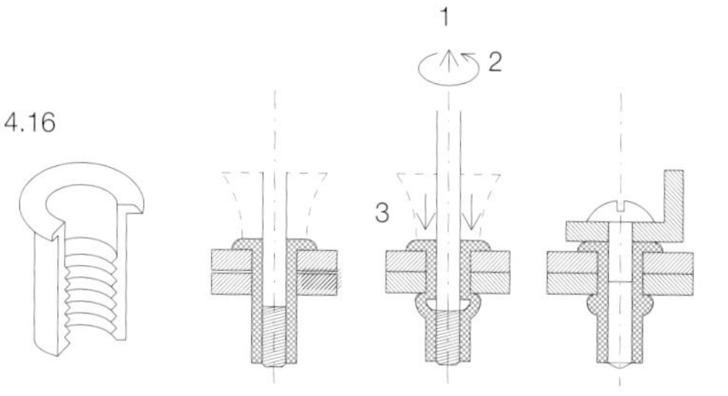

1 Zugkraft
2 Zug-Gewindedorn nach dem Schließkopf herausdrehen
3 Gegenkraft

4.17

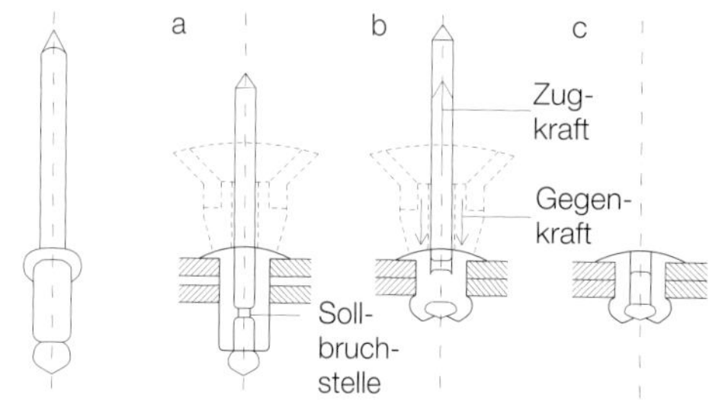

einem Döpper ein Nietkopf aufgestaucht. Bei diesem Vorgang wird der Niet axial gestaucht, so daß er üblicherweise das Nietloch voll ausfüllt. Beim anschließenden Abkühlen kontrahiert der Niet, wodurch die zu verbindenden Bauteile zusätzlich zusammengepreßt werden.

- Blindniet: Die Verarbeitung erfolgt nur von einer Seite, der Setzkopfseite, ohne Gegenhalten. Der Einsatz von Blindnieten erfolgt bei Rohren, Profilen, Behältern und anderen Hohlraumkonstruktionen. Durch das Blindnieten, teilweise in Form hochfester und wasserdichter Nietverbindungen, ist die Entwicklung von modernen Konstruktionen, vor allem im Karosserie- und Fahrzeugbau, ermöglicht worden.
- Popniet: Mit Hilfe eines einseitig gezogenen Durchzugsnagels, der mit einer Sollbruchstelle versehen ist, wird die Niethülse mit einem Spezialwerkzeug zur Montageseite hin gezogen. Der Nietvorgang endet mit dem Abriß des Nagels.

Daneben gibt es noch:

- Sprengniet: Die Preßkraft wird mittels einer explodierenden Patrone eingebracht
- Chobert
- Selbstbohrende Niete: Kein Vorbohren erforderlich
- Sonderniet (Scherzugniet)

Schrauben
Schraubenverbindungen zählen zu den wichtigsten der lösbaren Verbindungen. Die grossen Vorteile der Schraubverbindungen sind

- hohe Verfügbarkeit des Verbindungsmittels
- keine hohen Anforderungen an das die Schraubarbeiten ausführende Personal
- keine Anforderungen an die Umgebungsqualität während der Montage, Schraubverbindungen sind damit für die Baustellenmontage prädestiniert
- einfache Lösbarkeit als wichtige Voraussetzung für konsequentes Bauteil- und Baustoffrecycling

Schrauben können als axial zugbeanspruchte, als auf Abscheren beanspruchte oder als auf axialen Zug und Abscheren gleichzeitig beanspruchte Schrauben eingesetzt werden. Die Bemessung der Schrauben erfolgt dabei nach den einschlägigen Vorschriften. Zu beachten ist, daß in Abhängigkeit vom Schraubendurchmesser, dem Beanspruchungsniveau und der

4.18 Werdegang einer Sechskantschraube
4.19 Sechskant-Paßschrauben für Stahlkonstruktionen nach DIN 7968
4.20 Verbindung mit Zylinderschraube, versenkt
4.21 Scheiben nach DIN 7989
4.22 Scheiben nach DIN 6916
4.23 Keilscheibe
4.24 Senkkopfschrauben mit Innensechskant

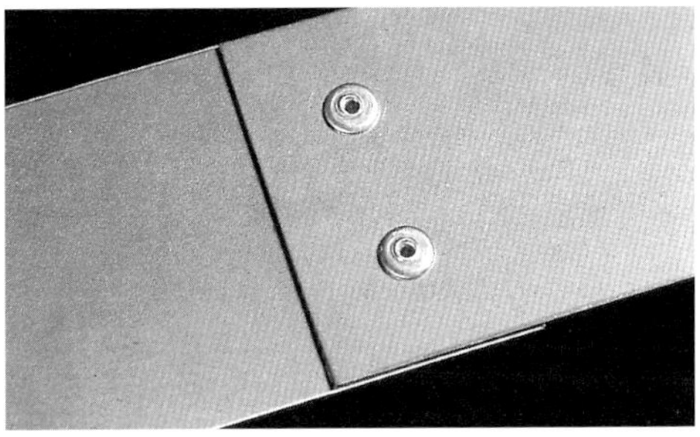

Dicke der zu verbindenden Bauteile, bestimmte Randabstände zwischen der Schraubenachse und dem Bauteilrand einzuhalten sind.
Die Einsatzmöglichkeiten von Verschraubungen sind vielfältig. So werden dicke Bleche und Walzprofile mit einer Kombination aus Schraube und Mutter verbunden. Speziell geformte Unterlegscheiben kommen bei dünneren Blechen hinzu, gegebenenfalls mit selbststanzenden oder blindeinnietenden Muttern. Vorgebohrte Feinbleche werden häufig mit selbstschneidenden Schrauben verbunden, die das Muttergewinde selbst einschneiden. Bei selbstbohrenden Typen entfällt auch der Arbeitsgang der aufwendigen Vorlochung. Selbstbohrende und selbstschneidende Schrauben benötigen keine Muttern.

Der Wille zur Rationalisierung, Steigerung der Wirtschaftlichkeit und einer einfachen Bauteilbeschaffung macht die Verwendung von genormten Schrauben, Muttern und Unterlegscheiben empfehlenswert. Eine spezielle Schraubenfertigung nach einer vom Architekten oder dem Ingenieur vorgegebenen Zeichnung ist zwar möglich, aber erst ab einer großen Stückzahl wirtschaftlich sinnvoll.
Es gibt eine große Vielfalt im Handel befindlicher Schraubenformen und Schraubenwerkstoffe. Im Stahlhochbau sind lediglich Sechskantschrauben als rohe Schrauben oder Paßschrauben sowie Senkkopfschrauben mit Innensechskant zugelassen. Als Werkstoffe sind nur die Schraubenwerkstoffe 3.6, 4.6, 5.6, 8.8 und 10.9 zugelassen. Schrauben aus anderen Werkstoffen oder anderer Geometrie dürfen als tragende Verbindungsmittel nur nach Erlangung einer entsprechenden bauaufsichtlichen Zulassung (»Allgemeine bauaufsichtliche Zulassung« oder »Zustimmung im Einzelfall«) verwendet werden.

Die Kurzform einer Schraubenbenennung beinhaltet in der nachfolgenden Reihenfolge:
- Bezeichnung des Schraubentyp (z.B. Paßschraube)
- Gewindeart (M = metrisches Gewinde)
- Gewindedurchmesser (in mm)
- Schraubenwerkstoff (siehe nachfolgende Erläuterung)

Der Schraubenwerkstoff wird durch zwei Zahlen codifiziert, die durch einen Punkt getrennt sind. Die Zahl vor dem Punkt ist der Hundert-

4.18

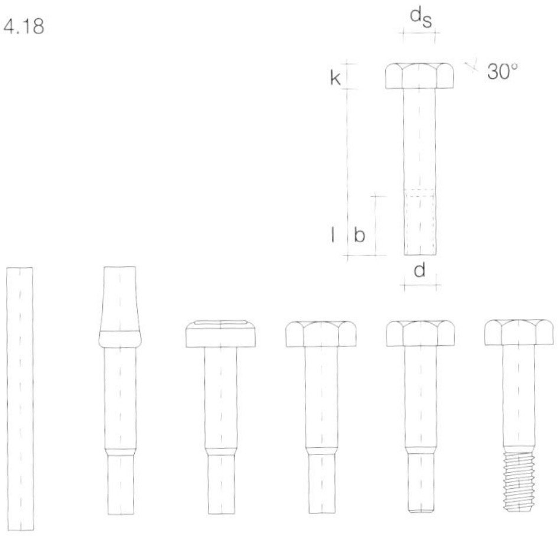

4.19

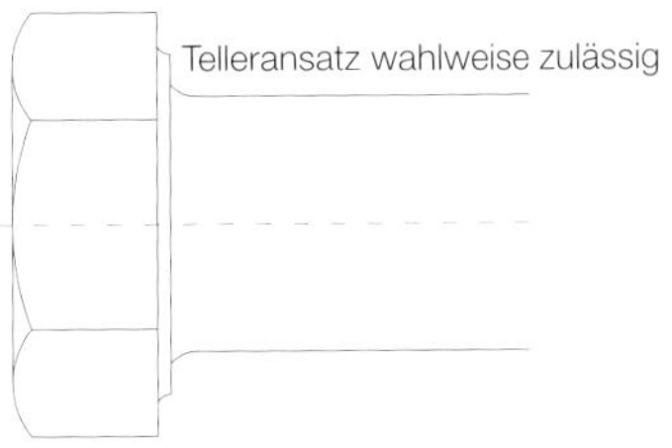

4.20

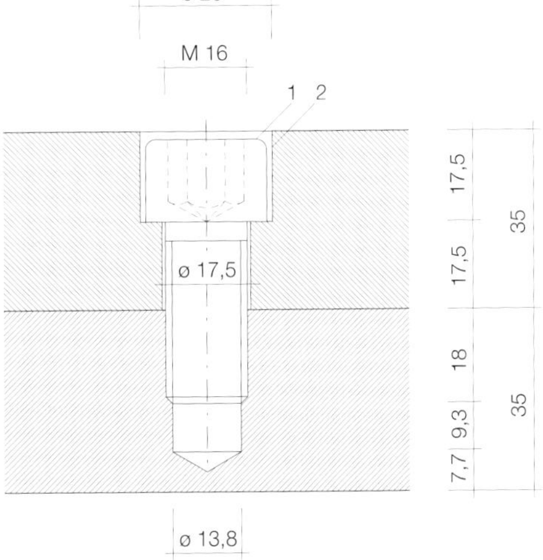

1 Zylinderschraube mit Innensechskant DIN 912, M 16 x 35-8,8
2 Senkung für Zylinderschrauben DIN 74, Form K

4.21

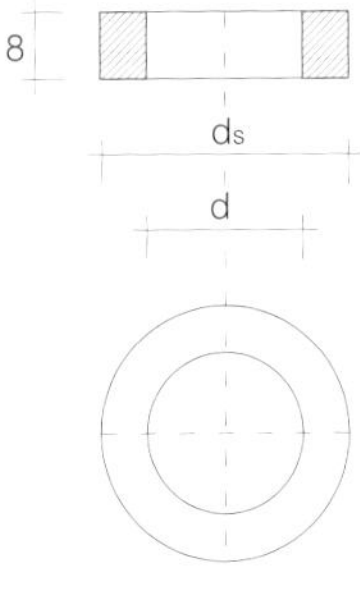

M	d	d_s
12	14	24
16	18	30
20	22	37
22	24	39
24	26	44
27	30	50
30	33	56
36	39	66

4.22

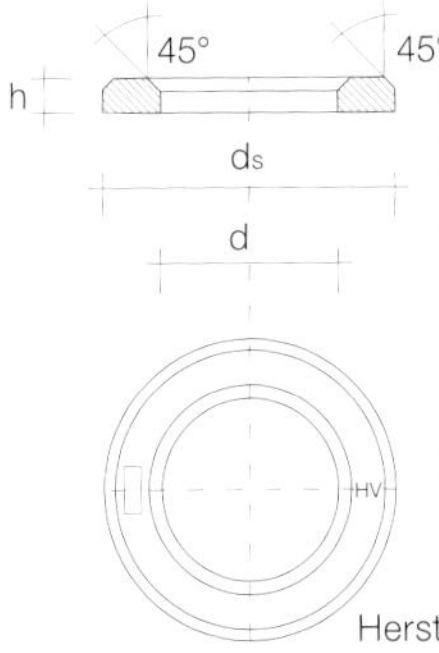

M	d	d_s	h
12	13	24	3
16	17	30	4
20	21	37	4
22	23	39	4
24	25	44	4
27	28	50	5
30	31	56	5
36	37	66	6

Herstellerzeichen auf Unterseite

4.23

DIN 6917 für I-Profile
Neigung ⊿14%
DIN 6918 für C-Profile
Neigung ⊿ 8%
bis 5%

4.24

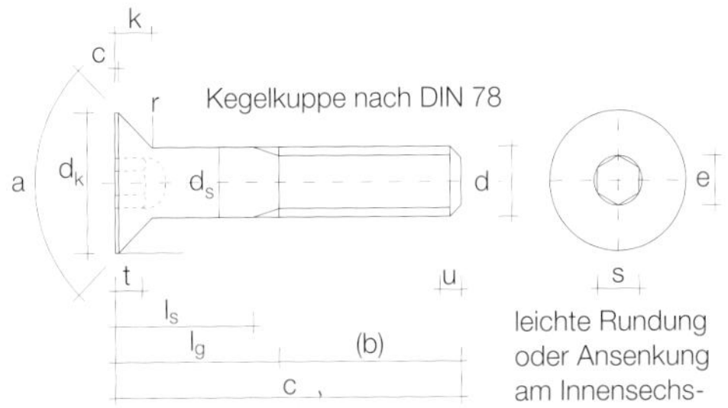

leichte Rundung oder Ansenkung am Innensechskant zulässig (bis auf e).

d_s nur bei Schrauben mit Schaft
u = max. 2P unvollständiges Gewinde

4.25 Abmessungen gebräuchlicher Schrauben

4.25

Sechskantschrauben nach DIN 7990 normalfeste Schraube; Festigkeitsklasse 4.6, 5.6

Bezeichnung		M 12	M 16	M 20	M 22	M 24	M 27	M 30	M 36
Gewindedurchmesser	d=ds	12	16	20	22	24	27	30	36
Gewindelänge	b	17,75	21	23,5	25,5	26	29	30,5	
Gewindesteigung	P	1,75	2	2,5	2,5	3	3	3,5	4
Eckmaß	$\min_e$	19,85/20,88	26,17	32,95	37,29/35,03	39,55	45,20	50,85	
Kopfhöhe	k	8	10	13	14	15	17	19	
Mutterhöhe	m	10	13	16	18	19	22	24	29
Schlüsselweite	s	18/19	24	30	34/32	36	41	46	55

Sechskantschrauben nach DIN 7968 normalfeste Paßschraube; Festigkeitsklasse 5.6

Bezeichnung		M 12	M 16	M 20	M 22	M 24	M 27	M 30	M 36
Gewindedurchmesser	d	12	16	20	22	24	27	30	36
Schaftdurchmesser	d_s	13	17	21	23	25	28	31	
Gewindelänge	b	17,12	20,5	23,75	25,75	26,5	29,5	31,25	
Gewindesteigung	P	1,75	2	2,5	2,5	3	3	3,5	4
Eckmaß	$\min_e$	19,85/20,88	26,17	32,95	37,29/35,03	39,55	45,20	50,85	
Kopfhöhe	k	8	10	13	14	15	17	19	
Mutterhöhe	m	10	13	16	18	19	22	24	29
Schlüsselweite	s	18/19	24	30	34/32	36	41	46	55

Sechskantschrauben nach DIN 6914 hochfeste Schraube; HV-Schraube 8.8, 10.9

Bezeichnung		M 12	M 16	M 20	M 22	M 24	M 27	M 30	M 36
Gewindedurchmesser	d=ds	12	16	20	22	24	27	30	36
Gewindelänge	b	21/23	26/28	31/33	32/34	34/37	37/39	40/42	48/50
Gewindesteigung	P	1,75	2	2,5	2,5	3	3	3,5	4
	d_w	20	25	30	34	39	43,5	47,5	57
	c	0,4 : 0,6	0,4 : 0,6	0,4 : 0,8	0,4 : 0,8	0,4 : 0,8	0,4 : 0,8	0,4 : 0,8	0,4 : 0,8
Eckmaß	$\min_e$	23,91	29,56	35,03	39,55	45,20	50,85	55,37	66,44
Kopfhöhe	k	8	10	13	14	15	17	19	23
Mutterhöhe	m	10	13	16	18	19	22	24	29
Schlüsselweite	s	22	27	32	36	41	46	50	60

Sechskantschrauben nach DIN 7999 hochfeste Paßschraube

Bezeichnung		M 12	M 16	M 20	M 22	M 24	M 27	M 30	M 36
Gewindedurchmesser	d_1	12	16	20	22	24	27	30	36
Schaftdurchmesser	d_2	13	17	21	23	25	28	31	37
Gewindelänge	b/y	18,5/6.5	22/7,5	26/8,5	28/8,5	29,5/10	32,5/10	35/11,5	
	d_w	19	25	32	34	39	43,5	47,5	57
	c	0,4 : 0,6	0,4 : 0,6	0,4 : 0,8	0,4 : 0,8	0,4 : 0,8	0,4 : 0,8	0,4 : 0,8	0,4 : 0,8
Eckmaß	$\min_e$	22,78	29,59	37,29	39,55	45,20	50,85	55,37	66,44
Kopfhöhe	k	8	10	13	14	15	17	19	23

4.26 Mechanische Kennwerte von Schrauben unterschiedlicher Festigkeitsklassen

4.26		Festigkeitsklassen									
		3.6	4.6	4.8	5.6	5.8	6.8	8.8	8.8	10.9	12.9
Bruchfestig-	nom	300	400	400	500	500	600	800	800	1000	1200
keit βz N/mm^2	min	330	400	420	500	520	600	800	830	1040	1220
Streckgrenze β_s N/mm^2	nom	180	240	320	300	400	480	—	—	—	—
0,2-Dehngrenze $\beta_{0,2}$ N/mm^2	min	—	—	—	—	—	—	640	660	900	1100
Bruchdehnung δ_5	nom	25	22	14	20	10	8	12	12	9	8
Vickers-	min	95	120	130	155	160	190	230	255	310	372
härte HV	nom	220	220	220	220	220	250	300	336	382	434
Brinell-	min	90	114	124	147	152	181	219	242	295	353
härte HB	nom	209	209	209	209	209	238	285	319	363	412
Kerbschlagarbeit in Joule	min	—	—	—	25	—	—	30	30	20	15
Ehemalige Benennung		4A	4S	4S	5D	5S	6S	8G	8G	10K	12K
								≤M16	>M16		

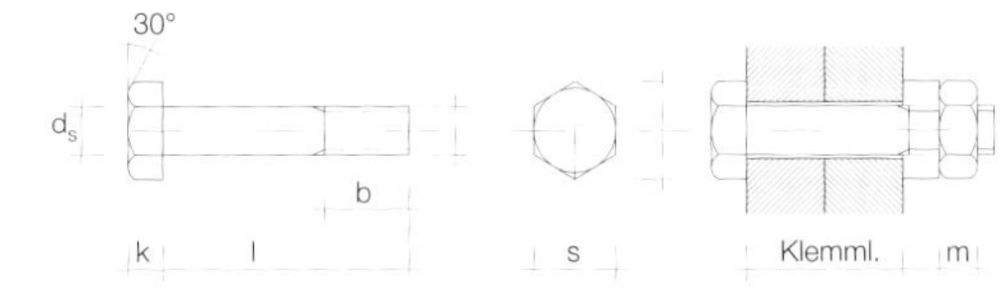

Sechskantschrauben nach DIN 7990 (normalfeste Schraube) Festigkeitsklasse 4.6, 5.6

Scheibe nach DIN 7989, DIN 434 oder DIN 435 Mutter nach DIN 555 bzw. ISO-DIN 4034

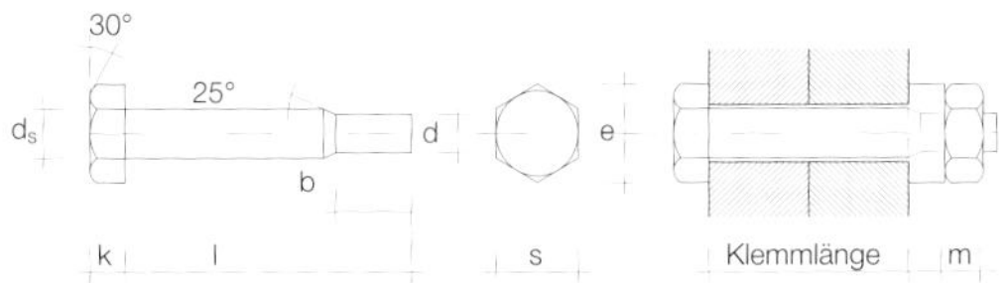

Sechskantschrauben nach DIN 7968 (normalfeste Paßschraube) Festigkeitsklasse 5.6

Scheibe nach DIN 7989, DIN 434 oder DIN 435 Mutter nach DIN 555 bzw. ISO-DIN 4034

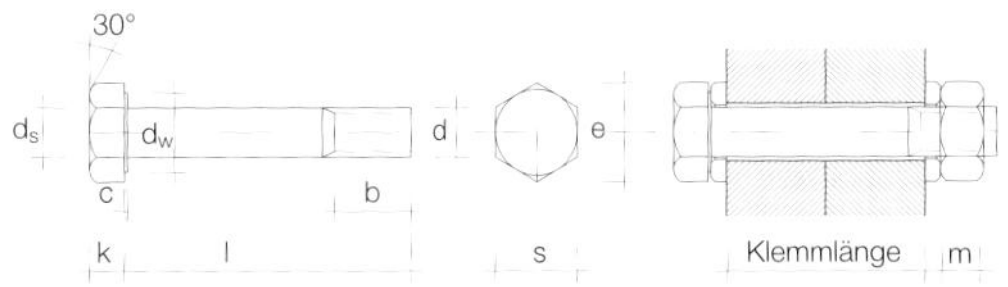

Sechskantschrauben nach DIN 6914 (hochfeste Schraube) HV-Schraube 8.8, 10.9

Scheibe nach DIN 6916, DIN 6917 oder DIN 6918 Mutter nach DIN 6915

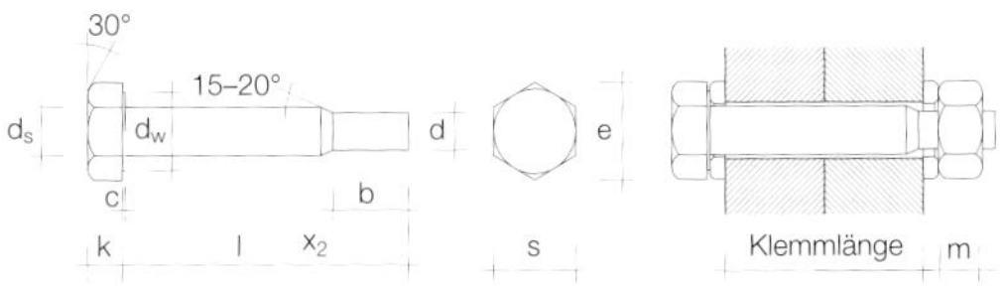

Sechskantschrauben nach DIN 7999 (hochfeste Paßschraube) Festigkeitsklasse 5.6

Scheiben nach DIN 6915 Mutter nach DIN 6915

4.27 Einschnittige Schraubverbindung [307]
4.28 Verformung einer einschnittigen Schraubverbindung unter Belastung [307]
4.29 Zweischnittige Schraubverbindung [307]
4.30 Wirkungsweise vorgespannter Schrauben [307]
4.31 Wirkliche und rechnerisch angenommene Verteilung der Lochleibungsspannungen [307]
4.32 Geschraubter Anschluß Träger-Stütze
4.33 Geschraubter Träger-Stoß

4.27
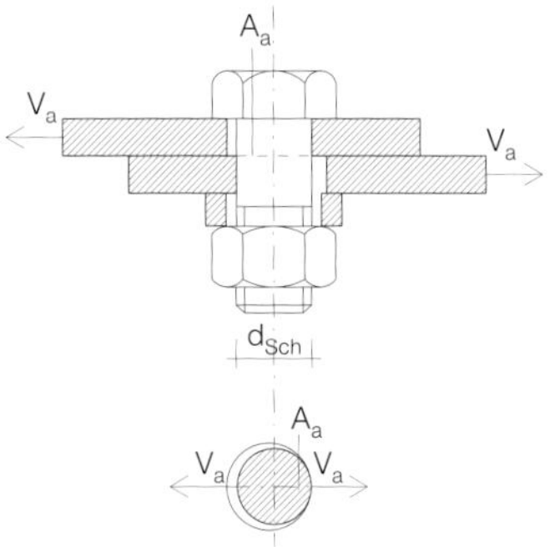

4.28
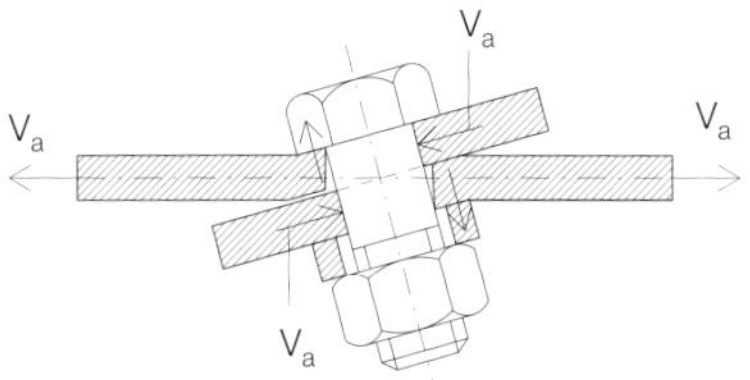

4.29
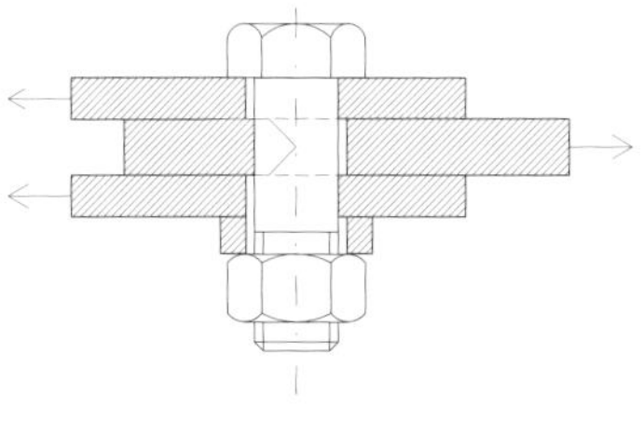

4.30
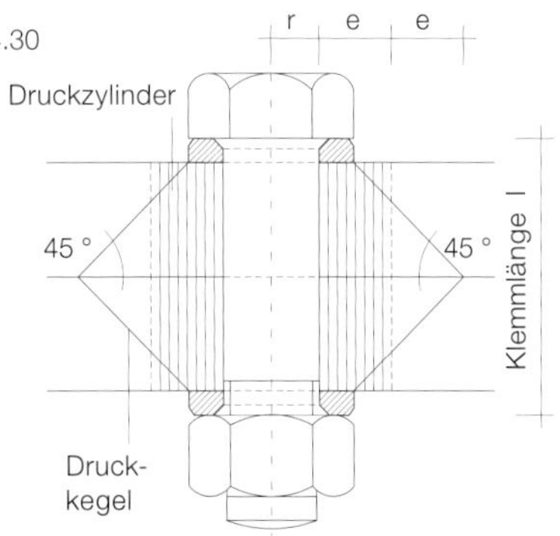

4.31
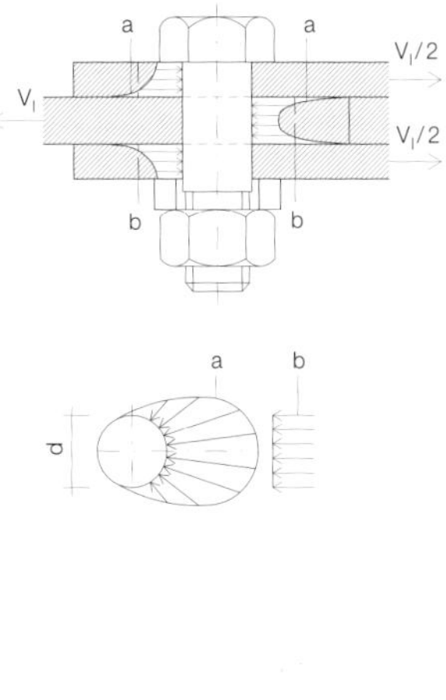

4.32
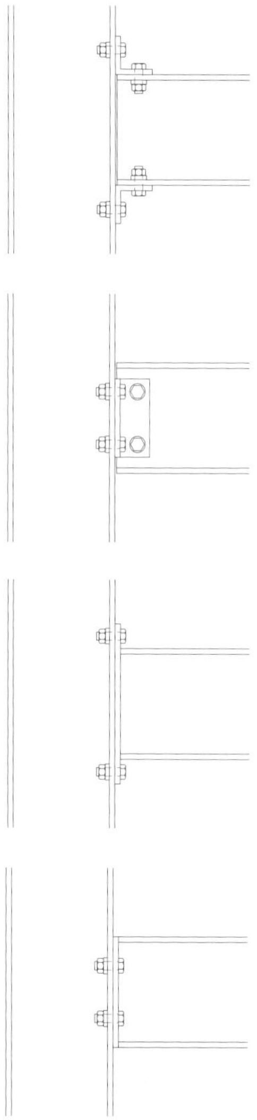

4.33
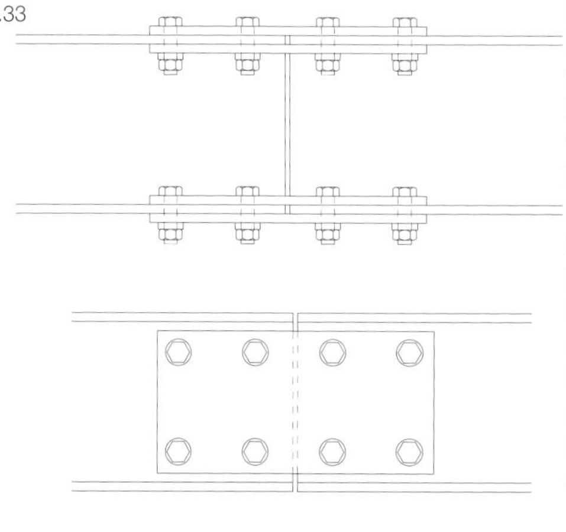

stelwert der Bruchfestigkeit in N/mm², die Zahl hinter dem Punkt gibt den Quotient von Fließspannung zu Bruchspannung an. Der Schraubenwerkstoff 5.6 besitzt demnach eine Bruchfestigkeit von 500 N/mm² und eine Fließspannung von 500 × 0.6 entsprechend 360 N/mm².

Die Kurzform der Schraubenbenennung für eine hochfeste Paßschraube mit einem metrischen Gewinde von 20 mm Durchmesser aus dem Werkstoff 10.9 lautet demnach: Hochfeste Paßschraube M 20 10.9.

Alle Schraubenabmessungen sowie die Abmessungen der Unterlegscheiben und Muttern sind genormt. Zu beachten ist, daß im Stahlbau stets eine Unterlegscheibe unter der Mutter zu liegen hat. Bei hochfesten Schrauben ist zudem eine Unterlegscheibe unter dem Schraubenkopf anzuordnen. Dies ist deshalb erforderlich, weil bei hochfesten Schrauben der Übergang vom Schaft zum Schraubenkopf zur Vermeidung von Spannungsspitzen ausgerundet ist. Bei einem zylindrischen Bohrloch würde demnach, wenn keine Unterlegscheibe verwendet werden würde, nicht der Schraubenkopf, sondern dieser ausgerundete Bereich auf den zu verbindenden Teilen anliegen.

Zum Verschrauben von Doppel-T-Profilen, die bekanntermaßen keine parallelen Flanschoberflächen besitzen, gibt es konische Unterlegscheiben.

Immer wieder müssen, aus konstruktiven oder formalen Gründen, Schrauben in eine Gewindebohrung eingeschraubt werden. Die Verwendung einer Mutter entfällt hierbei, die Schraube wird direkt in die auch als Sackloch bezeichnete und mit einem Gewinde versehene Bohrung eingeschraubt. Dabei sind Mindesteinschraubtiefen einzuhalten, die im wesentlichen von der Festigkeit des Schraubenwerkstoffes und der Festigkeit des Bauteilwerkstoffes abhängen. In den meisten Fällen liegt diese Mindesteinschraubtiefe beim 0.8- bis 1.4-fachen des Schraubendurchmessers. Detaillierte Angaben hierzu finden sich in den einschlägigen Vorschriften. Bei Schrauben, die in ein Sackloch eingeschraubt werden, ist darüber hinaus zu beachten, daß eine Lagesicherung entweder durch Einkleben oder Vorspannen der Schraube herbeigeführt werden muß.

4.38 Mero-Knoten, Aufsicht [440]
4.39 Mero-Knoten, geschnitten [440]
4.40 Verbindung mit eingeschraubten Schrauben M 30
4.41 Verschraubung eines Stützenfußes mit Senkkopfschrauben
4.42 Bohrschrauben [424]
4.43 Blechschrauben [257]

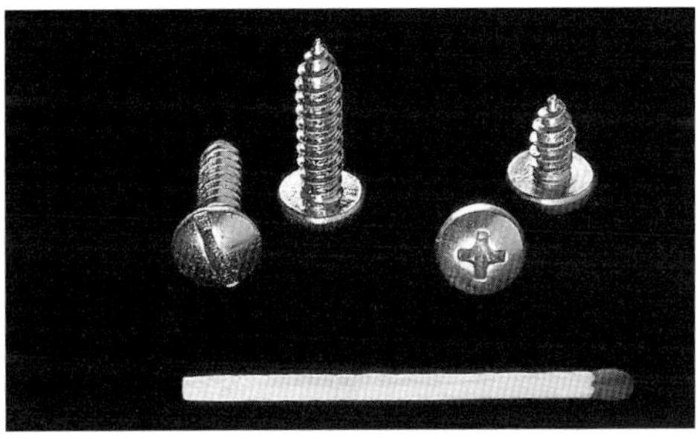

Insbesondere beim Verschrauben von dünnen Blechen werden Schrauben verwendet, die ihr Bohrloch selbst bohren und dabei anschließend auch noch ihr eigenes Gewinde schneiden (Bohrschrauben), oder solche, die zumindest ihr Gewinde selbst in das Blech schneiden (Gewindeschrauben). Beide Schraubentypen benötigen keine Muttern. Blechschrauben erlauben das Fügen von dünnen Blechteilen, z. B. von Stahltrapezblechen oder auch Blechen im Karosseriebau. Die über eine solche Schraubverbindung übertragbaren Kräfte sind normalerweise vergleichsweise niedrig, weswegen man üblicherweise eine Vielzahl dieser Schrauben zu setzen hat.

Beide Schraubentypen, die gewindeschneidenden und die selbstbohrenden Schrauben, werden als selbstformende Schrauben bezeichnet. Nachfolgend werden diese selbstformenden Schrauben kurz diskutiert.

- Selbstschneidende Schrauben schneiden die erforderlichen Gewindegänge beim Eindrehen der Schraube in ein vorgebohrtes Loch selbst. Bei den selbstschneidenden Schrauben entfällt, gegenüber einer konventionellen Verschraubung, das auf das Bohren des Schraubenloches folgende Schneiden eines Gewindes.
- Gewindefurchende Schrauben erzeugen ein Gewinde, ohne selbst ein solches zu besitzen. Der Gegenwerkstoff muß eine ausreichende Zähigkeit zur spanlosen Verarbeitung besitzen. Durch das spanlose Formen entstehen Klemmkräfte entlang des Gewindes, die als zusätzliche Sicherung gegen Lockern wirken.
- Bei der Flow Drill-Schraube werden durch Reibungshitze die zu fügenden Bleche zum Fließen gebracht und das Gewinde durch Umformung hergestellt. Sie werden von einer Seite aus montiert und benötigen keine Muttern.
- Bohrschrauben sind Blechschrauben, die das zum Einbringen der Schraube erforderliche Loch beim Eindrehen selbst bohren und gleichzeitig ein Gewinde schneiden. Gegenüber den selbstschneidenden und den gewindefurchenden Schrauben entfällt bei der Arbeit mit Bohrschrauben der Arbeitsgang des Vorbohrens.

4.38

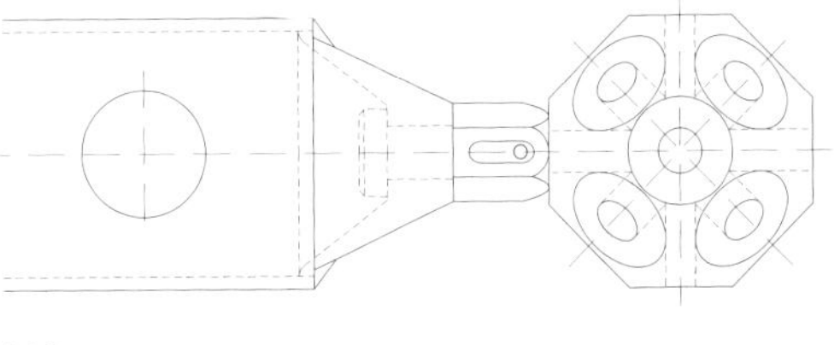

4.39

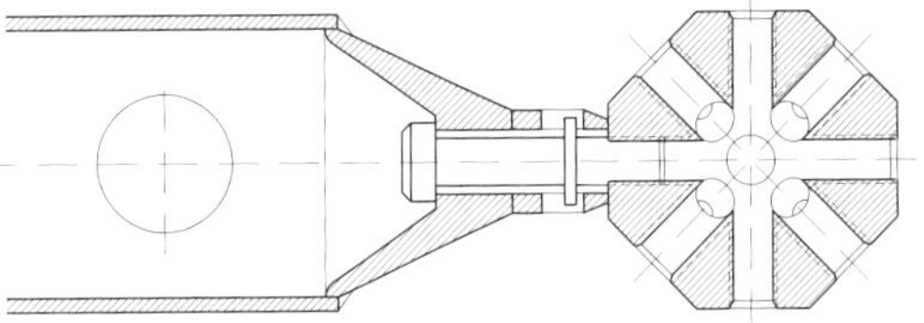

4.42

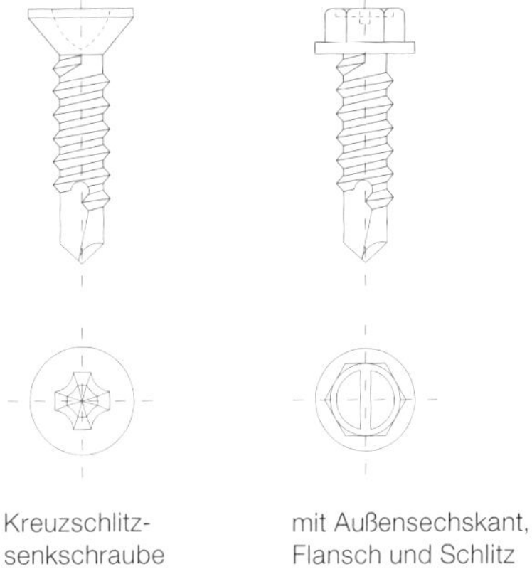

4.40

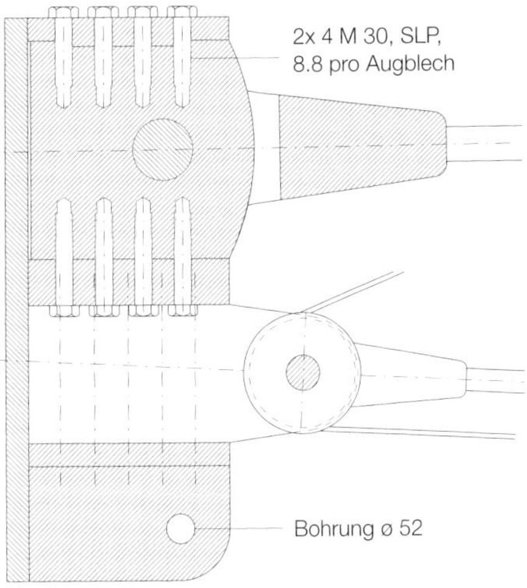

4.43

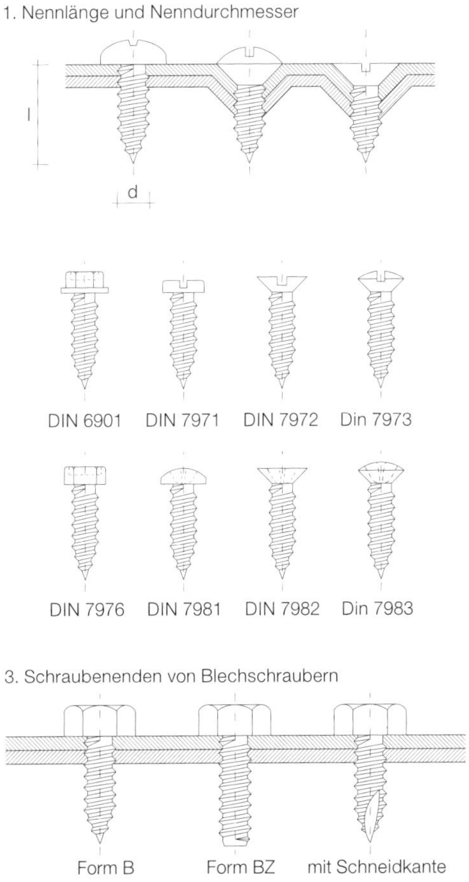

4.41

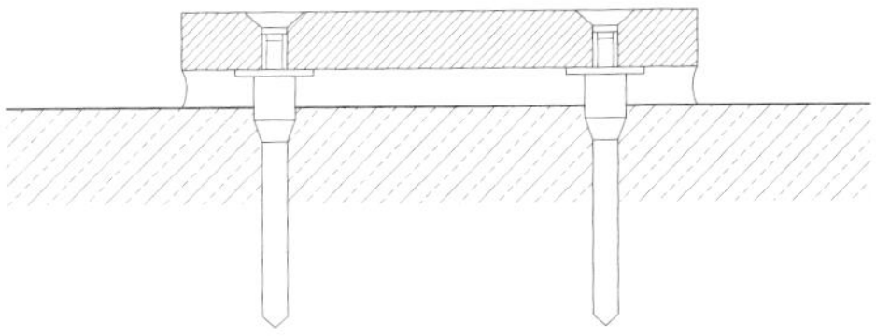

4.44 Schrägbolzenverbindung für einsinnige Querkräfte [440]
4.45 Doppelbolzenverbindung [440]
4.46 Rüstungsbau, Trägerklemme [440]

4.44

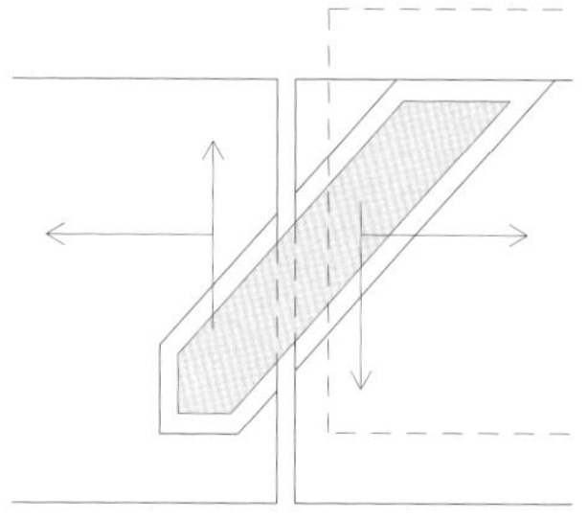

4.45

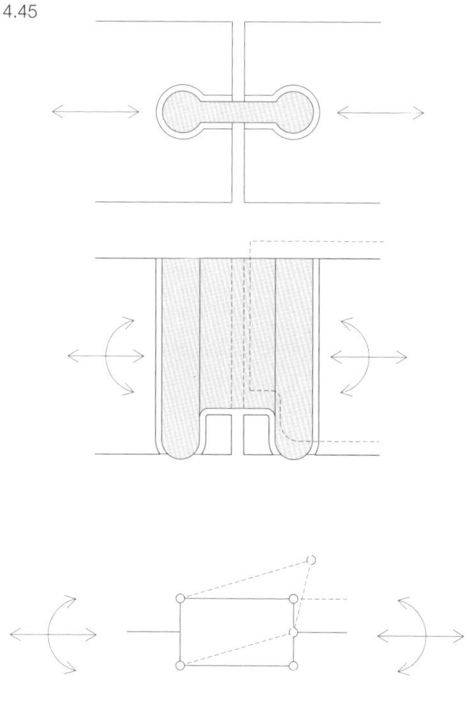

4.46

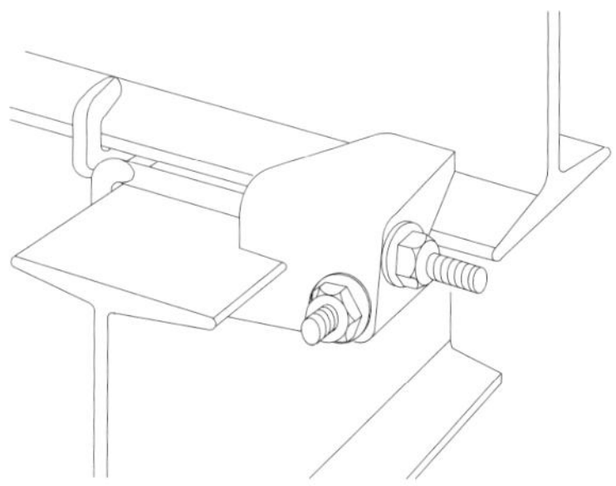

Verstiften
Das Verstiften ist eine im Stahlhochbau und im Stahlbrückenbau vergleichsweise selten angewendete Verbindungstechnik. Es soll hier jedoch erwähnt werden, da es bei hochbelasteten Details immer wieder eine geeignete Lösung aufgetretener Platzprobleme ist. Beim Verstiften werden zylindrische Stifte in massive Stahl- oder Stahlgußteile mit entsprechenden Bohrungen mit höchster Paßgenauigkeit eingesetzt. Stifte tragen Kräfte entsprechend nur über die zylindrischen Fügeflächen durch Reib- oder Formschluß ab. Sie sind damit für kompakte Abscherverbindungen geeignet.

Verkeilen
Eine Verkeilung entsteht durch Anpressen zweier Fügeteile unter Verwendung von selbsthemmenden Hilfskeilen. Die Keilgeometrie erzeugt dabei eine Kombination aus Reib- und Formschluß, die zur Kraftübertragung in einem gewissen Umfang geeignet ist.

Wie aus der vorangegangenen Diskussion der wesentlichen, der Differentialbauweise zuzuordnenden Verbindungstechniken deutlich wurde, erlaubt die Differentialbauweise das einfache Montieren und Demontieren von Bauteilen, auch auf der Baustelle. Hierdurch wird auch die Rezyklierbarkeit der Bauwerke entscheidend verbessert. Im Hinblick auf die Demontierbarkeit sollten die Verbindungsmittel möglichst gut zugänglich sein sowie einen hohen Standardisierungsgrad aufweisen, das heißt, es sollten möglichst viele gleichartige Verbindungselemente verwendet werden. Auf gute Zugänglichkeit ist zu achten.

Integralbauweisen
Ein in Integralbauweise gefertigtes Bauteil ist aus einem Stück geformt. Es besteht aus einem Werkstoff. Mit entsprechenden Technologien können hierbei sehr komplizierte Formen hergestellt werden. Geometrie und Wandstärkenverlauf werden dem Kraftfluß im Bauteil angepaßt, wodurch eine sehr homogene Ausnutzung des Baustoffes unter Vermeidung jeglicher Spannungskonzentration erzielt wird. Hierdurch wird, gegenüber der Differentialbauweise, eine Reduktion des Bauteilgewichtes möglich.

Die bekanntesten Verfahren zur Herstellung von Bauteilen in Integralbauweise sind:

- Gießen (Stahlguß, Aluminiumguß etc.)
- Walzen
- Extrudieren
- Schmieden
- Spanabhebend bearbeiten

Da ein in Integralbauweise gefertigtes Werkstück stets aus nur einem Werkstoff besteht, ist es im allgemeinen hervorragend rezyklierbar.

Bauteile in Integralbauweise entstehen durch Bearbeiten bzw. Umformen von Vorprodukten. Die hierzu zur Verfügung stehenden Technologien und Prozesse wurden detailliert im Kapitel »Der Werkstoff und seine Herstellung« beschrieben. Nachfolgend werden deshalb nur die wichtigsten Aspekte dieser Bearbeitungsmethoden wiederholt.

Gießen
Das Gießen erlaubt die Herstellung kompliziert geformter Bauteile. Man unterscheidet unterschiedliche Gießverfahren und unterschiedliche Gußwerkstoffe. Das zur Anwendung kommende Gießverfahren und der eingesetzte Gußwerkstoff hängen im wesentlichen von der Bauteilgeometrie, der geforderten Oberflächenqualität, der Schweißbarkeit und der mechanischen Beanspruchung des Bauteils ab.

Allen Gußbauteilen gemeinsam sind die vergleichsweise hohen Kosten zur Herstellung des Modells aus Kunststoff, Holz oder Metall. Man wird Gußbauteile also immer dann einsetzen, wenn

- die gewünschte Bauteilgeometrie nicht mit anderen Methoden herstellbar ist
- hohe Stückzahlen erforderlich bzw. möglich sind.

Bekannte Beispiele für Gußbauteile sind die zumeist im Wachsausschmelzverfahren hergestellten Spider für punktförmige Halterungen von Glasscheiben oder die im Sandbett gegossenen Verzweigungspunkte bei sogenannten Baumstützen, die besser als verzweigte Stützen bezeichnet werden sollten. Die Wiedereinführung von Stahlguß in das Bauwesen wurde durch die Bauten der Olympischen Spiele in München 1972 und durch das Centre Georges Pompidou in Paris 1976 entscheidend beflügelt. Bei den Olympiabauten in München wurden Bauteile aus Stahlguß hauptsächlich als Kopplungselemente zur Ver-

4.47 Kämpferdetail einer Stabkuppel. Besonders filigrane Gußkonstruktion
4.48 Gelenkiger Stützenfußpunkt unter Verwendung von Gußteilen
4.49 Stahlguß: Gegossene Randrohrmanschetten
4.50 Gerberette aus Stahlguß. Centre Georges Pompidou, Paris (siehe Beispielteil, S. 302) [370]

bindung mehrerer Seile sowie als Umlenksättel für Seile, z. B. auf Mastköpfen verwendet.

Walzen
Das Walzen erlaubt die Herstellung von langen, aus einem einzelnen Werkstoff bestehenden Bauteilen mit konstanten Querschnittsabmessungen. Es stellt die am häufigsten angewendete Methode zum Formen des Baustoffes Stahl dar. Im Kapitel »Der Werkstoff und seine Herstellung« wird das Walzen von Stahl ausführlich besprochen. Wichtigstes Merkmal gewalzter Produkte ist der über die Bauteillänge konstante Querschnitt. Gewalzte Produkte für den Stahlbau sind beispielsweise Seildrähte mit rundem oder mit Z-Querschnitt, Walzträger in Doppel-T-,U-,T-,L- oder auch Z-Form sowie Rundmaterial und Bleche.

Extrudieren
Beim Extrudieren wird glühender Stahl mit hohem Druck durch eine entsprechend geformte Düse gepreßt. Das für Bauteile im Bauwesen nur selten angewendete Verfahren erlaubt die Herstellung von Querschnitten mit mehreren Hohlkammern oder komplizierten Hinterschneidungen, wie dies mit dem Standardwalzverfahren nicht möglich ist.

Mit beiden Verfahren, dem Walzen und dem Extrudieren, stellt man längliche Bauteile mit konstantem Querschnitt her. Solche Bauteile sind aber nur als zugbeanspruchte Stäbe und, bei entsprechend gestalteten Hohlquerschnitten, für Torsionsbelastung optimal dimensioniert. Druck- und Biegebeanspruchung erfordern eigentlich eine über die Bauteillänge ungleichförmige Querschnittsverteilung, so wie dies beispielsweise durch Gießen, Schmieden oder der spanabhebenden Bearbeitung möglich ist.

Schmieden
Im Vergleich zum Gießen und der spanabhebenden Bearbeitung eines Rohlings unterliegt das Schmieden noch stärkeren Einschränkungen des Bauteils hinsichtlich Größe und Gewicht. Die Einschränkungen sind verfahrensbedingt. Siehe Kapitel »Der Werkstoff und seine Herstellung«. Geschmiedete Bauteile kommen im Stahlbau hauptsächlich beim Bauen mit Seilen in Form der häufig geschmiedeten Endbeschläge für Seile oder für Seilklemmen vor.

4.47

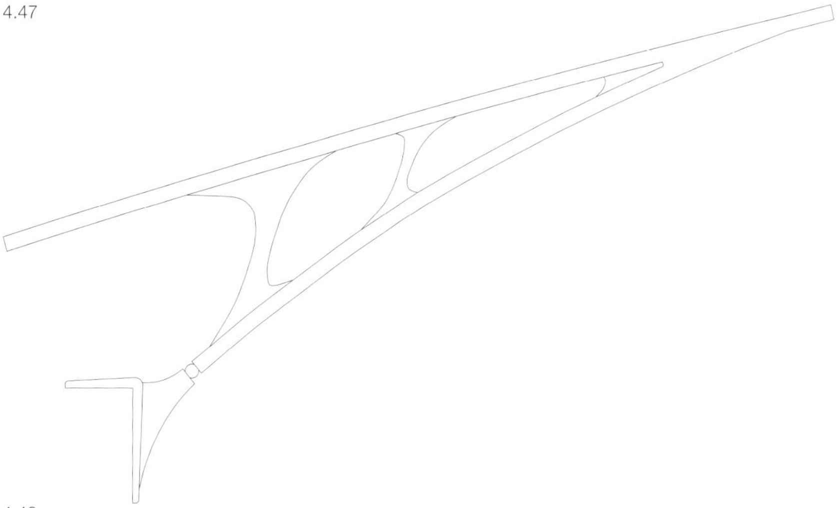

4.48

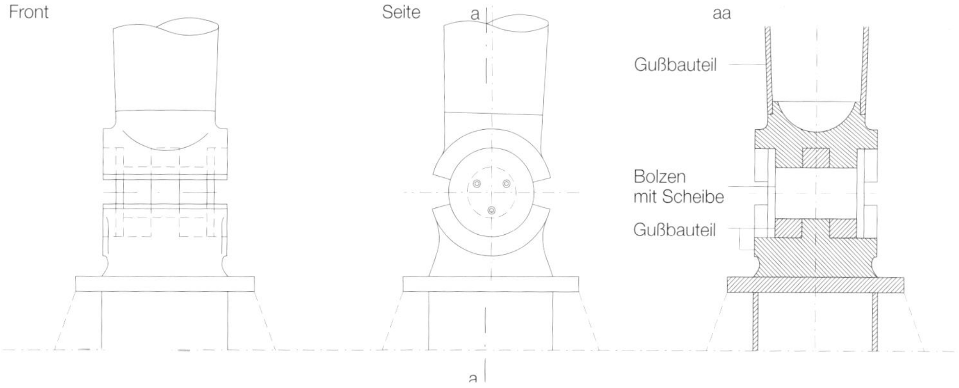

4.49

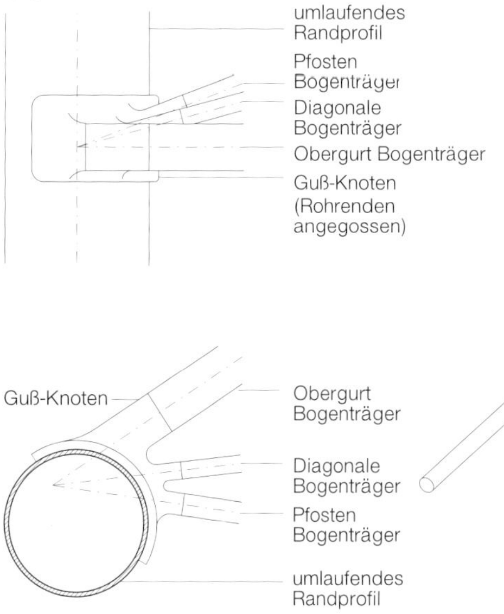

4.50

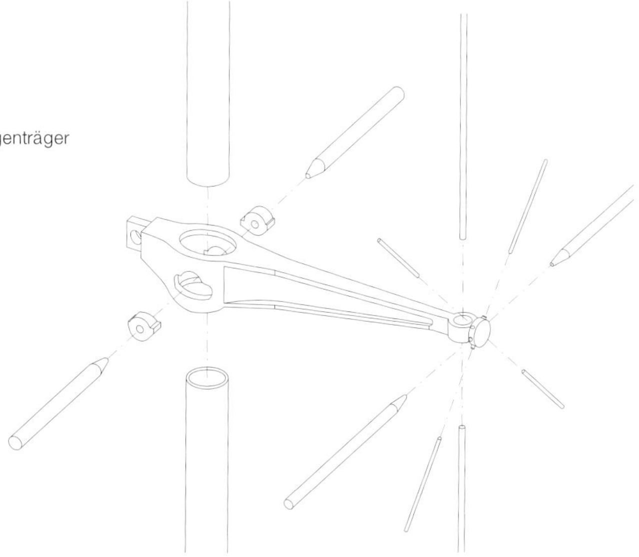

4.51 Gezogenes Stahlprofil
4.52 Gegossenes Endstück einer Stahlrohrstütze
4.53 Umlenksattel aus Stahlguß [259]
4.54 Randseilklemme, geschmiedet

4.51

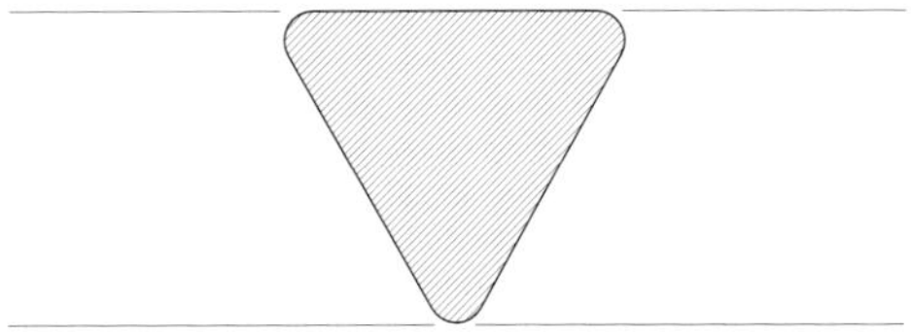

4.52

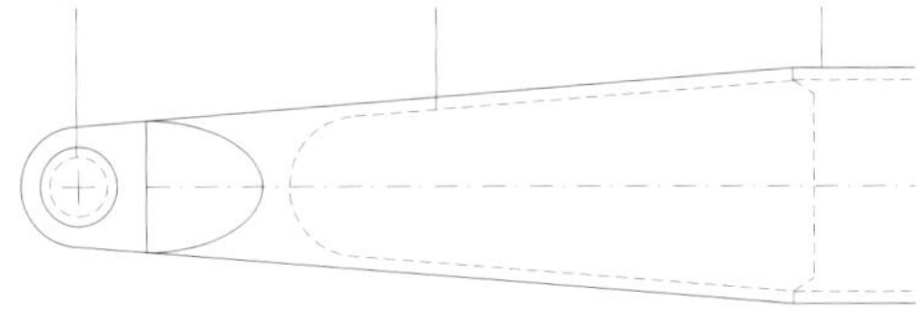

4.53

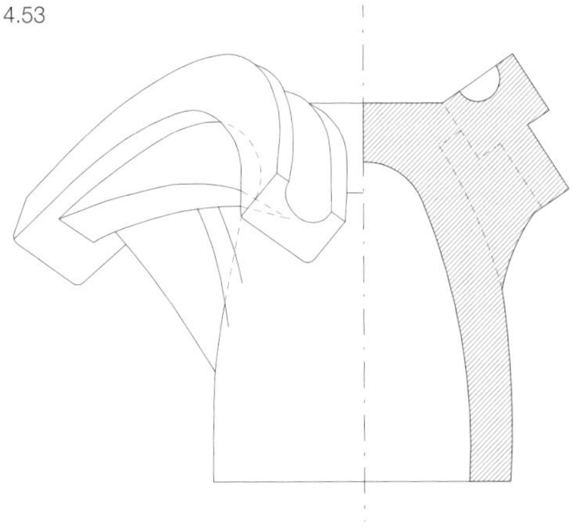

4.54

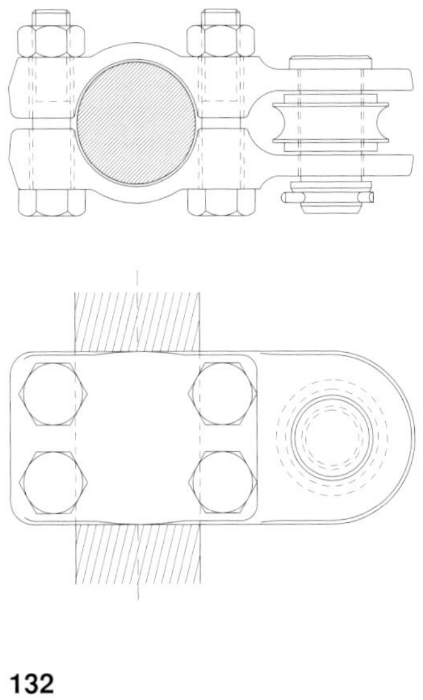

Spanabhebende Bearbeitung
Die spanabhebende Bearbeitung kommt bei nahezu allen Stahlbauteilen zur Anwendung, unabhängig von der Bauweise. Die bei der spanabhebenden Bearbeitung angewendeten Fertigungsmethoden werden im Kapitel »Der Werkstoff und seine Herstellung« ausführlich dargestellt. Bei den hier besprochenen Integralbauweisen soll sie unter dem Aspekt diskutiert werden, daß das gesamte Bauteil aus einem Rohling mittels spanabhebender Bearbeitung erstellt wird. Dies erlaubt eine der Bauteilbeanspruchung angepaßte Wanddickenauslegung oder das Ausnehmen niedrig beanspruchter Bereiche. Die Herstellung, auch kompliziert geformter Bauteile, ist aufgrund der mittlerweile zur Verfügung stehenden computergestützten Bearbeitungsverfahren kein Problem mehr. So wurden beispielsweise schon ganze Serien von Randseilklemmen für Seilnetzkonstruktionen in kurzer Zeit und wirtschaftlich gegenüber dem Gießen aus Vollmaterial herausgefräst.

Bei allen vorgenannten Verfahren, dem Gießen, Walzen, Extrudieren, Schmieden und der spanabhebenden Bearbeitung, liegen Beschränkungen hinsichtlich der Werkstückgröße oder dem Werkstückgewicht vor. Gegenüber ihren Vorteilen als nahtstellenfreies Ein-Stoff-Bauteil mit einer an die mechanische Beanspruchung angepaßten Wandstärkenverteilung findet die Integralbauweise hier ihre Grenzen.

Integrierende Bauweisen
Bei der integrierenden Bauweise werden mehrere Bauelemente aus jeweils dem gleichen Baustoff zu einem quasi homogenen Bauteil zusammengefügt. Ziel ist es hierbei, die Vorteile der Differentialbauweise, also ein einfaches Herstellen komplexer Bauteile durch Zusammenfügen aus mehreren, für sich jeweils einfach herstellbaren Elementen, mit den Vorteilen der Integralbauweise, nämlich dem homogenen Kraftfluß innerhalb des Gesamtbauteils, zu kombinieren.

Die bekanntesten Fügetechniken der integrierenden Bauweisen sind:
- Kleben
- Schweißen

Kleben
Beim Kleben erfolgt die Verbindung zweier Bauteile durch eine Kombination aus Adhäsion und Kohäsion über einen zumeist organischen Kleber. Die Klebeverbindungen bieten gegenüber den klassischen Fügeverfahren, wie z. B. dem Schweißen, einige Vorteile:
- Fügen von unterschiedlichen Werkstoffen.
- Vollflächiger Materialkontakt, die Kraftübertragungsfläche ist beeinflußbar.
- Da keine Wärmevorbehandlung der Fügeflächen erforderlich ist, ergibt sich auch keine Veränderung des Werkstoffgefüges.
- Dichte Fugenflächen
- Hervorragende Haftung, Abdichtung und elektrische Isolierung der Verbindung, deshalb keine Korrosionsgefahr durch Fluß- und Schweißmittelreste oder elektrochemische Vorgänge.

Als Nachteile sind zu nennen:
- Die kaum vorhandene Wärmefestigkeit im Vergleich zum Stahl. Bei Temperaturen ab ca. 100 °C sinkt die Festigkeit erheblich ab, keine Beständigkeit gegen Temperaturen > 250 °C.
- Die Kleber sind teilweise unbeständig gegen bestimmte Chemikalien und Feuchtigkeit.
- Teilweise tritt Alterung auf, die zudem mit einem Festigkeitsverlust verbunden ist.
- Hohe Festigkeit und dauerhaft sichere Verbindung sind nur bei sorgfältiger, aufwendiger Vorbehandlung der Fügeflächen z. B. durch Entfetten, Beizen etc. erreichbar.
- Sehr empfindlich gegen abschälende Kräfte.

Klebeverbindungen setzen gewissenhaftes Arbeiten unter kontrollierten Umgebungsbedingungen voraus. Da dies unter Baustellenbedingungen nur schwerlich erreicht werden kann, erzeugt man tragfähige Klebeverbindungen am besten unter industriellen und steuerbaren Bedingungen (z. B. Flugzeugbau, seit 1935). 70 % der Fügungen einer Passagierraumzelle werden im Flugzeugbau mittlerweile geklebt. Neuere Herstellungstechnologien für extrem leichte und tragfähige Verbundteile sind ohne Klebung gar nicht mehr denkbar. Daher zählt das Kleben neben dem Schweißen und Schrauben zu den wichtigsten Fügeverbindungen in der industriellen Produktion.

Klebungen sind wie Schweißen, Löten und Nieten eine nicht zerstörungsfrei lösbare Verbindung.

4.55 Konstruktionsbeispiele zur Gestaltung von Klebefugen [424]
4.56 Günstige und ungünstige Gestaltung von Klebefugen [424]
4.57 Spannungsverteilung in Klebefugen
4.58 Beanspruchungsarten einer Klebefuge

Bei der Planung von Klebeverbindungen sind insbesondere folgende Punkte zu beachten:

- Die Fugenbeanspruchung kann nur auf Druck und/oder Schub erfolgen.
- Die Klebefläche muß ausreichend groß und ausreichend rauh bemessen sein.
- Größere Fügespalten sind nur mit Füllstoffen (faserige oder pulvrige Zusätze) überbrückbar.
- Bei Schälbeanspruchungen einfacher Überlappungsverbindungen müssen kombinierte Verbindungen gewählt werden.
- Die Klebschichtdicke muß dünn und mit gleichmäßiger Dicke verlaufen.
- Große oder gekrümmte Fügeflächen können oft nur durch speziellen Druck zum gleichmäßigen Anliegen gebracht werden.
- Spannungskonzentrationen sind unbedingt zu vermeiden. Ebenso sind abrupte Querschnittsänderungen der Fügeflächen und der Klebschichtstärken auf alle Fälle zu vermeiden
- Die Querschnittsgeometrie der Fügekörper soll sich dem Verlauf der Kraftübertragung anpassen, um einen möglichst gleichmäßigen Spannungszustand im Innern der Fuge zu erzielen.

Zur Anwendung gelangen:

- Einkomponentenkleber. Die Aushärtung erfolgt hier durch Druck und Wärme.
- Zweikomponentenkleber. Die beiden Kleberkomponenten werden unmittelbar vor dem Kleben gemischt. Die Aushärtezeit kann durch Erwärmen erheblich verkürzt werden.

Die Verarbeitungseigenschaften und die mechanischen Eigenschaften der Kleber sind in weiten Bereichen einstellbar, beispielsweise durch Zugabe von Lösungsmitteln, Weichmachern oder Füllstoffen.

Bei geklebten Konstruktionen liegt, insbesondere bei hoher Dosierung der Kleber, nach der Demontage ein Zweikomponentenwerkstoff vor.

Im Stahlbau kommt Kleben von tragenden Bauteilen nur in wenigen Einzelfällen zur

F = Zugbelastung
M_i = Momentenbelastung
s = Blechdicke
$l_ü$ = Überlappungslänge
di = Innendurchmesser
d_a = Außendurchmesser

4.55

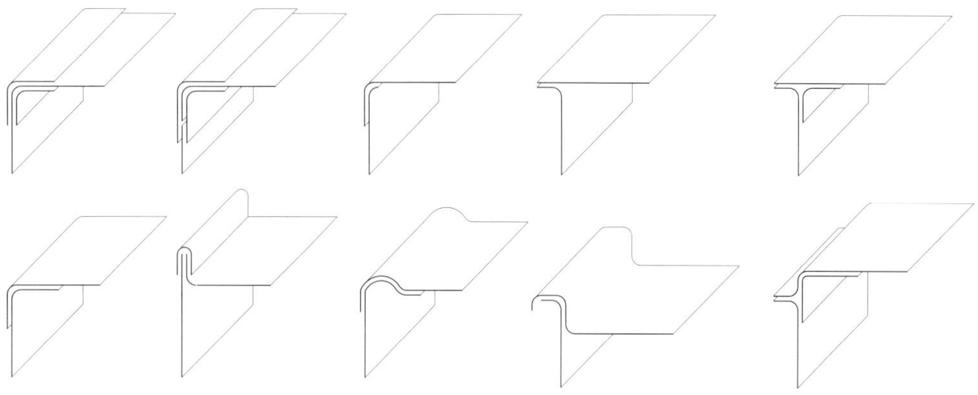

4.56

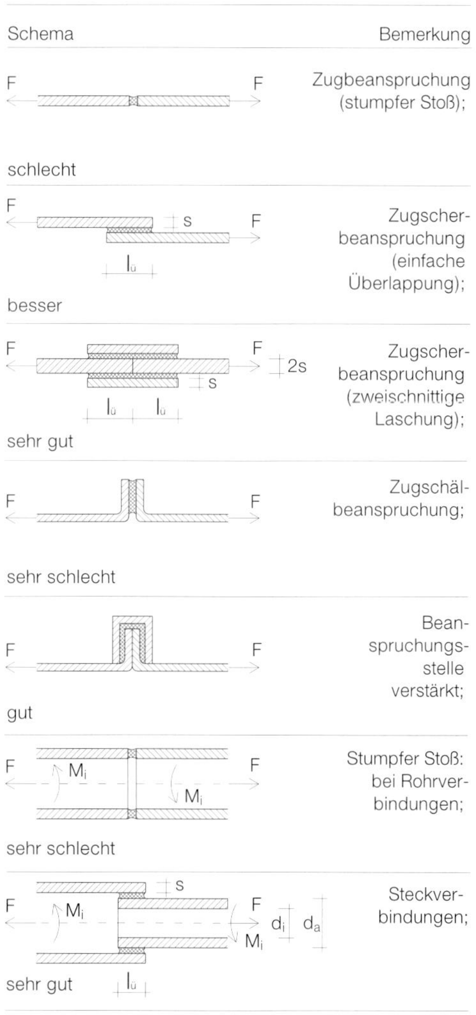

4.57

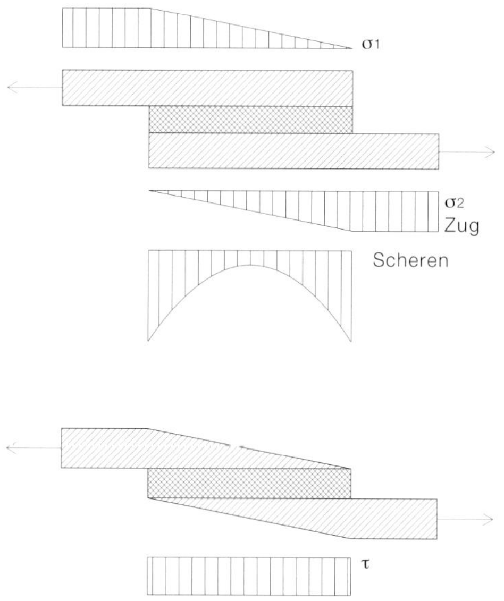

4.58

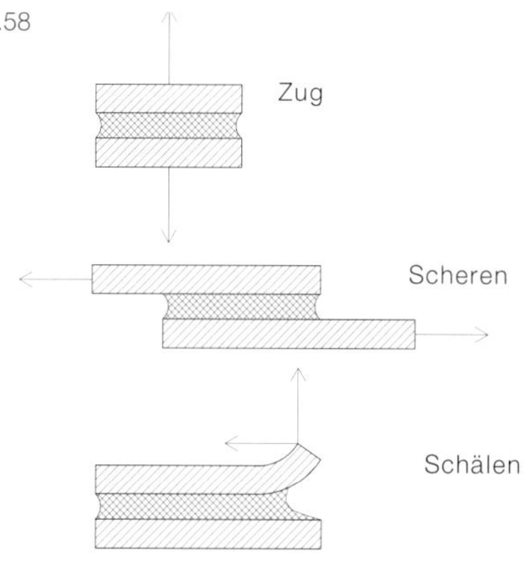

Anwendung, da die heute verfügbaren Kleber keine hinreichende Kurz- und Dauerstandsfestigkeit bei höheren Temperaturen, wie sie z. B. im Brandfall entstehen können, besitzen. Falls jedoch mit Sicherheit davon ausgegangen werden kann, daß keine Brandlast vorliegt bzw. keine Brandbeaufschlagung erfolgt, dann stellt Kleben eine interessante Variante dar.

Schweißen

Das Schweißen kann heute neben dem Schrauben als Standardverbindung im Stahlbau bezeichnet werden. Es ist die ideale Verbindungstechnik, um Bauteile in integrierender Bauweise – also nahezu ohne Spannungskonzentrationen – in beliebiger Größe in der Werkstatt oder vor Ort herzustellen. Hinsichtlich ihres Rezyklierverhaltens sind geschweißte Bauteile sehr günstig zu bewerten. Das durch die Verschweißung entstandene Ein-Stoff-Bauteil ist leicht aufzutrennen und kann wieder eingeschmolzen werden.

Beim Schweißen werden gleiche oder zumindest ähnliche Stähle dadurch verbunden, daß sie im Bereich der Nahtstelle nach einer Verflüssigung oder plastischen Verformung miteinander verschmolzen werden. Dies kann mit oder ohne Zuführung eines weiteren Werkstoffes erfolgen. Während dem Schweißvorgang muß das Schweißbad vor dem Zutritt von Luftsauerstoff oder anderen Substanzen, die beispielsweise zu Verunreinigungen führen könnten, geschützt werden. Das Schweißbad wird deshalb während des Schweißens durch den Aufbau einer lokalen, künstlichen Atmosphäre abgeschirmt. Die unterschiedlichen Schweißverfahren unterscheiden sich insbesondere auch in der Art und Weise, wie diese Atmosphäre erzeugt wird.
Im Vergleich zum Schweißen wird beim Löten nur der Zusatzwerkstoff, das Lot, verflüssigt.

Bei der Diskussion, ob und wie eine Verbindung verschweißbar ist, taucht regelmäßig der nicht exakt definierte Begriff der »Schweißbarkeit« auf. Zur einfacheren Analyse der Problemstellung wird der Begriff Schweißbarkeit nachfolgend durch die leichter überschaubaren Teileigenschaften
- Schweißeignung (des Werkstoffes)
- Schweißsicherheit (der Konstruktion)
- Schweißmöglichkeit (durch die Fertigung)

ersetzt.

Die Schweißeignung eines Werkstoffes ist umso besser, je weniger die spezifischen Eigenschaften eines Werkstoffes beim Schweißen zu berücksichtigen sind und je weniger die Gefahr besteht, daß die Werkstoffeigenschaften durch das Verschweißen verändert werden.

Als wesentliche Eigenschaften eines schweißgeeigneten Stahles sind zu nennen:
- Keine Kaltrißbildung in der Wärmeeinflußzone (WEZT)
- Geringe Neigung zur Bildung spröder, rißanfälliger Gefüge.

Die Schweißsicherheit ist um so größer, je weniger die konstruktionsbedingten Faktoren bei der Auswahl des Werkstoffes einer bestimmten schweißtechnischen Fertigung beachtet werden müssen. Die Schweißmöglichkeit besteht dann, wenn die an einer Konstruktion geplanten Schweißtätigkeiten unter den vorhandenen Rahmenbedingungen ausgeführt werden können.

Die zur Verfügung stehenden Schweißverfahren können nach unterschiedlichsten Kriterien sortiert werden. Die für das Bauwesen geeignetste Einteilung unterscheidet in:
- Schmelzschweißen
  Örtlich begrenzter Schmelzfluß ohne Anwendung von Kraft, mit oder ohne Schweißzusatz. Die Mehrzahl der Verfahren verwendet den Lichtbogen als Energiequelle. Daneben gibt es als Wärmeträger Gas, elektrischen Widerstand und den Laser- oder Elektronenstrahl.
- Preßschweißen
  Unter Anwendung von Kraft mit oder ohne Schweißzusatz; örtlich begrenztes Erwärmen erleichtert das Schmelzen des Metalls. Zum Preßschweißen gehören Verfahren, bei denen die Verbindung entweder durch Bewegung (z. B. Reibschweißen) oder durch Erwärmung an den Stoßflächen ermöglicht wird.

Wegen ihrer großen Bedeutung für den Stahlbau werden nachfolgend die wichtigsten Schweißverfahren diskutiert.

Schmelzschweißverfahren
Lichtbogenschweißen:
Beim Lichtbogenschweißen wird zwischen einer stabförmigen Elektrode und dem Bauteil durch Anlegen einer hohen Spannung ein Lichtbogen erzeugt. Durch die dabei entstehende Wärme schmilzt die Elektrode (Schweißdraht) ab.

Beim Schweißen von Hand werden mit einem Schweißzusatz ummantelte Elektroden verwendet. Während der Schweißdraht abschmilzt und diese Schmelze zwischen den zu verbindenden Bauteilen zu liegen kommt, sorgt das Schweißzusatzmittel für das Entstehen der lokalen, sauerstofffreien und von Verunreinigungen geschützten Atmosphäre. Die Ummantelung vergast dabei teilweise, die restlichen Substanzen schwimmen als Schlacke auf dem Schweißbad auf und müssen vor dem Legen einer neuen weiteren Naht entfernt werden. Es können Überkopfnähte, stehende Nähte und liegende Nähte hergestellt werden.

Beim Schutzgasschweißen wird ein blanker Schweißdraht durch Anlegen eines Lichtbogens abgeschmolzen. Das Schweißbad wird hier jedoch durch ein gezielt zugeführtes Schutzgas abgeschirmt. Meistens kommen als Schutzgase inerte Gase zum Einsatz. Die Elektroden sind abschmelzend (als Zusatzwerkstoff) oder, als Dauerelektroden, nicht abschmelzend. Je nach Art der verwendeten Elektroden, des Schutzgases und des Lichtbogens werden eine Reihe unterschiedlicher Schutzgasschweißverfahren unterschieden. Einige der wichtigsten Verfahren sind das Wolfram-Wasserstoffschweißen (WHG), das Wolfram-Inertgasschweißen (WIG) und das Metallschutzgasschweißen (MIG/MAG). Es können Überkopfnähte, stehende Nähte und liegende Nähte hergestellt werden.

Beim Abbrennstumpfschweißen wird ein Lichtbogen zwischen den beiden zu verbindenden Bauteilen gezündet. Die Verschweißung erfolgt ohne Zuführung von Schweißgut. Die Schutzatmosphäre wird durch Schutzgas, einen separat zugeführten Schweißzusatzwerkstoff oder Abschirmung erzeugt. Das Verfahren wird hauptsächlich zur Verschweißung kleiner Bauteile verwendet, so zum Beispiel beim Aufschweißen von Kopfbolzendübeln. Beim Aufschweißen von Kopfbolzendübeln wird die Schweißzone üblicherweise durch einen Keramikring vor dem Zutritt von Sauerstoff und Verunreinigungen abgeschirmt.

4.59 Einteilung der Schmelzschweißverfahren in Anlehnung an DIN 1910, Teil 2
4.60 Werkstoffübergang bei der elektrischen Lichtbogenschweißung [307]
4.61 Schematische Darstellung des Metall-Schutzgasschweißens [282]
4.62 Herstellung einer Stumpfnaht mit Auslaufblechen [307]

4.59

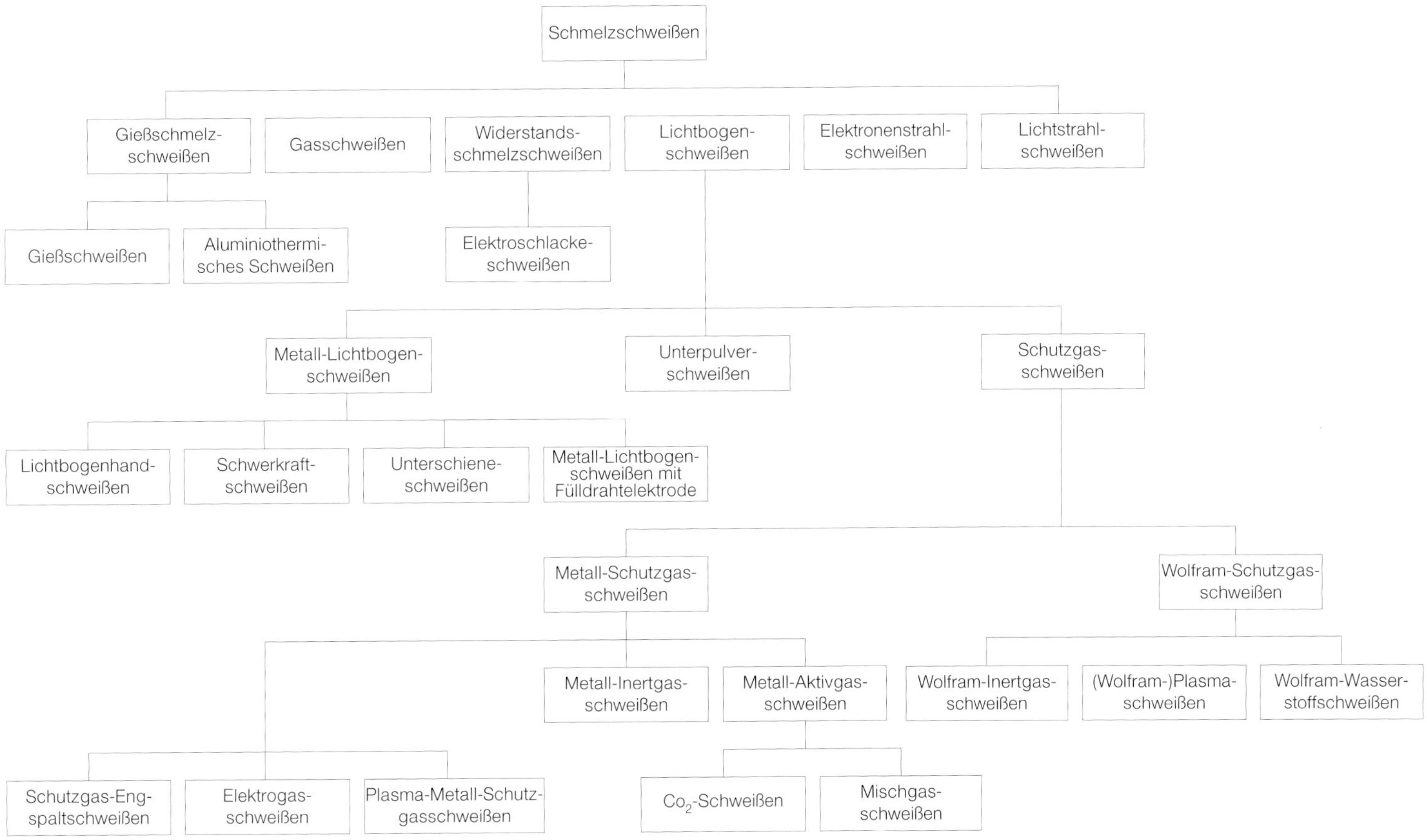

4.60

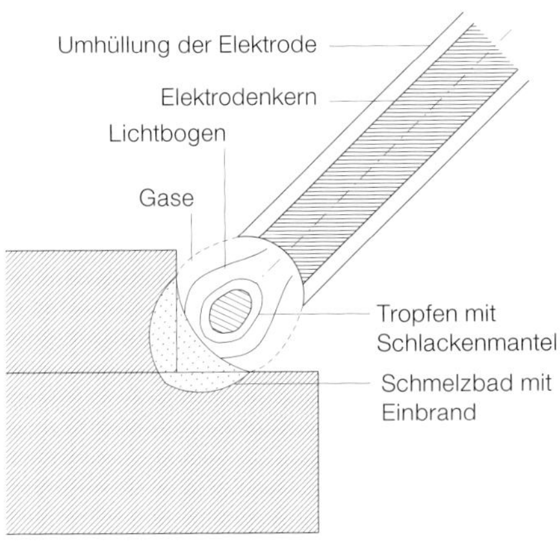

4.61

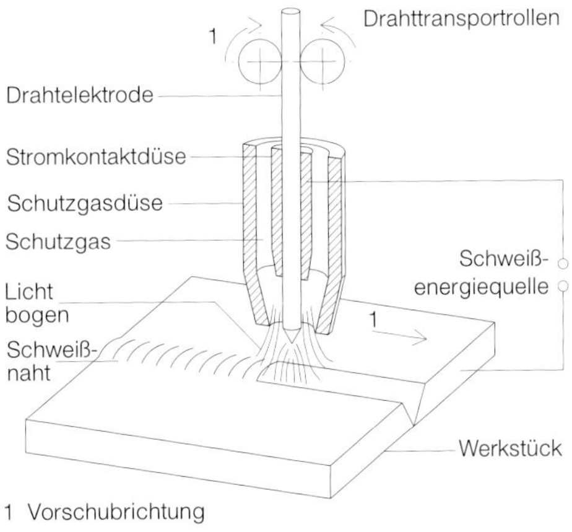

4.62

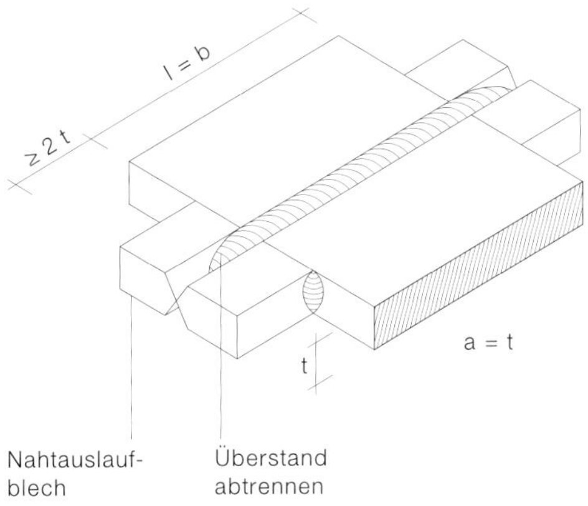

4.63 Stoßarten, Form und Abmessungen von Schweißnähten nach DIN 18800, Teil 1 [307]

4.63

		Symbol	Nahtart [1]	Bild	Rechnerische Nahtdicke a
1	Nicht durchgeschweißte Nähte	V	Stumpfnaht	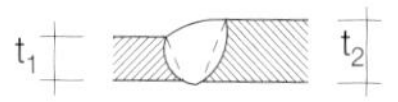	$a = t_1$, wenn $t_1 \leq t_2$
2		K	D(oppel)HV-Naht (K-Naht)	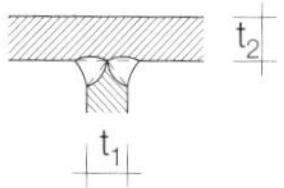	$a = t_1$
3		V	HV-Naht Klapplage gegen-geschweißt	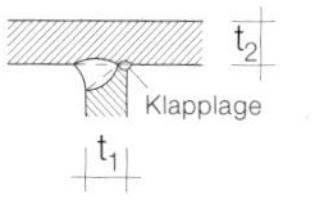	
4		V	HV-Naht Wurzel durch-geschweißt	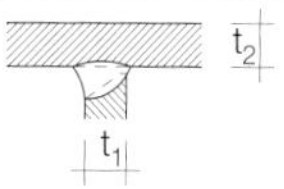	
5	Durch- oder gegengeschweißte Nähte	Y	HY-Naht mit Kehlnaht [2 3]	evtl. Klapplage 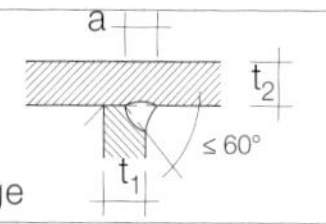	Die Nahtdicke a ist gleich dem Abstand vom theoretischen Wurzelpunkt zur Nahtoberfläche
6		Y	HY-Naht [2 3]	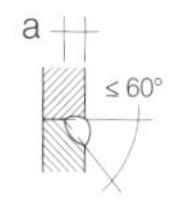	
7		K	D(oppel)HV-Naht mit Doppelkehlnaht [2]	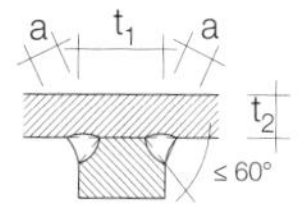	
8		K	D(oppel)HY-Naht [2]	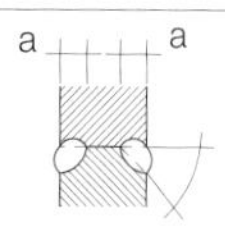	
9	Kehlnähte	||	Doppel I-Naht ohne Nahtvorbereitung (Vollmech. Naht)	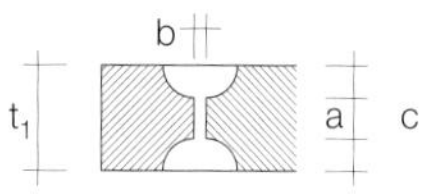	Nahtdicke a mit Verfahrensprüfung festlegen. Spalt b ist verfahrensabhängig UP-Schweißung $b = 0$
10		◺	Kehlnaht [3]	theoretischer Wurzelpunkt 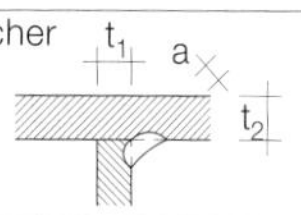	Nahtdicke ist gleich der bis zum theoretischen Wurzelpunkt gemessenen Höhe des einschreibbaren gleichschenkligen Dreiecks. Empfohlene Grenzwerte für a: $a > 2$ mm; $\geq \sqrt{\max t} - 0{,}5$; $a \leq 0{,}7 \times \min t$ (a, t in mm) $t \geqq 3$ mm
11		▷	Doppelkehlnaht	theoretische Wurzelpunkte 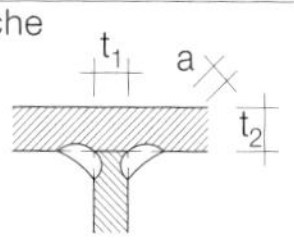	

Fortsetzung auf der nächsten Seite

Autogenschweißverfahren:
Beim Autogenschweißen werden metallische Werkstoffe mit Hilfe einer aus brennbarem Gas und Luft bzw. Sauerstoff erzeugten Flamme hoher Temperatur verschweißt (autogen = griechisch: »aus sich selbst«).
Der Zusatzwerkstoff und die Wärmequelle werden getrennt geführt, wodurch sich eine gute Modellierfähigkeit des Schweißbades, eine gute Spaltüberbrückbarkeit sowie eine direkte Vorwärmmöglichkeit ergibt. Die Schweißgeschwindigkeit ist üblicherweise niedrig, die Gefahr eines Teileverzuges ist größer als bei den meisten anderen Verfahren.

Elektronenstrahlschweißen:
Mit Hilfe einer Strahlenquelle werden beschleunigte negative Ladungsträger gezielt auf eine Werkstücksoberfläche gebracht, wo die dort vorhandene hohe kinetische Energie in Wärmeenergie umgewandelt wird. Im Strahlenfokus wird das Metall zum Schmelzen gebracht. Das Verfahren wird ausschließlich im Vakuum angewendet. Schutzgase und Schweißzusätze sind nicht erforderlich. Weitere Vorteile sind die extrem hohe Leistungsdichte, schmale WEZ und die gute Regelbarkeit der Schweißparameter. Das Elektronenstrahlschweißen ist für das Bauwesen von geringer Bedeutung.

Laserstrahlschweißen:
Beim Laserstrahlschweißen wird durch einen Laserstrahl (monochromatischer, kohärenter Strahl aus parallelisierten Lichtstrahlen) im Auftreffpunkt (Brennpunkt) eine enorme Leistungsflußdichte erzeugt, die die Intensität eines elektrischen Lichtbogens etwa um das Dreifache übersteigt. Laserstrahlschweißnähte zeichnen sich durch ein sehr großes Tiefen-/Breiten-Verhältnis von bis zu 10:1 aus. Daraus resultieren eine hohe Schweißleistung, eine hohe Geschwindigkeit, geringer Wärmeaufwand und folglich geringer Verzug der Fügeteile. Das Verfahren findet auf dem Gebiet der Elektrotechnik, im Karosserie- und Behälterbau (Dünnblechschweißen) und auch im Schiffs- und Flugzeugbau Verwendung. Im Bauwesen wird es zur Zeit für die Herstellung von Bauteilen für hochqualitative filigrane Fassadenkonstruktionen eingeführt. Mit dem Laserstrahlschweißen können Überkopfnähte, stehende Nähte und liegende Nähte hergestellt werden.

4.63 Querschnittsformen von Schweißnähten [307]
4.64 Stumpfnähte am Dickenwechsel von Blechen [307]

Unterpulverschweißen:
Beim Unterpulverschweißen wird eine mechanisch zugeführte Drahtelektrode an der Nahtstelle in eine Pulverschüttung eingeführt. Der Lichtbogen brennt verdeckt und unter Ausschluß der Atmosphäre unter dieser Pulverschüttung ab. Zum Einsatz kommen dem Grundwerkstoff artgleiche oder zumindest angepaßte Elektroden und körnige, mineralische Pulver. Mit dem Unterpulverschweißen können lediglich liegende Nähte herstellt werden.

Preßschweißverfahren
Reibschweißen:
Beim Reibschweißen wird üblicherweise eines der beiden zu verbindenden Bauteile in eine schnelle Rotation gebracht. Beim anschließenden Zusammendrücken der beiden Teile wird der rotierende Teil infolge der entstehenden starken Reibung abgebremst, die Reibflächen werden erhitzt und plastifizieren. Für die Verbindungsbildung ist das Erreichen des Schmelzzustandes nicht erforderlich. Durch gleichzeitiges Zusammenpressen lassen sich sogar artverschiedene Werkstoffe qualitativ gut verbinden. In Fertigungsstraßen sind bei kurzen Schweißzeiten sehr hohe Taktzahlen zu erzielen. Die Maschinenaufbauten ähneln denen großer Drehbänke. Die verschweißten Werkstücke sind vornehmlich rotationssymmetrisch. Verfahrensbedingt sind die Bauteile klein. Im Bauwesen wird das Reibschweißen beispielsweise zur Herstellung von Seilendbeschlägen verwendet.

Ultraschallschweißen:
Der Verbindungsprozeß entspricht etwa dem des Reibschweißens. Die erforderliche Wärme wird durch eingebrachte Ultraschallfrequenzen zwischen 15 und 60 kHz bei gleichzeitiger Krafteinwirkung (optional) erzeugt. Die Verbindung erfolgt ohne Schweißzusatz als Punkt- oder Nahtschweißung. Der Schweißvorgang dauert zwischen 0,1 und 3 Sekunden. Eine Oberflächenvorbereitung ist nicht erforderlich, selbst lackierte (aber fettfreie) Teile können auf diese Weise gefügt werden. Das Verfahren wird insbesondere in der Elektroindustrie und der Feinwerktechnik verwendet, wo Werkstoffe mit unterschiedlichen Schmelzpunkten miteinander verbunden werden müssen, ohne daß größere Wärmemengen anfallen.

4.63 Fortsetzung

		Symbol	Nahtart [1]		Bild	Rechnerische Nahtdicke a
12	Kehlnähte		Kehlnaht [3]	mit tiefem Einbrand	theoretischer Wurzelpunkt 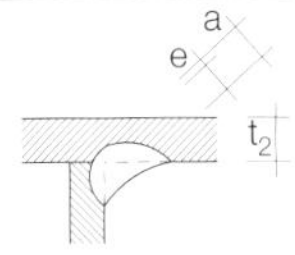	a = a + e a: entspricht Nahtdicke a nach Zeile 10 und 11 e: mit Verfahrensprüfung
13			Doppelkehlnaht	mit tiefem Einbrand	theoretischer Wurzelpunkt 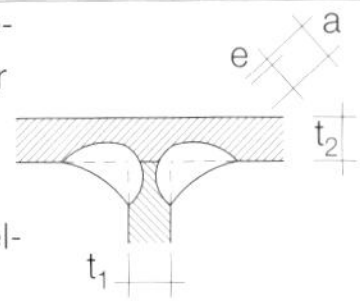	festlegen (s. DIN 18800-7, Abschnitt 3.4.3.2 a)
14			Dreiblechnaht		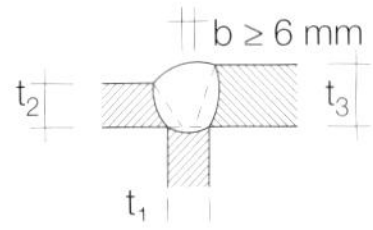	Kraftübertragung Von A nach B: $a = t_1$ für $t_2 < t_3$
15			Steilflankennaht [3]			Von C nach A u. B: a = b

1) Ausführung nach DIN 18800-7, Abschnitt 3.4.3
2) Bei Nähten nach Zeilen 5 bis 8 mit einem Öffnungswinkel < 45° ist das rechnerische a-Maß um 2 mm zu vermindern oder durch eine Verfahrensprüfung festzulegen. Ausgenommen hiervon sind Nähte, die in Position w (Wannenposition) und h (Horizontalposition) mit Schutzgasschweißung ausgeführt werden.
3) Werden die Schnittgrößen nach dem Nachweisverfahren Elastisch-Plastisch mit Umlagerung von Momenten, oder dem Nachweisverfahren Plastisch-Plastisch ermittelt, so dürfen diese Schweißnähte in Bereichen von Fließgelenken nicht verwendet werden, wenn sie durch Spannungen $\sigma_\perp$ oder $\tau_\perp$ beansprucht werden. Dies gilt auch für Nähte nach Zeile 4, wenn diese Nähte nicht prüfbar sind, es sei denn, daß durch eine entsprechende Überhöhung (Kehlnaht) das mögliche Defizit ausgeglichen ist.

4.64

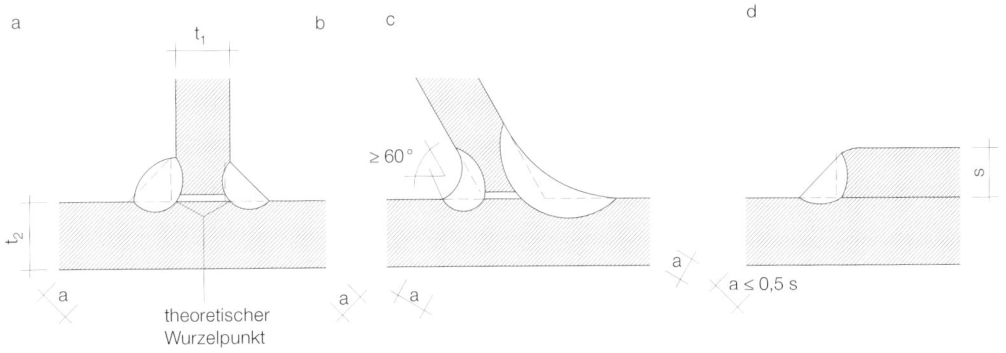

a) Wölbnaht
b) Flachnaht
c) Hohlnaht, mindestgröße des Kehlwinkels
d) empfohlene größte Nahtdicke an gerundeten Profilkanten

4.65

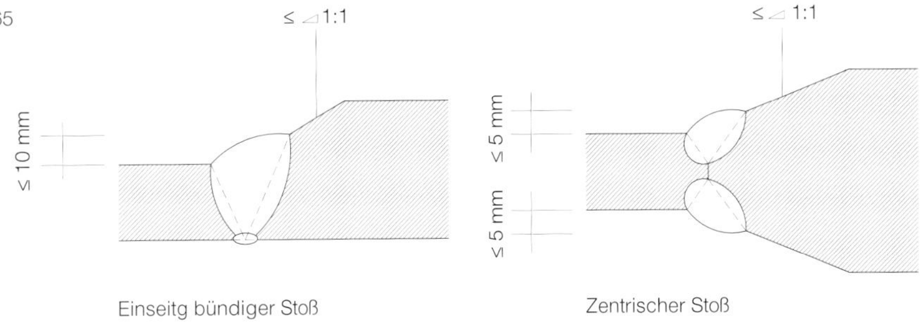

4.66 Unterpulverschweißen. Schemadarstellung [282]
4.67 Reibschweißen. Verfahrensschritte [94]
4.68 Punktschweißen
4.69 Geschweißter Kreuzungspunkt bei einem Windverband aus Zugstangen
4.70 Perfekter Kraftfluß in einer Rahmenecke durch diagonal eingesetzte Steifen
4.71 Rahmenecke. Die Momentenübertragung erfolgt maßgebend durch das Stegblech in der Rahmenecke
4.72 Schweißtechnisch schwierige sowie hinsichtlich des Kraftübertrags ungeschickte Lösung
4.73 Voller Momentananschluß, verkürzte Steifen zum Kraftaustrag aus den Trägerflanschen
4.74 Geschweißte Träger-Stütze-Anschlüsse: Voller Momentenanschluß

4.66
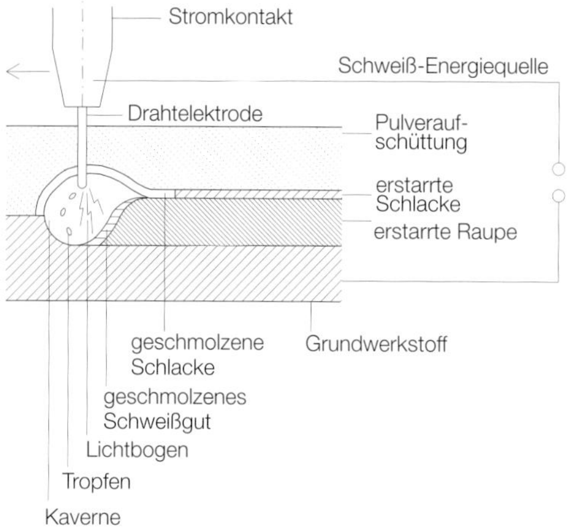

4.67
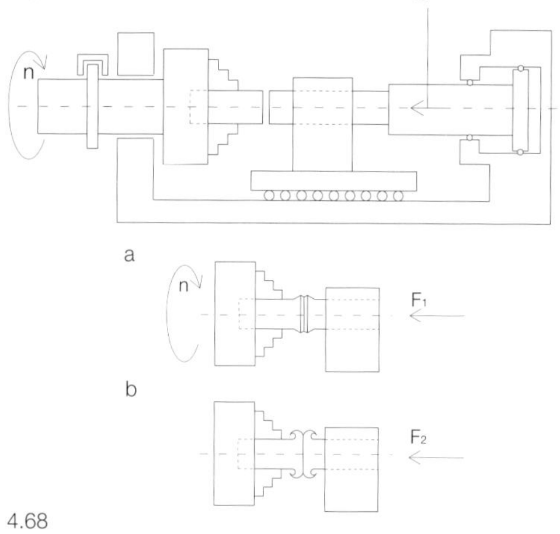

4.68
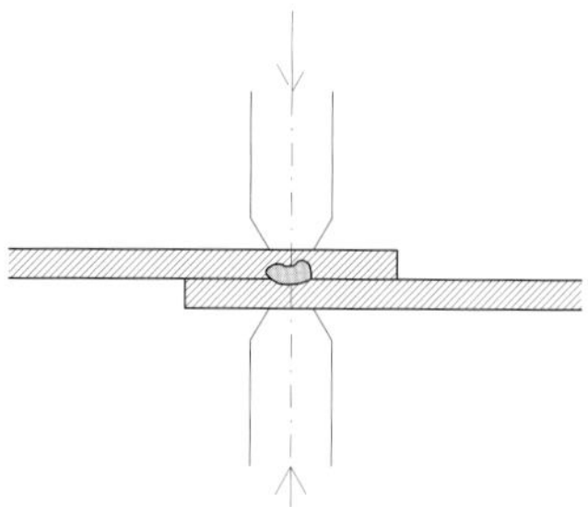

4.69
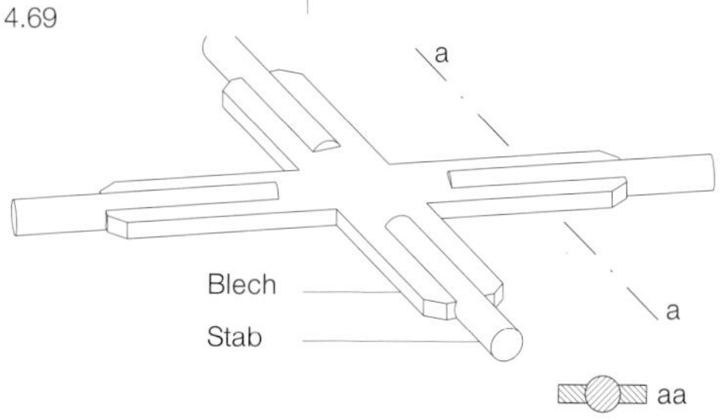

4.70
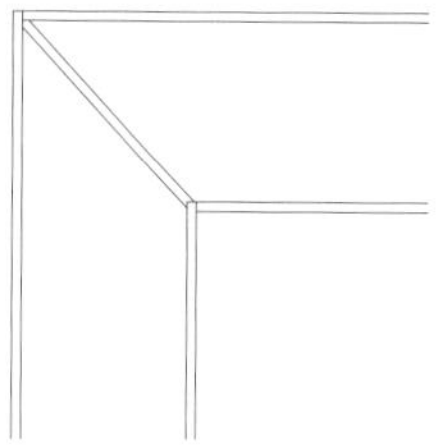

4.71

4.72
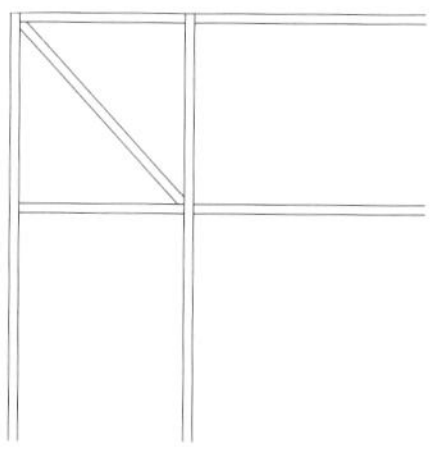

4.73
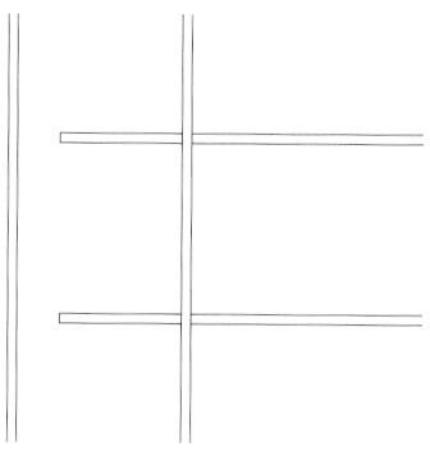

4.74

Widerstandsschweißen:
Die erforderliche Wärmeenergie wird durch elektrischen Wechselstrom über den Widerstand der Schweißzone erzeugt. Geschweißt wird mit und ohne Krafteinwirkung. Es sind lediglich Überlapp- und Stoßnähte herstellbar. Die Schweißdauer beträgt nur Sekunden, Zusatzwerkstoffe und Nachbehandlungen sind nicht erforderlich. Man schweißt dabei linear (Rollennahtschweißen) und punktuell (Punktschweißen). Das Verfahren findet insbesondere beim Bauen mit Blechen häufige Anwendung.

Lichtbogenpreßschweißen:
Ein nur kurzzeitig brennender Lichtbogen erwärmt die Stoßflächen der Werkstücke, die anschließend unter Krafteinsatz und vornehmlich ohne Schweißzusatz zusammengepreßt werden. Bekannte Anwendungen sind das Preßschweißen mit magnetisch bewegtem Lichtbogen.

Gestaltung von Schweißverbindungen
Geometrie und Funktion der Fügeteile einer Schweißkonstruktion bestimmen die Stoßarten und die Fugenform. Darüber hinaus erfolgt die Auswahl der Fugenformen durch weitere Einflußgrößen wie:
- Werkstückdicke
- Belastungsart
- Kraftfluß
- Schweißverfahren
- Stückzahl
- Kosten

Die Fugengeometrie und der Fugenquerschnitt sind so zu wählen, daß unter Berücksichtigung des gewählten Schweißverfahrens ein sicheres Durchschweißen der Wurzel und vollständiges Aufschmelzen der Fugenflanken möglich ist.

Der Werkstoff, das Schweißverfahren, die Belastungsart und die Konstruktion selbst sind die bestimmenden Faktoren für das Versagenverhalten einer geschweißten Verbindung. Die Festigkeit der Naht wird wesentlich beeinflußt durch
- die lokale Erwärmung und durch die durch anschließende Abkühlung bedingten Schrumpfungen und Eigenspannungen
- Kerben
- Schweißnahtimperfektionen

Prüfung von Schweißnähten
Tragende Schweißnähte dürfen nur von entsprechend ausgebildeten Schweißern ausgeführt werden. Die Arbeiten sind von Schweißfachleuten zu überwachen. Zur Gütesicherung von Schweißarbeiten sind vor Verarbeitungsbeginn entsprechende Prozeduren zu vereinbaren.

Neben den metallkundlichen und verschleißenden Prüfverfahren gibt es eine Vielzahl von Untersuchungsmethoden, um insbesondere die Gebrauchseigenschaften geschweißter Bauteile zu ermitteln. Bei derartigen Prüfungen müssen alle vom Schweißvorgang mittelbar und unmittelbar betroffenen Materialbereiche erfaßt werden, um Aussagen über Zähigkeit, Festigkeit, Formänderungsvermögen und auch Fehler im Grundwerkstoff zu erhalten.

Vielfach dient das atomare Gefüge im Verschweißungsbereich als Informant für Güteaussagen. Die Untersuchungen erfolgen zumeist unter Anwendung von:
- Röntgen
- Ultraschall

Schweißarbeiten an Bauteilen, die unter Last stehen, sind generell nur in Ausnahmefällen zulässig. In diesen Ausnahmefällen ist vorher durch Tragwerksplaner und Schweißfachingenieure festzustellen, ob durch die aufgebrachte Wärmeeinwirkung und die anschließend auftretenden Abkühlungen unzulässige Spannungsumlagerungen innerhalb eines Bauteiles auftreten können. Es ist kein Problem, ein hochbelastetes Bauteil durch Schweißarbeiten mit hoher lokaler Erwärmung zum Einsturz zu bringen!

Verbundbauweisen
Im Gegensatz zur Integralbauweise werden bei den Verbundbauweisen mehrere Werkstoffe innerhalb eines Bauteils kombiniert. Die Auswahl und die Anordnung dieser Werkstoffe innerhalb des Bauteils erfolgen dabei nach deren Eigenschaftsprofil. Die Verbundbauweisen erlauben somit, gezielt Werkstoffe mit gezielt ausgesuchten Eigenschaften dort im Bauteil zu plazieren, wo ihre Eigenschaften besonders gut ausnutzbar sind bzw. zur Geltung kommen.

Bei den Verbundbauweisen werden folgende Untergruppen unterschieden:
- allgemeine Verbundbauweisen
- Faserverbundbauweisen und Hybridbauweisen
- Sandwichbauweisen

Zu den allgemeinen Verbundbauweisen zählen z.B. die
- Stahl-Beton-Verbunde
- Stahl-Stahlbeton-Verbunde,

während Stahlbeton im ursächlichen Sinn, also als eine durch eine Vielzahl von Bewehrungsstäben durchzogene Betonmatrix, zu den Faserverbundbauweisen gehört.
Zu letzteren gehören auch die
- faserverstärkten Kunststoffe

Werden bei faserverstärkten Kunststoffen unterschiedliche Faserwerkstoffe innerhalb eines Bauteils eingesetzt, so spricht man von Hybridbauweisen.

Sandwichbauweisen sind im allgemeinen dreilagige Konstruktionen, die aus einer oberen und einer unteren Deckschicht sowie einem dazwischenliegenden Kern bestehen. Die drei Lagen werden üblicherweise miteinander verklebt. Insbesondere bei PUR-Kernen kann die Verklebung mit den Deckschichten auch vom Kernmaterial selbst erfüllt werden.

Beispiele:
- Stab/Stäbchensperrholz (früher Tischlerplatte)
- Stahlblech/PUR-Sandwichelemente
- Holzwolleleichtbauplatten
- Aluminium-Waben-Systeme

Verbundkonstruktionen können genau dann sehr effizient gestaltet werden, wenn sich zwischen den zu kombinierenden Werkstoffen ein optimaler Verbund einstellt. Die Krafteinleitungslängen werden damit kurz, materialerfordernde und die kompakte Detaillierung behindernde Verankerungslängen können auf das Minimum reduziert werden. Ein optimaler Verbund, der aus der Sicht der Lastabtragung im Bauteil zu wünschen ist, führt allerdings zu erheblichen Problemen bei der Demontage der Bauteile, da ein Auftrennen des Mehrstoffgemisches nahezu unmöglich wird. Hinsichtlich des Rezyklierverhaltens ist somit der völlig unzufriedenstellende Verbund zwischen Beton und der Stahlarmierung sehr positiv zu bewerten,

4.75 Stahl-Stahlbeton-Verbunde:
a Trapezblech mit Aufbeton
b Trapezblech mit Aufbeton
c Auflagerung einer Stahlbetondecke mit verlorener Schalung auf einem Stahlträger
d Auflagerung einer Betonflachdecke auf einem Verbundträger
e Auflagerung einer Stahlbetonflachdecke auf einem Stahlfachwerkträger
f Stahl-Stahlbeton-Verbundstütze: Außenmantel aus Stahlrohr
g Einbetonierte Stahlstütze
h Verbundstütze aus Doppel-T-Profil mit Kammerbeton
i Verbundstütze aus zusammengesetztem Stahlquerschnitt

4.76 Verbundstütze, Commerzbank Frankfurt a. M. (siehe Beispielteil, S. 380)

4.77 Verbundstütze, Commerzbank Frankfurt a. M. (siehe Beispielteil, S. 380)

4.75

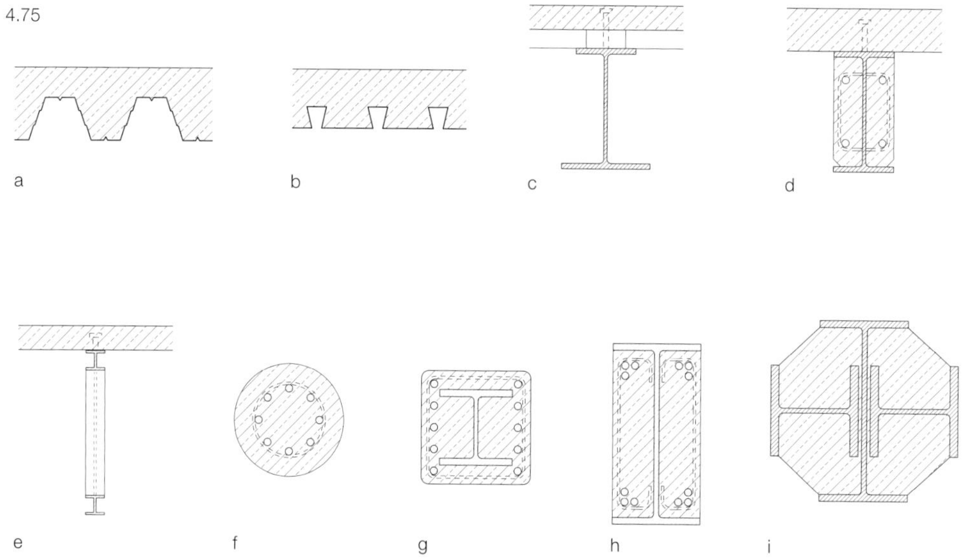

4.76

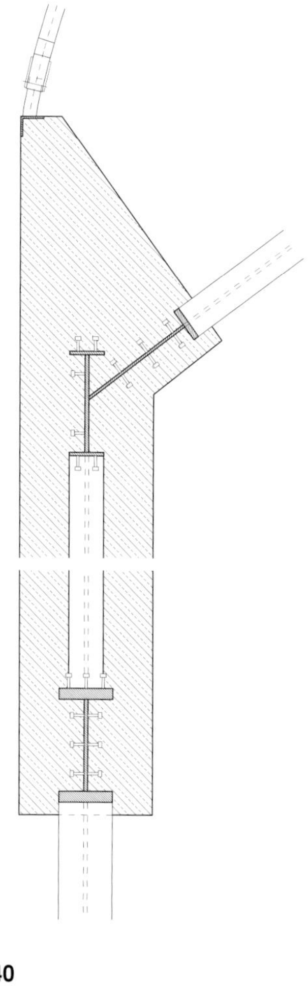

4.77

da erst dadurch die bekannt gute Rezyklierfähigkeit dieses Verbundbaustoffes bedingt wird.

Im Stahlbau wurde bisher in einer vergleichsweise unpräzisen Weise zwar von Stahlverbundbau gesprochen, gemeint waren damit aber eigentlich stets die Stahl-Beton-Verbunde bzw. die Stahl-Stahlbeton-Verbunde. Bei der Anwendung von Stahl in Sandwichbauweisen wurde – ähnlich unpräzise – häufig von Verbundbauweisen gesprochen.

Betrachtet man die Gruppe der allgemeinen Verbundbauweisen, so stellt man fest, daß den Stahl-Stahlbeton-Verbunden in den vergangenen Jahren eine wachsende Bedeutung zugekommen ist. Die Ursachen hierfür sind im wesentlichen folgende: Die Abtragung von Druckkräften ist mit Stahl – im Vergleich zu Beton – vergleichsweise teuer. Es bietet sich somit an, druckbeanspruchte Bauteile entweder ganz aus Beton oder aber mit entsprechenden Betonanteilen auszuführen. Ähnliches gilt für biegebeanspruchte Bauteile, bei denen man die Druckzone aus Beton und die Zugzone aus Stahl herstellt. In beiden Fällen ist der gemeinsame Lastabtrag von Beton und Stahl innerhalb eines Bauteiles bzw. Bauteilquerschnittes zu garantieren. Ein entsprechender Verbund zwischen den Baustoffen ist also zu gewährleisten, eine Forderung, die häufig nur schwierig und mit einem gewissen Aufwand zu erfüllen ist. Ähnliches gilt für Kriechen und Schwinden, dem der Beton in ganz ausgeprägter Weise unterliegt. Schwinden gibt es bei Stahl nicht. Kriechen existiert bei Stahl nur in sehr kleiner, im Bauwesen üblicherweise vernachlässigbarer Größenordnung.

Von grundlegender Bedeutung für die Anwendbarkeit von Stahl-Beton-Verbunden bzw. Stahl-Stahlbeton-Verbunden ist, daß die Temperaturausdehnungskoeffizienten von Stahl und Beton nahezu identisch sind. Ein Zufall, ohne den die weltweite Verbreitung von Stahlbeton nicht möglich gewesen wäre.

Eine weitere Besonderheit der beiden Verbundpartner ist die passivierende und damit korrosionsunterbindende Eigenschaft einer Betondeckung auf Stahl. Dies erlaubt es, bei entsprechenden Betondeckungen, auf einen Korrosionsschutz einbetonierter Stahlprofile

4.78 Klassischer Aufbau einer Stahlbeton-Verbunddecke, auf Stahlträger aufliegend
4.79 Verbundkonstruktion: Decke, Träger und Stützen als Stahl-Stahlbeton-Verbunde am Beispiel CIM-Institut, Braunschweig (siehe Beispielteil, S. 284)

bzw. auf einen Korrosionsschutz der mit Beton im Kontakt befindlichen Stahloberflächen zu verzichten.

Zum Abschluß ist noch die abschirmende und verzögernde Wirkung einer Betondeckung auf die Temperaturänderungen von Stahlbauteilen zu nennen. Die Feuerwiderstandsdauer einer brandbeaufschlagten einbetonierten Stahlstütze oder eines mit Kammerbeton versehenen Doppel-T-Trägers kann gegenüber einem reinen Stahlbauteil wesentlich erhöht werden. Zusammen mit Korrosionsschutz und kostengünstiger Abtragung von Druckkräften durch den Beton ist dies ein wesentliches Argument für die Anwendung der Stahlbeton- bzw. Stahl-Stahlbeton-Verbundbauweise.

Da Beton bzw. Stahlbeton auf den vergleichsweise glatten Stahloberflächen nicht hinreichend haften, sind zur Etablierung des Verbundes geeignete Maßnahmen zu ergreifen. Dies geschieht üblicherweise durch angeschweißte Schubdollen bzw. Schubknaggen oder aufgeschweißte Kopfbolzendübel.

Stahltrapezbleche mit entsprechender Querschnittsausformung und / oder entsprechender Profilierung der Blechoberflächen sind in Verbindung mit bewehrtem und vor Ort eingebrachtem Aufbeton in den vergangenen Jahren besonders erfolgreich als Deckensysteme (»Stahlverbunddecken«) eingesetzt worden. Die Stahltrapezbleche dienen als verlorene Schalung und können, je nach System, als mittragende »außenliegende« Bewehrung angerechnet werden. Alle als mittragend angesetzten Trapezbleche bedürfen einer allgemeinen bauaufsichtlichen Zulassung bzw. Zustimmung im Einzelfall.

Üblicherweise bedürfen die Stahltrapezbleche zum Einbringen des noch nicht tragfähigen Betons einer Zwischenunterstützung.
Die kraftschlüssige Verbindung zwischen Trapezblech und Stahlträger wird üblicherweise über durchgeschweißte Kopfbolzendübel hergestellt.

Eine weitere sehr erfolgreiche Gruppe von Verbundkonstruktionen sind Sandwichelemente mit dünnen, gegebenenfalls profilierten Stahlblechen als Deckschichten und einem Kern aus Polyurethanschaum. Die Elemente, die als

4.78

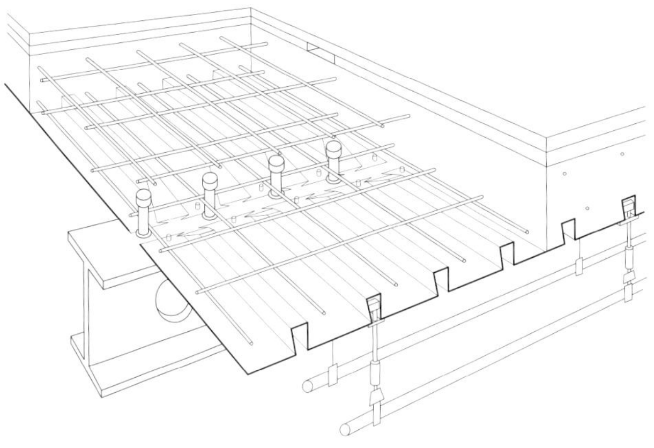

4.79

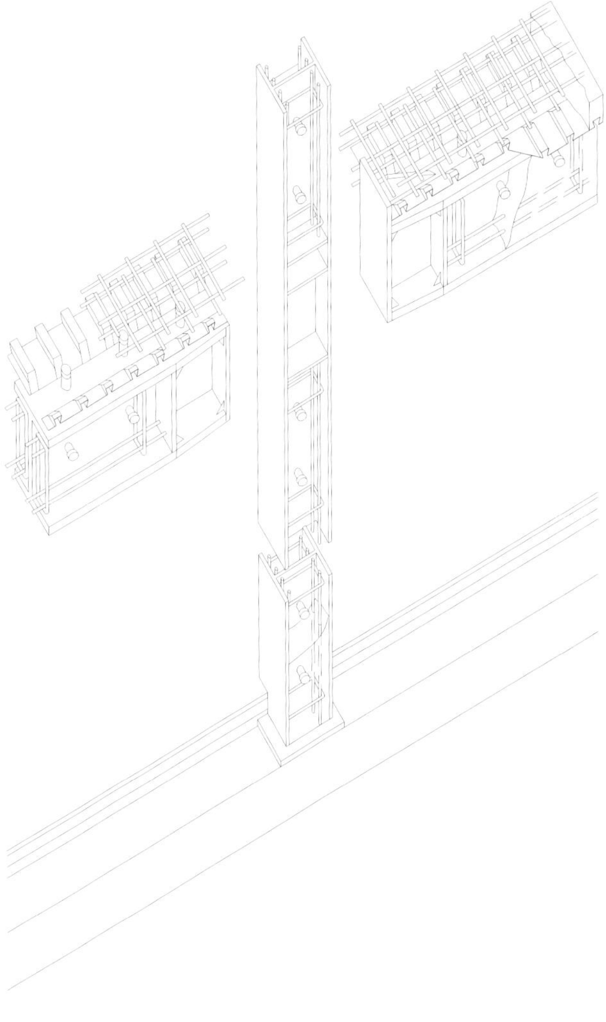

4.80

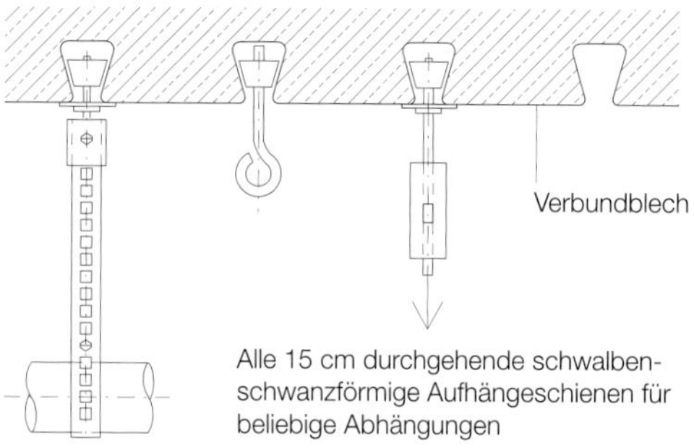

4.81

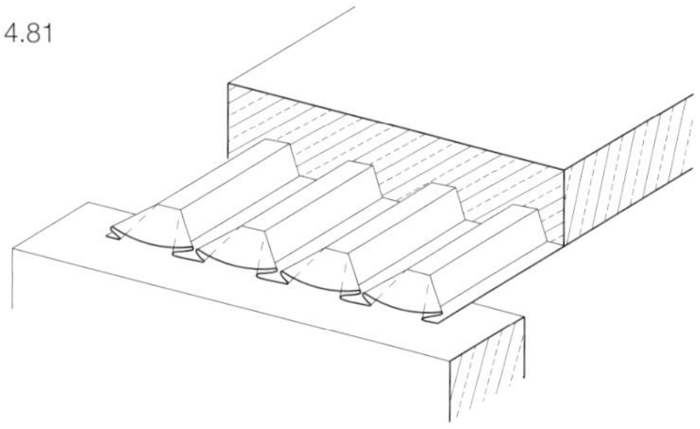

4.82

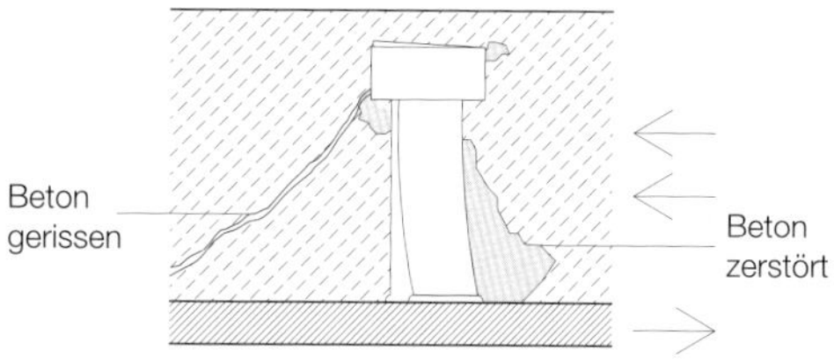

4.83

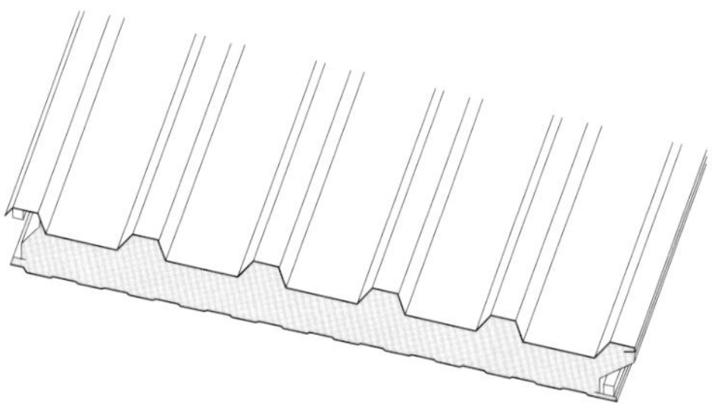

4.84

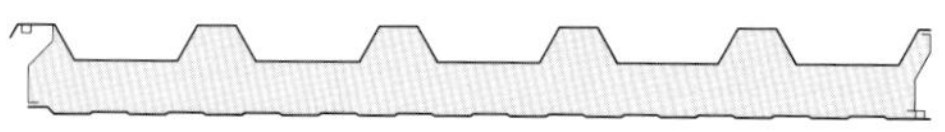

4.85

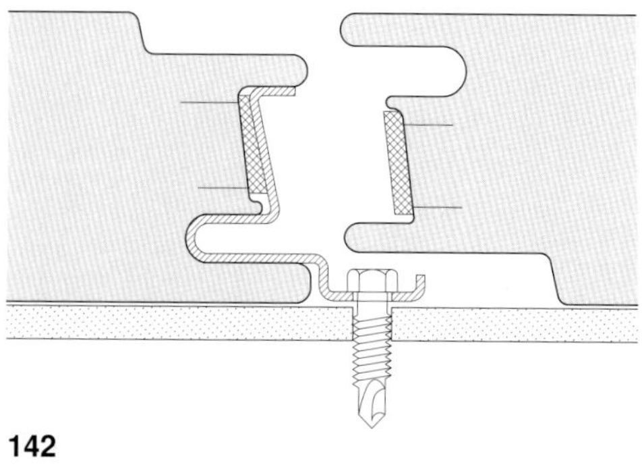

4.80 Mögliche Deckenabhängungen einer Stahlbetonverbunddecke [440]
4.81 Hammerschlagdübel [440]
4.82 Interaktion zwischen Kopfbolzendübel und Betondecke: Bruchzustand [440]
4.83 Sandwichelement aus Stahlblechen mit Kern aus Polyurethan [440]
4.84 Sandwichelement aus Stahlblechen mit Kern aus Polyurethan, Schnitt [440]
4.85 Befestigung und Elementstoß bei Sandwichelementen

Dach- oder Wandelemente hauptsächlich im Industriebau verwendet werden, vereinigen in sich die hohe Tragfähigkeit der Sandwichkonstruktionen mit Schaumkern mit den bauphysikalischen Vorteilen der dicken Dämmschichten. Die sehr leichten und komplett vorgefertigten Bauteile lassen sich sehr schnell und einfach an einer Stahlunterkonstruktion befestigen. Die Dichtigkeit wird über Labyrinthwirkung und eingelegte Dichtprofile erzielt.

Im Brandfall versagt die Tragwirkung der Kernschicht. Die Resttragfähigkeit ist dann über die verbleibenden Deckschichten sicherzustellen. Dabei sind größere Verformungen akzeptabel. Aufgrund ihres Tragfähigkeitsverlustes im Brandfall sind Sandwichelemente mit Schaumkern für Primärkonstruktionen nur in Ausnahmefällen geeignet.

Elementare Beanspruchungen: Linienförmige Bauteile

Zugbeanspruchte linienförmige Bauteile

Ein Bauteil, das eine Zugkraft von einem Punkt A zu einem Punkt B leiten soll, sollte eine gerade Systemachse und einen konstanten Querschnitt besitzen. Durch die gerade Stabachse wird sichergestellt, daß das Bauteil, wenn man zunächst einmal vom Eigengewicht absieht, frei von Biegung bleibt. Wie im Kapitel »Biegebeanspruchte linienförmige Bauteile« dargelegt werden wird, ist Biegung stets mit einer ineffektiven Ausnutzung des Materials verbunden. Der konstante Querschnitt ist bei zugbeanspruchten Bauteilen deshalb sinnvoll, weil sich an der Kraftgröße entlang der Achse des Bauteils nichts ändert. Da zugbeanspruchte Bauteile mit gerader Stabachse auch keinen Stabilitätsproblemen unterliegen, sind sie hervorragend zur Weiterleitung von Kräften über große Strecken geeignet.

Örtliche, etwa durch Bohrungen oder Öffnungen bedingte Querschnittsschwächungen reduzieren den tragenden Querschnitt auf den sogenannten Nettoquerschnitt. Der Nettoquerschnitt ist für die Dimensionierung maßgebend. Dabei ist zu beachten, daß Bohrungen und Öffnungen innerhalb des Nettoquerschnittes einen inhomogenen, häufig durch deutliche Spannungsspitzen gekennzeichneten Beanspruchungszustand bewirken. Es ist deshalb in jedem Einzelfall zu untersuchen, nach welchen Kriterien ein Bauteil im Bereich des Nettoquerschnittes zu bewerten ist. Bei Baustoffen mit einem hinreichenden Plastifizierungsvermögen können die beschriebenen Spannungsspitzen infolge eines lokalen Plastifizierens des Werkstoffes erst gar nicht aufgebaut werden – man spricht hier, eigentlich mißverständlich, häufig von einem 'Abbau der Spannungen durch Plastifizieren'. Durch das lokale Plastifizieren tritt eine Homogenisierung des Spannungsfeldes im Bereich des Nettoquerschnittes ein. Bei punktuellen Verbindungen, z. B. Schraubverbindungen von Baustählen der Güten St 37 oder St 52 kann man bei Einhaltung der vorgeschriebenen Randabstände deshalb mit hinreichender Genauigkeit unter der Annahme einer homogenen, konstanten Spannungsverteilung im Nettoquerschnitt dimensionieren. Faktisch ist die Spannungsverteilung aber inhomogen! Bei Werkstoffen, die nicht über ein hinreichendes Plastifizierungsvermögen verfügen, und hierzu gehören insbesondere alle hochfesten Werkstoffe, ist die Annahme einer konstanten

4.86 Beanspruchungsart: Zug axial
4.87 Litze: Kerndraht und sechs Außendrähte
4.88 Spiralseil
4.89 Spiralseil
4.90 Vollverschlossenes Seil

4.91 Seilendbeschläge, von oben:
a Vergußhülse mit Augstäben
b Vergußhülse mit Augstäben, schlanke Ausführung
c Pressfitting
d Zylindrische Vergußhülse
e Zylindrische Vergußhülse mit Außen- und Innengewinde

Spannungsverteilung im Nettoquerschnitt schlichtweg falsch.

Alle nicht senkrecht eingebauten zugbeanspruchten Bauteile werden neben der axial wirkenden Zugkraft stets auch durch eine nicht in Stabachse wirkende, aus dem Eigengewicht des Bauteils rührende Komponente belastet. Diese Linienlast führt zu einer Durchbiegung des Zugelements, die üblicherweise von den Betrachtern auch wahrgenommen wird. Darüber hinaus wird durch das Durchhängen die faktisch ausnutzbare Dehnsteifigkeit gegenüber der axialen Dehnsteifigkeit EA des Bauteils reduziert: Bei einer Erhöhung der axialen Zugkraft wird also zunächst einmal auch der Durchhang des Zugelements reduziert. Hieraus ergeben sich aber zusätzliche Verschiebungen der Auflagerpunkte des Bauteils. Die Steifigkeit des Bauteils wird hierdurch deutlich reduziert, weswegen man stets versuchen sollte, ein derartiges Durchhängen einzuschränken. Dies kann beispielsweise durch zusätzliche Unterstützungen, Abhängungen und andere Arten von Verspannungen bewirkt werden.

Prinzipiell eignen sich alle Bauteile mit gerader Stabachse und konstantem Nettoquerschnitt als Zugelemente. In Fachwerken findet man beispielsweise als Zugstäbe sowohl Winkel wie auchDoppel-T-Querschnitte oder Hohlprofile. Wenn man die Art der Lastabtragung und somit die Aufgabe eines einzelnen Bauteiles innerhalb einer Gesamtkonstruktion deutlich ablesbar machen möchte, dann sollte man hierfür runde Zugstangen oder Seile verwenden.
Zugstangen sind üblicherweise kostengünstiger herzustellen als Seile und haben, falls sie an den Enden mit Links-/Rechtsgewinden und aufgeschraubten Endbeschlägen eingesetzt werden, den Vorteil einer leichten Längenanpassung vor Ort. Hiermit können insbesondere Bautoleranzen leichter ausgeglichen werden. Zugstangen mit angeschmiedeten Augstäben besitzen diesen Vorteil natürlich nicht.

Seile haben höhere ausnutzbare Festigkeiten als die üblichen Zugstangen, so daß sie bei gleichem Querschnitt größere Lasten tragen können. Der E-Modul von Seilen liegt aber mit $E = 155\,000$ N/mm^2 bis $E = 165\,000$ N/mm^2 deutlich niedriger als der eines Zugstabes

4.86

4.87
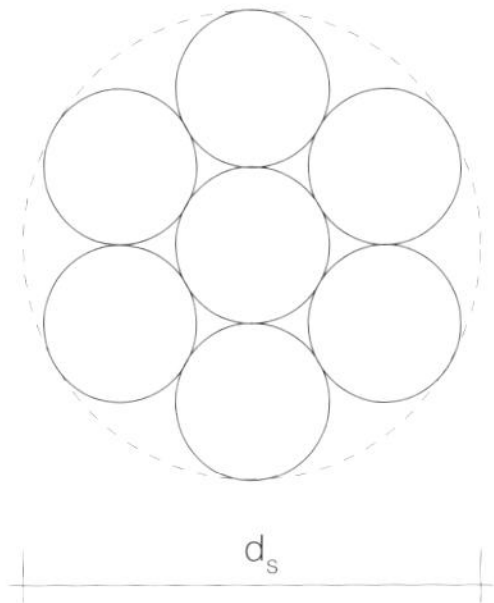

4.88
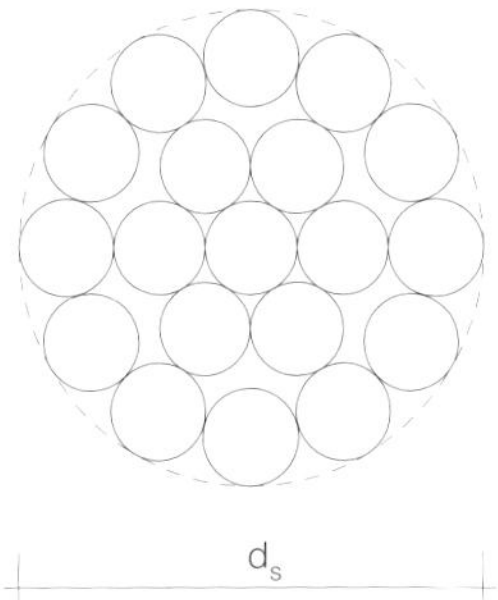

4.89
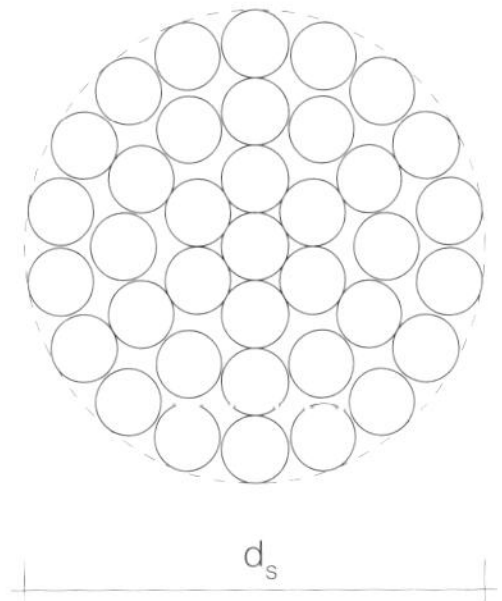

4.90
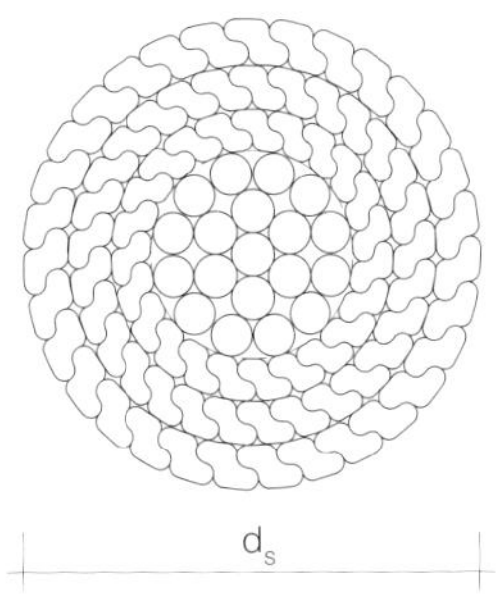

4.91
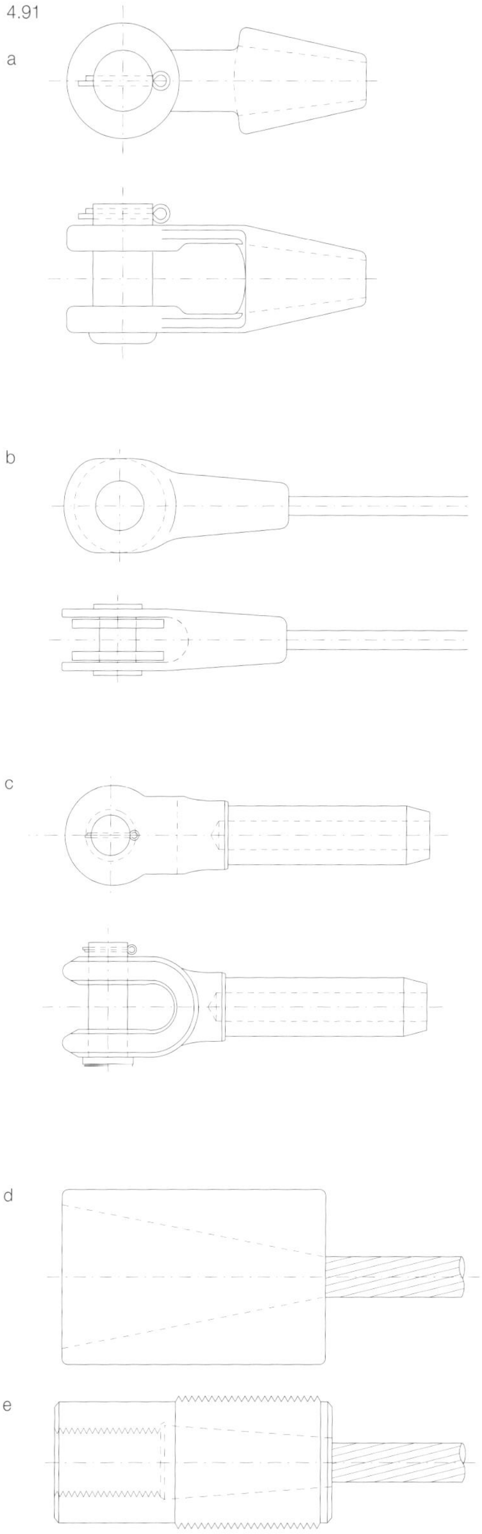

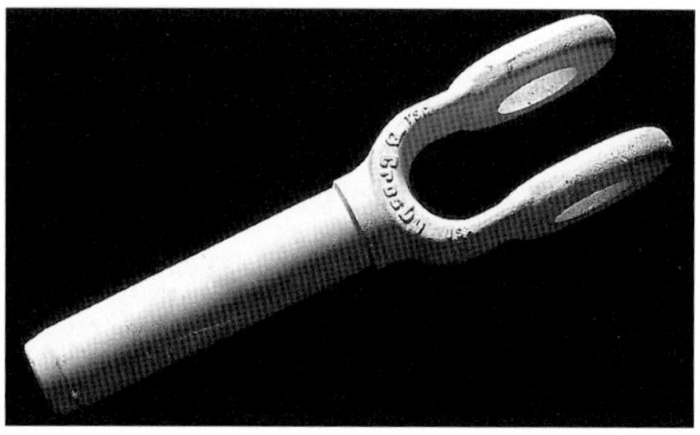

4.92

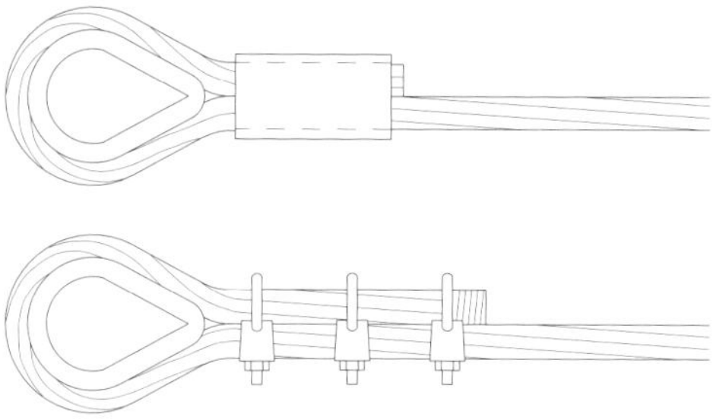

4.93

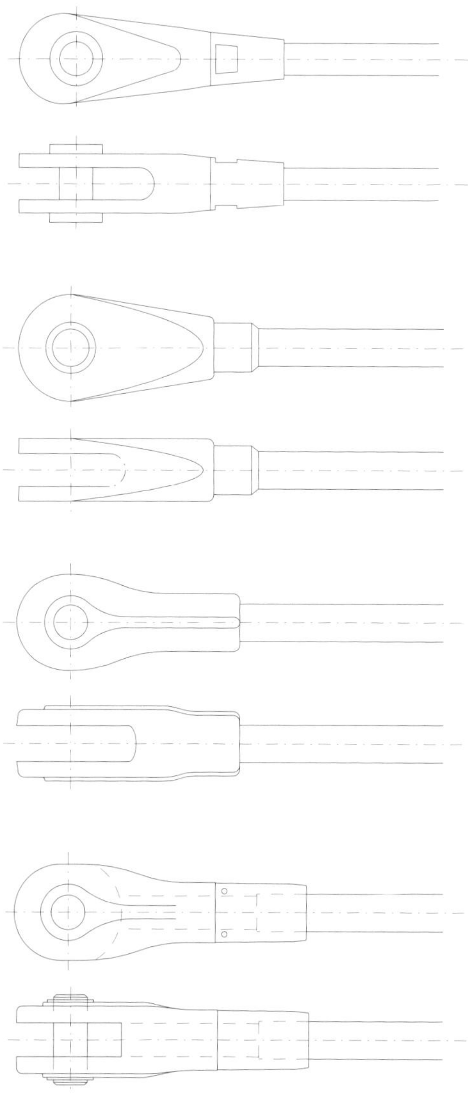

4.94

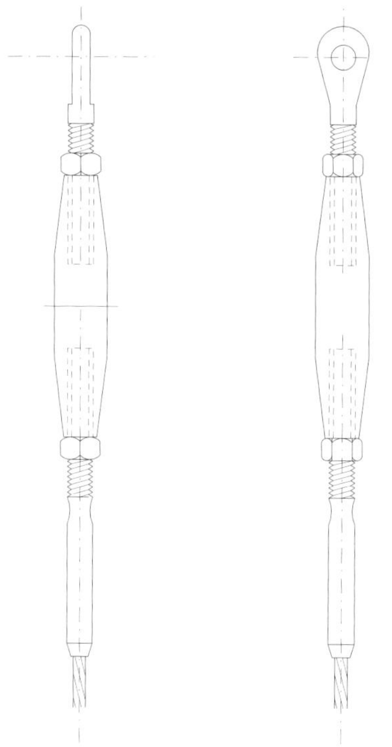

4.95

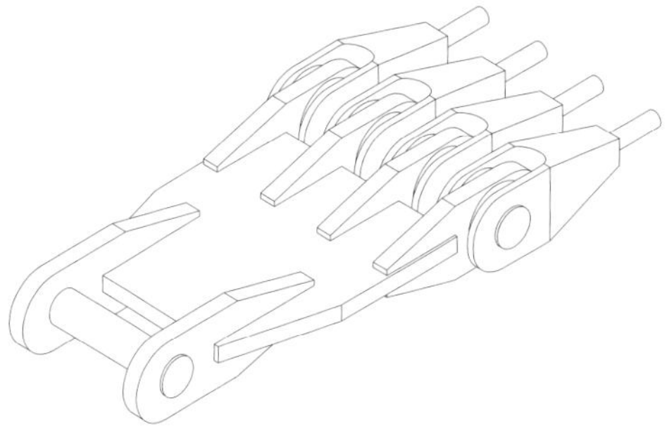

4.96

(E = 210 000 N/mm^2). Zugelemente, die besonders dehnsteif und gleichzeitig schlank sein müssen, entwirft man deshalb besser als Zugstäbe.

Ein großer Vorteil der Seile liegt in ihrer Flexibilität und der damit vereinfachten Montage langer Zugelemente. Sollen dahingegen aus anderen Gründen große und lange Zugstangen verwendet werden, so sind bei der Montage häufig besondere Maßnahmen, wie z.B. der Einsatz von Montagetraversen, erforderlich.

Druckbeanspruchte linienförmige Bauteile
Ein Bauteil, das eine Druckkraft von einem Punkt A zu einem Punkt B leitet, sollte eine gerade Stabachse, nicht jedoch einen konstanten Querschnitt besitzen. Durch die gerade Stabachse wird eine aus der nicht vorhandenen Kolinearität von Stabachse und Kraftwirkungslinie entstehende Biegebeanspruchung des Bauteils vermieden. Durch den veränderlichen Querschnitt wird dem Stabilitätsproblem des Bauteils Rechnung getragen. Bei nicht vertikal eingebauten Druckstäben tritt zudem noch eine eigengewichtsbedingte Biegebeanspruchung im Bauteil auf.

Im Gegensatz zu den zugbeanspruchten Bauteilen liegt bei den druckbeanspruchten Bauteilen stets ein Stabilitätsproblem vor. Dabei kann es sich sowohl um ein globales Stabilitätsproblem, wie ein Ausknicken oder ein Verdrehen der Stabachse, oder um ein lokales Stabilitätsproblem, wie das Beulen eines Stegbleches oder das Beulen eines Flansches, handeln. An einem Bauteil können mehrere dieser Stabilitätsprobleme gleichzeitig vorliegen. Welches davon für die Bemessung maßgebend sein wird, entscheidet der Ingenieur.

Bei den globalen Stabilitätsproblemen von linienförmigen Bauteilen unterscheidet man ein Ausknicken der Stabachse und das Verdrehen bzw. Verdrillen derselben.

Die Art des Ausknickens der Stabachse ist in entscheidender Weise von der Lagerung der Stabenden abhängig. Nach L. Euler, der das von ihm gelöste Eigenwertproblem am Beispiel eines Knickstabes erläuterte, unterscheidet man die vier sogenannten Eulerfälle. Diese vier Eulerfälle decken einen weiten Bereich der baupraktisch vorkommenden (globalen) Knick-

4.92 Kausche
4.93 Zugstäbe mit aufgeschraubten Endbeschlägen in unterschiedlichen Ausführungsformen
4.94 Spannschloß, besser: Stellschloß
4.95 Anschlußkasten 4 Seile an 1 Seil
4.96 Beanspruchungsart: Druck axial
4.97 Vorgespannter Biegeträger
4.98 Detail, Anschluß Zugdiagonale und Druckstab
4.99 Stab unter zentrischer Druckbeanspruchung: Knickformen: Biegeknicken, Drillen, Biegedrillen. Einfluß von Profilsymmetrien [485]

stabilitätsprobleme ab. In komplizierter gelagerten Fällen, beispielsweise bei elastischen Lagerungen oder bei Knickproblemen durchlaufender, seitlich in bestimmten Abständen gehaltener Druckstützen, wird man zur Ermittlung der Knicklängen auf die Literatur zurückgreifen oder das Knickproblem mit einer geometrisch nichtlinearen Berechnung unter Zugrundelegung einer geometrischen Imperfektion der Konstruktion lösen. Das Stabilitätsproblem wird hierdurch in ein Spannungsproblem überführt. Der Wahl der 'imperfekten' Geometrie kommt dabei natürlich entscheidende Bedeutung zu. Üblicherweise wird man hierzu auf die (Knick-) Eigenformen des Bauteils zurückgreifen. Ein erfahrener Ingenieur kann diese Knickeigenformen für eine Vordimensionierung auch hinreichend genau abschätzen. Wichtig zu bemerken ist, daß die Knickeigenformen und die Schwingungseigenformen eines Bauteils nur in Ausnahmefällen gleich sind.

Man kann leicht erkennen, daß ein mit einer geometrischen Imperfektion behaftetes Bauteil unter einer axialen Druckkraft neben der Normalkraftbeanspruchung auch einer – über die Bauteillänge veränderlichen – Biegebeanspruchung unterliegt. Bei einem gleichbleibenden Bauteilquerschnitt führt dies zu einer sehr unwirtschaftlichen Materialverwendung. Günstiger ist es, den Querschnitt eines Druckstabes veränderlich zu gestalten und diesen an den Momentenverlauf anzupassen. Dies kann auch bei gleichzeitiger Auflösung des Querschnittes erfolgen, so daß man eine mehrgurtige Fachwerkstütze oder eine mehrgurtige Stütze mit Bindblechen erhält. Man spricht hier auch von mehrteiligen Stützen. Desweiteren sind seilverspannte bzw. mit Zugstäben verspannte Druckstützen möglich.

Bei der Gestaltung von Druckstützen ist stets zu beachten, daß ein Ausknicken der Stabachse üblicherweise in allen Ebenen möglich ist. Dementsprechend ist ein Rohrquerschnitt als einteilige Druckstütze besonders geeignet. Wird eine Druckstütze in einer Ebene gegen Ausknicken behindert, so kann sie als einfachsymmetrischer Querschnitt, z.B. als elliptisches Rohr, Rechteckrohr oder als I-Profil gestaltet werden. Zusammengesetzte Querschnitte, deren Geometrie diesen Überlegungen folgt, sind natürlich ebenfalls möglich.

4.97

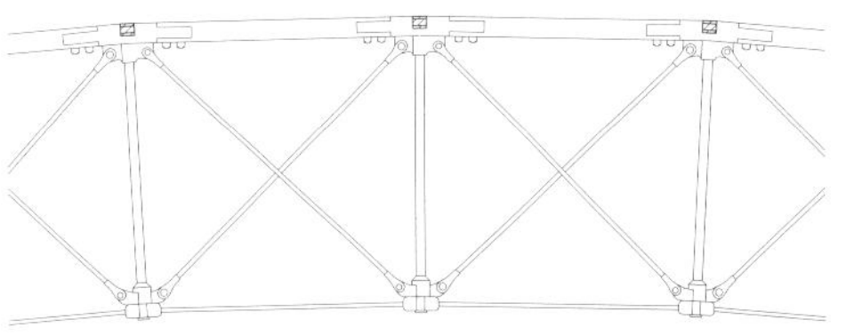

4.98

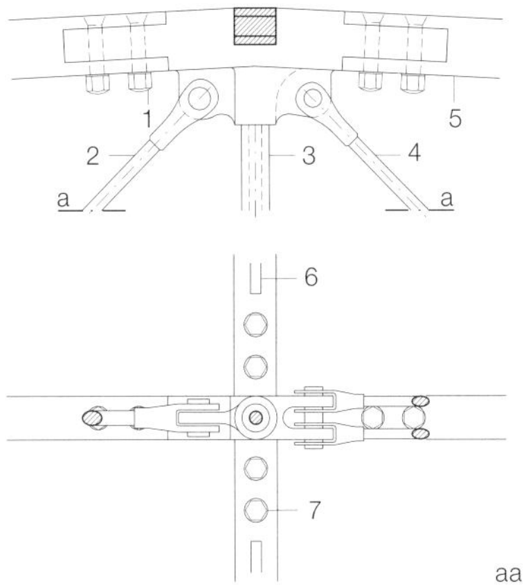

1 Senkschrauben mit M 20 Hutmutter
2 Diagonale Zugstabsystem 1 ∅ 20 mm
3 Pfosten ∅ 38/10 mm St52
4 Diagonale Zugstabsystem 2 ∅ 16 mm
5 Obergurt Bl 80 x 60, St52
6 Längsträger BL 60/50 St52
7 Verschraubung der Längsträger, Senkschrauben M16 mit Hutmutter

4.99

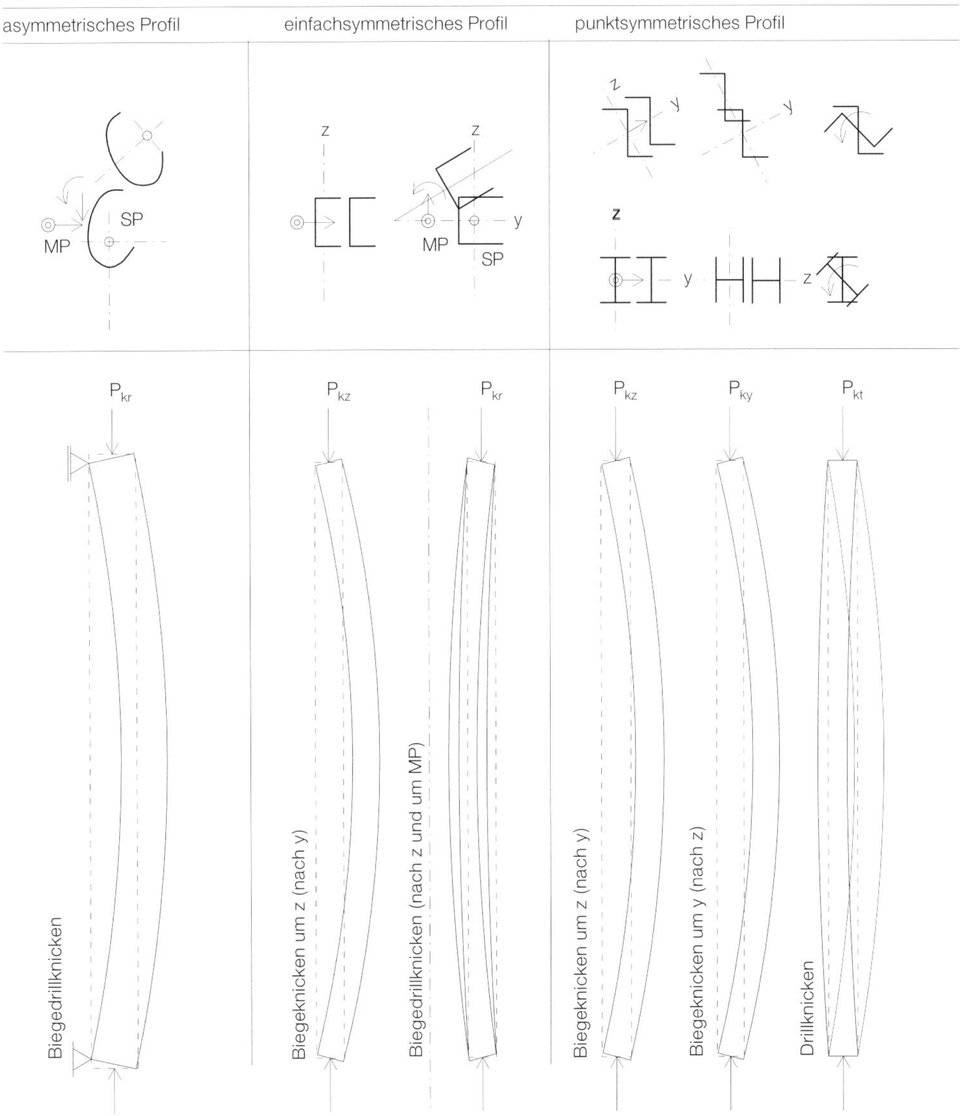

4.100 Druckbeanspruchter Pylon, dessen Querschnitt an die Knickfigur (Eulerfall 2) angepaßt wurde
4.101 Querschnitt
4.102 Biegelinien (Knickfiguren) und Knicklängen der sogenannten Eulerfälle [440]

Bei Verwendung von Standardwalzprofilen tritt kein Stegbeulen, Stegknittern oder Wandungsbeulen bei Rohrquerschnitten auf. Dies ist bei zusammengesetzten Querschnitten natürlich anders, insbesondere dann, wenn dünne und sehr dünne Bleche verarbeitet werden. In diesen Fällen sind sorgfältige Untersuchungen hinsichtlich eines möglichen lokalen Stabilitätsversagens durch Beulen oder Knittern erforderlich.

Bei einer Vielzahl von Querschnitten, z.B. bei Doppel-T-Querschnitten, tritt bei einem Ausknicken des Druckstabes aus der Stabachse gleichzeitig ein Verdrehen bzw. Verdrillen des Querschnittes auf. Man spricht hier von einem Biegedrillknicken. Ein Biegedrillknicken kann auch dann auftreten, wenn die Bauteilenden gegen ein Verdrehen um die Stabachse eingespannt sind. Auch ein Drillen ohne gleichzeitiges Knicken ist unter Druckbeanspruchung möglich, auch wenn die Bauteilenden gegen Verdrehen um die Stabachse eingespannt sind. Die Bauteile sind in beiden Fällen entsprechend dieser Versagensform nachzuweisen. Durch den Einbau von Drillsteifen, einem zwischenzeitlich fast vergessenen konstruktiven Kunstgriff, kann das Drillproblem bei Druckstäben reduziert werden.

Das Verhindern eines Stabilitätsversagens ist prinzipiell mit einem Mehraufwand an Material verbunden. Je schlanker ein druckbeanspruchtes Bauteil ist, desto höher, und zwar überproportional höher, ist dieser Mehraufwand. Im Leichtbau wird man also Druckkräfte stets nur über kurze Strecken übertragen.

Durch örtliche Bohrungen oder Öffnungen bedingte Querschnittsschwächungen sind genauso sorgfältig wie bei zugbeanspruchten Stäben zu analysieren. Die am Rand derartiger Öffnungen typischerweise vorliegenden Spannungskonzentrationen werden zumeist für die Dimensionierung maßgebend. Häufig müssen freie Ränder druckbeanspruchter Stegbleche oder Flansche durch Steifen oder vergleichbare Maßnahmen am Ausbeulen gehindert werden. Öffnungen, die zur Stabachse nicht symmetrisch sitzen, sollten auf keinen Fall ohne lokale Verstärkungen geplant werden, da sie sonst zu einem Versatz der Schwerlinie des Bauteils führen, wodurch eine Biegebeanspruchung im Bauteil induziert wird.

4.100

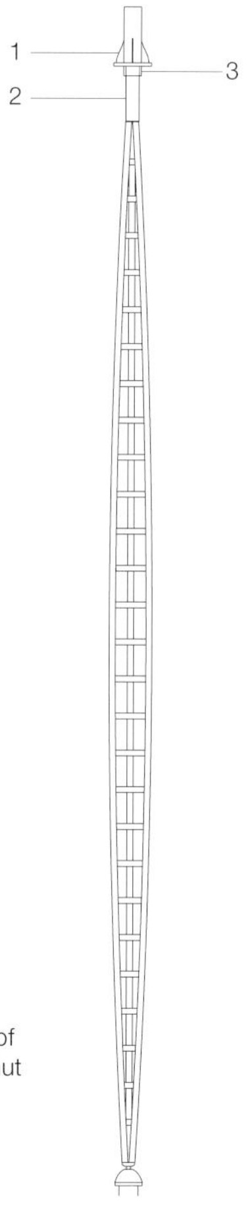

1 Verschieblicher Kopf
2 Rohr mit Führungsnut
3 Unterstützung des Pylonkopfes durch Halbschalen nach dem Spannen

4.101

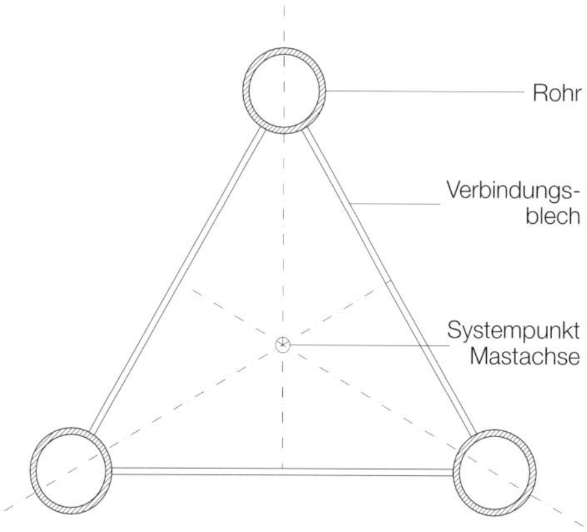

4.102

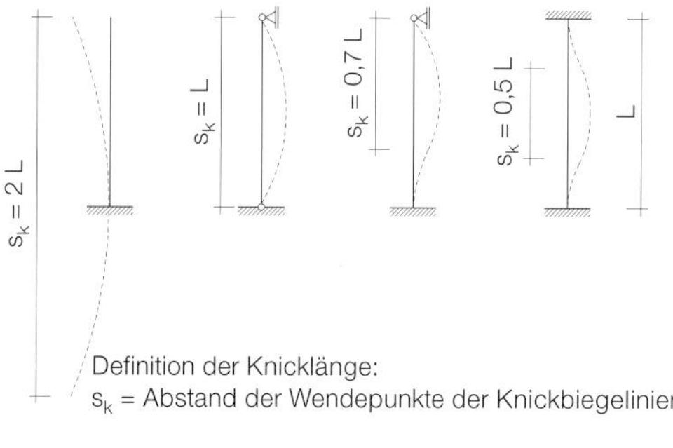

Definition der Knicklänge:
s_k = Abstand der Wendepunkte der Knickbiegelinien

4.103 Gelenkig angeschlossenes Randseil eines Membrandaches, Auto-Pavillon in Frankfurt a. M.
4.104 Gelenkiger Stoß
4.105 Längenverstellbare Druckstütze. Ausformung der Endbeschläge
4.106 Seilverspannte Druckstützen. Schematische Darstellung unterschiedlicher Ausführungsformen
4.107 Drehbar gelagerter Stützenfuß. Zur Übertragung von Zug- und Druckkräften geeignet
4.108 Stützenstöße, geschweißte und geschraubte Ausführung [440]

4.103

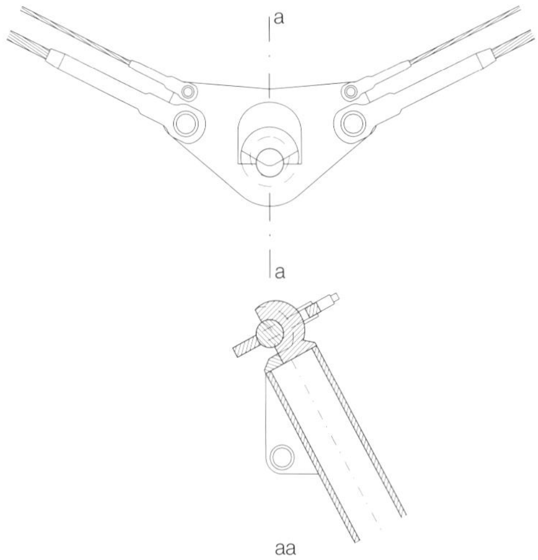

4.104

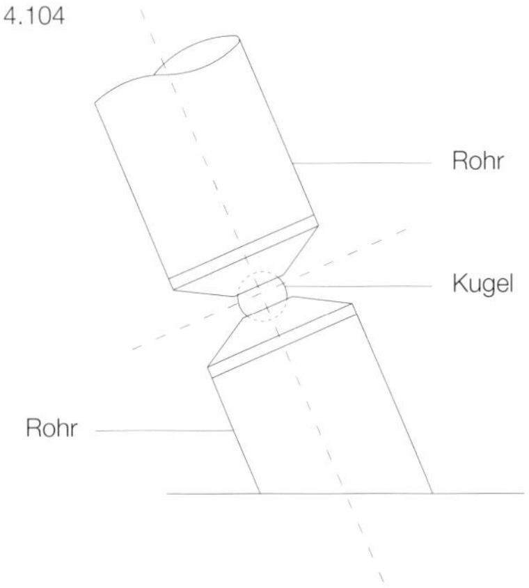

4.105

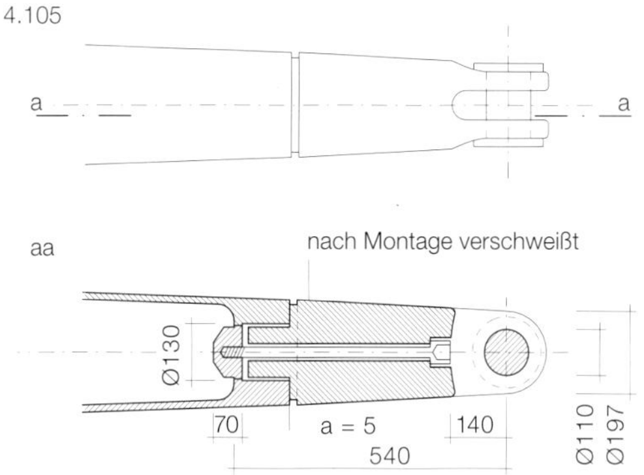

4.106

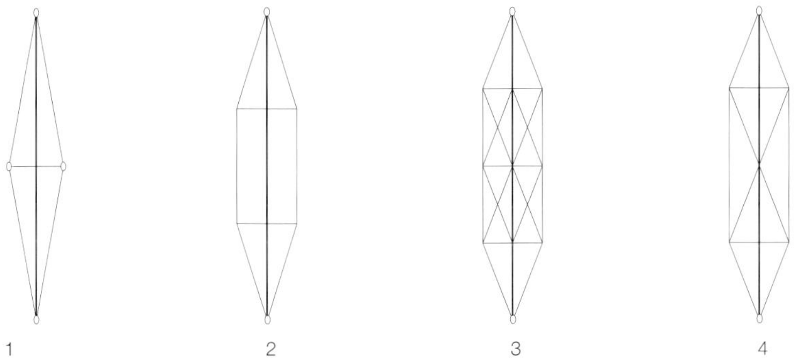

4.108

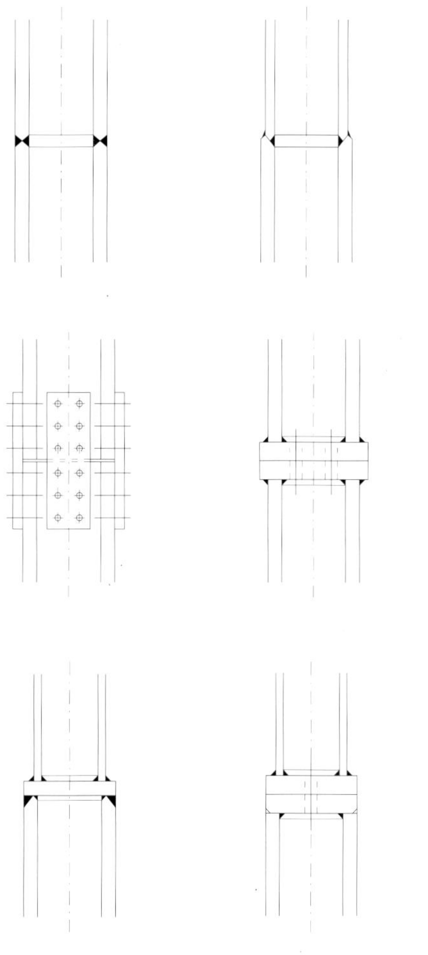

4.107

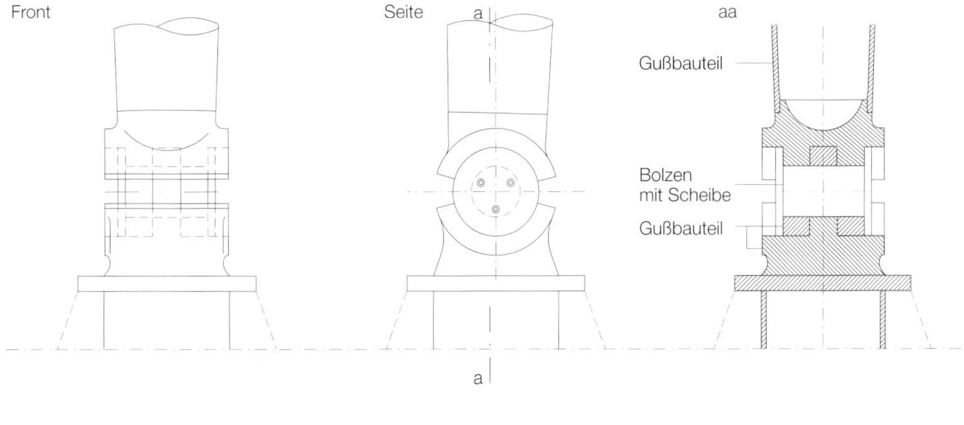

4.109 Beanspruchungsart: Biegung
4.110 Spannungsverteilung am Rechteck- bzw. Doppel-T-Querschnitt unter einachsiger Biegung

4.109

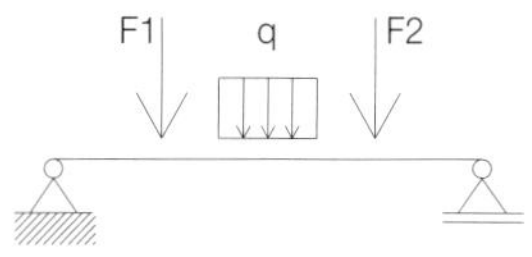

Biegebeanspruchte linienförmige Bauteile
Alle Bauteile, die durch Kraftkomponenten senkrecht zu ihrer Achse oder durch entsprechende Kräftepaare (Momente) beansprucht werden, unterliegen einer Biegebeanspruchung. Größe und Verlauf dieser Biegebeanspruchung werden üblicherweise durch den sogenannten Momentenverlauf beschrieben.

Alle nicht senkrecht stehenden Bauteile werden bereits durch ihr Eigengewicht auf Biegung beansprucht. Zusammen mit der zumeist gleichzeitig auftretenden Abtragung vertikaler Nutzlasten entsteht einachsige Biegung. Wirken zudem Kräfte in der horizontalen Stabquerrichtung, so liegt zweiachsige Biegung vor.

An dem durch Eigengewichtsbelastung einer einachsigen Biegung unterworfenen Stabes mit konstantem Querschnitt erkennt man, daß eine Biegebeanspruchung stets zu einem sehr inhomogenen Spannungsverlauf innerhalb eines Bauteiles, sogar innerhalb eines Bauteilquerschnitts führt. Die Werkstoffausnutzung ist entsprechend inhomogen, es sind sowohl hoch wie auch nur gering zug- oder druckbeanspruchte Bereiche erkennbar. Da Stahl ein hochleistungsfähiger aber vergleichsweise teurer Baustoff ist, gilt es beim Entwurf eines biegebeanspruchten Bauteils, die Bauteilform und den Bauteilquerschnitt so zu gestalten, daß eine möglichst gleichmäßige und möglichst hohe Werkstoffausnutzung erreicht wird. Hierbei sind jedoch zwei weitere Punkte zu beachten: Im Vergleich zu Mauerwerks- oder Betonbauten ist Stahlbau eine relativ leichte Bauart, bei der das durch Eigengewichtsbelastung hervorgerufene Beanspruchungsniveau häufig unter dem durch äußere Lasten bedingten liegt. Da äußere Lasten Richtung und Größe häufig ändern, stellt sich somit die Frage nach dem formbestimmenden Lastfall. Desweiteren ist der Aufwand zu betrachten, der für derartige Querschnittsanpassungen erforderlich ist. Hier sind immer wieder Kompromisse zwischen der statisch und der ökonomisch idealen Bauteilform zu finden.

4.110

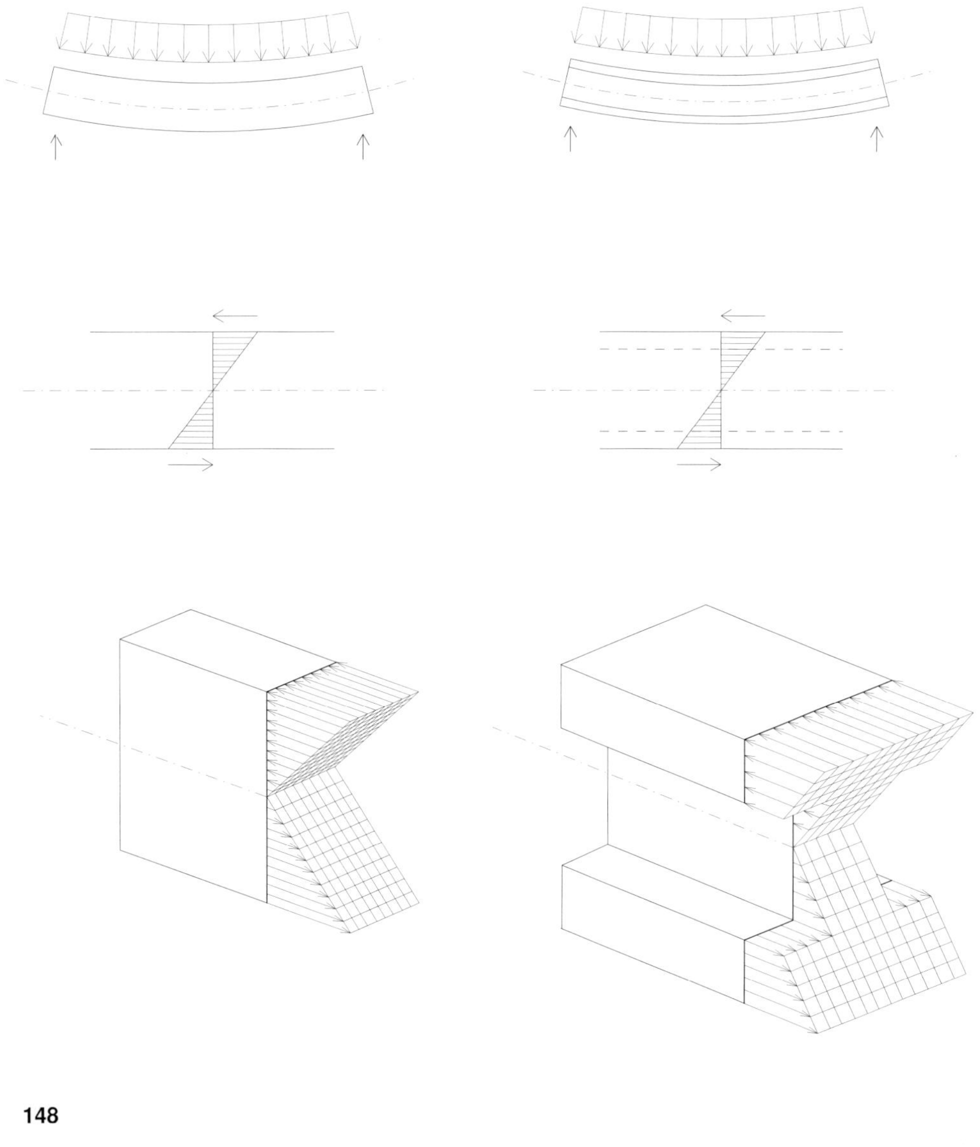

Zur Beantwortung der Frage nach einer Optimierung des Bauteilquerschnittes biegebeanspruchter Elemente soll zunächst der Bereich maximaler Momenten- und verschwindender Querkraftbeanspruchung betrachtet werden. Die maximalen Spannungen treten in den äußersten »Fasern« des Querschnittes auf. Entsprechend ist hier das Material zu konzentrieren. Nahe der Stabachse sind diese Biegespannungen sehr klein. Ein idealer Querschnitt für diese Bauteilzone wäre somit ein Doppel-T-Profil mit einem Steg, dessen Wandstärke zur Stabachse hin abnimmt. Ein Hohlkastenträger mit entsprechend gestalteten Seitenwandungen wäre das statische Äquivalent. Tatsächlich werden im Stahlbau für biegebeanspruchte Elemente vorzugsweise I-Profile verwendet, allerdings mit Stegen konstanter Dicke. Dies beruht jedoch nicht auf walztechnischen Bedingungen, sondern einerseits auf der dann vereinfachten Anschlußtechnik von weiteren Bauteilen an den Steg sowie andererseits auf dem Lastabtragungsverhalten des Bauteils im Bereich höherer und hoher Querkraftbeanspruchung. In solchen Bereichen, beispielsweise an lokalen Krafteinleitungen, oder, was phänomenologisch dasselbe ist, im Bereich von Auflagern, liegen extrem hohe Beanspruchungen der Stege vor. Eigentlich wäre hier also ein Querschnittswechsel vorzunehmen. Aus wirtschaftlichen Erwägungen heraus wird dies im Stahlbau jedoch zumeist durch Anbringen zusätzlicher Bauteile wie Rippen, Stege und Steifen gelöst.

4.111 Anpassung der Trägerform an den Momentenverlauf: Fußgängerbrücke in Stahlblechbauweise
4.112 Einfeldträger mit Kragarmen in Fachwerkbauweise
4.113 Klappbrüche, aus drei Einfeldträgern bestehend

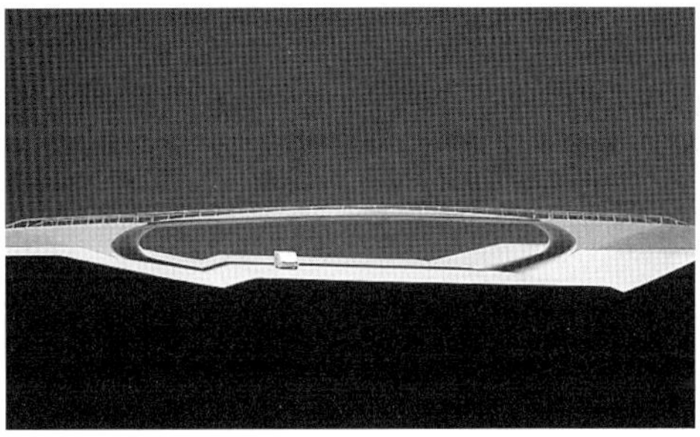

4.111

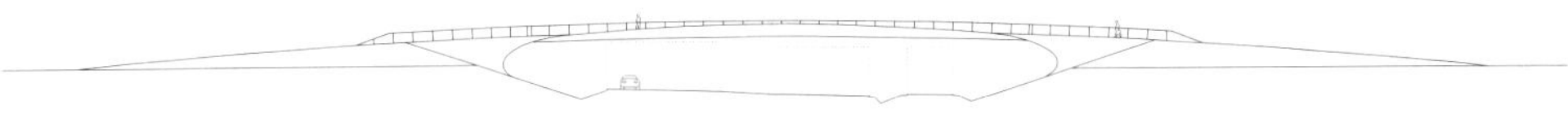

4.112

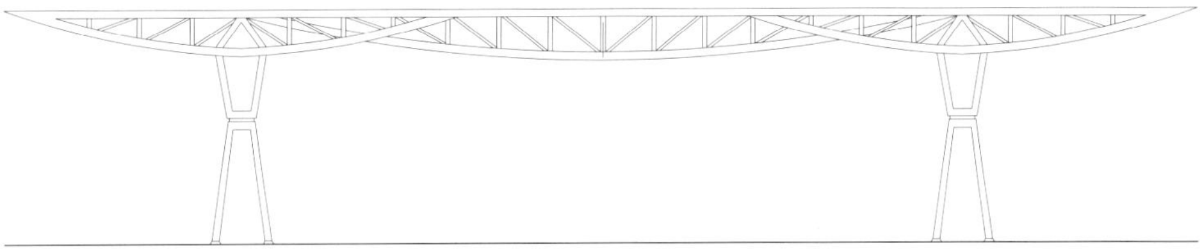

4.113

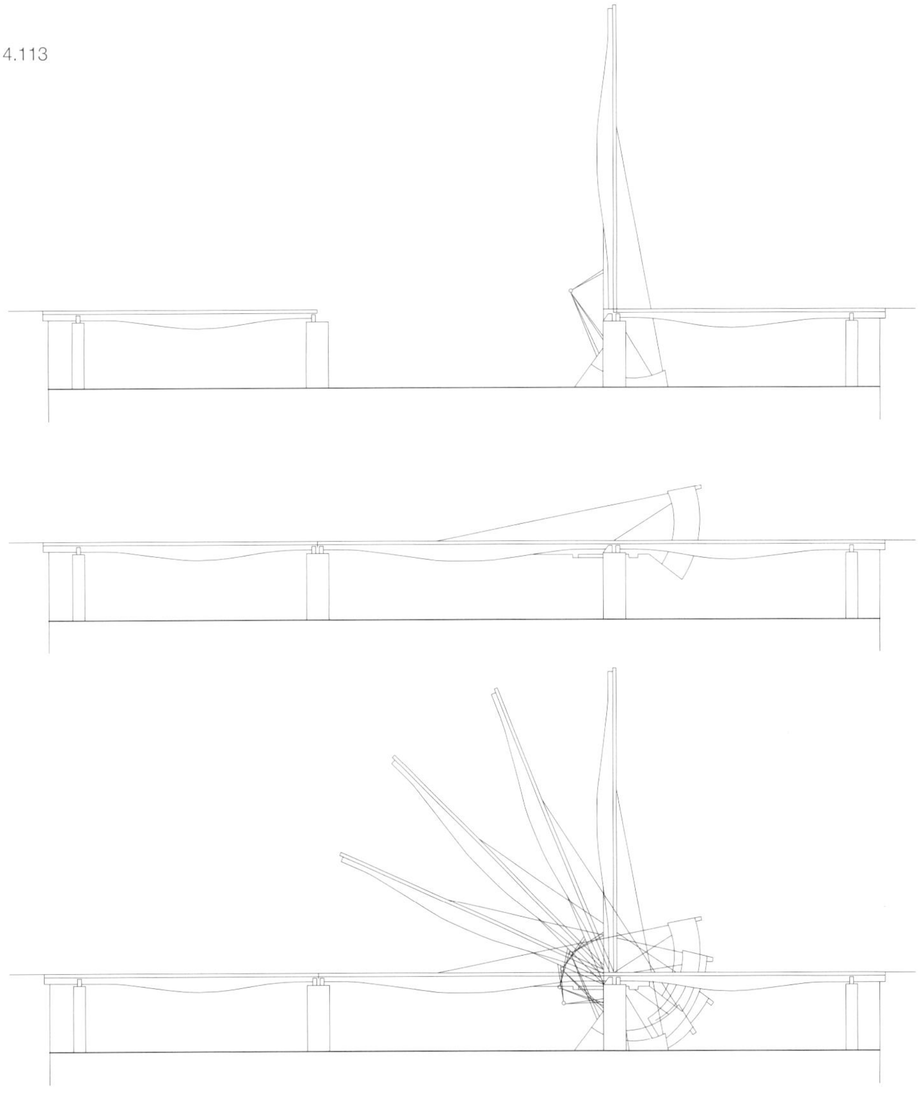

Entlang eines biegebeanspruchten Stabes ist das Biegemoment üblicherweise nicht konstant. Bei Verwendung von I-Profilen könnte man hierauf mit einer veränderlichen Dicke der Flansche reagieren. Überall dort, wo aufgeschweißte Zulagebleche auf der Ober- bzw. Unterseite eines Trägers keine konstruktiven Schwierigkeiten hervorrufen, ist dies ein geeignetes Mittel zur Steigerung der Materialausnutzung. Bei zusammengesetzten Hohlkastenträgern gelingt eine Anpassung der Flanschdicken an den Beanspruchungsverlauf besonders einfach, entweder durch in der Dicke abgestufte Flanschbleche oder durch aufgeschweißte, innenliegende Bleche.

Anstatt auf den inhomogenen Beanspruchungsverlauf in einem biegebeanspruchten Element mit der Anpassung des Bauteilquerschnittes bei gleichbleibender Bauhöhe zu antworten, kann man natürlich auch die Bauhöhe selbst an den Beanspruchungsverlauf anpassen. Dies führt zu den gevouteten Trägern. Wenn die Nutzung es erlaubt, können sowohl der Unter- wie auch der Obergurt gevoutet werden. Form und Verlauf der Vouten sollten konsequent dem Momentenverlauf folgen. Insbesondere bei kleinen Bauteilen ergeben sich hier jedoch immer wieder Bereiche mit stark schleifenden Verschneidungen, die sowohl herstellungstechnisch wie auch formal sehr problematisch sind. In solchen Fällen kann man dann von obiger Forderung abweichen und bereichsweise eine parallele Gurtführung wählen. Öffnungen in derartigen Trägern sind wiederum überall dort zulässig, wo geringe Beanspruchungen in den Stegen vorliegen. Gestaltet man die Öffnungen extrem groß, so daß zwischen ihnen nur noch stabförmige Bereiche stehen bleiben, so schafft man damit den Übergang zu den aufgelösten Querschnitten, den Fachwerken und den Vierendeeltragwerken. Hierauf wird in Kapitel 5 eingegangen.

Öffnungen in den Stegen biegebeanspruchter Bauteile sollten nur in Bereichen geringer Querkraftbeanspruchung vorgesehen werden. Bei einem Einfeldträger ist dies der mittlere Trägerbereich. Hier können runde oder rechteckige Öffnungen plaziert werden, letztere zur Vermeidung von unnötigen Spannungsspitzen mit ausgerundeten Ecken. Stegdurchbrüche im auflagernahen Bereich erfordern meistens eine Stegverstärkung, Verstärkungen des Öffnungs-

4.114 Asymmetrischer Trägeranschluß, Druckgurt fixiert
4.115 Symmetrischer Trägersnschluß
4.116 Wabenträger ohne bzw. mit Zwischenblechen
4.117 Biegesteife Verbindung zwischen Stütze und Träger: mögliche Öffnungen im Träger
4.118 Gelenkige Verbindung zwischen Stütze und Träger: mögliche Öffnungen im Träger
4.119 Stabilitätsversagen durch »Kippen«
4.120 Doppel-T-Träger mit Gabellagerung
4.121 Vermeidung von »Kippen« durch Anbindung Nebenträger

4.114

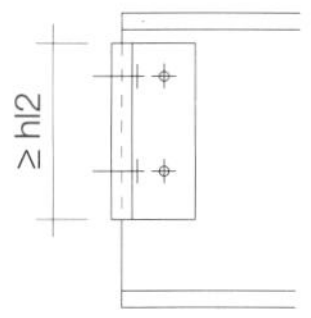

4.115

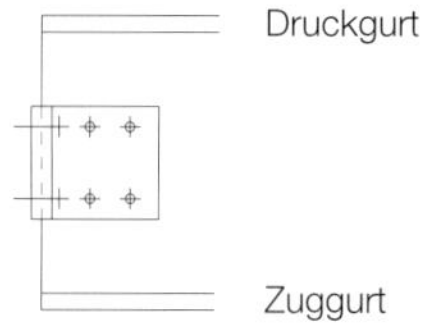

4.116

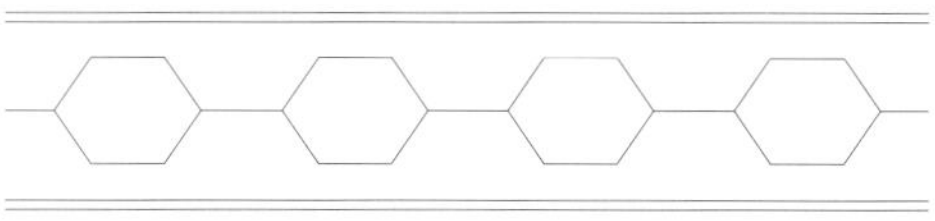

ohne Zwischenbleche

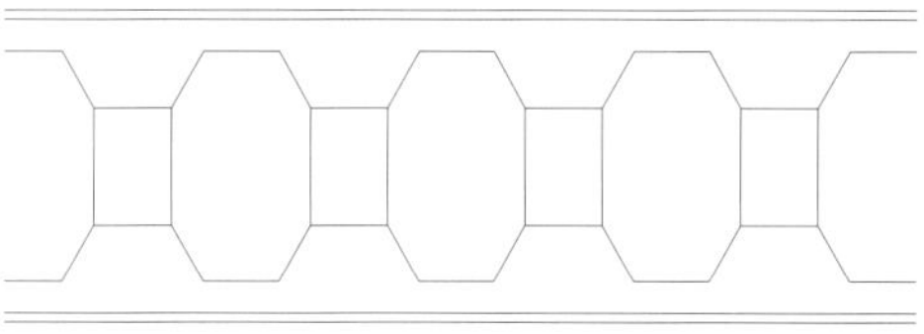

mit Zwischenblechen

4.117

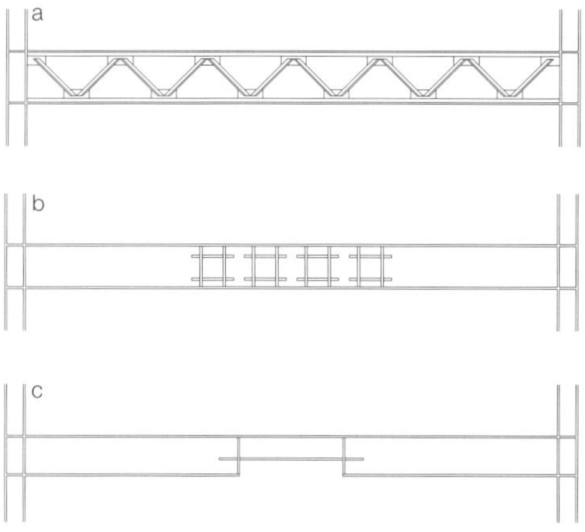

4.118

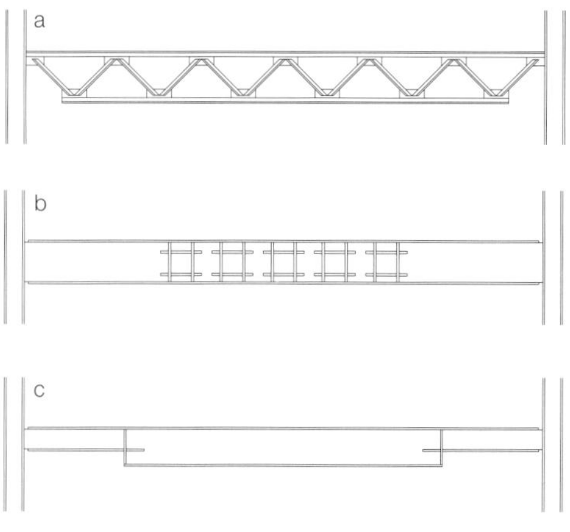

4.119

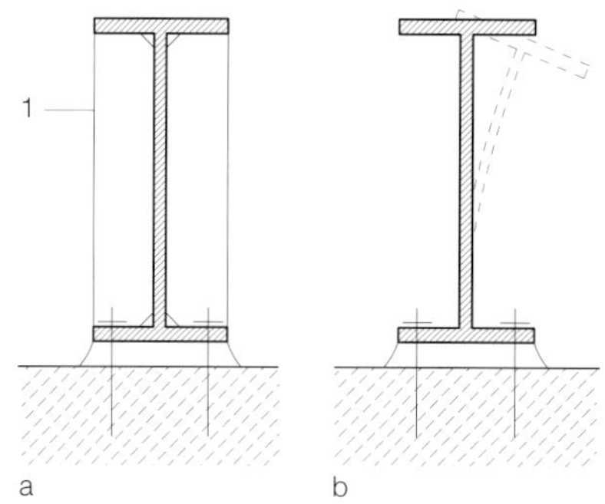

1 Steife
a kippsichere Ladung
b kippgefährdete Ladung

4.120

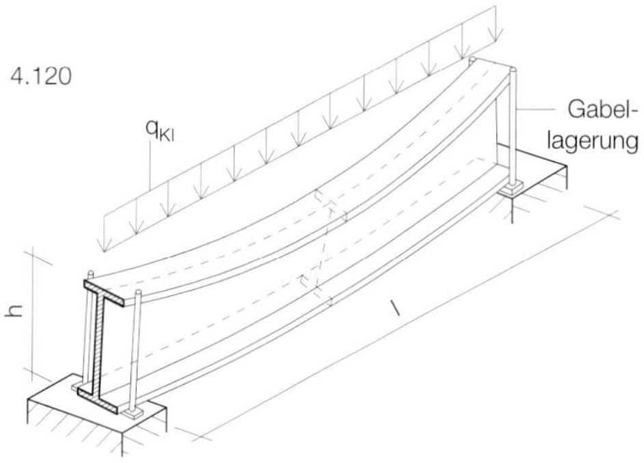

4.121

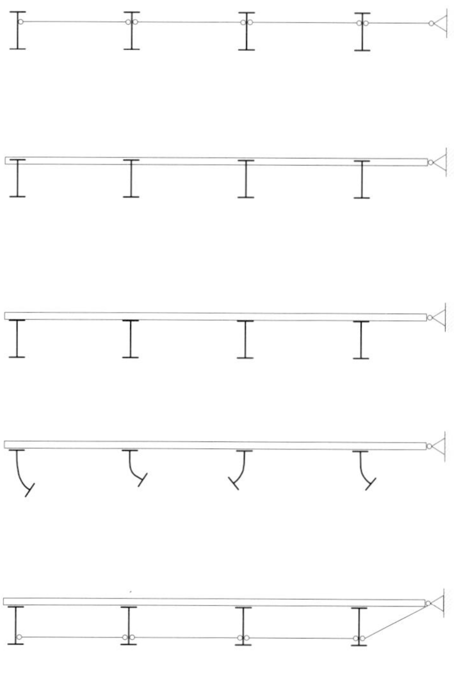

randes oder Steifen, die den Öffnungsbereich entlasten. Derartige Maßnahmen sind zwar möglich, sie zeugen jedoch nicht von einer meisterlichen Behandlung des Problems. Es ist vielmehr anzustreben, die erforderlichen Öffnungen, zumeist sind dies Öffnungen für die Installationsführung, an die dafür geeigneten Trägerbereiche zu verlegen.

Lochstegträger oder Wabenträger besitzen eine über die Trägerlänge konstante Schwächung der Stege. Sie sind bei hohen Querkraftbeanspruchungen entsprechend kritisch zu bewerten und gegebenenfalls lokal mit Steifen zu verstärken, beispielsweise im Bereich der Einleitung großer Kräfte oder an den Auflagern.

Zweiachsig biegebeanspruchte Elemente sind auf der Basis des soeben Gesagten zu entwerfen. Bei Verwendung vonDoppel-T-Profilen wird man dabei zu einem kreuzförmigen Querschnitt zusammengesetzte Elemente vorsehen. Für eine zweiachsige Biegung geeigneter sind allerdings Hohlprofile mit Quadrat- und Rechteckquerschnitt. Hohlprofile lassen sich insbesondere korrosionsschutzmäßig einfacher behandeln. Sie bieten darüber hinaus in den meisten Fällen einfachere Anschlußmöglichkeiten für zusätzliche Bauteile.

Alle biegebeanspruchten Bauteile, die seitlich nicht kontinuierlich festgehalten sind, unterliegen einem Stabilitätsproblem, das über viele Jahre mit dem völlig unglücklich gewählten Begriff »Kippen« bezeichnet wurde. Tatsächlich handelt es sich hierbei um ein Stabilitätsversagen, das durch ein Verdrehen des Querschnitts um die Elementachse beschrieben ist. Ein derartiges Verdrehen muß nicht entlang der gesamten Elementachse auftreten. Es kann insbesondere an den Auflagern, im Bereich einer Gabellagerung oder im Bereich des Anschlusses von anderen Bauteilen, vollständig unterbleiben. Ist die Drehbewegung erst einmal eingetreten, so gehen mit ihr eine Reduktion der statischen Höhe und damit eine Erhöhung der Spannungen im Bauteil sowie eine jetzt exzentrische Stellung der äußeren, üblicherweise konservativen Lasten einher. Das Bauteil versagt dann zumeist infolge Überbeanspruchung, zumindest werden durch die auftretenden Verformungen benachbarte Bauteile in Mitleidenschaft gezogen.

4.122

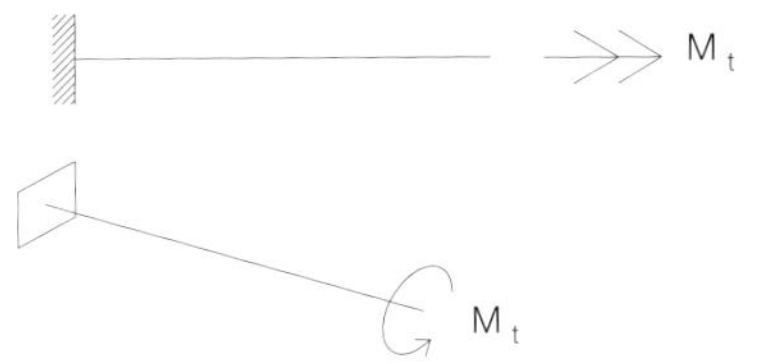

4.122 Beanspruchungsart: Torsion
4.123 Optimale Plazierung von Drillsteifen
4.124 Kragträger, an einem Torsionsrohr befestigt

Eine Kippgefährdung liegt insbesondere bei hohen und schlanken Biegeelementen wie z.B. Z-, U-, L- oder Doppel-T-Profilen, Fachwerk- oder Vierendeelträgern vor. Man vermeidet das Kippen entweder durch die Wahl eines wenig kippgefährdeten Querschnittes, eine entsprechende Dimensionierung des biegebeanspruchten Bauteils oder man stabilisiert Ober- und Untergurt durch Anschluß weiterer Bauteile wie Deckenplatten, Absteifungen oder Verbänden.

Torsionsbeanspruchte linienförmige Bauteile
Eine Torsionsbeanspruchung entsteht entweder durch Beaufschlagung mit einem Torsionsmoment und/oder durch Beaufschlagung mit Kräften, deren Wirkungslinien die Achse des Bauteiles nicht schneiden. Letzteres ist beispielsweise bei allen nicht zentrisch auf das betrachtete Bauteil auflagernden lasteintragenden Bauteilen oder auch bei über Konsolen in das Bauteil eingeführten Lasten der Fall. Zwar ist eine optimale Querschnittsgestaltung bei torsionsbeanspruchten Elementen vergleichsweise einfach, die Ausleitung eines Torsionsmomentes im Bereich der Auflager kann jedoch konstruktiv aufwendig werden. Man sollte deshalb, wie bei allen Bauteilen, eine Torsionsbelastung nur dann zulassen bzw. nur dann gezielt herbeiführen, wenn die konstruktive Gesamtkonzeption eine entsprechende Durchbildung der Auflager erlaubt.

Torsionsbeanspruchte linienförmige Bauteile sollen eine gerade Stabachse besitzen.

Ein Torsionsmoment kann man, wie alle Momente, in ein Kräftepaar zerlegen. Entsprechend könnte man ein torsionsbeanspruchtes Bauteil durch zwei Biegeträger, die sich gegenläufig verformen werden, ersetzen. Die konstruktive Durchbildung im Bereich der Auflager wird hierdurch vielleicht einfacher. Vier Biegeträger wären ebenfalls möglich. Eine Torsionsbelastung mit paarweisen Biegeträgern abzutragen wird allerdings bei großen Bauteillängen sehr materialintensiv oder führt zu großen Bauteilabmessungen. Es ist deshalb aus statischer, ökologischer und aus wirtschaftlicher Sicht angemessener, Torsionsbelastungen durch entsprechend gestaltete Bauteilquerschnitte abzutragen.

Eine Betrachtung der Spannungsverteilung in einem massiven zylindrischen Bauteil unter Torsionsbeanspruchung zeigt sofort, daß die Spannungen vom Außenrand zum Kern hin abnehmen. Entsprechend einer der Grundregeln des Leichtbaus wird man als Entwerfer nun solange das zu niedrig beanspruchte Material entfernen, bis man schließlich den zur Abtragung von Torsionsbeanspruchungen optimalen Rohrquerschnitt vor sich hat.
Alle anderen Querschnittsformen sind, gleiche Außenabmessungen und gleiches Materialgewicht pro Meter vorausgesetzt, weniger effektiv. Daß man trotzdem hin und wieder quadratische oder rechteckige Hohlquerschnitte als Torsionselemente verwendet, liegt ausschließlich an der einfacheren Anschließbarkeit weiterer Bauteile, ist also ein wirtschaftliches Argument.

Die für die Abtragung von Torsionsbeanspruchungen optimalen Rohrquerschnitte, wie auch die rechteckigen oder die polygonal begrenzten Hohlquerschnitte, weisen alle einen charakteristischen, als gegenläufige Spiralen erkennbaren Verlauf der Zug- bzw. Drucktrajektorien auf. Diese Art des Spannungsverlaufes ist die Voraussetzung für die hohe Effektivität dieser Bauteile. Alle Öffnungen im Bauteil unterbrechen diese Spannungsfelder und führen zu Spannungsumlagerungen, mit denen ein teilweise dramatischer Effektivitätsverlust sowie große Verdrehungen des Bauteils einhergehen. Insbesondere lange schlitzförmige Öffnungen überführen den geschlossenen in einen zumindest bereichsweise offenen Querschnitt und reduzieren die Torsionstragfähigkeit nahezu vollkommen. Natürlich können auch offene Querschnitte wie U- oder Doppel-T-Querschnitte Torsionsbelastungen aufnehmen. Sie sind von der Charakteristik ihres Lastabtragungsverhaltens hierfür aber alles andere als geeignet. Entsprechend wird man die falsche Profilwahl durch große und schwere Bauteilquerschnitte sowie größere Verformungen bezahlen.

4.123

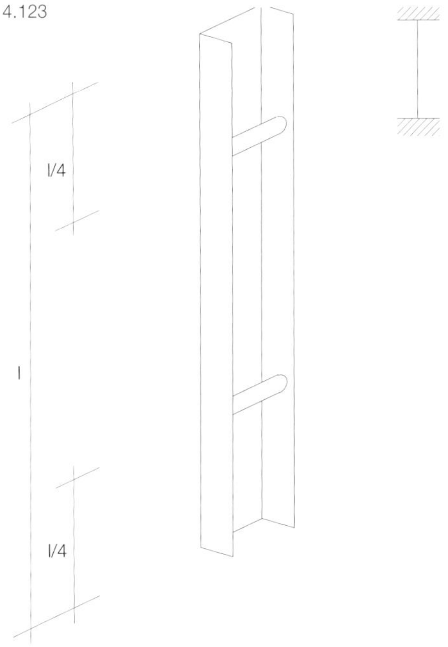

4.124

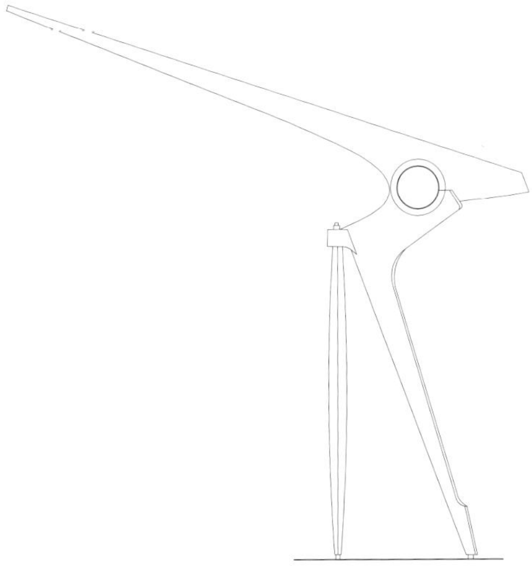

Elementare Beanspruchungen: Flächige Bauteile

4.125

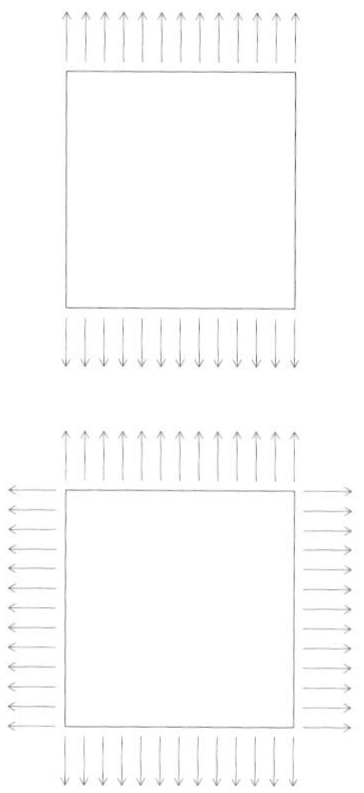

4.126

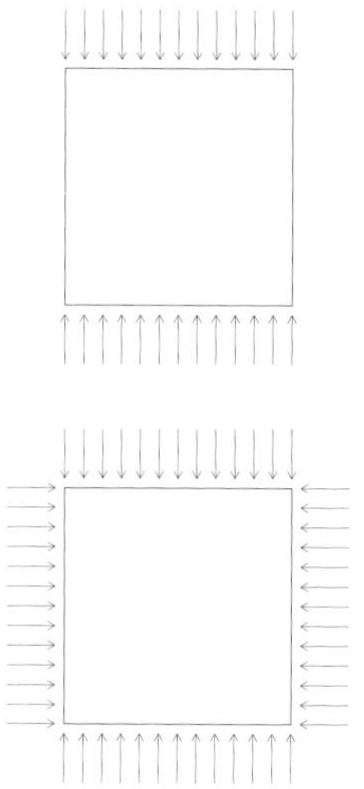

Wenn äußere Lasten nicht in Form einer einzelnen Kraft, sondern als linienförmig verteilte Kräfte wirken oder als solche mit einem Bauteil weitergeleitet werden sollen, dann bieten sich flächige Bauteile aus Stahlblechen als geeignete Konstruktionselemente an. Flächige Bauteile haben in zwei Richtungen große und in der dritten, der Dickenrichtung, eine vergleichsweise kleine Abmessung.

Die in oder an einem Bauteil wirkenden linienförmig verteilten Kräfte können unterschiedliche Wirkungsrichtungen haben. Voraussetzung für einen optimalen Lastabtrag innerhalb des flächigen Bauteiles ist nur, daß die Wirkungslinien der Kräfte alle in der Mittelfläche des Bauteiles liegen. Ist dies nicht der Fall, dann tritt eine mit ineffektiver Materialausnutzung verbundene Biegebeanspruchung des Bauteils ein.

Zugbeanspruchte flächige Bauteile
Alle in der Mittelebene des Bauteils wirkenden verteilten Kräfte bewirken hier eine ausschließliche Zugbeanspruchung. Stabilitätsprobleme treten nicht auf. Je nach Orientierung der Kräfte kann eine einachsige oder eine zweiachsige Zugbeanspruchung vorliegen. Die Größe der Spannungen kann innerhalb des Bauteils variieren. Eine Optimaldimensionierung müßte dann, bei Existenz eines die Bauteilauslegung eindeutig bestimmenden Lastfalles, zu einer veränderlichen Bauteildicke führen.

Als Anwendungsbereiche ausschließlich zugbeanspruchter flächiger Bauteile sind dünne Metallmembranen bei Sonnenspiegeln, die zugbeanspruchten Flansche biegebeanspruchter Hohlkastenträger (z.B. auch bei Brücken) oder dünnwandige, durch stehende Pfosten unterbrochene und ausschließlich als Zugfelder wirkende Stegbleche bei schlanken Trägern oder Hohlkästen zu nennen.

Ausschließlich zugbeanspruchbare, durch Spanten und Stringer versteifte tragende dünne Bleche sind wesentliche Bauteile im Flugzeugbau. Im Bauwesen wurde vom Verfasser dieses Konstruktionsprinzip einer Stressed-Skin-Fassade in einem preisgekrönten Wettbewerbsbeitrag für das MCC-Autohaus vorgeschlagen.

Druckbeanspruchte flächige Bauteile
Die in der Mittelebene des Bauteils wirkenden verteilten Kräfte bewirken hier eine ausschließliche Druckbeanspruchung, wobei je nach Orientierung der Kräfte eine einachsige oder eine zweiachsige Druckbeanspruchung vorliegen kann. Prinzipiell treten jetzt auch Stabilitätsprobleme auf. Zwar kann man auch bei den druckbeanspruchten flächigen Bauteilen eine Erhöhung der Bauteildicke vornehmen, aus Gründen der sinnvollen Reduktion der verwendeten Stahlmengen wird man jedoch nur bei kleinformatigen flächigen Bauteilen zu einer Erhöhung der Bauteildicke greifen. In allen anderen Fällen, wie z.B. bei druckbeanspruchten Flanschen von Brückenhohlkästen oder bei den Wandungen von großen Pylonen, wird man rippen- oder netzartige Versteifungen der Blechfläche entwerfen.

Die mit Spanten und Stringern versehenen tragenden Außenhäute eines Flugzeugrumpfes sind als zweiachsig beanspruchte flächige Bauteile zu bezeichnen, die zur Vermeidung von Beulen in den druckbeanspruchten Bereichen durch Rippen stabilisiert werden.

Anstatt einer durch Rippen bewirkten Versteifung eines druckbeanspruchten flächigen Bauteiles kann man auch die Geometrie des Bauteiles selbst in geeigneter Weise entwerfen. Hierzu ersetzt man beispielsweise ebene und dementsprechend beulgefährdete Bleche durch Wellblech oder Trapezblech. Beide sind hervorragend geeignet, das Stabilitätsproblem des flächigen Bauteiles zu reduzieren, natürlich nur, wenn die Falten bzw. Wellen in Richtung der Druckbeanspruchung liegen.

Für vergleichsweise gering belastete, aber hoch ausgenutzte dünne Bleche läßt sich eine Stabilisierung der beul- und knittergefährdeten Bleche auch durch Anwendung der Sandwichtechnik erzielen, indem man beispielsweise dünnwandige Druckrohre mit Kunststoffen wie Polyurethan ausschäumt. Als vergleichbare Maßnahme kann das Ausbetonieren beul- und knittergefährdeter dünnwandiger Rohre oder das Einbetonieren offener Profile mit dünnwandigen Flanschen und Stegen angesehen werden.

Biegebeanspruchte flächige Bauteile
Sobald die Wirkungslinien einzelner am Bauteil angreifender Kräfte nicht mehr in der Mittel-

4.125 Beanspruchungsart: Ein- bzw. zweiachsiger Zug
4.126 Beanspruchungsart: Ein- bzw. zweiachsiger Druck
4.127 Auflagerungsarten für liegende zylindrische Behälter [441]
4.128 –130 Auflagerungsarten für Kugelbehälter
4.131 Herstellung eines Sonnenspiegels durch plastische Formgebung [259]

4.127

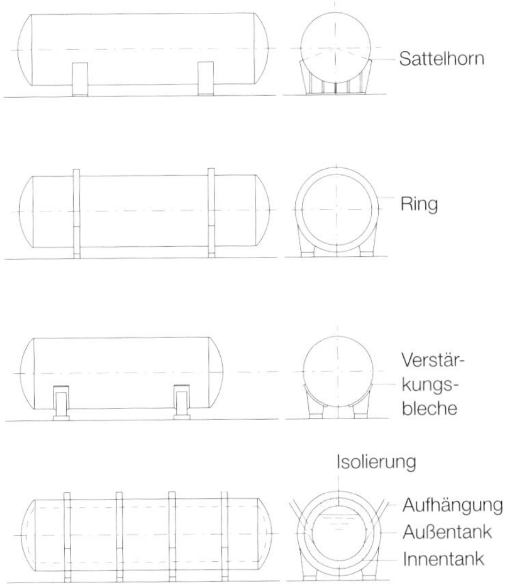

4.128

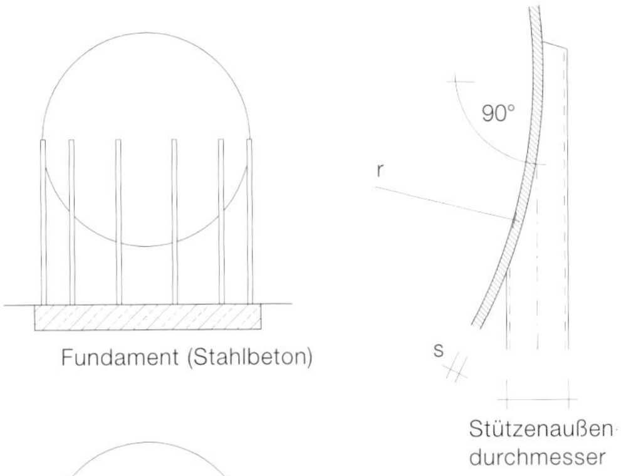

4.129

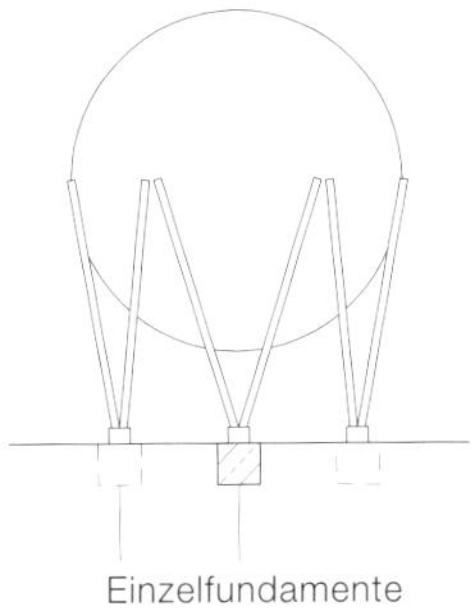

4.130

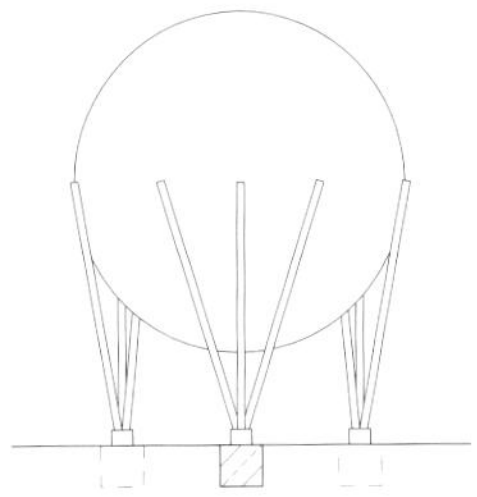

4.131

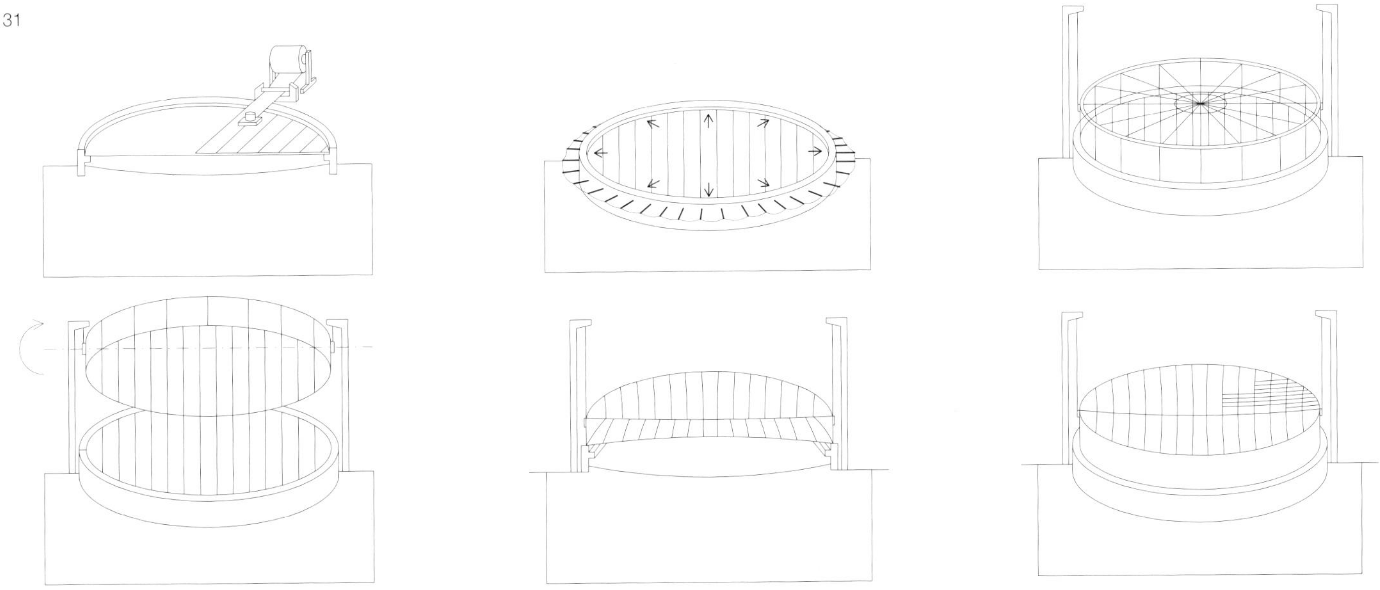

4.132 Ausknicken einer zweiseitig gelagerten, druckbeanspruchten Scheibe
4.133 Ausbeulen einer dreiseitig gelagerten Scheibe
4.134 Ausbeulen einer vierseitig gelagerten Scheibe
4.135 Beanspruchungsart: Biegung flächiger Bauteile
4.136 Konstruktionsformen orthotroper Platten [440]
4.137 Orthotrope Platten: mögliche Rippenprofile
4.138 Sandwichelement
4.139 Bearbeitung von Doppel-T-Trägern:
a Glatt- und Schrägschnitt,
b Gehrungsschnitt,
c Ein- und beidseitige Abflanschung,
d) Ausflanschung,
e Doppelseitige Schrägklinkung,
f) Ein- und doppelseitige Ausklinkung
4140 Verformungszustände der druckbeanspruchten Deckschicht eines Sandwichelementes

4.132

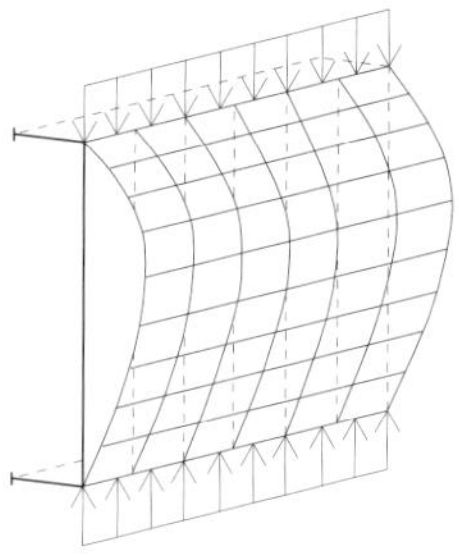

4.135

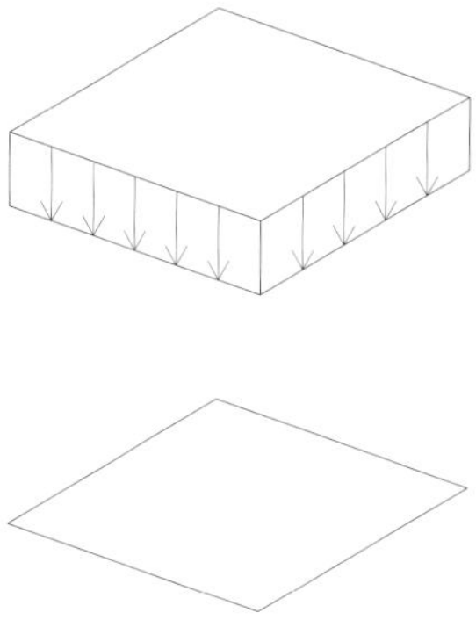

4.136

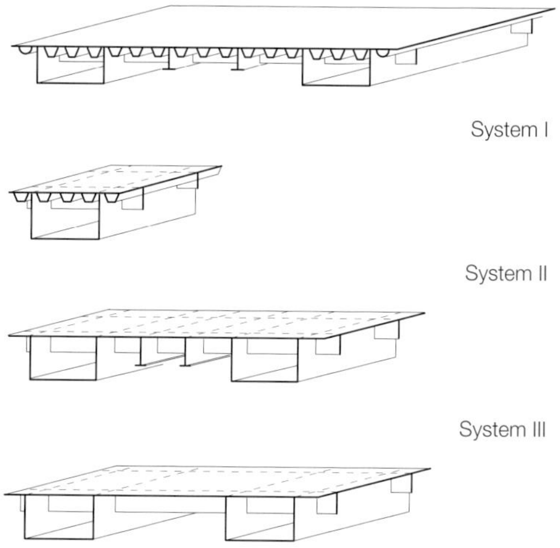

4.133

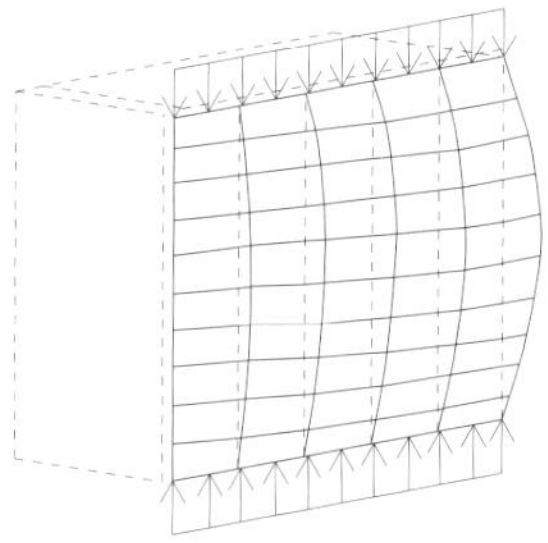

4.134

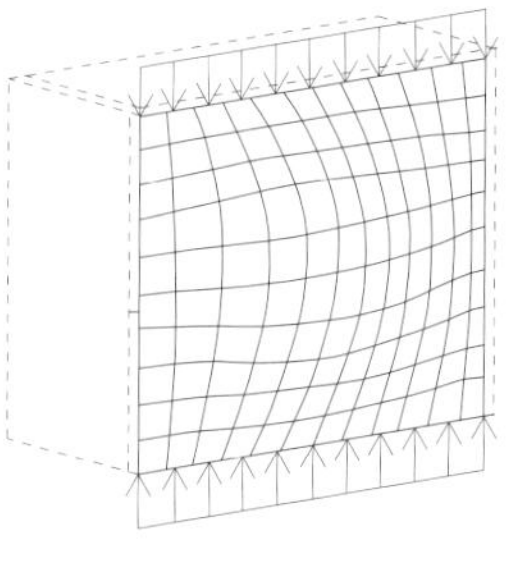

ebene des Bauteiles selbst liegen, tritt eine Biegebeanspruchung des flächigen Bauteiles ein. Liegt ein homogener Bauteilquerschnitt vor, so ist damit eine sehr ineffektive und entsprechend teure Art der Lastabtragung gegeben. Dies ist nur für kleinformatige Bauteile akzeptabel. Entsprechend dem bei den biegebeanspruchten linienförmigen Bauteilen Gesagten wird man also auch hier versuchen, den Querschnitt des Bauteiles aufzulösen, die Bauhöhe bzw. die Bauteildicke an den Momentenverlauf anzupassen und/oder das Material an der Ober- und an der Unterseite des Bauteiles zu konzentrieren. Dies führt zu Sandwichlösungen mit einem innenliegenden Rost aus Stahlprofilen und einer Beplankung mit Stahlblechen, zu einseitig mit Rippen versehenen Blechen, zu gefalteten Blechen wie z.B. dem Trapezblech oder auch zu kunststoffausgeschäumten Sandwiches.

Zur Abtragung einer einachsigen Biegebeanspruchung kann ein Blech sehr einfach durch entsprechendes Falten oder durch eine mit unterschiedlichen Bauweisen aufmontierte Profilschar in seiner Biegetragfähigkeit verstärkt werden. Zweiachsige Biegebeanspruchungen, wie sie beispielsweise im Deck von Stahlbrücken vorliegen, erfordern zwei Trägerscharen, was zu aufwendigen konstruktiven Lösungen, aber zumeist auch zu Querschnittsschwächungen im Bereich der vielfachen Trägerkreuzungen führt. Trotzdem führen derartige Konstruktionsweisen zu sinnvollen und auch ökonomischen Lösungen. Die orthotropen Platten im Stahlbrückenbau sind ein gutes Beispiel hierfür.

Im Stahlhochbau kommen auch immer wieder Trägerroste zur Anwendung, die mit tragenden Deckblechen verbunden sind.

Gewellte Bleche oder Trapezbleche sind sehr leistungsfähige Bauteile, die in hohem Umfang als biegebeanspruchte flächige Bauteile eingesetzt werden. Insbesondere Trapezbleche haben als tragende Dacheindeckungen sowie als tragende Fassadenverkleidungen eine große Bedeutung erlangt.

Gewellte Bleche und Trapezbleche haben ein ausgesprochen einachsiges Lastabtragungsverhalten. Sie können nur parallel zur Faltung biegebeansprucht werden. Dies ist insbesondere bei der Auflagerung dieser Bleche zu beachten. Daneben ist zu vermerken, daß Wellbleche und Trapezbleche aufgrund ihrer Faltung gegenüber einem ebenen Blech nur in stark reduziertem Umfang als aussteifende Bauteile eingesetzt werden können. Zwar werden insbesondere Trapezbleche immer wieder als Dachscheibe verwendet, eine Betrachtung des Kräftezustandes an einer Faltung zeigt jedoch schnell, wie ineffektiv das Bauteil für diese Art der Lastabtragung ist.

Die konstruktive Ausbildung von Ausschnitten und Krafteinleitungen

Ausschnitte wie Bohrungen und Öffnungen in einem durch äußere Kräfte beanspruchten Bauteil bedeuten stets Störungen des vom Entwerfenden hoffentlich möglichst homogen gestalteten Spannungsverlaufes innerhalb des Bauteiles. Spannungsinhomogenitäten und Spannungskonzentrationen sind die Folge. Derartige Spannungskonzentrationen treten bereits am Rand eines Bohrloches auf. Sie können bemerkenswerte Größenordnungen annehmen und führen zu einer sehr inhomogenen Materialausnutzung.

Den meisten Entwerfenden ist nicht bewußt, wie hoch die Spannungsspitzen an den Flanken von Öffnungen wie z.B. Bohrlöchern sind, da die Möglichkeit, bei der Bemessung einer Verbindung bei zugbeanspruchten Verbindungen den Nettoquerschnitt, bei druckbeanspruchten Verbindungen sogar den Bruttoquerschnitt anzusetzen, das Bewußtwerden über die tatsächlichen Spannungsverhältnisse verschleiert. Daß die genannte Vorgehensweise nur bei den hinreichend duktilen Stählen zulässig ist, wird allzu schnell übersehen. Nur bei Stählen mit hinreichendem Plastifizierungsvermögen können Spannungsspitzen an der Lochflanke durch lokales Plastifizieren abgebaut werden. Bei der Anwendung hochfester und damit wenig duktiler Werkstoffe darf dies nicht übersehen werden. Hier ist dann mit den tatsächlich vorhandenen Spannungen zu rechnen.

Werden Ausschnitte in sehr hoch beanspruchten Bereichen eines Bauteils plaziert, so bestimmen die an den Ausschnittsrändern auftretenden Spannungskonzentrationen die Dimensionierung des Gesamtquerschnittes. Man sollte deshalb Ausschnitte entweder in niedrig beanspruchte Bereiche des Bauteils legen oder, da es bei extrem optimierten Bauteilen im Leichtbau keine niedrigbeanspruchten Bereiche gibt, Lage, Größe und Form eines Ausschnittes im Hinblick auf eine Reduzierung von Spannungskonzentrationen sorgfältig wählen. Gegebenenfalls kann eine Neutralisierung der Öffnung durch Verstärkung des Ausschnittsrandes vorgesehen werden.

Bereits eine einachsig zugbelastete, im Verhältnis zum Lochradius unendlich breite und lange Scheibe aus linear elastischem Werkstoff zeigt an den Lochflanken Spannungen, die um

4.137

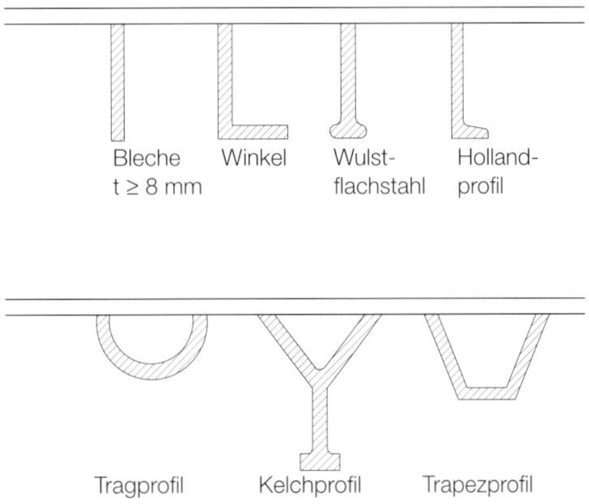

4.138

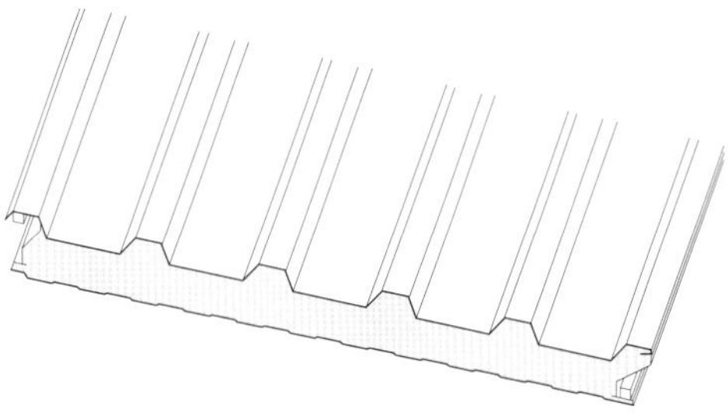

4.140

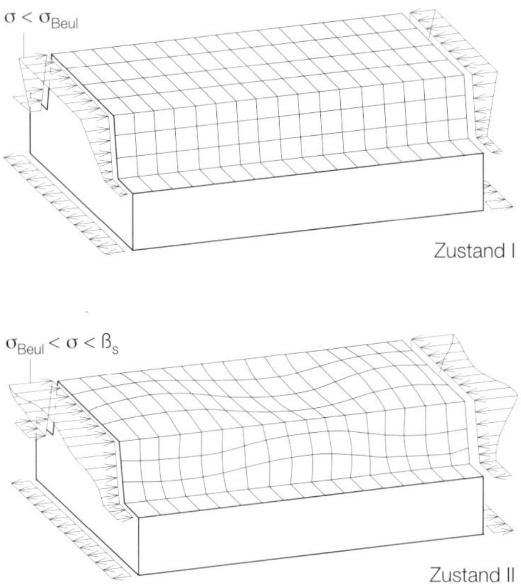

4.139

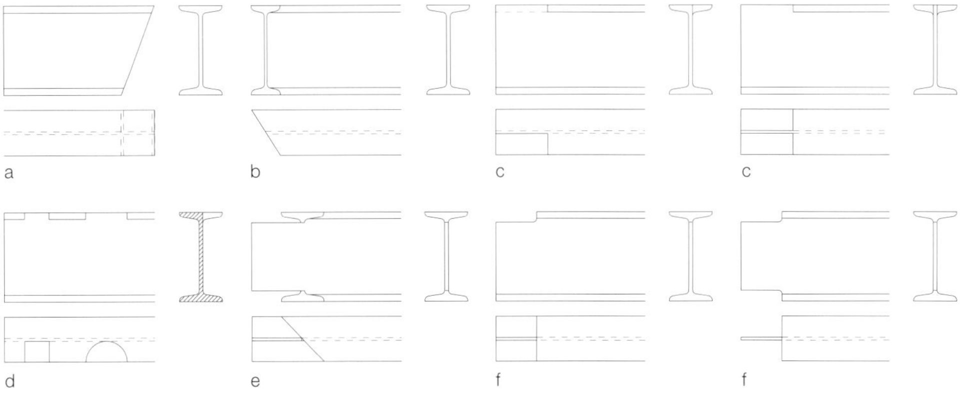

4.141 Blech unter einachsiger Zugbeanspruchung: Durch eine Bohrung bedingte Inhomogenität im Spannungsverlauf [485]
4.142 Neutrale Ausschnitte

4.141

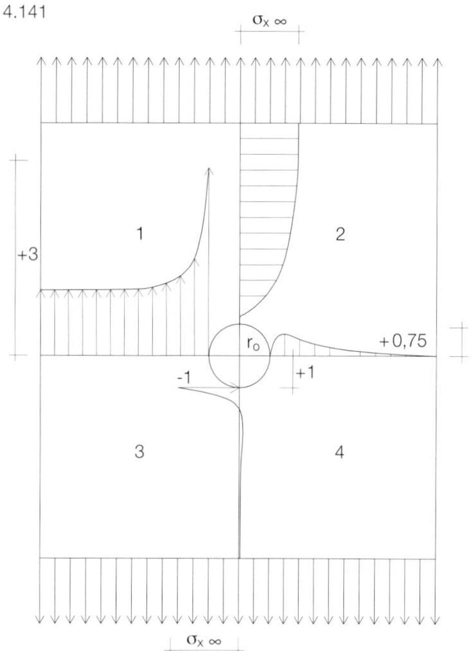

1 $$\frac{\sigma_x}{\sigma_{x\infty}} = 1 + \frac{1}{2}\frac{r_0^2}{y^2} + \frac{3}{2}\frac{r_0^4}{y^4}$$

2 $$\frac{\sigma_x}{\sigma_{x\infty}} = 1 - \frac{5}{2}\frac{r_0^2}{x^2} + \frac{3}{2}\frac{r_0^4}{x^4}$$

3 $$\frac{\sigma_y}{\sigma_{x\infty}} = \frac{1}{2}\frac{r_0^2}{x^2} - \frac{3}{2}\frac{r_0^4}{x^4}$$

4 $$\frac{\sigma_y}{\sigma_{x\infty}} = \frac{3}{2}\left(\frac{r_0^2}{y^2} - \frac{r_0^4}{y^4}\right)$$

4.142

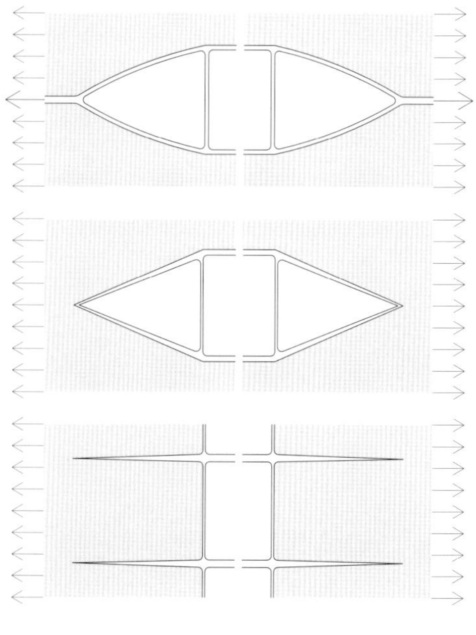

das Dreifache höher als die Grundspannung in hinreichender Entfernung vom Loch sind. Nur bei Werkstoffen, die ein hinreichendes Plastifizierungsvermögen besitzen, wird der Aufbau dieser Spitzenspannungen durch vorzeitiges lokales Plastifizieren verhindert. Ist der Werkstoff nicht hinreichend duktil, so wie dies bei hochfesten Stählen und hochfestem Stahlguß der Fall ist, so können diese Spannungsspitzen nur durch lokale Verstärkungen reduziert werden.

Größere Öffnungen, beispielsweise zur Durchführung von Installationen im Hochbau, können in ihrer Geometrie auf den für die Dimensionierung maßgebenden Spannungszustand angepaßt werden. Bei einachsiger Zugbelastung eines Bleches, das natürlich auch als Teil eines zusammengesetzten Querschnittes interpretierbar ist, werden die Spitzenspannungen durch Wahl eines ellipsenförmigen Ausschnitts, der in Beanspruchungsrichtung ausgerichtet ist, bis auf das Zweifache der Grundspannung reduziert. Damit ist jedoch der Spielraum bei der Gestaltung der Ausschnittsgeometrie bereits erschöpft. Durch eine Plazierung der Öffnung in relativ niedrig beanspruchte Bereiche eines Bauteils kann vermieden werden, daß das gesamte Bauteil in seiner Dimensionierung nach den durch den Ausschnitt hervorgerufenen Spannungsspitzen zu dimensionieren ist. Insbesondere bei größeren Ausschnitten und bei Ausschnitten in druckbeanspruchten Bereichen von dünnwandigen Teilen sind jedoch Verstärkungen des Ausschnittsrandes unvermeidbar. Solche Verstärkungen können bei extremen Leichtbaukonstruktionen so ausgeführt werden, daß ein neutraler Ausschnitt entsteht, d. h. daß in der Blechebene ein elementarer, ungestörter Spannungszustand ohne jegliche Spannungsinhomogenitäten erhalten bleibt. Die Gestaltung neutraler Ausschnitte ist bei Bauteilen aus Stahlguß kein Problem, bei geschweißten Blech- oder Profilkonstruktionen jedoch herstellungstechnisch aufwendig. Sie kommt im Bauwesen nur selten zur Anwendung, ist jedoch im Flugzeugbau eine übliche Technik.

Herstellungstechnisch wesentlich einfacher und im Bauwesen deshalb sehr verbreitet ist die Verstärkung der Ausschnittsränder mit ebenen Blechstreifen, sogenannten Steifen.

Krafteinleitungen:
Im Stahlbau bestehen die einzelnen Bauteile in nahezu allen Fällen aus Einzelkomponenten, die in zwei Richtungen große, in der dritten, der Dickenrichtung, kleine Abmessungen haben. Durch diese Betrachtungsweise sind die ebenen und die gefalteten Bleche genauso abgedeckt wie die offenen Walzprofile, die Hohlprofile oder die zusammengesetzten Querschnitte.

Eine Krafteinleitung in ein Bauteil bedeutet meistens die Einleitung einer Kraft in eine einzelne Komponente eines Bauteils, eines Querschnittes. Somit lassen sich nahezu alle Krafteinleitungsprobleme im Stahlbau auf die Betrachtung der Einleitung einer Kraft in eine derartige Einzelkomponente, die mit anderen Bauteil- oder Querschittskomponenten verbunden ist, reduzieren. Lediglich massive, beispielsweise gegossene oder geschmiedete Bauteile, sind etwas anders zu betrachten. Auf sie wird deshalb am Ende der nachfolgenden Überlegungen eingegangen. Phänomenologisch besteht jedoch zwischen ebenen und massiven Bauteilen hinsichtlich der Einleitung von Kräften kein Unterschied.

Greift eine Kraft in der Systemebene eines in zwei Richtungen großen und in der dritten, der Dickenrichtung, kleinen Bauteils an, so wird das Bauteil als Scheibe bezeichnet. Greift eine Kraft senkrecht zur Systemebene an, so bezeichnet man dasselbe Bauteil als Platte. Kräfte, die in einem beliebigen Winkel zur Systemebene wirken, lassen sich stets in eine Komponente senkrecht zur Systemebene und in eine Komponente in der Systemebene zerlegen.

Einleitung einer Einzellast, in Blechebene wirkend. Die Kraft wirkt am Rand
Eine quasi-punktförmig am freien Rand einer Scheibe angreifende Einzellast wird im Einleitungsbereich zu extremen Spannungsspitzen und entsprechenden Deformationen führen. Es liegt deshalb nahe, die Kraft über eine größere Strecke oder Fläche verteilt in die Scheibe einzuleiten. Die einfachste Lösung ist ein symmetrisch zur Scheibe angeordneter gerader Gurt. Sein Querschnitt und seine Länge werden durch die Größe der einzuleitenden Kraft, der Festigkeit und Dicke der Scheibe sowie die Art der Verbindungstechnik zwischen Gurt und Scheibe bestimmt.

4.143 Scheibe mit unstetiger Dickenänderung in Zugrichtung. Einfluß des Übergangsradius auf die Spannungsspitze [485]
4.144 Einleitung einer Einzellast, in der Fläche wirkend
4.145 Einleitung einer Einzellast, senkrecht zur Fläche wirkend

Ein aufgeschweißter Gurt stellt die Standardlösung im Stahlbau dar. Er leitet die Einzellast in die Tiefe der Scheibe ein. Die Kraft im Gurt nimmt dabei entlang seiner Länge ab, während die Kraft in der Scheibe stetig zunimmt. Auch aus diesem Grund sollte die Querschnittsfläche des Gurtes zum Gurtende hin abnehmen. Gleichzeitig stellt ein Gurt eine lokale Versteifung der Scheibe dar, die zu einem Querschnittssprung am Gurtanfang (Gurtanlauf) und Gurtende (Gurtauslauf) führt. Hier entstehen bei Belastung Spannungsspitzen im Blech, die als Kerbeffekt zu interpretieren sind. In Bereichen, die dynamisch als kritisch zu bewerten sind, sowie bei extrem hoch ausgelasteten Konstruktionen, sollten deshalb Gurtanlauf und Gurtauslauf möglichst stetig ausgeformt werden.

Einleitung einer Einzellast, in Blechebene wirkend. Die Kraft wirkt in der Fläche
Greift eine Einzellast inmitten der Fläche einer Scheibe an, so sind die soeben geschilderten Überlegungen sinngemäß zu übertragen.

Einleitung einer Einzellast, senkrecht zur Blechebene wirkend
Die Einleitung einer senkrecht zur Systemebene wirkenden Einzellast ruft eine Biegebeanspruchung in dem jetzt als Platte wirkenden Bauteil hervor. Je nach der Lagerungsart dieser Platte, d.h. je nachdem, ob und wie die betrachtete Bauteilkomponente mit anderen Bauteilkomponenten verbunden ist, wird sich ein unterschiedlicher Spannungszustand in der Platte einstellen. Prinzipiell sollte man natürlich Biegebeanspruchungen stets vermeiden, da sie eine besonders ineffektive Art der Lastabtragung darstellen. Die nachfolgenden Beispiele sind also keine Vorbilder, sondern sie stellen Lösungen für die Fälle dar, in denen sich das Problem als solches nicht anders lösen läßt.

Bei der Abhängung von zwei Einzellasten am unteren Flansch eines Doppel-T-Trägers werden sich die beiden Flanschhälften wie zwei auskragende Platten verhalten. Die punktuell eingetragenen Lasten bewirken eine wellenartige Durchbiegung der beiden Flanschhälften. Der Lastabtrag breitet sich zum Steg hin aus. Dort werden die Kräfte dann im Steg »hochgehängt« und dadurch über den Gesamtquerschnitt verteilt. Der Steg wirkt somit als linienförmiges Auflager. Falls die biegebeanspruchten Flansche nicht in der Lage sind, die auftretenden Biegebeanspruchungen zu ertragen, müssen Art und/oder Ort der Lasteintragung verändert werden, oder die Flansche müssen versteift werden. Letzteres geschieht am besten dadurch, daß man der »Kragplatte Flansch« zwei weitere Linienlager hinzufügt. Die Platte ist im Bereich der Krafteinleitung jetzt an drei Seiten gelagert. Konstruktiv bedeutet dies den Einbau von zwei Steifen. Diese führen einen Teil der Kräfte direkt in den Steg.

Ein vergleichbares Beispiel ist die Einleitung einer Einzelkraft in den Steg eines Doppel-T-Trägers. Auch hier wird die Belastung zu einer beulenartigen Verformung des Steges führen. Damit verbunden ist eine Biegebeanspruchung des üblicherweise dünnwandigen Steges. Der Steg trägt im Beispiel wiederum als ein Plattenstreifen, der an seinen beiden Längsrändern gelagert ist. Die Reduktion der Biegebeanspruchung im Steg führt man jetzt konstruktiv durch Einbau von zwei Steifen ein, die aus dem zweiseitig gelagerten Plattenstreifen einen lokal vierseitig gelagerten Streifen machen. Die Hauptlastabtragungsrichtung spannt jetzt zudem von Steife zu Steife und ist damit wesentlich kürzer als die zuvor vorhandene Hauptlastabtragungsrichtung, die von Flansch zu Flansch spannte. Die Steifen leiten die Kräfte in die Trägerflansche weiter. Diese werden dadurch auf Biegung in ihrer Systemebene beansprucht.

Als konstruktive Alternative zu der soeben prinzipiell erläuterten Vorgehensweise kann man natürlich die Einzellast in eine einzelne Steife hängen und den Trägersteg damit vollkommen entlasten.

Einleitung einer Einzellast, in Blechebene wirkend. Die Kraft wirkt in der Fläche
Die Krafteinleitung gestaltet sich sehr einfach und erfolgt am besten zweischnittig über eine geschaubte, über eine geschweißte oder über eine Bolzenverbindung. Die Zweischnittigkeit garantiert, daß keine Biegemomente in die Blechebene eingeleitet werden. Bei geschweißten Anschlüssen ist darauf zu achten, daß die verwendeten Bleche Querzug in der auftretenden Höhe übertragen können. Insbesondere bei dickeren Blechen und hohen Bean-

4.143
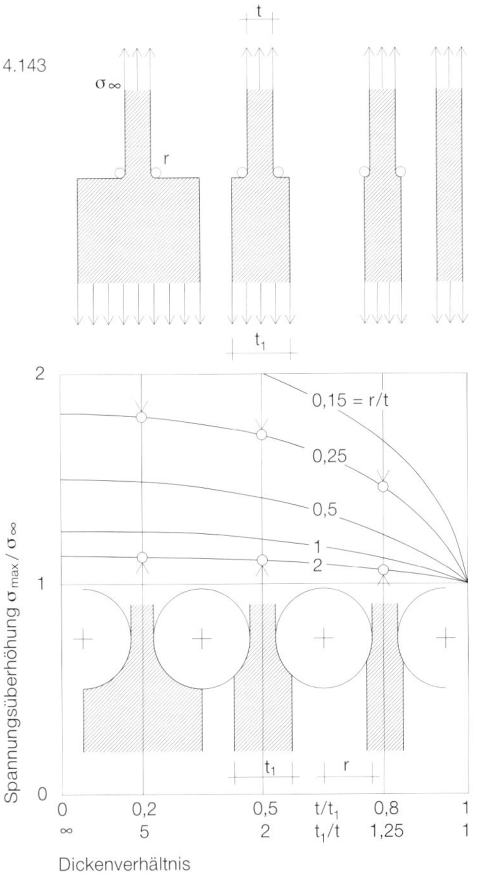

4.144
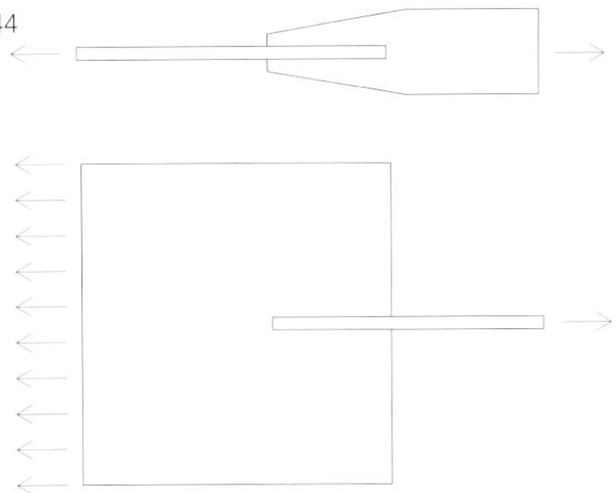

4.145
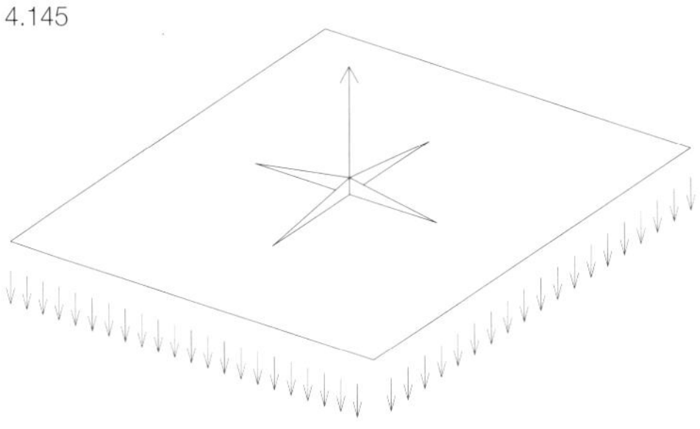

4.146 Einleitung einer Einzellast in ein Rohr: Große Last bzw. kleine Last
4.147–148 Der obenliegende Träger gibt eine Vertikallast an den unteren Träger ab: erforderliche Steifen
4.149 Steifenlose Kraftübertragung zwischen zwei Trägern. Möglich und wirtschaftlich, jedoch nicht anschaulich [440]
4.150 Steifenloser Momentenanschluß eines Trägers an eine Stütze, möglich, kostengünstig, jedoch nicht anschaulich [440]

4.146

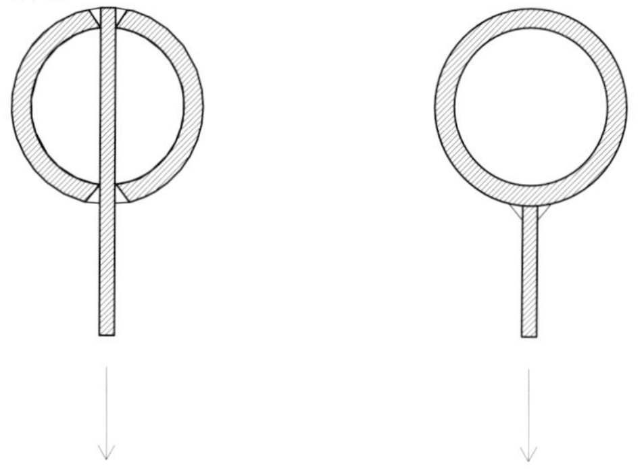

4.147

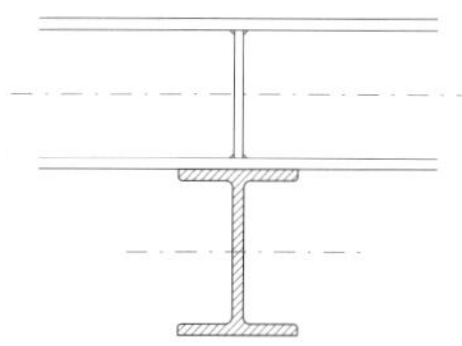

4.148

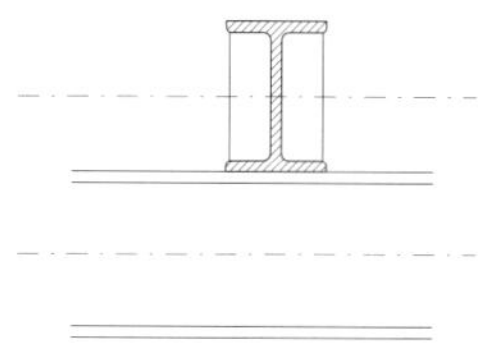

4.149

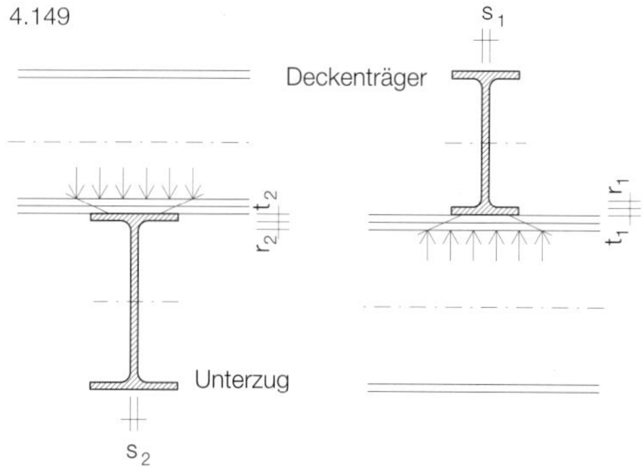

4.150

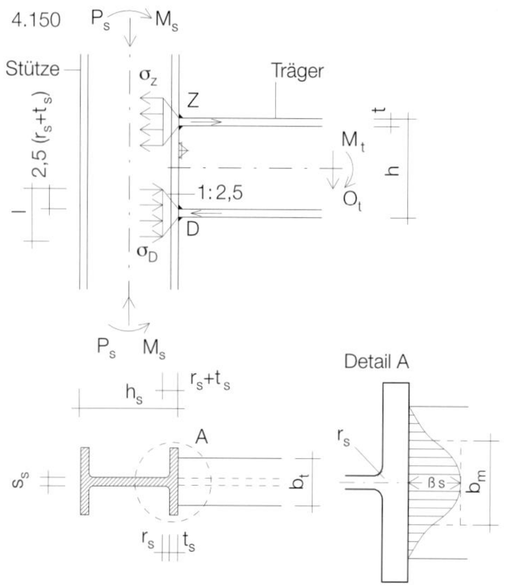

spruchungen kann eine Überprüfung der lokalen Beschaffenheit des Materials durch Röntgen oder vergleichbare Verfahren angezeigt sein.

Bei Anschlüssen mit Bolzen ist in den meisten Fällen das Aufbringen lokaler Verstärkungsringe (boss-plates) zur Erhöhung der Tragfähigkeit angebracht.

Einseitig befestigte Krafteinleitungskonstruktionen, z. B. durch Winkel oder Laschen, bewirken immer eine Biegebeanspruchung im Blech. Führt diese Biegebeanspruchung zu nicht hinnehmbar großen Biegespannungen, so ist das Blech durch Steifen oder vergleichbare Maßnahmen lokal zu verstärken. Die Biegebeanspruchung wird dadurch über einen größeren Hebelarm in das Blech eingeleitet, die Biegespannungen im Blech werden kleiner.

Einleitung einer Linienlast, in Blechebene wirkend. Die Kraft wirkt am Rand
Eine linienförmige Last am Rand einer Scheibe einzuleiten, stellt die konstruktiv ideale Lösung dar. Spannungsspitzen können höchstens noch am Anfang bzw. Ende der Linienlast in der Scheibe entstehen, ansonsten liegt ein ideal gleichförmiger Lasteintrag mit entsprechend homogenem Spannungsfeld in der Scheibe vor.

Einleitung einer Linienlast, in Blechebene wirkend. Die Kraft wirkt in der Fläche
Wird eine Linienlast in der Fläche einer Scheibe eingeleitet, so können die soeben geschilderten Überlegungen sinngemäß übertragen werden.

Einleitung einer Linienlast, senkrecht zur Blechebene wirkend
Eine Linienlast senkrecht zur Systemebene ruft eine Biegebeanspruchung in der Platte hervor. Wiederum ist auf eventuelle Spannungsspitzen im Bereich des Anfangs und des Endes der Last zu achten. Ansonsten aber wird die ineffektive Art der Lastabtragung durch Biegung wiederum zu einer deutlichen Einschränkung der möglichen Spannweiten führen. Abhilfe schaffen lokale Aufdickungen, lokale lastverteilende Verstärkungen oder biegesteife Gurte (Steifen), die die Spannweiten der dünnen Platte reduzieren und als Zwischenauflager dienen.

Linienlasten, die senkrecht zur Systemebene angreifen, kommen im Stahlbau sehr häufig vor. Das Standardbeispiel ist das Anhängen eines zugbeanspruchten Bleches an den Untergurt eines Hohlkastens oder an ein Rohr. Das anzusetzende Blech leitet eine linienförmige Last in das Hohlprofil ein, die von diesem nur über Biegung abgetragen werden kann. Wegen der geringen Biegesteifigkeit der üblicherweise dünnen Wandungen entsteht ein lokales Biegeproblem, das infolge der übergeordneten Beanspruchung des Hohlprofiles zudem zu einem lokalen Stabilitätsproblem führen kann. Außer in dem Fall einer niedrigen Belastung ist also stets dafür Sorge zu tragen, daß das anzuhängende Blech seine Last möglichst weiträumig und ohne Spannungsspitzen in das Hohlprofil einträgt. Dies kann beispielsweise dadurch erreicht werden, daß das Hohlprofil aufgeschnitten und das Blech wie ein Schott eingeschweißt wird. Das Blech kann seine Last auch über einen krempenartigen Ring auf das Hohlprofil abgeben. In diesem Fall muß der Träger nicht aufgeschnitten werden.

Ein weiteres, schon klassisches Beispiel, ist die aus zwei Doppel-T-Profilen gebildete Rahmenecke. Im biegebeanspruchten Riegel wie im Stiel sind die Kräfte im wesentlichen in den Flanschen konzentriert. Wird der Riegel stumpf an den inneren Flansch des Stiels angeschweißt, dann können die in den Riegelflanschen wirkenden Linienlasten nicht durch den jetzt senkrecht zur Systemebene beanspruchten Stielflansch aufgenommen werden: Dessen Biegesteifigkeit ist im Verhältnis zur aufzunehmenden Last viel zu gering. Schweißt man in Verlängerung der Riegelflansche zwei Bleche zwischen die Stielflansche, so wird jetzt auch der Stielaußenflansch durch die entsprechenden Linienlasten senkrecht zu seiner Systemebene beansprucht. Durch die Aufteilung einer Riegelflanschbelastung auf zwei Stielflansche ist das Problem nun zwar tendenziell, aber nicht prinzipiell entschärft worden. Erst das Einschweißen einer Diagonalsteife in der Rahmenecke garantiert, daß alle Flanschkräfte als Scheibenkräfte weitergeführt werden. Die Diagonalsteife sollte dabei so eingesetzt werden, daß sie zugbeansprucht wird. Nur so, da keinem Stabilitätsproblem unterliegend, kann sie schlank gehalten werden.

Manchmal sind die beschriebenen Diagonal-

Der Baugrund als Bauteil: Fundationen für Stahltragwerke

steifen aus formalen Überlegungen heraus nicht erwünscht. Insbesondere Mies van der Rohe hat die diagonalsteifenfreie Ecke architektonisch meisterlich eingesetzt. Falls derartige formale Überlegungen wirklich zwingend begründet sind, oder wenn die Momentenbeanspruchung der Rahmenecke nicht zu groß ist, sollte auf die Diagonalsteife verzichtet werden. Die Riegelflanschkräfte müssen dann durch die zwischen die Stielflansche eingeschweißten Bleche in den Steg des Stieles und von dort wieder in die Stielflansche geleitet werden. Ein dramatischer Verlust an Effektivität, der immer wieder zur Notwendigkeit einer Aufdopplung des Stielsteges führt.

Krafteinleitung in massive Bauteile
Bei der Einleitung von Kräften in massive Bauteile können viele der vorgenannten Probleme umgangen werden. Insbesondere bei der Einleitung von Einzel- bzw. Punktlasten in ein Bauteil empfiehlt es sich daher, die Kräfte zunächst in ein massives Bauteil einzuleiten und sie danach aus diesem in die dünnwandigen Nachbarbauteile überzuleiten. Die Nachbarbauteile erfahren so keine Spannungsinhomogenitäten. Die massiven Krafteinleitungsbauteile sind zumeist relativ klein. Sie werden aus dicken Blechen durch spanabhebende Bearbeitung, aus Stahlgußbauteilen oder, im einfachsten Fall, aus einem Blech gebildet. Je nach formalem Anspruch, nach Beanspruchungsart und Bauweise sind eine Vielzahl unterschiedlicher Lösungen möglich. Bei der Einleitung von Punktlasten über eine Kugel ist zu beachten, daß im massiven Bauteil die Hertzsche Pressung, in der Kugel die Hertz'sche Pressung und die Normalspannungen in der »Äquatorebene« nachzuweisen sind. Bei der Krafteinleitung über ein Bolzengelenk sind die Augstäbe entsprechend ihrer Biegebeanspruchung sowie auf Lochleibung, die Bolzen auf Abscheren und Biegung zu bemessen. Da die tatsächlich in einem Bolzengelenk vorhandenen Spannungsfelder extrem komplex sind und eine Dimensionierung dementsprechend sehr schwierig und nur mit großem Aufwand durchzuführen ist, geben die einzelnen Normen für die Bemessung zumeist Formeln an, die auf einer starken Vereinfachung der tatsächlich vorhandenen Spannungsfelder beruhen. Entsprechend liegen natürlich die bei Anwendung dieser Formeln erzielten Ergebnisse stark auf der »sicheren Seite«, d.h. die Verbindung ist überdimensioniert.

Der Baugrund ist das am tiefsten liegende Bauteil eines Tragwerkes. Er ist Bestandteil der Konstruktion und damit grundlegender Bestandteil des Entwurfes.

Der Baugrund nimmt Kräfte aus der Fundation auf und leitet diese über eine räumliche Lastabtragung in die Tiefe weiter. Wie jedes lastabtragende Bauteil erfährt auch der Baugrund dabei Verformungen. Baugrundverformungen, üblicherweise Setzungen, bewirken Bauteil- und Bauwerksverformungen. Diese Verformungen, die während der Herstellung des Gebäudes durch eine stetige Zunahme des Eigengewichts sowie nach der Fertigstellung infolge veränderlicher Nutzlasten, Wind oder Erdbeben auftreten, dürfen bestimmte Grenzen nicht überschreiten, um nicht zu Schädigungen an der tragenden Konstruktion, des Ausbaus oder der Fassade zu führen.

Baugrund- und damit Bauwerksverformungen können auch dadurch auftreten, daß in unmittelbarer Nähe eines Gebäudes ein weiteres Gebäude errichtet wird oder indem der Baugrund seine Eigenschaften, beispielsweise durch Austrocknen infolge einer Wasserabsenkung, verändert.

Als Baustoffe für Fundationen werden üblicherweise Stahlbeton, nur in wenigen Fällen Stahl, dagegen Mauerwerk oder Holz so gut wie gar nicht mehr verwendet.

Die Gründung von Stahlbauteilen oder ganzen Stahltragwerken ist dadurch gekennzeichnet, daß die schlanken Stahlbauteile mit einem vergleichsweise niedrigen Bauteilquerschnitt große Kräfte in ein Stahlbetonfundament einleiten. Wie in allen Fällen, in denen ein hochfestes Bauteil an ein niedrigfestes Bauteil angeschlossen wird, gilt es auch hier, den erforderlichen Querschnittssprung, der gleichzeitig auch einen Werkstoffwechsel bedeutet und der mit der Trennstelle von Baustellenfertigung und werkstattgefertigtem Bauteil zusammenfällt, entsprechend zu detaillieren.

Gründungsarten
Es gibt eine Vielzahl unterschiedlicher Gründungsarten, die man nach Herstellungsmethode, verwendeten Baustoffen, Art der Krafteintragung in den Boden usw. unterteilen kann. Nachfolgend wird ein kurzer Überblick über die wichtigsten Gründungsarten gegeben. Die Unterscheidung erfolgt dabei in Flachgründungen, Tiefgründungen und schwimmende Gründungen.

Flachgründungen
- Einzelfundamente
- Streifenfundamente
- Trägerrost
- Fundamentplatten
- Fundamentplatten mit Kellerkasten

Tiefgründungen
- Zuganker
- Pfahlgründungen
- Rammpfähle
- Bohrpfähle
- Flächengründungen
- Pfeilergründungen
- Brunnengründungen
- Caissongründungen

Schwimmende Gründungen

Nachfolgend werden die einzelnen Gründungsarten kurz diskutiert.

Flachgründungen
Flachgründungen empfehlen sich bei gut tragfähigem Baugrund und weitestgehend vertikaler Belastung der Gründungskörper. Flachgründungen müssen hinreichend tief (mindestens jedoch 80 cm) frostsicher gegründet werden. Es werden nahezu ausschließlich Stahlbetonfundationen verwendet.

Einzelfundamente eignen sich insbesondere zur Abtragung von vertikalen Einzellasten, z.B. aus Stahlstützen. Streifenfundamente werden typischerweise zur Gründung von Mauerwerks- oder Stahlbetonwänden verwendet. Im Stahlbau kommen sie dort zur Anwendung, wo Stahlstützen relativ eng beieinander stehen oder wo die Einzelfundamente einer Stützenreihe so groß werden, daß sie quasi miteinander verschmelzen. Entsprechendes gilt für die Trägerroste, die man ja auch als sich kreuzende Streifenfundamente interpretieren kann. Die Stützen wird man hier immer im Kreuzungspunkt der einzelnen Streifen anordnen. Fundamentplatten wird man im Stahlbau weniger zur Gründung als zur Erstellung eines Kellerkastens verwenden, da eine Platte naturgemäß wenig geeignet ist, die hohen konzentrierten

4.151 Flachgründung
a ebene Bodenplatte
b ebene Bodenplatte mit Sockeln zur Befestigung der Stützen
c Bodenplatte mit versteifenden Rippen
d lokale Verstärkung zur Ableitung hoher Einzellasten
4.152 Injektionszuganker
4.153 Verpreßanker
4.154 Brunnengründung für einen Brückenpfeiler [154]

4.151

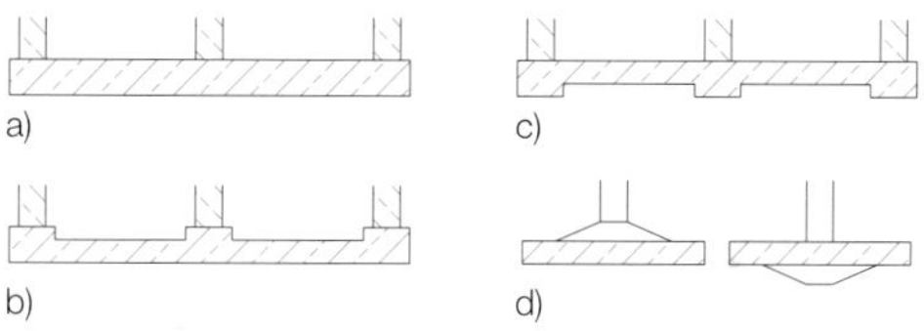

4.152

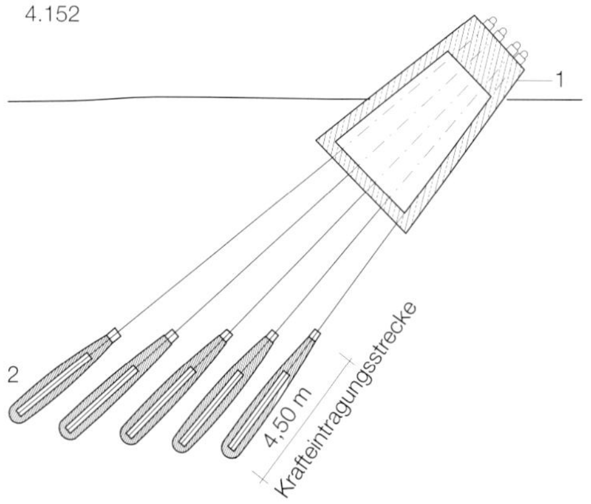

1 Ankerköpfe, Fundament
2 Injektionszuganker

4.153

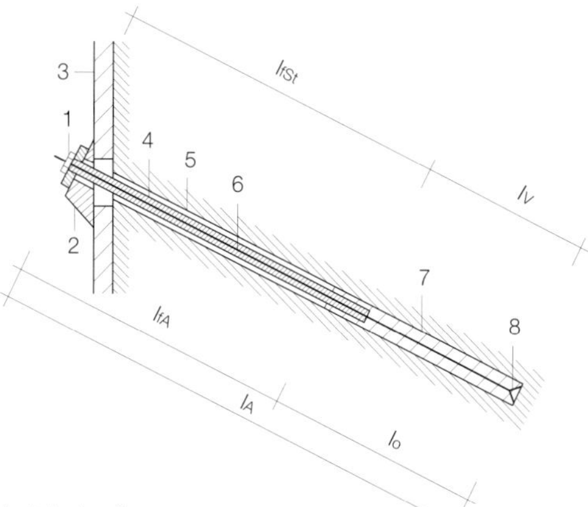

1 Ankerkopf
2 Auflagerkonstruktion
3 Baugrubenwand
4 Bohrloch
5 Hüllrohr
6 Stahlzugglied
7 Verpreßkörper
8 Ankerfuß

f_{St} freie Stahllänge
l_V Verankerungslänge des Stahlzuggliedes
l_{FA} freie Ankerlänge
l_o Krafteintagungslänge
l_A Ankerlänge

Einzellasten des Stahlbaus auf eine größere Fläche zu verteilen. Hierzu setzt man besser Einzelfundamente unter die Platte. In Kombination mit einem Kellerkasten entsteht jedoch ein sehr steifes Tragwerk.
Stahlstützen oder Diagonalen sollten stets auf denjenigen Wänden abgestellt werden, die eine entsprechende Lastverteilung gewährleisten.

Tiefgründungen
Zuganker sind, konstruktionsbedingt, ausschließlich zur Eintragung axialer Zugkräfte in den Baugrund geeignet. Man unterscheidet Erdanker, die als Schraubpfähle hauptsächlich für temporäre Bauwerke und vergleichsweise niedrige Zugkräfte zum Einsatz kommen und Verpreßanker, die sowohl für vorübergehende als auch für dauerhafte Anwendungen sehr erfolgreich angewendet werden. Verpreßanker für dauerhafte Anwendungen erhalten üblicherweise eine Verankerung in einem Stahlbetonkopf, der den Anschluß von Stahlbauteilen ermöglicht.

4.154

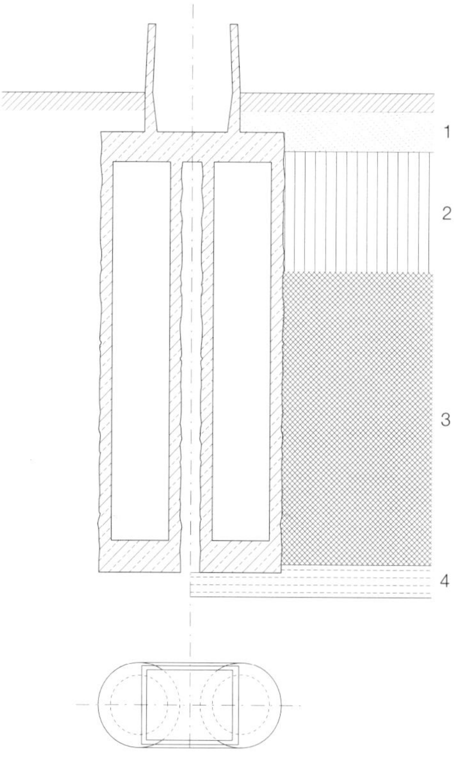

1 Hangschutt
2 oberer Muschelkalk
3 mittlerer Muschelkalk
4 unterer Muschelkalk

Pfahlgründungen werden verwendet, wenn in den oberen Bodenlagen keine hinreichende Tragfähigkeit anzutreffen bzw. durch Bodenverbesserungen zu erzielen ist. Die Pfähle werden bis auf den tragfähigen Baugrund geführt und in diesen eingebunden. Ist Fels vorhanden, so können die Pfähle auch auf dem Fels 'abgestellt' werden. Bei einer Pfahlgründung werden Rammpfähle als Fertigteilpfähle in Stahl oder Beton, als Ortbetonpfähle oder als Verbundpfähle eingebracht. In den beiden letztgenannten Fällen wird üblicherweise mit einem Stahlrohr gerammt, das vor dem Betonieren gezogen wird oder das im Baugrund verbleibt und mit dem eingebrachten Ortbeton als Verbundbauteil wirkt. Bohrpfähle werden hauptsächlich als Stahlpfähle, als nachträglich ausbetonierte Verbundpfähle oder als vor/beim Betonieren gezogene Bohrhilfe benutzt. Ein Pfahl sollte stets axial beansprucht werden, ist also zur Abtragung von Zug- und/oder Druckkräften besonders geeignet. Nicht-vertikale Kräfte trägt man mit schräg gesetzten Pfählen ab. Die Pfähle übertragen die ihnen innewohnenden Kräfte über Reibung, teilweise auch über Spitzendruck in den Baugrund. Bei einigen Pfahltypen wird zur Erhöhung des Spitzendruckes eine besondere Pfahlspitze ausgebildet.

Tiefgründungen können, bei sehr großen zu verankernden Lasten, auch als Flächengründungen ausgeführt werden. Pfeilergründungen werden in einer offenen Baugrube hergestellt und haben eine tiefliegende flache Gründung, die auch als Einzelfundament mit darauf aufgesetzter Stütze interpretierbar ist. Brunnengründungen sind offene Senkkastengründungen, Caissons sind Druckluft-Senkkastengründungen.

Schwimmende Gründungen
Bei Vorhandensein sehr mächtiger weicher Schichten können Pfähle aus technischen und wirtschaftlichen Überlegungen nicht mehr bis auf den tragfähigen Untergrund geführt werden. Die Pfahlspitzen enden also noch im Bereich der weichen Schichten, ein Spitzen-

4.155 Franki-Pfahl [415]
4.156 Absenken eines Brunnens [415]
4.157 Absenken eines Caissons [415]
4.158 Gründung einer Brücke auf einem Pfahlrost [415]
4.159 Simpol-Pfahl [415]

4.155

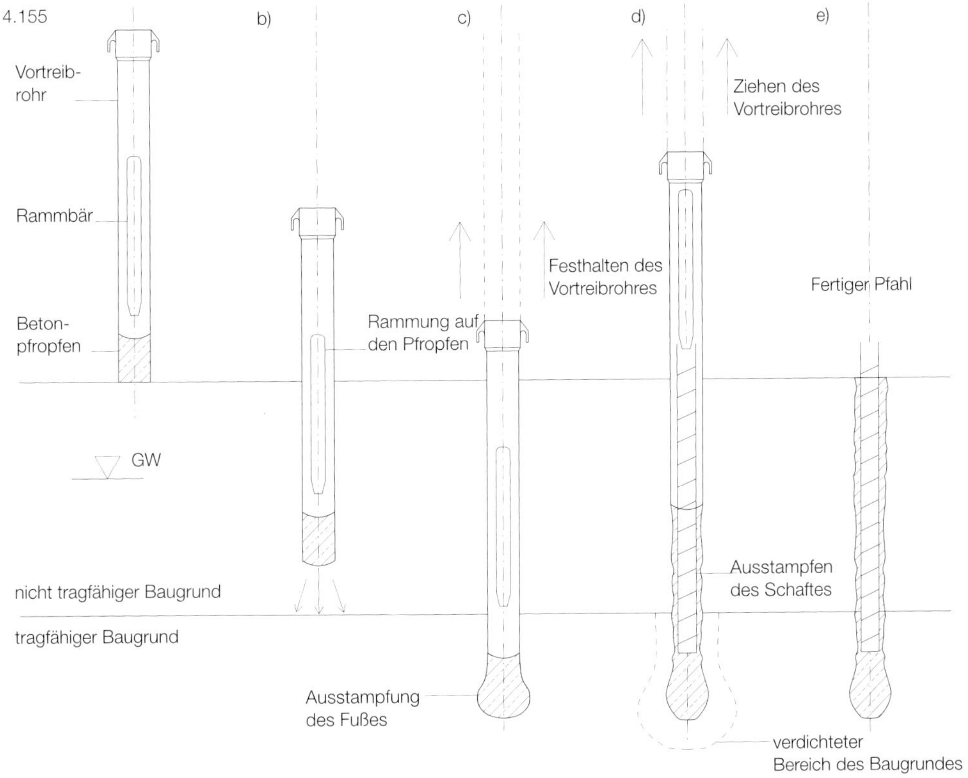

4.156

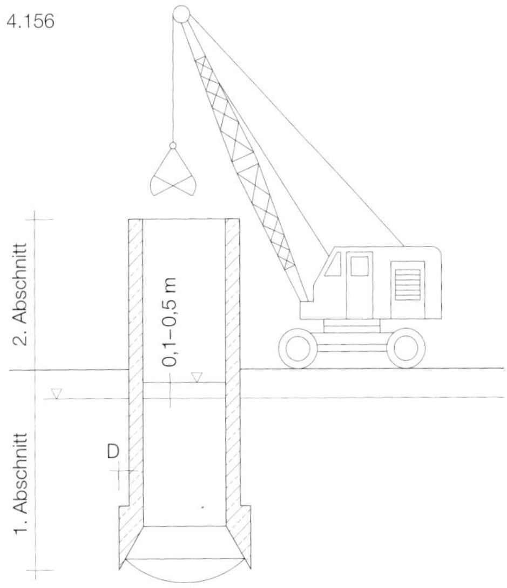

4.157

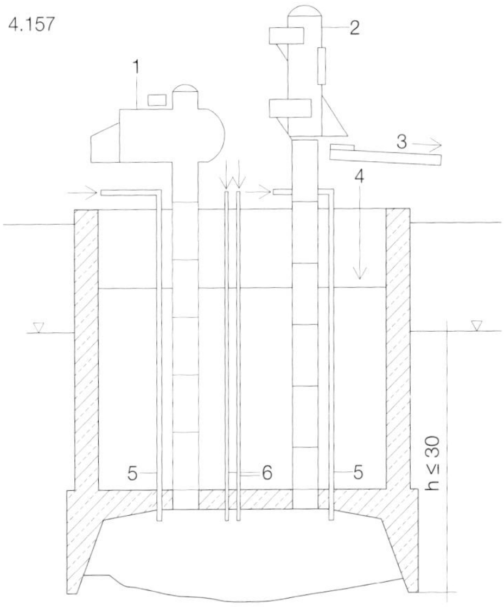

1 Personenschleuse
2 Aushubschleuse
3 Aushub
4 OK Betonfüllung (Ballast)
5 Beton
6 Druckluft

4.158

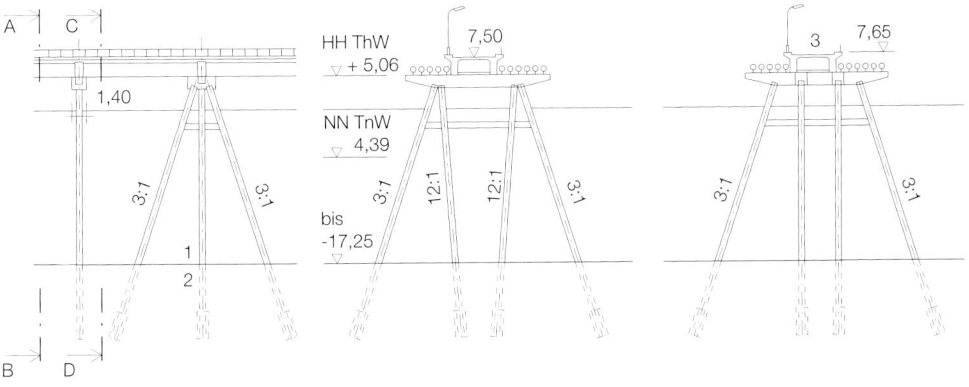

Teilansicht Zufahrtsbrücke

Normaljoch

Festpunktjoch

1 Stahlrohrpfähle Ø 546 mm, t = 13,5 bis 15,5 mm
3 Kies und Sand
2 Fertigbetonteile

4.159

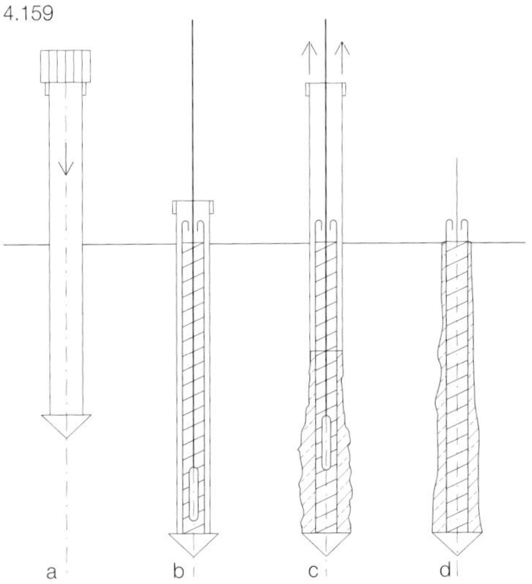

4.160 Gründung unterschiedlicher Baukörper auf gemeinsamer Bodenplatte [415]
4.161 Durch Bewegungsfuge getrennte Baukörper [415]
4.162 Durch Gelenkplatten verbundene Bauteile (schematische Darstellung) [415]

4.160

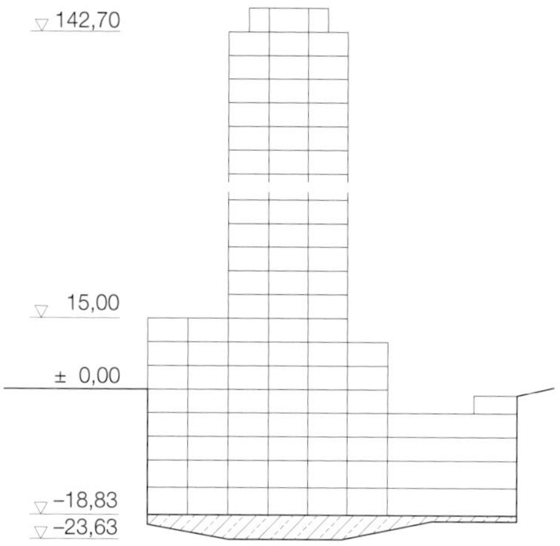

4.161

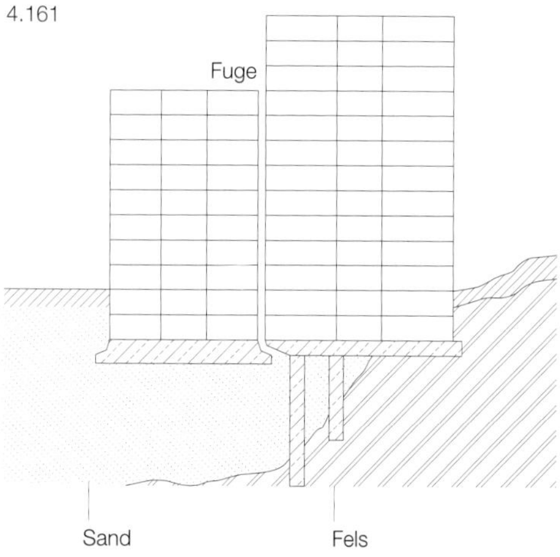

4.162

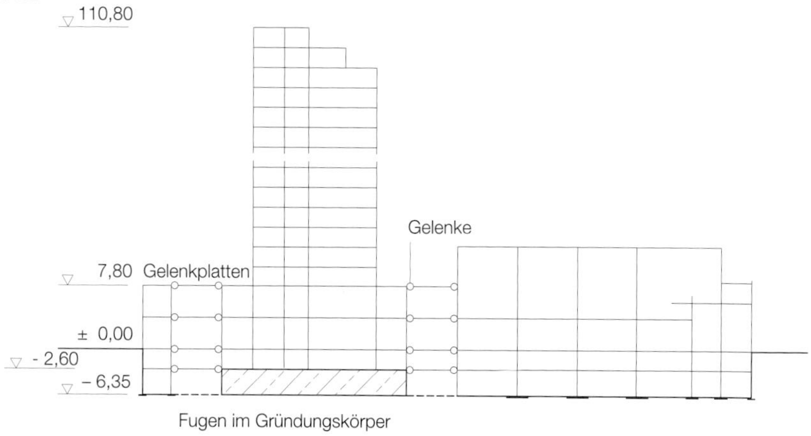

druck kann nicht aufgebaut werden. Bei hinreichender Pfahllänge und geeignetem Boden können die Pfahlkräfte über ausschließliche Mantelreibung in den Baugrund eingetragen werden. Die gesamte Pfahlgründung »schwimmt« also im zwar weichen, aber hinreichend tragfähigen Boden. Die Verformungen der Gründung sind dabei natürlich größer als bei einer 'stehenden' Pfahlgründung.

Kombinationen aus einer Flachgründung mit Kellerkasten und Pfählen mit kombinierter Tragwirkung wurden als insgesamt schwimmende Gründung zwischenzeitlich sehr erfolgreich ausgeführt.

Verankerung von Stahlbauteilen an Stahlbetonfundamenten

Prinzipiell können

- Druckkräfte
- Zugkräfte
- Querkräfte
- Momente

oder Kombinationen davon aus einem Stahlbauteil in ein Betonbauteil übertragen werden. Die gewählte Detailausbildung wird stets deutlich von der Art und der Größe der zu übertragenden Kräfte abhängig sein. Es empfiehlt sich daher, die Diskussion der Konstruktionsprinzipien auf dieser Ebene vorzunehmen.

Einleitung einer Druckkraft

Auch hochfeste Betone sind nicht in der Lage, die in einem Stahlbauteil übertragbaren Spannungen über direkten Kontakt aufzunehmen.

Die Kraft in einem Stahlbauteil muß deshalb weiträumig oder großflächig in das Betonbauteil eingeleitet werden. Dies geschieht am besten über eine Fußplatte, in selteneren Fällen über ein Einbetonieren des mit Dübeln oder anderen zur Kraftausleitung geeigneten Elementen versehenen Stahlbauteiles.

Bei der Verwendung von Fußplatten ist darauf zu achten, daß diese hinreichend dick gewählt werden. Zu dünne Fußplatten entziehen sich der Beanspruchung durch Verformung, beispielsweise durch Abheben der Ecken. Damit verbunden sind Spannungskonzentrationen und Überbeanspruchungen des Betons im verbleibenden Kontaktbereich zwischen Stahl und Beton.

Dicke Fußplatten aus Stahlblech können aus formalen Gründen eine Bearbeitung der Kanten erhalten.

Fußplatten aus Stahlguß werden üblicherweise nur in Kombination mit einem gelenkigen Stützenfußpunkt verwendet.

Anstatt einer ausreichend dick dimensionierten Fußplatte können auch vergleichsweise dünne Fußplatten in Kombination mit aufgeschweißten Rippen verwendet werden. Üblich sind Steifen, die zwischen Bauteil und Fußplatte geschweißt werden. Sie leiten einen Teil der Kräfte bereits vor der Fußplatte aus dem Bauteil aus und direkt in die Fußplatte ein. Die Steifen bewirken auch eine Versteifung der Fußplatte, was jedoch mit einer zusätzlichen Querbeanspruchung im Bauteil verbunden ist. Dünnwandige Bauteile, wie z. B. dünnwandige Rohre, sind hierfür nachzuweisen.

Bei extrem großen Fußplatten, beispielsweise wenn mehrere Stützen über eine Fußplatte verankert werden sollen, empfiehlt es sich, anstatt einer sehr dicken Fußplatte eine durch Rippen versteifte dünnere Platte zu verwenden. Die Rippen werden idealerweise an der Unterseite der Platte angeordnet, damit sich oberseitig keine Wasser- und Schmutzansammlungen ergeben. Natürlich ist bei einer unterseitigen Verrippung zu beachten, daß der Quellmörtel ordnungsgemäß eingebracht werden kann.

Zwischen der Oberkante eines Betonfundamentes und der Unterkante der Fußplatte sollte stets eine Fuge von 2–4 cm, je nach Abmes-

4.163 Köcherfundament zum nachträglichen Ausbetonieren. Die Traverse wird nur zur Montage benötigt und später abgetrennt [440]
4.164 Geschraubter Stützenfuß mit versenkten Schrauben
4.165 Detail
4.166 Stützenfußpunkte. Linke Spalte: Doppel-T-Stützen, rechte Spalte: Rechteckhohlprofilstützen
a Übertrag einer axialen Druckkraft sowie einer Querkraft
b Übertrag axialer Zug- oder Druckkraft sowie eines kleinen Momentes
c Übertrag eines großen Momentes
d Übertrag Normalkraft, Querkraft und Moment
4.167 Schutz des freien Endes einer Gewindestange durch eine Hutmutter

sungen der Fußplatte, vorgesehen werden. Diese Fuge dient zum Ausgleich von Bautoleranzen. Während der Montage wird die Fußplatte mit Keilen unterfüttert und höhenmäßig justiert. Danach wird die Fußplatte mit Quellmörtel unterfüttert. Damit der Quellmörtel rundum sauber abgefugt werden kann, sind die Keile hinreichend tief zu plazieren.

Quellmörtel vergrößert sein Volumen während der Aushärtungsphase. Er spannt sich dabei zwischen Betonfundament und Fußplatte auf Druck vor und schließt so dauerhaft die Fuge zwischen Mörtelbett und Fußplatte, was insbesondere aus Korrosionsschutzgründen als großer Vorteil zu werten ist. Das Eindringen und – im Winter – anschließende Gefrieren von Wasser mit entsprechenden Abplatzungen im Randbereich des Mörtelbettes wird verhindert. Unterfütterungen mit normalem Mörtel oder auch, wie vielfach empfohlen, mit Beton, schrumpfen beim Aushärten und haben deshalb nicht die soeben geschilderten positiven Eigenschaften. Sie entsprechen deshalb nicht mehr dem Stand der Baukunst.

Die Grundrißabmessungen einer Fußplatte ergeben sich aus den vom Beton bzw. der unter der Fußplatte befindlichen Mörtelschicht aufnehmbaren Pressung.

Falls, insbesondere während der Montage, eine Lagesicherung des Stahlbauteiles erforderlich ist, kann diese über einbetonierte Gewindestäbe oder durch Verschrauben in zuvor gesetzte Dübel erfolgen. Gewindestäbe werden dabei stets mit Hilfe sorgfältig an der Schalung befestigter Schablonen einbetoniert, so daß ihre korrekte und maßgetreue Lage gewährleistet ist. Hierzu sind die Schablonen sorgfältig einzumessen, gegebenenfalls durch einen Vermessungsingenieur. Nach dem Aushärten der Fugenvermörtelung werden die um das Maß der aufzunehmenden Höhentoleranzen zu lang eingebauten Gewindestäbe abgeschnitten. Die verbliebenen freien Enden sind korrosionsschutztechnisch zu behandeln, idealerweise werden sie durch Aufschrauben einer Hutmutter (zusätzlich zur Befestigungsmutter!) oder durch Aufstecken einer Kunststoffkappe abgedeckt.

Einbetonierte Stahlbauteile erlauben eine vergleichsweise einfache Eintragung von Druck-

4.163

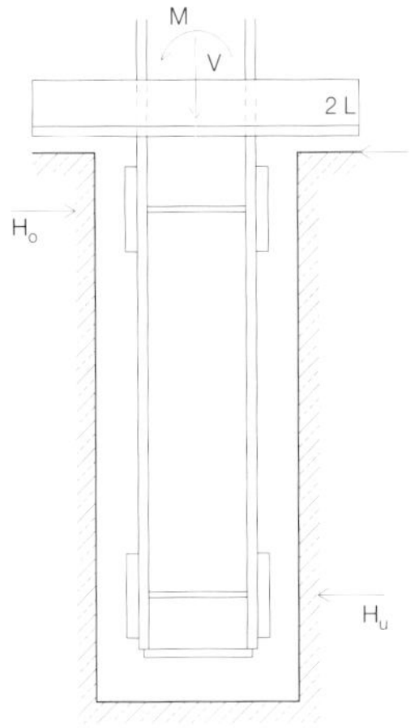

4.164

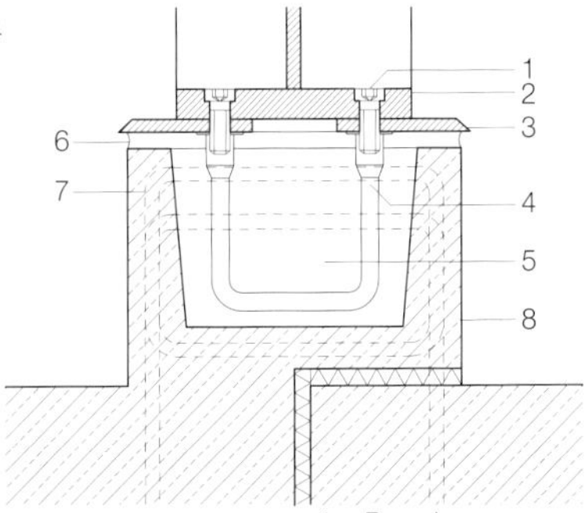

1 Zylinderschrauben mit Innensechskant M 22 x 50–10,9, DIN 912
2 Fußplatte 280/280/35 mm
3 Stahlplatte 420/420/12 mm
4 Bewehrungsschraubanschluß, z. B. Halfen Typ HBS ∅ 20
5 nachträglich mit B25 ausfüllen
6 Quellmörtel
7 Deckenbewehrung
8 Köcherfundament

4.165

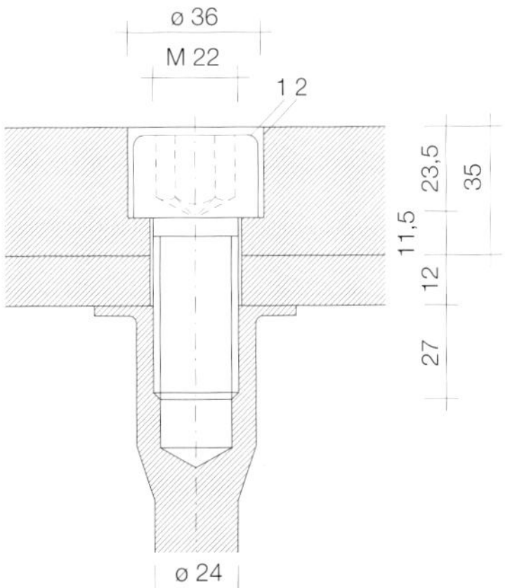

1 Zylinderschraube mit Innensechskant DIN 912, M 22 x 50-10,9
2 Senkung für Zylinderschrauben DIN 74, Form K

4.166

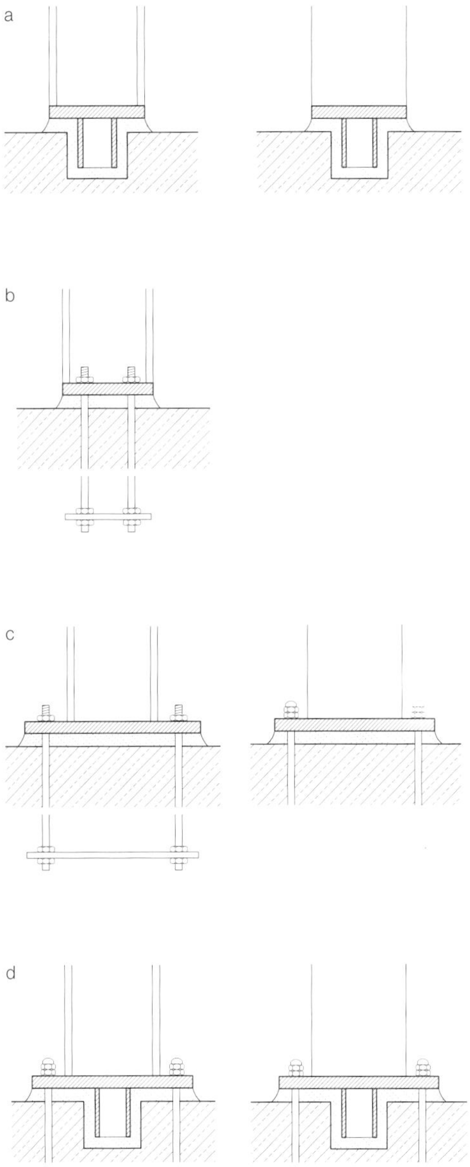

4.167

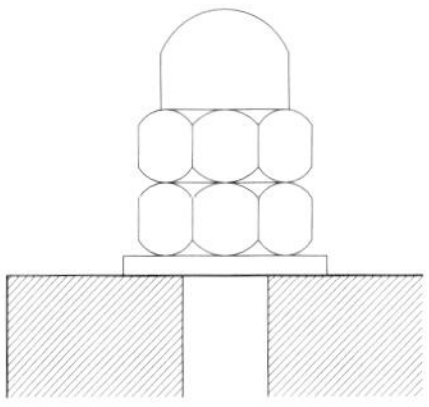

4.168 Rundrohrstütze, außenliegenden Steifen
4.169 Rundrohrstütze, durchgehende Steifen
4.170 Einleitung einer großen Zugkraft in eine Stahlbetonplatte über eine Konterplatte
4.171 Einleitung einer großen Zugkraft in eine Bodenplatte aus Stahlbeton über ein Doppel-T-Profil

4.168
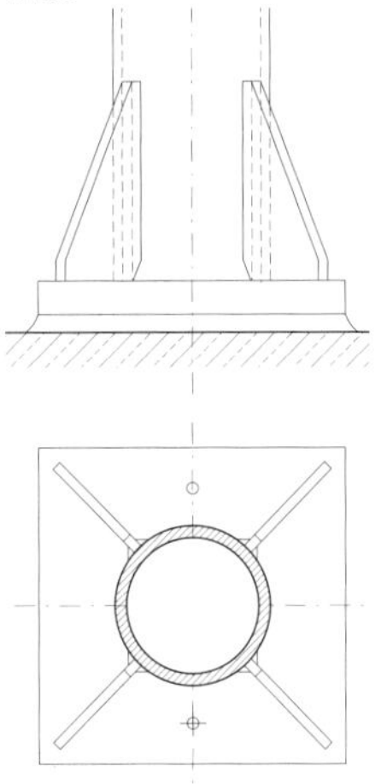

4.169
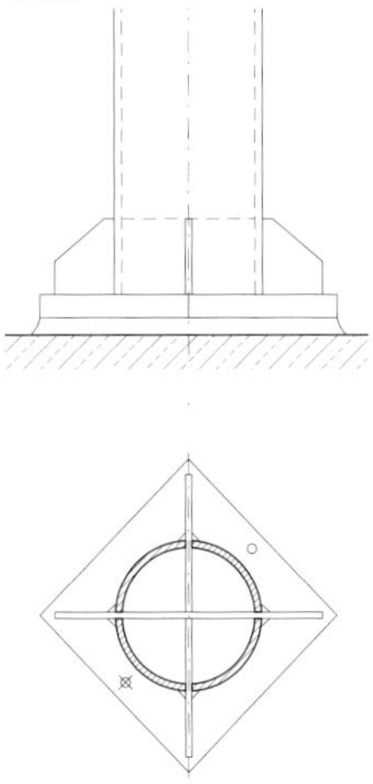

4.170
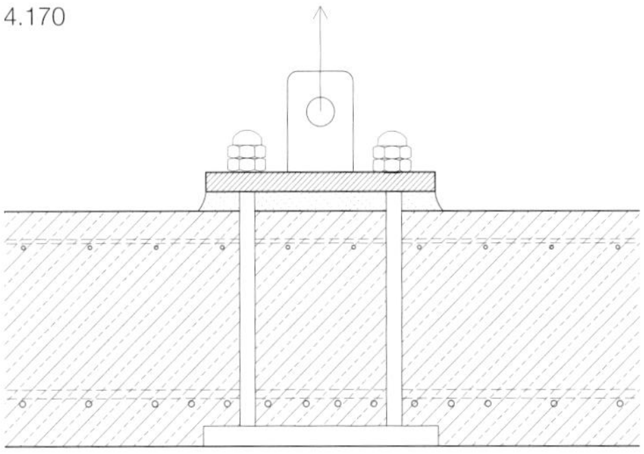

4.171
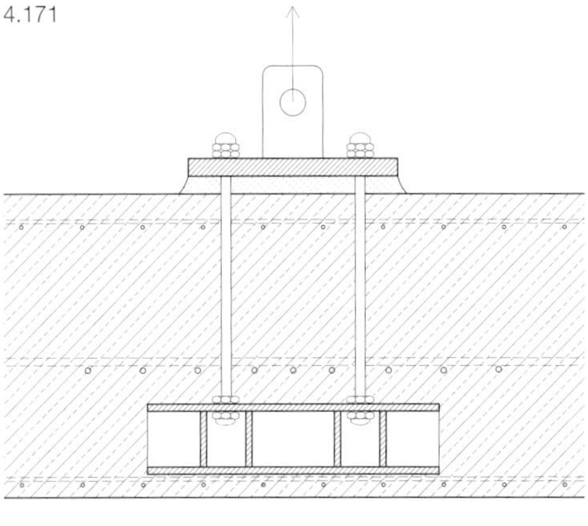

kräften in den Beton. Natürlich sind die zulässigen Betonspannungen in der kraftübertragenden Kontaktfläche einzuhalten. Gelingt dies nicht, so ist die Kontaktfläche zu verbreitern oder es sind zusätzliche seitliche Knaggen anzuordnen.

Einleitung einer Querkraft
Bei Verwendung einer Fußplatte ohne Verschraubung können Querkräfte nur bis zur Höhe der durch die Druckkraft induzierten Reibung zwischen Mörtelbett und Fußplatte aufgenommen werden. Durch ein Vorspannen der Verschraubung bzw. dadurch der Gewindestäbe kann die übertragbare Reibungskraft zwischen Fußplatte und Mörtelbett wesentlich erhöht werden.

In keinem Fall sollten Querkräfte über Gewindestäbe in den Betonkörper abgetragen werden, da nicht von einer reinen Abscherbeanspruchung der Gewindestäbe ausgegangen werden darf. Vielmehr liegt eine – auch durch die Elastizität der Mörtelfuge bedingte – sehr komplexe Abscher- und Biegebeanspruchung der Gewindestäbe vor, die wegen ihres kompakten Querschnittes hierfür alles andere als geeignet sind. Zwar wird gerade bei dieser Detailausbildung immer wieder versucht, mit umfänglichen Berechnungen manches zu beweisen, es gilt jedoch auch hier: Besser gut konstruieren und wenig berechnen als schlampig konstruieren und danach »gesund rechnen«!

Größere Querkräfte sollten am besten über eine oder mehrere Schubknaggen übertragen werden. Schubknaggen in Form von aufgeschweißten massiven Querschnitten oder in Form von aufgeschweißten Doppel-T-Profilen führen zu einer großflächigen und daher mit niedrigen Betonpressungen verbundenen Eintragung der Querkraft in das Fundament. Im Betonkörper sind entsprechende Aussparungen vorzusehen, die Vermörtelung erfolgt nach den gleichen Grundsätzen wie bei den Überlegungen zur Einleitung einer Druckkraft geschildert.

Einleitung einer Zugkraft
Die Einleitung einer Zugkraft in ein Stahlbetonfundament erfordert besondere Sorgfalt bei Planung und Herstellung, da diese Zugkraft »tief« in den Beton einzuleiten ist, um sich dort mit den entsprechenden Kraftausbreitungsmechanismen in die Bewehrung zu verankern. Bei einbetonierten Stahlbauteilen gelingt dies natürlich besonders einfach. Das Stahlbauteil ist in dem Bereich, in dem es später einbetoniert sein wird, entsprechend auszubilden, gegebenenfalls durch Aufschweißen von Rippen oder Kopfbolzen. Die Kraft wird dann über Kontaktpressung, also Druckspannungen, in den entsprechend bewehrten Beton eingetragen. Da nach dem Betonieren eine Lagekorrektur des Stahlbauteils nicht mehr möglich ist, ist das Bauteil sorgfältig einzumessen und – während der Betonierphase – zu fixieren.

Köcherfundamente aus Stahlbeton mit nachträglich montierten Stahlstützen erlauben die Aufnahme vergleichsweise großer Toleranzen. Dies kann als Vorteil betrachtet werden, wenngleich anzustreben ist, daß im Bauwesen eine höhere Präzision in der Fertigung, auch in der Plazierung der Betonbauteile, erreicht wird. Stahlstützen lassen sich in einem Köcherfundament vergleichsweise einfach justieren, die Ausleitung der Zugkraft aus der Stütze und deren sichere Einleitung in den Stahlbeton erfordert jedoch eine sehr sorgfältige konstruktive Durchbildung und ein sehr sorgfältiges Einbringen und Verdichten des Betons in den Köcher. Die Oberfläche des köcherseitigen Betons ist hinreichend rauh zu gestalten. Eine Nestbildung oder eine Hohlraumbildung beim Einbringen des Betons sind auf alle Fälle zu vermeiden, weswegen sich ein etwas größer dimensionierter Köcher empfiehlt.

Die früher üblichen einbetonierten Winkelstähle in Kombination mit hakenartig umgebogenen Gewindestäben sollten genauso der Vergangenheit angehören wie die Verankerung einer Stahlstütze mit Hammerkopfschrauben und zwei U-Profilen als Ankerbarren.

Wird das zugbeanspruchte Stahlbauteil nicht a priori, oder, wie bei den Köcherfundamenten, nachträglich einbetoniert, so empfiehlt sich die Verankerung über eine aufgeschweißte Fußplatte und die Verschraubung mit einbetonierten Gewindestäben. Wiederum ist, wie bereits bei der Einleitung von Druckkräften diskutiert, eine hinreichend dimensionierte Quellmörtelfuge vorzusehen. Die Gewindestäbe werden vor dem Einbringen des Betons mit Hilfe einer sorgfältig eingemessenen und an der Scha-

4.172 Einleitung einer extrem hohen Normalkraft aus der Stahlstütze eines Hochhauses über Profilzwischenlagen in eine Gründung aus Stahlbeton

lung fixierten Schablone justiert. Sie erhalten an ihrem unteren Ende eine aufgeschraubte Ankerplatte, die die Zugkraft aus dem Gewindestab über Kontaktpressung in den umliegenden, hinreichend zu bewehrenden Beton einträgt. Die einbetonierte Länge der Gewindestäbe ist so zu wählen, daß sich der durch die Ankerplatte im Beton induzierte Druckspannungskegel optimal in der Bewehrung verhängen kann. Nach dem Aushärten der Fugenvermörtelung sollten die Gewindestäbe mit Hilfe der Befestigungsmuttern vorgespannt werden. Hierdurch wird die Fuge zwischen Mörtelschicht und Fußplatte dauerhaft geschlossen sowie die dynamische Beanspruchung der Gewindestäbe reduziert. Anschließend werden die – um das Maß der aufzunehmenden Höhentoleranzen zu lang eingebauten – Gewindestäbe abgeschnitten. Die verbliebenen freien Enden sind korrosionsschutztechnisch zu behandeln, idealerweise werden sie durch Aufschrauben einer Hutmutter (zusätzlich zur Befestigungsmutter!) oder durch Aufstecken einer Kunststoffkappe abgedeckt.

Ähnlich wie bei der Verankerung einer Druckkraft unterliegt die Fußplatte auch bei der Verankerung einer Zugkraft einem komplizierten inneren Beanspruchungszustand, der durch Biegebeanspruchung und teilweise erhebliche Querkraftbeanspruchungen gekennzeichnet ist. Es empfiehlt sich auch hier, neben den notwendigen, nicht immer einfach zu führenden statischen Nachweisen, die Dicke der Fußplatten nicht zu dünn zu wählen. Gegebenenfalls ist die Fußplatte durch Rippen zu versteifen, wobei diese Rippen einerseits so anzuordnen sind, daß Wasser und Schmutz sich nicht ansammeln können, andererseits keine unzulässig hohe Beanspruchung des Stahlbauteiles selbst durch die Rippen hervorgerufen wird.

Einleitung eines Momentes
Jedes Moment kann in eine Zugkraft und in eine Druckkraft zerlegt werden. Insofern können bei der Gestaltung der Konstruktion zur Einleitung eines Momentes in ein Stahlbetonbauteil die meisten der vorstehend gemachten Überlegungen übernommen werden.

Wird das Moment in ein vertikales Kräftepaar zerlegt, so empfiehlt sich die Verankerung über eine Fußplatte und einbetonierte Gewindestäbe. Die auf der Zugseite liegenden Gewindestäbe nehmen die Zugkraft, die Mörtelfuge die Druckkraft aus dem Moment auf. Der Abstand der Gewindestäbe von der Systemachse bestimmt den inneren Hebelarm und damit das Kräftespiel. Eine Reduktion der Kräfte in den Gewindestäben erfordert eine größere Fußplatte. Gegebenenfalls werden dabei Versteifungen dieser Fußplatte in Form von Rippen erforderlich.

Wird das Moment in ein horizontales Kräftepaar zerlegt, so läßt sich dieses sehr effektiv über ein Einbetonieren des Stahlbauteils oder über ein Einstellen in einen nachträglich ausbetonierten Köcher in das Stahlbetonfundament eintragen. Wie bereits bei den einbetonierten querkraftbeanspruchten Bauteilen ist auch hier darauf zu achten, daß die durch diese Art der Fundation induzierten erheblichen Querkraftbeanspruchungen nicht zu unzulässig hohen Beanspruchungen, insbesondere bei dünnwandigen Bauteilen, führen.

Verankerung von Stahlbauteilen an Stahlfundationen
Stahlfundationen findet man zumeist in Form von Pfählen aus Rundrohren oder, seltener, Doppel-T-Querschnitten oder Sonderquerschnitten. Die Pfähle werden gerammt oder durch Einrütteln/Vibration eingebracht. Sie dienen der Einleitung axialer Zug- oder Druckkräfte in den Baugrund. Querkräfte werden durch Schrägpfähle, Momente durch Pfahlpaare gegründet. Biegebeanspruchte Pfähle sind statisch ineffektiv und deshalb zu vermeiden.

Die Verbindung von Pfählen mit anderen, üblicherweise »oberirdischen« oder »über Wasser befindlichen« Stahlbauteilen folgt den üblichen Regeln der Verbindungstechnik im Stahlbau und bedarf an dieser Stelle keiner weiteren Erläuterung. Es ist lediglich darauf hinzuweisen, daß Pfähle große Lagetoleranzen aufweisen können. Die Verbindungsdetails sind entsprechend zu gestalten.

4.172

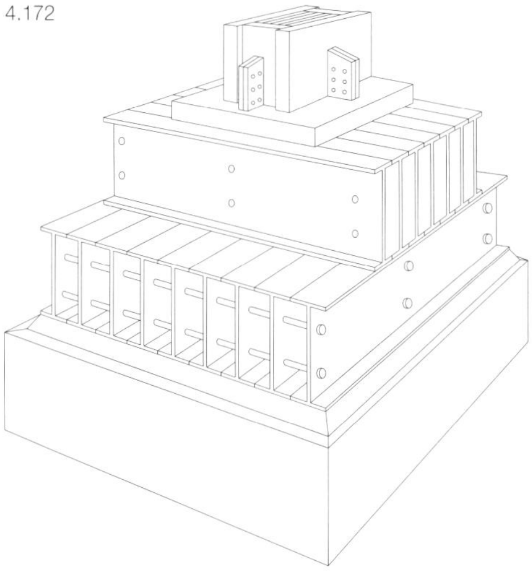

Teil 5 • Das Entwickeln von Tragwerken durch Fügen von elementaren Bauteilen

Werner Sobek
mit Stefan Schäfer

Das Entwickeln von Tragwerken durch Fügen von elementaren Bauteilen

Grundlegende einleitende Überlegungen
Im Kapitel »Das Formen und Fügen von Halbzeugen zu elementaren Bauteilen« wurden die elementaren Bauteile, die zur Abtragung von Zug-, Druck-, Biege- oder Torsionsbelastungen geeignet sind, eingeführt und in ihren grundsätzlichen Eigenschaften diskutiert. Die zur Verfügung stehenden Füge- und Verbindungstechniken wurden im selben Kapitel im Rahmen des Bauweisenbegriffes erläutert. Damit stehen die Grundbausteine zum Entwerfen von Tragwerken aus Stahl bereit. Wie man ein solches Tragwerk entwirft und wie es sich mit den anderen Systemen eines Gebäudes und mit der architektonischen Aussage eines Bauwerkes vernetzt, wird im nachfolgenden Kapitel aufgezeigt. Dabei werden die Zusammenhänge wiederum aus der Position der Tragwerksplanung erarbeitet und erläutert. Dies geschieht aus einer rein didaktisch begründeten Absicht. Es soll nicht bedeuten, daß die tragende Konstruktion stets der Hauptgesichtspunkt an einem Bauwerk ist, auch nicht an einem Bauwerk aus Stahl. Vielmehr kann das Tragwerk manchmal auch vollkommen in den architektonischen Hintergrund treten. Dies erlaubt jedoch nicht, auf Brillanz und äußerste Konsequenz in der Konstruktion zu verzichten. Selbst dann nicht, wenn die Teile nicht mehr direkt einsehbar sind. Dies ist nicht nur eine Frage der Geisteshaltung. Spätestens bei der Montage, der Demontage und dem Recycling stellt sich ein derartiger Ansatz als richtig und unverzichtbar heraus.

Das Tragwerk als Teil des Gesamtbauwerkes

Bauwerk und Tragwerk
Das Tragwerk entsteht durch die Materialisierung des Tragsystems. Es bildet zusammen mit den materialisierten Systemen von
- Gebäudehülle
- Ver- und Entsorgung
- Innenausbau

das Bauwerk.

Hierin ist es zunächst für die Abtragung aller an und in einem Gebäude angreifenden Kräfte in den Baugrund verantwortlich. Das Tragwerk ist somit ein unverzichtbarer Teil eines Bauwerkes.

Je nach architektonischer Gesamtkonzeption kann das Tragwerk in seiner Erscheinungsform stark prägend wirken oder aber auch vollkommen hinter andere Architekturelemente zurücktreten. In allen Fällen jedoch ist ein Tragwerk sorgfältig sowie material-, montage- und rezykliergerecht zu entwerfen und zu konstruieren.

Wegen der vielfältigen Interaktionen zwischen den einzelnen Systemen sollten diese innerhalb des Planungsprozesses gleichzeitig und in ihrer vollen Vernetzung entworfen werden. Da es sich dabei zumeist um hochspezifische Systeme handelt, ist eine gemeinsame Entwurfsarbeit von Architekt, Tragwerksplaner und den anderen beteiligten Planern, teilweise bereits sogar den ausführenden Firmen, unerläßlich. Wie auch immer: Diese Forderung wird oft aufgestellt und dann doch nicht befolgt. Das altbekannte »Nacheinanderplanen« führt jedoch bekannterweise nur zu teiloptimierten Lösungen und kann somit nie den Status von Baukunst erreichen.

Primärtragwerke und Sekundärtragwerke
Alle Teile eines Bauwerkes tragen Lasten und Kräfte ab, sind somit für sich jeweils tragende Konstruktionen und gleichzeitig Elemente eines Gesamttragwerks. Eine leichte Trennwand trägt ihr Eigengewicht und eventuelle Anprallasten, eine Fensterscheibe trägt eine Windlast auf ihren Rahmen ab. Die Summe aller dieser miteinander gekoppelten Einzeltragwerke bildet somit ein sehr komplexes System. Derart komplexe Systeme sind nur schwer entwerf- und analysierbar. Man strukturiert ein Gesamttragwerk deshalb in einzelne hierarchisch aufgebaute Teilsysteme. Das Primärtragwerk besteht dabei aus der Summe aller derjenigen Teile, die für die Abtragung aller an einem Gebäude wirkenden Kräfte einschließlich des Eigengewichtes herangezogen werden. Ein Versagen des Primärtragwerkes ist mit einem Einsturz des Gesamtbauwerkes verbunden. In das Primärtragwerk ein- oder angebaut ist eine Reihe von Sekundärtragwerken. Deren Versagen bewirkt jeweils nur einen Teileinsturz, das Gesamtbauwerk bleibt jedoch standsicher. Je nach Größe und Komplexität des Bauwerks können die Sekundärtragwerke nochmals weiter in Sekundär- und Tertiärtragwerke hierarchisiert werden.
Eine sorgfältige und bewußte Hierarchisierung des Gesamttragwerkes ist Grundlage eines guten Tragwerksentwurfes.
Am Beispiel eines Hochhauses soll die Hierarchisierung der Einzeltragwerke erläutert werden:

Primärtragwerk:
Tragender Kern, alle zur Abtragung von Horizontal- und Vertikallasten herangezogenen Stützen, Scheiben, Decken und Auskreuzungen.

Sekundärtragwerke:
Decken, die nicht Bestandteil des Primärsystems sind. Einbauten, Trennwände, Dachaufbauten und Anbauten, Fassadenelemente.

Tertiärtragwerke:
Alle Konstruktionen, die Teile der Sekundärtragwerke sind und von deren Standsicherheit die Standsicherheit der Sekundärtragwerke selbst nicht abhängt, also z. B. das Fenster innerhalb eines Fassadenelementes.

Die einzelnen Hierarchieebenen eines Gesamttragwerkes fallen meistens mit einem Baustoffwechsel oder auch mit einem Gewerkewechsel zusammen.

Entwurf der Lastabtragungswege
Die Kräfte in einem Tragwerk werden so abgetragen, wie der entwerfende Ingenieur dies plant.

Intelligente Tragwerke oder intelligente Baustoffe gibt es nicht. Wer hiervon spricht oder hierauf spekuliert, meint zumeist nicht erahnte Tragfähigkeitsreserven in einer Konstruktion. Mit ahnen und vermuten dürfen Entwurf,

5.1 Megastructure: In ein Primärtragwerk werden weitere Gebäude eingestellt
5.2 An einem Zugband werden die einzelnen Geschosse abgehängt bzw. aufgeständert
5.3 Nicht vorhandene Reststandsicherheit. Ein Bauteil wurde durch die Gasexplosion eines Küchenherdes zerstört, wodurch der Einsturz eines Gebäudeabschnittes hervorgerufen wurde
5.4 Innerlich statisch bestimmtes Fachwerk: Einsturz bei Ausfall eines Elementes Innerlich statisch unbestimmtes Fachwerk: Die Möglichkeit von Kräfteumlagerungen erlaubt unter Umständen den Ausfall einzelner Elemente
5.5 Primärtragwerk der Hongkong und Shanghai Bank, Hongkong (siehe Beispielteil S. 384)
5.6 Die Glasrippe gewährleistet Lastabtrag und hinreichend kleine Verformungen. Nach ihrem eventuellen Ausfall gewährleistet das Aluminiumprofil die Reststandsicherheit
5.7 Ein großer Abfangträger überträgt die Stützenlasten auf wenige Einzelstützen

Berechnung und Bemessung einer tragenden Konstruktion aber nichts zu tun haben, denn das Versagen eines Tragwerkes ist stets mit der Gefährdung von Menschenleben verbunden. Ein guter Ingenieur wird somit die Abtragung der Kräfte innerhalb einer Konstruktion zwar mit Gespür entwerfen, danach aber in der sogenannten Berechnung und Bemessung auf ausschließlich rationaler Ebene aufzeigen, daß und wie die Konstruktion funktioniert.

Bei statisch bestimmten Tragwerken lassen sich die Kräfte in den einzelnen Bauteilen nur durch eine Änderung des Tragsystems oder der Geometrie steuern. Wird beispielsweise die Momentenbeanspruchung am Fuß eines zur Abtragung der Windlasten herangezogenen Hochhauskernes zu groß, so kann der Kern nur durch einen weiteren Kern, durch eine Absteifung oder durch eine Ankopplung und Heranziehung der Außenstützen entlastet werden.

Das zur Verfügung stehende Repertoire ist groß: Hoch auf Biegung beanspruchte Bauteile können durch Einbau eines Gelenkes deutlich entlastet werden, das Schließen von Gelenken in niedrig auf Biegung beanspruchten Bereichen zieht Kräfte an. Lange Diagonalen, die bei einer Druckbeanspruchung wegen ihrer Stabilitätsgefährdung unnötig massiv werden würden, können als dünne Seile oder Zugstäbe ausgeführt werden. Sie tragen allerdings nur im Fall der Zugbeanspruchung und fallen bei einer Druckbeanspruchung aus. Die Kräfte müssen dann innerhalb des Bauwerkes von anderen Elementen abgetragen werden. Je nachdem, ob und wie man die einzelnen Bauteile miteinander verbindet, kann man die Abtragungswege der Kräfte innerhalb der Konstruktion steuern.

Bei statisch unbestimmten Tragwerken wird das Entwurfsrepertoire noch größer: Jetzt kann man die Abtragungswege der Kräfte auch durch die Dehn- und die Biegesteifigkeit einzelner Elemente steuern. Steife Bauteile werden üblicherweise Kräfte anziehen und dadurch weniger steife Bauteile entlasten. Durch den gezielten Einbau weicher oder steifer Bereiche steuert der Ingenieur somit die Lastabtragungswege so, daß das Tragwerk unter den Bedingungen des Gesamtbauwerkes relativ optimal wird.

5.1
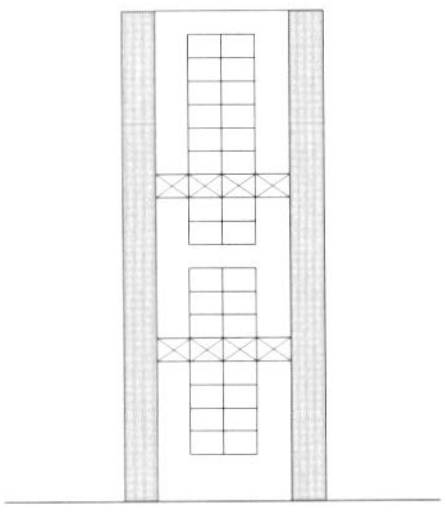

5.5
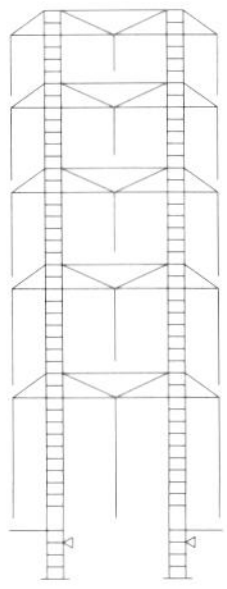

5.2
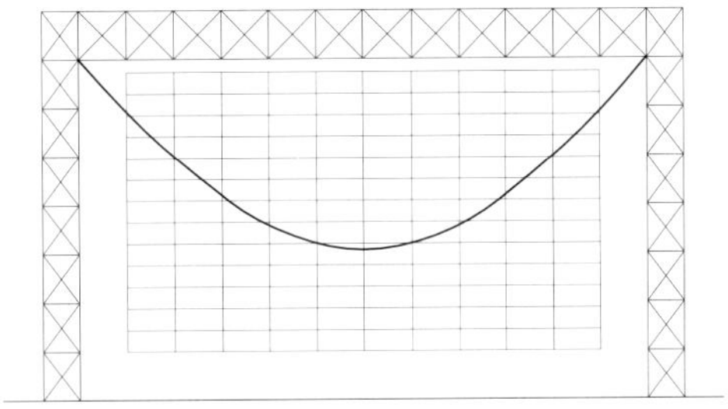

5.6
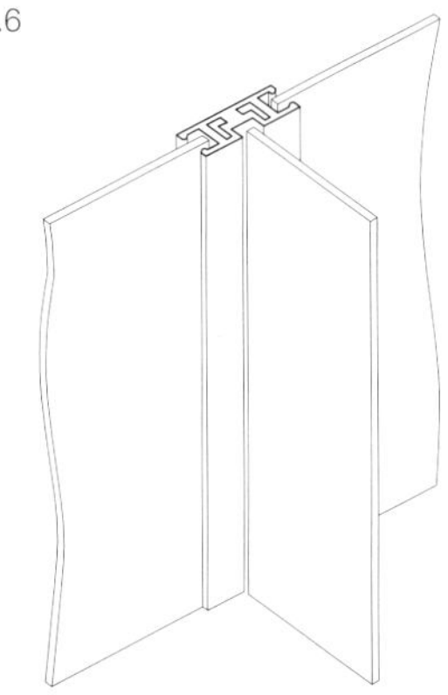

5.3
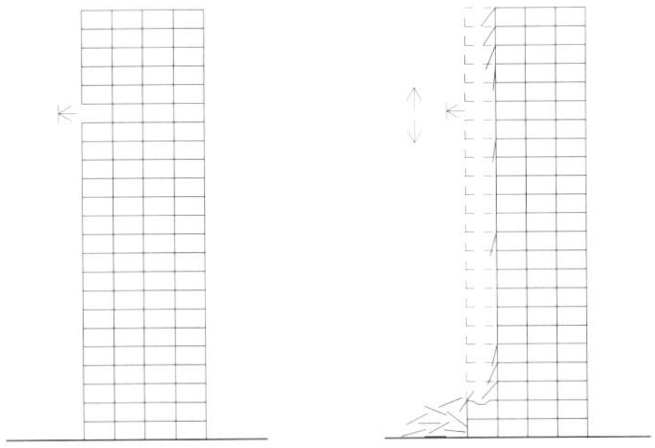

5.4
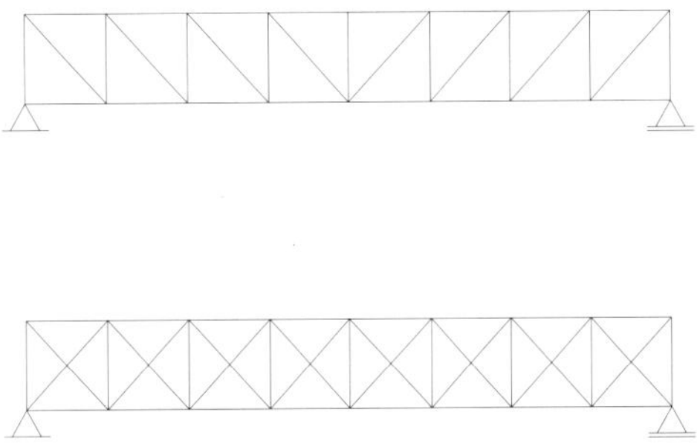

5.7
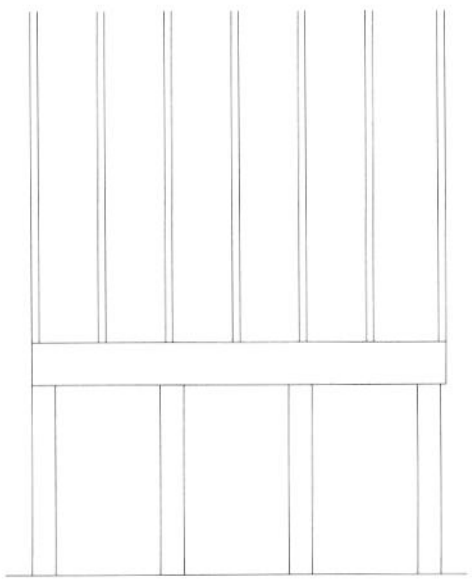

5.8 Entwurf der Lastabtragungswege
5.9 Bundled tube aus unterschiedlich hohen Einzelröhren: Extrem steife (Fachwerk-)Zwischengeschosse garantieren eine gleichmäßige Stauchung der einzelnen Stützen [453]
5.10 Abfanggeschoß, sicherlich zu weich
5.11 Abfanggeschosse sind üblicherweise 1 bis 2 Stockwerke hoch
5.12 Montageende: Der Betonkern wird sich unter Gebrauchslasten und infolge Kriechen mehr stauchen als die Außenstützen (Prinzipdarstellung)
5.13 Umgekehrter Fall: Es sind hohe axiale Stauchungen der Stützen unter Last zu erwarten (Prinzipdarstellung)
5.14 Optimalstabwerk nach Maxwell für eine Einzellast und zwei punktförmige Auflager [486]
5.15 Hochhaus in Skelettbauweise mit Kern
5.16 Geschosse abgehängt
5.17 Geschosse aufgeständert
5.18 Mit Abfanggeschoß auf wenige Erdgeschoßstützen aufgestellt
5.19 Aufnahme der Windlast durch einen Kern
5.20 Aufnahme der Windlast durch einen Kern
5.21 Fachwerk, Diagonalen bei dieser Windrichtung druckbeansprucht
5.22 Diagonalen entsprechend zugbeansprucht

5.8
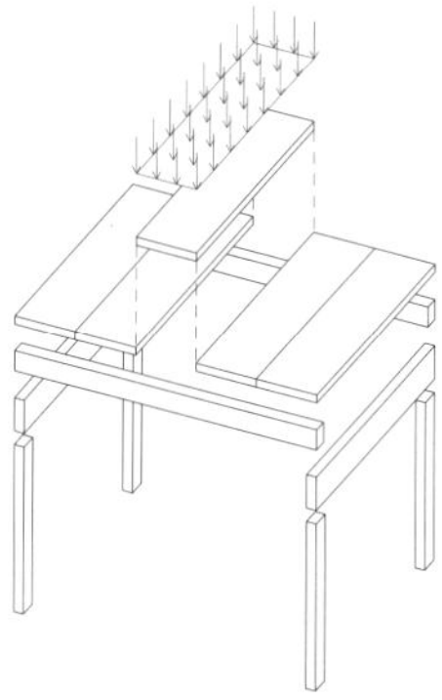

5.10
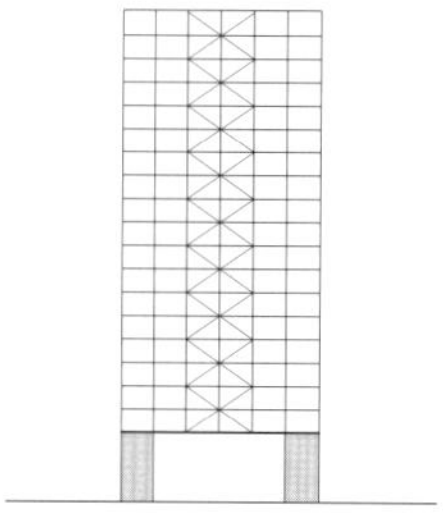

5.11
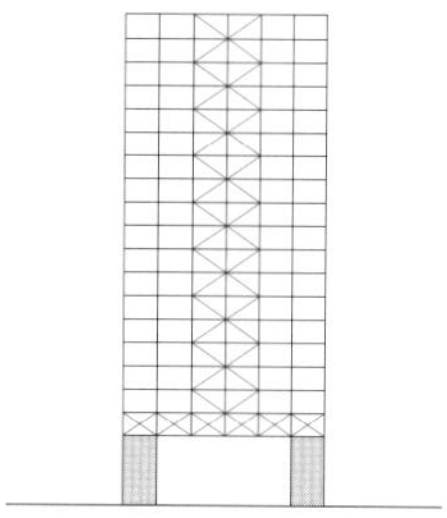

5.9
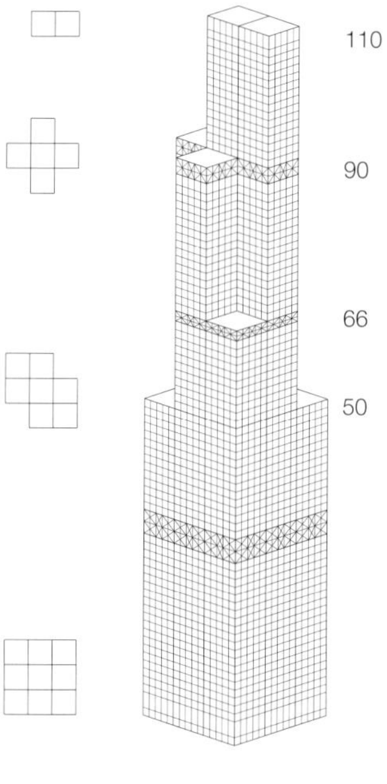

5.12
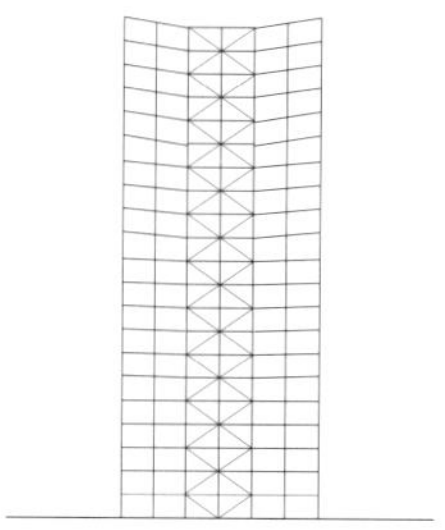

5.13
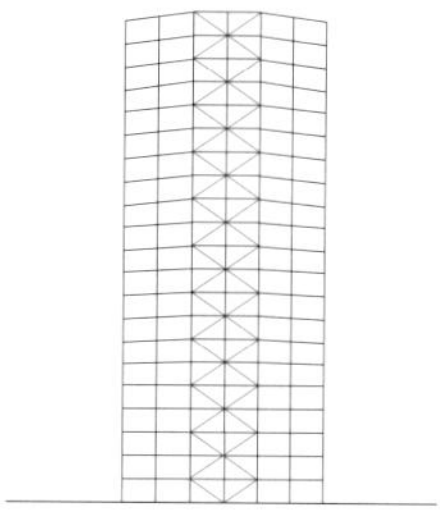

5.14
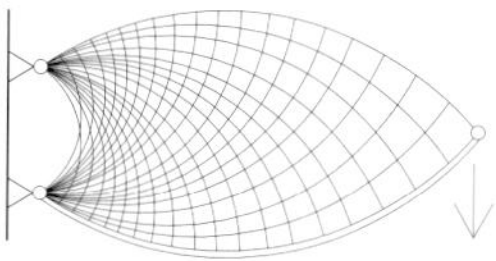

5.15
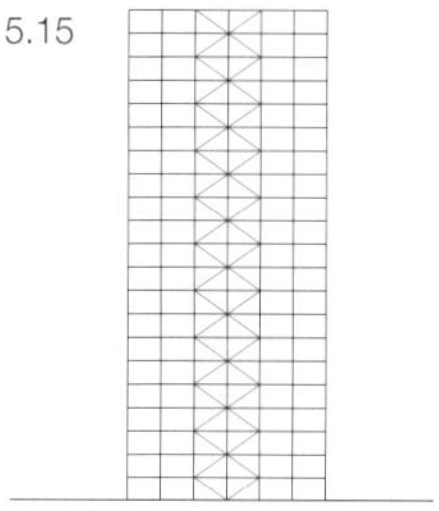

5.16
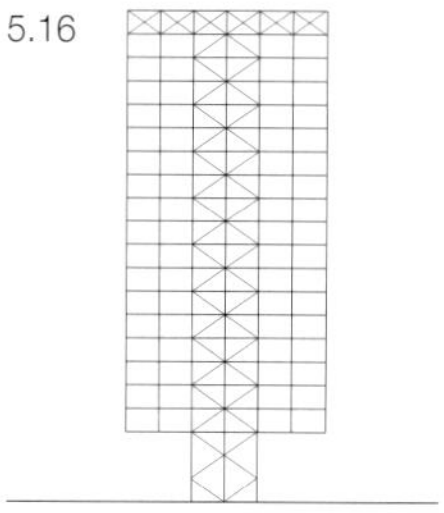

5.17
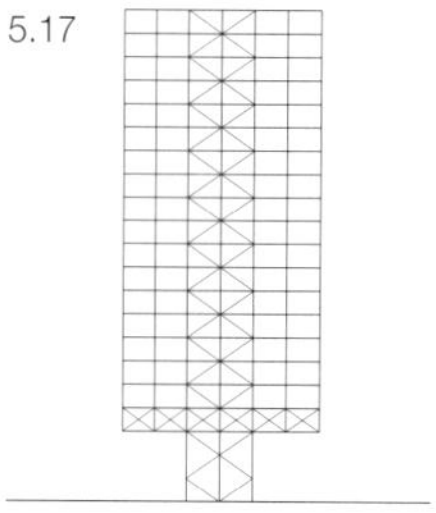

5.18
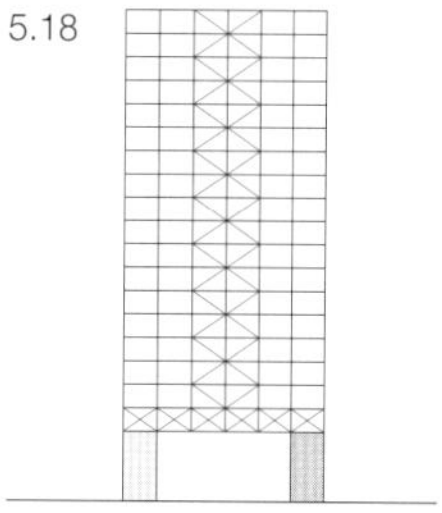

5.19
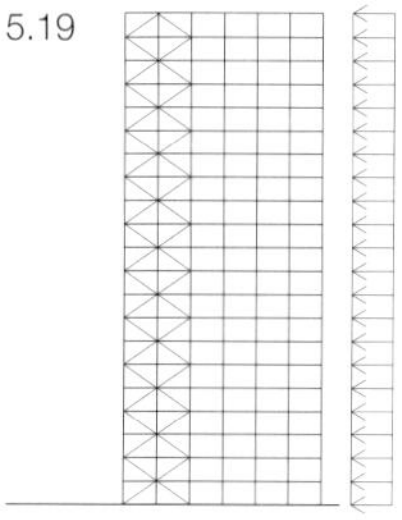

5.20
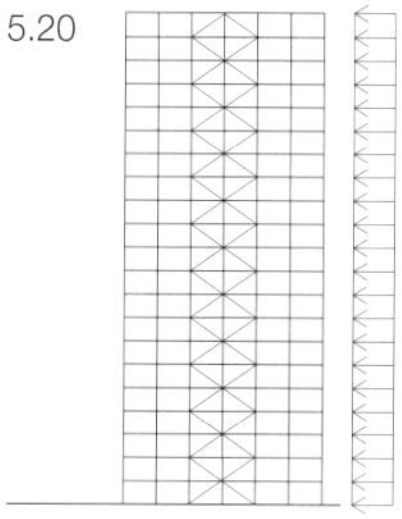

5.21
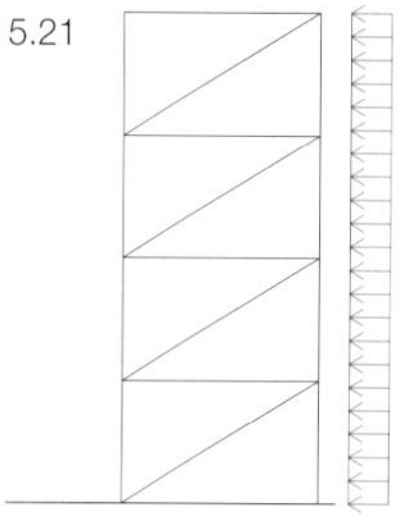

5.22
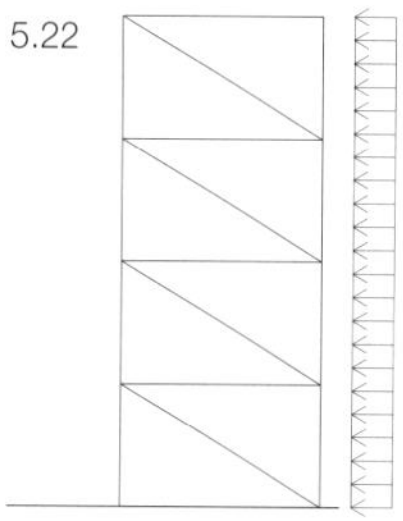

Der Entwurfsvorgang selbst ist ein iterativer Prozeß, in dessen einzelnen Schleifen jeweils eine auch durch Gespür und Erfahrung gestütze, die Belange des Gesamtbauwerkes berücksichtigende Synthese eines Tragwerkes durch eine darauffolgende, streng rationale Analyse (Berechnung) überprüft wird. Genügt das Ergebnis der Analyse dem gestellten Anforderungsprofil (Querschnittsabmessungen, Erscheinungsform, Tonnage, Preis ...) nicht, so erfolgt eine erneute Synthese unter dann erweiterten oder modifizierten Randbedingungen.

Vertikale Lastabtragung, räumliche Aussteifung und Gesamtstabilität

Alle an und in einem Tragwerk wirkenden Kräfte können so in Komponenten zerlegt werden, daß sie als in den Achsen x, y, z bzw. in den beiden Horizontalen und in der Vertikalen wirkend vorliegen. Die Betrachtung der Lastabtragung wird durch eine derartige Gruppierung der Kräfte sehr übersichtlich.

Der Abtrag der vertikalen Kräfte erfolgt im Stahlbau über Stahlstützen bzw. Stahl-Stahlbeton-Verbundstützen. Nur selten werden Wandscheiben aus Beton herangezogen. Häufiger ist das Heranziehen von betonierten Kernen.

Falls die vertikalen Tragelemente über die Höhe des Gebäudes stets übereinanderstehen, ist die Abtragung der Lasten kein Problem. Schwieriger wird es beim Verspringen von Stützen (was man eigentlich vermeiden sollte!) oder, dem Standardproblem im Erdgeschoßbereich, beim Wegfallen einzelner Stützen. Es werden jetzt Abfangträger erforderlich, die die Last der Stütze zu einem anderen Stützenpaar überleiten. Abfangträger sind stets biegebeanspruchte Bauteile. Sie biegen sich durch, wobei sich die abgefangene Stütze mit absenkt. Hieraus können erhebliche Probleme, insbesondere auch in der Fassadenkonstruktion, entstehen. Man wird deshalb stets bemüht sein, Abfangträger mit maximaler Biegesteifigkeit zu entwerfen. Bei hohen Belastungen kann dies zu geschoßhohen Trägern führen, die man dann natürlich sinnvollerweise in Fachwerkkonstruktionen auflöst.

Insbesondere bei hohen Gebäuden sollte man die Querschnittsflächen der zur Abtragung der

5.23 Abhängigkeit der Stahlmenge von der Gebäudehöhe, Zuwachs infolge Eigengewicht und Wind [453]
5.24 Unterschiedliche Möglichkeiten der Aussteifung eines Skelettbaus aus Stahl
5.25 Mögliche Anordnung der Scheiben im Grundriß
5.26 Kern zur Aufnahme der Horizontallasten aus Wind
5.27 Typische Verformungsfiguren eines Rahmentragwerkes und eines Kerns unter Windbelastung. Das Diagramm zeigt den enormen Steifigkeitszuwachs bei der Koppelung der beiden Systeme [453]

Vertikallasten herangezogenen Stützen so wählen, daß alle Stützen unter einem mehr oder weniger gleich hohen Spannungszustand stehen. Die Stauchungen der Stützen sind in diesem Fall annähernd gleich groß, so daß keine Probleme durch unterschiedliche Verformungen entstehen. Bei der Kombination von Stahlstützen oder Stahl-Stahlbeton-Verbundstützen mit Betonstützen oder Betonkernen muß das Problem unterschiedlicher Stauchungen besonders sorgfältig behandelt werden, da jetzt neben einer Abstimmung der elastischen Bauteilstauchungen auch noch die zeitabhängigen Stauchungen der Betonbauteile aus Schwinden und insbesondere Kriechen zu berücksichtigen sind. Im Hochhausbau führt dies teilweise dazu, daß die Geschoßdecken schräg eingebaut werden müssen, um sich nach Abschluß aller Verformungen schließlich horizontal einzustellen.

Die Abtragung horizontaler Lasten erfordert, daß sich in jedem horizontalen Schnitt eines Tragwerkes mindestens drei Scheiben befinden, deren Systemflächen sich nicht in einem Punkt schneiden. In Einzelfällen werden diese Scheiben auch als Windaussteifungen bezeichnet. Die Scheiben können Öffnungen haben. Diese Öffnungen können so groß werden, daß die Scheiben schließlich zu Rahmen, zu Fachwerken oder zu ausdiagonalisierten Stützen-Träger-Systemen entarten. Auf alle Fälle muß jedoch die Abtragung von Kräften in der Scheibenebene gewährleistet bleiben. Der Lastein- und der Lastaustrag in die Scheiben erfolgt üblicherweise über Dach- und Deckenscheiben. Diese können wiederum aufgelöst sein.

Die vertikalen Scheiben müssen innerhalb eines Gebäudes nicht aufeinanderstehen, sondern sie können auch verspringen. In diesem Fall müssen die Scheiben jedoch durch Stützen entsprechend unterstützt sein. Diese tragen dann die Vertikalkomponenten der von einer Scheibe abgegebenen Belastung ab. Die Horizontalkomponenten müssen durch andere geeignete Bauteile, üblicherweise die Deckenscheiben, zu den die Last weiterleitenden Scheiben geführt werden.

Die vertikalen Scheiben sollten im Grundriß jeweils so angeordnet werden, daß sie bei den verschiedenen Laststellungen der Horizontalla-

5.23
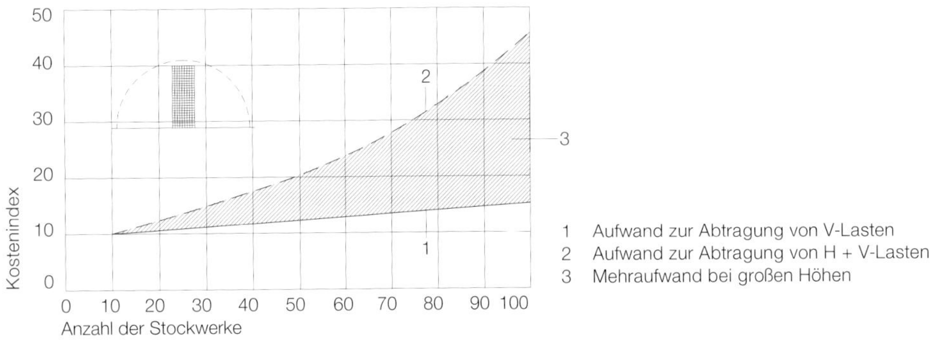

5.24
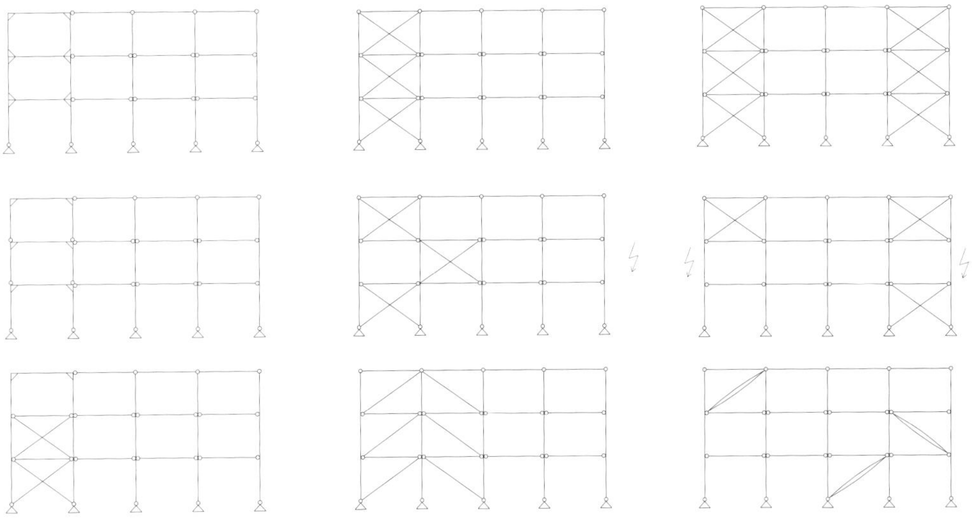

5.25
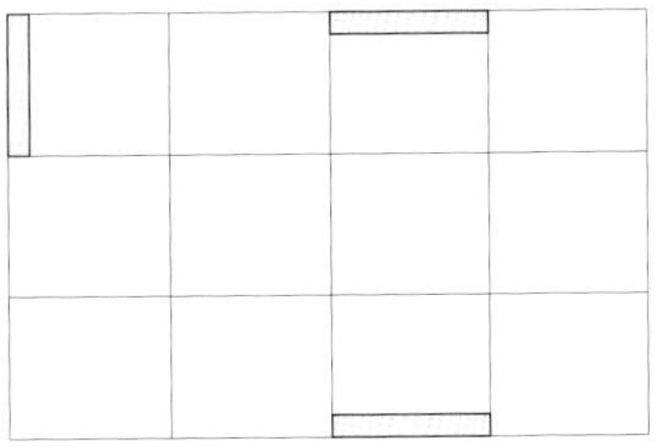

5.26
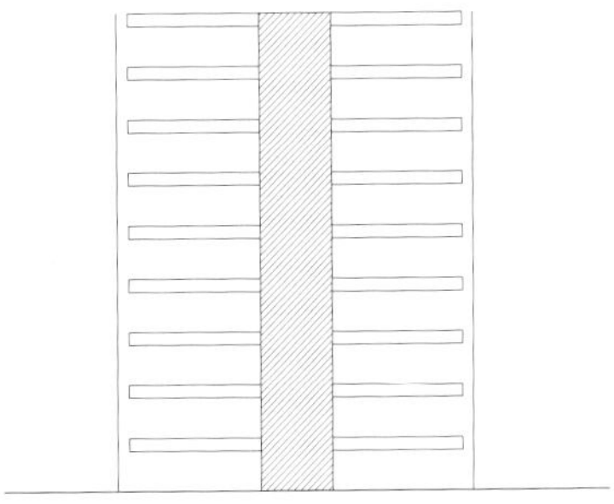

5.27
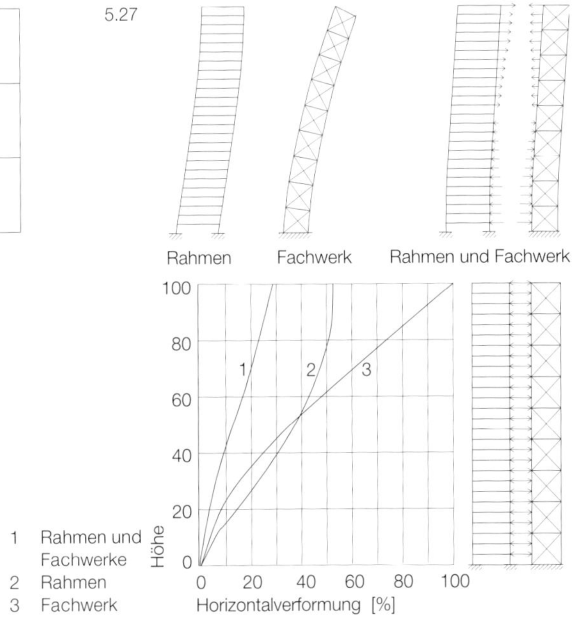

5.28 Hochhausbau: Geeignete Tragwerkstypen in Abhängigkeit von der Geschoßzahl [440]
5.29 Brücken: Geeignete Tragwerke in Abhängigkeit von der Spannweite [453]

5.28

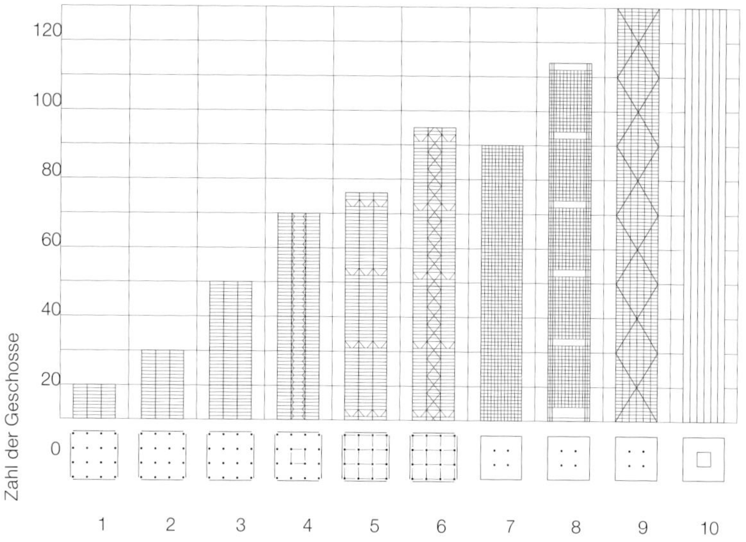

1 strebenlose Konstruktion
2 halbstarrer Trägerrahmen
3 Trägerrahmen
4 Strebenkonstruktion
5 Fachwerkrahmen
6 Strebenkonstruktion und Fachwerkrahmen
7 Rohrrahmen
8 Rohrrahmen Großbauwerk
9 Rohrfachwerk
10 Rohr in Rohr

5.29

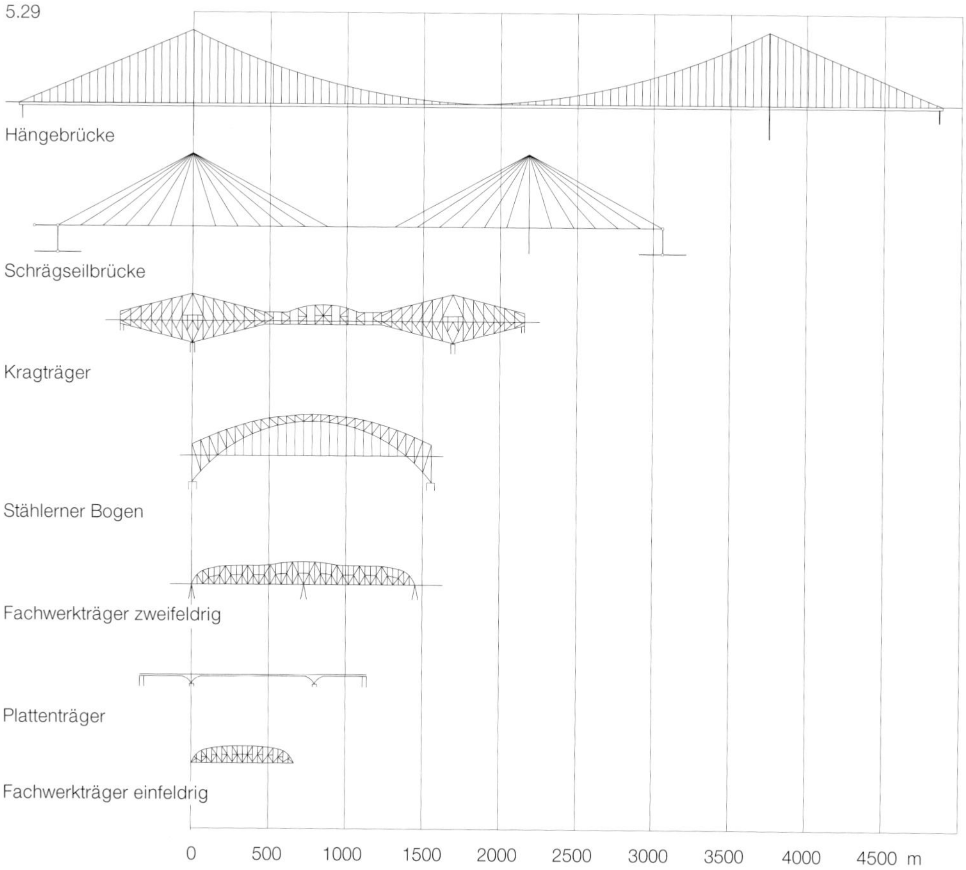

sten genügend große Hebelarme zueinander bilden. Hierdurch wird sichergestellt, daß die einzelnen Scheiben nicht unnötig hoch belastet werden, was sowohl zu einer Reduktion der Massen wie auch zu einer Verminderung der auftretenden Verformungen beiträgt.

Bei der Plazierung der vertikalen Scheiben innerhalb des Grundrisses ist darauf zu achten, daß Längenänderungen des Bauwerkes, wie sie beispielsweise durch Schwinden von Betondecken, insbesondere aber durch Erwärmen und Abkühlen der Konstruktion entstehen, nicht behindert werden. Speziell bei Gebäuden mit großen Abmessungen im Grundriß und bei Gebäuden mit außenliegendem Tragwerk bestimmen diese Überlegungen die Anordnung der vertikalen Scheiben.

Ein Kern kann als ein System von vier miteinander verbundenen Scheiben betrachtet werden, die zusammen einen vertikalen, in den Baugrund oder den Kellerkasten eingespannten Hohlprofilträger (Röhre) bilden. Der Abstand zwischen den Scheiben ist klein, entsprechend ungünstig ist der innere Hebelarm der Konstruktion. Dies führt zu hohen Kräften, die durch die Notwendigkeit von Zugangsöffnungen, z. B. zum Fahrstuhl, noch erhöht werden. Aufgrund der zumeist gleichzeitig vorhandenen Brandschutzbestimmungen werden Kerne meistens als Betonkonstruktion ausgeführt. Für Gebäude geringer und mittlerer Höhe sind Aufzugs- und Treppenkerne ein geeignetes Bauteil zur Abtragung von Horizontallasten. Bei sehr hohen Gebäuden werden die aufgrund der Biegeweichheit des schlanken Kerns auftretenden Verformungen sehr groß. Dies ist bei Fernsehtürmen noch akzeptabel, für Büro- oder Wohnhochhäuser muß der Kern jedoch entweder durch Heranziehen zusätzlicher Elemente entlastet oder in seinem Durchmesser bis an die Außenfassade des Bauwerkes vergrößert werden.

Die Abtragung von Horizontallasten, die in einer von Null verschiedenen Höhe am Bauwerk angreifen, führt immer zu vertikalen Kraftkomponenten, die durch die Stützen zusätzlich abzutragen sind und die, spätestens im Bereich der Fundation, auch als Moment aufgefaßt werden können.

Faßt man das gesamte Tragwerk einschließlich seiner Gründung als ein in sich steifes und standsicheres Gebilde auf, so ist abschließend noch die Frage der Gesamtstabilität dieses Starrkörpergebildes zu klären. Bei Einwirkung von horizontalen Kräften kann der Starrkörper unter Umständen entlang der Sohlfuge der Fundation gleiten, oder er kann insgesamt umkippen. Beide Effekte, Gleiten und Kippen, sind durch entsprechenden Aufbau der Konstruktion und ihrer Gründung zu vermeiden. Darüber hinaus kann ein entsprechend leichtes Tragwerk bei Windbeanspruchung auch abheben.

Einwirkungen auf Tragwerke

5.30 Auflagerkräfte bei einem Hochhaus unter Windbelastung
5.31 Träger über mehrere Felder: Steuerung des Momentenverlaufes durch eventuelle Anordnung von Gelenken
5.32 Durchlaufträger: Momentenbeanspruchung und daraus resultierende Bauhöhenverteilung
5.33 Lagesicherheit: Gleiten, Umkippen und Abheben

Einleitende Überlegungen

Als Einwirkungen bezeichnet man die Ursachen für Kraft- und Verformungswirkungen an und in Tragwerken. Zu den Einwirkungen gehören beispielsweise:

- Eigengewicht
- Nutzlasten
- Wind
- Schnee
- Erdbeben
- Fundationssetzungen
- Temperaturänderungen
- Anprall
- Vorspannung

Einwirkungen können statischen oder dynamischen Charakter haben. Die auf ein Bauteil oder ein Bauwerk wirkenden Einwirkungen sind normalerweise bekannt, nicht jedoch, vom Eigengewicht abgesehen, deren zeitliches Auftreten und deren Intensität (Größe).

Je Größer die Zahl der möglichen Einwirkungen ist, desto geringer ist die Wahrscheinlichkeit für ein gleichzeitiges Auftreten der Einwirkungen und für ein gleichzeitiges Auftreten ihrer Extremwerte. Bei den Nachweisen der Standsicherheit und der Gebrauchstauglichkeit wird man deshalb aufgrund gesammelter Erfahrungen und statistischer Erhebungen auf die wahrscheinlich zu erwartenden Einwirkungen schließen. Plausibilitätsüberlegungen führen zur Formulierung sogenannter »Lastfälle«, in denen gleichzeitig möglich erscheinende Einwirkungen miteinander kombiniert werden. Durch sogenannte Kombinationsfaktoren und gegebenenfalls anwendungsspezifische Sonderregelungen (z. B. Abminderungen der vertikalen Verkehrslasten bei vielgeschossigen Hochhäusern) werden innerhalb eines solchen Lastfalles die durch Normen und vergleichbare Vorschriften vorgegebenen Extremwerte der Einwirkungen nach statistischen Kriterien reduziert.

Beanspruchungen und Beanspruchbarkeiten

Die Einwirkungen lösen Beanspruchungen, üblicherweise Spannungen, im Baustoff aus. Die Beanspruchungen können statisch oder dynamisch sein, je nach Einwirkung.

Den Beanspruchungen stehen die Beanspruchbarkeiten des Werkstoffes, des Bauteils und der Verbindungsmittel gegenüber. Die

5.30

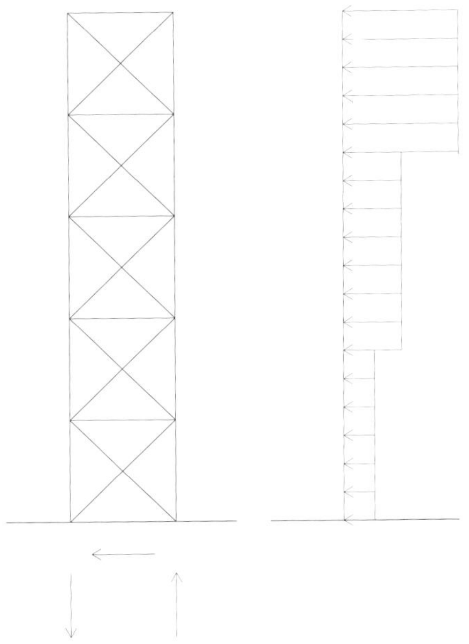

5.31

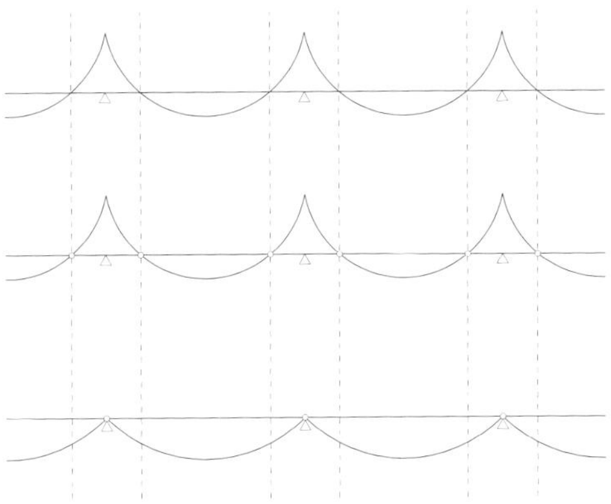

5.32

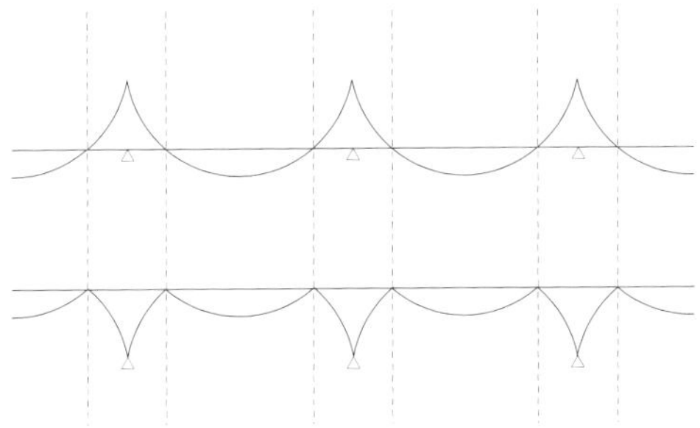

5.33

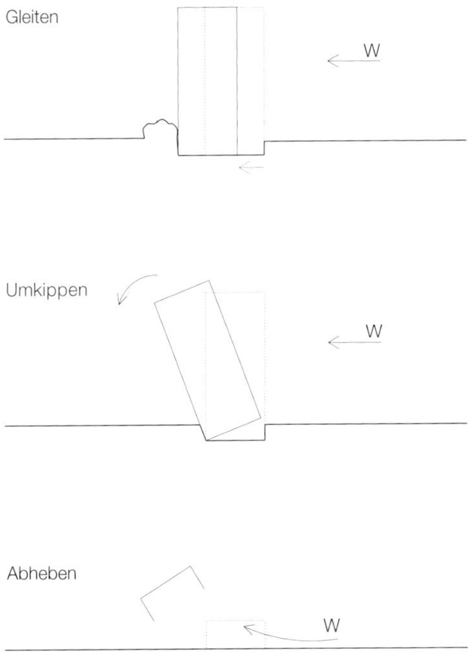

5.34

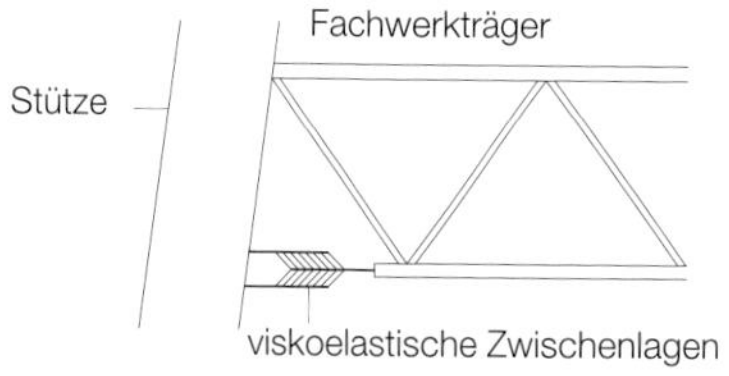

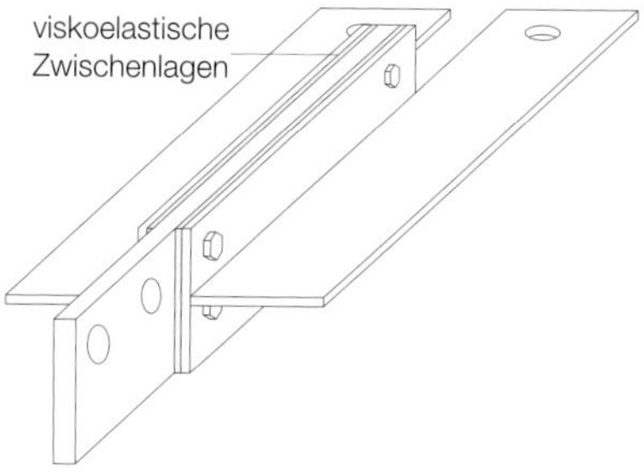

Beanspruchbarkeiten sind dabei keine einzelne Größe, sondern durch die Art der Einwirkung, vom Werkstoff und der Bauweise abhängige Werte. So werden für die Werkstoffe eine Reihe von mechanischen Kennwerten vorgegeben, diese Kennwerte, wie z. B. die Fließgrenze, streuen aber beispielsweise innerhalb des Querschnittes gewalzter Profile, sie sind stark von der Blechdicke gewalzter Produkte abhängig und sie sind zudem eine Funktion der Bauteiltemperatur.

Fließgrenzen oder auch Bruchfestigkeiten werden bei Normaltemperatur im quasistatischen Versuch ermittelt. Treten sehr hohe Belastungsgeschwindigkeiten oder dynamische Lastwirkungen auf, so sind diese Werte nicht mehr zutreffend. Dementsprechend sind die Beanspruchbarkeiten sorgfältig und unter Einbeziehung aller Einflußgrößen festzulegen. Eine wichtige Hilfestellung gibt dabei die Einteilung in Bauten mit »vorwiegend ruhender« oder Bauten mit »nicht vorwiegend ruhender Belastung«. Bei Konstruktionen mit vorwiegend ruhender Belastung kann eine quasi-statische Betrachtungsweise zugrundegelegt werden, Ermüdungseffekte infolge dynamischer Beanspruchungen können vernachlässigt werden. Handelt es sich zudem um Konstruktionen, die im normalen Temperaturbereich Verwendung finden, so wird hierdurch die Auslegung der Konstruktion wesentlich vereinfacht.

Auf der Ebene der Bauteile wird die Beanspruchbarkeit wiederum nicht allein von den Werkstoffeigenschaften, sondern beispielsweise auch von globalen oder lokalen Stabilitätsproblemen bestimmt. Hinzu tritt der Einfluß der Verbindungen, also der Bauweise.

Die Einwirkungen im einzelnen

Eigengewicht

Das Eigengewicht einer Stahlkonstruktion ist vergleichsweise einfach und vergleichsweise präzise zu ermitteln. Insbesondere bei Computer-gestützten Gewichtsermittlungen wird jedoch gern der Anteil aus den Verbindungsmitteln und den zugehörigen Knotenblechen sowie das Gewicht der Steifen und Fußplatten vergessen. Je nach Konstruktionsweise können diese Gewichtsanteile bis zu 15%–20% betragen. Sie sind also nicht vernachlässigbar.

Nutzlasten

Zu den Nutzlasten gehören je nach Art der Nutzung des Gebäudes:
- Innenausbau und Möblierung,
- Personen,
- Maschinen,
- Lagergüter,
- fahrende oder parkierte Fahrzeuge.

Die in einer statischen Berechnung anzusetzenden Gewichtskräfte dieser Nutzlasten werden üblicherweise durch Normen geregelt. In besonderen Ausnahmefällen können sie auch durch den Ingenieur, die Bauherrenschaft und die genehmigende Behörde oder Institution gemeinsam vereinbart werden.

Es ist darauf hinzuweisen, daß einzelne Nutzlasten neben vertikalen Kraftwirkungen auch horizontale Kraftwirkungen entfalten. So üben beispielsweise Schüttgüter in Silos erhebliche Horizontaldrücke auf die Silowandungen aus. Abbremsende, insbesondere schwere Fahrzeuge bewirken hohe horizontale Bremslasten auf die Konstruktion.

Ortsveränderliche Nutzlasten, Verkehrslasten

Ortsveränderliche Nutzlasten bzw. Verkehrslasten rufen zeitlich veränderliche Verformungen einer Konstruktion hervor. Treten diese zeitlich veränderlichen Verformungen mit einer gewissen Periodizität auf, so werden sie als Schwingungen wahrgenommen.
Derartige Schwingungen können
- zu einer Einschränkung der Benutzerakzeptanz,
- zu Störungen bei der maschinell gestützten Fertigung,
- zu Geräuscherscheinungen,
- zur Zerstörung von Bauteilen

führen.

Stahlbauten sind aufgrund ihres geringen Gewichtes und ihrer geringen Dämpfung besonders gegenüber einer durch Verkehrslasten hervorgerufenen Schwingungserregung empfindlich. Es ist deshalb in jedem Einzelfall sorgfältig zu prüfen, inwieweit Personen, Personengruppen oder Fahrzeuge Schwingungen an einer Konstruktion hervorrufen können. Treten Schwingungen auf, so sind deren Frequenz und Amplitude die kennzeichnenden Parameter, hinsichtlich derer über die Akzeptierbarkeit dieser Schwingungen entschieden wird. Menschen reagieren bei bestimmten Frequenzspektren und Amplituden sehr empfindlich, es gibt jedoch auch andere Bereiche, z. B. Fertigungseinrichtungen in der Mikrotechnik oder die mikroskopische Chirurgie, in denen weit niedrigere Akzeptanzschwellen vorliegen. (Siehe Kapitel »Tragwerke: Standsicherheit, Gebrauchstauglichkeit und Bemessung«).

Sind die vorausgesagten bzw. die auftretenden Schwingungen hinsichtlich Frequenz und/oder Amplitude nicht akzeptabel, so ist entweder die Ursache, also der Erreger, zu manipulieren oder, falls dies nicht möglich ist, die Konstruktion selbst. Dabei kann durch Veränderung der Masse, der Steifigkeiten oder der inneren Dämpfung eine Veränderung des Schwingungsverhaltens herbeigeführt werden. Darüber hinaus besteht die Möglichkeit, durch den Einbau von aktiven oder passiven Schwingungsdämpfern das Schwingungsverhalten der Konstruktion nachhaltig zu verändern.

Fällt die durch die ortsveränderliche Nutzlast induzierte (Erreger-)Frequenz mit einer der Eigenfrequenzen der Konstruktion zusammen, so ist der Einsturz der Konstruktion die Folge. Wenn sich eine derartige Gefahr abzeichnet, so sind entweder die Erregerfrequenz oder die Eigenfrequenz zu verändern. Eine Veränderung der Erregerfrequenz erfolgt beispielsweise durch das Verbot des Marschierens von Truppenteilen auf Brücken. Eine Veränderung der Eigenfrequenz erfolgt durch Veränderung der Bauwerksmasse, der Massenverteilung oder der Steifigkeit bzw. der Steifigkeitsverteilung. Eine Manipulation der Dämpfung führt nicht zu einer Veränderung der Eigenfrequenz.

Schwingende Nutzlasten

Eine Besonderheit stellen schwingende Nutzlasten wie Maschinen, Glocken oder auch hüpfende Menschen dar. Abhängig von ihrer Masse und ihrer Schwingungs- bzw. Bewegungsfrequenz können sie eine Schwingungserregung des Gesamtbauwerks bewirken. Insbesondere sind natürlich die Erregerfrequenzen und die Eigenfrequenzen des Bauwerks mit einem hinreichend großen Abstand voneinander zu wählen. Ist eine Modifikation der Erregerfrequenz nicht möglich, so ist die Eigenfrequenz der Stahlkonstruktion durch Veränderung der Masse bzw. der Steifigkeiten zu ver-

5.34 Viskoelastische Schwingungsdämpfer, integriert in den Untergurt eines Fachwerkträgers [440]
5.35 Profile des Stundenmittels der Windgeschwindigkeit für verschiedene Bodenrauhigkeiten [420]
5.36 Schwingende Nutzlast: Lastgröße als Funktion der Zeit [14]
5.37 Geschwindigkeitsverteilung des natürlichen Windes als Funktion der Zeit [487]
5.38 Windstärkenskala nach Beaufort [287]
5.39 Stromfäden bei der Umströmung einer Gebäudegruppe [420]

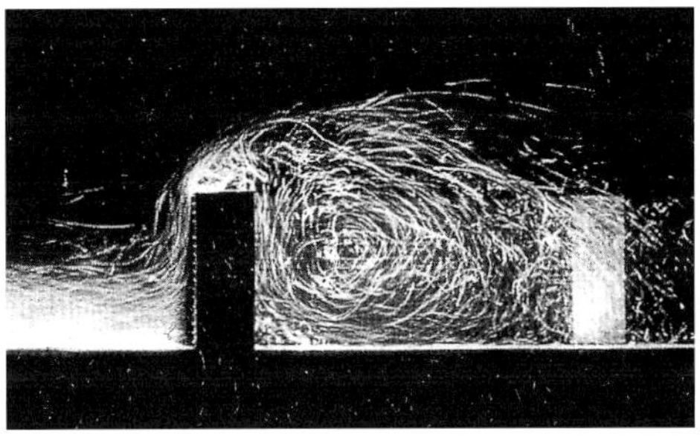

ändern. Eine weitere Möglichkeit besteht im Einbau von Schwingungsdämpfern.

Gegenüber Konstruktionen aus Stahlbeton haben Stahltragwerke nur eine sehr geringe innere Dämpfung, so daß sie für schwingende Nutzlasten, wie z.B. Maschinen, besonders empfindlich sind.

Wind

Die durch Wind hervorgerufenen Beanspruchungen einer Konstruktion sind besonders komplex und daher nur schwer präzise zu erfassen. Auf der anderen Seite erscheint es müßig, eine Konstruktion mit viel Aufwand gewichtsmäßig zu optimieren und sich im gleichen Atemzug mit äußerst groben Näherungen hinsichtlich der zugrundegelegten Beanspruchungen zufrieden zu geben. Da die Windbelastung in den meisten Fällen die für die Dimensionierung maßgebende Horizontalbelastung darstellt, ist eine sorgfältige Auseinandersetzung mit der Windwirkung bei jedem einzelnen Gebäude sinnvoll. Dabei ist zu bedenken, daß die Windwirkung wesentlich von der Gebäudeform und der Lage des Gebäudes abhängt. Die Wirkung des Windes auf ein Gebäude ist also wesentlich vom Entwerfenden beeinflußbar!

Wind kann nur in großen Höhen als annähernd laminare Strömung angesehen werden. Im Interaktionsbereich der laminaren Strömung mit der strukturierten Erdoberfläche wird die Strömung turbulent, d.h. es entstehen Luftwalzen unterschiedlicher Größe und unterschiedlicher Energiedichte. Die Geschwindigkeit der oberflächennahen Strömung ist dadurch weder zeitlich noch räumlich konstant. Jede Windgeschwindigkeitsmessung zeigt diesen charakteristischen, durch turbulenzbedingte Schwankungen gekennzeichneten Verlauf. Haben die turbulenzbedingten Geschwindigkeitsschwankungen eine hohe Periodizität und eine hinreichende Energiedichte, so kann diese zu einer Schwingungserregung eines Gebäudes führen. Man spricht hierbei von einer böenerregten Schwingung. Insbesondere ist natürlich darauf zu achten, daß die Erregerfrequenz des Windes nicht mit der Eigenfrequenz des angeströmten Gebäudes zusammenfällt. Turbulenzbedingte Geschwindigkeitsschwankungen hoher Periodizität können beispielsweise durch die Umströmung von Nachbargebäuden

5.35

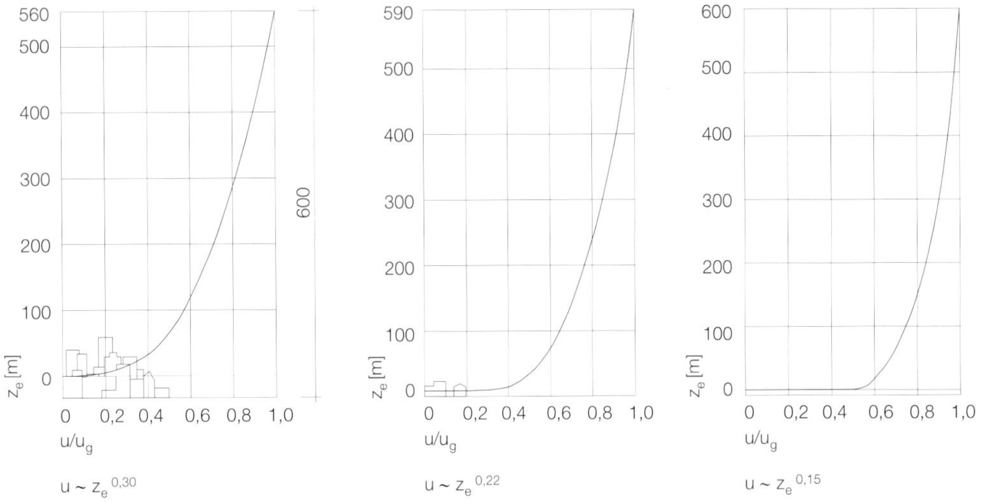

5.36

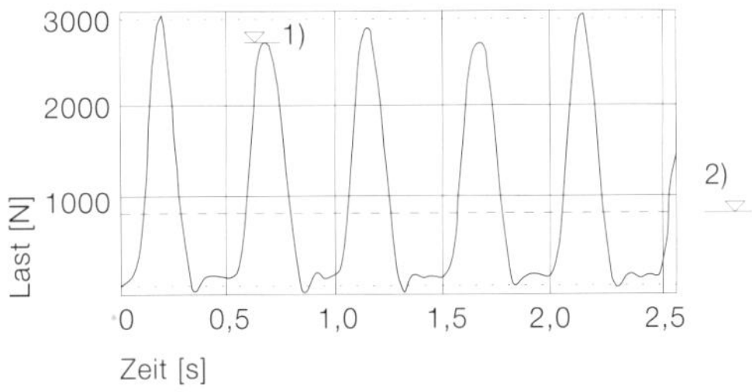

1 F_p, max
2 G = 810 N

5.37

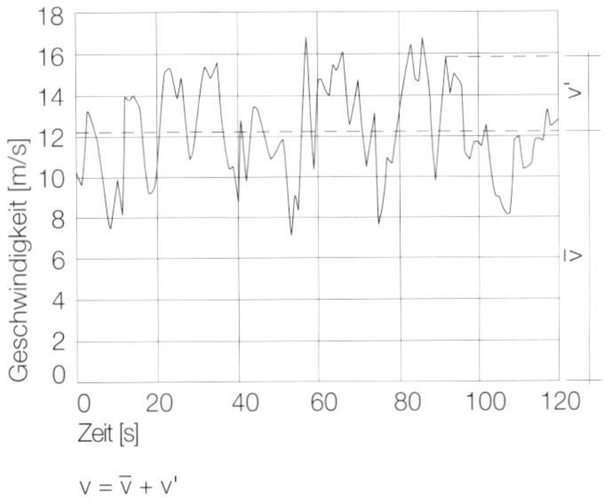

$v = \bar{v} + v'$

5.38

Windstärke	Geschwindigkeit m/s	Auswirkungen
0	Windstille bis 0,2	—
1	0,3 bis 1,5	nur am Rauch erkennbar
2	1,6 bis 3,3	Blätter bewegen sich
3	3,4 bis 5,4	dünne Zweige bewegen sich
4	5,5 bis 7,9	dünne Äste bewegen sich
5	8,0 bis 10,7	kleine Bäume bewegen sich, Staub
6	10,8 bis 13,8	Pfeifen an Drähten
7	13,9 bis 17,1	Hemmung beim Gehen
8	17,2 bis 20,7	Zweige brechen, stürmisch
9	20,8 bis 24,4	kleine Schäden an Dächern
10	24,5 bis 28,4	entwurzelte Bäume, mittlere Schäden
11	28,5 bis 32,6	schwere Sturmschäden
12	32,7 bis 36,9	An Land äußerst selten, schwerste Schäden
13	37,0 bis 41,0	nur auf dem Meer
14	41,1 bis 46,0	und an den Küsten;
15	46,1 bis 50,9	zerstört Städte
16	51,0 bis 56,0	
17	über 56,0	

5.39

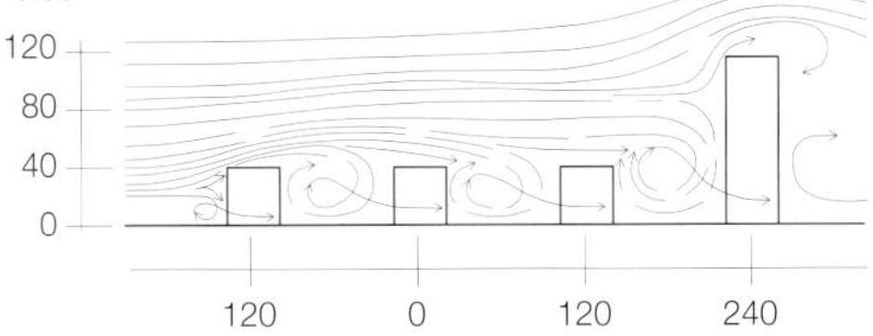

5.40 Umströmung eines Gebäudes [420]
5.41 Winddruckverteilung an den Oberflächen eines Gebäudes für eine bestimmte Windrichtung [420]
5.42 Von Karmannsche Wirbelstrasse. Sie entsteht z. B. durch periodische Wirbelablösung bei der Umströmung zylindrischer Körper mit niedriger Oberflächenrauhigkeit [414]
5.43 Störkörper an Stahlschornsteinen zur Vermeidung einer periodischen Wirbelablösung bei Windanströmung[440]

5.40

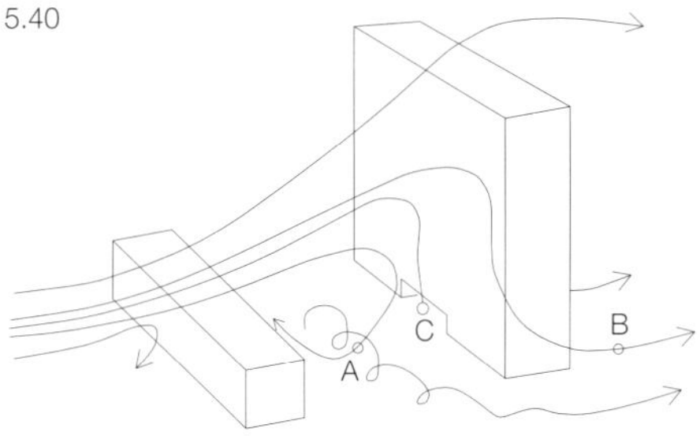

5.41

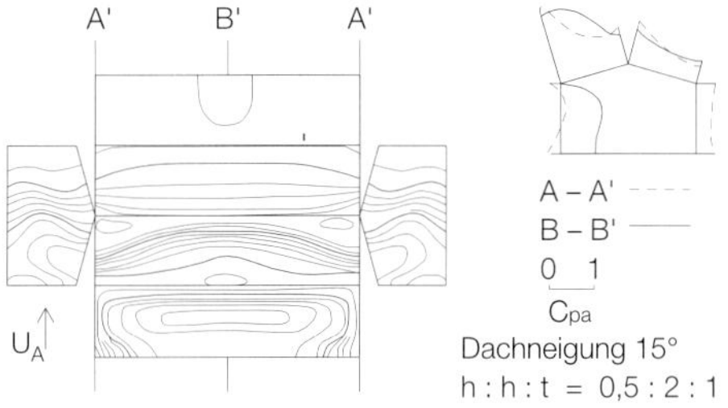

5.42

5.43

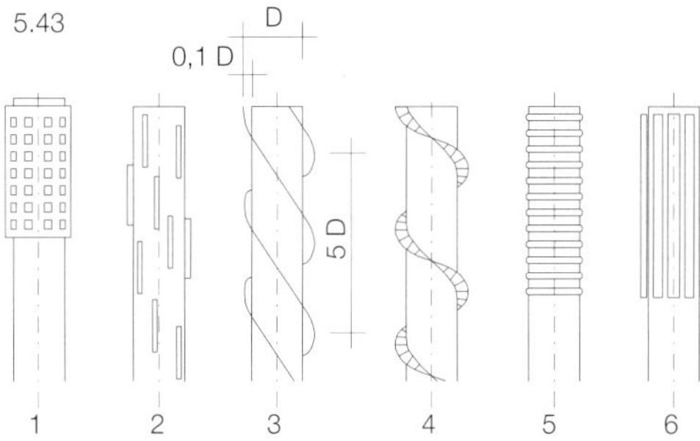

1 Shrouds
2 Streifen
3 Scruton-Wendel
4 Gitterwendel
5 Ringe
6 senkrechte Leitbleche

in Form sogenannter Nachlaufwirbel entstehen.

Zur einfacheren Handhabung wird aus dem gemessenen und sehr komplexen Windgeschwindigkeitsprofil eine mittlere Windgeschwindigkeit errechnet. Prinzipiell gilt, daß die mittlere Windgeschwindigkeit zur Erdoberfläche hin abnimmt. Der Verlauf der mittleren Windgeschwindigkeit über die Höhe ist abhängig von der Rauhigkeit – und damit auch der Bebauung – der Erdoberfläche.

Bei der Umströmung eines Gebäudes werden die einzelnen Luftpartikel aus ihrer ursprünglichen Bahn ab- und um das Gebäude gelenkt. Eine derartige Bahn eines Partikels bezeichnet man auch als Stromfaden, das von mehreren Stromfäden eingenommene Volumen auch als Strömungsröhre. Bei einer Umströmung eines Gebäudes entstehen sowohl Zonen erhöhter wie auch Zonen mit reduzierter Strömungsgeschwindigkeit, teilweise können Totwasserzonen entstehen. Eine laminare Strömung würde bei der Umströmung eines Gebäudes verwirbeln, entsprechend ändert sich sie Turbulenzstruktur des natürlichen (turbulenten) Windes bei der Umströmung eines Gebäudes. Geschwindigkeitsmessungen an der Oberfläche eines umströmten Gebäudes zeigen an jedem Punkt der Oberfläche unterschiedliche Geschwindigkeitsprofile und dementsprechend unterschiedliche mittlere Windgeschwindigkeiten.

Bei der Anströmung eines Hindernisses gibt es einzelne Stromfäden, deren Geschwindigkeit im sogenannten Staupunkt auf Null abgebremst wird. Setzt man mit Hilfe der Bernoulli-Gleichung die Geschwindigkeit des Stromfadens und den atmosphärischen Druck weit vor dem Hindernis mit den Verhältnissen im Staupunkt in Beziehung, so ermittelt man im Staupunkt einen (gegenüber dem atmosphärischen Druck) Druckanstieg. Diesen Druckanstieg bezeichnet man als Staudruck q.

Bei der Umströmung eines Körpers gibt es Bereiche, in denen sich die Stromröhren aufgrund von Verdrängungseffekten einengen. Die Strömungsgeschwindigkeit nimmt hier zu, gegenüber dem atmosphärischen Druck tritt ein Unterdruck auf. Entsprechend gibt es bei der Umströmung eines Körpers Bereiche, in denen sich die Stromröhren aufweiten. Die Strömungsgeschwindigkeit nimmt hier ab, gegenüber dem atmosphärischen Druck tritt ein Überdruck auf. Diese Unter- bzw. Überdrücke p setzt man mit dem Staudruck q in Beziehung:

$$p = c\,q$$

c bezeichnet man dabei als den lokalen Druck-Sog-Beiwert. Üblicherweise wird dieser Beiwert c im Windkanalversuch an einzelnen Stellen eines Baukörpers gemessen. Computergestützte, mathematisch numerische Berechnungen zur Ermittlung des lokalen Druck-Sog-Beiwerts sind aufgrund der Komplexität des Strömungsproblemes selbst bei einfachsten Baukörpern noch eine Ausnahme.

Der auf die Flächeneinheit des Baukörpers bezogene Druck-Sog-Beiwert wird mit c_p bezeichnet. Dieser von der Bauwerksform und der Anströmrichtung abhängige Druckbeiwert wird entweder in Tafeln oder Tabellen angegeben oder er ist über Windkanalversuche zu ermitteln. Die lokal pro Flächeneinheit wirkende Windlast ist also

$$w = c_p\,q$$

Natürlich ist der Wert c_p entlang von Kanten und über die Oberfläche des Gebäudes starken Schwankungen unterworfen. In den vertafelten Werten deckt man dies üblicherweise durch einen über die Fläche gleichförmig verteilten Basiswert ab und fordert die Zugrundelegung erhöhter Werte an Kanten, Einschnitten etc. Natürlich können die tatsächlichen Verhältnisse hierdurch nur als eine auf der sicheren Seite liegende Näherung approximiert werden. Aufgrund der Vielzahl möglicher Baukörper haben sich die Normen und einschlägigen Vorschriften zudem auf eine kleine Auswahl von Standardfällen zurückgezogen. Bei abweichenden oder besonders komplexen Geometrien sollte man, genauso wie bei der Notwendigkeit einer besonders minimierten Konstruktion, stets einen Windgutachter in das Planungsteam aufnehmen und/oder einen Windkanalversuch durchführen. In den meisten Fällen macht sich ein Windkanalversuch auch bei kleineren Bauten durch Einsparungen von Baustoffen, Verbindungsmitteln oder an der Gründung von selbst bezahlt.

5.44 Regelschneelasten [475]
5.45 Abminderung der Regelschneelast in Abhängigkeit von der Dachneigung [475]
5.46 Schneelastzonen. Einteilung für Deutschland [475]

Das Integral der Druck-Sog-Beiwerte über die Gebäudeoberfläche entspricht dem globalen Druck-Sog-Beiwert, der als Formbeiwert c_f bezeichnet wird. Die gesamte bei einer Anströmung auf ein Gebäude wirkende Windlast ist demnach

$$W = c_f \, q \, A$$

wobei A die senkrecht zur Anströmrichtung projezierte Gebäudefläche ist.

Bei der Betrachtung der Wirkung des Windes auf ein Gebäude darf nicht außer acht gelassen werden, daß sich auch im Innenraum eines Gebäudes ein durch die Windanströmung bedingter Unter- oder Überdruck aufbauen kann. Offene Tore, Türen oder andere Öffnungen erlauben, daß sich ein entsprechender Druck innerhalb des Gebäudes aufbaut. Der zumeist gleichmäßig im Innenraum wirkende Druck wirkt auf eine große Fläche. Er überlagert sich der Windwirkung an der außenseitigen Oberfläche und kann zum Abheben von Dächern oder ganzen Gebäuden führen.

Auf die Gefahr böenerregter Schwingungen, die durch eine periodisch auftretende Böigkeit des ankommenden, auf ein Gebäude wirkenden Windes und eine entsprechende Empfindlichkeit des Gebäudes selbst zurückzuführen ist, wurde bereits eingegangen. Eine weitere Möglichkeit der Schwingungserregung eines Gebäudes besteht durch die sogenannten »wirbelinduzierten Schwingungen«, manchmal auch »selbsterregte Schwingungen« genannt. Diese Schwingungen entstehen durch eine regelmäßige Ablösung von Wirbeln am angeströmten Gebäude selbst. Besonders gefährdet sind hierbei stehende zylindrische Baukörper mit glatter Oberfläche. An Schornsteinen, Antennenmasten oder Kühltürmen hat man diese regelmäßige Ablösung von Wirbeln in Form von Karmannscher Wirbelstraßen vielfach beobachtet. Häufig führen die sich wechselseitig regelmäßig ablösenden Wirbel zu einer Schwingung quer zur Anströmrichtung, in Einzelfällen kam es dabei auch zum Einsturz der Konstruktion. Abhilfe bei der Gefahr wirbelinduzierter Schwingungen schafft eine gezielte Verhinderung der Regelmäßigkeit der Ablösung, beispielsweise durch ein Aufrauhen der Oberfläche mit Hilfe von aufgeschweißten Wendeln oder anderen Störkörpern.

5.44

Regelschneelast s_0 in kN/m²

Schneelastzone nach 5.46	Geländehöhe 2) des Bauwerkortes über NN in m									
	≤ 200	300	400	500	600	700	800	900	1000	>1000 3)
I	0,75	0,75	0,75	0,75	0,85	1,05	1,25			
II	0,75	0,75	0,75	0,90	1,15	1,50	1,85	2,30		
III	0,75	0,75	1,00	1,25	1,60	2,00	2,55	3,10	3,80	
IV	1,00	1,15	1,55	2,10	2,60	3,25	3,90	4,65	5,50	

1) Für Bauwerkstandorte auf der Grenzlinie zweier Schneelastzonen darf als s_0 das arithmetische Mittel aus den beiden Schneelastzonen angenommen werden. Wird dieser Mittelwert nicht gebildet, so ist der höhere s_0-Wert anzusetzen. In Berlin beträgt die Regelschneelast s_0 = 0,75 kN/m².
2) Für Geländehöhen, die zwischen den angegebenen Geländehöhen liegen, darf der s_0-Wert geradlinig interpoliert werden. Wird nicht interpoliert, so ist der s_0-Wert der nächsthöheren Geländehöhe anzusetzen.
3) Wird im Einzelfall festgelegt durch die zuständige Baubehörde im Einvernehmen mit dem Zentralamt des Deutschen Wetterdienstes in Offenbach.

5.45

α	0°	1°	2°	3°	4°	5°	6°	7°	8°	9°
0 bis 30°										
30°	1,00	0,97	0,95	0,92	0,90	0,87	0,85	0,82	0,80	0,77
40°	0,75	0,72	0,70	0,67	0,65	0,62	0,60	0,57	0,55	0,52
50°	0,50	0,47	0,45	0,42	0,40	0,37	0,35	0,32	0,30	0,27
60°	0,25	0,22	0,20	0,17	0,15	0,12	0,10	0,07	0,05	0,02
70 bis 90°	0									

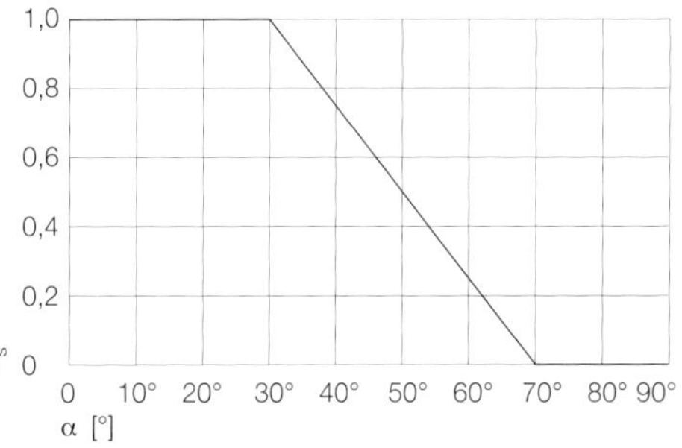

Schnee
Schnee mittlerer Dichte hat eine Gewichtskraft von ca.1,0 kN/m³, besonders nasser Schnee kann jederzeit 2,0 kN/m³ bis 2,5 kN/m³ erreichen.

Die auf eine horizontale Fläche möglicherweise zu liegen kommende (Regel-)Schneelast s_0 wird auf der Basis meteorologischer Aufzeichnungen sowie aus Erfahrungswerten ermittelt. Sie ist regional unterschiedlich und natürlich von der Höhe des Gebäudestandortes abhängig. Die einer statischen Berechnung zugrunde zu legenden Schneelasten s_0 werden üblicherweise in sogenannten Schneelastzonen kartiert und in den Normen festgehalten.

Die Normen erlauben bei ebenen aber geneigten Dächern üblicherweise eine Abminderung der Schneelast, wobei die Größe der Abminderung von der Dachneigung abhängt. Hierdurch wird der Tatsache Rechnung getragen, daß sich auf geneigten Dächern infolge von Abrut-

5.46

5.47
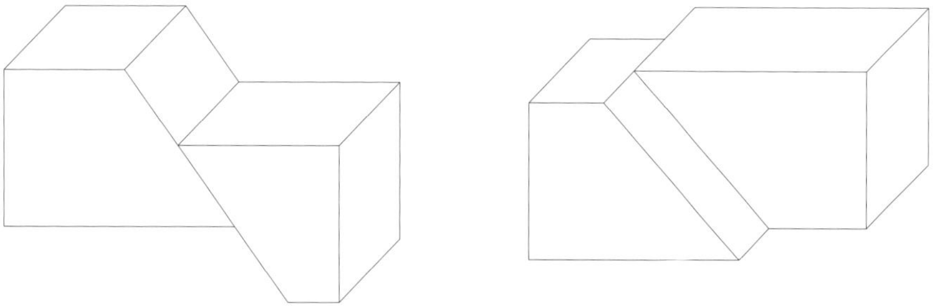

5.48
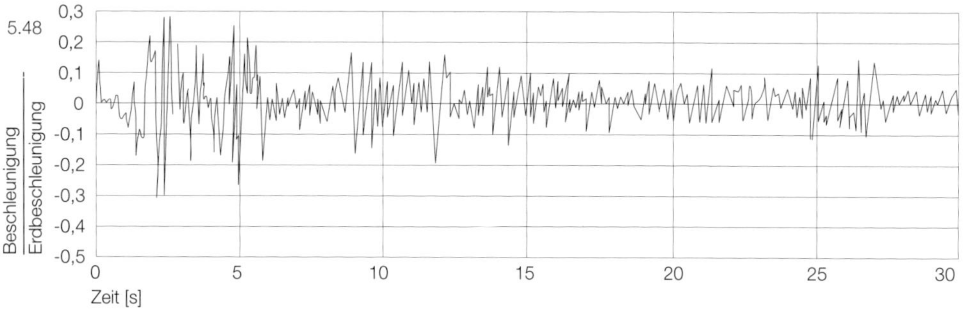

5.49
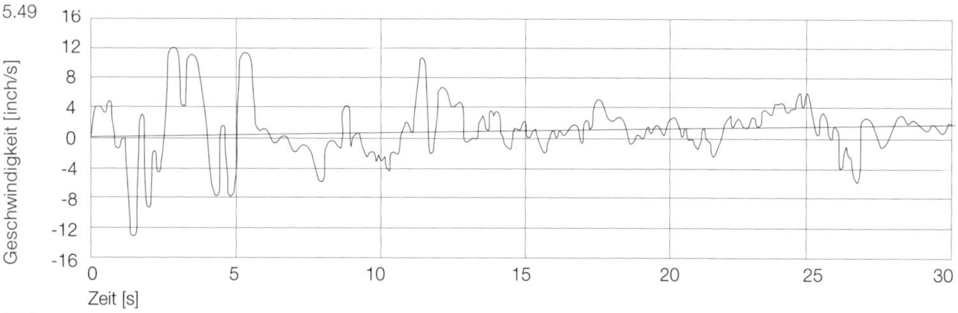

5.50
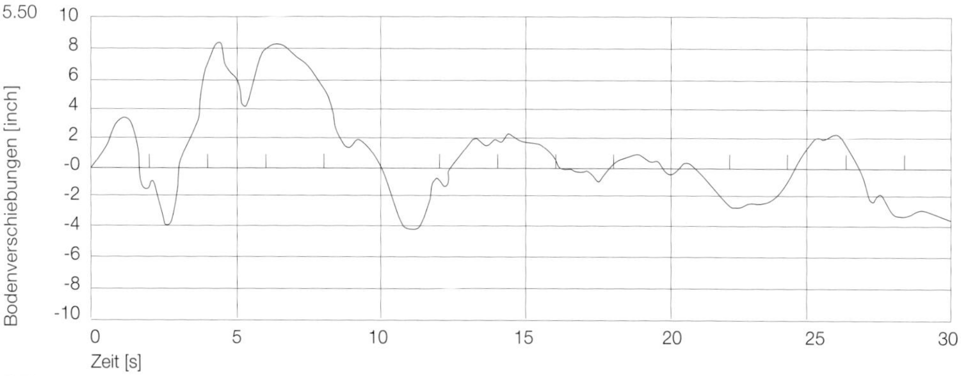

5.51
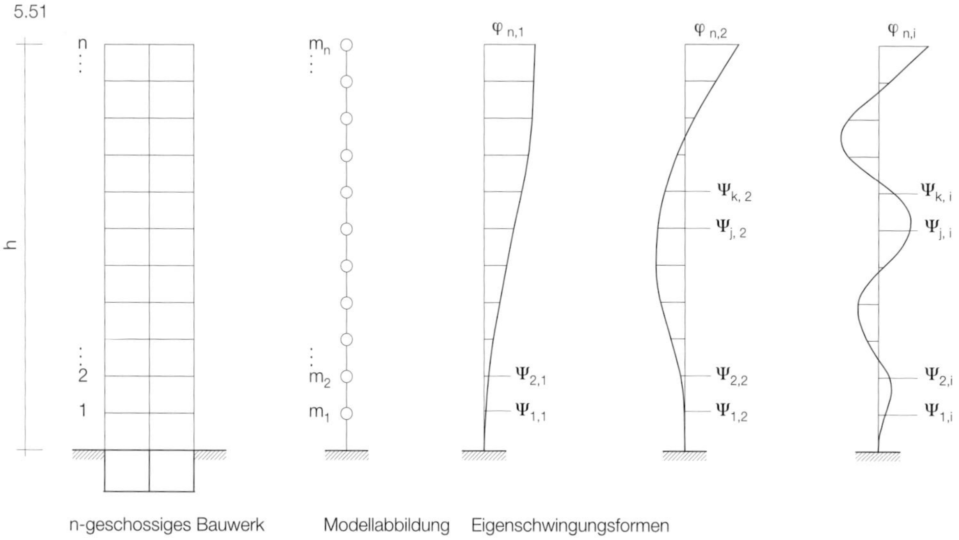

5.47 Horizontale und vertikale Baugrundverschiebung infolge Erdbeben
5.48 Erdbeben: Zeitlicher Verlauf der Bodenbeschleunigung [453]
5.49 Erdbeben: Zeitlicher Verlauf der Bodengeschwindigkeit [453]
5.50 Erdbeben: Zeitlicher Verlauf der Bodenverschiebung [453]
5.51 Eigen(schwingungs-)formen eines Hochhauses aus Stockwerksrahmen [331]

schungen keine so hohe Schneelast wie auf horizontalen Flächen aufbaut. Abhängig von der Geometrie des Daches müssen aber auch entsprechende Schneeanhäufungen, die entweder durch Abrutschungen oder durch Schneeverwehungen entstehen können, als zusätzliche Schneelast berücksichtigt werden. Diese Schneeanhäufungen können jederzeit ein mehrfaches der Regelschneelast betragen.

Bei komplizierten Dachformen, bei weitgespannten Konstruktionen und auch immer dann, wenn die äußeren Einwirkungen besonders realitätsnah und ohne versteckte Sicherheitsmargen zu erfassen sind, empfiehlt sich das Einholen eines Schneegutachtens. Dies wird üblicherweise auf der Basis gesonderter meteorologischer Auswertungen, verbunden mit einer umfassenden Kenntnis der Schneeverhältnisse am Ort und, gegebenenfalls, unter Zuhilfenahme von Windkanalversuchen, in denen Schneeverwehungen simuliert werden, erstellt.

Erdbeben
Erdbeben können aus unterschiedlichen geophysikalischen Ursachen entstehen. Ihre Wirkungen bestehen, neben anderem, in zeitlich veränderlichen horizontalen und vertikalen Bewegungen des Baugrundes. Je nach der Erdbebenzone, in der sich ein Gebäude befindet, sind diese Baugrundbewegungen mehr oder weniger ausgeprägt. In vielen erdbebengefährdeten Gebieten können zudem bei der Auslegung der Tragstruktur für eine Erdbebenbelastung die vertikalen Bewegungen des Baugrundes vernachlässigt werden.

Nur zeitlich veränderliche Bewegungen des Baugrundes, also Baugrundbeschleunigungen, üben auf ein Bauwerk Kräfte aus. Die Art und Größe dieser Kräfte ist neben der Baugrundbeschleunigung von der Massen- und der Steifigkeitsverteilung innerhalb eines Gebäudes abhängig. Hieraus ergeben sich eine Reihe von Überlegungen zum Entwurf eines Gebäudes in einem erdbebengefährdeten Gebiet. Wichtig sind:

im Grundriß:
- Steifigkeitszentrum und Massenzentrum sollten möglichst nahe beieinander liegen, um eine Drehbewegung zu vermeiden
- symmetrische Anordnung der die

5.52 »Geraderichten« einer ungleichmäßig beladenen Bodenplatte durch Ballastieren von Hohlkammern in den Kernen
5.53 Schäden an Altbauten durch Neubauten
5.54 Schäden an Altbauten durch Neubauten

H-Lasten abtragenden Bauteile
- regelmäßige Grundrisse
- einheitliche Gründung

im Aufriß:
- weit ausgreifende Fundation, um die Kippmomente aufnehmen zu können
- Steifigkeit nach oben konstant durchführen, auf keinen Fall zunehmen lassen
- keine Steifigkeitssprünge
- große Lasten in den unteren Geschossen, am besten im Kellergeschoß, anordnen

die Bemessung erfolgt mit Hilfe von:
- Ersatzkraftverfahren
- Antwortspektrenmethode
- Time-History-Methode (Dynamische Berechnung mit zeitlich veränderlicher Einwirkung)

Erdbeben weisen keine konstanten, sondern in Richtung und Größe unterschiedliche Baugrundbeschleunigungen auf. Hierdurch wechseln auch Beanspruchungsrichtung und -intensität am Gebäude. Besitzt der Richtungswechsel der Baugrundbeschleunigung eine hinreichend hohe Periodizität, so können ein Gebäude oder einzelne Gebäudeteile in Schwingungen versetzt werden. Je nach Größe dieser Schwingungen, die neben der Massen- und Steifigkeitsverteilung auch von der Dämpfung abhängen, treten Schäden am Gebäude auf. Fällt die Frequenz der Baugrundbewegung mit der Eigenfrequenz des Gebäudes zusammen, so ist der Gebäudeeinsturz unvermeidlich.

Fundationssetzungen
Fundationssetzungen nach der Fertigstellung des Bauwerkes treten infolge von Verformungen des Baugrundes auf. Hierfür gibt es unterschiedliche Ursachen:
- eine deutliche Veränderung der Nutzlasten,
- Austrocknen des Baugrundes infolge einer Grundwasserabsenkung,
- nicht vorhergesehene Inhomogenitäten des Baugrundes, z.B. linsenförmige Einlagerungen vergleichsweise weicher Böden oder auch Hohlräume im Baugrund,
- falsch berechnete Baugrundsetzungen,
- Erstellen oder Abreißen einer Nachbarbebauung.

Abgesehen vom Hochhausbau, wo ein falsch bewerteter Baugrund infolge der hohen Auflasten zu einer nicht akzeptablen gleichförmigen Setzung des Gebäudes führen kann, sind falsche Prognosen hinsichtlich der gleichförmigen Setzungen der Fundationen üblicherweise weniger kritisch. Ungleichförmige Baugrundverformungen jedoch führen häufig zu nicht akzeptablen Verformungen des Bauwerkes selbst und, je nach Tragwerkstyp, zu teilweise dramatischen Kräfteumlagerungen innerhalb eines Tragwerkes. Diese Kräfteumlagerungen können zu Überbeanspruchungen einzelner Bauteile und ggf. zu deren Versagen führen. Eine sorgfältige Bewertung des Baugrundes, der ja das am tiefsten liegende Bauteil eines Gebäudes ist, ist deshalb stets erforderlich. Die Konstruktion eines Gebäudes, insbesondere dessen tragende Struktur, sind hierauf sorgfältig abzustimmen.

Ungleichförmige Baugrundverformungen treten üblicherweise als ungleichförmige vertikale Verformungen, nur in seltenen Fällen als horizontale Verformungen auf.
Sind ungleichförmige vertikale Baugrundverformungen zu erwarten bzw. nicht auszuschließen, so muß man bei in sich sehr steifen Konstruktionen eine statisch bestimmte Lagerung anordnen. Diese besitzt bei ebenen Tragwerken ein gelenkiges-unverschiebliches sowie ein gelenkiges-verschiebliches Lager. Bei räumlichen Tragwerken erfordert die statisch bestimmte Lagerung ein gelenkiges-unverschiebliches sowie zwei gelenkige-verschiebliche Lager, wobei eines dieser beiden Lager nur eine Verschieblichkeitsachse aufweisen darf, die zudem durch das unverschiebliche Lager gehen muß. Eine statisch bestimmte Lagerung eines in sich steifen räumlichen Tragwerkes darf also nicht mehr als drei Auflager haben. (»Ein Stuhl auf drei Beinen wackelt nicht«). Soll ein Tragwerk mehr als drei Auflager erhalten, so ist es durch Anordnen entsprechender Gelenkigkeiten im Tragwerk entsprechend zu gestalten, ohne daß dadurch die Gesamtstabilität gefährdet wird. Dies kann auf unterschiedlichste Weise geschehen. Bei den ebenen linienförmigen Tragwerken ist der Gerberträger der wohl bekannteste Tragwerkstyp, bei den Bogenträgern sind die Zweigelenkbögen zur zwängungsfreien Aufnahme von vertikalen Baugrundverformungen geeignet.

Bei den räumlichen Tragwerken weisen die Skelettbauten mit gelenkigen Anschlüssen

5.52

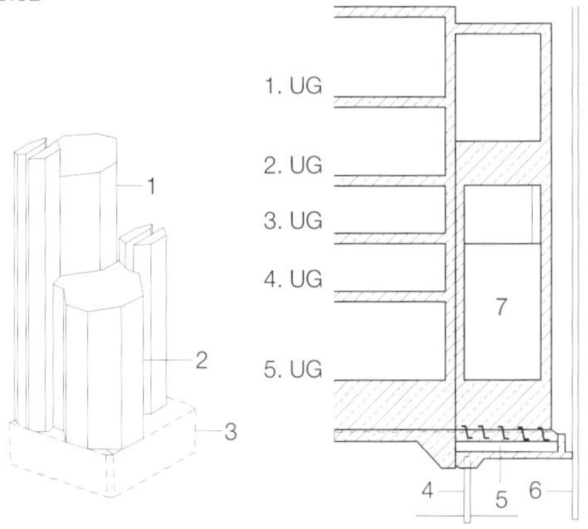

1 23 Obergeschosse (davon 10 Turmgeschosse)
2 13 Obergeschosse (Gesamtgeschosse)
3 5 Untergeschosse
4 Spundwand
5 Hohlraum
6 Verbauwand
7 Ballastkammer

5.53

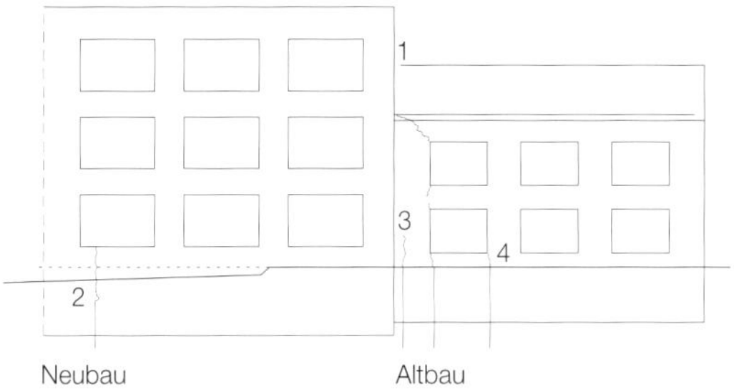

1 Fuge
2 Setzung in Folge des Neubaus
3 Setzung Giebel Altbau, durch Neubau verursacht
4 Risse im Mauerwerk der Außen- und Innenwände

5.54

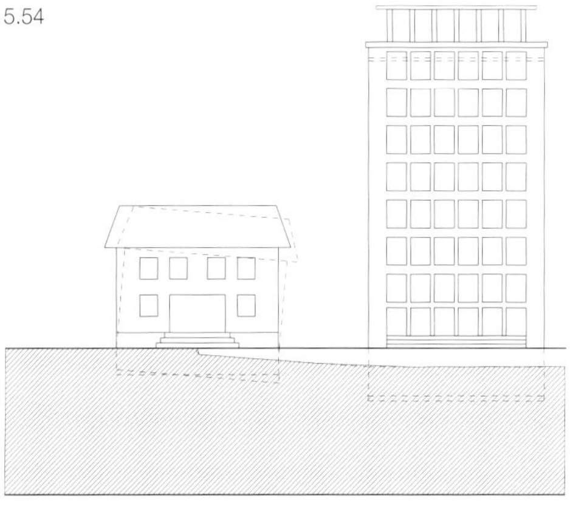

5.55 Verformungen durch einseitige Erwärmung können enorme Größenördnungen annehmen (Prinzipdarstellung)
5.56 Verformungsverhalten infolge + ΔT, in Abhängigkeit von der Lage der Aussteifung. Unter Umständen kann das Ausknicken der Träger nur durch Einbau von Normalkraftgelenken vermieden werden

5.55

5.56

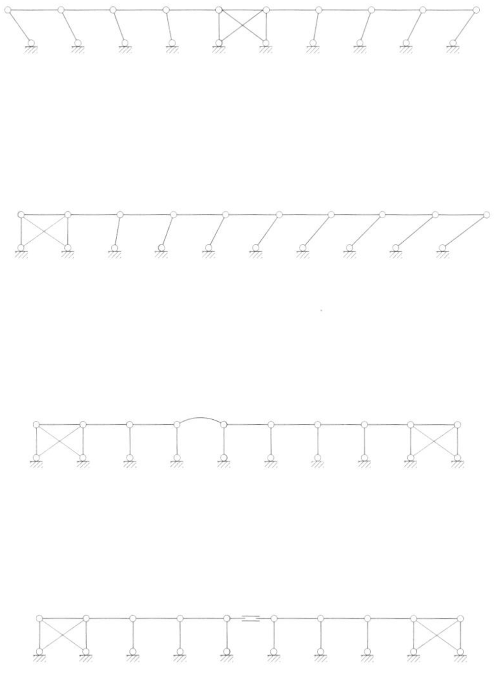

Stütze-Binder und Binder-Kern entsprechende Eigenschaften auf.

Sind auch ungleichförmige horizontale Baugrundverformungen zu erwarten bzw. nicht auszuschließen, so verfährt man zu dem soeben Gesagten analog, ordnet jetzt aber die Verschieblichkeiten entsprechend auch in der Horizontalen an. Ein Gerberträger erhält somit auch Verschiebemöglichkeiten im Gerbergelenk (Längskraftgelenk), ein Bogentragwerk wird durch Einführen eines dritten Gelenkes zur zwängungsfreien Aufnahme horizontaler und vertikaler Baugrundverformungen befähigt.

Temperaturänderungen
Temperaturänderungen innerhalb eines Bauteiles oder eines Bauwerkes können infolge einer Vielzahl von Ursachen auftreten. Die häufigsten davon sind:

- Atmosphärische Erwärmung oder Abkühlung (Tag-Nacht, Sommer-Winter...)
- Erwärmung durch Sonnenbestrahlung
- Heizen bzw. Kühlen im Gebäudeinneren
- Brand
- Freisetzung von Hydratationswärme beim Abbinden zementgebundener Bauteile

Bauteile aus Stahl dehnen sich bei Erwärmung bzw. schrumpfen bei Abkühlung.

Dabei gilt:
$\varepsilon_T = \alpha_T \triangle_T$

Mit:
ε_T = Dehnung infolge Temperaturänderung
α_T = Temperaturausdehnungskoeffizient ($\alpha_T = 12 \times 10^{-6}$ für Stahl)
$\triangle_T$ = Temperaturänderung in °K

Temperaturbedingte Längenänderungen eines Bauteils oder eines Bauwerkes können enorme Größenordnungen annehmen. So ändert eine Hängebrücke von 1000 m Länge infolge eines Temperaturunterschiedes Winter/Sommer von 40 K ihre Länge um 480 mm.

Werden temperaturbedingte Längenänderungen eines Bauteiles behindert, z. B. durch entsprechende Lagerung oder durch Kombination mit nicht erwärmten Bauteilen, so entstehen im Bauteil Zwängungsspannungen, deren Größe sich mit der Beziehung

$\sigma = E\, \varepsilon_T$
$\sigma = E\, \alpha_T \triangle_T$

berechnen lassen.

Eine Erwärmung um 30 K ruft bei einem dehnungsbehinderten Stab also eine (Zusatz-) Spannung von 75,6 N/mm² hervor. Hieraus wird sofort ersichtlich, daß Dehnungsbehinderungen im Brandfall oder bei Tragwerken, die atmosphärischen Temperaturänderungen oder der Sonnenbestrahlung ausgesetzt sind, nicht zu vernachlässigen sind. Es empfiehlt sich eine Konstruktionsweise, die diese Zwängungsbeanspruchungen vermeidet oder aber zumindest minimiert.

Vollkommen eingehauste Tragwerke erfahren ihre größten Temperaturänderungen während der Bauphase. Je nach Farbgebung der Bauteile sind dabei Erwärmungen bis zu 40–60 K möglich. Die daraus resultierenden Dehnungen der Bauteile sind zunächst nicht kritisch zu bewerten. Dort, wo die Konstruktion aber dehnungsbehindert wird, treten entsprechende Zwängungen auf. Dehnungsbehinderungen entstehen zumeist durch die Befestigung der Bauteile an der Fundation oder an anderen, sich bei einer Erwärmung nicht oder nur kaum ausdehnenden Bauteilen. In diesen Fällen sind entsprechende Gelenkigkeiten und/oder Dehnfugen anzuordnen.

Besonderes Augenmerk ist bei den sogenannten gemischten Konstruktionen (mixed structures), also bei denjenigen Tragwerken, bei denen Bauteile aus unterschiedlichen Werkstoffen innerhalb eines Tragwerkes kombiniert werden, auf das Problem der Temperaturänderungen zu legen. Einerseits haben unterschiedliche Baustoffe unterschiedliche Temperaturausdehnungskoeffizienten (z. B. Glas und Stahl), andererseits erwärmen sich die Bauteile aufgrund ihrer unterschiedlichen Farbe, Querschnittsgestaltung und thermischen Trägheit unterschiedlich.

Bei Hochhäusern mit außenliegenden Stützen tritt bei Sonnenbestrahlung eine Temperaturdifferenz zwischen der am meisten erwärmten Südwestseite und den am Nachmittag verschatteten Nord- und Ostseiten auf. Unterstellt man eine Temperaturdifferenz von nur 20 K, so würde ein 400 m hohes Hochhaus auf der Süd-

5.57 Reduktion der lastbedingten Verformungen durch Vorspannen
a nicht vorgespanntes System
b vorgespanntes System
5.58 Vorspannen: Übergang vom Seil zum Seilkreuz (räumlich) und zum Seilnetz
5.59 Feder zum permanenten und insbesondere temperaturunabhängigen Vorspannen eines Seiltragwerkes

westseite um ca. 96 mm gegenüber der Nord- und Ostseite höher werden, was sicherlich nicht akzeptabel sein wird. Bei Hochhäusern mit außenliegendem Tragwerk muß das Tragwerk also entweder
- wärmegedämmt und eingehaust (z.B. John Hankock in Chicago),
- mit der Abluft der Klimaanlage temperiert (Hongkong & Shanghai Bank in Hongkong),
- thermisch träge gemacht, z.B. durch Wasserfüllung der Hohlstützen (US-Steel Building in Pittsburg),

werden.

Vorgespannte Tragwerke, die atmosphärischen Temperaturänderungen oder der Sonnenbestrahlung ausgesetzt sind, behalten ihren Vorspannzustand bei Erwärmung oder Abkühlung nur dann bei, wenn es sich um in sich geschlossene Kraftsysteme handelt. Hierzu gehören beispielsweise schwimmend gelagerte Speichenräder oder statisch bestimmt gelagerte seilverspannte Stützen. In allen anderen Fällen, wie z.B. bei den gegen die Fundation vorgespannten Jawerth-Trägern oder auch den gegen die Fundation vorgespannten Seilnetzen, ändert sich die Vorspannung um ca. 2,5 N/mm^2 pro 1 K Erwärmung oder Abkühlung. Falls das Tragwerk unter den entsprechenden Lastfällen stets noch eine hinreichend große verbleibende (Rest-)Vorspannung besitzen soll, so ist die Vorspannung a priori um den während der Erwärmung zu erwartenden Vorspannungsverlust zu erhöhen. Bei einer Abkühlung des Tragwerkes tritt hier noch eine weitere, durch Dehnungsbehinderung bedingte Erhöhung der Vorspannung hinzu.

Durch den Einbau von Federn oder aktiven Kraftsteuerungssystemen kann die zur Vermeidung erwärmungsbedingter Effekte erforderliche Erhöhung der Vorspannung vermieden und das Entstehen einer abkühlungsbedingten zusätzlichen Erhöhung der Vorspannung vermieden werden.

Anprall

Ein Anprall von Fahrzeugen auf tragende Bauteile ist überall dort zu erwarten, wo Fahrzeuge von der Bahn abkommen bzw. entgleisen können. Darüber hinaus ist ein Anprall durch zu hohe Fahrzeuge oder zu hohe Beladungen möglich. Bei Brücken, deren Pfeiler sich im Bereich von Schiffahrtsrinnen befinden, ist ebenfalls ein Anprall zu betrachten.

In allen der geschilderten Fälle ist ein Anprall durch geeignete konstruktive Maßnahmen wie Abweiser, Hindernisse oder einen Entgleisungsschutz zu vermeiden. Ist dies nicht möglich oder nicht gewollt, so ist auf rechnerischem Weg nachzuweisen, daß ein Anprall nicht zum Verlust der Standsicherheit der Konstruktion führt. Für derartige Nachweise, die übrigens einen Anprall in Fahrtrichtung und einen Anprall senkrecht zur Fahrtrichtung zu berücksichtigen haben, legt man zumeist statische Ersatzlasten zugrunde. Man überführt also das dynamische in ein quasi-statisches Problem, um die Berechnung auf einfacherem Weg durchführen zu können. Über die Größe der anzusetzenden Ersatzlasten geben die einzelnen Normen Auskunft.

Vorspannung

Ob man die Vorspannung zu den Einwirkungen zählen soll, ist bei einzelnen Fachleuten strittig. Die Vorspannung wird hier aber ganz bewußt unter dem Kapitel »Einwirkungen« eingeführt, denn sie sollte als gezielt eingebrachte Manipulation des inneren Kräftezustandes einer Konstruktion verstanden werden.

Durch eine Vorspannung wird eine Beanspruchung ausgelöst. Teilweise erfolgt dies mit dem Ziel, die Beanspruchbarkeit insgesamt zu steigern, teilweise dient die Vorspannung aber lediglich der Verformungsbeschränkung.

Eine Vorspannung kann auf unterschiedlichste Art und Weise in eine Konstruktion eingebracht werden. Davon abhängig ist, ob sie ihre Größe zeitlich beibehält oder verändert. Dies wiederum hat Auswirkungen auf die rechnerische und sicherheitstheoretische Behandlung.

Die Vorspannung ist zeitlich veränderlich, wenn sie durch
- Kriechen und Schwinden,
- Temperaturveränderungen,
- Lastveränderungen,

beeinflußt wird.

Dies ist in den meisten Konstruktionsweisen der Fall. Durch Vorspannen mit Ballast, Federn oder anderen kraftsteuernden Elementen ist die Erzeugung einer zeitlich unveränderlichen Vorspannung möglich.

Eine Beaufschlagung der Vorspannung mit den in der Bemessung üblichen Sicherheitsbeiwerten ist im allgemeinen falsch, da es sich bei der Vorspannung um eine gezielt eingebrachte, dabei überwachte und dokumentierte Kraftgröße handelt, die nicht den üblichen Streuungen unterliegt. Gleichzeitig ist es aber angebracht, den zugrundegelegten Vorspanngrad in der Bemessung um ± 10% zu variieren, um so mögliche Über- bzw. Unterspannungen zu erfassen.

5.57

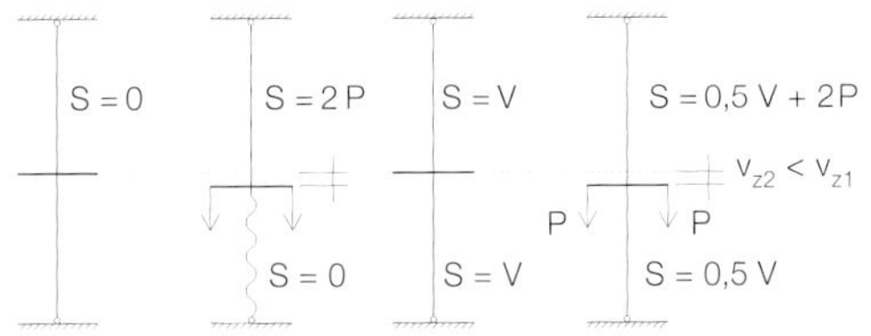

5.58

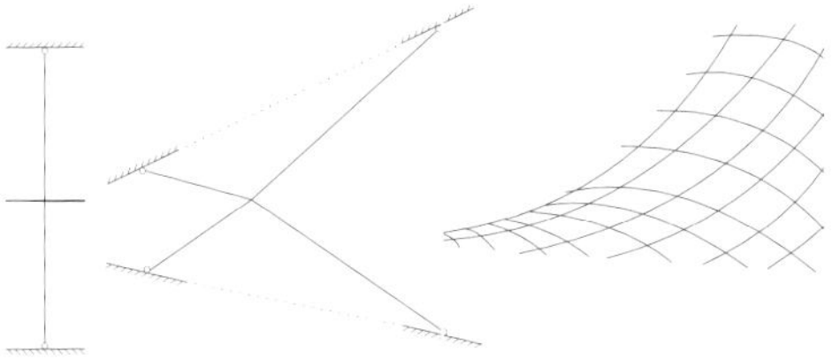

5.59

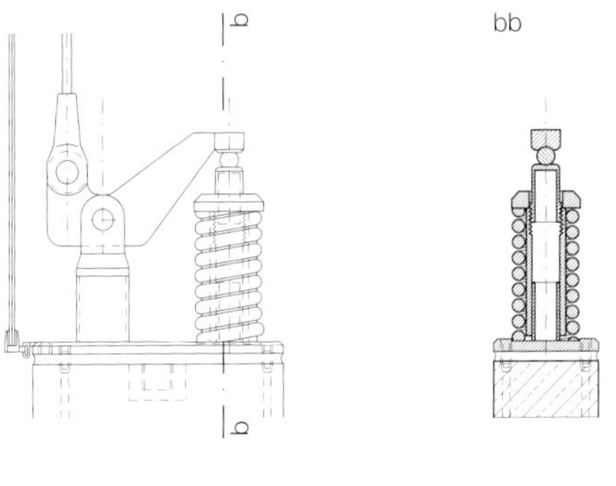

Tragwerke: Standsicherheit, Gebrauchsfähigkeit und Bemessung

Grundlagen moderner Sicherheitskonzepte
Der ursächliche Zweck aller tragenden Konstruktionen ist die Weiterleitung von Kräften bei gleichzeitig beschränkten und annehmbaren Verformungen. Beide Eigenschaften eines Tragwerkes sind vom Ingenieur nachzuweisen. Der Nachweis erfolgt üblicherweise noch vor Beginn der eigentlichen Bauphase, es handelt sich also um eine Prognose hinsichtlich des Verhaltens einer üblicherweise vergleichsweise komplexen Konstruktion unter der Einwirkung vergleichsweise komplexer Belastungen.

Man unterscheidet zwei Nachweisgruppen:
Im sogenannten Standsicherheitsnachweis wird aufgezeigt, daß ein Bauwerk sowohl in seinen Einzelteilen wie auch als Ganzes unter den in Frage kommenden Einwirkungen standsicher ist, das heißt, daß kein Versagen der Konstruktion auftritt. Der Standsicherheitsnachweis hat die Auswirkungen statischer wie auch dynamischer Einwirkungen zu berücksichtigen.

Im sogenannten Gebrauchstauglichkeitsnachweis wird aufgezeigt, daß ein Bauwerk sowohl in seinen Einzelteilen wie auch als Ganzes unter den in Frage kommenden Einwirkungen hinreichend kleine Verformungen sowie ein hinreichend niedriges und damit tolerierbares Schwingungsverhalten zeigt. Auch der Gebrauchstauglichkeitsnachweis hat somit die Auswirkungen statischer wie auch dynamischer Einwirkungen zu berücksichtigen.

Im Grunde wird durch Tragfähigkeitsnachweise und Gebrauchstauglichkeitsnachweise aufgezeigt, daß sich ein Tragwerk hinreichend zuverlässig verhält. Dabei wird nachgewiesen, daß in einem Tragwerk Grenzzustände der Tragfähigkeit (z.B. Einsturz) und Grenzzustände der Gebrauchstauglichkeit (z.B. zu große Verformungen) mit ausreichend großer Wahrscheinlichkeit nicht erreicht werden. Bei allen Prognosen zur Standsicherheit und zur Gebrauchstauglichkeit handelt es sich also um Aussagen zur Zuverlässigkeit einer Konstruktion, die auf Wahrscheinlichkeitsüberlegungen beruhen. Daraus folgt unmittelbar, daß 100prozentige Zuverlässigkeit nicht erzielbar ist.

Alle Einwirkungen sind hinsichtlich ihrer Größe nur wahrscheinlichkeitstheoretisch erfaßbar. So streut beispielsweise die Schneebelastung auf einer Dachfläche innerhalb eines Winters erheblich. Im Vergleich einzelner Jahre zeigen sich zudem erhebliche Streuungen der gemessenen maximalen Schneebelastungen. Es ist nun äußerst bedeutsam festzulegen, ob man für eine Dimensionierung diejenige Schneelast zugrundelegt, die mit einer Wahrscheinlichkeit von einmal pro 50 Jahren auftritt oder diejenige, die mit einer Wahrscheinlichkeit von einmal pro 100 Jahren auftritt. Letztere ist deutlich größer, führt also zu größeren Bauteilabmessungen und damit auch zu mehr Material- und Energieverbrauch. Dies ist von erheblicher volkswirtschaftlicher und ökologischer Bedeutung. Andererseits besteht bei einer gering angesetzten maßgebenden Schneelast eine größere Wahrscheinlichkeit, daß diese während der Standzeit eines Gebäudes überschritten wird. Schäden und Einstürze sind dann die Folge. Es ist also stets anzustreben, plausible, aber möglichst geringe Eintretenswahrscheinlichkeiten von Lastüberschreitungen zugrunde zu legen. Die dadurch geschaffene Sicherheit ist jedoch baukostenrelevant. Eine hohe bauliche Qualität, verbunden mit einer geringen Schadenseintrittswahrscheinlichkeit, ist somit letztlich auch Ausdruck einer wohlhabenden Gesellschaft, die sich derartige Gebäude leisten kann.

Die Fähigkeit eines Tragwerkes, auftretende Einwirkungen abzutragen bezeichnet man als Widerstand. Die Größe dieses Widerstandes ist beispielsweise abhängig von den verwendeten Werkstoffen, den Bauteilabmessungen und den Verbindungsmitteln. Diese sind aber hinsichtlich ihrer Eigenschaften widerum Streuungen unterworfen. So ist bekannterweise die Bruchfestigkeit eines Werkstoffes nicht konstant, sondern sie streut um einen Mittelwert. Die Größe des Widerstandes ist also, wie die Einwirkungen, einer Streuung unterworfen.

Aufgrund der unterschiedlichen Auftretenswahrscheinlichkeiten und Streubreiten der unterschiedlichen Einwirkungen und Widerstände werden die einzelnen, die Zuverlässigkeit der Konstruktion bestimmenden Einflußgrößen mit unterschiedlichen Sicherheitsbeiwerten belegt. Relativ präzise erfaßbare Einflußgrößen, wie z.B. das Eigengewicht eines Bauteils, werden mit niedrigeren, schwieriger quantifizierbare Einflußgrößen werden mit höheren Sicherheitsbeiwerten versehen.
Die Methode, die einzelnen Einflußgrößen mit unterschiedlichen Sicherheitsbeiwerten zu versehen, wird auch als »Methode der Teilsicherheitsbeiwerte« bezeichnet.

Bezeichnet man die einzelnen in der Anzahl i auftretenden Beanspruchungen als Sj und die Beanspruchbarkeit der Konstruktion mit R, so lautet die entsprechende zu erfüllende Nachweis(un)gleichung:

$$\nu_1 S_1 + \nu_2 S_2 + \nu_3 S_3 \ldots \leq R/\nu_R$$

Hierin sind ν_j die einzelnen Sicherheitsbeiwerte.

Der Nachweis ist für jede Belastungssituation getrennt zu führen. Treten mehrere Lastgruppen gleichzeitig auf, so werden zusätzliche Kombinationsfaktoren eingeführt, mit denen aufgrund statistischer Erkenntnisse, die Größe der Einwirkungen bzw. die zugehörigen Teilsicherheitsbeiwertes herabsetzt werden können.

Auf ein einfaches Beispiel angewendet erfolgt eine Bauteildimensionierung nach der Methode der Teilsicherheitsbeiwerte folgendermaßen:
Biegebemessung eines Einfeldträgers unter Eigengewichtsbelastung:
- Teilsicherheitsbeiwert für Eigengewicht: $\nu_{\text{Eigengewicht}} = 1{,}35$
- Teilsicherheitsbeiwert Material St 37: ν_{Stahl} St 37 = 1,1

Das sich aus der mit dem Faktor 1,35 beaufschlagten Eigengewichtsbelastung ergebende maximale Biegemoment führt zu einer maximalen Spannung. Diese Spannung darf höchstens gleich der durch den Faktor 1,1 dividierten aufnehmbaren (Fließ-)Spannung des Werkstoffes sein.

Bis vor wenigen Jahren wurde für den Nachweis der Standsicherheit einer Konstruktion die »Methode der zulässigen Spannungen« angewendet. Dabei wurde einer durch eine (nicht mit einem Teilsicherheitsbeiwert beaufschlagte) Einwirkung hervorgerufenen Spannung (Beanspruchung) die um einen Sicherheitsbeiwert reduzierte »zulässige«, vom Werkstoff aufnehmbare Spannung gegenübergestellt.

Nachweise der Standsicherheit einer Konstruktion mit der Methode der zulässigen Spannungen waren letztlich schneller zu führen als

5.60 Sandwichelemente aus Stahlblech mit PU-Kern: Ausbeulen der druckbeanspruchten Zone infolge Überbeanspruchung
5.61 Gleiten, Kippen und Abheben

Nachweise auf der Basis der Methode der Teilsicherheitsbeiwerte, weswegen sie sich noch längere Zeit einer gewissen Beliebtheit erfreuten. Abgesehen davon, daß derartige Nachweise heute nicht mehr zulässig sind, ist aber hervorzuheben, daß die Methode der Teilsicherheitsbeiwerte gegenüber der früher verwendeten Methode der zulässigen Spannungen eine Reihe von Vorteilen besitzt:

- die einzelnen Einflußgrößen werden individuell und auf dem gleich hohen sicherheitstechnischen Niveau behandelt,
- das Gesamtsicherheitsniveau wird dadurch höher,
- die Methode erlaubt ein sparsameres Konstruieren,
- bei nichtlinearen Zusammenhängen zwischen einer Vergrößerung der Einwirkung und einer dadurch bedingten Erhöhung der Beanspruchung konnte die Methode der zulässigen Spannungen zu einem reduzierten Sicherheitsniveau führen.

Als Nachteile bei der Anwendung der Methode der Teilsicherheitsbeiwerte wären zu nennen:

- die Anwendung ist umständlicher und komplexer,
- es sind noch nicht alle nationalen Normen und Regelwerke auf die Methode der Teilsicherheitsbeiwerte umgestellt. Dies führt beispielsweise bei Tragwerken aus unterschiedlichen Baustoffen immmer noch zu Problemen. Bei Anwendung der Eurocodes besteht dieses Problem allerdings nicht.

Weder die Methode der Teilsicherheitsbeiwerte noch die Methode der zulässigen Spannungen bezieht die Wichtigkeit eines Bauteiles in die Betrachtungen mit ein. Betrachtungen über die Auswirkungen des Ausfalls einzelner Tragelemente sollten jedoch geradezu selbstverständlich sein. Jeder gute Ingenieur muß sich beim Entwurf eines Tragwerks auch darüber im klaren sein, wann und wie die Konstruktion versagen würde. Hieraus folgt unmittelbar die Erkenntnis, daß einzelne Bauteile innerhalb eines Tragwerkes von unterschiedlicher Wichtigkeit für die Standsicherheit sind. Entsprechend kann auch ihre Ausfallsicherheit unterschiedlich hoch sein bzw. gewählt werden. Am einfachen Beispiel der Hängebrücke wird sofort ersichtlich, daß aus einem Versagen der Tragseile das Gesamtversagen erfolgt, wohingegen aus dem Versagen eines Hängerseiles häufig nur eine eingeschränkte Gebauchstauglichkeit folgt. Der entwerfende Ingenieur findet im Flugzeugbau eine seine Überlegungen berücksichtigende Sicherheitsphilosophie, in der beispielsweise zwischen »safe-life«, also unbedingter Ausfallsicherheit eines Bauteils, und »fail-safe«, also der Akzeptanz eines lokalen Versagens bei Gewährleistung der Gesamtstandsicherheit, unterschieden wird. Erfreulicherweise sieht Eurocode 1 durch die Einführung von Bauelementeklassen 1 bis 3 einen ersten Schritt zu einer ähnlichen Betrachtungsweise vor.

Im Eurocode 1 werden die Konstruktionen bzw. Konstruktionselemente in drei Klassen eingeteilt, für die je nach Schutzziel unterschiedliche Sicherheitsbestimmungen gelten:

Klasse 1: Haupttragwerke (Primärtragwerk) einschließlich der Gründungen, deren Beschädigung den Einsturz des Gesamtbauwerkes nach sich zieht.

Klasse 2: Sekundäre Tragelemente. Diese tragen Kräfte lokal ab und geben diese Kräfte an die Primärkonstruktion weiter. Bei einem Versagen der sekundären Tragelemente tritt keine Beeinträchtigung oder Beschädigung der Primärkonstruktion ein.

Klasse 3: Tertiäre Tragelemente, beispielweise für Dach, Ausbau und Fassaden, die Kräfte an die Primär- oder die Sekundärkonstruktion abgeben und deren Beschädigung oder Versagen ohne größere Schadensfolgen bleibt.

Standsicherheitsnachweise

Bei den Standsicherheitsnachweisen handelt es sich um die Nachweise, daß der Grenzzustand der Tragfähigkeit eines Bauteiles oder eines Bauwerkes mit einem hinreichend großen Sicherheitsabstand nicht erreicht wird. Um einen leichteren Überblick über die vielfältigen Nachweise zu erhalten, teilt man diese üblicherweise auf in die beiden großen Nachweisgruppen zum

- Grenzzustand der Tragfähigkeit unter vorwiegend ruhender (statischer Belastung),
- Grenzzustand der Tragfähigkeit unter nicht vorwiegend ruhender (dynamischer) Belastung.

5.60

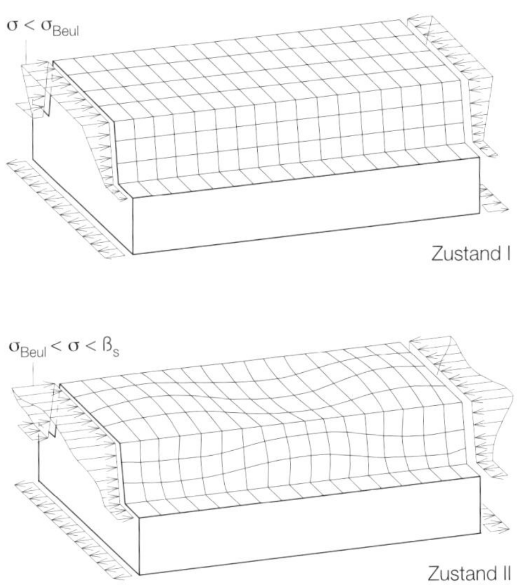

5.61

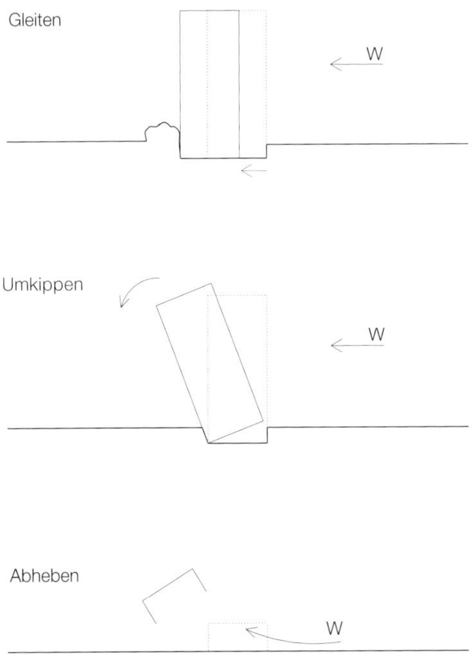

5.62 Bodenverschiebungen: Art der Wahrnehmung in Abhängigkeit von der Frequenz [14]
5.63 Bodenbeschleunigungen: Art der Wahrnehmung in Abhängigkeit von der Frequenz [14]
5.64 Anhaltswerte für Schwingungseinwirkungen auf den Menschen [14]

5.62

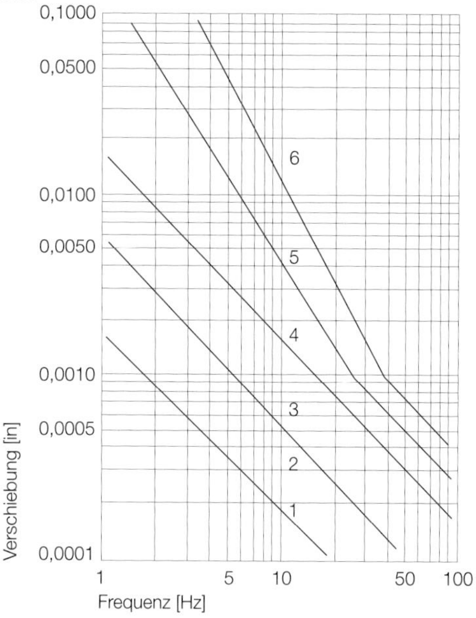

1 nicht spürbar
2 leicht spürbar
3 gut spürbar
4 stark spürbar
4 stark spürbar
5 störend
6 sehr störend

5.63

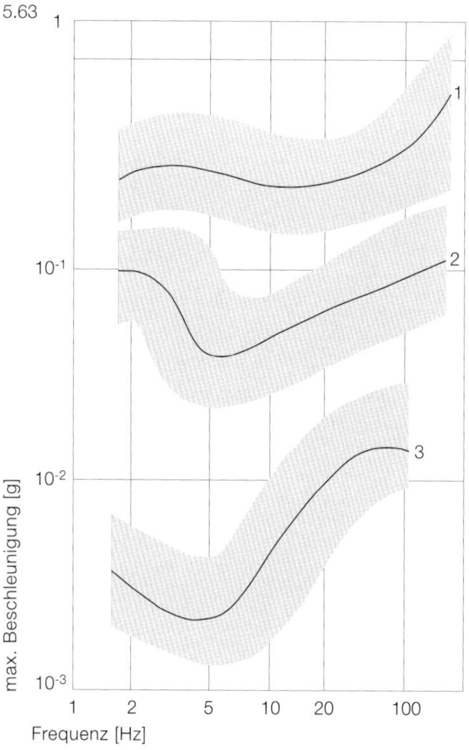

1 unzumutbar
2 unangenehm
3 Wahrnehmungsschwelle

5.64

Kenngröße der Einwirkung von Schwingungen auf den Menschen	Grenzwerte der Beschleunigung der Schwingungen max w in mm/s² für Frequenzen von 1 bis 10/s	Grenzwert der Geschwindigkeit der Schwingungen max v in mm/s Frequenzen von 10 bis 100/s
Nicht fühlbar	10	0,16
Schwach fühlbar	40	0,64
Gut fühlbar	125	2,0
Stark fühlbar (störend)	400	6,4
Schädlich bei langzeitiger Einwirkung	1000	16,0
Unbedingt schädlich	>1000	>16,0

Die beiden großen Nachweisgruppen lassen sich weiter unterteilen.

Grenzzustand der Tragfähigkeit unter vorwiegend ruhender (statischer Belastung)
Vorwiegend ruhende Belastungen rufen weitestgehend statische Beanspruchungen hervor. Zwar sind in dieser Gruppe geringe dynamische Einwirkungen eingeschlossen, diese rufen hier jedoch nur untergeordnete, in keinem Fall für die Standsicherheit relevante dynamische Beanspruchungen hervor.

Man unterscheidet in dieser Nachweisgruppe:

Grenzzustände der Festigkeit
Hierin eingeschlossen sind die elastisch-plastischen Festigkeitsnachweise der Bauteile und ihrer Verbindungsmittel

Grenzzustände der Stabilität
Hierzu gehören alle elastisch-plastischen Nachweise zu den Grenzzuständen der
- Globalen Bauteilstabilität (Stabknicken, Drillen, Kippen)
- Lokalen Bauteilstabilität (Querschnittsbeulen, Knittern).

Grenzzustände der Starrkörperstabilität
Dies sind die Nachweise an Bauteilen und am Gesamtbauwerk hinsichtlich
- Umkippen
- Gleiten
- Abheben.

Grenzzustand der Tragfähigkeit unter nicht vorwiegend ruhender (dynamischer) Belastung
Dynamische Beanspruchungen, wie sie durch Maschinen, Verkehr oder Windeinwirkung entstehen können, sind der dynamischen Beanspruchbarkeit, d.h. der Dauerschwingfestigkeit des Baustoffes bzw. des Bauteils gegenüberzustellen. Die Dauerschwingfestigkeit hängt von der Lastspielzahl und der Schwingbreite entscheidend ab. Sie ist niedriger als die ausnutzbare Festigkeit des Baustoffes unter statischer Beanspruchung.

Die Nachweismethoden der Grenzzustände der Tragfähigkeit unter nicht vorwiegend ruhender (dynamischer) Belastung sind vergleichsweise komplex und erfordern eine umfassende Darlegung von vorauszusetzendem Wissen, das den Umfang dieses Buches sprengen würde. Es wird an dieser Stelle deshalb auf die vorhandene Fachliteratur verwiesen.

Gebrauchstauglichkeitsnachweise
Gebrauchstauglichkeitsnachweise wurden früher als Gebrauchsfähigkeitsnachweise bezeichnet.

Die Nachweise der Gebrauchstauglichkeit einer Konstruktion zeigen auf, daß die sogenannten Grenzzustände der Gebrauchstauglichkeit nicht erreicht bzw. überschritten werden. In den meisten Fällen handelt es sich dabei unter Verformungs- und Schwingungsberechnungen der Konstruktion unter den tatsächlich erwarteten bzw. auftretenden, ohne Teilsicherheitsbeiwerte angesetzten Einwirkungen. Zu den Einwirkungen gehören die äußeren Lasten, Temperatureinflüsse, Kriechen und Schwinden oder auch Fundamentverformungen.

Grenzzustände der Gebrauchstauglichkeit sind z.B. erreicht, wenn
- zu große Verformungen bzw. nicht tolerierbare Verformungen auftreten. Im allgemeinen Hochbau gibt es hinsichtlich der zulässigen Verformungen einer Konstruktion keine durchgehenden und allgemeinverbindlichen Festlegungen. Vielmehr sollten eher praxisorientierte Überlegungen zugrunde gelegt werden. So führen allzu große Verformungen zu unschönen Bauteilkonturen, insbesondere

bei horizontal angeordneten Bauteilen. Häufig geht damit eine Verunsicherung der Benutzer hervor. Darüber hinaus beeinflussen Verformungen der tragenden Konstruktion aber auch die Ausbaugewerke und die Fassadenkonstruktion. Schäden bei nichttragenden Trennwänden, Risse in den Bodenbelägen oder erhebliche Dichtigkeitsprobleme bei Fassadenkonstruktionen sind die Folge. Es ist deshalb zwingend notwendig, noch während der Planung mit allen Planungsbeteiligten eine Vereinbarung über die Größe der am Bauwerk erlaubten bzw. zulässigen Verformungen zu treffen. Natürlich führen leichte Konstruktionen zur Materialersparnis, dabei aber im allgemeinen auch zu größeren Verformungen. In vielen Fällen wird die erzielbare Minimierung des Konstruktionsgewichtes durch Verformungsgrenzwerte begrenzt, die durch die Ausbau- und Fassadengewerke vorgegeben werden. Bei Kranbahnen, Verkehrswegen oder vergleichbaren Anlagen existieren vergleichsweise präzise Vorschriften über die zulässigen Verformungen der Konstruktion.

- zu große bzw. nicht tolerierbare Schwingungen auftreten. Insbesondere bei leichten, bei weitgespannten und bei dynamisch beanspruchten Bauteilen oder Tragwerken kann es zu nicht mehr tolerierbaren Schwingungen der Konstruktion kommen. Aufgrund der geringen inneren Dämpfung des Werkstoffes Stahl (im Vergleich zu Holz oder Beton) sind Planer von Stahlbauwerken immer wieder mit dem Problem nicht mehr tolerierbarer Schwingungen konfrontiert. Die Toleranzgrenzen sind dabei sehr stark subjektiv. Bei stählernen Fußgängerbrücken kann man es beispielsweise immer wieder erleben, daß einzelne Fußgänger eine deutliche Verunsicherung beim Auftreten geringer Schwingungen zeigen, während andere Personen vollkommen unbeeindruckt über die Brücke gehen. Ähnliches gilt für das Arbeiten in Bürogebäuden, die aufgrund ihrer Höhe und ihrer Konstruktionsform unter starker Windbelastung zu Schwingungen erregt werden können. Eine Vielzahl von Rütteltischversuchen, bei denen sich arbeitende Personen mit ihrem Stuhl und Schreibtisch auf Rütteltischen, die mit unterschiedlichen Frequenzen und Amplituden bewegt wurden, befanden, zeigte deutliche subjektive Abhängigkeiten des Komfortempfindens, jedoch auch deutliche Grenzwerte einer von vielen nicht mehr akzeptierten Schwingung. Es ist zwingend notwendig, noch während der Planung mit allen Planungsbeteiligten eine Vereinbarung über die Größe der am Bauwerk erlaubten bzw. zulässigen Schwingungen zu treffen. Die einschlägigen Normen bzw. wissenschaftlichen Erkenntnisse sind dabei natürlich zu beachten. Schwingungen, deren (Erreger-) Frequenz im Bereich der Eigenfrequenzen der Konstruktion liegen, sind zwingend zu vermeiden, da diese zum Einsturz führen können. Gebäude- oder Bauteilschwingungen können durch aktive oder passive Schwingungsdämpfer beeinflußt und reduziert werden. Bei den aktiven Dämpfersystemen werden die Gebäudeschwingungen kontinuierlich gemessen. Eine aktiv bewegte Masse, z. B. ein hydraulisch bewegter Ballastkörper, wird, an den Bauteilschwingungen ausgerichtet, so bewegt, daß sie eine den Gebäudeschwingungen entgegengesetzte Schwingung hervorruft, die die ursprünglichen Gebäudeschwingungen reduziert. Passive Schwingungsdämpfersysteme arbeiten zumeist nach dem Prinzip der Energieabsorption oder nach dem Prinzip des schwingungstechnischen »Verstimmens« eines Bauteils. Sehr erfolgreich werden dabei Schwingungstilger, die aus einer Masse und Feder- und/oder Dämpferelementen bestehen, eingesetzt.

Bemessung

Der Begriff der Bemessung bezeichnet den Vorgang der Dimensionierung der Bauteile, der Verbindungsmittel und der Gesamtkonstruktion. In anderen Disziplinen, wie z. B. der Automobiltechnik oder dem Flugzeugbau, spricht man anstelle von Bemessung auch von Auslegung oder Dimensionierung.

Die Bemessung beinhaltet die Nachweise der Standsicherheit und der Gebrauchstauglichkeit einer zuvor entworfenen und danach hinsichtlich ihres Verhaltens unter den einzelnen Lastfällen analysierten Konstruktion. Die Bemessung ist schriftlich zu dokumentieren. Sie ist Bestandteil der Planungsunterlagen. Die Bemessung wird, wie auch die Lastannahmen, die statische Berechnung und die Tragwerksausführungszeichnungen, von der Bauaufsichtsbehörde, üblicherweise vertreten durch einen Prüfingenieur, geprüft und freigegeben.

Ebene Stabsysteme

Ebene Stabsysteme setzen sich aus den in Kapitel »Elementare Bauteile: Linienförmige Bauteile« eingeführten Elementen

- zugbeanspruchte linienförmige Bauteile
- druckbeanspruchte linienförmige Bauteile
- biegebeanspruchte linienförmige Bauteile
- torsionsbeanspruchte linienförmige Bauteile

zusammen.
Durch unterschiedliche Kombination dieser Bauteile ist der Entwurf einer nahezu unendlichen Vielzahl von Tragwerken möglich. Diese lassen sich letztlich nur schwer in einzelne Kategorien zuordnen. Andererseits ist es möglich, aus dem grundlegenden Verständnis des Tragverhaltens der Bauteile und des Bauweisenbegriffs und ohne Kenntnis irgendeiner Einteilung der Tragwerke selbst sinnvolle tragende Konstruktionen aus Stahl zu entwickeln. Es werden deshalb nachfolgend Prinzipien für den Entwurf tragender Konstruktionen sowie Anregungen hierzu vermittelt. In Einzelfällen werden ausgewählte »klassische« Lösungen diskutiert. Ganz bewußt wird auf die bisher in der Literatur über Stahltragwerke übliche Einteilung der Konstruktionen verzichtet, da diese sich aus der Sicht des Autors einerseits als prinzipiell unvollständig und andererseits als für die Entwicklung neuer Lösungen hemmend erwiesen hat.

Ebene zugbeanspruchte Konstruktionen

Hierzu gehört als erstes das zwischen zwei Punkten hängende Seil bzw., vom Tragverhalten und der Geometrie äquivalent, die hängende Kette. Beide weisen die bereits in Kapitel »Elementare Bauteile: Linienförmige Bauteile« diskutierte Effektivität in der Lastabtragung auf, die auf das Fehlen einer Stabilitätsgefährdung sowie dem über den Querschnitt konstanten Verlauf der Spannungen gekennzeichnet ist.

Ein hängendes Seil reagiert auf eine nicht-affine Veränderung der Belastung mit vergleichsweise großen Verformungen, die man als »Umhängen« bezeichnet. Zu jedem Lastbild gibt es deshalb eine entsprechende Seilgeometrie. Unter seiner Eigengewichtsbelastung nimmt das Seil die Form einer Kettenlinie ein. Die Seilkraft ist dabei entlang der (gekrümmten) Seilachse nicht konstant. Unter einer Gleichstreckenlast nimmt das Seil die Form einer quadratischen Parabel ein, wiederum ist die Seilkraft entlang der Seilachse nicht konstant. Nur im Sonderfall einer vom Betrag her

5.64 Ebenes zugbeanspruchtes Stabsystem
5.65 Das hängende Seil
- a Verformungen des hängenden Seiles unter Gleichstreckenlast infolge einer affinen Zusatzlast
- b »Umhängen« eines Seiles infolge Änderung der Laststellung
- c Verspannen eines Seiles gegen den Baugrund
- d Verspannen eines Seiles gegen ein zweites (Spann-) Seil mit vertikalen Hängern
- e Verspannen eines Seiles gegen ein zweites (Spann-) Seil mit diagonalen Hängern

5.66 Schwergewichtshängedach, Detail
5.67 Gegeneinander verspannte Seile: Die Verformungen bei nicht affiner Laständerung können durch Einbau einer Auskreuzung in Feldmitte oder durch Zusammenführen von Tragseil und Spannseil reduziert werden. Am effektivsten ist eine diagonale Anordnung der Hänger

5.64

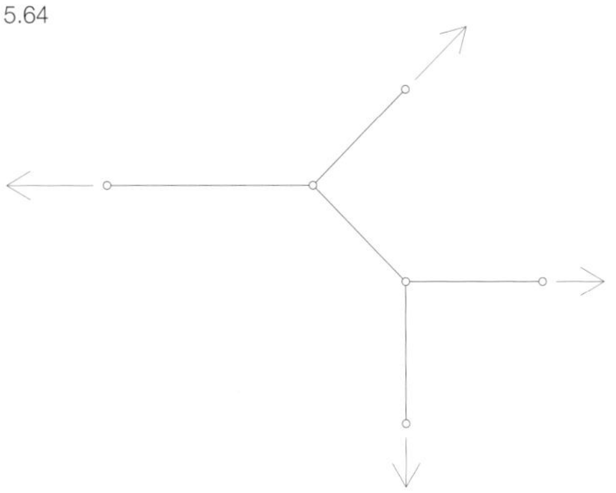

5.65

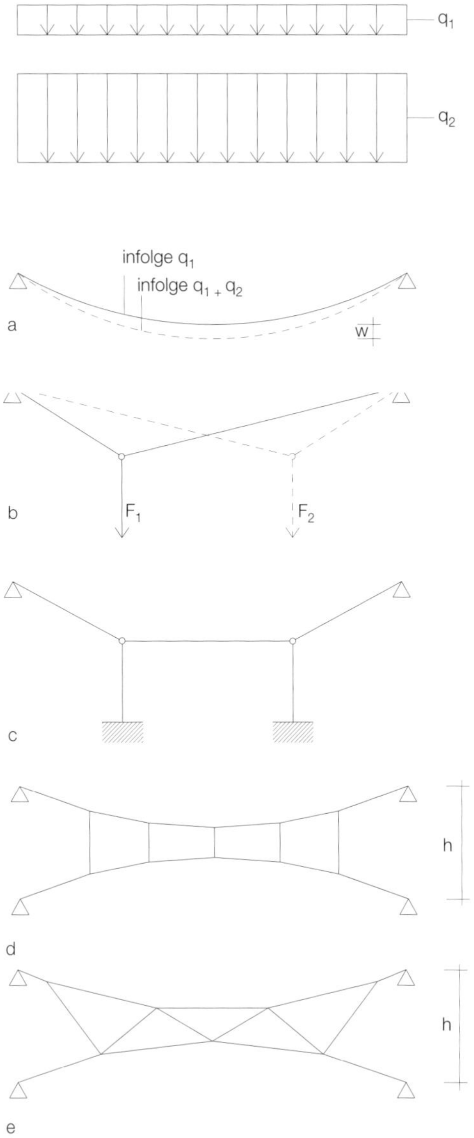

5.66

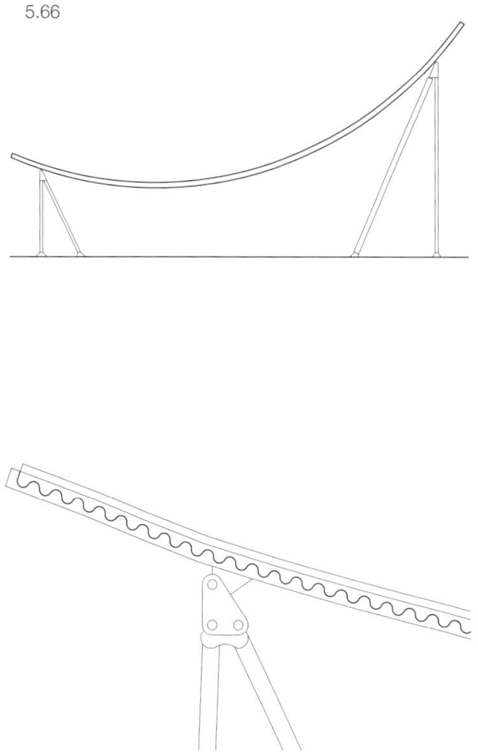

5.67

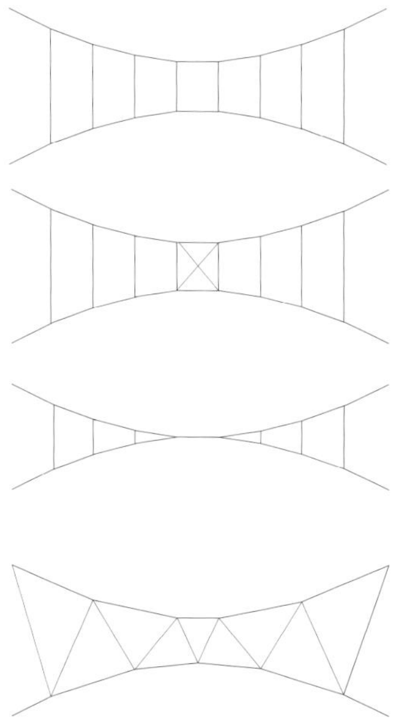

konstanten, von der Richtung aber veränderlichen und stets senkrecht zur Seilachse orientierten Linienlast weist ein Seil eine konstante Kraft entlang seiner Achse auf. Die Seilgeometrie ist in diesem Fall ein Kreisbogen.

Eine affine Veränderung der Seilbelastung führt nur zu vergleichsweise kleinen Verformungen, die ausschließlich auf den elastischen Längenänderungen des Seiles basieren.

Das mit den üblicherweise nicht-affinen Belastungsänderungen einhergehende Umhängen eines Seiles ist in den wenigsten baupraktischen Fällen akzeptabel. Man wird deshalb entweder die relative Größe der nicht-affinen Belastungsänderungen durch eine hohe a-priori-Ballastierung reduzieren oder das hängende Seil gegen den Baugrund oder gegen andere Bauteile verspannen.

Bei Dachtragwerken aus hängenden Seilen bedeutet eine hohe a-priori-Ballastierung die Schaffung eines Schwergewichtshängedaches. Es gibt sehr gute Beispiele für Schwergewichtshängedächer, jedoch ist in jedem Einzelfall zu fragen, ob mit einer solchen Lösung die ursprüngliche architektonische Absicht nicht verwässert wird, da man die Leichtigkeit des Bauens mit Seilen durch die Ballastierung wieder aufhebt.

Das Verspannen gegen den Baugrund bietet sich insbesondere bei kleineren Spannweiten zwischen den Abspannpunkten an. Damit derartige Systeme bei unterschiedlichen Lastfällen stets funktionieren, werden sie vorgespannt. Die Höhe der Vorspannung ist system- und lastabhängig. Sie wird üblicherweise jedoch so gewählt, daß bei den unterschiedlichen Lastfällen keine Tragwerksteile durch Schlaffwerden »ausfallen«. Zu beachten ist, daß sich die Vorspannung durch Temperaturänderungen verändert und deshalb, bei Möglichkeit einer Erwärmung, entsprechend hoch zu wählen ist.

Das Verspannen gegen andere Bauteile ist die am meisten genutzte Möglichkeit, die Verformungen hängender Seile infolge nicht-affiner Laständerungen zu reduzieren. Besonders wirksam ist das Verspannen gegen steife, quasi nicht-verschiebliche Teile eines Tragwerkes. Dabei ist zu beachten, daß diese Trag-

5.68 Ebene Seilnetzkonstruktion zur Aufnahme einer Glasfassade [386]
5.69 Jawerth-Binder in der Ausführung mit zwei Obergurten. Fußgängerbrücke in Stuttgart [259]
5.70 Unabhängig von der Art der Stabführung haben alle hier dargestellten Systeme den gleichen Masseaufwand (Satz von Maxwell) [486]
5.71 Federvorspannung mit Zwillingsfedern [386]
5.72 Federsystem zur permanenten Vorspannung von Seilen

5.68

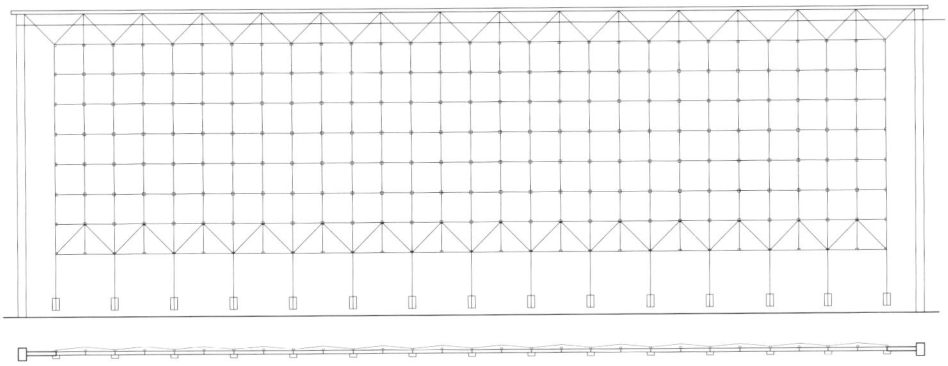

5.69

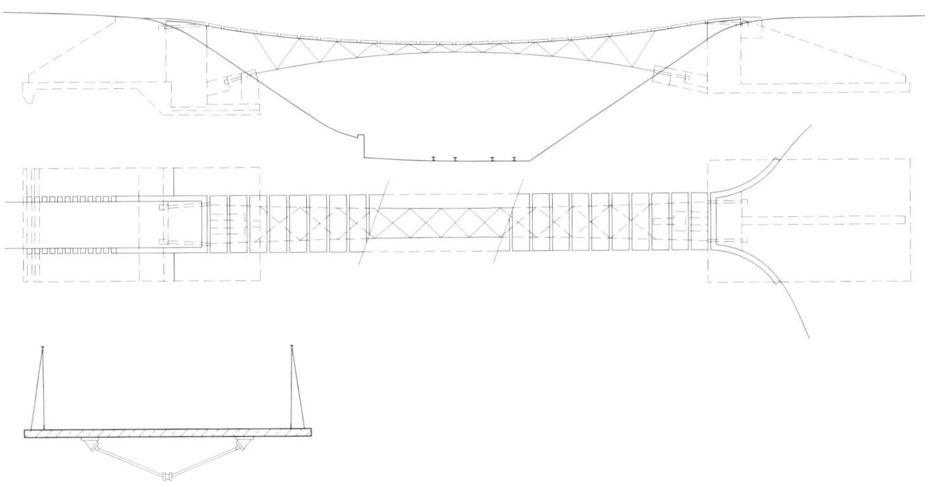

5.70

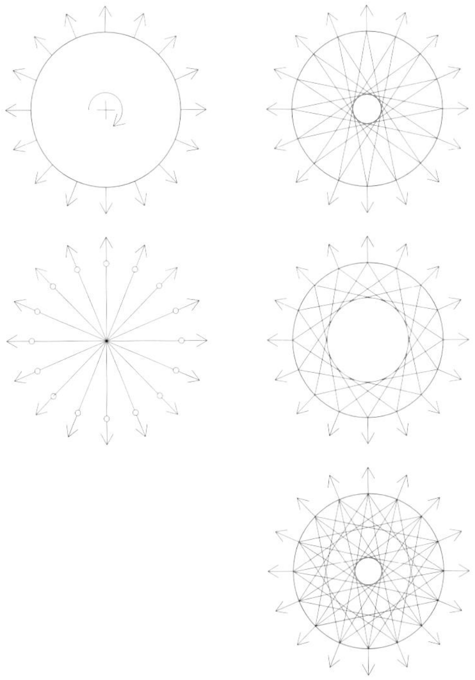

5.71

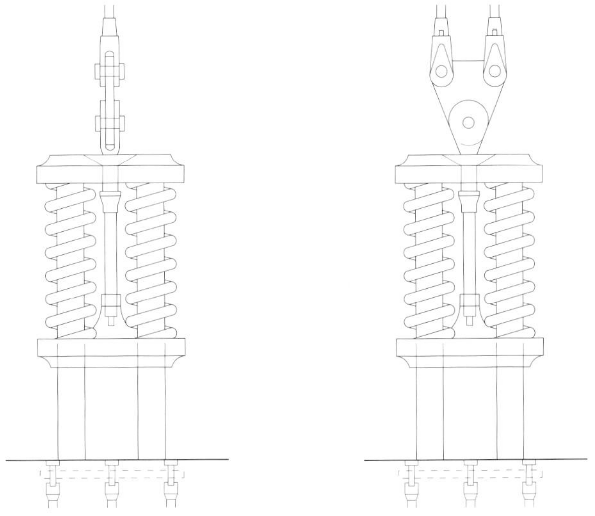

5.72

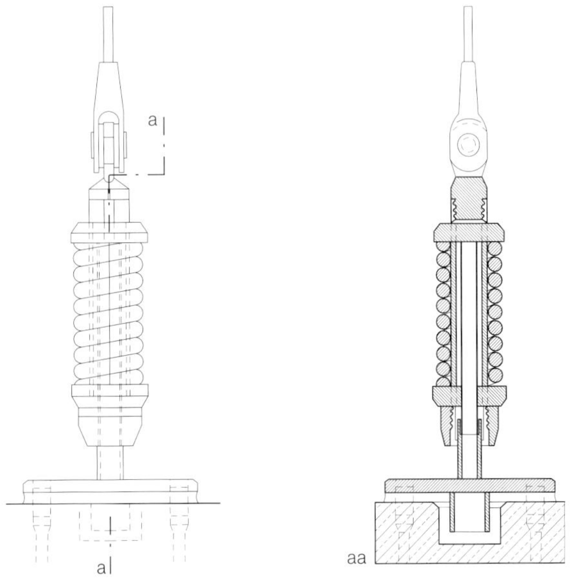

5.73 Knickfigur einer mehrgeschossigen Druckstütze
5.74 Der Querschnittsverlauf dieses Druckstabes ist der Knickfigur angepaßt

5.73

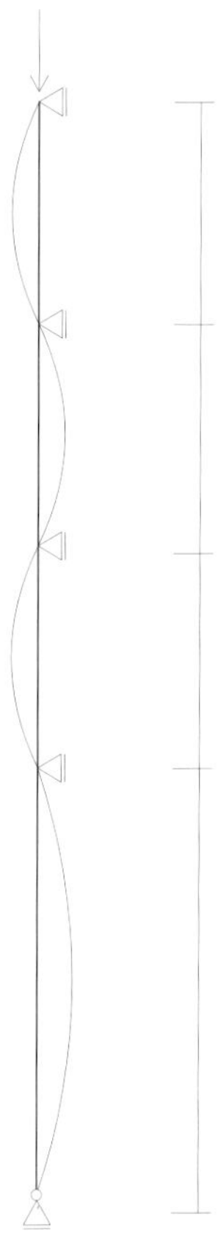

5.74

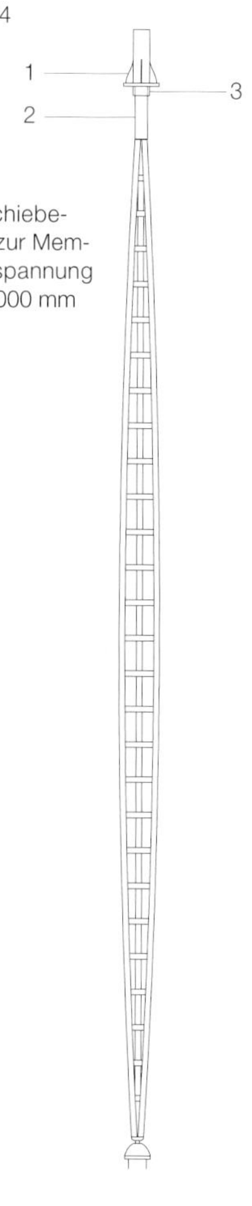

Verschiebeweg zur Membranspannung bis 1000 mm

1 Verschieblicher Kopf
2 Rohr mit Führungsnut
3 Unterstützung des Pylonkopfes durch Halbschalen nach dem Spannen

werksteile durch die Vorspannung erhebliche Zusatzbelastungen erfahren können.

Werden zwei Seile mit Hilfe kurzer Hängerseile miteinander verspannt, so spricht man von einem Seilbinder. Das Tragverhalten solcher Seilbinder ist ausgeprägt von der Anordnung der Hängerseile abhängig. Parallele Hänger zeigen die geringste versteifende Wirkung. Werden die beiden Seile an einem Punkt zusammengeführt und miteinander kraftschlüssig verbunden, so tritt eine deutliche Reduktion der Verformungen unter wechselnden Laststellungen ein. Die durchgreifendste Wirkung zeigt eine Diagonalanordnung der Hänger. Derartige Seilbinder werden auch als Jawerth-Träger bezeichnet.

Beliebige, in einer Ebene verteilte Einzellasten, die zusammen eine Gleichgewichtsgruppe bilden, können genau dann mit ausschließlich zugbeanspruchten Bauteilen miteinander kurzgeschlossen werden, wenn sich die Wirkungslinien dieser Kräfte in einem Punkt schneiden und wenn die Wirkungsrichtungen der Kräfte stets von diesem Punkt nach außen weisen. Nach einem Satz von Maxwell ist der Materialaufwand für ein derartiges Tragwerk genau dann unabhängig von der Art der Anordnung der Bauteile, wenn die Verbindungslinie durch die Kraftangriffspunkte der Lasten stets konvex ist. Alle erdenklichen Tragwerke sind in diesem Fall Minimalkonstruktionen, d.h. Konstruktionen minimalen Gewichts.

Ebene druckbeanspruchte Konstruktionen

Der einfache Druckstab

Das Tragverhalten des druckbeanspruchten Stabes wurde bereits im Kapitel »Elementare Bauteile: Linienförmige Bauteile« ausführlich erläutert. Insbesondere wurde dort auf die Stabilitätsproblematik und die dadurch bedingte Massenmehrung (im Vergleich zum Zugstab) hingewiesen.

Über mehrere Felder durchlaufende und jeweils seitlich gestützte Druckstäbe weisen prinzipiell die gleiche Problematik wie der Einzelstab auf. Soll eine derartige Stütze mit konstantem Querschnitt ausgeführt werden, so ist das Feld mit der größten Knicklänge für die Dimensionierung maßgebend.

Die durch das Problem der Knickstabilität einer Stütze gegenüber einem Zugstab prinzipiell erforderliche Massenmehrung kann man durch unterschiedliche Maßnahmen klein halten. Hierzu gehören:

- Anpassen der Stabquerschnitte
- Auflösen der Querschnitte
- Einführung einer Verspannung

Anpassen der Querschnitte

Die Anpassung des Querschnittes erfolgt am besten über eine Ermittlung der Knickbiegelinie. Dabei ist zu beachten, daß der Stab nach mehreren Richtungen ausknicken kann. Der Stab wird zuerst in der Ebene mit dem kleinsten Trägheitsradius ausknicken. Frei im Raum stehende Druckstäbe sollten deshalb einen punktsymmetrischen Querschnitt, also einen Kreisquerschnitt haben. Die der Knickbiegelinie angepaßte Kontur des Stabes folgt der Momentenlinie des geometrisch imperfekten bzw. des ausgeknickten Stabes. Der innere Hebelarm des Druckstabes ist also variabel, der Quotient M/h bzw. M/W und damit die Größe der Maximalspannungen sind jedoch konstant. Wie stark man einen Stab entlang seiner Längsachse »ausbaucht«, hat lediglich einen Einfluß auf die Größe der Maximalspannungen.

Auflösen der Querschnitte

Durch ein Auflösen des Druckstabes in mehrere miteinander verbundene Einzelstäbe wird letztlich ebenfalls der innere Hebelarm vergrößert. Es ist darauf zu achten, daß die Einzelquerschnitte zwischen den Systempunkten ausknicken können.

Seilverspannte Druckstäbe

Die Verspannung eines Druckstabes ist eine besonders elegante Art der Anpassung an die Knickbiegelinie bzw. eine besonders elegante Art der Auflösung des Querschnittes. Bei verspannten Druckstäben ist üblicherweise die Filigranität der Konstruktion von besonderer Bedeutung, weswegen das zentrale druckbeanspruchte Bauteil vom Querschnitt her sehr kompakt gehalten und die Verspannung, die aus Seilen oder Zugstäben besteht, mit möglichst kleinen Querschnitten ausgeführt wird. Hierzu muß natürlich mit Hilfe der druckbeanspruchten Spreizen ein hinreichend großer innerer Hebelarm geschaffen werden. Werden die Spreizen zu lang gewählt, dann werden sie aufgrund ihrer Stabilitätsgefährdung unnötig

5.75 Seilverspannter Druckstab. Britischer Pavillon der Weltausstellung in Sevilla 1992 (siehe Beispielteil S. 278)

5.76 Seilverspannter Druck- bzw. Biegestab. Fassade Flughafen Köln-Bonn. Ansicht und Details

5.76

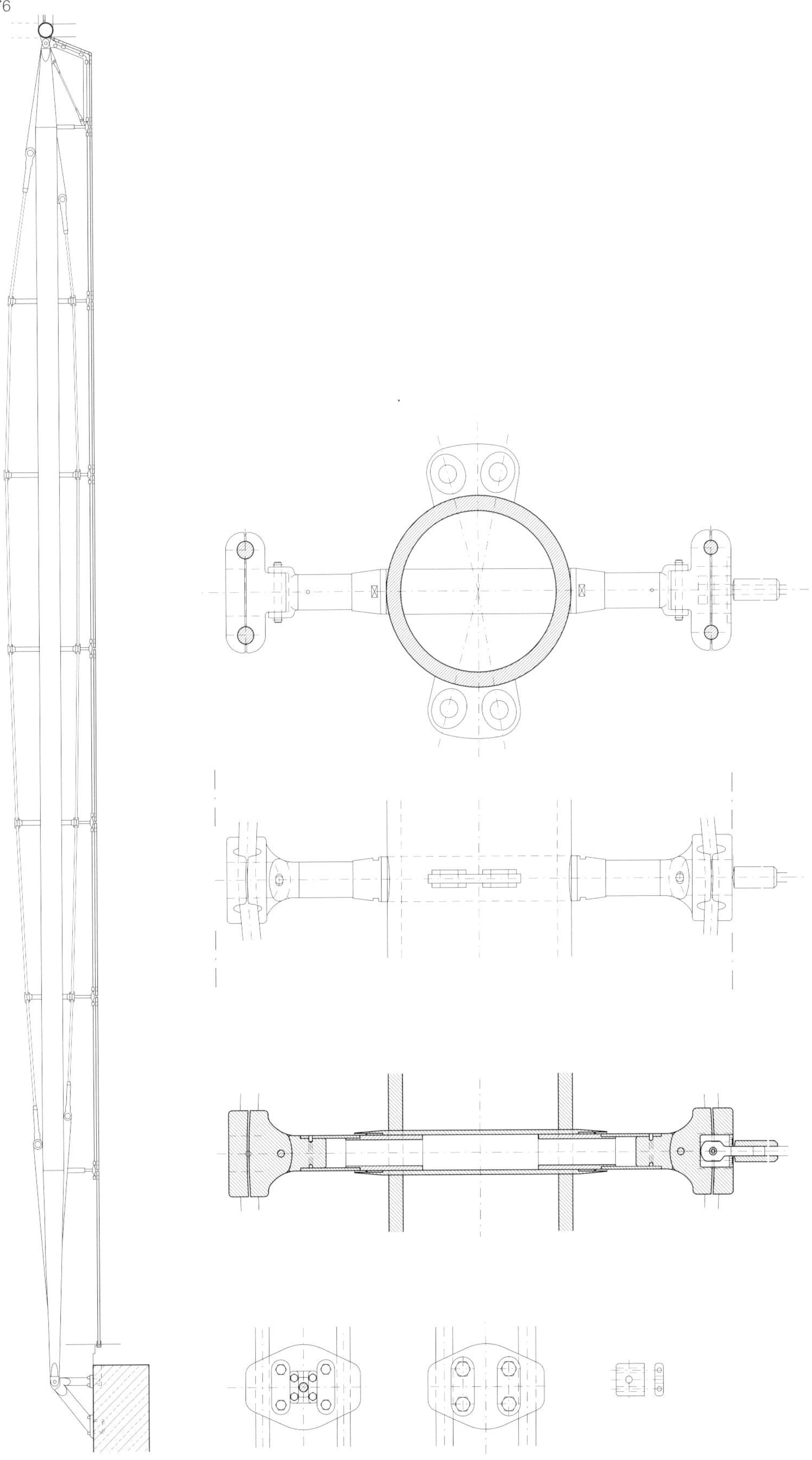

5.75

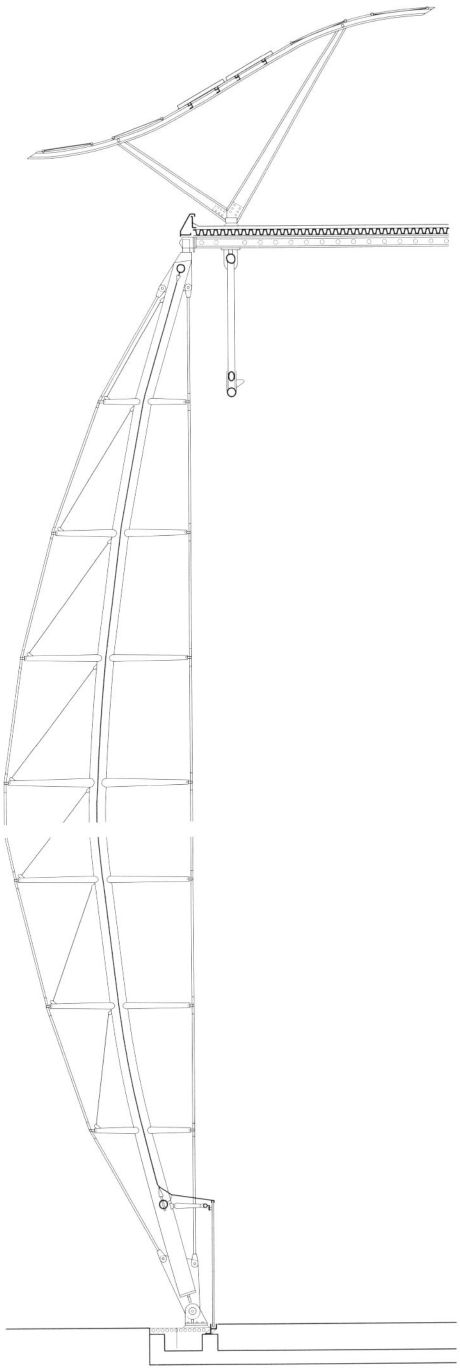

5.77

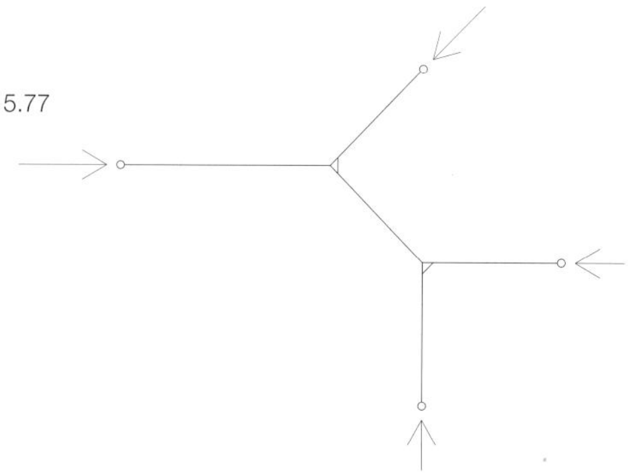

5.77 Verzweigtes druckbeanspruchtes Stabsystem
5.78 Verzweigte Stützen mit unterschiedlichen Arten der Verzweigungen. Die äußeren (oberen) Stabenden müssen horizontal gehalten oder durch ein Zugband zusammengehalten werden

5.78

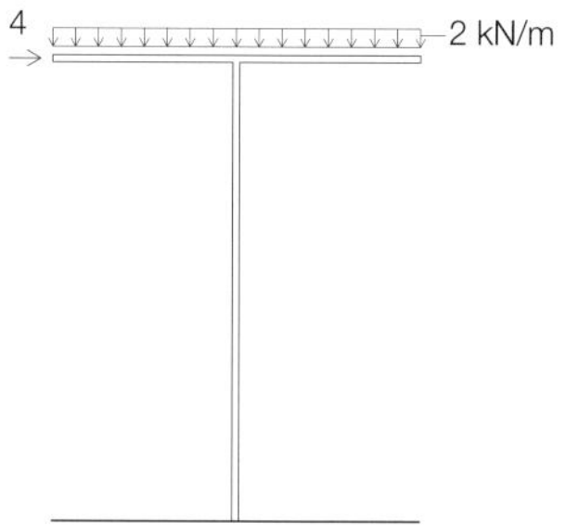

T-Stütze

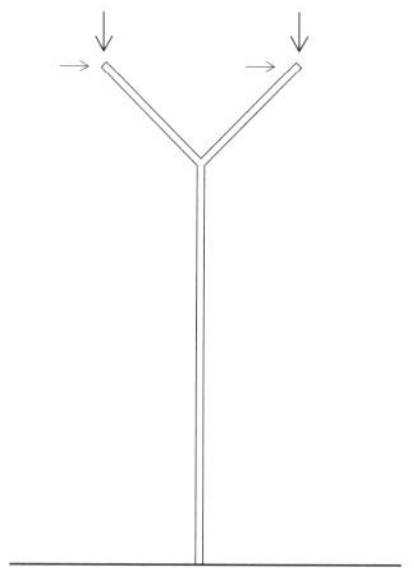

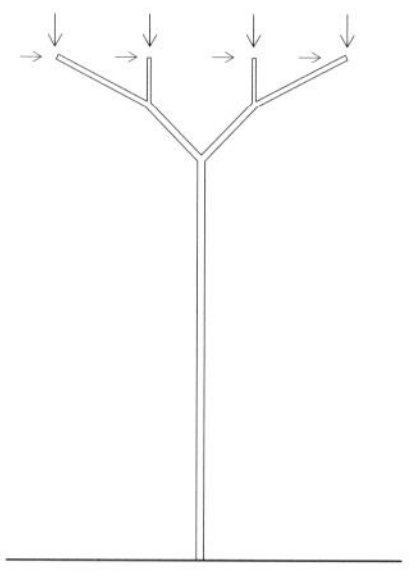

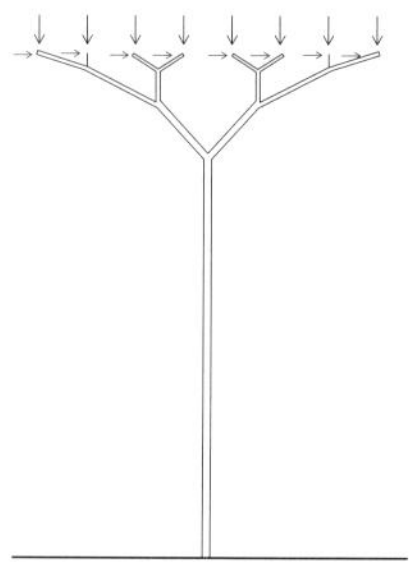

dick. Die damit verbundene Massenmehrung kompensiert häufig die durch die geringeren Querschnitte der Verspannung gewonnenen Gewichte.

Die Verspannung wird auf Zug vorgespannt. Da sie üblicherweise am Druckstab selbst verankert wird, wird dieser hierdurch auf Druck vorgespannt. Diese Druckvorspannung überlagert sich der vom Stab zu übertragenden Druckkraft.

Das präzise Einbringen der Vorspannung in die Verspannung ist nicht immer einfach und erfordert einige sorgfältige Überlegungen zur Montage. Werden Zugstäbe mit Links-Rechtsgewinde verwendet, so kann man auf die üblicherweise unförmigen Stellschlösser (zumeist als Spannschlösser bezeichnet, obwohl man mit ihnen nicht vorspannen darf!) verzichten. Die Beschläge können dann kompakt und filigran gestaltet werden. Werden Seile als Verspannung gewählt, so sollten entweder Pressfittinge mit aufgerolltem Gewinde und entsprechende Endbeschläge verwendet werden, oder man sollte die Vorspannung über Verlängern der Spreizen herbeiführen.

Zwischen den Spreizen unterliegt der Druckstab immer noch einem Stabilitätsproblem, jetzt jedoch mit wesentlich reduzierter Knicklänge.

Verzweigte Stabsysteme
Ähnlich wie bei den zugbeanspruchten Tragwerken können beliebige, in einer Ebene verteilte Einzellasten, die zusammen eine Gleichgewichtsgruppe bilden, genau dann mit ausschließlich druckbeanspruchten Bauteilen miteinander kurzgeschlossen werden, wenn sich die Wirkungslinien dieser Kräfte bzw. die Wirkungslinien der Resultierenden dieser Kräfte genau in einem Punkt schneiden und wenn die Wirkungsrichtungen der Kräfte stets zu diesem Punkt hin weisen. Im Gegensatz zu der ausschließlich zugbeanspruchten Variante ist jetzt, aufgrund der Stabilitätsproblematik jedes einzelnen Bauteiles der Struktur, der Materialaufwand für ein derartiges Tragwerk nicht mehr von der Art der Anordnung der Bauteile unabhängig.

Verzweigte Stützen
Ein interessanter Sonderfall der verzweigten druckbeanspruchten Stabsysteme sind die sogenannten »Baumstützen«, die man aber besser nicht so nennen sollte, da sie mit dem Tragverhalten eines Baumes überhaupt nichts zu tun haben. Der Begriff »Verzweigte Stütze« ist zutreffender. Grundgedanke dieses Tragwerkstyps ist es, eine Gruppe verteilter Einzellasten auf einen Punkt und von dort mit einem einzigen Stab zum Auflagerpunkt, dem Angriffspunkt der das Gesamtgleichgewicht herbeiführenden Reaktionskraft, zu führen. Alle Stäbe sollen dabei ausschließlich druckbeansprucht sein.

Wie im vorausgegangenen Absatz diskutiert ist dies nur möglich, wenn sich die Wirkungslinien aller Kräfte in einem Punkt schneiden. Genau dies ist aber bei der typischen Anwendung von verzweigten Stützen, z. B. zur Stützung von weitgespannten Dächern oder schweren Decken, nicht der Fall. Die Einführung zusätzlicher, zug- und/oder druckbeanspruchter Bauteile wird also notwendig. Das Beispiel der Stützung eines Dachtragwerkes mit verzweigten Stützen zeigt, daß in der Dachebene erhebliche, zur Herstellung des Gesamtgleichgewichtes erforderliche, Zug- und Druckkräfte aufzunehmen sind.

Die Bestimmung der Geometrie bzw. der Stabanordnung bei verzweigten Stützen erfolgt entweder mit Modellen, graphisch von Hand oder computergestützt. Bei ebenen Tragwerken führt die Ermittlung der Geometrie mit den Methoden der graphischen Statik zu einem besonders vertieften Verständnis der Zusammenhänge zwischen Stabanordnung und Stabkräfte bei diesen Tragwerken.

Es ist zu beachten, daß die Struktur nur für einen, nämlich den der Formermittlung zugrundegelegten Lastfall (Formbestimmender Lastfall), aus ausschließlich druckbeanspruchten Stäben besteht. Für alle anderen Lastfälle muß auf die Biegesteifigkeit der Stäbe und insbesondere auch der Knoten zurückgegriffen werden.

Bei der konstruktiven Durchbildung stählerner verzweigter Stützen werden die Stäbe sinnvollerweise aus Stahlrohren, die Knotenpunkte am besten aus Stahlguß hergestellt. Mit Stahlgußknoten kann am einfachsten auf die üblicherweise komplexe Geometrie dieser Knoten

5.79 Entwurfskizzen von Frei Otto für verzweigte Stützen [342]
5.80 Knotenpunktausbildung bei verzweigten Stabsystemen
5.81 Flughafen Stuttgart (siehe Beispielteil S. 326), verzweigte Stützen
5.82 a Hängemodell zur Formfindung einer verzweigten Stabstruktur.
b Das umgekehrte Modell mit ausschließlich druckbeanspruchten Stäben unter Beanspruchung mit dem formbestimmenden Lastfall
5.83 Knotenstücke aus Stahlguß für verzweigte Stützen

5.79

5.82

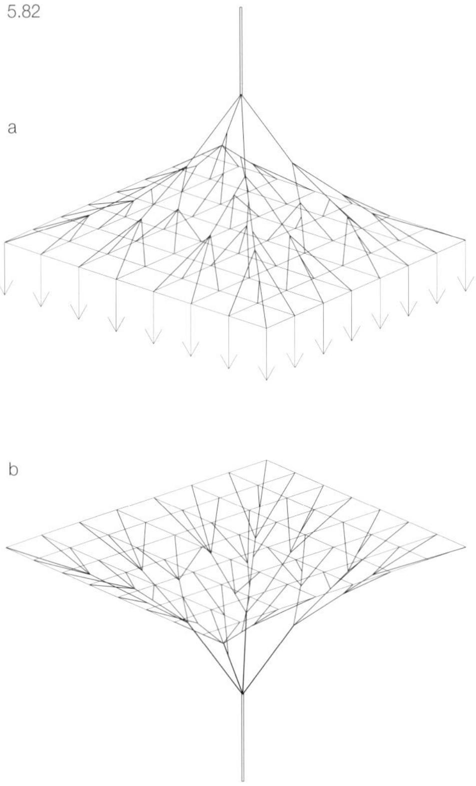

5.80

1 Obergurt Bogenträger
2 Auskreuzung Windverband
3 Guß-Knoten
4 Längsträger
5 Verbindungspfosten
6 Diagonale Bogenträger
7 Pfosten Bogenträger
8 Grat

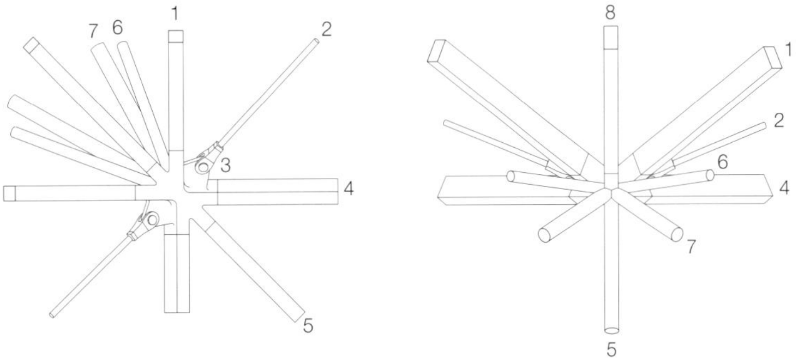

5.81

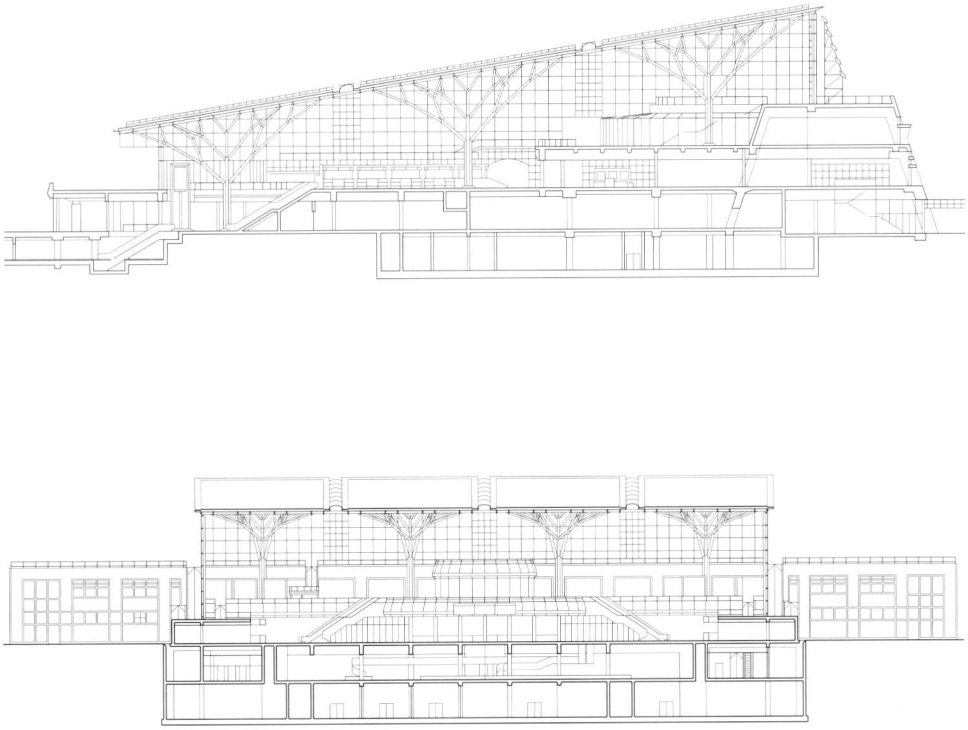

5.83

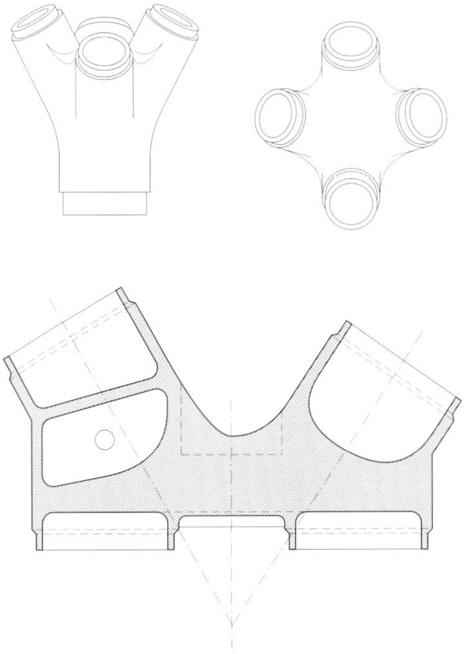

5.84 Stabzweischlag
5.85 Druckbeanspruchtes Stabpolygon
5.86 Im formbestimmenden Lastfall ausschließlich zugbeanspruchtes Hängemodell
5.87 Umkehrform zu 5.86, ausschließlich druckbeanspruchtes System
5.88 Bei einer Stabbogenbrücke sind die Druckelemente zwischen den Aufsatzpunkten der Pfosten zumeist gerade, obwohl infolge Eigengewicht auch eine leichte Krümmung berechtigt wäre
5.89 Stabbogenbrücke, Verschneidung von Pfosten und Bogenelementen: Lösung bei Verwendung von Doppel-T-Profilen
5.90 Lösung bei Verwendung von Rechteckhohlprofilen
5.91 Lösung bei Verwendung von Rundrohren mit gegossenem Knotenstück

5.84

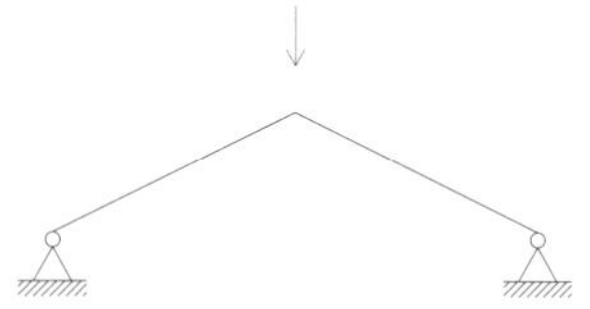

5.85

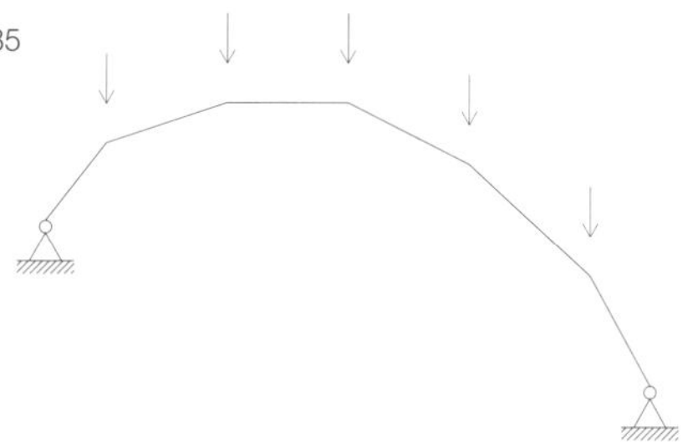

5.86

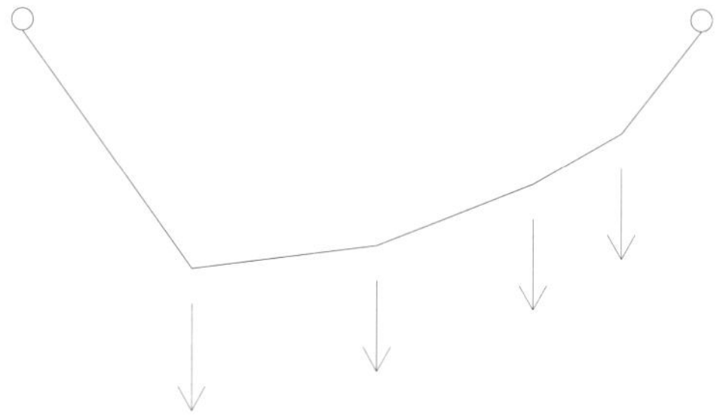

5.87

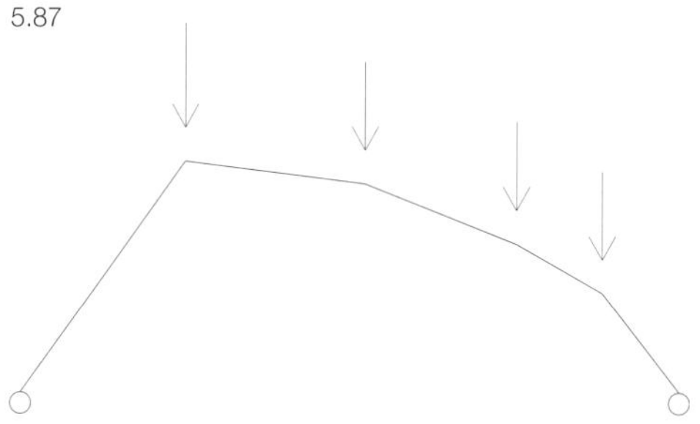

5.88

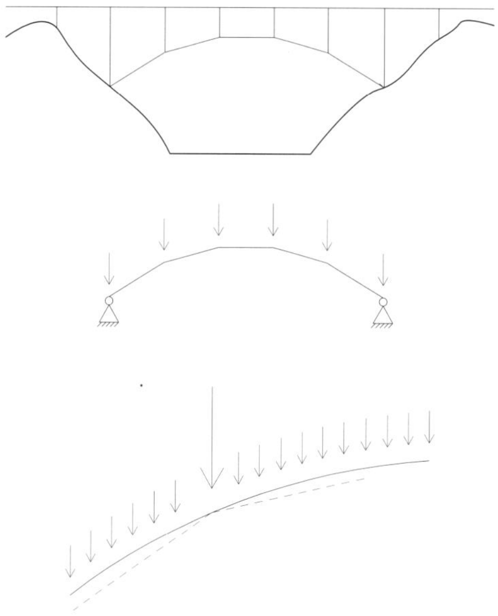

5.89

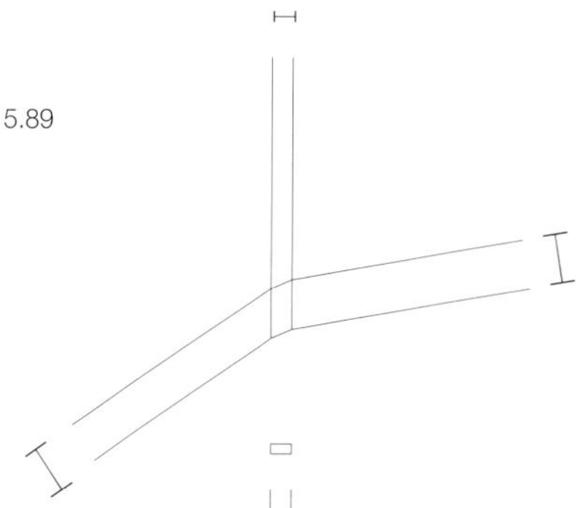

5.90

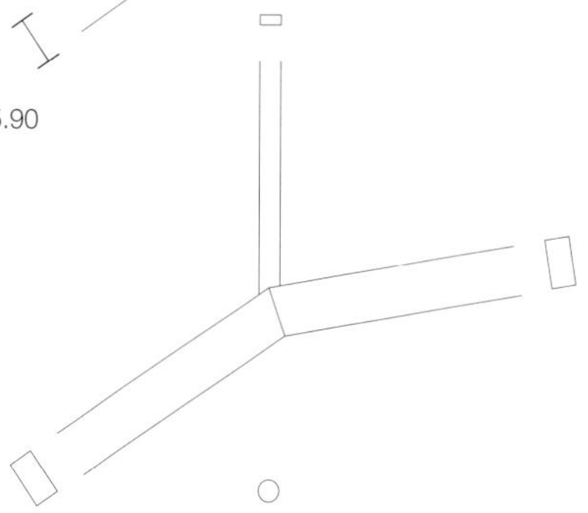

5.91

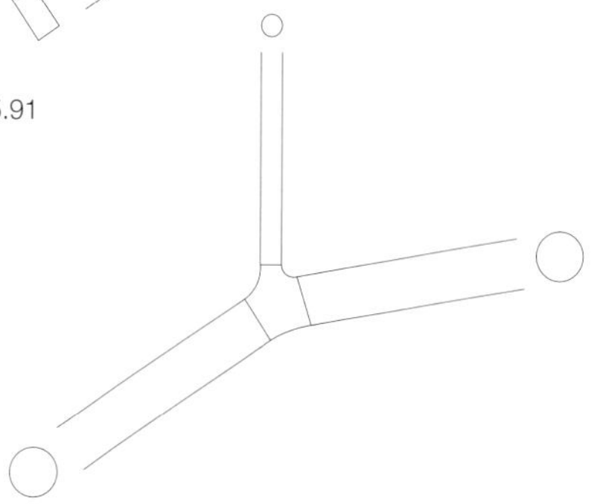

eingegangen werden. Der Kraftfluß ist bei gegossenen Knoten besonders gut gestaltbar. Die Stäbe werden mit den Knoten verschweißt. Konstruktionen mit Knotenblechen sind zwar kostengünstiger, erreichen üblicherweise aber nicht die Gestaltqualität von gegossenen Knoten. Miteinander ohne zusätzliche Knotenelemente verschweißte Rohre sind bei ebenen verzweigten Stützen bei sorgfältiger Abstimmung der Rohrdurchmesser denkbar, im allgemeinen räumlichen Fall aber nur schwer herstellbar und nur mit extremem Aufwand hinsichtlich ihrer Standsicherheit nachweisbar.

Stabbogentragwerke
Ein weiterer Sonderfall der verzweigten Stabsysteme sind die Stabbogentragwerke. Mit einem Stabbogen lassen sich mehrere Einzellasten über eine ausschließlich druckbeanspruchte, kettenartige Folge von Stäben zu zwei Auflagern hin abtragen. Auf diese Weise können Kräfte über große Distanzen abgeleitet werden. Die beiden Auflager müssen dabei stets unverschieblich sein. Die Form des Stabbogens ergibt sich aus

- den Auflagerpositionen
- Betrag und Wirkungsrichtung der abzutragenden Kräfte
- dem gewünschten Bogenstich.

Sie kann zeichnerisch, rechnerisch oder mit sogenannten Umkehrmodellen ermittelt werden. Bei den Umkehrmodellen wird zunächst die Geometrie einer zwischen zwei Auflagerpunkten gespannten und mit den gegebenen Lasten beaufschlagten Kette ermittelt. Die Form der ausschließlich zugbeanspruchten Kette und die Form des ausschließlich druckbeanspruchten Stabbogens sind identisch, lediglich die Höhenkoordinaten sind mit –1 zu multiplizieren. Aus der im Modell hängenden Kette wird also der »stehende« Bogen.

Wird der Stabbogen als eigengewichtslos gedacht bzw. ist sein Eigengewicht sehr klein gegenüber den gegebenen Lasten, so muß der Stabbogen die Form eines zwischen den Lastangriffspunkten jeweils geradlinig verlaufenden Polygons haben. Ist das Eigengewicht bei der Formgebung nicht mehr vernachlässigbar, so sind die Stäbe zwischen den Lastangriffspunkten gekrümmt. Nur in ganz wenigen Fällen ergibt sich dabei eine kontinuierlich

5.92 Bogen, Zweigelenkbogen und Dreigelenkbogen
5.93 Speichenrad, horizontal, mit offener Nabe
5.94 Seilverspannter Bogen. Die Seile werden an den beiden Kämpfern verankert [386]
5.95 Seilverspannter Bogen. Die Speichenseile werden indirekt über zwei Abspannungen gelagert [386]

gekrümmte Bogenform, beispielsweise ein Kreisbogen oder ein Parabelbogen.

Die Geometrie von Stabbögen muß man also immer unter Einbeziehung des entwurfsbestimmenden Lasten entwickeln. Wenn man aus formalen oder konstruktiven Gründen eine irgendwie kontinuierlich gekrümmte Form, einen Bogen im traditionellen Sinn, vorgibt, so ist in den meisten Fällen mit einer erheblichen Biegebeanspruchung im Bogen zu rechnen. Diese führt dazu, daß die Konstruktion ihre Schlankheit verliert.

Ein Stabbogen unterliegt nur für die Kräftegruppe des formbestimmenden Lastfalles einer ausschließlichen Druckbeanspruchung. Für diesen Lastfall könnten theoretisch sogar alle Stabbogenelemente gelenkig miteinander verbunden sein. Für alle anderen Lastfälle tritt jedoch Biegung im Stabbogen auf. Deshalb, und weil man einen Stabbogen natürlich nie geometrisch perfekt herstellen kann, wird man die einzelnen Elemente eines Stabbogens biegesteif miteinander verbinden.

Die meisten Stabbogentragwerke rufen enorme horizontale Auflagerkräfte hervor, deren Betrag das Mehrfache der Summe der vertikalen Lasten sein kann. Dieser »Bogenschub« ist beim Entwurf stets zu berücksichtigen und zu bedenken, da er eine entsprechende Gründung bzw. entsprechend dimensionierte Anschlußbauteile erfordert.

Stabbögen kann man vollkommen biegesteif, d.h. auch mit biegesteifer Einspannung an den Auflagern ausführen oder man versieht sie mit einem (Eingelenkbogen), zwei (Zweigelenkbogen) oder drei (Dreigelenkbogen) Gelenken. Durch Anzahl und Ort der Plazierung dieser Gelenke werden das Verformungsverhalten sowie Größe und Verlauf der Biegemomente im Stabbogen gesteuert. Sind vertikal ungleichförmige Baugrundsetzungen zu erwarten, so sollte man einen Zweigelenkbogen entwerfen. Bei zu erwartenden ungleichförmigen vertikalen sowie gleichzeitig auftretenden horizontalen Baugrundverformungen (z.B. aus Bogenschub) sollte man einen Dreigelenkbogen vorsehen.

Wie alle druckbeanspruchten Strukturen unterliegen auch die Bögen bzw. die Stabbögen einem lokalen und einem globalen Stabilitätsproblem. Das lokale Stabilitätsproblem ist das Stabilitätsproblem des einzelnen Stabes. Es ist vergleichsweise einfach zu handhaben. Das globale Stabilitätsproblem ist das Stabilitätsproblem des Stabbogens als Ganzem. Es ist wesentlich schwieriger zu behandeln und erfordert im allgemeinen eine Berechnung nach der Theorie großer Verformungen unter Zugrundelegung einer an den Eigenformen orientierten geometrischen Imperfektion.

Stabbögen aus Stahl wird man sinnvollerweise mit Hohlprofilen entwerfen. Die Knotenpunkte gestaltet man mit:
- Gußknoten,
- Knotenblechen,
- Rohrknoten.

Gußknoten tragen am wenigsten auf und erhalten so die Lineatur des Entwurfes am besten. Sie sind, noch mehr als Knotenbleche, zur Eintragung großer Kräfte in den Bogen geeignet. Knotenbleche stellen eine einfache und daher zumeist sehr kostengünstige Konstruktionsform dar. Man kann sie, mit etwas Aufwand, so ausformen, daß sie die Lineatur der Konstruktion fast nicht stören. Schneidet man sie nur grob oder sogar nur rechteckig zu, so verändert die Konstruktion hierdurch entsprechend ihren Charakter. Rohrknoten können mit den aktuell verfügbaren Fertigungsmethoden auch für schwierigste Geometrien hergestellt werden. Es entstehen klare Formen. Zu beachten ist, daß Durchmesser und Wandstärken der zu verbindenden Rohre sorgfältig aufeinander abzustimmen sind, um Krafteinleitungsprobleme, die auch mit dem Ausbeulen dünnwandiger Rohre verbunden sind, zu vermeiden.

Wenn das Eigengewicht des Bogens den formbestimmenden Lastfall darstellt, die äußeren Lasten also vergleichsweise klein sind, oder wenn die äußeren Lasten sehr gleichförmig, z.B. als Gleichstreckenlast, verteilt sind, wird man einen kontinuierlich gekrümmten Bogen entwerfen. Die einfach zu biegenden Rund- und Rechteckrohre sind als Querschnitte wiederum besonders geeignet.

Durch Träger stabilisierte Bögen
Eine gute Möglichkeit, einen Bogen zu stabilisieren bzw. seine Momentenbeanspruchung infolge beliebiger Laststellungen abzudämp-

5.92

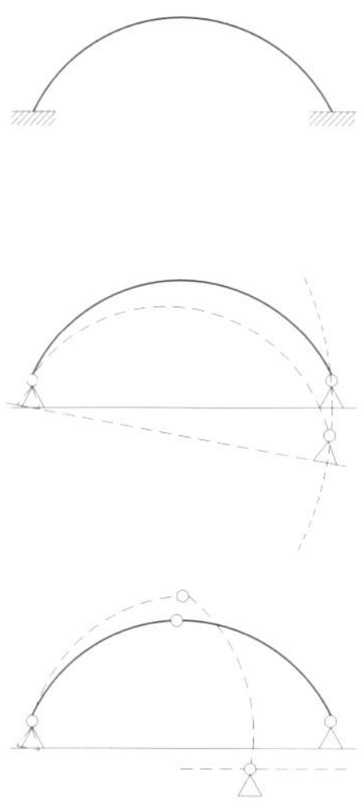

5.93

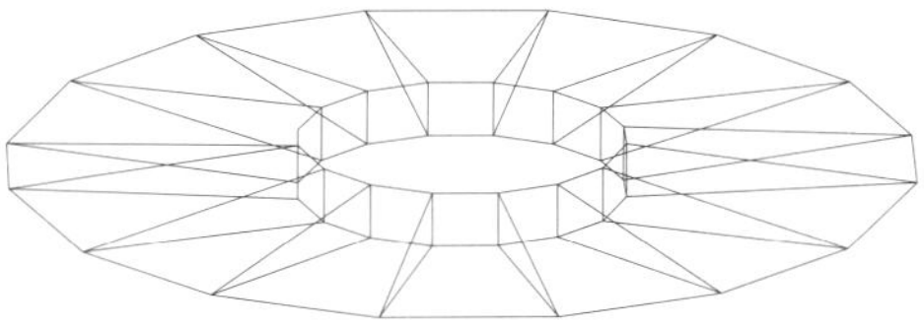

5.94

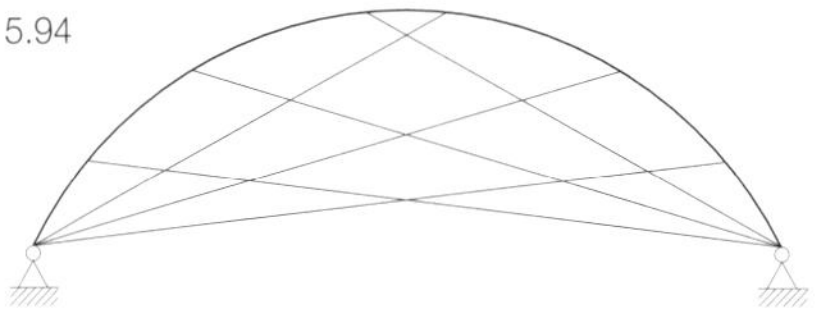

5.95

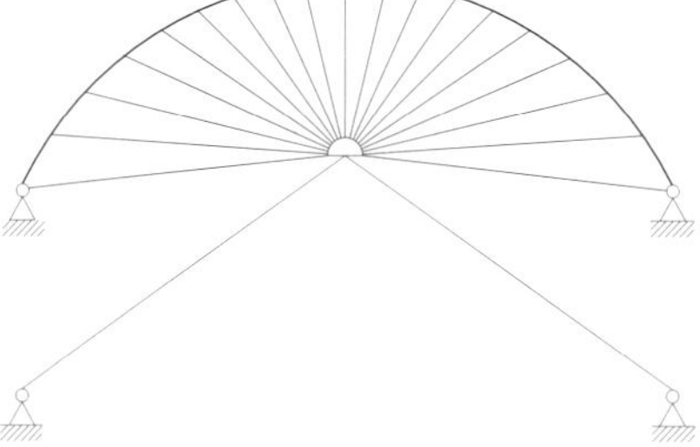

5.96 Detail: Anschluß von Nabenpfosten Ringseil, Speichenseilen
5.97 Nabe eines seilverspannten Bogens. Museum für Hamburgische Geschichte, Hamburg [259]
5.98 Schnitt durch ein liegendes Speichenrad am Beispiel der Überdachung des Centercourt am Rothenbaum in Hamburg (siehe Beispielteil S. 368)
5.99 Nabenpfosten

5.96

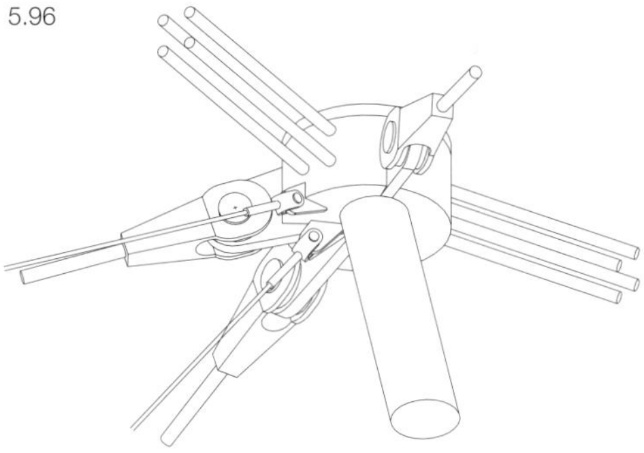

5.97

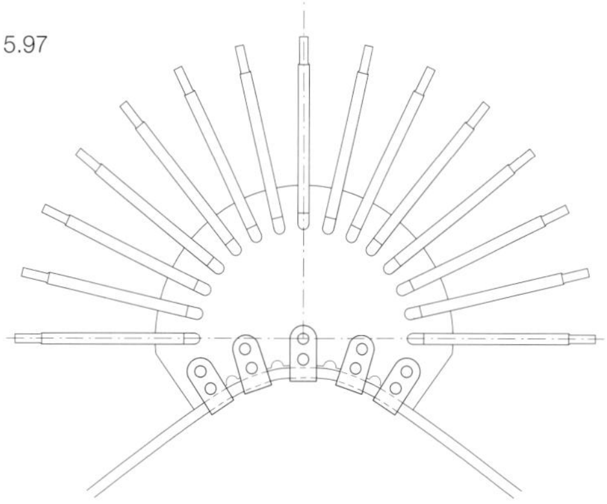

5.98

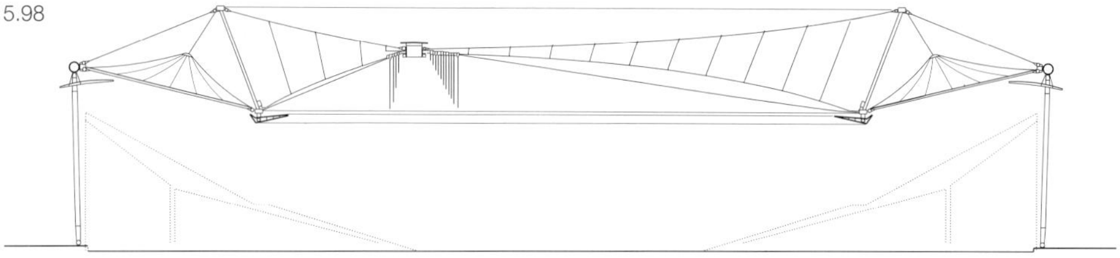

5.99

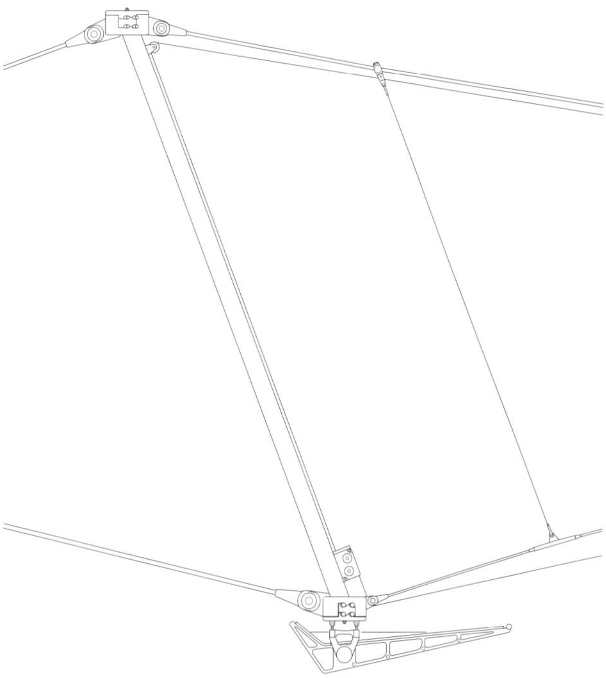

fen, besteht in der Kombination des Bogens mit einem biegesteifen Träger. Die Verbindung von Bogen und Träger erfolgt über Zug- und/oder Druckstäbe. Wählt man einen sehr steifen Träger, so kann der Stabbogen entsprechend schlank gestaltet werden. Je biegeweicher der Träger wird, desto biegesteifer muß der Bogen ausgebildet werden.

Durch Verspannungen stabilisierte Stabbögen
Eine sehr elegante Art und Weise, auch für stark wechselnde Laststellungen geeignete schlanke Bögen zu entwerfen, besteht in einer Verspannung der Bögen mit ausschließlich zugbeanspruchbaren Verspannungen. Diese Verspannungen erhöhen die globale Biegesteifigkeit und dienen gleichzeitig als Stabilisierungen gegen ein Ausknicken des Bogens.

Es gibt eine Vielzahl von unterschiedlichen Möglichkeiten, Bögen zu verspannen. Prinzipiell sind dabei Verspannungen in der Bogenebene und/oder räumliche Verspannungen möglich. Räumliche Verspannungen behindern auch ein Ausknicken des Bogens senkrecht zur Bogenebene.

Die wohl bekannteste Art eines durch eine Verspannung stabilisierten Bogens ist das Speichenrad. Die umlaufende, nur bei einem Fahrrad notwendigerweise kreisringförmige (Druck-)Felge wird durch das radial angeordnete System auf Zug vorgespannter Speichen auf Druck vorgespannt und in ihrer Lage stabilisiert. Liegen die Speichen in der Ebene der Felge, so stabilisieren sie die Felge nur in ihrer Ebene. Werden zwei Scharen von Speichen verwendet, die durch einen druckbeanspruchten Nabenstab auseinander gespreizt werden, so tritt auch eine räumliche Stabilisierung ein.

Der in sich geschlossene, durch Speichen stabilisierte Stabbogen gehört zu den leistungsfähigsten Konstruktionen überhaupt. Er ist somit auch geeignet, als Tragkonstruktion für leichte und weitgespannte Tragwerke verwendet zu werden. Entsprechend vielfältig sind die Beispiele der Anwendungen. Sie reichen vom Fahrrad über die Versteifungsschotte der Zeppeline bis hin zu den teilweise über 100 m weit gespannten, horizontal liegenden Speichenrädern der Überdachungen der Arena in Zaragoza oder des Tennisstadions am Rothenbaum in Hamburg.

5.100 Herstellung eines Cellform-Trägers aus einem Doppel-T-Träger
5.101 Herstellung eines Wabenträgers, mit oder ohne eingesetzte Zwischenstücke, aus einem Doppel-T-Träger
5.102 Möglichkeiten der Verstärkung der Flansche bei einem Doppel-T-Profil

Wird die Nabe zu einem Ring zugbeanspruchter Elemente aufgeweitet, so kann die entstehende Öffnung anderweitig genutzt werden. Zu beachten ist, daß sich das Tragverhalten eines Speichenrades mit radialen Speichen durch die Einführung einer Hohlnabe grundlegend ändert, da man das System eines aus Dreigelenk-Teilsystemen zusammengesetzten Tragwerks in ein Tragwerk aus Viergelenk-Teilsystemen überführt. Dieses ist nur noch bei einer sehr hohen Vorspannung und/oder bei einem biegesteifen Stabbogen hinreichend tragfähig. Möchte man auf diese beiden Möglichkeiten nicht zurückgreifen, so kann man auch die Anordnung der Speichen entsprechend ändern, z.B. durch Anordnung der Speichen derart, daß ein Dreiecksverband entsteht.

Das Grundprinzip des Speichenrades läßt sich vielfältig variieren, eine interessante Konstruktionsform sind beispielsweise auch die »Umgekehrten Speichenräder«.

Natürlich muß der Stabbogen nicht immer in sich geschlossen sein, um von der Effektivität des Speichenradprinzips zu profitieren. Teile des Bogens oder der Speichen können auch durch entsprechende Auflagerbedingungen ersetzt werden. Auf diese Weise entstehen die durch Speichen stabilisierten schlanken Bögen, wie sie beispielsweise als Versteifungsschotte beim Glasdach über dem Innenhof des Museums für Hamburgische Geschichte eingesetzt wurden.

Anstatt einer radialen Anordnung der Speichen kann auch eine Sekantenanordnung gewählt werden. Diese Lösung bietet den Vorteil einer geringen Versperrung des Raumes unter dem Bogen. Den gleichen Vorteil hat die Variante der von den beiden Kämpfern ausgehenden Verspannungen, die auf Šuchov zurückgeht.

Die Verspannungen werden bei allen verspannten Stabbögen vorgespannt. Hinsichtlich des Einbringens der Vorspannung und der Detaillierung gilt das im Absatz »Seilverspannte Stützen« Gesagte.

Ebene (Biege-)Träger
Der auf einachsige Biegung und Querkraft beanspruchte Träger gehört wohl zu den am meisten verwendeten Bauteilen. Deshalb, und weil Biegeträger einen sehr inhomogenen und damit üblicherweise auch sehr ineffektiven inneren Spannungszustand aufweisen, ist eine sorgfältige Diskussion dieses Bauteils erforderlich.

Die unter den verschiedenen Laststellungen bei Ein- und Mehrfeldträgern vorliegenden Querkraft- und Momentenverläufe sind hinreichend bekannt bzw. lassen sich aus Tabellenwerken oder mit Hilfe einer computergestützten Berechnung ermitteln. Wichtig ist festzuhalten, daß sich das maximale Moment eines Biegeträgers immer aus dem Produkt eines systemabhängigen Koeffizienten k, einem aus der Belastung herrührenden Faktor q oder P und dem Quadrat der Spannweite zusammensetzt. Liegt die Last als Gleichstreckenlast vor, so gilt

$$M_{max} = k\, q\, l^2$$

Beim Einfeldträger unter Gleichstreckenlast gilt dabei bekanntermaßen: k = 1/8.

Bei Durchlaufträgern mit unterschiedlichen Stellungen von Gleichlastgruppen liegt k, je nach Stützweitenrelationen und Art der Lagerungsbedingungen, im Normalfall zwischen k = 1/8 und k = 1/12. Eine Veränderung des statischen Systems erlaubt somit eine Manipulation der Maximalmomente um bis zu 50%. Eine Veränderung der Spannweite hingegen wirkt sich quadratisch aus: Eine Verdopplung der Spannweite bewirkt eine Vervierfachung des Maximalmoments, eine Halbierung der Spannweite bewirkt eine Reduktion des Maximalmoments auf 25%. Man sollte also die Notwendigkeit großer stützenfreier Spannweiten stets hinterfragen.

Der einer einachsigen Biegung unterworfene Stab zeigt die charakteristische, zwischen den beiden Maximalwerten an den Extremitäten des Querschnittes linear verlaufende Spannungsverteilung. Die Randbereiche werden also besonders hochbeansprucht, weswegen man den mittleren Querschnittsteil schwächen kann und, bei einem teuren Baustoff wie Stahl, auch sollte. Die Querschnittsschwächung erfolgt entweder durch Überführen in einen Doppel-T-Querschnitt, einen Hohlquerschnitt, oder durch lokales Entfernen von Material in der Trägeransicht. Dabei entstehen Fachwerkträger, Vierendeelträger und deren Ableitungen.

5.100

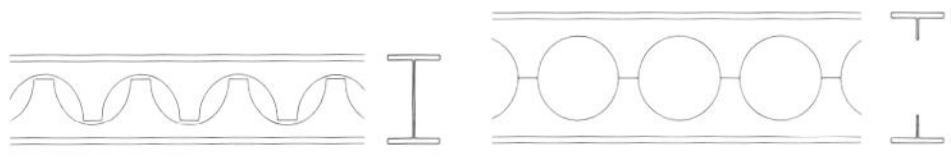

Bei einem Cellform-Träger handelt es sich um ein Doppel-T-Profil, dessen Höhe mittels eines einfachen, patenrierten Verfahrens vergrößert wird.

5.101

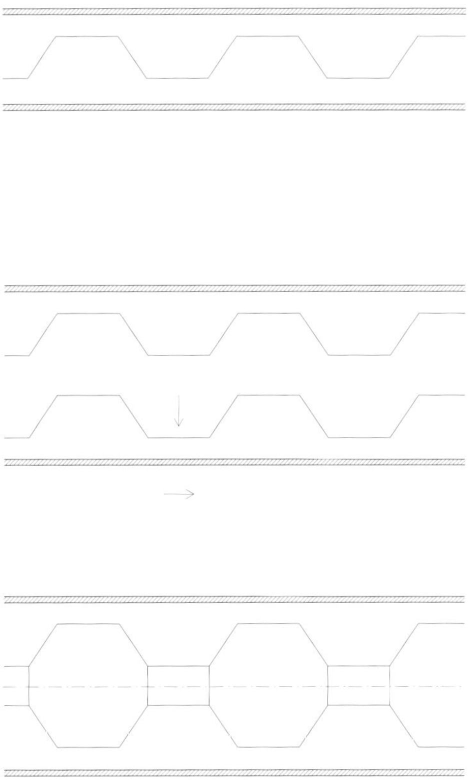

5.102

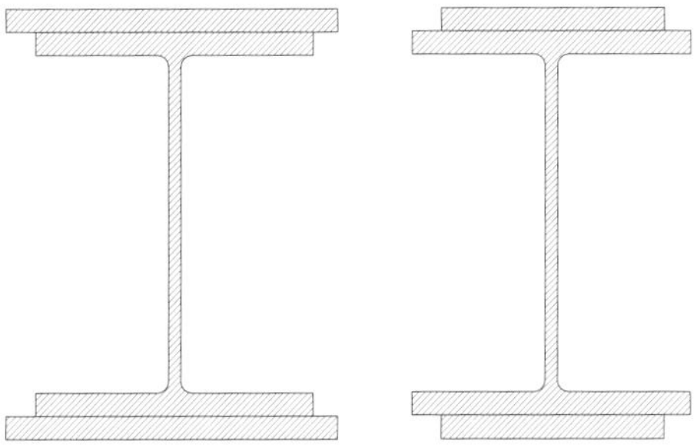

5.103 Aus Blechen zusammengesetzter Hohlkasten. Fußgängerbrücke
5.104 Momentanstoß, geschraubt
5.105 Querkraftstoß, geschraubt
5.106 Querkraft- und Momentenstoß, geschraubt
5.107 Bündig abschließende Kopfplatten, verschraubt, zur Übertragung mäßig hoher Biegemomente
5.108 Momentenstoß mit überstehenden Kopfplatten
5.109 Vollverschweißter Stoß
5.110 Geschraubter Fachwerkknoten mit Knotenblechen

5.103

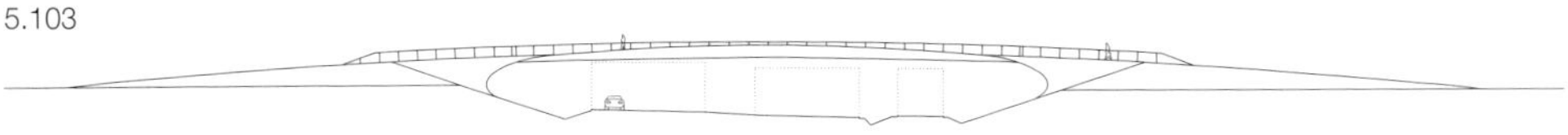

5.104

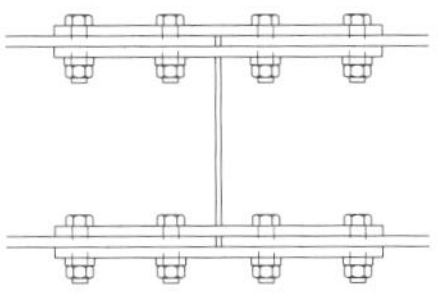

5.105

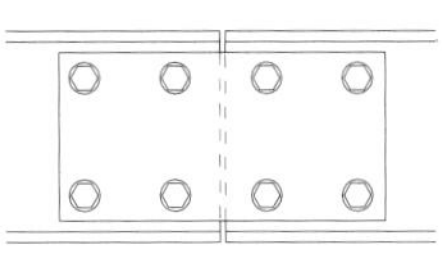

5.106

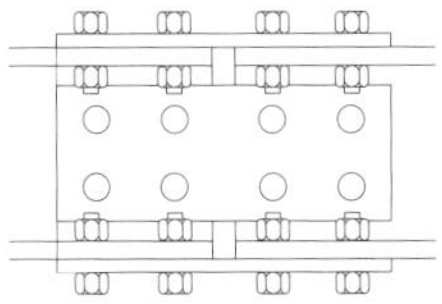

5.107

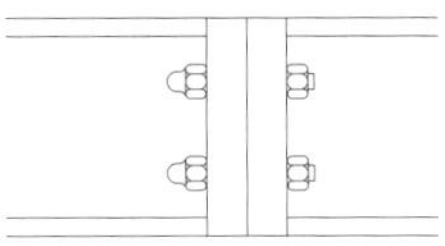

5.108

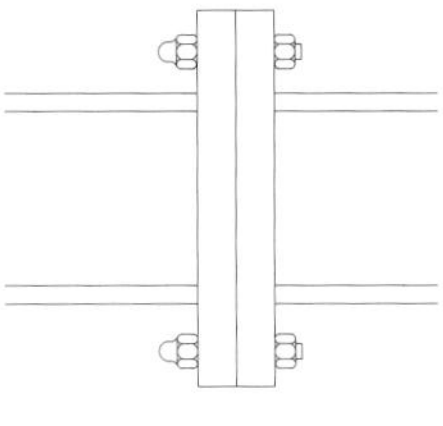

5.109

5.110

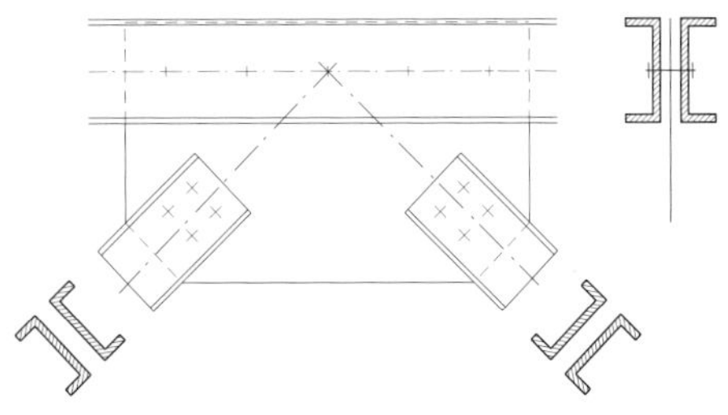

Vollwandträger
Doppel-T-Querschnitte sind wegen ihres statisch günstigen Querschnitts, ihrer walztechnisch einfachen Herstellung sowie wegen der einfachen Gestaltung der Verbindungen besonders geeignet und deshalb im Stahlbau auch entsprechend weit verbreitet. Es gibt eine Reihe von europaweit standardisierten Profilgruppen mit unterschiedlichen Bauhöhen und dazugehörigen Breiten bzw. Steg- und Flanschdicken, so daß für nahezu jede Situation ein entsprechendes Profil erhältlich ist. Für große Abnahmemengen ist zudem die Walzung von Sonderquerschnitten möglich.

Gewalzte Doppel-T-Träger haben einen über die Trägerlänge konstanten Querschnitt, man kann mit ihnen also nur durch stückweises Zusammensetzen unterschiedlicher Profile auf die entlang der Trägerachse üblicherweise stark unterschiedliche Momentenbeanspruchung reagieren. Dieser Aufwand ist jedoch bei Standardanwendungen und Trägern mit mässiger Spannweite von bis zu 8–10 m wirtschaftlich kaum vertretbar. Bei größeren Spannweiten und größeren Stückzahlen ist diese Lösung jedoch zu diskutieren.

Anstatt eines Zusammensetzens unterschiedlicher Profile kann man auch die Flansche im Bereich hoher Momentenbeanspruchung durch Aufschweißen von Blechen verstärken bzw. anpassen.

Für große Spannweiten und/oder große Stückzahlen empfiehlt sich die Herstellung konfektionierter, aus Blechen zusammengeschweißter Querschnitte. Durch Anpassung der Bauhöhe an den Momentenverlauf und/oder entsprechende Abstufung der Blechdicken kann das Biegeträgersystem optimal an die auftretenden Beanspruchungen angepaßt werden. Im Leichtbau ist diese Lösung ein Muß! Sie vermittelt zudem auch dem unerfahrenen Betrachter einen Einblick in die Eigenschaften der Konstruktion und dadurch ein Verständnis der gebauten Umwelt.

Die Fügung von Doppel-T-Querschnitten erfolgt über Verschweißen oder Verschrauben. Werden Flansche und Stege voll verschweißt, was nicht immer notwendig ist, kann die volle Tragfähigkeit des Querschnittes auch im Fügebereich hergestellt werden. Ein Verschrauben erfolgt entweder nur im Stegbereich über Bleche, hiermit wird die Übertragbarkeit von Querkräften gewährleistet. Momente können bei dieser Verbindungsart jedoch nicht übertragen werden, da die Flansche nicht miteinander gekoppelt werden. Werden die Flansche mit Hilfe von Blechen, sogenannten Laschen, miteinander verschraubt, so ist auch die Übertragung von Momenten möglich. Anstatt von Flanschblechen kann die Übertragung von Momenten auch durch aufgeschweißte und anschließend verschraubte Kopfplatten erfolgen. Am effektivsten sind hierbei natürlich Kopfplatten, bei denen die Verschraubung oberhalb bzw. unterhalb der Flansche liegt, da hierdurch der innere Hebelarm der Verschraubung maximiert wird. Die Gestaltqualität dieses Details ist jedoch nicht sehr hoch. Es sollte deshalb stets versucht werden, Kopfplattenstöße in Trägerbereiche mit geringer Momentenbeanspruchung zu legen. Der erforderliche Hebelarm für die Schrauben ist dann geringer. Die Kopfplatten werden jetzt nur noch bis zur Außenkante der Flansche geführt, die Verschraubung liegt innerhalb der Flansche.

Einen Doppel-T-Querschnitt kann man sich auch als aus zwei U-Querschnitten zusammengesetzt denken. Die statischen Eigenschaften des Querschnittes bleiben erhalten, fügetechnisch, insbesondere was den Anschluß weiterer Bauteile ergibt, ergeben sich in einzelnen Fällen Vorteile.

Rechteckhohlprofile haben zur Abtragung von Biegemomenten ähnlich günstige Querschnittseigenschaften wie Doppel-T-Profile oder zwei gekoppelte U-Profile. Bei gewalzten Rechteckquerschnitten sind die beiden Stege im Verhältnis zu den Flanschen jedoch zu dick. Zusammengesetzte Rechteckquerschnitte erlauben demgegenüber eine präzise Abstimmung der Blechstärken zueinander, sowohl innerhalb des Querschnittes als auch entlang der Trägerachse. Natürlich ist auch eine Anpassung der Trägerhöhe an den Momentenverlauf möglich. Die Fügung bzw. der Stoß einzelner Rechteckhohlprofile ist durch Verschweißen vergleichsweise einfach, ein Verschrauben ist wegen der notwendigen Zugänglichkeit der Schrauben bzw. Muttern schwierig, sollte also, wenn möglich, vermieden werden.

5.111 Zusammengesetzter Hohlkasten. Eingerückte Stegbleche ermöglichen einfache Kehlnähte. Bündig eingesetzte Stegbleche erfordern eine entsprechende Nahtvorbereitung
5.112 Abgeknickte Biegestäbe aus Doppel-T-Profilen
5.113 Erläuterung des Kräfteverlaufs in einer Rahmenecke. Ein diagonal eingesetztes Blech besitzt die höchste Effektivität
5.114 Teilweise unbeanspruchte und damit überflüssige Steifen (Flansche)
5.115 Das Moment wird hier (sehr ineffektiv) zum größten Teil über das Stegblech im Knoten abgetragen

Einen ebenen Biegeträger kann man aus unterschiedlichsten Notwendigkeiten heraus auch mit einem Knick versehen. Hierdurch kann man beispielsweise einer schwierigen räumlichen Gegebenheit folgen. Ein Knick in einem Biegeträger erfordert in mindestens einem der beiden Trägerteile eine axiale Zug- oder Druckkraft, die mit den Querkräften im Knick im Gleichgewicht steht. Bei Satteldächern wird der First häufig biegesteif ausgeführt. Bei abgeknickten Biegeträgern spricht man von Rahmen oder Halbrahmen.

Auf einige statische und konstruktive Besonderheiten axial zug- oder druckbeanspruchter Biegeträger, wie sie als Bestandteile von abgeknickten Biegeträgern vorkommen, wird in einem der folgenden Absätze eingegangen. Prinzipiell ist bei jedem Abknicken eines Biegeträgers zu beachten, daß Normal- und Querkräfte sowie das Biegemoment konstruktiv einwandfrei über den Knick zu führen sind. Dies ist nicht immer einfach, insbesondere ist darauf zu achten, daß bei Doppel-T-Querschnitten, Doppel-U-Querschnitten und Rechteckhohlprofilen der allergrößte Teil der Momentenbeanspruchung durch die Flanschdruck- bzw- Flanschzugkräfte dargestellt wird. Diese können nur durch Einführen einer weiteren Kraft, einer Umlenkkraft, in ihrer Richtung verändert werden. Die Umlenkkräfte schließen sich üblicherweise innerhalb des Knickes kurz. Wie jede andere Kraft benötigen jedoch auch sie eine Materialisierung. Diese erfolgt üblicherweise durch Bleche, die in diesem Fall Steifen genannt werden. Das Einsetzen eines dickeren Stegbleches im Knickbereich bzw. das Verstärken der vorhandenen Stegbleche ist möglich, löst das konstruktive Problem jedoch nur ansatzweise und unsauber. In seltenen, mit einer extrem hohen Beanspruchung einhergehenden Fällen empfiehlt sich die Anordnung eines gegossenen Knotens.

Für Anschlüsse sowie Kraftein- bzw. -ausleitungen in Biegeträger gelten die in Kapitel »Die konstruktive Ausbildung von Ausschnitten und Krafteinteilungen« dargelegten Grundsätze. Bei den für Biegeträger häufig benutzten Doppel-T- oder Doppel-U-Querschnitten ist zu beachten, daß durch Kraftein- bzw. -ausleitungen von Einzelkräften häufig die Tragfähigkeit der Trägerstege überschritten wird. Anderer-

5.111
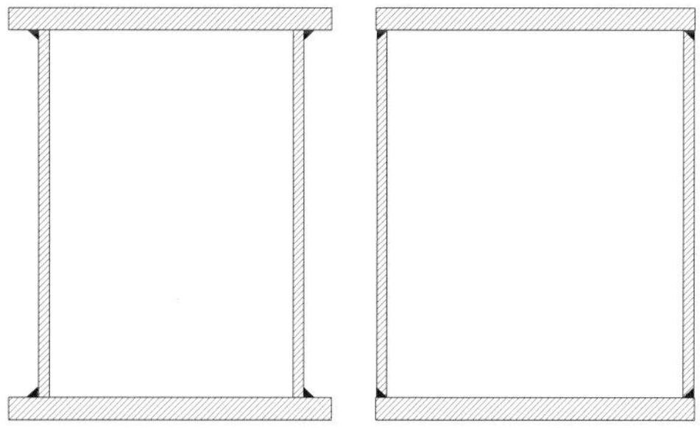

5.112
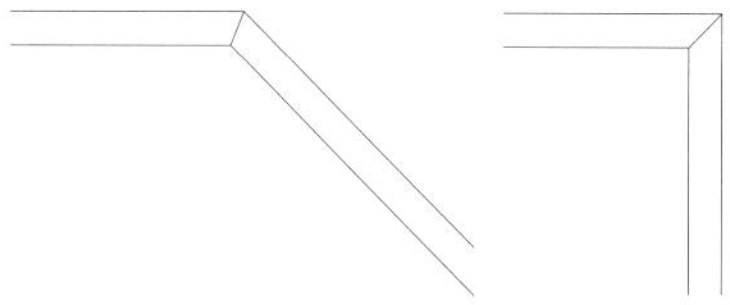

5.113
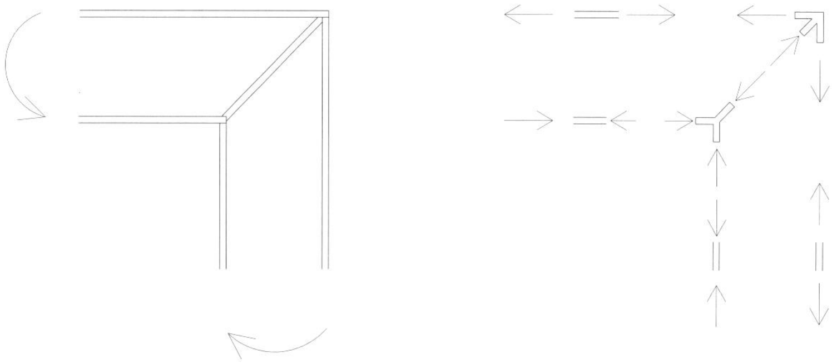

5.114
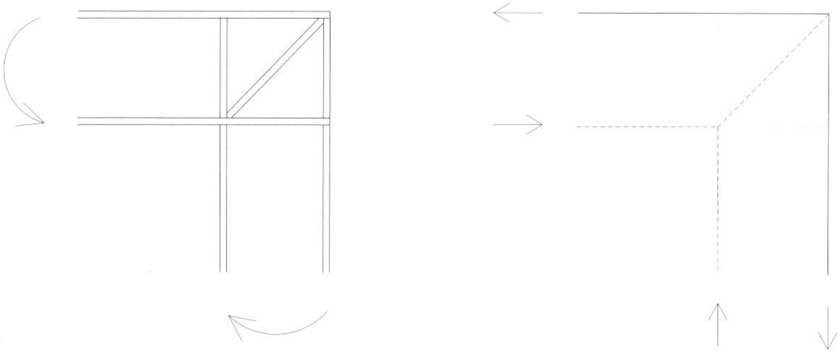

5.115
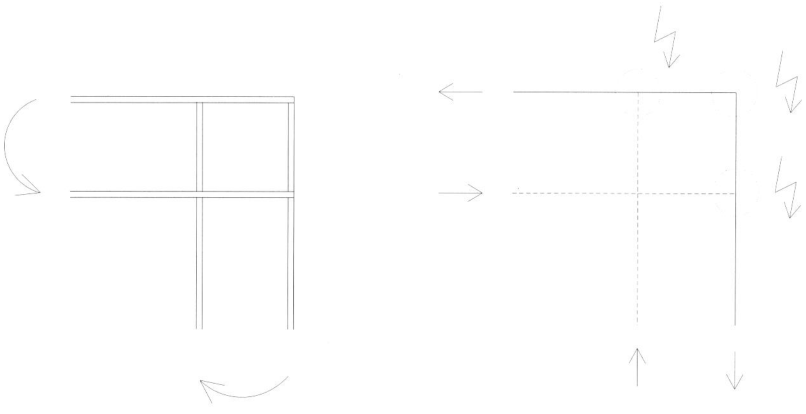

5.116

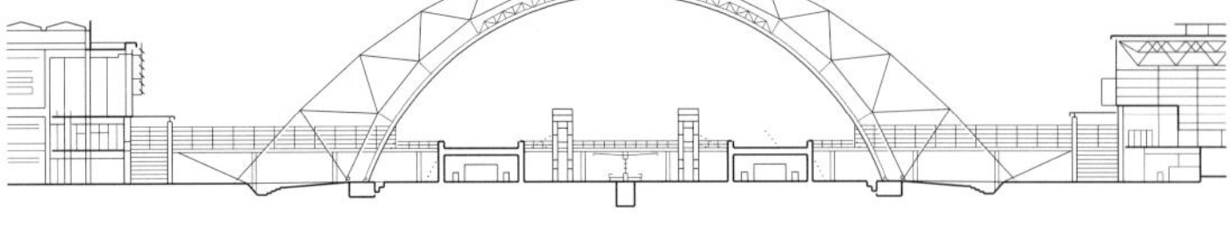

5.116 Bogenförmige Fachwerkträger, Neue Messe Leipzig(siehe Beipspielteil S. 348)
5.117 Fachwerkträger als Fußgängerbrücke
5.118 Entwicklung von Optimalstabwerten. Vom Zweistabsystem zum Michell-Träger [486]
5.119 Fachwerkträger. Die Geometrie des Dachträgers ist nicht an den Kraftverlauf angepaßt
5.120 Starkstrommast in Fachwerkbauweise

5.117

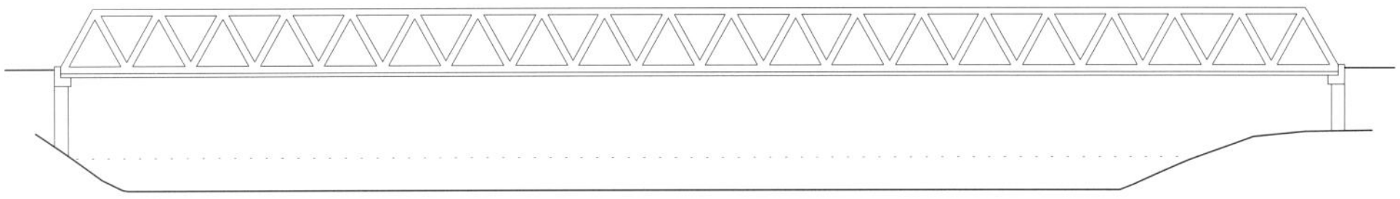

5.118

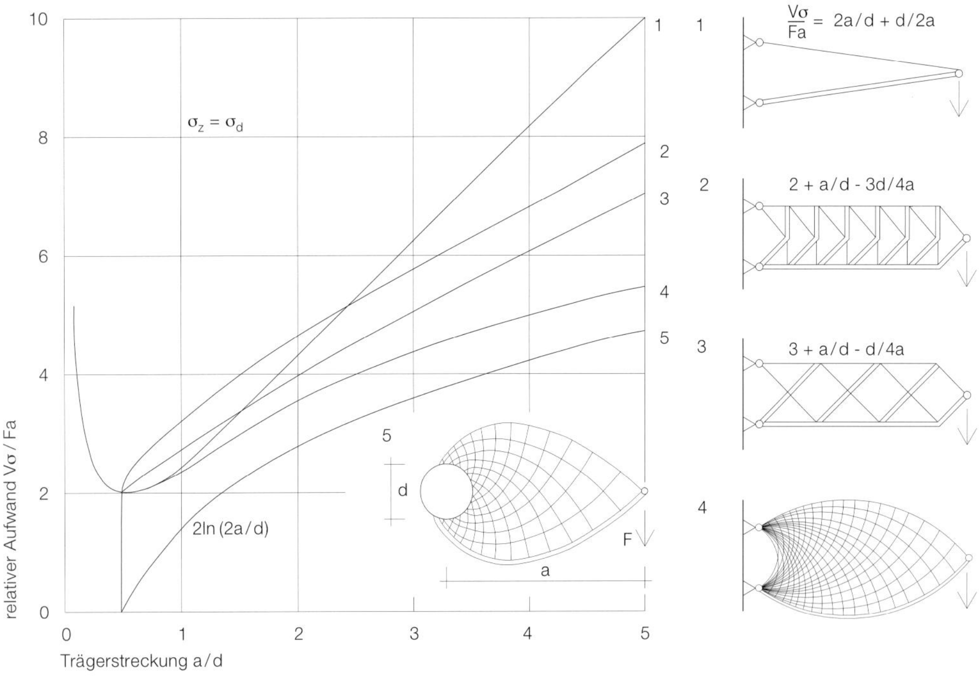

5.119

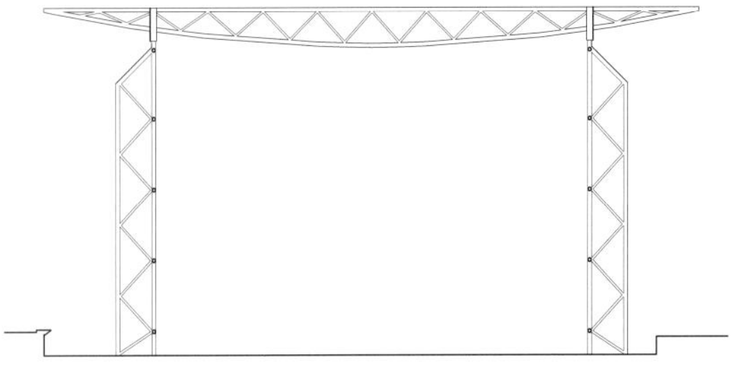

5.120

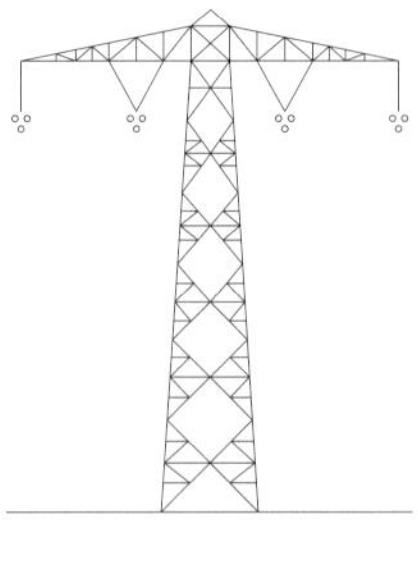

seits können nur die Trägerstege für die Eintragung derartiger Kräfte herangezogen werden, da die Flansche aufgrund ihrer geringen lokalen Biegetragfähigkeit viel zu starke Verformungen erleiden und sich dadurch der Beanspruchung entziehen würden. Die Stege sind im Bereich lokaler Kraftein- oder -ausleitungen also entsprechend zu verstärken. Bei Doppel-T- und Doppel-U-Trägern geschieht dies am einfachsten durch beidseitig angeordnete Steifen. Die Länge der Steifen bestimmt sich aus der Querkraftbeanspruchbarkeit der Stege.

Bei Hohlquerschnitten sind die Krafteinleitungsbleche beidseitig außen oder innen auf die Stege aufzuschweißen. Bei anderen Querschnitten verfährt man sinngemäß.

Die Plazierung und die Gestaltung von Stegöffnungen wurde in den Kapiteln »Linienförmige Bauteile« und »Die konstruktive Ausbildung von Ausschnitten und Krafteinteilungen« erläutert. Die dort gemachten Überlegungen gelten sinngemäß bei allgemeinen biegebeanspruchten Konstruktionen.

Wenn man die Frage danach stellt, wie man einen biegebeanspruchten Träger von zunächst unbekannter Geometrie so entwerfen müßte, daß sein Gesamtgewicht für diesen formbestimmenden Lastfall minimal werden würde, so erhält man kompliziert geformte, nur aus druck- und zugbeanspruchten Einzelstäben zusammengesetzte Träger. Für wenige Sonderfälle wurde die Form solcher Träger von Mitchell auf analytischem Wege ermittelt. Man bezeichnet diese Träger als Mitchell-Träger. Für den allgemeinen Fall wird man zur Formbestimmung entsprechende Optimierungsprogramme heranziehen. Ein sehr guter Ingenieur wird diese Strukturen durch einen »Entwurf von Hand« bereits bis auf 20–30% approximieren können, wenn er zunächst ein kontinuierlich mit Material belegtes Bauteil in die Auflagerbedingungen einsetzt und danach die Hauptspannungstrajektorien in diesem Träger einzeichnet. Schneidet man anschließend alle niedrig beanspruchten Bereiche des Bauteils ab bzw. zwischen einzelnen Gruppen von Trajektorien heraus, so erhält man Strukturen, die von ihrem Gewicht her der entsprechenden Minimalstruktur schon relativ nahe kommen. Das Herausschneiden niedrig beanspruchter Zonen ist eine alte Ingenieurmethode, um Tragwerke

5.121 Knotenbleche bei geschraubten Fachwerkträgern: Einfluß der Neigung der Diagonalen auf die Größe der Knotenbleche
5.122 Fachwerkträger: Belastung, Kräfteverlauf und Profilbelagerung [308]
5.123 Das erste und das zweite Fachwerkbildungsgesetz

5.121

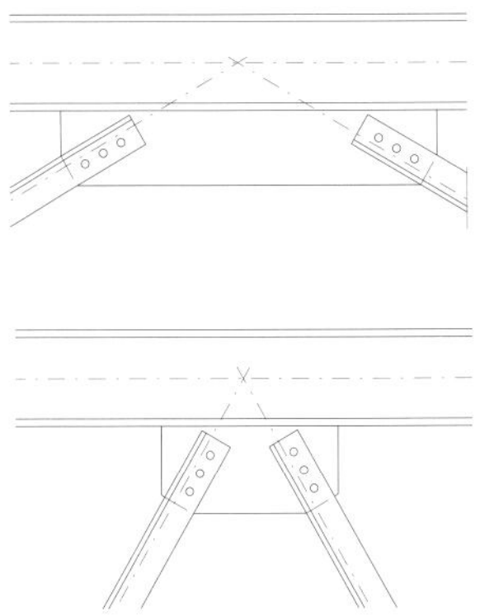

5.122

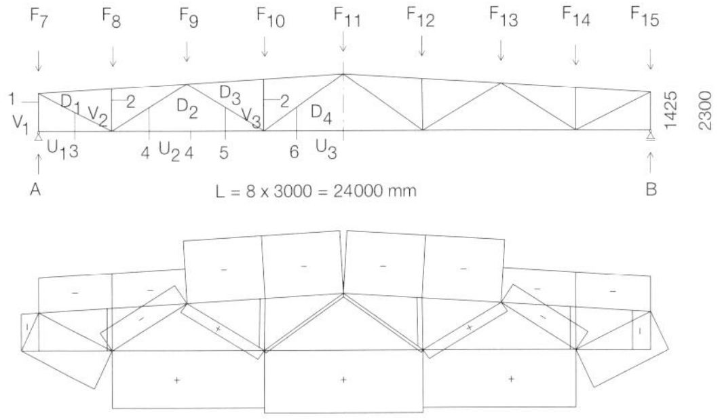

1 HEA 160
2 L 70/7
3 1/2 IPE 220
4 1/2 IPE 270
5 L 60/6
6 L 80/8

5.123

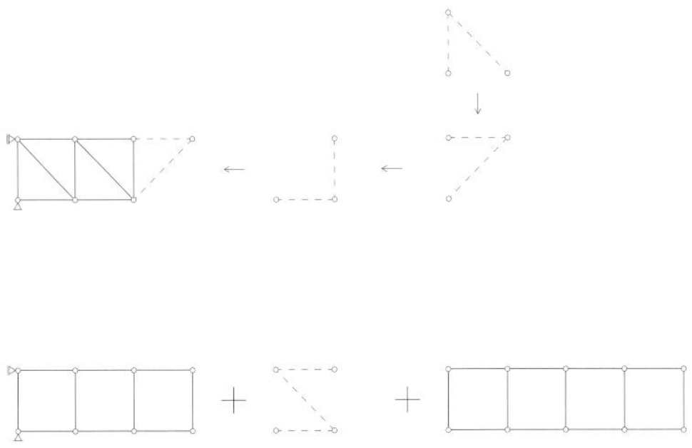

gewichtsmäßig zu optimieren. Umgedreht kann diese Methode natürlich auch entsprechend erfolgreich zum Entwurf von Tragwerken herangezogen werden.

Mitchell- und vergleichbare Minimaltragwerke zeigen alle eine Vierecksmaschenstruktur in der Anordnung ihrer Zug-Druckelemente. Für den formbestimmenden Lastfall sind, eine geometrisch perfekte Konstruktion vorausgesetzt, sogar gelenkige Verbindungen der einzelnen Elemente möglich. Da diese Voraussetzung üblicherweise nie erfüllbar sein wird, und da zudem andere als der formbestimmende Lastfall eintreten werden, sind die Knoten biegesteif auszuführen. Infolge der dadurch auftretenden Biegebeanspruchung der Einzelelemente wird das Tragwerk ineffektiv. Dies kann man durch den Entwurf einer a priori aus nur durch gelenkig miteinander verbundener Zug- und Druckstäbe bestehenden Dreiecksmaschenstruktur umgehen. Derartige Dreiecksmaschensysteme bezeichnet man auch als Fachwerke.

Fachwerkträger
Fachwerkträger sind Stabsysteme, die aus gelenkig miteinander verbundenen Zug- und Druckstäben bestehen. Fachwerkträger können als ebene Zweigurtträger oder als räumliche, üblicherweise Drei- oder Viergurtträger, ausgebildet werden. Nachfolgend werden die ebenen Zweigurtträger diskutiert. Das hier Gesagte läßt sich auf die räumlichen Träger entsprechend übertragen.

Der Verlauf der Untergurte, die Anordnung der (vertikalen) Pfosten und der Diagonalen eines Fachwerkträgers wird an
- Randbedingungen aus der Nutzung,
- der Montagefreundlichkeit bzw. der Herstellung,
- architektonisch-formalen Überlegungen,
- Überlegungen zum Kraftfluß,

orientiert und entsprechend gestaltet werden.

Prinzipiell sind dabei folgende Regeln für den Entwurf von Fachwerken zu beachten:
- die Stabachsen schneiden sich jeweils in einem (Knoten-) Punkt,
- die Stäbe werden als in den Knotenpunkten gelenkig miteinander verbunden betrachtet.
- Gekrümmte Stäbe sind wegen ihrer Biegebeanspruchung zu vermeiden.
- Druckbeanspruchte Stäbe innerhalb eines Fachwerks sollten, aufgrund des massenmehrenden Stabilitätsproblems, möglichst kurz sein.
- Fachwerkstäbe sollten nicht unter zu spitzen Winkeln zusammentreffen, weil sonst lange, unschön wirkende Knotenbleche entstehen. Bei geschweißten Konstruktionen treten Schwierigkeiten bei der Verschweißung auf.
- Lasten sollten nur in den Knotenpunkten eingeleitet werden, da die Stäbe andernfalls querbelastet und dadurch auf Biegung beansprucht werden.

Unter Beachtung dieser Grundsätze lassen sich Fachwerke in unterschiedlichsten Geometrien entwerfen. Dabei ist darauf zu achten, daß das entworfene Stabsystem innerlich und äußerlich stabil ist. Ein Entwurf, der das 1. und das 2. Fachwerkbildungsgesetz befolgt, wird stets zu einem innerlich statisch bestimmten und brauchbaren Fachwerk führen.

1. Fachwerkbildungsgesetz
Ausgehend von einem (statisch bestimmten) Grundstab wird jeder neue Knoten zweistäbig angeschlossen. Der Grundstab kann auch die Erdscheibe sein. Die beiden Stäbe des zweistäbigen Anschlusses dürfen nicht die gleiche Richtung besitzen.

2. Fachwerkbildungsgesetz
Zwei Fachwerke, die jeweils nach dem 1. Fachwerkbildungsgesetz aufgebaut wurden, werden durch drei Stäbe miteinander verbunden. Die Achsen dieser drei Stäbe dürfen nicht durch einen gemeinsamen Punkt gehen, sie dürfen also auch nicht parallel liegen (Schnittpunkt im Unendlichen).

Durch Hinzufügen von Stäben in Fachwerke, die nach diesen beiden Bildungsgesetzen entworfen wurden, entstehen innerlich statisch unbestimmte Systeme. Ob ein Fachwerk äußerlich statisch bestimmt oder statisch unbestimmt gelagert ist, ergibt sich aus Anzahl und Anordnung der Auflagerbedingungen.

Die Fachwerkbildungsgesetze treffen nur eine Aussage zur Art der Verknüpfung der Einzelstäbe, nicht jedoch zur Geometrie insgesamt. Diese wird man entsprechend den Überlegungen zum Kraftfluß, der Herstellung, der architektonischen Erscheinung und der Nutzung festlegen.

5.124 Fachwerkträger mit geknickten oder gekrümmten Gurten
a geknickter Obergurt mit fallenden Diagonalen
b parabolförmiger Obergurt
c Fischbauchträger (parabolförmiger Untergurt)
d Pauli-Träger
e Sichelträger
f Schwedler-Träger

5.125 Typische Fachwerke für Satteldächer:
a Einfaches Dreieckdach
b Deutscher Binder
c Belgischer Binder
d Polonceau-Träger
e Polonceau-Träger
f Polonceau-Träger

5.126 Fachwerkträger, parallelgurtig
a mit zur Mitte hin fallenden Diagonalen
b mit zur Mitte steigenden Diagonalen
c innerlich statisch unbestimmtes Fachwerk
d Rautenfachwerk ohne Pfosten
e Rautenfachwerk, das nur mittels des mittleren Pfostens standsicher ist
f Netzfachwerk
g K-Fachwerk
h Fachwerk ohne Pfosten

5.124

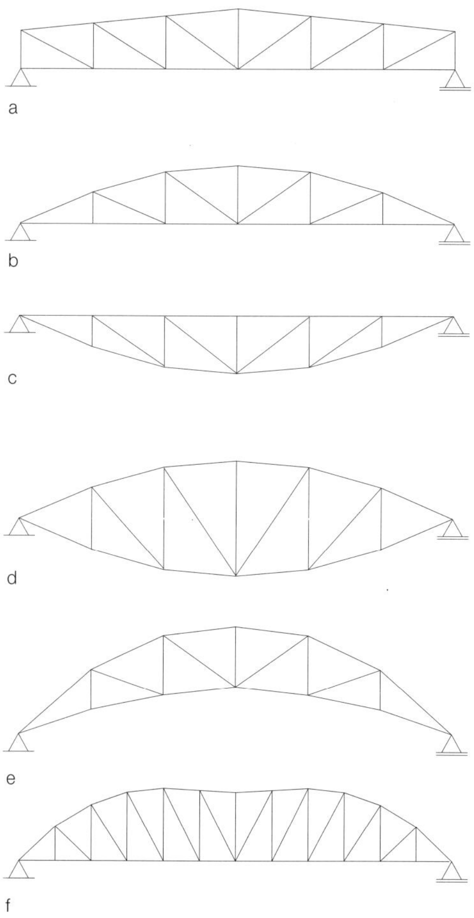

5.125

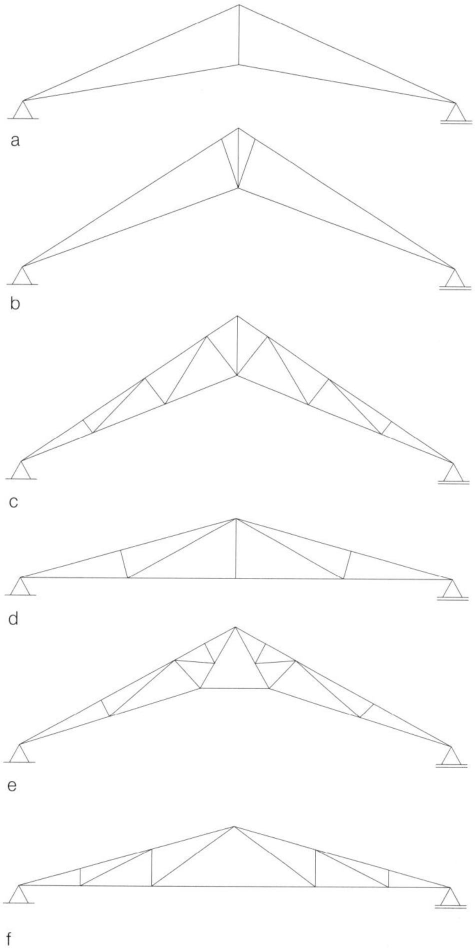

5.126

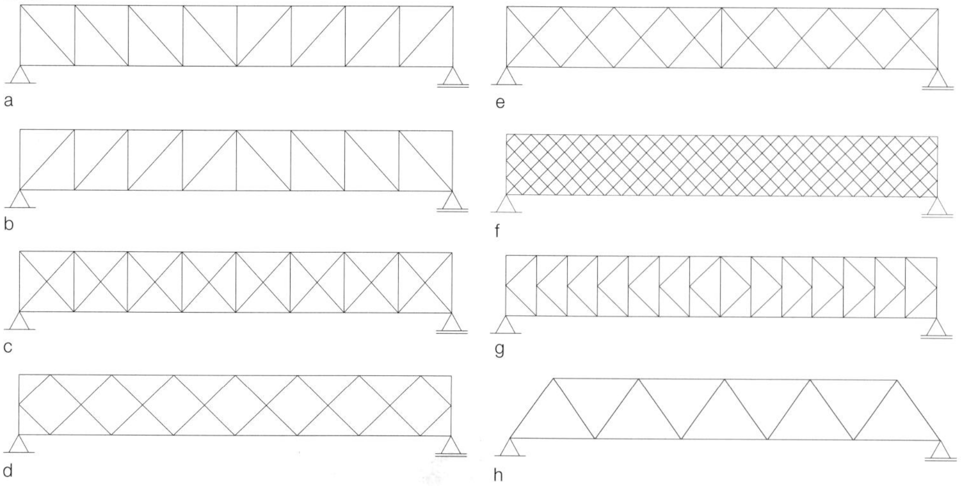

Weit verbreitet sind parallelgurtige Fachwerkträger. Die Kräfte im Ober- wie im Untergurt sind bei solchen Trägern normalerweise nicht konstant. Gewichtsminimierung erfordert deshalb von Stab zu Stab eine Querschnittsveränderung.

Bei Belastung mit einer durch – in den Knoten angreifenden – Einzellasten ersetzten vertikal wirkenden Gleichstreckenlast oder verwandten Laststellungen haben:

Fachwerke mit vertikalen Pfosten und gekreuzten Diagonalen
- druckbeanspruchte Pfosten
- zug- und druckbeanspruchte Diagonalen (Ausfall von druckbeanspruchten Zugstäben bzw. Seilen beachten!)

Fachwerke mit vertikalen Pfosten und »fallenden« Diagonalen
- druckbeanspruchte Pfosten
- zugbeanspruchte Diagonalen

Die Kräfte in den Pfosten und Diagonalen nehmen zu den Auflagern hin zu, so daß eine entsprechende Anpassung der Profile erfolgen sollte.

Schwedlerträger haben auch bei wechselnden Laststellungen (V-Lasten) stets ausschließlich zugbeanspruchte Diagonalen.

Parabelträger haben einen parabelförmig gekrümmten Obergurt. Sie weisen unter vertikaler Gleichstreckenlast eine kontante Gurtkraft im gekrümmten Gurt auf. Ist der Untergurt parabelförmig gekrümmt, so spricht man von einem Fischbauchträger. Werden beide Gurte gekrümmt, dann spricht man von einem Pauli-Träger.

Wenn Fachwerkträger als Dachträger eingesetzt werden, dann formt man den Obergurt entsprechend der Dachform. Für Satteldächer sind Dreieckfachwerke, belgische Träger und Polonceau-Träger weitverbreitete Lösungen. Der Polonceau-Träger läßt sich besonders einfach aus zwei einzelnen Trägern zusammenbauen, die im First gelenkig gekoppelt und im Untergurt durch ein Zugband verbunden werden.

5.127 Fachwerkknoten geschraubt: mit einfachem Knotenblech
5.128 Mit angeformtem Knotenblech
5.129 Anschluß von flachen Diagonalen
5.130 Fachwerknoten geschweißt: Diagonalen aus Winkeln, Obergurt als T-Profil
5.131 Diagonale aus T-Profilen, Stege ausgenommen und Flansche geschlitzt
5.132 Obergurt aus Doppel-T-Profil. Diagonalen aus T-Profilen
5.133 Diagonalen aus Doppel-T-Profilen
5.134 Diagonalen aus Doppel-T-Profilen, gedrehte Profilanordnung
5.135 Fachwerke aus Rechteckhohlprofilen: Anschluß von Pfosten und Diagonalen an den Obergurt
5.136 Anschluß ohne Pfosten
5.137 Insbesondere bei dünnwandigen Querschnitten und/oder kaltgeformten Profilen empfielt es sich häufig, Pfosten und Diagonalen im Querschnitt kleiner zu wählen. Das Verschweißen wird hierdurch vereinfacht
5.138 Auflagebereich eines Fachwerkträgers: Anschluß der Diagonalen (2 × L) über Knotenblech
5.139 Anschluß der Diagonale (T-Querschnitt)
5.140 Anschluß der Diagonalen (Doppel-T-Profil)

Sichelträger besitzen gleichsinnig gekrümmte Ober- und Untergurte. Mit ihnen lassen sich auf besonders elegante Weise Tragwerke herstellen, die vornehmlich als Bogen wirken und trotzdem eine hinreichende Stabilität gegenüber asymmetrischen Laststellungen haben. Darüber hinaus kann man die, auch bei Fachwerkträgern stets zu beachtende, Kippgefährdung der Untergurte bei Sichelträger durch Vorspannen des Untergurtes auf Zug vermeiden. Dies ermöglicht den Verzicht jeglicher, oft störender, seitlicher Stabilisierungselemente für die Untergurte.

Optimale Geometrien für andere als die bisher diskutierten Laststellungen entwirft man am besten unter zuhilfenahme von Modellen oder entsprechenden Programmen. Fachwerkträger mit minimalem Gewicht lassen sich nahezu ausschließlich unter Verwendung von Programmen entwerfen. Zu beachten ist, daß diese Optimalfachwerke nur für eine einzige Laststellung »optimal«, also gewichtsminimal sind. Sie sind also insbesondere bei hohen und unveränderlichen Grundlasten, z.B. hohes Eigengewicht, sinnvoll. Im Leichtbau gibt es üblicherweise keine derartigen dominierenden Lastfälle, weswegen dort andere Überlegungen greifen.

Bei der konstruktiven Durchbildung von Fachwerkträgern ist zu beachten, daß die Annahme der vollkommenen Gelenkigkeit in den Knotenpunkten natürlich in den seltensten Fällen in das Detail umgesetzt wird. Üblicherweise werden Fachwerkknoten verschweißt oder verschraubt. Insbesondere bei Verschraubungen werden dabei immer wieder Knotenbleche zur Überleitung der Kräfte zwischen den einzelnen angeschlossenen Stäben verwendet. Es ist sofort ersichtlich, daß derartige Verbindungen de facto keine Gelenke sind. Vielmehr entstehen Biegebeanspruchungen in den einzelnen Stäben, die als »Nebenspannungen« bezeichnet und statisch wie konstruktiv nicht weiter verfolgt werden. Dies ist aber nur dann zulässig, wenn die Stäbe des Fachwerks hinreichend schlank sind. Bei extrem gedrungenen Fachwerken und/oder bei Fachwerken, in denen durch ungeschickt gestaltete und dadurch große Knotenbleche eine sehr große Biegung in den angeschlossenen Stäben induziert wird, ist die Annahme der Gelenkigkeit in den Knoten nicht mehr zulässig.

5.127
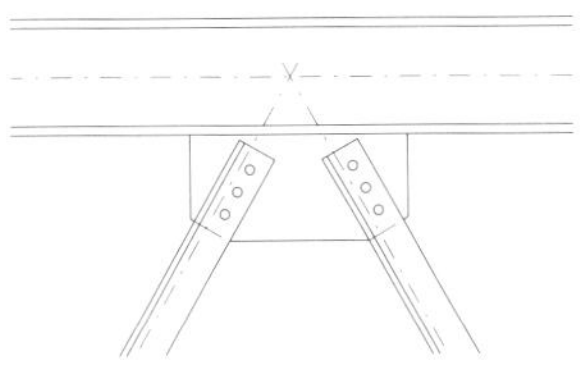

5.128
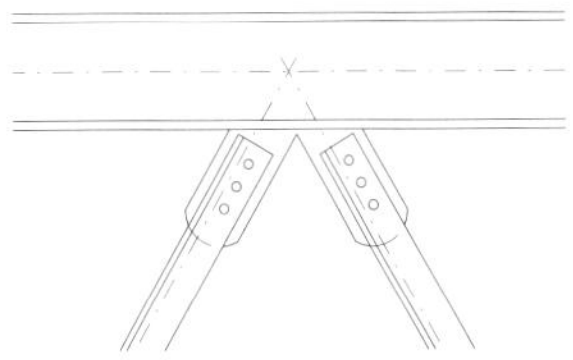

5.129
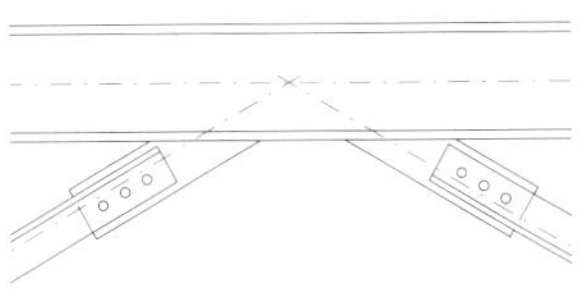

5.130
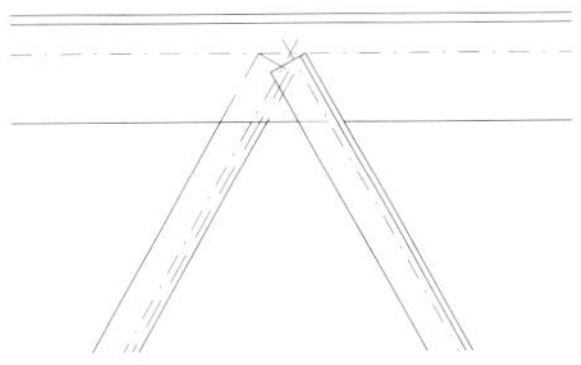

5.131
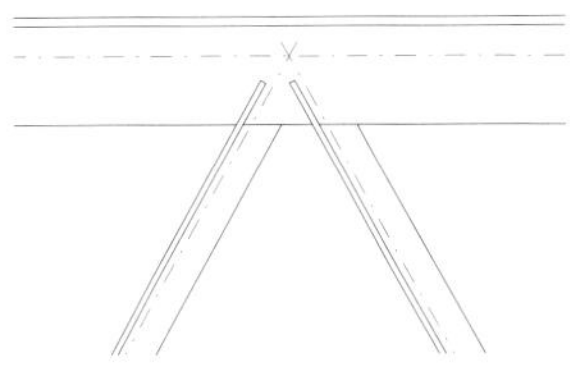

5.132
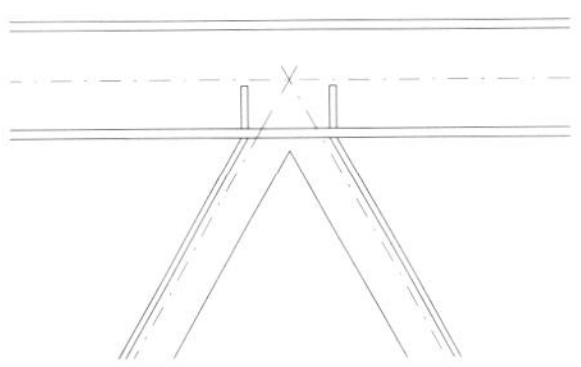

5.133
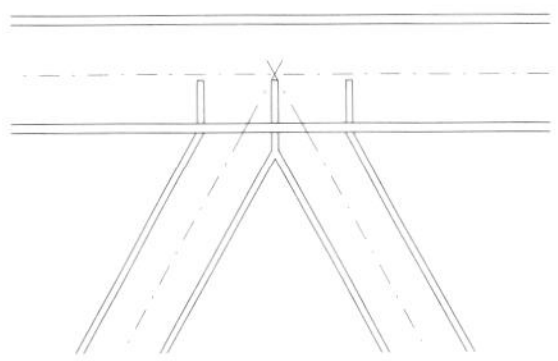

5.134
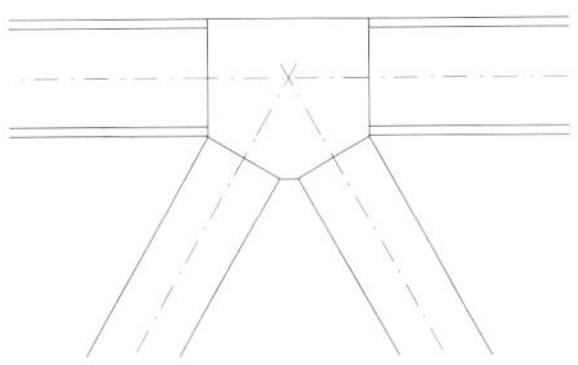

5.135
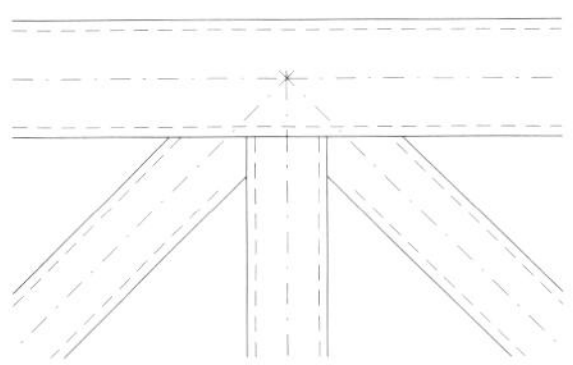

5.136
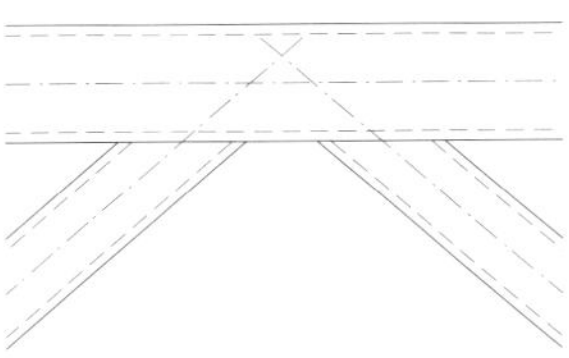

5.137
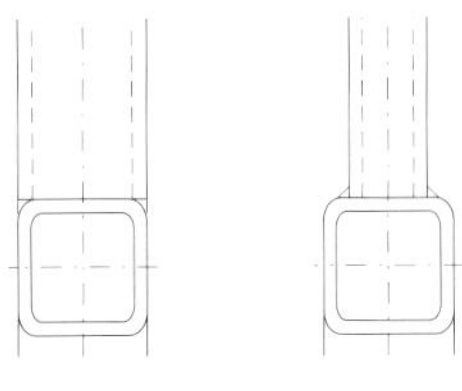

5.138
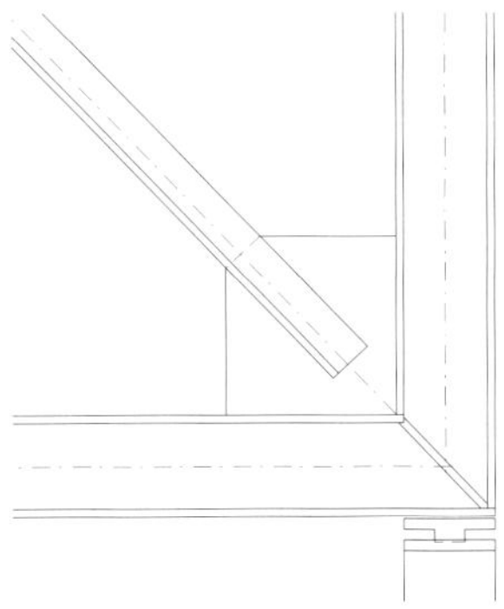

5.139
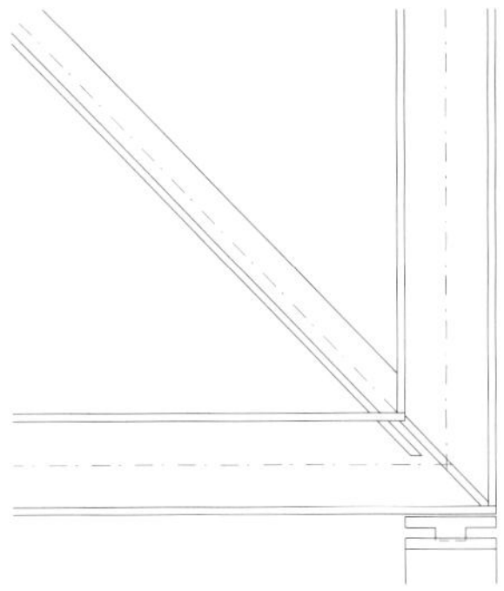

5.140
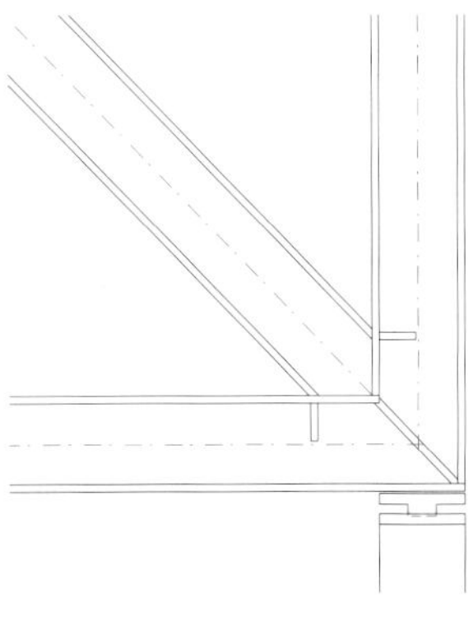

5.141 Vierendeel-Träger. Geometrie und Belastung
5.142 Normalkraftverlauf
5.143 Momentenverlauf
5.144 Trägeransicht bei einer der Beanspruchung angepaßten Profilbelegung
5.145 Überbauung eines bestehenden Gebäudes mit einem Vierendeel-Träger [53]
5.146 Schnitt zu 5.145 [53]

5.147 Magazzini Generali in Chiasso (eine Betonkonstruktion) von Robert Maillart. Das System ist für den Eigengewichtslastfall und dazu aktive Belastungen frei von einer Momentenbeanspruchung, wirkt bei nicht-affiner Belastung allerdings bereichsweise als Vierendeel-Träger

5.147

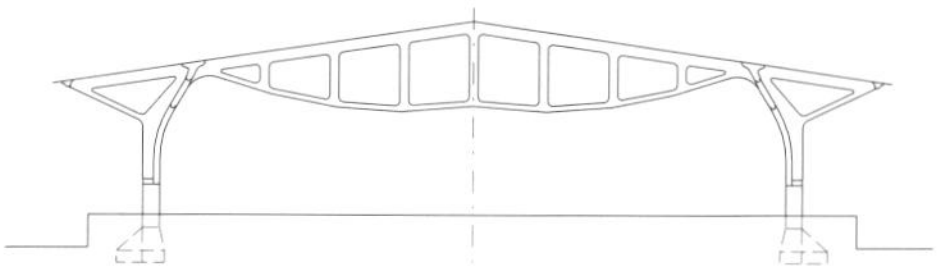

5.141

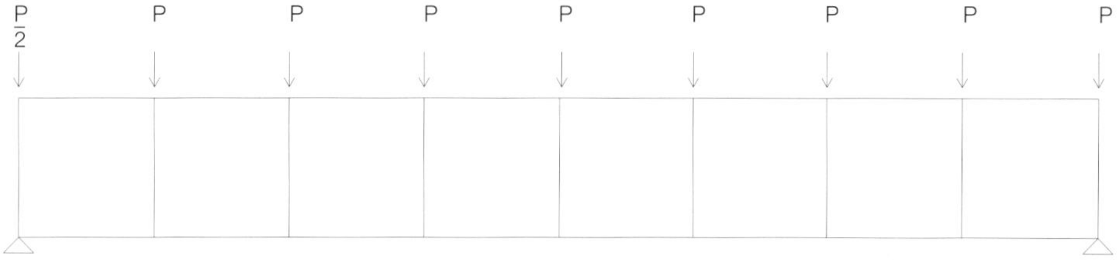

5.142

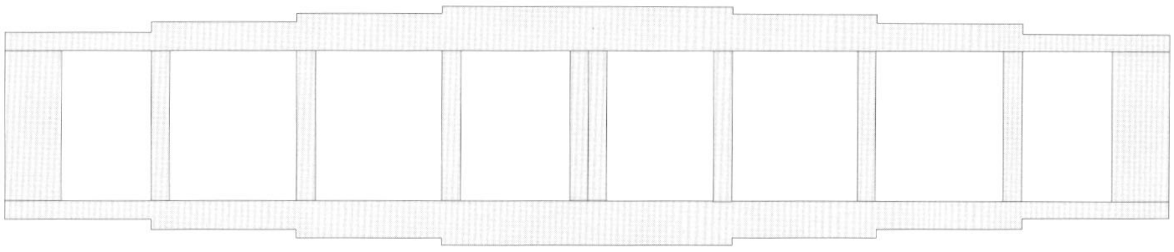

5.143

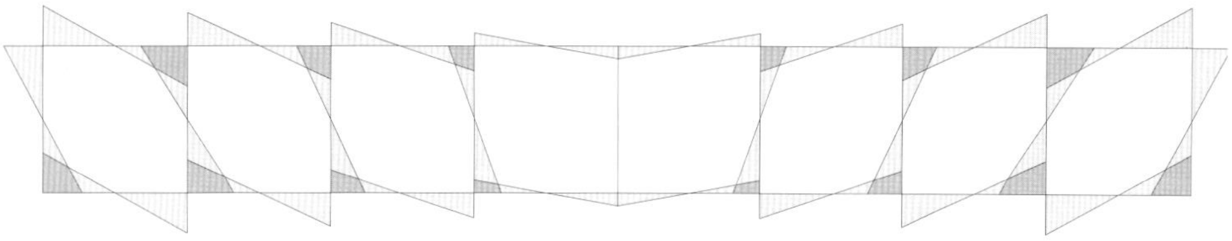

5.144

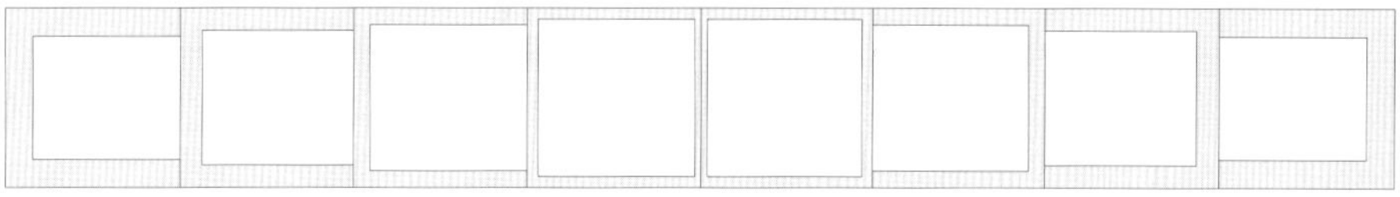

5.145

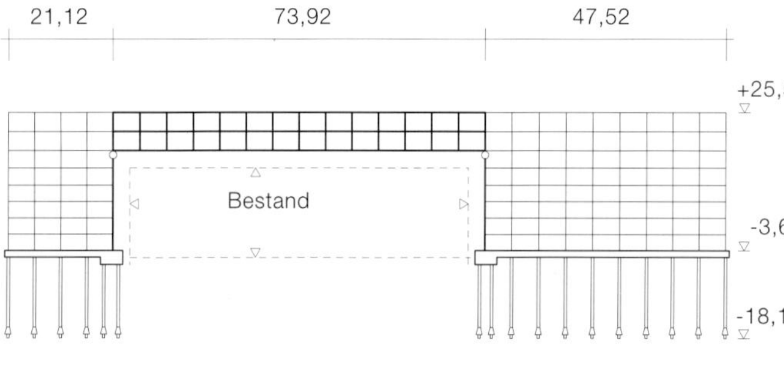

5.146

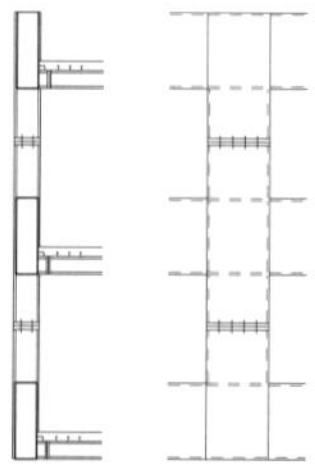

Die Profilwahl hängt bei Fachwerkträgern stark von der gewählten Verbindungstechnik ab. Geschraubte Konstruktionen mit Knotenblechen fertigt man gern aus Doppel-U-Profilen, die Pfosten und die Diagonalen gegebenenfalls auch aus Winkelprofilen. Bei geschraubten Konstruktionen ohne Knotenbleche wird man T-Profile für die Gurte verwenden und Winkelprofile als Pfosten oder Diagonalen direkt an die Stege dieser Gurte anschließen. Geschweißte Träger stellt man entweder aus Doppel-T-Profilen oder aus Rundrohren bzw. Rechteckhohlprofilen her. Doppel-T-Profile lassen sich vergleichsweise einfach bearbeiten und verschweißen, bei Rundrohren sind die Rohre mit entsprechenden Schnittkurven abzuschneiden. Dies ist zwar heute Stand der Technik, kleineren Betrieben ist dies aufgrund der erforderlichen Investitionen jedoch noch nicht selbständig möglich. Rundrohrfachwerke und Fachwerke aus Rechteckhohlprofilen werden dichtgeschweißt, so daß lediglich ein äußerer Korrosionsschutz erforderlich ist.

Vierendeelträger
Der nach dem belgischen Ingenieur Vierendeel benannte Trägertyp ist ein aufgelöster ebener Biegeträger ohne Diagonalen. Üblicherweise ist ein Vierendeelträger parallelgurtig und hat senkrecht zu den Gurten liegenden Pfosten.

Aufgrund der fehlenden Diagonalen müssen bei einem Vierendeelträger alle Knotenpunkte biegesteif ausgebildet werden. Die in den Pfosten und Gurten sowie die in den Knoten vorhandenen Biegemomente sind teilweise sehr hoch und bestimmen die Querschnittsabmessungen ganz wesentlich. Gegenüber einem Fachwerkträger mit gleicher Spannweite und gleicher Bauhöhe ist ein Vierendeelträger deshalb stets deutlich schwerer. Andererseits haben Vierendeelträger eine sehr ruhig wirkende Lineatur und eine hohe Gestaltqualität.

Vierendeelträger sowie verwandte Trägerformen sollten aus Profilen zusammengesetzt werden, die eine hohe Biegesteifigkeit in der Trägerebene aufweisen. Doppel-T-Profile und Doppel-U-Querschnitte sind besonders geeignet, da sich bei ihnen durch eingeschweißte Bleche die Flansche leicht durchbinden lassen und so eine hohe Biegetragfähigkeit der

5.148 Die Hauptstützen der Hongkong und Shanghai-Bank in Hongkong bestehen aus Vierendeel-Trägern (siehe Beispielteil S. 384)
51.49 Der Biegebalken über einem Feld unter Gleichstreckenlast und daraus abgeleitete Trägerformen. Links: Haupttragelemente zugbeansprucht, rechts: Haupttragelemente druckbeansprucht

5.148

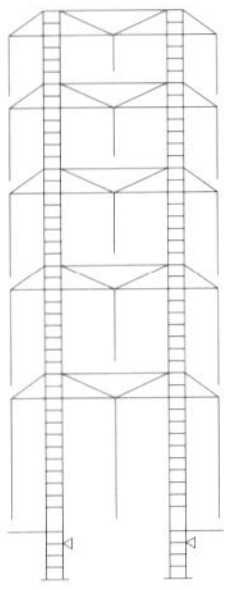

Knotenpunkte erzielt wird. Bei Rechteckhohlprofilen ist das Durchbinden der durch die lokale Momentenbeanspruchung höher belasteten Flansche schwieriger. Zwar kann man die Gurte stets durchlaufen lassen, der Anschluß hoch biegebeanspruchter Pfosten macht jedoch immer wieder Probleme. Außen auf die Stege aufgeschweißte Bleche sind eine Lösung, wenn auch keine perfekte. Am idealsten ist in solchen Fällen die Ausbildung gegossener Knoten.

Rundrohre sind als Profile für Vierendeelträger weniger geeignet.

Selbstverständlich kann man das Tragprinzip des Vierendeelträgers aufnehmen und den Träger dabei anders ausformen. Träger mit parallelen Außenkanten und herausgeschnittenen Öffnungen sind dabei genauso möglich wie Träger mit gevouteter Ober- oder Unterkante. Konstruktiv setzt man derartige Träger am besten aus zwei parallelen großen Stegblechen, in welche die Öffnungen eingeschnitten wurden, sowie in diese Öffnungen eingeschweißte Flanschbleche zusammen. Hierdurch wird die Biegetragfähigkeit der einzelnen Querschnitte gewährleistet sowie ein Ausbeulen der teilweise erheblich druckbeanspruchten Stegbleche vermieden. Durch dreieckige Ausschnitte und geneigte Pfosten nähert man das Tragverhalten demjenigen des Fachwerkträgers an. Die schrägen Pfosten wirken jetzt als Diagonalen, ihre Biegebeanspruchung wird geringer. In letzter Konsequenz erzielt man bei geeigneter Plazierung der Öffnungen und entsprechend schlanken, biegeweichen Elementen einen Fachwerkträger.

Axial zug- oder druckbeanspruchte Biegeträger
Durch die Überlagerung einer axialen Zug- oder Druckbeanspruchung wird der Spannungszustand in allen Bauteilen eines Biegeträgers verändert. Eine axiale Druckbeanspruchung bewirkt zudem ein globales Stabilitätsproblem, für das die Konstruktion auszulegen ist.

Unter- und überspannte Träger
Häufig möchte man einen Biegeträger so schlank gestalten, daß er für die von ihm zu überbrückende Spannweite eigentlich nicht mehr geeignet ist. Zwischenunterstützungen sind dann, wenn man von einer Veränderung

5.149

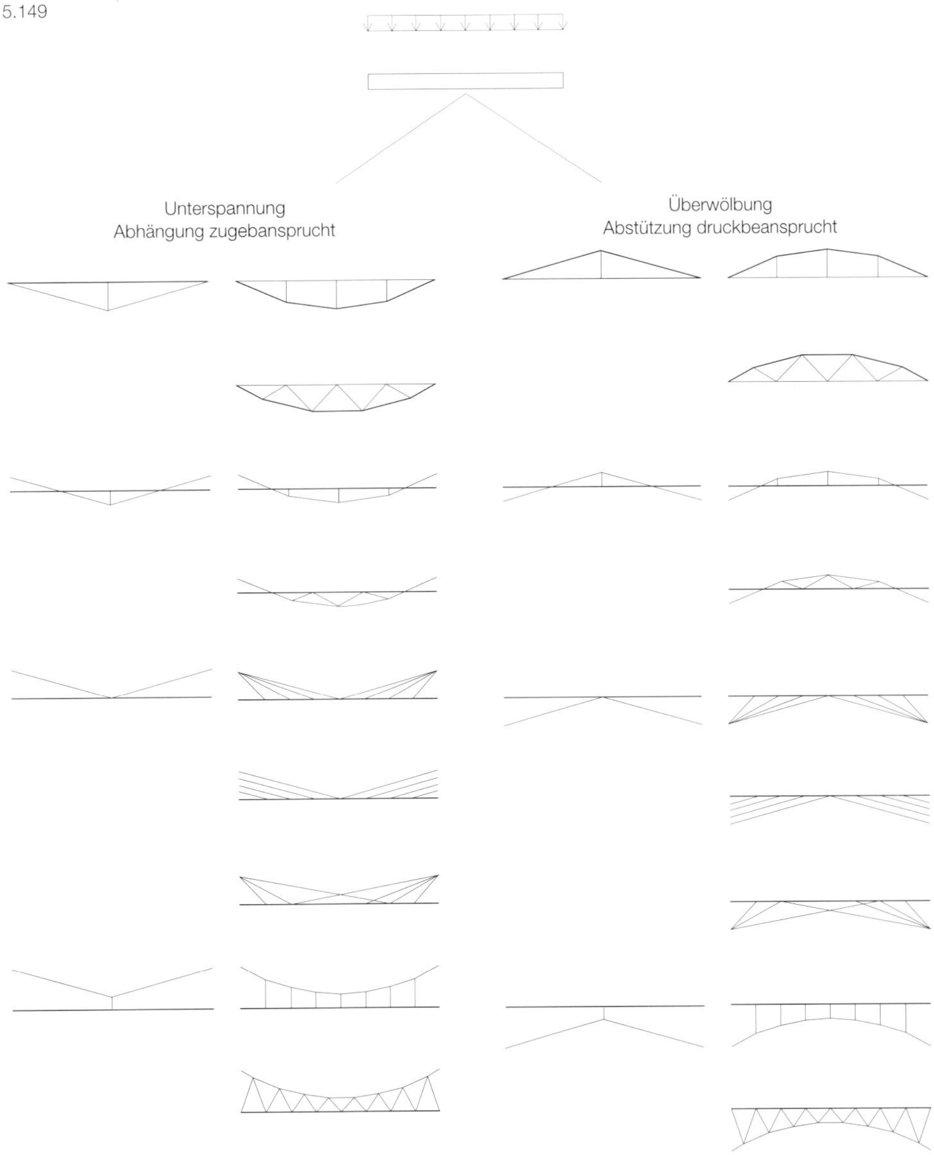

5.150 Die abgespannte Stütze, deren Fuß ebenengleich, auf einem Sockel oder in einer Vertiefung gelagert ist, ist eine schöne Analogie zum Stabilitätsproblem des unterspannten Balkens: labil
5.151 instabil
5.152 stabil
5.153 Verformungsverhalten eines einfach unterspannten Trägers bei symmetrischer und bei asymmetrischer Belastung

5.154 Verformungsverhalten eines zweifach unterspannten Trägers bei symmetrischer und bei asymmetrischer Belastung
5.155 Unterspannte Träger
- Fink-Träger
- Jeder Pfosten wird direkt zu den Auflagern hin unterspannt
- Bollmann-Träger

5.156 Einfach und mehrfach unterspannte Balken

5.150

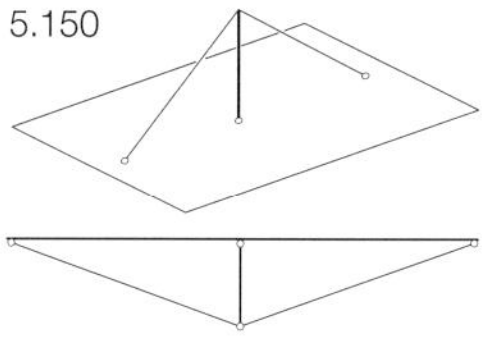

5.151

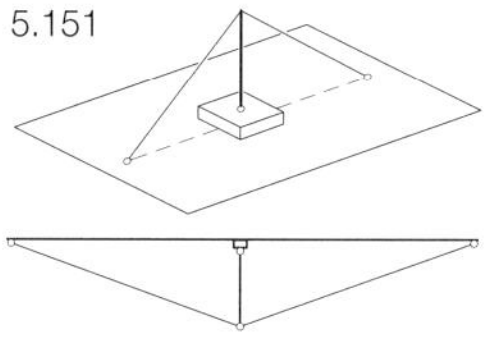

5.152

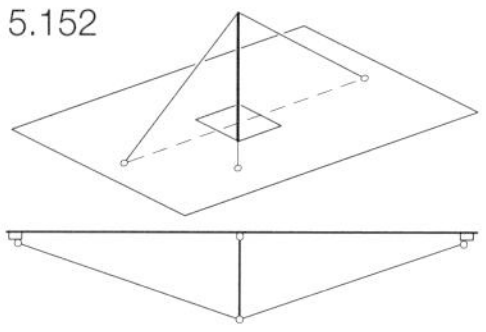

5.155

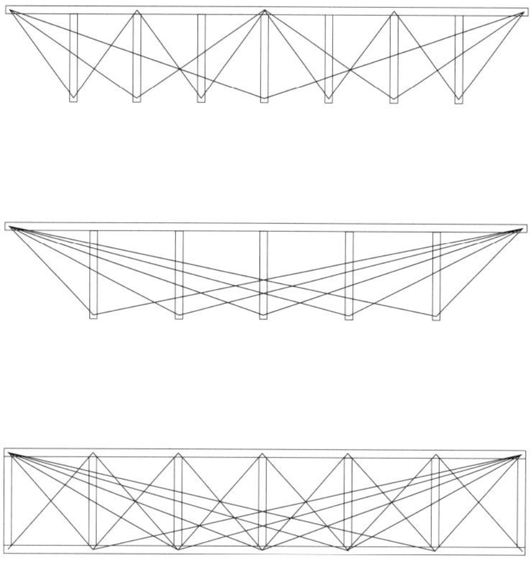

5.153

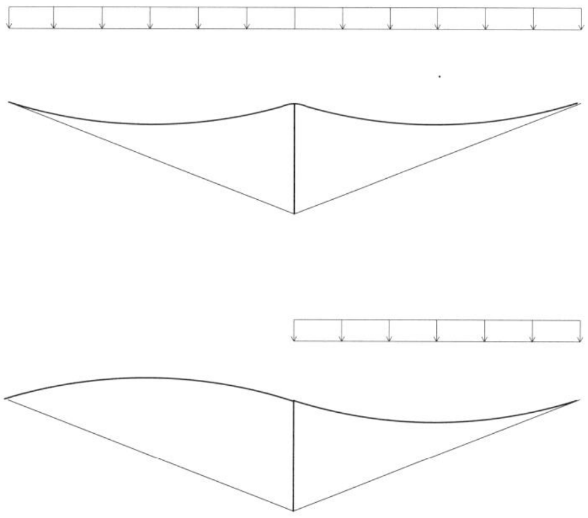

5.154

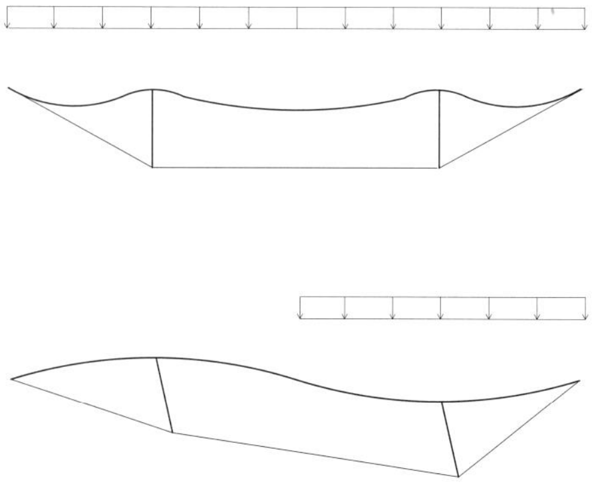

5.156

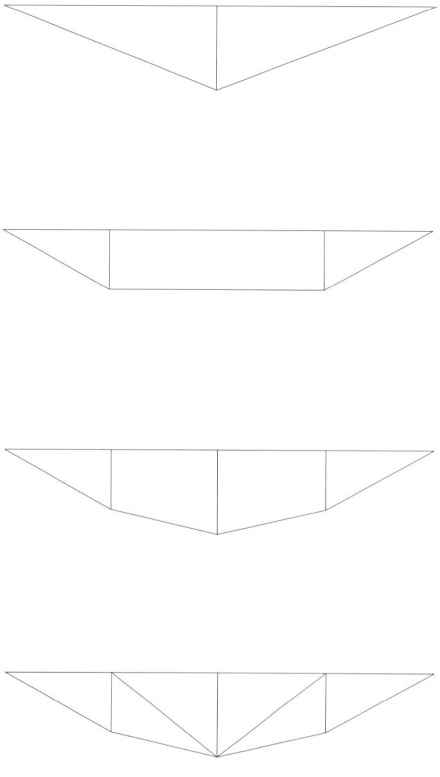

der Bauhöhe absehen will, der einzige Weg zu einer Realisierbarkeit. Direkte Zwischenauflager sind natürlich stets möglich, entsprechen jedoch nicht der hier diskutierten Intention der Überbrückung einer großen Spannweite mit einem »zu schlanken« Biegeträger. Indirekte Zwischenstützungen sind somit die einzige Möglichkeit zur Lösung des Problems.

Eine indirekte Unterstützung erfolgt dadurch, daß man einen Biegeträger ein- oder mehrfach mit zug- oder druckbeanspruchten Hängern bzw. Pfosten, die ihrerseits von einem zug- oder druckbeanspruchten Subsystem gehalten werden, abstützt. Das Subsystem kann fest oder am Träger selbst verankert werden.

Das skizzierte Tragprinzip eröffnet ein weitgefächertes Spektrum von Tragwerken. Dazu gehören die folgenden Systeme:

Hänger (zugbeansprucht) und Überspannung (zugbeansprucht)
- Hängebrücke, selbstverankert
- Hängebrücke, erdverankert
- Schrägseilbrücke

Pfosten (druckbeansprucht) und Unterspannung (zugbeansprucht)
- einfach unterspannter Träger
- mehrfach unterspannter Träger
- mehrfach unterspannter Träger nach Fink
- mehrfach unterspannter Träger nach Le Ricolais

Hänger (zugbeansprucht) und Stabbogensystem (druckbeansprucht)
- Bogenbrücke mit Hängern

Pfosten (druckbeansprucht) und Stabbogensystem (druckbeansprucht)
- durch Träger stabilisierte Stabbögen
- durch Stabbögen stabilisierte Träger

Hänger (zugbeansprucht) und Überspannung (zugbeansprucht)
An einem zwischen zwei Auflagern gespannten Seil wird der Träger mit einer Reihe von ausschließlich zugbeanspruchten Hängern abgehängt. Die Hänger stellen für den Träger Zwischenunterstützungen dar, die jedoch, aufgrund der Tendenz des Tragseiles, sich unter wechselnden Lasten »umzuhängen«, als eine vergleichsweise nachgiebige Auflagerung

5.157 Teilweise unter-, teilweise überspannter Bogen. Waterloo-Stadion, London (siehe Beispielteil S. 360)
5.158 Detail
5.159 Kirche in Nürnberg-Langwasser (siehe Beispielteil S. 240). Unterspannter Träger
5.160 Detail
5.161 Zweifach unterspannter Träger, Sporthalle in Lorch (siehe Beispielteil S. 300)
5.162 Detail Auflager
5.163 Detail der Unterspannung

anzusehen sind. Ist der Eigengewichtslastfall der dominierende Lastfall, dem sich andere Laststellungen deutlich geringerer Größe überlagern, dann ist das Umhängen sehr klein und die Steifigkeit der Auflagerung durch die Hänger entsprechend groß.

Bei den rückverankerten (erdverankerten) Systemen wird die Zugkraft aus dem Tragseil über Pylone in den Baugrund geleitet. Der Träger bleibt in diesem Fall frei von einer axialen Beanspruchung, was insbesondere auch eine einfachere Montage erlaubt. Bei den selbstverankerten Systemen wird durch eine entsprechende Umlenkung des Tragseiles ein Teil der Seilkraft in den Träger geleitet und mit der Kraft aus der gegenüberliegenden Aufhängung kurzgeschlossen. Der Träger wird durch diese Maßnahme axial auf Druck vorgespannt.

Bei den Schrägseilbrücken und den vergleichbaren Systemen im Hochbau fallen Hänger und Überspannung zu einer Reihe schräger Hänger zusammen. Nach der Geometrie der Schrägseilanordnung unterscheidet man die Harfen-, die Büschelanordnung sowie deren Derivate. Die Schrägseile werden üblicherweise an Pylonen verankert. Um Biegung in diesen Pylonen zu vermeiden, sollten sie nach außen abgespannt werden. Die Schrägstellung eines gewichtsballastierten Pylons vermeidet eine Pylonbiegung nur für den Eigengewichtslastfall.

Die ausschließlich zugbeanspruchten Hänger bilden für den Träger nachgiebige, elastische Auflager. Gleichzeitig erzeugen sie im Träger eine axiale Druckkraft, abgesehen von der Trägermitte. Hier liegt ein kurzer, üblicherweise von Axialkräften freier Bereich vor.

Pfosten (druckbeansprucht) und Unterspannung (zugbeansprucht)
Ähnlich den Systemen mit einer Überspannung wird bei dieser Variante durch eine Unterspannung die Bauhöhe des Trägers vergrößert. Das Tragseil greift jetzt unter den Träger, wodurch die das elastische Zwischenauflager bildenden Pfosten druckbeansprucht werden. Wird die Unterspannung im Träger verankert, so erhält dieser aus der Unterspannung eine axiale Druckkraft, die sich der – nach wie vor noch vorhandenen – Biegebeanspruchung überlagert.

5.157

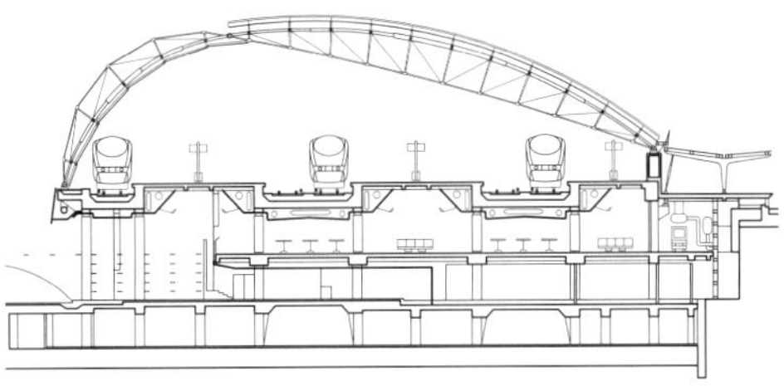

5.158

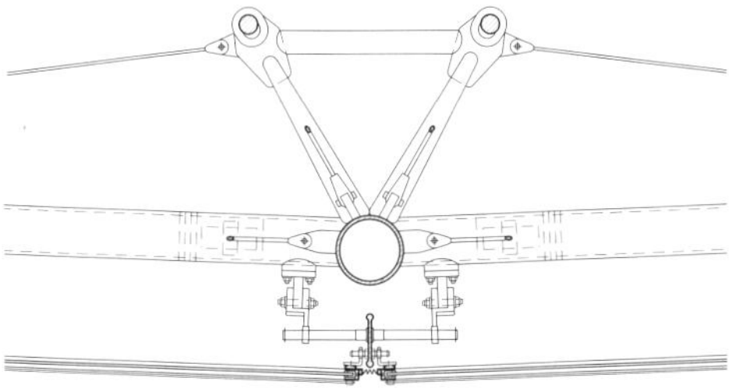

5.159

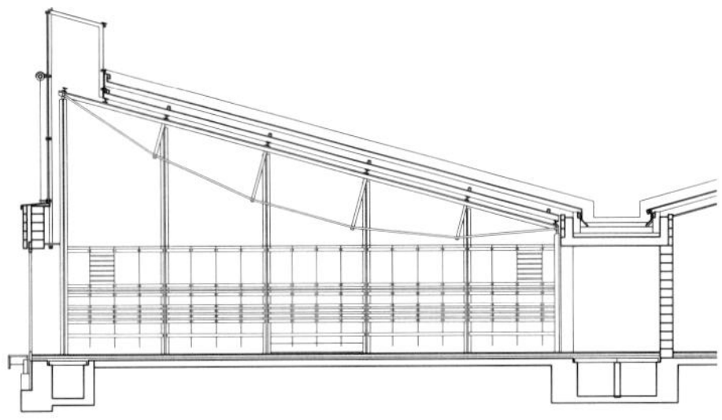

5.160

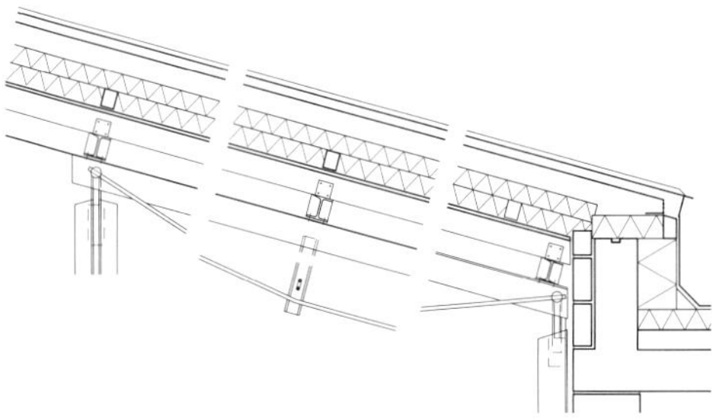

5.161

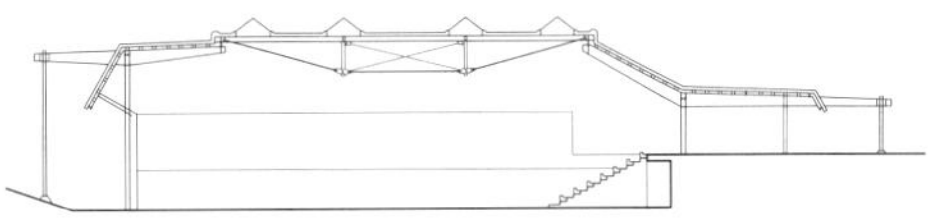

5.163

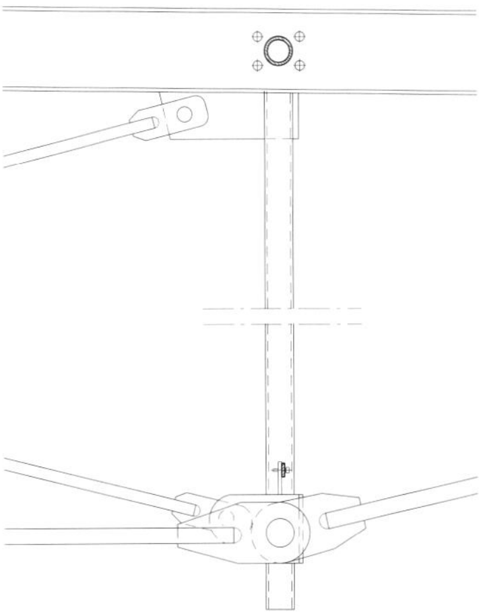

5.162

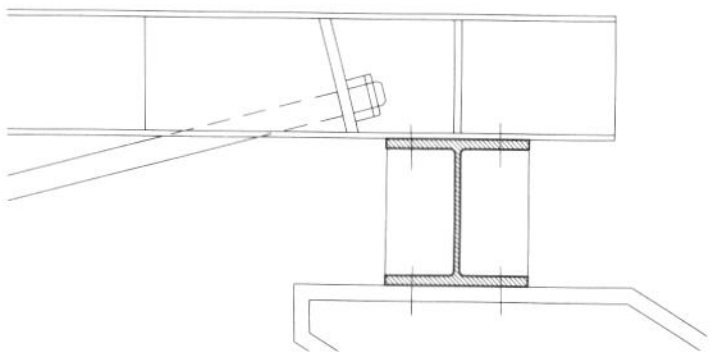

5.165 Rahmen ohne Gelenke. Rahmen mit einem Gelenk, Zwei- und Dreigelenkrahmen
5.166 An einem Basisrahmen angehängte Halbrahmen bzw. gelenkig angeschlossene Stütze-Träger-Systeme
5.167 Stockwerksrahmen
5.168 Aussteifung ebener Stütze-Träger-Systeme. Mit einer Zug-Druck-Diagonalen oder mit einer Auskreuzung durch zwei Zugdiagonalen
5.169 Skelettkonstruktion mit Aussteifung durch Zugdiagonalen bzw. Zug-Druckdiagonalen
5.170 Vorgespannte Zugdiagonalen führen zu einer erheblichen Reduktion der Verformungen unter H-Last

5.165

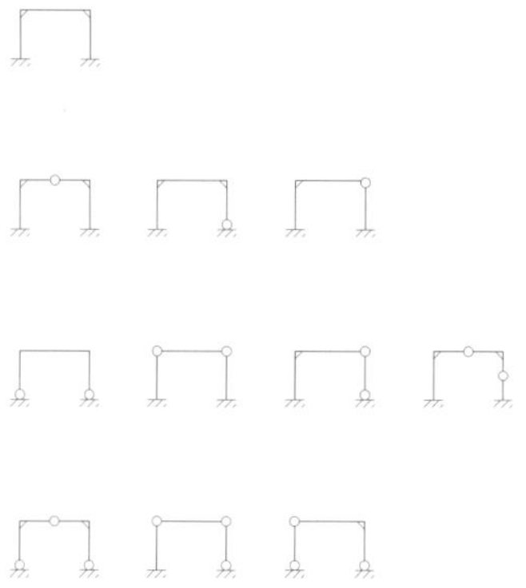

5.166

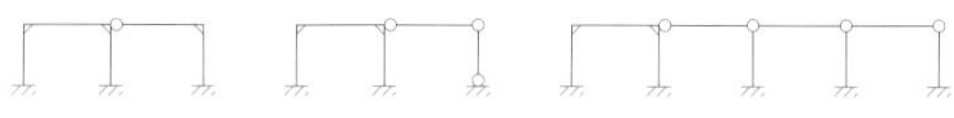

5.167

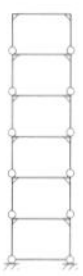

5.168

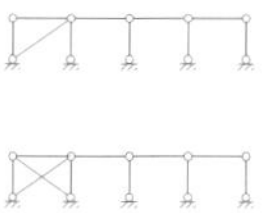

5.169

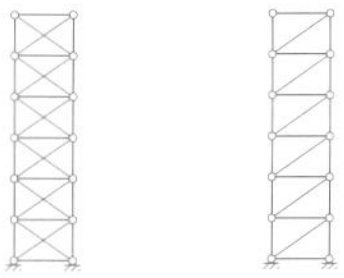

5.170

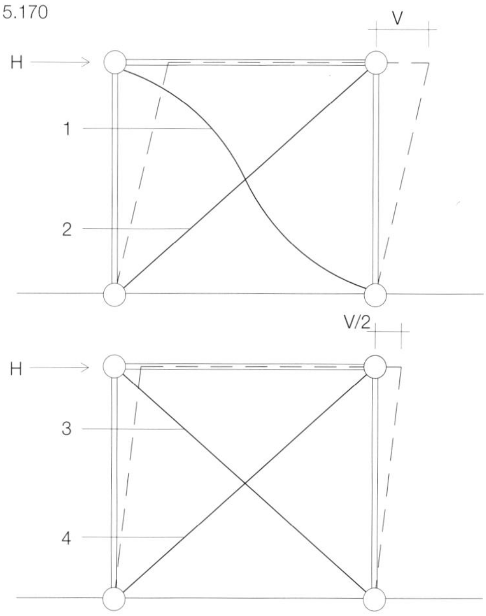

1 Zug
2 Diagonale fällt aus
3 Zugkraft kleiner als im Vorspannungszustand
4 Zugkraft größer als im Vorspannungszustand

Unterspannte Träger unterliegen, wie alle ebenen Biegeträger, dem als Kipp-Problem bezeichneten Stabilitätsproblem. Durch die Position der Befestigung der Unterspannung relativ zur Achse des Trägers bestimmt sich, ob labiles, stabiles oder instabiles Verhalten eintritt. Stabilität kann durch torsionssteife Einspannung der Trägerenden, viel effektiver jedoch durch Plazieren der Endpunkte der Unterspannung unterhalb der Trägerachse bewirkt werden.

Entsprechend der Anzahl und der Anordnung der Unterspannungen unterscheidet man eine Vielzahl von Ableitungen des Grundprinzips, z.B. den unterspannten Träger nach Fink oder Le Ricolais.

Hänger (zugbeansprucht) und Stabbogensystem (druckbeansprucht)

Dies ist das Prinzip der Stabbogenbrücke mit abgehängter Fahrbahn, das jedoch jederzeit auf den Hochbau übertragbar ist. Die Hänger transportieren die Vertikallasten aus dem Träger in den idealerweise ausschließlich druckbeanspruchten Stabbogen. Wenn stark unterschiedliche Laststellungen zu erwarten sind, dann müssen entweder der Stabbogen oder der Träger mit einer hinreichend hohen Biegesteifigkeit ausgestattet werden. Diagonal angeordnete Hänger dämpfen die aus nur bereichsweise vorhandenen Lastgruppen entstehende Biegebeanspruchung des Stabbogens ab, in dem sie diese Lasten weiträumiger auf den Bogen verteilen und zudem über eine Fachwerktragwirkung zu einer Versteifung des Systems führen.

Pfosten (druckbeansprucht) und Stabbogensystem (druckbeansprucht)

Zu dieser Gruppe gehören die in diesem Kapitel bereits diskutierten, durch Träger stabilisierten Stabbögen sowie die durch Stabbögen stabilisierten Träger einschließlich aller Zwischenformen.

Ebene Stützen-Träger-Systeme

Hallen, Geschoßbauten oder allgemeine Konstruktionen für Wohnen, Industrie und Verkehr bestehen in den meisten Fällen aus einer räumlichen Kombination unterschiedlicher Stützen und Träger. Diese Systeme folgen dabei alle den in Kapitel »Das Tragwerk als Teil des Gesamtbauwerkes« geschilderten Überlegungen zum Entwurf der Lastabtragungswege oder den Konzepten zur Erreichung der Gesamtstabilität sowie den Prinzipien zur Ausformung der Bauteile und ihrer Fügungen. Die Grundlagen zum Entwurf und zur Konstruktion derartiger Systeme liegen also vor. Aufgrund ihrer großen Verbreitung und der daraus resultierenden Wichtigkeit dieser Konstruktionen werden sie aber nachfolgend exemplarisch besprochen. Die an der ebenen Konstruktion gewonnenen Erkenntnisse lassen sich entsprechend auf die räumliche Konstruktion übertragen.

Das einfachste System zur Überdachung eines Raumes ist der Rahmen, bestehend aus Stielen und Riegel. Er läßt sich in vielen Varianten gestalten, mit eingespannten Stielen, als Ein-, Zwei-, oder Dreigelenkrahmen. Mit zunehmender Anzahl der Gelenke werden die Verformungen eines Rahmens unter einem gegebenen Lastspektrum größer, die aus Zwängungen wie Fundationssetzungen oder Temperaturbeaufschlagung rührenden Zwängungsbeanspruchungen kleiner. Als Montagestöße wird man möglichst die Gelenke benutzen. Falls dies nicht möglich ist, wird man den Montagestoß in einen Bereich mit niedriger Momentenbeanspruchung legen, um diesen so möglichst einfach gestalten zu können.

An einen Rahmen lassen sich weitere Halbrahmen oder gelenkig miteinander verbundene Träger-Stützen-Paare anhängen. Die Kombinationsmöglichkeiten sind dabei nahezu unüberschaubar, wobei natürlich jeweils auf Einhaltung der Stabilität des Systems zu achten ist. Es sollte stets Prinzip sein, Montagestöße in den Bereich der Gelenke oder niedrig momentenbeanspruchter Bereiche zu legen. Zwängungsbeanspruchungen durch Fundationssenkung oder Temperaturbeaufschlagung sollten durch geeignete Plazierung der Gelenke möglichst klein gehalten werden.

Durch Aufeinanderstapeln einzelner Rahmen entstehen Geschoßbauten bis zur Hochhaushöhe. Da derartige Systeme einfach und ohne Hilfe von Computern berechenbar sind, bildeten sie, in Ermangelung anderer Konzepte, die Standardlösung im Hochhausbau bis in die 50er Jahre dieses Jahrhunderts. Üblicherweise bildete man dabei montagetechnisch günstige gelenkige Verbindungen an den Füßen der

5.171 Stützen-Träger-System mit exzentrisch positionierter Aussteifung
5.172 Zentrisch angeordnete Aussteifung
5.173 Aussteifung über Auskreuzung und zusätzlich biegesteif ausgeführte Rahmenecken
5.174 Die Führung von Diagonalisierungen, mögliche Umgehung von Öffnungen in Wänden
5.175 Verformungsverhalten eines Rahmentragwerkes und einer Scheibe. Steifigkeitsgewinn durch Kupplung beider Systeme
5.176 Zentrisch angeschlossene Auskreuzungen
5.177 Exzentrisch angeschlossene Auskreuzungen. Bei Erdbeben absorbieren die biegebeanspruchten und hochgradig versteiften Bereiche Energie durch plastische Verformung

Stiele aus. Gleichzeitig verstärkte man die hoch durch Biegung beanspruchten oberen Ecken entsprechend. Diese Konstruktionsweise wurde als »Portal Frame« bezeichnet. Mit »Portal Framing« wurden Hochhäuser bis in den Bereich von 60 Geschossen errichtet, darunter das Chrysler Building, das Empire State Building oder die Chase Manhattan Bank, alle in New York.

Natürlich sind Rahmenkonstruktionen aufgrund ihrer Lastabtragung durch Biegung statisch ineffektive Konstruktionen. Wirtschaftlich sind deshalb auch nur beschränkte Spannweiten oder Höhen vertretbar. Bei horizontal ausgedehnten Konstruktionen wird man daher versuchen, zur Ableitung der H-Lasten in die Gründung schräg bzw. diagonal angeordnete Stäbe zu verwenden. Der bekannteste Fall ist die Auskreuzung von zwei gelenkig gelagerten, durch einen Biegeträger oder Stab verbundenen Stützen. Werden die Diagonalen als ausschließlich zugbeanspruchbare Elemente ausgeführt, so können sie wegen des fehlenden Stabilitätsproblems sehr schlank ausgeführt werden. Werden diese Diagonalen entsprechend vorgespannt, so beteiligen sich stets beide Diagonalen an der Abtragung von H-Lasten. Werden sie nicht vorgespannt, so übernimmt jeweils eine Diagonale die Abtragung der Windlast, die andere erschlafft. Die Horizontalverformungen des Systems sind in diesem Fall größer. Werden die Diagonalen als druckbeanspruchte Bauteile ausgeführt, so wird bei H-Belastung jeweils eine Diagonale zugbeansprucht, die andere druckbeansprucht.

Ein ausgekreuztes Stützen-Träger-System kann man auch als Scheibe interpretieren. An eine derartige Scheibe lassen sich, ähnlich wie an einen Rahmen, beidseitig nahezu beliebige Paare von Stützen und Trägern bzw. Halbrahmen anschließen. Wiederum sollte beim Entwurf derartiger Systeme beachtet werden, daß neben der Gewährleistung der Gesamtstabilität Zwängungsbeanspruchungen vermieden werden und Gelenke möglichst in den Bereich der Montagestöße zu liegen kommen.

Durch Übereinanderstapeln ausgekreuzter Stützen-Träger-Systeme entstehen turmartige Konstruktionen, die als Pfeiler im Brückenbau, für Hochregallager oder auch im Geschoßbau Verwendung finden. Man kann diese Systeme

5.171

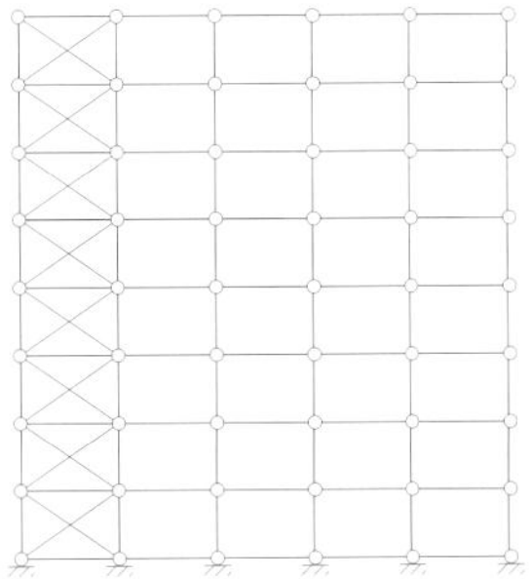

5.172

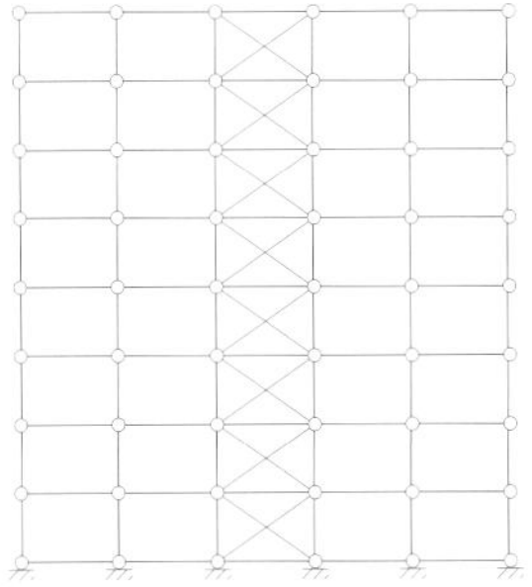

5.173

5.174

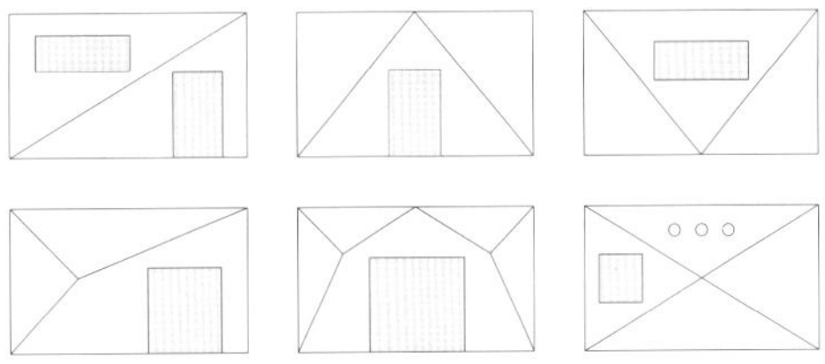

5.175

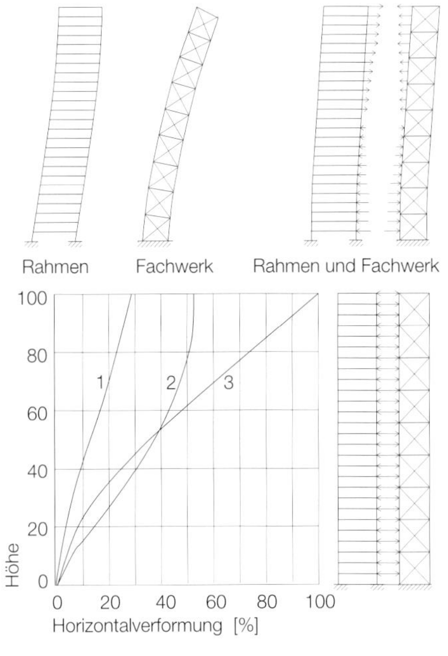

5.176

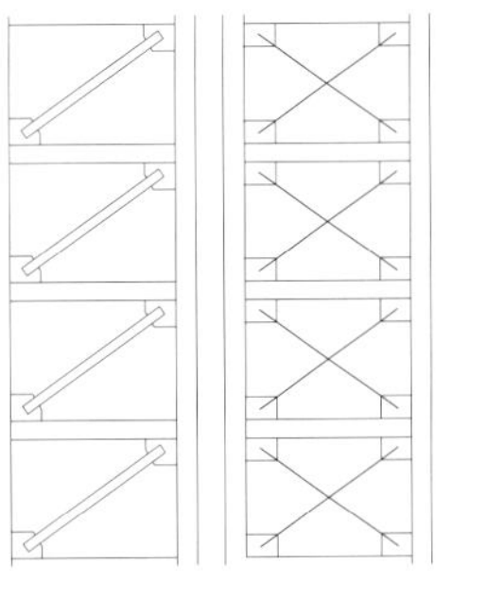

5.177

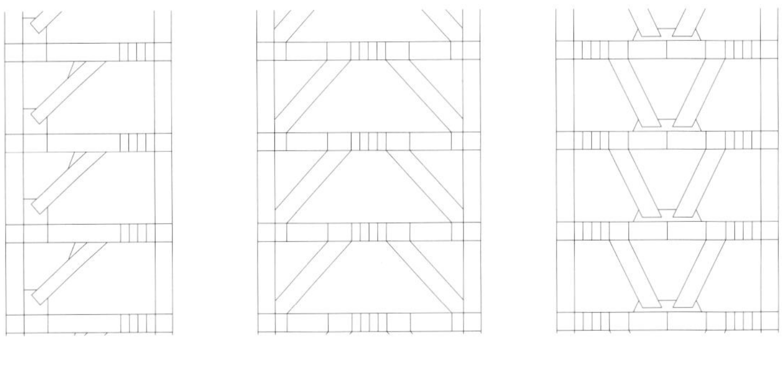

5.178 Tragwerke für Hochhäuser mit Kern: Abfangung über geschoßhohen Träger
5.179 Aufgeständert
5.180 Aufgeständert und abgehängt
5.181 Abgehängt
5.182 Verformungsverhalten einer diagonalisierten Sruktur. Steifigkeitsgewinn durch Anschluß der Außenstützen über ein Kopftragwerk (outrigger)
5.183 Outrigger-Systeme: Spannungsverteilung im Kern und in den Stützen in Abhängigkeit der Steifigkeit des Kopftragwerkes
5.184 Konstruktion mit mehreren outriggern
5.185 Stahlbetonflachdecken, auf Doppel-T-Träger aufgelegt: Ortbetondecke [440]
5.186 Betonhalbfertigteile mit späterem Aufbeton
5.187 Betonfertigteile, durch späteren Verguß miteinander verzahnt [440]
5.188 Betonfertigteile, Verzahnung über den Trägerflansch durch Kopfbolzen [440]

5.178

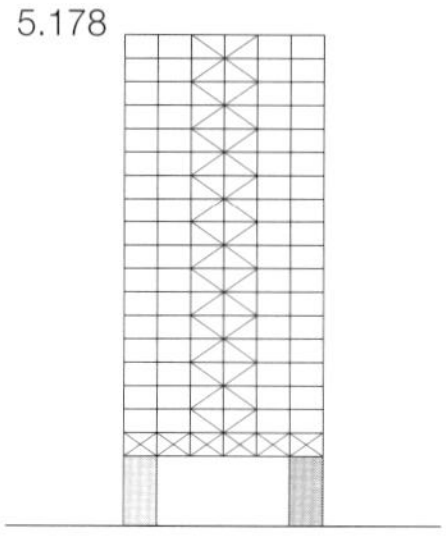

5.179

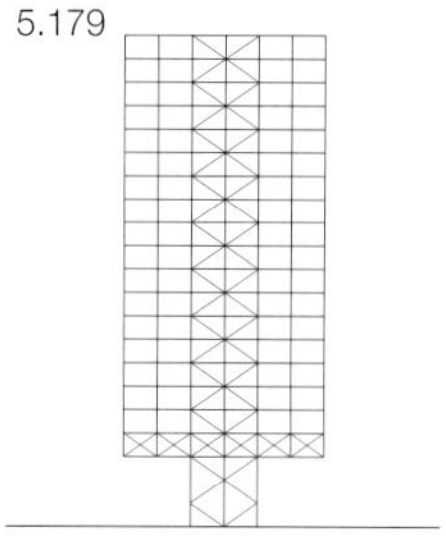

5.180

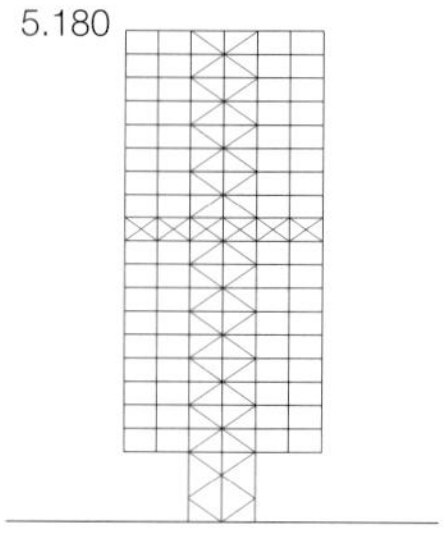

5.181

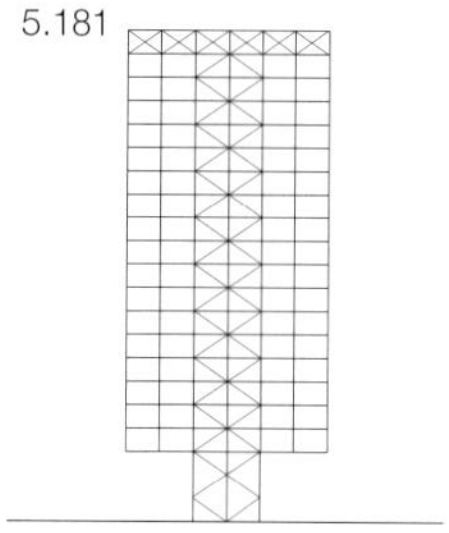

5.182

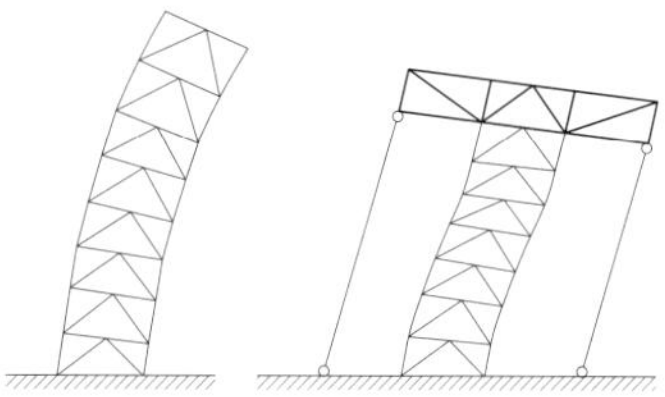

5.183

5.184

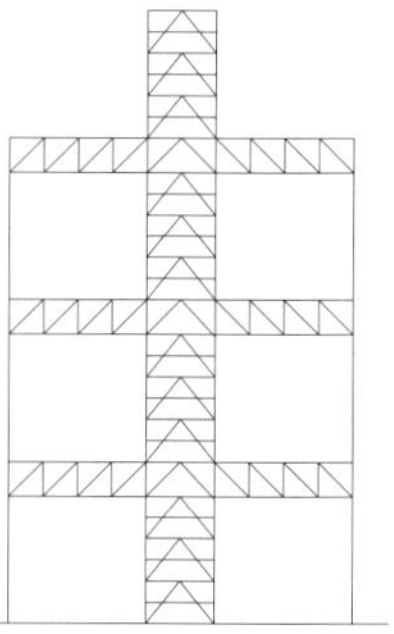

5.185

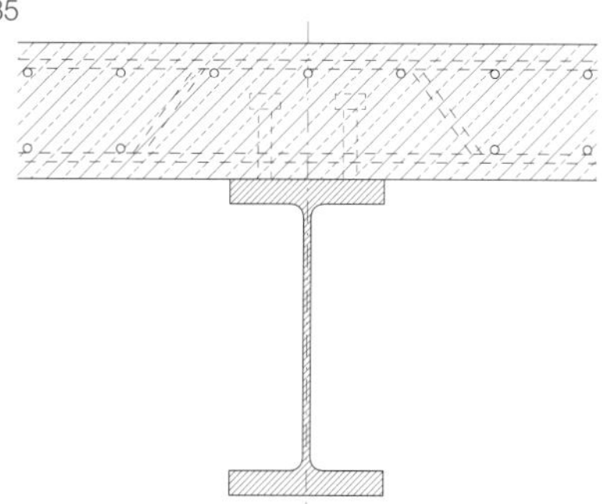

5.187

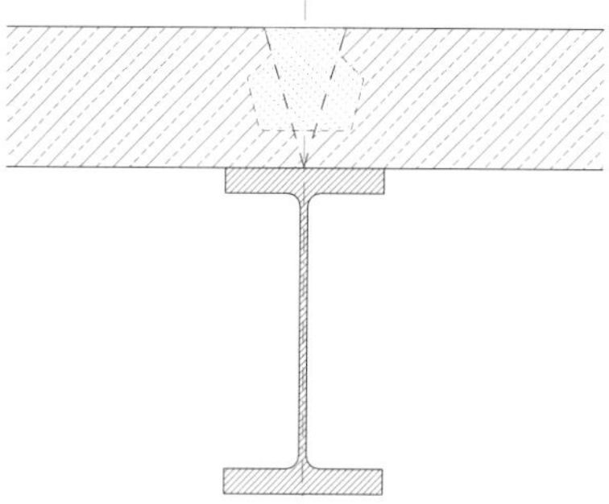

5.186

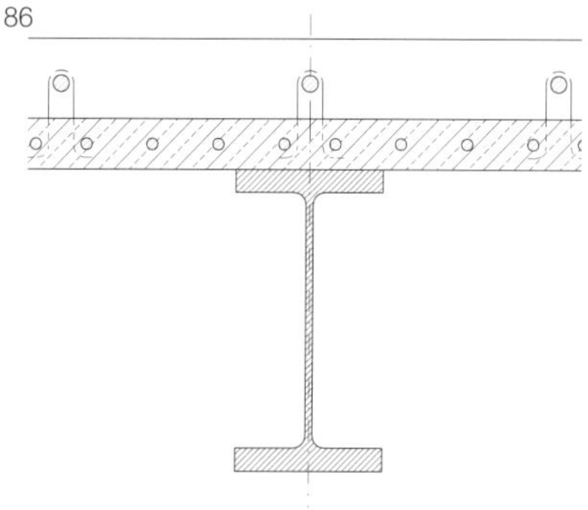

5.188

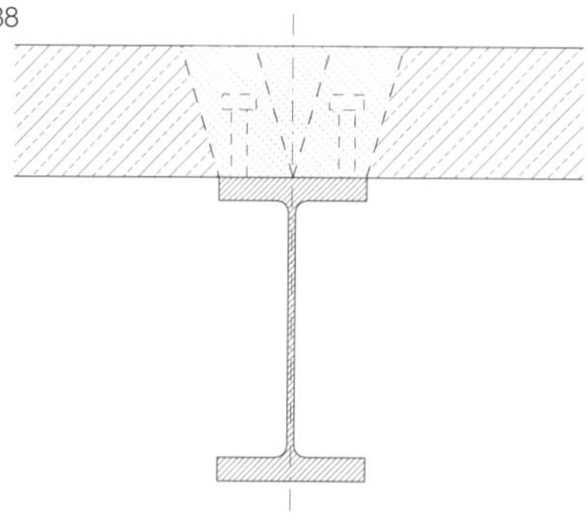

auch als vertikale Scheiben interpretieren. Aufgrund der fehlenden Biegebeanspruchung der Elemente sind diese (Fachwerk!-)Scheiben den Rahmenbauweisen weit überlegen. Der Materialbedarf ist bei Fachwerkscheiben wesentlich geringer, die Fügetechnik üblicherweise einfacher und die Horizontalverformungen sind deutlich kleiner. Natürlich stören Diagonalen bei bestimmten Nutzungen. Man wird sie deshalb an die Fassade, in permanent vorhandene Wände oder, im Geschoßbau, in den Bereich der Kerne legen.

An eine Fachwerkscheibe kann man wiederum unterschiedliche Stützen-Träger-Systeme anhängen. Üblich sind die sehr wirtschaftlichen Druckstützen-Biegeträger-Systeme mit gelenkigen Verbindungen bzw. gelenkigem Anschluß an die Scheibe. Die Fachwerkscheibe übernimmt in diesem Fall die Abtragung der gesamten Horizontalbelastung sowie die Abtragung eines entsprechenden Teils der Vertikallast. Werden die Verformungen infolge Horizontalbelastung zu groß, so ist die Fachwerkscheibe insgesamt oder zumindest im unteren Bereich des Gebäudes zu verbreitern. Alternativ oder in Kombination damit können die angehängten Systeme als teilweise biegesteife Konstruktionen ausgeführt werden. Gegenüber der Vergrößerung des inneren Hebelarms durch Verbreiterung der Fachwerkscheibe ist dies natürlich die wesentlich materialaufwendigere Lösung.

Abfangträger erlauben den Wechsel des Stützenabstandes. Derartige Träger sind beispielsweise im Hochhausbau zur Erzielung einer großzügigeren räumlichen Situation im Erdgeschoßbereich immer wieder nötig. Bei hohen Auflasten und/oder der Forderung nach sehr kleinen Verformungen wird man den Abfangträger als Fachwerkträger ausbilden. Ein solcher Fachwerkträger kann gegebenfalls bis zu einem Geschoß hoch sein.

Mit einem Abfangträger lassen sich gegebenenfalls auch alle anderen Stützen eines Hochhauses abfangen. Man spricht dann von einem aufgeständerten oder Punkthaus. Vorteil derartiger Konstruktionen ist der von Tragelementen weitestgehend befreite untere Bereich des Gebäudes.
Durch Anordnung eines hinreichend steifen Abfangträgers an der Spitze der vertikalen

Räumliche Stabsysteme und Kontinua

5.189 Unterschiedliche Maschenformen bei Seilnetzen. Am gebräuchlichsten sind Quadratmaschennetze.[42]

5.190 Seilnetzklemmen
a gepreßt. Keine Verdrehbarkeit in der Klemme, für geringe Beanspruchungen
b geschraubt. Keine Verdrehbarkeit und keine Winkelanpaßbarkeit
c geschraubte Klemme für Zwillingsseile. Keine Verdrehbarkeit und keine Winkelanpaßbarkeit
d Preßklemmen, verschraubt. Verdrehbar

Scheibe lassen sich die einzelnen Stützen nach oben hängen. Es entsteht ein Hängehaus, das wiederum einen von Tragelementen weitestgehend freien unteren Bereich des Gebäudes aufweist. Die Stützen sind bei Hängehochhäusern, da zugbeansprucht, deutlich schlanker als bei Gebäuden mit druckbeanspruchten Stützen. Zu beachten ist jedoch, daß die zum Primärtragwerk gehörenden Hängestützen einen entsprechenden Brandschutz benötigen. Nichttragende Brandschutzummantelungen, wie auch der statisch mittragende Beton bei vorgespannten einbetonierten Zugstützen, bewirken eine erhebliche Zunahme des statisch erforderlichen Stützendurchmessers.

Ein steifer Abfangträger an der Spitze der vertikalen Scheibe kann auch mit den (an die Fundation angeschlossenen) Stützen, insbesondere den außenliegenden Stützen, gelenkig verbunden werden. Es entsteht ein sogenanntes Outriggersystem (engl. Outrigger: Ausleger), bei dem die ansonsten nur zur Abtragung der vertikalen Lasten benutzen Stützen auch zur Abtragung der Horizontallasten herangezogen werden. Aufgrund des großen Hebelarms dieser (Außen-)Stützen entsteht ein entsprechend effektives Tragwerk, das für Hochhäuser bis zu 50 Geschossen bzw. vergleichbare Bauwerke eine sinnvolle Lösung darstellt. Wichtig und ingenieursmäßig sehr interessant ist die Abstimmung der Steifigkeit des/der Abfangträger. Hierdurch lassen sich die aus der Horizontalbelastung kommenden Kräfte gezielt auf die Fachwerkscheibe bzw. die Stützen verteilen. Die Anordnung mehrerer Outrigger übereinander ist möglich. Die Beanspruchung der Fachwerkscheibe wird hierdurch reduziert.

Im Bürohausbau, im Wohnbau und in anderen Bereichen ist es erforderlich, Aufzüge und Fluchttreppen hinreichend brandsicher auszubilden. In Europa geschieht dies zumeist dadurch, daß diese Funktionen in einen Kern aus Stahlbeton gelegt werden. Wenn dieser Kern hinreichend tragfähig und innerhalb des Gebäudes geeignet plaziert ist, dann lassen sich durch ihn die Funktionen der die Horizontalaussteifung übernehmenden vertikalen Fachwerkscheibe ersetzen. In den vorstehend gemachten Ausführungen läßt sich deshalb der Begriff »vertikale Fachwerkscheibe« durch den Begriff »Kern« ersetzen.

Räumliche zugbeanspruchte Konstruktionen

Verzweigte Zugstabsysteme

Ähnlich wie bei den ebenen verzweigten Zugstabsystemen lassen sich einzelne, im Raum verteilte Kräfte durch ein ausschließlich zugbeanspruchtes Stabsystem genau dann kurzschließen, wenn die Wirkungslinien aller Kräfte bzw. die Wirkungslinien ihrer Resultierenden durch einen Punkt gehen und wenn die Wirkungsrichtungen von diesem Punkt weg weisen.

Räumlich verzweigte Zugstabsysteme kommen bei der Aufhängung von Trägersystemen an Pylone, bei der Unterspannung von Gitterschalen, bei der räumlichen Verspannung von Fassaden und ähnlichen Anwendungen zum Einsatz. Man wird darauf achten, daß die Zugstäbe oder Seile in allen Lastfällen stets unter einer Zugbeanspruchung bleiben. Auf diese Weise vermeidet man einerseits schlaffe und durchhängende Seile, andererseits vermeidet man den mit dem Ausfallen einzelner Stäbe üblicherweise verbundenen Steifigkeitsabfall, der wiederum zu größeren Verformungen führen würde. Wenn das Zugstabsystem nicht durch permanent vorhandene Lasten stabilisiert, d.h. vorgespannt wird, so wird man eine Vorspannung durch Gewichtsballastierung, durch Abspannen einzelner Elemente mit Zugfedern oder durch »zu kurz« eingebaute Stäbe herbeiführen. Wie bei allen vorgespannten Systemen mit »zu kurz« eingebauten Stäben ist darauf zu achten, daß die Vorspannung durch Nachgiebigkeiten der Verankerungen (Auflagerverschiebungen) und durch Temperaturänderungen beeinflußt wird.

Da die Stäbe bei räumlichen zugbeanspruchten Systemen üblicherweise nicht orthogonal aufeinandertreffen, kommt der Gestaltung der Knotenpunkte eine besondere Bedeutung zu. Die »klassischen« Lösungen hierbei sind:

- Knoten aus Stahlguß,
- Augstäbe oder Laschen, die an zylindrische Hohl- oder Vollprofile angeschweißt werden,
- Augstäbe oder Laschen, die an massive Stahlkugeln angeschweißt werden.

Als Zugstäbe kommen im allgemeinen hochfeste Rundstäbe mit aufgeschraubten Endbeschlägen oder Seile mit Verpreß- oder Vergußbeschlägen zur Anwendung.
Vom Einbau von Spannschlössern (besser: Stellschlössern) sollte abgesehen werden,

5.189
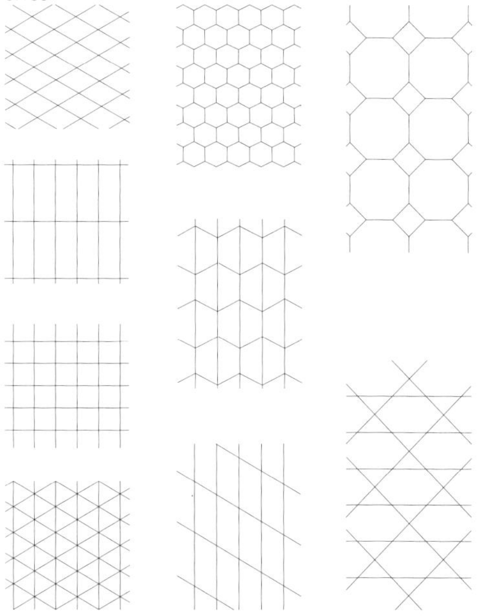

5.190
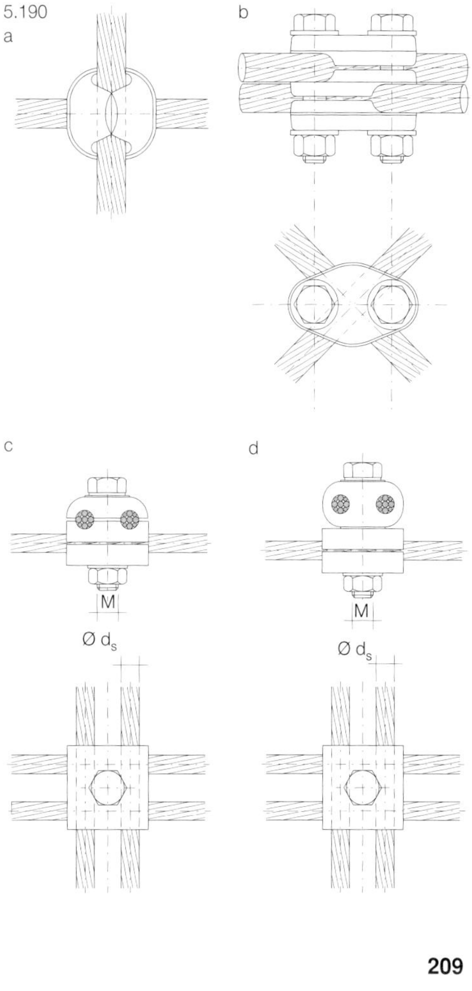

5.191 Anordnung der Netzseile im Zwickelbereich. Direkt in die Spitze laufende Seile sind zu vermeiden
5.192 Mit einem Randseil verschleifende Netzseile sollten unterbrochen werden, da die kurzen Abstände zwischen Netzseil und Randseil konstruktiv kaum lösbar sind
5.193 Einfaches Randseil und ein Girlandenseil, das an ein Randseil anschließt
5.194 Typische Randseilklemme für ein Zwillingsseil [259]
5.195 Mit den üblichen Seilklemmen gibt es einen Knick in der Kraftlinie, aus dem eine Biegebeanspruchung des Randseiles folgt [259]

5.191

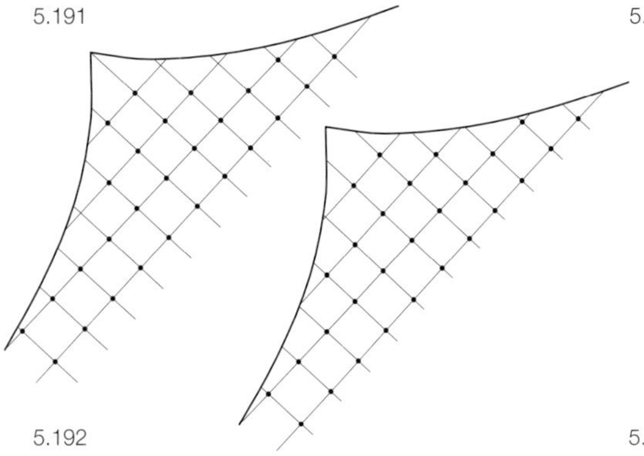

5.192

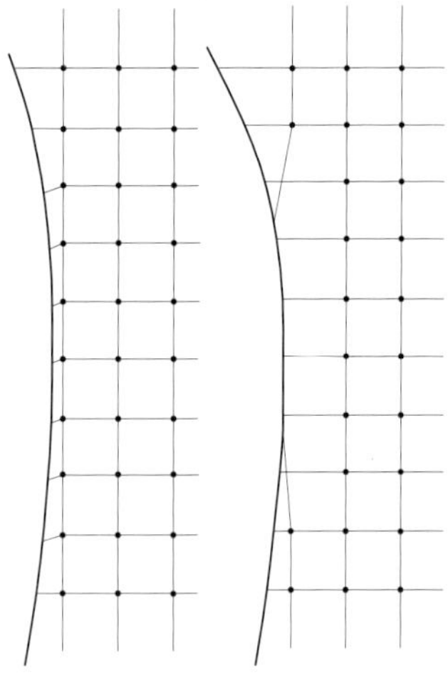

5.193

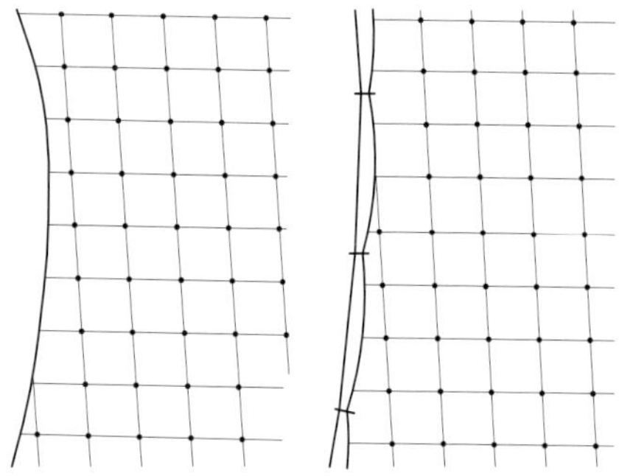

5.194

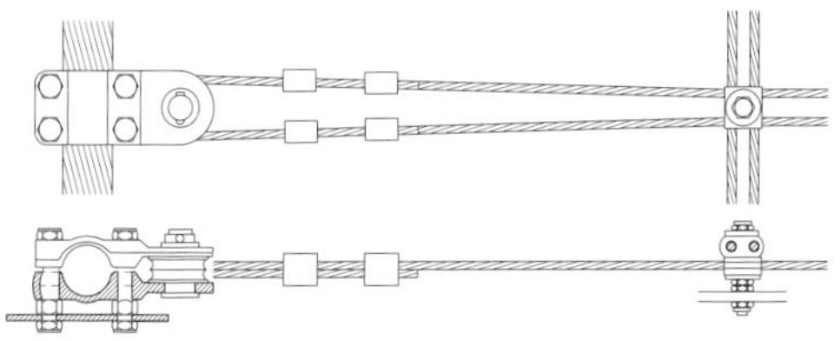

5.195

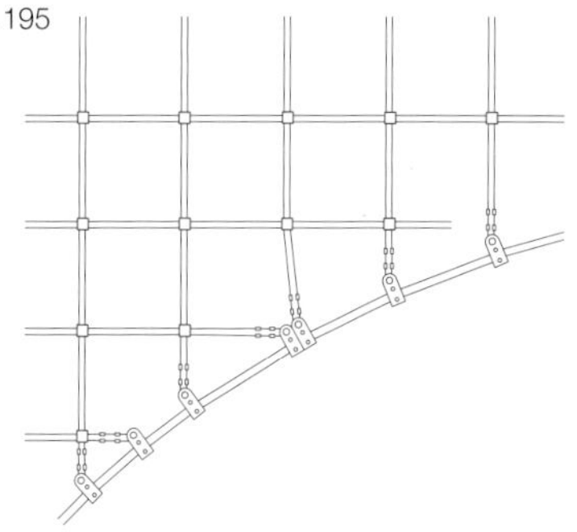

5.196

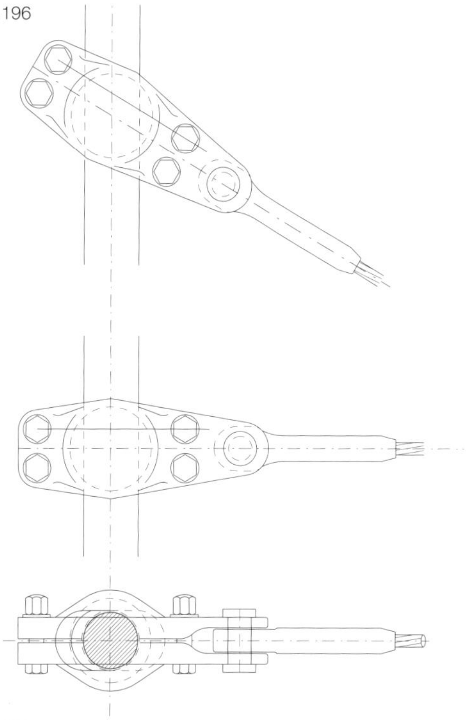

5.197

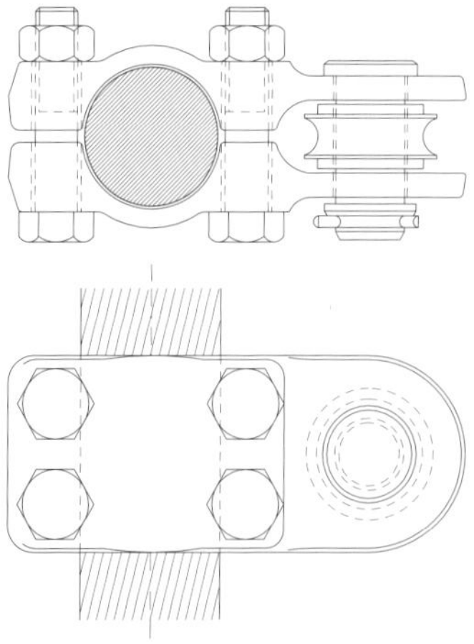

wenn diese nicht hinreichend formschön gestaltbar sind. Toleranzen können zumeist auch im Auflagerbereich aufgenommen werden, die Vorspannung bringt man ebenfalls praktischerweise über eine Auflagerverschiebung oder durch hydraulisches Ziehen von Bauteilen in Richtung der Auflager auf.

Seilnetze

Das in einer Ebene gespannte Seil zeigt bei Änderungen der Laststellung die als Umhängen bezeichneten großen Verformungen. Im räumlichen Fall läßt sich ein (Trag-)Seil durch eines oder mehrere quer zur Seilachse angeordnete (Spann-)Seile stabilisieren. Eine Struktur aus mehreren Tragseilen und mehreren Spannseilen bildet ein Seilnetz. Die Einzelseile eines Netzes werden durch sogenannten Seilnetzknoten miteinander verbunden.

Je nach Anordnung der Einzelseile entstehen Netze mit regelmäßiger oder unregelmäßiger Maschenform. Regelmäßige Maschenformen, z. B. Netze mit Dreiecks-, Vierecks- oder Fünfecksmaschen wird man dabei aus fertigungstechnischen Erwägungen bevorzugen. Die weiteste Verbreitung haben Vierecksmaschennetze mit äquidistanten Netzknoten gefunden. Dies liegt einerseits an ihrer vergleichsweise einfachen Herstellbarkeit, andererseits an der Tatsache, daß sich mit ihnen nahezu beliebige Flächenformen mit einer, bei vorgespannten Netzen, zumeist ausreichenden Steifigkeit herstellen lassen. Aus Dreiecksnetzen mit äquidistanten Netzknoten kann man nur Flächen mit verschwindender Gaußscher Krümmung herstellen, also nur ebene oder einsinnig gekrümmte Netze. Eine doppelte Krümmung der Netzfläche erfordert unterschiedliche Knotenpunktabstände, was zu einer erheblichen Steigerung der Fertigungskomplexität führt. Seilnetze mit fünfeckigen Maschen kann man kaum mit durchlaufenden Seilen herstellen, da die Netzseile sonst an den Netzknoten umzulenken wären, was bei den üblicherweise verwendeten Seildurchmessern von 8–12 mm aufgrund der einzuhaltenden Umlenkradien bereits zu großen Knoten führt. Darüber hinaus sind Seilnetze mit fünfeckigen Maschen, im Vergleich zu Vierecksmaschennetzen, üblicherweise deutlich verformungsweicher.

Der Entwurf von doppelt gekrümmten, per definitionem nur unter Zugbeanspruchung stehen-

5.196 Verdrehbare Randseilklemme, mit der eine Biegebeanspruchung des Randseils vermieden wird
5.197 Typische Randseilklemme mit Umlenkrolle im Detail
5.198 Seilnetze [474]
5.199 Raumabschluß von Seilnetzen: Textile Membrane, auf Holzprofile montiert
5.200 Transparente Kunststoffplatten, mit punktförmiger Halterung [259]
5.201 Glasschindeln [386]
5.202 Seilnetz nach dem Tragprinzip »Tennisschläger« [386]

den Seilnetzen entzieht sich im allgemeinen einer Erarbeitung von Hand. Man wird beim Entwurf deshalb auf sogenannte Formfindungsmethoden (besser: Formentwicklungsmethoden) zurückgreifen, wobei sich die Anwendung experimenteller Methoden in der Anfangsphase des Entwurfes bis hin zur Konzeptfestlegung empfiehlt. Danach sollte sich mit den präzisen, jedoch weniger anschaulichen mathematisch-numerischen Methoden die Feinformfindung unter präziser Festlegung der Geometrie anschließen.

Seilnetze werden vorgespannt, um die unter wechselnden äußeren Lasten auftretenden Verformungen zu reduzieren. Die Vorspannung sollte durch Hochdrücken von Masten oder durch Vorspannen der Abspannungen erfolgen. Spannschlösser (besser: Stellschlösser) innerhalb der Netzfläche gehören der Vergangenheit an, da man die Netzseile heute hinreichend präzise ablängen kann.

Doppelt gekrümmte Netze weisen gegenüber ebenen Netzen geringere Verformungen und geringere Kräfte in den Netzseilen auf. Allerdings ist darauf zu achten, daß die Netzseile ungefähr in den Ebenen der Hauptkrümmungsradien verlaufen. Je mehr die Netzseile aus diesen Ebenen herausgeschwenkt werden, desto weicher wird ein Netz. Fallen die Netzseile schließlich in die Richtung der Asymptoten, so geht das Tragverhalten des doppelt gekrümmten Netzes in das eines ebenen Netzes über.

Ebene Netze sind für Tragwerke nach dem »Tennisschlägerprinzip« sehr interessant. Die Netze werden dabei von einem Druckring umschlossen und sehr hoch vorgespannt, so daß die Verformungen bei einer Belastung senkrecht zur Netzfläche hinreichend niedrig bleiben. Netz und Ring bilden ein geschlossenes Kraftsystem, die Gründungen oder Anschlußbauteile bleiben von den hohen Vorspannkräften unberührt. Die Netzfläche wird verglast oder anderweitig geschlossen. Auf diese Weise lassen sich sehr feingliedrige Dächer oder Fassaden errichten.

Die Fertigung von Seilnetzen erfolgt bei kleineren Netzen bis zu 500 m² im Werk, die Netze werden fertig geknüpft aufgerollt und per Lkw transportiert. Größere Netze werden auf der

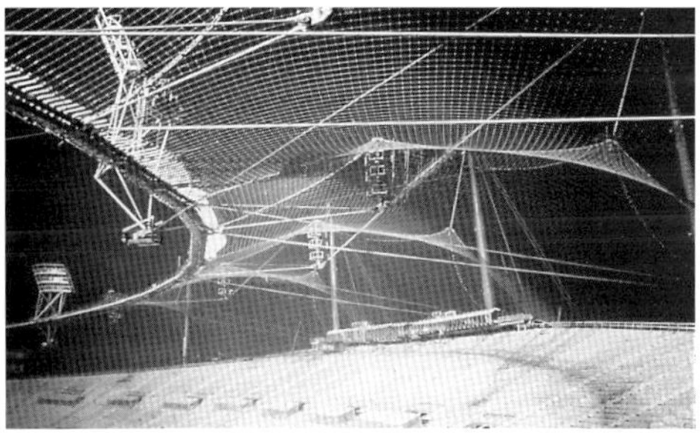

5.198

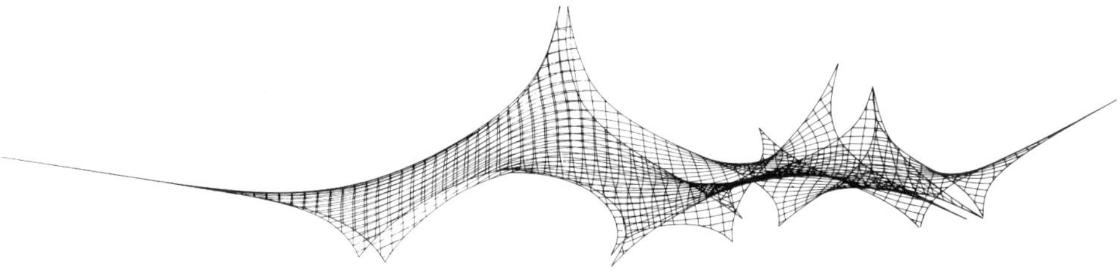

5.199

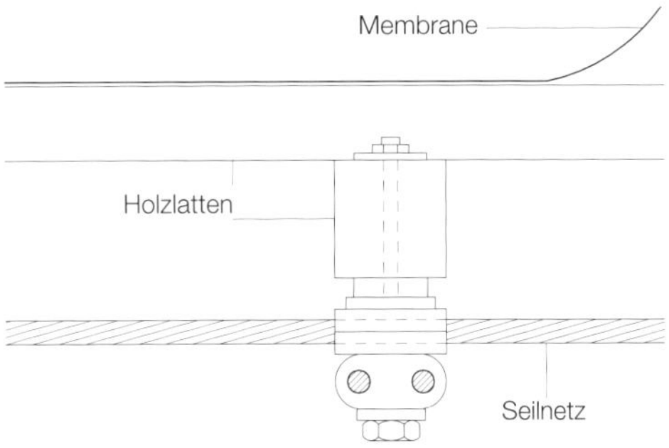

5.200

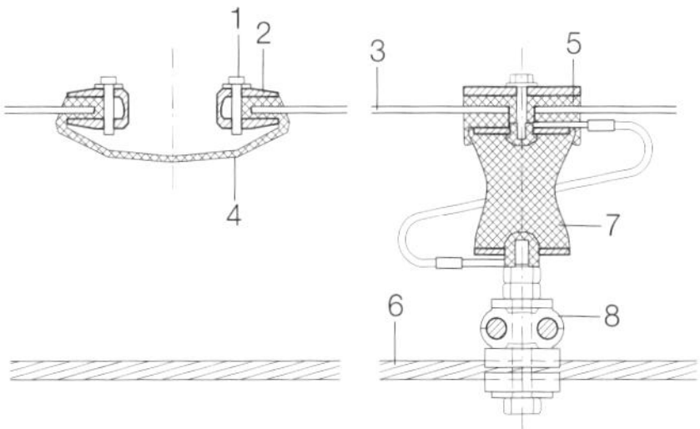

1 Stahlschraube
2 Klemmleiste
3 Plexiglas-Platte 4 mm
4 Fugenband
5 Gummidichtung
6 Netzseil
7 Gummipuffer
8 Netzseilklemme

5.201

5.202

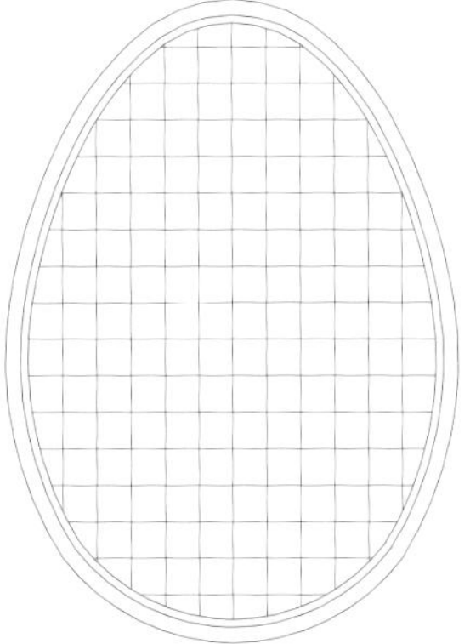

5.203 Sonnenspiegel aus plastisch geformten Metallmembranen [259]
5.204 Kugelbehälter [441]
5.205 Liegende Zylinderbehälter [441]
5.206 Verzweigte (Druck-)Stütze
5.207 Gitterkuppel mit der Form eines Kugelabschnittes [259]
5.208 Details: Aufsicht, ohne Verglasung [386]
5.209 Schnitt, mit Verglasung [386]
5.210 Flughafen Stuttgart: Anschluß der verzweigten Stütze am Dachträgerrost (siehe Beispielteil S. 326)

5.203

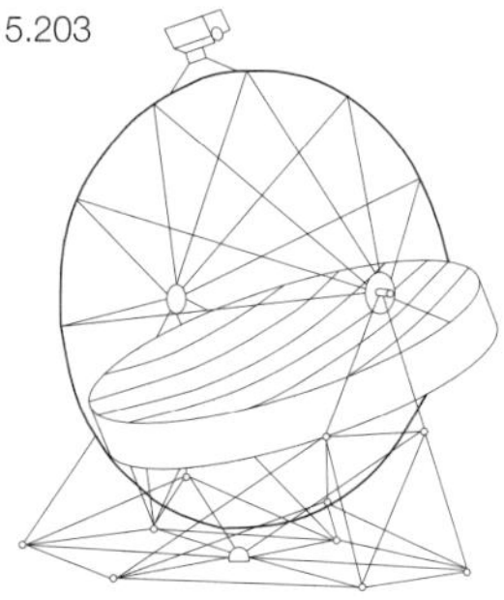

5.204

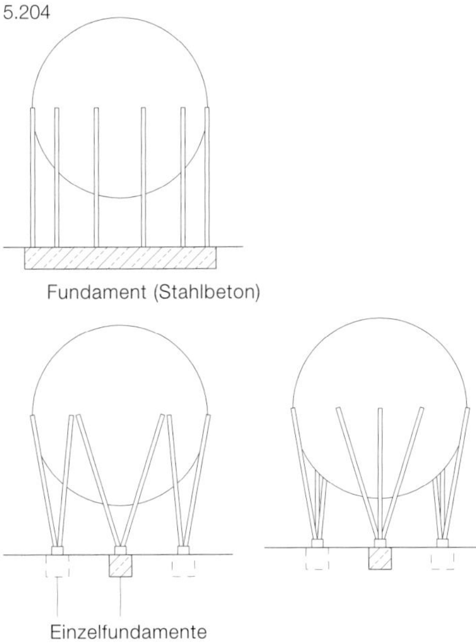

5.205

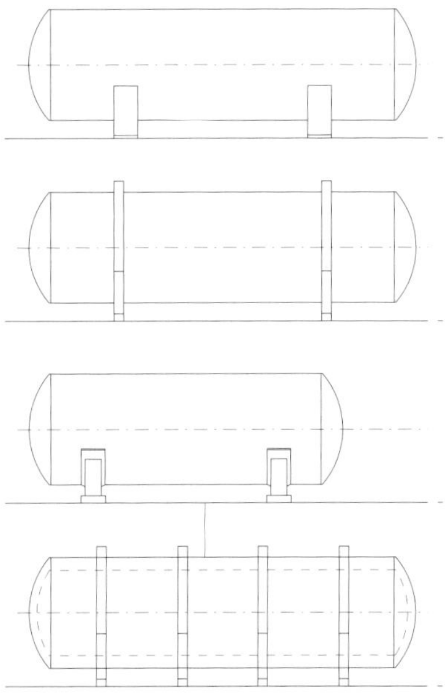

Baustelle geknüpft und anschließend hochgezogen. In beiden Fällen werden die Netzseile vor dem Knüpfen einzeln gereckt und schwellbelastet. Danach werden – noch im vorgespannten Zustand – die Positionen der Netzklemmen auf den Seilen markiert. Bei den heute zumeist verwendeten regelmäßigen Vierecksmaschennetzen kommen üblicherweise Zwillingsseile zur Anwendung, da sich dann der Netzknoten mit einer einzelnen Schraube zusammenschrauben läßt und trotzdem durch ein Verdrehen der einzelnen Knotenebenen relativ zueinander beliebige Netzmaschenwinkel zuläßt. Die Netzknoten werden idealerweise aus aufgepreßten H-Klemmen hergestellt. Geschmiedete, gegossene oder gefräßte Knoten sind ebenfalls möglich. Überall dort, wo Netzseile an einem Randseil anzuschließen sind, kommt es bei den weithin gebräuchlichen Standardklemmen zu einer konstruktionsbedingten Biegebeanspruchung im Randseil. Durch Verwendung einer schwenkbaren Randseilklemme läßt sich dieses unschöne Problem vermeiden.

Seilnetze bedürfen zum Raumabschluß stets einer Eindeckung. Diese ist aufgrund der häufig komplizierten Netzgeometrie nicht immer einfach herzustellen. Außerdem sollte diese Eindeckung nur an den Netzknoten am Netz befestigt werden, was zusätzliche konstruktive Schwierigkeiten schafft. Bei transparenten Eindeckungen kommen heute entweder PMMA- oder Polycarbonat-Platten oder Glasschindeln zur Anwendung. Kunststoffplatten werden gegeneinander mit Profilen aus Synthesekautschuk gedichtet und punktweise auf den Netzknoten befestigt. Jede Kunststoffplatte hat dabei eine andere Form. Mit Glasschindeln lassen sich Dächer herstellen, die zwar nicht vollkommen wetterdicht sind, dafür aber mit einer einzigen Scheibengröße unter Verwendung eines speziellen Bügels montierbar sind. Derartige Dächer eignen sich für einfache Anwendungen, speziell im Freizeitbereich.

Metallmembranen
Mit dünnen (ca. 0,2 mm) Edelstahlblechen, die mit Hilfe entsprechender Schweißverfahren zu großen Flächen gefügt wurden, lassen sich mit Hilfe der plastischen Formgebung doppelt gekrümmte Flächen hoher Präzision herstellen. Der formgebende Lastfall wird zumeist als Luft- bzw. Wasserüber- oder unterdruck aufgebracht. Bei einer Verwendung von Luftüberdruck sind besondere Vorsichtsmaßnahmen zu treffen, um ein mit einer schlagartigen Entspannung gekoppeltes Entweichen (Druckwelle, Explosionslastfall) der komprimierten Luft zu vermeiden.

Dampfkessel, Flüssigkeits- und Druckgasbehälter
Diese Behältnisse sind eine Domäne des Stahlbaus. Sie werden durch Verschweißen aus entsprechend zugeschnittenen und vorgebogenen Blechen hergestellt.

Räumliche druckbeanspruchte Konstruktionen
Verzweigte Druckstabsysteme
Ähnlich wie bei den ebenen verzweigten Druckstabsystemen (siehe Kapitel »Ebene druckbeanspruchte Konstruktionen«) läßt sich auch für den räumlichen Fall ein ausschließlich druckbeanspruchtes Stabsystem genau dann entwerfen, wenn die Wirkungslinien aller äußeren sowie der Reaktionskräfte (bzw. der Resultierenden dieser Kräfte) sich in einem Punkt schneiden und dabei die Wirkungsrichtungen aller Kräfte zu diesem Punkt hin weisen. Gegenüber dem ebenen Fall, wo sich derartige Kraftsysteme noch einfach und »von Hand« entwerfen lassen, wird man im räumlichen Fall beim Entwurf üblicherweise auf experimentelle oder mathematisch-numerische Formfindungsmethoden zurückgreifen.

Die druckbeanspruchten Stäbe wird man idealerweise aus Rundrohren, gegebenenfalls mit angevouteten Enden, herstellen. Wenn sichergestellt ist, daß ein Stab stets ausschließlich axial druckbeansprucht ist, so kann der Anschluß am Knoten über Kontakt, gegebenenfalls mit einer Montagesicherung, erfolgen. Das Anschlußdetail ist in einem derartigen Fall besonders kompakt gestaltbar. In allen anderen Fällen ist die Übertragbarkeit von Zugkräften zu gewährleisten, beispielsweise durch eine entsprechend gestaltete Schraub-, Bolzen- oder Schweißverbindung.

Verzweigte Stützen
Die Grundlagen zum Entwurf und zur Konstruktion räumlicher verzweigter Stützen entsprechen denen des ebenen Falles (siehe Kapitel »Ebene druckbeanspruchte Konstruktionen«). Aufgrund der geometrischen Komplexität der räumlichen Systeme wird man bei deren Ent-

5.206

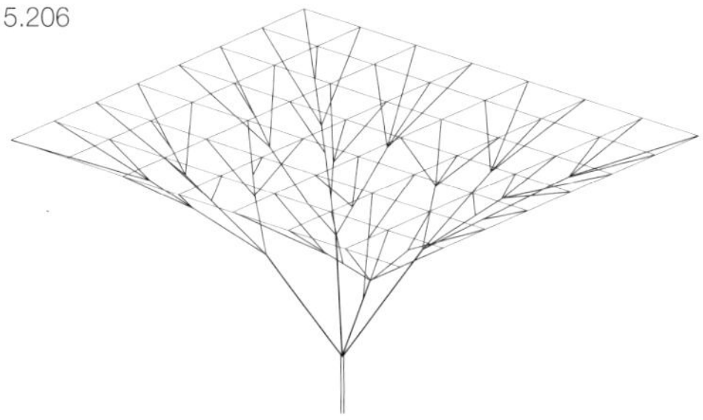

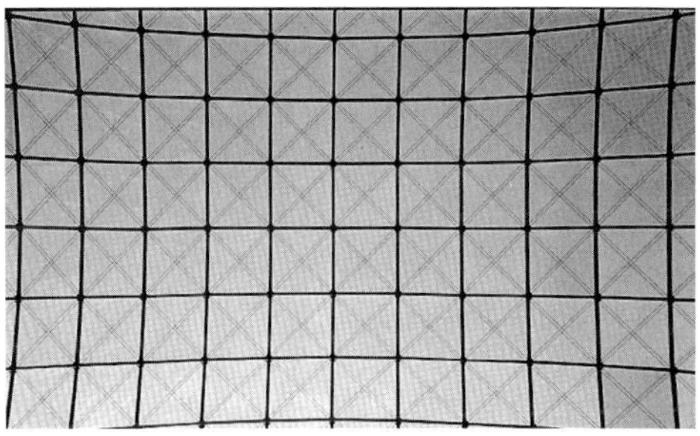

wurf aber auf experimentelle oder mathematisch-numerische Formfindungsmethoden zurückgreifen.

Gitterschalen und Netzkuppeln
Eine architektonisch besonders interessante Gruppe der Schalentragwerke sind die in diskrete Elemente aufgelösten Gitterschalen und Netzkuppeln. Sie bestehen im allgemeinen aus einlagigen, vorwiegend druckbeanspruchten Stabsystemen, die in den Knotenpunkten miteinander verschraubt oder verschweißt werden. Je nach Bauart und Maschenform lassen sich unterschiedliche Typen mit zumeist stark unterschiedlichem Tragverhalten unterscheiden.

Vierecksmaschensysteme mit durchlaufenden Stäben, die in den Knotenpunkten miteinander verschraubt werden, bezeichnet man noch als Gitterschalen. Der große Vorteil der Gitterschalen liegt in ihrer einfachen Herstellbarkeit. Aufgrund der Verdrehung um die Stabachse, die ein nicht-runder Stab erfährt, der auf einer doppelt gekrümmten Fläche stets tangential zur Fläche ausgelegt wird, werden für Gitterschalen sinnvollerweise Rohrquerschnitte verwendet. Die große Schwäche der Gitterschalen liegt in ihrer geringen Schubsteifigkeit, die auf die fehlenden Diagonalen zurückzuführen ist. Da sich in den Knoten nur geringe Biegesteifigkeiten realisieren lassen, werden hierdurch die möglichen Spannweiten dieser Tragwerke stark eingeschränkt. Abhilfe schafft beispielsweise eine Diagonalisierung der Maschen. Rotationssymmetrische Systeme mit ausschließlich zugbeanspruchten Diagonalen bezeichnet man dabei als Schwedler-Kuppeln. Aus immer gleichen Einzelstäben, die in einem speziellen Knoten miteinander verschraubt werden, und die durch zwei diagonalisierende vorgespannte Seilscharen ausgesteift werden, entstehen die sogenannten Netzkuppeln. Diese Netzkuppeln sind besonders einfach herstellbar. Sie verfügen darüber hinaus über ein, auf die Diagonalisierung zurückzuführendes, ausgezeichnetes Tragverhalten. Aufgrund der geringen »Schalendicke« und der damit verbundenen Beulgefahr ist beim Entwurf auf hinreichende Krümmungen zu achten. Flach gekrümmte und/oder sehr weit gespannte Netzkuppeln bedürfen üblicherweise einer zusätzlichen Aussteifung, z.B. durch eine Seilverspannung.

5.207

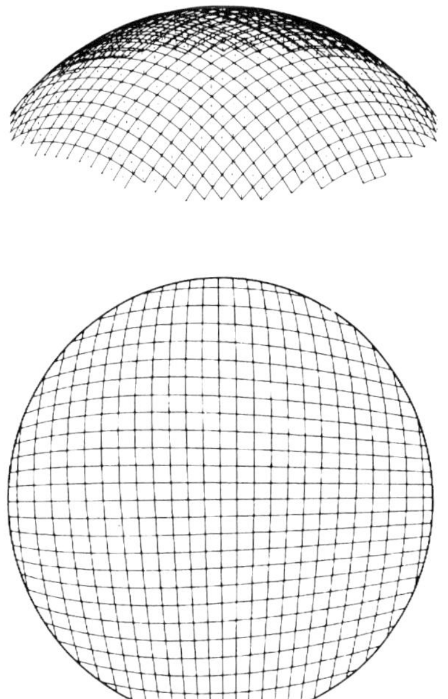

5.208

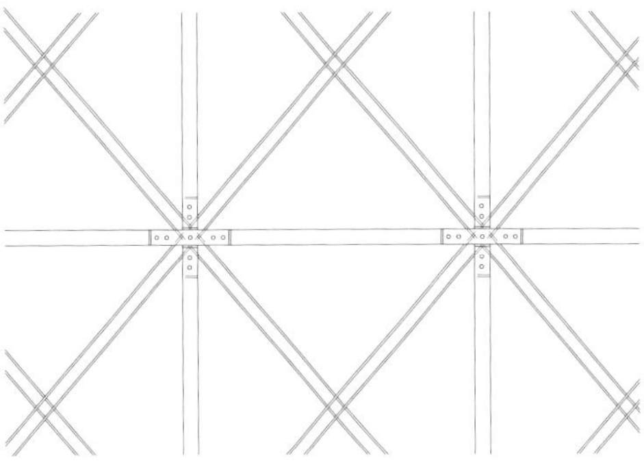

5.209

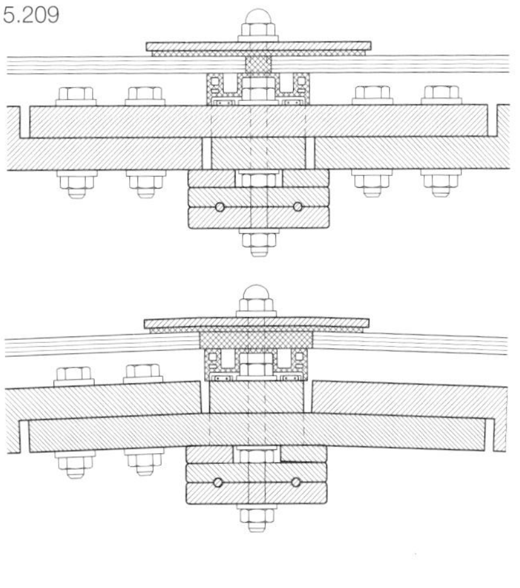

5.210

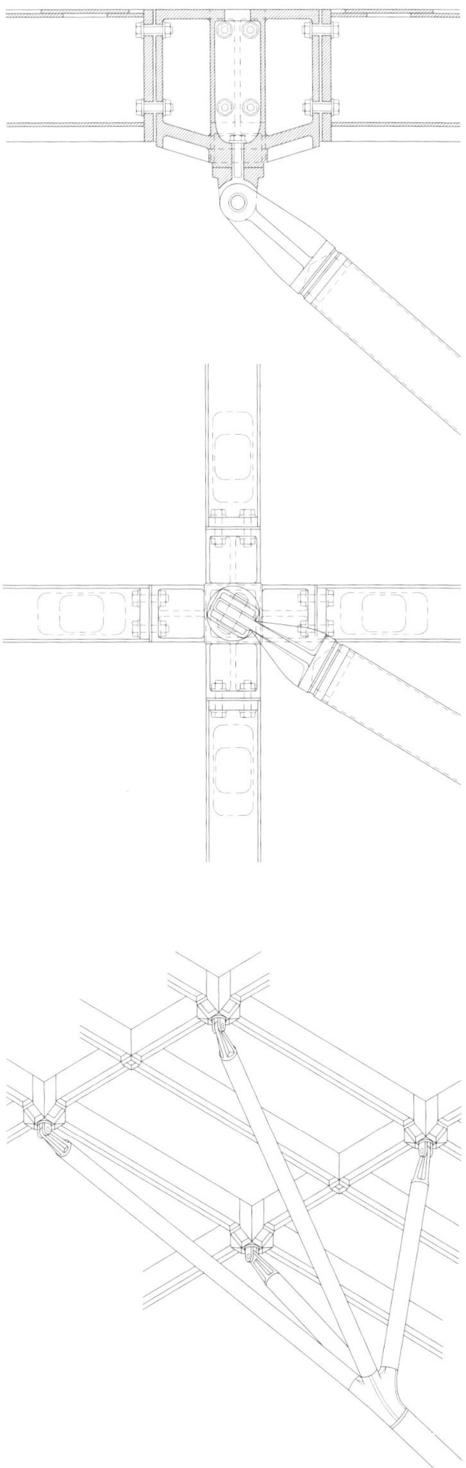

5.211 Trägerrost aus Fachwerkträgern, System USM [7]
5.212 Trägerrost aus Fachwerkträgern, System USM [7]
5.213 Raumfachwerk, Schnitt [441]
5.214 Geometrische Grundmodule, aus denen Raumfachwerke zusammengesetzt werden können [441]
5.215 Mero-Knoten mit angeschlossenem Stab [441]
5.216 Schnitt

5.211
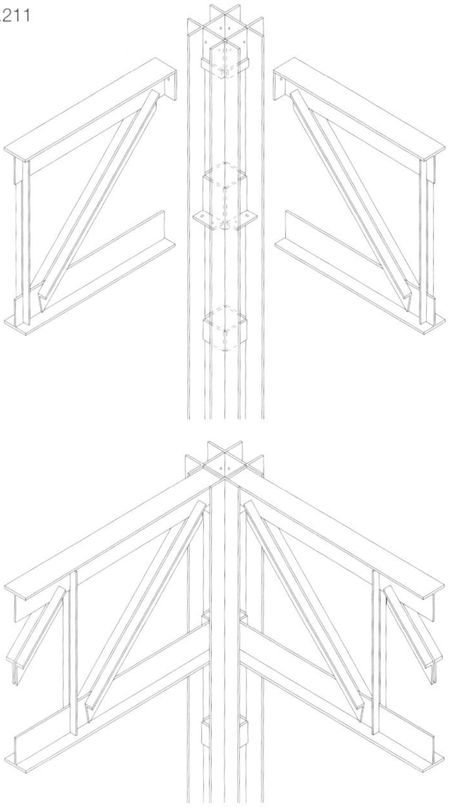

5.212

5.213
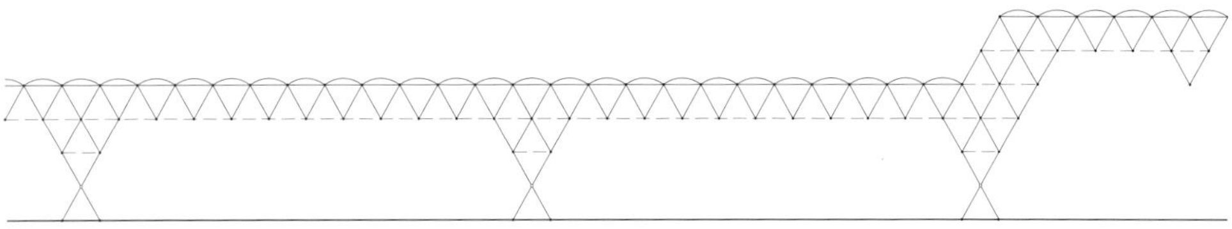

5.214
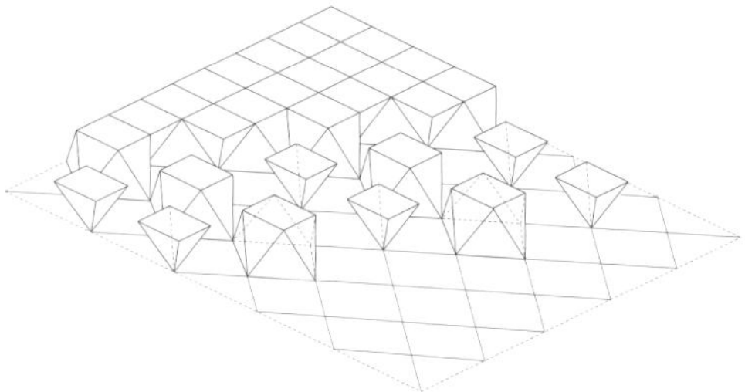

5.215
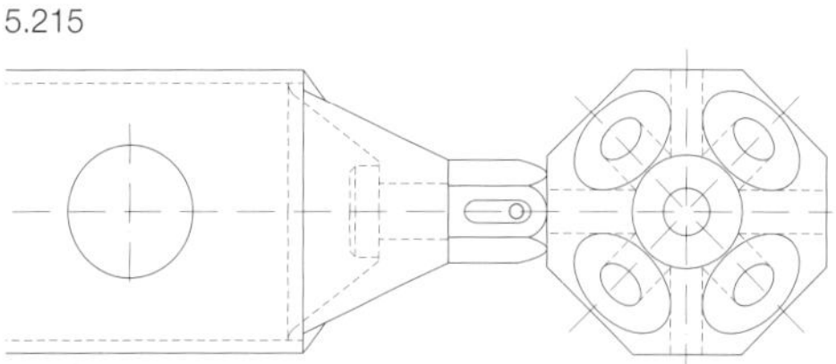

5.216
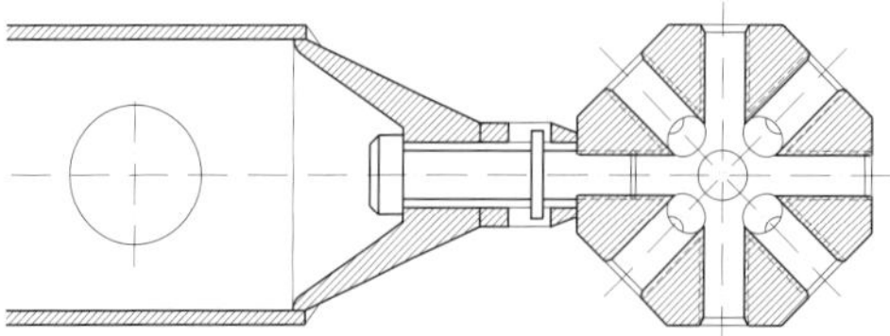

Schalen und Faltwerke
Ausschließlich druckbeanspruchte doppelt gekrümmte Schalen kommen im Stahlbau vergleichsweise selten vor. Die Gründe hierfür liegen einerseits in der aufwendigen Herstellung doppelt gekrümmter Bauteile (vgl. z. B. Schiffsbau), im wesentlichen jedoch darin, daß die Schalen aufgrund der hohen Festigkeit des Werkstoffes zwar mit sehr dünner Wandstärke gestaltet werden könnten, die Beulproblematik üblicherweise jedoch dickere Wandstärken erfordert. Der teure Baustoff wird dabei nur noch niedrig ausgenutzt, wodurch seine Konkurrenzfähigkeit sinkt.

Anstatt einer Erhöhung der Wandstärke kann das Beulproblem auch durch Aufbringen von Versteifungsrippen oder vergleichbaren Bauteilen gelöst werden. Derartige Maßnahmen sind besonders bei Schalen mit verschwindender Gaußscher Krümmung, also beispielsweise Zylinderschalen, einfach herzustellen. Entsprechend häufig findet man Anwendungen, z. B. bei Stahlschornsteinen, Stahlsenkkästen oder Pylonen mit großen Durchmessern.

Werden Faltwerke als druckbeanspruchte Bauteile eingesetzt, dann sollte die Wirkungsrichtung der Beanspruchung in der Richtung der Falten liegen. Das Faltwerk ist in diesem Fall als eine durch Faltungen gegen Ausbeulen versteifte Scheibe zu interpretieren. Die Effektivität derartiger Bauteile ist entsprechend groß.

Faltwerke, die zum Überspannen von Räumen eingesetzt werden, werden üblicherweise nicht nur durch Druck-, sondern auch durch Zugkräfte beansprucht. Für den Fall kleiner Spannweiten sind Wellbleche oder Trapezbleche sehr effektive und entsprechend häufig eingesetzte Lösungen. Für größere Spannweiten ist zur Vermeidung des Ausbeulens der druckbeanspruchten Bereiche dünnwandiger Faltwerke das Aufbringen von Aussteifungsrippen oder vergleichbarer Bauteile erforderlich. Zur konstruktiven Durchbildung derartiger Aussteifungen siehe nächsten Abschnitt »Orthotrope Platten«.

Raumfachwerke, Trägerroste, Orthotrope Platten
Raumfachwerke
Die große tragstrukturelle Effektivität der Fachwerke sowie, im ebenen Fall, deren einfache Fügbarkeit mit stahlbautechnischen Mitteln,

5.217 Trägerroste: Nationalgalerie in Berlin. Schnitt [7]
5.218 Stützung und Trägerrost [7]
5.219 Auflagerung auf eine Stütze [7]
5.220 Aufbau des primären und des darin eingehängten sekundären Rostes [7]

führte dazu, daß ebene Fachwerkkonstruktionen eine Domäne des Stahlbaus wurden. Der Wunsch, auch räumliche Fachwerke mit Bauteilen aus Stahl zu fertigen, war naheliegend. Während sich aber für die Stäbe eines Fachwerkes beim Übergang von der ebenen zur räumlichen Konstruktion hinsichtlich Querschnittswahl und Dimensionierung der Stäbe nichts gegenüber dem ebenen Fall ändert, liegt das große Problem bei räumlichen Fachwerkkonstruktionen in der konstruktiven Durchbildung der Knotenpunkte. Während die Verbindung von Rundrohren im allgemeinen räumlichen Fall durch Verschweißen in den meisten Fällen noch möglich ist, müssen Rechteckrohre, Doppel-T-, U- und vergleichbare Querschnitte entweder über komplizierte Knotenbleche oder über spezielle Knotenelemente, z. B. aus Stahlguß, gestoßen werden. Beide Lösungen sind kostenintensiv, die Lösung mit Knotenblechen ist zudem in den wenigsten Fällen formal gut lösbar. Aufgrund dieser Problemstellung erscheint es geradezu sebstverständlich, daß sich eine ganze Reihe von Architekten und Ingenieuren in den vergangenen Jahrzehnten mit der Entwicklung eines »idealen« Knotens für räumliche Fachwerke beschäftigte. In den meisten Fällen waren deren Überlegungen zum Fachwerkknoten mit Überlegungen zur Standardisierung und Elementierung im Stahlbau sowie einer einfachen Montage aus kleinen Einheiten vor Ort verbunden.

Die Komplexität des fügetechnischen Problems führte zu einer ganzen Reihe unterschiedlicher Lösungen, die jeweils bestimmte Vorteile, aber auch Nachteile aufweisen. Ganz generell sind die vorgeschlagenen Lösungen zumeist mit einer Einschränkung der Lage der Stabachsen verbunden, d. h. es sind nur bestimmte Anschlußwinkel möglich. Dies wiederum führt natürlich zu einer Einschränkung der herstellbaren Tragwerksgeometrie.

Die sicherlich bekannteste Lösung des Problems stammt von Max Mengeringhausen (Mero-System). Die vielen hierzu vergleichbaren Lösungen variieren hauptsächlich die Verschraubungstechnik sowie die Herstellung des Knotens.

Trägerroste
Unter einem Trägerrost versteht man ein aus mehreren sich kreuzenden Scharen jeweils

5.217
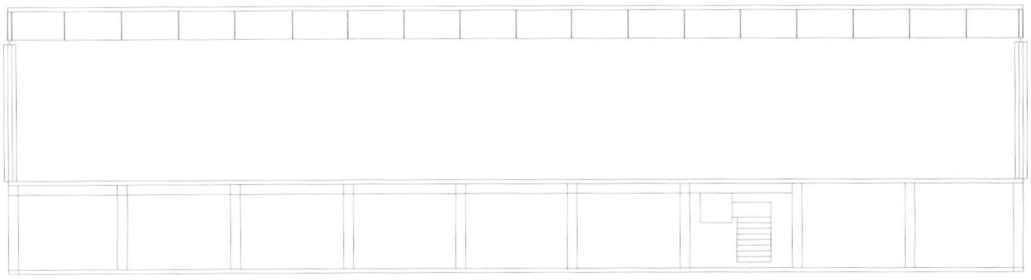

5.218
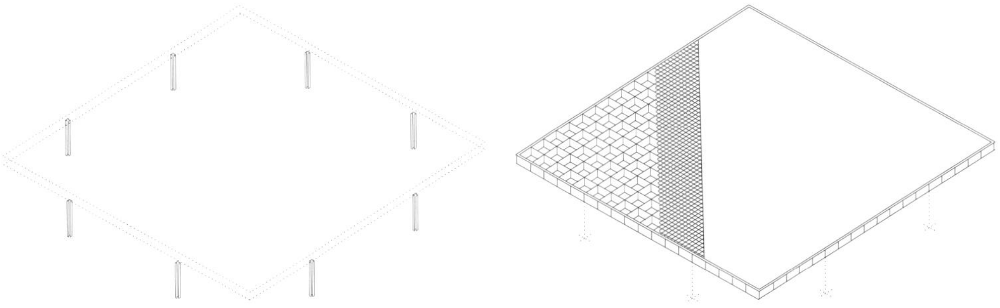

5.219
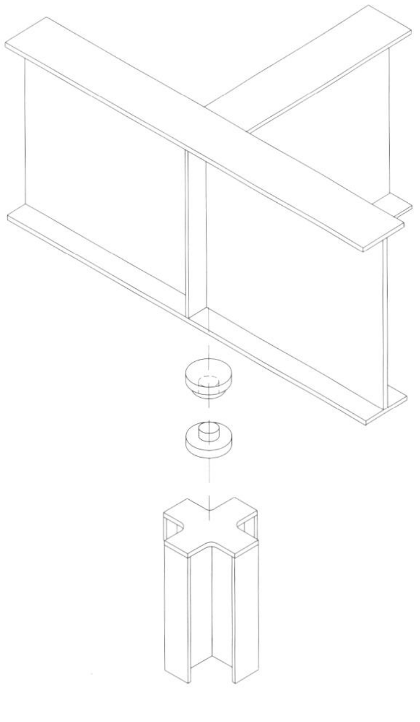

5.220
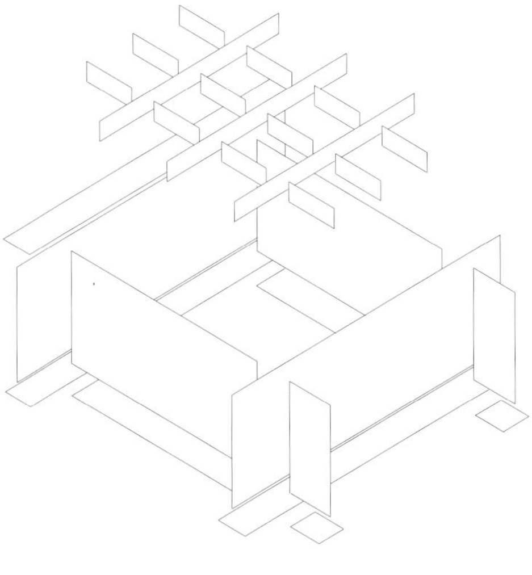

5.221

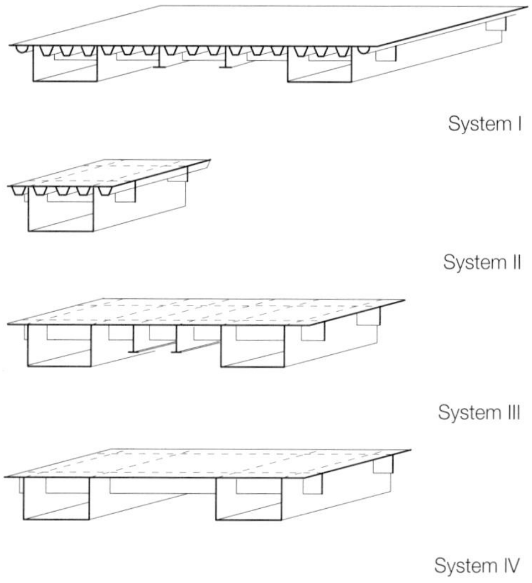

5.222

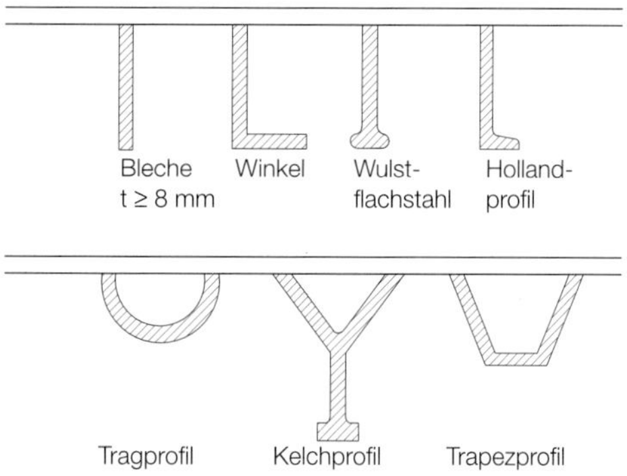

5.223

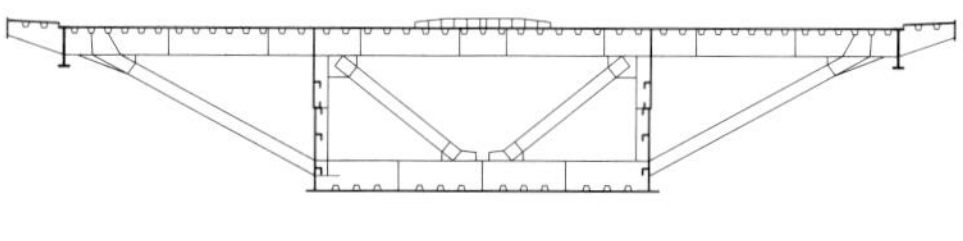

5.221 Orthotrope Platten [440]
5.222 Rippen für orthotrope Platten [440]
5.223 Querschnitt einer Stahlbrücke. Das Deck ist als orthotrope Platte ausgebildet [441]
5.224 Verbindung Trägerlagen und Ortbetonflachdecke:
a Decke auf Doppel-T-Träger
b Trägerstoß geschraubt. Querkraftanschluß. Obere Flansche bündig
c Trägerstoß geschweißt. Querkraftanschluß. Obere Flansche bündig
d Gestapelte Träger. Geschraubt. Geringe Vertikallasten übertragbar
e Gestapelte Träger
f Träger mit Steifen versehen zur Übertragung großer Vertikallasten
5.225 Verbindung Trägerlagen mit Verbunddecken:
a Decke auf Doppel-T-Träger
b Trägerstoß geschraubt. Querkraftanschluß. Obere Flansche bündig

paralleler Träger bestehendes Tragwerk. Üblicherweise werden zwei sich rechtwinklig kreuzende Trägerscharen verwendet. Schiefwinklig kreuzende Scharen sind fertigungstechnisch deutlich aufwendiger. Sie kommen nur in Einzelfällen zur Anwendung. Das Gleiche gilt für Trägerroste aus drei sich kreuzenden Scharen.

Trägerroste tragen Lasten, die senkrecht zu ihrer Systemebene wirken, über eine Biegetragwirkung der Trägerscharen ab. Die Lastaufteilung auf die Scharen ist abhängig vom Steifigkeitsverhältnis und vom Spannweitenverhältnis der beiden Scharen. Üblicherweise geht man davon aus, daß orthogonale Trägerroste bis zu einem Spannweitenverhältnis von 1:1,5 noch eine hinreichend zweiachsiale Lastabtragung aufweisen. Höhere Spannweitenverhältnisse führen zu einem bevorzugten Lastabtrag in Richtung der kürzeren Spannweite. Die zweite Trägerschar beteiligt sich in diesen Fällen nur noch in untergeordneter Weise an der Lastabtragung, wird somit quasi überflüssig.

Die Biegetragfähigkeit bzw. die Biegesteifigkeit von Trägerrosten läßt sich durch Unterspannungen der einzelnen Trägerscharen deutlich erhöhen. Die Biegesteifigkeit der durch solche Unterspannungen zum Obergurt gewandelten Träger kann entsprechend reduziert werden. Hinsichtlich der Ausbildung der Unterspannung gilt das im Kapitel »Unterspannte Träger« Gesagte. Die im Sinne eines hinreichend mehrachsialen Lastabtrages sinnvollen Spannweitenverhältnisse sollten, gleiche Bauhöhen der Unterspannungen und gleiche Querschnittsbelegung vorausgesetzt, das Verhältnis 1:1,5 nicht überschreiten.

Orthotrope Platten
Unter einer orthotropen Platte versteht man ein – durch in zwei zueinander senkrecht stehenden Richtungen – verstärktes Blech. Das Blech übernimmt dabei üblicherweise sowohl eine lokal begrenzte Biegetragwirkung wie auch eine globale Zug- oder Druckbeanspruchung. (Einige Autoren sprechen auch von einer Schubaussteifung durch das Blech. Eine Schubaussteifung führt aber zu nichts anderem als zu einer kombinierten Zug-Druckbeanspruchung. Das Tragverhalten wird durch eine derartige Sicht besser verständlich, weswegen der Begriff der Schubaussteifung hier nur selten verwendet wird).

Der vorwiegende Teil der Beanspruchung wird bei einer orthotropen Platte durch das System der Verstärkungsrippen abgetragen. Diese Rippen können unterschiedlichste Profilformen aufweisen. Wichtig ist die einfache Gestaltung der Knotenpunkte sowie die einfache Anschließbarkeit des Deckbleches.

Im Stahlbrückenbau werden orthotrope Platten sehr häufig verwendet. In Brückenlängsrichtung erfolgt die Versteifung dabei üblicherweise über – im Querschnitt trapezförmige – Walzprofile oder über L-Profile. In Querrichtung werden üblicherweise geschweißte T- oder Doppel-T-Querschnitte eingesetzt. Längs- und Querprofile werden mit dem Deckblech bereits im Werk zu großen Schüssen verschweißt. Aufgrund der bei Brücken vorliegenden dynamischen Beanspruchung ist auf die Durchbildung der Knotenbereiche sowie auf die Gestaltung der Schweißnähte besonderes Augenmerk zu legen.

Im Hochbau läßt sich die im Brückenbau verwendete Technik zur Ausformung orthotroper Platten natürlich analog anwenden. Darüber hinaus sind Konstruktionen mit Rippenausformungen, z.B. auch Doppel-T-Profilen in beiden Richtungen, möglich. Der Schiffsbau und der Flugzeugbau bedienen sich übrigens bei der konstruktiven Durchbildung von Rümpfen, Decktragwerken oder der Flügel ebenfalls des Prinzips der orthotropen Platte.

Räumliche Stützen-Träger-Systeme
Skelettbauten
Hierunter versteht man Tragsysteme aus Stützen, flachen Decken und Aussteifungselementen. In den meisten Fällen werden die Stützen als ausschließlich achsialkraftbeanspruchte, zumeist druckbeanspruchte Bauteile ausgeführt. Als Deckensysteme kommen im Stahlbau meistens einachsig gespannt Trägersysteme mit einem Aufbau aus
- Verbunddecke (Trapezblech mit Aufbeton),
- Betonfertigteilen,
- Ortbetonplatten,

zum Einsatz.

Verbunddecken wie auch Betondecken sind mit den Stahlträgern schubsteif zu verbinden. Die Decken tragen Lasten senkrecht zu ihrer Systemebene über eine lokale Biegetragwirkung zu den Trägern, die diese Vertikallasten

c Trägerstoß geschweißt. Querkraftanschluß. Obere Flansche bündig
d Gestapelte Träger. Geschraubt. Geringe Vertikallasten übertragbar
e Träger mit Steifen versehen zur Übertragung großer Vertikallasten
5.226 Trägerauflage in Nische
5.227 Träger auf Knagge abgesetzt
5.228 Querkraftanschluß durch Stegverschraubung
5.229 Träger auf Knagge abgesetzt. Kippsicherung durch Anbindung des Steges. Gegebenfalls kann der Steg für volle Querkraftübertragung ausgelegt werden
5.230 Momentenanschluß durch Anschweißen an eine Anschweißplatte
5.231 Stoß Stütze-Träger, geschraubt: Querkraftanschluß über Kopfplatte. Geringe Momentenkapazität
5.232 Querkraftanschluß über Winkel
5.233 Momentenanschluß über Kopfplatte
5.234 Momentenanschluß über Winkel
5.235 Stoß Stütze-Träger, geschweißt: Momentenanschluß
5.236 Momentenanschluß, Steifen durchgehend
5.237 Ortbetondecke: Mit abschließendem Winkel
5.238 Verbunddecke: mit U-Profil
5.239 Randausbildung von Flachdecken: Fertigteildecke
5.240 Rahmenecke: mit Diagonalsteife
5.241 Rahmenecke: mit durchgehenden Flanschen
5.242 Rahmenecke: mit durchgehenden Flanschen und Diagonalsteifen (schlechte Lösung)

5.224 a b c d e f

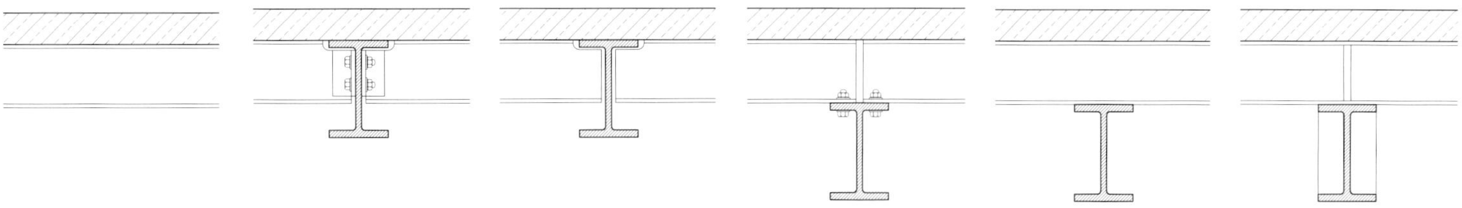

5.225 a b c d e

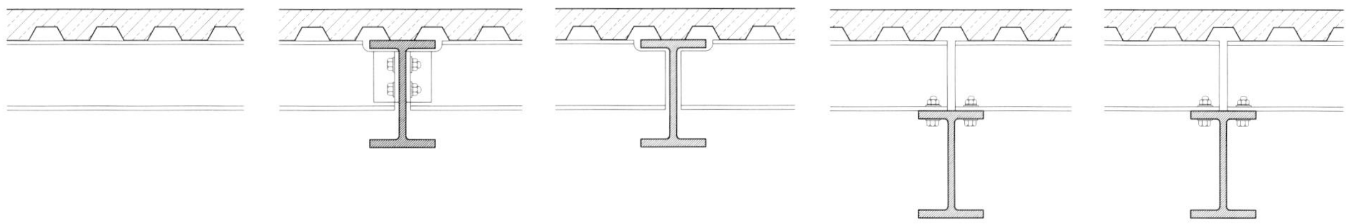

5.226

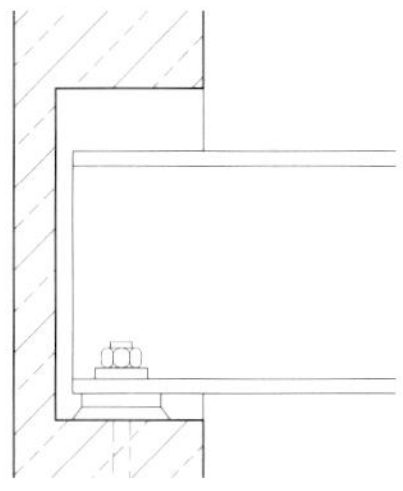

5.227

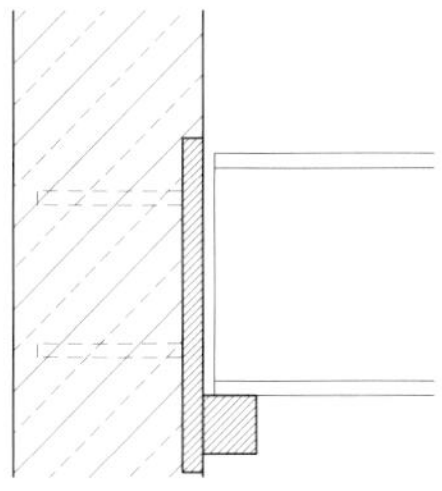

5.228

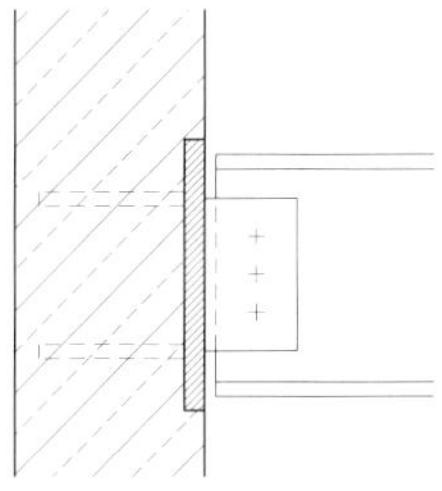

5.229

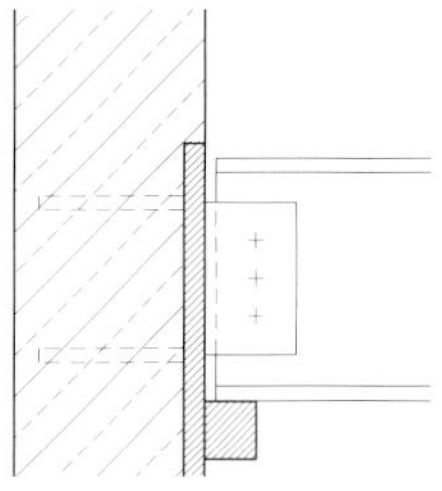

5.230

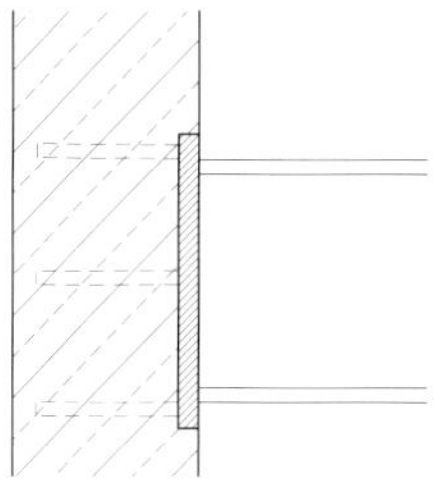

5.231

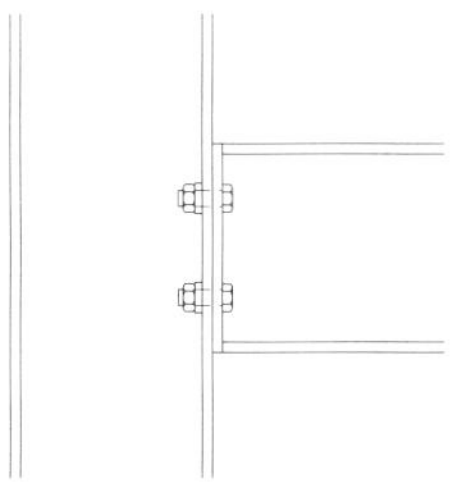

5.332

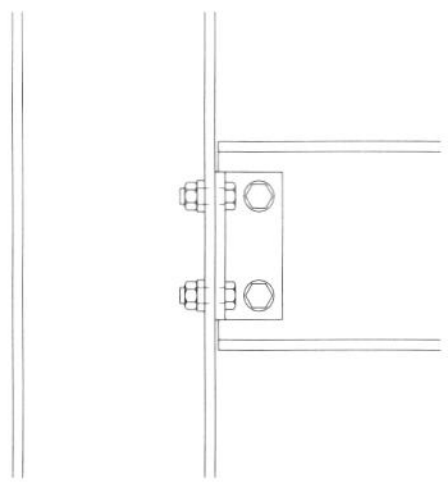

5.233

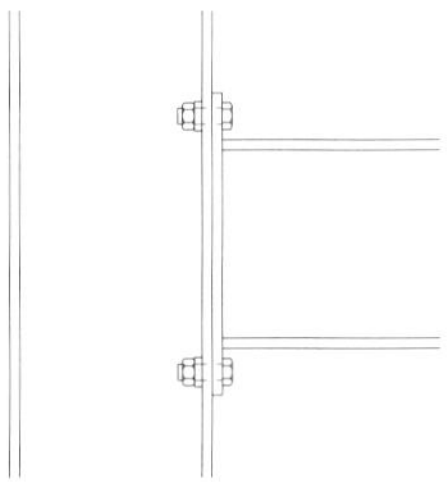

5.234

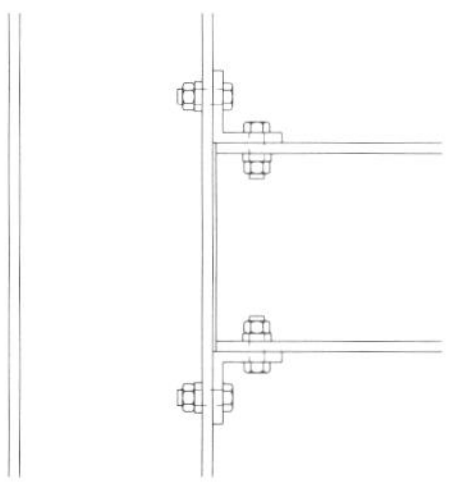

5.235

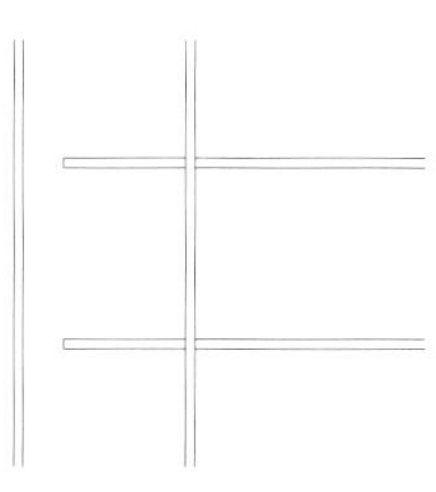

5.236

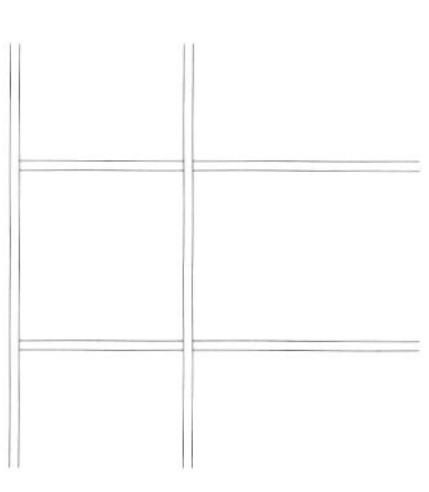

5.237

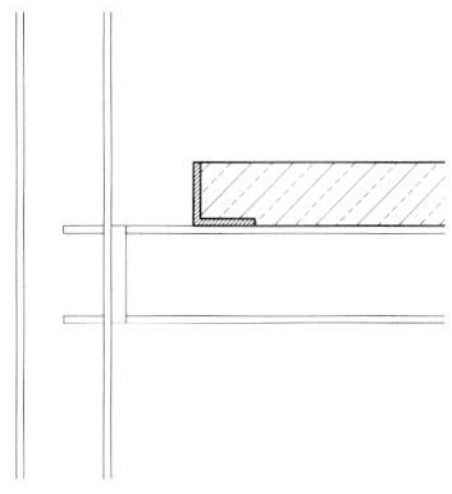

5.238

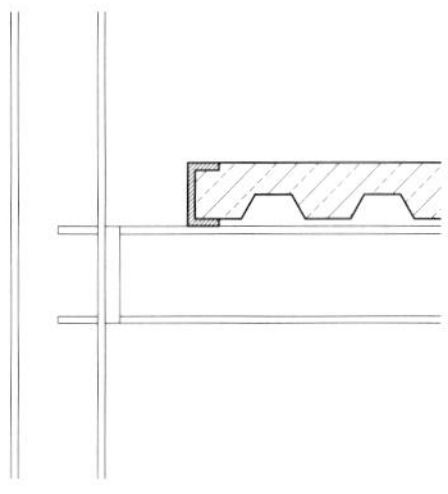

5.239

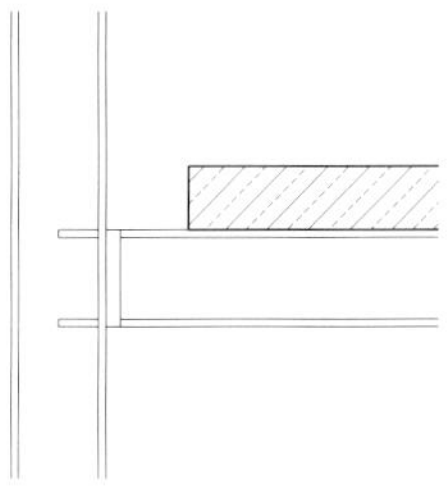

5.240

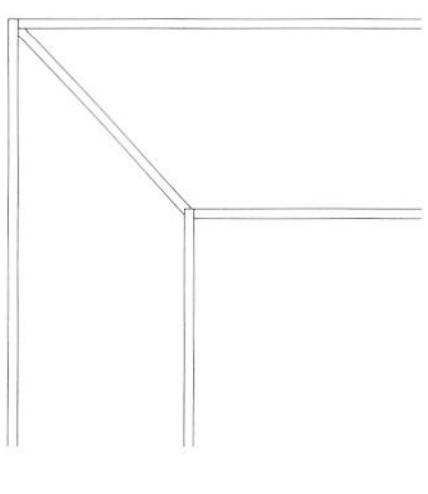

5.241

5.242

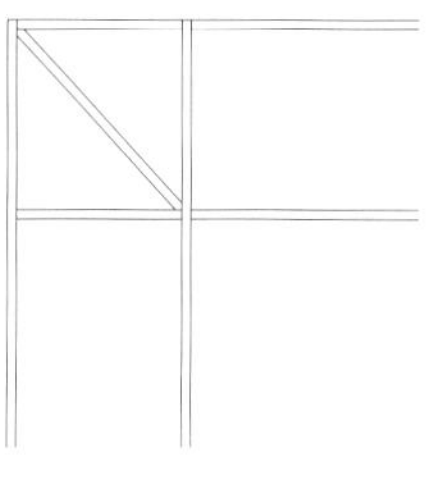

5.243 Anordnung des Kerns innerhalb des Gebäudegrundrisses. Exzentrische Anordnung bedeutet Torsionsbeanspruchung bei Windbelastung
5.244 Verbindung Stahlstütze/Betondecke über Stahlkragen
5.245 Herstellung einer Scheibentragwirkung durch liegende Fachwerkträger. Immer erforderlich, wenn durch Betondecke o.ä. keine Scheibentragwirkung erzielt werden kann

5.243

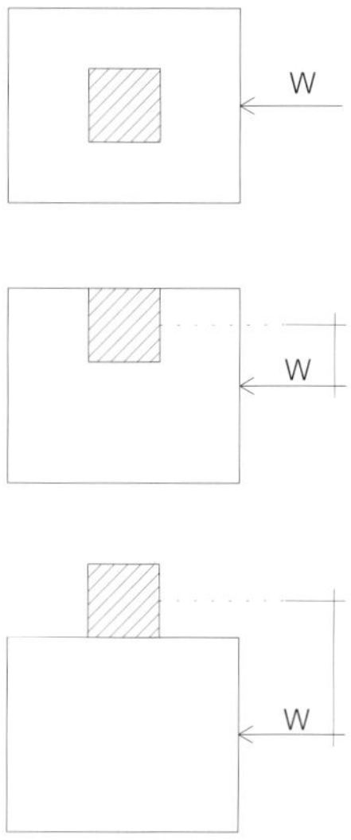

5.244

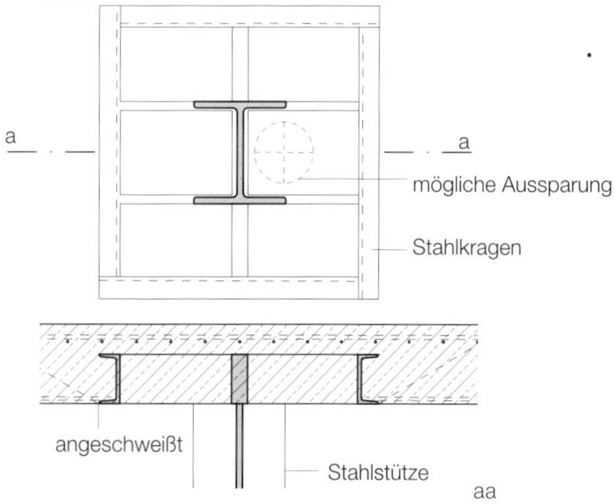

5.245

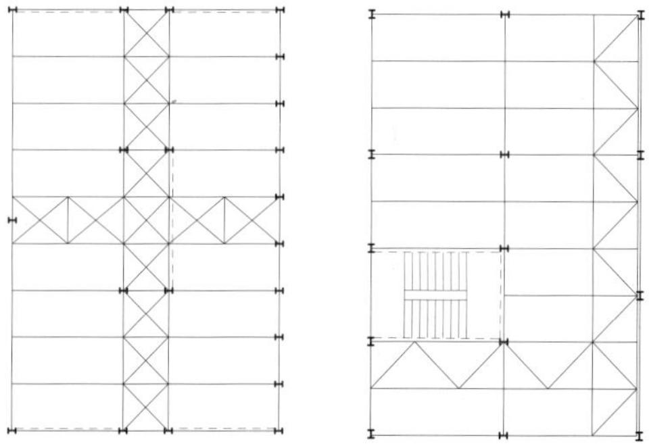

anschließend zu den Stützen weiterleiten. Horizontale Lasten, z.B. aus einer Windbelastung auf die Fassaden oder aus Bremslasten, werden über die Scheibentragwirkung der Decken zu den aussteifenden Bauteilen geleitet. Die aussteifenden Bauteile bestehen üblicherweise aus massiven Wandscheiben bzw. Fachwerkscheiben, Kernen oder Kombinationen davon. Für die räumliche Anordnung der aussteifenden Elemente gilt das im Kapitel »Das Tragwerk als Teil des Gesamtbauwerkes« Gesagte.

Rahmensysteme
In einem steifen Rahmentragwerk, beispielsweise einer räumlichen Rahmenkonstruktion im Hochbau, werden alle vertikalen Lasten durch die Deckenstruktur entweder zunächst in die horizontalen, stützenverbindenden Riegel oder direkt in die Stützen geleitet. Horizontale Lasten werden über die Fassade in die Decken und danach in die Riegel eingetragen. Die Riegel und die mit ihnen biegesteif verbundenen Stützen tragen die Horizontallasten über eine Biege-Normalkraft und Querkraftbeanspruchung ab.

Die Stützen und Balken eines Rahmensystems müssen so angeordnet und dimensioniert werden, daß eine hinreichende Steifigkeit gegenüber horizontalen Lasten erreicht wird. Insbesondere ist auf die Einhaltung der zulässigen Horizontalverformungen unter Horizontallasten zu achten. Die horizontale Verschiebung eines mehrgeschossigen Rahmentragwerks unter horizontaler Belastung wird in erster Linie durch die Biegeverformung der Stützen und Balken verursacht. Eine Reduzierung der seitlichen Verschiebungen ist also gleichbedeutend mit einer Erhöhung der Biegesteifigkeit von Stützen- und Riegeln, was üblicherweise durch Vergrößerung der Querschnitte, durch Veränderung der Spannweiten und durch eine Verbesserung der Biegesteifigkeit der Stützen- und Balkenverbindungen erzielt wird.

Kerntragwerke
Kerne, wie sie insbesondere im Hochbau zur Einhausung von Fluchttreppen, Fahrstuhlschächten etc. verwendet werden, können auch als Teil der tragenden Konstruktion ausgebildet werden. Aus Brandschutzüberlegungen werden Kerne meistens aus Stahlbeton hergestellt, insbesondere in den USA sind aber auch vielfach Kerne als Stahlkonstruktionen, zumeist Fachwerkkonstruktionen, mit einer entsprechenden Brandschutzverkleidung ausgeführt worden. Ein Kern kann als senkrecht stehende, in den Kellerkasten oder den Baugrund eingespannte Röhre betrachtet und konstruiert werden. Er eignet sich damit zur Abtragung vertikaler wie auch horizontaler Lasten. Aufgrund seines relativ geringen inneren Hebelarms ist die Steifigkeit eines Kerns gegenüber Horizontallasten relativ gering. Deshalb sind reine Kerntragwerke bei sehr hohen Häusern eine Ausnahme. Gebäude mit einem Kern als einzigem lastabtragendem Element für vertikale und horizontale Lasten haben eine wirtschaftliche Begrenzung der sinnvollen Gebäudehöhe von ca. 30 Stockwerken.

Der Kern sollte möglichst zentral im Gebäudegrundriß liegen, um die durch Horizontallasten hervorgerufene Torsion des Kernschaftes zu minimieren. Außerdem sollte der Schwerpunkt der einzelnen Decken in der vertikalen Achse des Kernes liegen.

Die Möglichkeit, im Eingangsbereich eines Gebäudes einen fast vollständig stützenfreien Raum zu schaffen, ist ein Vorteil der reinen Kernstrukturen.

Typische Tragsysteme bei den reinen Kerntragwerken sind:
- Kern mit Kragdecken
- Hängehäuser
- Kerne mit einem Abfanggeschoß

Kern mit Kragdecken
Diese Lösung ist nur bei wenigen Beispielen zur Anwendung gekommen, da die auskragenden Decken bei den im Bürobau erforderlichen Deckenspannweiten bzw. Auskragungen eine sehr hohe Bauhöhe haben, was natürlich die Geschoßhöhen wesentlich vergrößert.

Hängehäuser
Bei einem Hängehaus werden die Stützen als Zugstützen ausgebildet und nach oben in ein Kopftragwerk gehängt, das die Lasten über Biegetragwirkung auf einen Kern absetzt. Der Kern wird hierdurch druckbeansprucht.

Der große Vorteil der Hängehäuser liegt in der Möglichkeit, eine vollkommen stützenfreie Erdgeschoßzone gestalten zu können. Wie bei

5.246 Stahlskelettbau mit Kern
5.247 Mit Abfanggeschoß
5.248 Outrigger-Konstruktion
5.249 aufgeständert und abgehängt
5.250 aufgeständert
5.251 abgehängt
5.252 vom Kern auskragende Decken
5.253 Jeweils zwei auskragende Decken werden in Rahmen zusammengefaßt
5.254 Tube

5.255 Megastruktur
5.256 Viskoelastische Dämpfer in den Deckenträgern des World Trade Centers zur Verminderung von Gebäudeschwingungen [440]
5.257 World Trade Center, New York: Tube-Tragwerk
5.258 Dreigeschossiges vorgefertigtes Element. Zu beachten sind die engen Stützenabstände und die hohen Brüstungsträger
5.259 Betonplatte mit Hohlräumen, ohne Hohlräume [440]

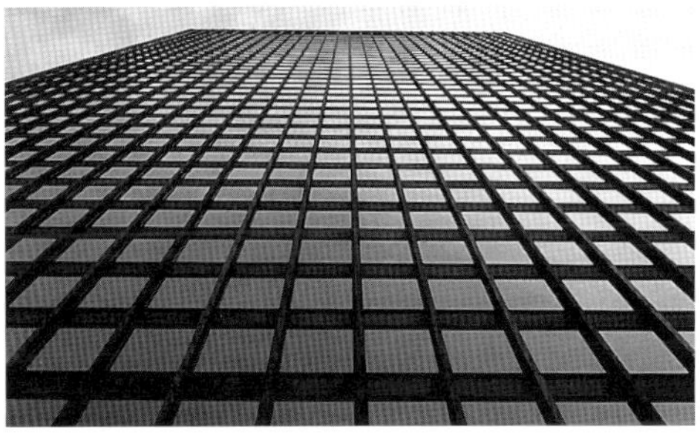

den reinen Kerntragwerken sind die baubaren Höhen aber infolge der vergleichsweise geringen Biegesteifigkeit des Kerns beschränkt.

Da die ausschließlich zugbeanspruchten Stützen keinen Stabilitätsproblemen unterliegen, können sie sehr schlank ausgebildet werden. Infolge der üblicherweise vorhandenen Brandschutzanforderungen wird der tatsächliche Stützenquerschnitt jedoch schnell sehr groß. Der Vorteil, den eine ausschließliche Zugbeanspruchung hinsichtlich der Gestaltung der Stützenquerschnitte besitzt, wird durch Brandschutzmaßnahmen also stark relativiert.

Kern mit einem Abfanggeschoß
Bei dieser Lösung wird auf Stützen im Erdgeschoßbereich verzichtet, die Stützen der darüber liegenden Geschosse ruhen auf einem Abfanggeschoß, daß die erheblichen Stützenlasten auf den Kern überleitet. Aufgrund der hohen Belastung des Abfanggeschosses und der Forderung nach sehr niedrigen und nahezu gleichförmig über den Umfang verteilten Verformungen des Abfanggeschosses muß dieses sehr steif ausgebildet werden. Die Abfanggeschosse, die meistens als räumliche Fachwerkkonstruktionen ausgebildet werden, sind deshalb üblicherweise ein, manchmal zwei Geschosse hoch.

Outrigger-Systeme
Als Outrigger-Systeme bezeichnet man Tragwerke, bei denen ein Kern über ein steifes Kopftragwerk (Outrigger) mit den außenliegenden Stützenreihen verbunden wird. Eine durch die Abtragung der Horizontallasten bedingte Biegung des Kernes führt zu einer Aktivierung von Zug- bzw. Druckkräften in diesen Stützenreihen und somit zu einer Beteiligung an der Lastabtragung. Durch die Abstimmung der Steifigkeit des Kopftragwerkes auf die Steifigkeiten des Kernes und der Stützen kann die Effektivität des Systems stark beeinflußt werden.

Tubes
Die höchste Effektivität hinsichtlich der Abtragung von Wind- und Erdbebenlasten eines schlanken, vom Boden auskragenden Tragwerks kann erreicht werden, wenn man die Struktur als Hohlkasten mit maximalem Durchmesser und zusätzlichen inneren horizontalen Versteifungen ausbildet. Diese Überlegung

5.246
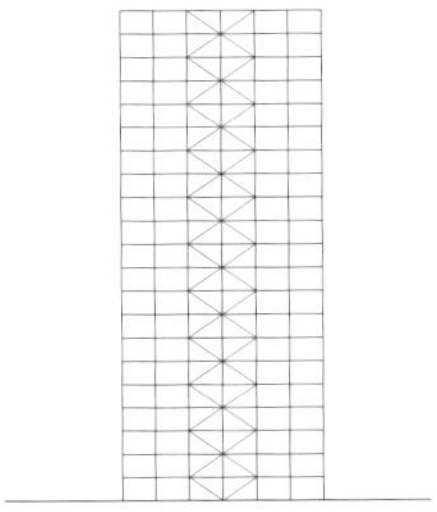

5.247
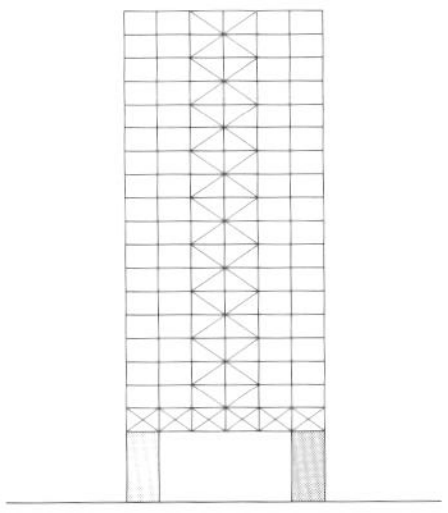

5.248
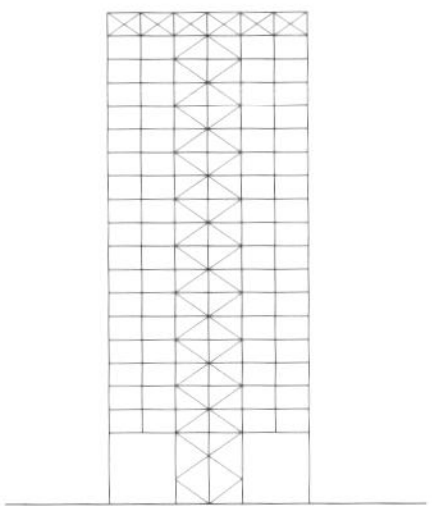

5.249
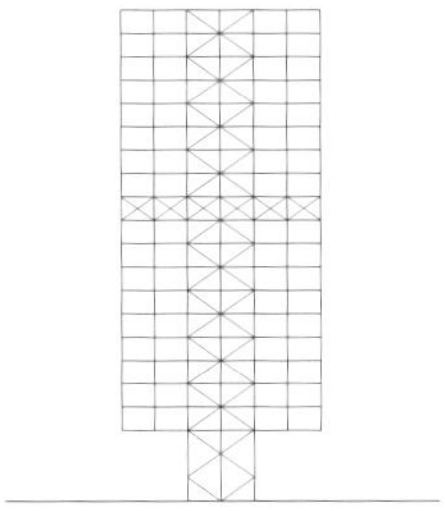

5.250
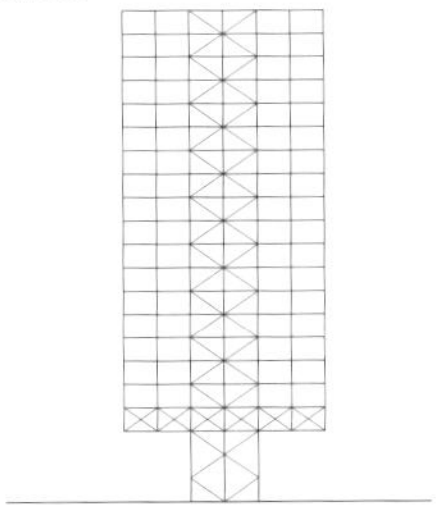

5.251
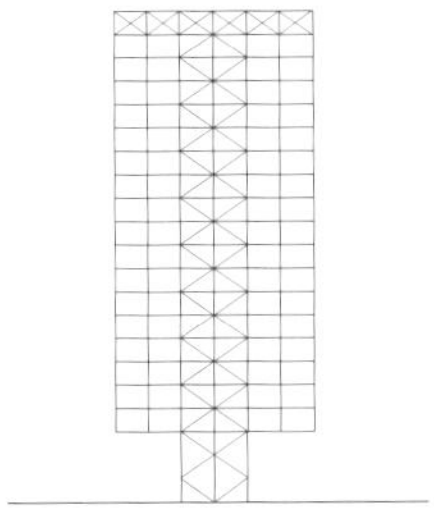

5.252
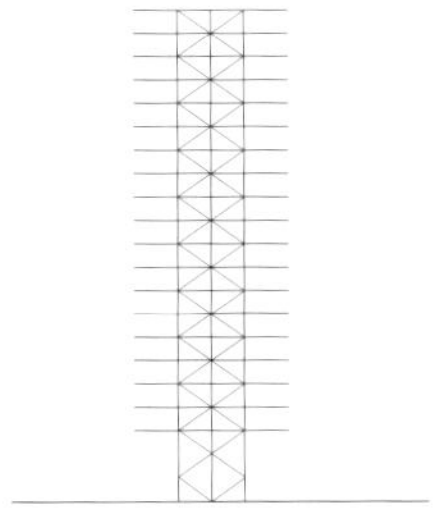

5.253
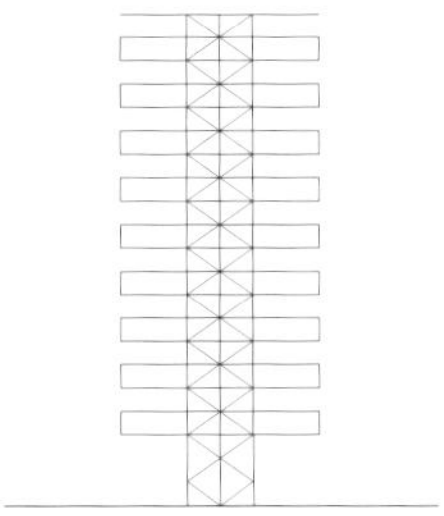

5.254
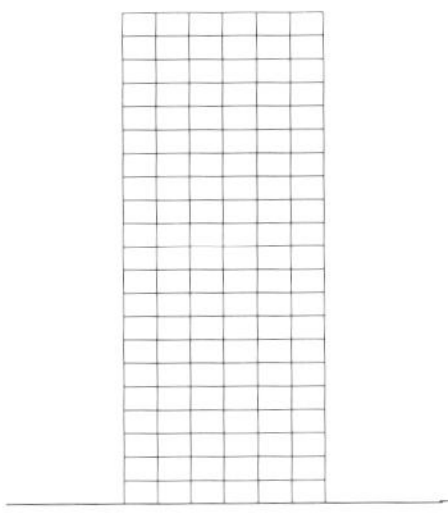

5.255
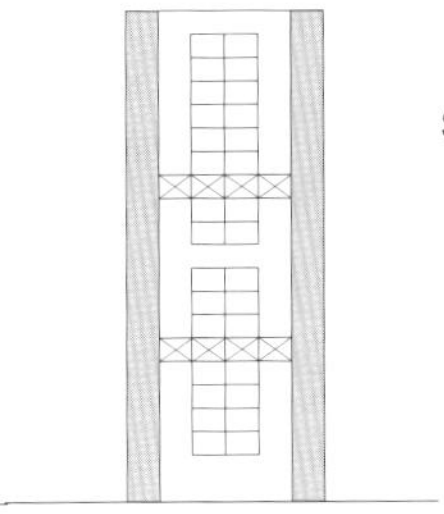

5.256
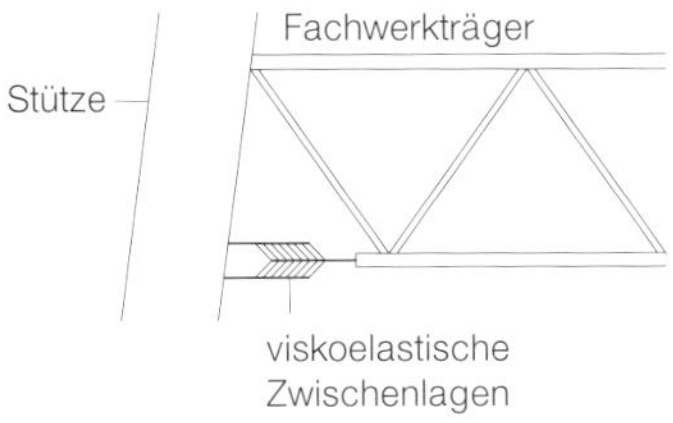

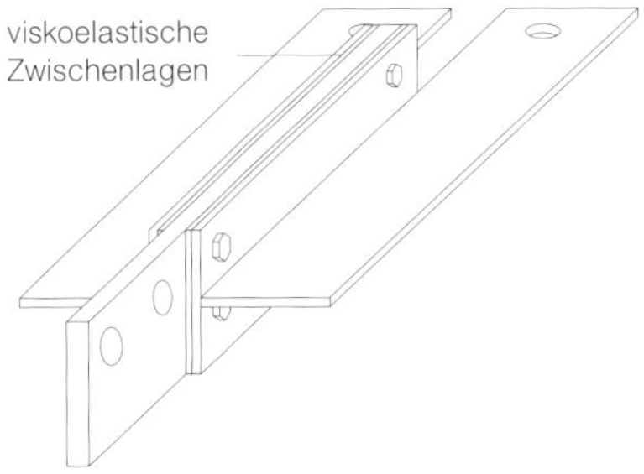

5.257
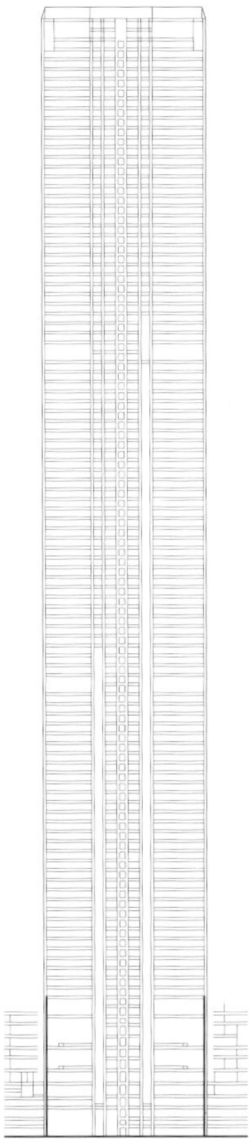

5.258
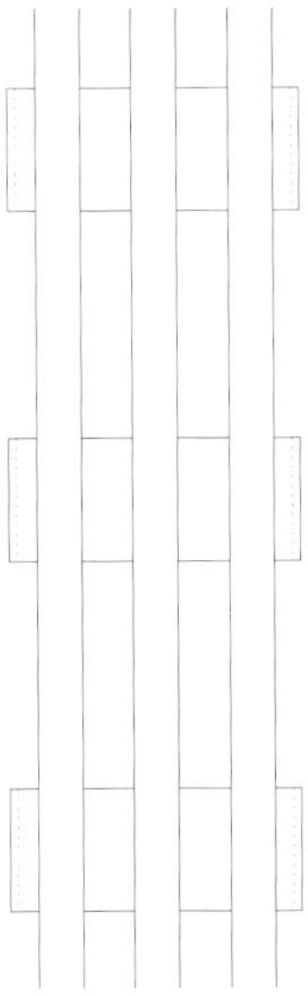

5.259
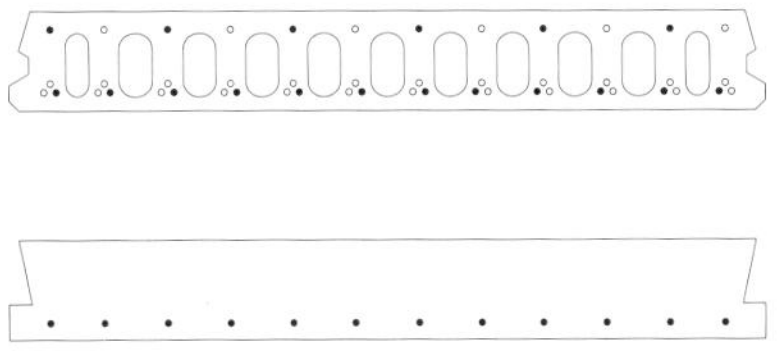

5.260 Shear-Lag-Effect
5.261 Traditioneller Kern innerhalb eines Skelettbaus. Außenstützen tragen nur V-Lasten
5.262 Tube. Innenstützen tragen nur V-Lasten
5.263 Tube-in-Tube
5.264 Bundled Tube

5.260

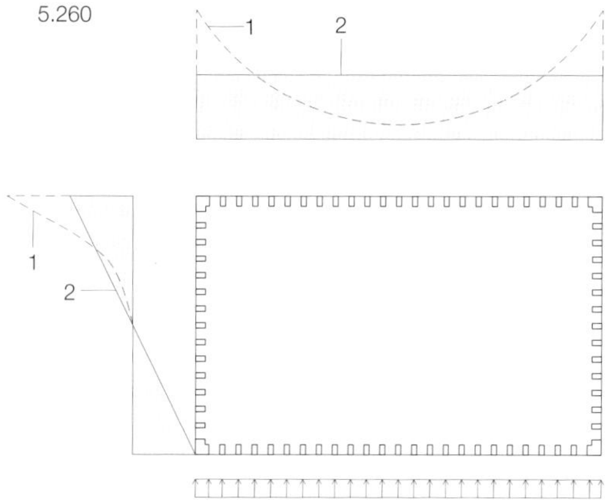

1 sich in Folge shear-lag einstellende Spannungsverteilung in den Stützen
2 auf Basis der technischen Biegelehre erwartete Spannungsverteilung

5.261

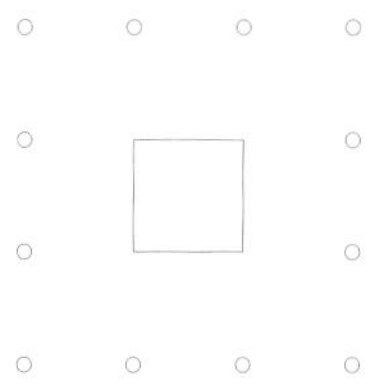

5.262

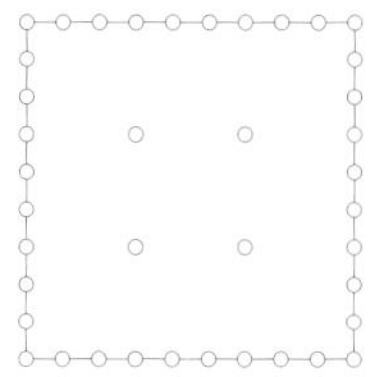

5.263

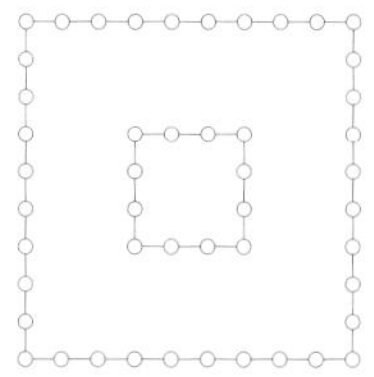

5.264

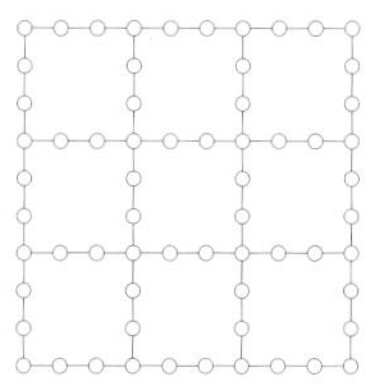

führt auf das Prinzip der Röhre, des Tube, bei dem das für die Abtragung der Horizontallasten verantwortliche Tragsystem in der Fassadenebene des Gebäudes liegt. Der innere Hebelarm des als »aufgeweiteter Kern« interpretierbaren Tubes besitzt hier sein Maximum.

Die Notwendigkeit, in die geschlossene Röhre Öffnungen für Erschließung sowie Fensterflächen einzuschneiden, führte zur Entwicklung des Perforated Tube, im Fall der möglichst großen, rechteckigen und regelmäßig angeordneten Öffnungen schließlich zum framed tube, einem Konstruktionsprinzip, das im Hochhausbau erst zu Anfang der 50er Jahre dieses Jahrhunderts von Goldsmith und Khan entwickelt und erstmals für das Chestnut – De Witt Appartmentgebäude mit 43 Stockwerken (A:/I: Skidmore, Owings, Merrill, vollendet 1963 in Chicago) eingesetzt wurde. Dort allerdings als Stahlbetonkonstruktion.

Das Prinzip des Tubes in allen seinen nachfolgend etwas näher beschriebenen Varianten ist das aus heutiger Sicht einzig mögliche Konstruktionsprinzip zum wirtschaftlich vertretbaren Bau von Häusern von Höhen über 200 m.

Framed Tubes

Framed-tube-Systeme können als Röhrentragwerke, die aus einem extrem engmaschigen Netz von Rahmen bestehen, angesehen werden. Die Abtragung von Horizontallasten erfolgt im wesentlichen über eine Biegebeanspruchung der Stützen und Riegel. Die Riegel werden bei den Tubes als Brüstungsträger ausgeführt. Die Beschränkung der Gebäudeverformungen erfordert eine hohe Biegesteifigkeit der Stütze-Brüstungsträger-Knoten sowie einen vergleichsweise engen Stützenabstand von 1,20 m bis max. 3,5 m und vergleichsweise hohe Brüstungsträger mit Höhen von 0,6 bis 1,2 m. Framed-tube-Systeme erlauben also keine geschoßhohen Verglasungen der Fassaden.

Die Zwillingstürme des World Trade Centers mit 110 Stockwerken (A: Yamasaki & Ass., I: Skilling, Helle, Christiansen, Robertson, 1966 – 1973 in New York City) sind die höchsten Bauwerke der Welt, die bisher als einzellige Framed Tubes errichtet wurden. Die außenliegenden Stützen besitzen einen Achsabstand von 1,02 m. Mit einem Bauhöhen/Basisbreiten-Verhältnis von 7:1 wurden beim World Trade Center die Grenzen der Schlankheit im Hochhausbau erreicht. Um eventuell als unangenehm empfundene Gebäudeschwingungen infolge instationärer Windbelastung zu vermeiden, wurden in jeden der beiden Türme ca. 10 000 viskoelastische Schwingungsdämpfer, die als Reibungsdämpfer wirken, eingebaut. Diese Schwingungsdämpfer bestehen aus Stahlplatten zwischen denen zwei viskoelastische Lagen mit jeweils 1,3 mm Dicke und 10 × 25 cm Fläche eingelegt wurden.

Die Effektivität von Framed Tubes nimmt bei Gebäudehöhen von 50 Geschossen bei Betontragwerken und bei 80 Geschossen bei Stahltragwerken infolge des sogenannten »Shear-Lag-Effektes« deutlich ab: Unter horizontaler Belastung verhalten sich diejenigen Teile des tubes, die zur Belastungsebene parallel liegen, wie ein Rahmengitter. Die Stützen in den Eckbereichen ziehen wesentlich mehr Last an als die Stützen in der Mitte der »Flanken«. Die Stützen im Eckbereich werden somit höher belastet, als dies bei Zugrundelegung der technischen Biegelehre zunächst zu erwarten wäre. Die Biegemomente in den Stützen und den Endfeldbalken werden somit zum entwurfsbestimmenden Faktor in solchen Tragwerken.

Das Shear-Lag-Phänomen führt zu einer sehr inhomogenen Lastverteilung in den einzelnen Stützen. Die Konsequenz hieraus ist, die Stützen unterschiedlich dick auszuführen, was jedoch zu Problemen in der Standardisierung und Detaillierung der Fassade sowie der Innenausbauten führt. Eine weitere Möglichkeit besteht darin, alle Stützen mit gleichem Außendurchmesser bzw. gleichen Außenabmessungen der Profile auszuführen und lediglich die Wandstärken der Beanspruchungshöhe anzupassen. Hierbei ändern sich dann aber ständig die Abmessungen der einzelnen zu verbindenden Stahlbauteile um kleine Größen.

Tube-in-Tube

Die Effektivität eines einzelligen Framed Tube kann erhöht werden, indem man den Aufzugskern als tragendes Element heranzieht. Insbesondere bei schlanken Bürohochhäusern sind die Grundrißabmessungen des Aufzugskernes in der Regel groß genug, um den Kern selbst als eine effiziente Röhrenstruktur zu entwerfen. Das daraus resultierende Tragwerk, eine äuße-

5.265 Spannungsverteilung in einem neunzelligen Bundled Tube. Reduktion des Shear-Lag-Effektes [4]
5.266 Ansicht der tragenden Konstruktion des Sears-Towers [4]
5.267 Sears-Tower, Chicago. Ein neunzelliger bundled-tube [453]
5.268 Diagonal-Truss-Tube
5.269 Column-Diagonal-Truss-Tube (Megafachwerk)

re und eine zusätzliche innere Röhre, wird als »Tube-in-Tube-System« bezeichnet.

Das Deckentragwerk bindet dabei die beiden Röhren zusammen, sie agieren somit als Einheit gegenüber seitlichen Belastungen. Durch diesen Kraftschluß kann die Tragfähigkeit nachhaltig erhöht werden. Das Tube-in-Tube-Tragwerk scheint im Bereich bis etwa 80 Stockwerke in Stahl wirtschaftlich zu sein. Einer der wesentlichen Vorteile dieser Art von Tragstruktur ist die beträchtliche Reduzierung des Shear-Lag-Effekts in der äußeren Röhre. Ein weiterer Vorteil ist die Möglichkeit, einen grossen stützenfreien Büroraum zu entwerfen, indem alle Vertikallasten durch das Deckentragwerk zur äußeren und zur inneren Röhre transportiert werden. Die stützenfreie Spannweite bzw. der Abstand zwischen den beiden Röhren liegt etwa zwischen 10–12 m.

Beim Entwerfen eines Tube-in-Tube-Systems sollte beachtet werden, daß die innere Röhre im Schwerpunkt der äußeren Röhre liegt. Damit werden die aus Wind resultierenden Torsionsbelastungen des Kerns reduziert.

Bundled Tube
Neben dem Tube-in-Tube-Prinzip ist die Anordnung eines vertikalen Diaphragmas eine gute Methode, die Effektivität des Röhrenprinzips weiter zu steigern: Durch dieses zusätzliche Diaphragma, normalerweise entworfen als ein Stützen-/Balken-Netz, kann der Shear-Lag-Effekt bedeutend reduziert werden. Gleichzeitig nimmt die Steifigkeit in der Horizontalen zu. Nach diesem Prinzip entworfene Tragwerke haben das Aussehen gebündelter Röhren. Sie werden deshalb »Bundled Tubes« genannt.

In der Darstellung der Spannungsverteilung in einer zweizelligen Röhre unter Windlast kann man leicht erkennen, daß das zusätzliche, parallel zur Windrichtung liegende Diaphragma die Kräfte in den Bereich des Schnittpunktes Diaphragma/orthogonale Außenwand (Flanke) verlagert und dabei entlang dieser Schnittlinie zu einer Reduzierung der Spitzenspannungen führt. Im Vergleich zur Spannungsverteilung eines einzelligen Framed Tube kann man erkennen, wie das zusätzliche Diaphragma den Shear-Lag-Effekt in der äußeren Röhre minimiert und wie es außerdem zu einer größeren Biegesteifigkeit führt.

5.265

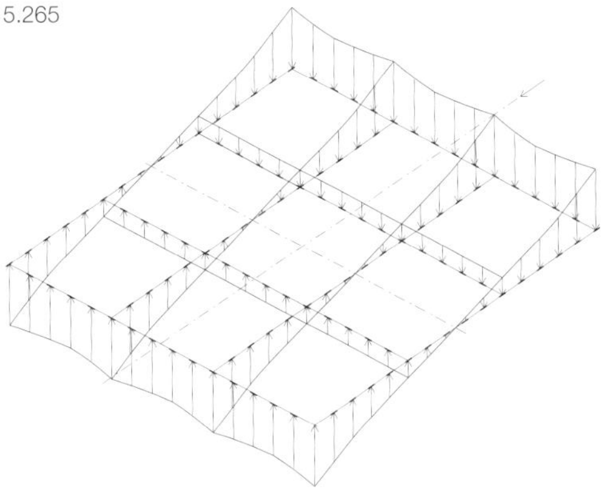

5.266

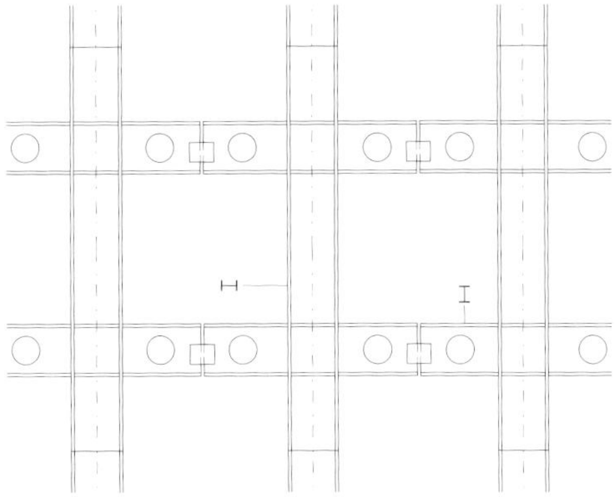

5.267

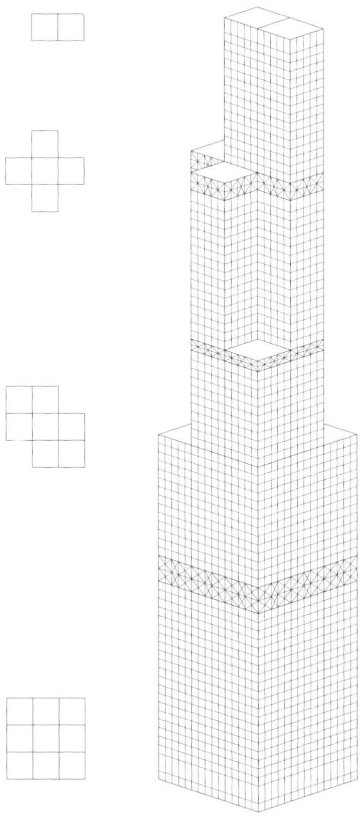

5.268

5.269

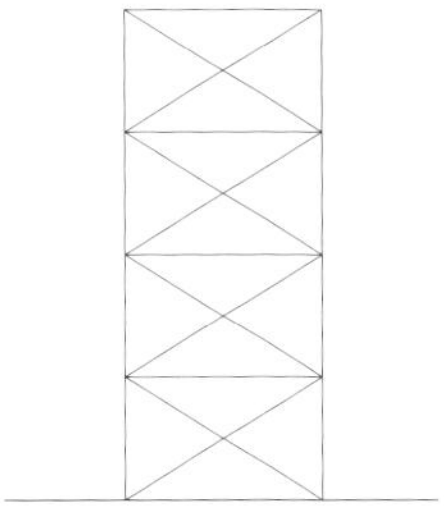

5.270

5.271

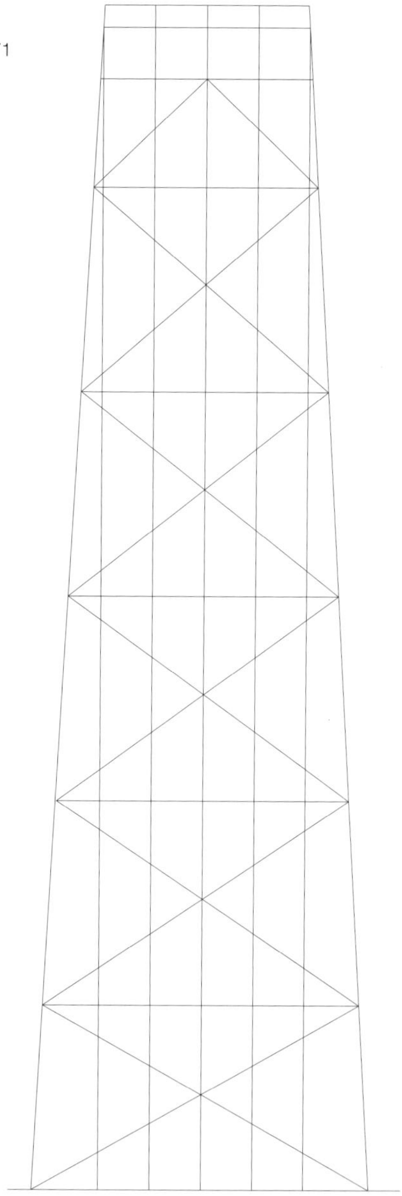

5.272

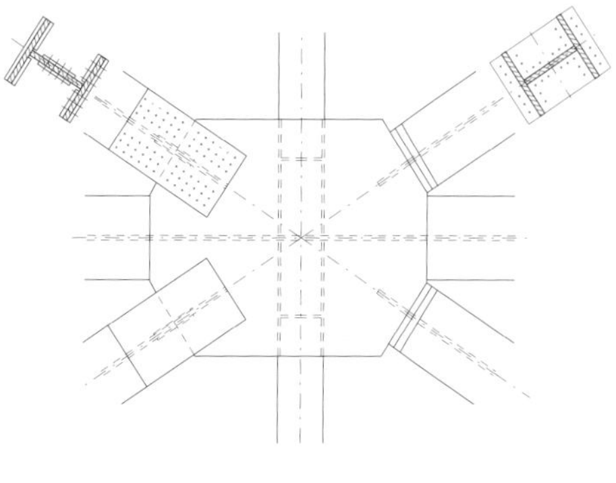

5.273

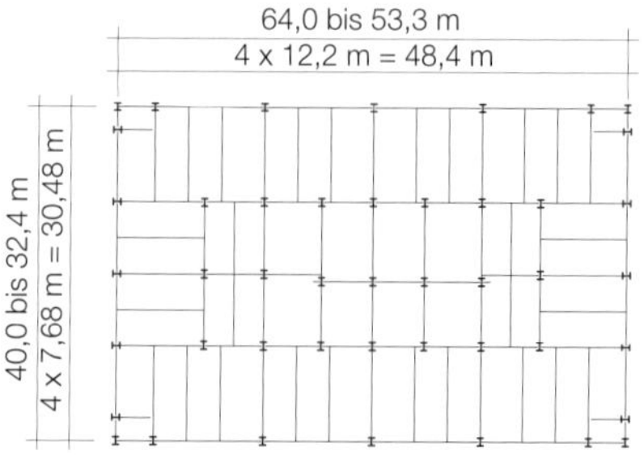

5.270 Der Größte der Beanspruchung angepaßte Anzahl der Diagonalen. Nach M. Goldsmith. [454]
5.271 Tragsystem des John-Hancock-Center, Chicago.
5.272 Fachwerkknoten [434]
5.273 Trägeranordnung im Deckengrundriß [434]
5.274 Typische Megastructure für sehr hohe Gebäude
5.275 Megastructures: Bank of the Southwest , Houston. Entwurf. 8 Verbundstützen, zwischen denen vertikale Fachwerke eingezogen sind, übernehmen den gesamten Lastabtrag

Das »Bundled-Tube-Prinzip« ermöglicht bei Stahlbauten die Konstruktion von etwa 110 Stockwerken auf wirtschaftliche Art und Weise. Um ein möglichst effizientes Tragwerk zu erhalten, sollte der Stützenabstand 4,50 m nicht überschreiten. Außerdem ist ein bestimmtes Verhältnis zwischen den Steifigkeiten von Stützen und Brüstungsträgern notwendig.

Der Sears Tower (A:/I: Skidmore, Owings, Merrill, fertiggestellt 1974 in Chicago) war das erste Hochhaus, bei dem ein Bundled-Tube-Tragwerk verwendet wurde. Der Sears Tower war lange Zeit das höchste Gebäude der Welt. Er ist ein gutes Beispiel für die Leistungsfähigkeit des Bundled-Tube-Prinzips. Das 442 m hohe Gebäude besitzt 109 Stockwerke bei einer Geschoßfläche von 409 000 m^2. Die Grundform besteht aus neun einfachen Röhren. In direkter Anlehnung an den Raumbedarf besitzen diese Röhren jeweils unterschiedliche Höhen. Die Höhe der einzelnen Röhren betragen 50, 66, 90 und 109 Stockwerke. Jede Röhre wird aus Stützen mit einem Achsabstand von 4,58 m und hohen Brüstungsträgern zusammengesetzt. Die Stützen und Brüstungsträger wirken wie ein Framed Tube. Sämtliche Stützen-/Träger-Verbindungen sind vollverschweißt. Die Deckenfelder werden aus parallel gestellten Fachwerkträgern mit 22,86 m Spannweite und 4,58 m Achsabstand gebildet. Jeder dieser Träger ist direkt mit einer Stütze verbunden. Die Spannrichtung der Decken alterniert alle sechs Stockwerke, um die Vertikallasten auf die Stützen gleichmäßig zu verteilen. Die Fachwerkträger sind 1,02 m hoch.

Truss Tubes

Offensichtlich kann die höchste Leistungsfähigkeit eines Tragwerkes unter Horizontal- und Vertikalbelastung dann erreicht werden, wenn man die tragenden Bauteile entlang der Trajektorien der entsprechend belasteten Röhre anordnet bzw. die Fensteröffnungen in einen geschlossenen Tube so hineinschneidet, daß das verbleibende Material den Verlauf der Trajektorien widerspiegelt. Ein erster Schritt, mit dem man diese Erkenntnis im Hochhausbau umzusetzen versuchte, sind die nur noch aus Diagonalen bestehenden diagonal-truss-tubes.

Sobald man die Anzahl der Diagonalen in der Fassadenebene reduziert und zur Abtragung der Vertikallasten noch senkrechte Stützen hinzufügt, entsteht ein sogenanntes Column-Diagonal-Truss-Tube-Tragwerk. Dabei werden typischerweise nur noch wenige kräftige Diagonalen angeordnet, um die Anzahl der schiefwinkligen Durchdringungspunkte im Primärtragwerk zu reduzieren und um die Anzahl der Fassadensonderelemente einzuschränken.

Im Gegensatz zu einem Framed-Tube, der eine hochgradig biegebeanspruchte Konstruktion darstellt, haben die Column-Diagonal-Truss-Tubes weitestgehend axialkraftbeanspruchte Bauteile, was zu einer wesentlich höheren Effizienz in der Materialverwendung führt. Das 1953 von Myron Goldsmith zur Anwendung im Hochhausbau entwickelte Konstruktionsprinzip erfuhr im John Hancock Center mit 100 Stockwerken (A:/I: Skidmore, Owings, Merrill, 1970 in Chicago) eine meisterhafte Umsetzung. Die innenliegenden Stützen des John Hancock Center sind nur für Eigengewichtslasten bemessen. Die außenliegenden Stützen, die Diagonalen, die primären und die sekundären Zugbänder bilden den Column-Diagonal-Truss-Tube.

Das Shear-Lag-Problem existiert bei einem Column-Diagonal-Truss-Tube nicht mehr. Ebenso entfällt die Notwendigkeit hoher Brüstungsträger, weswegen das Konstruktionsprinzip sich hervorragend für deckenhohe Verglasungssysteme eignet. Diejenigen Brüstungsträger, die nicht als horizontale Zugbänder wirken, sind lediglich für die lokalen Deckenlasten zu dimensionieren.

Megastructures

Dieser englischsprachige Ausdruck steht für Tragwerke des Hochhausbaus, bei denen ein aus wenigen Bauteilen sehr großer Abmessungen zusammengesetztes Tragwerk als Primärstrukur ausgebildet wird, in die dann sekundäre Tragwerke eingehängt oder eingestellt werden. Typische Beispiele für Megastructures sind Entwürfe, bei denen die Erschließungen in einzelnen turmartigen Schächten gebündelt, die dann mit großen Diagonalen oder großen Traversen miteinander gekoppelt werden.

5.274

5.275

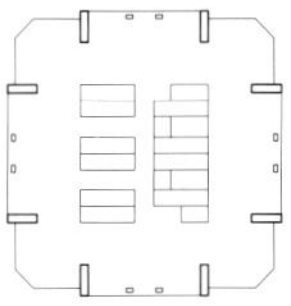

Teil 6 • Gebaute Beispiele im Detail

Helmut C. Schulitz
mit Martin Siffling

Der erste Stahlbauatlas von 1974 (2. Auflage 1982) von Hart, Henn, Sontag beschränkte sich auf Geschoßbauten. Bevor wir die Arbeit an einem neuen Stahlbauatlas aufnahmen, wurde darüber diskutiert, ob es sinnvoll und möglich sei, einen einzigen Stahlbauatlas zu erstellen, der sowohl Geschoßbauten als auch Hallenbauten umfaßt.
Die Autoren dieses neuen Bandes waren sich schnell darüber einig, daß zwei getrennte Atlanten für den Geschoßbau und den Hallenbau nicht sinnvoll sind, denn die Grundlagen für das Material Stahl, seine Herstellung und Verarbeitung sowie die Prinzipien des Konstruierens und Fügens bleiben für beide Bereiche gleich.
Geschoßbauten lassen sich schließlich auch als einfache gestapelte Hallenkonstruktionen verstehen und selbst komplexere Konstruktionen, wie das Gerbersystem lassen sich, wie das »Centre Pompidou« in Paris zeigt, sowohl auf den Geschoßbau als auch auf den Hallenbau anwenden.
So verbliebe nur der folgende Beispielteil für eine mögliche Zweiteilung in Hallen und Geschoßbauten. Aber selbst hier gäbe es bei der Zuordnung Schwierigkeiten, da viele Bauten, die in diesem Teil vorgestellt werden, gleichermaßen den Hallen- wie den Geschoßbauten zugeteilt werden können. Stellvertretend genannt seien dafür das Konstruktionsbüro in Gundelfingen (Beispiel 27), die Rundhalle in Berlin (Beispiel 25) oder das CIM-Institut in Braunschweig (Beispiel 21), die aus beiden Gebäudetypen, dem Hallen- und dem Geschoßbau, gefügt sind.
Wir haben uns daher entschlossen, einen anderen Weg zu verfolgen, der sich bereits in den vorangehenden Teilen des Buches abzeichnet: das Sichtbarmachen einzelner Konstruktionsprinzipien unabhängig vom Gebäudetyp. Die Funktion des Gebäudes spielte bei dieser Zielsetzung keine Rolle. So mag eine Produktionshalle neben einem Wohnungsbau und dieser wiederum neben einem Verwaltungsgebäude erscheinen. Die Gliederung basiert vielmehr auf der Abfolge von der einfachen zur vielfältigen Konstruktion und zur wachsenden Dimension. Am Ende stehen komplexe Seil- und Hochhauskonstruktionen.

Wir haben versucht, Gebäude aus allen Bereichen des Bauens mit Stahl zusammenzutragen, um möglichst unterschiedliche und beispielhafte Konstruktionsprinzipien von allgemeingültigem Charakter vorzustellen. Es wurde Wert darauf gelegt, Beispiele zu dokumentieren, die durch sorgfältiges und intelligentes Konstruieren den Montage- und Materialaufwand minimieren.
Die Auswahl erfolgte nach architektonischen Gesichtspunkten. Da die Zugänglichkeit zu Konstruktions- und Detailzeichnungen nicht immer gegeben war, konnten nicht alle ursprünglich vorgesehenen Projekte publiziert werden.

Die gezeigten Beispiele stammen aus verschiedenen Ländern und unterliegen im Hinblick auf Klima, baulichen Standards und baurechtlichen Vorschriften unterschiedlichen Bedingungen. Es wurde trotz begrenzter Seitenzahl versucht, die Konstruktionen als Teil des Gesamtentwurfs mit Grundrissen, Schnitten und Fotos darzustellen, um sie als Teil des Ganzen zu begreifen. Den Sinn des Beispielteils sehen die Autoren nicht darin, einzelne Projekte aus dem Kontext des Standortes und des Gesamtentwurfes herauszureißen, um sie dann auf andere Bauaufgaben unreflektiert zu übertragen. Sie sollten vielmehr immer wieder analysiert, interpretiert und an neue Gegebenheiten angepaßt werden. Kurzum, sie sollten als konzeptionelle Anregungen verstanden werden.

Messegelände
Exhibition
Grounds

Nr	Seite	Architekt	Tragwerksplanung	Gebäude	Konstruktionsmerkmale
1	228	Schaudt Architekten, Konstanz	Ingenieurbüro Leisering, Konstanz	Reihenhaus in Konstanz	einfaches Stützen-Träger-System
2	230	CEPEZED B.V., Delft	ECCS, Hoofdorp	Doppelhaus in Delft	einfaches Stützen-Träger-System
3	232	Schulitz + Partner, Braunschweig	Michael Sprysch, Vechelde	Wohnhaus in Rotenburg/Wümme	unterspannter Träger, Fachwerkträger
4	236	Schuster Architekten, Düsseldorf	Müller Marl, Marl	Bürogebäude in Nordkirchen	unterspannter Träger
5	240	Eberhard Schunck, Dieter Ullrich, München	Fritz Sailer und Kurt Stepan, München	Evangelische Kirche in Nürnberg Langwasser	unterspannter Träger
6	242	Frank Geiser, Bern	Duppenthaler + Wälchli, Langenthal	Verwaltungszentrum in Langenthal, Schweiz	einfaches Stützen-Träger-System, außenliegende Stützen
7	246	Jean Nouvel, Paris	Ove Arup & Partners, London	Ausstellungs- und Verwaltungsgebäude in Paris	einfaches Stützen-Träger-System, Geschoßrahmen in Gebäudelängsrichtung
8	248	Herbert Schaudt, Konstanz	Karl Fischer, Konstanz	Umbau und Erweiterung einer Buchhandlung in Konstanz	einfaches Stützen-Träger-System, tragende Geländerkonstruktion der Treppen
9	252	Wilhelm Kücker, München	Martinka + Grad , Eichstätt	Bibliothek in Ingolstadt	Bauen im Bestand, Minimierung der Konstruktionshöhe durch zusammengesetztes Trägerprofil
10	254	Foster and Partners, London	Anthony Hunt Associates, London	Instandsetzung und Umbau eines Museumsgebäudes in London	Bauen im Bestand, Einspannung über Geschoßdecken
11	258	Gullichsen, Kairamo, Vormala, Helsinki	Raimo Sormunen, Helsinki	Feuerwehrhaus in Espoo, Finnland	Stabilisierung eines Stahlturms über Diagonalen
12	260	Ingo Bucher-Beholz, Gaienhofen	Helmut Fischer, Bad Endorf	Wohnhäuser in Gaienhofen-Horn	gestapelte Zweigelenkrahmen in Gebäudequerrichtung
13	262	Glenn Murcutt and Associates, Mosman	James Taylor and Associates, Mosman	Wohnhaus im Nördlichen Territorium, Australien	eingespannter Rahmen
14	264	Waro Kishi and K. Associates, Kioto	Urban Design Institute, Osaka	Wohnhaus in Osaka	Geschoßrahmen
15	266	Schulitz + Partner, Braunschweig	Michael Sprysch, Vechelde	Betriebsgebäude in Magdeburg	Fachwerkrahmen
16	268	Fritz Haller, Solothurn	Emch und Berger, Bern	Betriebsanlage in Münsingen, Schweiz	Fachwerkrahmensystem
17	270	Benthem Crouwel, Amsterdam	Ingenieurbüro Starmans, Cees van Eden, Groningen	Gewerbebau in Opmeer, Niederlande	eingespannter Dreigurt-Fachwerkrahmen
18	274	Finn Geipel, Nicholas Michelin, LAB FAC, Paris	Werner Sobek Ingenieure, Stuttgart mit Andrew Sedgwick, Ove Arup & Partners, Cetec Limoges	Kunsthochschule in Limoges, Frankreich	Vierendeel-Nebenträger, Fachwerkträger
19	278	Nicholas Grimshaw and Partners, London	Ove Arup & Partns, London	Britischer Pavillon der Weltausstellung in Sevilla	eingespannte Stahlfachwerkstützen, Kippsicherung von hohen Fachwerkträgern
20	282	von Gerkan • Marg + Partner, Hamburg	Schlaich, Bergermann + Partner, Stuttgart	Messehalle in Hannover	Fischbauchträger
21	284	Schulitz + Partner, Braunschweig	Motzkus & Völker, Wolfenbüttel Michael Sprysch, Vechelde	CIM-Institut in Braunschweig	Stahlverbundkonstruktion mit Kammerbeton (Brandschutz)
22	288	Schneider + Schumacher, Frankfurt am Main	Bollinger + Grohmann, Frankfurt am Main	Informationspavillon in Berlin	Stahlverbundkonstruktion mit Kammerbeton (Brandschutz)
23	290	Gerhard Spangenberg, Berlin	GSE-Ingenieurgesellschaft, Berlin	Redaktionsgebäude in Berlin	Stahlverbundkonstruktion mit Kammerbeton (Brandschutz)
24	292	Michael Hopkins and Partners, London	Büro Happold, Bath	Bürogebäude in Bedfont Lakes, England	abgestufte, dem Kraftverlauf angepaßte Stützen
25	294	Gerd Fesel, Peter Bayerer, Hans-Dieter Hecker, Roland Ostertag, Berlin	Stephan Polónyi, Herbert Fink, Peter Koch, Berlin	Rundhalle in Berlin	räumlicher Fachwerkknoten für radiale Trägeranschlüsse
26	296	Renzo Piano Building Workshop, Paris	Ove Arup & Partners, London	Fabrikhallen in Saint-Quentin-en-Yvelines, Frankreich	räumlich unterspannter Träger
27	298	Kurt Ackermann und Partner, Jürgen Feit, München	Behringer und Müller, München	Konstruktionsbüro in Gundelfingen	unterspannter Träger auf auskragender Rahmenkonstruktion
28	300	Behnisch & Partner, Stuttgart	Julius Natterer, München	Sporthalle in Lorch an der Rems	Gerbersystem, Fachwerkträger auf auskragender Rahmenkonstruktion

Nr	Seite	Architekt	Tragwerksplanung	Gebäude	Konstruktionsmerkmale
29	302	Piano + Rogers, London	Ove Arup & Partners, Paris	Kulturzentrum »Georges Pompidou« in Paris	Gerbersystem mit Stahlgußgerberetten
30	306	Cox, Richardson, Taylor + Partners, Sydney	Ove Arup & Partners, London	Kultur- und Unterhaltungszentrum in Sydney	räumlich abgespannte Konstruktion
31	308	Richard Rogers Partnership, London	Anthony Hunt Associates, London	Fabrik in Newport, England	abgespannte Konstruktion
32	312	Richard Rogers Partnership, London	Ove Arup & Partners, London	Fabrik in Quimper, Frankreich	räumlich abgespannte Konstruktion, Aussteifung über Druck-/Zugstreben
33	316	Nicholas Grimshaw and Partners, London	Whitby + Bird, London	Fabrikations- und Bürogebäude in Köln	räumlich abgespannte Konstruktion
34	318	Behnisch & Partner, Stuttgart	Schlaich, Bergermann + Partner, Stuttgart	Plenar- und Präsidialbereich des Deutschen Bundestages in Bonn	abgehängte Dachkonstruktion
35	320	Peter Kulka, Dresden	Varwik-Horz-Ladewig, Köln	Landtagsgebäude in Dresden	Trägerrost
36	322	Schomers, Schürmann, Stridde, Bremen	Sobek und Rieger, Stuttgart	Omnibusbahnhof in Delmenhorst	Träger unter Torsionsbeanspruchung
37	326	von Gerkan • Marg + Partner, Hamburg	Weidleplan Consulting, Stuttgart	Flughafenterminal in Stuttgart	Baumstützen
38	330	Kaag + Schwarz, Stuttgart	Schlumbohm, Stuttgart	Zugangsbauwerk einer Tiefgarage in Biberach	freistehende Pilzstützenkonstruktion
39	332	Foster and Partners, London	Ove Arup & Partners, London	Flughafenterminal in Stansted, England	Pilzstützen gruppiert
40	336	Schulitz + Partner, Braunschweig	RFR, Paris	Fußgängersteg auf dem Messegelände in Hannover	abgehängtes in sich geschlossenes System
41	340	Renzo Piano Building Workshop, Genua	L. Mascia, D. Mascia, Genua	Metrostation in Genua	Zweigelenkbogen
42	343	Herzog + Partner, München	Sailer und Stepan, München	Ausstellungs- und Kongreßgebäude in Linz	Zweigelenkbogen
43	346	Richard Brosi und Partner, Chur Robert Obrist und Partner, St. Moritz	Ove Arup & Partners, London mit Peter Rice, Alastair Hughes	Postautostation in Chur	Bogen mit innenliegender Versteifung
44	348	von Gerkan • Marg + Partner, Hamburg	Polónyi + Partner, Köln Schlaich, Bergermann + Partner, Stuttgart	Zentrale Eingangshalle der Neuen Messe in Leipzig	Gittertonnenschale mit außenliegender Versteifung
45	352	von Gerkan • Marg + Partner, Hamburg	Weber, Poll und Kockjoy, Hamburg	Flughafenterminal in Hamburg	räumlicher Dreigurtbinder auf gespreizten Stützen
46	356	Renzo Piano Building Workshop, Paris	Ove Arup & Partners, London	Flughafenterminal in Osaka, Japan	räumlicher Dreigurtbinder auf gespreizten Stützen
47	360	Nicholas Grimshaw and Partners, London	Anthony Hunt Associates, Cirencester	Bahnhof Waterloo in London	Dreigelenkbogen
48	364	Michael Hopkins and Partners, London	Ove Arup & Partners, London	Mehrzweckhalle in Nottingham	abgespannte Membrankonstruktion
49	368	Schweger + Partner, Hamburg	Sobek und Rieger, Stuttgart	Tennisanlage in Hamburg	Seilkonstruktion mit beweglicher Membran
50	372	Foster and Partners, London	Ove Arup & Partners, London Julio Martinez Calzon	Fernmeldeturm in Barcelona	abgespannter Mast als Geschoßbau
51	374	Murphy/Jahn, Lester B.Knight & Associates, Chicago	Murphy/Jahn	Staatliches Verwaltungszentrum in Chicago	räumliches Tragwerk
52	378	Richard Rogers Partnership, London, Architect 5 Partnership	Umezawa Design Office, Tokio	Büro- und Geschäftshaus in Tokio	Stahlgeschoßrahmen mit Betonummantelung, erdbebensicheres Bauen
53	380	Foster and Partners, London	Ove Arup & Partners, London	Bankzentrale in Frankfurt am Main	Hochhaus in Stahlverbundbauweise
54	384	Foster and Partners, London	Ove Arup & Partners, London	Bankgebäude in Hongkong	Hochhaus als Stahlhängekonstruktion

Reihenhaus in Konstanz

1993

Architekten: Schaudt Architekten, Konstanz
Projektarchitekt: Martin Cleffmann
Mitarbeiter: M. Münzenmaier, J. Dreher
Tragwerksplanung:
Ingenieurbüro Leisering, Konstanz

Die Häuserzeile mit acht Wohneinheiten ist das Ergebnis eines Stahlbauwettbewerbs. Eines der Häuser wurde von den Architekten selbst erworben und nach ihren Plänen unter dem Aspekt des offenen Wohnens ausgeführt.
In den anderen Häusern wurden anstelle der geplanten offenen Skelettbauweise häufig Massivwände, Stahlbetondecken und feste Innenwände eingezogen.
Die Stahlkonstruktion bietet eine große innenräumliche Flexibilität sowie, durch großzügig verglaste Fassaden, ein hohes Maß an Transparenz. Die einzelnen Geschosse können jederzeit ohne größeren Aufwand umgebaut werden. Leichte Decken aus Lärchendielen garantieren eine Veränderbarkeit bei späterem Nutzerwechsel. Das Erdgeschoß kann vom übrigen Haus getrennt genutzt werden.
Die komplette Konstruktion ist feuerverzinkt ausgeführt. Auch ein Teil der Bodenbeläge, des Mobiliars und der Außenbauteile besteht aus verzinktem Stahl.
Die Auskreuzungen zur Windaussteifung bleiben in allen Ebenen sichtbar und verstärken den Eindruck der spielerischen Leichtigkeit des Wohnhauses.

Literatur: [145], [158], [433]

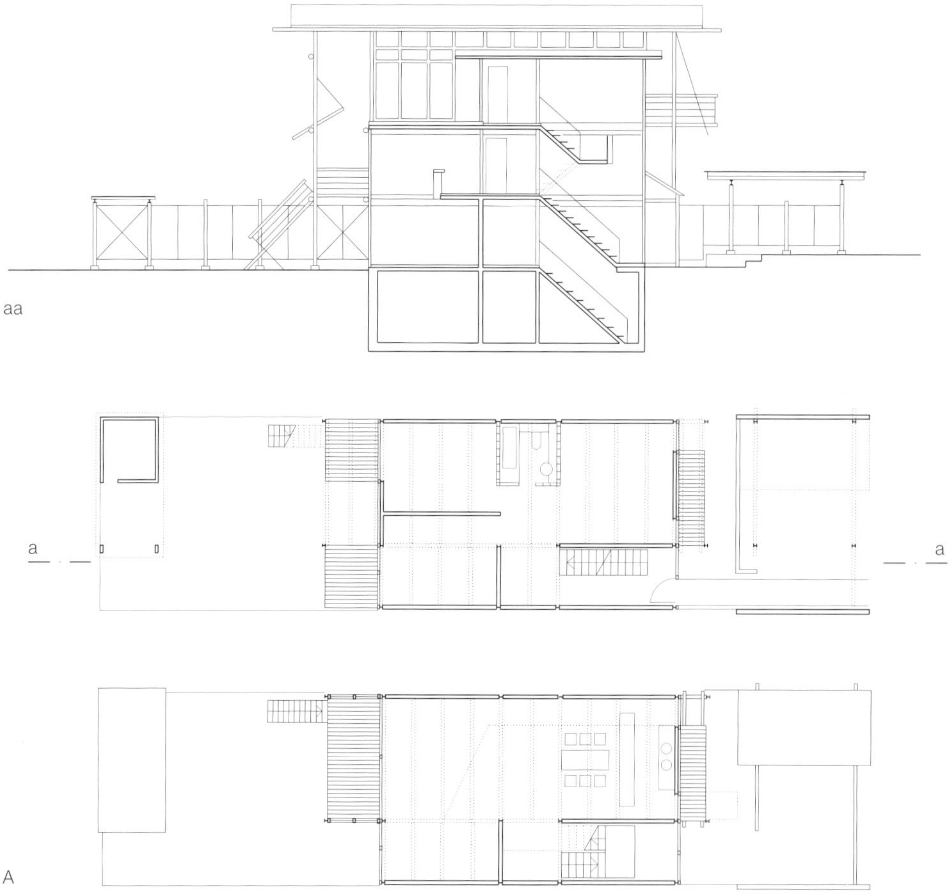

A

A Längsschnitt • Grundrisse
Erdgeschoß • Obergeschoß
Maßstab 1:250
B Horizontalschnitt Fassade
Maßstab 1:20
C Dachträger
Ansicht • Aufsicht
Maßstab 1:75
D Systemskizze
E Detail Aussteifung
Ansicht und Horizontalschnitt
Maßstab 1:10
F Vertikalschnitt Fassade
Maßstab 1:20

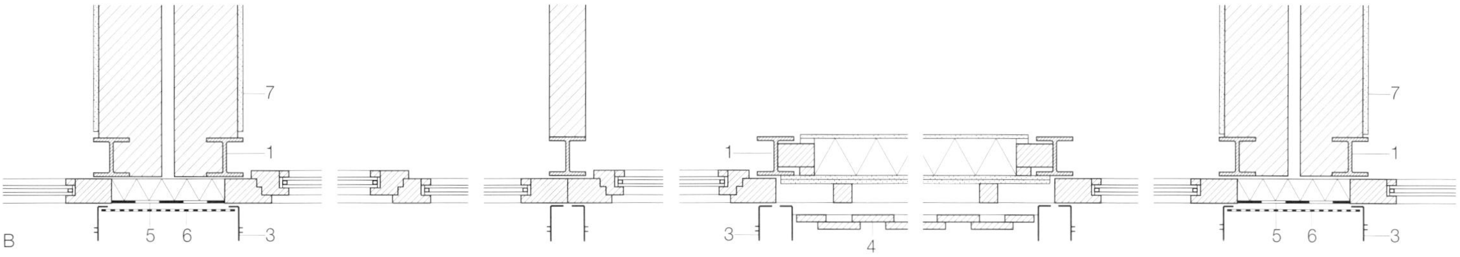

B

1 Skelettstützen HEA 100 feuerverzinkt
2 Stahlträger I-Profil 200 mm
3 Aluminiumwinkel 120 × 50 mm
4 Wandaufbau:
   Deckelschalung 24 × 240
   Lattung 2× 40 × 60 mm
   Gipskartonplatten 2× 15 mm
   Wärmedämmung
   Gipskartonplatte 15 mm
5 Bitumenbahn
6 Lochblech
7 Brandwand 2 × 170 mm Mauerwerk

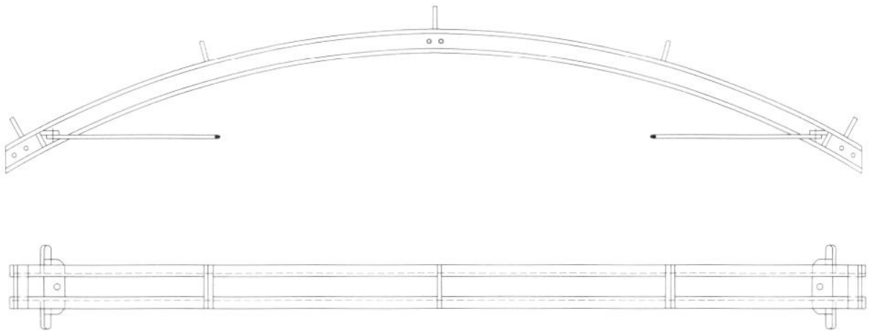
C

D

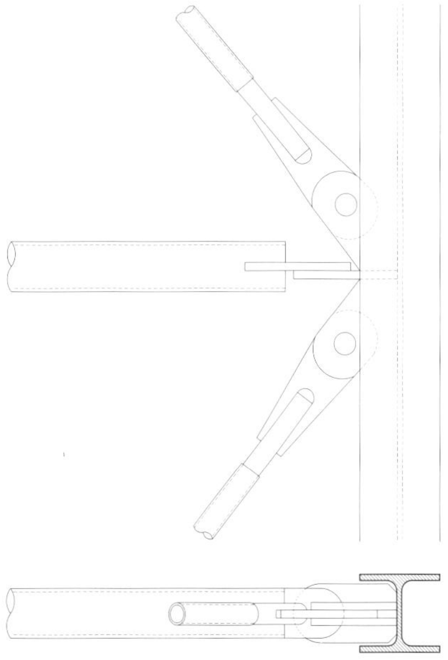
E

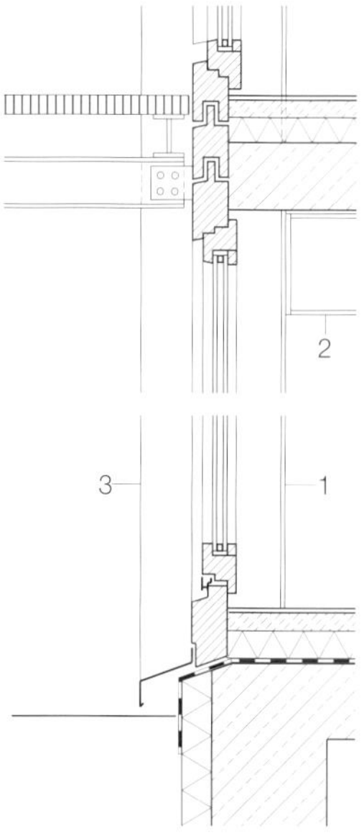

F

Doppelhaus in Delft

1990

Architekten:
CEPEZED B.V., Delft
J. Pesman
Tragwerksplanung:
ECCS, Hoofdorp

Zusammen mit einer Vereinigung örtlicher Designer lobte die Stadt Delft 1989 einen Wettbewerb für den Entwurf einer Reihe von Doppelhäusern in einem neuen Wohngebiet aus. Von 50 eingereichten Arbeiten wählte man 8 Projekte zur Realisierung aus. Bei dem hier vorgestellten Projekt entwickelten die Architekten mit einer Skelettbauweise aus Stahl eine wirtschaftliche und konstruktiv einfache Lösung.
Das Stahlskelett jeder Doppelhaushälfte bildet dabei ein statisch unabhängiges System. Auf der Grundfläche einer Haushälfte sind 8 Rundrohrstützen mit einem Durchmesser von 139,7 mm angeordnet, die in einem Achsabstand von 3,77 m in Längs- und 6,53 m in Querrichtung zueinander stehen. In Geschoßhöhe sind die Stützen diagonal mit IPE 300-Profilen verbunden. Im Grundriß liegt zentral der diagonal angeordnete Kern, der Nebenräume und Haustechnik aufnimmt und über alle Geschosse verläuft. Beim Stahlskelett wurden alle Anschlußpunkte so konzipiert, daß vor Ort eine schnelle und einfache Montage einschließlich der industriell vorgefertigten Metallfassadenelemente gewährleistet war.
Bis auf die betonierten Bodenplatten und die gemauerten Wohnungstrennwände wurden konsequent Stahl und Aluminium verwendet, so daß sich das Haus in allen Bauteilen bis hin zu den Fassadenprofilen als durchgängiges Metallgefüge präsentiert.

Literatur: [143]

A Isometrie ohne Maßstab
B Grundriß Erdgeschoß • 1. Obergeschoß
C Trägerlage
Grundriß 2. Obergeschoß
Maßstab 1:200

D Isometrie Fassadenanschluß
E Vertikalschnitt Dachanschluß • Deckenanschluß
F Horizontalschnitt Stützenanschluß
G Horizontalschnitt Fassadenecke
Maßstab 1:10

A

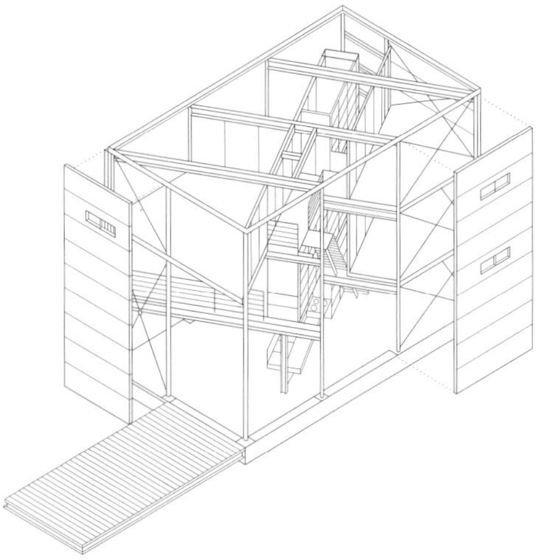

B

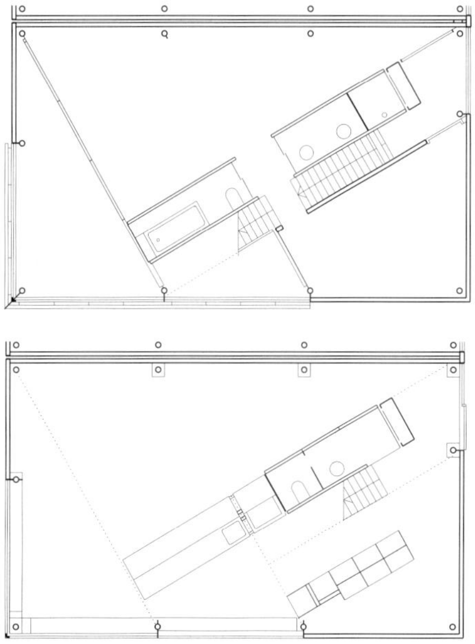

C

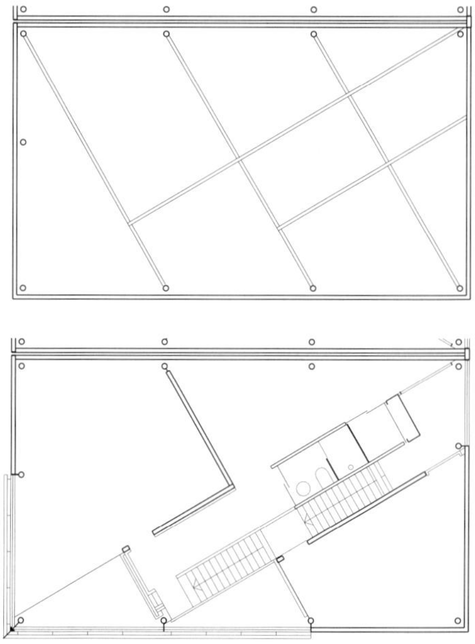

1 Stütze, Stahlrohr ∅ 139,7/5 mm
2 Stahlträger IPE 300
3 Windverband, Rundstahl ∅ 24 mm
4 Fassaden-Blechpaneel, gedämmt 100 mm
5 Isolierverglasung in Aluminiumprofilen mit EPDM-Deckleiste
6 beweglicher Sonnenschutz, Aluminium-Lamellen

D

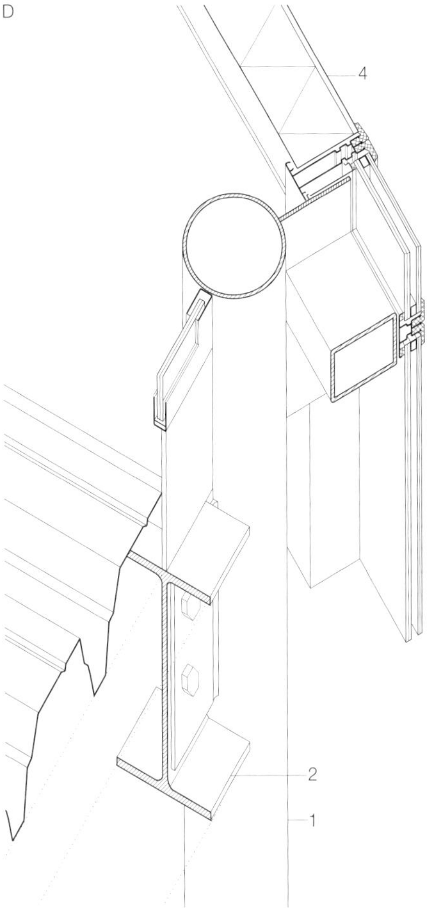

E

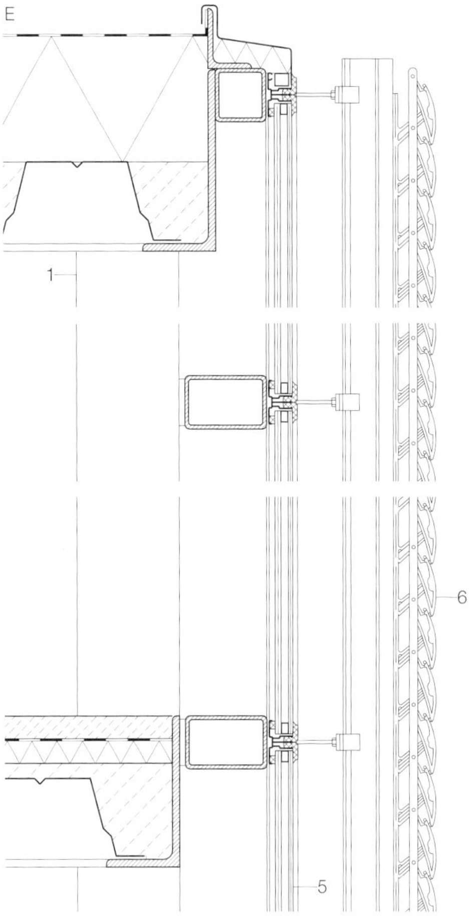

F

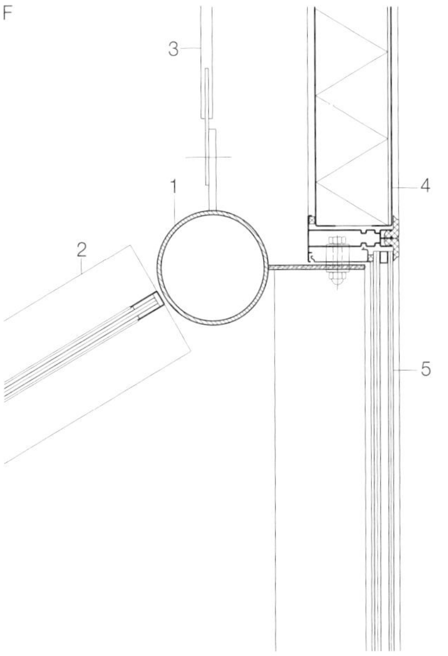

G

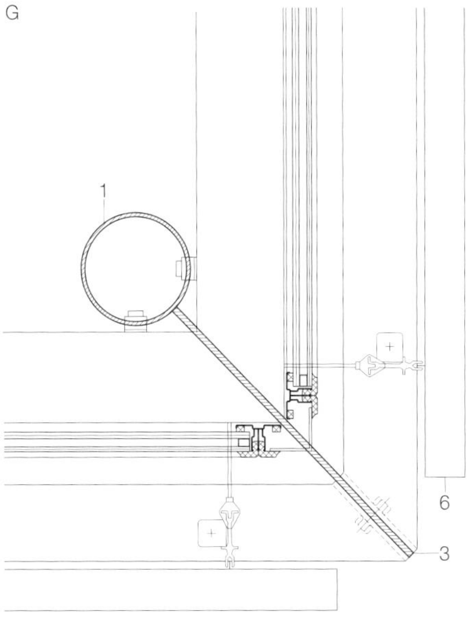

Wohnhaus in Rotenburg/Wümme

1995

Architekten:
Schulitz + Partner, Braunschweig
H.C. Schulitz, M. Rätzel, J. König
Tragwerksplanung:
Michael Sprysch, Vechelde

Der Entwurf wurde zum Thema »Wohnen mit der Natur« entwickelt und auf einem Grundstück an einer Waldlichtung realisiert. Im Gegensatz zu den üblichen Einfamilienhäusern dieser Siedlung, die auf Grund des Waldschattens auch tagsüber im Innenraum elektrische Beleuchtung erfordern, läßt die Transparenz dieses Gebäudes den Wechsel der Tages- und Jahreszeiten im Inneren des Hauses erlebbar werden. Der additiv entwickelte Grundriß ermöglichte, daß kein erhaltenswerter Baum gefällt werden mußte.
Das Gebäude besteht aus zwei gegeneinander verschobenen Spangen, deren Räume, sich an den Flur angliedern. Dieser ist mit einem verglasten Shed überdeckt und sorgt für die Ausleuchtung der innenliegenden Bereiche des Hauses. Durch den solaren Wärmegewinn trägt er an sonnigen Wintertagen zur Beheizung des Hauses bei.
Der geschlossene Teil der Fassade ist in Sandwichbauweise erstellt, bestehend aus einer innenliegenden Gipskartonverkleidung und einer hinterlüfteten Wetterhaut aus beschichteten Aluminiumwellblechen.
Der Bau ist als Skelett aus Stahl-Rechteckrohrstützen auf einem Grundraster von 1,8 x 1,8 m konstruiert. Unterspannte Träger überdecken die einzelnen Räume. Die Deckenuntersicht besteht aus einem Trapezblech, das direkt auf die Träger aufgelegt wurde. Im Gebäudeinneren sind die Stahlteile mit einem Korrosionsschutzanstrich versehen. Die Außenbauteile wurden feuerverzinkt.

Literatur: [55], [174]

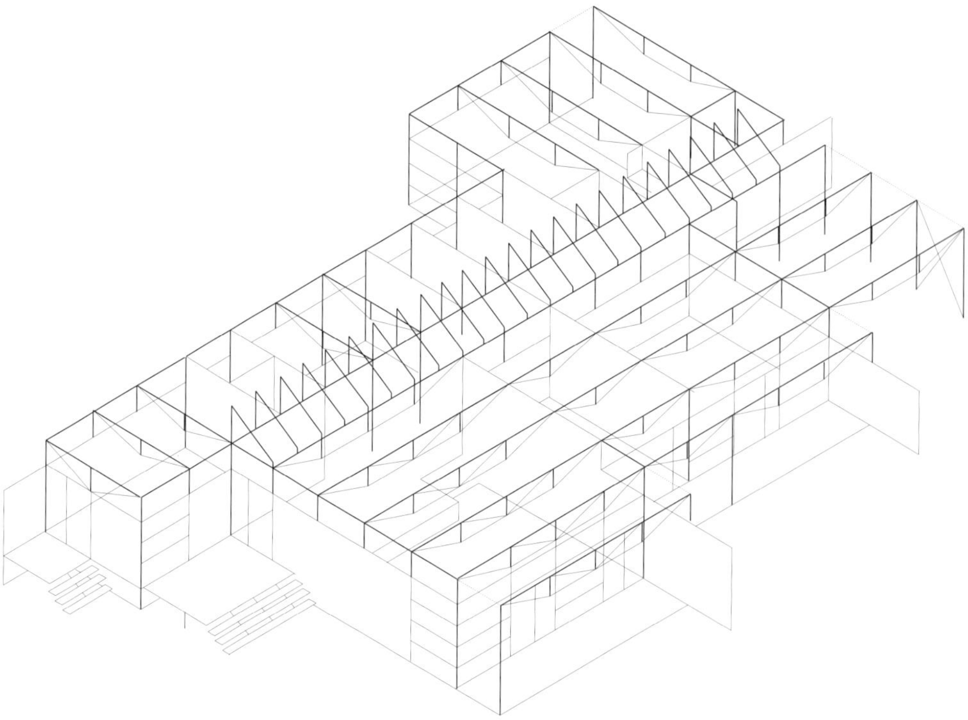

A

A Isometrie der Konstruktion ohne Maßstab
B Ansicht • Grundriß Maßstab 1:200

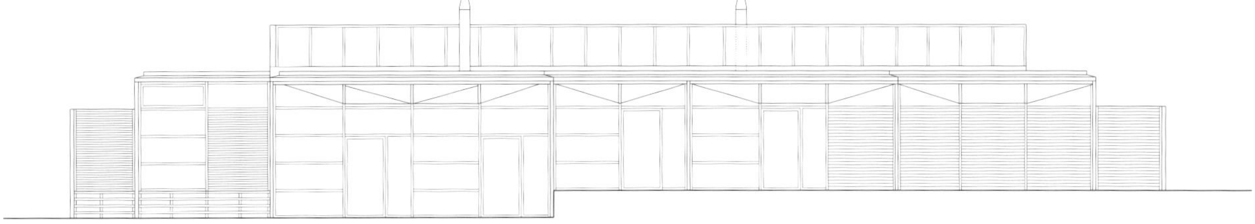

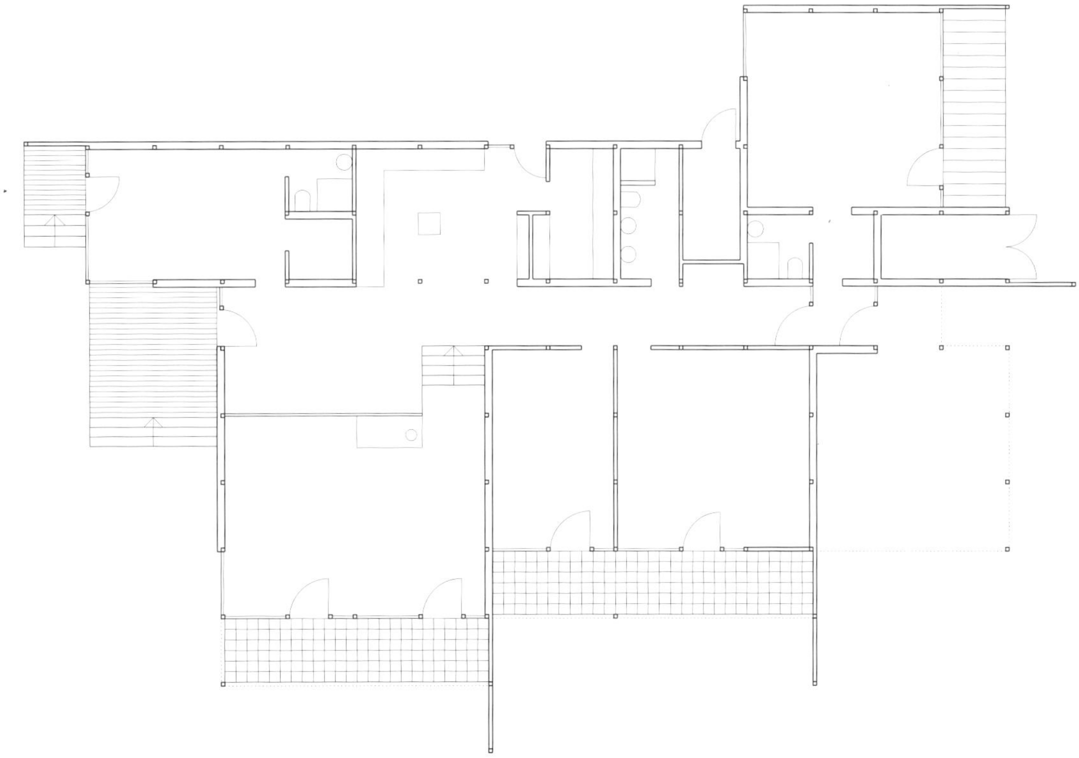

B

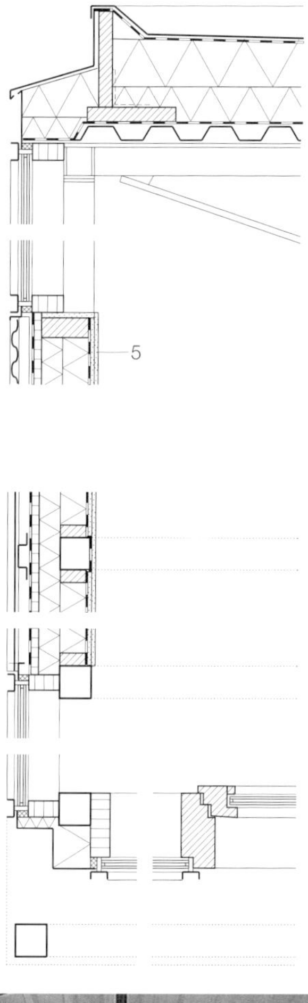

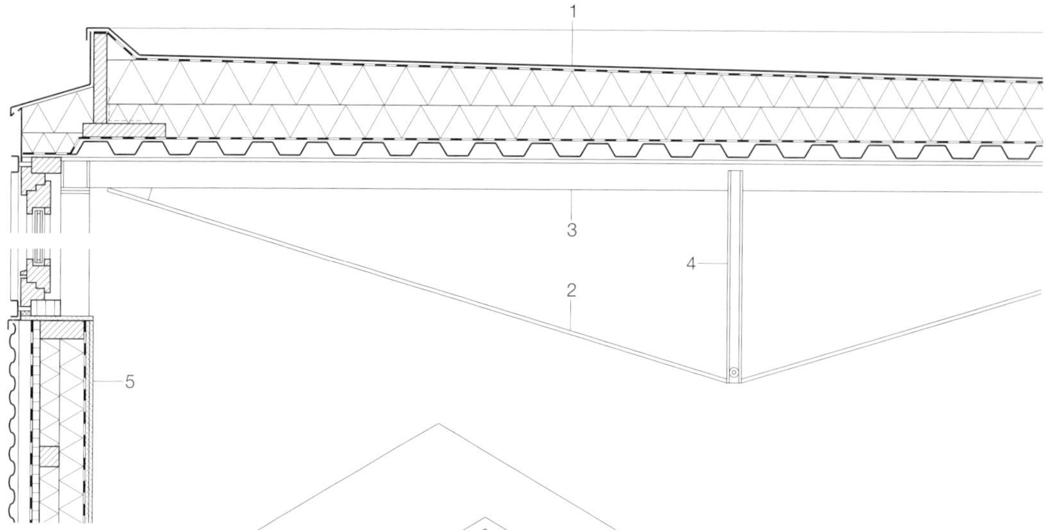

A

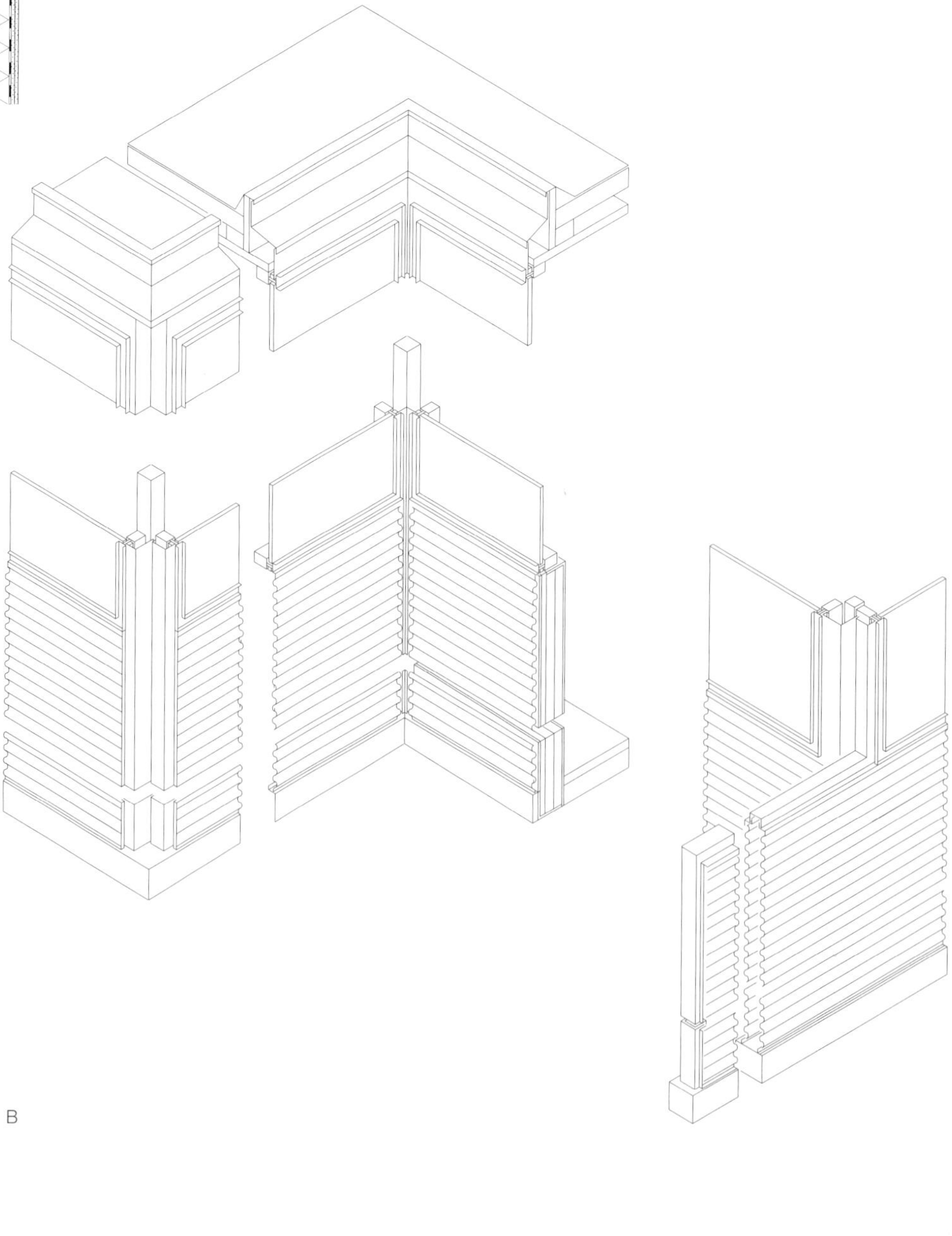

B

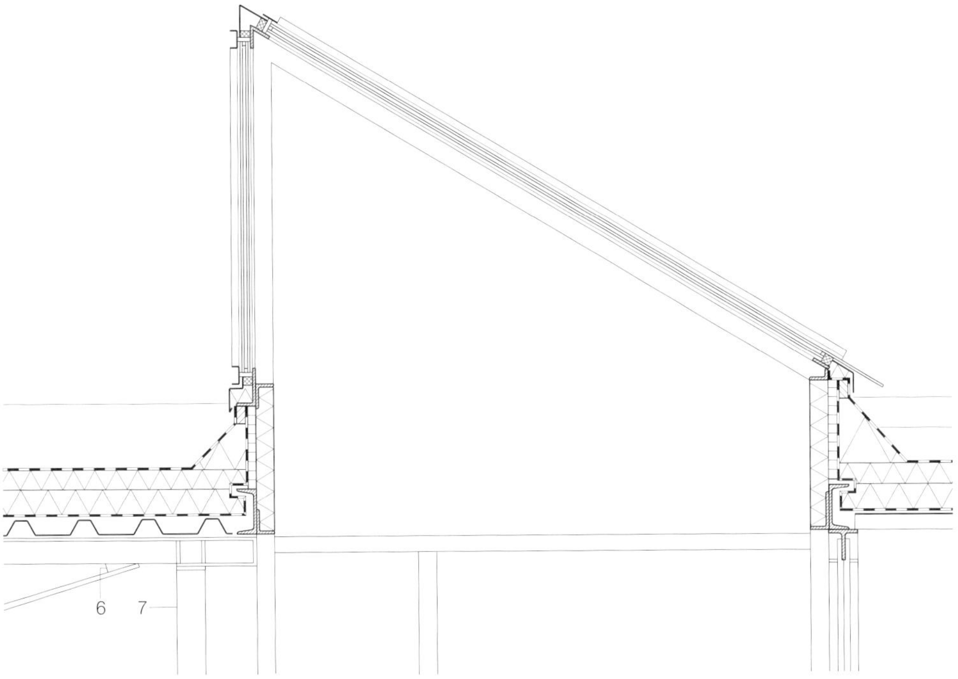

A Fassadendetails
Vertikalschnitte, Horizontalschnitt, Dachoberlicht
Maßstab 1:20
B Isometrie Fassadenkonstruktion
C Isometrie Stahlkonstruktion Oberlicht

1 Dachaufbau:
Elastomer-Bitumen-Schweißbahn
Rolldämmschicht 80 mm mit Dampfdruckausgleich
Gefälledämmschicht, Ausgangshöhe 80 mm
Dampfsperre
Stahl-Trapezblech, E 40
2 Rundstahl ∅ 18 mm
3 Obergurt T-Profil 80/8/9
4 U-Profile 2× 40/20
5 Wandaufbau:
Gipskartonplatten 2× 12,5 mm
Dampfsperre
Mineralfaserdämmung 70 mm
Lattung, dazwischen Mineralfaserdämmung 50 mm
Spanplatte 19 mm
Wind-/Regenfolie
Lattung/Hinterlüftung 45 mm
Aluminium-Wellprofil-Tafeln 18/76 mm
6 Knotenblech 9 mm
7 Stützen, Mehrschichtholz 80/80 mm

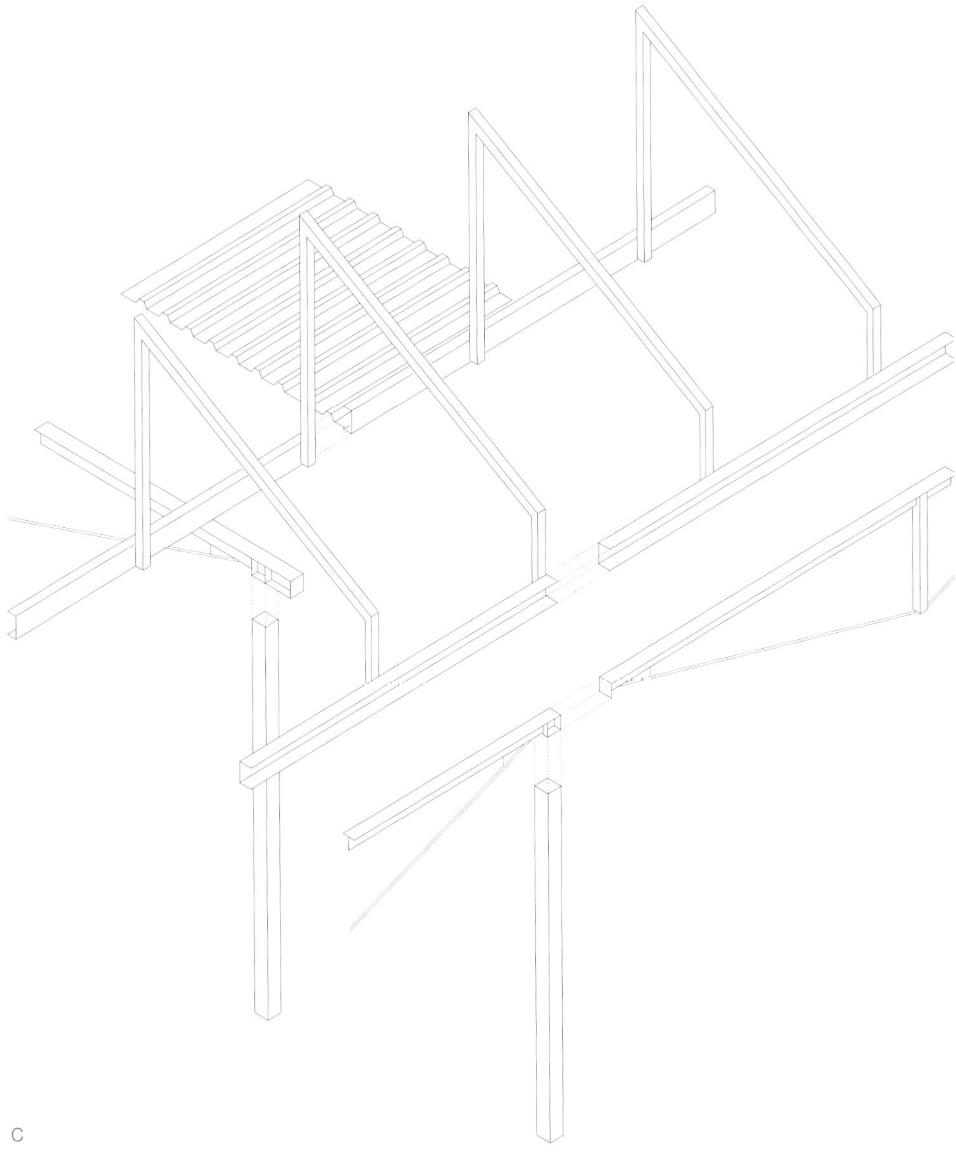

C

Bürogebäude in Nordkirchen

1994

Architekten: Schuster Architekten, Düsseldorf
Projektleitung: Sabine Koeth
Mitarbeiter: K. Legner, A. Löf, M. Uhl
Tragwerksplanung:
Müller Marl, Marl

Drei Gebäudekuben, mit Aluminium verkleidet sind über transparente Hallen miteinander verbunden.
Die Kombibüros in Stahlbetonbauweise stehen im Kontrast zu den leichten, transparenten Stahlkonstruktionen der Hallen, die den Eingangsbereich und die Cafeteria aufnehmen. Die von Pendelstützen getragene Dachkonstruktion besteht aus unterspannten Stahlprofilen auf denen sichtbar gelassene Trapezbleche liegen. Die Horizontalkräfte werden über Lagerböcke in die angrenzenden Bauteile abgeleitet. Die filigrane Ausbildung der Dachränder betont den schwebenden Charakter der Hallendächer. Die punktgehaltene Glasfassade spannt sich als homogene, transparente Haut zwischen den Kuben. Die Isolierglasscheiben sind über speziell entwickelte Verbindungsknoten an den Vierendeelpfosten befestigt. Im Bereich der seitlichen Dachfugen befinden sich bewegliche Glaslamellen zur Entlüftung und Entrauchung. Die Materialien Stahl, Beton und Glas behalten ihren natürlichen Charakter und werden ihren stofflichen Eigenschaften entsprechend eingesetzt. So kontrastiert der rauhe Sichtbeton mit den präzisen Linien der Stahlprofile, der warme Ton der Ahornstufen mit der sehr technisch detaillierten Stahltreppe.

Literatur: [142], [171]

1 Hauptträger
2 Nebenträger
3 Stütze, rund
4 Stütze, I-Profil
5 Reflektoren
6 Trapezblech
7 Sonnenschutz

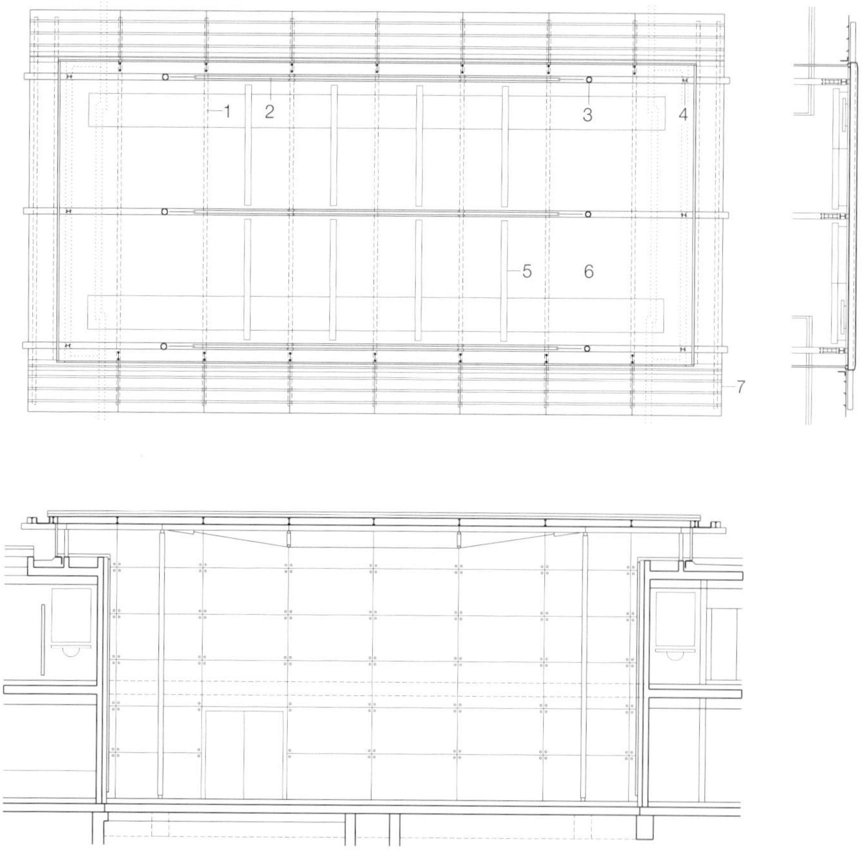

A

A Eingangshalle Dachuntersicht • Querschnitt • Längsschnitt
Maßstab 1:200

B Ansicht von Südosten • Grundriß
Maßstab 1:500

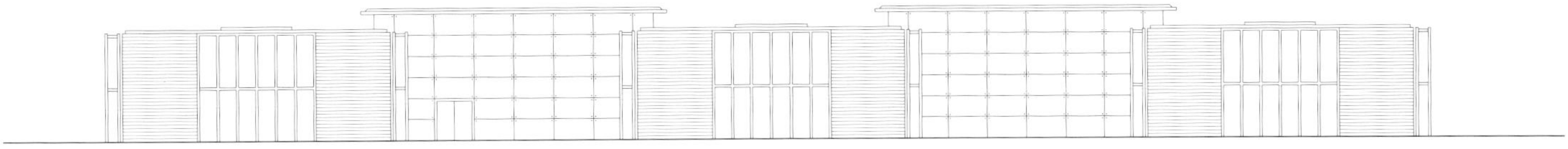

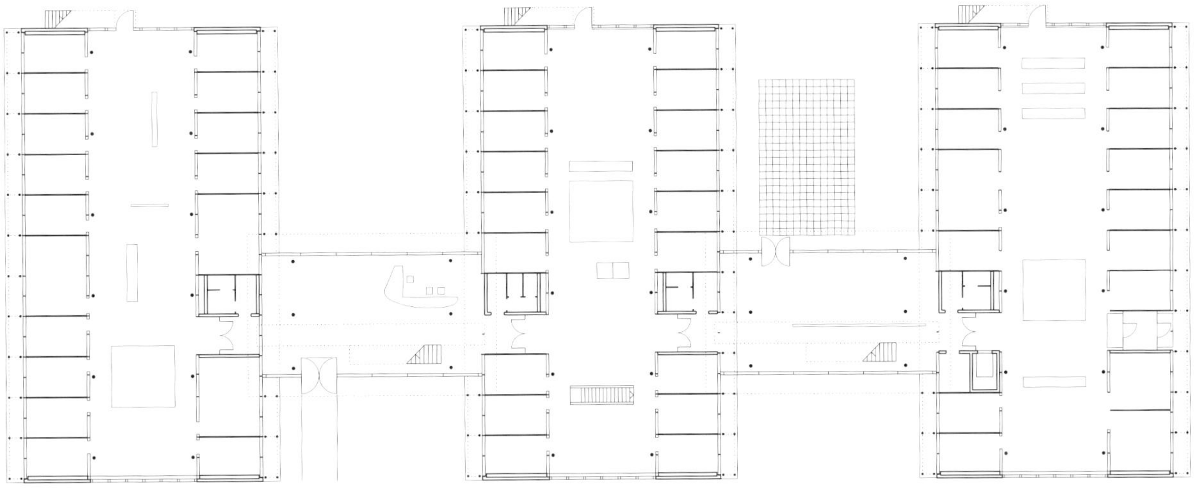

B

A Dachtragwerk der Halle,
Anschluß an den Bürotrakt
Maßstab 1:20

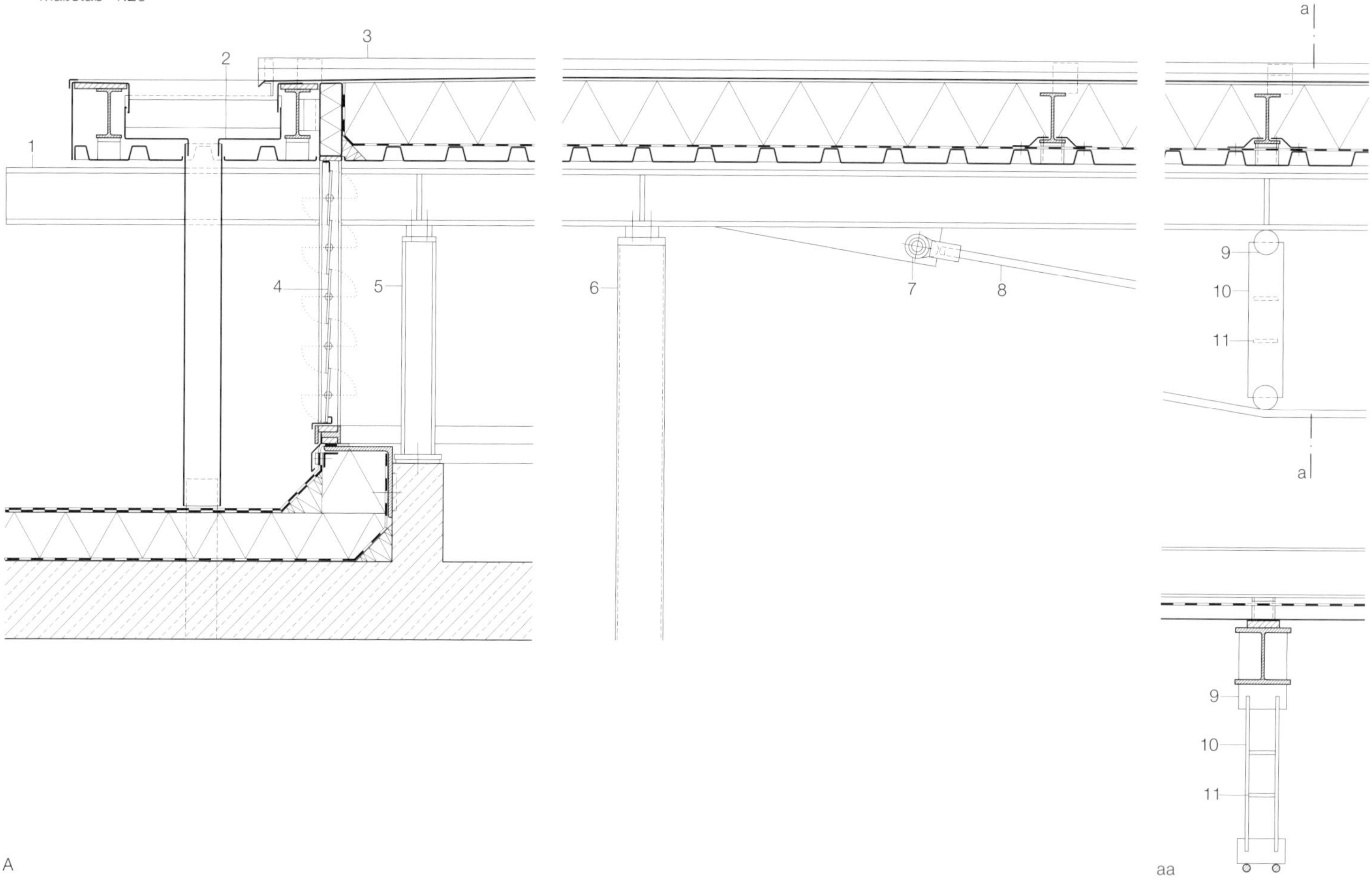

A

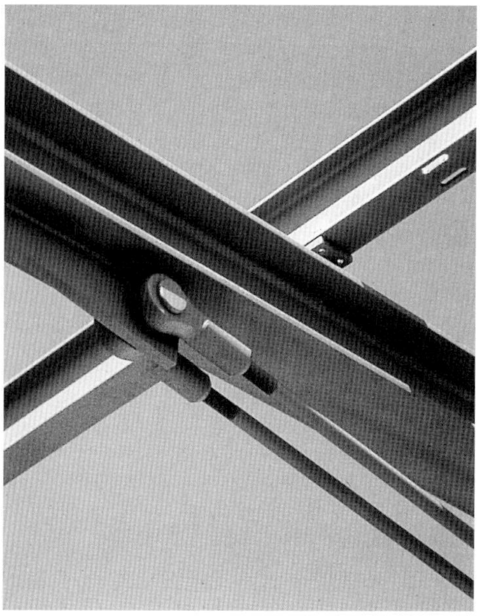

B Systemverglasung
Vertikalschnitt Fassade
Maßstab 1:20

C Horizontalschnitt Regelbefestigung
und Türanschluß
Maßstab 1:5

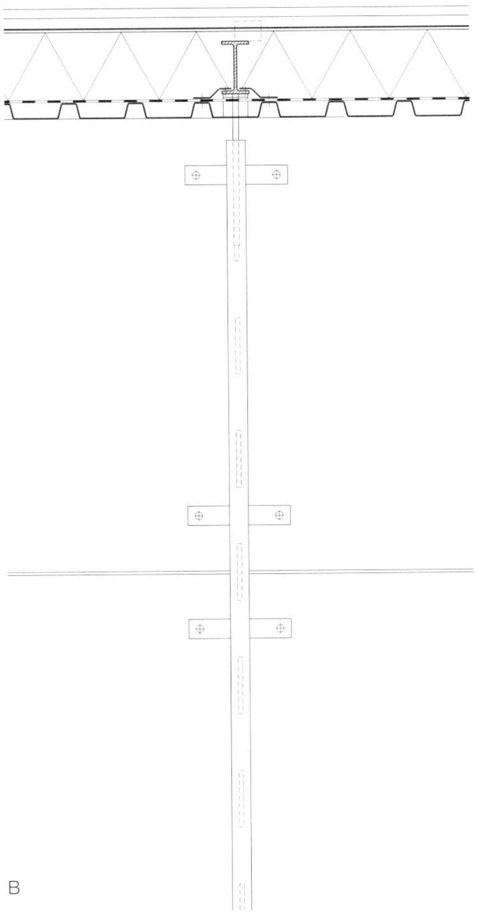

B

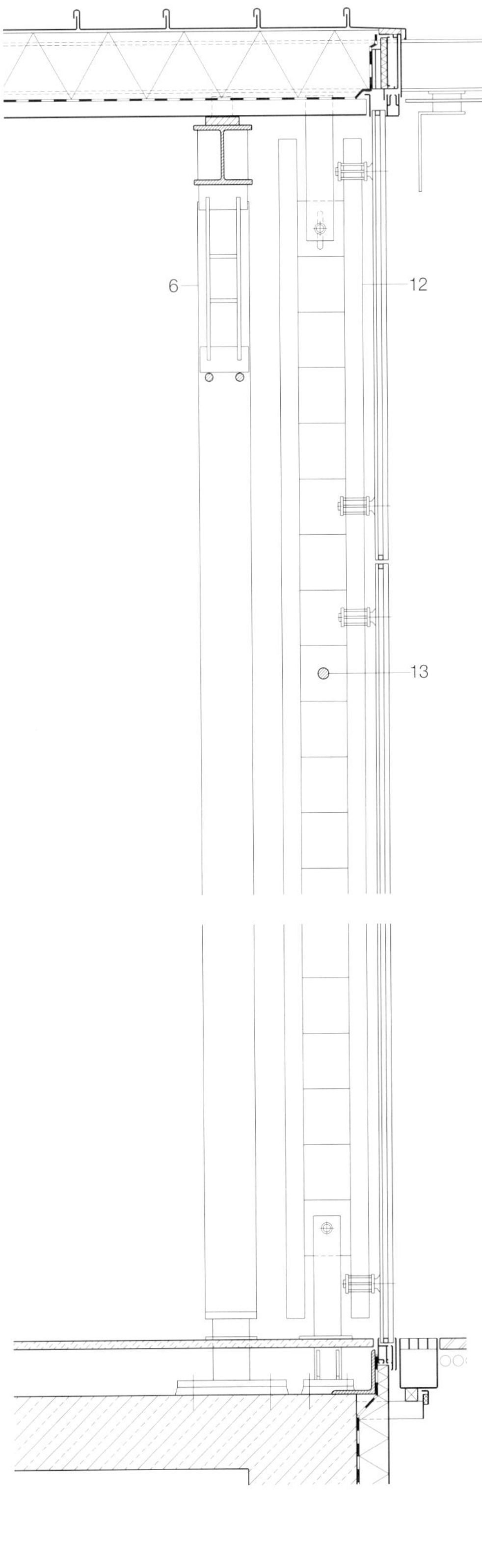

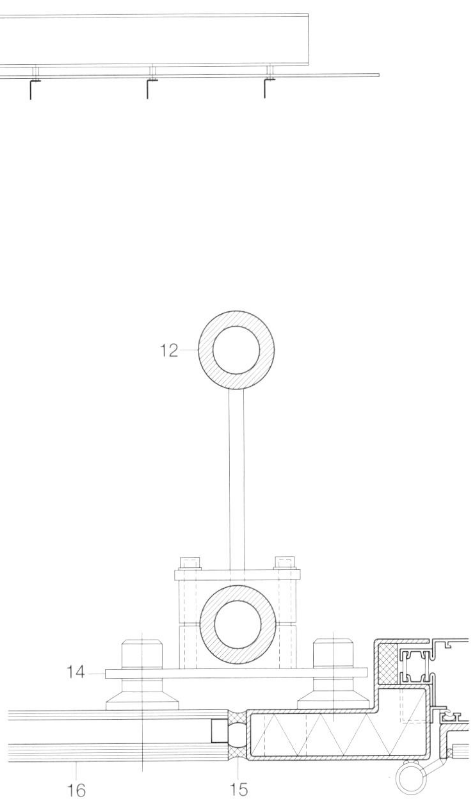

C

1 IPB 160
2 Kastenrinne 450/90 mm
3 Aluminiumprofiltafeln auf
Wärmedämmung 200 mm
Dampfsperre Aluminiumfolie
Trapezblech
4 Glaslamellen
5 Stütze IPB 100
6 Stütze ∅ 139,7/ 5,6 mm
7 Formgußanker
8 Rundstahl ∅ 22 mm
9 Rundstab, massiv 130 mm, ∅ 70 mm
10 Flachstahl 90/439/10 mm
11 Flachstahl 70/70/10 mm
12 Fassadenträger
Stahlrohre 2× ∅ 51/10 mm
Verbindungsbleche 152/169/12 mm
13 Querstab ∅ 30 mm
14 Anschlußplatte 60/180 mm
Rohrschelle und weitere
Verbindungsmittel in Edelstahl
15 dauerelastische Dichtung
16 Isolierverglasung 12/16/6 mm

Evangelische Kirche in Nürnberg Langwasser

1986

Architekten:
Eberhard Schunck und Dieter Ullrich, München
Mitarbeiter:
N. Krausen, D. Blocher, K. Greilich, F. Hacker
Tragwerksplanung:
Fritz Sailer und Kurt Stepan, München

Das ökumenische Kirchenzentrum Nürnberg-Langwasser schafft in der Heterogenität der Trabantenstadt mit seinen schlichten Betonsteinfassaden und seinen Zinkblechdächern einen ruhenden Pol. Die zehn Baukörper der Anlage orientieren sich beidseitig an einer Nord-Süd-Achse, die als Haupterschließung dient. Im Kreuzungspunkt mit der untergeordneten Ost-West-Achse liegt der zentrale Platz, an dem sich die evangelische und katholische Kirche diagonal gegenüber liegen. Die evangelische Kirche, die außerhalb des Gottesdienstes zu gemeindlichen Aktivitäten genutzt wird, wirkt offen und hell. Der nach Süden orientierte Raum wird außer über das Oberlicht auch über seine Front belichtet und hat eine Sichtverbindung nach außen. Das sichtbare Tragwerk des Pultdaches besteht aus filigran anmutenden Stahlprofilen. Unterspannte Stahlträger, die auf den Stützen gelenkig gelagert sind, tragen den Dachaufbau. Auf den Trägern liegen Pfetten im Abstand von 2,30 m auf, was einer Projektion des Grundrißrasters entspricht. Aus der Dachneigung resultiert eine mehrachsige Biegung der Pfetten, sie sind daher als HEA-Profile ausgeführt. Zur Gewährleistung der Aussteifung war es erforderlich, das Dach als Scheibe auszubilden. Eine entsprechende kraftschlüssige Verbindung zwischen der Dachscheibe und den aufgehenden Bauteilen – Wände und Betontrog des Mittelganges – war daher notwendig. In den Giebelwänden liegen die Pfetten direkt auf den Stützen auf. Die unterspannten Träger bestehen aus zwei Winkelprofilen, zwischen die Doppel-T-Profile als Druckstäbe geschweißt sind. Die Unterspannung besteht aus zwei Rundstäben. Die Druckstreben werden durch quergespannte Zugstäbe, die in den Endfeldern an den Pfetten befestigt sind, stabilisiert.

Literatur: [58], [67], [132], [148], [161], [477]

A

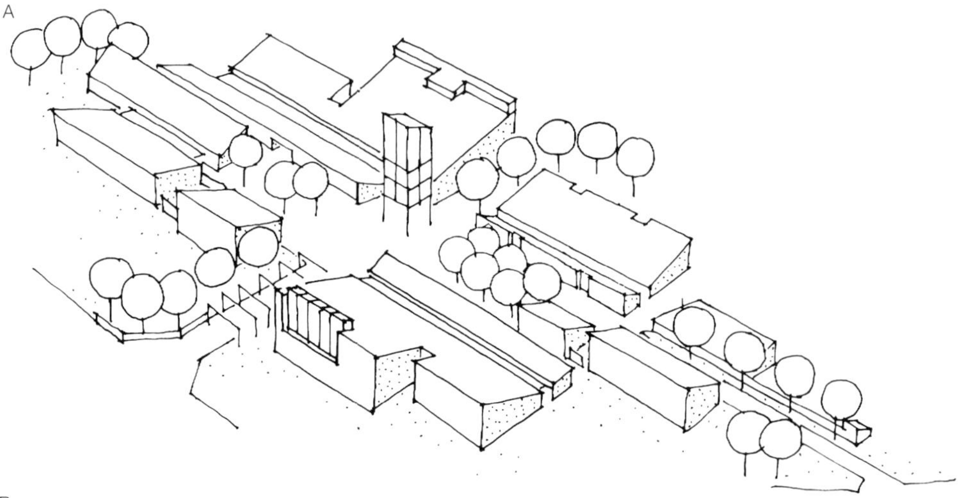

B

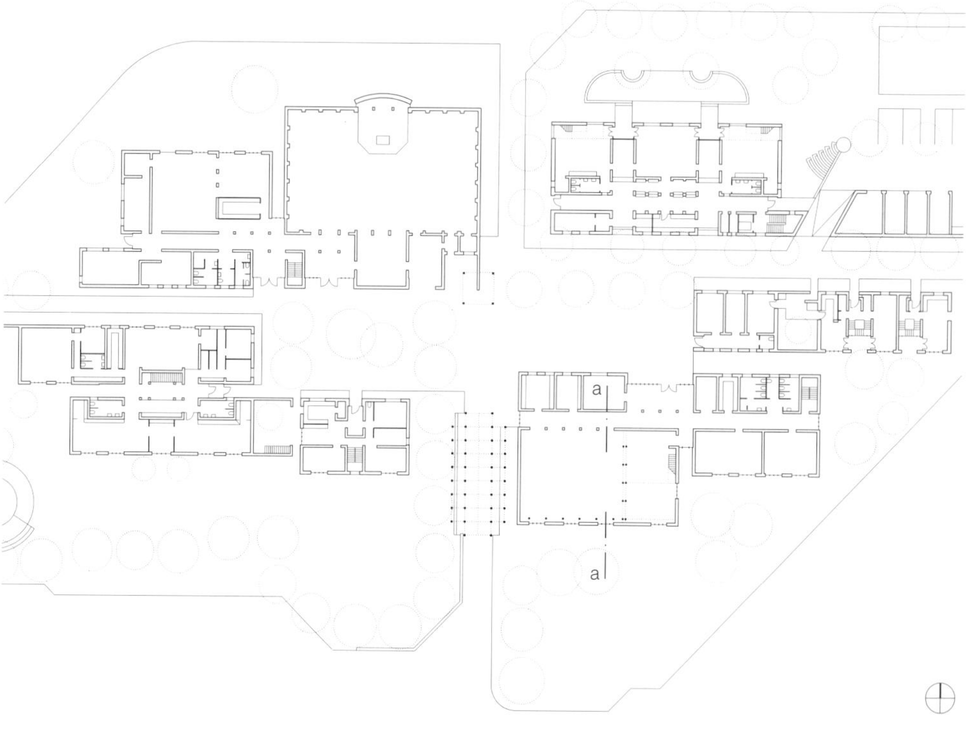

A Isometrische Skizze Gemeindezentrum
B Grundriß
Maßstab 1:1000
C Details Dachtragwerk
Maßstab 1:20
D Querschnitt
Maßstab 1:100

C

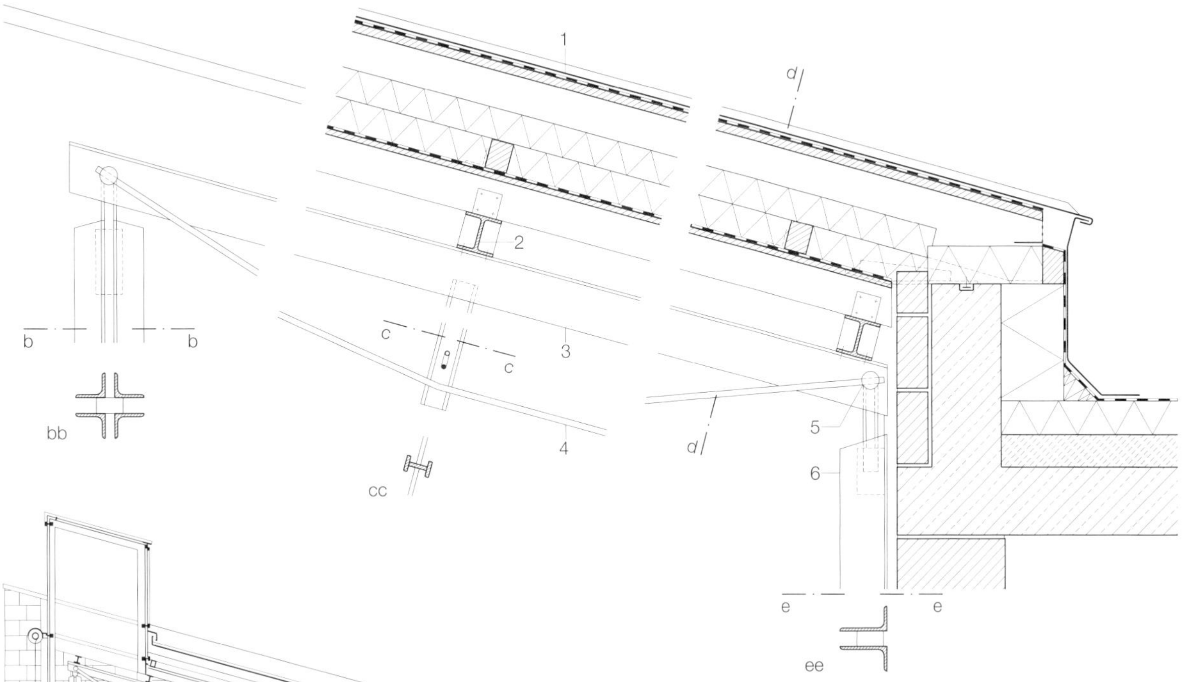

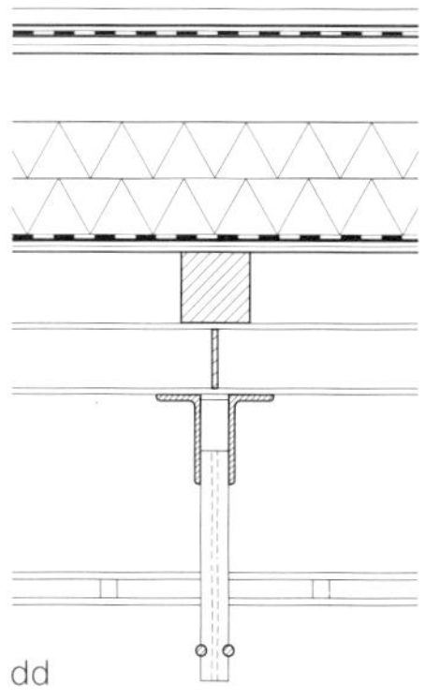

D

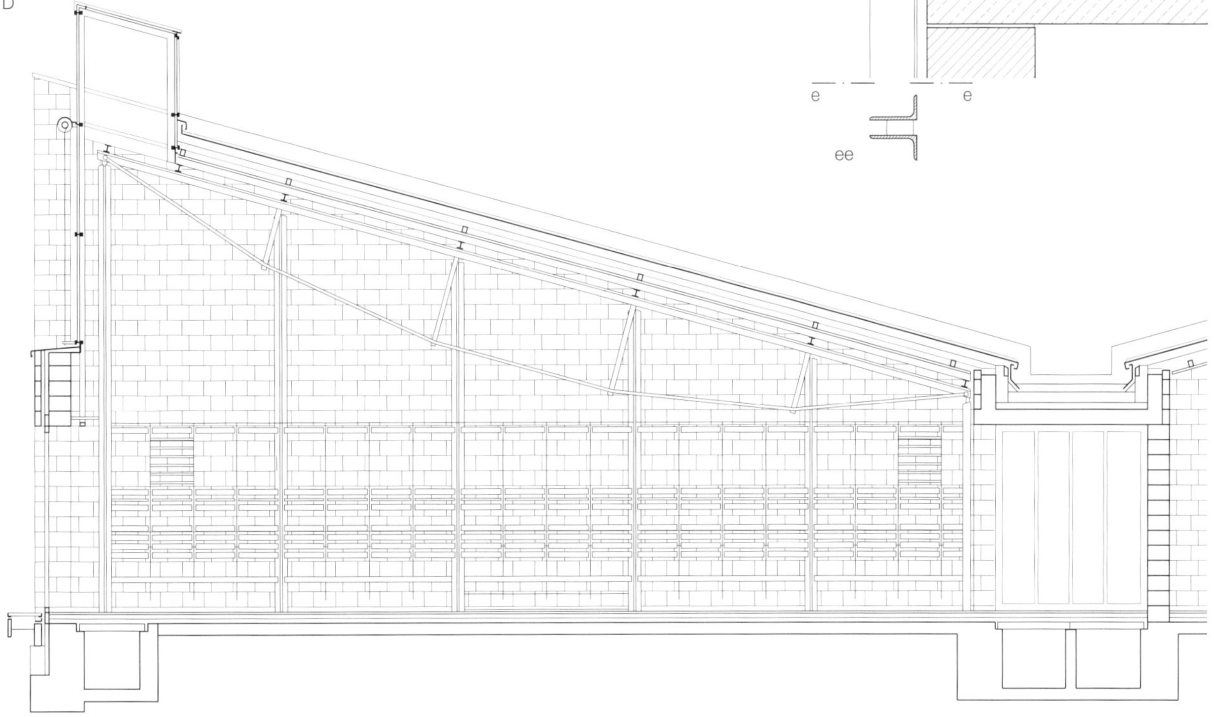

1 Dachaufbau:
Stehfalzdeckung, Titanzinkblech
Bitumendachbahn, zweilagig
Schalung 19 mm
Sparren, dazwischen Luftschicht und Wärmedämmung 80 mm
Pfette 60/80 mm, dazwischen Wärmedämmung 80 mm
Dampfbremse
Schalung
Sparren 100/100 mm
2 Pfette HEA 100
3 Binder Stahlprofile 2 × L 65/130/8 mm
4 Unterspannungsstab Rundprofil St 52 2 x ∅ 16 mm
5 Walze, Rundprofil St 52 ∅ 45 mm
6 Stütze, Stahlprofile 2 × L 65/130/8 mm
7 Stütze, Stahlprofile 4 × L 80/65/8 mm

Verwaltungszentrum in Langenthal, Schweiz

1992

Architekt: Frank Geiser, Bern
Mitarbeiter: H. Briner, A. Hagen,
I. Christeler-Schärer
Tragwerksplanung:
Duppenthaler + Wälchli, Langenthal

In freier Parklandschaft, gegenüber dem Theater, präsentiert sich das gemeinsame Haus der Bezirks- und Stadtverwaltung als ein transparentes und funktionales Bauwerk. Das äußere Erscheinungsbild des Gebäudes entspricht dem Aufbau im Inneren und Stahl ist als Tragkonstruktion sichtbar.
Die Untergeschosse wurden in konventioneller Massivbauweise erstellt, unter Verwendung von Beton für die tragenden und Mauerwerk für die raumtrennenden Bauteile. Die Tragkonstruktion der Geschosse ist in Montagebauweise ausgeführt mit weit vor der Fassade liegenden Außenstützen und gelochten Horizontalträgern, auf die vorgefertigte Betonrippenplatten gelegt sind.
Die runden Innenstützen sind außerhalb der Bürozonen im Flurbereich angeordnet, damit die Raumaufteilung unabhängig von der Stützenstellung erfolgen kann. Die Maßordnung des Gebäudes basiert auf dem Modul von 1,06 m. Drei betonierte Steigschachtwände in der Mittelzone des Gebäudes dienen als Windverband.
Der kompakte Baukörper ist fast völlig verglast. Die vorgehängte Fassade ist mehrschichtig ausgeführt: jedes Stockwerk verfügt längsseitig über einen Wartungsbalkon, der gleichzeitig als Wetterschutz und Sonnenblende dient. Im sichtbaren Bereich sind die Fassadenelemente mit farbneutralem Isolierglas versehen. Im geschlossenen Brüstungs- und Wandbereich sind die Fassadenelemente mit hinterlüfteten Sandwichplatten ausgefacht.
Die Fassadendurchdringung der horizontalen Stahldeckenträger wurde im Labor in Originalgröße nachgebaut und mit Hilfe eines umfangreichen Meßprogramms untersucht. Der Energieverlust durch die 76 Träger entspricht etwa 0,03 % des Heizenergiebedarfs und wurde deshalb vernachlässigt.
Die Raumunterteilungen erfolgen durch Elementbauwände in Stahlrohrkonstruktion mit Ausfachungen aus beschichteten Holzfaserplatten und Glas.

Literatur: [11], [48], [62], [146], [166], [199], [406], [481]

A

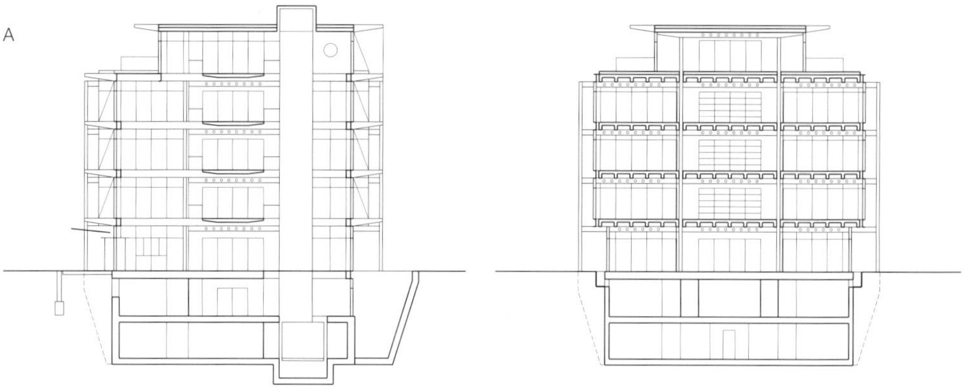

aa bb

A Schnitte • Grundriß
Maßstab 1:500

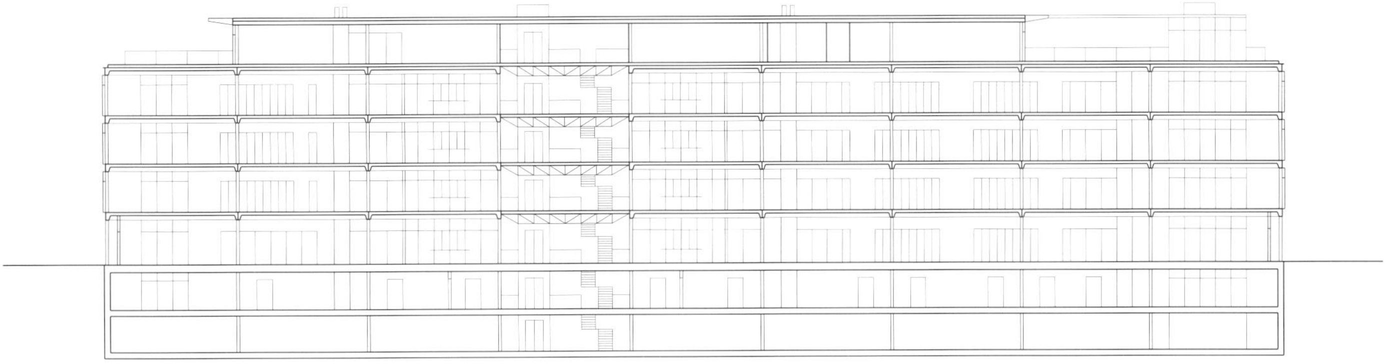

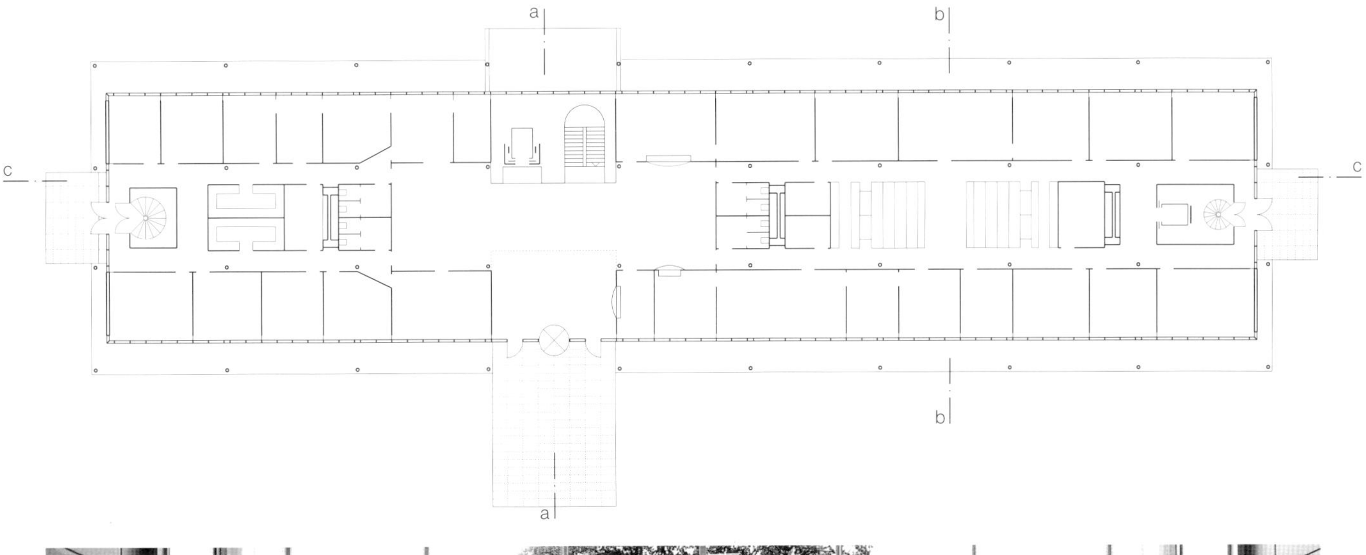
a
b
c
c
b
a

A

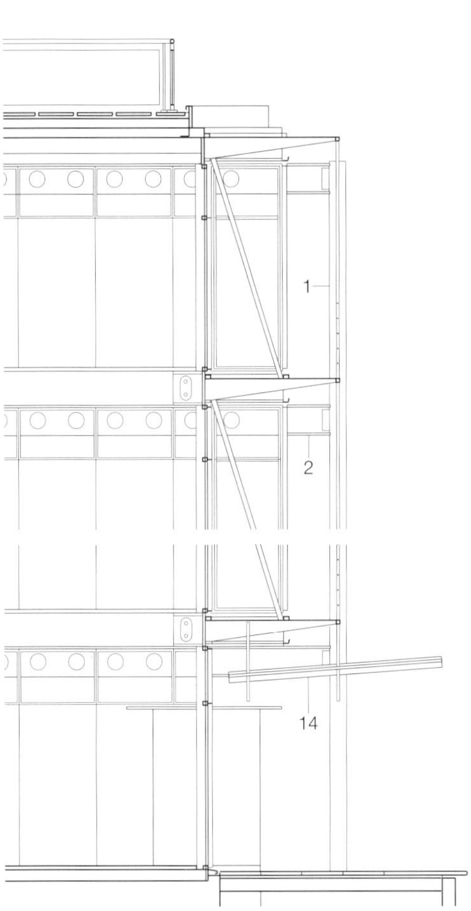

B

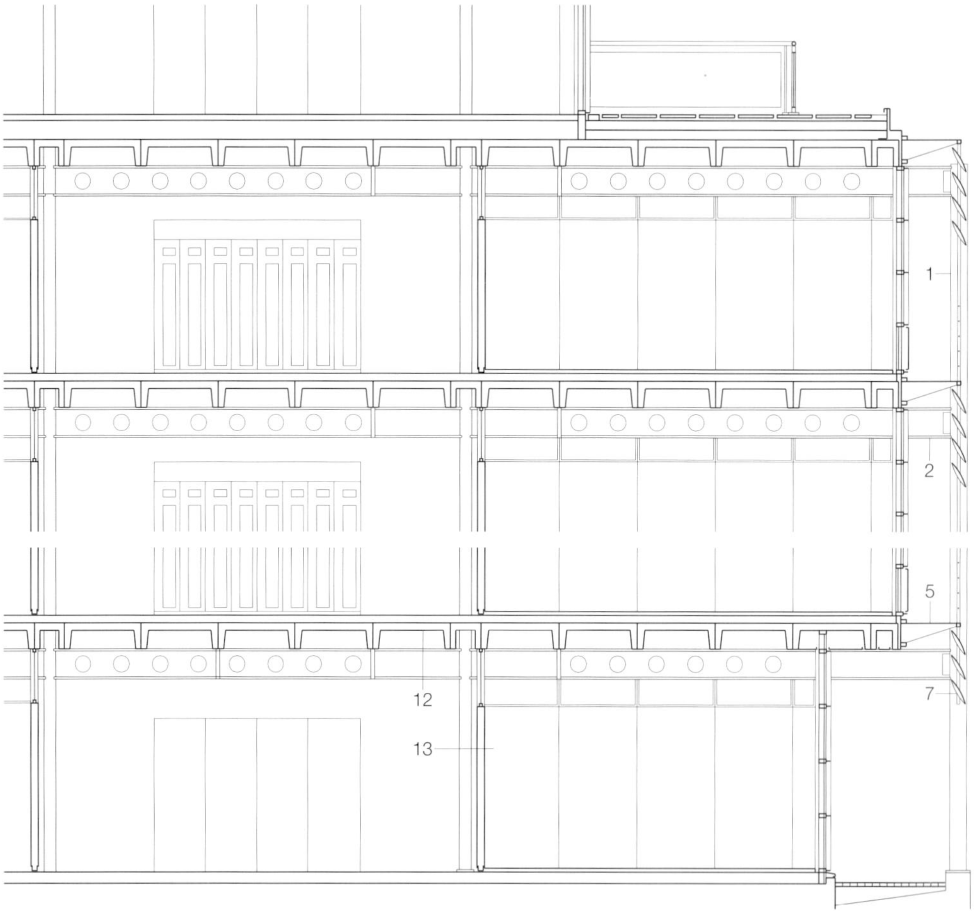

A Fassadenschnitt Eingangsbereich
B Fassadenschnitt West
Maßstab 1:100

C Fassadendetails
Maßstab 1:20

C

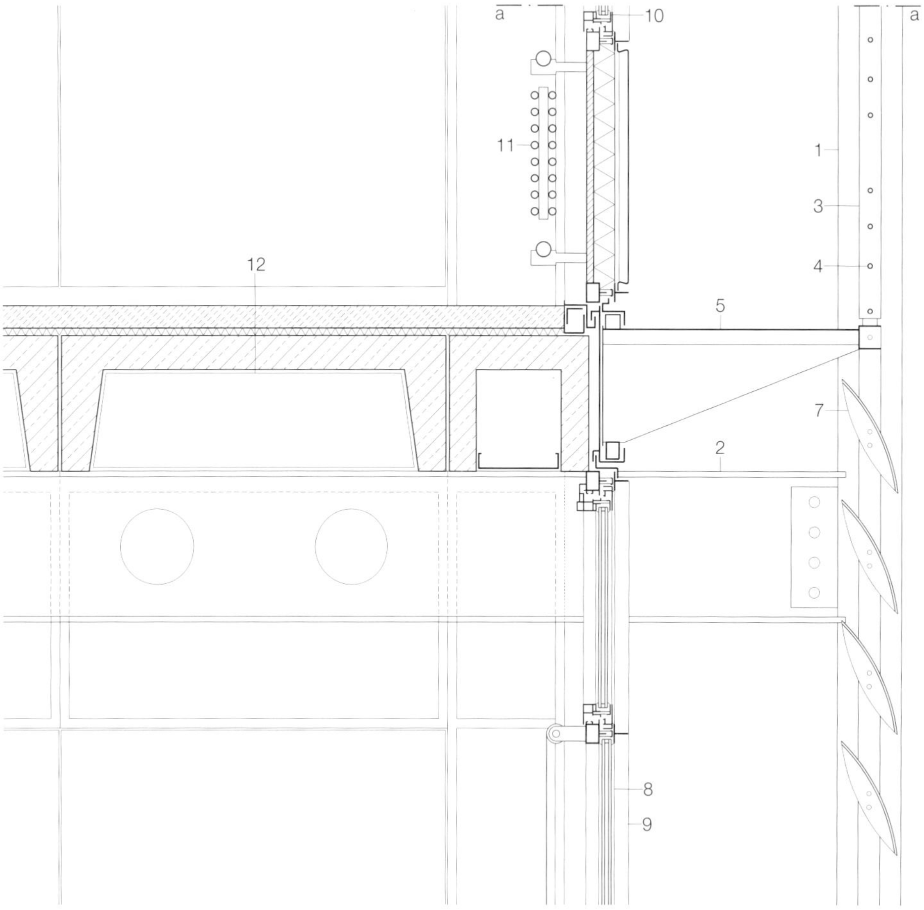

1 Stahlstütze ∅ 177,8 mm
2 Stahlträger IPE 400
3 Aluminium-Flachprofile 2× 60/10 mm
4 Stahlseil
5 Wartungsbalkon/Sonnenschutz, Aluminium-Konsole mit Lochblech
6 Zwischenträger U-Profil 40/40/4 mm
7 Sonnenschutzlamelle
8 Isolierglas
9 Stahlrahmenelemente
10 Fensterflügel
11 Heizkörper
12 Betonrippenplatte
13 Elementtrennwand mit Oberlichtverglasung
14 Vordach

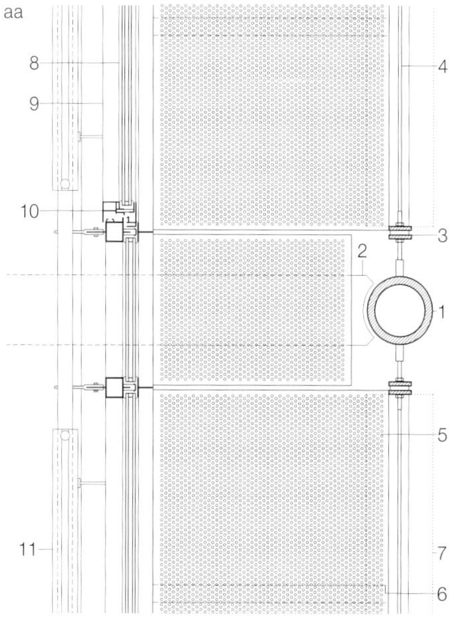

Ausstellungs- und Verwaltungsgebäude in Paris

1993

Architekten: Jean Nouvel,
Emmanuel Cattani & Associés, Paris
Projektleiter: Didier Brault
Tragwerksplanung:
Ove Arup & Partners, London

Auf Grund der innerstädtischen Lage und des wertvollen alten Baumbestandes wurde ein kompaktes Gebäude aus Glas und Stahl entworfen, das aus acht unterirdischen und acht oberirdischen Geschossen besteht. In den Untergeschossen befinden sich die Tiefgarage sowie Archiv- und Technikräume; im EG und im 1. UG der Ausstellungsbereich. Die anderen Stockwerke enthalten Büroräume.
Bedingt durch den Baumbestand liegt das Gebäude auf dem Grundstück zurückgesetzt. Die Straßenflucht aus dem 19. Jahrhundert wird durch vorgelagerte gläserne Wandscheiben aufgenommen. Gemeinsam mit den transparenten Fassaden, die über die Hauskanten hinauslaufen, umschließen diese »Kulissen« die Natur.
Das Gebäude besteht aus einem innenliegenden Stahlskelett mit Geschoßträgern, die mit wabenförmigen Öffnungen und einer ungewöhnlichen Trägerausformung am Stützenanschluß Raum für Installations- und Kabeltrassen erlauben. Die Träger überspannen ca. 17 m stützenfrei und schaffen damit die große Flexibilität des Ausstellungsraumes im Erdgeschoß.
Die Gebäudeaussteifung erfolgt zum einen über Deckenscheiben, zum anderen über Kreuzverbände in Gebäudequerrichtung und Stockwerksrahmen in Längsrichtung.

Literatur: [74], [142], [194], [300], [386]

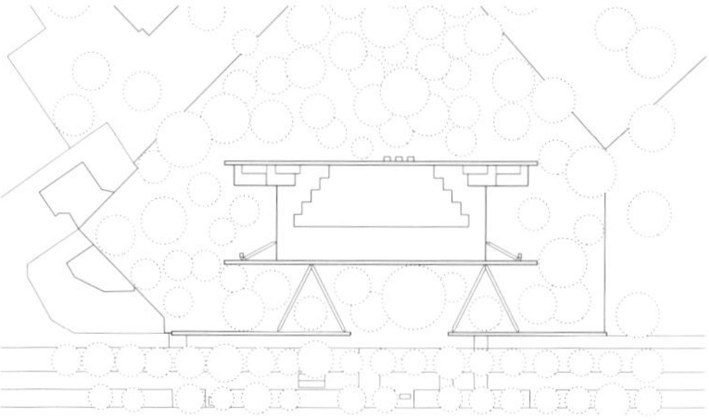

B

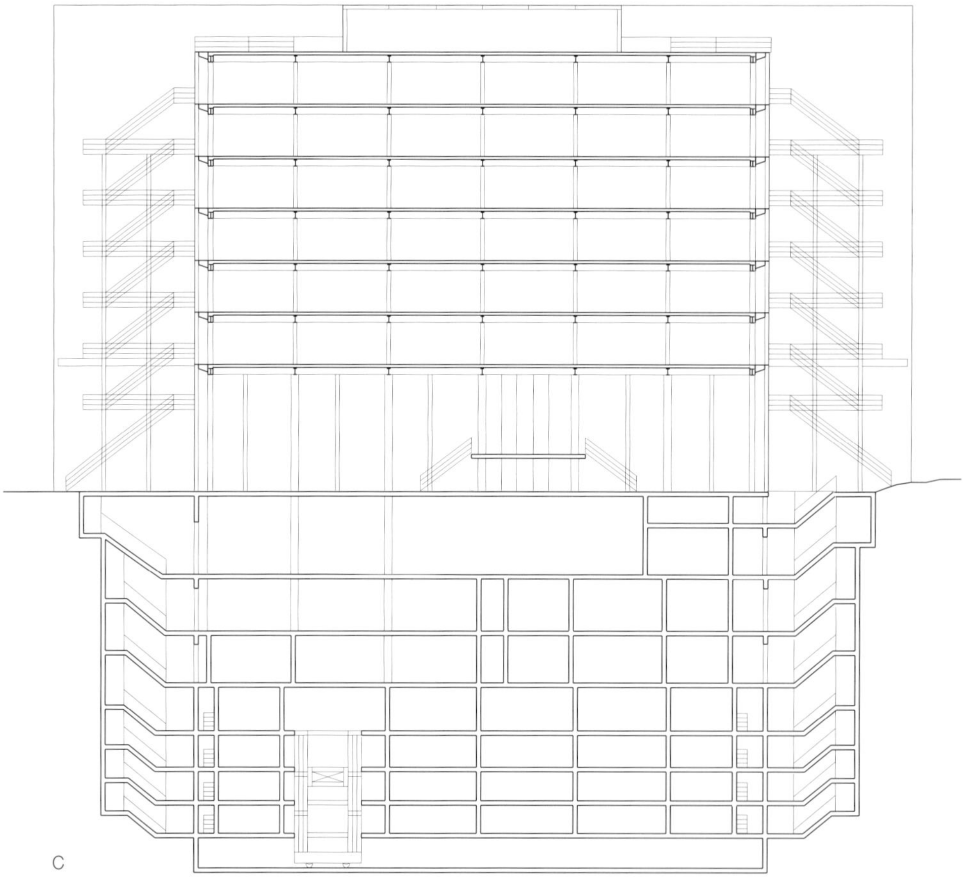

C

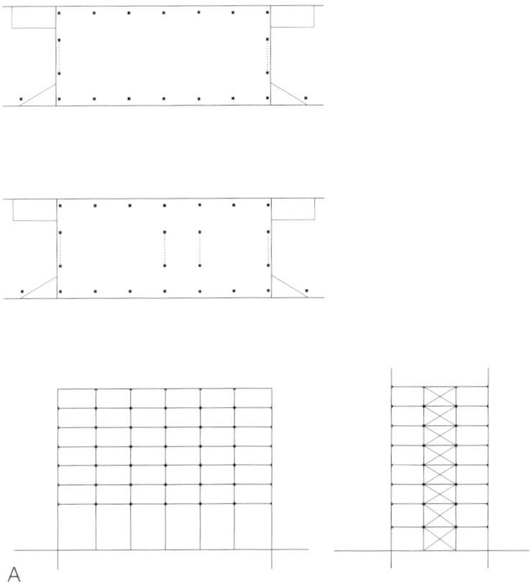

A

A Statisches System
B Lageplan
Maßstab 1:2000
C Schnitte
Maßstab 1:500
D Fassadendetails
Maßstab 1:20

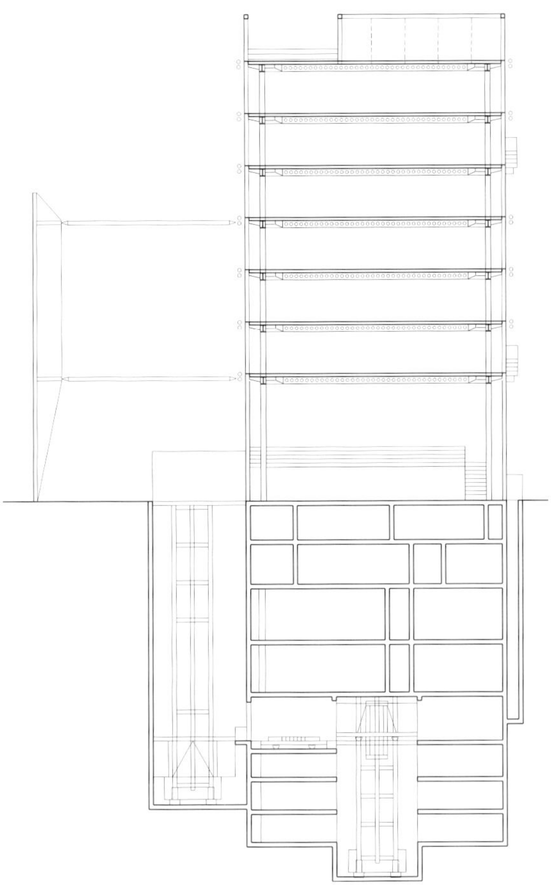

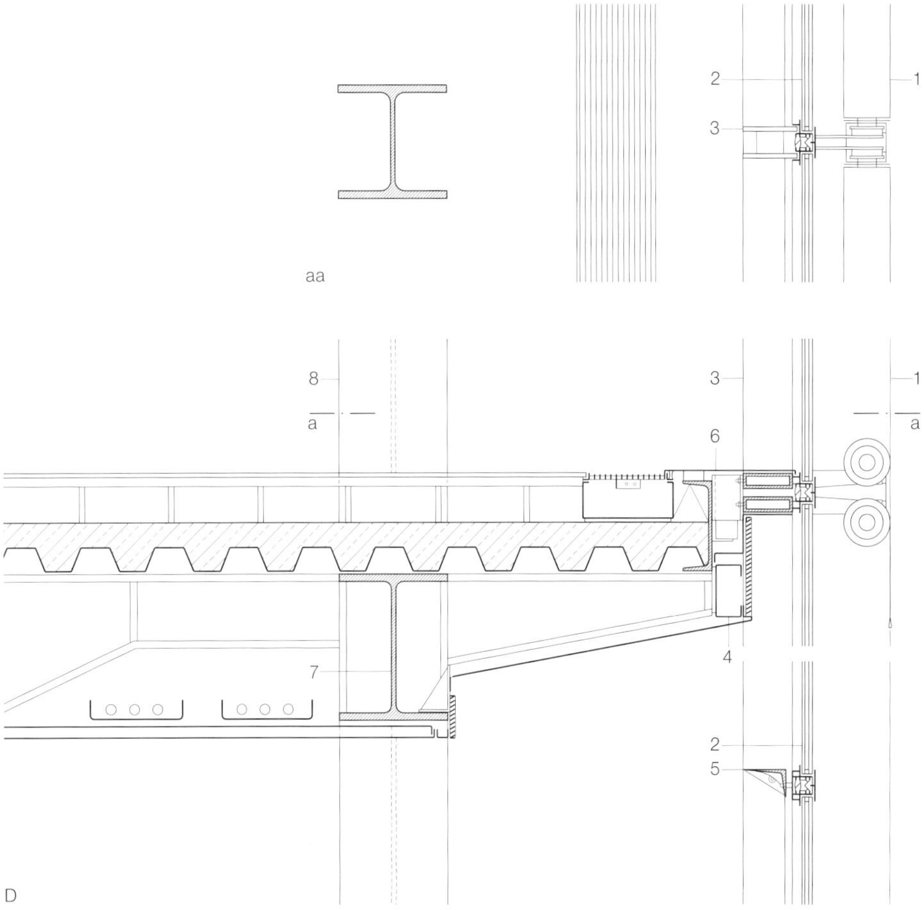

1 textiler Sonnenschutz, computergesteuert
2 Isolierverglasung, Außenseite VSG, entspiegelt
Innenseite im Fensterbereich Normalglas,
im Brüstungsbereich ESG
Rahmenkonstruktion: Aluminium mit außen-
liegenden Edelstahl-Glashalteleisten
3 abgehängtes Glasschwert, ESG
4 Be- und Entlüftung
5 Traverse aus Aluminium-Guß
6 Stahlblech, lackiert
7 HEA 400
8 I-Profil 310 × 310 mm

Umbau und Erweiterung einer Buchhandlung in Konstanz

1991

Architekt:
Herbert Schaudt, Konstanz
Projektarchitekt: Martin Cleffmann
Mitarbeiter: T. Gabele
Tragwerksplanung: Karl Fischer, Konstanz

Im Zentrum der Altstadt sollte auf einem schmalen Grundstück als Erweiterung des Bestandes ein 40 m langer Ladenraum geschaffen werden. Ziel war ein transparentes, lichtdurchflutetes Raumgefüge, das die düstere Hinterhofatmosphäre ablöst. Aufgrund des beengten Bauplatzes konnten weder Kräne eingesetzt werden, noch standen Flächen für Lager und Baustelleneinrichtungen zur Verfügung. Deshalb wählte man eine vorgefertigte Stahlkonstruktion, die vor Ort in relativ kurzer Zeit montiert wurde. Die oberen Geschosse konnten mit Hilfe eines Helikopters in zwei Einsätzen zu je 1,5 Stunden eingebracht werden.
Die Aussteifung der Konstruktion, der ein quadratisches Raster zugrunde liegt, erfolgt über die Mauerwerkswände parallel zu den angrenzenden Gebäuden, über einen Windverband in der Südfassade sowie über die Decken- und Dachscheiben.
Die Geschoßdecken bestehen aus gestapelten Haupt- und Nebenträgern. Die Einfeldhauptträger sind gelenkig an Pendelstützen angeschlossen. Um die Verbindung von Träger zu Stütze sichtbar zu machen, ist die Decke in diesem Bereich kreisförmig ausgespart.
Bei der Konstruktion der Treppe und der Übergänge bilden Fachwerkträger die notwendigen Geländer. Auf passiven Brandschutz wurde verzichtet, stattdessen ist das gesamte Gebäude mit einer Sprinkleranlage ausgestattet.
Das Erscheinungsbild des neuen Raumes ist geprägt von der großflächig verglasten Stahlkonstruktion und den unverkleideten technischen Einrichtungen. Da geschlossene Geschoßdecken den durchgehenden Lichteinfall von oben nach unten verhindert hätten, schuf man Galerien, um alle Geschosse über das Dach mit natürlichem Licht zu versorgen.

Literatur: [3], [41], [65], [226]

A

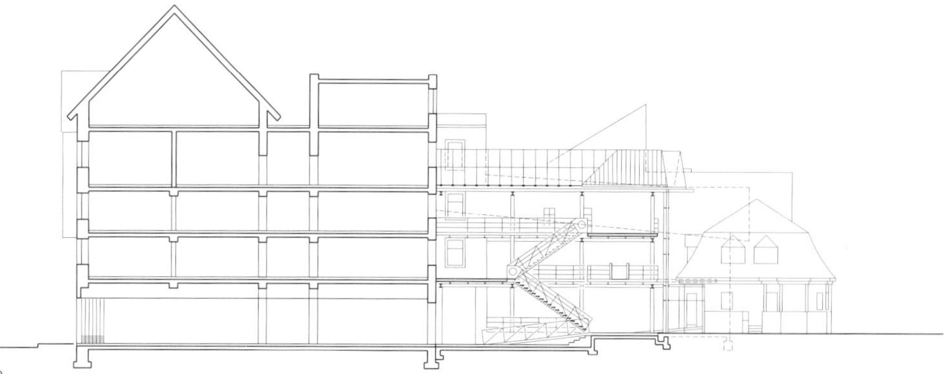

aa

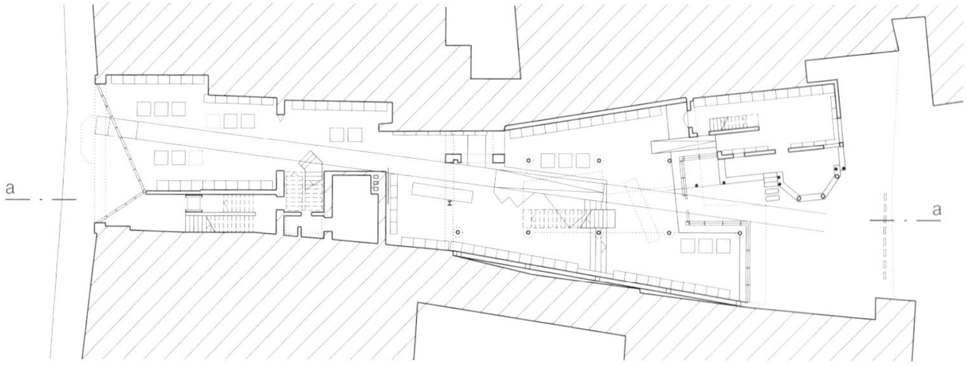

B

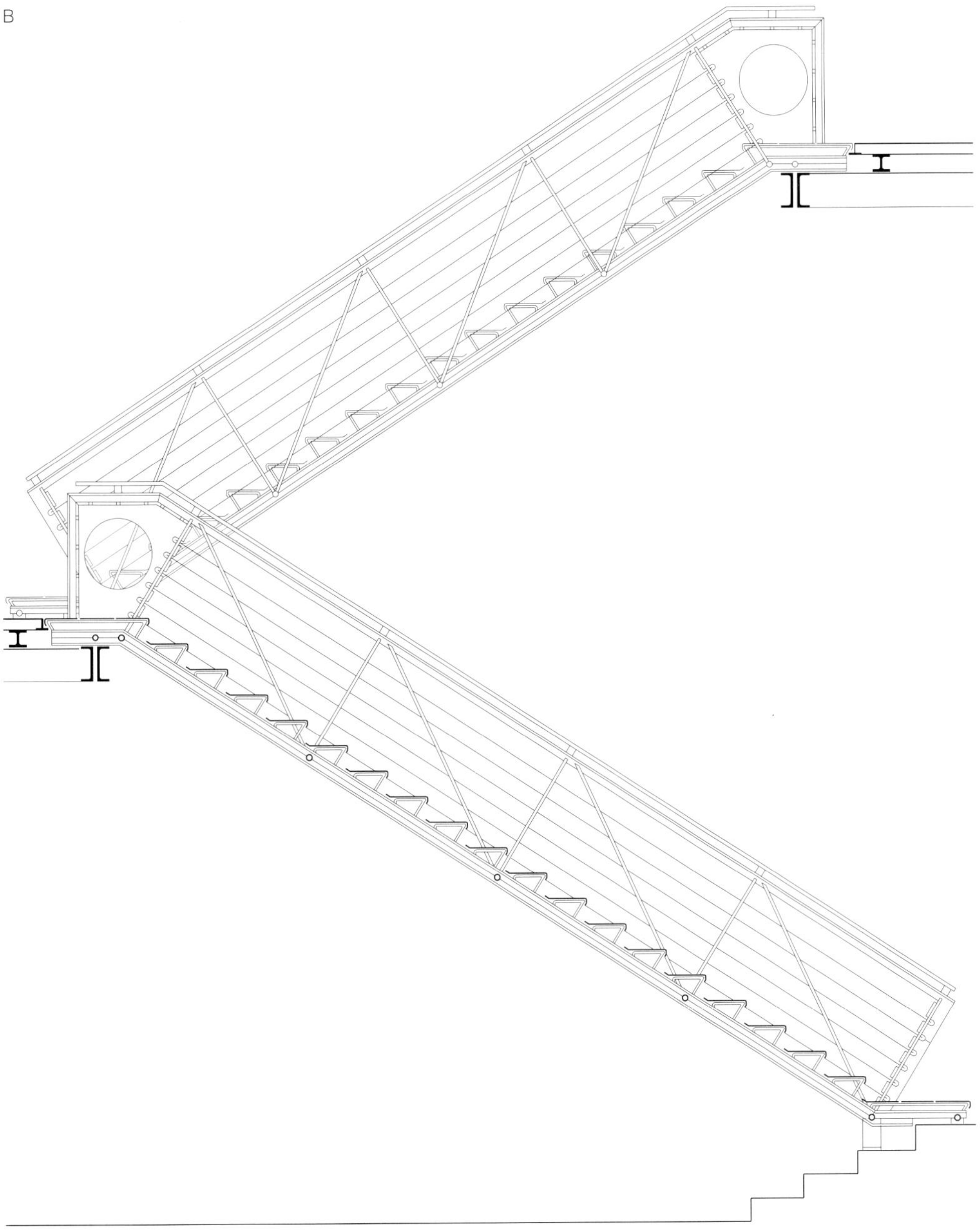

C

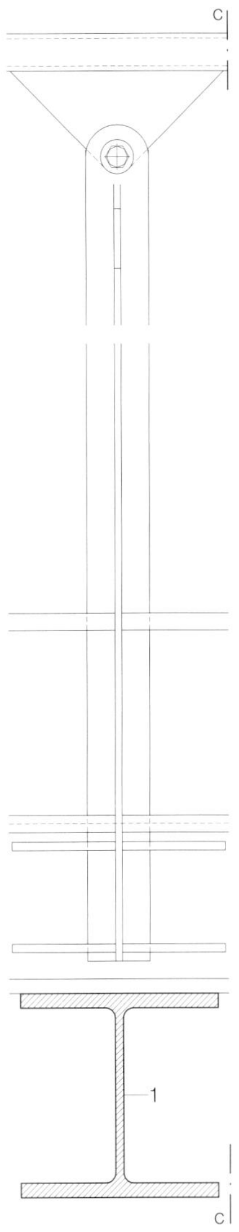

cc

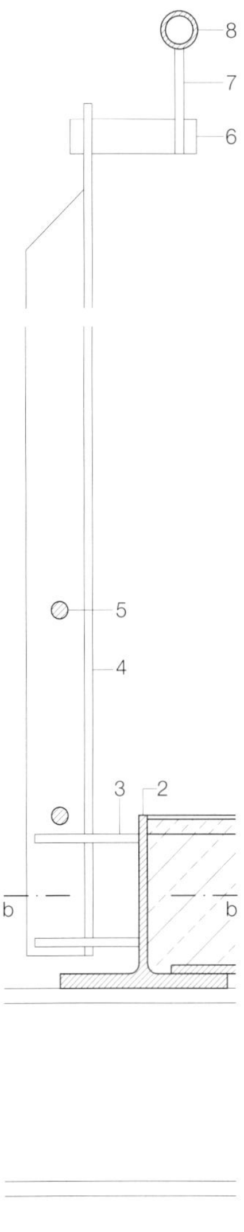

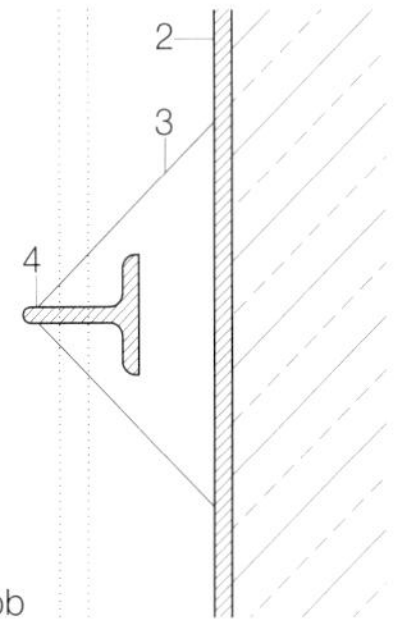

bb

A Schnitt • Grundriß Erdgeschoß
Maßstab 1:500
B Treppe Maßstab 1:50
C Geländer Galerie
Maßstab 1:5

1 HEA 120
2 1/2 IPE 200
3 Flachstahlkonsole 5 mm
4 Stahlprofil T 40
5 Edelstahl-Rundprofil ∅ 10 mm

6 Lochhülse ∅ 20 mm
mit 2× Schraube M 8
7 Edelstahl-Flachprofil 5 mm
8 Handlauf,
Edelstahlrohr ∅ 22 mm

C

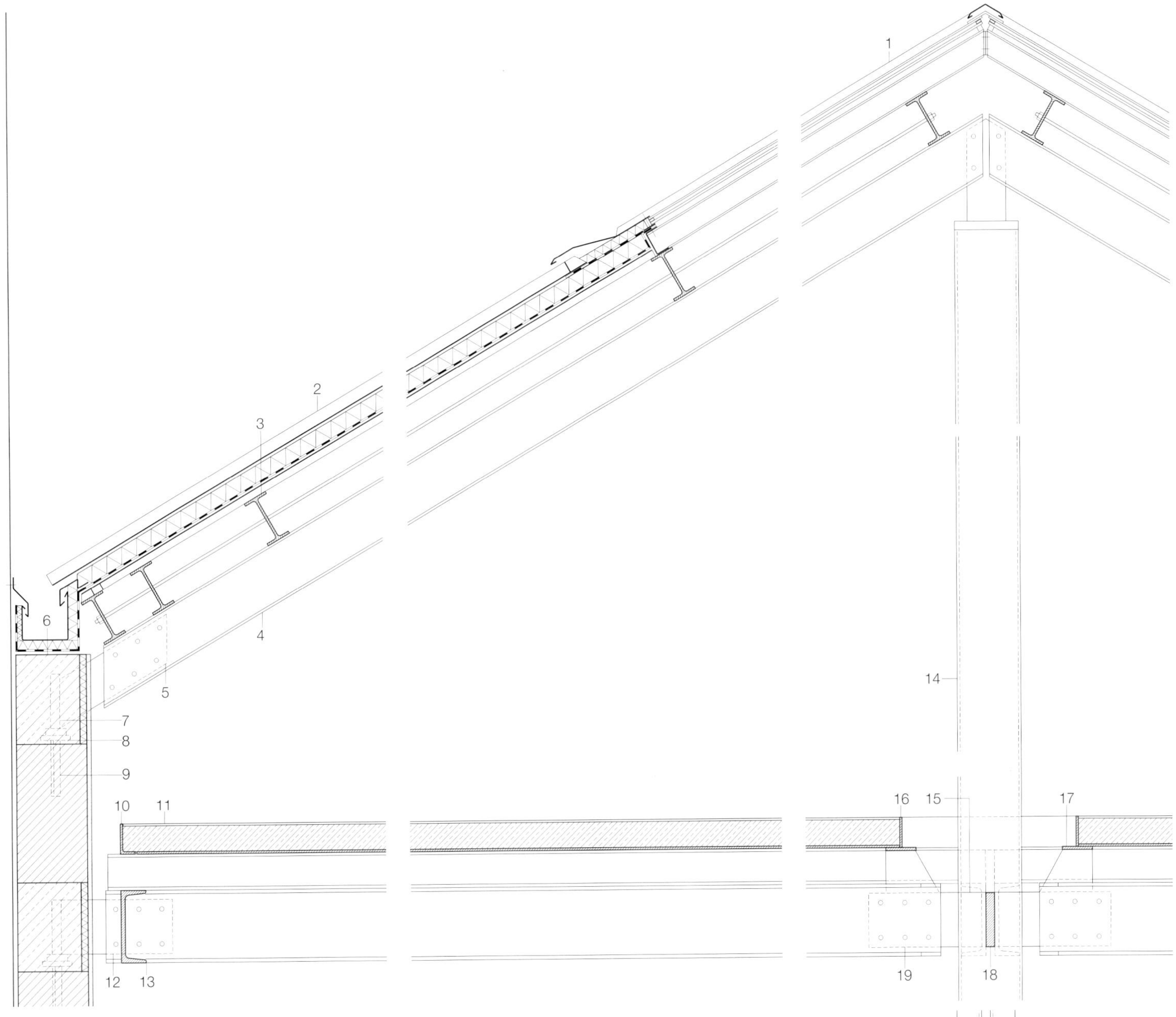

B

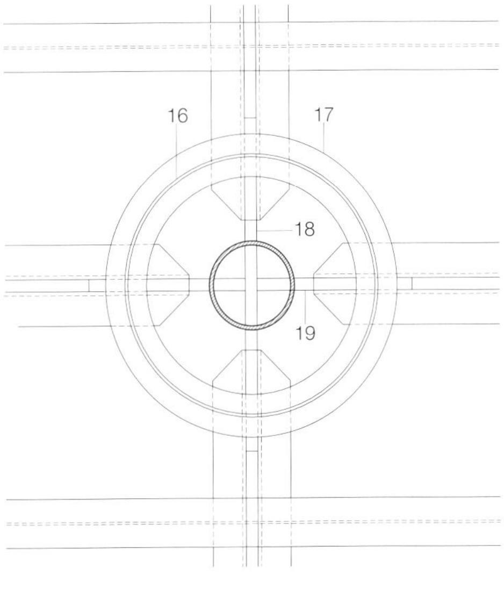

A Vertikalschnitt Dachgeschoß
B Aufsicht Stahlkonstruktion Stützenanschluß
Maßstab 1:20

1 Oberlichtstreifen mit kittloser Isolierverglasung aus: Floatglas 6 mm SZR 10 mm VSG innen 8 mm Sprossen IPE 80, feuerverzinkt Verglasungsprofile Aluminium preßblank
2 Dachaufbau: Aluminiumprofiltafeln, preßblank Wärmedämmung 100 mm Dampfsperre Aluminiumtrapezblech 40 mm gelocht
3 IPE 160 mm
4 Stahlprofile 2× U 180
5 Flachstahl 428/140/30 mm
6 Ringanker Stahlbeton
7 Flachstahl 300/100/20 mm
8 Flachstahl 300/100/20 mm
9 Maueranker aus 2× L 50/5 mm
10 Randwinkel L 100/50/8 mm
11 Bodenaufbau: Textilbelag 5 mm Stahlbeton 80 mm Stahlblech 5 mm, verstärkt durch Stahlprofile T 50 im Abstand 120 mm HEA 120 Stahlprofile 2× U 240
12 Flachstahl 390/180/30 mm
13 U-Profil 240 mm
14 Stütze, Stahlrohr ∅ 219,1/12,5 mm
15 Stützenstoß
16 Randstreifen, Flachstahl 90/6 mm gebogen
17 Ringblech 8 mm
18 Flachstahl 860/180/30 mm
19 Flachstahl 415/180/30 mm

Bibliothek in Ingolstadt

1989

Architekt: Wilhelm Kücker, München
Mitarbeiter: K. Freudenfeld (Projekt- und Bauleitung), C. Persch, M. Schneider, H. Bouterwek, N. Hein
Tragwerksplanung: Martinka + Grad, Eichstätt

Die Bibliothek der Wirtschaftswissenschaftlichen Fakultät der Katholischen Universität Eichstätt ist in einem offenen Stahlskelett, das in einen bestehenden Kirchenraum eingestellt wurde, untergebracht.
Die freistehende Konstruktion besteht aus geschoßhohen, ausbetonierten Rundrohrstützen und zusammengesetzten Profilstahlträgern. Stahltrapezbleche als verlorene Schalung und eine tragende Betonplatte bilden die Geschoßdecken. Die Decke wirkt als aussteifende Scheibe für das Stahlskelett und ist an die Betondecke des Nebenraums angeschlossen. Die Nebenraumdecke und die Wandscheiben leiten die Lasten in den Baugrund ab.
Auf Grund der geringen Raumhöhe bei gleichzeitiger Stützenfreiheit in Längsrichtung der Regale war die Deckenstärke gering zu halten. Dies wird durch einen geschweißten Stahlträger, dessen Obergurt in der Stahlbetondecke liegt, erreicht. Der Trägerquerschnitt ist als T-Profil ausgeführt, an dessen Unterseite zusätzlich zwei U-Profile angeschweißt sind. Die Geländer bestehen aus Gitterrosten, die zwischen Stahlprofilen hängen. Die einzelnen Ebenen werden von einer angehängten Stahltreppe sowie einem Aufzug in einem verglasten Schacht erschlossen.

Literatur: [64], [69], [130], 158], [270]

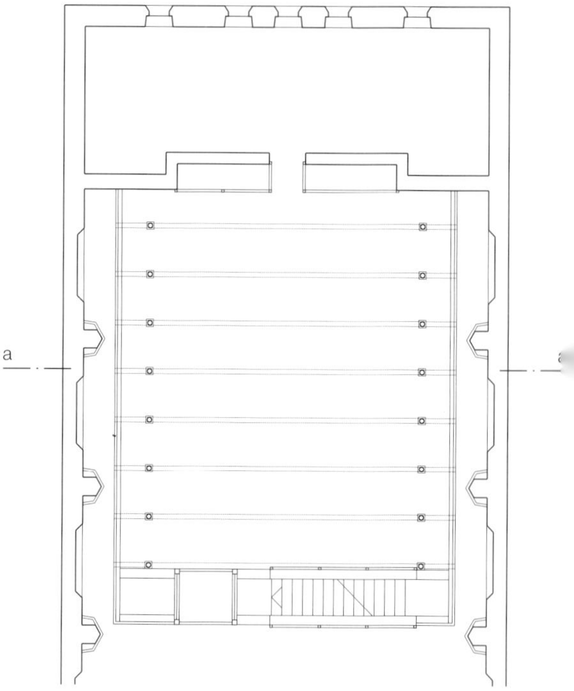

A

aa

Büchermagazin mit Leseplätzen
A Grundriß
Schnitt
Maßstab 1:200
C Horizontalschnitte
Stützenkopf, Stützenfuß, Querschnitt Träger
D Schnitte • Ansicht Stütze
Maßstab 1:10

1 Flachstahl
2 Geländerpfosten Rechteckrohr 50/25/4
3 Gitterrost
4 Randprofil U 100/50
5 L 40/40/4
6 Unterzug 2× U 100/50
7 Trapezblech
8 Stahlbeton max. 95 mm
9 Obergurt 200/ 25 mm
10 Steg 160/25 mm
11 Stegblech 8,5 mm
12 Platte 127/127/8,5 mm
13 Platte ∅ 132/8,5 mm
14 Stahlrohr 127/4 mm mit Betonfüllung
15 Fußplatte 200/200/15 mm

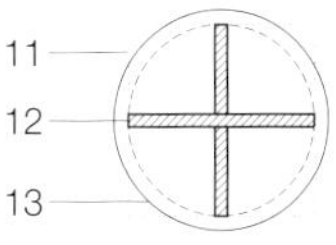

bb

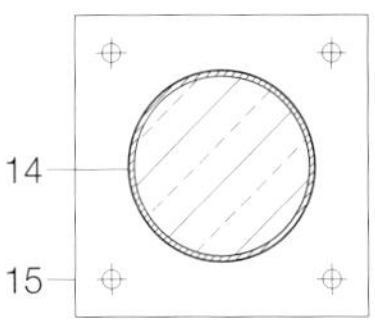

cc

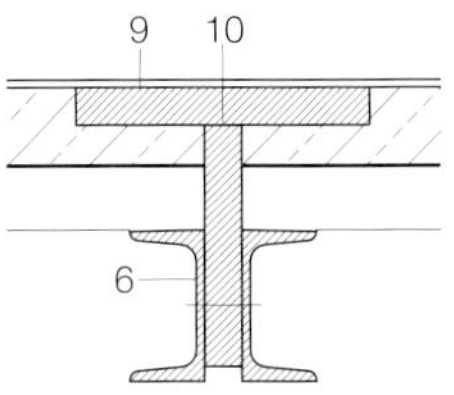

dd

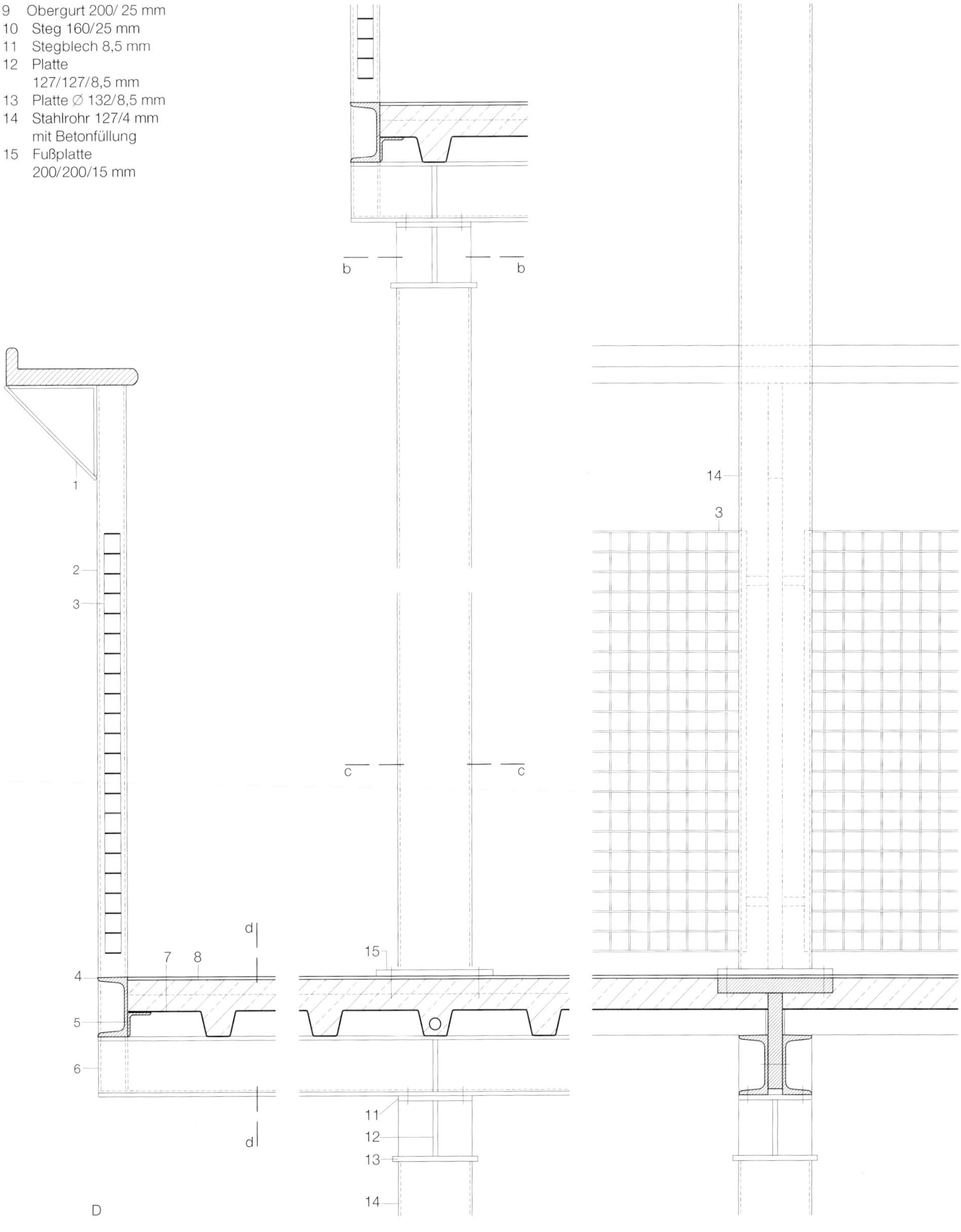

C

D

Instandsetzung und Umbau eines Museumsgebäudes in London

1991

Architekten:
Foster and Partners, London
Tragwerksplanung:
Anthony Hunt Associates, London

Bei dem Umbau der Royal Academy ging es sowohl um die Sanierung der unter dem Dach gelegenen Galerien des Haupthauses, dem sogenannten Burlington House, als auch um eine Verbesserung der mangelhaften Erschließungssituation der Gesamtanlage. Der weniger als 5 m breite Lichthof wurde zwischen den beiden bestehenden Gebäuden überdacht. In diesem neu geschaffenen Innenraum wurde eine Stahlkonstruktion eingestellt, deren Lasten über fünf Stahlstützen abgetragen werden. Die Konstruktion trägt zum einen die Verbindungsebenen zwischen den beiden Gebäuden und die gläserne Treppe und zum anderen dient sie als Führung für den Hydraulikfahrstuhl. Die Verbindungsebenen sind jeweils im 1. und 2. Obergeschoß einhüftig gelenkig mit dem Mauerwerk des angrenzenden Gebäudes verbunden, während zur Fassade des anderen Gebäudes eine gläserne Fuge ausgebildet wird.
Die Konstruktion des Daches besteht aus einem Dreigelenkrahmen, wobei die Glasfassade konstruktiv getrennt von diesem ausgeführt worden ist.

Literatur: [22], [133], [328], [386]

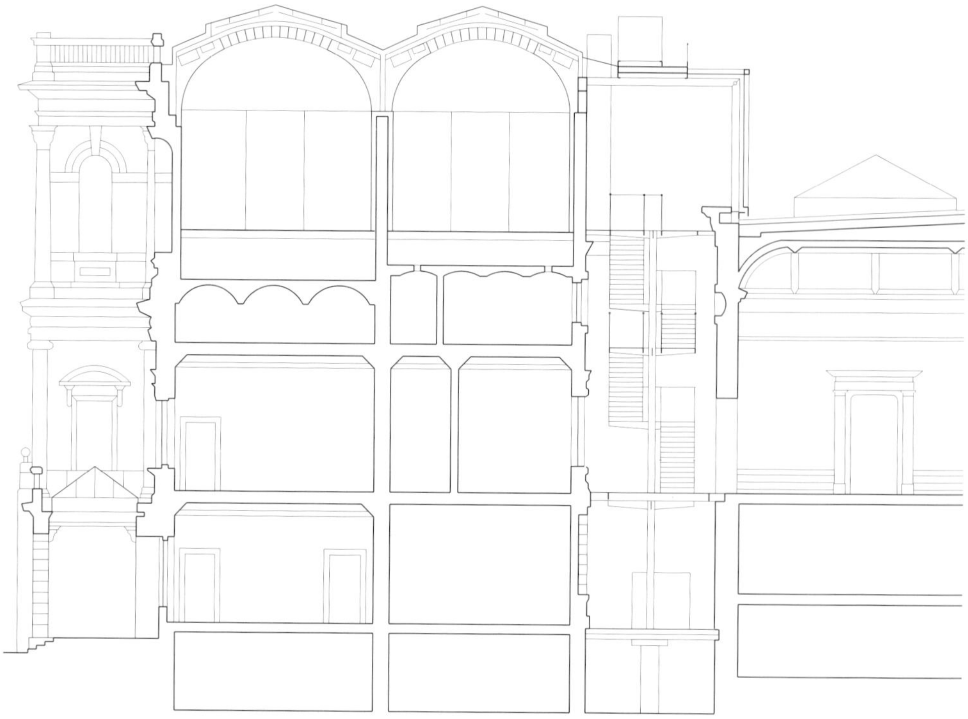

A

A Querschnitt • Längsschnitt Maßstab 1:200

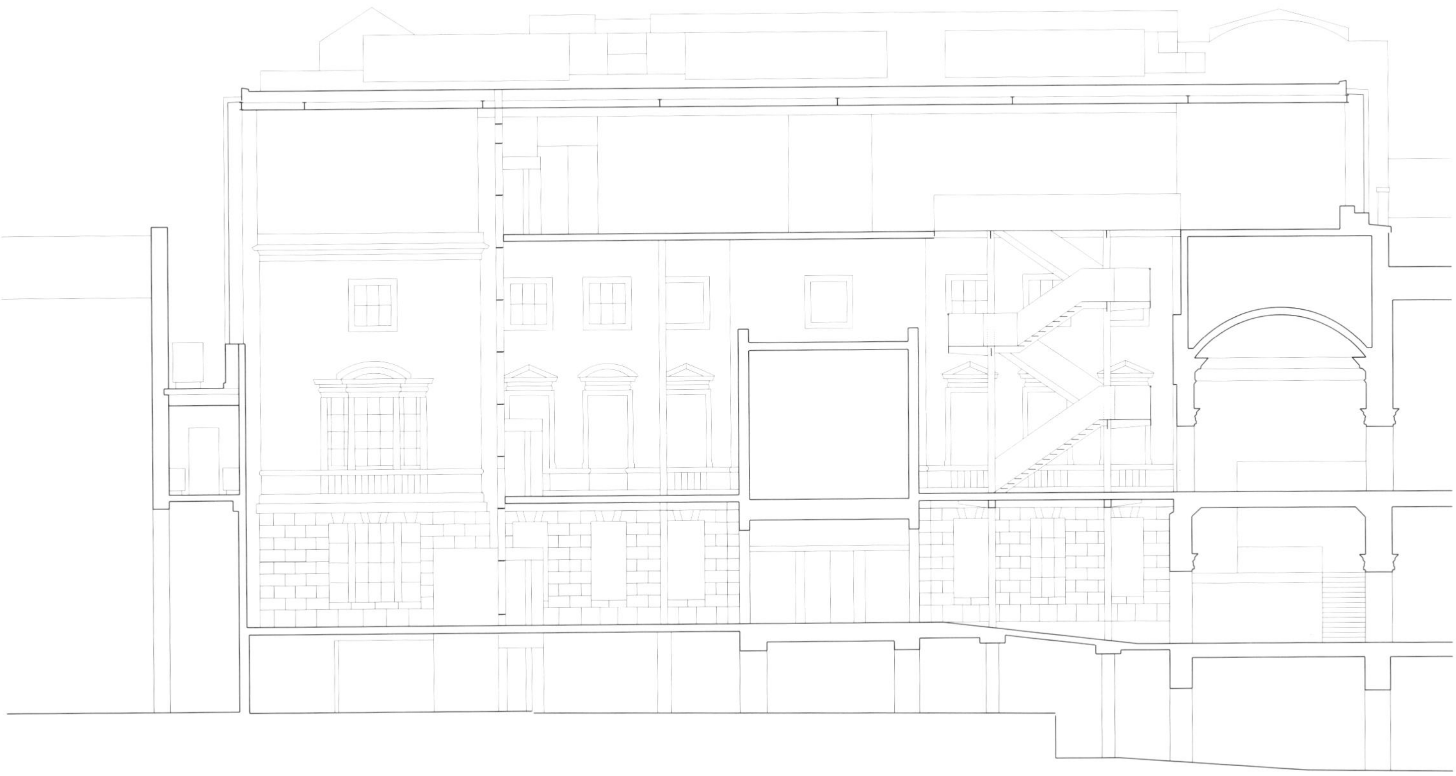

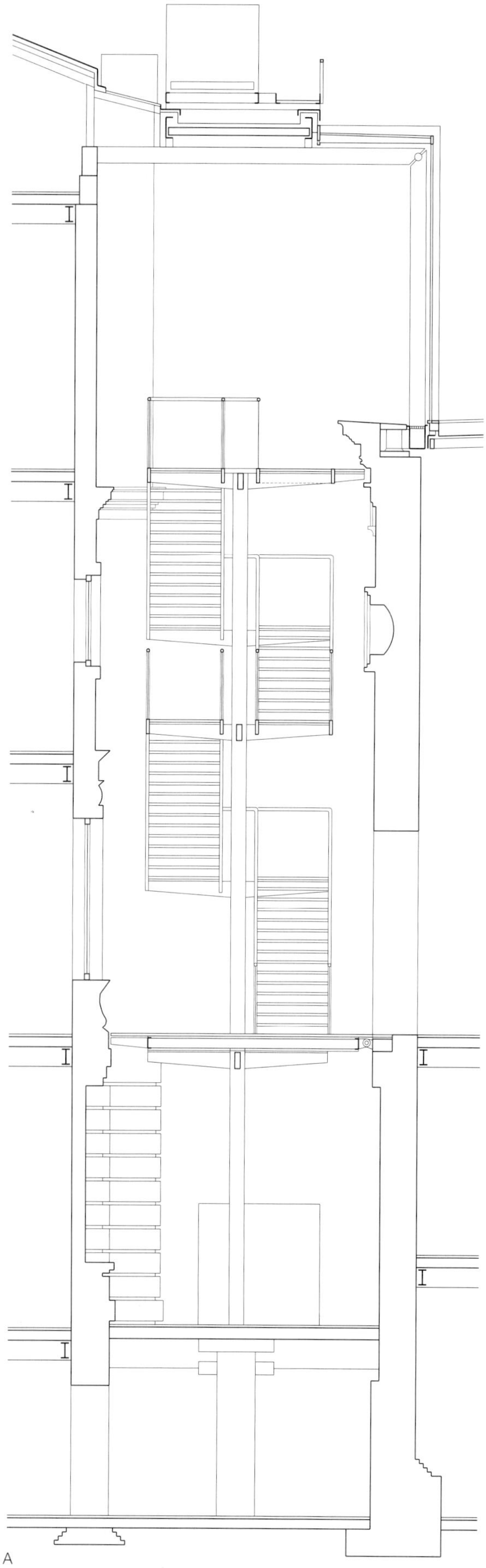

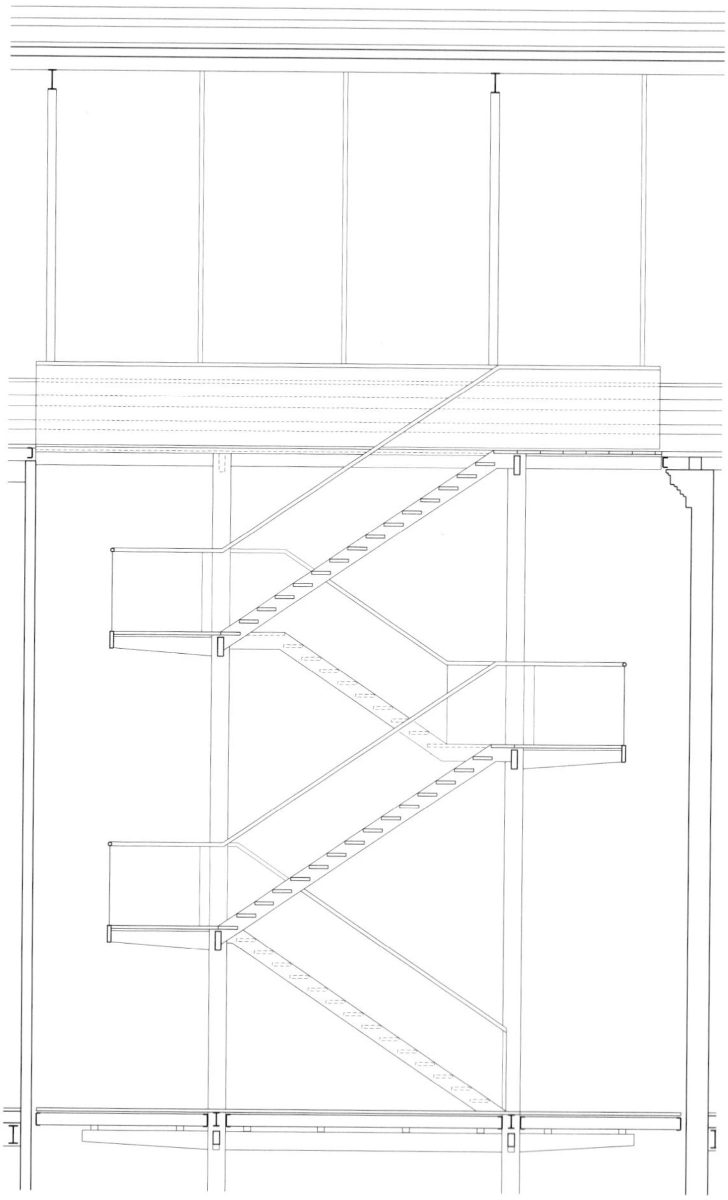

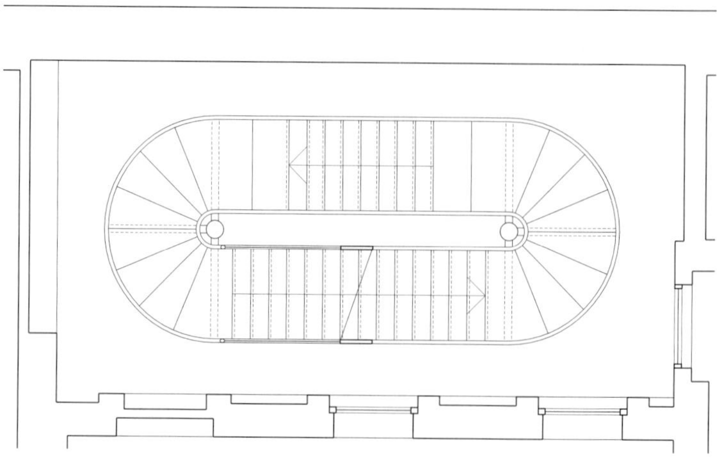

A

A Glastreppe Querschnitt • Längsschnitt • Grundriß
Maßstab 1:100
B Schnitte Glasgalerie
Maßstab 1:10

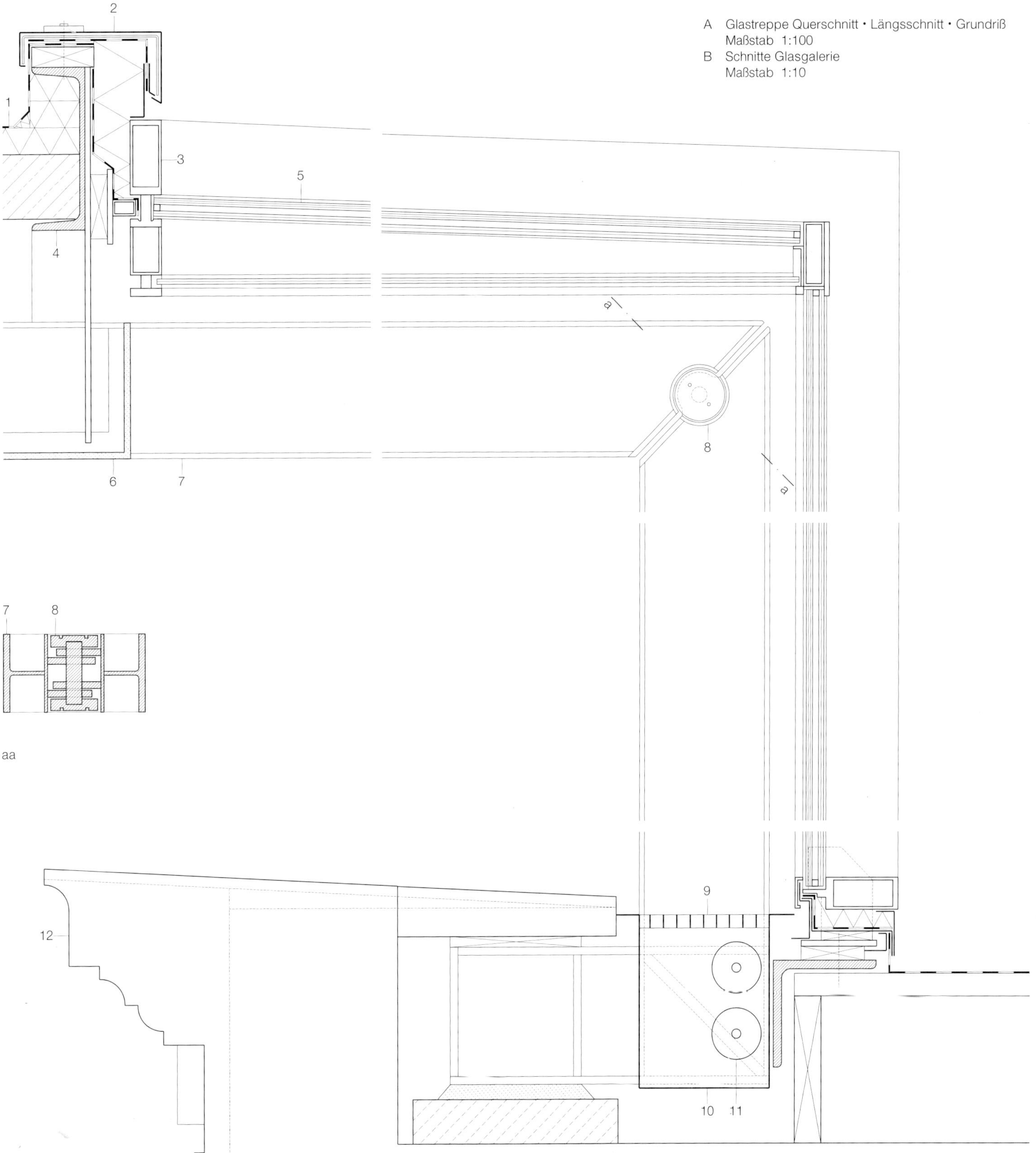

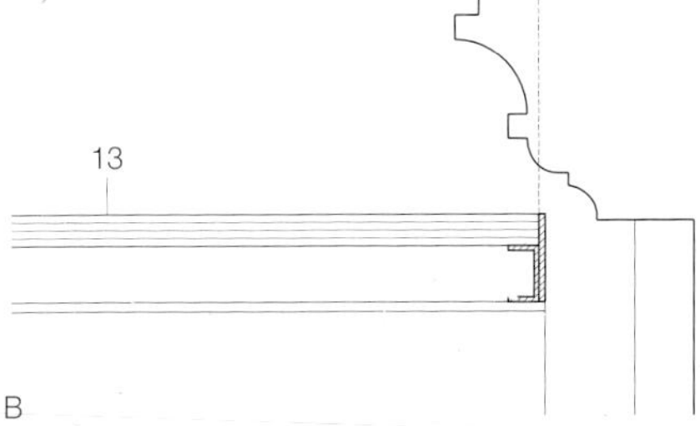

1 Dichtungsbahn auf Wärmedämmung
2 Abdeckung Aluminiumblech 3 mm, pulverbeschichtet
3 Preßleiste
4 Stahlprofil U 305/102 mm
5 Isolierverglasung 34 mm
6 abgehängte Gipskartondecke
7 Stahlprofil I 254/146 mm
8 Gelenk
9 Aluminiumgitterrost
10 Heizkanal aus gekantetem Stahlblech
11 Heizleitung
12 bestehendes Gesims
13 VSG 25 mm

Feuerwehrhaus in Espoo, Finnland

1991

Architekten:
Gullichsen, Kairamo, Vormala, Helsinki
Projektarchitekten: E. Kairamo, T. Saarelainen
Mitarbeiter: A. Jylhä, T. Patomo
Tragwerksplanung:
Raimo Sormunen, Helsinki

Das herausragende Merkmal der Feuerwehrstation ist ihr Turm – ein Trainingsgerät für Feuerwehrübungen – , dessen besondere Architektur durch ihre Signalwirkung auf die Funktion der Anlage hinweist.
Die Eckstützen bestehen aus drei Winkelstahlprofilen und einem IPE-Stahlprofil. Die Grundrißform ist ein Quadrat von 1 × 1 m. Die Eckstützen werden von oben nach unten durch sieben Diagonalverbände aus Zugstäben ausgesteift, welche über angeschweißte Laschen mit den Profilen verschraubt sind. Jeweils in diesem Bereich befindet sich zwischen den Eckstützen ein umlaufendes U-Stahlprofil. Stahlblechknoten bilden die Kreuzungspunkte der Diagonalverbände.
Der Turm wird durch eine seitliche Diagonale aus Stahlrohren sowie durch eine Befestigung am Feuerwehrgebäude mittels T-Stahlprofilen stabilisiert. Seitlich an den Turm wurde eine Wendeltreppe montiert. Sie dient zur Erschließung der unterschiedlichen Übungsbalkone, die vom Turm auskragen. Der Übergang von der Treppe auf die Balkone erfolgt ohne Podeste direkt von den Stufen aus. Die Plattformen bestehen aus Gitterrosten, die in einem Rahmen aus U-Stahlprofilen gefaßt sind. Ein Paneel aus Stahlblech und Quadratrohren dient als Brüstung zum Anleitern. Den oberen Abschluß des Turmes bildet ein Rundrohr, an dem Meßgeräte befestigt sind.

Literatur: [139]

A

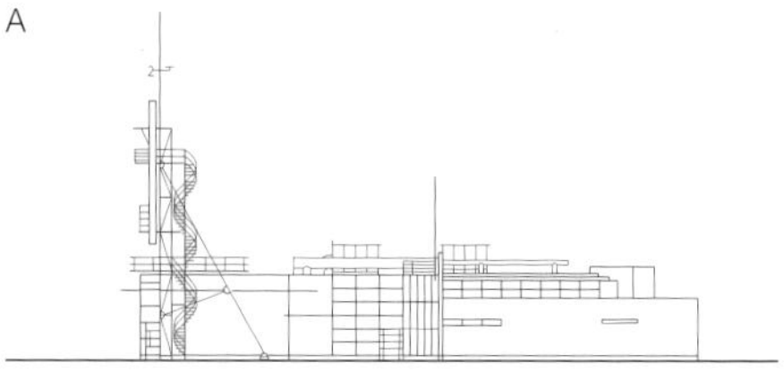

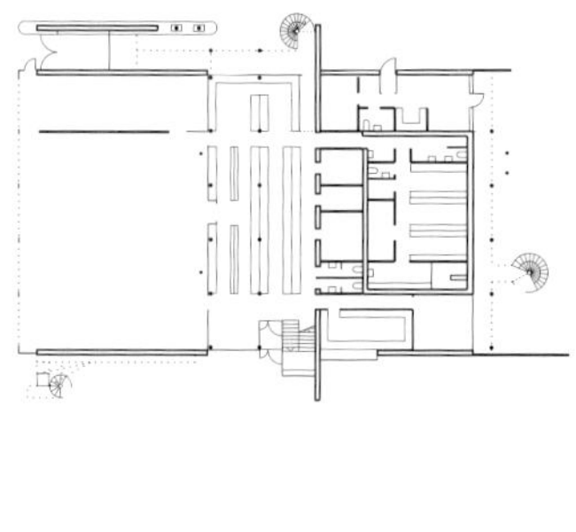

B

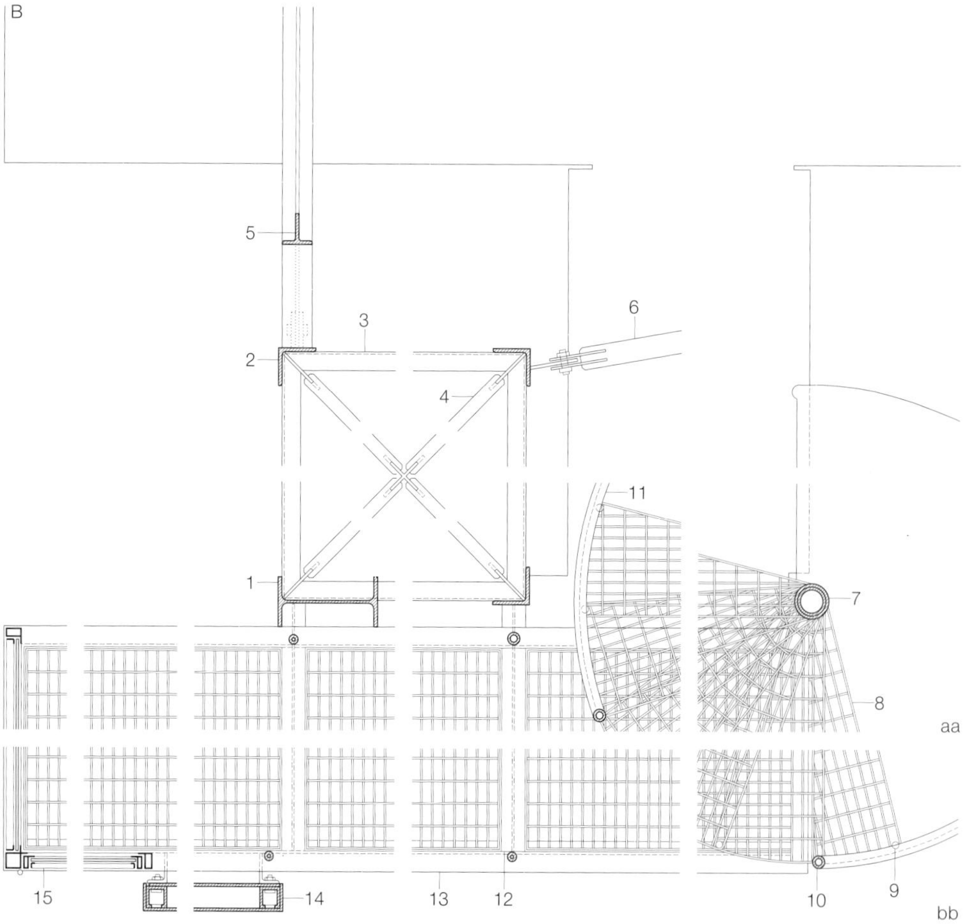

C

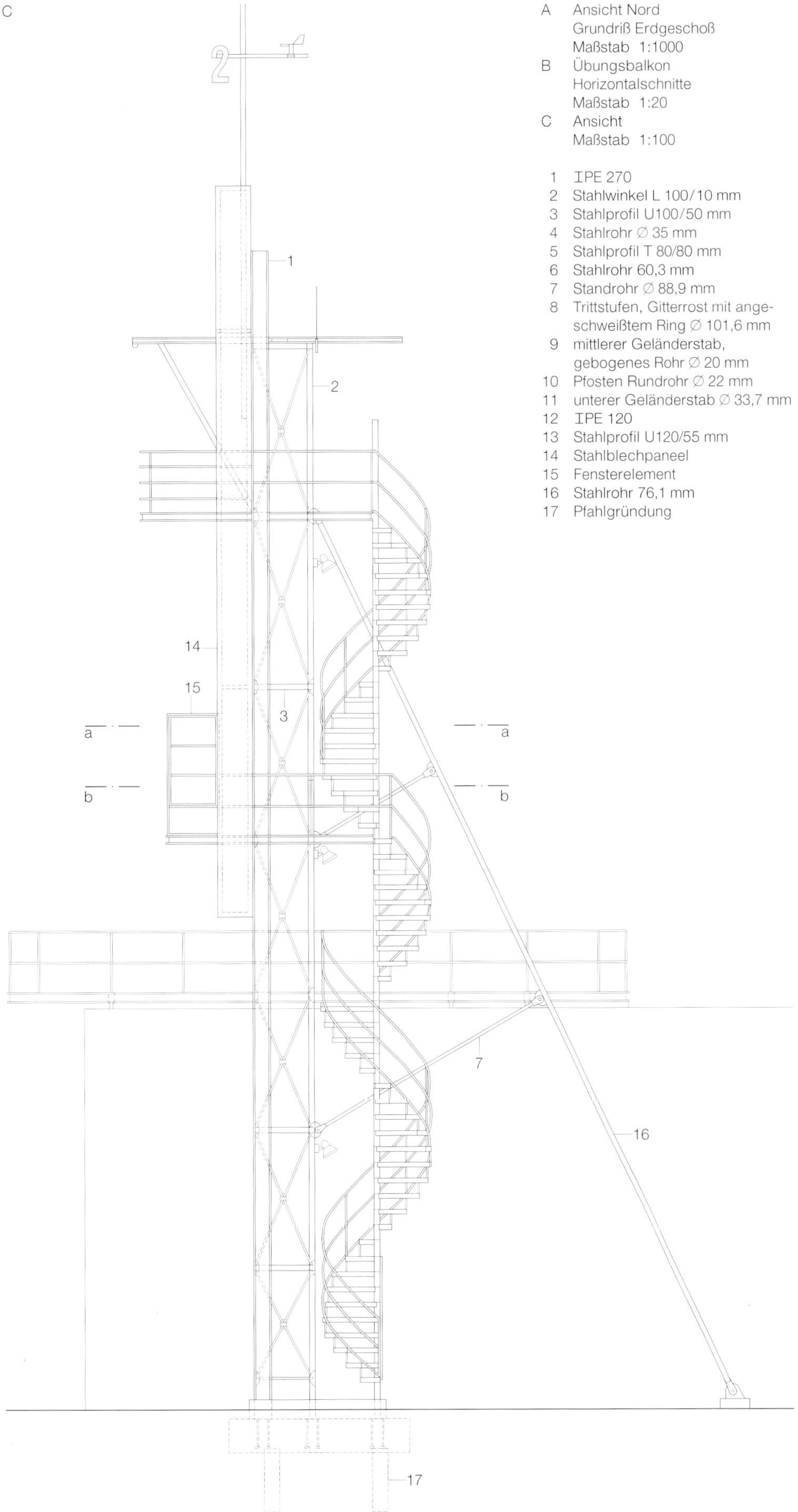

A Ansicht Nord
Grundriß Erdgeschoß
Maßstab 1:1000
B Übungsbalkon
Horizontalschnitte
Maßstab 1:20
C Ansicht
Maßstab 1:100

1 IPE 270
2 Stahlwinkel L 100/10 mm
3 Stahlprofil U100/50 mm
4 Stahlrohr ∅ 35 mm
5 Stahlprofil T 80/80 mm
6 Stahlrohr 60,3 mm
7 Standrohr ∅ 88,9 mm
8 Trittstufen, Gitterrost mit angeschweißtem Ring ∅ 101,6 mm
9 mittlerer Geländerstab, gebogenes Rohr ∅ 20 mm
10 Pfosten Rundrohr ∅ 22 mm
11 unterer Geländerstab ∅ 33,7 mm
12 IPE 120
13 Stahlprofil U120/55 mm
14 Stahlblechpaneel
15 Fensterelement
16 Stahlrohr 76,1 mm
17 Pfahlgründung

Wohnhäuser in Gaienhofen-Horn

1993

Architekt:
Ingo Bucher-Beholz, Gaienhofen
Mitarbeiter:
E. Baumann, B. von Sondern, T. Klettner
Tragwerksplanung:
Helmut Fischer, Bad Endorf

Die beiden Einfamilienhäuser wurden in einfacher Konstruktion aus Stahl, Holz und Glas gebaut. Das Traggerüst besteht aus zweigeschossigen Stahlrahmen, die auf einer Betonwanne aufgelagert sind. Die Rahmen spannen über 6 m und stehen in einem Achsabstand von 2,25 m über die Gebäudelänge von 15,75 m. Die Aussteifung der Gebäude erfolgt über die Stahlrahmen in der Gebäudequerrichtung sowie über Kreuzverbände in der Längsrichtung. Alle Rahmen sind über Verbandstäbe aus Rundrohren verbunden. Durch die gewählte Konstruktion gelang es kostengünstig, die Innenräume von Stützen oder tragenden Wänden freizuhalten. Das Tragwerk ist an den Längsseiten der Gebäude klar ablesbar, da hier die Stahlrahmen sichtbar vor der Fassade stehen. Hierbei ist die Problematik der entstehenden Wärmebrücken und der Tauwasserbildung an den im Innenraum liegenden Profilen zu berücksichtigen. Mit den aufgrund der Konstruktion möglichen freien Grundrissen und einer dadurch gewährleisteten guten Luftzirkulation wird diesem Problem begegnet. Die entstehenden Wärmebrücken wurden als gering bewertet und in Kauf genommen.

Literatur: [140]

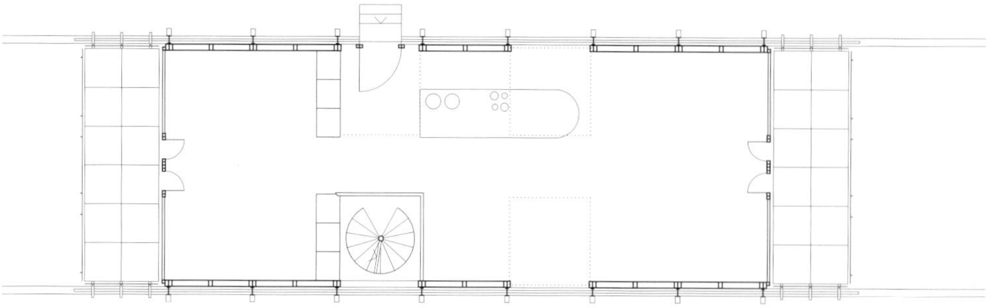

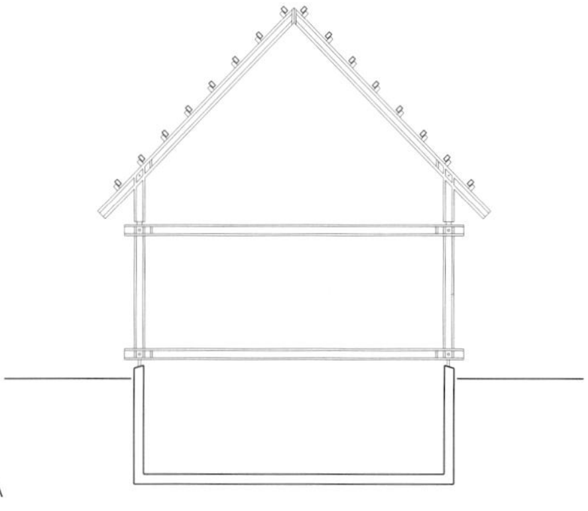

A

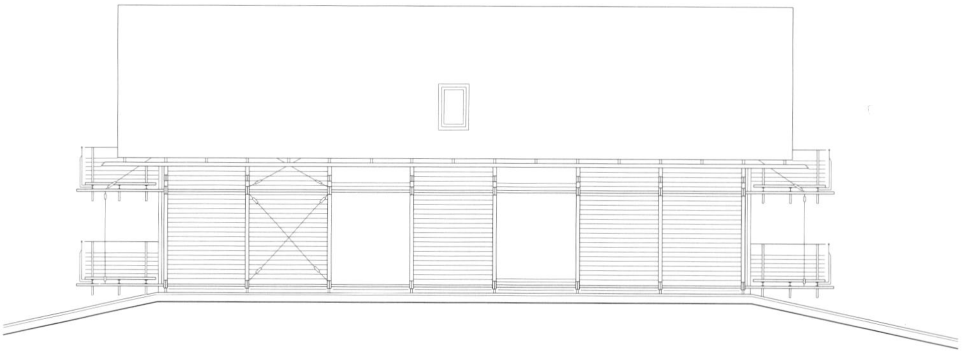

A Querschnitt Tragkonstruktion • Grundriß Erdgeschoß • Ansicht
Maßstab 1:200
B Vertikalschnitte Ortgang • Traufe
C Horizontalschnitt
Maßstab 1:20

1 Stahlrahmen IPE 200
2 Druckrohr zur Aussteifung ∅ 60,3/5 mm
3 Wandaufbau:
horizontale Stülpschalung 20 mm
diffusionsoffene Unterspannbahn
Mineralfaserdämmung 140 mm
zwischen Holzrahmen 60/140 mm
Dampfbremse
Spanplatte 19 mm

4 Deckenaufbau:
Linoleumbelag
Spanplatte 19 mm
Trittschalldämmung 5 mm
Holzdielen 20/140 mm
dazwischen Holzweichfaserplatten 20 mm
Nut- und Feder-Holzbohlen 50 mm
Stahlträger IPE 200

B

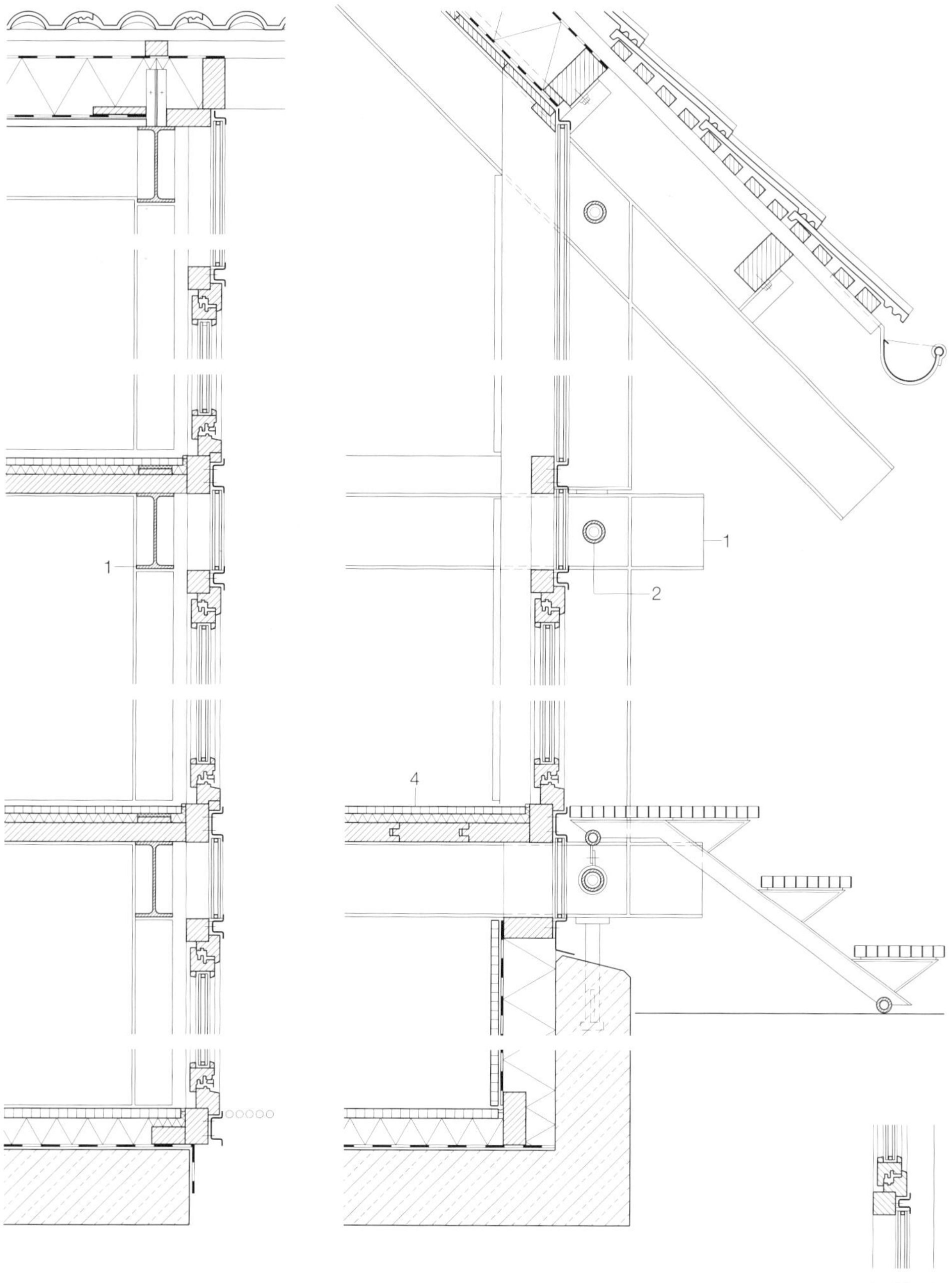

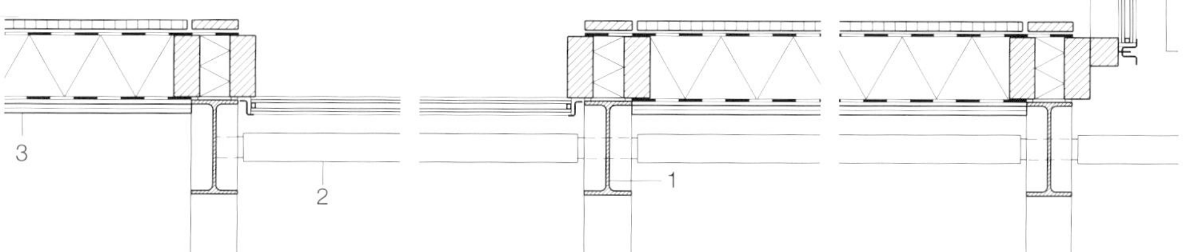

C

Wohnhaus im Nördlichen Territorium, Australien

1993

Architekten:
Glenn Murcutt and Associates, Mosman
Tragwerksplanung:
James Taylor and Associates, Mosman

Das Entwurfskonzept des Hauses berücksichtigt das tropisch heiße Klima der Nördlichen Territorien Australiens. Aufgrund der natürlichen Bedingungen des Ortes wurde das Haus punktförmig fundamentiert und vom Boden abgehoben. Die Montage aus industriell vorgefertigten Elementen erfolgte nur durch zwei Arbeitskräfte innerhalb weniger Wochen.
Die Außenwände bestehen – abhängig von der Himmelsrichtung und der Funktion im Inneren – zum einen aus breiten Sperrholztafeln, zum anderen aus luftdurchlässigen hölzernen Jalousieelementen. Die natürliche Durchlüftung bleibt gewährleistet. Die Tafeln sind nach außen hochklappbar und werden während der Nacht geschlossen. Bei Dunkelheit ist so die Privatsphäre der Bewohner geschützt. Tagsüber läßt sich das Haus je nach Wetterlage und Bedürfnis auf nahezu allen Seiten öffnen. Der funktionelle und einfach organisierte Grundriß ist ost-westorientiert und mit der Wohnraumseite leicht nach Süden gedreht. Neben dem großen Wohnbereich gibt es vier kleine und ein größeres Schlafzimmer. Die Trennwände aus Sperrholz sind zwei Meter hoch, darüber sorgen Lattenroste für eine gleichmäßige Durchlüftung. Quergespannte Holzbalken mit aufgelegten Bohlenbrettern bilden den Fußboden. Über aerodynamisch wirksame »Venturi-Rohre« wird die erwärmte Luft oberhalb des Daches weggeführt. Die Stahlkonstruktion ist für Windgeschwindigkeiten bis zu 63 m/s ausgelegt und die Bemessung der Stützen und Querstreben entspricht den Normen für wirbelsturmgefährdete Regionen. Die vorgefertigten Stützen stehen auf kleinen Stahlbetoneinzelfundamenten. Über sehr groß dimensionierte Bleche werden die weit auskragenden Dachbinder biegesteif angeschlossen. Windverbände in der Dachebene sorgen für die erforderliche Längsaussteifung.

Literatur: [210]

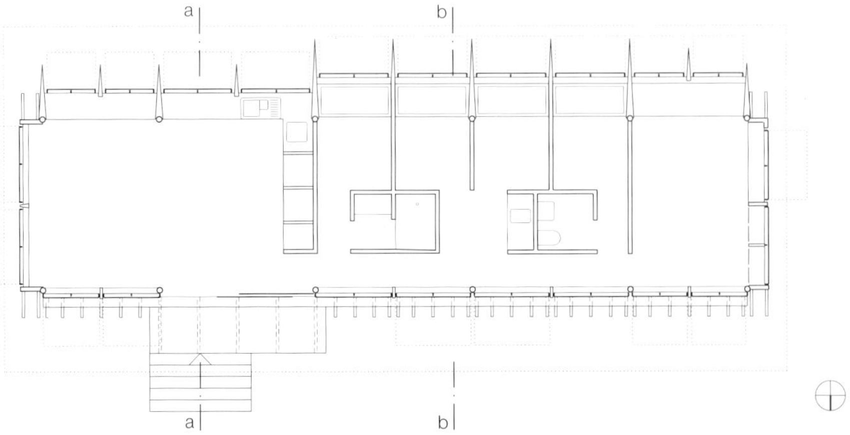

A

A Grundriß
B Teillängsschnitt
Querschnitt
Maßstab 1:200
C Fassadenschnitt
Maßstab 1:20

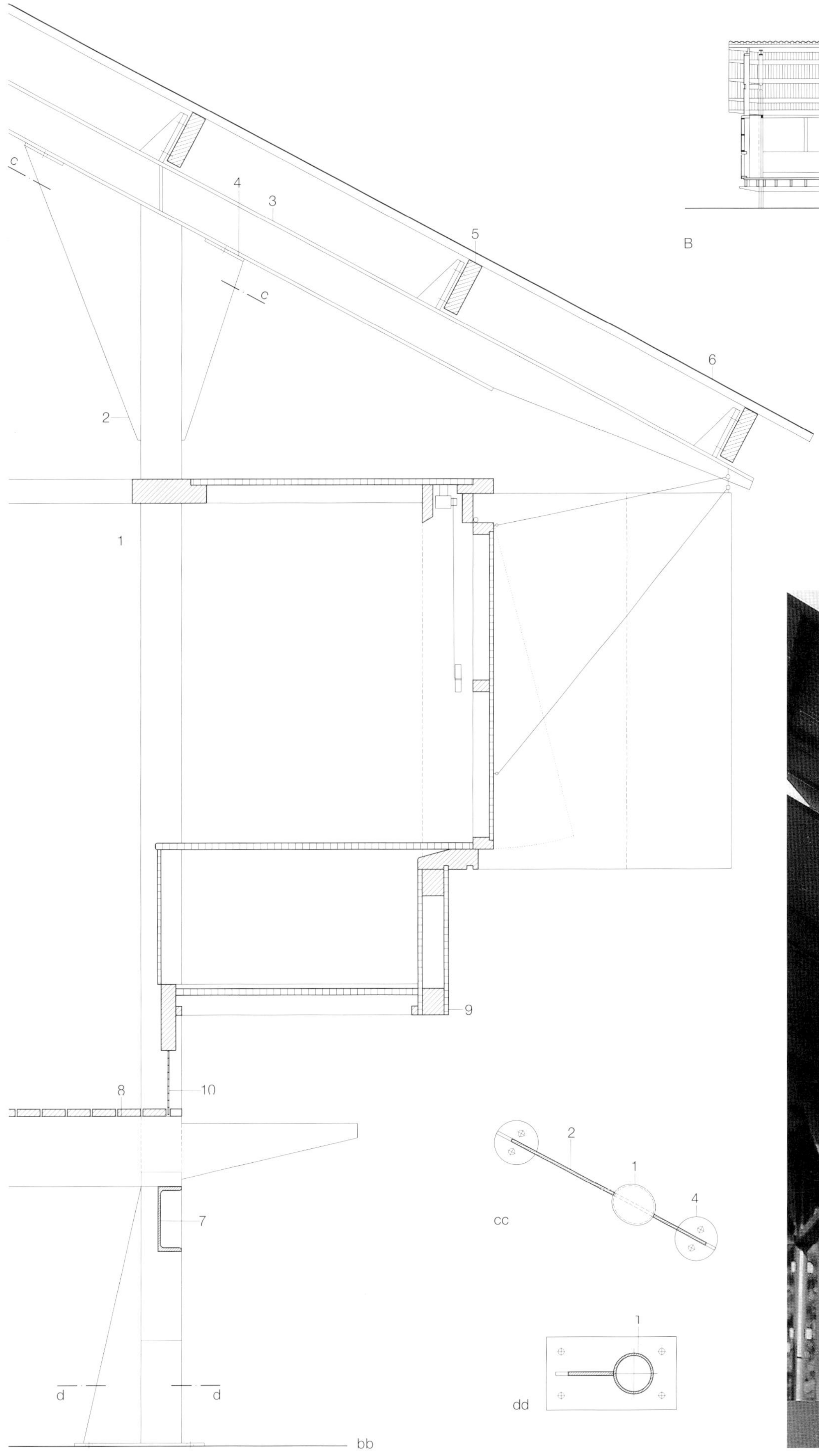

C bb

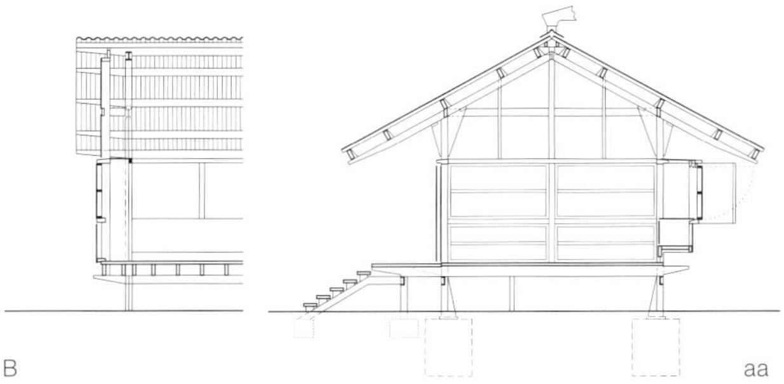

B aa

1 Stahlrohr ∅ 140 mm
2 Aussteifungsblech
3 Rahmenriegel IPE 140
4 Befestigungslaschen
5 Holzpfetten
6 Dachdeckung aus feuerverzinktem Stahlwellblech
7 U-Profil 200
8 Holzbalkendecke
9 Kragkonstruktion aus wetterfestem Sperrholz
10 feuerverzinktes Drahtgewebe

cc

dd

Wohnhaus in Osaka

1987

Architekt:
Waro Kishi and K. Associates, Kioto
Tragwerksplanung:
Urban Design Institute, Osaka

Das zweigeschossige Wohnhaus entstand auf einem schmalen Grundstück zwischen traditionellen Reihenhäusern in Osaka. Es besetzt die gesamte Grundstücksfläche mit einem ein Feld breiten und drei Felder tiefen Raster. Die Räume des Hauses orientieren sich zu einem im mittleren Rasterfeld gelegenen Hof. Eine Stahltreppe erschließt die Räume des Obergeschosses, die von einer Brücke über den Hof hinweg verbunden werden.
Die Konstruktion besteht aus vier zweigeschossigen Stahlrahmen, welche im gleichen Abstand hintereinander auf der Fundamentplatte stehen. Rahmenpfosten und Riegel aus Doppel-T-Trägern sind biegesteif verbunden. In Längsrichtung erfolgt die Aussteifung über vertikale Verbände zwischen den mittleren Rahmen. In der Decken- und Dachebene liegen horizontale Verbände.
Beide Dächer sind mit Wellblechtafeln eingedeckt. Die Außenwände wurden als Vorhangfassaden aus Betonpaneelen gefertigt. Der Raumabschluß zum Hof besteht aus Aluminiumfensterelementen. Die in der Fassade sichtbar gelassenen Stahlprofile bedürfen zusätzlicher Maßnahmen, um die thermischen Probleme zu lösen.

Literatur: [195]

B

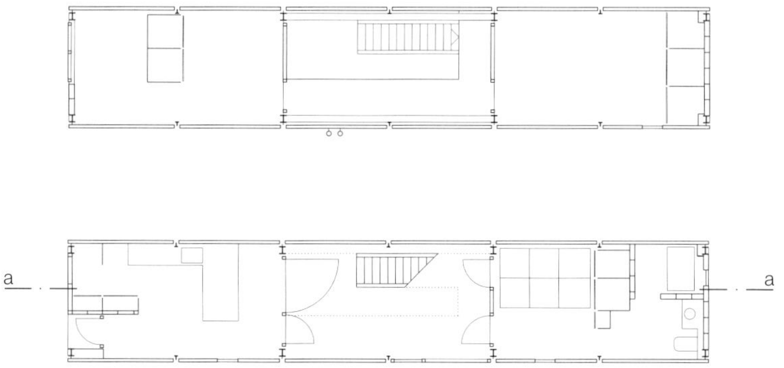

aa

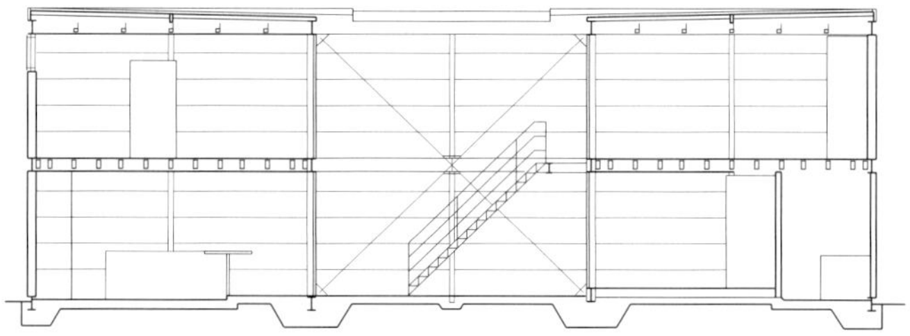

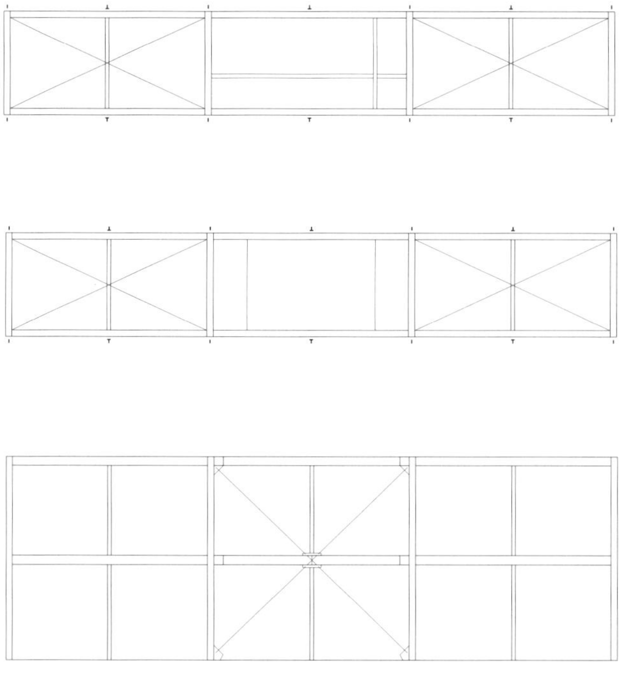

A

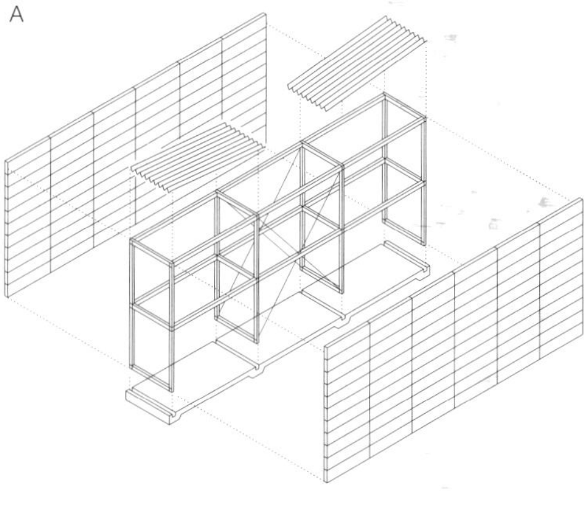

C

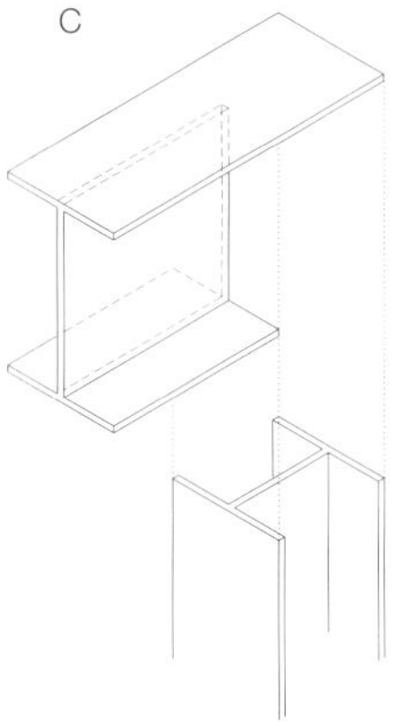

D

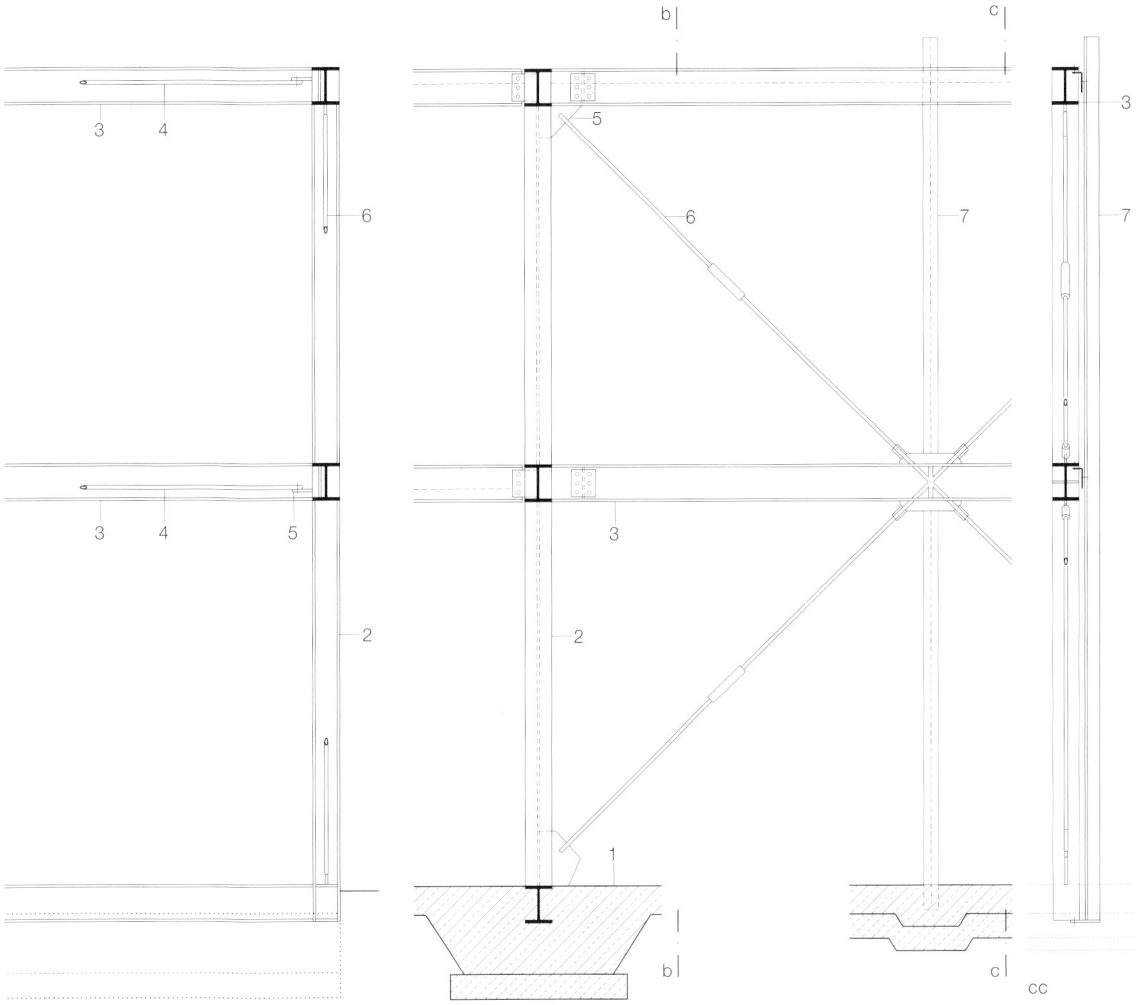

A Explosionszeichnung Gebäudekonstruktion
B Grundrisse Obergeschoß, Erdgeschoß • Schnitt Darstellung Stahlskelett entsprechend Maßstab 1:200
C Isometrie Anschluß Dachträger, Stütze ohne Maßstab
D Vertikalschnitte Stahlskelett Maßstab 1:50

1 Stahlbetonfundament
2 Hauptstütze, Stahlprofil I175/175 mm
3 Träger, I-Profil 200/175 mm
4 Horizontalaussteifung, Rundstahl ∅ 16 mm
5 Anschlußblech
6 Vertikalaussteifung, Rundstahl ∅ 20 mm
7 Zwischenstütze, Stahlprofil T 100/100 mm

Betriebsgebäude in Magdeburg

1990

Architekten:
Schulitz + Partner, Braunschweig
H. C. Schulitz, J. Schüsseler
Tragwerksplanung:
Michael Sprysch, Vechelde

Für eine nach der deutschen Wiedervereinigung neu gegründete Firma für Tiefbau und Freiflächengestaltung sollte ein Betriebsgebäude erstellt werden, das sowohl die Verwaltung und die Personalräume als auch eine Fahrzeughalle enthält. Der Bauherr wünschte, mit einem ortsansässigen ehemaligen Maschinenbaukombinat zu arbeiten, das sich verstärkt dem Gewerbebau zuwenden wollte. Dies führte dazu, ein Bausystem für Gewerbenutzung zu entwickeln, das auch für andere Projekte Gültigkeit hat.
Die Konstruktion besteht aus Rahmensystemen, die mit Trapezblechen gedeckt sind und deren Stärke in Abhängigkeit von der Spannweite variiert. Der Rahmenriegel ist als Fachwerkträger ausgebildet, wobei die Ober- und Untergurte aus T-Profilen, die Diagonalen und die Vertikalen aus jeweils zwei L-Profilen bestehen.
Die Aussteifung des Gebäudes erfolgt in Querrichtung durch die Rahmen, in Längsrichtung durch Verbände in den Längsfassaden.
Die Fassaden liegen direkt vor den Stützen.
Die Kragarme des Vordaches sind so angeschlossen, daß die Dachentwässerung am Stützenanschluß entlang der Trägerachse möglich ist.

Literatur: [398]

B

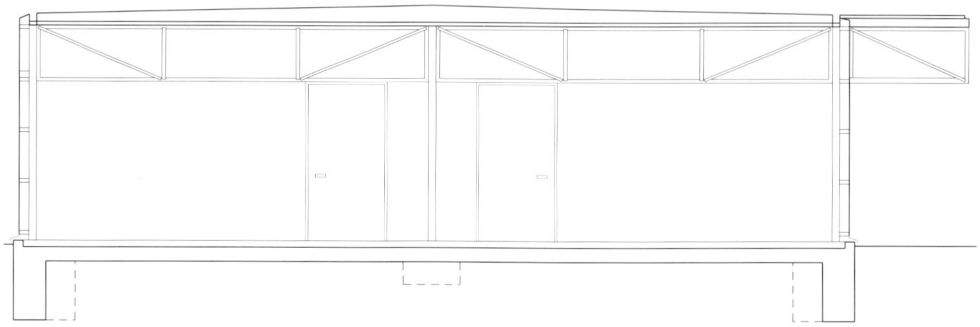

A

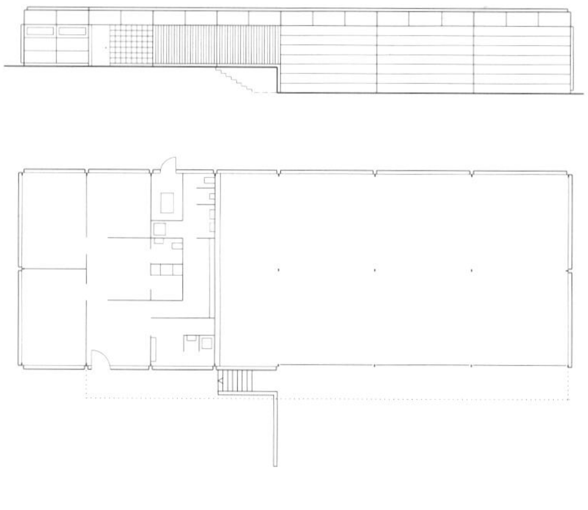

1 Fassadenprofil T 50 mm
2 Deckprofil U 50/25 mm
3 Randprofil Binder TB 45 mm
4 Stütze HEA 100
5 Profil Z 80 mm
6 Profil U 150
7 Fallrohr
8 Untergurt Profil T 70
9 Sprosse Stahlwinkel L 75/50/7 mm
10 Deckprofil Stahlwinkel L 50/30/5 mm
11 Untergurt Kragarm Profil T 60
12 Obergurt Binder Profil T 90
13 Profil TB 45
14 Diagonalen Stahlwinkel
2× L 30/5 mm
15 Obergurt Kragarm, Profil T 90
16 Randprofil Kragarm TB 30
17 Wandaufbau:
Gipsfaserplatte
Dampfsperre
Dämmung/Holzständer
Windsperre
Aluminiumwellblech
18 Fußplatte Stahlblech
225/280/20 mm
19 Innenstütze HEA 120

A Ansicht • Grundriß Maßstab 1:500
B Querschnitt Verwaltung Maßstab 1:100
C Isometrie Stützenkopf ohne Maßstab
D Fassadenschnitte horizontal, vertikal
E Fußpunkt geschlossene Außenwand
F Fußpunkt Außenstütze
G Fußpunkt Innenstütze
Maßstab 1:10

D

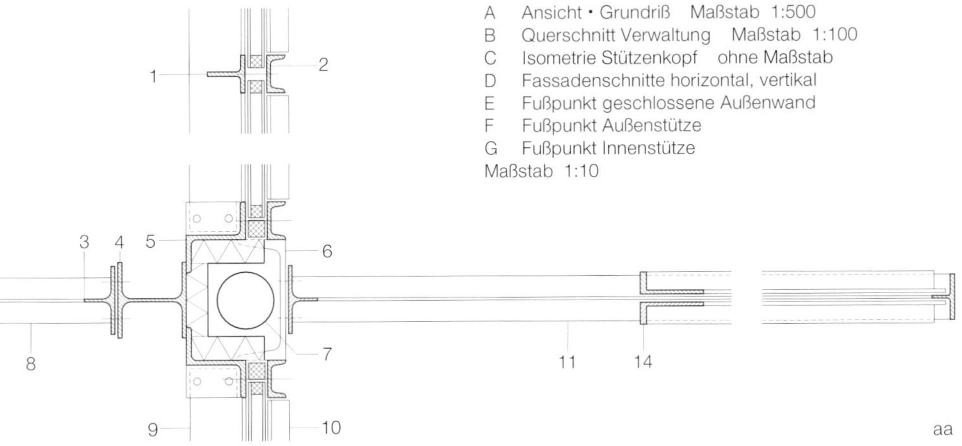

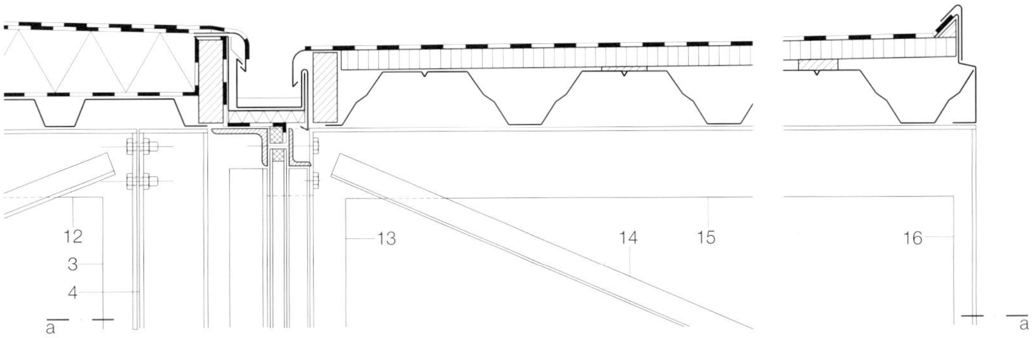

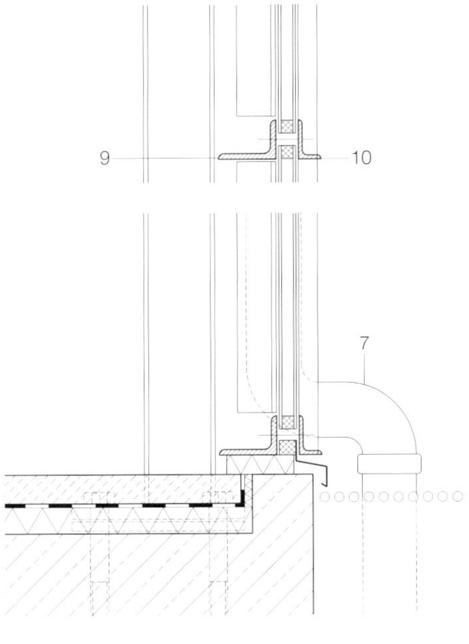

E

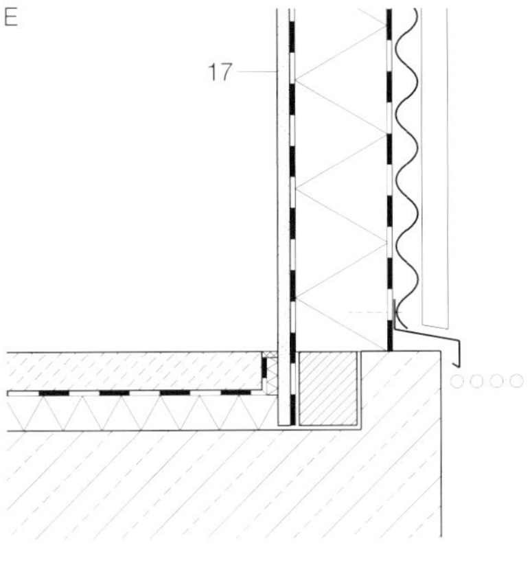

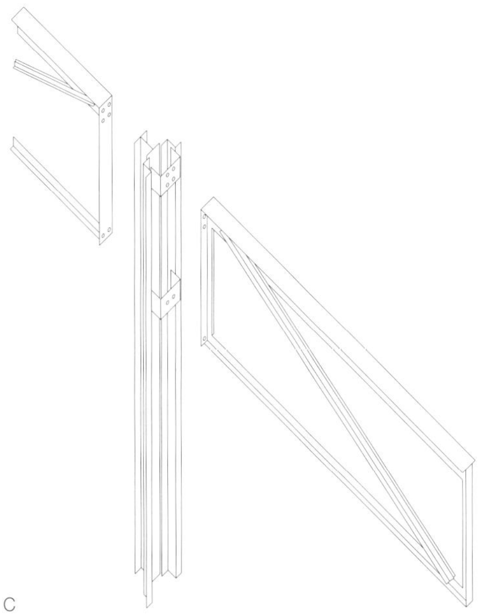

C

F

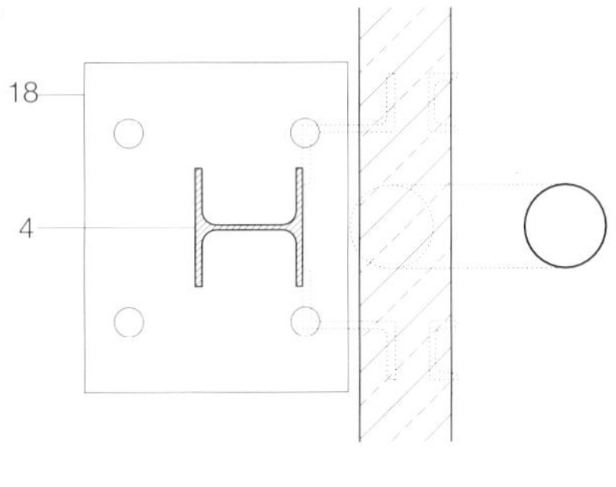

G

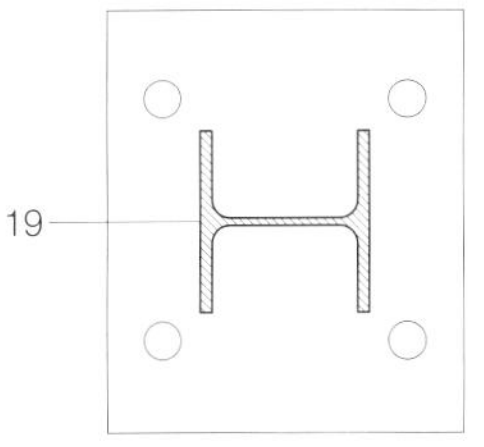

Betriebsanlage in Münsingen, Schweiz

1962-94

Architekt:
Fritz Haller, Solothurn
Tragwerksplanung:
Emch und Berger, Bern

Für die Produktionsanlage eines Möbelherstellers entwickelte Fritz Haller 1960-62 ein Stahlbausystem, das auch heute noch eingesetzt wird. Der ursprüngliche Bau von 1962 wurde zwischen 1971 und 1994 mehrmals erweitert. Das Grundelement für die Halle bildet ein quadratisches Feld von 14,40 m Seitenlänge, das von einem 1,20 m hohen Gitterträgerrost aus verschweißten Stahlprofilen überspannt wird. 4,80 m lange Gasbetonplatten bilden die Dachhaut und die für die Horizontalaussteifung notwendige Scheibe. Das additive System der Hallenelemente ermöglicht einen problemlosen späteren Anbau. Lüftungskanäle und Leitungen werden innerhalb der Konstruktionshöhe der Gitterträger geführt.
Bei der Entwicklung der Details hatten fabrikations- und montagetechnische Gesichtspunkte Vorrang vor statischer Optimierung. Daraus ergibt sich die für alle Positionen innerhalb des Grundrisses identische Stütze, die aus vier gleichschenkligen Winkelprofilen L 130/130/15 besteht. Das statische Zusammenwirken der einzelnen Profile wird durch eingeschweißte Bindebleche bewirkt. Diese Stützenkonstruktion gewährleistet in den Randpositionen den Anschluß von Fassadenelementen, sowie das Einhängen weiterer Gitterträger im Falle einer Gebäudeerweiterung und nimmt gleichzeitig die vertikalen Versorgungsleitungen auf.
Die Stützen sind an ihrem Fußpunkt eingespannt und am Kopf gelenkig mit dem Trägerrost verbunden. Der Untergurt des Fachwerkträgers wird lediglich zu seiner seitlichen Stabilisierung bis zum Auflager weitergeführt. Die Kraftübertragung in Stabrichtung wird durch eine Normalkrafthülse verhindert.
Das Gesamtsystem blieb seit 1960 im wesentlichen unverändert, einzelne Teile wurden jedoch der Entwicklung der Bautechnik angepaßt. So werden heute zur Dachdeckung statt der Gasbetonplatten Stahltrapezbleche verwendet. Den gestiegenen bauphysikalischen Anforderungen wurde mit einer Weiterentwicklung der Dämmung Rechnung getragen.

Literatur: [7], [238], [452], [396], [479]

A

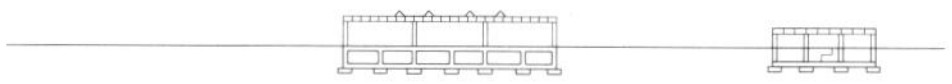

B

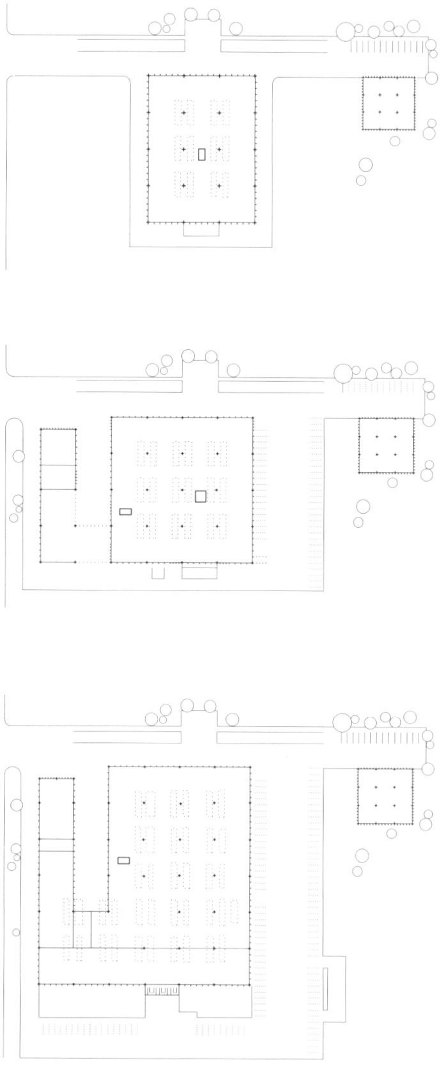

C

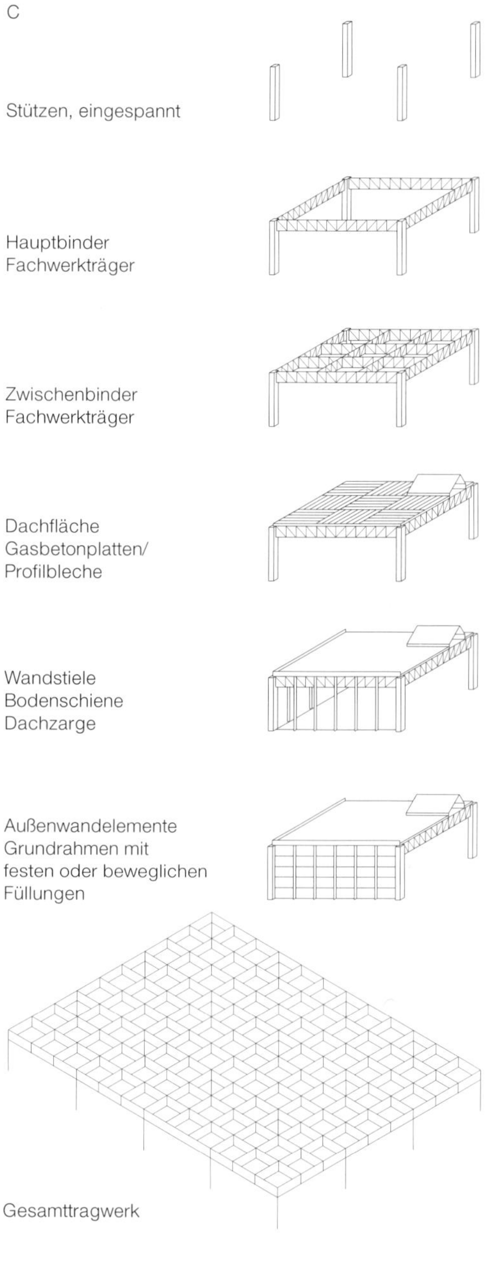

A Schnitt
B Bauetappen
Maßstab 1:3000
C Bauelemente
Isometrie ohne Maßstab

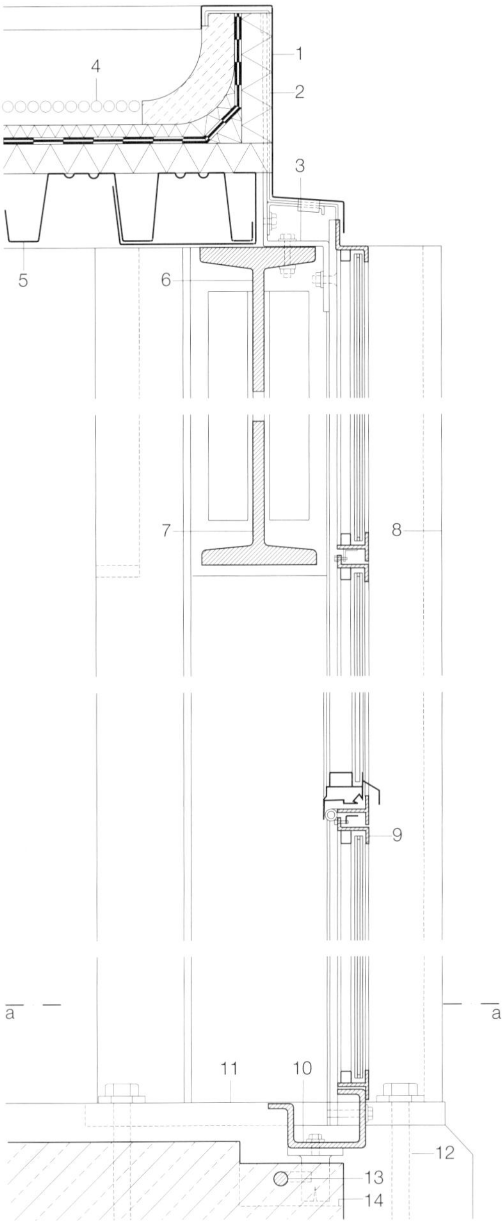

aa

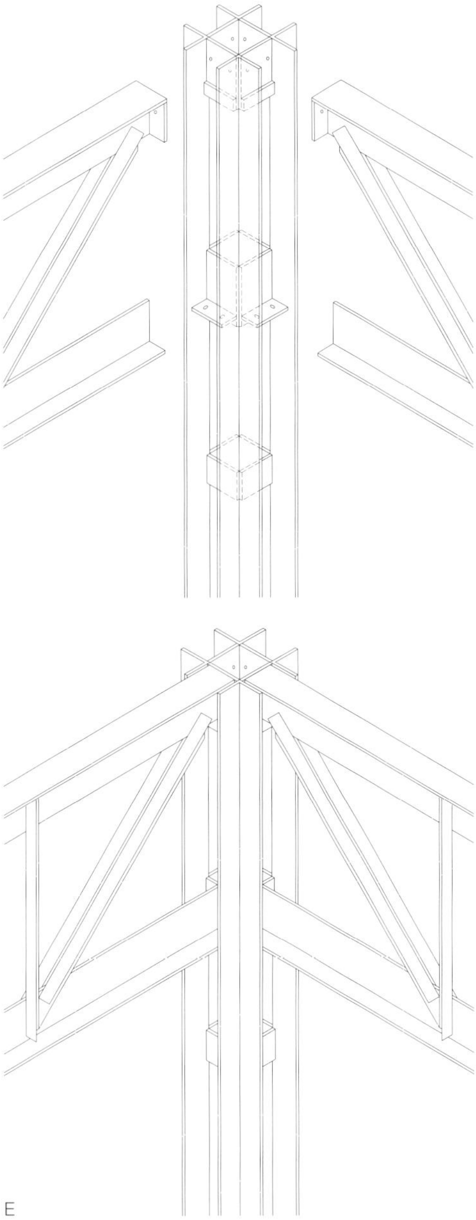

E

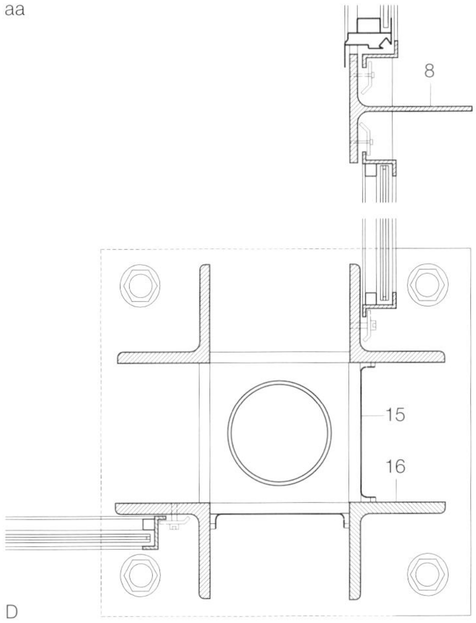

D

D Schnitt vertikal, horizontal
Maßstab 1:10
E Anschluß Stütze–Fachwerkträger
Isometrien ohne Maßstab

1 Dachabschlußblech
2 Halteprofil
3 Wandstielhalter
4 Kies 30 mm
5 Profilblech
6 Binder Obergurt
(Hauptbinder: 1/2 I 400
Zwischenbinder: 1/2 I 220)
7 Binder Untergurt
8 Wandstiel
9 Lüftungsflügel
10 Bodenschiene
11 Fußplatte 500/500/30 mm
12 Ankerschraube M 30, 1350 mm
13 Armierungseisen
14 Aussparung zur Befestigung der Bodenschiene
15 Blech 2 mm
16 Profil L 130/130/15 mm

Gewerbebau in Opmeer, Niederlande

1988

Architekten: Benthem Crouwel, Amsterdam
Jan Benthem, Mels Crouwel, Ton Liemburg,
Tragwerksplanung: Ingenieurbüro Starmans,
Cees van Eden, Groningen

Der Gewerbebau in einem typischen Vorstadt-Industrieareal wurde mit einfachen Mitteln aber hohen architektonischen Qualitäten verwirklicht.
Der Auftraggeber, ein Hersteller von Wand- und Deckenfertigteilen, benötigte Lager- und Ausstellungsflächen sowie Verwaltungsräume.
Der rechteckige Bau mit durchlaufender Konstruktion zeigt durch den Wechsel von innen- zu außenliegender Gebäudehülle, die sich einmal verglast, einmal geschlossen präsentiert, deutlich die unterschiedlichen Funktionen. Im Überschneidungsbereich der beiden Gebäudehüllen sind Toiletten und Teeküche angeordnet.
Zehn Rahmen aus Dreigurtbindern im Abstand von 5,4 m und mit einer Spannweite von 21,6 m schaffen eine stützenfreie Halle. Unabhängig von der Hauptkonstruktion wird für die Büroebene eine Zwischendecke auf zusätzliche Stützen gestellt.
Die Fachwerkrahmen bestehen aus drei geschweißten, vorgefertigten Dreigurtbindern. Sie werden an den Ecken über dreieckige Knotenbleche mit angeschweißten Auflagerplatten biegesteif verschraubt. Die einzelnen Fachwerkrahmen sind durch Aussteifungsrohre, die an diesem Verbindungsknoten ansetzen, verbunden. In Längsrichtung erfolgt die Aussteifung durch Auskreuzungen im Überschneidungsbereich der Gebäudehüllen.

Literatur: [84], [149], [223], [396]

A

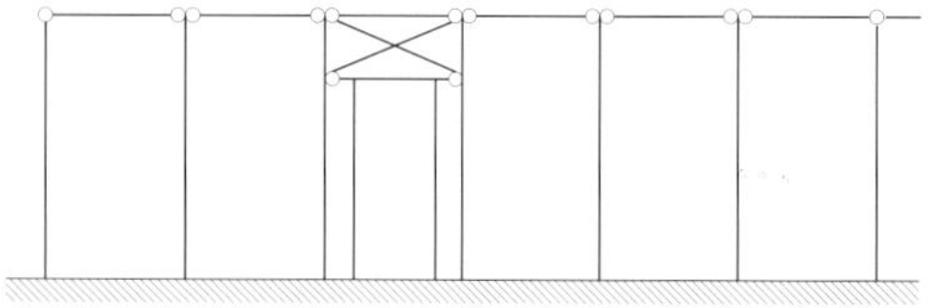

B

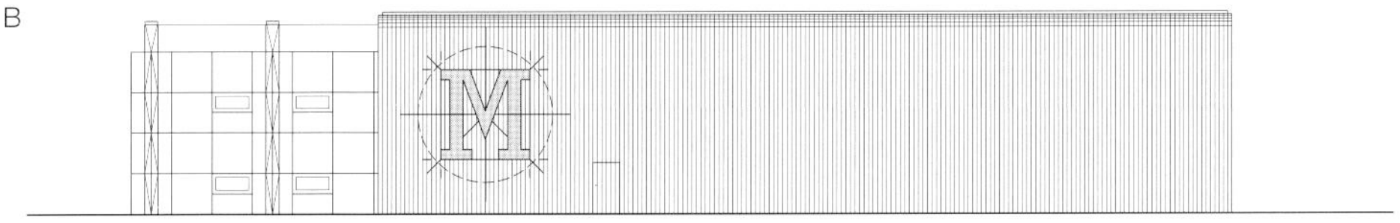

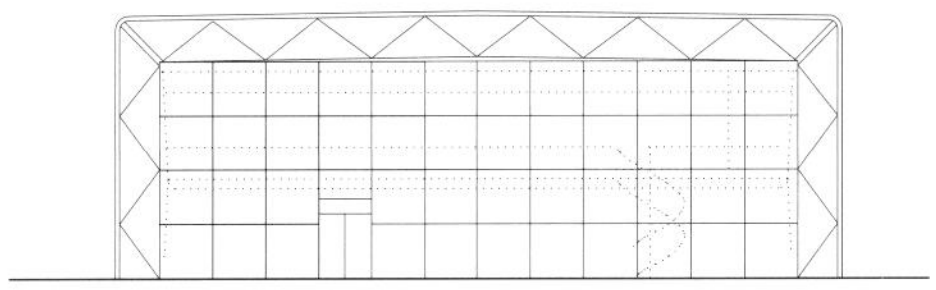

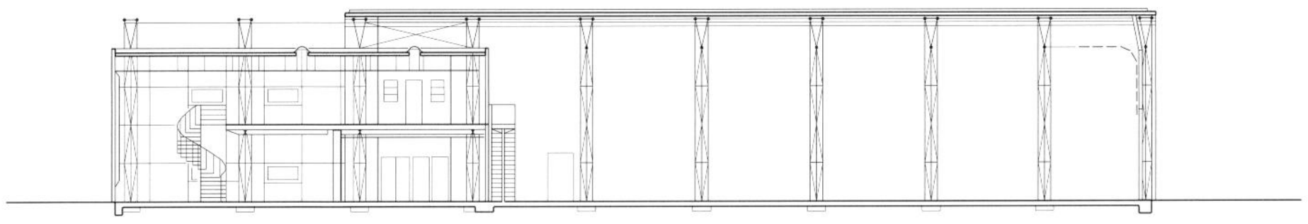

A Statisches System
Querrichtung Längsrichtung
B Ansichten Süd-West, Nord-West •
Längsschnitt • Grundriß
Maßstab 1:500
C Prinzipskizze Gebäudekomponenten
ohne Maßstab

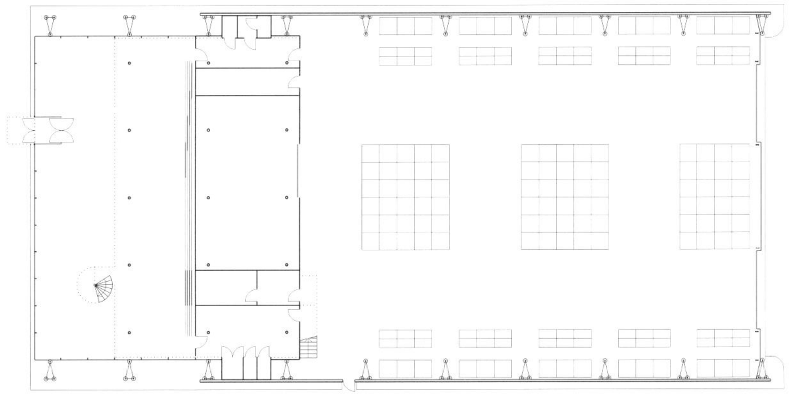

C

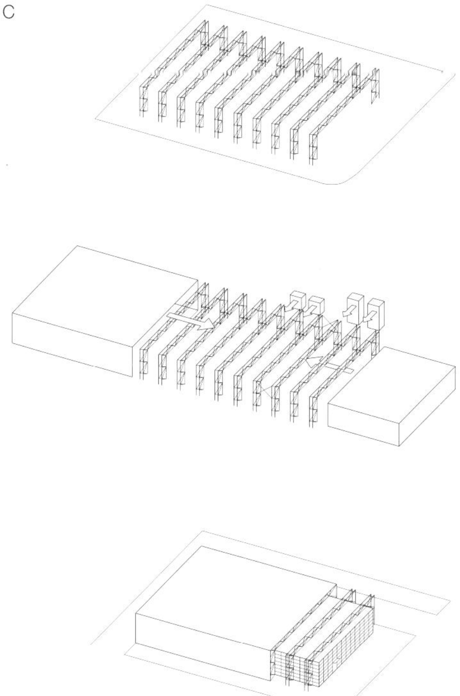

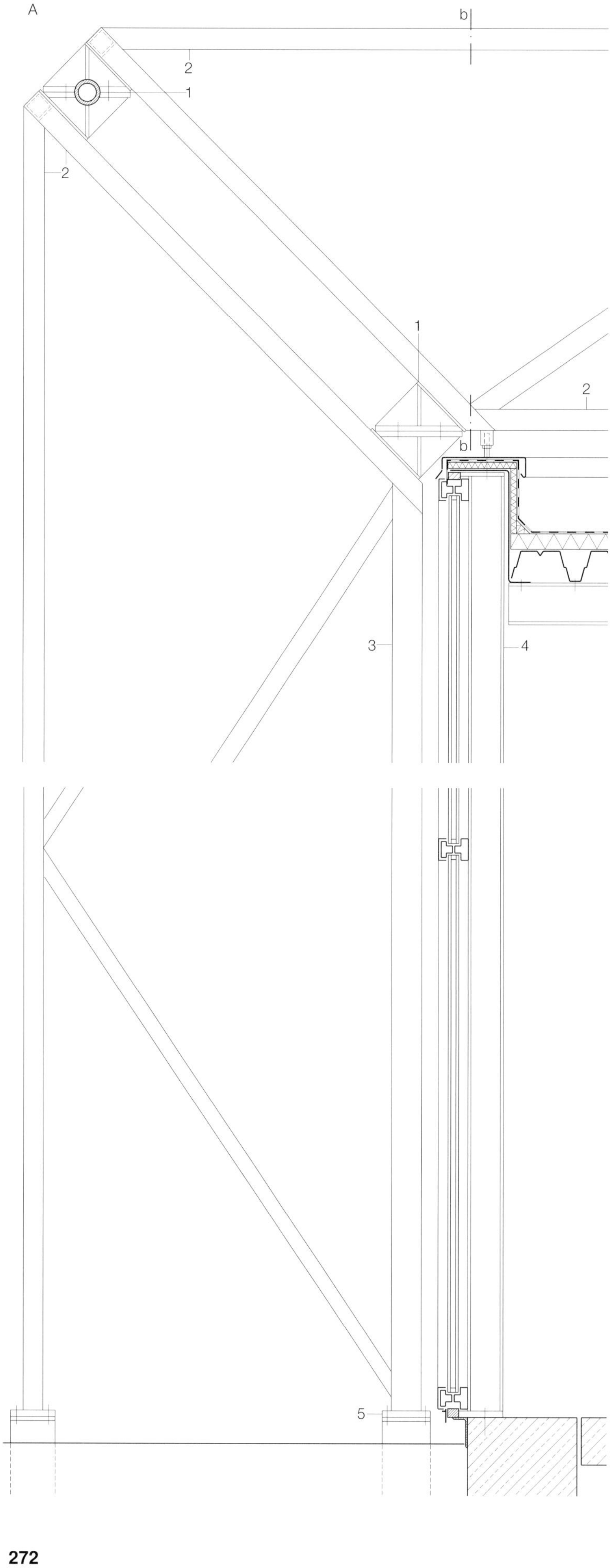

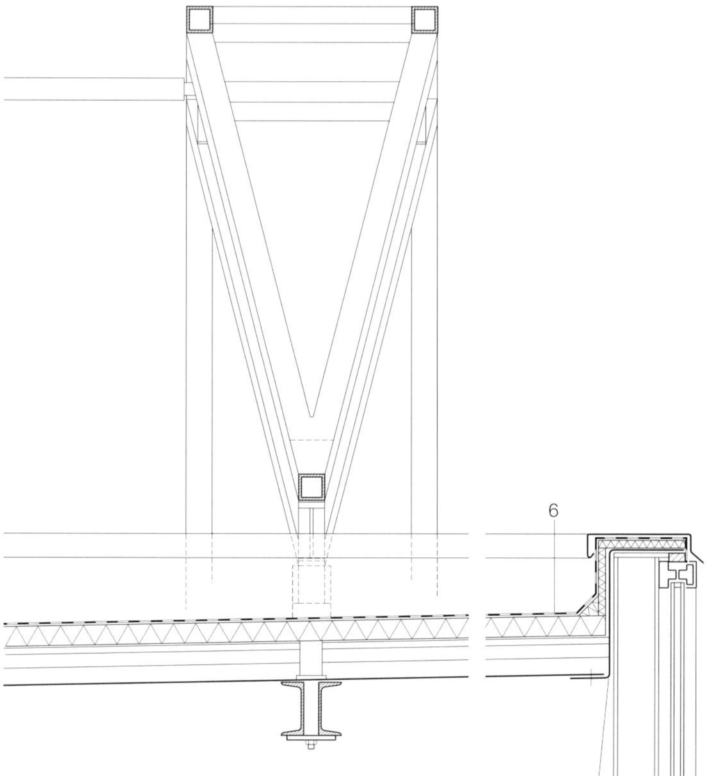

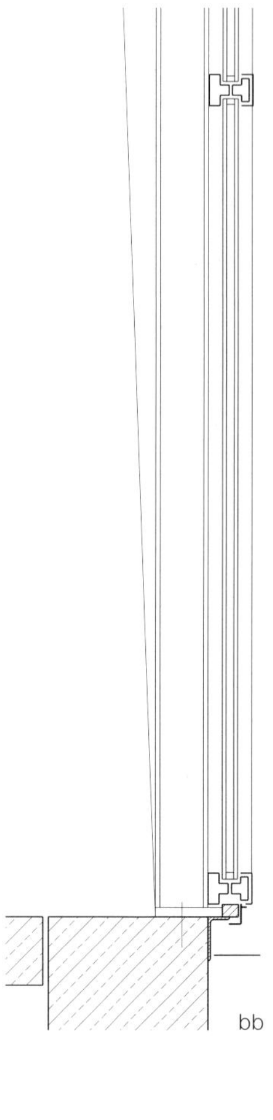

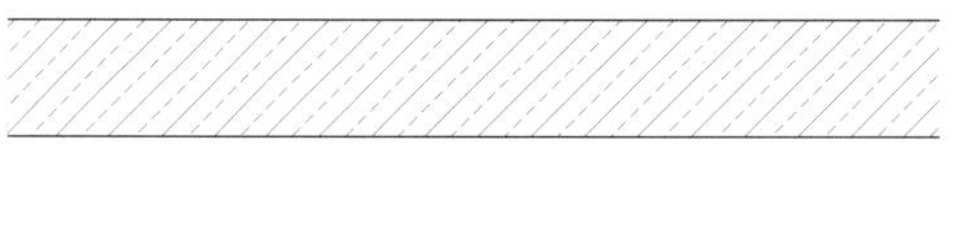

A Querschnitt und Längsschnitt innenliegende Gebäudehülle
Maßstab 1:20

B Detailschnitte außenliegende Gebäudehülle
Maßstab 1:10

1 Verbindungsknoten
2 Stahlprofil ⌀ 70/70/5 mm
3 Stahlprofil ⌀ 100/100/8 mm
4 Stahlprofil I PE 120
5 Fußplatte ∅ 220/12 mm
6 Dachaufbau:
Kunststoffabdichtungsbahn 1,5 mm
Hartschaumdämmung 50 mm
Stahlprofilblech 106 mm
2× Stahlprofil U 140
7 Außenwandaufbau:
Stahlprofilblech 40 mm, beschichtet
Mineralwolledämmung 50 mm
Stahlprofilblech 106 mm

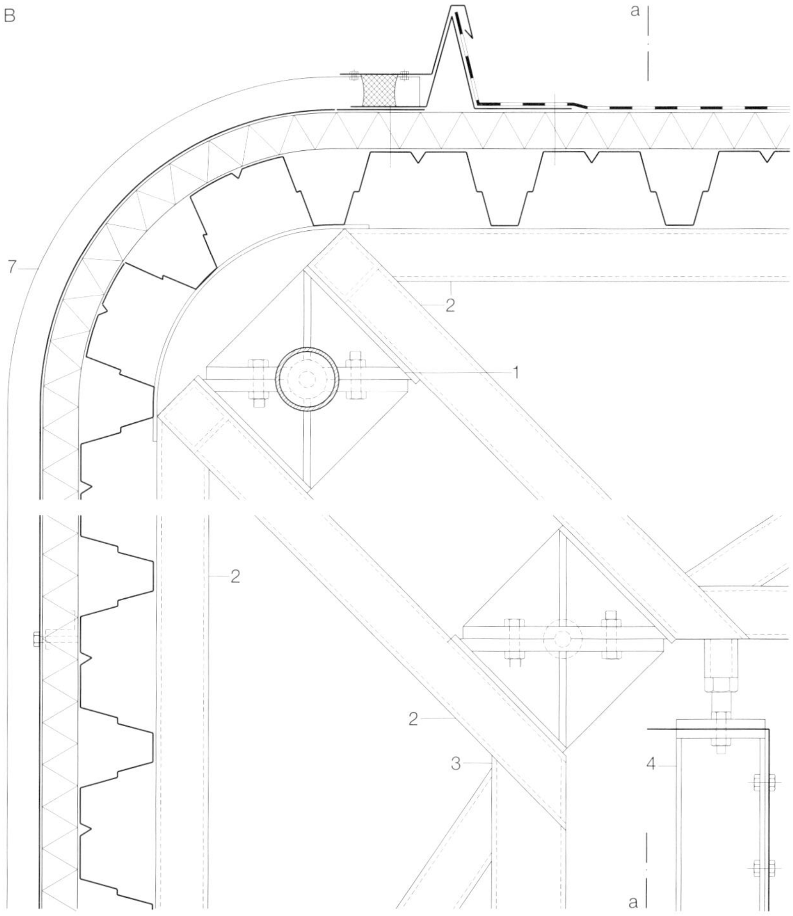
B
a
7
2
1
2
2
3
4
a

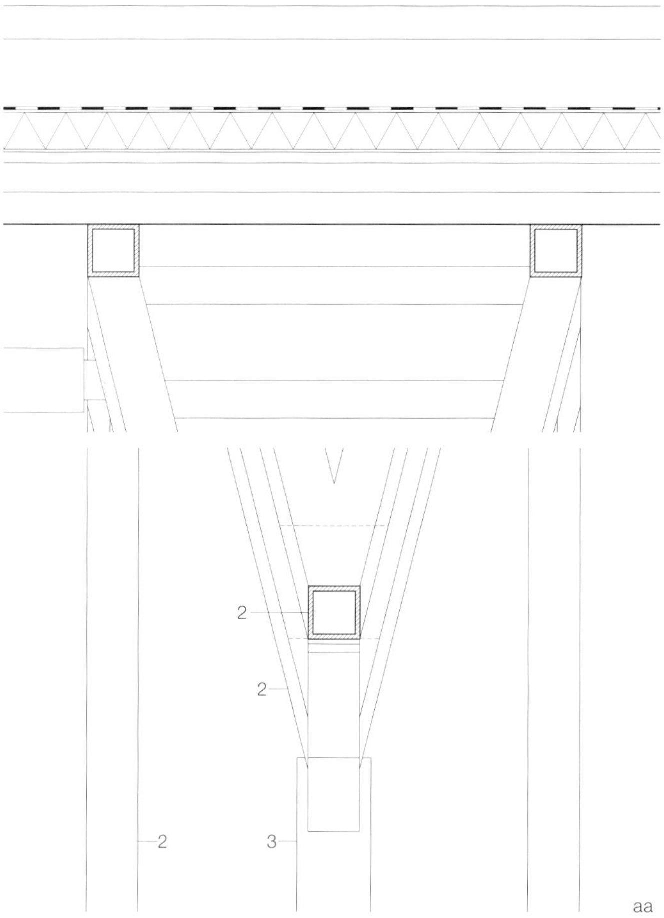
2
2
2
3
aa

Kunsthochschule in Limoges, Frankreich

1994
Architekten:
Finn Geipel, Nicholas Michelin, LAB FAC, Paris
Projektleiter: Michel Delplace
Mitarbeiter: C. Balay, N. Boudier, A. Johnson, K. Labbay, E. Laurent, P. Marguc, N. Papadede, C. Tretout, M. Wacheux, L. Wong
Tragwerksplanung: Werner Sobek Ingenieure, Stuttgart mit Andrew Sedgwick, Ove Arup & Partners, Cetec Limoges

Die Kunsthochschule liegt in einem Vorort am Rand des Campus. Als Schnittstelle von Natur und Stadt vermittelt der Baukörper zwischen einem Waldgebiet und einer Schnellstraße mit gläserner Offenheit zur einen und massiver Geschlossenheit zur anderen Seite. Innerhalb einer Großform von 145 m x 37 m Grundfläche reihen sich die Funktionen entlang einer zentralen Erschließungsachse:
Direktion, Bibliothek und der massive Ortbetonkubus des Auditoriums sind dem Eingang zugeordnet. Vier frei eingestellte, gebäudehohe Groß-Arbeitsräume orientieren sich zum Wald und können durch Trennwandsysteme beliebig unterteilt werden.
Das klimatische Konzept sieht vor, nur die innersten Bereiche des Gebäudes zu beheizen. Die Großräume lassen als Pufferzone die jahreszeitlichen Veränderungen spürbar werden. Eine großflächige Deckenverglasung und aufgesetzte Lamellenkästen gewährleisten natürlichen Blendschutz.
Das Tragwerk der Außenhaut besteht aus Gitterträgern, die aus Kastenprofilen vorgefertigt wurden. Eine Zwischenstütze unterteilt sie in zwei Bereiche mit Fachwerk- bzw. Vierendeeltragwirkung. Die Binder liegen im Achsabstand von 5 m und sind biegesteif an die Stützen bzw. die Betonwand angeschlossen.
Die Nebenträger sind als Vierendeelelemente ausgebildet und überspannen 5 m. Sie bewirken die Kippsicherheit des Haupttragwerks, beziehen sich in ihren Abmessungen exakt auf dessen Ebene und sind über Stegbleche angeschlossen.
Diagonal-Windverbände steifen sowohl die Dachfläche als auch das gesamte Gebäude in Längsrichtung aus. Die geschlossenen und verglasten Dachelemente sind durch Punkthalterungen fixiert, die gleichzeitig den Anschluß von Aufbauten ermöglichen.

Literatur: [3], [15], [34], [75], [215]

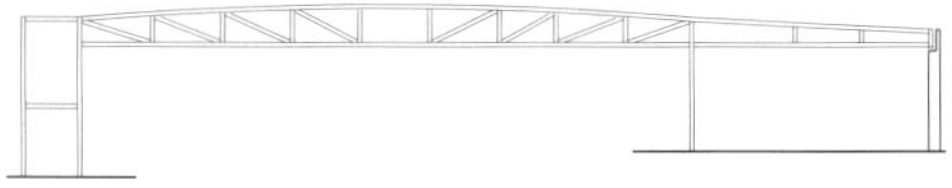

A

B

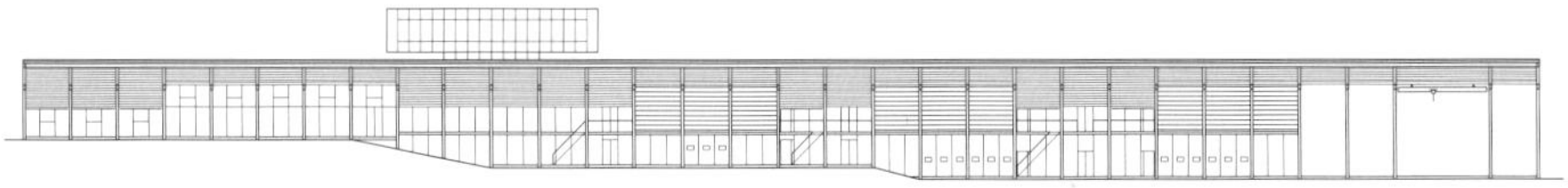

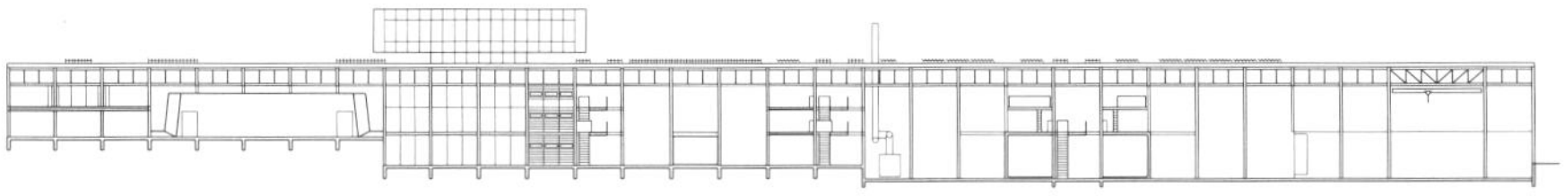

aa

C

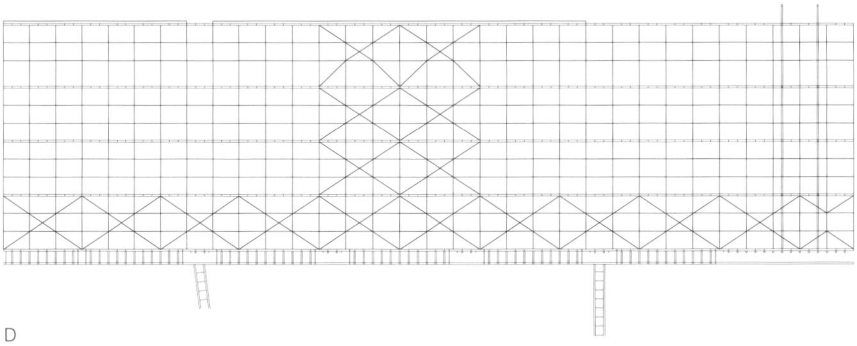

D

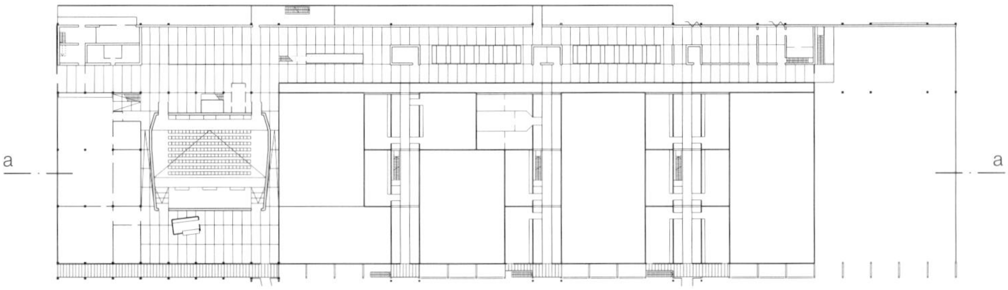

A Tragwerksschema
B Ansicht West • Längsschnitt
C Windverbände in der Dachfläche
D Grundriß
Maßstab 1:1250
E Schnitte
Maßstab 1:250

E

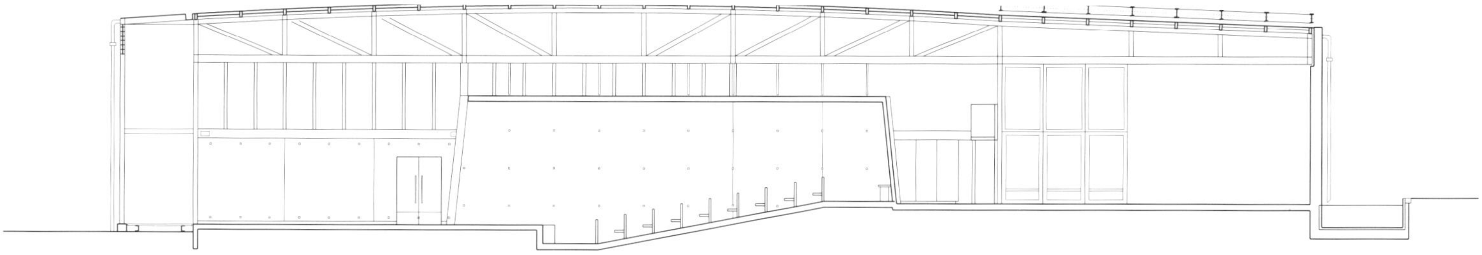

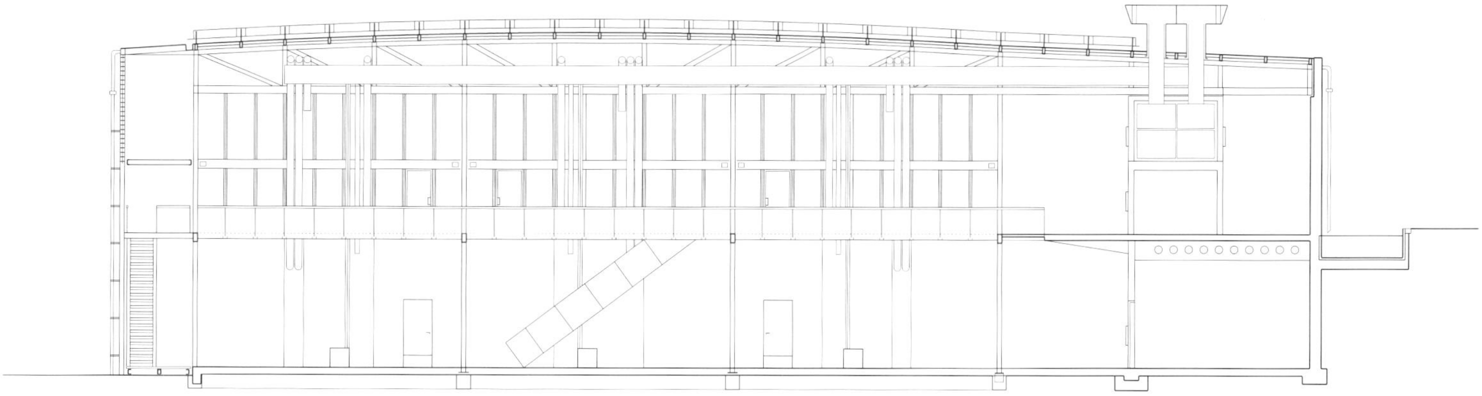

A Vierendeelträger (Nebenträger)
Ansicht • Horizontalschnitt
B Vertikalschnitt Dachkonstruktion
Maßstab 1:50

1 Anschlußblech 18 mm
2 Stahlrechteckrohr 150/100/3
3 Stahlrechteckrohr 160/160/3,6
4 Stahlplatte 360/180/12
5 Oberlicht
6 Sonnenblenden
7 Hauptgitterträger

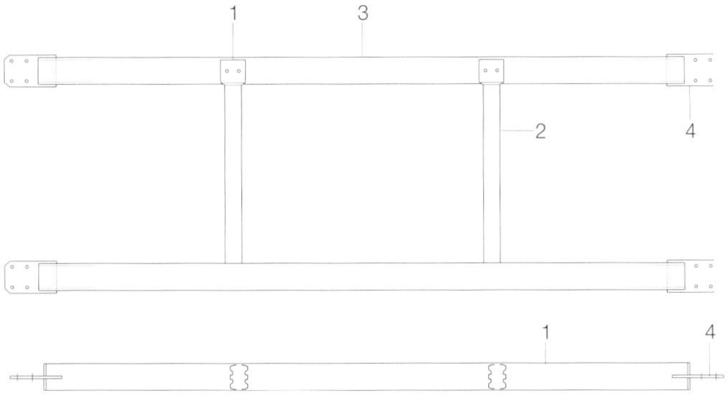

A

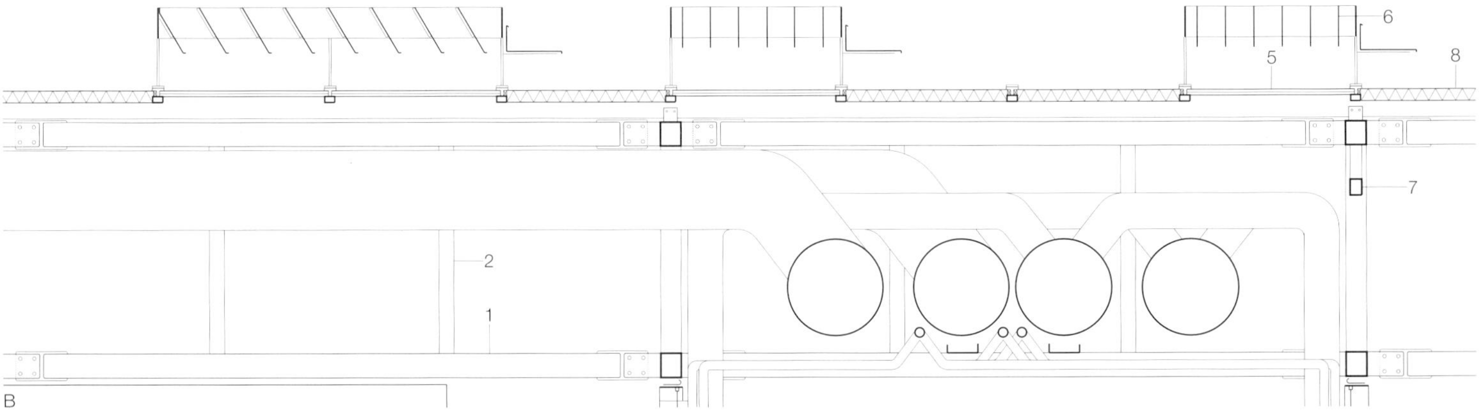

B

Punktfixierung
D Dachpaneel
E Glasfläche
Maßstab 1:5

8 Aufbau Dachpaneel:
Aluminiumblech 1 mm
Dämmung 80 mm
beschichtetes Stahlblech 1 mm
9 Stahlrechteckrohr 150/40/3
10 Flachstahl 8 mm
11 Gittertragwerk
12 Isolierglaselement
13 Stahlrechteckrohr 60/40/3

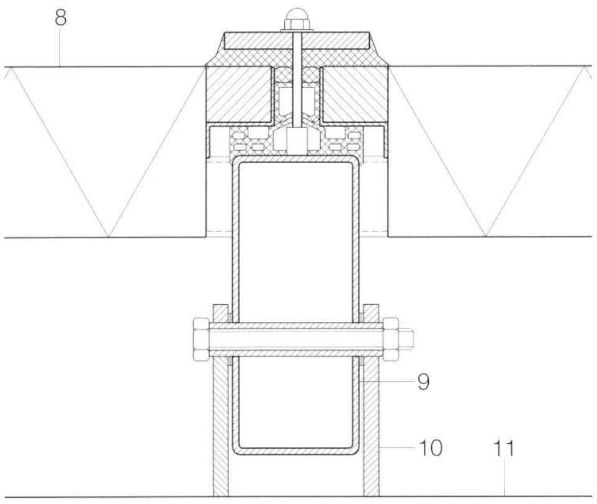

D

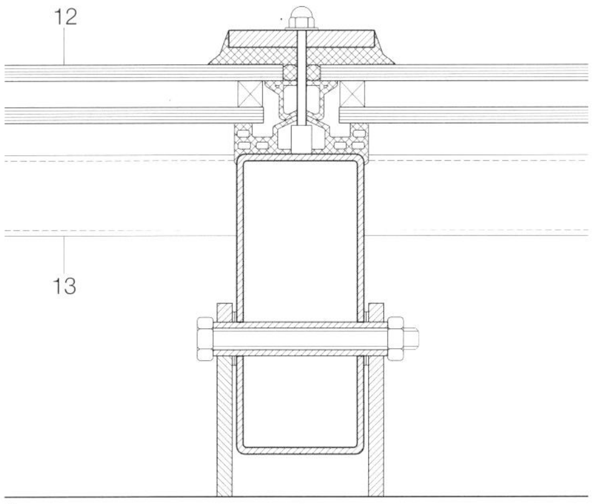

E

Britischer Pavillon der Weltausstellung in Sevilla

1992

Architekten:
Nicholas Grimshaw and Partners, London
N. Grimshaw, E. Billings, P. Cook, M. Fisher, D. Jackson, A. Hall, R. Latter, J. Martin, C. Nash, J. Scanlan, R. Watson
Tragwerksplanung: Ove Arup & Partners, London

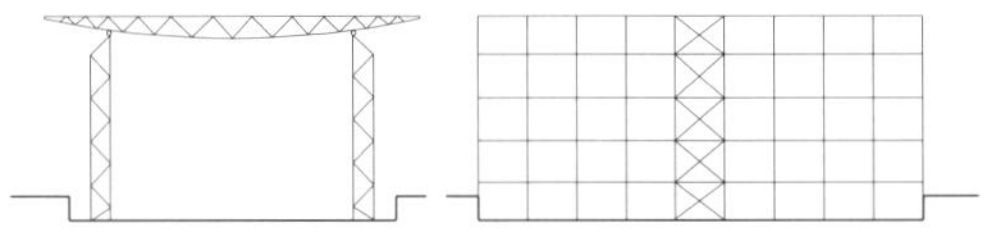

Das Erscheinungsbild des Pavillons ist durch technische Maßnahmen geprägt, die auf das heiße Klima Andalusiens reagieren. Die Dachfläche wird durch eine weit sichtbare Konstruktion aus Stoffsegeln und Photovoltaikpaneelen beschattet. Letztere liefern Energie für die Pumpen der Wasserkühlung der 18 m hohen Ostfassade: Aus dem Becken am Fuß der Fassade wird Wasser an den oberen Rand befördert und dort über 1400 Düsen versprüht, um dann über die Wand hinabzufließen. Die Südfassade wird durch PVC-beschichtete Polyester-Segel beschattet, die an neun vorgespannten, gebogenen Stahlmasten befestigt sind. Eine Wand aus gestapelten, wassergefüllten Stahlfrachtcontainern dient auf der geschlossenen Westseite als Wärme- bzw. Kältespeicher im Tag-Nacht-Rhythmus.
Im Inneren ist das über die gesamte Gebäudehöhe durchgängige Raumvolumen durch drei Ausstellungsplattformen gegliedert, die unabhängig von der Stahlkonstruktion des Gebäudes eingestellt sind und über Rampen in einer erlebnisreichen Wegführung erschlossen werden. Zwei abgeschlossene Säle ermöglichen auf den oberen Plattformen multimediale Vorführungen.
Die 22 m hohen eingespannten Fachwerkstützen im Abstand von 7,20 m übernehmen die Queraussteifung des Baus und tragen über Bolzenverbindungen die bauchigen Fachwerkträger mit einer Spannweite von 32 m. Zur Aufnahme der Torsion, die durch die an den Fachwerkträgern befestigten Beschattungs- und Photovotaikelemente entsteht, werden die Träger durch diagonale Zugseile und in den Außenfeldern durch Druckstäbe gesichert. In Längsrichtung ist der Bau durch Auskreuzung des Mittelfeldes ausgesteift.
Das Tragwerk wurde vor allem durch das Herstellungs-, Transport- und Montageverfahren bestimmt. Alle Bauteile wurden in England produziert und für den Transport auf Tiefladern möglichst flach konzipiert. Es erwies sich als kostengünstiger, vorgefertigte Teile von bis zu 24 m Länge und 7,5 t Gewicht von dem großen Hafen in Santander im Norden Spaniens über den weiten und schwierigen Landweg nach Sevilla zu transportieren, als kleinere, kompliziert zu montierende Bauteile direkt nach Cadiz zu verschiffen.

Literatur: [23], [40], [123], [135], [444], [478]

A Statisches System, Querrichtung • Längsrichtung
B Teil-Ansicht • Teil-Längsschnitt • Querschnitt
Maßstab 1:500

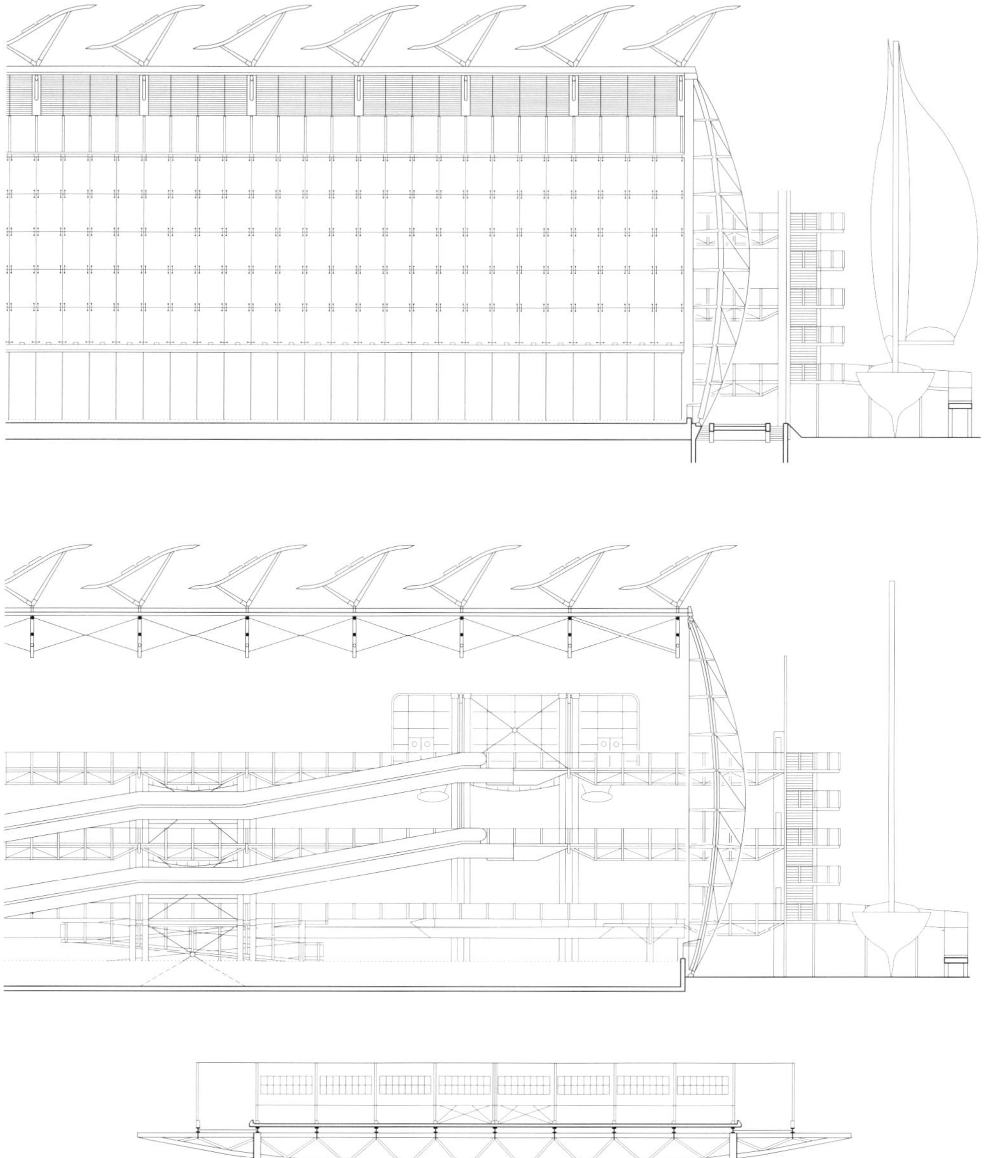

B

Schnitte Maßstab 1:100
A Südfassade
B Ostfassade
Details Maßstab 1:20

1 Rahmen aus Stahlprofilen [152/89 mm
2 Stoffsegel
3 Solarpaneel
4 Dachaufbau:
Polyestermembran
Wärmedämmung
Stahlprofilblech
5 Pfetten I-Profil 203/203 mm
6 Dachbinder aus Rohrprofilen
7 Mast Stahlrohr ∅ 324 mm
8 konische Strebe, Preßstahl
9 Edelstahlstab ∅ 36 mm
10 Edelstahlstab ∅ 12 mm
11 ESG 12 mm

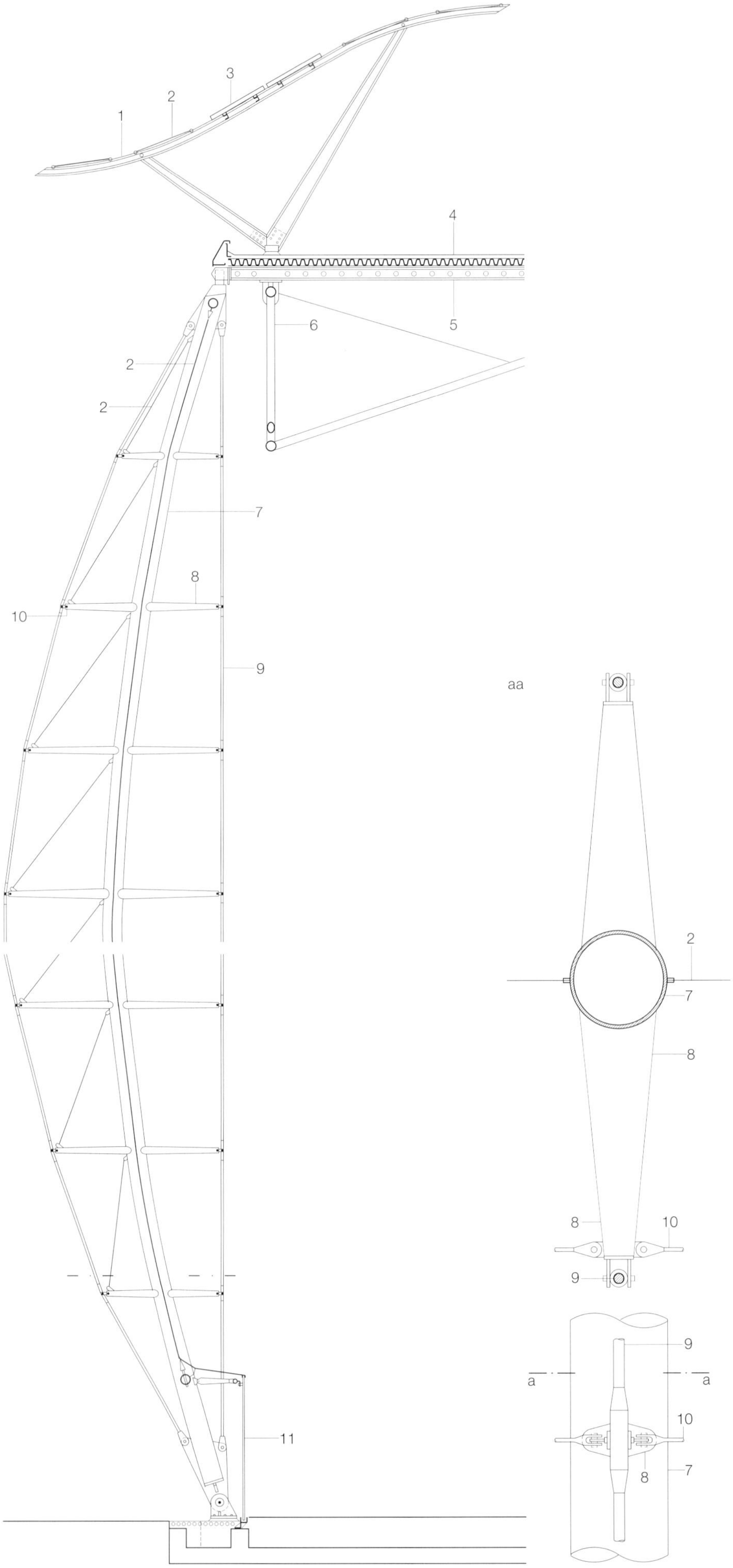

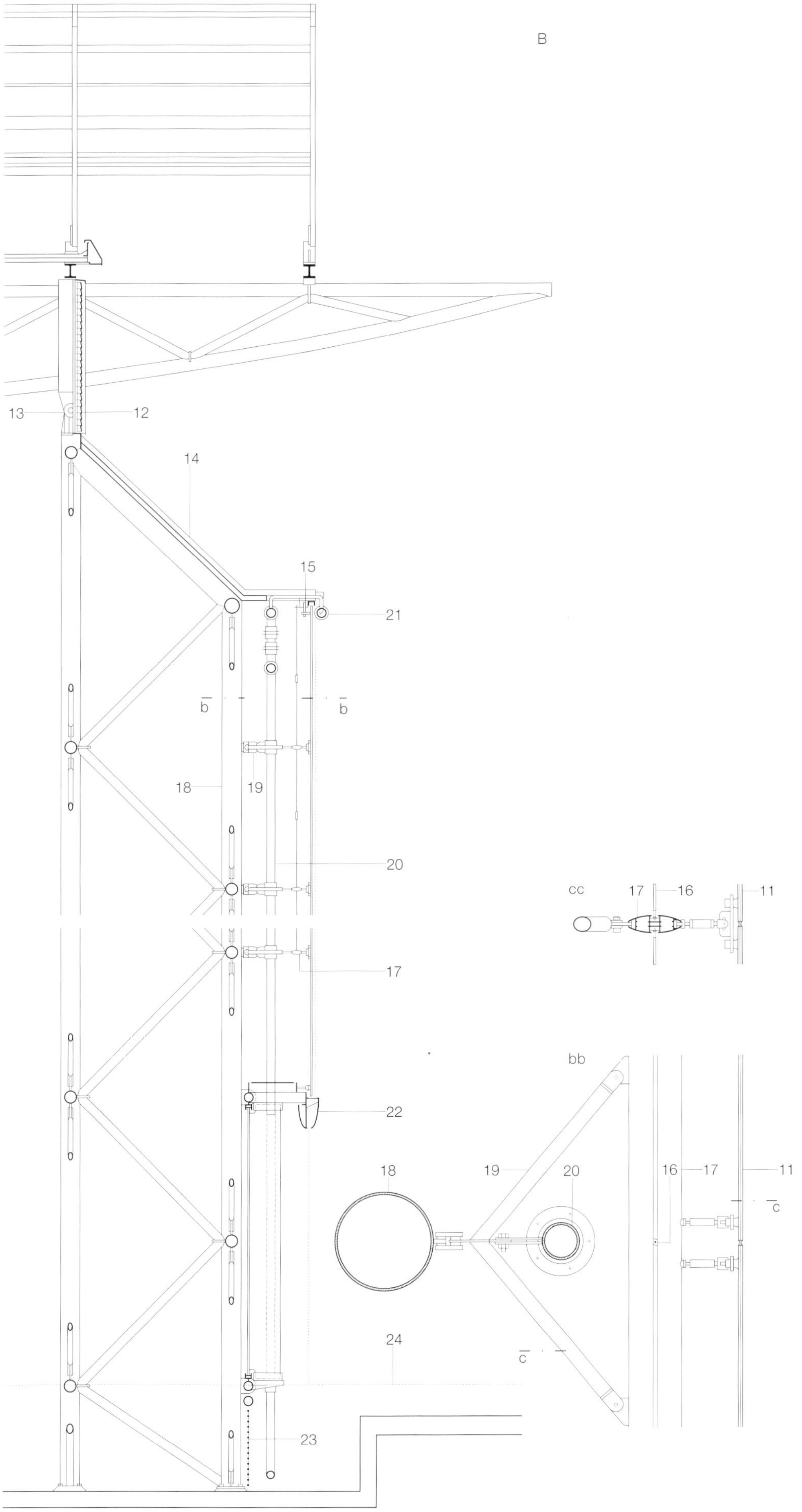

12 Lamellen, Polycarbonat
13 Verbindung Stützen/ Dachfachwerk
14 Dämmung, beidseitig kaschiert mit glasfaserverstärkten Kunststoffplatten
15 Abhängung Verglasung
16 Edelstahlstab mit Spannschlössern
17 stranggepreßtes Aluminiumprofil
18 Stahlrohr ∅ 327 mm
19 Strebe, Rohr ∅ 48,3 mm
20 Wasserzuführung Rohr ∅ 180 mm
21 Rohr mit Wasserauslässen
22 Edelstahlrinne
23 Gitter
24 Wasserbecken

Messehalle in Hannover

1996

Architekten:
von Gerkan • Marg + Partner, Hamburg
Entwurf: Volkwin Marg mit Jörg Schlaich
Tragwerksplanung:
Schlaich, Bergermann + Partner, Stuttgart

Der Entwurf der Halle 4 der Hannover Messe wurde bestimmt durch die Lage innerhalb einer Reihe bereits bestehender Hallen und durch einen geplanten Messezugang, der über den angrenzenden Messeschnellweg auf gleicher Ebene durch die Halle führen soll.
Die geschlossenen Seitenwände zu den Nachbarhallen orientieren das Gebäude auf den zentralen Messeplatz und zum Messeschnellweg. Die geforderte stützenfreie Fläche wird mit Fischbauchträgern überspannt. Diese werden mit Hilfe von Pendelstäben von Betonscheiben abgehängt, die an den Längsseiten der Halle eine Schottenstruktur bilden. Um Zwängungen aus großen Temperaturdehnungen zu verhindern, sind die Träger verschieblich gelagert. Unterhalb ihrer Abhängung werden die Horizontalkräfte über eine Zange in die jeweilige Betonscheibe eingeleitet. Zwischen den Beton-Schotten sind die zweigeschossigen Servicebereiche angeordnet. Die Halle wird über Oberlichter im Bereich der Träger und über die beiden vollverglasten Stirnseiten belichtet.
Die ursprünglich als doppelschalige PTFE-Folie geplante Dachhaut wurde im Laufe der Bearbeitung durch eine konventionelle Trapezblechdeckung ersetzt.
Die Lüftungsrohre liegen im Bereich dieser geschlossenen Flächen und wurden durch eine Blechunterdecke den Blicken entzogen.

Literatur: [77], [301]

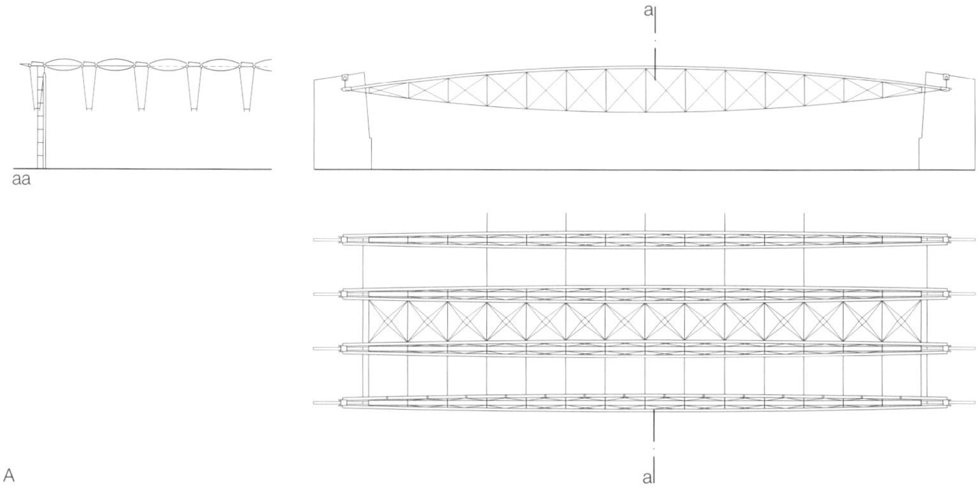

A

A Tragsystem Teillängsschnitt • Querschnitt • Aufsicht
Maßstab 1:1500
B Vertikalschnitte • Horizontalschnitte Träger
C Querschnitte Träger
Maßstab 1:50

1 Obergurt, Stahlrohr ∅ 508/17,5 mm
2 Stahlrohr ∅ 219,1 mm
3 Stahlrohr ∅ 318 mm
4 Stahlrohr ∅ 133 mm
5 Seilklemme St 52
6 Knaggenblech 8 mm
7 Stab St 52, ∅ 42 mm im äußeren Feld, sonst ∅ 36 mm
8 Untergurt, Stahlseil VVS ∅ 75 mm
9 Rundstab ∅ 64 mm
10 2× 3 Ankerstäbe ∅ 24 mm
11 Kontaktplatte
12 Rahmen mit Steifen und Schubknagge mit 2× 6 Bohrungen
13 liegende Bleche in Obergurt und Horizontalrohr eingesetzt
14 Zange aus Flachstahl 30 mm

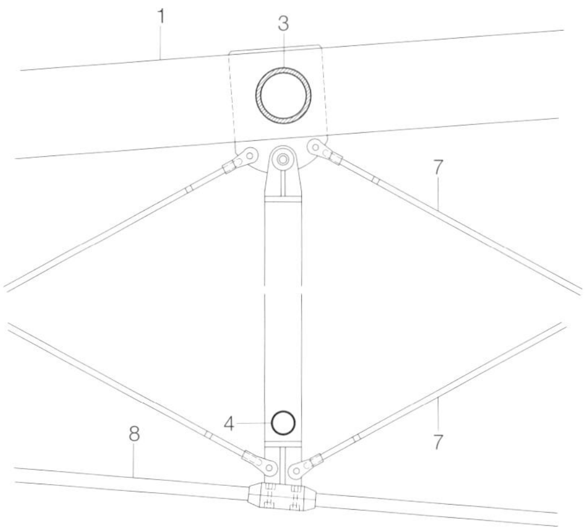

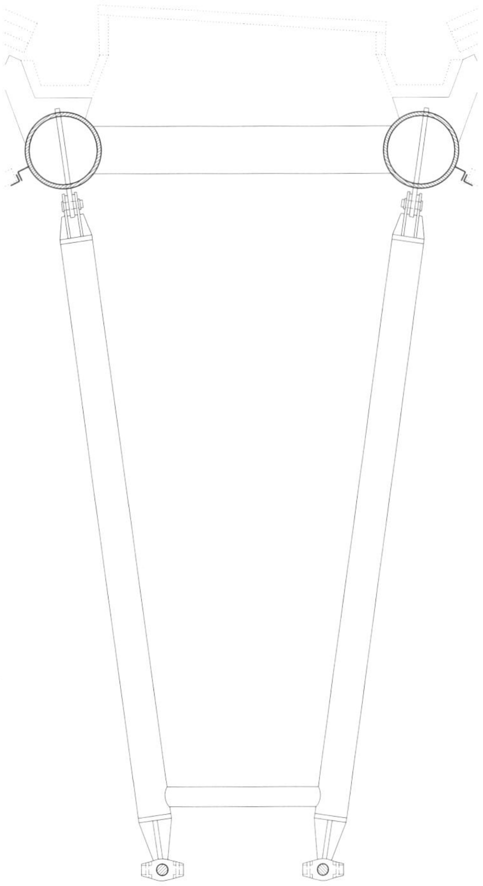

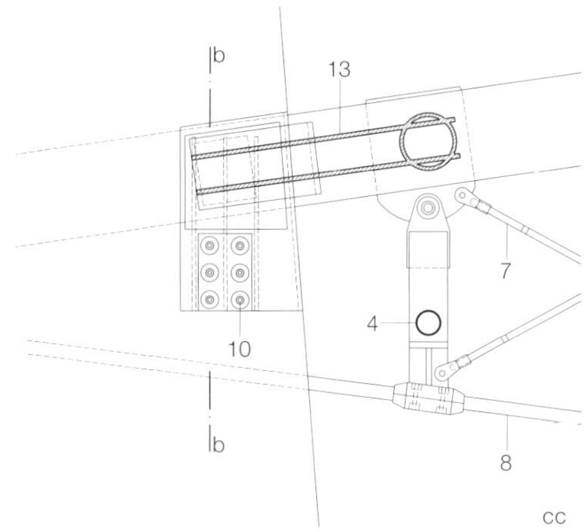

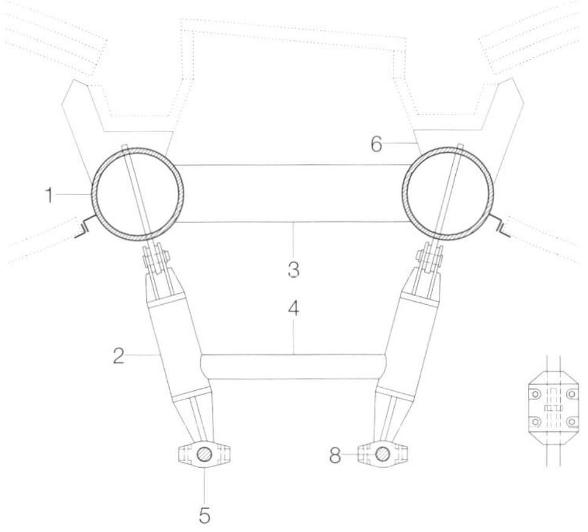

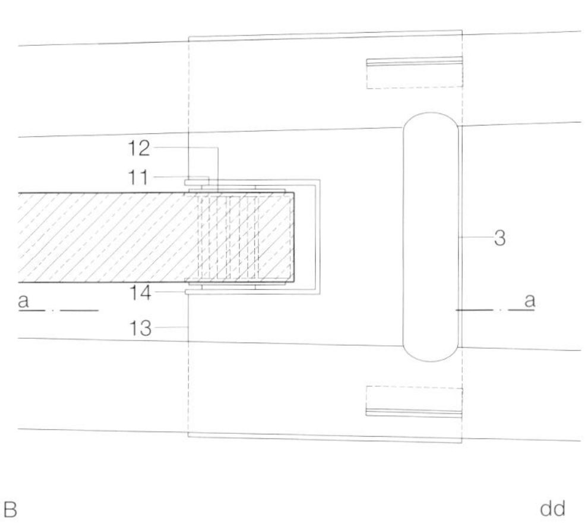

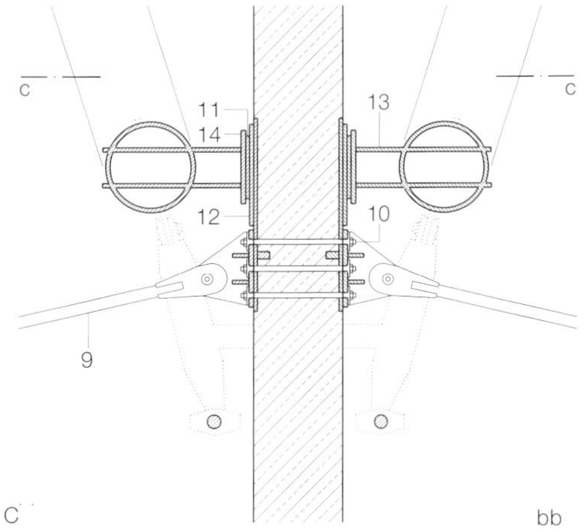

B dd C bb

CIM-Institut in Braunschweig

1992

Architekten:
Schulitz + Partner, Braunschweig
H. C. Schulitz, S. Worbes, B. Möller
Tragwerksplanung:
Motzkus & Völker, Wolfenbüttel
Michael Sprysch, Vechelde

Als Analogie der Verknüpfung von Entwicklung und Produktion sollte die Versuchshalle mit den Laboratorien und Büros zu einer Einheit verschmelzen. Trotz der unterschiedlichen Anforderungen einer 11 m hohen Maschinenhalle und eines Laboratoriums mit 3,75 m sollte nur ein einziger Kubus entstehen, der gleichzeitig die Höhen und Spannweiten der Halle sowie die Laborgeschosse von außen ablesbar zeigt. Der Bau wurde auf die unterschiedlichen Forderungen des vorbeugenden Brandschutzes abgestimmt. Das Obergeschoß erhielt seinen Brandschutz über einen F 30-Anstrich, während Keller, Erdgeschoß und 1.Obergeschoß mit Brandschutzanforderungen von F 60 bis F 90 in Beton und Stahlverbundsystemen mit Kammerbeton ausgeführt wurden. Die Decken bestehen aus Verbunddeckenblechen mit Aufbeton. Ein Rahmensystem von 22,5 m Spannweite bildet das Traggerüst der Halle mit der Kranbahnkonstruktion als integralem Bestandteil. Die Tragstruktur der Halle selbst und der Kranbahn sind klar ablesbar und werden durch die Trennung der erforderlichen Längsaussteifung noch betont. Bei der zweiteiligen Rahmenstütze wurde das Doppel-T-Profil unterhalb der Kranbahn mit seiner höheren Widerstandsfähigkeit in Hallenlängsrichtung eingebaut. Das Konzept der Flexibilität tritt in den Räumen auch optisch in Erscheinung: Offene Medientrassen bleiben zugänglich und nachrüstbar. Der Luftraum in den Labors wurde großzügig dimensioniert, und die Verbundblech-Decken ermöglichen vielfältige Abhängemöglichkeiten für zukünftige Installationen.

Literatur: [29], [157], [170], [398]

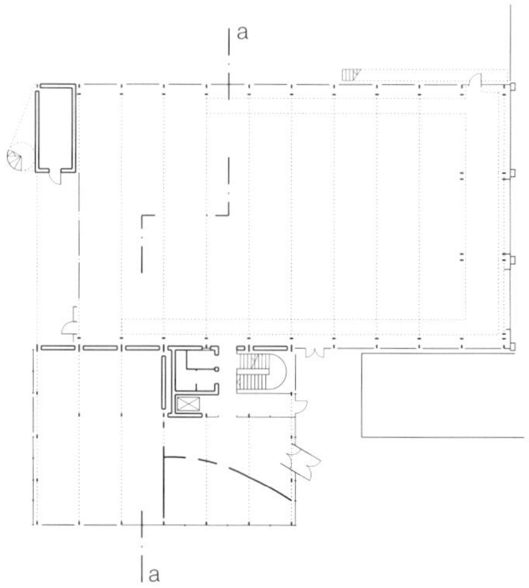

A

B

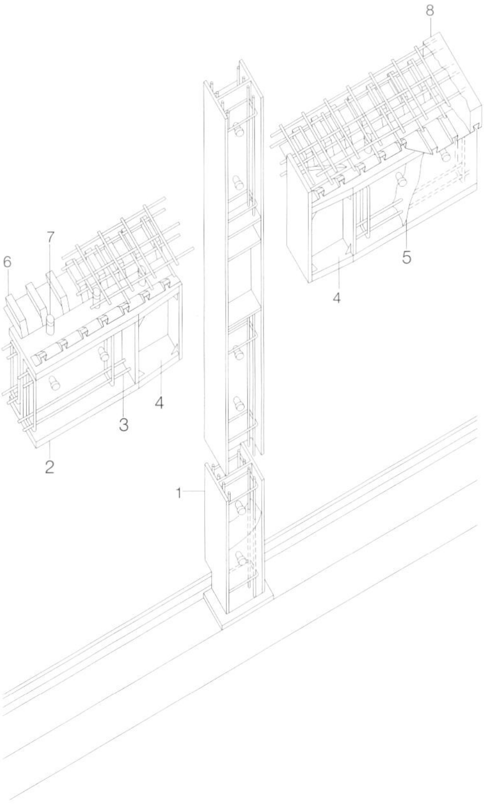

C

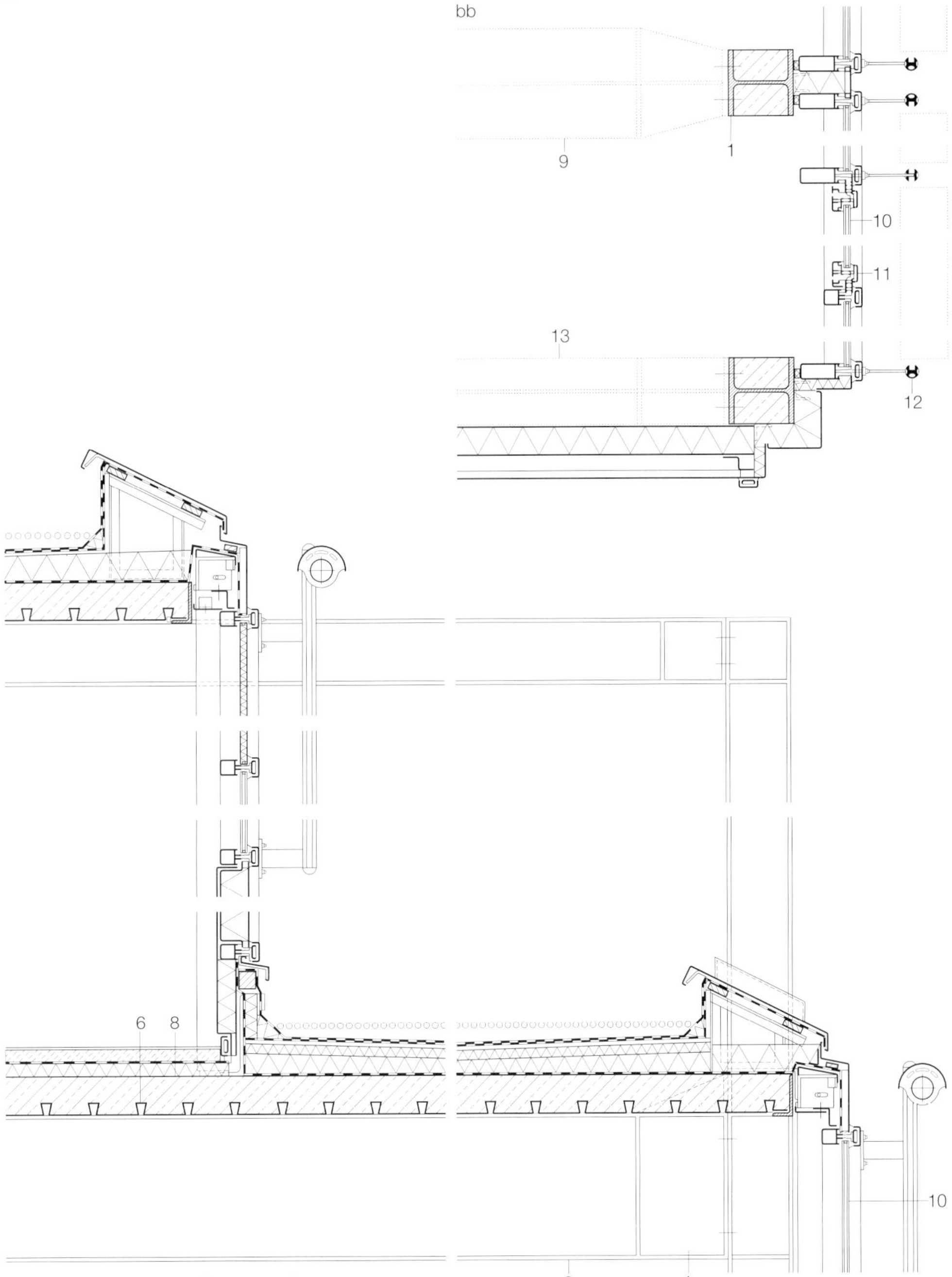

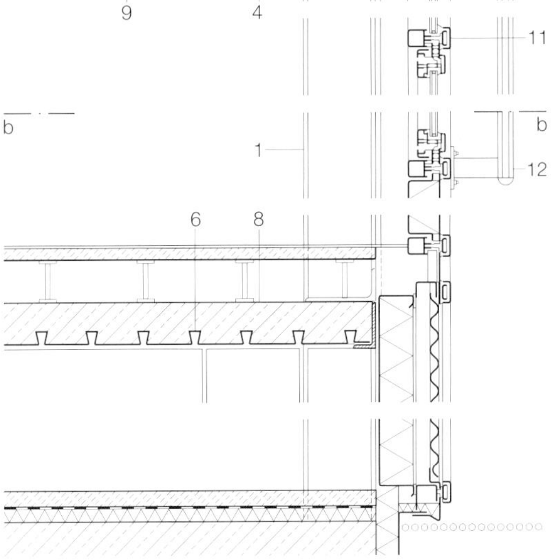

A Grundriß Maßstab 1:750
B Anschluß Stütze, Träger
Isometrie ohne Maßstab
C Fassade
Vertikalschnitt, Horizontalschnitt
Maßstab 1:20

1 Verbundstütze HEB 180
2 Stahlträger Innenbereich HEB 400
3 Brandschutzbewehrung
4 Montagekammer durch Blech und Brandschutzbauplatten geschlossen
5 Kammerbeton
6 Verbunddeckenblech
7 Kopfbolzen
8 Aufbeton 120 mm
9 Verbundträger (siehe 2)
10 Isolierverglasung
11 Pfosten-Riegel-Fassade, Aluminiumprofile
12 Sonnenschutz
13 Verbundträger Randbereich HEB 180
14 Doppelboden

A

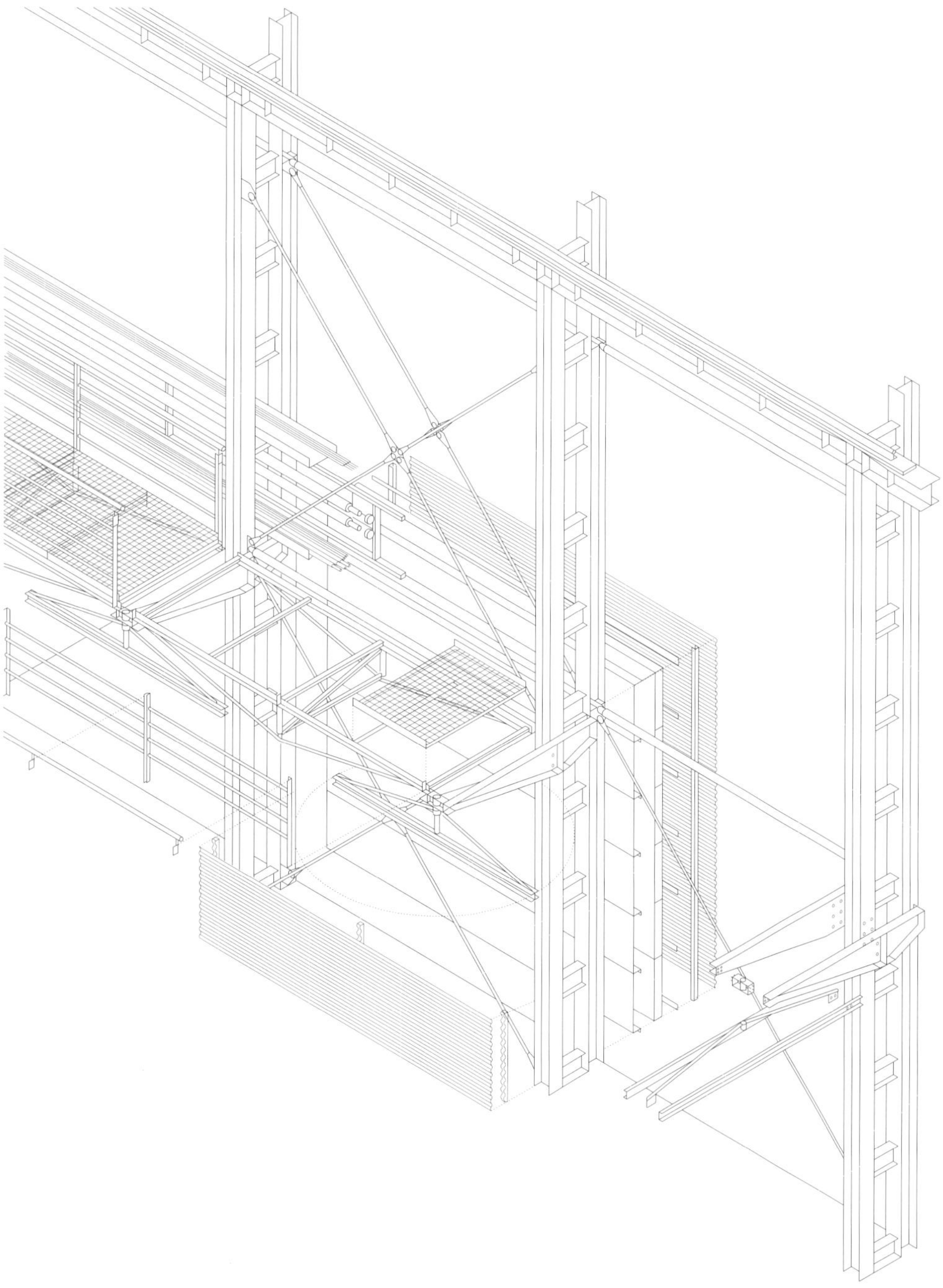

A Isometrie Fassade
B Explosionszeichnung Gebäudekonstruktion ohne Maßstab
C Aussteifung Nordfassade
D Schnitt
E Ansicht Rohbau Aussteifung Westfassade
Maßstab 1:750

C

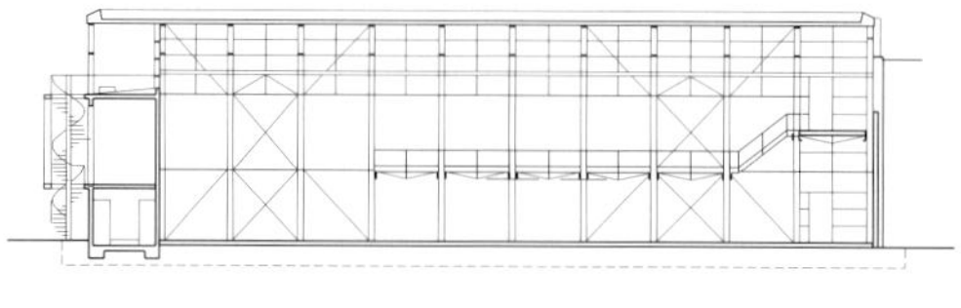

B

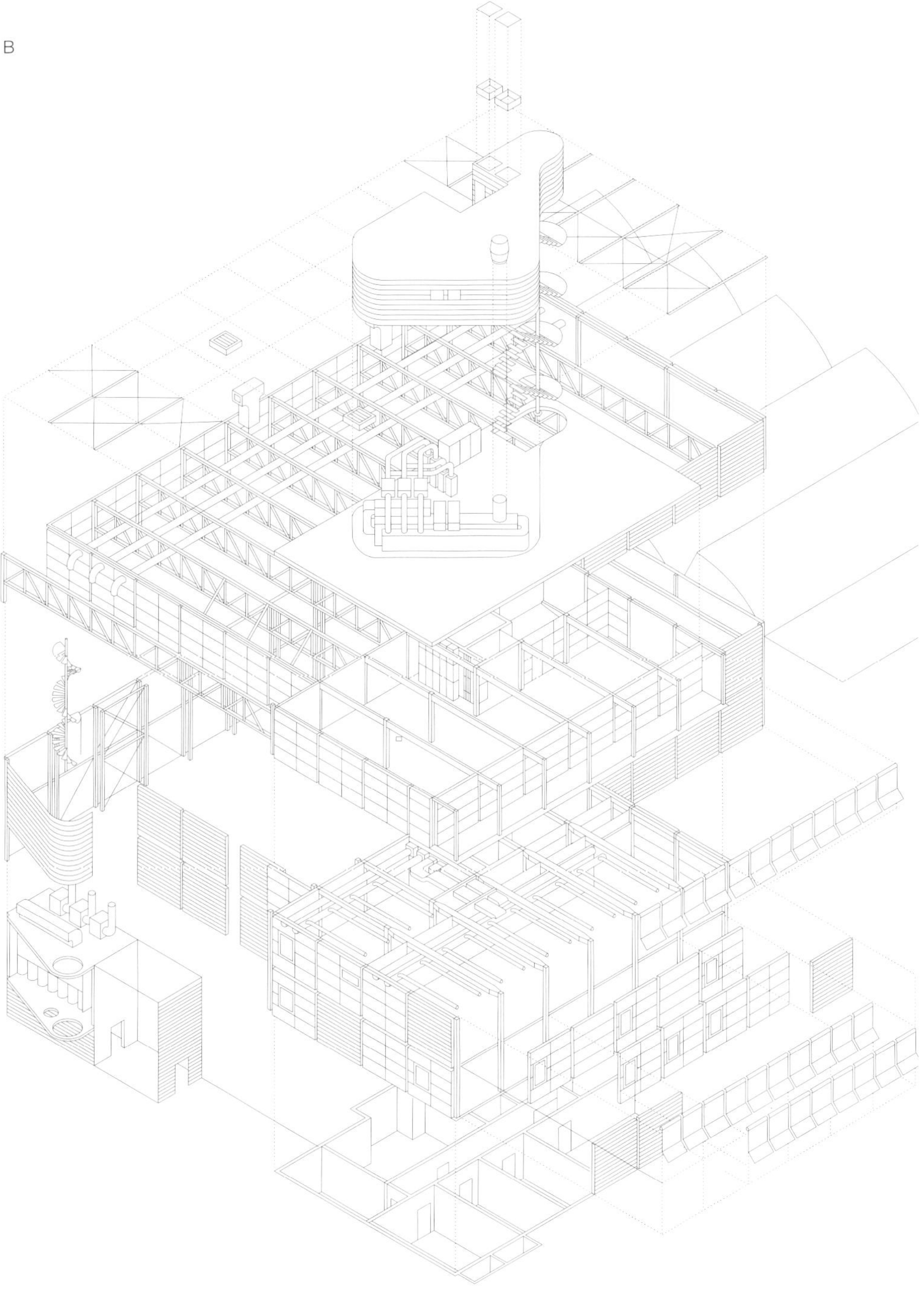

D

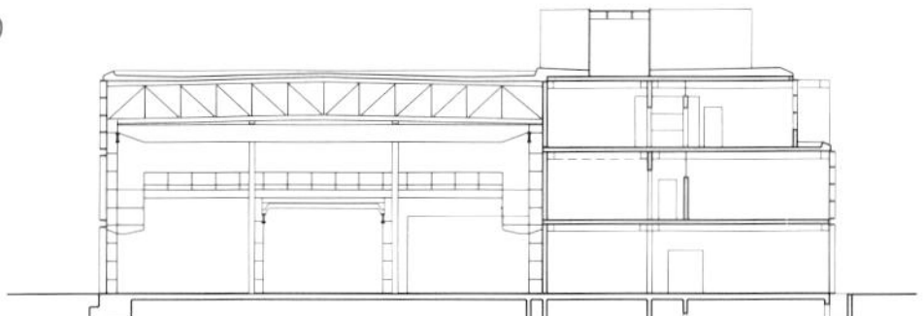

aa

E

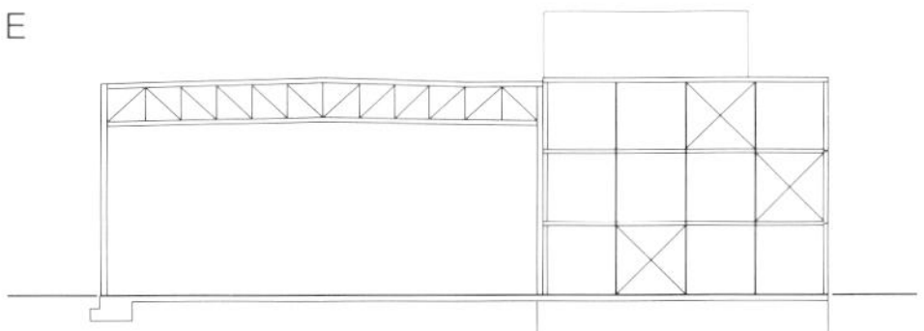

Informationspavillon in Berlin

1995

Architekten: Schneider + Schumacher,
M. Schumacher (Projektarchitekt), K. Dirschl,
C. Simons, T. Zürcher, S. Widmer, P. Pfeiffer,
P. Schiffer, P. Begon, Frankfurt am Main
Tragwerksplanung:
Bollinger + Grohmann, Frankfurt am Main

Die Info-Box liegt in unmittelbarer Nähe zu den Baustellen am Leipziger Platz. Sie präsentiert während der Dauer der Bautätigkeit bis zum Jahre 2002 alle Bauvorhaben privater und öffentlicher Investoren in einer Gesamtschau. Aufgabe war es, ein leicht zu demontierendes Gebäude in einer Bauzeit von drei Monaten zu errichten. Der 13 m hohe quaderförmige Baukörper von 62 m Länge und 15 m Breite ist 7 m hoch aufgeständert. Die Fassaden sind mit rot lackierten rechteckigen Stahlblechen verkleidet und prägen mit zwei weit vom Gebäude abgerückten Fluchttreppen die Fernwirkung des Gebäudes.
Die kurze Bauzeit führte zu einer vorgefertigten Stahl-Stahlbeton-Verbundkonstruktion. Die Box wird von 14 ausbetonierten Stahlrund-rohren getragen, die auf 15 m tief gegründeten Rohrpfählen stehen. Die Box selbst ist ausschließlich aus geschraubten Walzprofilen konstruiert. Die Hauptträger und Stützen erreichen durch ausbetonierte Kammern die Feuerwiderstandsklasse F 90. Die Nebenträger im Achsabstand von 1,5 m spannen als Durchlaufträger über zwei Felder von je 7,5 m und sind durch einen F 30 Anstrich geschützt. In den Stützenachsen sind sie als Verbundträger ausbetoniert.

Literatur: [65], [76], [159], [172], [173]

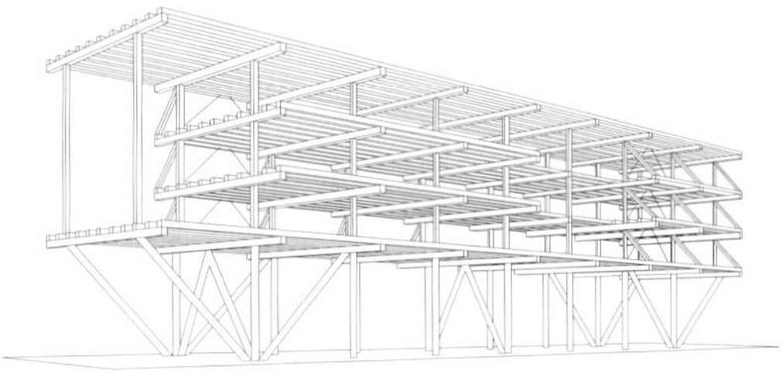

A

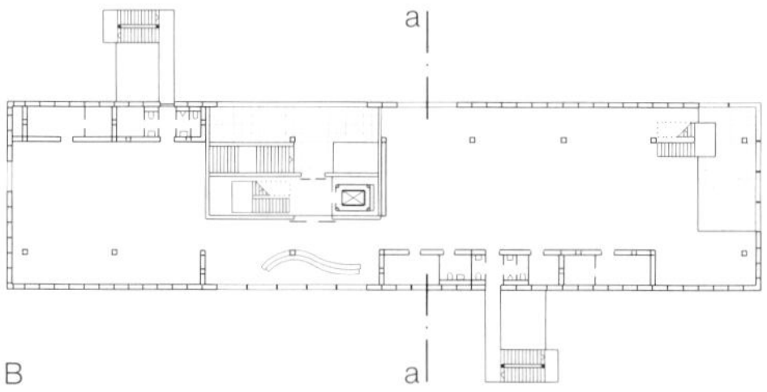

B

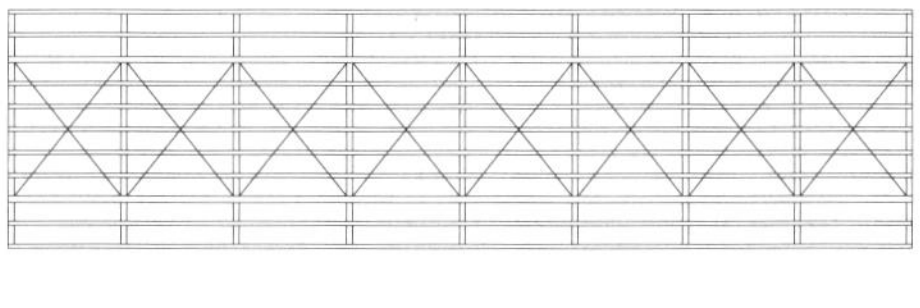

C

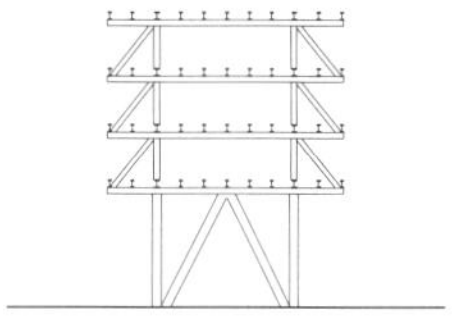

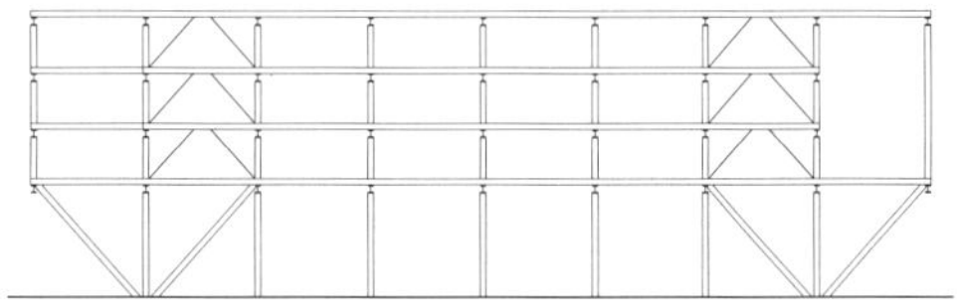

A Perspektive Stahlkonstruktion
B Grundriß
C Schema Aussteifung
Trägerlage • Schnitte
Maßstab 1:1000
D Querschnitt
Maßstab 1:200
E Fassadenschnitt
Maßstab 1:20
F Anschlußdetail
Maßstab 1:20
G Isometrie Knotenpunkt

1 Hauptträger HEB 500
2 Trägerrahmen IPE 300
3 Verbundträger HEB 300
4 Wandaufbau:
2 Gipskartonplatten gespachtelt, Latexanstrich
Sandwich-Paneel 100 mm
Stahlbleche gekantet, einbrennlackiert
5 Foliendach wärmegedämmt
6 Deckenaufbau F 90
Linoleum 5 mm
zementgebundene Holzwerkstoffplatte 2× 10 mm und 15 mm dazwischen Gummischrotmatte 18 mm
Trapezblech eloxiert 40/183/0,88 mm
7 Ummantelung mit zementgebundenen Silikat-Brandschutz-Bauplatten
8 Lüftungsauslaß
9 Stelzen, Stahlrohr ∅ 450/13 mm auf Ankerplatte geschweißt, ausbetoniert, gestrichen
10 Befestigungsgrund für schräge Stelze, Flachstahl, angeschweißt

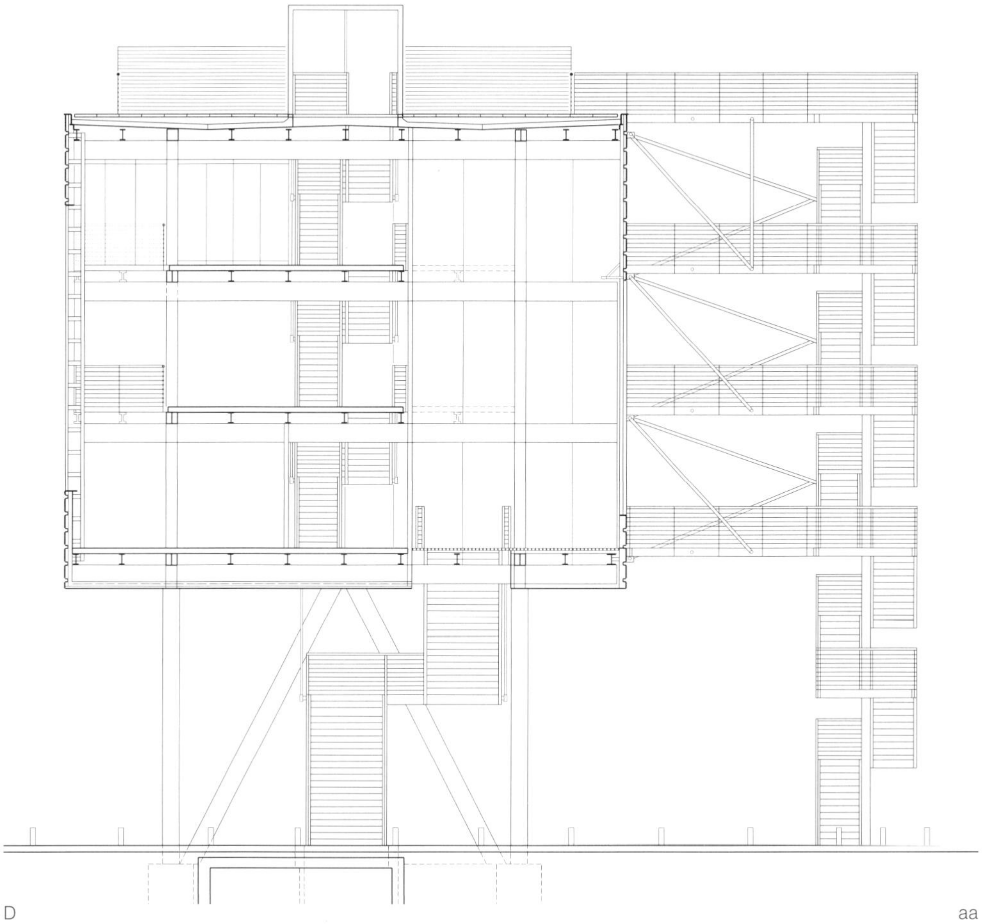

D aa

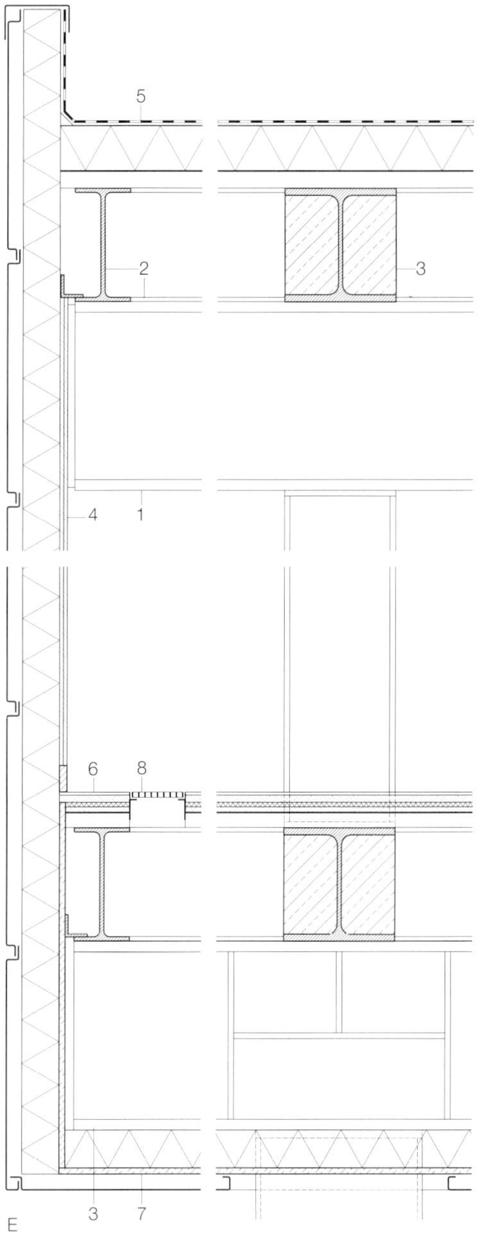

E

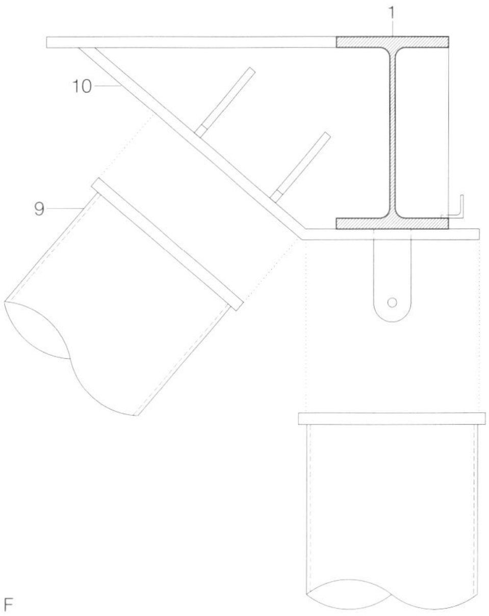

F

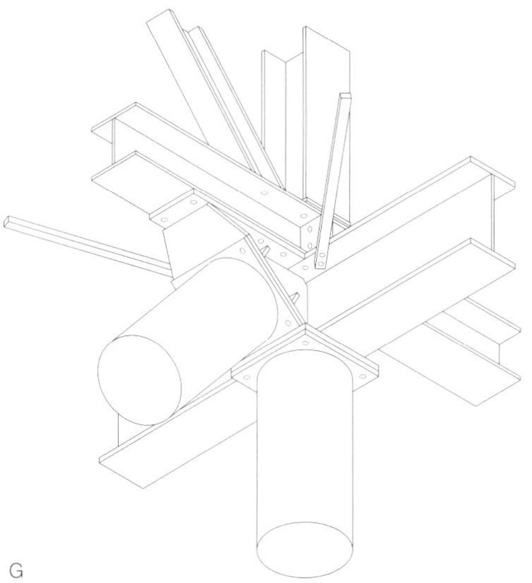

G

Redaktionsgebäude in Berlin

1991

Architekt:
Gerhard Spangenberg, Berlin
mit Brigitte Steinkilberg
Tragwerksplanung:
GSE-Ingenieurgesellschaft, Berlin

Der Erweiterungsbau eines Zeitungsverlags schließt an ein gründerzeitliches Sandsteingebäude an und vermittelt zwischen zwei unterschiedlichen Straßenfluchten.
Die Fassadengestaltung und die Geschoßhöhen orientieren sich an der Gliederung des benachbarten Gebäudes, jedoch ist durch die Materialwahl ein leichtes und offenes Gebäude mit industriellem Erscheinungsbild entstanden. Dieser Charakter wird durch den Innenausbau unterstrichen.
Das gesamte Tragwerk besteht aus Walzprofilen mit Kammerbeton, der dem Bau den notwendigen Brandschutz sichert. Die Verbundträger sind über angeschweißte Knaggen an den Verbundstützen befestigt und spannen über 8 m. Die Aussteifung des Gebäudes erfolgt durch die Deckenscheiben sowie über die Gebäudetrennwand zum benachbarten Altbau und über den Treppenhauskern. Die Geschoßdecken sind ebenfalls als Verbunddecken mit sichtbaren Verbundblechen ausgeführt. Deren Sicken dienen zur Befestigung der Versorgungsleitungen.

Literatur: [35], [59]

A

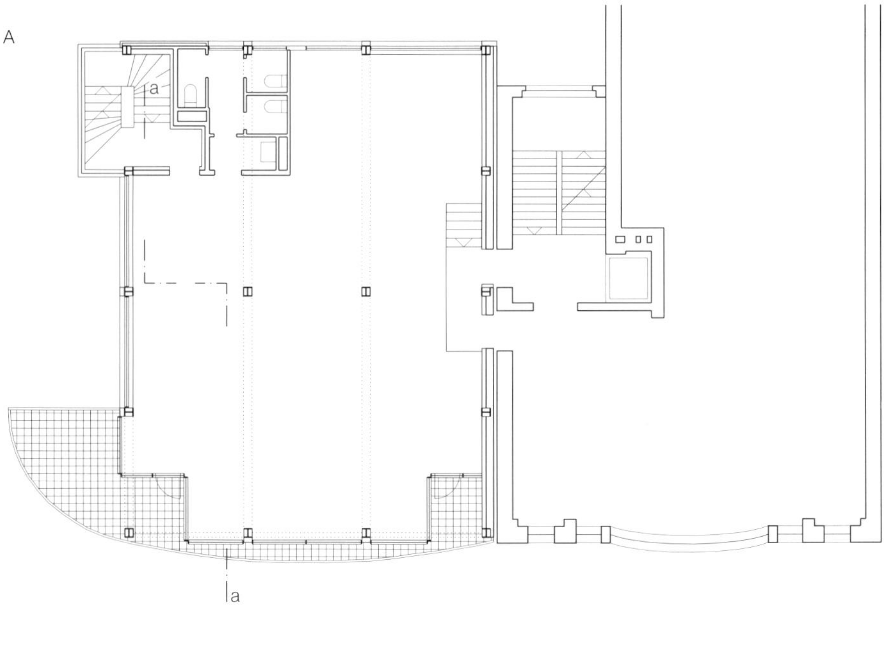

A Grundriß • Schnitt
Maßstab 1:250
B Fassadendetails
Maßstab 1:20

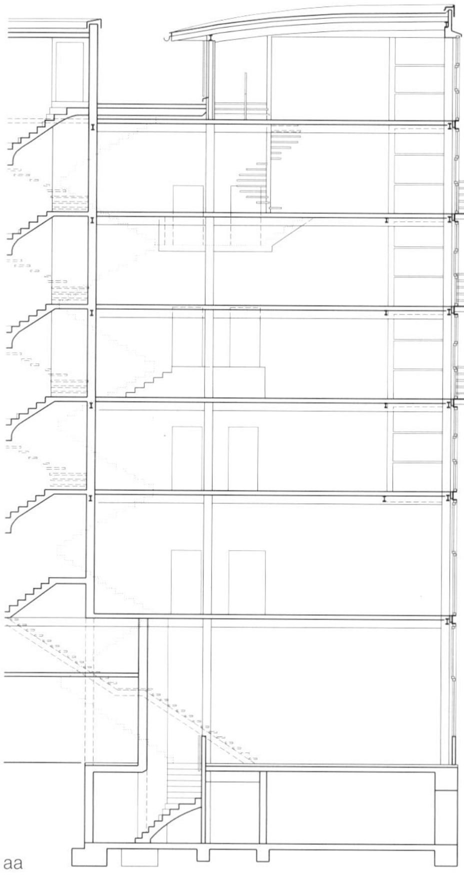

aa

B

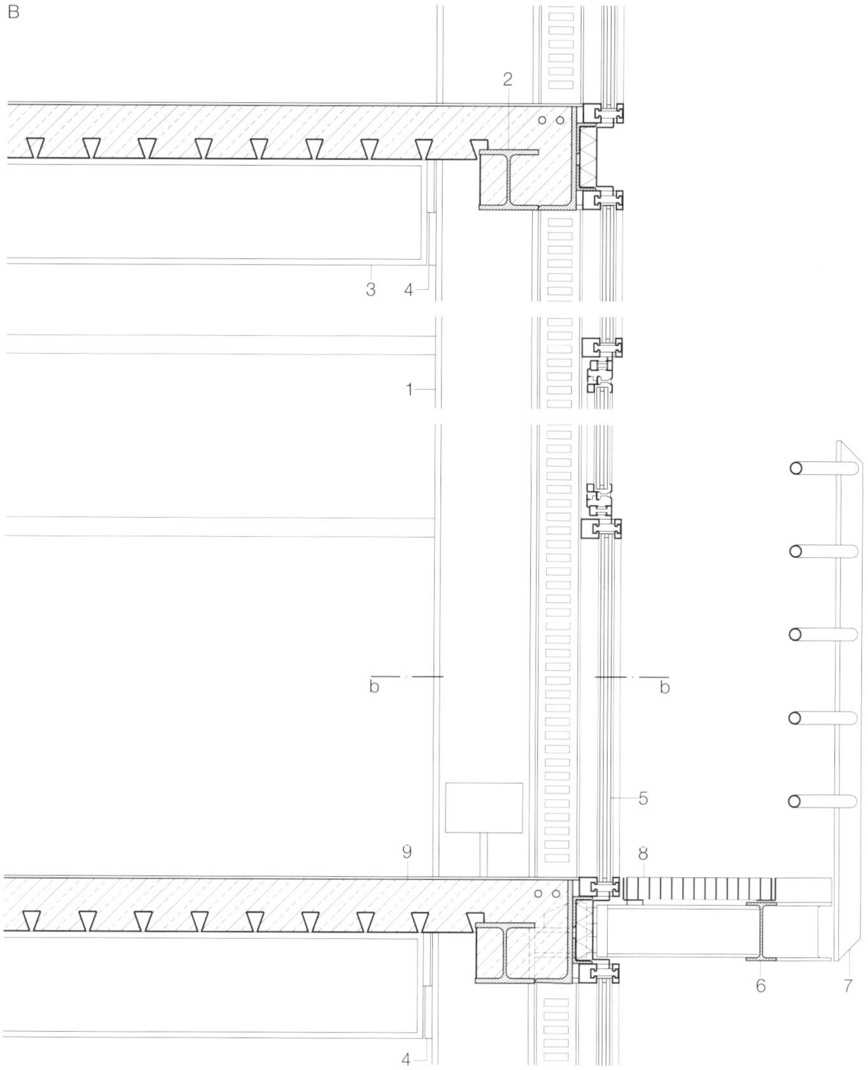

1 Stütze HEB 280 mit Kammerbeton
2 Träger HEB 160 mit Kammerbeton
3 Träger HEB 280 mit Kammerbeton
4 angeschweißte Knagge
5 Fensterelement, isolierverglast
6 IPE 160, spritzverzinkt
7 T-Profil 70/70/8 mm, feuerverzinkt
8 Gitterrost
9 Ortbeton 140 mm auf Sickenblech als Bewehrung
10 schallgedämmte Permanentlüftung
11 Schlitzmaske, Blech
12 Titanzinkblech, gekantet

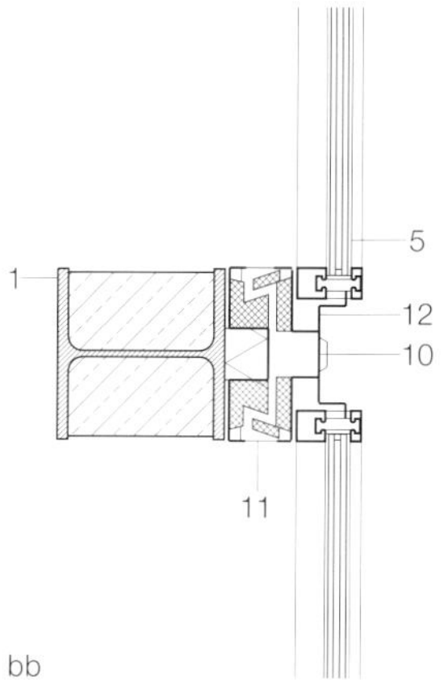

bb

Bürogebäude in Bedfont Lakes, England

1992

Architekten:
Michael Hopkins and Partners, London
Sir Michael Hopkins, I. Sharratt, P. Romaniuk, P. Bate, P. Cartwright, B. Phelan
Tragwerksplanung: Büro Happold, Bath
M. Dixon, M. Cook, M. Shaw

Auf dem Gelände einer ehemaligen Mülldeponie in der Nähe des Londoner Flughafens Heathrow sollten die Firmensitze mehrerer internationaler Konzerne entstehen. Der Architekt wurde mit dem Entwurf des Masterplans und mit den drei Bauten eines Computerkonzerns betraut, was der Hälfte der späteren Bebauung entsprach.
Die Bürogebäude am gruppieren sich in parkähnlicher Umgebung symmetrisch um einen zentralen Platz, der Stellplätze aufnimmt. Die Firma nutzt das Hauptgebäude und die beiden Seitenflügel für Marketing, Forschung und Ausstellungen.
Das dreigeschossige Stahlskelett bleibt sichtbar, sowohl in der Fassade als auch im Innenraum. Gemäß dem Kräfteverlauf verjüngen sich die Stützen mit zunehmender Stockwerkszahl. Speziell entwickelte Gußknotenelemente vermitteln zwischen den unterschiedlichen Stützenquerschnitten und ermöglichen den gelenkigen Anschluß der Träger. Als Raumabschluß dienen geschoßhohe Aluminiumrahmen mit Aluminiumpaneelen und Glaselementen. Sie werden als Einheit montiert und gleichen die verschiedenen Öffnungsweiten aus, die durch die abnehmenden Stützenmaße entstehen.
Fachwerkträger überspannen das Atrium des Hauptgebäudes mit einer maximalen Spannweite von 18 m in Querrichtung. Sie tragen die Unterkonstruktion der großflächigen, im Planarsystem ausgeführten Deckenverglasung. In der Tragwerksebene gespannte Segel bieten Sonnenschutz.
Die Galerien des Atriums sind durch Brücken verbunden. Ihre minimierte Konstruktion aus schlanken Vollwandträgern wird ermöglicht durch Zugstäbe und das nach dem Gerberprinzip eingebaute Mittelstück.

Literatur: [25], [124]

A Querschnitt Maßstab 1:500
B Detail Deckenkonstruktion Maßstab 1:20
C Axonometrie Gebäudecke
D Detail Ansicht Maßstab 1:50

1 Stahlstütze Doppel-T-Profil
2 Doppel-T-Träger 305/305 mm mit Stegblechen, Flansche außen gekürzt
3 U-Profil 150/65 mm
4 Spannbeton-Hohlplatte
5 Doppel-T-Träger 203/203 mm mit Kopfbolzen
6 angeschweißte Stahlplatte
7 Aufbeton
8 Aluminiumpaneel grau gestrichen
9 Verglasung
10 Feststehender Sonnenschutz
11 Stahlgußknoten

A

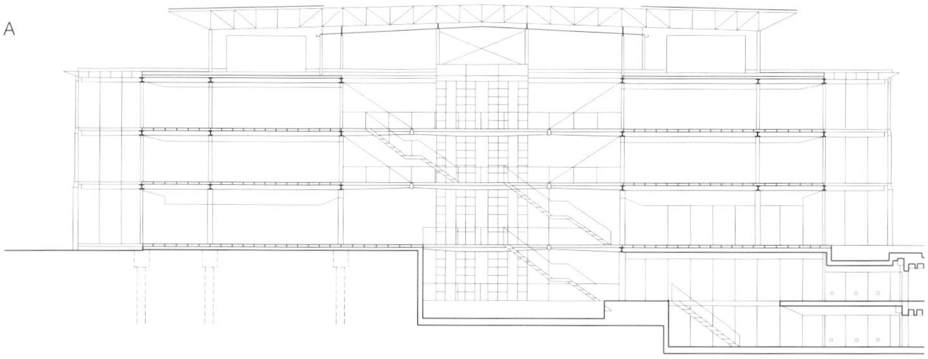

B

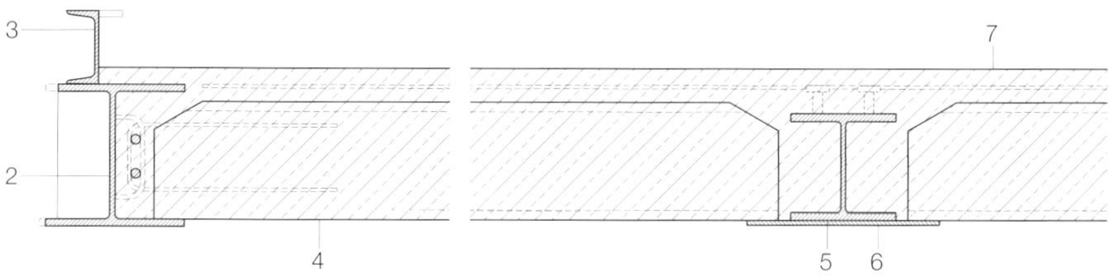

C

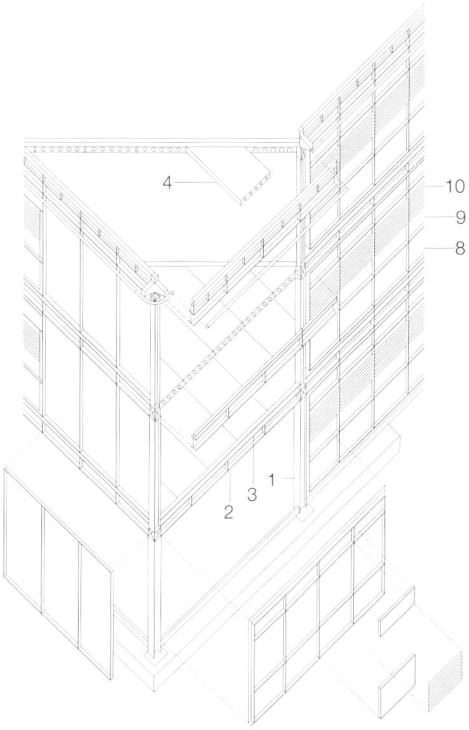

D

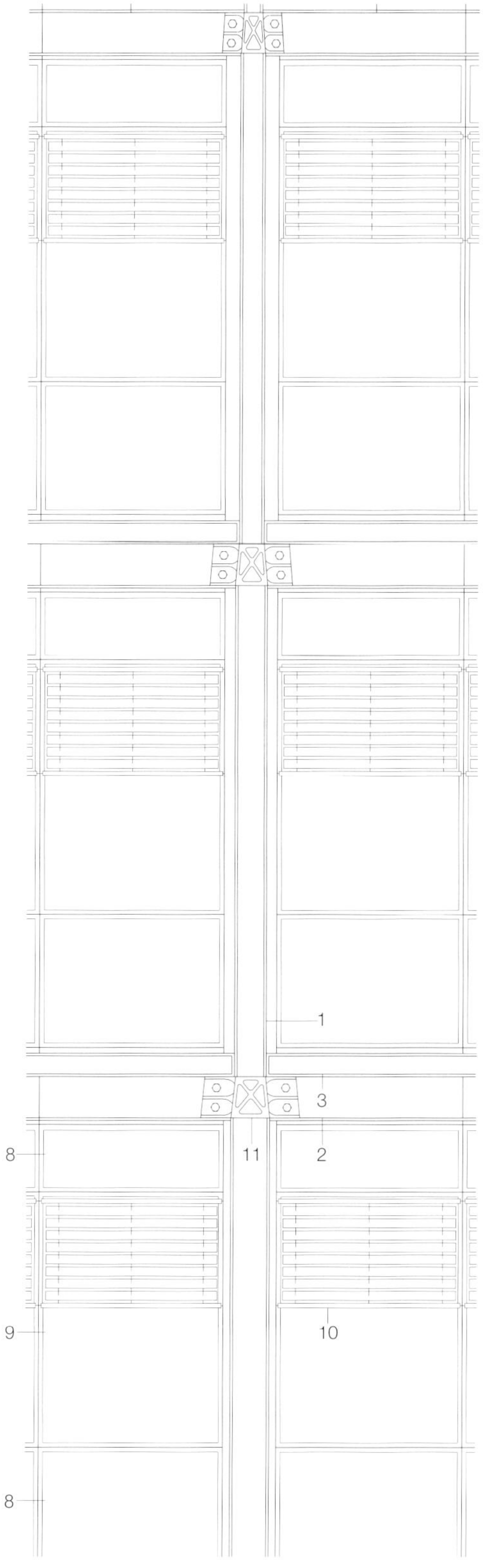

Rundhalle in Berlin

1986

Architekten: Gerd Fesel, Peter Bayerer, Hans-Dieter Hecker, Roland Ostertag, Berlin
Mitarbeiter: J. Reiter, W. Schuster, R. Heidenreich, H. Schneider, H. Vetter, E. Zickgraf, B. Müller, K. Fischer u.a.
Tragwerksplanung: Stefan Polónyi, Herbert Fink, Peter Koch, Berlin
Mitarbeiter: J. Böckl

Die Rundhalle gehört zu einem Gebäudekomplex der Technischen Universität Berlin. Der Entwurf sollte eine Lösung des im Universitätsbau bekannten Problems bieten, kleinere Raumeinheiten z.B. für Verwaltungszwecke mit einem großvolumigen Baukörper für Produktions- und Forschungsarbeit zu verbinden. Dies gelang durch die ringförmige, mehrgeschossige Anordnung der Einzelräume um die zentrale Halle herum.
Die Dachkonstruktion der Halle setzt sich aus 14 Fachwerkträgern und 13 IPE-Trägern zusammen, die abwechselnd sternförmig angeordnet sind. Im Zentrum schließen die Fachwerkträger an einen Mittelzapfen an, ein Stahlrohr vom Durchmesser 812,8/16 mm mit einer Höhe von knapp 4 m. An seinem oberen Ende ist ein Druckring, am unteren ein Zugring aus Stahlblechprofilen angeschweißt. Über Laschen sind die Ober- und Untergurte der Fachwerkträger mit den Ringen verschraubt. Die zwischen den Fachwerkträgern angeordneten IPE 600-Profile lagern auf einem Pfettenring, der mit einem Radius von 12 m zum Mittelpunkt der Konstruktion von Fachwerkträger zu Fachwerkträger spannt. Die Nebenträger liegen ringförmig auf dieser Konstruktion. In der Fassadenebene sind alle Träger auf Stahl-Stahlbeton-Verbundstützen gelenkig gelagert. Die beiden Rundlaufkräne hängen am Mittelzapfen und laufen auf einem an den Stützen befestigten IPE 500 Stahlprofil.
Die Aussteifung der Halle erfolgt über Auskreuzungen in Dach und Fassade. Dafür wurde im äußersten Nebenträgerfeld der Dachkonstruktion ein umlaufender Verband vorgesehen, drei weitere Verbände jeweils zwischen zwei Fachwerkträgern. Hierdurch wirkt das Dach wie eine Scheibe.
Zur besseren Beleuchtung mit Tageslicht und zum Abzug von Rauch und Wärme wurde in der Mitte des Hallendaches ein kegelförmiges Oberlicht eingebaut. Es markiert darüber hinaus den Mittelpunkt der Anlage und zeigt den interessantesten Teil der Konstruktion.

Literatur: [66], [129], [429]

A

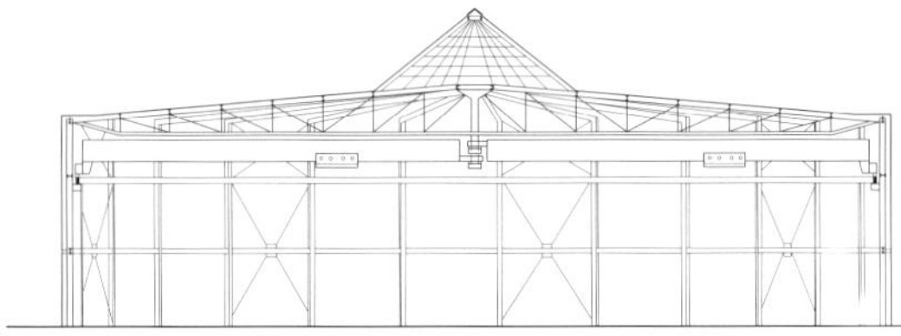

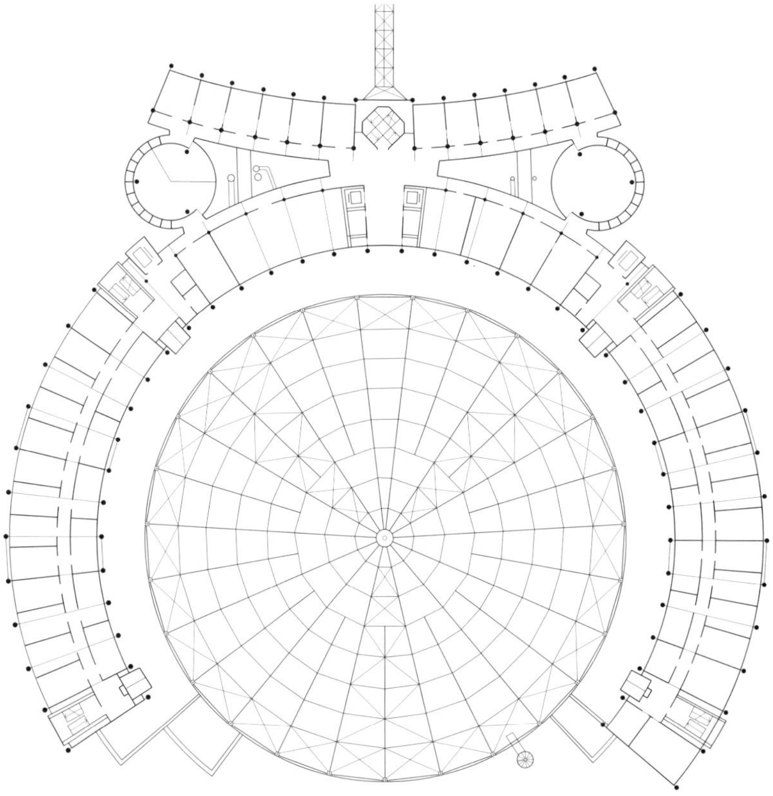

A Grundriß • Schnitt
Maßstab 1:1000
B Details Stütze, Mittelzapfen
Maßstab 1:50
1 Verbundstütze
2 Schiene für Kranbahnträger
3 Randpfette HEB 260
4 Obergurt HEB 320
5 Untergurt HEA 300
6 Druckstab HEA 100
7 Diagonale
2× L 80/40/8 mm
8 Stahlrohr
∅ 812,8/16 mm
9 Deckplatte
10 Stahlring
11 Stahlrohr
∅ 2780/20 mm
12 Rippe Flachstahl 30 mm
13 Stahlring mit Flachstahllaschen
14 Stahlplatte ∅ 1004/50 mm

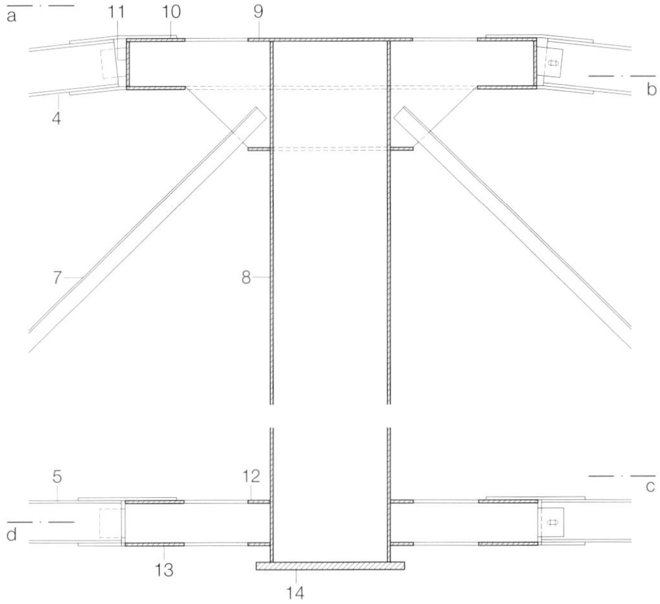

B

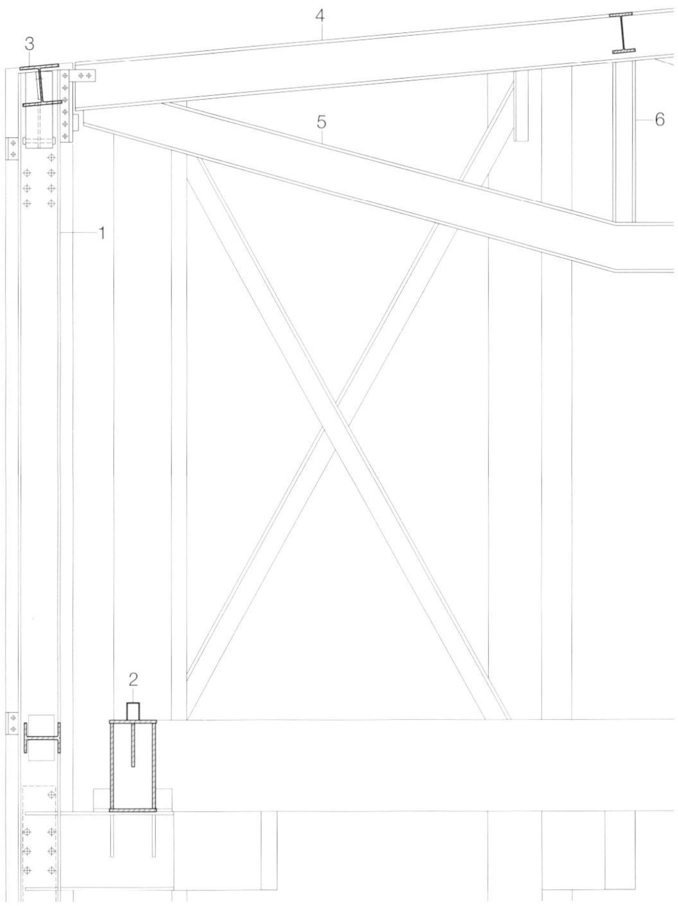

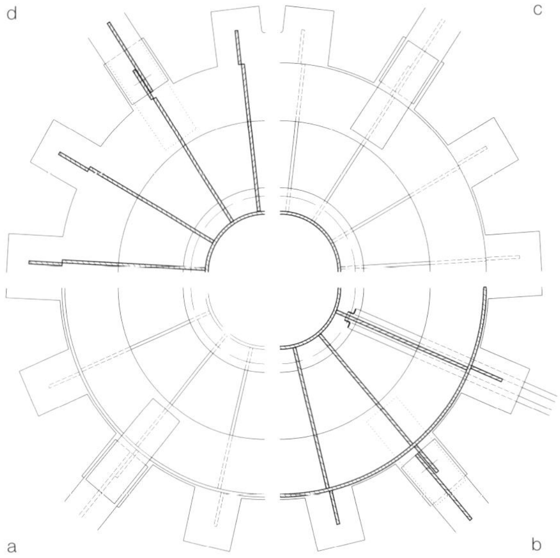

Fabrikhallen in Saint-Quentin-en-Yvelines, Frankreich

1991

Architekten: Renzo Piano Building Workshop, P. Vincent, A. Gallissian, D. Rat, M. Henry, L. Le Voyer, A.H. Temenides, A. El Jerari, A. O´Carroll, Paris
Tragwerksplanung: Ove Arup & Partners, London

Die bestimmenden Entwurfsfaktoren für das Fabrikgebäude eines Entwicklers und Produzenten von feinoptischen Geräten, waren die flexible Erweiterbarkeit einzelner Produktionsbereiche, eine Versorgung der Arbeitsplätze mit blendungsfreiem Tageslicht und ein extrem knappes Zeitbudget.
Von einer gebogenen Technikwand, die das Grundstück im Osten abschließt, entwickeln sich 14,4 m breite, unterschiedlich lange Hallen nach Westen. Zwischen den Hallen befinden sich 3,6 m breite Erschließungsgänge mit hochliegenden Versorgungskanälen. Sowohl die ca. 10 m hohen Hallen als auch die Erschließungsgänge werden durch die Addition von 7,2 m breiten Konstruktionseinheiten gebildet.
Die Einheiten der Hallen werden von gebogenen IPE 180-Trägern überspannt, von denen je zwei durch Unterspannungen zu einem Tragsystem verbunden sind. Diese Trägereinheiten lagern auf der einen Seite direkt auf der Konstruktion der Erschließungsgänge auf und werden auf der nach Norden gerichteten Seite durch ein Bündel aus vier sich spreizenden Stahlrohren höher gelagert, so daß die Halle natürliches Nordlicht erhält. Während die beiden direkt vor der Fassadenebene liegenden Stahlrohre nur als Druckstab dienen, nehmen die beiden äußeren sowohl Druck- als auch Zugkräfte auf. Verbunden werden die einzelnen Konstruktionseinheiten der Halle durch eine stabile Dachschale aus Trapezblech als Dachflächenunterkonstruktion, auf der die Dämmung und eine darüberliegende, um 90° gedrehte Trapezblech-Außenhaut liegt.
Die Aussteifung der Hallen erfolgt in der Dachebene durch Auskreuzungen in einigen Feldern, in Längsrichtung durch Verstrebungen zwischen der Rahmenkonstruktion des Erschließungsganges und in Querrichtung durch jeweils zwei Druckstreben pro Stütze vor der Fassade.

Literatur: [39], [71], [135], [482],

A
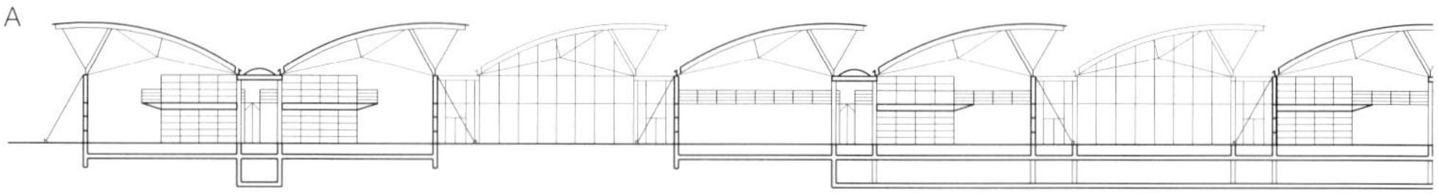

B
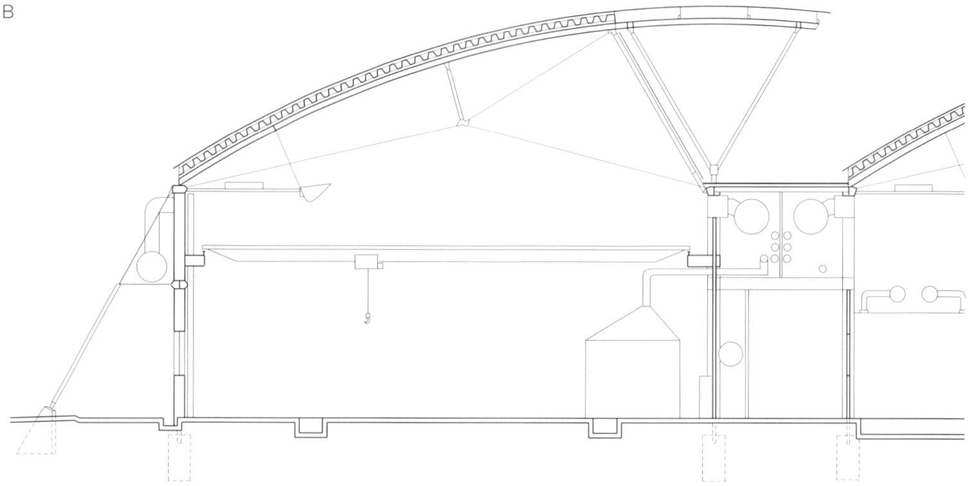

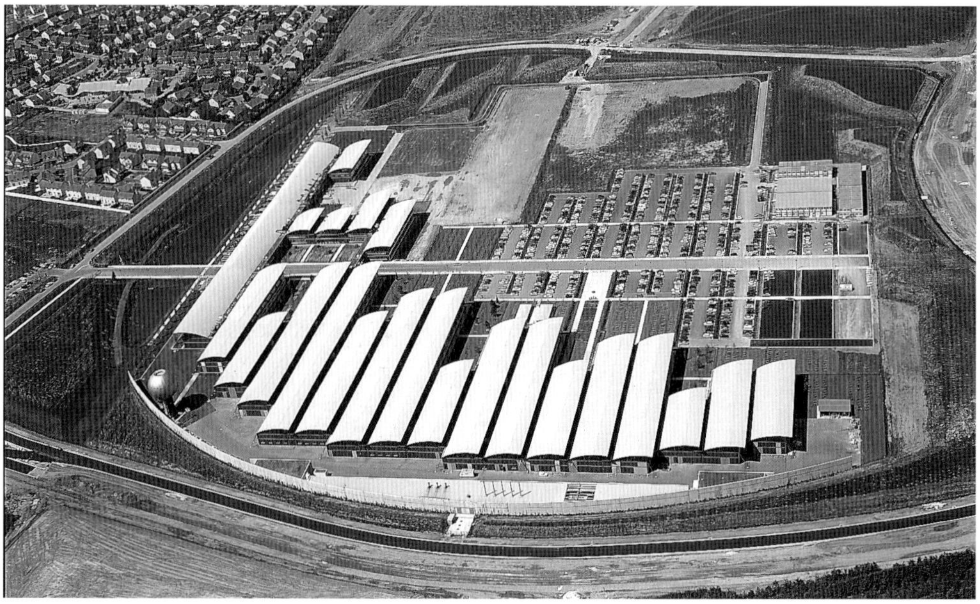

A Querschnitt
Maßstab 1:1000
B Teilquerschnitt
Maßstab 1:200

C

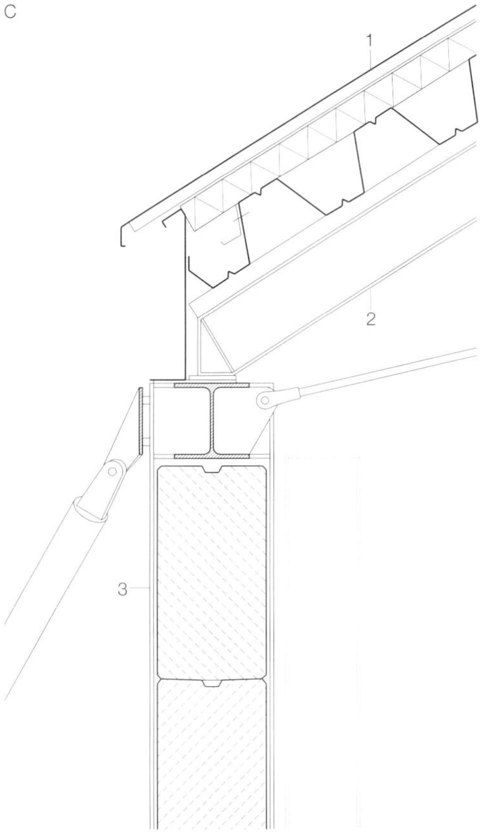

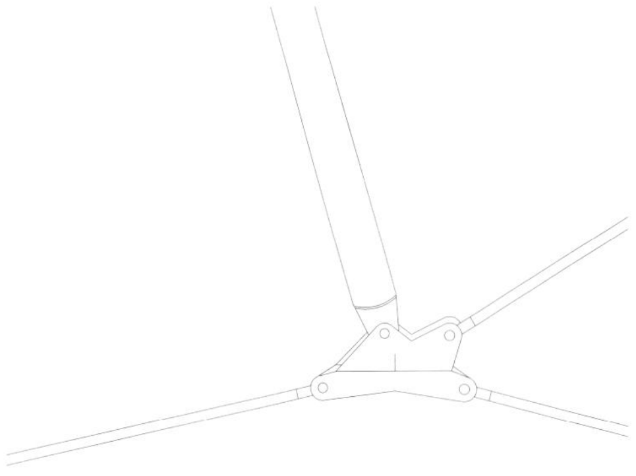

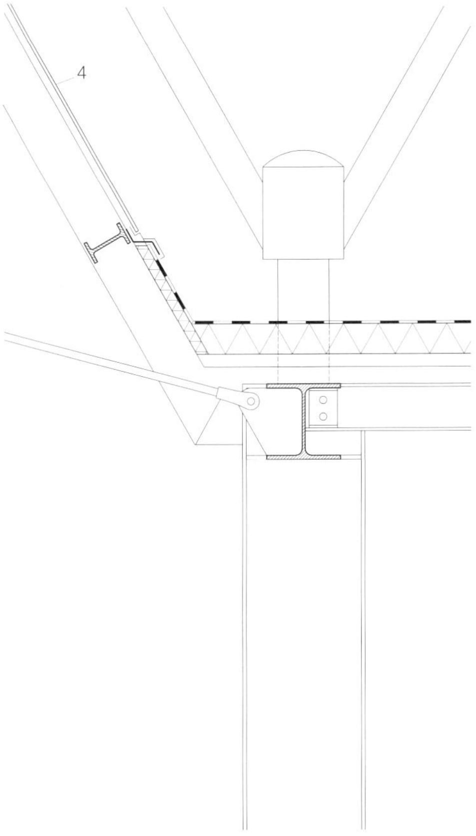

C Details Hauptträger
Maßstab 1:20
D Tragwerksisometrie
ohne Maßstab

1 Dachaufbau
Profilblech
Wärmedämmung
Stahl-Trapezblech
2 Stahlträger IPE 180, gebogen
3 Wandfertigteile
4 Schrägverglasung

D

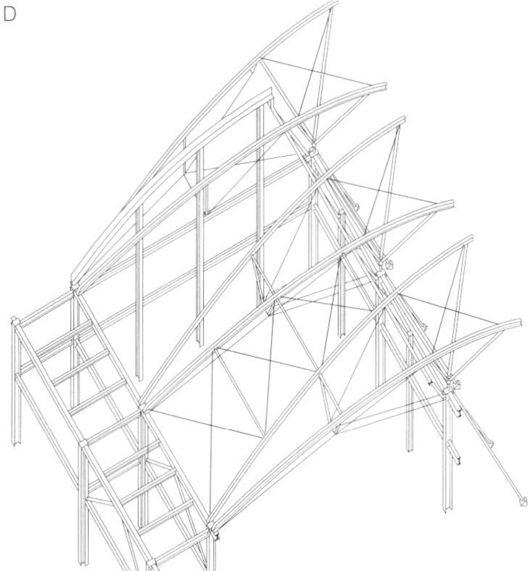

Konstruktionsbüro in Gundelfingen

1991

Architekten:
Kurt Ackermann und Partner, Jürgen Feit, München
Tragwerksplanung:
Behringer und Müller, München

Beim Entwurf des langgestreckten Bürogebäudes stand der Wunsch nach natürlich und gleichmäßig belichteten Gruppenarbeitsplätzen im Vordergrund. Es entstanden zwei zweigeschossige Gebäude von je 42 m Länge und 21 m Tiefe, die durch einen gläsernen Eingangsbereich verbunden sind. Über den gesamten First verläuft ein 5 m breiter Oberlichtstreifen, der die gewünschte Helligkeit im Innenraum gewährleistet. Zur Belichtung des Untergeschosses sind die Decken in großen Bereichen unterbrochen. Nach innen geneigte Dächer vergrößern die Fassadenfläche wodurch ein erhöhter Tageslichteinfall erzielt wird. Die Stahl-Stahlbeton-Verbundkonstruktion des Gebäudes setzt sich aus Stahlstützen und einer aussteifenden Verbunddecke zusammen. Die Decke dient sowohl der Längs- als auch der Queraussteifung. Die im Abstand von 6,80 m angeordneten Hauptrahmen bestehen aus Rohrstützen und Kragträgern aus verschweißten Walzprofilen. Die Rahmenwirkung zwischen Beton und Stahl wird durch eine an die Stahlstütze geschweißte Bewehrung erreicht. Die Deckenriegel und Dachkragträger werden über in die Fassade integrierte Rechteckrohre abgespannt. Durch die Abspannung in Fassadenebene konnte eine horizontale Kopplung der Dachträger im Bereich des Oberlichtes vermieden werden. So erreichte man eine klare Trennung zwischen geschlossener Dachfläche und aufgesetztem Oberlicht. Dessen Konstruktion besteht aus Rechteckprofilen, die an das Firstprofil, einen unterspannten Träger, angeschlossen sind. Das Firstprofil wird wiederum selbst durch Unterspannkonstruktionen, in den Achsen der Dachkragträger gehalten.

Literatur: [135], [155], [168], [347], [394]

A

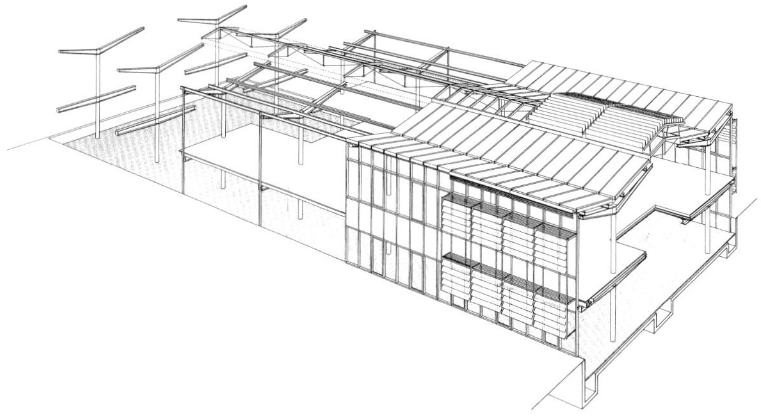

B

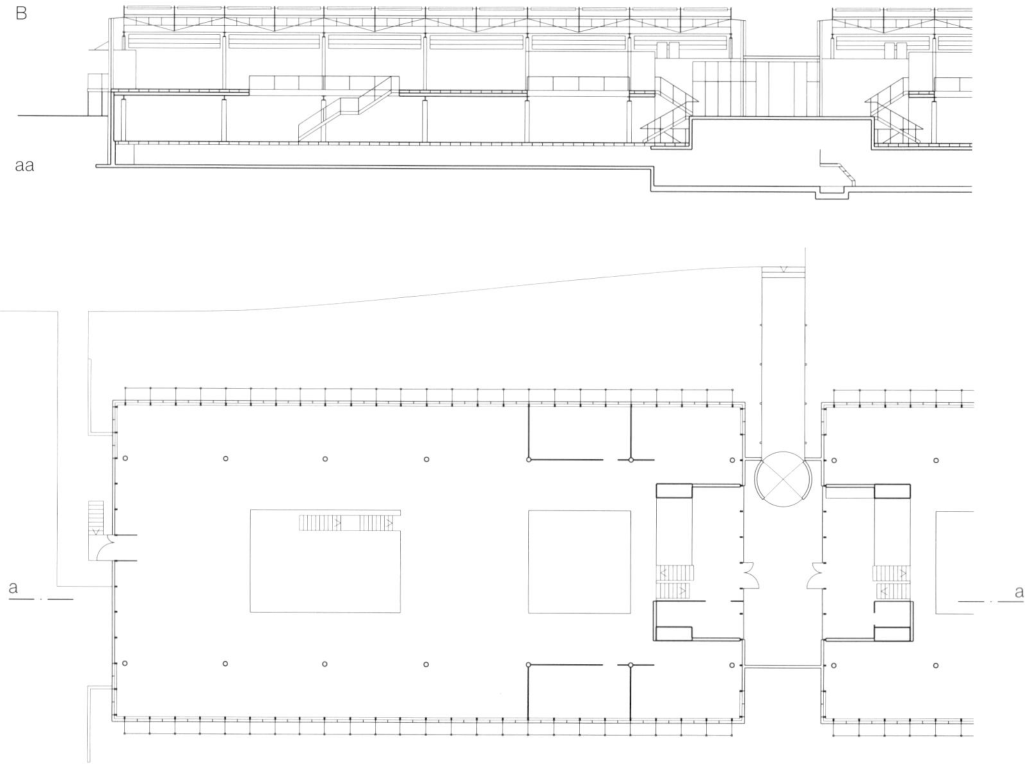

A Isometrie der Konstruktion
B Teil-Schnitt • Teil-Grundriß
Maßstab 1:500
C Detailschnitt Maßstab 1:50

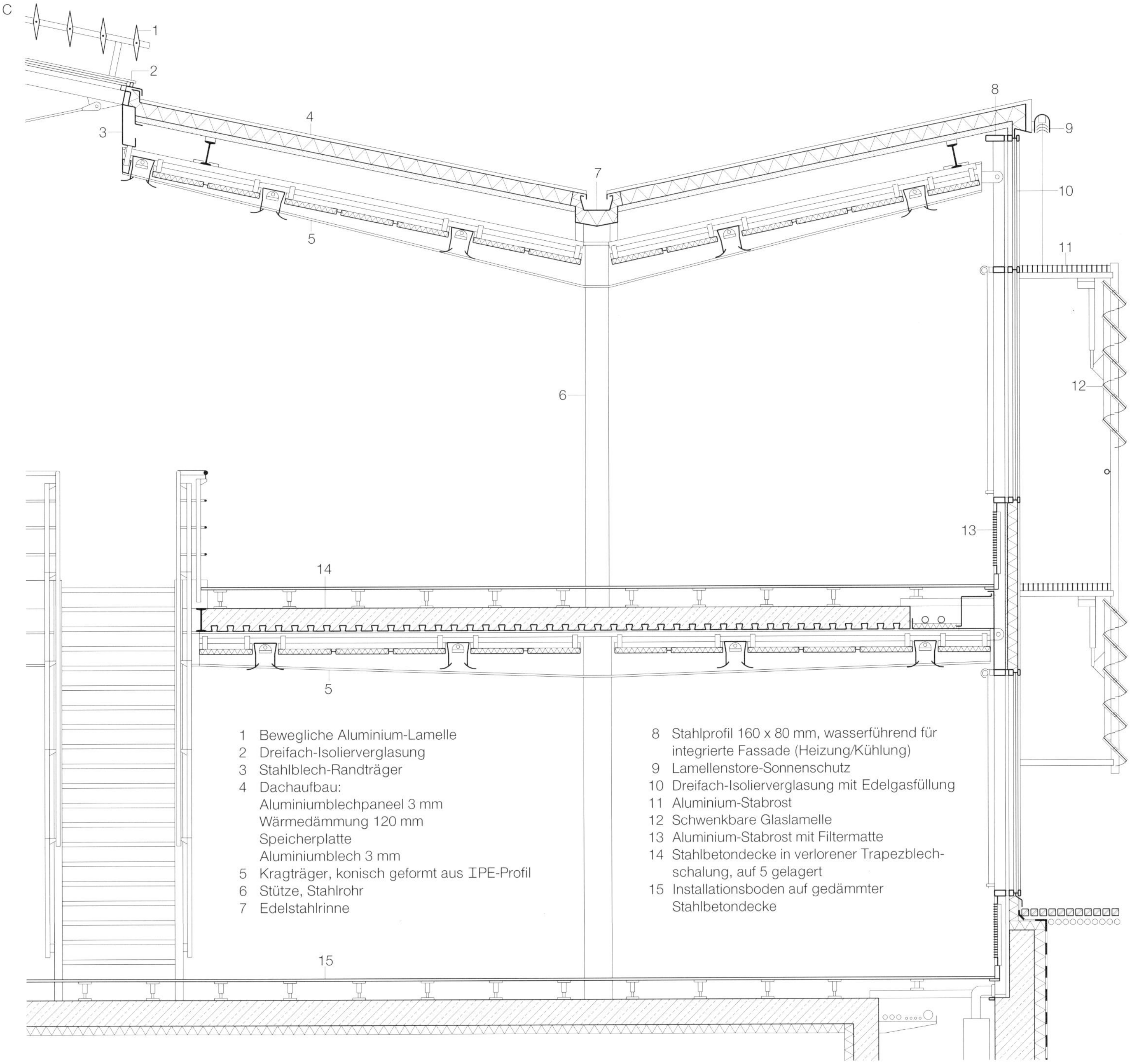

1 Bewegliche Aluminium-Lamelle
2 Dreifach-Isolierverglasung
3 Stahlblech-Randträger
4 Dachaufbau:
Aluminiumblechpaneel 3 mm
Wärmedämmung 120 mm
Speicherplatte
Aluminiumblech 3 mm
5 Kragträger, konisch geformt aus IPE-Profil
6 Stütze, Stahlrohr
7 Edelstahlrinne
8 Stahlprofil 160 x 80 mm, wasserführend für integrierte Fassade (Heizung/Kühlung)
9 Lamellenstore-Sonnenschutz
10 Dreifach-Isolierverglasung mit Edelgasfüllung
11 Aluminium-Stabrost
12 Schwenkbare Glaslamelle
13 Aluminium-Stabrost mit Filtermatte
14 Stahlbetondecke in verlorener Trapezblechschalung, auf 5 gelagert
15 Installationsboden auf gedämmter Stahlbetondecke

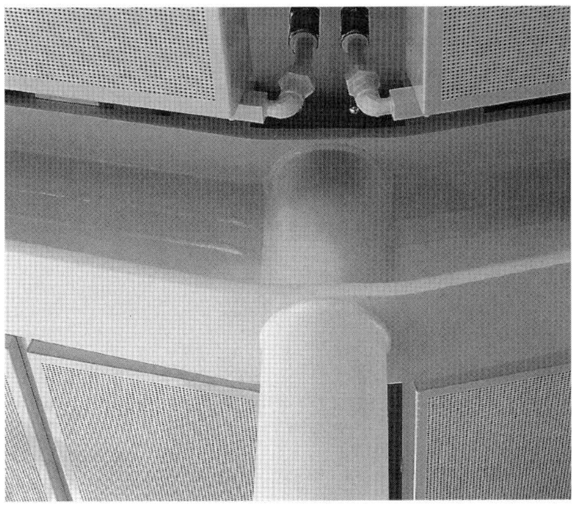

Sporthalle in Lorch an der Rems

1975

Architekten:
Behnisch & Partner, Stuttgart
Projektgruppe:
H. Hübner, P. Kaltschmidt, H. Peltz
Tragwerksplanung:
Julius Natterer, München

Die Sporthalle wurde auf einem Hügel oberhalb der Stadt Lorch im Remstal errichtet. Sie liegt neben den Neubauten zweier Schulen. Um in der eher kleinteiligen örtlichen Situation die Halle nicht zu groß erscheinen zu lassen, wurde sie um 3 m eingegraben, die Dachränder wurden stark herabgezogen und die Dachflächen und Außenseiten deutlich gegliedert. Das Gebäude verbindet sich so mit dem bewegten Gelände. Die Spannweite des Haupttragwerkes wird beidseitig durch Kragträger mit rückwärtigen Abspannungen optisch verkürzt. Diese Abspannungen liegen von außen sichtbar vor den Längsfassaden. Die dunkel gestrichenen Kragträger sind im Abstand von 5,75 m angeordnet und bestehen aus geschweißten Walzprofilen mit biegesteif angeschlossenen Stützen, die auf der Tribünenseite eingespannt und auf der gegenüberliegenden Seite gelenkig verankert sind. Allerdings muß der Zugstab der Tribünenseite im ungünstigen Lastfall auch Druckkräfte aufnehmen. Auf den freien Enden der schweren, unterspannten Kragträger liegen im Inneren der Halle Nebenträger auf. Sie bilden das Auflager für die Hauptträger, filigrane Fachwerkträger mit einer Spannweite von 19,20 m, welche im halben Konstruktionsraster, also im Abstand von 2, 875 m angeordnet sind. Das mittlere Feld des Trägers ist ausgekreuzt, um auch einseitige Vertikallasten aufnehmen zu können. Die Druckstäbe sind in Längsrichtung durch ein Spannseil stabilisiert. Die Horizontalaussteifung des Gebäudes erfolgt in Querrichtung durch die Rahmenwirkung der abgespannten Kragarme. In Längsrichtung ist die Halle jeweils durch einen Vertikalverband in den beiden Stützenachsen und durch schräge Abstützungen an den Giebelseiten ausgesteift. Verbände im flachen und schrägen Bereich der Dachfläche lassen diese bei der Aussteifung mitwirken.

Literatur: [127], [428]

B

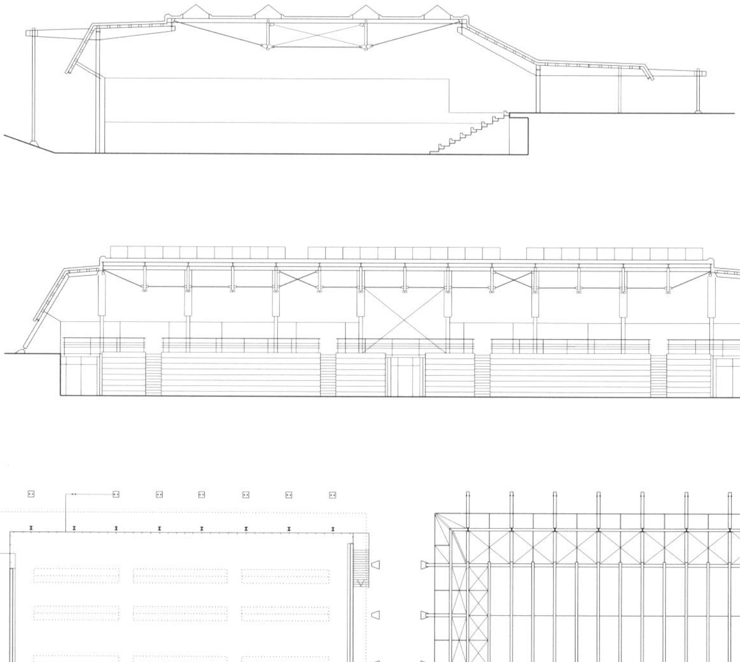

C

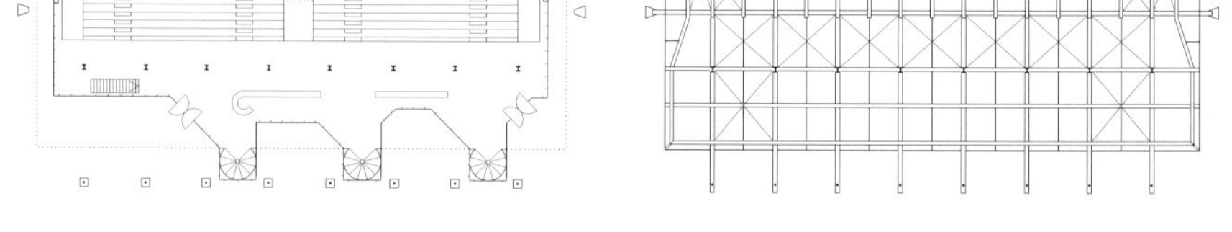

A

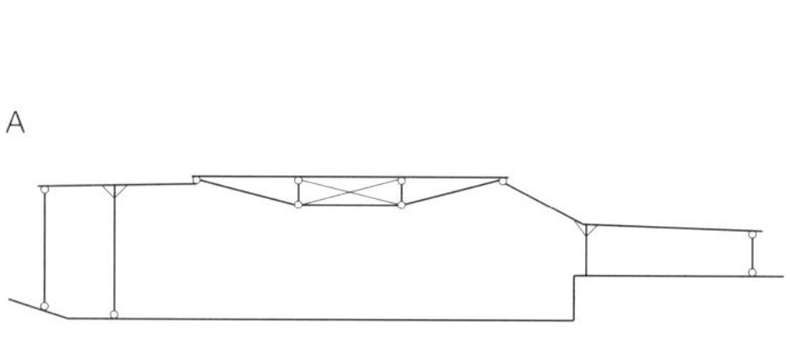

D

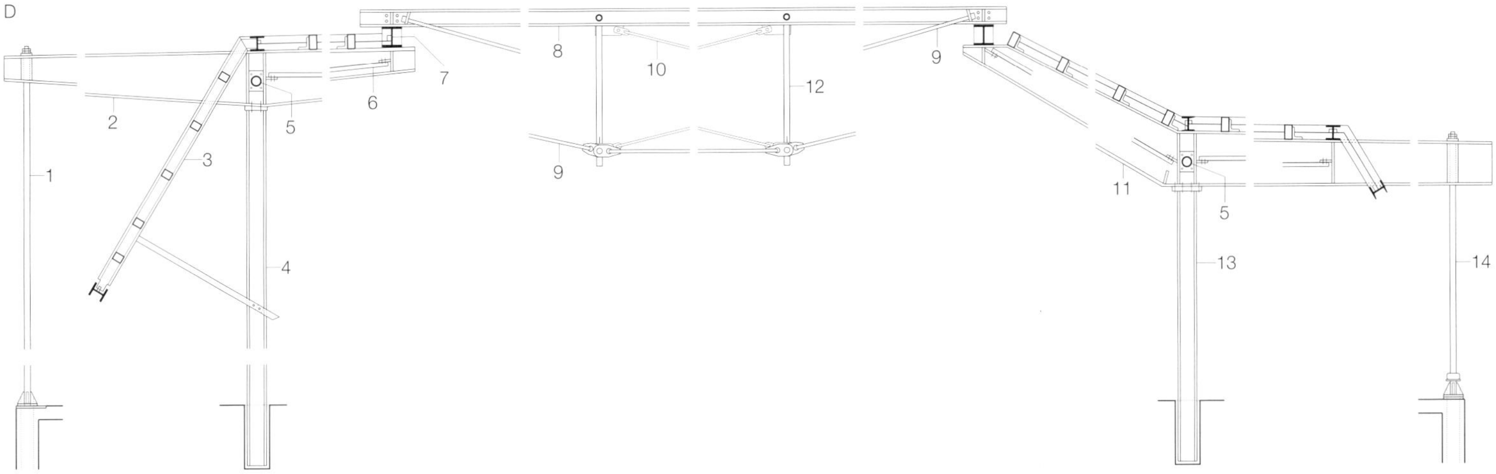

A Statisches System
B Schnitte Maßstab 1:500
C Grundriß Eingangsgeschoß • Trägerlage
Maßstab 1:1000
D Schnitt Stahlkonstruktion Maßstab 1:100
E Details Maßstab 1:20

1 Abspannung aus zwei Rundstählen ∅ 45 mm
2 konischer Kragträger aus HEB 600
h = 400–700 mm
3 Stahlprofile 2 × U 180
4 Stütze HEA 260
5 Rohr ∅ 60,3 × 5 mm
6 Dachverband aus L 55 × 6
7 Längsträger HEB 260
8 unterspannte Dachbinder HEA 220
9 Zugstäbe 2 × ∅ 42 mm
10 Diagonalen ∅ 30 mm
11 Kragarm aus Blechen verschweißt
(Höhe 400–700 mm)
12 Rohr ∅ 127 × 5 mm
13 Stütze HEB 260
14 Abspannung, Stahlrohr ∅ 60,3 × 8,8 mm

E

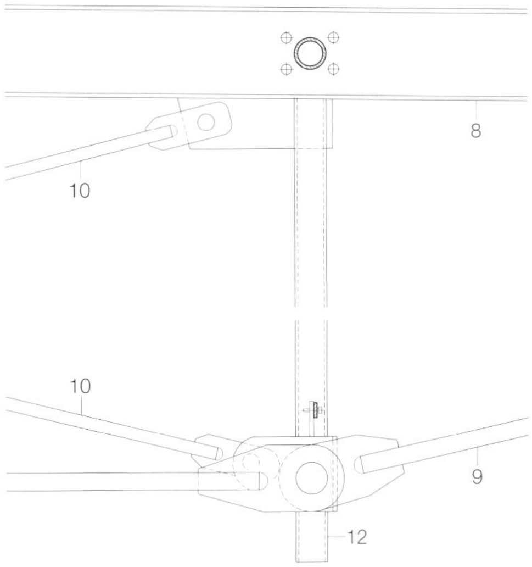

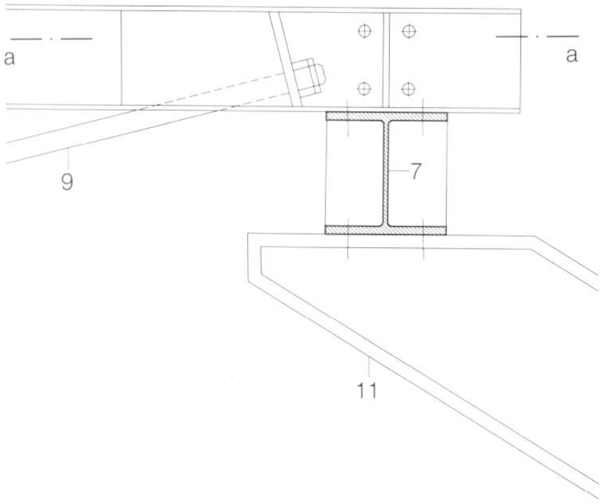

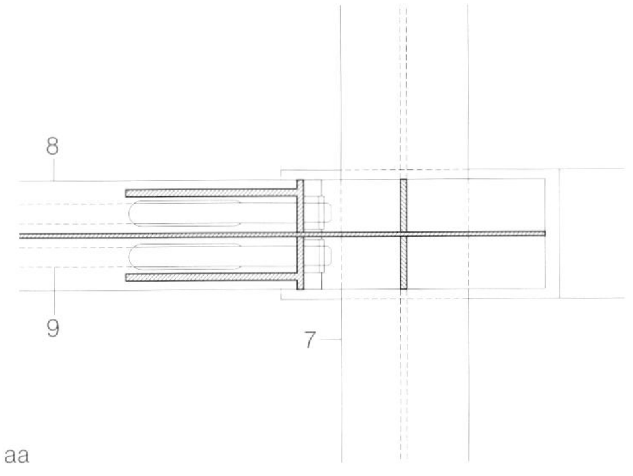

aa

Kulturzentrum »Georges Pompidou« in Paris

1977

Architekten:
Piano + Rogers, London
R. Piano, R. Rogers, G. F. Franchini
Tragwerksplanung:
Ove Arup & Partners, Paris

Das Kulturzentrum beherbergt neben anderen Einrichtungen vor allem ein Museum, eine Bibliothek und verschiedene Galerien.
Die Idee, unterschiedliche Funktionen frei auf großen Flächen unterzubringen, führte dazu, einen Großteil der Erschließung und der Versorgungseinrichtungen nach außen zu legen und sie dort sichtbar zu machen. Es entstanden dadurch Flächen von 166,4 x 44,8 m bei Geschoßhöhen von 7 bzw. 10,5 m.
Die Primärkonstruktion des Stahlskelettbaus besteht aus Gerberträgern, die im Stützenbereich auf großen Gußträgern, sogenannten Gerberetten, gelenkig gelagert sind. Als Fachwerkträger überspannen sie 48 m und sind im Abstand von 12,8 angeordnet. Die Knotenpunkte der Fachwerkträger bestehen ebenfalls aus Gußteilen. Über die knapp 8 m langen, 10 t schweren Stahlguß-Gerberetten und die zugehörige Abspannung wird eine Durchlaufwirkung erzielt. Sie sind gelenkig an die Stütze angeschlossen, kragen 1,6 m nach innen aus, wo die Fachwerkträger eingehängt werden, und 6 m nach außen, wo die Zugstangen anschließen. Die durchlaufenden Stützen aus Schleudergußrohr mit einer nach oben abnehmenden Wandstärke sind auf Kugelgelenken gelagert. Bei der Sekundärkonstruktion handelt es sich um paarweise angeordnete IPE 500-Profile, die in einem Abstand von 6,4 m auf den Fachwerkgurten auflagern. Hierauf liegen 11 cm dicke Stahlbetonplatten von 3,2 m x 6,4 m.
Die Längsaussteifung des Gebäudes über Diagonalen erfolgt nicht in der Stützenebene, sondern in der äußeren Abspannebene. Daraus resultieren die horizontalen K-Verbände, welche die vertikalen Längsverbände mit den Deckenscheiben verbinden. In den Giebelfeldern ist das Gebäude in Querrichtung ausgesteift. Hier werden die regulären Träger mit zusätzlichen Diagonalen zu einem fünfgeschossigen Fachwerk verbunden. Im Erdgeschoß liegt die Queraussteifung außen vor den Stützen.
Aus brandschutztechnischen Gründen wurden die Fachwerkträger mit Mineralwolle bzw. Spritzputz geschützt und die Stützen wassergefüllt. Sprinkler-, Inertgaslöschanlagen und die Sensorüberwachung des gesamten Gebäudes sorgen für den aktiven Brandschutz.

Literatur: [103], [184], [244], [339], [362], [427], [450]

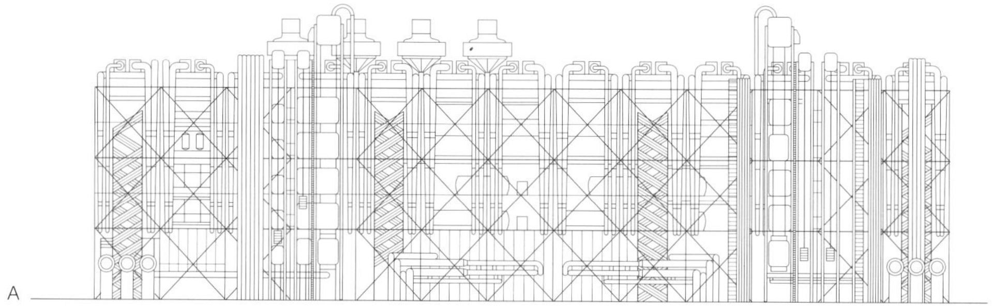

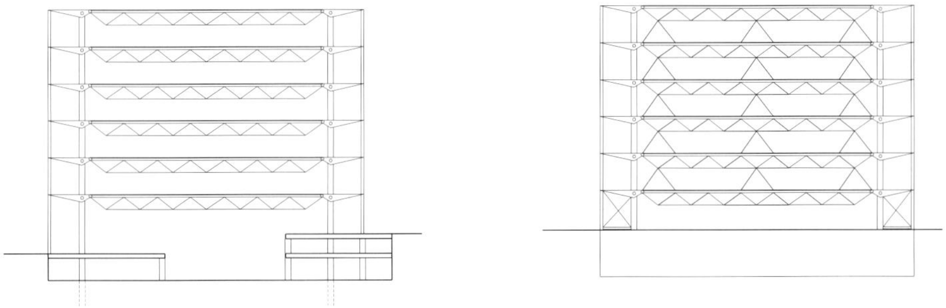

B

A Ansicht Rückseite
B Tragstruktur Stütze-Fachwerk-System
Regelachse
Giebelachse
C Windverband Platzseite
D Aufsicht Tragstruktur
E Grundriß Regelgeschoß
Maßstab 1:1500

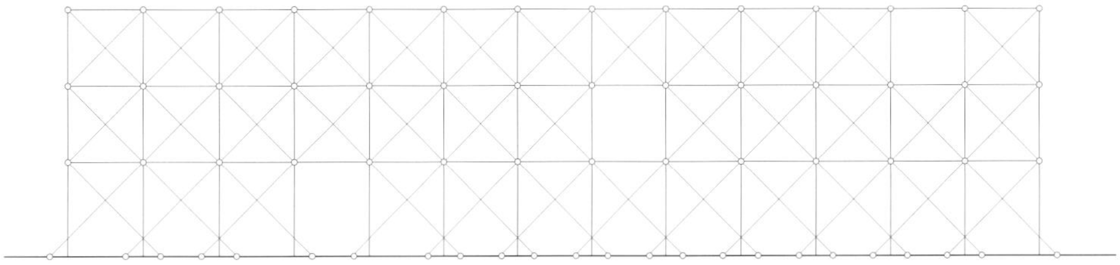

C

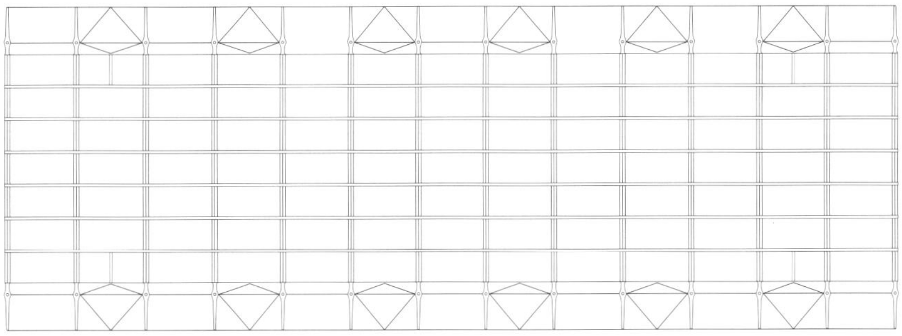

D

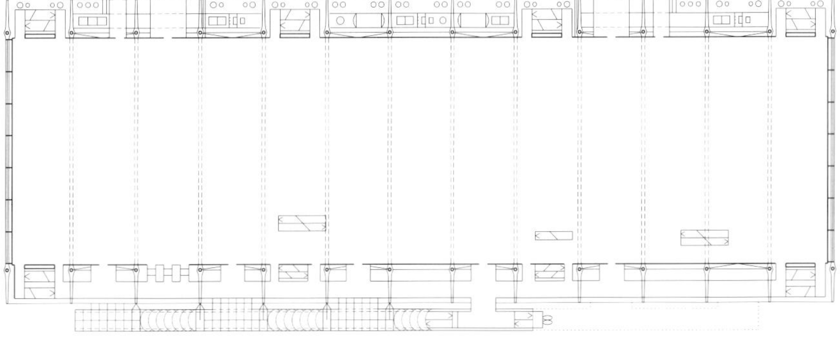

E

A Fachwerkträger Aufsicht • Schnitt • Ansicht • Untersicht Maßstab 1:200
B Isometrie Gerberette-Knoten
C Aufsicht Gerberette, Aussteifung Maßstab 1:200
D Gerberette Maßstab 1:50

1-4 Obergurt Fachwerkträger, 2 Stahlrohre à:
1 ∅ 419/50 mm
2 ∅ 419/47 mm
3 ∅ 419/31 mm
4 ∅ 409/22 mm
5 Zugdiagonale, Rundstähle/Rundrohre
6 Druckdiagonale, Rundrohre
7-9 Untergurt, 2 Rundstähle à:
7 ∅ 160 mm
8 ∅ 200 mm
9 ∅ 225 mm
10 Nebenträger, 2 Doppel-T-Profile
11 Gerberette, Stahlguß
12-14 Aussteifung, Verbindung der vertikalen Verbände mit der Deckenplatte
12 Stahlrohr 323,9/7,1 mm
13 Stahlrohr 273/9,5 mm
14 Stahlrohr 193,7/5,4 mm
15 Vorderkante Fassade
16 Vorderkante Rohdecke

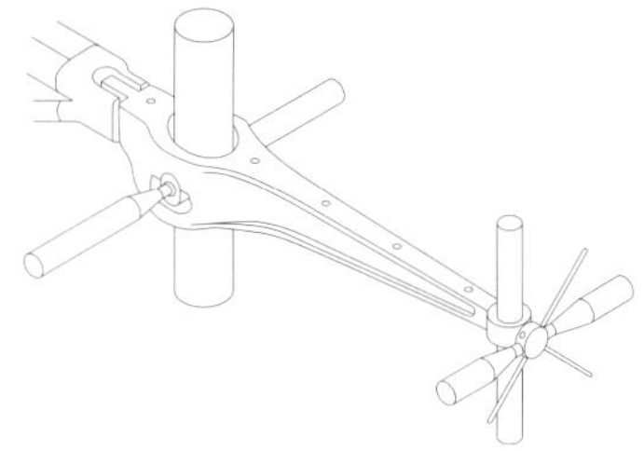

B

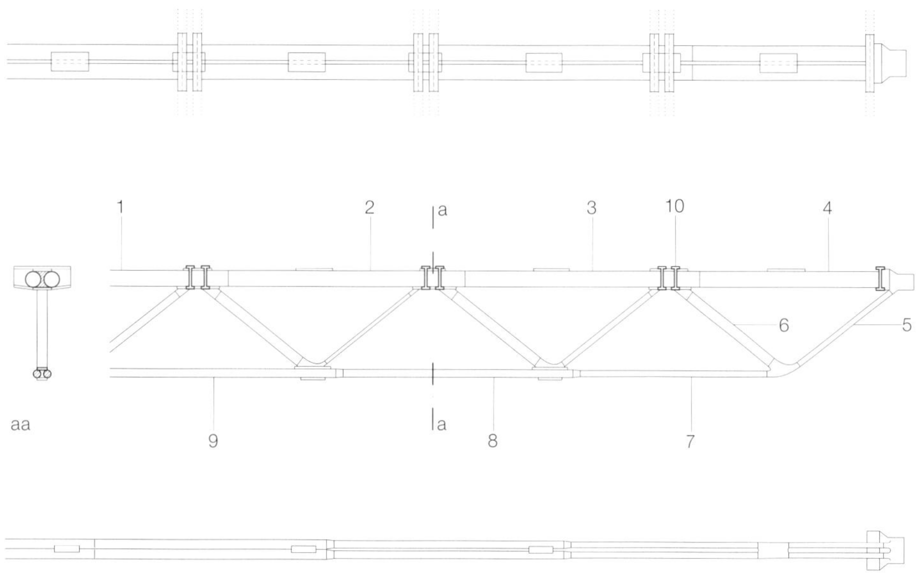

A

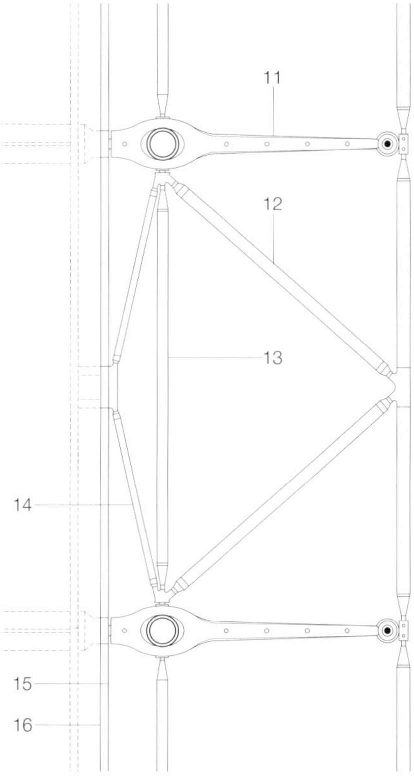

C

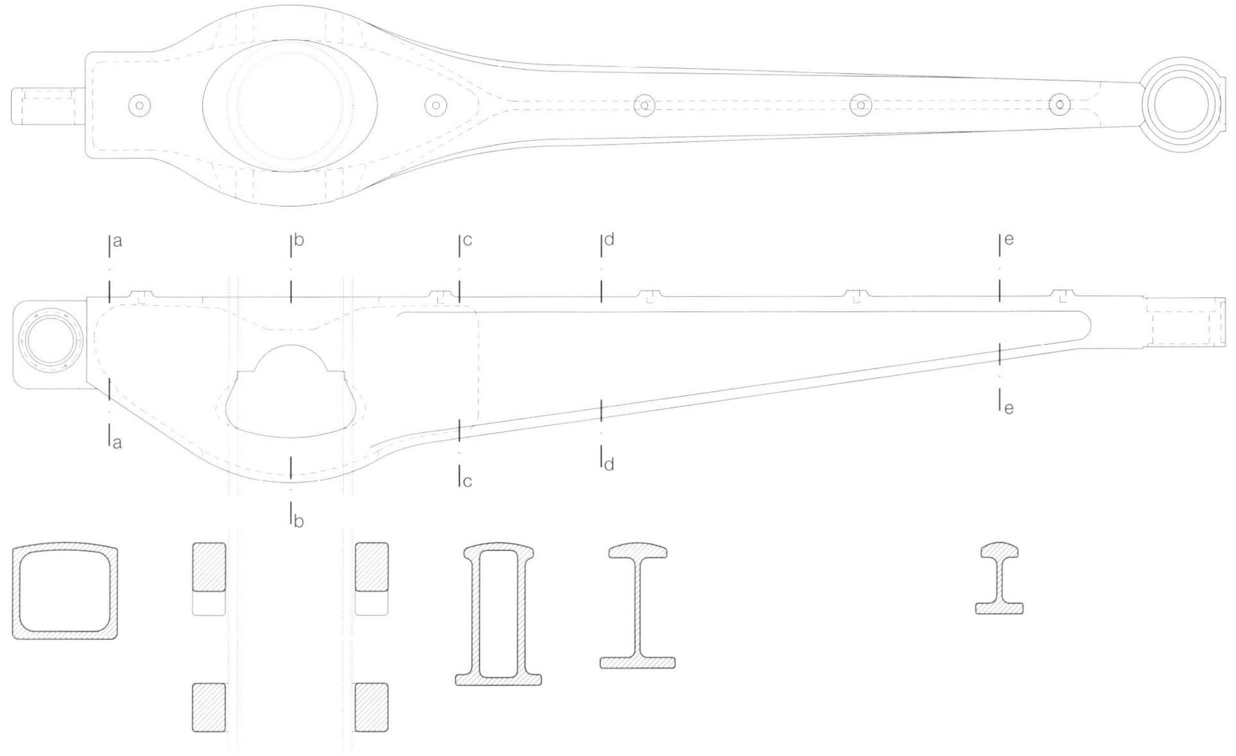

D aa bb cc dd ee

Kultur- und Unterhaltungszentrum in Sydney

1988

Architekt:
Cox, Richardson, Taylor + Partners, Sydney
Projektarchitekten: R. Lee, S. Buzacott, T. Armitage
Tragwerksplanung: Ove Arup & Partners, London

Anläßlich des 200jährigen Bestehens des Staates Australien wurde der Auftrag zum Bau eines Kultur- und Unterhaltungszentrums an Philip Cox vergeben.
Durch dieses Projekt sollte ein ehemaliges Hafengebiet städtebaulich sinnvoll umgenutzt werden. Es entstand unter anderem ein Ausstellungszentrum, bestehend aus fünf Hallen mit je 5000 m^2 Grundfläche.
Der Architekt entschied sich für eine abgespannte Konstruktion, die an Schiffstakelage erinnern soll und so architektonisch auf den Standort eingeht. Gleichzeitig bot die Konstruktion einen stützenfreien und somit flexiblen Hallengrundriß.
Jede Halle stellt ein in sich geschlossenes statisches System dar. Sie besteht aus vier Pylonen, von denen die Hauptträger abgehängt sind. Die Hallen sind dadurch über ca. 83 m in Längsrichtung und über ca. 54 m in Querrichtung stützenfrei. Die Hauptträger bestehen aus drei gelenkig verbundenen Dreigurtbindern. Die Nebenträger, ebenfalls Dreigurtbinder, liegen, gelenkig angeschlossen, zwischen den Hauptträgern. Die außenliegenden, horizontalen Druckstreben sind jeweils am Knotenpunkt gelenkig an die Pylone angeschlossen, durch doppelte Zugstäbe horizontal gesichert und am anderen Ende abgespannt. In der Dachebene sind Auskreuzungen zur Aussteifung angebracht.

Literatur: [41], [339]

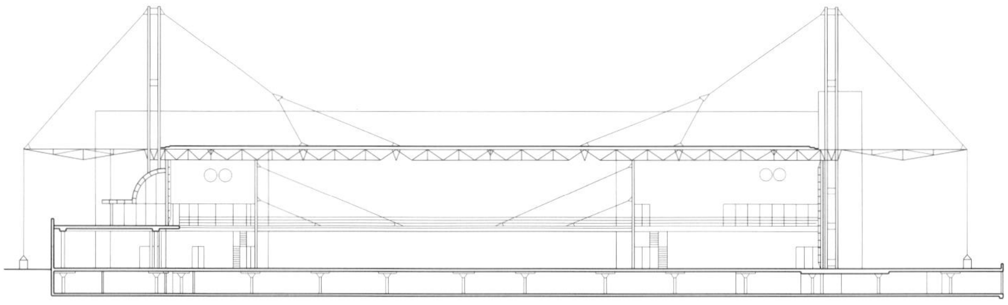

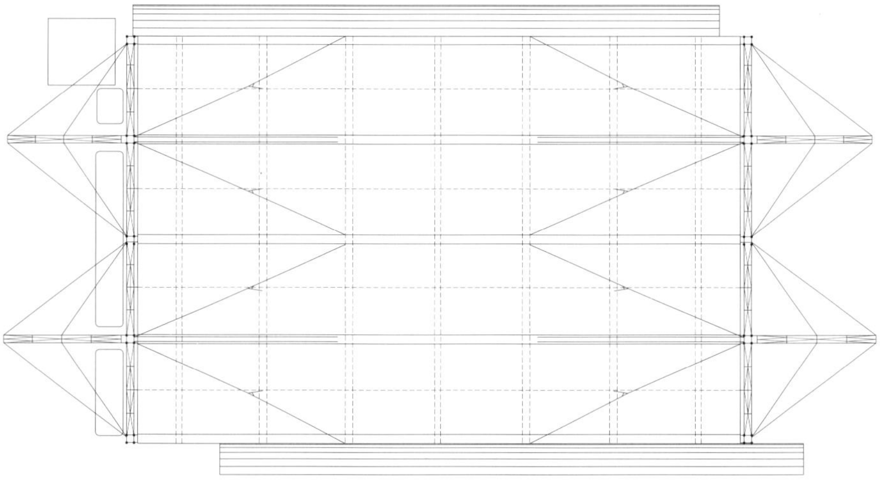

B

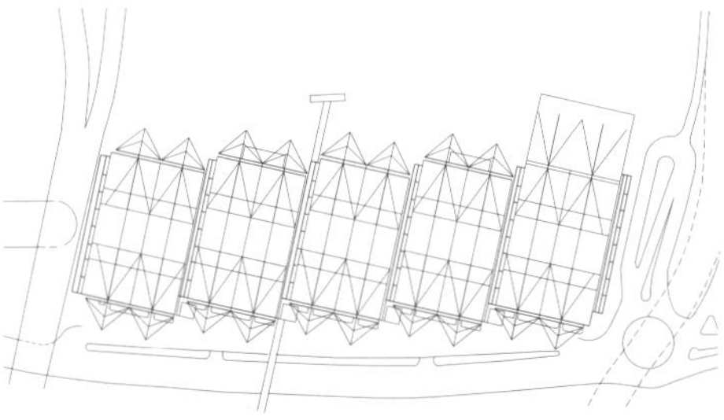

A

A Lageplan
ohne Maßstab
B Dachaufsicht • Schnitt
Maßstab 1:1000

C Isometrie Tragwerk
D Anschlußpunkte
Hauptträger/Nebenträger • Träger/Pylon
E Isometrie Fassade
ohne Maßstab

1 Pylon aus Rundrohren ∅ 406 mm
2 Hauptträger:
Dreigurt-Binder aus Rundrohren ∅ 273 mm
3 Nebenträger:
Dreigurt-Träger aus Rundrohren ∅ 168 mm
4 Stahlblech 10 mm
5 Zugstab 2× ∅ 60 mm

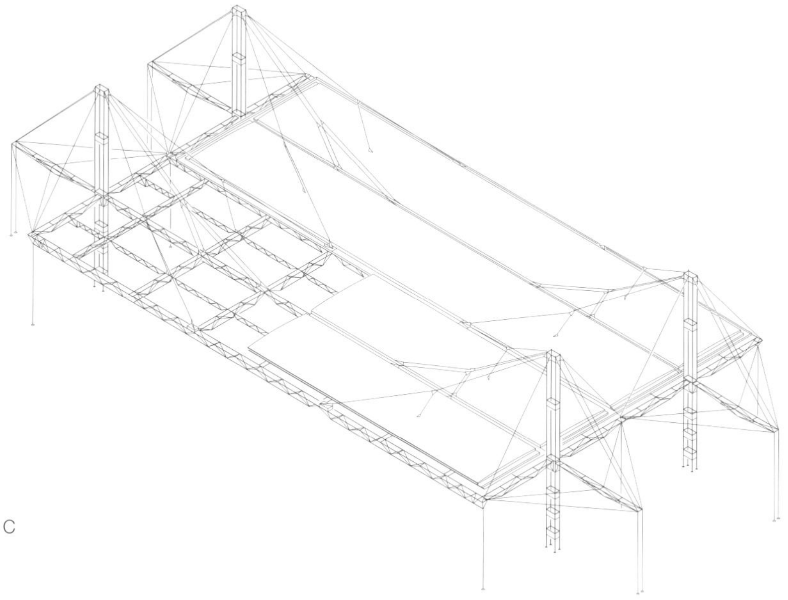

C

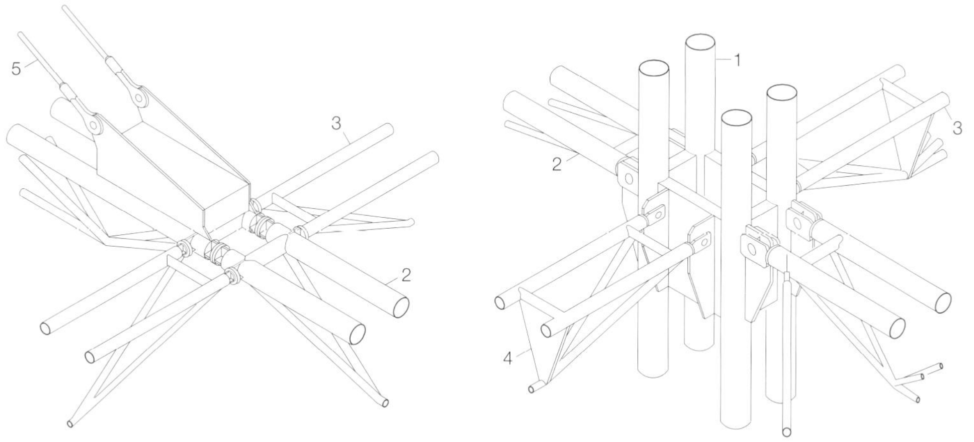

D

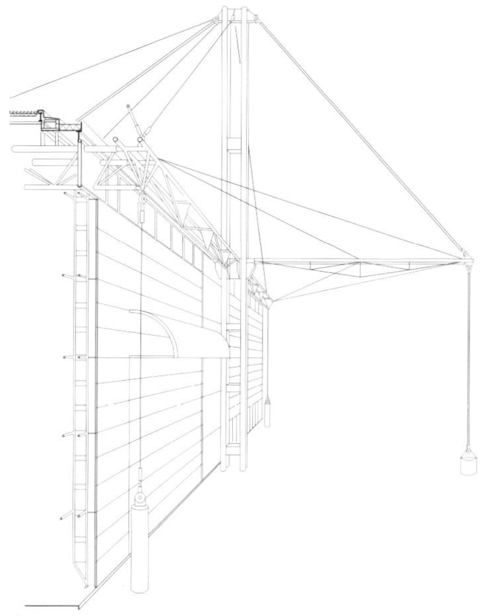

E

Fabrik in Newport, England

1982

Architekten:
Richard Rogers Partnership, London
Tragwerksplanung:
Anthony Hunt Associates, London

Die Halbleiterfabrik dient zur Herstellung von Mikrochips und umfaßt neben der Produktionsanlage Büroräume, eine Betriebskantine und Nebenräume. Bei der extrem staubempfindlichen Chipproduktion sind Klimatisierung und Sauberkeit von besonders hoher Bedeutung. Wesentliche Entwurfsparameter waren maximale Flexibilität, Erweiterbarkeit, sowie ein schneller Entwurfs- und Konstruktionsablauf. Ein konkretes Baugrundstück war zum Planungszeitpunkt nicht vorhanden.
Ordnendes Element des Bauwerks ist eine zentrale Verkehrs- und Versorgungsachse. Auf der Nordseite sind die staubempfindlichen Produktionsräume, auf der Südseite Büros, das Restaurant und ein Innenhof angeordnet.
Das Tragwerk besteht aus einer abgespannten Konstruktion aus räumlichen und ebenen Fachwerkträgern und Stützen. Das oberhalb der zentralen Versorgungsachse angeordnete Tragwerk spannt 38 m stützenfrei über die Produktions-und Verwaltungsräume. Die Fachwerkträger sind in den Drittelspunkten von 25 m hohen Pylonen abgehängt. Die Dachkonstruktion ist als Rost aus Rechteckrohren ausgeführt und von den Haupt- und Nebenträgern abgehängt. Die Dachhaut besteht aus Stahltrapezblechen mit Wärmedämmung und Dichtungsprofilen.
Das gesamte Haupttragwerk ist als Bausatz mit schnell montierbaren, großteils vorfabrizierten Einzelteilen konzipiert und erlaubt somit eine feldweise Errichtung des Gebäudes. In der ersten Bauphase wurden 8 der 20 geplanten Felder errichtet.
Die Außenwände basieren auf einem standardisierten Pfosten-Riegel-System, das verschiedene Arten von Ausfachungen, wie Isolierverglasung oder feste, isolierte Sandwich-Paneele, zuläßt.

Literatur: [6], [7], [16], [18], [101], [450], [122], [128], [339], [362], [394]

A Querschnitt •
Ansicht Nordwest •
Aufsicht Trägerlage
Maßstab 1:750

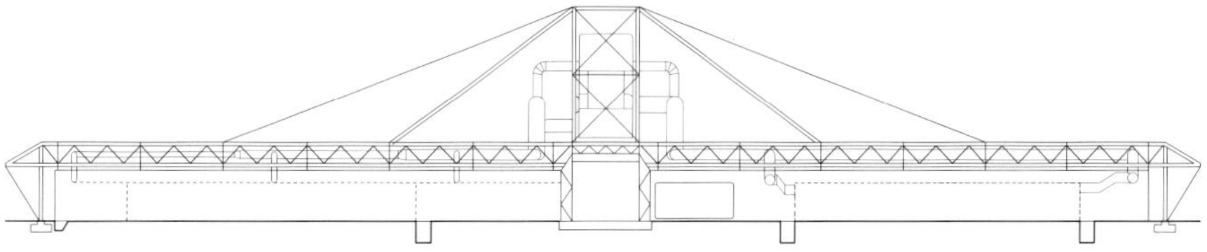

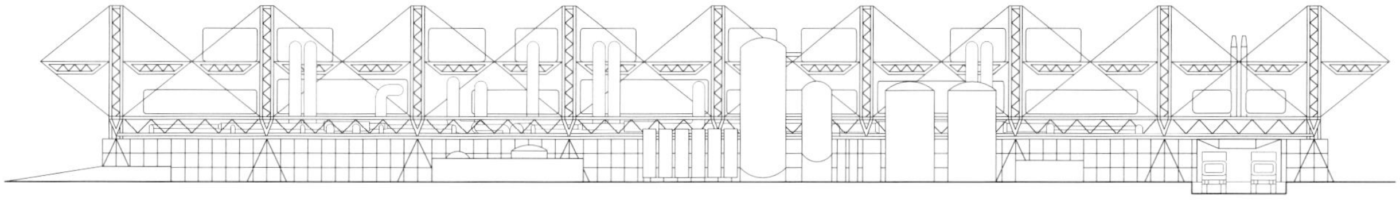

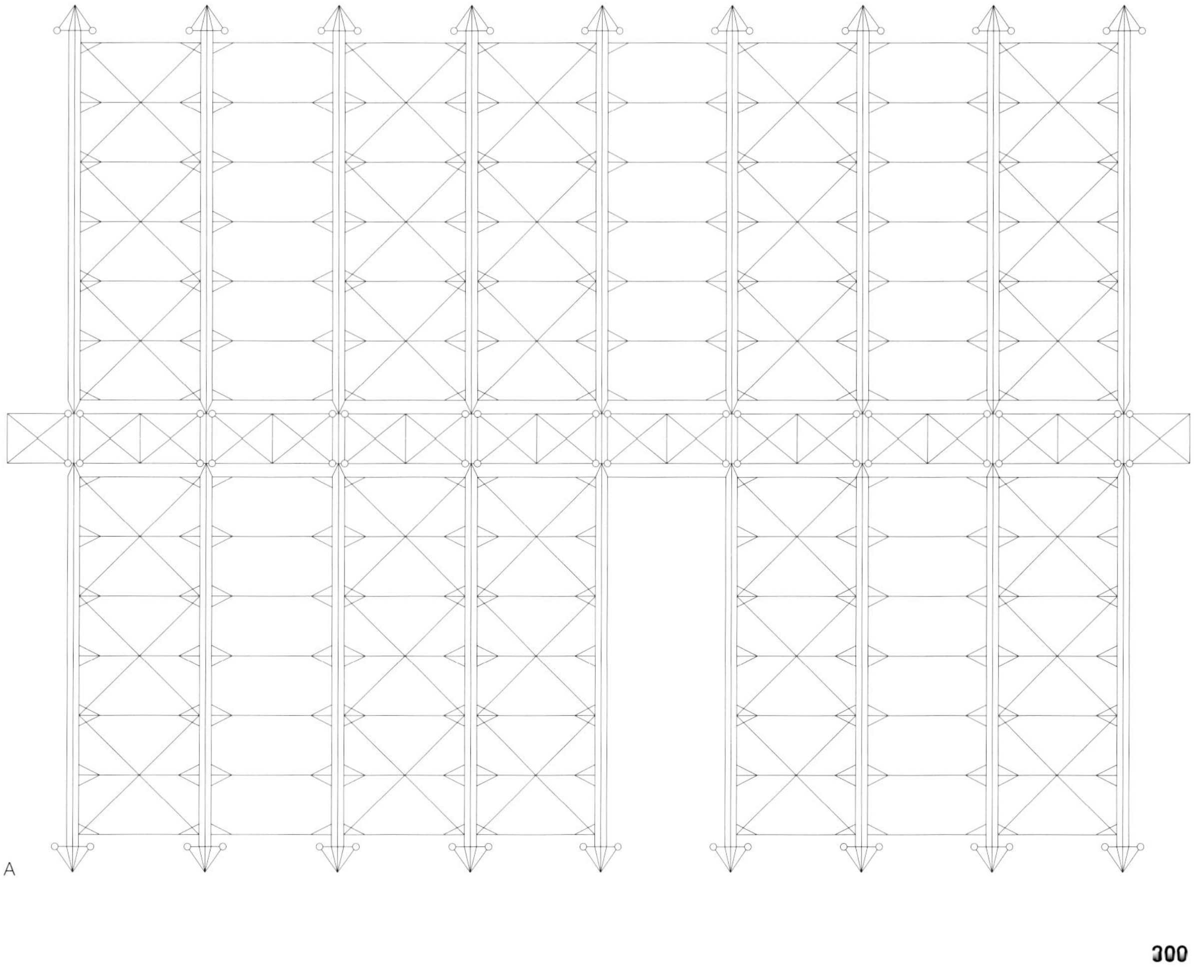

A

A Isometrie konstruktive Basiselemente
B Isometrie Nebenträgeranschluß
C Isometrie Kopfpunkt Pylon
D Isometrie Hauptträgeranschluß
E Horizontalschnitt und Vertikalschnitte
Stütze-Hauptträger-Portalrahmen
ohne Maßstab

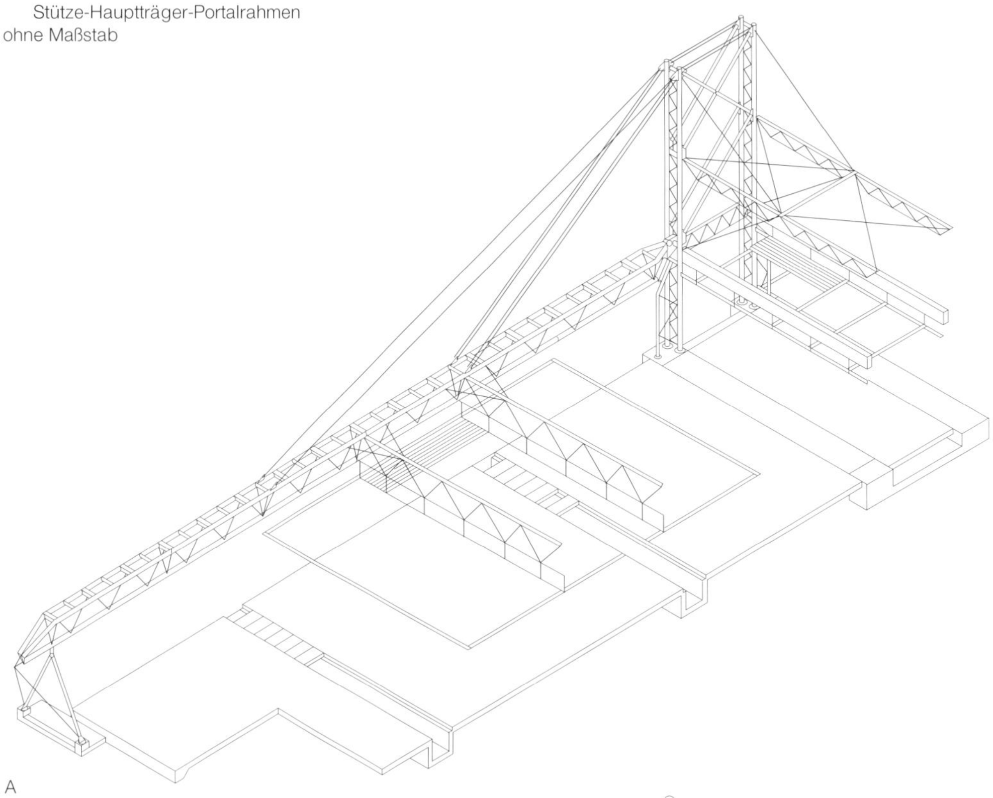

A

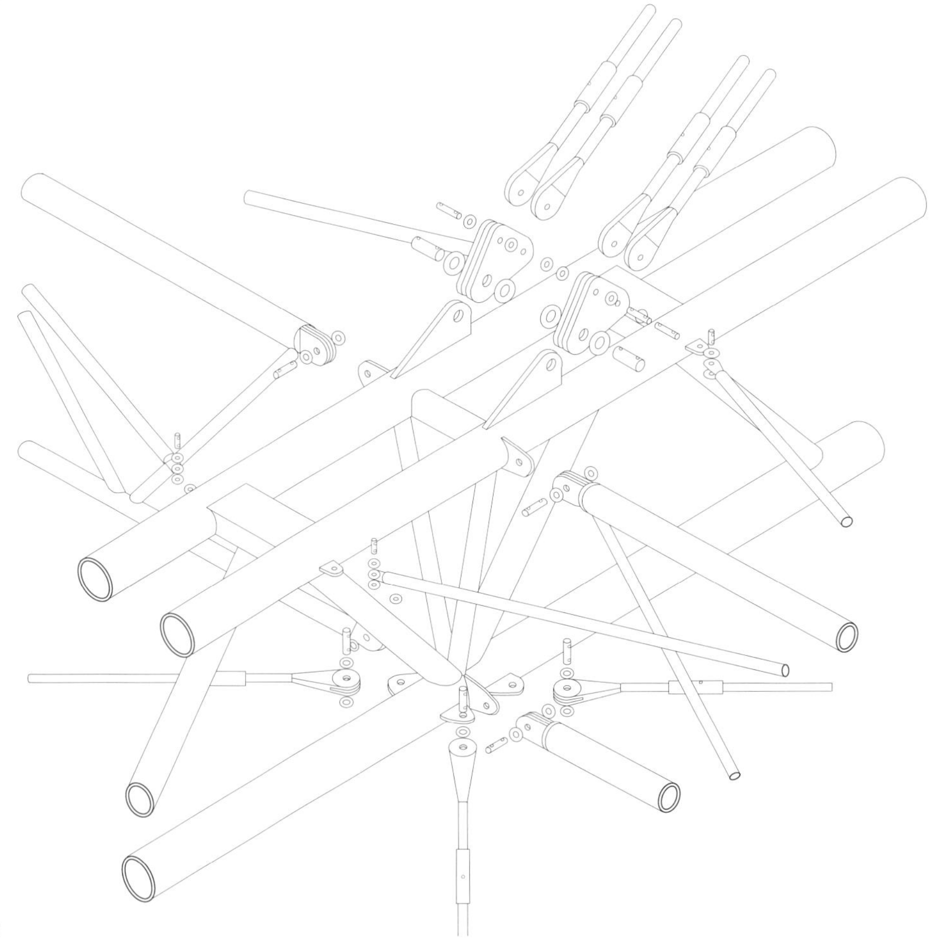

B

1 Hauptfachwerkbinder, Stahlrohre verschweißt
2 Fachwerkstütze, Stahlrohre verschweißt
3 Fachwerkträger, Stahlrohre verschweißt
4 Träger, IPE-Profil
5 Fachwerk-Portalrahmen, Stahlrohre verschweißt
6 Zugstäbe

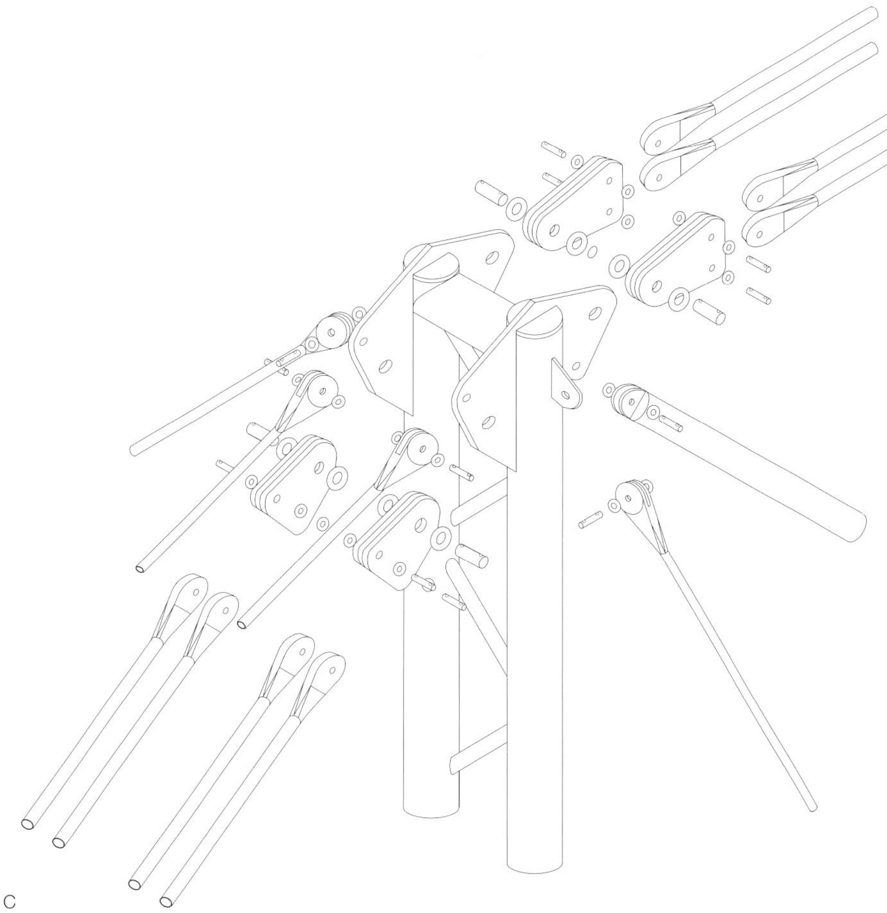

C

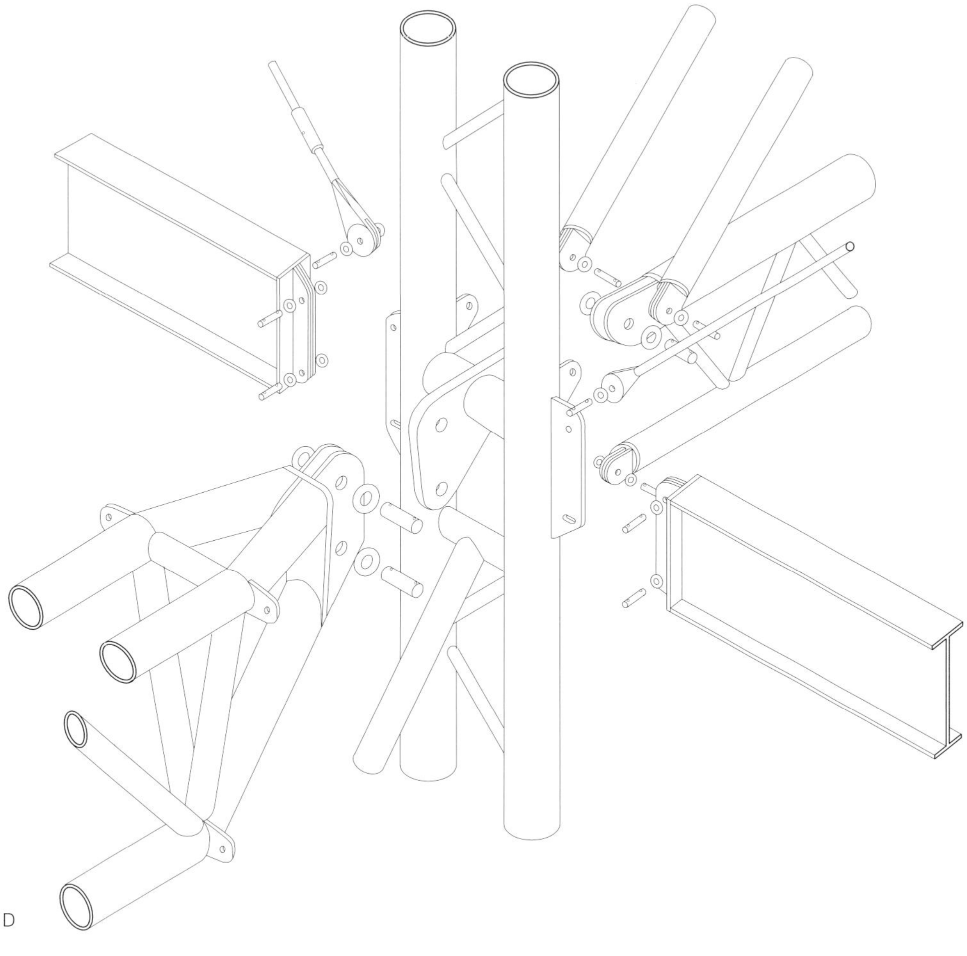

D

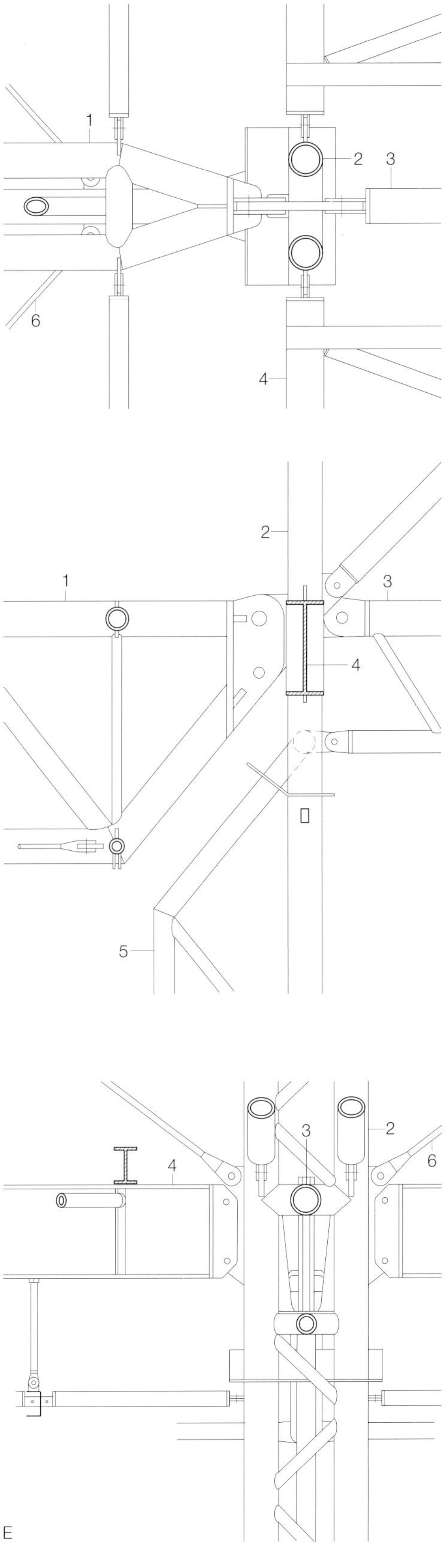

E

Fabrik in Quimper, Frankreich

1981

Architekten: Richard Rogers Partnership, London
Tragwerksplanung:
Ove Arup & Partners, London

Dem Bauherrn, einem Hersteller von Luft-, Benzin- und Ölfiltern, war es wichtig, ein repräsentatives und einprägsames Gebäude zu erhalten, das eine flexible Nutzung und eine leichte Erweiterbarkeit gewährleistet. In dem Gebäude sind Produktionsstätten, Lagerhallen und in einem zweigeschossigen Teil Verwaltungsräume untergebracht.
Die in einem Raster von 18 x 18 m stehenden Stützen und die Abspannungen der Hängekonstruktion bestimmen das Erscheinungsbild der Fabrik und sorgen für eine geringe Konstruktionshöhe der ungerichteten Hauptträgerlage. Die gerichtete Nebenträgerlage liegt in der gleichen Höhe der Hauptträger. Eine flexible Führung der Versorgungsstränge unter der Trägerebene in allen Richtungen ist so möglich. Während der aus Trapezblech bestehende obere Raumabschluß auf der Nebenträger- und Hauptträgerlage aufliegt, ist der seitliche Raumabschluß von der Konstruktion getrennt und liegt hinter den Außenstützen.
Die räumlichen Abspannungen des Dachtragwerkes zwischen den ausbetonierten Stahlrohrstützen übernehmen drei Funktionen. Zum einen werden die vertikalen Lasten über diese in die Stützen eingeleitet, zum anderen wirken sie als Überspannung der Hauptträger den abhebenden Kräften des Windsogs entgegen und dienen gleichzeitig als Windaussteifung.
Die an der Nord- und Westseite angebrachten Verstrebungen zur Horizontalaussteifung ermöglichen zusammen mit der inneren Gebäudestruktur des nördlichen Verwaltungsbereiches eine bevorzugte Erweiterung nach Osten.

Literatur: [6], [17], [101], [122], [362], [394]

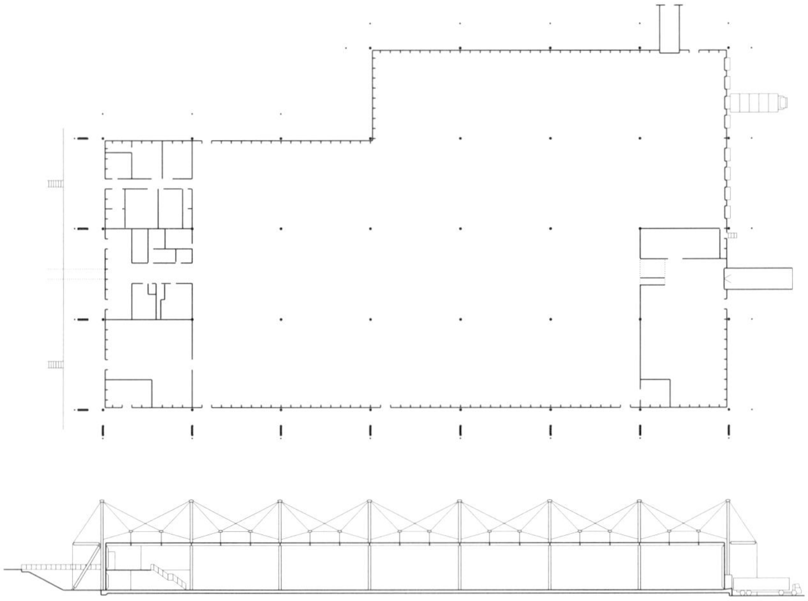

A

A Grundriß • Schnitt
Maßstab 1:1500
B Teil-Schnitt
Maßstab 1:200

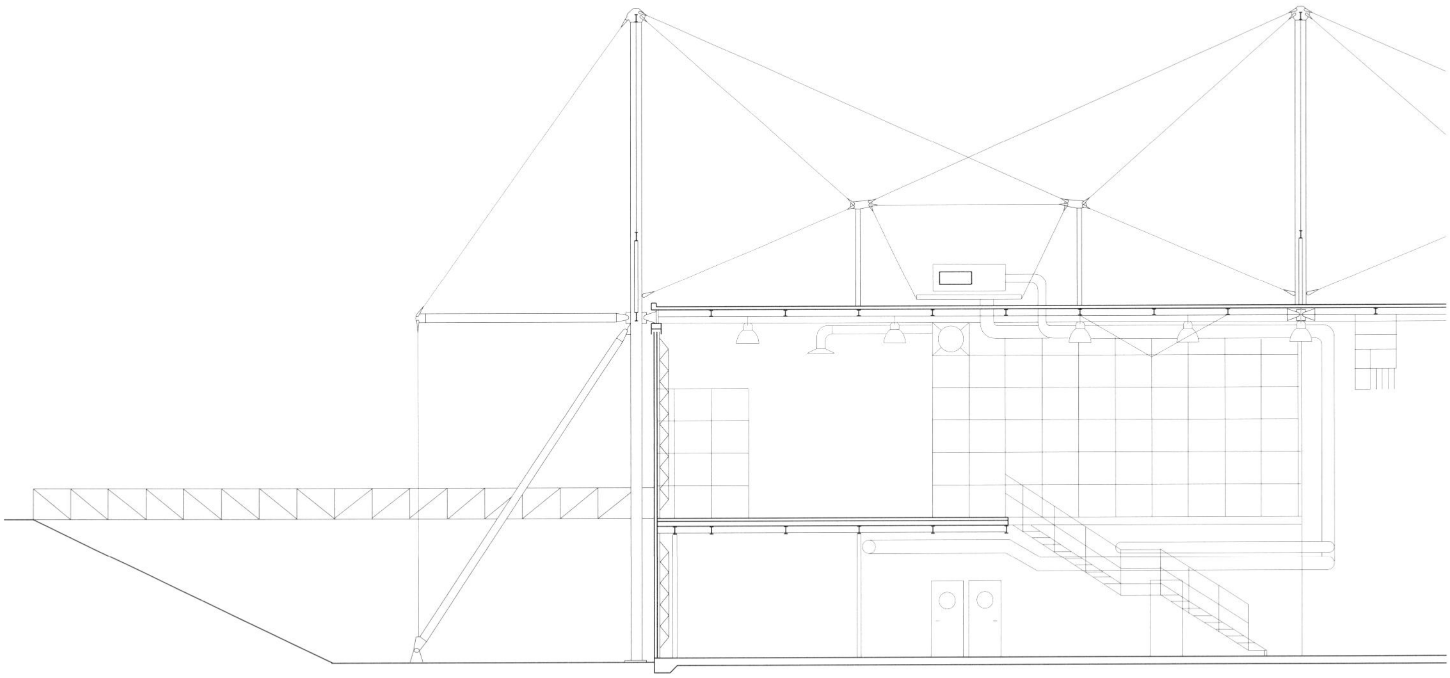

B

A Isometrie Stützenanschlüsse
ohne Maßstab
B Vertikalschnitt
Maßstab 1:20

1 Hängestab, Stahlrohr
2 Hauptträger, IPE 330
3 Horizontaler Windverband
4 Vertikale Windaussteifung der Wand
5 Ausbetonierte Stahlstütze ∅ 355 mm
6 Strebe des vertikalen Windverbands, zug- und druckbeansprucht
7 Zugstab mit Gabelende
8 Stützenkopf
9 Grundplatte, Stahlblech 20 mm
10 Fundament für Zugstab und Strebe des Windverbands
11 Spannschloß

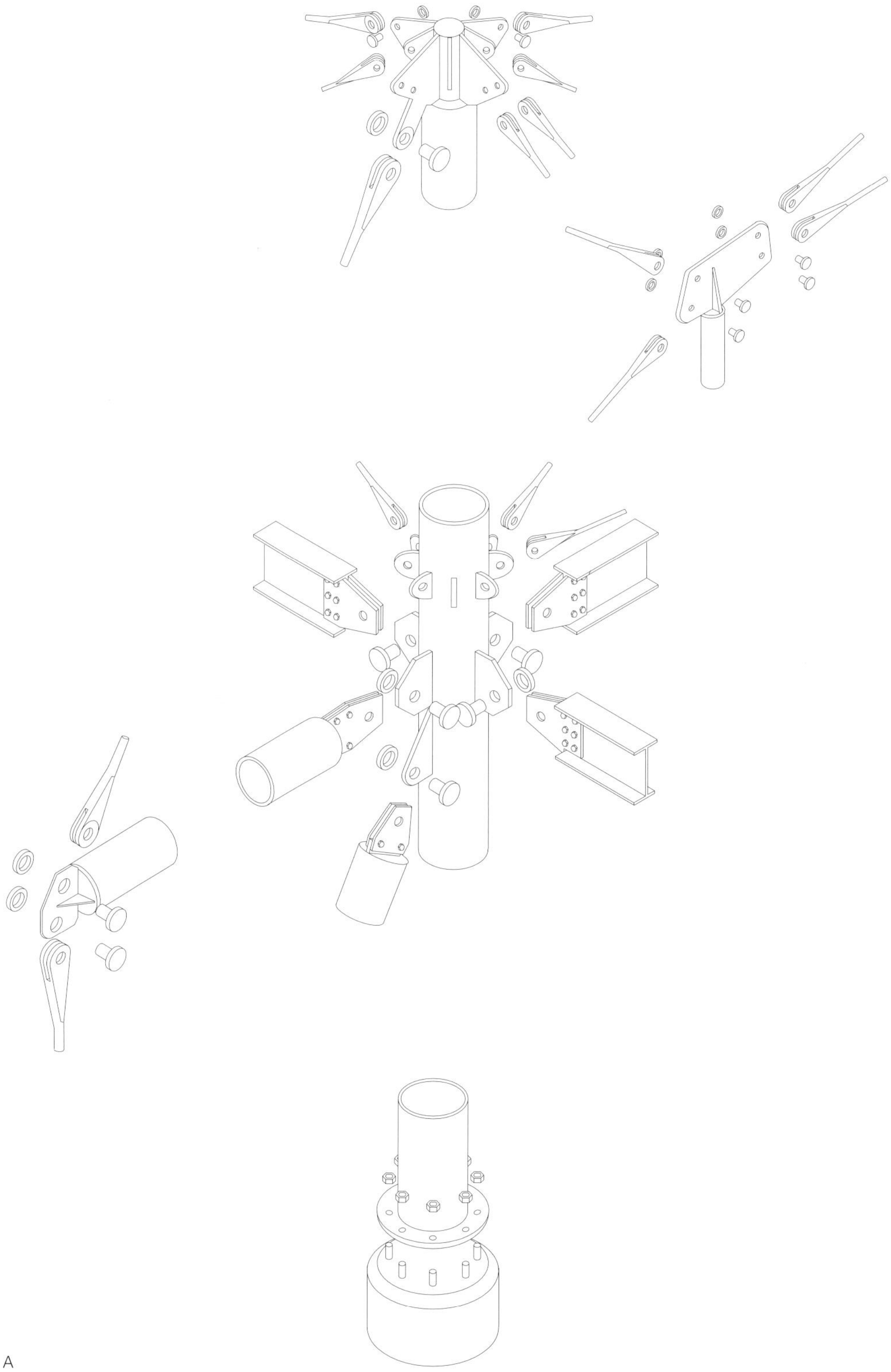

A

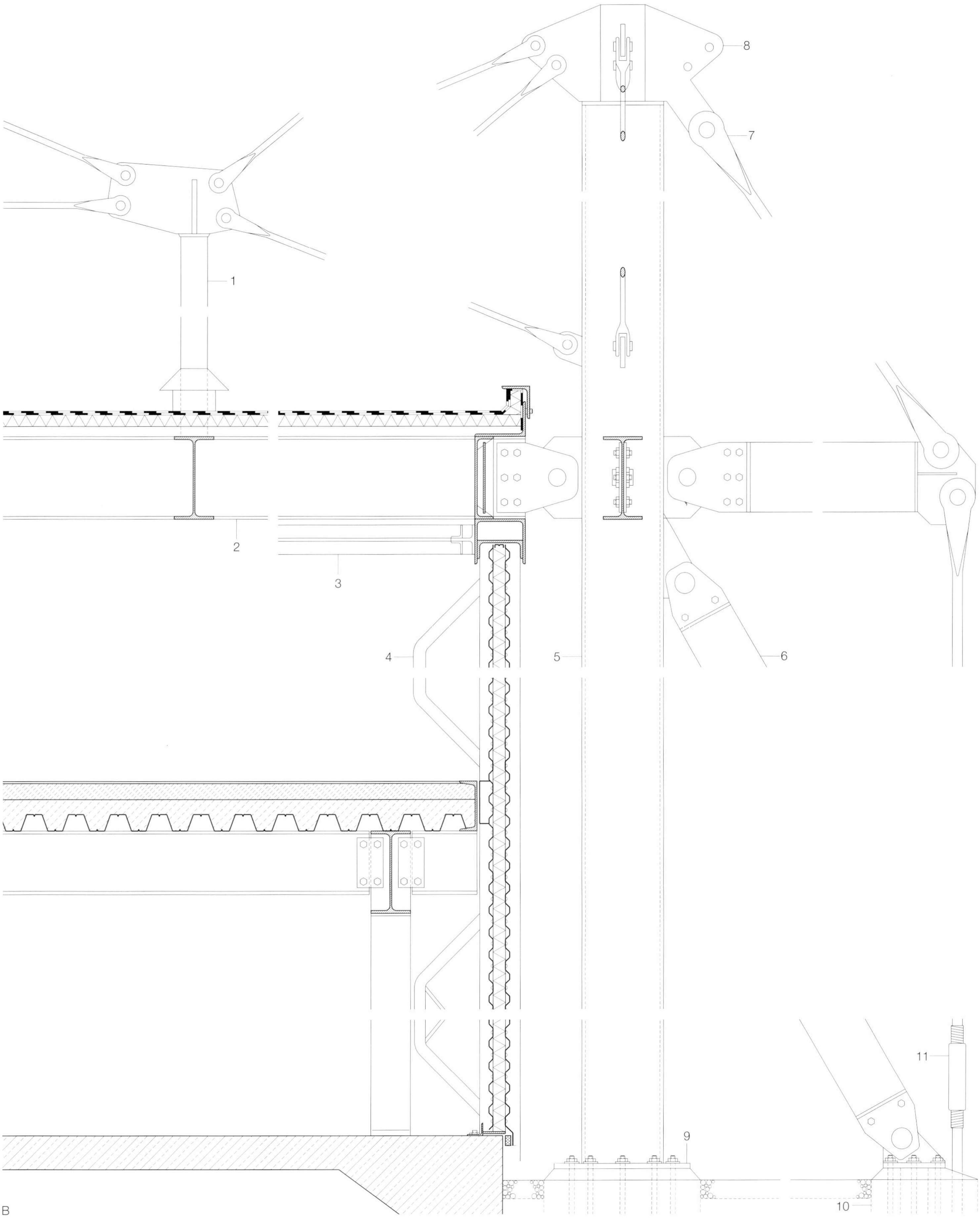
8
7
1
2
3
4
5
6
11
9
10
B

Fabrikations- und Bürogebäude in Köln

1992

Architekten:
Nicholas Grimshaw and Partners, London
N. Grimshaw, M. Bryden, P. Collins, D. Harris, D. Strauss
Tragwerksplanung:
Whitby + Bird, London

Der Auftraggeber benötigt für seine Produktionshalle flexible, beliebig erweiterbare Fertigungseinheiten. Daraus ergab sich eine Anlage aus zunächst vier Einheiten mit jeweils einem Innenhof. Von einem Pylon im Zentrum jedes Hofes sind über diagonal angeordnete Zugbänder die Dächer abgehängt. Die Höfe dienen sowohl zur Belichtung der Hallen als auch als Pausenraum.
Die Pylone sind Gittermasten mit rundem Querschnitt, die sich von 2,5 m Durchmesser in der Mitte zu beiden Enden punktförmig verjüngen und aus einzelnen Rohrprofilen bestehen. Am Pylonkopf sind die Zugelemente aufgehängt, die das Dach an vier Punkten jeder Einheit tragen. Die Dachkonstruktion besteht aus einem Stahlträgerrost mit 11,25 m Achsabstand, der an den Außen- und Hoffassaden zusätzlich unterstützt wird. Das Quadratraster wird diagonal durch ein kleineres Raster überlagert. Über jedem Feld befindet sich eine glasfaserverstärkte Kunststoffkuppel mit einem nach Norden orientierten Oberlicht.

Literatur: [136], [165], [361]

A Ansicht • Schnitt • Grundriß
Maßstab 1:1500
B Axonometrie Fassadenaufbau
ohne Maßstab

A

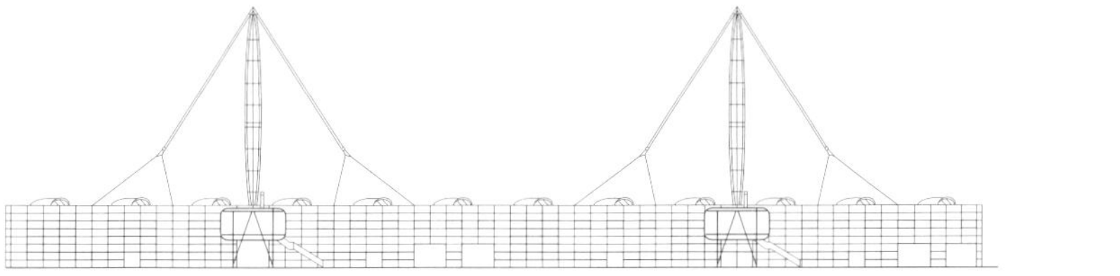

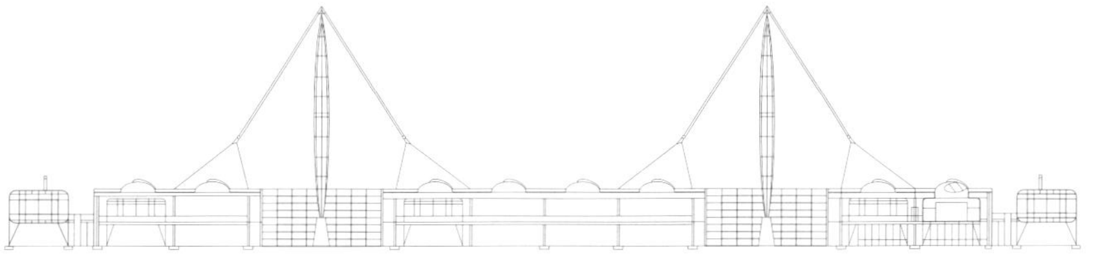

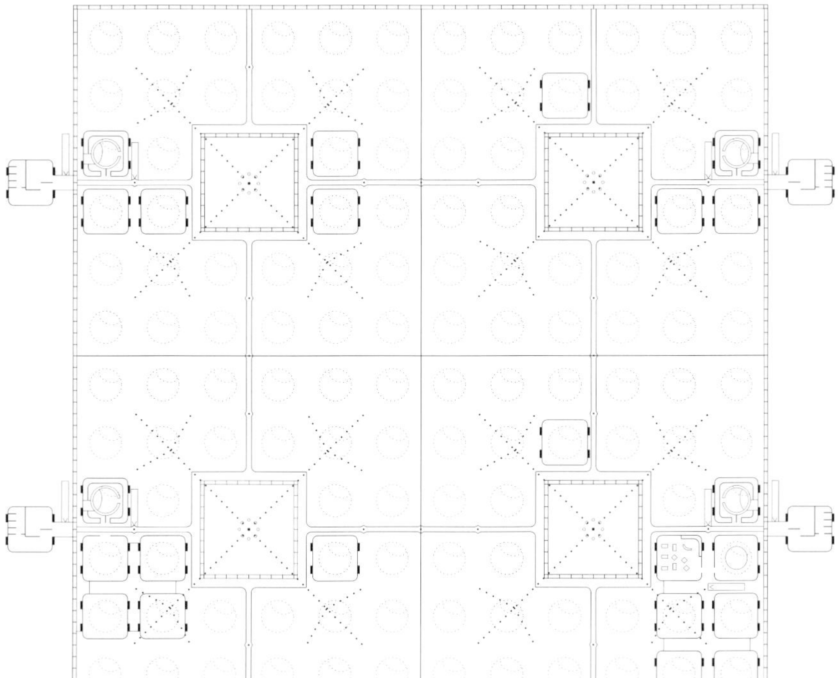

B

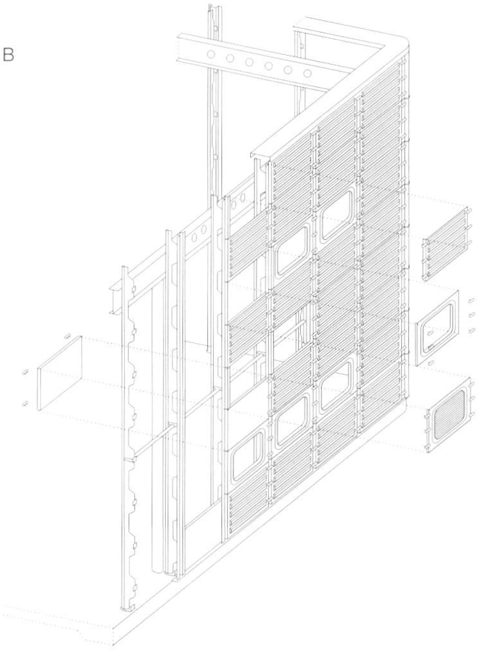

Plenar- und Präsidialbereich des Deutschen Bundestages in Bonn

1992
Architekten: Behnisch & Partner, Stuttgart
Gerald Staib (Projektpartner), H. Eilers, M. Burkart, E. Pritzer, A. v. Salmuth, E. U. Tillmanns, unter Mitwirkung von Christian Kandzia
Tragwerksplanung:
Schlaich, Bergermann + Partner, Stuttgart

Die Dachkonstruktion des Plenarsaals besteht aus zwei 1,70 m hohen Kastenträgern, die auf vier Stahlstützen ruhen. In Querrichtung dazu wurden sechs Fischbauchträger angeordnet. Über dieser Primärkonstruktion sind, diagonal zum quadratischen Grundriß, bewegliche Sonnenschutzlamellen aus lichtstreuenden Acrylglaselementen angebracht. Darunter liegt die geschlossene und gefaltete Dachkonstruktion. Sie besteht aus einem stählernen, von den Fischbauchträgern abgehängten, Trägerrost mit Spannweiten von 6 bis 12 m. Darauf liegt das Lichtdach aus Stahlbindern und Verbundsicherheitsglas.
Die vertikalen Dachlasten werden über geschweißte Stahlstützen, die aus brandschutztechnischen Gründen mit Beton gefüllt sind, in die Untergeschosse abgeleitet. Vorgespannte Edelstahl-Seilkonstruktionen steifen das Dach horizontal aus.

Literatur: [26], [61], [135], [141], [386], [431], [480]

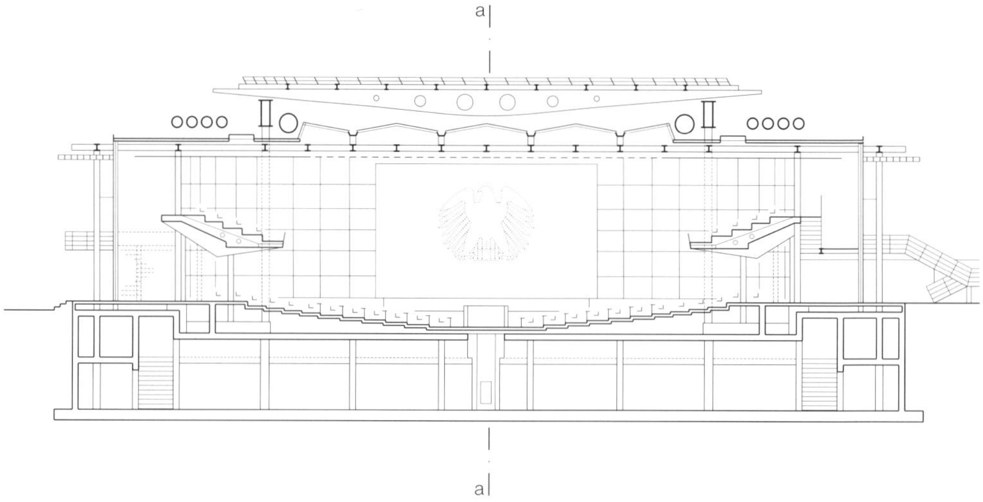

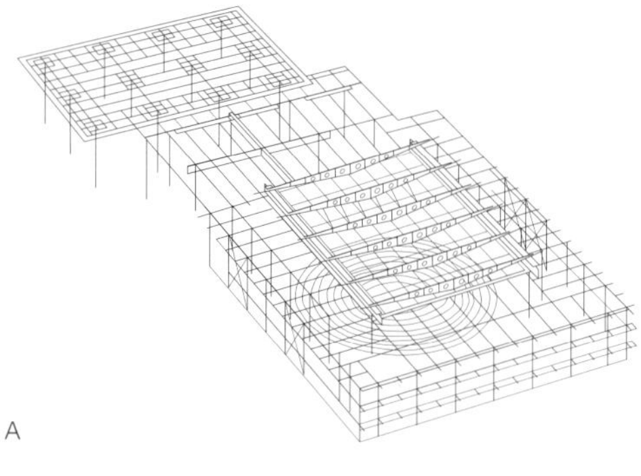

A

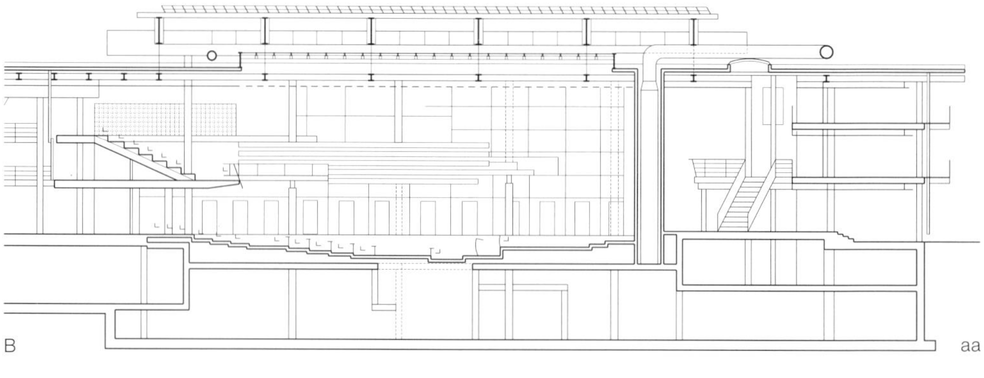

B

aa

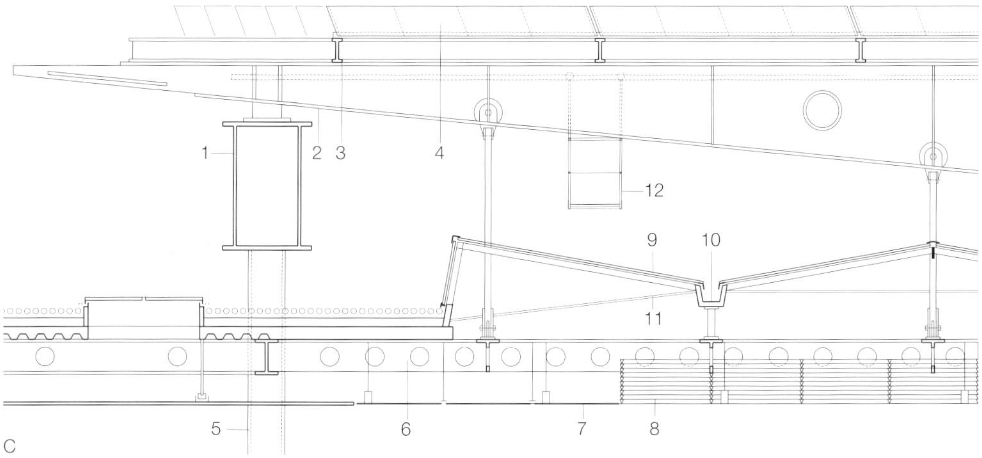

C

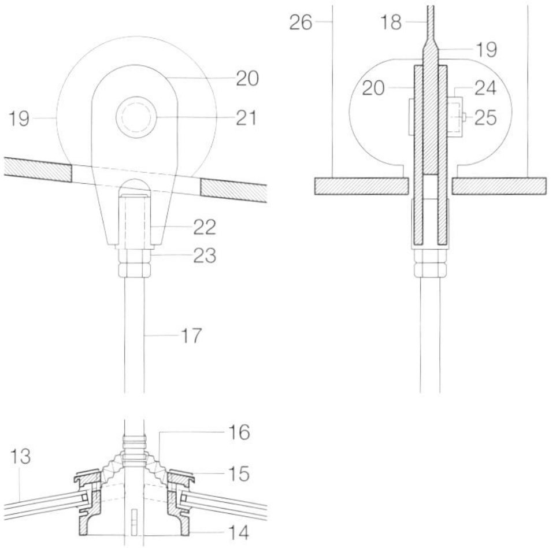

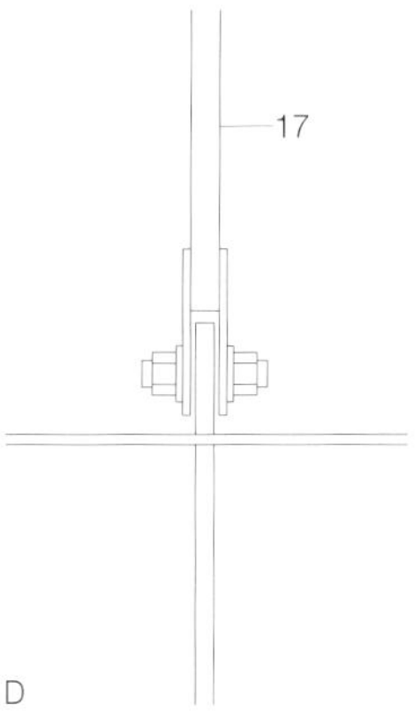

D

A Isometrie Tragkonstruktion ohne Maßstab

B Schnitte Maßstab 1: 500

C Dachkonstruktion Maßstab 1:100

D Abhängung Maßstab 1: 5

1 Hauptträger 1200 × 1700 mm, geschweißter Kastenträger
2 Fischbauchträger, Flanschbreite 550 mm
3 Prismenträger 110 × 300 mm, geschweißter Blechträger, diagonal verlegt
4 bewegliche Sonnenschutzlamellen aus lichtstreuenden Acrylglaselementen
5 Hauptstütze Lichtdach, Stahlrohr ∅ 508 × 40 mm
6 Trägerrost aus Profil HEB 450
7 Aluminium-Paneel
8 Lichtrasterdecke aus reflektierendem Metall und prismatisch geformtem Gußglas (Fresnellinsen)
9 Lichtdach auf Dachbinder IPE 80
10 Edelstahlblechrinne
11 Zugstäbe ∅ 16 mm
12 Befahranlage
13 Isolierverglasung, VSG 33 mm
14 Aluminium-Sandgußring, zweiteilig
15 Aluminium-Dichtungsring
16 Dichtungsmanschette mit Mineralwollfüllung
17 Hängestab zum Träger, Rundstahl ∅ 45 mm
18 Steg 15 mm
19 Stegverstärkung 30 mm
20 Augblech 2× 20 mm
21 Bolzen ∅ 65 mm mit Kopf
22 Stahlrohr ∅ 88,9/25 mm
23 Sechskantmutter mit Feingewinde
24 Hülse ∅ 76,1/4 mm
25 Sechskantschraube M8
26 Steifenblech 15 mm

Landtagsgebäude in Dresden

1994

Architekt: Peter Kulka, Dresden
Mitarbeiter: N. Cravo-Cacoilo, K. Radau, K. Wimmer, C. Anderhalten, M.Beckmann, H. Braunisch, U. Friedemann, J. Kastner, U. Königs, S. Liese, K. Messerschmidt, S. Mosert, K. Pfeiffer, K. Pilcher
Tragwerksplanung:
Varwik-Horz-Ladewig, Köln

Die flachen Neubauten bilden mit dem winkelförmigen Altbau einen Hof. Während die beiden schmalen Gebäudeflügel eine gerichtete Konstruktion aufweisen, besteht das Haupttragwerk des Plenarsaals aus einem ungerichteten Trägerrost, der auf vier kreuzförmigen, eingespannten Stützen lagert.
Der Trägerrost spannt zwischen den Stützen über 30 m und kragt jeweils 6,8 m aus. Er besteht aus 1,3 m hohen Stahlvollwandträgern, die in einem quadratischen Raster von 5 m angeordnet sind. Ein weiterer Trägerrost aus HEA 140 Profilen bildet als Nebenträgerlage die Deckenkonstruktion des Plenarsaals und ist vom Haupttragwerk etwa 1,2 m abgehängt. Die Abhängung besteht aus Profilblechen, die im Bereich von statischen Aussteifungsverbänden stärker ausgebildet sind.
Auf diesen Nebenträgern liegen die Wärmedämmelemente, beidseitig aluminiumkaschiert. Die Innenraumdecke ist vom Nebenträgerrost abgehängt. Der Bereich der Abhängung zwischen den Wärmedämmpaneelen und dem außenliegenden Haupttragwerk ist mit Vogel- und Schneeschutzgittern geschlossen.
Nur eine der vier Kreuzstützen liegt im Innenbereich des Gebäudes. Für diese wurde im Kopfpunkt aus bauphysikalischen Gründen eine Sonderkonstruktion nötig. Im Bereich der Durchdringung der Stütze durch die gedämmte Schicht wurde die Innenraumdecke ausgespart, der Trägerrost des Haupttragwerkes und das Auflager sind nach innen sichtbar und durch ein Oberlicht akzentuiert. Eine Trägerheizung sowie die Trägerdämmung vermeiden Tauwasserprobleme.

Literatur: [70], [72], [141], [153], [167], [169], [292]

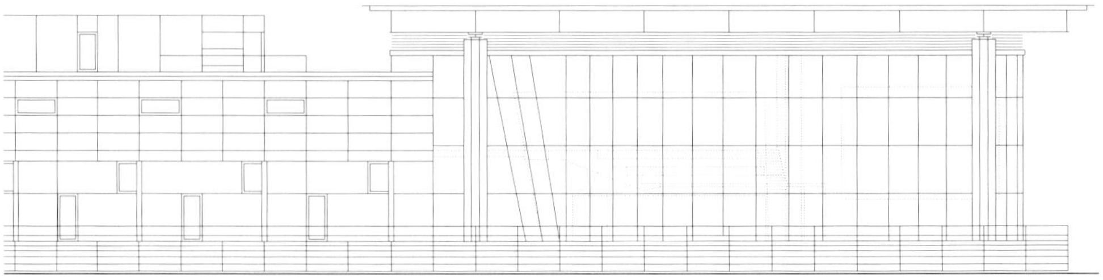

A

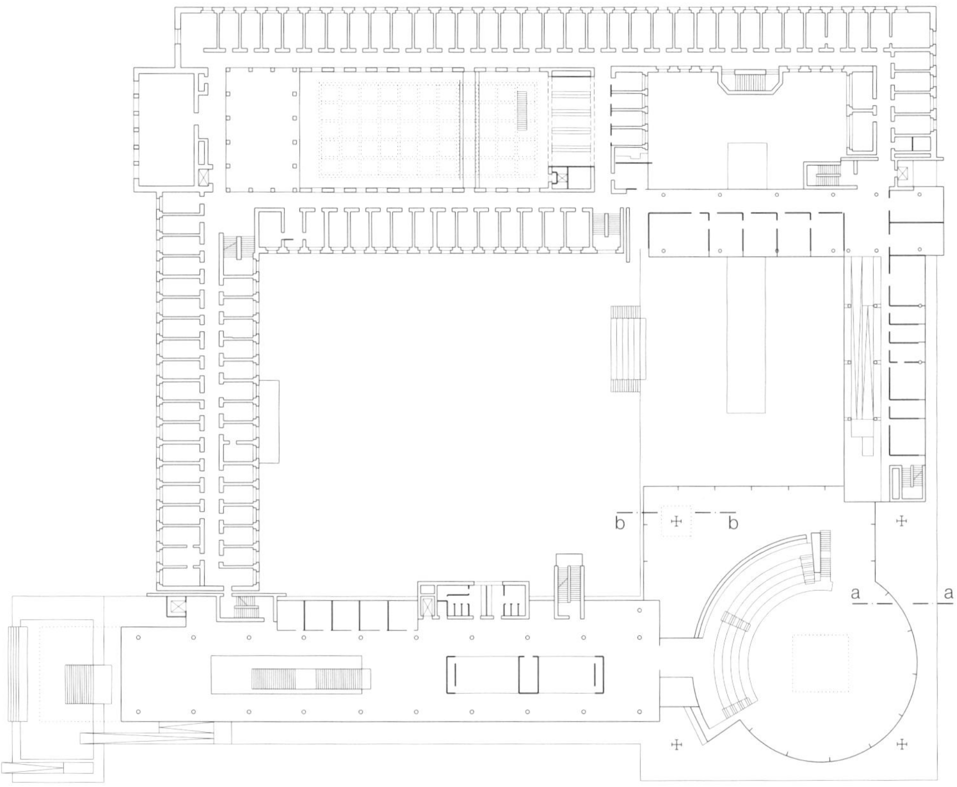

B

A Teilansicht Plenarsaal Maßstab 1:500
B Grundriß Maßstab 1:1000
C Fassadenschnitt, außenliegende Stütze
D Detail Oberlichtanschluß, innenliegende Stütze
Maßstab 1:100

1 Dachaufbau:
Kieslage
Dichtungsbahn dreilagig
Gefälledämmung
2 Gitterrost begehbar zu Wartungszwecken
3 Trapezblech
4 HEA 140
5 Trägerrost 1300 mm
6 Aluminium Dämmpaneel 125 mm
7 Lochblechdecke Aluminium
8 Steglochrasterdecken
9 Schneefanggitter, Aluminium
10 Aluminiumblech gekantet
11 Kreuzstütze Flansche 4× 550 × 60 mm
Stegbleche 1× 1180 × 20 mm und 2× 580 × 20 mm
12 IPE 240
13 Flachstahl 120 × 40 mm
14 Sichtschutzschirm Aluminiumlochblech
15 Pfosten-Riegel-Fassade Stahl 60/60 mm, beheizt, Isolierverglasung thermisch getrennt mit Wärmeschutzbedampfung; Deckleisten Aluminium eisengrau eloxiert
16 Fußplatte 1620 × 1620 × 60 mm
17 Sonnenschutz
18 Ummantelung Hauptträger

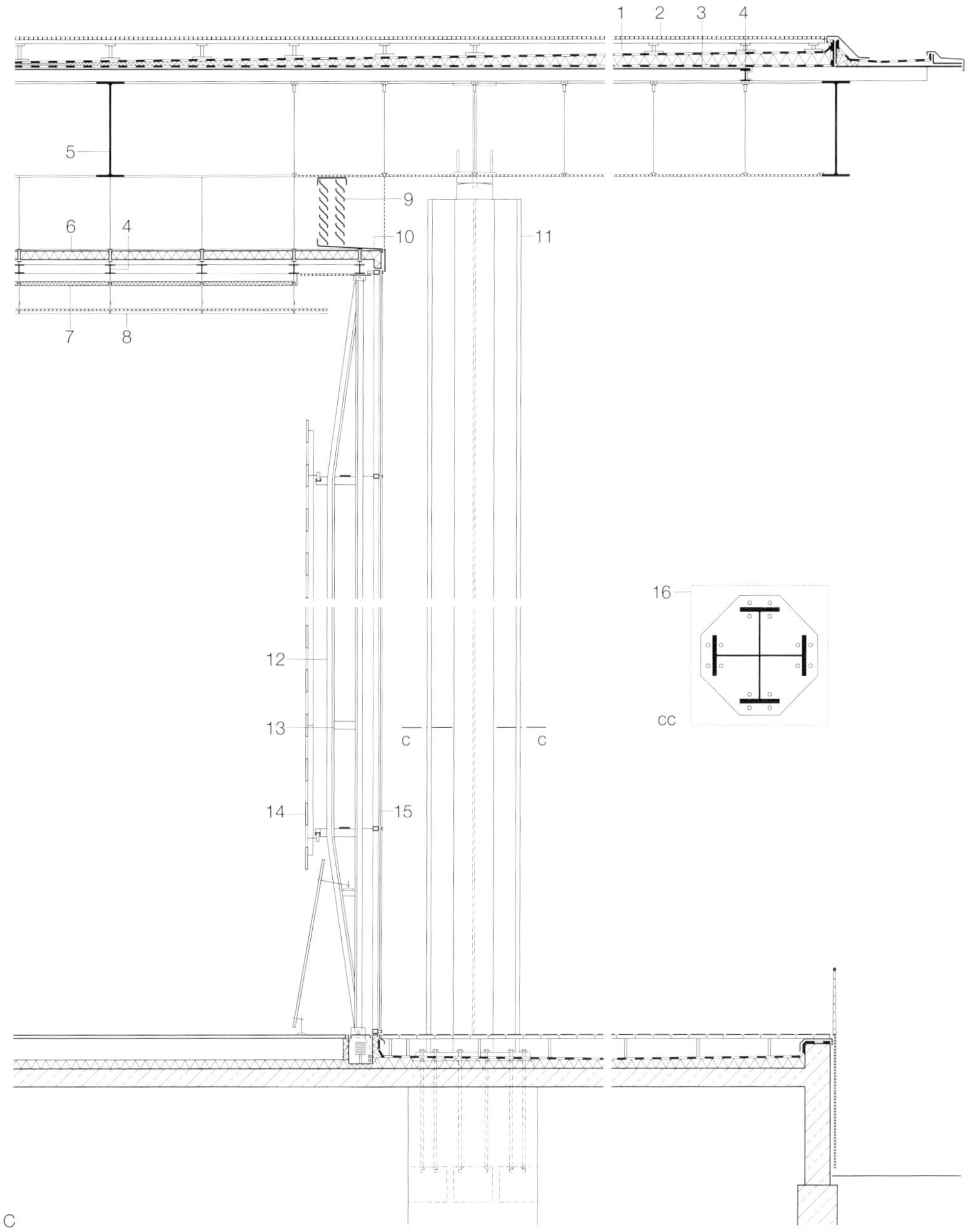

C

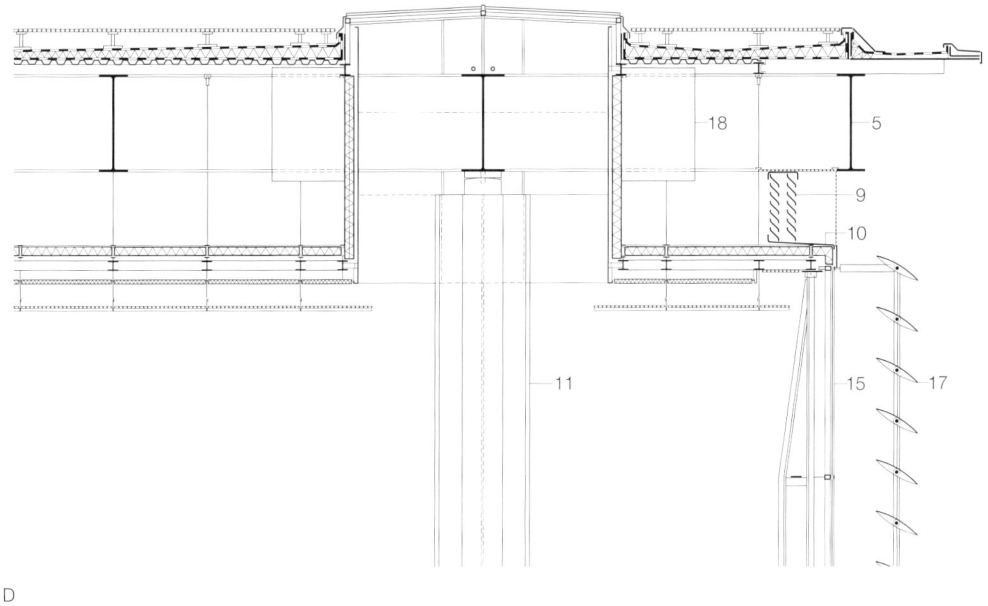

D

Omnibusbahnhof in Delmenhorst

1996

Architekten:
Schomers, Schürmann, Stridde, Bremen
Mitarbeiter: Leiermann, Ravens
Tragwerksplanung:
Sobek und Rieger, Stuttgart

Der Busbahnhof ist als 133 m langer und 11 m breiter Bahnsteig für zwölf Busse konzipiert und soll nach der Neuorganisation der Buslinien in Delmenhorst ein Zeichen für die Bedeutung des öffentlichen Personen-Nahverkehrs setzen. Die Stahl-Glas-Konstruktion überdeckt die volle Länge und Breite des Bahnsteigs und ruht auf einer Reihe von eingespannten Doppelstützen im Abstand von 6,75 m.
Die Dachkonstruktion besteht aus beidseitig auskragenden T-Trägern, die gelenkig verbunden und an längslaufenden Rundrohren aufgeschweißt sind. Diese Rundrohre sind in den Stützenachsen gestoßen und über Stahlbleche gelenkig an die Stützen angeschlossen. Die Aussteifung der Konstruktion erfolgt über die Einspannung der Stützen und über die zu Rahmen zusammengefügten Doppelstützen.

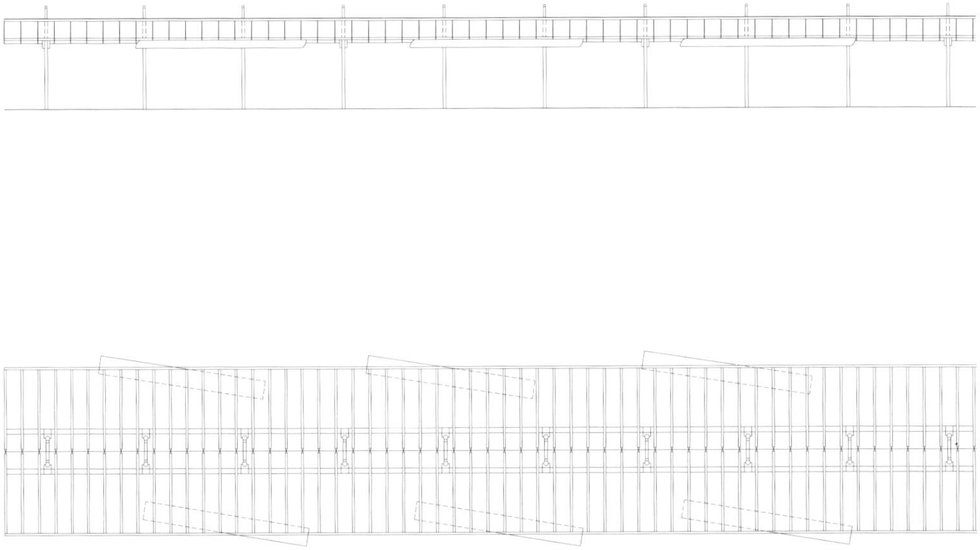

A

A Ansicht, Aufsicht
Maßstab 1:500
B Querschnitt, Aufsicht
Maßstab 1:100
C Anschlüsse Abhängung Regenschutz
Maßstab 1:10
D Querschnitt Regenschutz
Maßstab 1:20

B

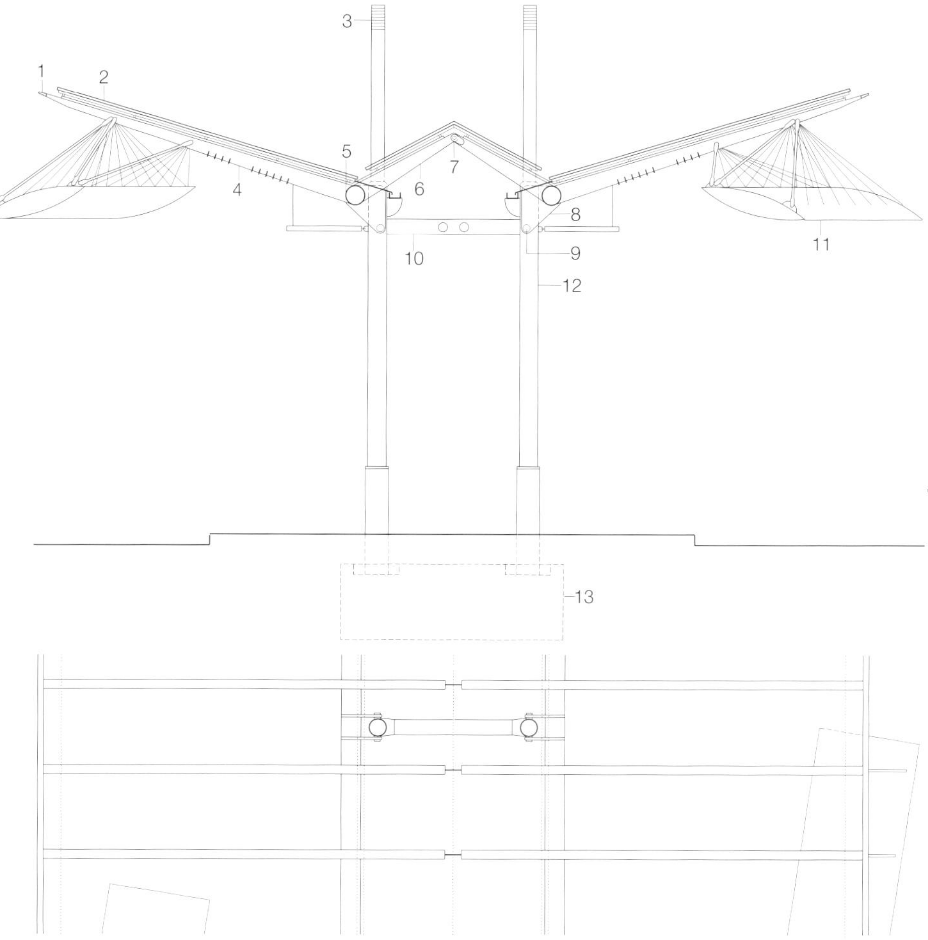

C

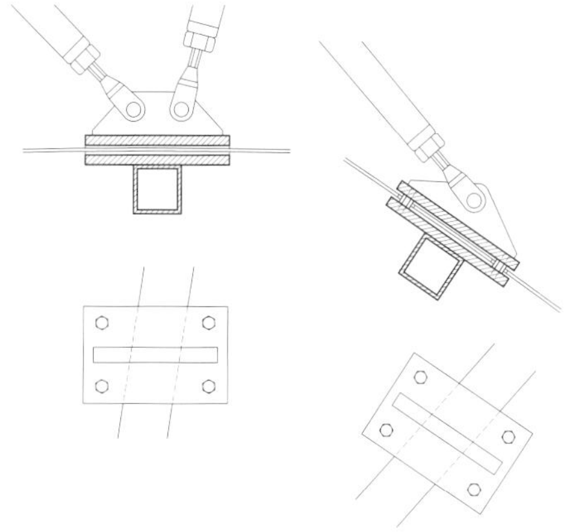

D

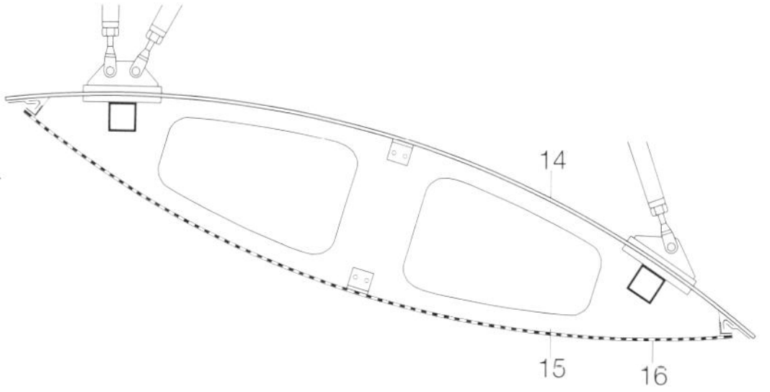

1 Abschlußprofil, Aluminium
2 Deckung, Verbundsicherheitsglas
3 Aufsatzleuchte
4 Kragarm außen
5 Torsionsträger
6 Kragarm innen
7 Gelenkanschluß
8 Konsolblech
9 Gelenkanschluß
10 Querträger
11 Regenschutz
12 Stütze, Stahlrohr, ∅ 244,5/10 mm
13 Einzelfundament 3,00/1,00/1,00 m
14 Kunststoffabdeckung
15 Rippenblech 2 mm
16 Lochblech

A Stütze, Dach
Schnitte Maßstab 1:20
B Details Stütze
Maßstab 1:10

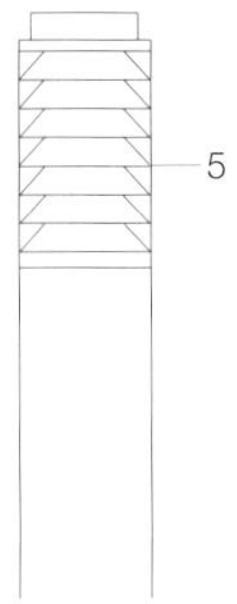

A

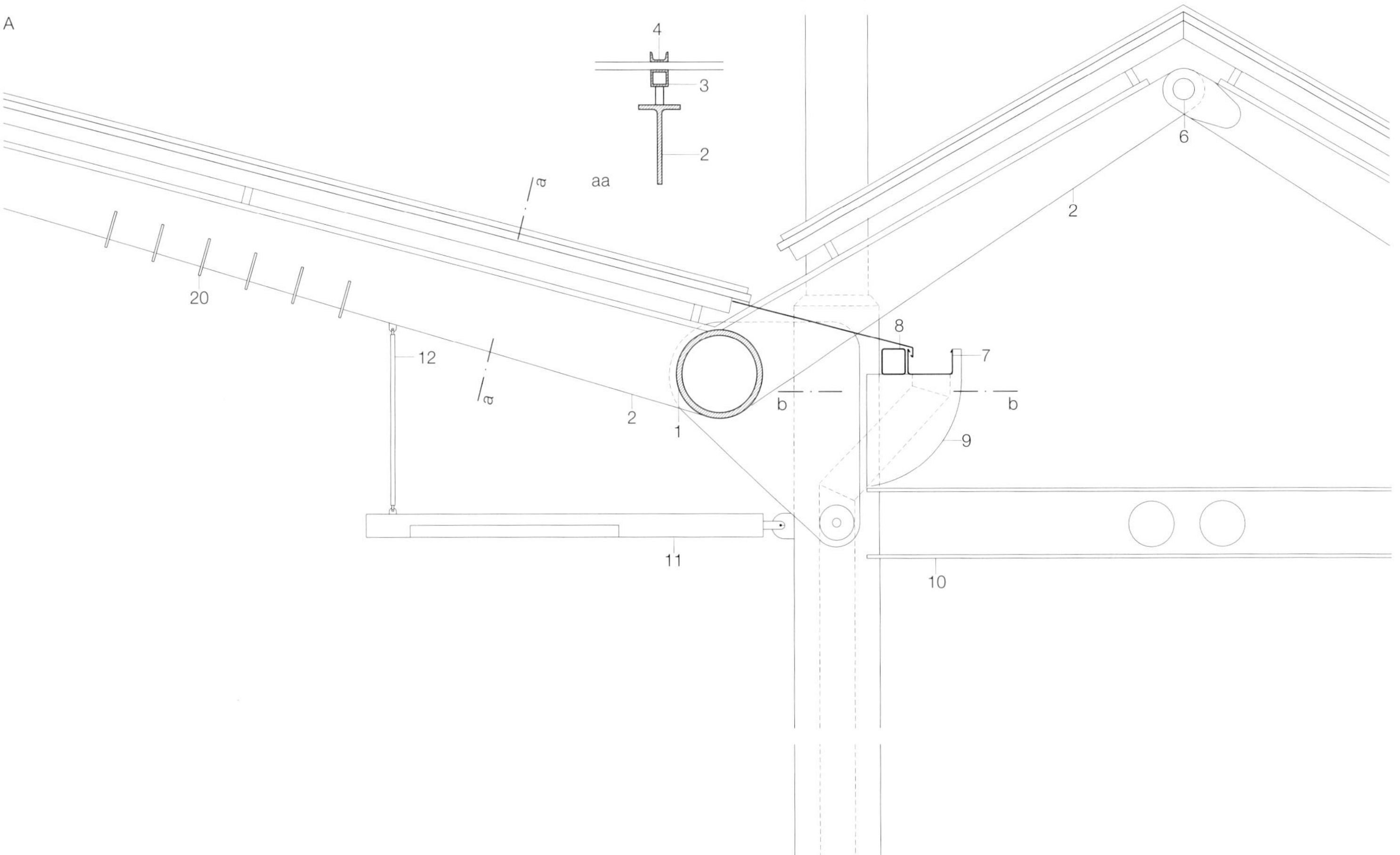

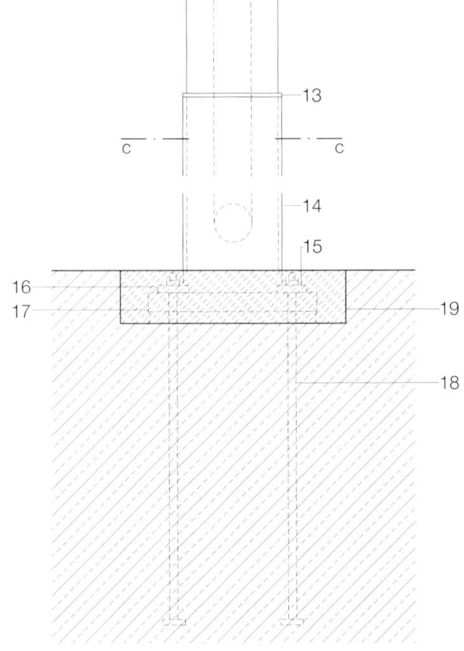

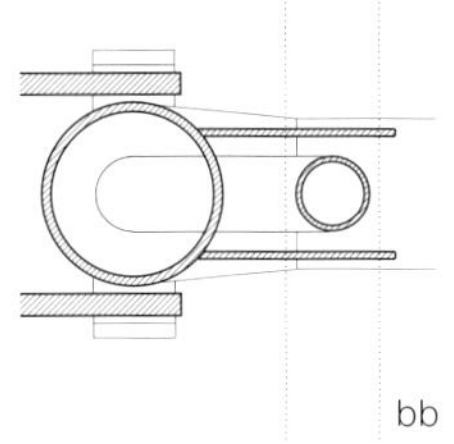

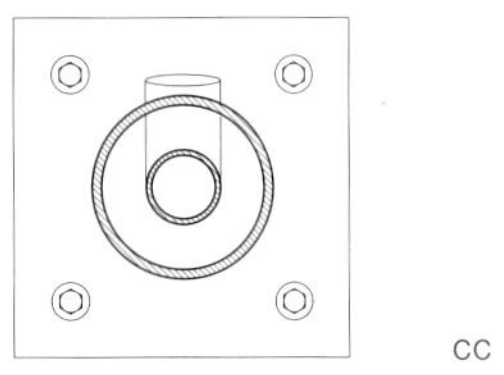

1 Torsionsträger, Stahlrohr 244/25 mm
2 Kragarm T 250 × 100 × 15 mm schräg geschnitten
3 Rechteckrohr
4 Deckleiste, U-Profil
5 Aufsatzleuchte
6 Firstgelenk Bolzen ∅ 40 mm, Scheibe ∅ 60 mm
7 Regenrinne
8 Elektro-Kanal
9 Konsole, Stahlblech 4 mm
10 Rahmenkonstruktion aus Stahlrohrstützen ∅ 244/10 mm und Träger HEA 200 mit Lochung ∅ 120, feuerverzinkt
11 Rohrleuchte ∅ 62 mm
12 Aufhängung Leuchte an seitlichem Kragarm
13 Abschlußring ∅ 270 mm/∅ 250/8 mm
14 Edelstahlblechmantel
15 Mutter M 20
16 Ausgleichscheibe 30 mm mit Loch ∅ 22 mm
17 Fußplatte 450/450/5 mm
18 Gewindestange 400 mm lang
19 Quellmörtel

B

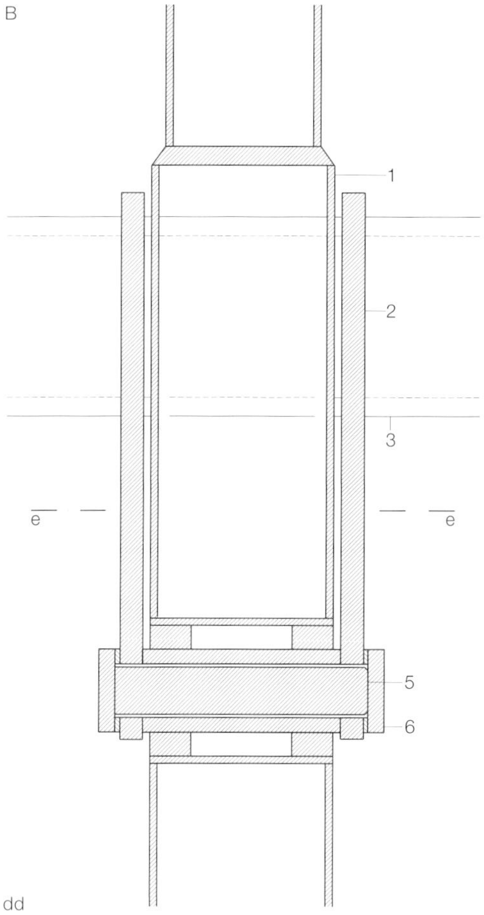

dd

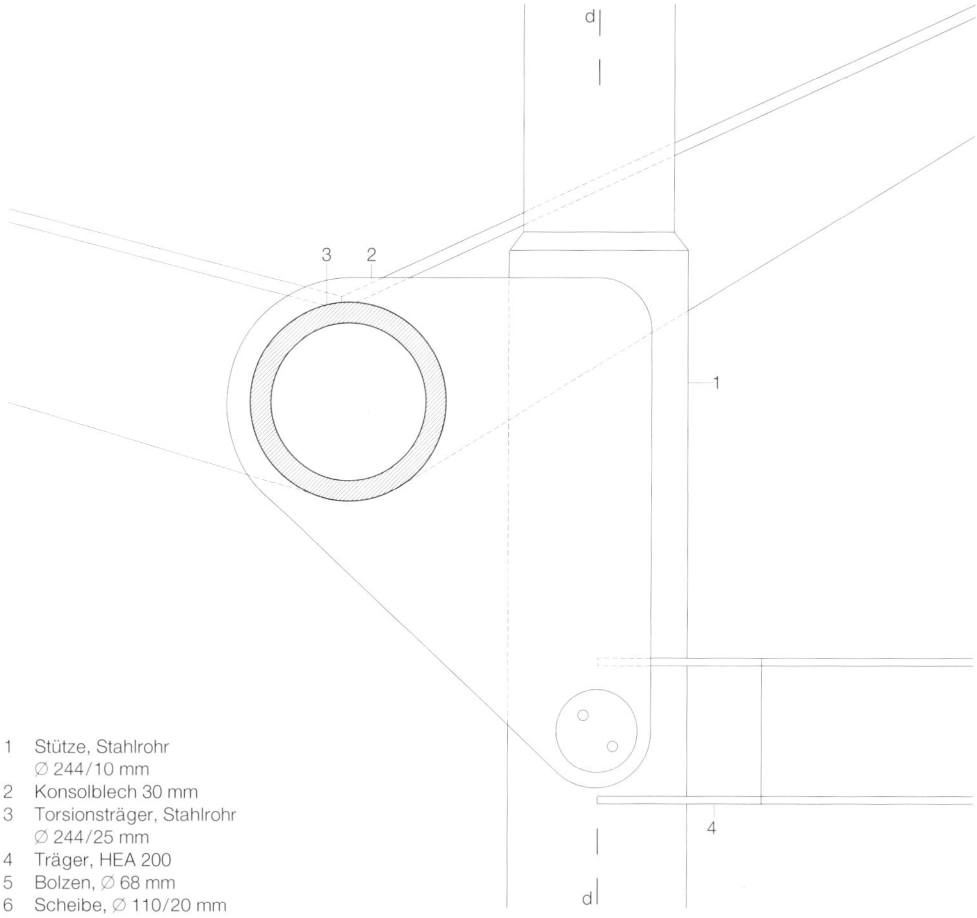

1 Stütze, Stahlrohr
∅ 244/10 mm
2 Konsolblech 30 mm
3 Torsionsträger, Stahlrohr
∅ 244/25 mm
4 Träger, HEA 200
5 Bolzen, ∅ 68 mm
6 Scheibe, ∅ 110/20 mm

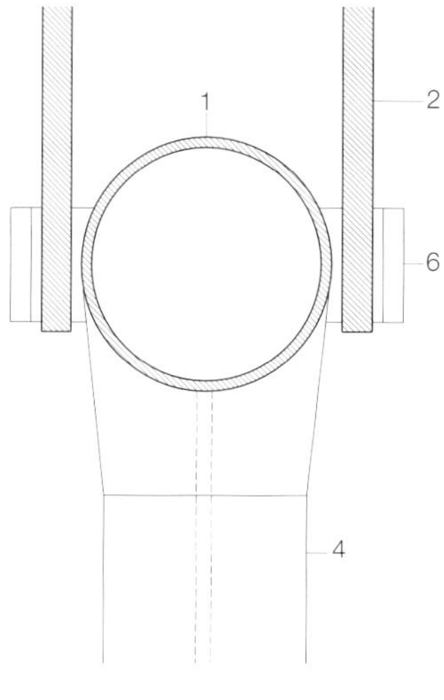

ee

Flughafenterminal in Stuttgart

1990

Architekten:
von Gerkan • Marg + Partner, Hamburg
Entwurf: Meinhard von Gerkan, Karsten Brauer
Projektpartner: Klaus Staratzke
Tragwerksplanung:
Weidleplan Consulting, Stuttgart

Neben der Bewältigung funktionaler Anforderungen, die an einen Flughafen gestellt werden, wie gute Orientierung und reibungsloser Bewegungsfluß von Fluggästen, Personal und Gepäck, war es bei diesem Entwurf wichtig, einen charakteristischen Ort im Niemandsland vor der Stadt Stuttgart zu schaffen.
Das Konzept sieht vor, mittels des Terminals die Landseite von der Luftseite zu trennen.
Es setzt sich aus zwei Baukörpern zusammen – einem Längstrakt mit gekapptem Dreiecksquerschnitt und einer rechteckigen Halle mit einem zum Flugfeld ansteigenden Pultdach.
Das Erscheinungsbild des Flughafens wird von der Tragstruktur des Hallendaches bestimmt.
Das Tragwerk wird aus zwölf Baumstützen und einem darauf aufliegenden Trägerrost gebildet.
Die Baumstützen bieten den Vorteil geringer Stützweiten in der Trägerebene und gleichzeitig stützenfreier Nutzflächen von 21,6 × 32,4 m.
Der Trägerrost lagert gelenkig auf den Ästen der Baumstützen auf. Die aus Rohrprofilen hergestellten Äste leiten die Kräfte weitgehend als Normalkräfte über Gußstahlknoten in den im Fundament eingespannten Stamm. Als ergänzende Aussteifung des Gebäudes dienen zusätzliche Verbände in der Decken- und Fassadenebene.
Da es keine Forderungen an den vorbeugenden Brandschutz gab, konnten die Stahlbauteile der Baumstützen und des Trägerrostes unverkleidet belassen werden.

Literatur: [32], [68], [162], [218], [224], [430], [437], [455]

A Grundriß • Längsschnitt • Querschnitt
Maßstab 1:1000
B Untersicht Dachtragwerk
Maßstab 1:250

A

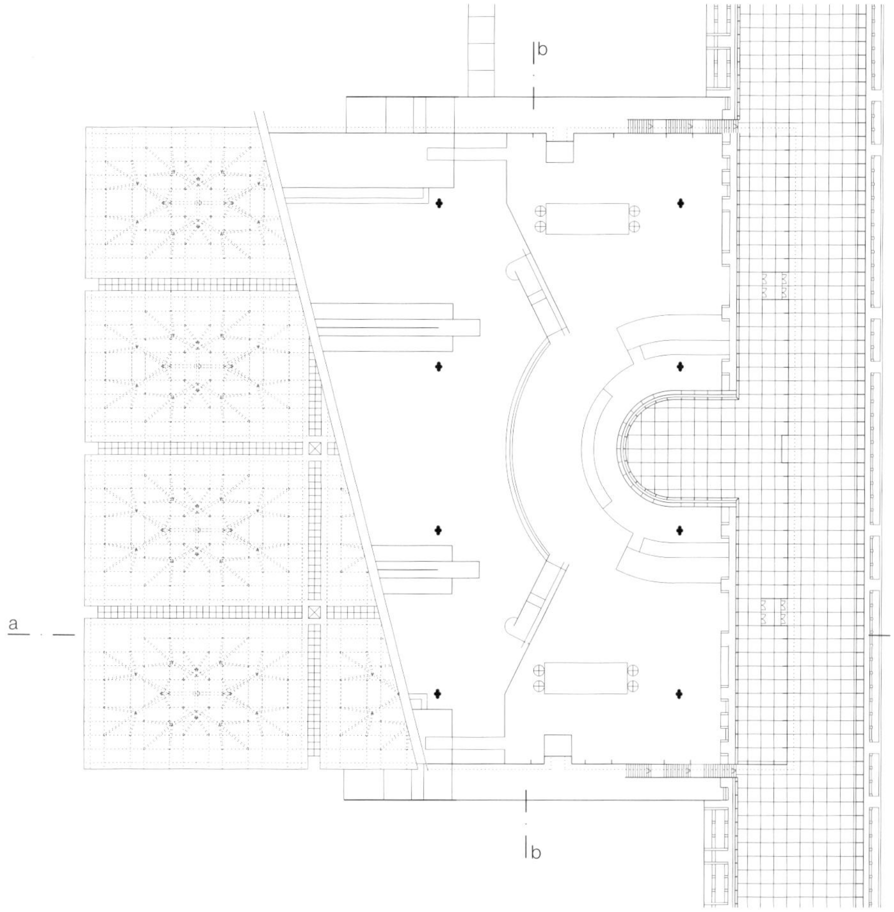

B

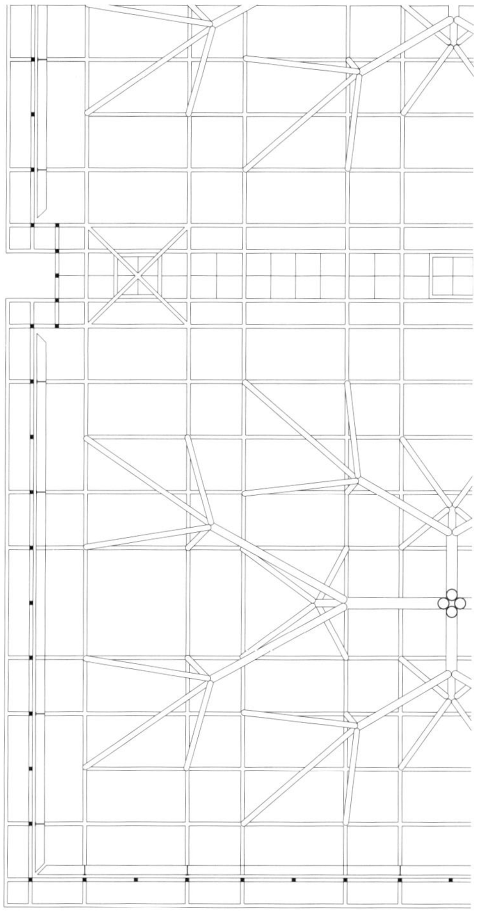

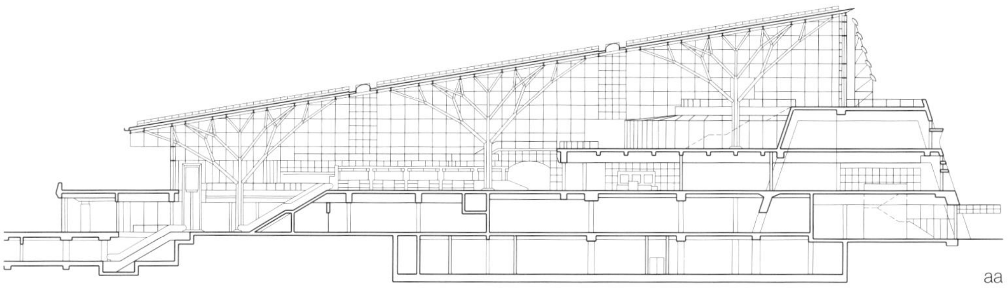

aa

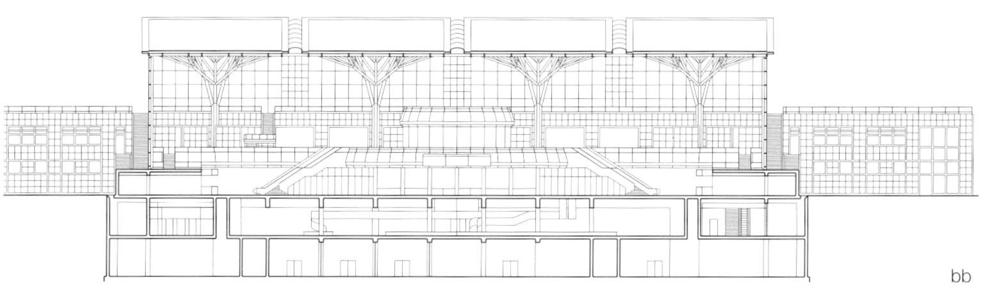

bb

A

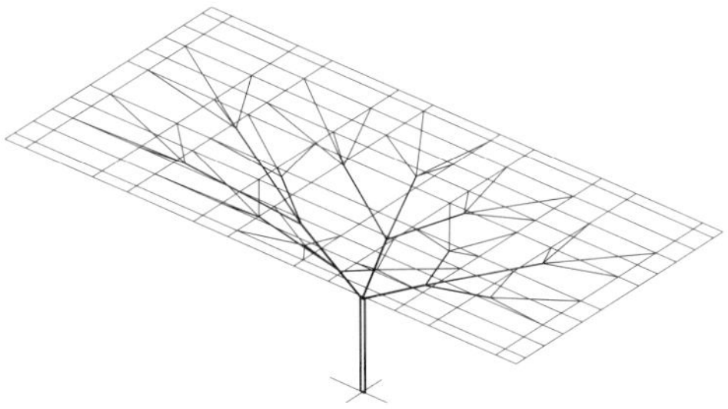

B

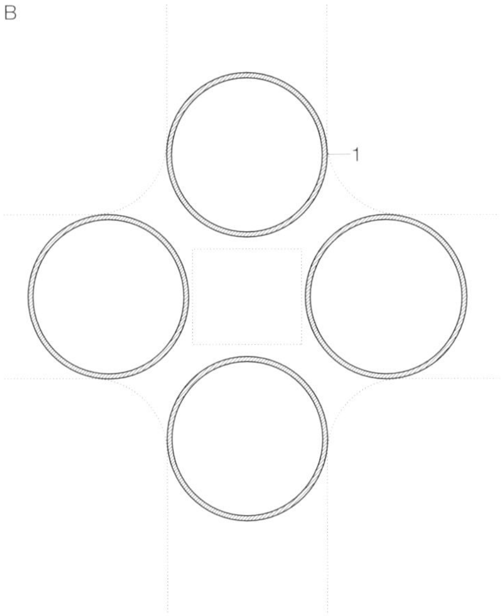

C

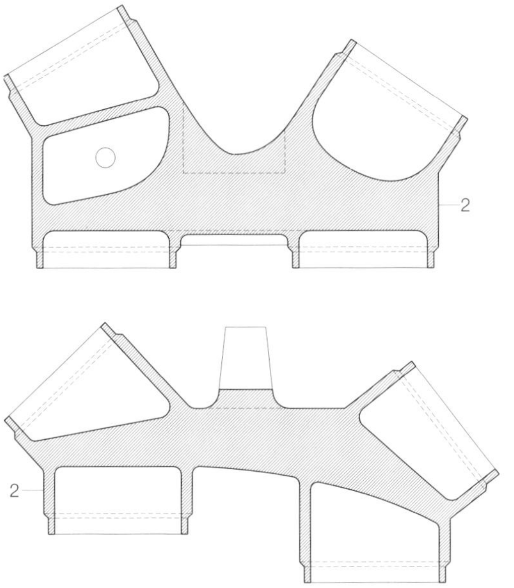

D

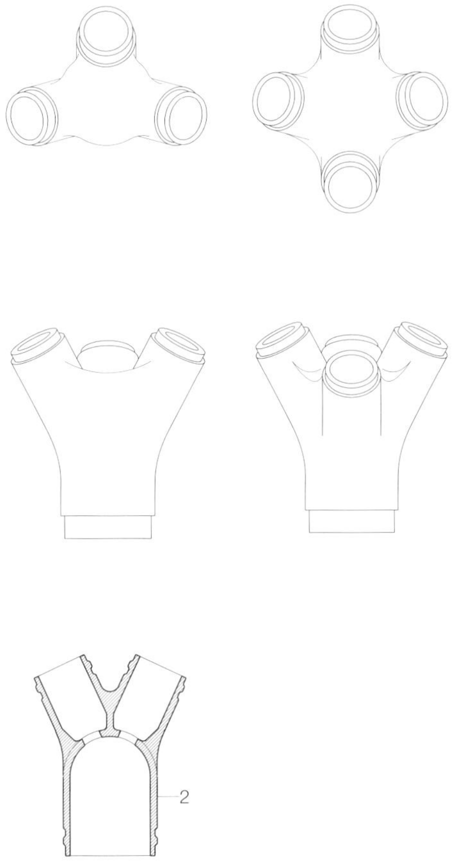

A Tragwerksschema
ohne Maßstab
B Horizontalschnitt Baumstütze
C Vertikalschnitte Stammknoten
D Astknoten Aufsichten • Ansichten •
Vertikalschnitt
Maßstab 1:20

1 Stahlrohr ∅ 406,4 × 10 mm,
lackiert
2 Stützenknoten, Stahlguß

E Trägerrostknoten Schnitt • Untersicht
Maßstab 1:20
F Trägerroststützknoten Ansicht • Schnitt • Untersicht
Maßstab 1:20
Isometrie ohne Maßstab

1 Stahl-Kastenprofil 340 x 150 mm
2 Verbindungselement, Stahlguß
3 Hochfest-Vorgespannte (HV) Schrauben
4 Stahlrohr ∅ 159 mm
5 Montageöffnung mit Abdeckung

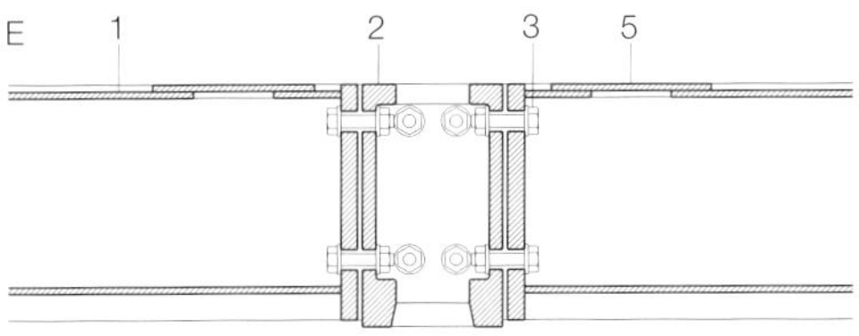

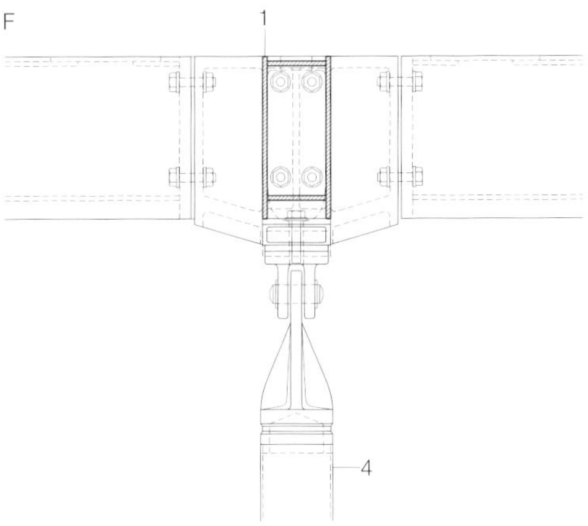

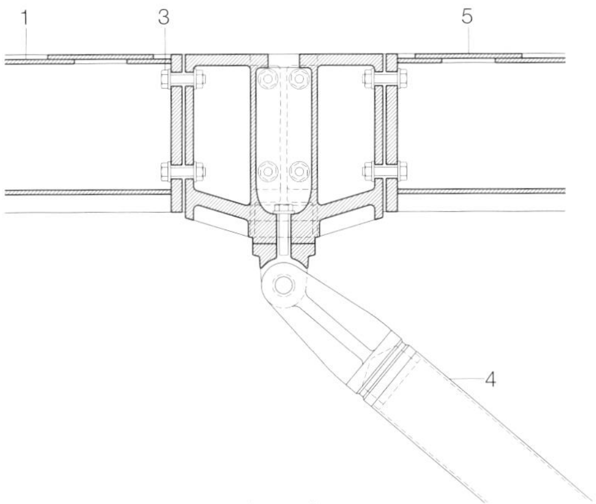

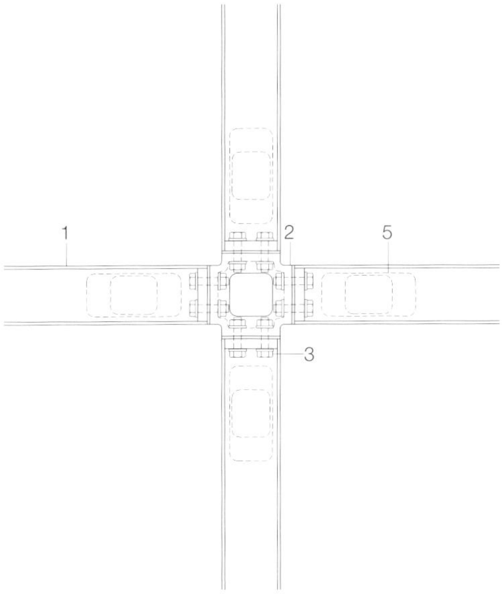

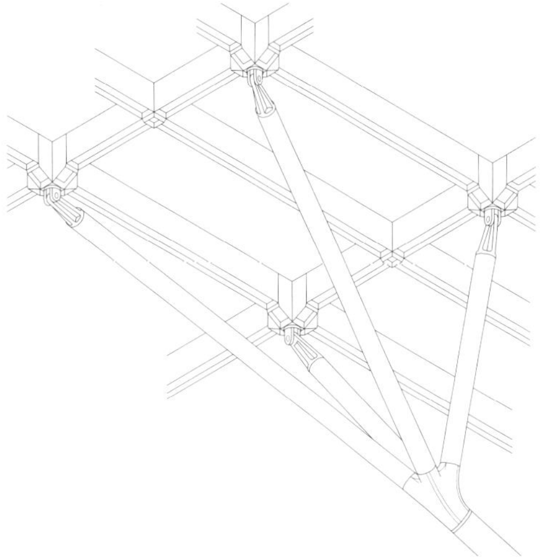

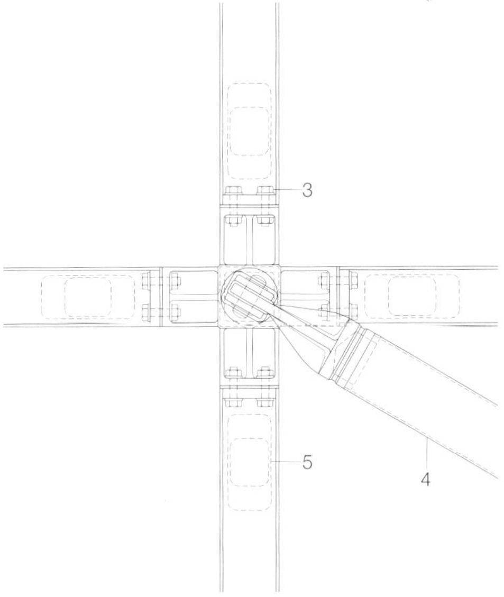

Zugangsbauwerk einer Tiefgarage in Biberach

1989

Architekt:
Kaag + Schwarz, Stuttgart
Tragwerksplanung:
Schlumbohm, Stuttgart
A. Furche

Zwei stählerne Zugangsbauwerke mit Glasdach erschließen die Tiefgarage unter dem Viehmarkt in Biberach. Entwurfsbestimmend war der Gedanke, die Zugänge für die Benutzer freundlich und einladend zu gestalten. Die Treppen sind daher als Stahl-Glas-Konstruktion mit Treppenstufen aus sandgestrahltem Glas, das Dach und die Umfassungswände ebenfalls verglast ausgeführt. In der Mitte eines der beiden Gebäude befindet sich ein gläserner Hydraulikaufzug. So fällt das Tageslicht bis auf die Sohle des Zugangsschachtes und ermöglicht den Nutzern eine angenehme Orientierung.
Die Konstruktion setzt sich aus dem Rohrrahmen, der Treppenanlage und dem Dachtragwerk zusammen. Das Haupttragwerk, der Rohrrahmen, besteht aus vier Stahlrundrohrstützen, die jeweils in den Ecken des Treppenauges stehen und in jedem Geschoß biegesteif verbunden sind. Die angeschlossenen Kragträger leiten die Last aus den Treppenwangen in das Tragwerk ein. Dieses ist frei in den Schacht der Tiefgarage eingestellt und über Ankerplatten im Fundament eingespannt. Oben auf den Stützen ist ein vierbeiniger Bock angeschweißt. Von dessen Firstpunkt sind die äußeren Ecken des Dachtragwerks abgehängt. Es besteht aus zwei Stahlrundrohrrahmen, die über Diagonalen gelenkig am Haupttragwerk angeschlossen sind. Die äußeren Rahmenseiten sind aufgrund ihrer größeren Länge unterspannt.
Das nach innen geneigte Dach ist mit Verbundsicherheitsglas auf Stahlprofilen gedeckt, die direkt auf dem Dachrahmen liegen. Die Entwässerung erfolgt über beheizbare Edelstahlrinnen, die auch bei Frost den Wasserablauf gewährleisten.

Literatur: [131], [222], [476]

A

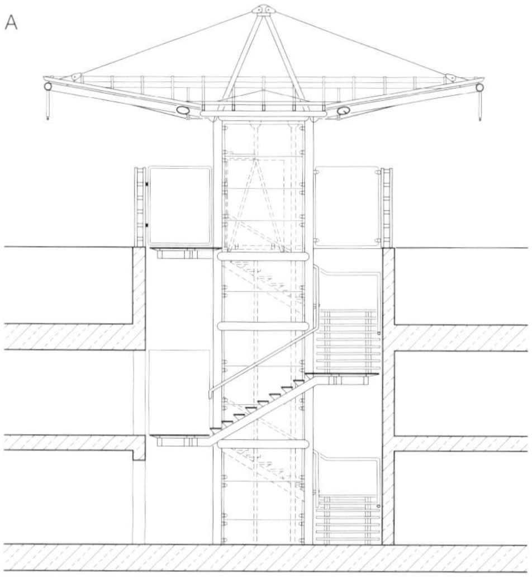

aa

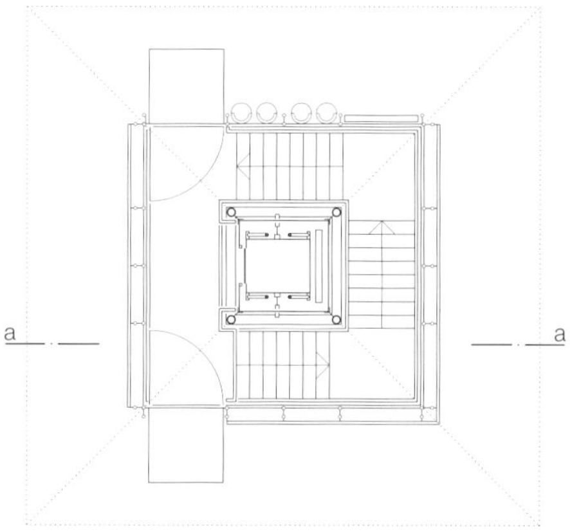

A Schnitt • Grundriß Bauwerk A
Maßstab 1:200
B Details Dachkonstruktion
Schnitt • Aufsicht
Maßstab 1:20
C Details Treppenstufen
Maßstab 1:20
D Detail Querschnitt
Maßstab 1:5

1 Stahlrohr ∅ 219 mm
2 Stahlrohr ∅ 133 mm
3 Stahlrohr ∅ 159 mm
4 Abspannung, Rundstahl
5 Glashalteprofil ▱ 90/50/5 mm mit Deckleiste
6 VSG 11 mm
7 Edelstahlrinne
8 Punktabstützung des letzten, ungeteilten Glasfeldes

B

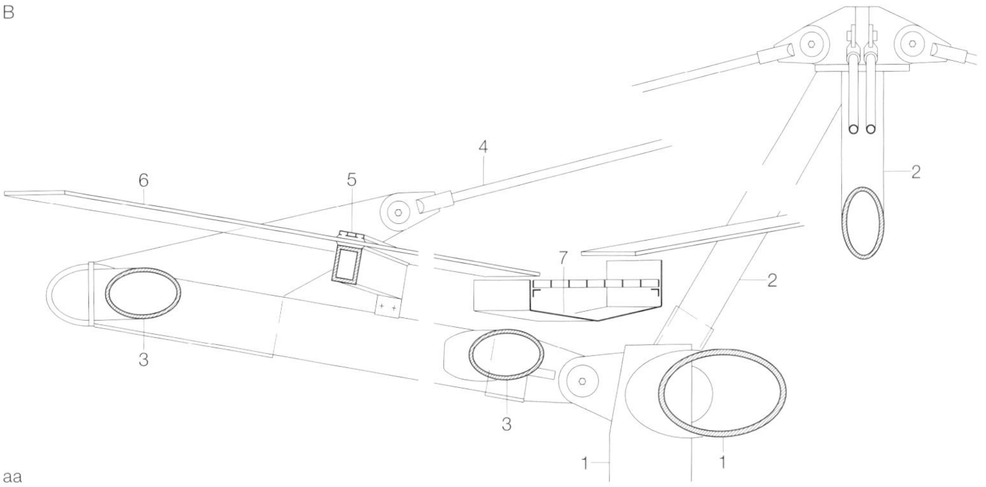

aa

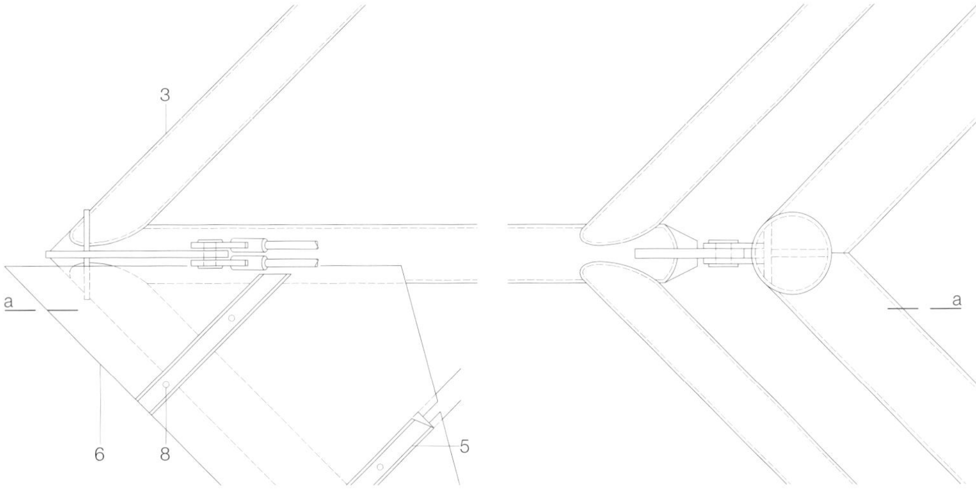

C

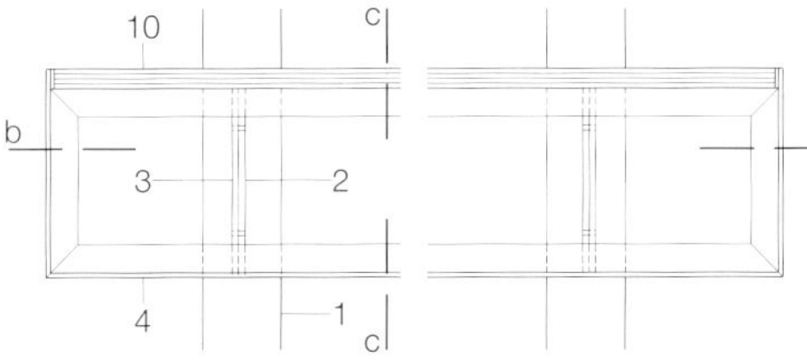

bb

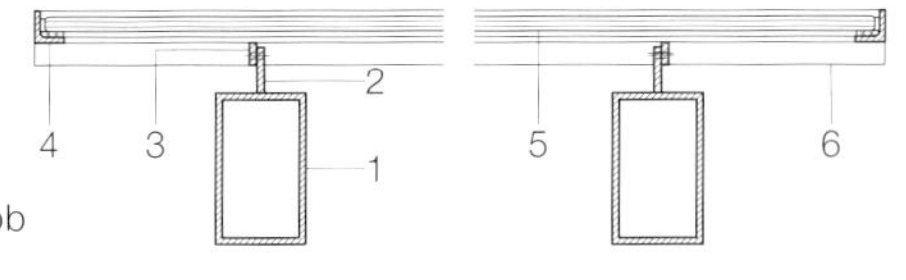

D

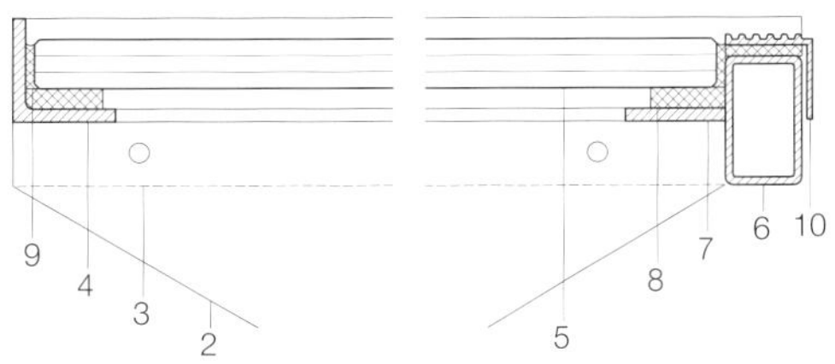

cc

1 Holm Stahlprofil ▱ 200/100 mm
2 Flachstahl 10 mm mit 1 verschweißt
3 Edelstahl 26/6 mm
4 Edelstahl L 40/40/5 mm
5 VSG sandgestrahlt 19 mm
6 Edelstahlprofil ▱ 50/30/3 mm
7 Edelstahl 50/5 mm
8 Unterlegprofil 30/8 mm
9 Silikonfuge 3 mm, umlaufend
10 Kantenschutzprofil

Flughafenterminal in Stansted, England

1991

Architekt:
Foster and Partners, London
Tragwerksplanung:
Ove Arup & Partners, London

Das Grundkonzept des Flughafenterminals in Stansted besteht darin, alle Bewegungsabläufe so einfach und direkt wie möglich zu gewährleisten. Als Vorbild dienten Abfertigungsgebäude aus der Pionierzeit des Fliegens. Die Passagiere sollten sich leicht orientieren können, was unter anderem dazu führte, daß alle infrastrukturellen Einrichtungen, also auch die Vorfahrten für Autos und Busse auf einer Ebene zugänglich sind. Die gesamte Gebäudetechnik vom Gepäckfördersystem bis hin zur Haustechnik ist dagegen im Untergeschoß angeordnet. Die Bahnstation liegt ebenfalls im Untergeschoß und ist über Rampen und Aufzüge mit der Passagierebene verbunden.

Die Dachkonstruktion, ein ungerichtetes Tragwerk, ist als offenes additives System ausgebildet. Es besteht aus insgesamt 36 Pilzstützen. Die Dachfläche mißt 198 x 198 m, wovon die Halle in einer Richtung nur 162 m beansprucht. Im Süden, zur Vorfahrt hin und im Norden, zum Rollfeld hin ergeben sich dadurch großzügige Vordächer.

Das Dach besteht aus 121 quadratischen, gewölbten Gitterwerkkuppeln mit 18 m Seitenlänge. In jedem Doppelelement sind vier dreieckige Oberlichter angeordnet. Die Kuppelelemente wirken zusammen als ausgesteifte Dachscheibe und stabilisieren im Verbund die torsionsweichen Baumstützen.

Die Stützen, die den Maßstab des Raumes definieren, stehen in einem Raster von 36 x 36 m und haben eine Höhe von 20 m. Sie sind in vier im Quadrat angeordnete Rundrohre (∅ 457 mm) aufgelöst, die in drei Ebenen durch horizontale Rohre (∅ 344 mm) biegesteif miteinander verbunden sind.

Literatur: [21], [37], [57], [134], [225], [426]

A Systemskizzen
B Schnitt • Grundriß
Maßstab 1:2000
C Axonometrie Dachelement, Stütze
D Teilschnitt
Maßstab 1:500

A

B

aa

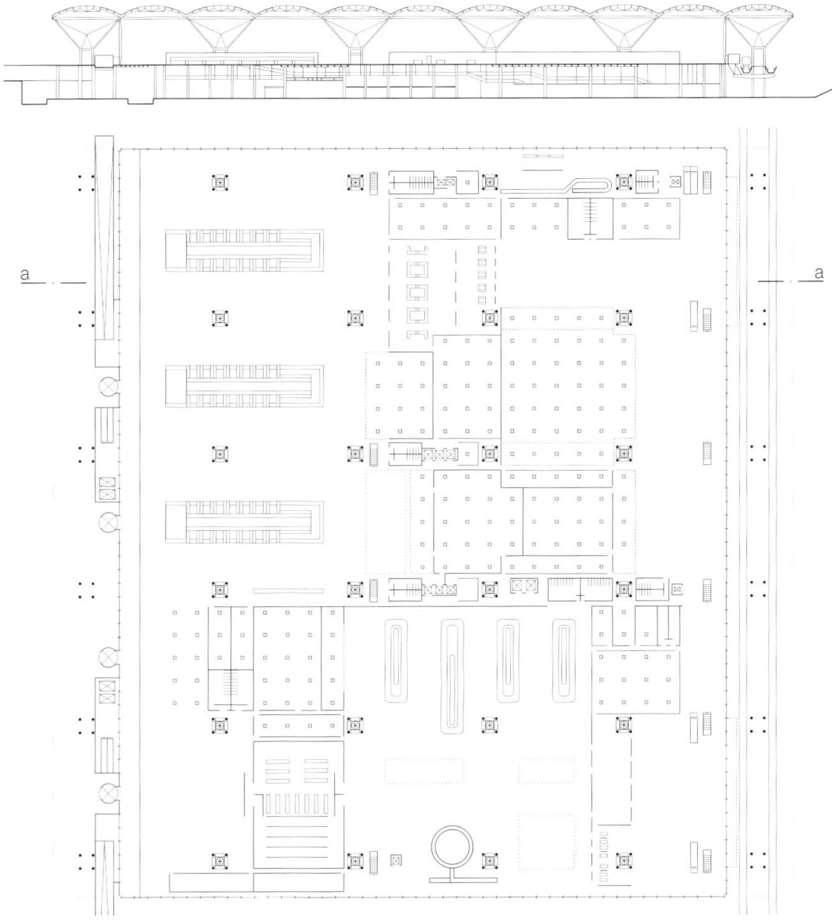

C

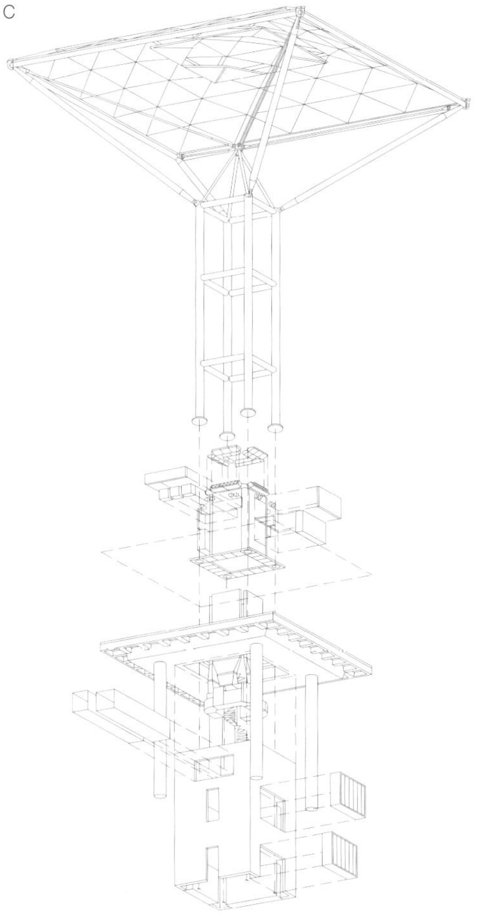

D

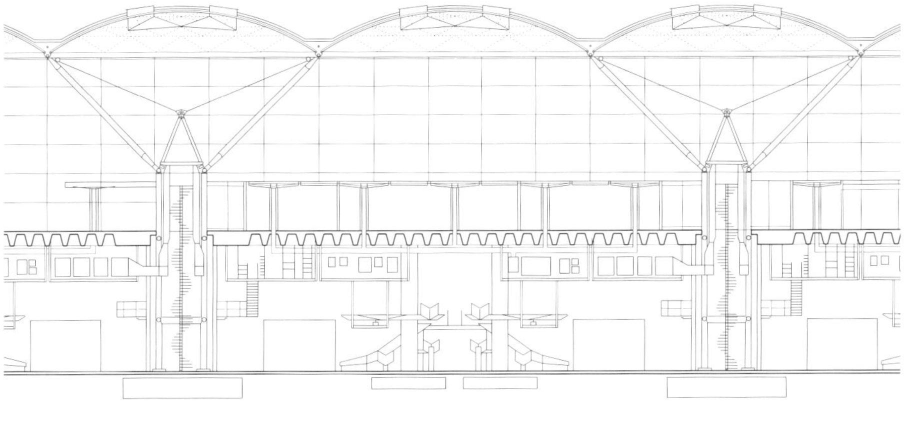

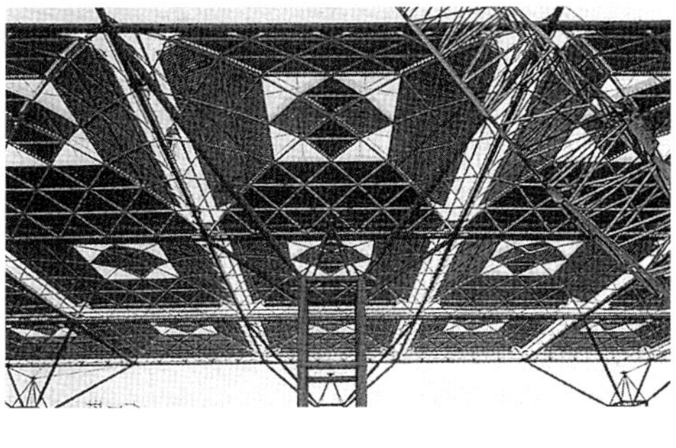

A

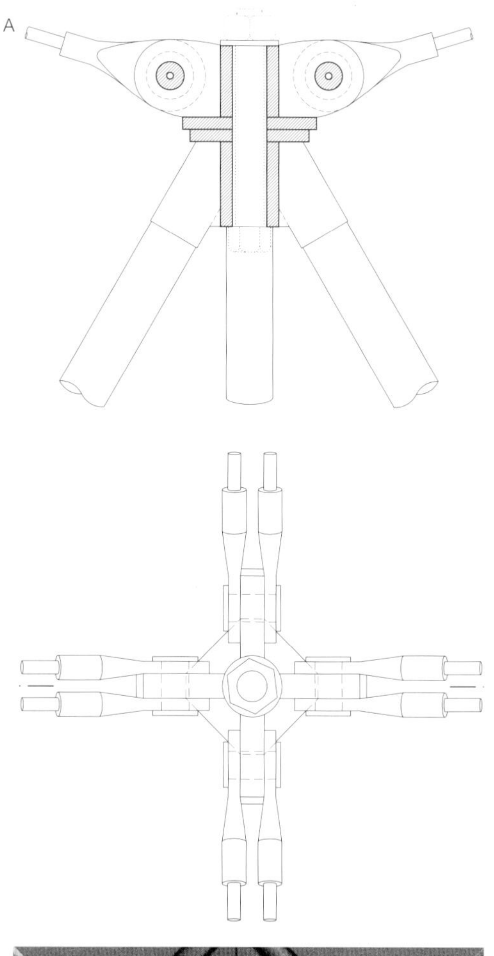

B

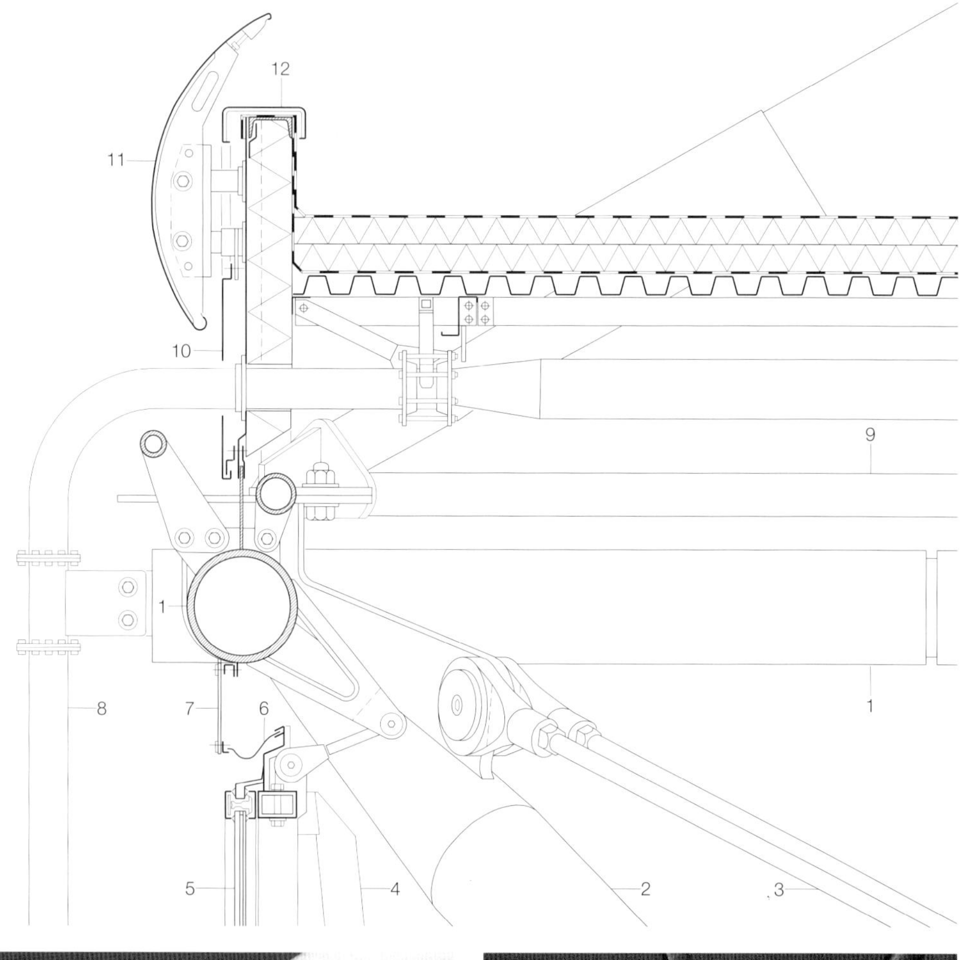

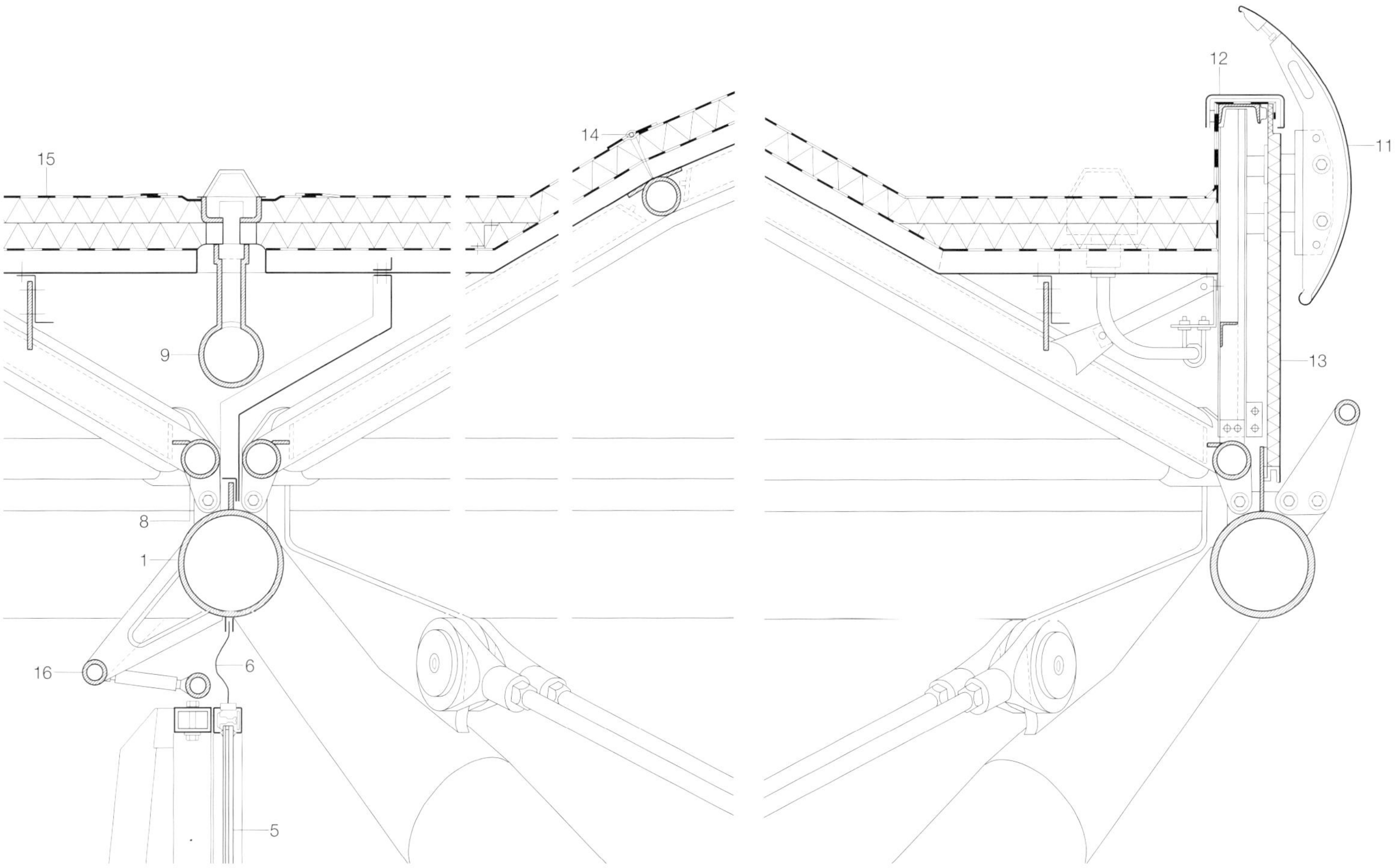

A Knotenpunkt
Ansicht • Aufsicht
Maßstab 1:20
B Dachdetails Maßstab 1:20

1 Stahltragwerk, Rundrohr ∅ 323 mm
2 Stahlrohr ∅ 355 mm
3 Zugstab
4 Fassadenpfosten, Stahlprofil
5 Isolierverglasung in Aluminiumprofilen
6 flexible Kunststoffolie
7 ESG 12 mm
8 Stahlrohr ∅ 114 mm
9 Anschlußrohr Edelstahl
10 Attikaverkleidung, Aluminiumblech, pulverbeschichtet
11 Windableiter Aluminium
12 Abdeckprofil
13 Aluminium-Paneel mit Mineralwollfüllung
14 Dehnfuge
15 Dachaufbau:
Kunststoffabdichtung
Mineralwolle 150 mm
Dampfsperre
Aluminium-Trapezblech
16 Stahlrohr zur Fassadenaussteifung

Fußgängersteg auf dem Messegelände in Hannover

1998

Architekten:
Schulitz + Partner, Braunschweig
Helmut C. Schulitz, S. Worbs, J. König,
J. Jaspers, M. Rötzel
Tragwerksplanung: RFR, Paris

Zwischen dem Bahnhof Laatzen und der Messe Hannover erstreckt sich der 332 m lange Skywalk. Der aufgeständerte Fußgängerweg, der mit zwei innenliegenden Rollbändern und zwei außenliegenden Laufstegen ausgerüstet ist, wird im Querschnitt durch zwei sich überschneidende Kreise gebildet. Die Konstruktion besteht aus abgehängten Fachwerkträgern mit Spannweiten von 20, 24 und 28 m. Die aus der Abhängung resultierenden Horizontalkräfte werden je Feld über einen Dachträger kurzgeschlossen, so daß ein in sich geschlossenes System entsteht. Zwischen den Fachwerkhauptträgern sind Rollbänder auf Traversen gelagert. Die Laufstege sind als aufgelöste Kragarme seitlich am Hauptträger befestigt. Die resultierenden Torsionsmomente werden über biegesteif angeordnete Traversen in beide Hauptträger und über Biegung in die Stützen abgeleitet. Der Bau ist durch Dehnfugen in drei Abschnitte gegliedert. Die Stützen der Endabschnitte sind gelenkig auf Kragsockeln gelagert, die in den Fundamenten eingespannt sind. Die Längsaussteifung erfolgt durch eingespannte Stützen im mittleren Abschnitt, sowie durch treppenbegleitende Diagonalstäbe in den Endfeldern. In Querrichtung ist je Stützenachse ein Aussteifungsverband angeordnet. Die seitlichen Fassaden bestehen je Segment aus zwei gekrümmten Verbundsicherheitsglasscheiben, die punktweise an den massiven Stahlfassadenprofilen befestigt sind.

1 Knotenblech 45 mm
2 Augblech 8 mm
3 Stahlprofil HEB 100
4 Stahlprofil HEB 240
5 Stahlprofil IPE 240
6 Stahlrohr Ø 244,5 × 20 mm
7 Stahlrohr Ø 244,5 × 10 mm

A

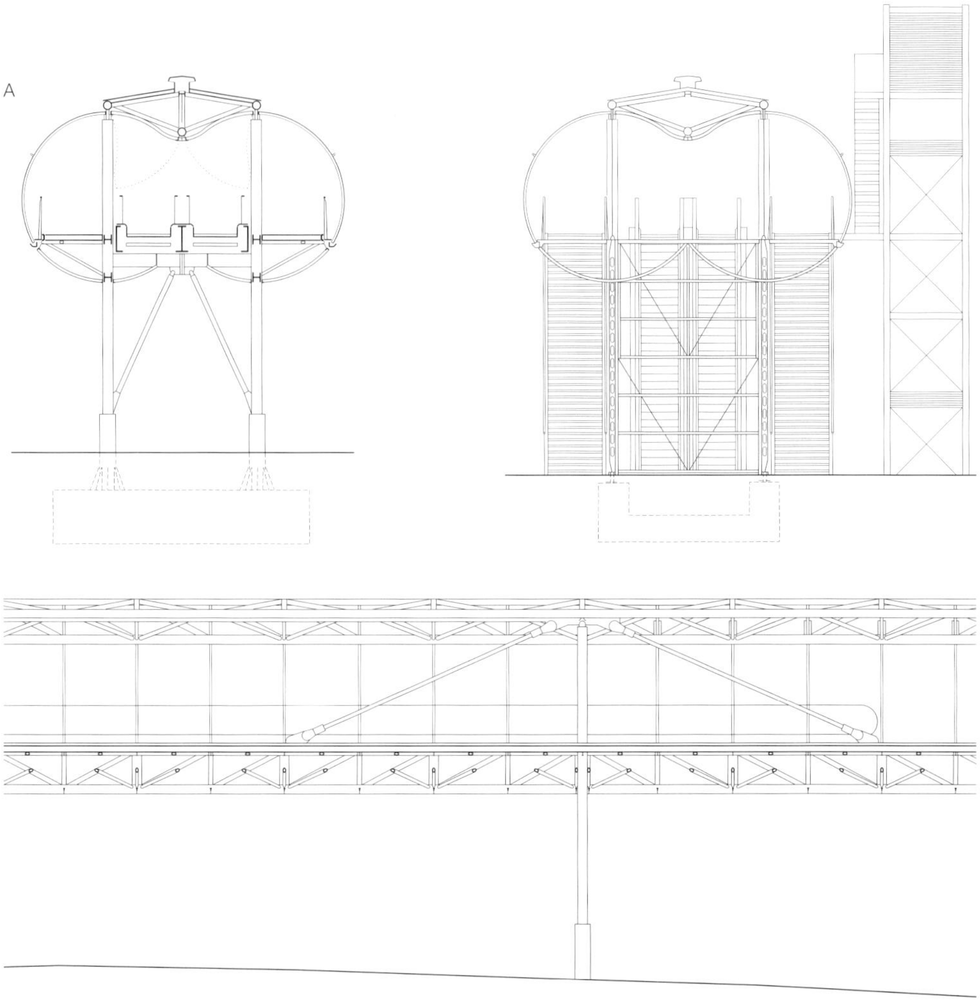

A Querschnitt • Ansicht • Längsschnitt
Maßstab 1: 200

B Isometrie der Konstruktion
C Anschluß Abhängung unten
Maßstab 1: 20

D Anschluß Abhängung oben
Maßstab 1: 50

B

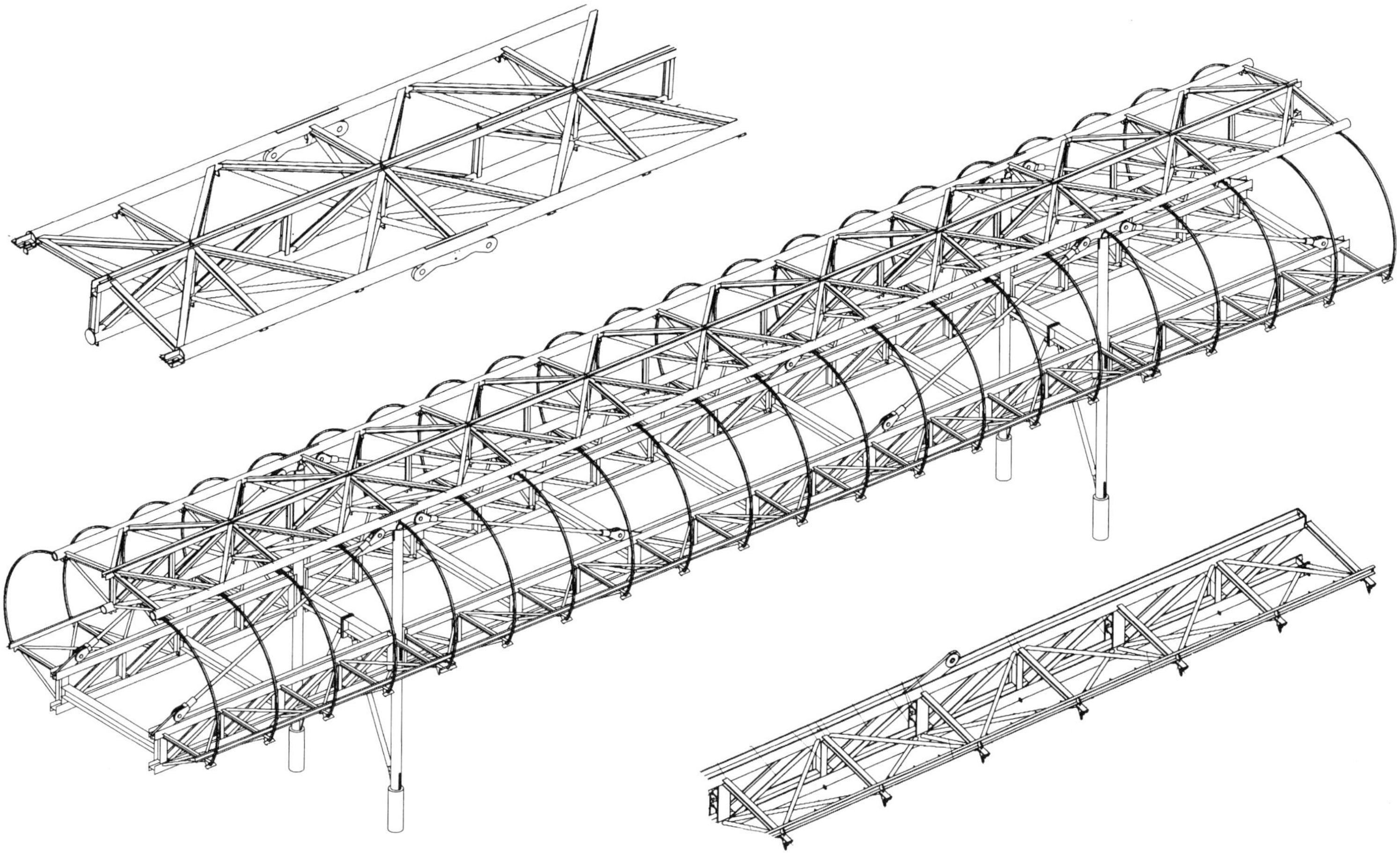

C

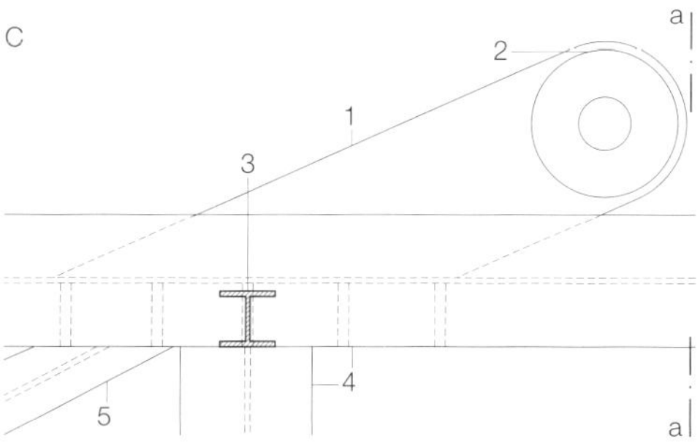

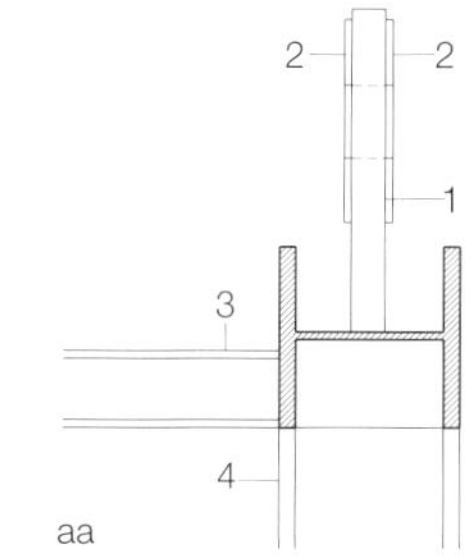

aa

D

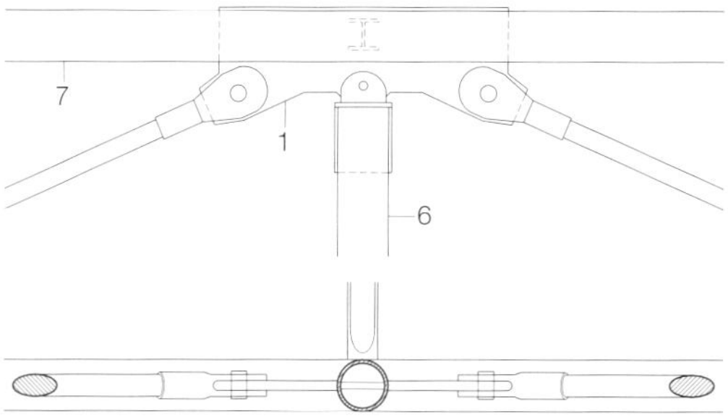

A

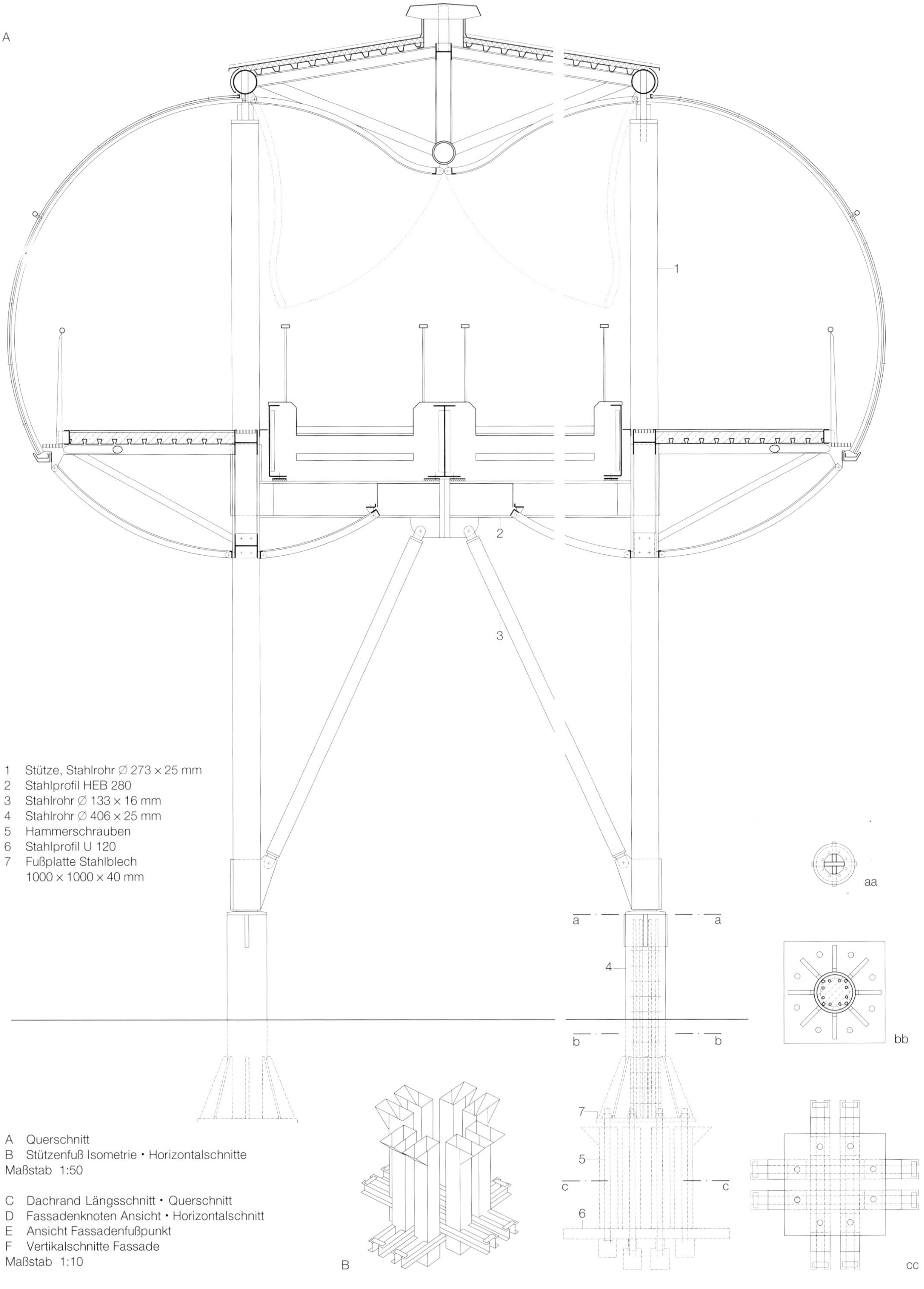

1 Stütze, Stahlrohr ∅ 273 × 25 mm
2 Stahlprofil HEB 280
3 Stahlrohr ∅ 133 × 16 mm
4 Stahlrohr ∅ 406 × 25 mm
5 Hammerschrauben
6 Stahlprofil U 120
7 Fußplatte Stahlblech
1000 × 1000 × 40 mm

B

A Querschnitt
B Stützenfuß Isometrie • Horizontalschnitte
Maßstab 1:50

C Dachrand Längsschnitt • Querschnitt
D Fassadenknoten Ansicht • Horizontalschnitt
E Ansicht Fassadenfußpunkt
F Vertikalschnitte Fassade
Maßstab 1:10

1 Stahlrohr ∅ 244,5 × 10 mm
2 Stahlträger HEA 120
3 Stahlrohr ∅ 76,1 × 4 mm
4 Trapezblech E 40 mm
5 Dämmung Mineralfaser 50/40 mm
6 Stehfalzdach 65/400 mm
7 Rahmen aus L-Profilen 60/30/5 mm mit Streckmetall
8 Stütze, Stahlrohr ∅ 273/25 mm
9 Fassadenprofil, Vierkant-Vollprofil 50 × 40 mm, gebogen
10 Klemmprofil Aluminium mit Foliendichtung
11 Blechverkleidung 2 mm
12 Klemmteller ∅ 70 mm
13 Glasauflager werkseitig am Fassadenprofil verschweißt
14 Verglasung, VSG 2× 6 mm, gebogen
15 Schneefangrohr 48,3 × 2,6 mm
16 Glasauflager L-Profil
17 Dichtungsprofil und Silikonfuge
18 Regenrinne, Zinkblech 1 mm
19 Stahlträger HEB 100
20 Stahlprofil U 140
21 Stahlrohr ∅ 70/6,3 mm
22 Beton auf Holoribblech
23 Gitterrost 30 × 30 mm verzinkt
24 Geländerpfosten 2× 12/25-60 mm
25 Streckmetallgitter in Winkelrahmen 25/25/4 mm
26 Holzhandlauf ∅ 50 mm
27 Edelstahlseile 4 mm

C

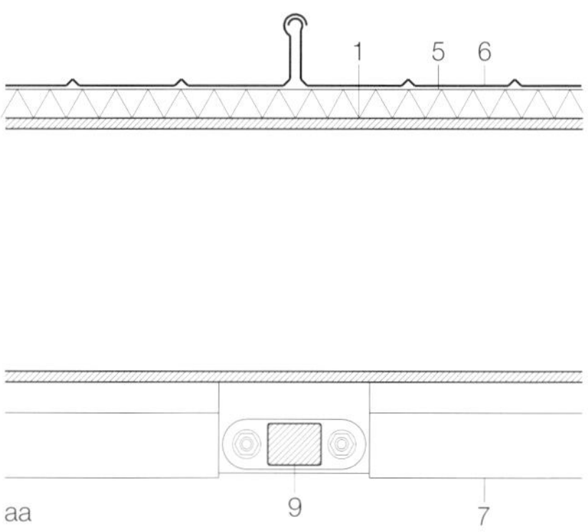

D

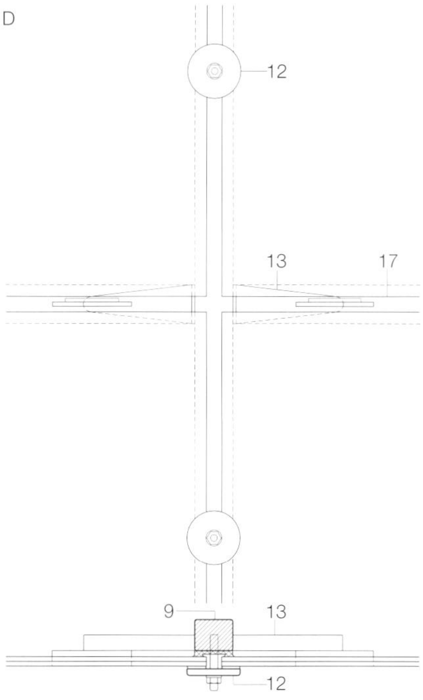

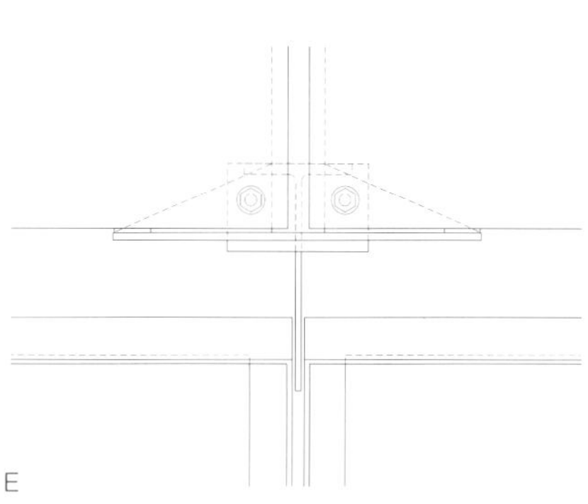

E

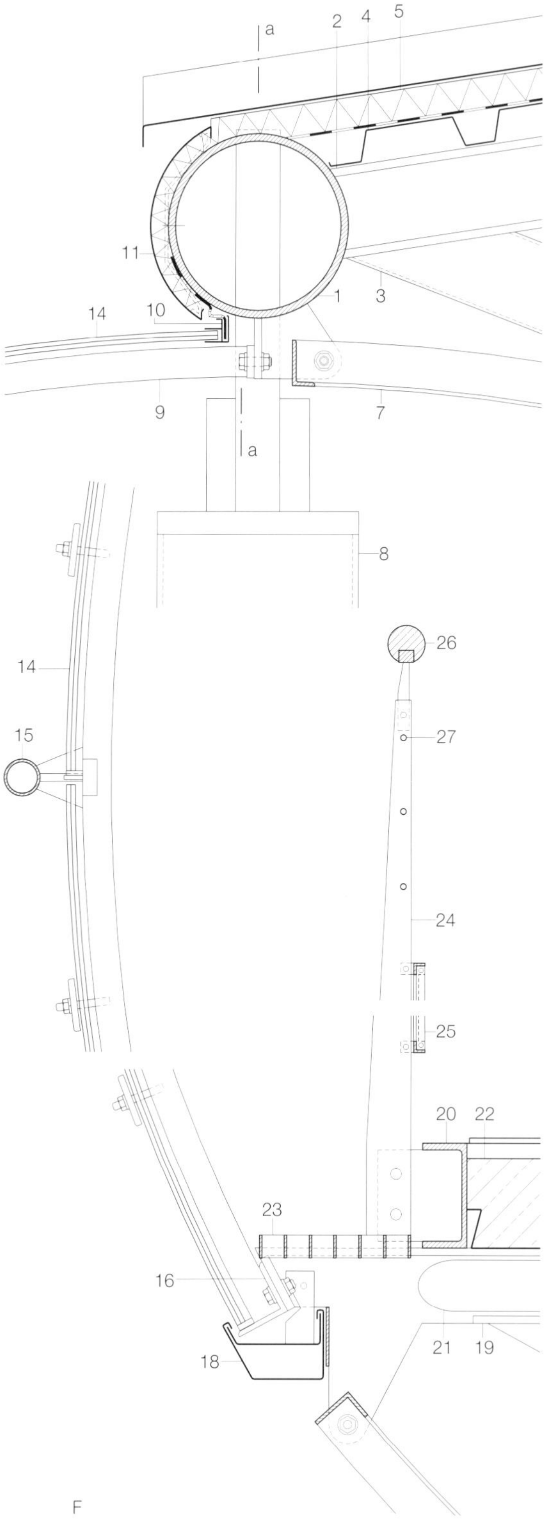

F

Metrostation in Genua

1994

Architekten: Renzo Piano Building Workshop, Genua
Mitarbeiter: S. Ishida, F. Marano, M. Varatta, D. Defilla
Tragwerksplanung:
L. Mascia, D. Mascia, Genua

Für die verschiedenen Haltestellen der Stadtbahn wurde ein einheitliches, variables Bausystem entwickelt, das dem jeweiligen Standort angepaßt werden konnte. Die Einzelteile wurden größtenteils vorgefertigt und, aufgrund der salzhaltigen Luft in Genua, sorgfältig korrosionsgeschützt.

Auf Höhe der Station Brin, die dem Grundtyp weitgehend entspricht, verläßt die Metrolinie den Untergrund und wird zur Hochbahn. Es bilden sich zwei Gebäudeteile heraus.

Auf Straßenniveau befinden sich die Eingangs- und Technikbereiche, begrenzt durch die Unterkonstruktion der Schienentrasse.

Im Achsabstand von 17,5 m überspannen biegesteife und eingespannte Rahmen eine Weite von 9,5 m. Sie bestehen aus geschweißten und geschraubten Stahlkastenprofilen. Quer dazu entsteht aus einer eingehängten Nebenträgerlage von IPE 1000-Trägern im Verbund mit Stahlbetontafeln die Gleisplatte.

Zwei weitere Träger mit Kastenquerschnitt werden auf die Rahmen aufgelegt und bilden die Bahnsteige. In ihrem Inneren werden Leitungen geführt. Auf dieser schweren Unterkonstruktion erhebt sich die leichte Bahnsteigüberdachung von ca. 90 m Länge. Im Achsabstand von 2,5 m überspannen zwei Gelenkbögen aus IPE 300-Profilen mit runden Stegöffnungen 13 m. Die Träger wurden aus drei Einzelsegmenten zusammengeschweißt und tragen die Dachhaut, die aus Sonnenschutzgläsern in Schuppenlagerung besteht.

Die Aussteifung erfolgt über Edelstahl-Diagonalverbände.

Literatur: [2], [104], [137], [268], [356]

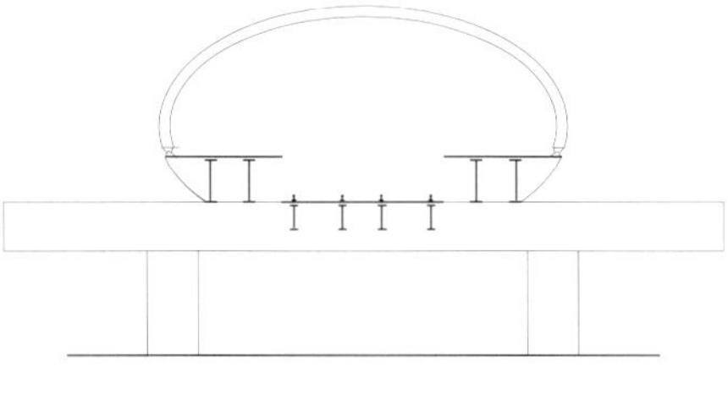

A

A Tragsystem ohne Maßstab
B Details Hülle
Längsschnitt • Querschnitt
Details Diagonalverband
Ansicht Knotenpunkt • Seitenansicht
Maßstab 1:10
C Querschnitt
Maßstab 1:200

1 Verbundsicherheitsglas, innenseitig beschichtet
2 T-Profil mit Deckleiste
3 Aluminium-Stangenpreßprofil
4 Edelstahlstab ∅ 20 mm
5 Edelstahl-Verbindungsknoten
6 Stahlträger I̲PE 300
7 Edelstahlrohr ∅ 100 mm

B

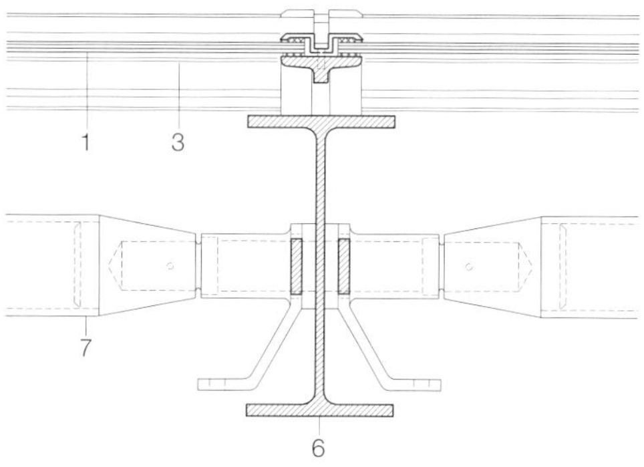

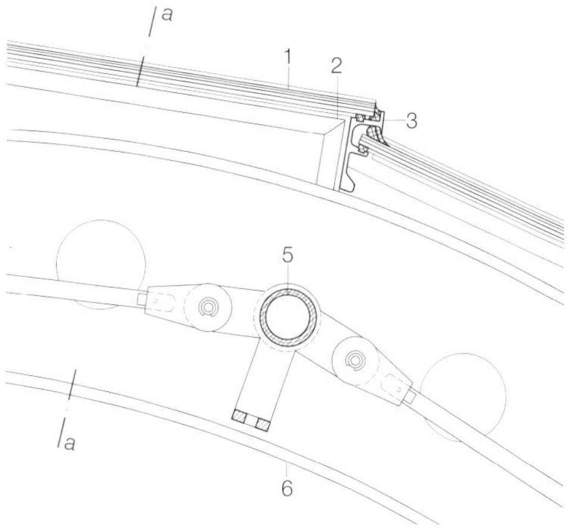

aa

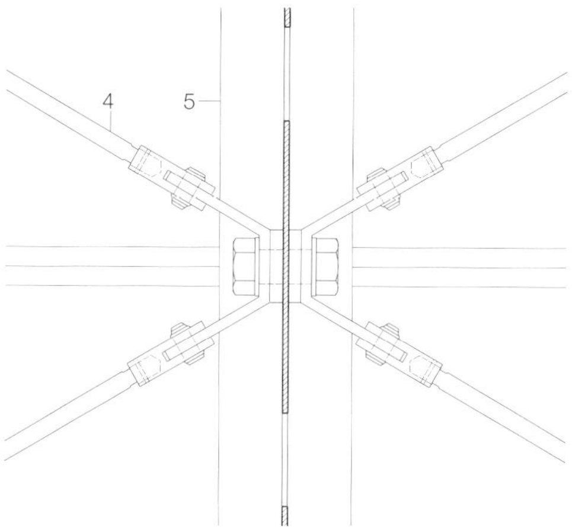

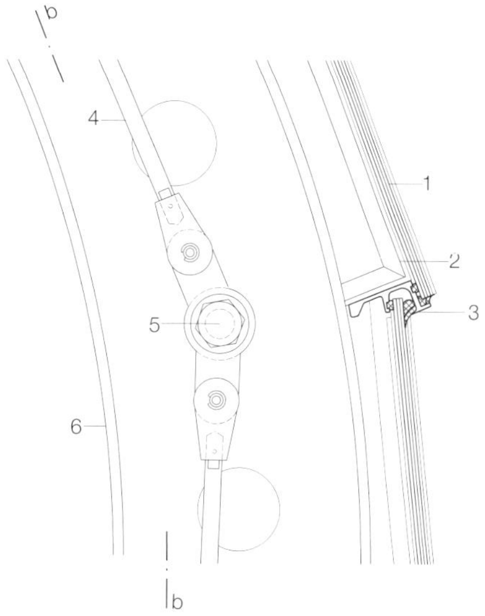

bb

C

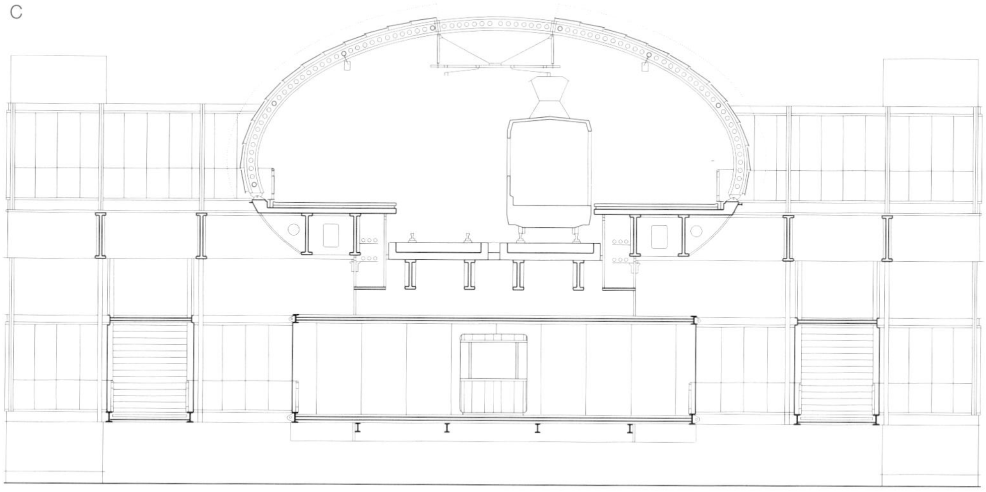

Ausstellungs- und Kongreßgebäude in Linz

1993

Architekten: Herzog + Partner, München
Thomas Herzog mit Hanns Jörg Schrade
Projektabwicklung: Heinz Stögmüller, Linz
Mitarbeiter: R. Schneider, A. Schankula,
K. Beslmüller, A. Heigl, O. Mehl,
Tragwerksplanung: Sailer und Stepan, München

Das Design-Center ist eine flexible Großform, die als stützenfrei verglaste Klimahaut verschiedenen Nutzungen wie Ausstellungen, Kongressen, kulturellen Veranstaltungen und größeren Feiern Raum bietet.
Der Bau nimmt den Typus der klassischen, natürlich belichteten, Stahl-Glas-Halle des 19. Jahrhunderts auf. Er verbessert und optimiert jedoch die Kontrolle von Lichteinfall und Treibhauseffekt durch Reflexionsraster und erzielt eine energetische Ökonomie durch Isoliergläser mit niedrigen k-Werten.
Die Bogenform des Querschnittes führt sowohl zu optimaler Raumausnutzung durch das Wechselspiel von hohen und niedrigen Teilbereichen als auch zur Reduktion des zu beheizenden Luftvolumens.
Über einem Kellergeschoß in Massivbauweise (Stahlbeton und Mauerwerk) erhebt sich eine leichte Stahlkonstruktion aus flachen Bogenbindern. Diese überspannen 73 m stützenfrei im Achsabstand von 7,20 m, bzw. 2,40 m im Bereich von Treppenhäusern und Nebenräumen.
Das statische System besteht aus einem Zweigelenkbogen mit Zugband. Den Profilquerschnitt bilden zwei liegende IPE-Träger, die über ihre Flansche mit Blechen zu einem Kasten von 900 x 371 mm verschweißt sind. Die Bögen setzen sich aus jeweils vier Segmenten der Stahlgüte St 510 C zusammen. Die Stoßverbindungen erfolgen über verschraubte Kopfplatten.
Die Fußpunkte des Tragwerks sind über Gewindeanker und Gegenplatten mit der Kellerdecke verbunden. Ebenfalls in dieser Ebene liegen die vorgespannten Seile zur Aufnahme der Bogenschubkräfte: 2 Spannkabel je Regelbogen mit einer Vorspannkraft von 1000 bis 1200 KN je Kabel.
Im Bereich der Unterbrechung durch den Vortragssaal sind die Kräfte über die Deckenscheibe umgeleitet. Die Nebenträger aus verschweißten T-Profilen und Flachstählen sind als Sprengwerk ausgebildet und über Kopfplatten im Abstand von 2,70 m an die Bogenflanken angeschlossen. Stegbleche übertragen die Kräfte im Inneren des Kastens. Mit regelmäßig angeordneten Diagonalverbänden aus Rundstählen wird das Tragwerk in Längsrichtung ausgesteift. In dieser Richtung sind fünf Dehnfugen angeordnet.

Literatur: [29], [63], [73], [138], [152], [154], [255], [256], [386]

A

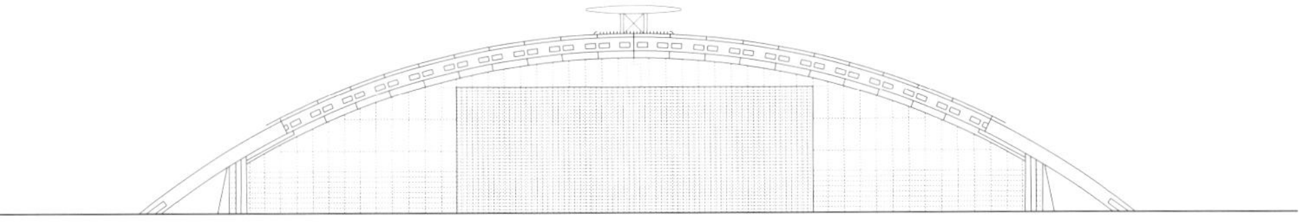

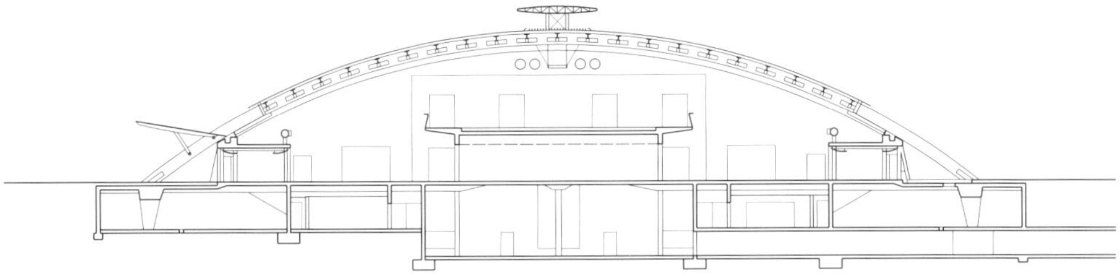

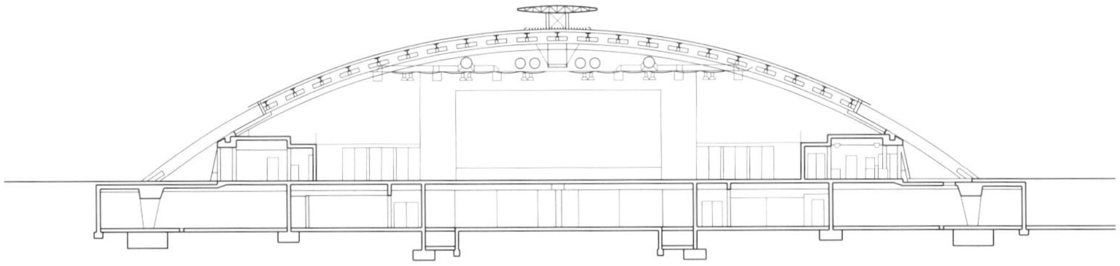

A Ansicht Nordwest • Querschnitte
Maßstab 1:750
B Isometrie
ohne Maßstab

B

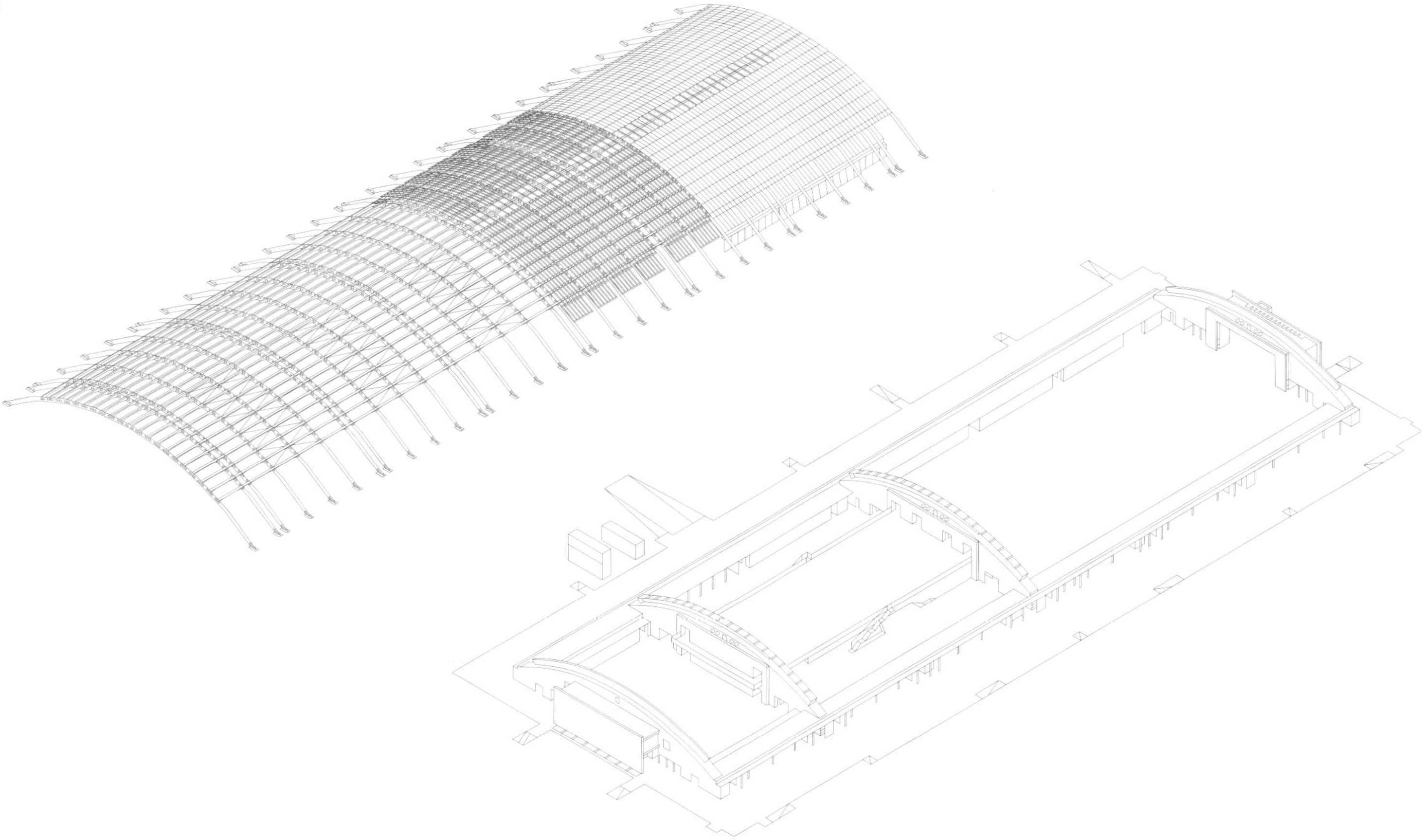

A

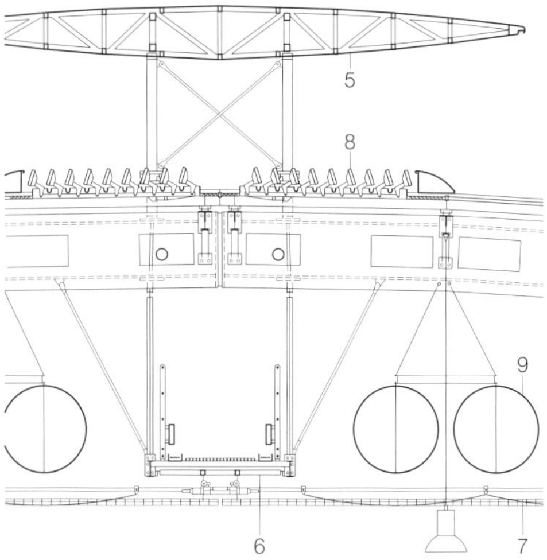

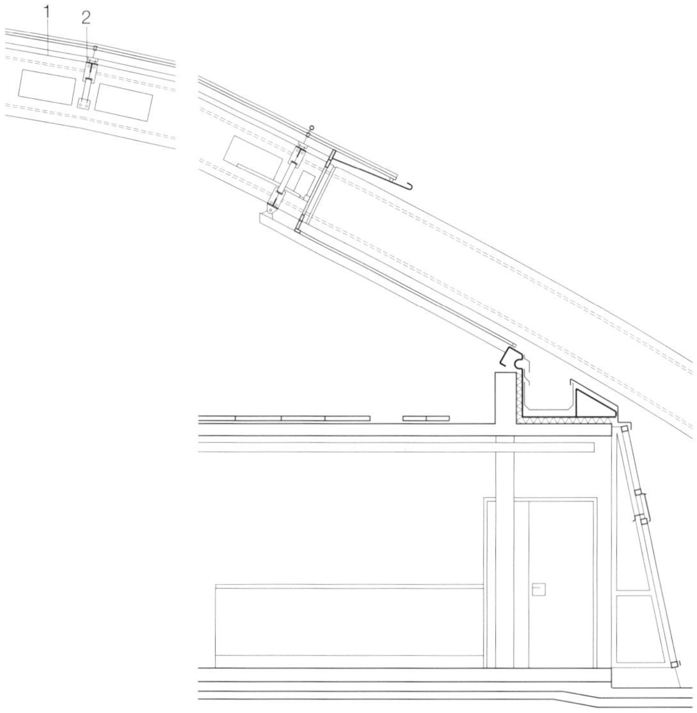

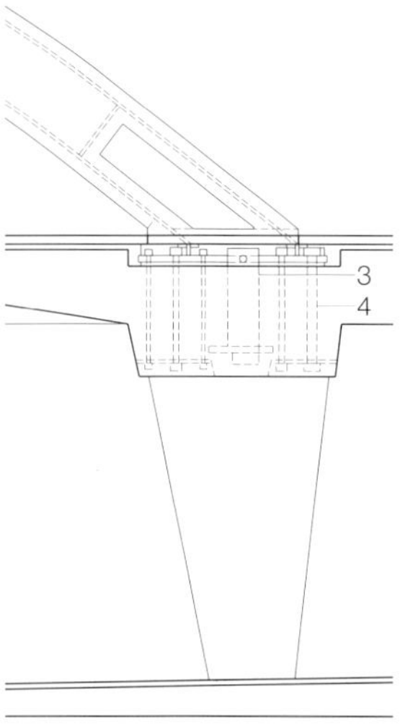

A Querschnitt mit Bogenträger
B Längsschnitt First
Maßstab 1:100
C Anschluß Glaspaneele
Querschnitt • Längsschnitt
Maßstab 1:10

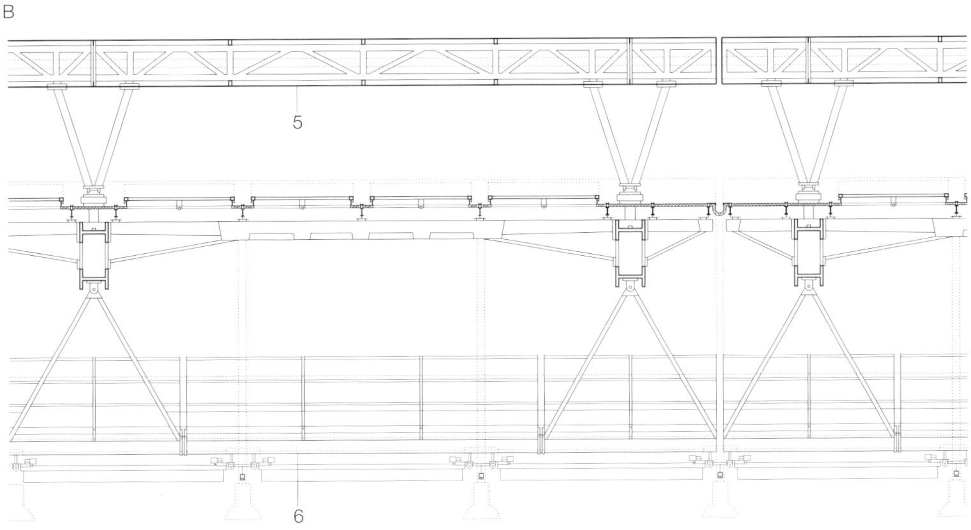

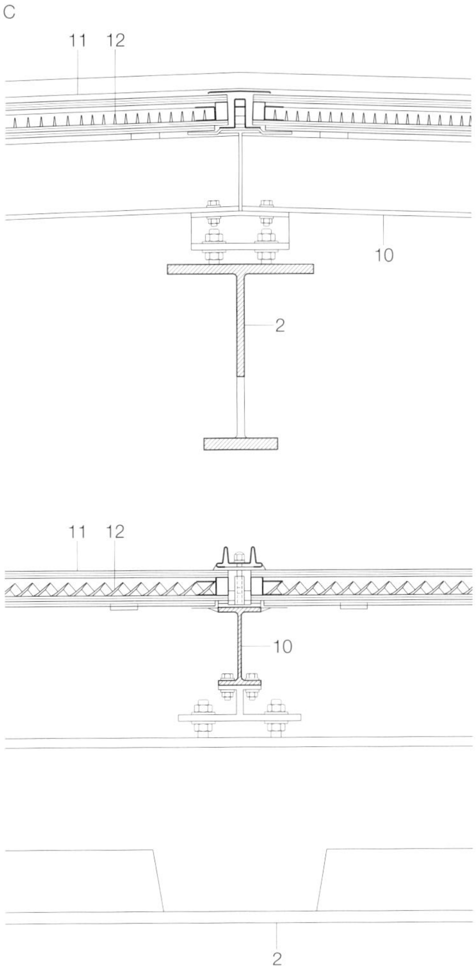

1 Bogenträger 900 x 370 mm St 510 C
2 Nebenträger
3 Schubknagge Blechstärke 60 mm
4 16 Gewindeanker ∅ 40 mm, l~1200 mm
5 Firstreiter, Form unterstützt die natürliche Durchlüftung
6 Abgehängter Wartungsgang
7 Ausfahrbare Segel zur Verbesserung der Raumakustik
8 Lüftungsklappen für freie Lüftung
9 Lüftungsrohre für mechanische Lüftung
10 Glashalteprofil IPE 100
11 Isolierglas
12 16 mm hohes, mit Reinstaluminium beschichtetes Kunststoffraster

Postautostation in Chur

1993

Architekten: Richard Brosi und Partner, Chur
Robert Obrist und Partner, St. Moritz
Tragwerksplanung:
Ove Arup & Partners, London
mit Peter Rice, Alastair Hughes
Gesamtleitender Ingenieur: E. Toscano, Zürich

Über der Gleisebene des Churer Bahnhofes liegt das von einem Glasdach stützenfrei überspannte Deck des Busbahnhofes. Die Rohrkonstruktion der Überdachung bildet in der Ansicht ein Bogensegment. Ihre Hauptträger sind paarweise von eingespannten Doppelstützen abgehängt. Die Konstruktion besteht aus je zwei Stahlrohren, die von ihrem Auflager kreisbogenförmig zur Mitte ansteigen und sich gleichzeitig voneinander weg neigen, so daß sie im Scheitelpunkt des Bogens ihren größten Abstand voneinander haben und stattdessen dem benachbarten Träger am nächsten kommen. Die Bögen werden von radial angeordneten Speichen stabilisiert, welche in einem Knotenpunkt aus Stahlguß zusammengefaßt sind. Diese Konstruktion übernimmt gleichzeitig die Vorspannung der zur Aufnahme des Bogenschubs notwendigen Zugstäbe.
Die Nebenträger aus Stahlrohren sind biegesteif in der Ebene der Hauptträger angeschlossen. Aus dieser Anordnung in Kombination mit der Schrägstellung der Binder resultiert eine optimale räumliche Tragwirkung. Zusätzliche Windverbände waren nicht notwendig. Die Stahlrohre der beiden äußeren Bogenpaare wurden mit einer vergrößerten Wandstärke gefertigt. Diese Querschnitte nehmen die erhöhten Windkräfte im Randbereich auf.
Die Glashaut aus Verbundsicherheitsglas ist deutlich vom Tragwerk abgesetzt. Die Tafeln werden in Hauptträgerrichtung von Stahlprofilen gehalten.

Literatur: [9], [29], [73], [227], [268], [407], [483],

A

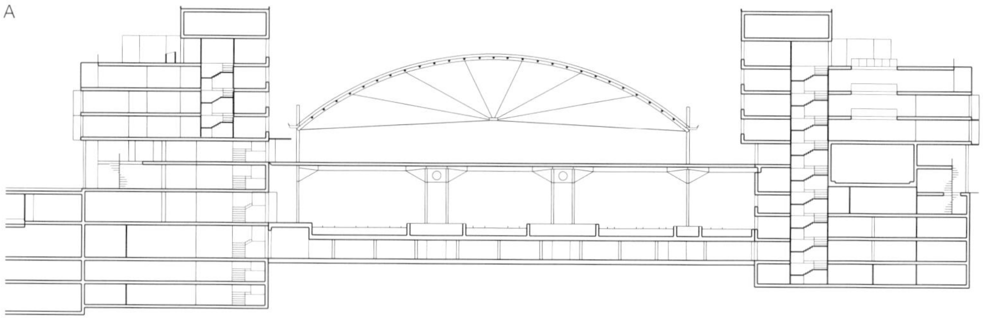

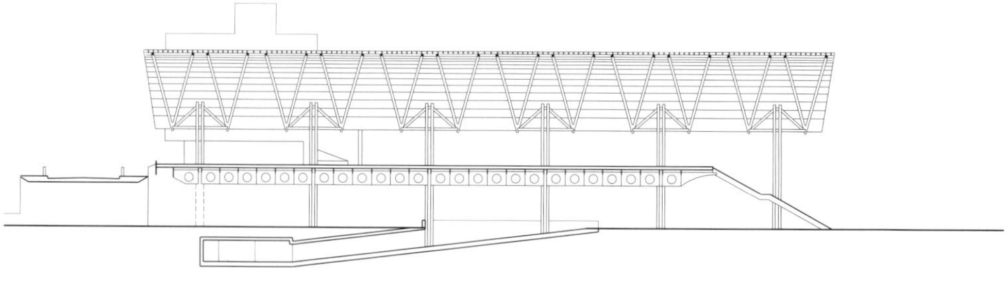

A Schnitte
Maßstab 1:1000
B Knotenpunkt Speichen
Ansicht •
Aufsicht
Maßstab 1:20
C Traufe
Ansichten
Maßstab 1:20

1 Stütze Stahlrohr ∅ 406,4 × 16 mm
2 Stützen-Kragarm, Stahlrohr ∅ 244,5/20 mm
3 Horizontalabstützung Stahlrohr ∅ 244,5/20 mm
4 Rohrpfette ∅ 193,7/5 (8) mm
5 Dachbinder, Bogenrohr ∅ 323,9/12,5 - 20 mm
6 Gabel, Flachstähle 2x40 mm
7 Binderaufhängung Stahlblech 60 mm, Bolzen ∅ 95 mm
8 Zuglasche Flachstahl 50 mm
9 Gelenkgabeln
10 Zugstangen 2x ∅ 56 mm
11 Rinnenkonsole, Flachstähle 8 mm
12 Rinnenauflager, Flachstähle 10 mm
13 VSG
14 EPDM-Profil mit Aluminiumdeckleiste
15 Glashalteprofil Edelstahl
16 Glasauflager, Winkel aus verschweißten Flachstählen 50/5 mm
17 Dachrinne Edelstahlblech 3 mm

B

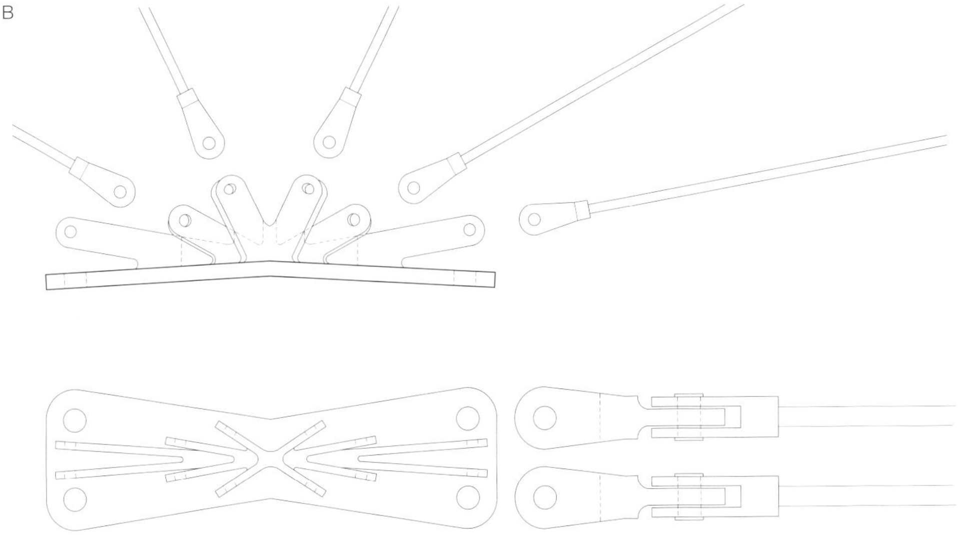

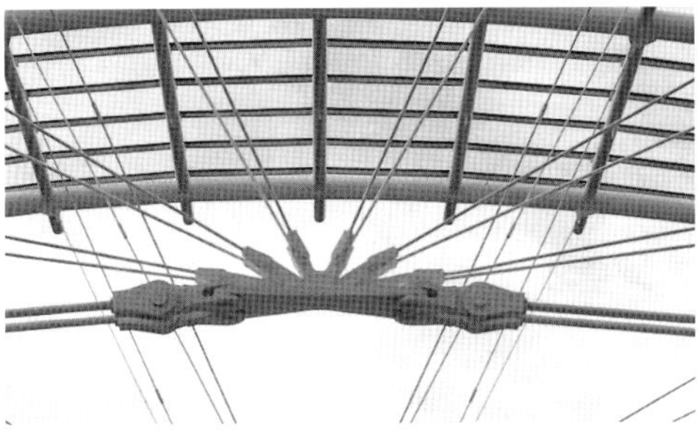

C

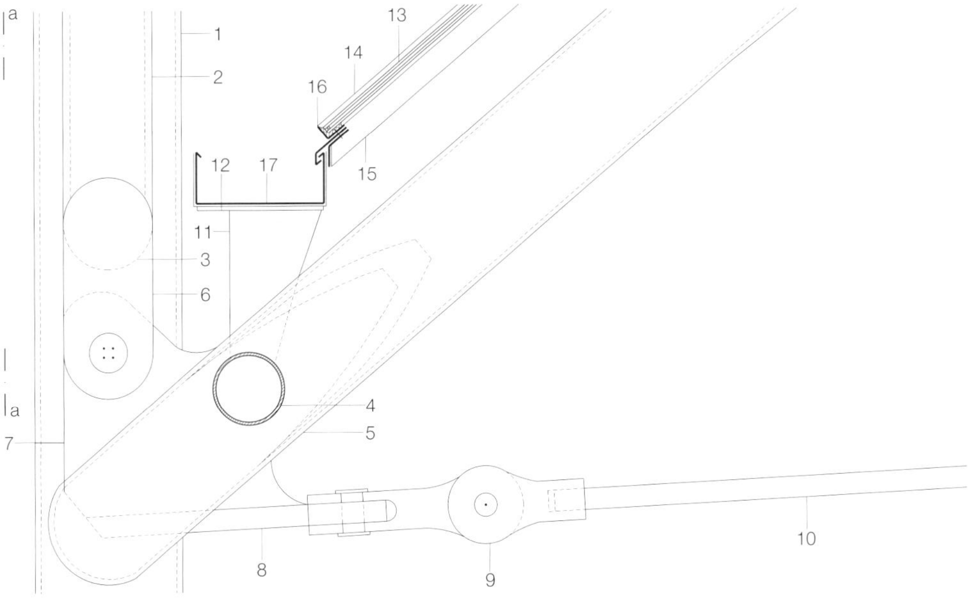

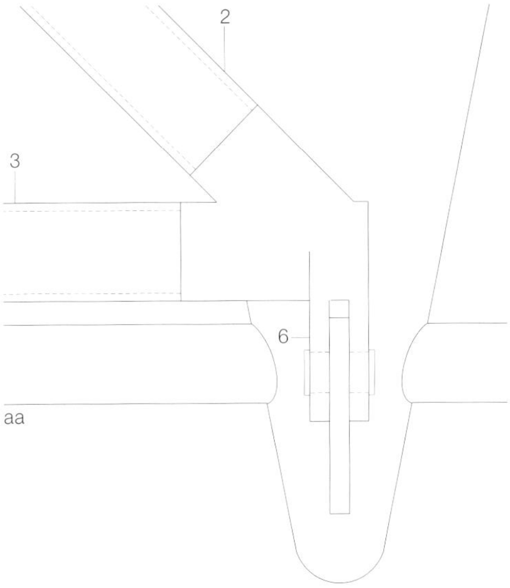

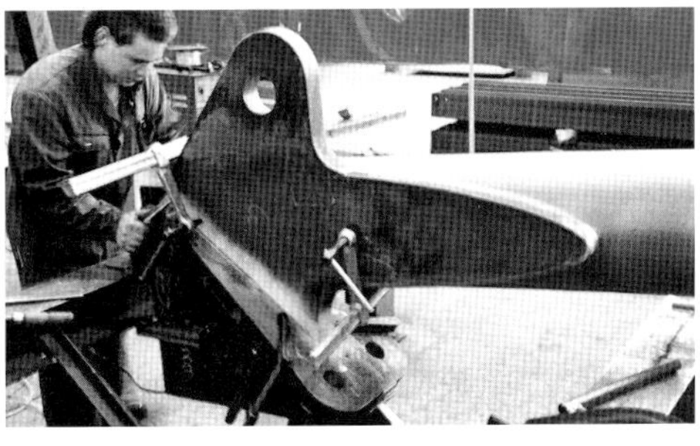

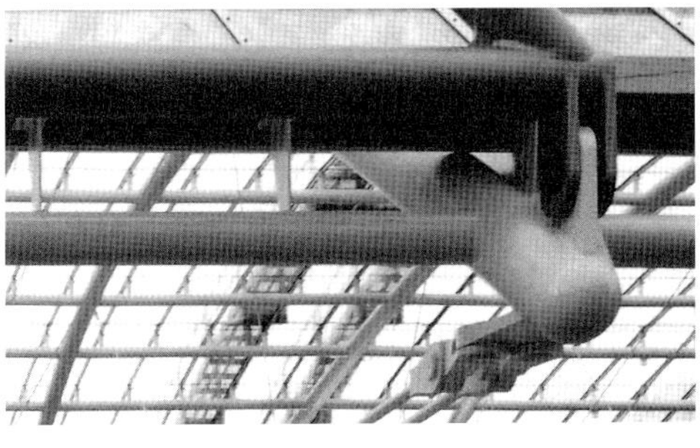

Zentrale Eingangshalle der neuen Messe in Leipzig

1996

Architekten: von Gerkan • Marg + Partner, Hamburg, Entwurf: Volkwin Marg
Projektpartner: Hubert Nienhoff
Tragwerksplanung: Polónyi + Partner, Köln
Schlaich, Bergermann + Partner, Stuttgart

Im Funktionskonzept der neuen Messe Leipzig übernimmt die zentrale Eingangshalle, mit den Abmessungen von 250 m x 80 m, die Aufgabe, einen geschützten Zugang zu den einzelnen Messehallen zu bieten. Die Halle nimmt Ticketschalter, Einlaßkontrolle, Informationsschalter und allgemeine Serviceeinrichtungen auf.
Ihr Tragwerk besteht aus einer Gitterschale aus Stahlrohren, die über Bogenfachwerkbinder im Abstand von 25 m ausgesteift wird. Von der Gitterschale ist eine Glasschale abge-hängt, die aus rahmenlosen Einzelscheiben von ca. 1,5 x 3,0 m Größe besteht.
Die Giebelwandkonstruktion besteht aus gebogenen Fachwerkbindern, die über schlanke Stäbe miteinander verbunden sind. Dadurch wurde eine Entkoppelung von Tonnentragwerk und Giebelwänden erreicht. Die Fuge zwischen der Tonnenschale und der Giebelwand ist elastisch ausgebildet.
Die Tonnenkonstruktion besteht aus verschraubten Einzelelementen. Hierbei wurden einfache Kopfplattenverbindungen mit einem zentralen hochfesten, vorgespannten Bolzen gewählt. Damit die Schrauben keine Last aus der Übertragung der Querkräfte erhalten, wurden die Kopfplatten als Nut-Feder-Verbindungen ausgeführt.
Eine Besonderheit der Bogenfachwerke sind die A-förmigen Diagonalen, die sich am Untergurt auf Quertraversen abstützen, an die Ausleger zur Verbindung von Tonne und Bindern angeschlossen sind. Die Verbindung der Quertraversen mit den Auslegern besteht aus Gußknoten, die diesen Punkten ein knieförmiges Aussehen verleihen.

Literatur: [54], [228], [336], [386], [432], [484]

A

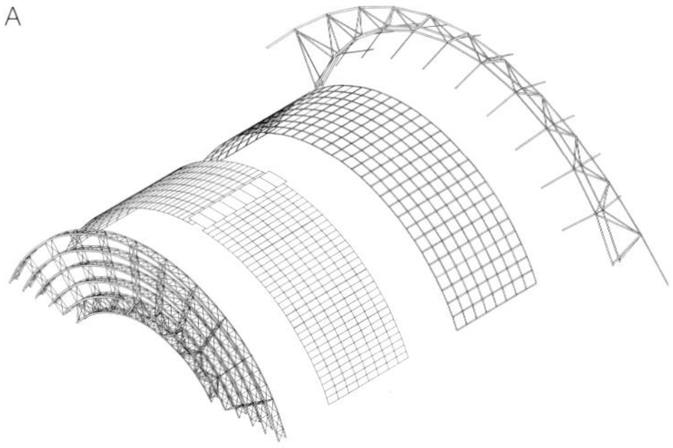

A Tragwerksschema
B Querschnitt • Grundriß
Maßstab 1:2000

B

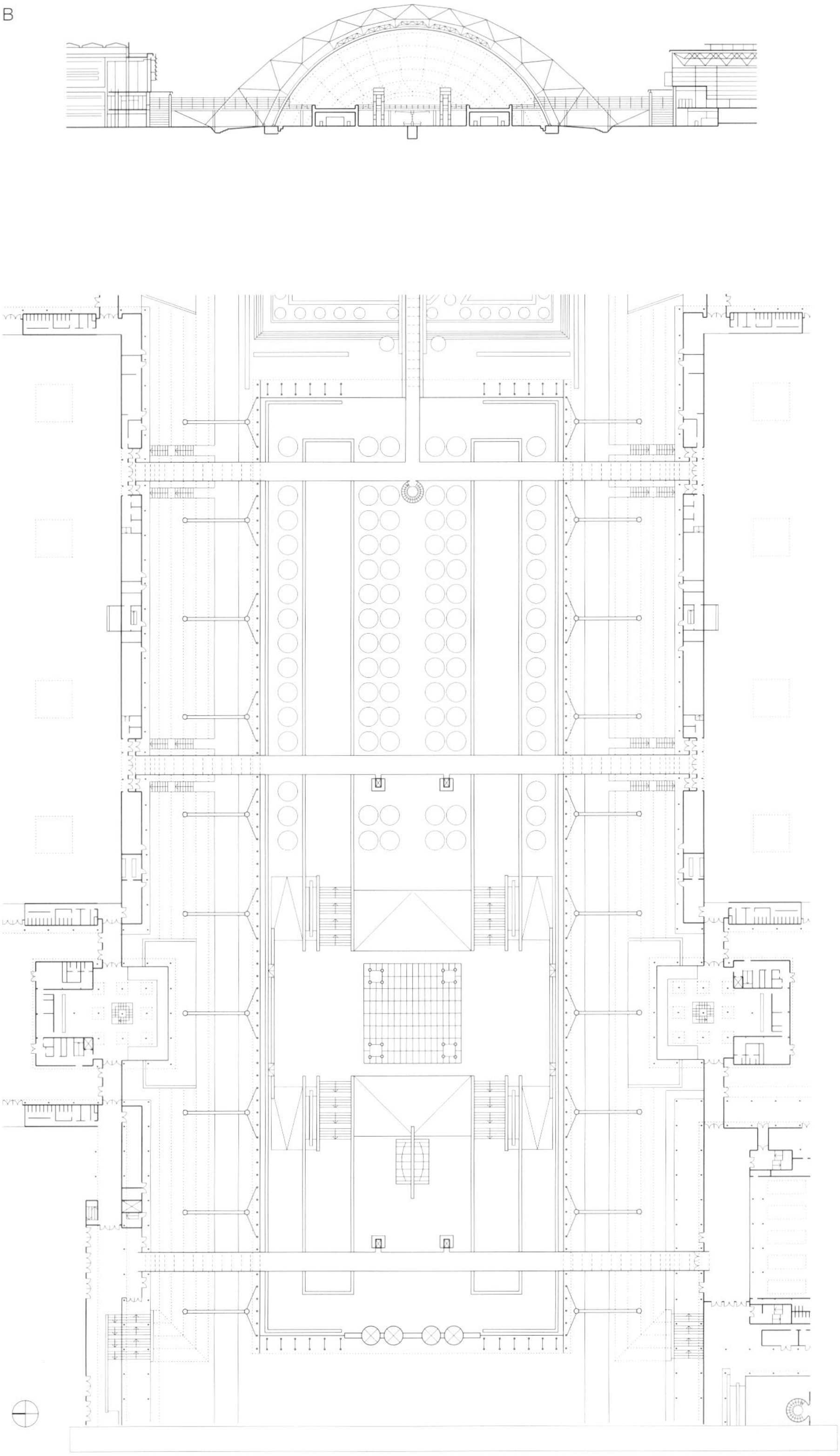

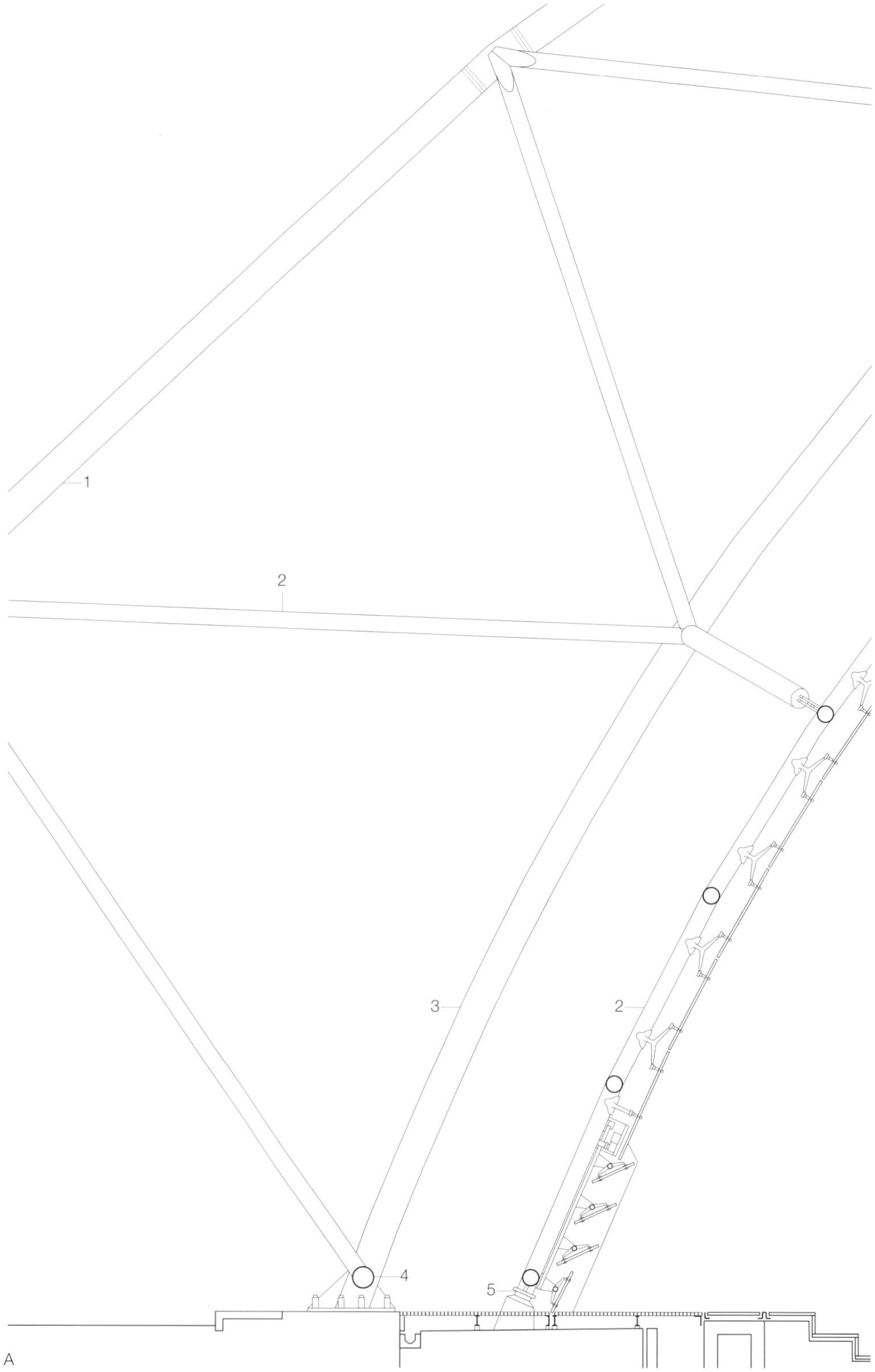
1
2
3
2
4
5
A

Fachwerkbinder

A Fußpunkt
B Firstpunkt
C Querschnitt
D Aufsicht Gitterschale

Maßstab 1:100

Tonnenschale

E Glasbefestigung
F Verbindung Ausleger
G Rohrverbindung
H Kreuzungspunkt

Maßstab 1:20

1 Obergurt Stahlrohr ∅ 406 mm
2 Stahlrohr ∅ 244,5/8 mm
3 Untergurt ∅ 473/16 mm
4 Stahlrohr ∅ 318/12,5 mm
5 Gleitlager
6 Stahlrohr ∅ 159/6,3 mm
7 Stahlrohr ∅ 273/8 mm
8 Traverse, Stahlrohr ∅ 323,9/12,5 mm
9 Kopfplatte, Stahlblech ∅ 244,5/33 mm
10 Handloch
11 Glashalter, Gußteil
12 Punkthalter Glas
13 Verglasung, VSG 2× 8 mm
14 Gußteil
15 Hochfest Vorgespannte (HV) Bolzen

B

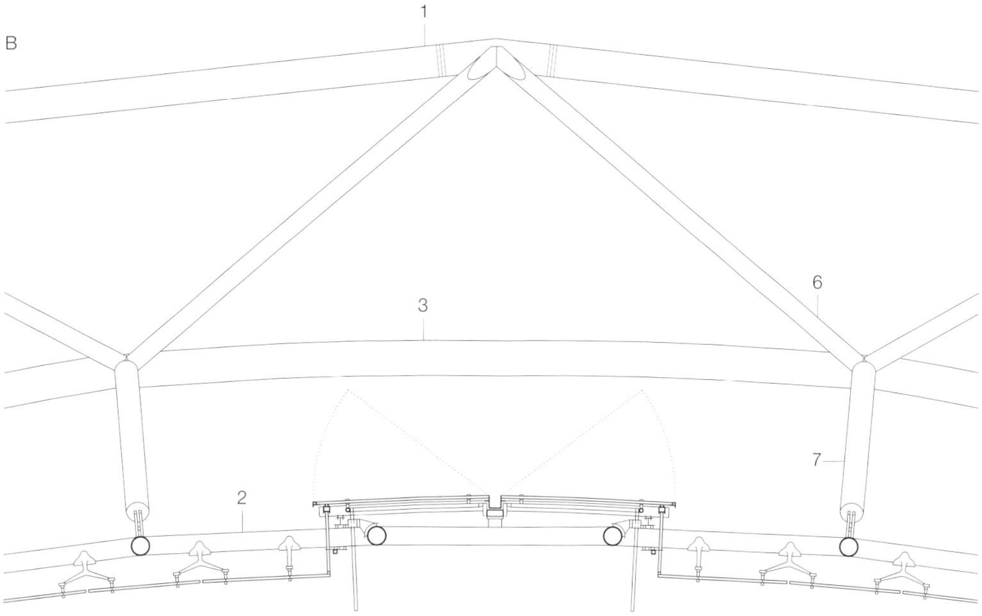

E

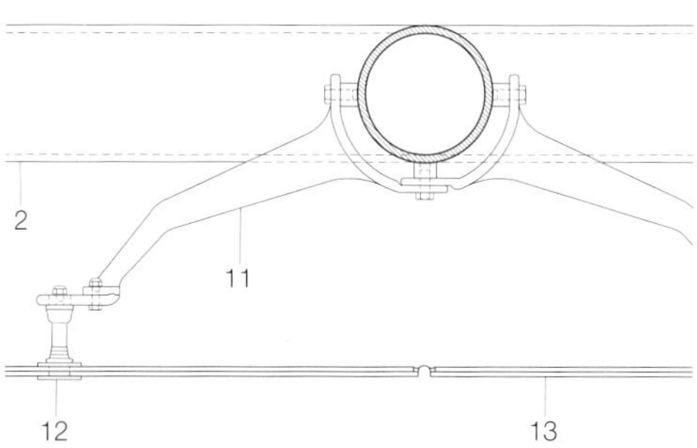

C

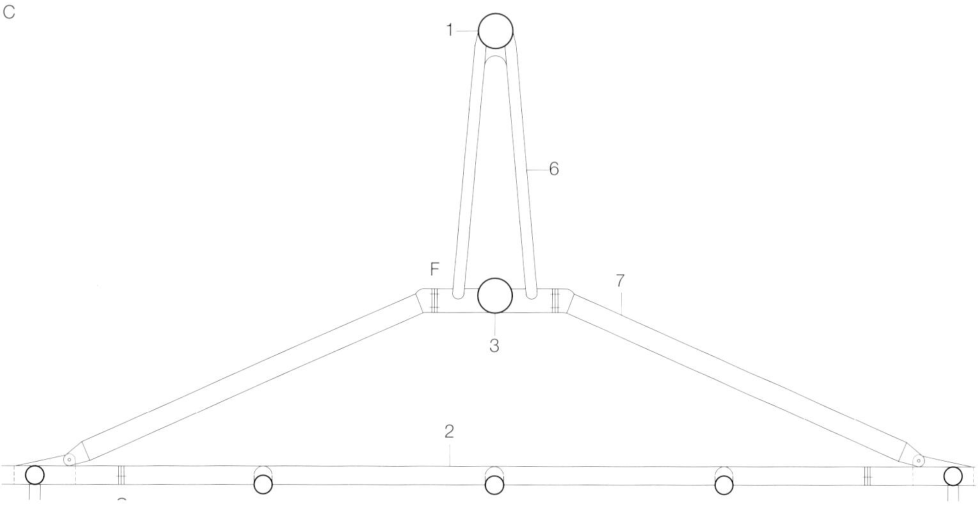

F

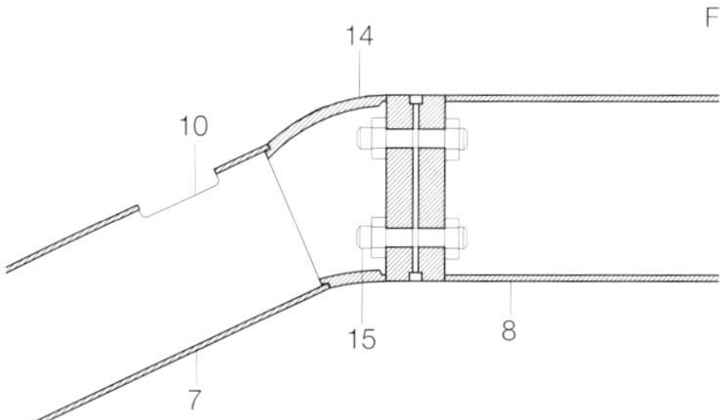

G

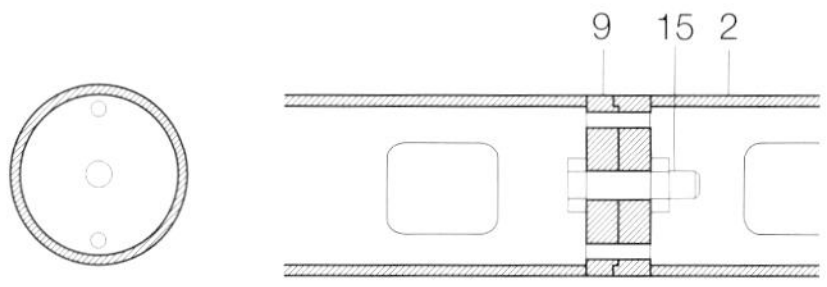

D

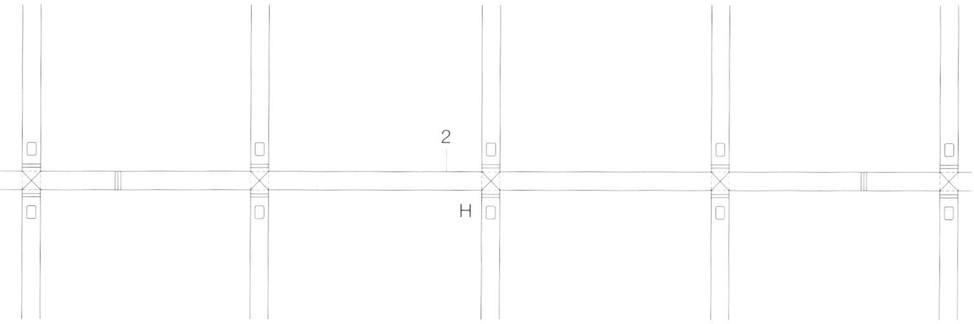

H

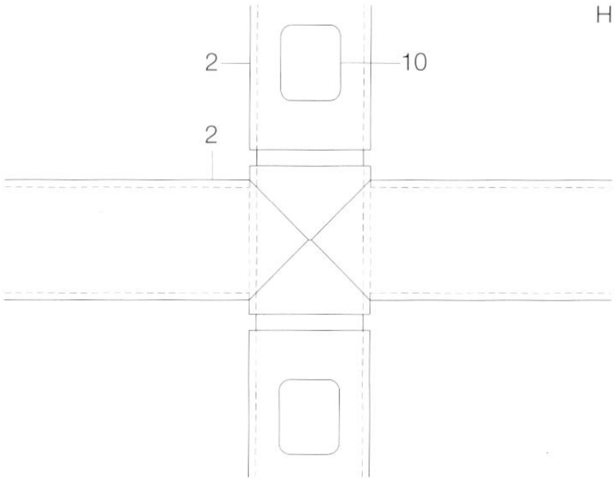

Flughafenterminal in Hamburg

1993

Architekten:
von Gerkan • Marg + Partner, Hamburg
Meinhard von Gerkan, Karsten Brauer
Tragwerksplanung:
Weber, Poll und Kockjoy, Hamburg

Die Dachgeometrie des Terminals entstand in Anlehnung an eine Flugzeugtragfläche. Sieben räumliche Fachwerkträger überspannen im Achsabstand von 10,8 m eine lichte Weite von 62,4 m und kragen an den Enden 18,7 m aus. Sie wurden in jeweils fünf Einzelteilen transportiert und auf einem Lehrgerüst zusammengeschweißt. Die Knotenpunkte dieser Dreigurtbinder wurden konstruktiv entzerrt. Es ergaben sich geringe statische Nachteile durch die verschobenen Wirkungslinien der Diagonalstreben, jedoch erhielt man verbesserte Schweißmöglichkeiten und saubere Durchdringungspunkte. Die Träger ruhen auf V-förmigen, geneigten Stützenpaaren, die die Dachlast auf 12 Stützenköpfe aus Beton übertragen. Die oberen Auflager sind jeweils in Trägerrichtung verschieblich. Auflagerknoten, Lagerschalen der Untergurte sowie Stützen bestehen aus Stahlguß, was schlanke Bauteile und optimale Passung ermöglichte. Die maximal11 m langen Stützen wurden aus Einzelgußteilen zusammengesetzt. Das hohle Mittelstück aus zwei stumpf verschweißten Hälften ist durch Zapfen und Zugschrauben mit den Gabeln verbunden.
Aufgrund der seitlichen Labilität der Fachwerkträger in den Gurtschalen übernehmen die Dachpfetten die Queraussteifung und sind entsprechend groß dimensioniert. Auf der Baustelle wurden jeweils zwei Binder durch die Pfetten verbunden, auf Schienen über die endgültige Position geschoben und an das nächste Paar angeschlossen. Die stumpf gestoßenen Pfetten wirken als Durchlaufträger. Sie überspannen 9,62 m an den Trägerenden.
Da die Randträger nur einseitig gestützt sind, werden die auftretenden Horizontalkräfte über Zugelemente an das nächstliegende Auflager weiter- und in die Unterkonstruktion abgeleitet. Die innenliegende Schicht des Dachaufbaus besteht aus gedämmtem Trapezblech, das 3,20 m überspannt. Darüber wurde die Eindeckung aus Aluminiumblech fixiert. Hinterspannte Pfosten stabilisieren die Glasflächen der Front- und Rückfassade, die mit flexiblen Füllstücken und Befestigungen an das Dach geführt werden. Die Fassadenpfosten laufen auf einem versetzten Ausbauraster seitlich am Haupttragwerk vorbei, das in elastischen Manschetten durch das Glas stößt.

A

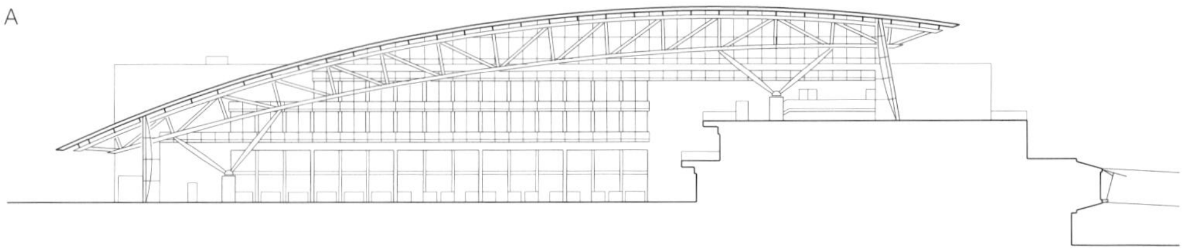

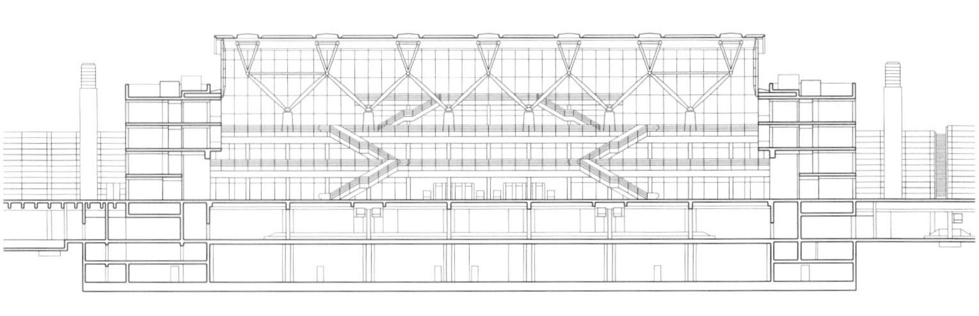

Literatur: [36], [73], [139], [150], [168], [218], [219], [220], [227], [436]

A Querschnitt • Längsschnitt
Maßstab 1:1000
B Fassadenschnitt
Maßstab 1:100
C Anschluß Fassade-Dach-Tragwerk
Maßstab 1:50

B

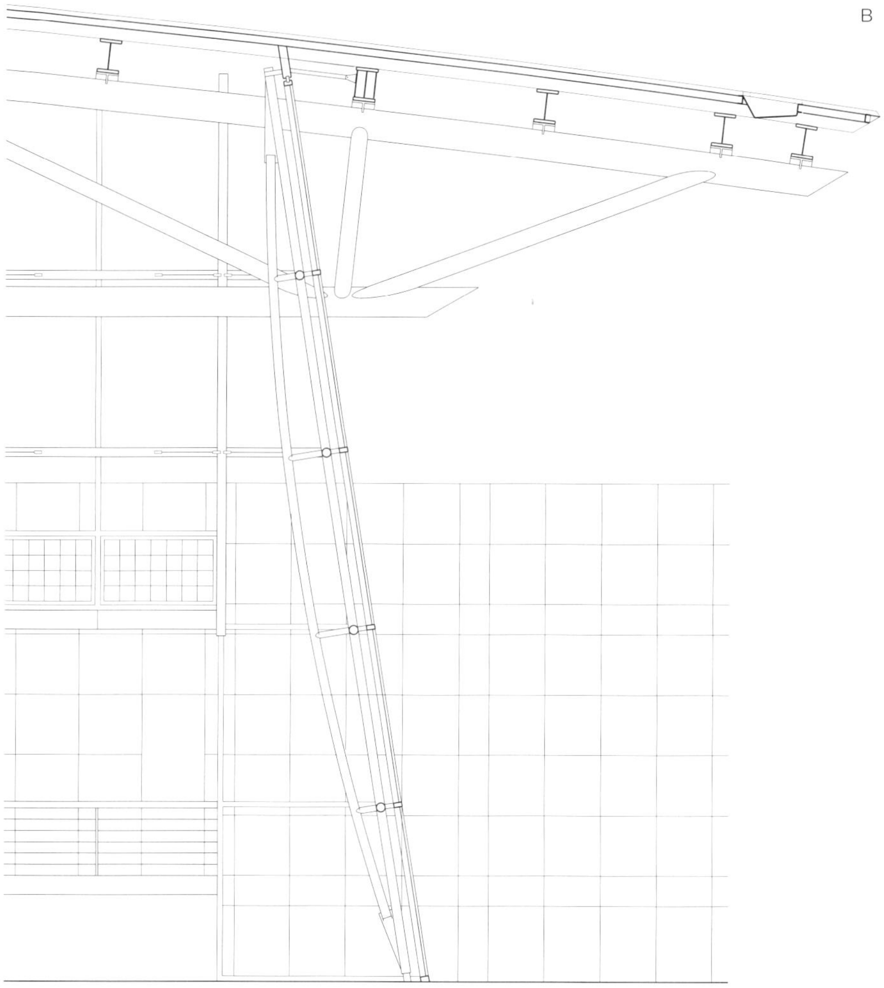

C

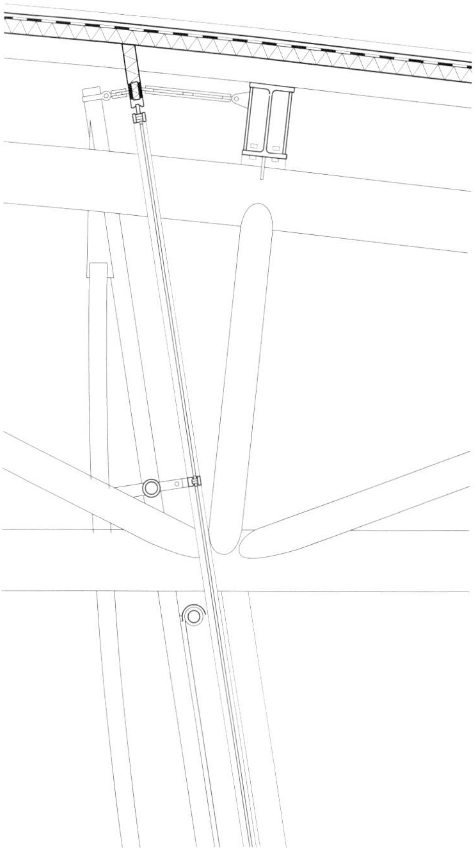

1 Dachaufbau:
Aluminiumblechdeckung
Polymer-Bitumenbahn
geschlossenzelliges Schaumglas
bituminöser Voranstrich
verzinktes Stahlblech
Stahltrapezblech gelocht
2 Stahlpfetten HEA 450
3 Obergurt Binder ∅ 406/12,5 mm
4 Querverbindung Obergurt ∅ 219/10 mm
5 Pfostendiagonale ∅ 219/6,3 mm
6 Untergurt Binder ∅ 406/12,5 mm
7 Gußschale Untergurt St 52,3
8 Verbindungsbolzen ∅ 110 mm, St 460
9 Stütze max. ∅ 500/25 mm

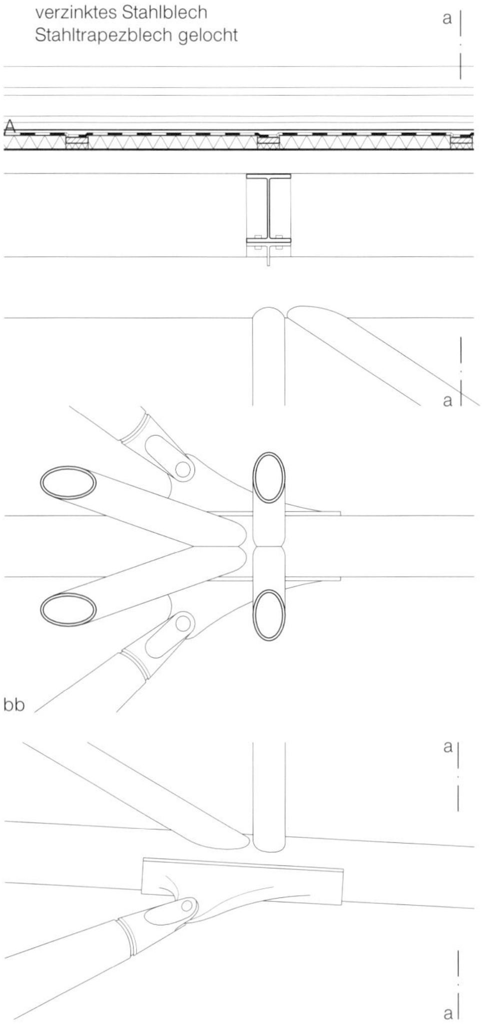

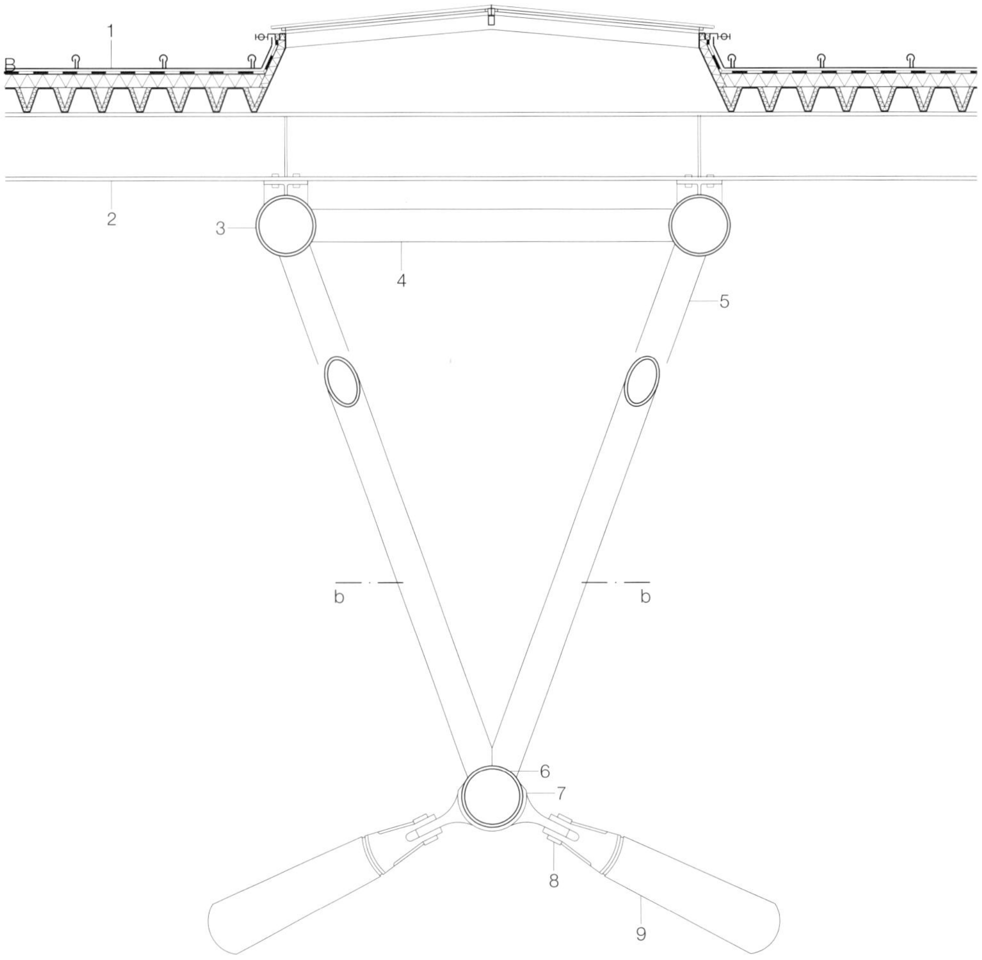

aa

A Längsschnitte Fachwerkbinder
B Querschnitt Fachwerkbinder
Maßstab 1:50
C Biegemomente Pfetten
D Isometrie Tragsystem
E Systemschnitt
ohne Maßstab
F Detail Gabelstück
G Detail Auflager
Maßstab 1:20

F

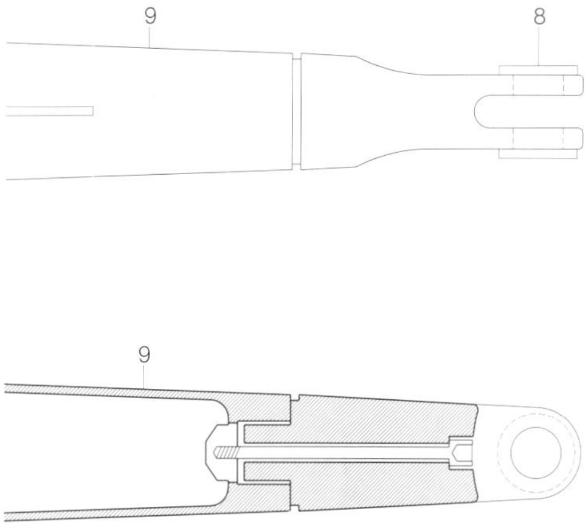

G

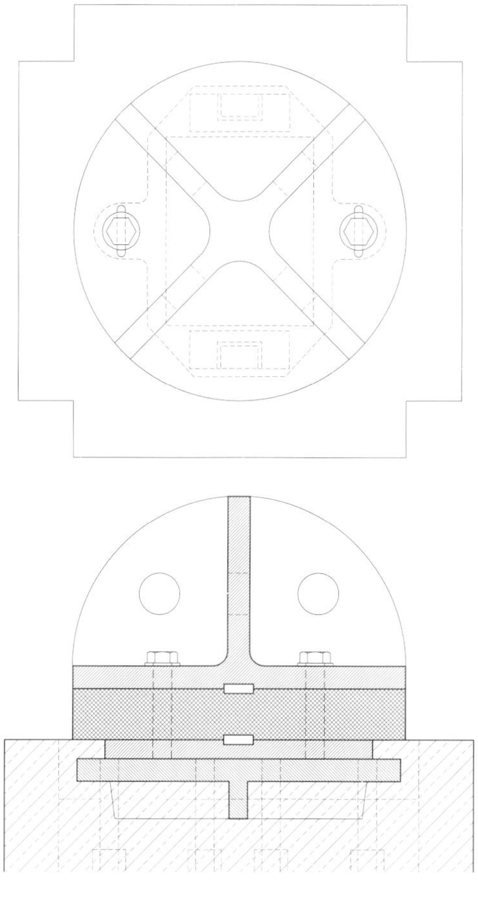

C

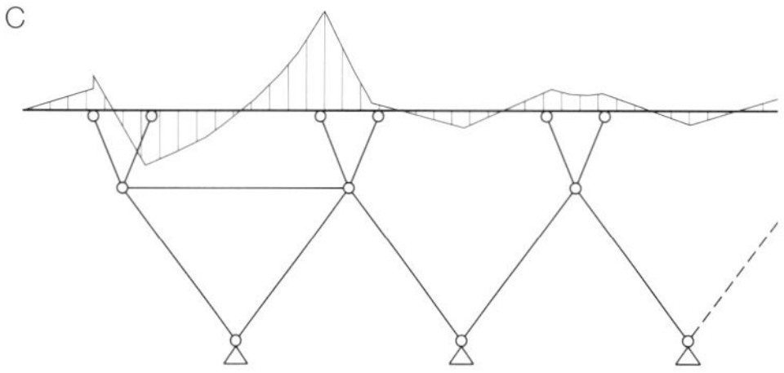

D

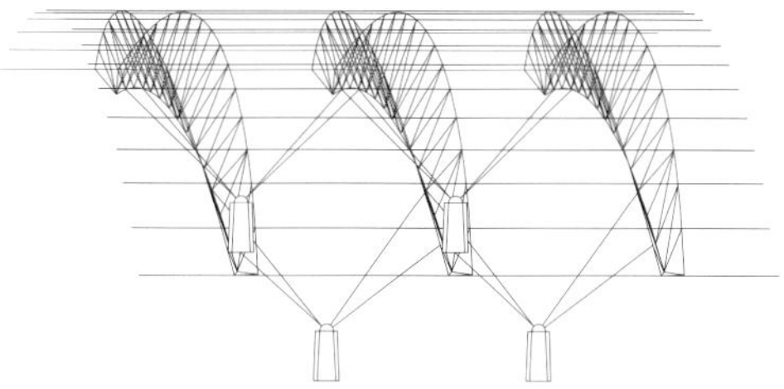

E

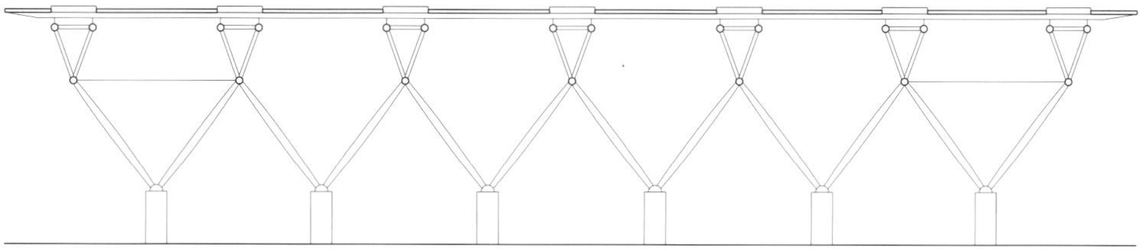

Flughafenterminal in Osaka, Japan

1994

Architekt:
Renzo Piano Building Workshop, Paris
mit Noriaki Okabe
Tragwerksplanung:
Ove Arup & Partners, London

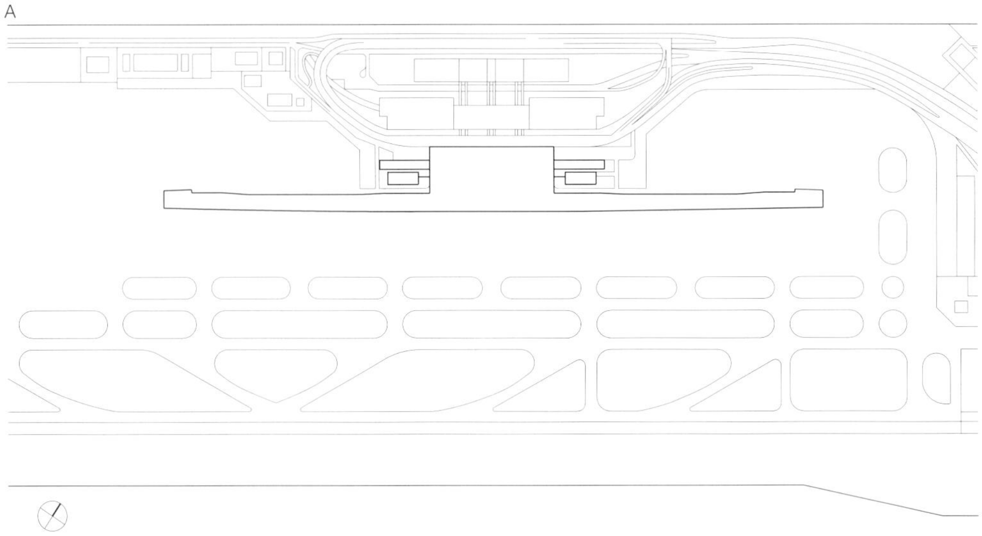

Der Flughafen entstand auf einer künstlichen Insel im Meer von Osaka. Die wellenförmige Geometrie des Gebäudes wurde durch einen Computer errechnet und gliedert sich in zwei Teile: Eine kompakte Abfertigungshalle von ca. 315 x 100 m Grundfläche und bis zu 30 m Höhe gruppiert die verschiedenen Funktionen auf eingestellten Etagen an einem zentralen durchgehenden Luftraum. Von dort wird der 1,7 km lange Ankunfts- und Abflugtrakt erschlossen, an dem über 40 Flugzeuge gleichzeitig an-docken können.
Die Baustruktur mußte auf Erdbeben, extreme Windbelastungen und das Setzungsverhalten des Meeresbodens ausgelegt sein. Sie wurde durch Dehnfugen in 200 Sektionen unterteilt. Weitere konstruktive Trennungen in Gebäudequerrichtung gewährleisten Toleranzen bis zu 0,5 m. Die 900 Stützenfundamente können über computergesteuerte Hydraulikpressen in ihrer Höhe ausgeglichen werden.
Das Tragwerk der Haupthalle erhebt sich über den Terminalstockwerken und besteht aus gereihten räumlichen Fachwerkträgern, die auf V-förmigen Stützenpaaren gelagert sind. Diese asymmetrischen Dreigurtbinder überspannen 82,5 m. Die größte Strebenlänge beträgt 4 m. Im Bereich des An- und Abflugtrakts verjüngt sich die Konstruktion bis auf einen einzigen Gurt, der durch mehrere Unterspannungen stabilisiert wird. Rechtwinkelig dazu verlaufen im Achsabstand von 4 m die Nebenträger aus Doppel-T-Profil.
Durch die Längsaussteifung des Gebäudes mit Diagonalverbänden weist der An- und Abflugtrakt im Gegensatz zum konventionellen System der Halle ein spiralenartiges Tragverhalten auf.
Gedämmte Trapezbleche bilden die untere Schicht des Dachaufbaus. Darüber trägt eine durchlüftete Unterkonstruktion die Außenhaut aus 90 000 identischen Edelstahlplatten.
Die großflächige Verglasung der Giebelfassaden wird ermöglicht durch beidseitig hinterspannte Pfosten im Abstand von 4 m. Um die Glasfassade bis an das Dach zu führen, wurden die Dreigurtbinder am Ortgang in zwei symmetrische Teile aufgelöst, die die Fassade in die Mitte nehmen.

Literatur: [12], [30], [103], [156], [160], [356]

A Lageplan
Maßstab 1:20 000
B Querschnitt
Maßstab 1:1250
C Grundrisse
Maßstab 1:10 000

B

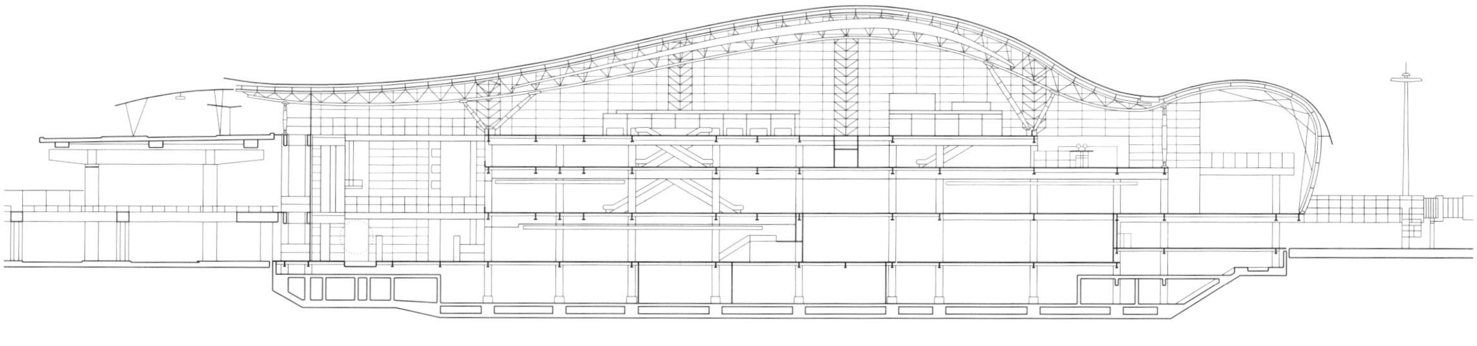

C

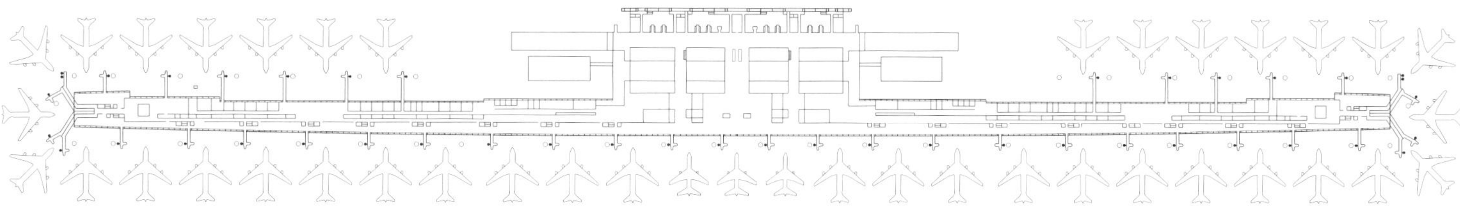

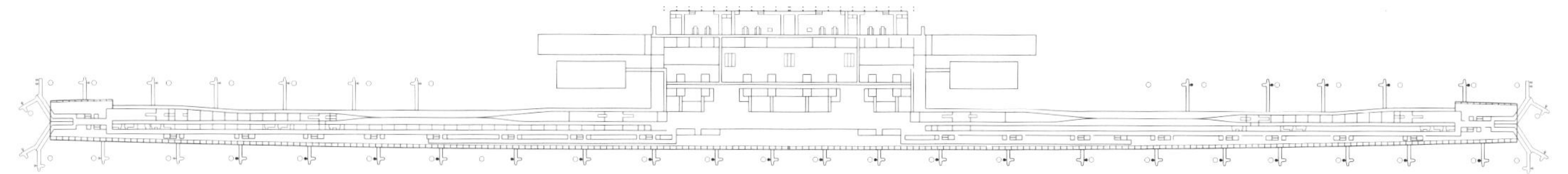

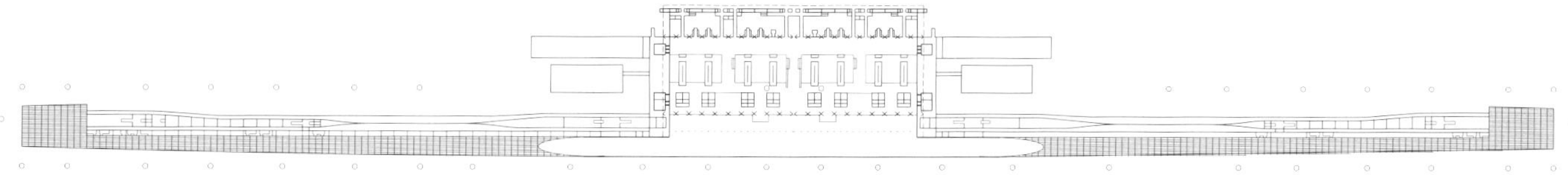

A

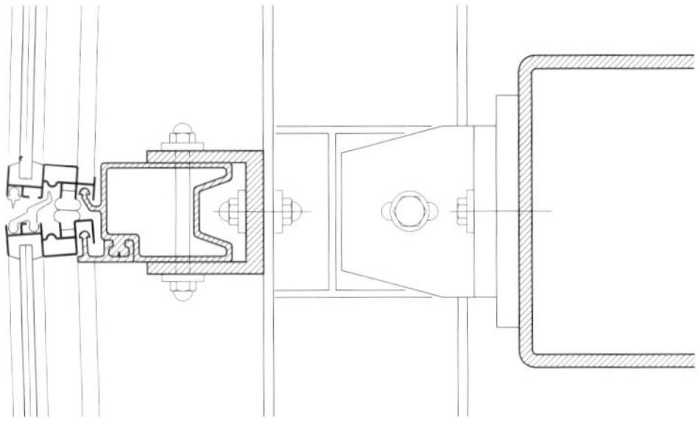

C

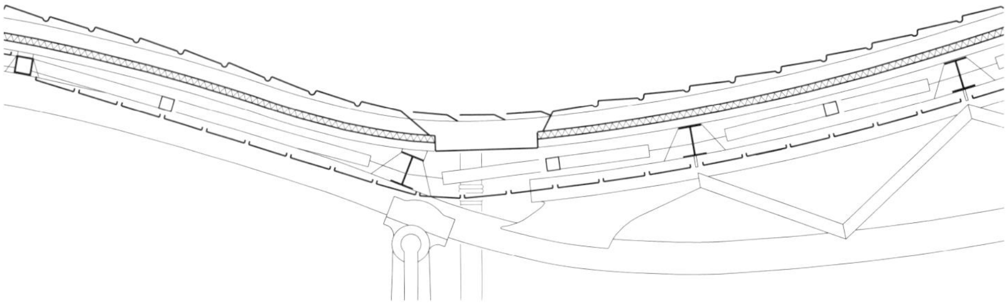

D

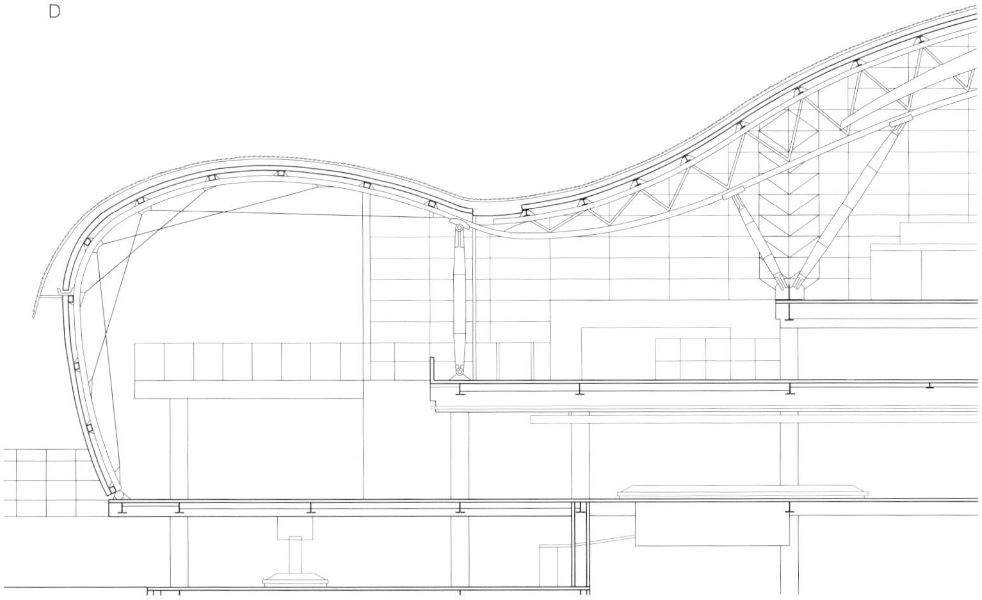

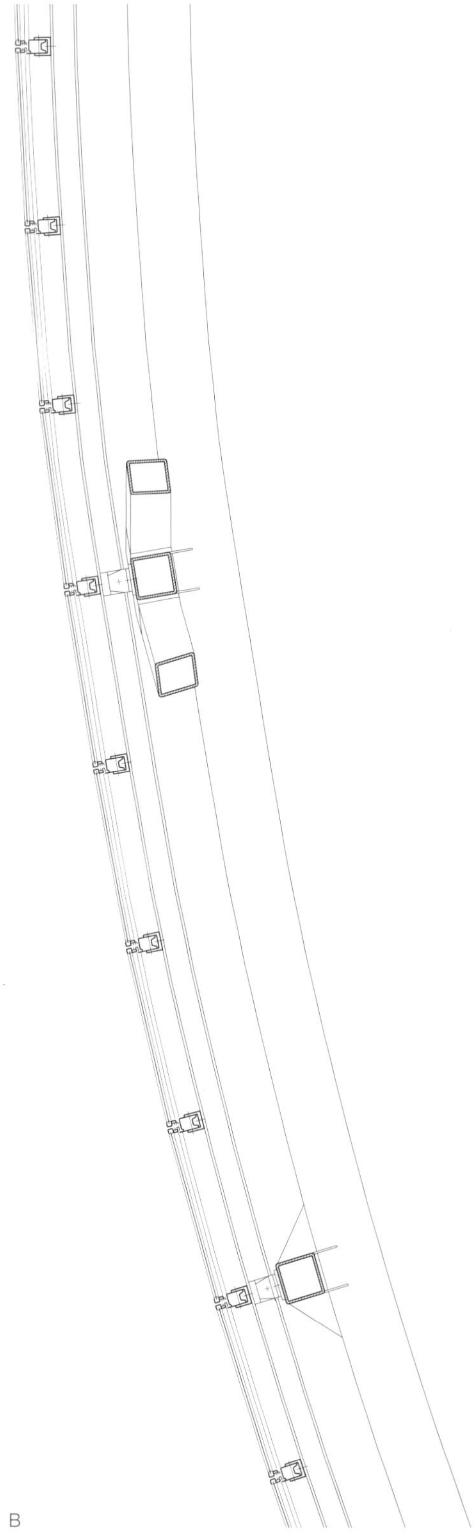

B

Details An- und Abflugtrakt
A Vertikalschnitt Verglasung
Maßstab 1:10
B Vertikalschnitt Fassade
Maßstab 1:50
C Schnitt Dachübergang
Seitenflügel / Halle
Maßstab 1:100

D Teilschnitt
Maßstab 1:500
Details Stirnfassaden:
E Knotenpunkt Aussteiffung
Axonometrie • Horizontalschnitt • Vertikalschnitt
F Fußpunkt Fassadenpfosten
Maßstab 1: 10

E

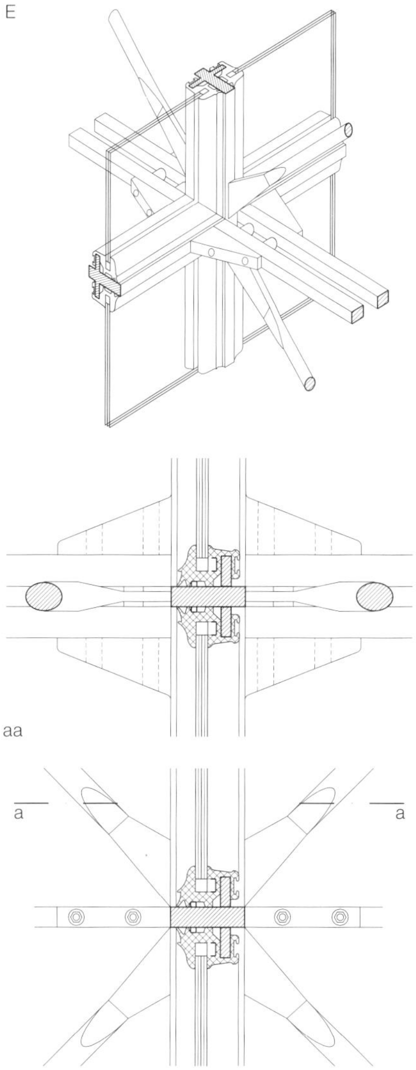

F

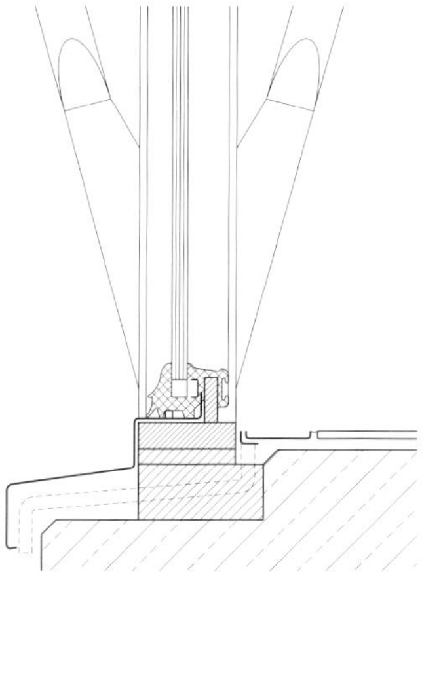

Bahnhof Waterloo in London

1993

Architekt:
Nicholas Grimshaw and Partners, London
N. Grimshaw, N. Sidor,
D. Kirkland, U. Heinemann
Tragwerksplanung:
Anthony Hunt Associates, Cirencester,
A. Hunt, A. Jones, M. Otlet, D. Dexter

Waterloo International Terminal ist der Kopfbahnhof der neuen Kanaltunnellinie. Er knüpft an die Tradition alter Bahnhofshallen an und ist gleichzeitig Wahrzeichen eines neuen Bahnzeitalters. Die beengte innerstädtische Grundstückssituation am Rande des alten Bahnhofs führte dazu, die 400 m lange Anlage schlangenförmig dem Verlauf der Schienenstränge folgen zu lassen. Man erreicht die Bahnsteige durch die Untergeschosse nach dem Durchschreiten von Paß- und Sicherheitskontrollen. Auf den tieferliegenden, durch die verglaste Westfassade belichteten Ebenen liegen Wartebereiche, Läden und Büros.
Die Spannweite des stützenfrei gespannten Dachtragwerks variiert zwischen 32 und 48 m. Es ist als Dreigelenkbogen konstruiert und besteht aus zwei unterschiedlichen Bogenabschnitten, welche beide als Dreigurtbinder ausgeführt sind. Beim westlichen Abschnitt liegt die Konstruktion außen vor der Fassade, um ein ausreichendes Lichtraumprofil für das Bahngleis zu gewährleisten. Beim östlichen, größeren Bogenabschnitt liegt das Tragwerk innen. Alle drei Gelenke bestehen aus mit Edelstahlbolzen verbundenen Stahlgußteilen. Die Druckgurte der Binder folgen in ihren wechselnden Querschnitten dem Kräfteverlauf. Die räumlich komplizierten Knotenpunkte sind standardmäßig aus Gußteilen erstellt. Trotz der organischen, sich aus der Krümmung des Bahnsteiges und der Verjüngung des Tragwerkes ergebenden Gebäudeform sind die Oberlichtstreifen schuppenförmig mit nur einer einzigen rechtwinkligen Standardscheibengröße verglast. Die Glasprofile sind auf gelenkigen Verbindungsteilen aus Edelstahl befestigt, die die Bewegung der Dachstruktur ermöglichen. Seitlich sind die Sicherheitsgläser durch Neoprenprofile verbunden, die sich den unterschiedlichen Abständen anpassen und Bewegungen aufnehmen.

Literatur: [27], [144], [145], [386], [444]

A

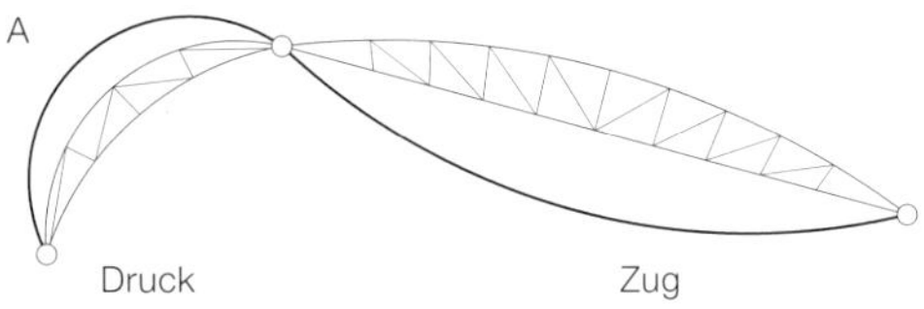

B

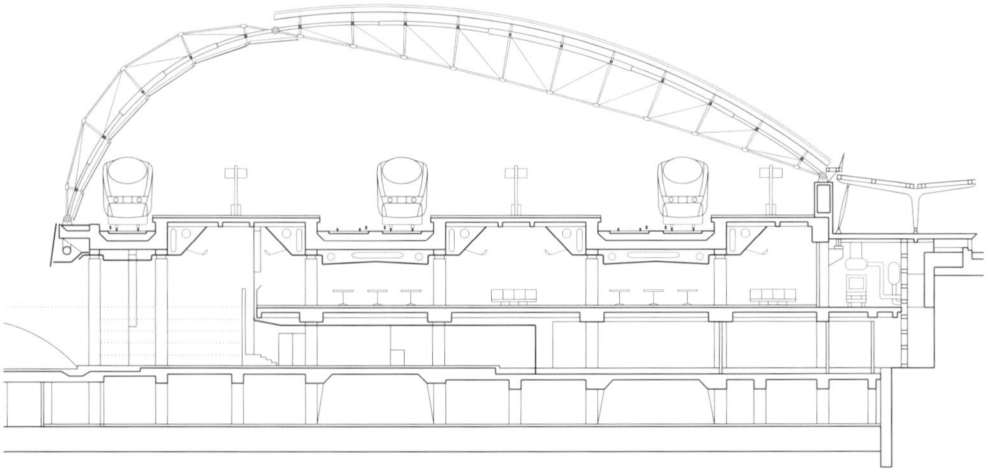

C

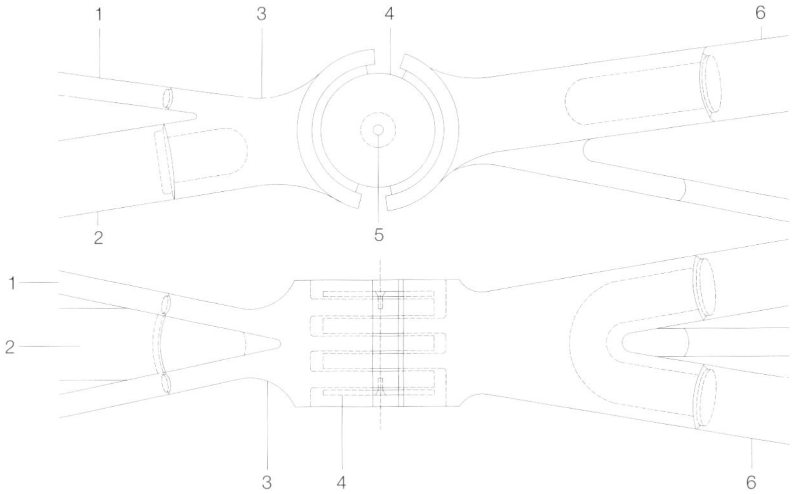

A Biegemoment Dreigelenkträger
B Querschnitt Station Maßstab 1:500
C Dachgelenk 1:20 Ansicht, Aufsicht
D Teilaufsicht Dach ohne Maßstab

1 Rundstahl ∅ 75 mm
2 Stahlrohr ∅ 228 mm
3 Gelenk, Stahlguß
4 Abdeckplatte Edelstahl
5 Gelenkbolzen Edelstahl ∅ 100 mm
6 Stahlrohr ∅ 219 mm

D

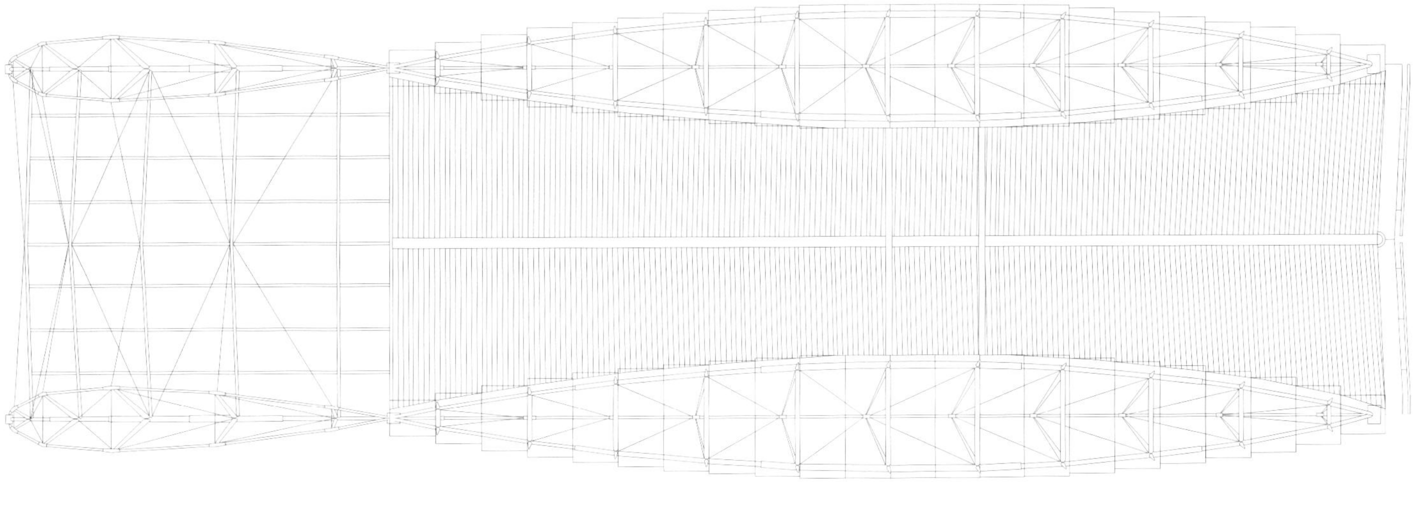

A

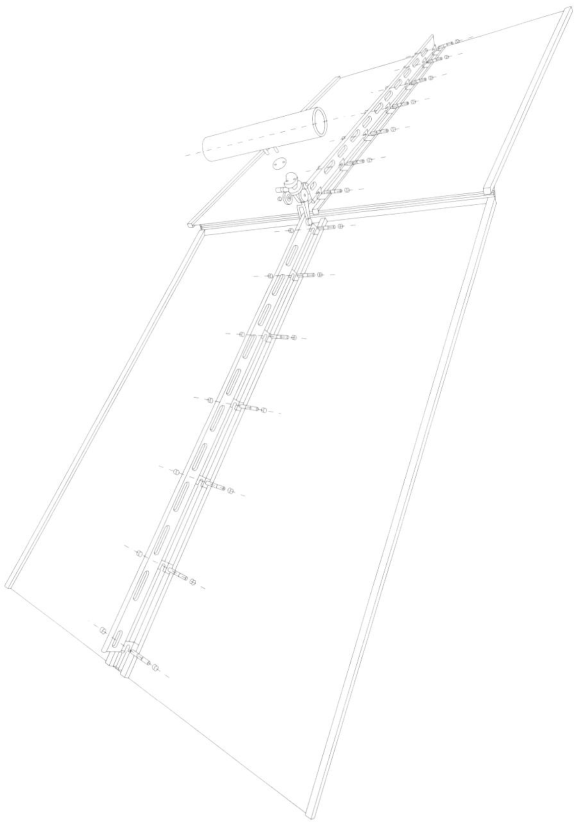

B

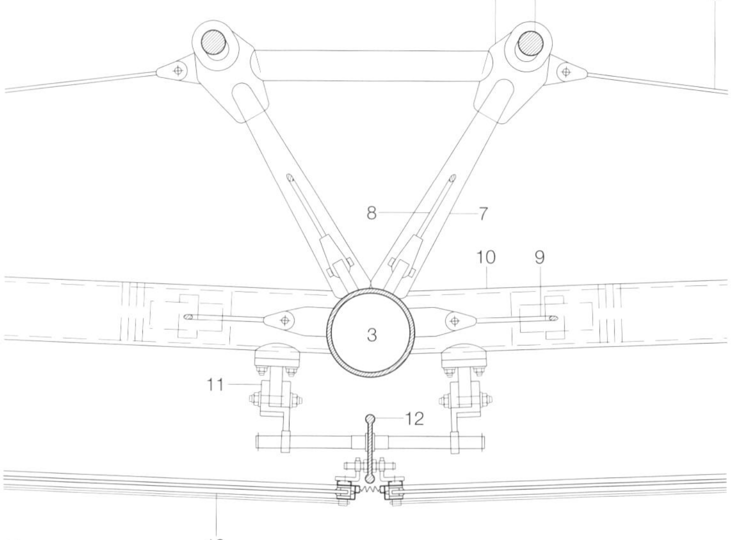

A Axonometrie ohne Maßstab
B Fassadendetails
Maßstab 1:20
Horizontalschnitt •
Vertikalschnitte Fußpunkt

1 Fußplatte d = 50-58 mm
2 Fußgelenk, Stahlguß
3 Stahlrohr ∅ 228 mm
4 Rundstab ∅ 75 mm
5 Knoten, Stahlguß
6 Rundstahl ∅ 30 mm
7 Konisch geformtes Rohr
8 Diagonale, wie 6
9 Aussteifung, Rundstahl
10 Stahlrohr ∅ 168 mm
11 Gelenk, Edelstahlguß
12 Aluminium-Strangpreßprofil, perforiert
13 ESG 10 mm
14 Glashalteprofil Aluminium
15 EPDM-Dichtprofil

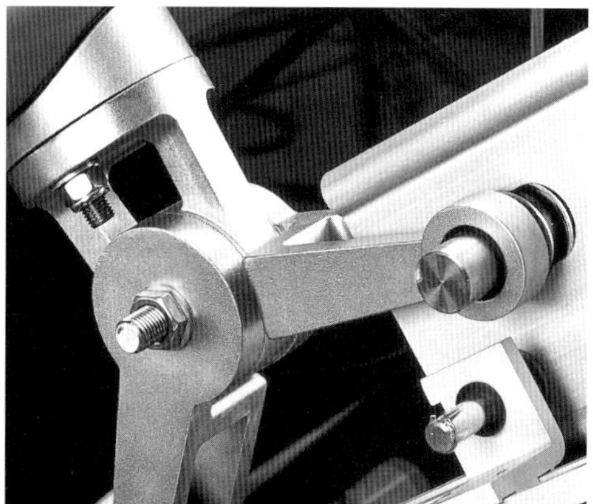

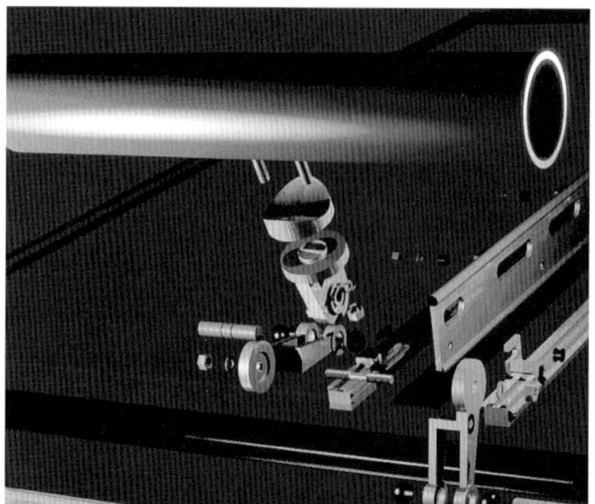

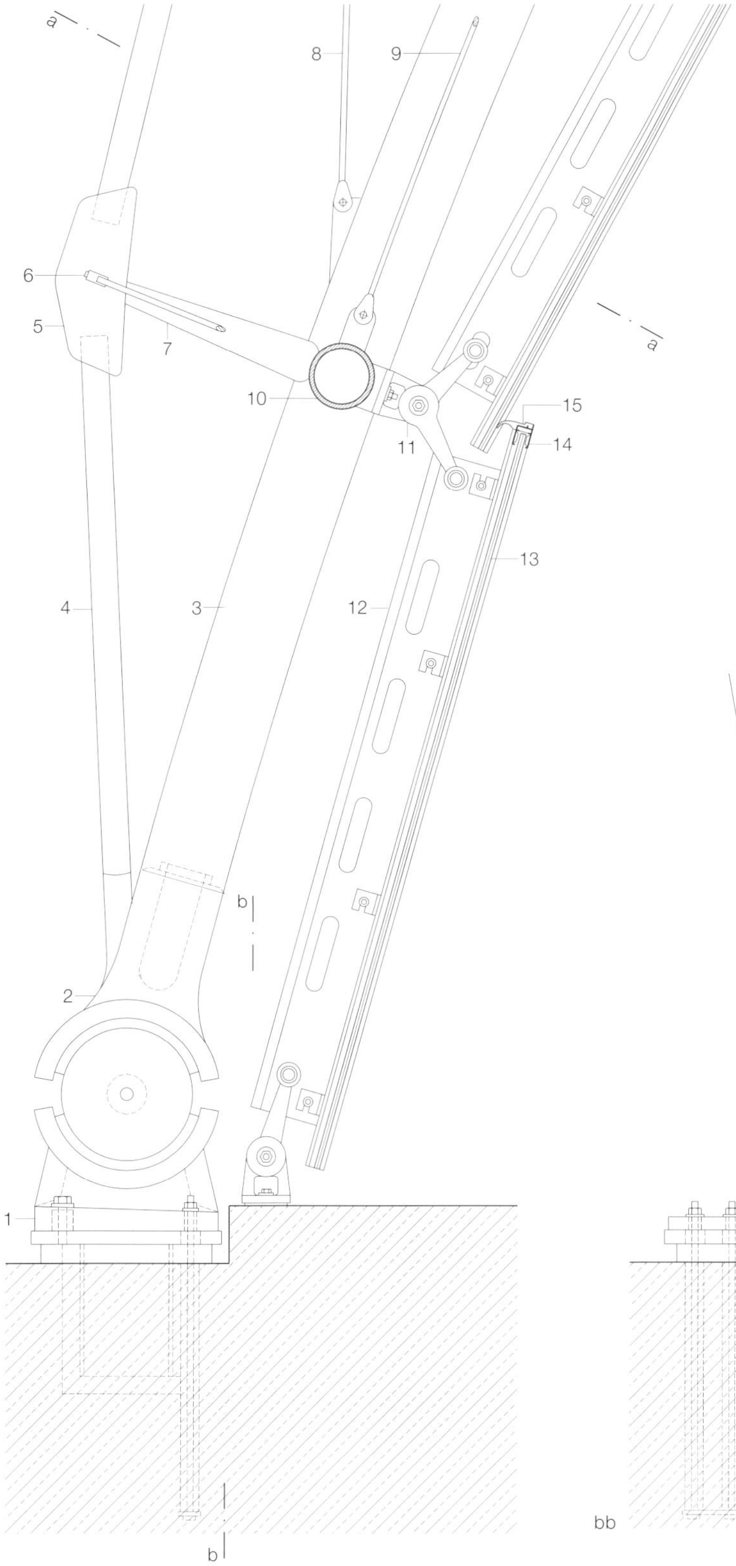
a
a
1
2
3
4
5
6
7
8
9
10
11
12
13
14
15
b
b

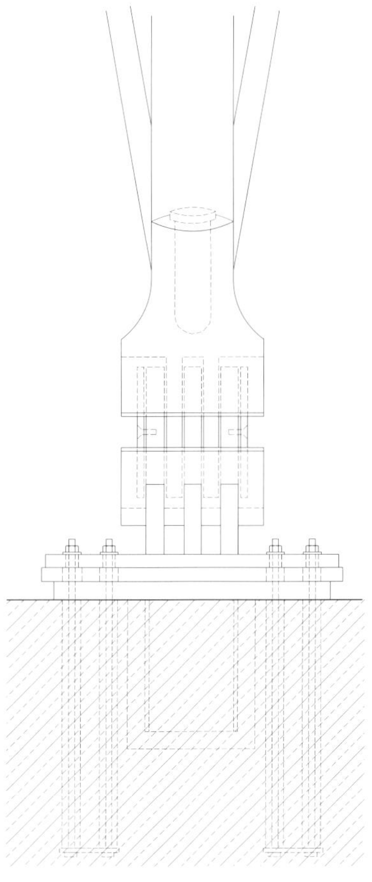
bb

Mehrzweckhalle in Nottingham

1995

Architekten:
Michael Hopkins and Partners, London
Sir Michael Hopkins, W. Taylor, I. Sharratt,
P. Romaniuk, P. Bate, B. Phelan
Tragwerksplanung:
Ove Arup & Partners, London

Am Rande des Stadtzentrums von Nottingham entstand auf einem ehemaligen Industriegelände die Verwaltungszentrale der Finanzbehörde.
Ein Gebäude mit verschiedenen Gemeinschaftseinrichtungen wie Kindergarten, Restaurant sowie einer Halle für sportliche und allgemeine Veranstaltungen bildet das Zentrum dieser Anlage. Das mit textilen Membranen überspannte Gebäude besteht aus zwei doppelgeschossigen Riegeln, die die Halle einfassen. Die Konstruktion des Hauptdaches besteht aus fünf abgehängten Bogenträgern, die aus Belichtungsgründen glasüberdacht sind. Zwischen die Träger wurden transluzente Membranen gespannt, deren Lasten über zusätzliche Druckstäbe in die Betonstützen der Gebäuderiegel eingeleitet werden. Zwischen der Haupt- und den Randmembranen befinden sich Glasflächen, die mittels Streben an zwei gebogenen Rundrohren befestigt sind. Die Randmembran ist vom unteren Stahlrohr abgehängt. Der Raumabschluß zwischen dem oberen Stahlrohr und der Hauptmembran wird über einen zusätzlichen Textilstreifen hergestellt.
Die Stahlkonstruktion der Membran liegt im Randbereich auf einer auskragenden massiven Stahlbetondecke auf, die von Stahlbetonstützen getragen wird. Durch die konstruktive Trennung der Haupt- und Randmembran wird eine flache Dachrandausbildung mit einer zusätzlichen Lichtführung ermöglicht.

Literatur: [31], [124], [144]

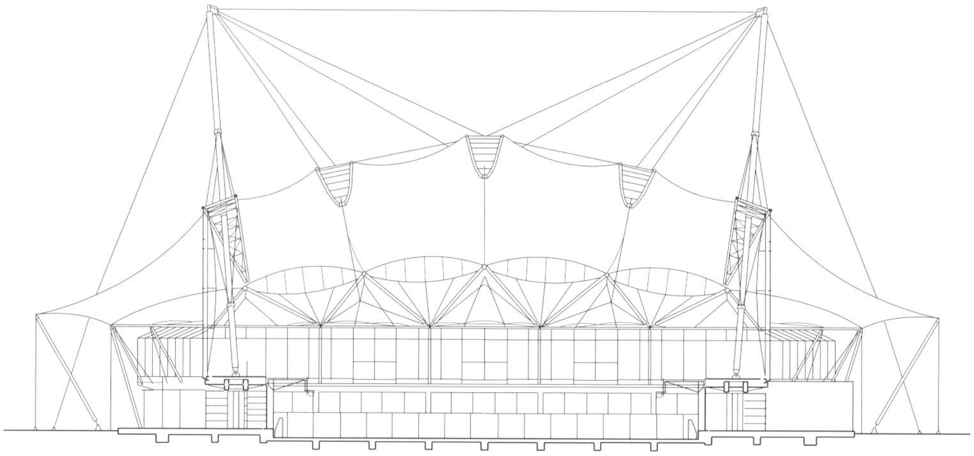

B

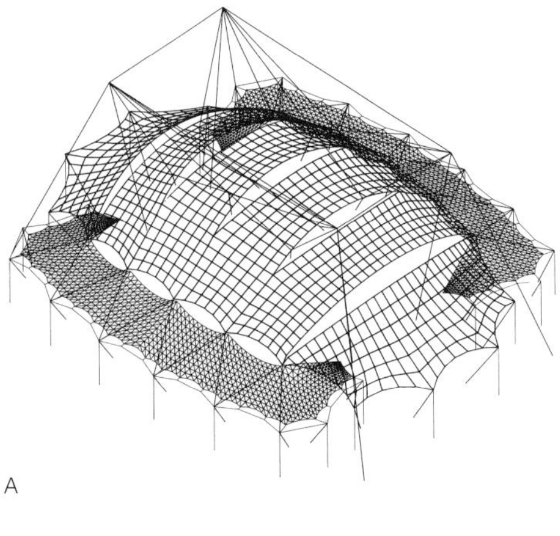

A

A Isometrie
B Schnitte • Dachaufsicht
Maßstab 1:500

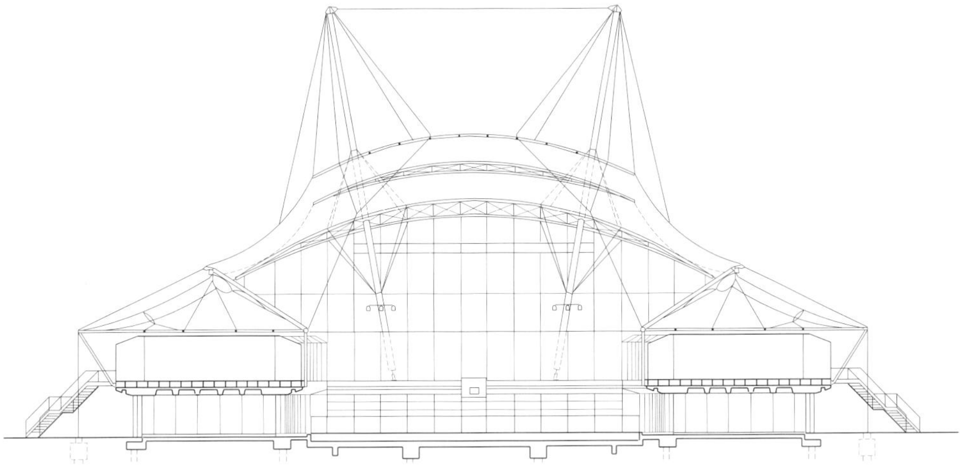

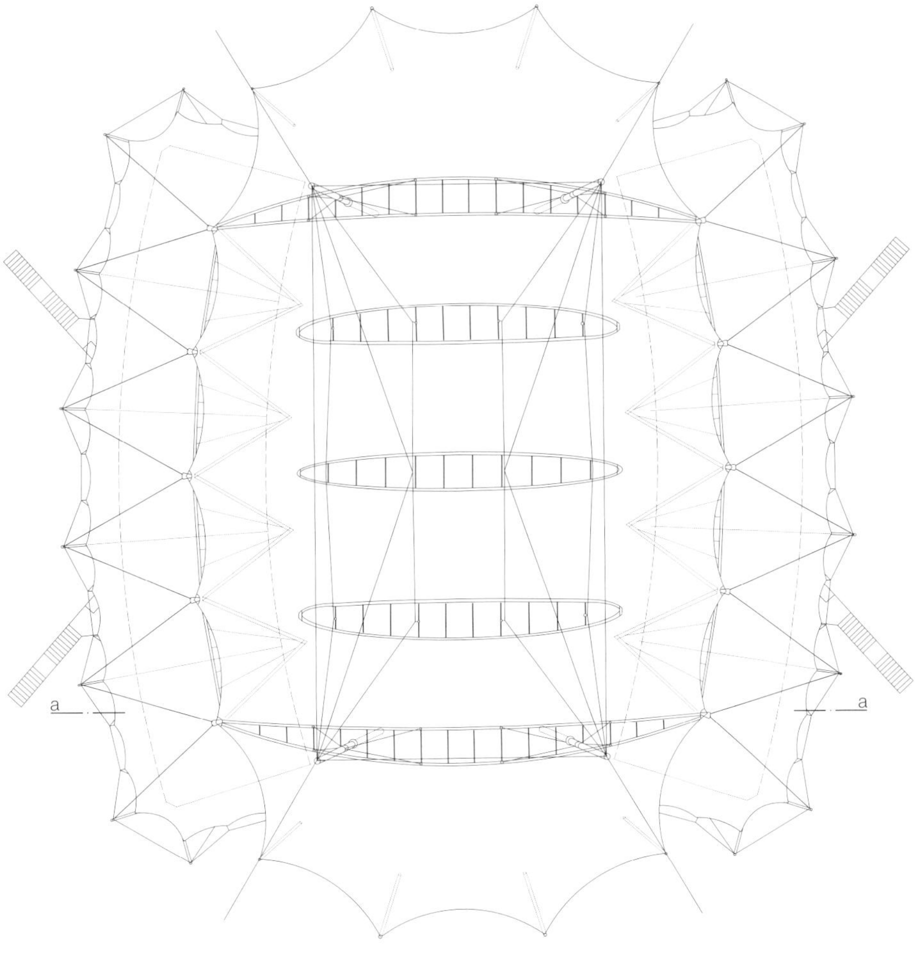

A Querschnitt durch Gebäuderiegel
B Grundriß Verbindung Hauptmembran/
Nebenmembran mit Druckstäben
Maßstab 1:100

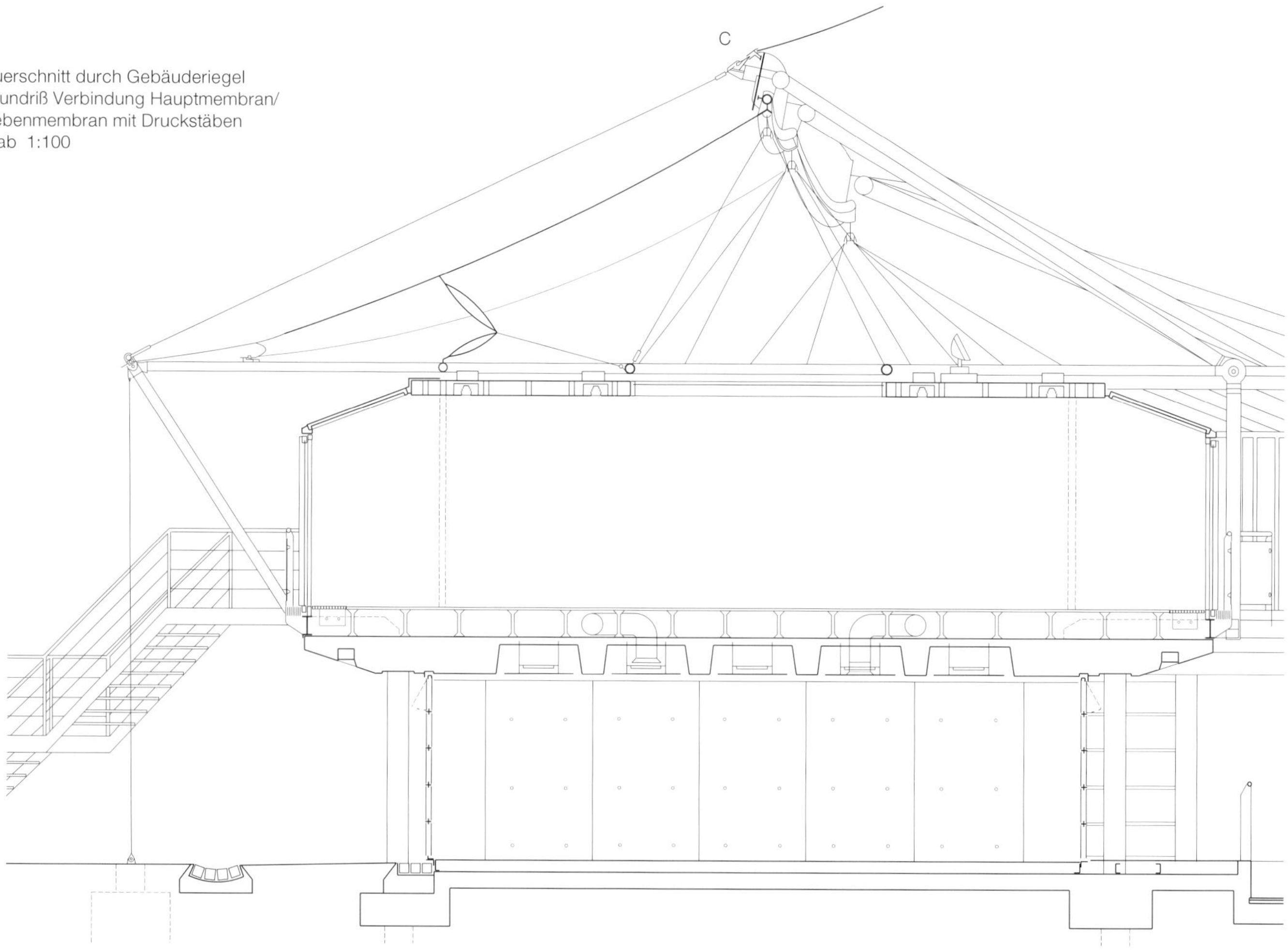

A

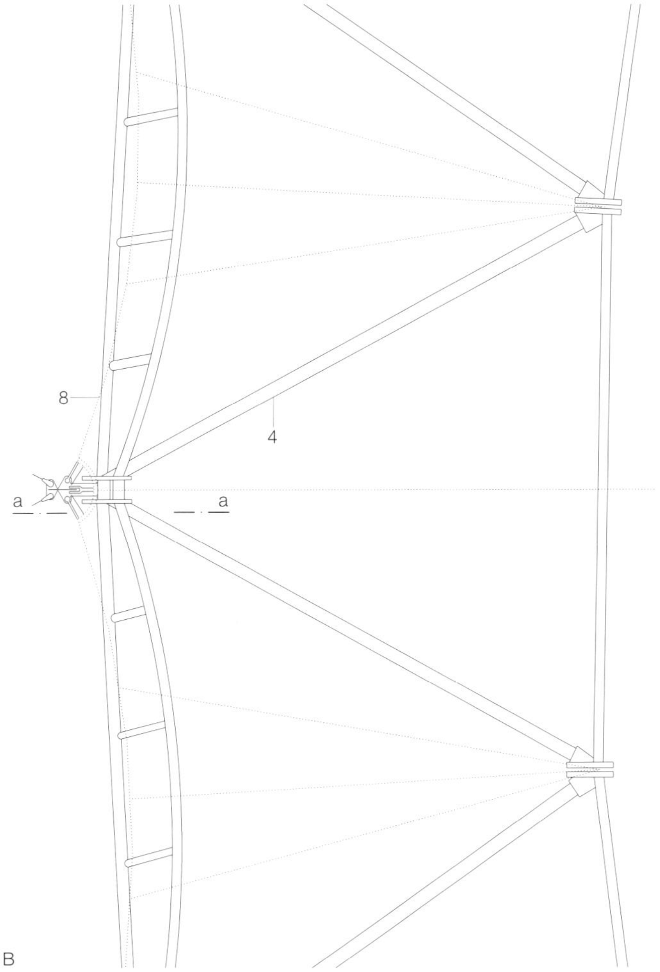

B

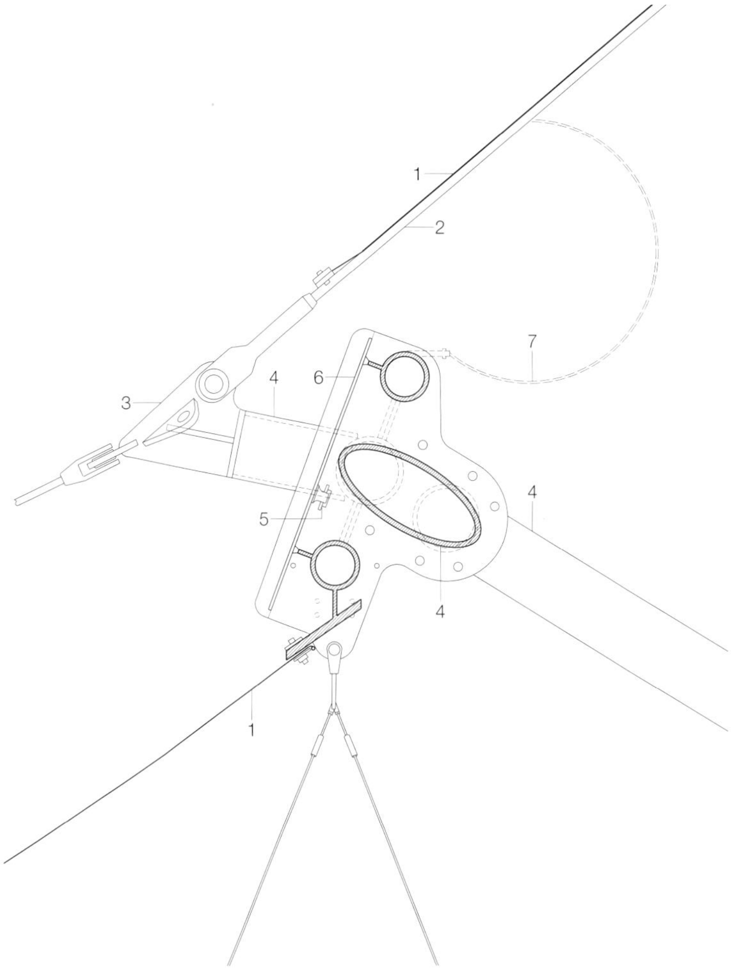

C

Verbindungspunkt
Hauptmembran/Nebenmembran
C Schnitt
D Aufsicht
Maßstab 1:20

1 Membran
2 Seil ∅ 25 mm
3 Knotenblech 16 mm
4 Stahlrohr ∅ 193,7 mm
5 punktförmige Glashalterung
6 Verbundsicherheitsglas
7 Textilstreifen
8 Spannseil ∅ 22 mm
9 Seilklemme
10 Klemmplatte
11 Spannschloß

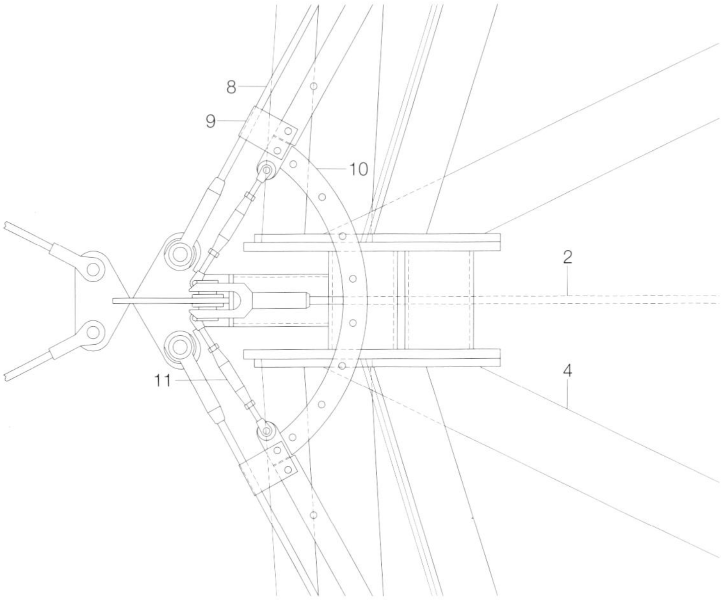

D

Tennisanlage in Hamburg

1997

Architekten: Schweger + Partner, Hamburg
Peter P. Schweger, Hartmut H. Reifenstein,
Bernhard Kohl, Wolfgang Schneider,
Wilhelm Meyer
Entwurf Dachtragwerk und Tragwerksplanung:
Sobek und Rieger, Stuttgart

Die Überdachung der Tennisanlage setzt sich aus zwei Bereichen zusammen. Die äußere Membran bildet einen Ring über der Zuschauertribüne und ist stationär angebracht. Die innere, faltbare Membran hingegen ist temporär und befindet sich in geöffnetem Zustand am asymmetrisch gelegenen Zentralknoten.
Die Lasten der temporären Überdachung werden über Luftstützen auf den aussenliegenden Druckring und die Außenstützen abgeleitet.
Der Zugring bildet mit dem Druckring und den Zugdiagonalen ein selbststabilisierendes System, das mit einem Speichenrad vergleichbar ist. Aus diesem Grund können die einzelnen Elemente des Druckrings gelenkig verbunden werden.
Von den oberen Knotenpunkten der Luftstützen werden die Hochpunkte des Tribünendaches abgehängt.
Das innere Membrandach kann mittels Zugseilen, deren Motoren infolge der Asymmetrie mit verschiedenen Geschwindigkeiten gefahren werden, geöffnet und geschlossen werden.
Infolge der konstruktionsbedingten Dachneigungen ist eine Regenrinne an den Fußpunkten der Luftstütze angebracht. Das Regenwasser wird abgepumpt und nach außen entwässert.

A

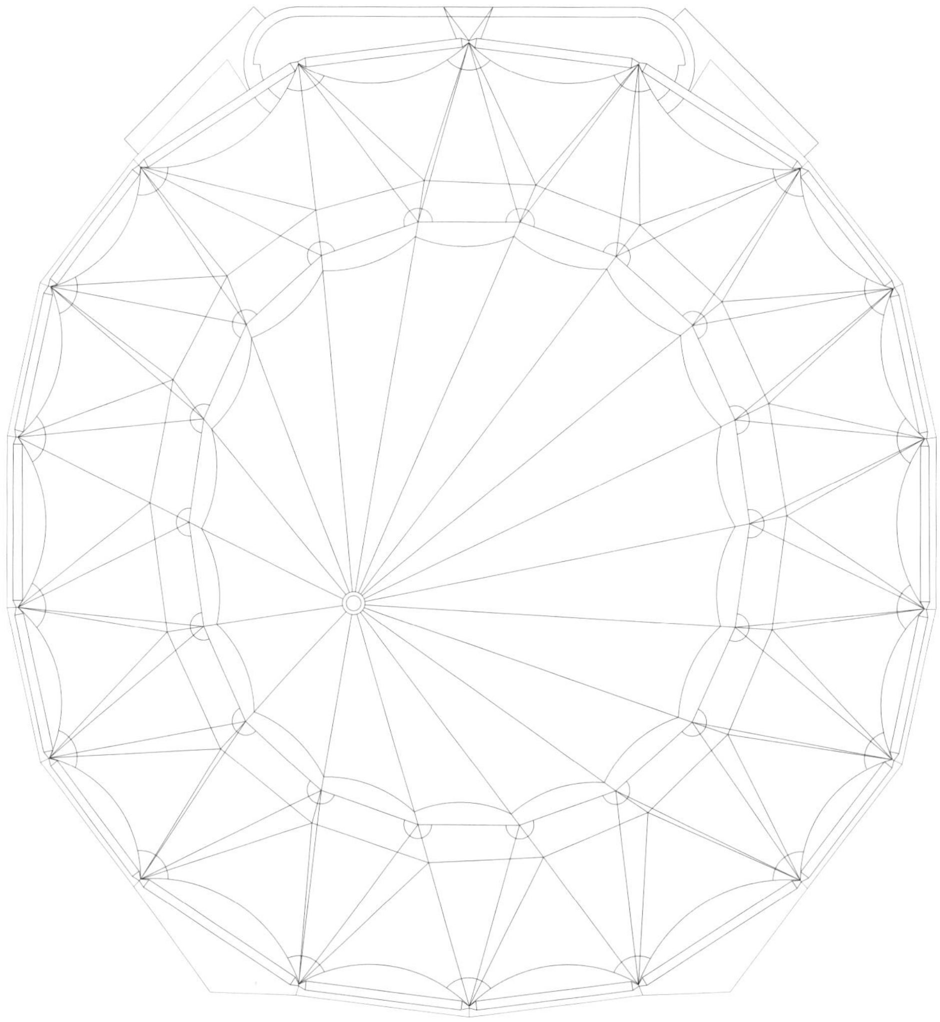

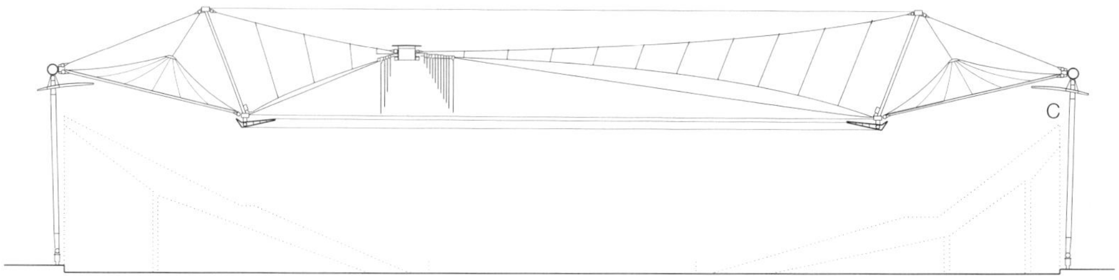

A Dachaufsicht • Schnitt
Maßstab 1:800

Druckring, Stütze
B Ansicht • Aufsicht
C Schnitt
Maßstab 1:200

D Kalottenlager
Schnitt • Ansicht
Maßstab 1:100

B

C

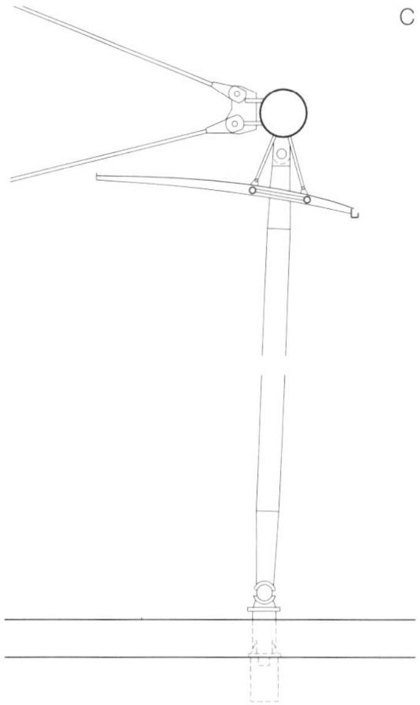

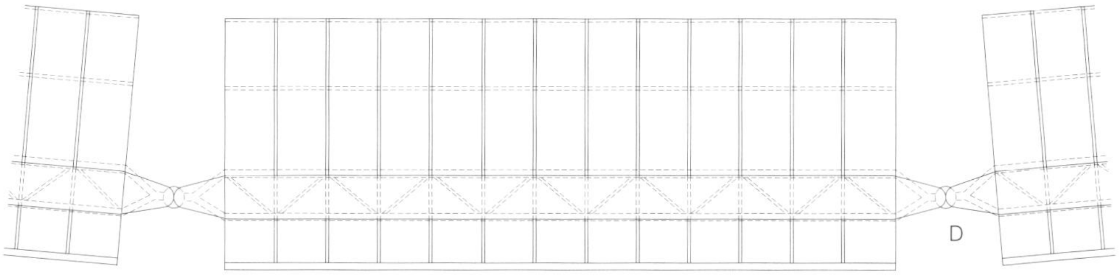

D

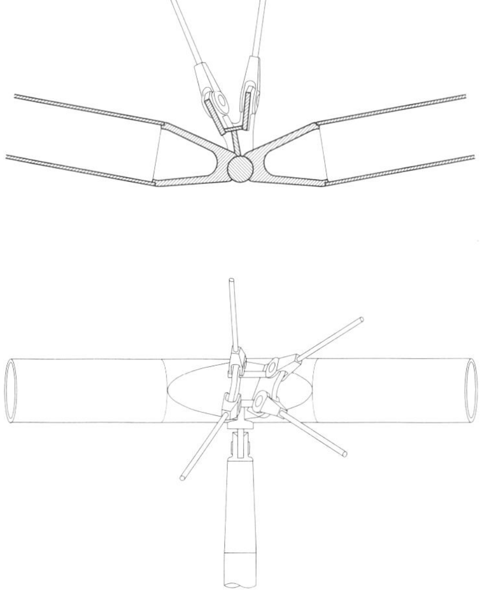

A Luftstütze mit Regenrinne
Maßstab 1:100
B Isometrie oberer Knoten
C Schnitt unterer Knoten
Maßstab 1:50

1 Stahlseil ∅ 87 mm, VVS-3
2 Ringseile 4× ∅ 58 mm, VVS-3
3 Umlenkrolle
4 Obergurt Seilbinder, Stahlseil ∅ 70 mm
5 Stahlrohr ∅ 323,9 × 17,5 mm
6 Stahlseil ∅ 16 mm, OSS
7 Seil ∅ 79 mm, VVS-3
8 Regenrinne
9 Ringseile, 4× ∅ 79 mm, VVS-3
10 Stahlseil ∅ 9 mm
11 Untergurt Seilbinder, 2x Stahlseil ∅ 37 mm, VVS-2
12 Fahrantrieb

A

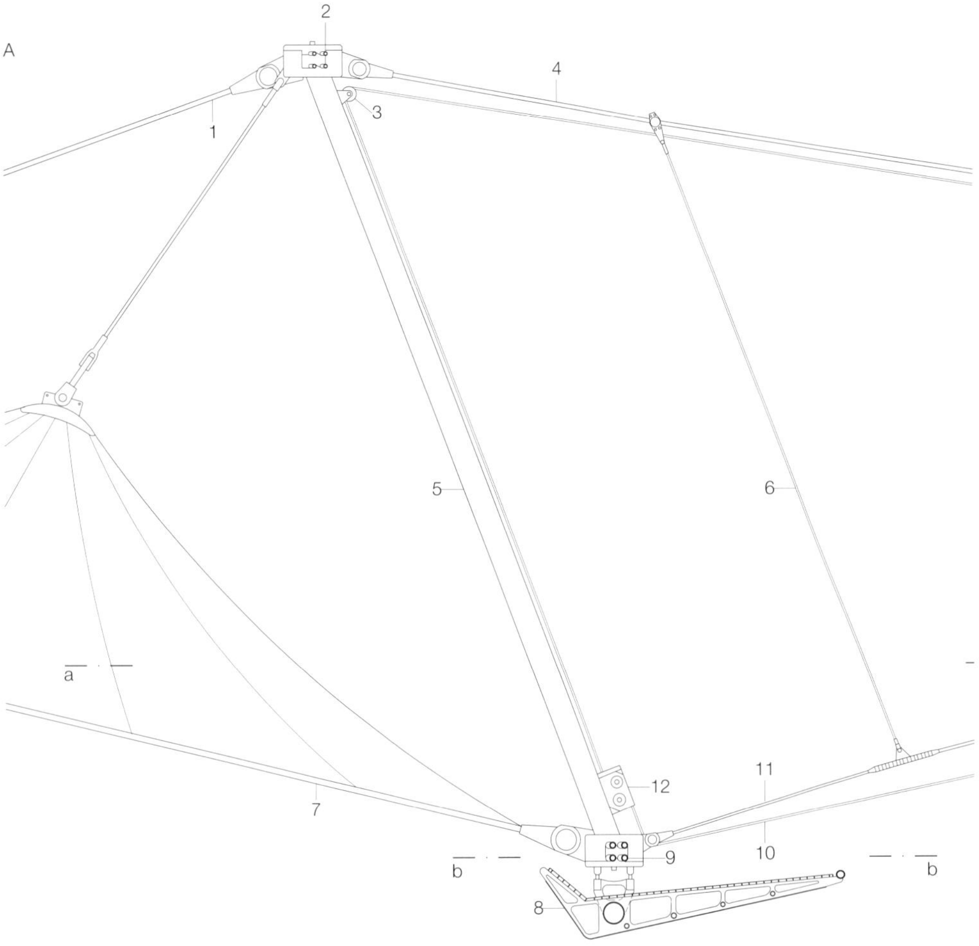

B

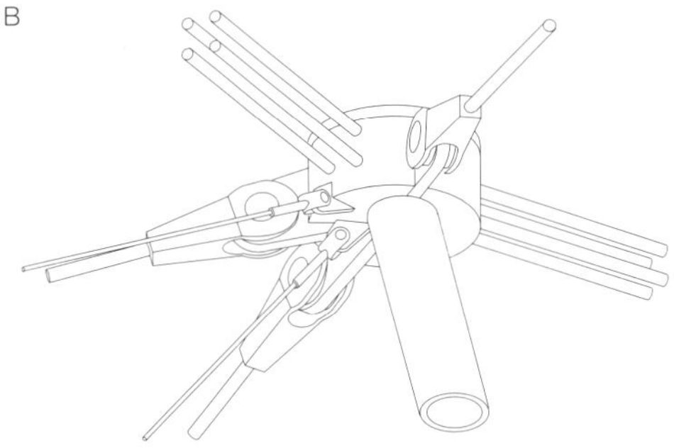

C

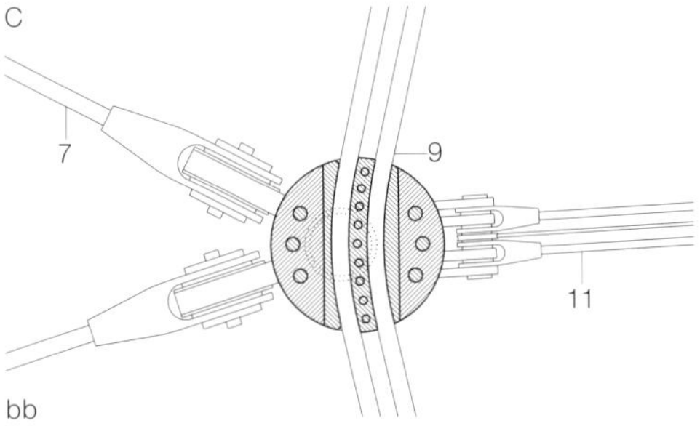

bb

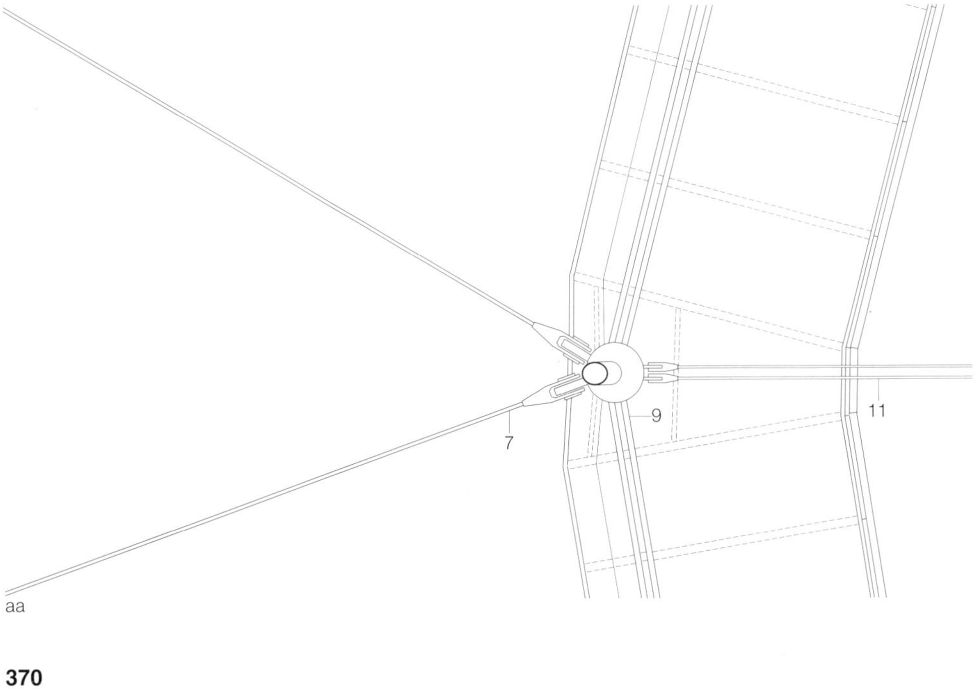

aa

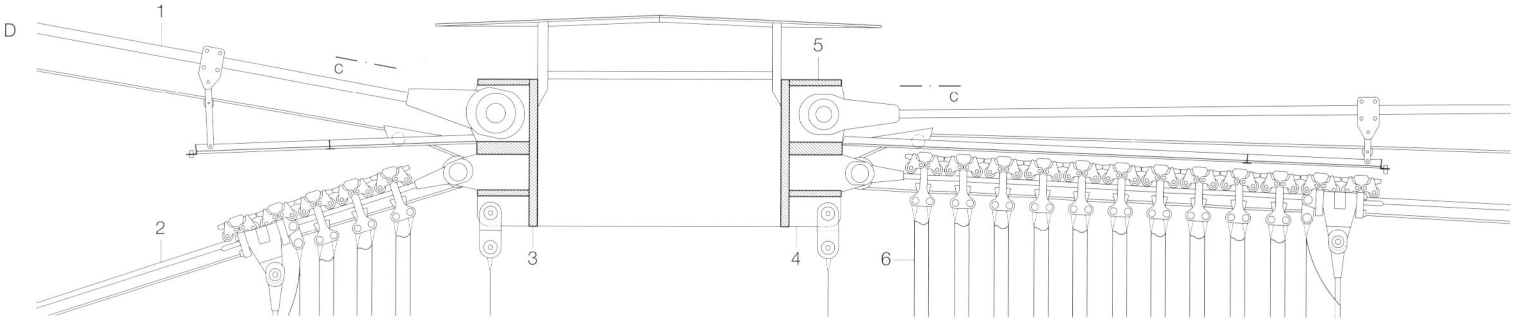

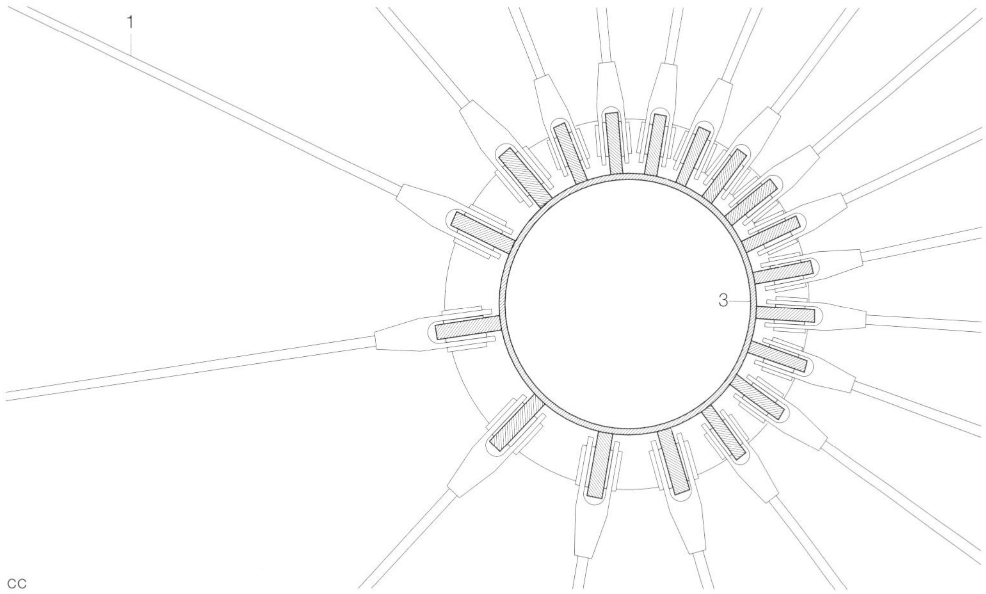

D Zentralnabe
Vertikalschnitt • Horizontalschnitt
Maßstab 1:50

1 Obergurt Seilbinder, Stahlseil ∅ 70 mm
2 Untergurt Seilbinder, Stahlseil ∅ 37 mm
3 Zentralnabe, Stahlblech 50 mm
4 Augblech 40 mm
5 Ring, Stahlblech 40 mm
6 innere Membran, Polyestergewebe, PVC-beschichtet, gefalteter Zustand

Fernmeldeturm in Barcelona

1992

Architekten:
Foster and Partners, London
Tragwerksplanung:
Ove Arup & Partners, London
Julio Martinez Calzon

Der Standort des 288 m hohen Fernmeldeturms befindet sich auf einer Hügelkette über der Hafenstadt Barcelona. Der markante Bau wurde für die Fernsehübertragung der Olympischen Spiele 1992 errichtet. Er nimmt außerdem die technischen Anlagen mehrerer Telefongesellschaften auf.
Durch die Abspannung der Konstruktion beansprucht das Gebäude ein Minimum an Grundfläche im Naturschutzgebiet Collserola und entwickelt eine filigrane technische Zeichenhaftigkeit über der katalanischen Hauptstadt.
Das »Rückgrat« des Turmes besteht aus einem 190 m hohen Betonschaft von 4,50 m Außendurchmesser. Seine Wandstärke beträgt am Fußpunkt 76 cm und verjüngt sich bis auf 30 cm. Der Schaft ist in einem unterirdischen Basisgebäude verankert, das die Betriebsräume aufnimmt. Stabilisiert wird der Schaft über ein zusammenhängendes System, das aus vier Hauptgeschoßträgern, Diagonalstreben und räumlichen Abspannungen gebildet wird. Die neun Zwischenplattformen sind in das Haupttragwerk eingehängt. Die Abspannungen setzen an den Endpunkten des Etagenblocks an, dem die Grundrißgeometrie eines dreistrahligen Sterns zugrunde liegt. Das gleichschenklige Dreieck mit nach außen gewölbten Seiten ist strömungstechnisch günstig.
Der gesamte Etagenblock wurde am Boden fertiggestellt und anschließend von Hydraulikpressen an seine endgültige Position gehoben, was sich als ökonomisch und sicher erwies.
Im Inneren des Betonschaftes werden die Kräfte von sternförmigen Stahlstreben aufgenommen, außen lagern sich Aufzug, Treppe und Leitungsstränge an. Als letztes wurde die Hauptantenne installiert und wie ein Teleskop auf 80 m Höhe ausgefahren.
Um Sendestörungen und Aufheizung durch Induktionsströme auszuschließen, wählte man als Material für die oberen drei Spannseile nichtleitende Polyamidfasern.

Literatur: [2], [6], [20], [21], [29], [38], [164], [197], [435]

A Schnitt • Lageplan Maßstab 1:2500
B Grundriß Regelgeschoß Maßstab 1:500
C Montagephasen 1–9
D Isometrie Tragstruktur ohne Maßstab
Details Hauptgeschoßträger Maßstab 1:100
E Hubzustand
F Endzustand

A

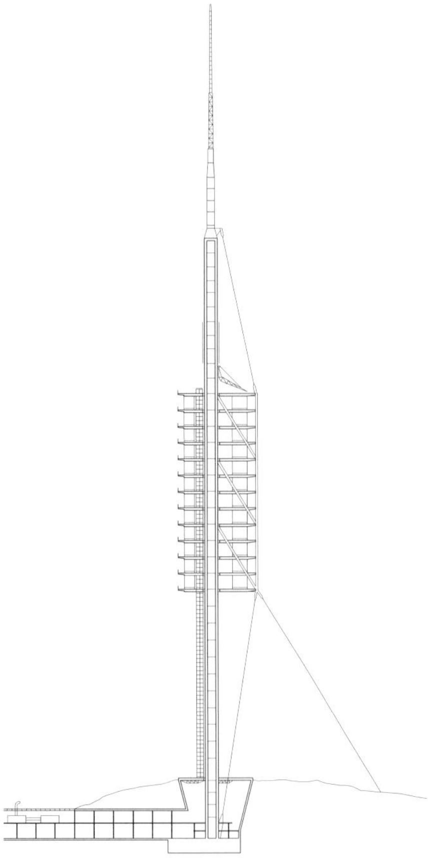

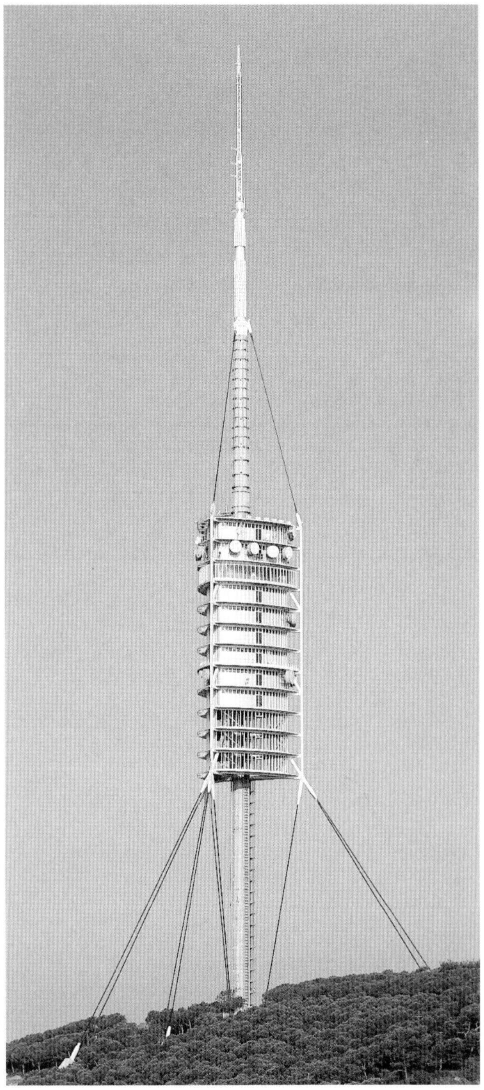

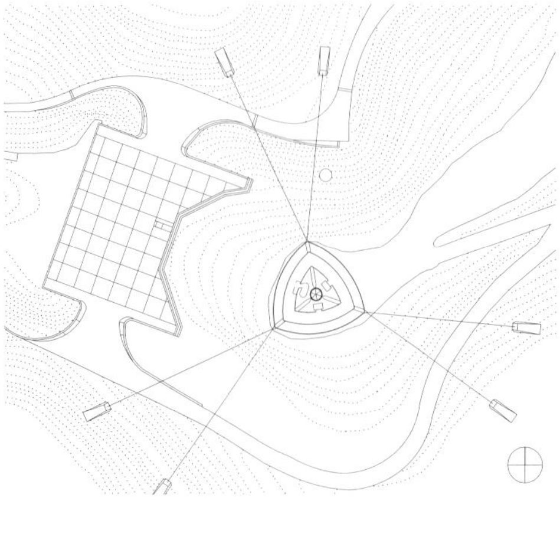

B

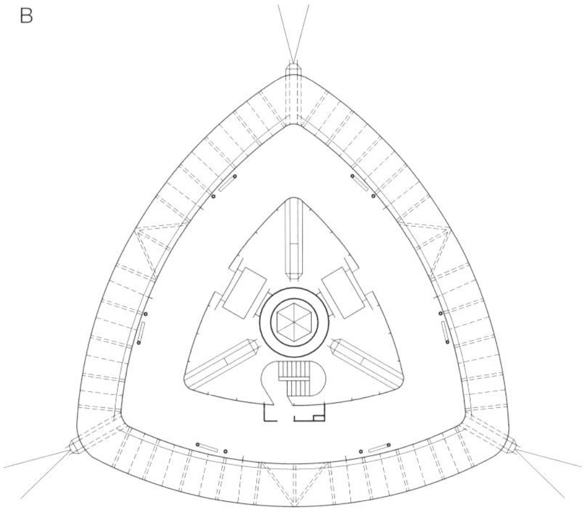

C

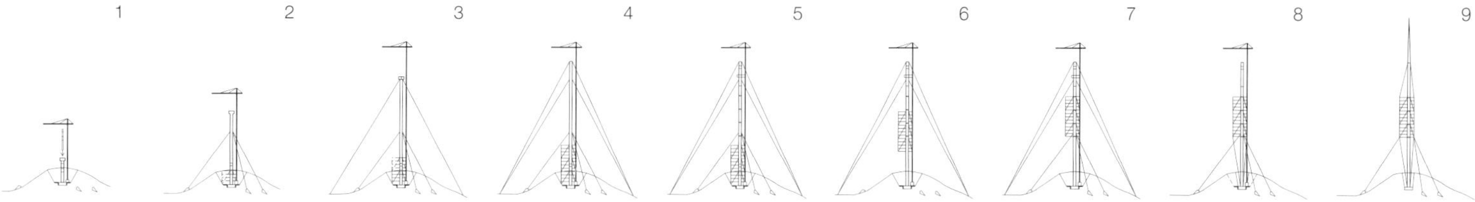

D

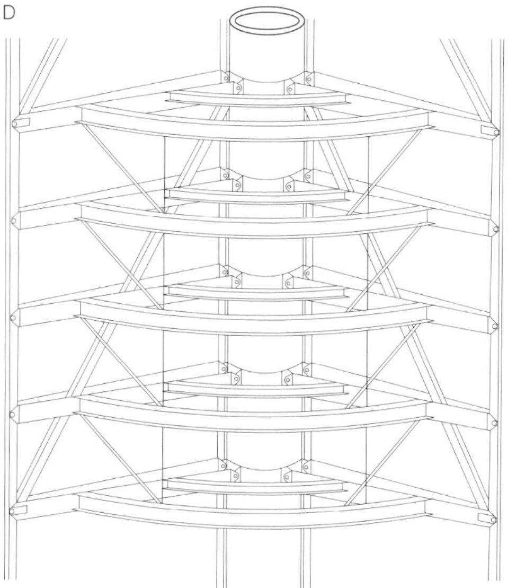

1 Hauptgeschoßträger
2 Gelenkkonsole
3 Verbindungsbolzen

E

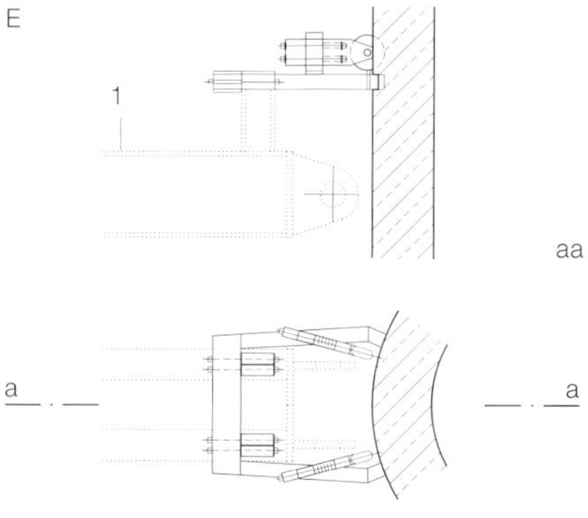

F

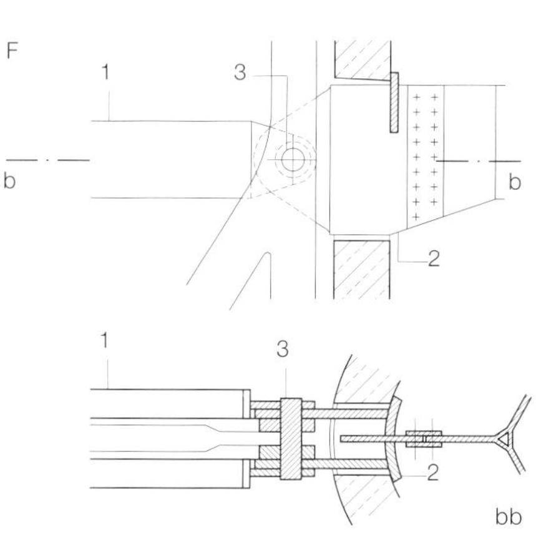

Staatliches Verwaltungszentrum in Chicago

1985

Architekten:
Murphy/ Jahn und
Lester B. Knight & Associates, Chicago
Tragwerksplanung:
Murphy/ Jahn, Chicago, Lou Moro

Das Verwaltungszentrum des Staates Illinois dehnt sich über einen kompletten innerstädtischen Block aus. Das siebzehngeschossige Gebäude wird an der Südostecke abgerundet und läßt so Raum für einen öffentlichen Vorplatz. Von hier aus staffelt sich die Fassade zurück. Sie wird von schrägen, fünfgeschossigen Fachwerkträgern, die sich an die Primärkonstruktion der Büroebenen anlehnen, getragen. Unter dieser Konstruktion ergeben sich großzügige Atrien. Am Übergang vom Vorplatz zur zentralen Halle entfällt die stützende Bürostruktur und große horizontale Träger übernehmen statt dessen deren statische Funktion. Die zentrale, alle Geschosse durchdringende Rotunde dient der Erschließung und der Belichtung des Gebäudes. Dieser Innenraum mit ca. 50 m Durchmesser wird nach oben von einem Glaszylinder mit schrägem Dach abgeschlossen. Die ungerichtete Konstruktion dieses aufgesetzten Zylinders ist aus Stahlrohren zusammengesetzt, wobei die komplizierten Knoten auf sehr einfache Weise gefügt wurden. Die Konstruktion des Randdetails zeigt die besonderen aber notwendigen Vorkehrungen für die Ableitung des Regenwassers an dieser exponierten Stelle.

Literatur: [275], [267], [364]

A Schnitt • Grundriß
Maßstab 1:1000

A

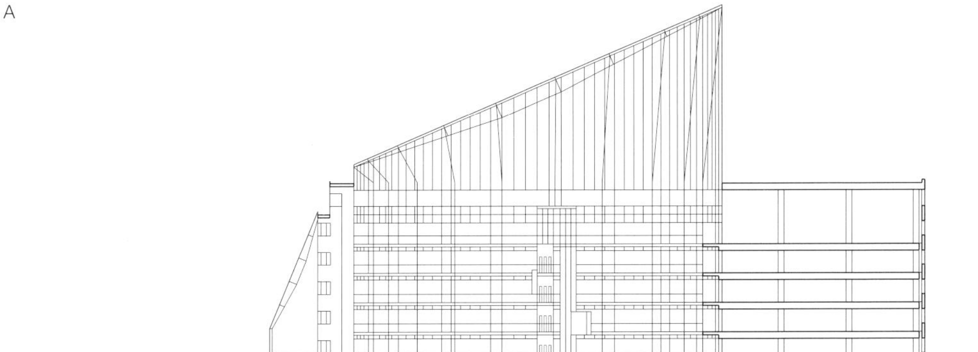

aa

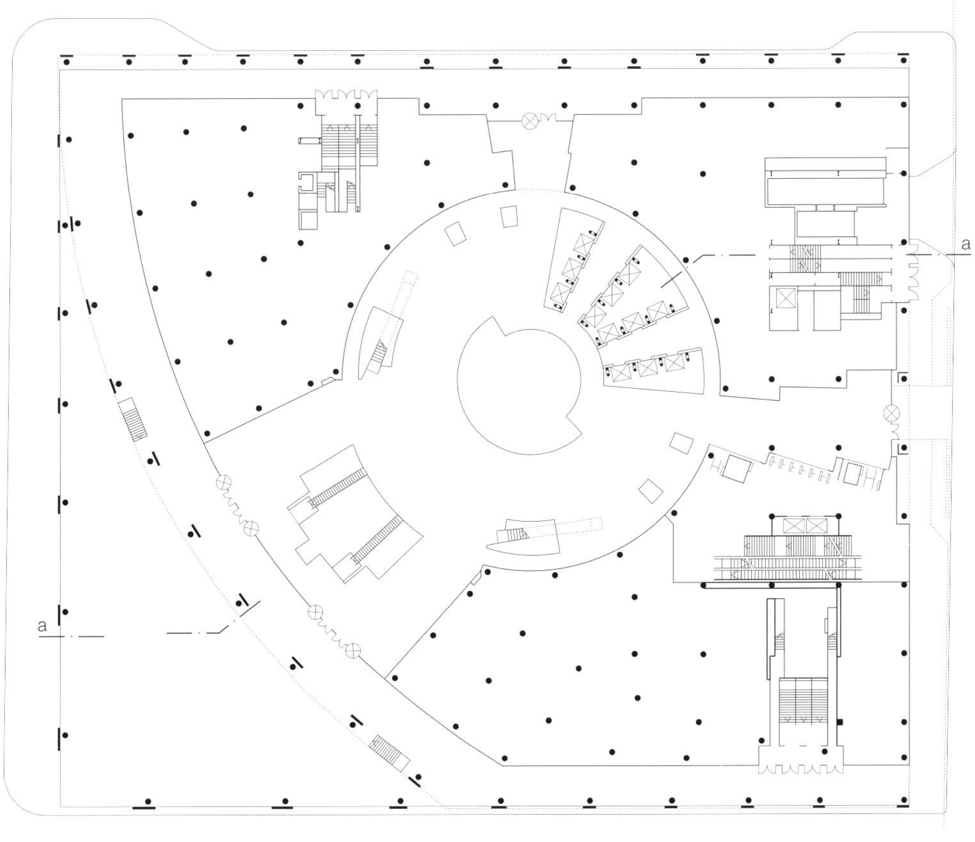

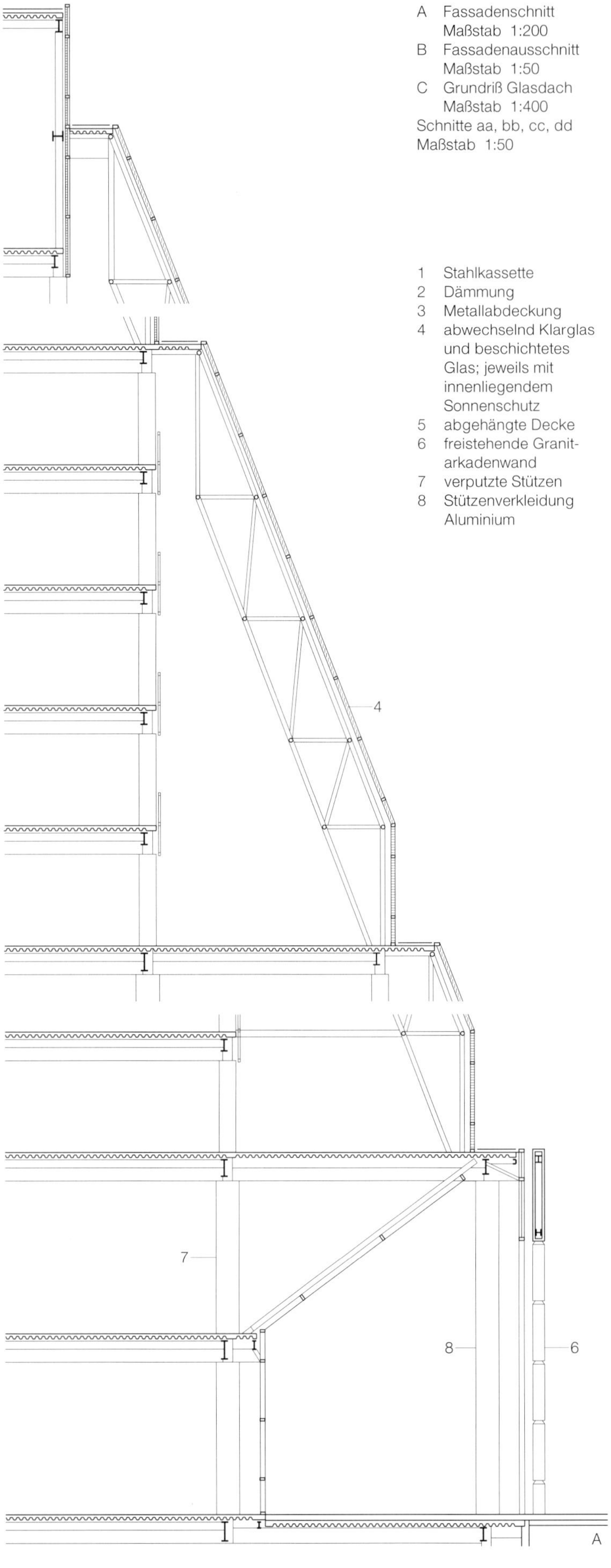

A Fassadenschnitt
Maßstab 1:200
B Fassadenausschnitt
Maßstab 1:50
C Grundriß Glasdach
Maßstab 1:400
Schnitte aa, bb, cc, dd
Maßstab 1:50

1 Stahlkassette
2 Dämmung
3 Metallabdeckung
4 abwechselnd Klarglas und beschichtetes Glas; jeweils mit innenliegendem Sonnenschutz
5 abgehängte Decke
6 freistehende Granitarkadenwand
7 verputzte Stützen
8 Stützenverkleidung Aluminium

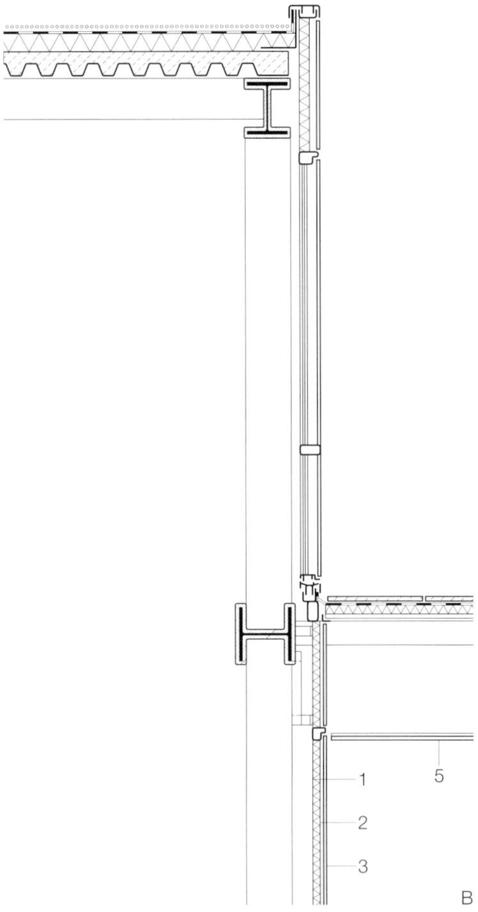

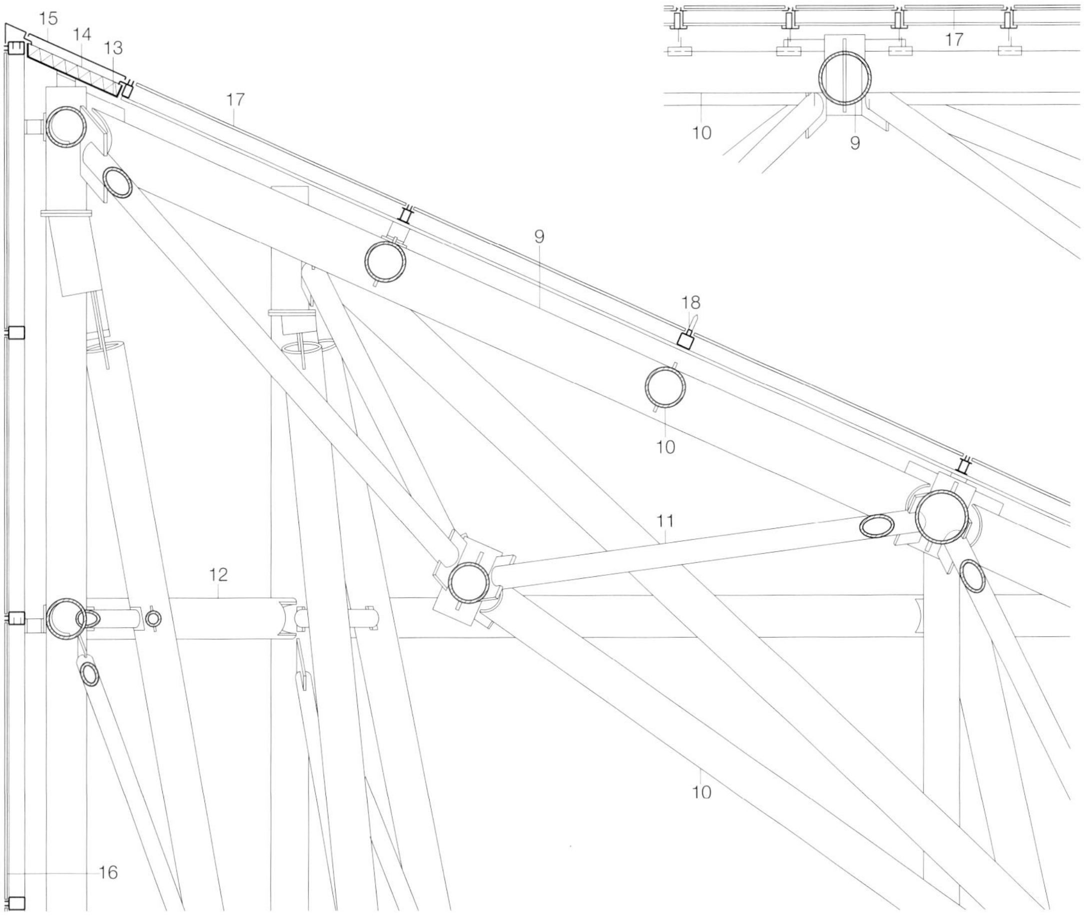

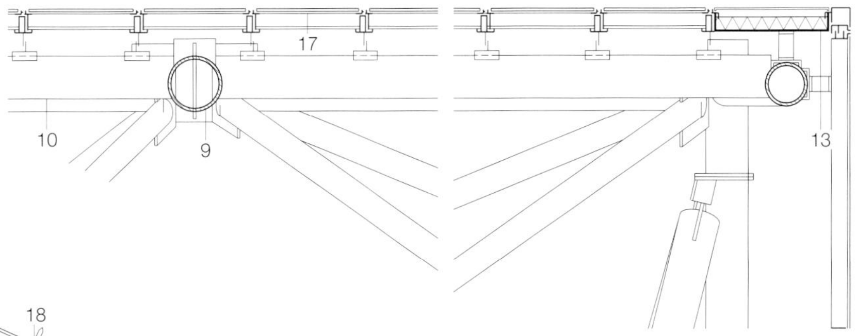

bb

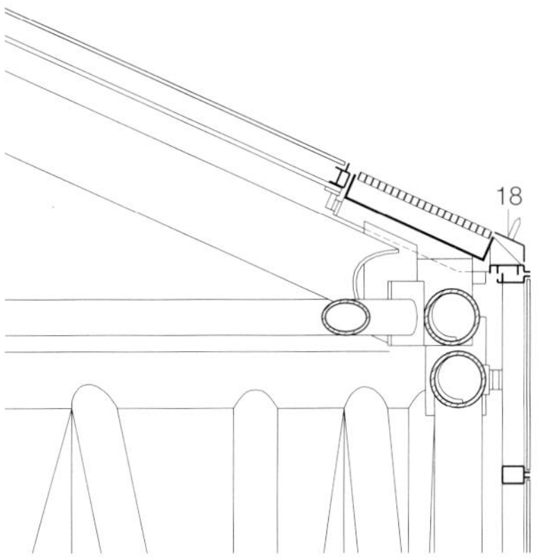

aa

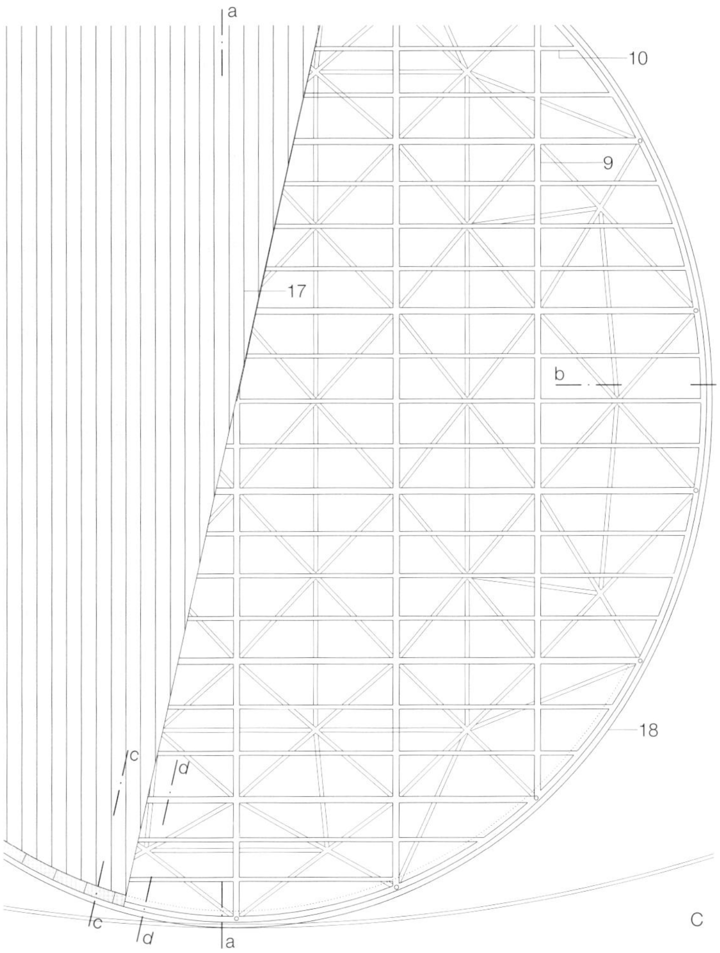

C

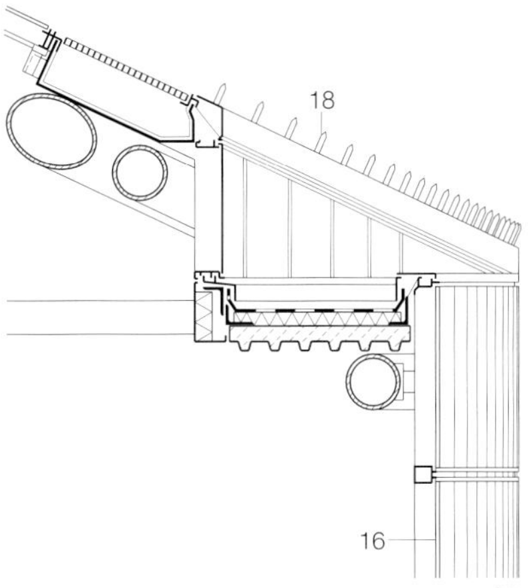

cc

9 Rohr ∅ 356 mm
10 Rohr ∅ 254 mm
11 Rohr ∅ 153 mm
12 Rohr, gebogen ∅ 254 mm
13 durchgängige 10 mm Stahlblechkassette
14 Dämmung
15 Aluminiumabdeckung, natureloxiert, im oberen Rinnenbereich
16 Isolierglas, abwechselnd klar und beschichtet
17 Isolierglas, VSG, abwechselnd klar und beschichtet
18 Abrutschsicherung gegen Eisplatten, Rundstäbe, Achsabstand 25 cm
19 Regenrinne
20 Gitterrost

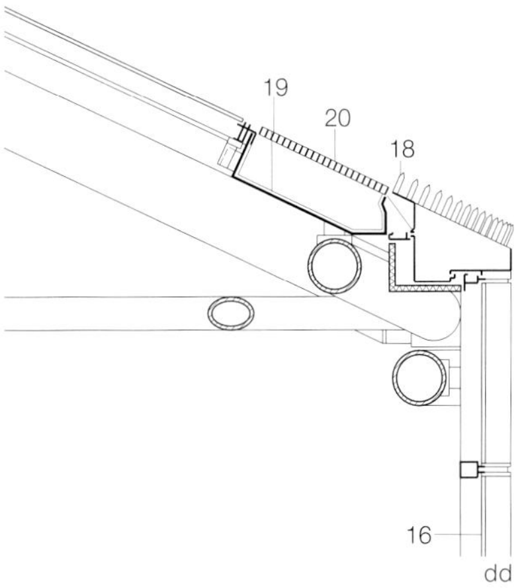

dd

Büro- und Geschäftshaus in Tokio

1993

Architekten:
Richard Rogers Partnership, London
Architect 5 Partnership, Tokio
Tragwerksplanung:
Umezawa Design Office, Tokio

Das Büro- und Geschäftshochhaus liegt an einer engen Straße in einem alten Innenstadtviertel. Aufgrund der Bauvorschriften wurde der höchste, turmartige Teil des Gebäudes an der hinteren Grundstücksgrenze errichtet. Der dadurch entstandene Vorplatz birgt zwei Untergeschosse, die durch ein gläsernes Schrägdach belichtet werden. Über eine Brücke gelangt man ebenerdig in den zehngeschossigen Hauptteil, dessen Tragwerk aus einem Stahlrahmen mit Betonummantelung besteht. Vier Pfeiler mit 4 cm Wandstärke und einer Seitenlänge von 55 cm sind von einer isolierten, 12 cm starken Betonschicht umgeben. Sie stehen in Abständen von 8 m und sind durch Unterzüge verbunden. Diese Konstruktion ist erdbebensicher und konnte deutlich schlanker gehalten werden als eine vergleichbare Variante in Stahlbeton.
Das Tragsystem des Glasdaches sollte sehr leicht ausgebildet werden, um möglichst viel Licht in das öffentliche Untergeschoß mit seinen Restaurants und Bars zu bringen. Ein Computer errechnete kleinstmögliche Querschnitte und eine effiziente Struktur, die in Edelstahl ausgeführt wurde. Als Vorbild diente die Takelage einer Segelyacht.
Der Aufzugschacht und die boxenartigen Nebenräume sind zusammengefaßt außen am Hauptsystem angelagert, ebenso die Installationen und die Fluchttreppe, deren vorgespannte Konstruktion schwingungsfrei vom Liftschacht abgehängt ist.

Literatur: [1], [28], [62], [142], [361], [450]

B

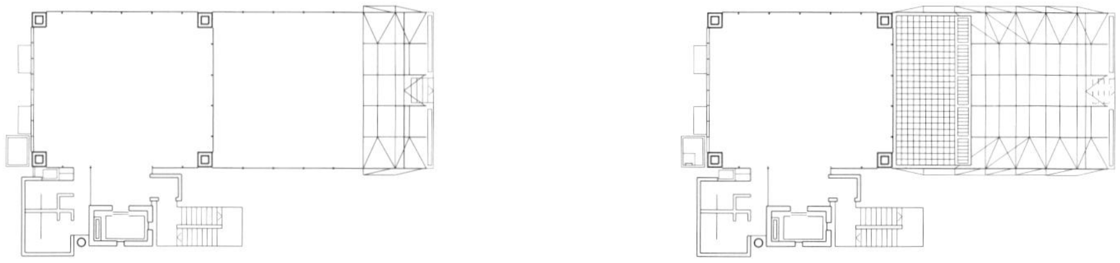

A

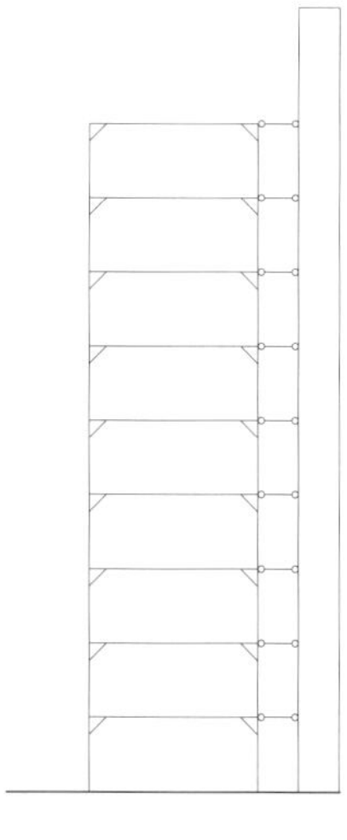

C

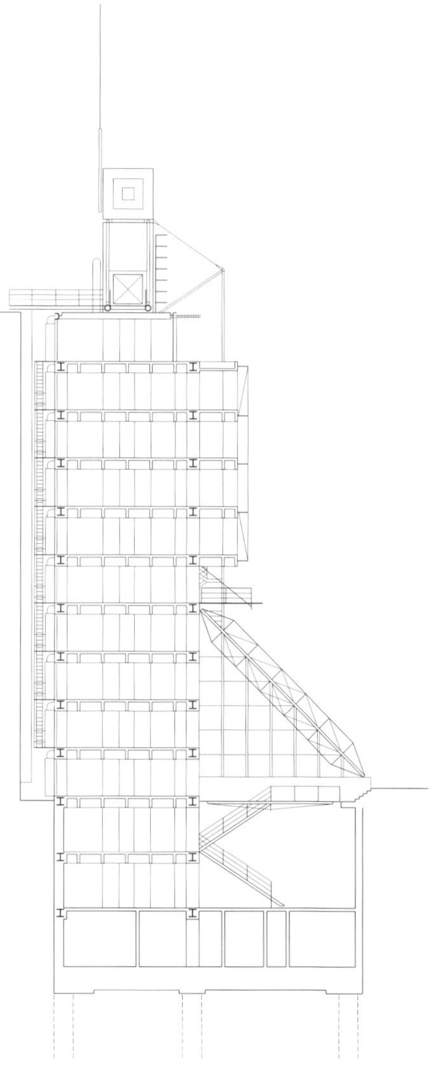

D

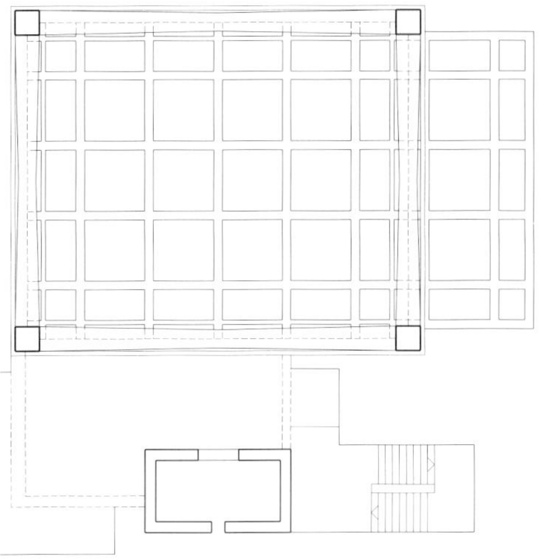

A statisches System, Prinzipskizze
B Grundrisse 2., 5. Obergeschoß
C Schnitt
Maßstab 1:500

D Aufsicht Deckenkonstruktion Maßstab 1:200
E Details Stahlträger, Stahlverbundträger
Maßstab 1:50, 1:20

1 Kastenstütze 560/560/40 mm
2 Rahmenriegel h = 450 mm
Flansch 380–560/32 mm
Steg 386/19 mm
3 Anschlußblech mit angeschweißten Bewehrungsstäben für Betonkassettendecke
4 Bewehrungsstahl an Anschlußblech geschweißt
5 Montagebleche für Stützenstoß

E

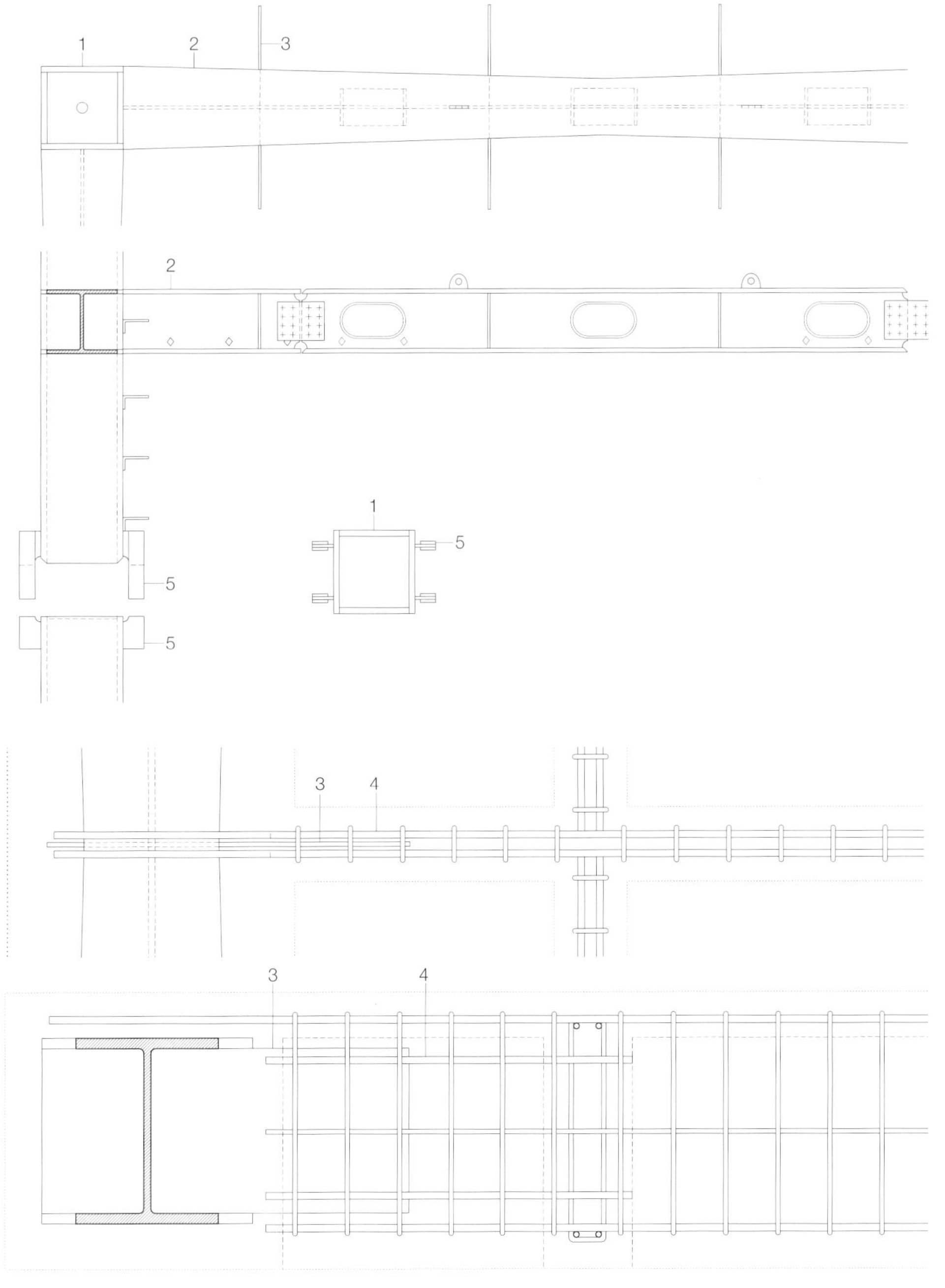

Bankzentrale in Frankfurt am Main

1994

Architekten:
Foster and Partners, London
Tragwerksplanung:
Ove Arup & Partners, London
Krebs & Kiefer, Darmstadt

Die neue Zentrale der Bank ist das erste Hochhaus dieser Größenordnung, das in reiner Stahl-Stahlbetonverbundbauweise errichtet wurde. Anstelle des üblichen innenliegenden Kerns besteht die Tragstruktur aus insgesamt drei Kernen, die in den abgerundeten Gebäudeecken angeordnet sind. In der Gebäudemitte entsteht dadurch ein sich über alle Geschosse erstreckendes Atrium. Zwischen den »Eckkernen« spannen achtgeschossige Büropakete im Wechsel mit viergeschossigen Gärten, deren leicht zurückversetzte Fassaden sich im oberen Bereich öffnen lassen. Da ausreichend Luft und Tageslicht in das Atrium gelangt, konnten auch hier Büros angeordnet werden. Das gleichseitige Dreieck des Gebäudegrundrisses hat eine Seitenlänge von ca. 60 m. Das Haupttragwerk besteht in jedem Kern aus zwei Verbundstützen (Megastützen), die zusammen mit den Verbindungsrahmen und den achtgeschossigen Vierendeelträgern der Geschoßpakete einen biegesteifen Rahmen bilden. Das Gesamtsystem ist über die Kerne in der Unterkonstruktion eingespannt. Der dreigeschossige Kellerkasten aus Ortbeton wirkt hier als steife Verbindung für die Rahmenkonstruktion. Die Gründung erfolgte auf 111 Großbohrpfählen. Die Megastützen, als mehrteilige Verbundfachwerkstützen ausgeführt, übernehmen im Bauzustand allein die Aussteifung. Die achtgeschossigen Vierendeelrahmen liegen direkt hinter der Fassade und spannen über 36 m zwischen den Megastützen. Die infolge der Krümmung der Vierendeelträger auftretenden horizontalen Kräfte werden über zusätzliche Streben in die Geschoßträger und über deren Verdübelung in die aussteifenden Deckenscheiben weitergeleitet. Die dreieckigen Atriumstützen sind als Verbundstützen mit einem Kernblech und einem Mantelblech ausgeführt. Zwischen den Atriumrandträgern und den Vierendeelträgern liegen weitspannende Deckenträger. Die auf den Trägern liegenden Verbundgeschoßdecken fungieren als horizontale Scheiben. Sie leiten lokal angreifende Lasten auf das Haupttragwerk ab und gewährleisten dessen Formstabilität. Der Westkern setzt sich oberhalb des letzten Gebäudeflügels über eine Höhe von zehn Etagen als Stahlbeton-Verbundkonstruktion fort und trägt einen Antennen-Stahlrohraufbau.

Literatur: [115], [147]

A

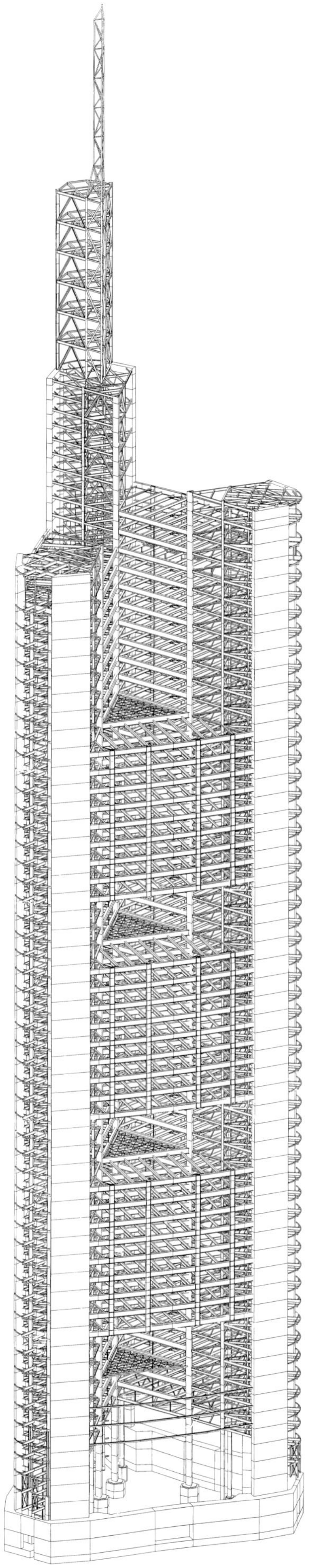

B

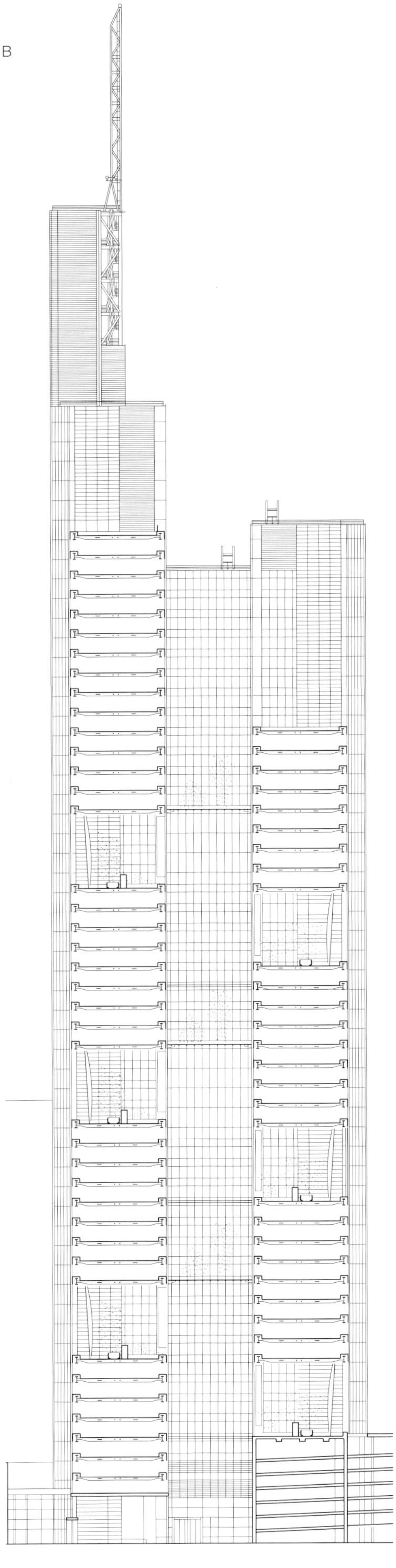

C

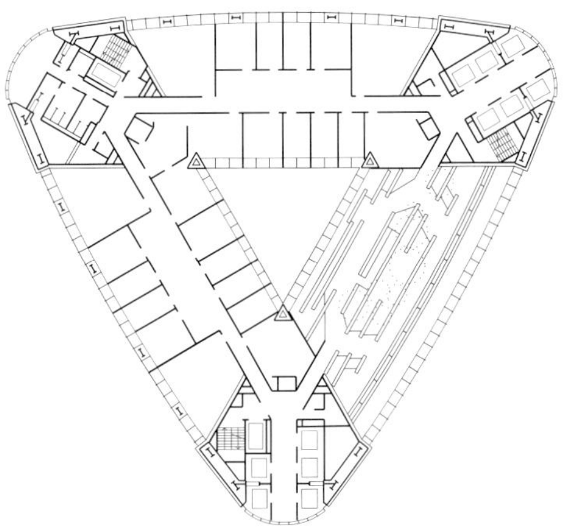

A Axonometrie Tragstruktur
B Schnitt ohne Maßstab
C Grundriß Regelgeschoß
Maßstab 1:1000
D Bürofassade
E Gartenfassade
Vertikalschnitte Maßstab 1:100

D

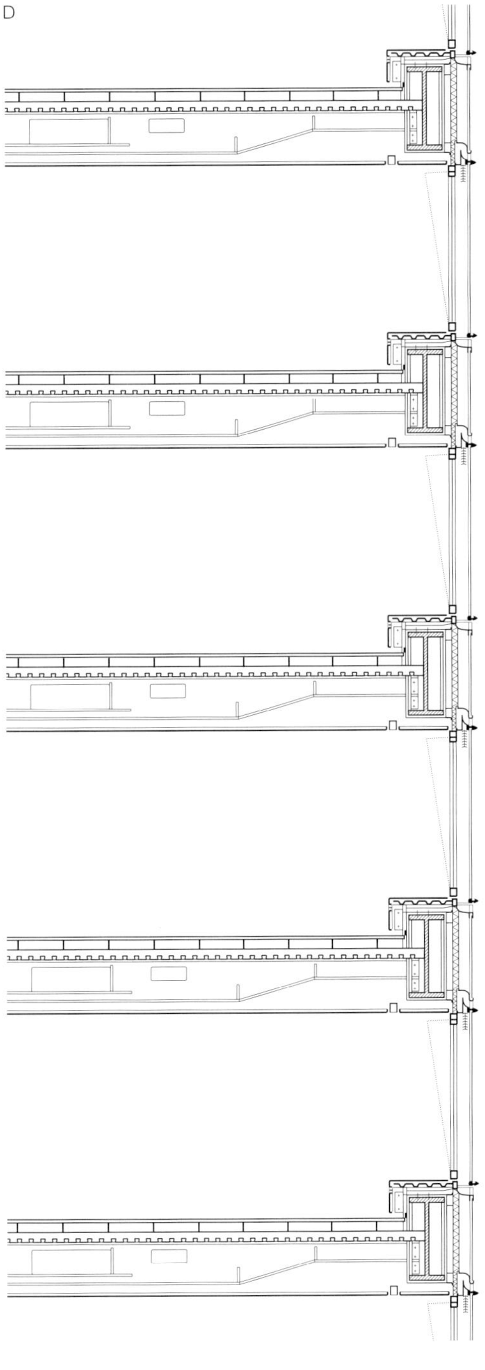

E

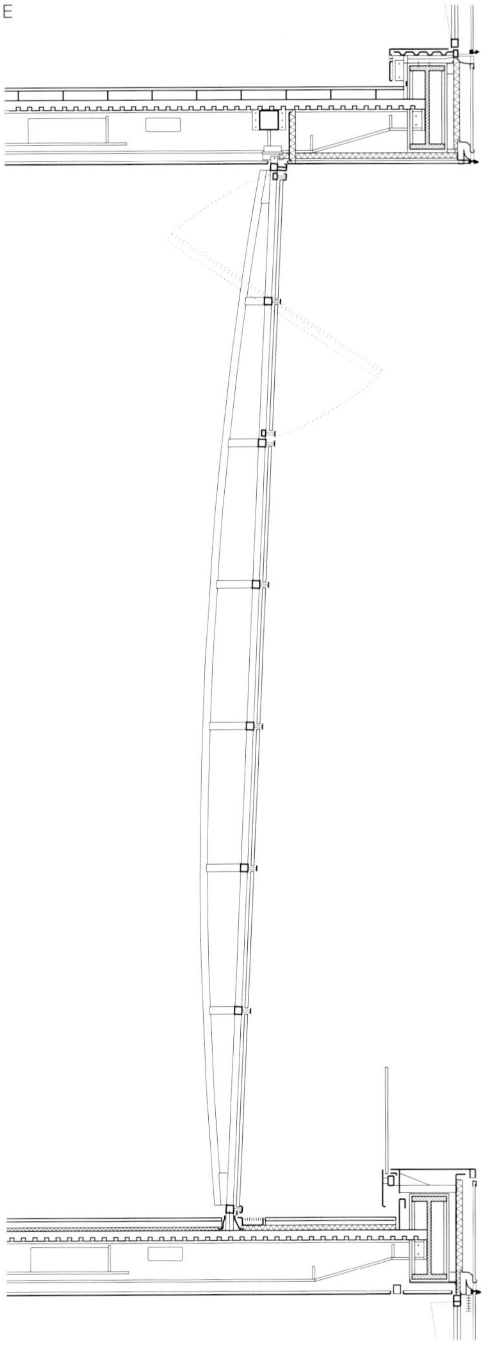

A Axonometrie der Stahl-Stahlbeton-Verbund-Konstruktion ohne Maßstab
B Horizontalschnitt Megastütze mit Anschluß Verbindungrahmen und gekrümmte Fassade
C Deckenträger
D Vierendeelträger
E Atriumstütze Horizontalschnitt
Maßstab 1:50

1 Megastütze
2 Verbindungsrahmen-Riegel I 300/1100 mm, geschweißt
3 Kernstütze I 539/409/70–130 mm
4 Randdeckenträger Kernbereich I 200/270 mm
5 Deckenträger I 210/556 mm
6 Vierendeelrahmen I 475/1100
7 Dreieckinnenstütze, Kantenlänge △ 600–900 mm bis △ 20–55 mm
8 Atriumstütze; Außenblech: Kantenlänge △ 1400/(10–40) mm Innenblech: △ 850/(25–80) mm
9 Atriumträger I 475/1100 mm
10 Decke über Garten
11 Riegel, Regelfall I 300/300 mm, geschweißt
12 Kopfbolzendübel
13 Stahlstütze I 475/1000 mm, geschweißt
14 Stahlstütze I 300/900, geschweißt
15 Stahlstütze T 300/1146 mm, geschweißt
16 Beton B 65
17 Stahlwinkel L 200/16 mm
18 Stahlprofil □150/150/10 mm
19 Stahlprofil □120/240 mm
20 Verbindungsrahmen-Stütze I 300/1000 mm, geschweißt

A

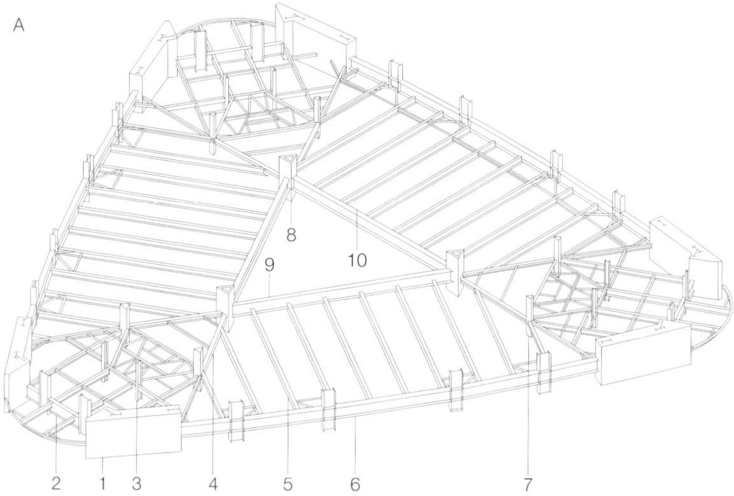

B

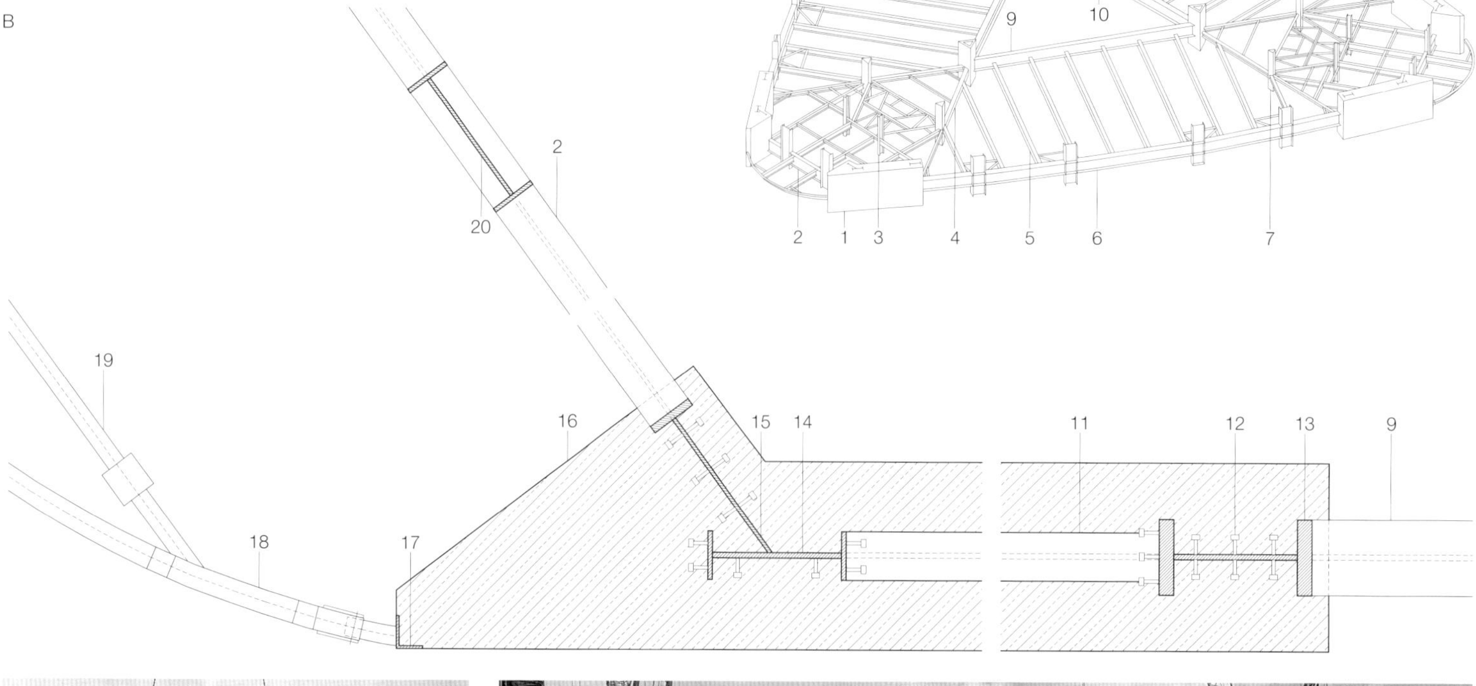

1 Vierendeel-(bzw. Atrium)träger
Ɪ 475/1100 mm, geschweißt
2 Steife, Stahlblech 10 mm
3 Vertikalsteife 60/370/10 mm
4 Horizontalsteife 100/1750/18 mm
5 Durchbruch für Haustechnik
470/180 bis 1050/320 mm bzw. d = 250 mm
6 Randauflager für Verbundecke 80/25 mm
7 Kopfbolzendübel
8 Vertikalsteife 220/970/35 mm
9 Anschlußlasche 135/590/30 mm, geschraubt
10 Megastütze
11 Riegel Ɪ 475/1000 mm, geschweißt
12 Stiel Ɪ 475/1000 mm, geschweißt
13 Laschenstoß, geschraubt
14 Randauflager für Verbunddecke
15 Vertikalsteife
16 über Bleche verschweißter Trägerstoß
17 Mantelblech 1400/10–40 mm
18 Kernblech 850/25–80 mm
19 Betonverfüllung B 65
20 Fahnenblech 55 mm
21 Kragenblech 80/10 mm
22 Randdeckenträger Ɪ 184/350 mm,
geschweißt
23 Atriumträger Ɪ 475/1100 mm, geschweißt
24 Fahnenblech 25 mm

C

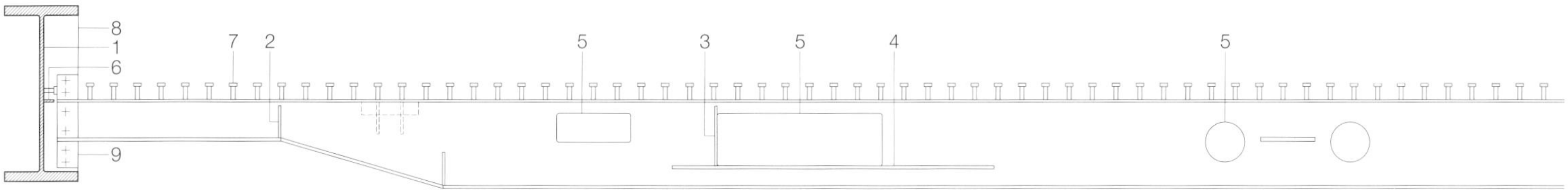

D

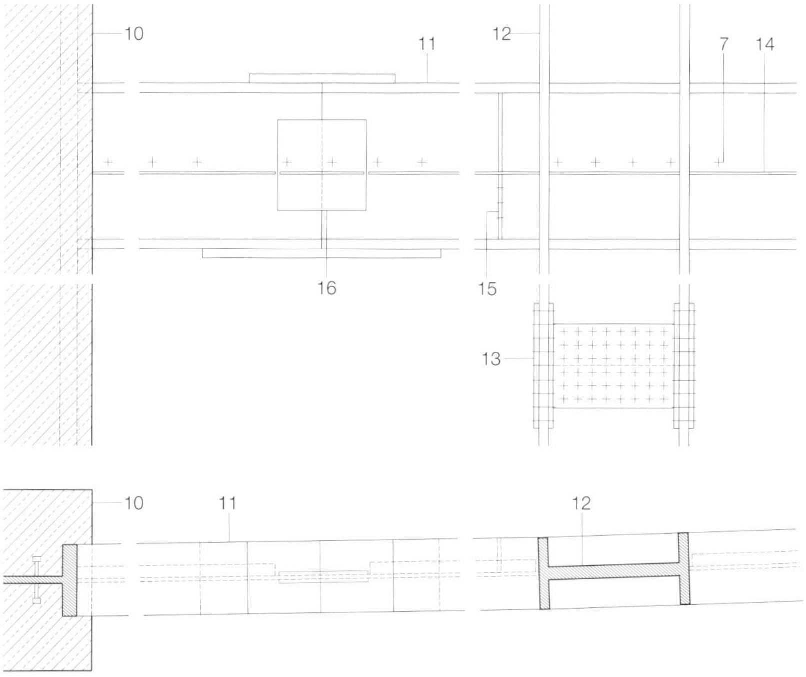

E

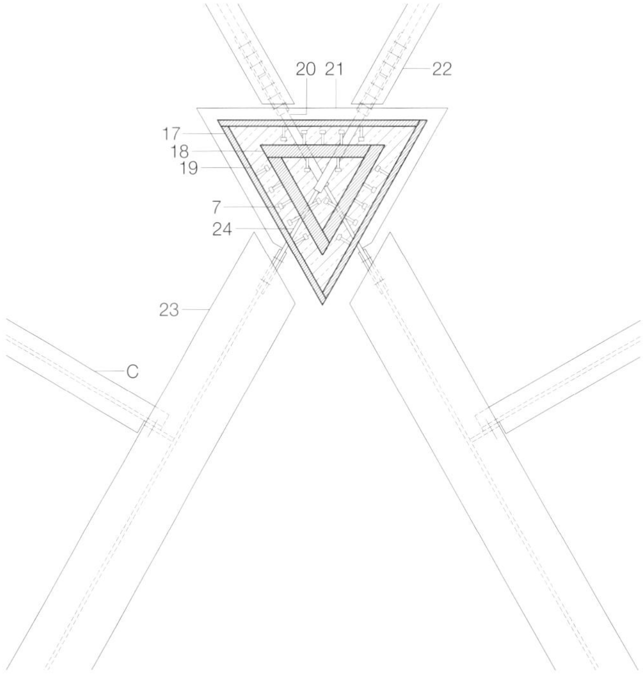

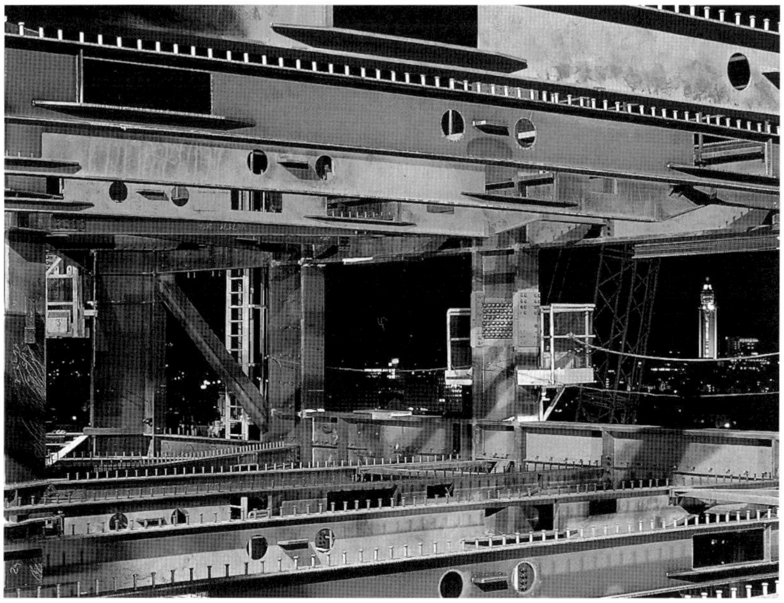

Bankgebäude in Hongkong

1986

Architekten:
Foster and Partners, Hongkong/London
Tragwerksplanung:
Ove Arup & Partners, London

A

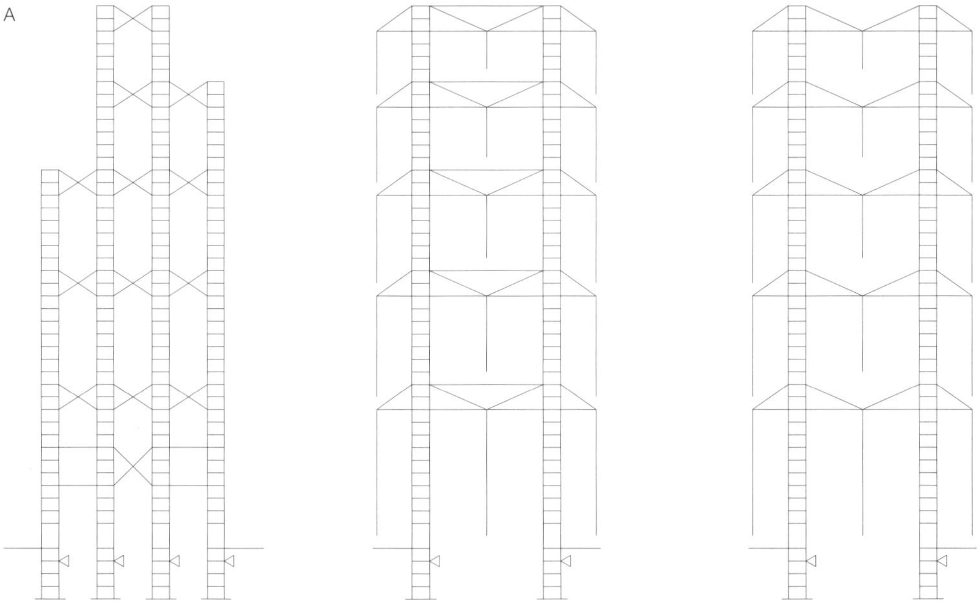

Die außen sichtbare Tragkonstruktion verleiht dem 47 Geschosse hohen Bürogebäude sein charakteristisches Aussehen. Das Erdgeschoß dient als öffentlicher Platz, von dem aus Rolltreppen zu einem zehngeschossigen Atrium führen. Darüber sind Großraumbüros angeordnet, die auf Höhe der Hängewerke von zweigeschossigen Etagen unterbrochen werden. Zu diesen Ebenen fahren Expreßaufzüge; die dazwischenliegenden Geschosse sind über Rolltreppen erreichbar.
Das primäre Tragwerk, eine Stahlhängekonstruktion, besteht aus vier hintereinanderliegenden Konstruktionsebenen. Die Vertikallasten der Geschoßpakete werden über diese Hängekonstruktion in die außenliegenden Masten geleitet und die aus der Abhängung resultierenden Horizontallasten, bis auf die obersten Geschoßpakete, über Druckelemente kurzgeschlossen. So werden die planmäßigen Biegemomente auf die Masten gering gehalten. Jeder Mast besteht aus vier Rundstützen, die geschoßweise biegesteif miteinander verbunden sind, wodurch sie wie vertikale Vierendeelträger wirken. Das Verhältnis von Durchmesser zu Materialstärke der Rundstützen variiert zwischen 1400 zu 100 mm im EG und 800 zu 25 mm an der Spitze. Gegen Torsion sind sie horizontal ausgesteift.
Die Hängebinder überspannen 33,60 m und kragen auf beiden Seiten 10,80 m aus. Während die innenliegenden Binder einen Druckstab besitzen, ist dieser in der Fassadenebene aus optischen Gründen nicht vorhanden. Die eingehängten vorfabrizierten Service-Module und Fluchttreppen entlasten das Innenfeld des Hängebinders. Die Aussteifung in Gebäudequerrichtung erfolgt über Diagonalverbände in Höhe der Hängebinder. Im Atriumbereich wurde eine zusätzliche Auskreuzung über drei Geschosse angeordnet. In Gebäudelängsrichtung wirkt das Rahmentragwerk aus Hängebindern und Masten als Aussteifung. Sämtliche Bauteile wurden industriell vorgefertigt und auf der Baustelle montiert.
Der Korrosionsschutz besteht aus einer 12 mm starken Polymerzement-Sand-Mischung mit Edelstahlfasern. Der Brandschutz erfolgt durch eine Keramik-Ummantelung auf Edelstahl-Maschendraht. Tragwerksverkleidung und Vorhangfassade bestehen aus Aluminiumprofilen.

Literatur: [19], [56], [114], [122], [129], [207], [260]

B

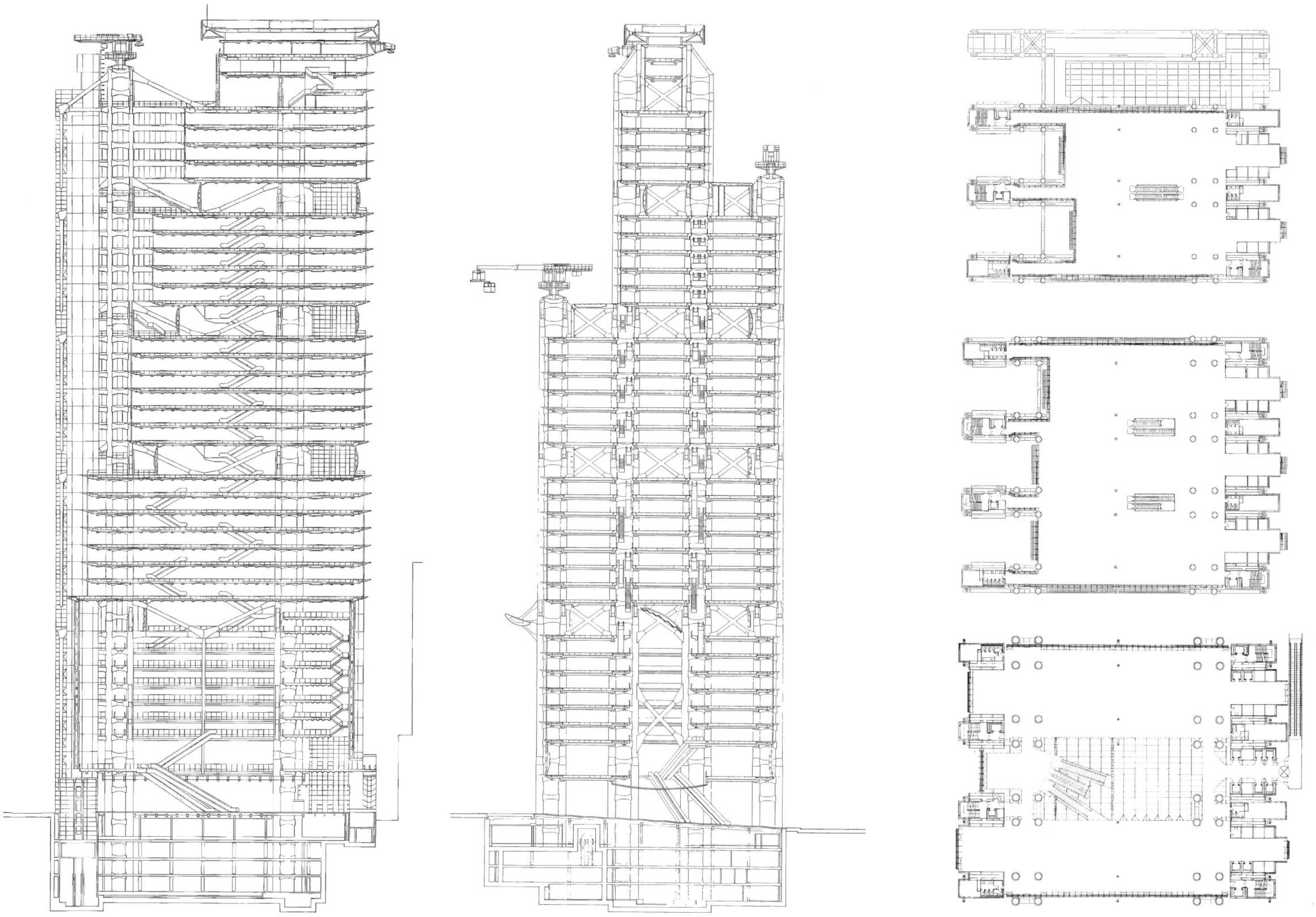

A Tragsystem
Querrichtung • Längsrichtung Innenbereich • Längsrichtung Außenbereich
B Schnitte
Ost-West • Nord-Süd
Grundrisse
31.–34. Geschoß • 22.–27. Geschoß • Atriumgeschoß
Maßstab 1:1500

A Teil-Isometrie Masten mit Hängewerk
B Teil-Schnitt Decke Maßstab 1:100
C Teil-Isometrie Geschoßdecken
D Montage der Service-Module
E Isometrie Service-Module

A

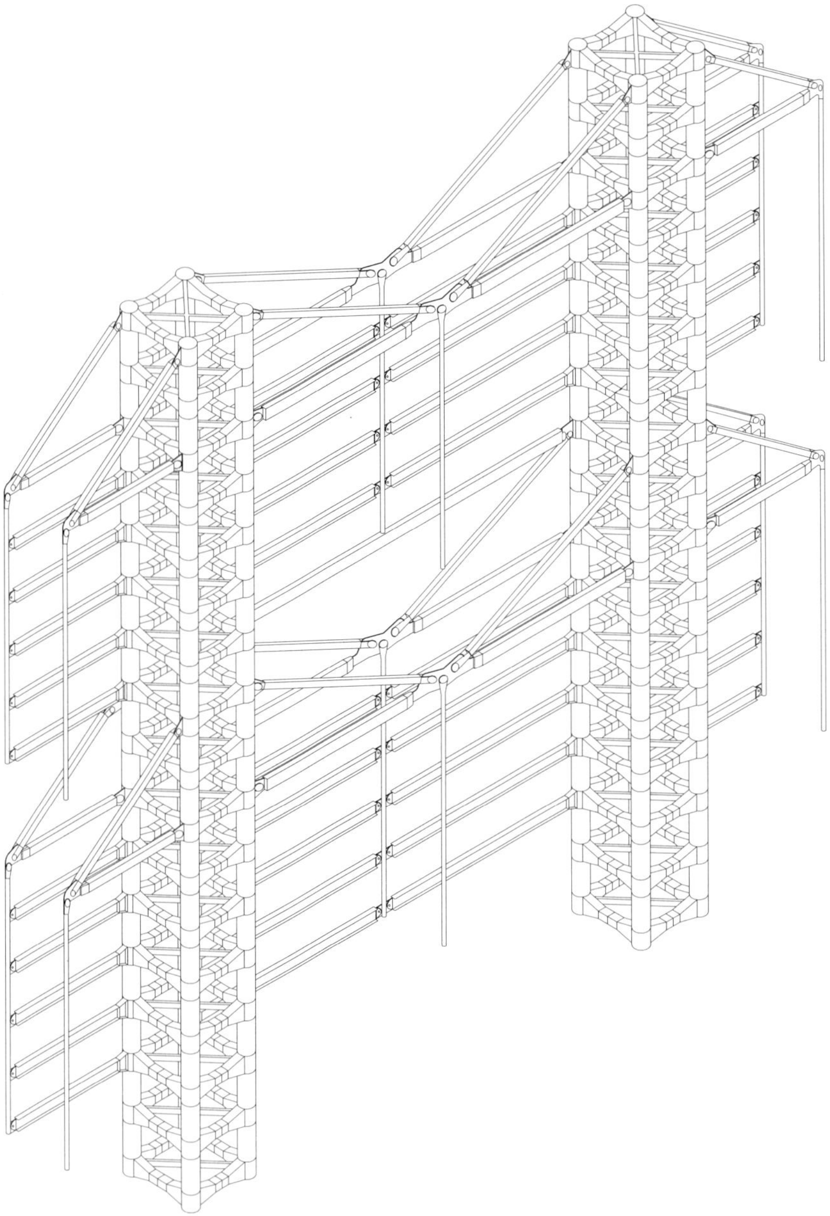

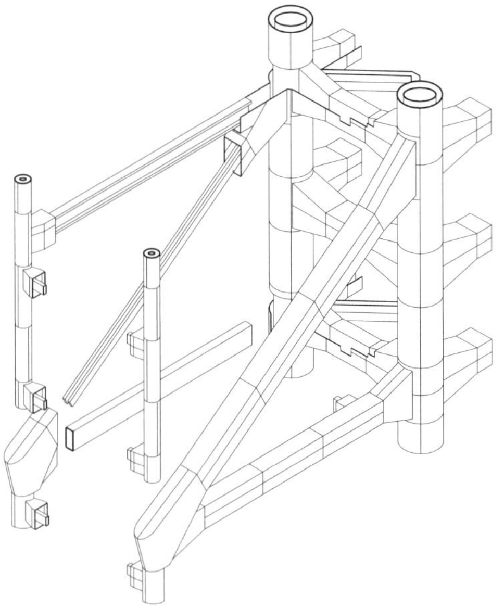

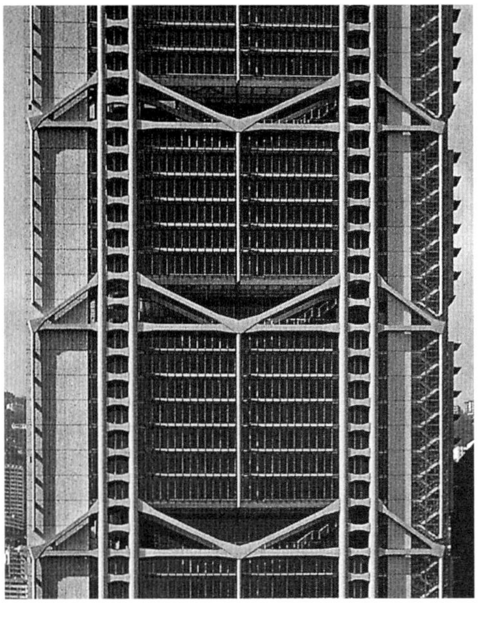

B

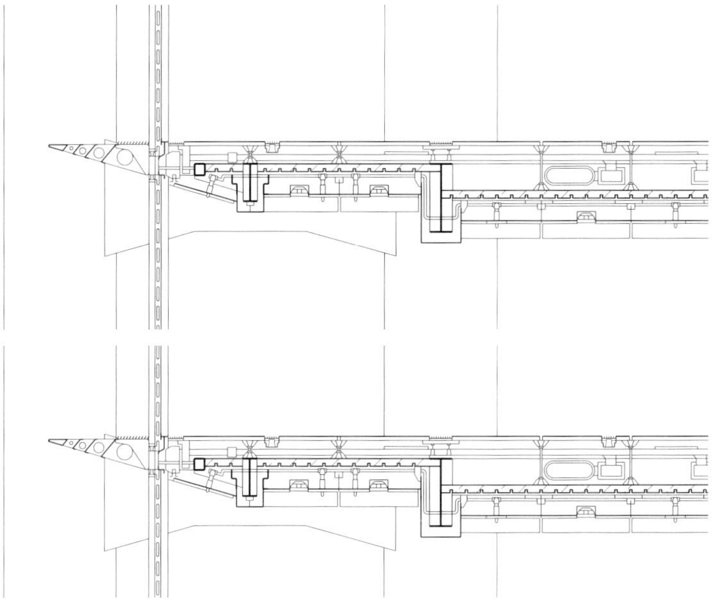

C

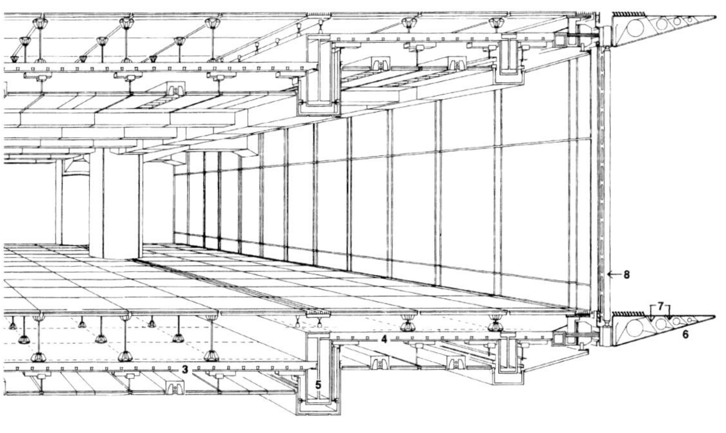

D

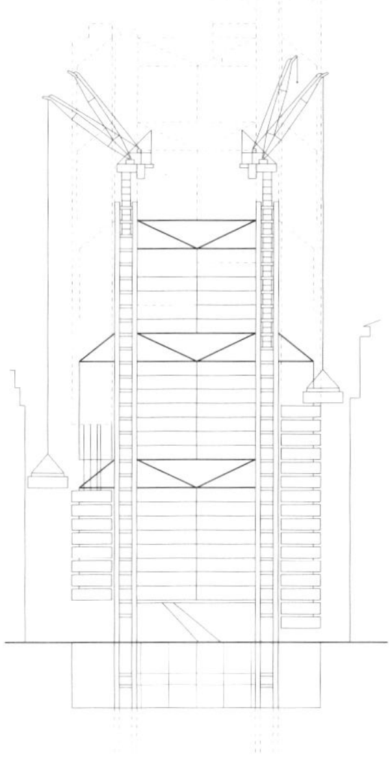

E

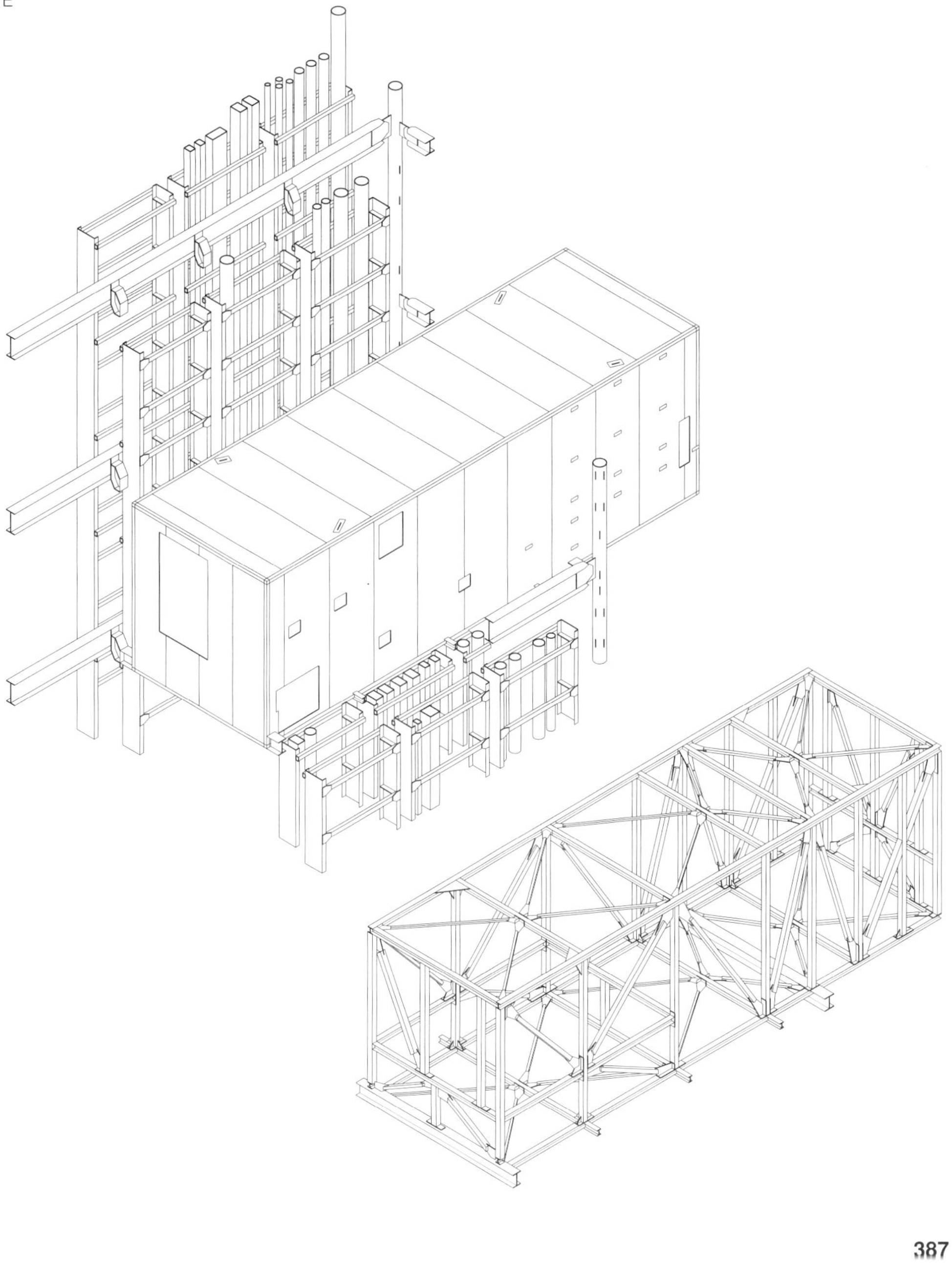

Literatur

[1] A + U 12/1988
[2] A + U 7/1992
[3] Acier pour construire, No. 95, s/1996
[4] Acier, Stahl, Steel, 7–8 1973
[5] Ackermann, Kurt, Grundlagen für das Entwerfen und Konstruieren, Stuttgart 1983
[6] Ackermann, Kurt, Industriebau, Stuttgart 1984
[7] Ackermann, Kurt, Tragwerke in der konstruktiven Architektur, Stuttgart 1988
[8] Adams, John; Elkin, Paul, Isambard Kingdom Brunel, Norwich 1988
[9] Addis, Bill, The Art of the Structural Engineer, London 1994
[10] Adler, L., Wasmuths Lexikon der Baukunst, Berlin 1930
[11] AIT 4/1993
[12] AIT 7+8/1994
[13] Amery, Colin, Architektur, Industrie, Innovation. Nicholas Grimshaw & Partners. Bauten und Projekte, Berlin 1996
[14] Ammann, Walter; Bachmann, Hugo, Schwingungsprobleme bei Bauwerken, Structural Engineering Documents 3d, Durch Menschen und Maschinen induzierte Schwingungen, Zürich 1987
[15] Archis 4/1995
[16] Architectural Design, British Architecture, 1982
[17] Architectural Review 2/1982
[18] Architectural Review 12/1982
[19] Architectural Review 4/1986
[20] Architectural Review 7/1988
[21] Architectural Review 5/1991
[22] Architectural Review 12/1991
[23] Architectural Review 6/1992
[24] Architectural Review 8/1992
[25] Architectural Review 10/1992
[26] Architectural Review 3/1993
[27] Architectural Review 9/1993
[28] Architectural Review 11/1993
[29] Architectural Review 5/1994
[30] Architectural Review 11/1994
[31] Architectural Review 5/1995
[32] Architecture d'aujourd'hui 4/1987
[33] Architecture d'aujourd'hui 11/1988
[34] Architecture d'aujourd'hui 2/1995
[35] Architektur in Berlin: Jahrbuch 1992, hrsg. von der Architektenkammer Berlin, Hamburg 1992
[36] Architektur in Hamburg, Jahrbuch 1994, Hamburg 1994
[37] Arup Journal Spring 1990
[38] Arup Journal Spring 1992
[39] Arup Journal Summer 1992
[40] Arup Journal Autumn 1992
[41] Australian Building, Construction and Housing, April 1990
[42] Bach, Klaus; Burkhardt, Berthold; Graefe, Rainer u. a., IL 8 – Netze in Natur und Technik, 2. Interdisziplinäres Kolloquium in der Reihe »Biologie und Bauen«, Institut für Leichte Flächentragwerke, Stuttgart 1975
[43] Badger, Daniel D., Badger's Illustrated Catalogue of Cast-Iron Architecture, New York 1865
[44] Barkhausen, Georg, Konstruktions-Elemente in Eisen, Darmstadt 1891
[45] Barthel, Rainer, Die Münchner Schrannenhalle, München 1998
[46] Barthes, Roland; Martin, André, Der Eiffelturm, München 1970
[47] Über den Bau eiserner Häuser, Wien 1845
[48] Bauen in Stahl 16/1994
[49] Bauen in Stahl, hrsg. vom Schweizer Stahlbauverband, Zürich 1956
[50] Bauen in Stahl 2, hrsg. vom Schweizer Stahlbauverband, Zürich 1962
[51] Bauer, Manfred, Luftschiffhallen in Friedrichshafen, Friedrichshafen 1985
[52] Bauernfeind, Carl Maximilian, Vorlegeblätter zur Brückenbaukunde, München 1854
[53] Bauingenieur 1972
[54] Bauingenieur Jahrgang 71, 1996
[55] Baukultur 6/1996
[56] Baumeister 11/1986
[57] Baumeister 7/1991
[58] Baumeister 8/1991
[59] Baumeister 5/1992
[60] Baumeister 6/1992
[61] Baumeister 12/1992
[62] Baumeister 11/1993
[63] Baumeister Sonderheft 4/1994
[64] Baumeister 1/1995, Beilage Exkursion
[65] Baumeister 12/1995
[66] Bauwelt 44/1986
[67] Bauwelt 45/1987
[68] Bauwelt 12/1989
[69] Bauwelt 11/1990
[70] Bauwelt 6/1991
[71] Bauwelt 44/1992
[72] Bauwelt 3/1994
[73] Bauwelt 23/1994
[74] Bauwelt 26/1994
[75] Bauwelt 4/1995
[76] Bauwelt 4/1996
[77] Bauwelt 3/1997
[78] Bayerisches Landesamt für Denkmalpflege (Hrsg.), Das Kurhaustheater in Augsburg – Göggingen, München 1982
[79] Behfar u. a., Stahl im Hochbau, Düsseldorf 1995
[80] Behne, Adolf, Architekturkritik in der Zeit und über die Zeit hinaus, Texte 1913–1946, hrsg. v. Haila Ochs, Basel 1994
[81] Behnisch, Günter, Konstruktion und Gestalt, Stuttgart 1978
[82] Behnisch, Günter; Hartung, Giselher, Eisenkonstruktionen des 19. Jahrhunderts, München 1983
[83] Beitz, Wolfgang; Grote, Karl-Heinrich (Hrsg.), Taschenbuch für den Maschinenbau, 19. völlig neubearbeitete Auflage, Berlin/Heidelberg/New York 1997
[84] Benthem + Crouwel: Architecten, Monografieen van Nederlandse architecten 7, Rotterdam 1992
[85] Berger, Manfred (Hrsg.), Atlas Deutsche Profanbauten 1852–1912, Düsseldorf 1987
[86] Berlage, Hendrik Petrus, Über Architektur und Stil, Aufsätze und Vorträge 1894–1928, Basel 1991
[87] Betschart, Anton-Peter, Neue Gußkonstruktionen in der Architektur, Stuttgart 1985
[88] Beutler, Christian, Französische Eisenkonstruktionen des 19. Jahrhunderts, München 1971
[89] Bird, Anthony, Paxtons Palace, London 1976
[90] Birkmire, William H., Skeleton Construction in Buildings, New York 1907
[91] Blanc, Alan; McEvoy, Michael; Plank, Roger (Hrsg.), Architecture and Construction in Steel, London 1992
[92] Blecken, Das deutsche Stahlhaus, Berlin 1928
[93] Bohle-Heintzenberg, Sabine, Berlins Weg vom Eisen zum Stahl – Die Anfänge des Stahlbaus in Berlin, Wiesbaden 1992
[94] Böhme, D.; Herrmann, F.-D., Handbuch der Schweißverfahren, Teil 2., Düsseldorf 1992
[95] Borsi, Franco; Portogesi, Paolo, Victor Horta, Stuttgart 1991
[96] Bourrier, Pierre u. a., Construire en Acier, Paris 1993
[97] Boyken, Immo, Zum Versand vorgefertigte Aussichtstürme aus Dresden, Stuttgart 1991
[98] Brandt, E., Lehrbuch der Eisenkonstruktionen, Berlin 1876
[99] Breymann, G. A., Allgemeine Baukonstruktionslehre. Die Konstruktionen in Eisen, Leipzig 1902
[100] Briggs, Asa, Iron Bridge to Crystal Palace, London 1979
[101] Brooks, Alan J., Concepts in cladding: case studies of jointing for architects and engineers, London 1985
[102] Brooks, Alan J.; Grech, Chris, Das Detail in der High-Tech-Architektur, Basel 1991
[103] Buchanan, Peter, Renzo Piano Building Workshop, Sämtliche Projekte, Band 1, Stuttgart 1994
[104] Buchanan, Peter, Renzo Piano Building Workshop, Sämtliche Projekte, Band 2, Stuttgart 1995
[105] Burkhardt, Berthold, Gitter und Netze, Berlin 1988
[106] Burkhardt, Berthold, Eiserne Rohrkonstruktionen im 19. Jahrhundert, Stuttgart 1991
[107] Busch, Wilhelm, F. Schupp, M. Kremmer Bergbauarchitektur 1919–1974, Köln 1980
[108] Buschmann, Walter, Denkmalspflegerische Probleme bei der Erhaltung historischer Eisen- und Stahlkonstruktionen, Stuttgart 1991
[109] Büttner, Oskar; Stenker, Horst, Metalleichtbauten, Bd 1 Ebene Raumstabwerke, Stuttgart 1971
[110] Büttner, Oskar; Stenker, Horst, Stahlhallen Entwurf und Konstruktion, Berlin 1986
[111] Calatrava, Santiago, Ingenieur – Architektur, Basel/Boston/Berlin 1990
[112] Cartier, Claudine; Jantzen, Hélène; Valentin, Marc, Noisiel, La Chocolaterie Menier Seine-et-Marne, Paris 1994
[113] Chaley, M., Pont Suspendu de Fribourg, Fribourg 1839
[114] Chaslin, François u. a., Norman Foster – Beispielhafte Bauten eines spätmodernen Architekten, Stuttgart 1987
[115] Commerzbank Tower, hrsg. von DSD Dillinger Stahlbau GmbH 1996
[116] Condit, Carl W., American Building Art The Nineteenth Century, New York 1960
[117] Condit, Carl W., Die Tradition der Architektur in Chicago, München 1972
[118] Cornelius, W., Die statische Berechnung eines seilverspannten Daches (US-Pavillon Brüssel 1958), Düsseldorf 1958
[119] Courtrivron + Bouchu, Abhandlung von den Eisenhammern und hohen Oefen, Berlin 1763
[120] Cruickshank, Dan, House of iron, London 1991
[121] Daly, Cesar M., Revue generale de l'Architecture et de Travaux Publics, Paris 1856
[122] Davies, Colin, High-Tech-Architecture, Stuttgart 1988
[123] Davis, Collin, British Pavilion, Seville, in: Architecture in Detail 1992
[124] Davies, Colin, Michael Hopkins and Partners, Bauten und Projekte, Berlin 1993
[125] Dengler, Anton, Der deutsche Stahlhochbau, Dortmund 1930
[126] Deswarte, Sylvie; Lemoine, Bertrand, L'architecture et les ingénieurs. Deux siècles de réalisation, Paris 1997
[127] Detail 1/1977
[128] Detail 5/1983
[129] Detail 4/1986
[130] Detail 5/1990
[131] Detail 1/1991
[132] Detail 3/1991
[133] Detail 6/1991
[134] Detail 3/1992
[135] Detail 6/1992
[136] Detail 3/1993
[137] Detail 4/1993
[138] Detail 6/1993
[139] Detail 2/1994
[140] Detail 3/1994
[141] Detail 4/1994
[142] Detail 1/1995
[143] Detail 3/1995
[144] Detail 4/1995
[145] Detail 5/1995
[146] Detail 2/1996
[147] Detail 3/1997
[148] Deutsche Bauzeitschrift 9/1988
[149] Deutsche Bauzeitschrift 3/1989
[150] Deutsche Bauzeitschrift 9/1991
[151] Deutsche Bauzeitschrift 6/1992
[152] Deutsche Bauzeitschrift 9/1992
[153] Deutsche Bauzeitschrift 8/1994
[154] Deutsche Bauzeitschrift 9/1994
[155] Deutsche Bauzeitschrift 10/1994
[156] Deutsche Bauzeitschrift 1/1995
[157] Deutsche Bauzeitschrift 5/1995
[158] Deutsche Bauzeitschrift 6/1995
[159] Deutsche Bauzeitschrift 1/1996
[160] Deutsche Bauzeitschrift 5/1996

[161] Deutsche Bauzeitung 4/1990
[162] Deutsche Bauzeitung 11/1990
[163] Deutsche Bauzeitung 5/1991
[164] Deutsche Bauzeitung 10/1992
[165] Deutsche Bauzeitung 1/1993
[166] Deutsche Bauzeitung 10/1993
[167] Deutsche Bauzeitung 2/1994
[168] Deutsche Bauzeitung 5/1994
[169] Deutsche Bauzeitung 9/1994
[170] Deutsche Bauzeitung 4/1995
[171] Deutsche Bauzeitung 7/1995
[172] Deutsche Bauzeitung 12/1995
[173] Deutsche Bauzeitung Sonderheft 6/1996
[174] Deutsche Bauzeitung 12/1997
[175] Deutscher Stahlbauverband (Hrsg.), Stahlbauten, Berlin 1929
[176] Deutscher Stahlbauverband (Hrsg.), Denkschrift zum 25jährigen bestehen des Deutschen Stahlbau-Verbandes 1904–1929, Berlin 1929
[177] Deutscher Stahlbauverband (Hrsg.), Berliner Stahlhochbauten, Berlin 1936
[178] Deutscher Stahlbauverband (Hrsg.), Deutscher Stahlbau, Berlin 1937
[179] Deutscher Stahlbauverband (Hrsg.), Neuzeitliche Stahlhallenbauten, Berlin 1938
[180] Deutscher Stahlbauverband (Hrsg.), Vom Werdegang der Stahlbauwerke Bd 1, Berlin 1939
[181] Deutscher Stahlbauverband (Hrsg.), Deutscher Stahlbau, Köln 1953
[182] Deutscher Stahlbauverband (Hrsg.), Stahlbauten in Berlin, Köln 1970
[183] Dietz, Albert G. H., Large enclosures and Solar energy, London 1970
[184] Dini, Massimo, Renzo Piano, Mailand 1983
[185] Downes, Charles, The Building erected in Hyde Parc for the Great Exhibition of the Works of all Nations 1851, London 1852
[186] Durant, Stuart, Palais de Machines Ferdinand Dutert, London 1994
[187] Ebe, G., Entwickelung der Baukunst, Leipzig 1896
[188] Eder, G., Breitflanschige I-Träger (System Grey), München 1903
[189] Eekhout, Mick, Buisconstructies in de Architectuur, Delft 1996
[190] Eggen, Arne Petter; Sandaker, Bjørn Normann, Stahl in der Architektur, Stuttgart 1996
[191] Eiffel, Gustave, L'Architecture métallique, Paris 1888
[192] Eiffel, Gustave, La Tour de 300 Metres, Paris 1900
[193] Eisenbiegler, Günter, Tragwerke transparenter Bauten unter-, ab-, überspannte Tragstrukturen, Düsseldorf 1990
[194] EL Croquis, 1994/II, 65/66: Jean Nouvel 1987–1994
[195] EL Croquis, 1996/I, 77 II: Waro Kishi 1987–1996
[196] Endell, August, Vom Sehen: Texte 1896–1925 über Architektur, Formkunst und »Die Schönheit der großen Stadt«, Basel 1995
[197] Engineering News Record 11/1991
[198] Ersch + Gruber, Allgemeine Enzyklopädie der Wissenschaften und Künste, 1838
[199] Europäischer Stahlbaupreis 1995, Bauen mit Stahl Nr. 80, Informationszentrum Bauen mit Stahl, Düsseldorf 1995
[200] Europäisches Stahlbau-Lehrprogramm, hrsg. vom Stahlinformationszentrum, Düsseldorf 1996
[201] Fairbairn, William, On the Application of Cast and Wrought Iron to Building Purposes, London 1854
[202] Faulwasser, J., Technik des Bauwesens, Leipzig 1896
[203] Fedorow, Sergei G., Sprengwerkdächer des Winterpalastes in St. Petersburg: 1838 –1842, Stuttgart 1991
[204] Fischer, Wend, Die andere Tradition, München 1981
[205] Fischmann, Die Ausstellung des Stahlwerks-Verbandes in Leipzig 1913, Düsseldorf 1913
[206] Foerster, Max, Die Eisenkonstruktionen der Ingenieur-Hochbauten, Leipzig 1909
[207] Foster, Norman, Buildings and Projects of Foster Associates, Bd 3, Berlin 1989
[208] Frampton, Kenneth, Modern Architecture 1851–1919, Tokio 1981
[209] Frampton, Kenneth, Modern Architecture 1920–1945, Tokio 1983
[210] Fromonot, Françoise, Glenn Murcutt, Bauten und Projekte, Berlin 1994
[211] Fuchtmann, Engelbert, Stahlbrückenbau: Bogenbrücke, Balkenbrücke, Fachwerkbrücke, Hängebrücke, München 1996
[212] Garnham, Trevor, Oxford Museum Deane and Woodward, London 1992
[213] Gatz, Konrad; Hart, Franz, Stahlkonstruktionen im Hochbau, München 1966
[214] Gayle, Margot; Gillon, Edmund V., Cast-Iron Architecture in New York, New York 1974
[215] Geipel, Finn; Michelin, Nicholas, Ecole Nationale d'Art Decoratif, Limoges, Büropublikation, Paris 1994
[216] Geist, Johann Friedrich, Passagen. Ein Bautyp des 19. Jahrhunderts, München 1982
[217] Georg, W.; Wanderley, G., Der Metallbau, Halle 1873
[218] Gerkan, M. von, Von Gerkan, Marg und Partner 3, Architektur 1988 –1991, Basel/Boston 1991
[219] Gerkan, M. von, Idea and Model, Berlin 1994
[220] Gerkan, M. von, Von Gerkan, Marg und Partner 4, Architektur 1991–1995, Basel/Boston 1995
[221] Giedion, Sigfried, Bauen in Frankreich. Bauen in Eisen. Bauen in Eisenbeton, Leipzig/Berlin 1928
[222] Glasforum 2/1990
[223] Glasforum 4/1990
[224] Glasforum 3/1991
[225] Glasforum 5/1991
[226] Glasforum 6/1991
[227] Glasforum 3/1994
[228] Glasforum 5/1995
[229] Gloag, John (Einf.), The Crystal Palace Exhibition Illustrated Catalogue London 1851, New York 1970
[230] Gottgetreu, Rudolph, Lehrbuch der Hochbaukonstruktionen, 3.Teil Eisenkonstruktionen, Berlin 1885
[231] Götz, Jürgen, Das Stahlhaus in Dessau-Törten, Wiesbaden 1997
[232] Graefe, Rainer; Gappoev, Murat; Pertschi, Ottmar, V. G. Šuchov 1853–1939. Kunst der Konstruktion, Stuttgart 1990
[233] Gregor, Alfred, Der praktische Eisenhochbau, Berlin 1930
[234] Grimshaw, Nicholas, Nicholas Grimshaw & Partners, Book 1 Product, Book 2 Process, London 1988
[235] Grimshaw, Nicholas, When structure becomes architecture, Stuttgart 1988
[236] Grube, Oswald W., Industriebauten – international, Stuttgart 1971
[237] Grüning, Michael, Der Architekt Konrad Wachsmann, Wien 1986
[238] Haller, Fritz, Bauen und Forschen, Dokumentation der Ausstellung im Kunstverein Solothurn, Solothurn 1988
[239] Haller, Fritz, Fritz Haller, Zürich 1992
[240] Hammerwerke von Fourchambault, Leipzig 1849
[241] Harris, James B.; Pui-K Li, Kevin, Masted Structures in Architecture, Oxford 1996
[242] Harris, Joseph, The tallest tower – Eiffel and the Belle Epoque, Boston 1975
[243] Hart, Franz, Meilensteine in der Geschichte des Brückenbaus, Zürich 1979
[244] Hart, Franz; Henn, Walter; Sontag, Hansjürgen, Stahlbauatlas. Geschoßbauten, München 1982
[245] Hartmann, Carl, Praktisches Handbuch der Stahlfabrikation, Weimar 1861
[246] Hartmann, Friedrich, Äshtetik im Brückenbau unter besonderer Berücksichtigung der Eisenbrücken, Leipzig/Wien 1928
[247] Hartmann, Kristiana; Bollerey, Franziska, 200 Jahre Architektur. Bilder und Dokumente zur neueren Architekturgeschichte, Delft 1987
[248] Hauenschlild, Hans, Eisen und Stahl, Darmstadt 1883
[249] Haward, Birkin; Charles, Martin, Oxford University Museum. Its architecture and art, Oxford 1991
[250] Hawranek, Alfred, Der Stahlskelettbau, Berlin und Wien 1931
[251] Heinzerling, F., Die Brücken der Gegenwart. Eiserne Brücken, Aachen 1880
[252] Hennig-Schefold, Monica; Schaefer, Inge, Struktur und Dekoration. Architekturtendenzen in Paris und Brüssel im späten 19. Jh., Basel 1968
[253] Hennig-Schefold, Monica; Schmidt-Thomsen, Helga, Transparenz und Masse, Köln 1972
[254] Herzog, Max, Die Tragwirkung der Brooklyn-Brücke in New York, 1997
[255] Herzog, Thomas, Thomas Herzog – Bauten 1978 –1992, Stuttgart 1992
[256] Herzog, Thomas, Design Center Linz, Stuttgart 1994
[257] Heyen, J.; Körprich, E.; Pohle, K., Fachkenntnisse Karosserie- und Fahrzeugbauer, Hamburg, Handwerk und Technik, 1985
[258] Hitchcock, Henry-Russel, Early Victorian Architecture in Britain, New Haven 1954
[259] Holgate, Alan, The Art of Structural Engineering, The Work of Jörg Schlaich and his Team, Stuttgart/London 1997
[260] Hongkong Architektur, Die Ästhetik der Dichte, München 1994
[261] Hütsch, Volker, Der Münchner Glaspalast 1854 –1931. Geschichte und Bedeutung, München 1981
[262] ICOMOS, Eisen Architektur. Die Rolle des Eisens in der historischen Architektur der ersten Hälfte des 19. Jahrhunderts, Hannover 1979
[263] ICOMOS, Eisen Architektur. Die Rolle des Eisens in der historischen Architektur der ersten Hälfte des 19. Jahrhunderts, Teil 2, Hannover 1979
[264] ICOMOS, Eisen Architektur. Die Rolle des Eisens in der historischen Architektur der zweiten Hälfte des 19. Jahrhunderts, Hannover 1982
[265] ICOMOS, Eisen Architektur. Die Rolle des Eisens in der historischen Architektur der zweiten Hälfte des 19. Jahrhunderts, Teil 2 , Hannover 1982
[266] ICOMOS, Eisen Architektur. Die Rolle des Eisens in der historischen Architektur der ersten Hälfte des 20. Jahrhunderts, Hannover 1985
[267] Inland Architect März/April 1987
[268] Innovations in Steel, hrsg. von International Iron and Steel Institute, 1994
[269] Jackson, Neil, The Modern Steel House, London 1996
[270] Jahrbuch für Licht + Architektur 1993, Berlin 1994, S. 119f.
[271] Jesberg, Paulgerd, Die Geschichte der Ingenieurbaukunst aus dem Geist des Humanismus, Stuttgart 1996
[272] Jodice, Romano, l'architettura del ferro gli stati uniti 1776 –1876, Rom 1988
[273] Jodice, Romano, l'architettura del ferro gli stati uniti 1893 –1914, Rom 1988
[274] Jodice, Romano, l'architettura del ferro l'itatia 1796 –1914, Rom 1985
[275] Joedicke, Joachim Andreas, Design einer neuen Architektur, Stuttgart 1986
[276] Johannssen, Otto, Geschichte des Eisens, Düsseldorf 1925
[277] Jones, Edgar, Industrial Architecture in Britain 1750 –1939, London 1985
[278] Jordan, H.; Michel, E., Die künstlerische Gestaltung von Eisenkonstruktionen, Berlin 1913
[279] Junghanns, Das Haus für Alle. Zur Geschichte der Vorfertigung in Deutschland, Berlin 1994
[280] Junk, C., Metallkonstruktionen des Aufbaus in Baukunde des Architekten, Bd 1, Berlin 1893
[281] Kallen, Hans, Der Werkstoff Stahl in der technischen Entwicklung der letzten hundert Jahre, Essen 1960
[282] Killing, R., Handbuch der Schweißverfahren, Teil 1., Düsseldorf 1984
[283] Knauer, Roland, Qualitätsstahl aus dem Lehmofen, Hamburg 1995

[284] Knight, Edward H., Practical Dictionary of Mechanics, Boston/London 1876
[285] Kohlmaier, Georg Sartory von, Barna, Das Glashaus, München 1981
[286] Kollmann, J.; Kayser, H. u.a., Eisen- und Eisenbetonbau, Stuttgart 1912
[287] König, Felix von, Das praktische Windenergie-Lexikon, 1700 Stichwörter, Karlsruhe 1982
[288] Krausse, Joachim, Buckminster Fuller und die Ephemerisierung der Architektur, Aachen 1992
[289] Krausse, Joachim, Bauen von Weltbildern: Die Dymaxion Weltkarte von Buckminster Fuller, Aachen 1993
[290] Krünitz, Johann Georg, Oeconomische Enzyklopädie, 1785
[291] Kühne, Helmut R. W., Über die Beziehung Sempers zum Baumaterial, Zürich 1974
[292] Kulka, Peter, Bauten und Projekte 1990–1995, Köln 1996
[293] Kurrer, Karl-Eugen, Konstruktiver Ingenieurbau, Berlin 1987
[294] Lambot, Ian, Norman Foster, Berlin 1989
[295] Lampugnani, Vittorio Magnago, Renzo Piano – Bauten und Projekte, 1. Auflage, Stuttgart/Mailand 1994/1995
[296] Landsberg, Th., Die Kornhausbrücke in Bern, Berlin 1898
[297] Larson, Gerald R., Der Eisenskelettbau: Entwicklungen in Europa und den Verreinigten Staaten, München 1987
[298] Lemoine, Bertrand, Gustav Eiffel, Basel 1988
[299] Lemoine, Bertrand, La lumière venue des toits; toits de verre, Paris 1994
[300] Leonardo 3/1994
[301] Leonardo 2/1997
[302] Lewenton, Georg, Stahlkonstruktion und Stahlarchitektur, München 1966
[303] Liesenberg, O., Stahlguß- und Gußeisenlegierungen, Stuttgart 1992
[304] Linters, Adriaan, Industria Architecture industrielle en Belgique, Brüssel 1986
[305] Lixante, Auguste, Der Straßen-, Eisenbahn- Canal-, Brücken-, Küstendamm-, Deich- und Hafenbau, Weimar 1851
[306] Lohse, Wolfgang; Thiele, Albrecht: Stahlbau 1, 22. Auflage, Stuttgart 1993
[307] Lohse, Wolfram; Thiele, Albrecht, Stahlbau – Teil 1, 23. überarbeitete und erweiterte Auflage, Stuttgart 1997
[308] Lohse, Wolfram; Thiele, Albrecht, Stahlbau Teil 2, 18. neubearbeitete und erweiterte Auflage, Stuttgart 1997
[309] Lorenz, Werner, Die Entwicklung des Dreigelenksystems im 19. Jahrhundert, Berlin 1990
[310] Lorenz, Werner, »Architectur ist Construction« Schinkel und Borsig als Baukonstrukteure, Berlin 1994
[311] Lorenz, Werner, Konstruktion als Kunstwerk. Bauen mit Eisen in Berlin und Potsdam 1797–1850, Berlin 1995
[312] Lorenz, Werner, Galerie des machines, München 1996
[313] Louis, Jean; Wohlmuth, Christine, Ingenieurbaukunst im Königreich Bayern, München 1988
[314] Luckenbacher, Roth, Zöllner, Das Eisen und die Eisenindustrie im Buch der Erfindungen, Gewerbe und Industrien, Leipzig und Berlin 1877
[315] Mackay, Sheila, The Forth Brigde, Edinburgh 1993
[316] Makowski, Z.S., Räumliche Tragwerke aus Stahl, Düsseldorf 1963
[317] Mangiarotti, Anna, Le Techniche dell'Architettura Contemporeana, Mailand 1995
[318] Marrey, Bernard, Le Fer à Paris Architectures, Paris 1989
[319] Mäurer, Eduard, Die Maß- und Gewichtsverhältnisse der Roh- und Zwischenprodukte bei der Darstellung des Schmiedeeisens, Stuttgart 1861
[320] McGrath, Raymond; Frost, A.C., Glass in Architecture and Decoration, London 1961
[321] McKean, John, Crystal Palace Joseph Paxton and Charles Fox, London 1994
[322] Melan, J.; Landsberg, Th. Eiserne Bogenbrücken und Hängebrücken, Leipzig 1906
[323] Mengeringhausen, Max, Komposition im Raum, Würzburg 1962
[324] Meyer, Alfred Gotthold, Eisenbauten Ihre Geschichte und Aesthetik, Esslingen 1907
[325] Mignot, Claude, L'architecture au XIXe siècle, Fribourg 1983
[326] Modern Steel Construction in Europe, hrsg. von Bouwcentrum Rotterdam, Amsterdam 1963
[327] Modern Steelwork, hrsg. von British Steelwork Association, London 1933
[328] Moore, Rowan, Sackler Galleries, Royal Academy London, Architects Foster Associates, Blueprint Extra 04, London 1992
[329] Morel, A. Éditeur, Gazette des Architectes et du Batiment, Paris 1867/1877
[330] Moritz, Felix, Schlachthöfe und Viehmärkte, Leipzig 1909
[331] Müller, F. P.; Keintzel, E., Erdbebensicherung von Hochbauten, Veröffentlichung der Forschungsgemeinschaft Bauen und Wohnen Stuttgart, Heft 112, Berlin/München/Düsseldorf 1978
[332] Müller, Klaus-Peter, Praktische Oberflächentechnik, Vorbehandeln, Beschichten, Prüfen, 2. Auflage, Braunschweig/Wiesbaden 1996
[333] Nakamura, Toshio (Hrsg.), Richard Rogers 1978–1988, Tokio 1988
[334] Narjoux, Félix, Histoire d'un pont, Paris 1884
[335] Nerdinger, Winfried (Hrsg.), Zwischen Glaspalast und Maximilianeum, München 1997
[336] Neue Messe Leipzig, Zentrale Eingangshalle, Firmenbroschüre Glasbau Seele, Gersthofen
[337] Notizen über den Bau gußeiserner Brücken, mit besonderer Rücksicht auf den Guß ihrer Bestandtheile, Wien 1860
[338] Odenhausen, Helmuth, Einfamilienhäuser in Stahlbauweise, Düsseldorf 1961
[339] Ogg, Alan, Architecture in Steel: The Austalian Context, hrsg. von The Royal Australian Institute of Architects, 1987
[340] Oosterhoff, J. u.a., Bowtechniek in Nederland Constructies van ijzeren en beton Gebouwen 1800–1940, Delft 1988
[341] Otto, Frei; Schleyer, Friedrich-Karl, Zugbeanspruchte Konstruktionen, Band 2, Berlin 1966
[342] Otto, Frei; Barthel, Reiner; Burkhardt, Berthold u.a., Natürliche Konstruktionen, Formen und Strukturen in Natur und Technik, 2. Auflage, Stuttgart 1985
[343] Paul, Bruno, Stahlbau und Architektur, Berlin 1931
[344] Pawley, Martin, Buckminster Fuller, London 1990
[345] Pawley, Martin, Theory and design in the second machine age, Oxford 1990
[346] Pélissier, Alain, Reichen & Robert Transforming Space, Basel 1994
[347] Peters, Paulhans, Konstruktionsbüro Gartner, Suttgart 1994
[348] Peters, Tom F., Building the Nineteenth Century, Cambridge Mass. 1996
[349] Peters, Tom F., Time is Money. Die Entwicklung des modernen Bauwesens, Stuttgart 1981
[350] Petersen, Christian, Stahlbau, Grundlagen der Berechnung und baulichen Ausbildung von Stahlbauten, 3. überarbeitete und erweiterte Auflage 1993, korr. Nachdruck 1994, Braunschweig/Wiesbaden 1993
[351] Pevsner, Nikolaus, Wegbereiter moderner Formgebung: von Morris bis Gropius, Reinbek 1957
[352] Pevsner, Nikolaus, Der Beginn der modernen Architektur und des Designs, Köln 1971
[353] Pfammatter, Ulrich, 1795: Geburtsstunde der modernen Architekten- und Ingenieurausbildung, Zürich 1995
[354] Pfammatter, Ulrich, Die Erfindung des modernen Architekten, Basel 1997
[355] Pfitzner, C., Die Gießereihalle der ehemaligen Eisenhütte zu Sayn, 1936
[356] Piano, Renzo, Bauten und Projekte, Renzo Piano, Stuttgart 1995
[357] Picon, Antoine, L'Art de l'ingenieur, Paris 1997
[358] Piessat, Louis, Tony Garnier 1869–1948, Lyon 1988
[359] Polónyi, Stefan, Leitlinien zum Entwerfen von Stahl-Dachkonstruktionen, Köln 1990
[360] Posener, Julius, Die Architektur und das Eisen: Labrouste, Semper, Gurlitt, Gropius, Aachen 1983
[361] Powell, Kenneth; Moore, Rowan, Nicholas Grimshaw und Partner, Bauten und Projekte, Berlin 1993
[362] Powell, Kenneth, Richard Rogers, London 1994
[363] Prechtl, Johann Joseph, Technonogische Enzyklopädie, Stuttgart 1837
[364] Progressive Architecture Dez/1985
[365] Pruschka, Carl, Das Semper-Depot, München 1997
[366] Pudor, Heinrich, Erziehung zur Eisen-Architektur, München 1903
[367] Ragon, Michel, Histoire de l'architecture et de l'urbanisme modernes 1. Idéologies et pionniers 1800–1910, Paris 1986
[368] Rankine, William John Macquorn, Handbuch der Bauingenieurkunst, Wien 1880
[369] Reconstruction du Pont des Arts, Paris 1983
[370] Rice, Peter, An Engineer Imagines, 1. Auflage, London/Zürich/München, 1994
[371] Ricken, Herbert, Der Bauingenieur Geschichte eines Berufes, Berlin 1994
[372] Rödel, Volker, Ingenieurbaukunst in Frankfurt am Main 1806–1914, Frankfurt 1983
[373] Roisecco, Giulio, l'architettura del ferro gli stati uniti 1876–1893, Rom 1982
[374] Roisecco, Giulio, l'architettura del ferro l'ingliterra 1688–1914, Rom 1972
[375] Rondelet, Jean-Baptiste, Traité théorique et pratique de l'art de bâtir, Paris 1802
[376] Rühle, Herrmann u.a., Räumliche Dachtragwerke. Konstruktion und Ausführung, Band 2, Köln 1970
[377] Saulnier, Jules, Usine Menier à Noisiel, Paris 1877
[378] Schädlich, Christian, Das Eisen in der Architektur des 19. Jahrhunderts. Beitrag zur Geschichte eines neuen Baustoffs, Weimar 1967
[379] Schädlich, Christian, Der Baustoff Eisen als Grundlage für die Herausbildung qualitativ neuer Baukonstruktionen im 19. Jahrhundert, Stuttgart 1989
[380] Schädlich, Christian, Der eiserne Brückenbau von den Anfängen bis in die Mitte des 19. Jahrhunderts, Stuttgart 1991
[381] Schädlich, Christian, Vom Holz zum Eisen: Die Entwicklung des weitgespannten Fachwerkträgers 1820–1850, Stuttgart 1991
[382] Scharabi, M., Architekturgeschichte des 19. Jahrhunderts, Tübingen 1995
[383] Scharowsky, C., Musterbuch für Eisenkonstruktionen, Berlin 1888
[384] Scheer, Leopold, Was ist Stahl?, 14. Auflage, Berlin/Heidelberg/New York 1974
[385] Schild, Erich, Zwischen Glaspalast und Palais des Illusions Form und Konstruktion im 19. Jahrhundert, Berlin 1967
[386] Schittich, Christian u.a., Glasbauatlas, München 1998
[387] Schmitt, Eduard, Markthallen, Leipzig 1909
[388] Schmitt, Eduard, Empfangsgebäude der Bahnhöfe und Bahnsteigüberdachungen, Leipzig 1911
[389] Schödter + Beumer, Stahl und Eisen, Düsseldorf 1889
[390] Schödter + Beumer, Stahl und Eisen, Düsseldorf 1895
[391] Schöler, R., Die Eisenkonstruktionen des Hochbaus, Leipzig 1901
[392] Schüler, Edmund, Neue Amerikanische Baukunst, München 1926
[393] Schulitz, Helmut C., Ein Haus – ein Stahlskelett – ein offenes System, Stuttgart 1976
[394] Schulitz, Helmut C., Constructa-Preis 1986, Industriearchitektur in Europa, Braunschweig 1986
[395] Schulitz, Helmut C., Industriebau – Zukunft der Tradition, Hannover 1986
[396] Schulitz, Helmut C., Constructa-Preis 1990, Industriearchitektur in Europa, Hannover 1990
[397] Schulitz, Helmut C., Wohnen in Stahl und Glas, Düsseldorf 1990

[398] Schulitz und Partner, Bauten und Projekte, Berlin 1996
[399] Schulitz, Helmut C., Die unvollendete Moderne, Berlin 1997
[400] Schulze, Konrad Werner, Der Stahlskelettbau Geschäfts- und Hochhäuser, Stuttgart 1928
[401] Schumacher, Fritz, Das bauliche Gestalten, Hamburg 1926
[402] Schupp, Fritz; Kremmer, Martin, Architekt gegen oder und Ingenieur, Berlin 1929
[403] Schwatlo, C., Eisen-Konstruktion, Berlin 1870
[404] Schwedler, Wilhelm Theodor, Theorie der Brückenbalkensysteme, Berlin 1851
[405] Schweiger-Lerchenfeld, Armand Freiherr von, Im Reiche der Cyclopen – Eine populäre Darstellung der Eisen- und Stahltechnik, Wien 1900
[406] Schweizer Ingenieur und Architekt, Nr. 42, 12. Oktober 1995, S. 965 V
[407] Schweizerische Zentralstelle für Stahlbau: Bauen in Stahl 12+13/1993
[408] Sealey, Antony, Bridges and Aqueducts, London 1976
[409] Sedlacek, Flachdecken in Stahlbauweise, Aachen 1994
[410] Sembach, Klaus-Jürgen, Das Jahr 1851 – Fixpunkt eines Wandels, München 1971
[411] Sembach, Klaus-Jürgen; Hütsch, Volker, Industriedenkmäler des 19. Jahrhunderts im Königreich Bayern, München 1990
[412] Seward, H. F., Early Cast Iron in England, Charlottesville 1956
[413] SFB 230, Vom Holz zum Eisen: Weitgespannte Konstruktionen des 18. und 19. Jahrhunderts, Stuttgart 1991
[414] Simiu, Emil; Scanlan, Robert, H., Wind Effects On Structures, Fundamentals and Applications to Design, 3. Auflage, New York/Chichester/Brisbane/Toronto/Singapore 1996
[415] Simmer, Konrad; Schulze Walter, E., Grundbau, 14. erweiterte Auflage, Stuttgart 1967
[416] Simon, Harald; Thoma, Martin, Angewandte Oberflächentechnik für metallische Werkstoffe, Eignung – Verfahren – Prüfung, 1. Auflage, München/Wien 1985
[417] Sobek, Werner, Fazlur Khan 1930–1982 I, München 1998
[418] Sobek, Werner, Fazlur Khan 1930–1982 II, München 1998
[419] Sobek, Werner; Eckert, Anja, Trapezkunst und Wellenspiel, Stuttgart 1995
[420] Sockel, Helmut, Aerodynamik der Bauwerke, Braunschweig/Wiesbaden 1984
[421] Spiegel, Hans, Der Stahlhausbau 1. Wohnbauten aus Stahl, Leipzig 1928
[422] Spiegel, Hans, Der Stahlhausbau 2. Grundlagen zum Bauen mit Stahl, Berlin 1930
[423] Spiegel, Hans, Die Auflösung der Gebäudekonstruktion durch den Skelettbau, Berlin 1930
[424] Spur, G.; Stöferle, Th., Handbuch der Fertigungstechnik, Bd. 5: Fügen, Handhaben, Montieren, München 1986
[425] Stadelmann, Werner, Die Brooklyn-Brücke Kampf, Leiden, Triumph, Zürich 1984
[426] Stadtbauwelt 12/1989
[427] Stahl und Form, Centre Georges Pompidou, hrsg. vom Stahl-Informations-Zentrum, Düsseldorf 1972
[428] Stahl und Form, Acht Sporthallen Entwicklung und Vergleich, Architekten Behnisch und Partner 1957–1982, hrsg. vom Stahl-Informations-Zentrum, Düsseldorf 1984
[429] Stahl und Form, Zentrum für Produktionstechnik, hrsg. vom Stahl-Informations-Zentrum, Düsseldorf 1986
[430] Stahl und Form, Flughafen Stuttgart, hrsg. vom Stahl-Informations-Zentrum, Düsseldorf 1991
[431] Stahl und Form, Plenarbereich des Deutscher Bundestags, hrsg. vom Stahl-Informations-Zentrum, Düsseldorf 1993
[432] Stahl und Form, Neue Messe Leipzig, Architekten von Gerkan, Marg + Partner, hrsg. vom Stahl-Informations-Zentrum, Düsseldorf 1997
[433] Stahl-Informations-Zentrum, Dokumentation 532 Wohnbauten in Stahl, S. 24 u. 25
[434] Stahlbau 5/1969
[435] Stahlbau 4/1993
[436] Stahlbau 11/1993
[437] Stahlbau Aktuell Nr.73: Bauen mit Stahl, 1992
[438] Stahlbau. Organisationen, Formeln, Vorschriften, Profile, Köln 1998
[439] Stahlbau Arbeitshilfen für Architekten und Ingenieure, Köln 1995
[440] Stahlbau Handbuch, Band 1, Köln 1982
[441] Stahlbau Handbuch, Band 2, für Studium und Praxis, 2. neubearbeitete Auflage, Köln 1985
[442] Strike, James, Construction into design. The Influence of new methods of construction on architectural design 1690-1990, Oxford 1991
[443] Strukel, M., Die Forth-Brücke bei Queensferry, Queensferry 1890
[444] Struktur Raum und Haut, N. Grimshaw und Partner, Bauten und Projekte, Berlin 1993
[445] Suckle, Abby, By their own design, New York 1980
[446] Sudgen, Derek, Der Skelettbau von Arkwright bis Arup, Köln 1986
[447] Sudgen, Derek, Ein Rückblick über tranparentes Bauen in Großbritannien, Düsseldorf 1990
[448] Sudjic, Deyan, Norman Foster, London 1986
[449] Sudjic, Deyan, Norman Foster, Richard Rogers, James Stirling. New directions in British architecture, London 1986
[450] Sudjic, Deyan, The architecture of Richard Rogers, London 1994
[451] Sulzer, Peter, Jean Prouvé: Meister der Metallumformung, Köln 1991
[452] Systemordner der Firma USM, Münsingen
[453] Taranath, Bungale S., Steel, concrete and composite design of tall buildings, New York 1998
[454] Technique and Aesthetics in the Design of Tall Buildings, Bethlehem, PA., USA 1986
[455] Techniques & Architecture Nov/1991
[456] Thiersch von, Friedrich, Die Eisenkonstruktion der Ausstellungs- und Festhalle zu Frankfurt am Main, Frankfurt 1909
[457] Thorne, Robert, Crystal exemplar, London 1984
[458] Thorne, Robert, The Iron Revolution Architects, Engineers and Structural Innovation 1780–1880, London 1990
[459] Trautz, Martin, Entwicklung der eisernen Fachwerkbrücken in Deutschland in der Mitte des 19. Jahrhunderts, Stuttgart 1991
[460] Valentin, Marc; Cartier,Claudine; Jantzen, Hélène, La Chocolaterie Menier, Saint-Herblain 1994
[461] Vierendeel, Esquisse d´un histoire de la technique, Brüssel/Paris 1921
[462] Viollet-le-Duc, E.-E. u.a. (Hrsg.), Gazette des Architectes et du Batiment Encyclopédie d'Architecture, Paris 1863
[463] Viollet-le-Duc, Eugène-Emmanuel, Lectures on Architecture, London 1877
[464] Vollaard, Piet, Cepezed architecten – architects Jan Pesman & Michiel Cohen, Rotterdam 1993
[465] Wachsmann, Konrad, Bauen in unserer Zeit, München 1958
[466] Wachsmann, Konrad, Wendepunkt im Bauen, Wiesbaden 1959
[467] Wagner, Peter (Koord.), Hallen großer Spannweite, Berlin 1992
[468] Wagner, Rosemarie, Die ersten Drahtkabelbrücken, Stuttgart 1991
[469] Waissenberger, Robert, Beispiele früher Ingenieurbauten in Wien – Eisenkonstruktionen, Wien 1975
[470] Waite, John G., Iron Architecture in New York City – Two Studies in Industrial Archeology, New York 1972
[471] Walker, Derek, Architecture of Glasgow, London 1987
[472] Wangenheim, Ernst, Der Bessemerprozeß zur einfachsten und billigsten Erzeugung von Gußstahl, Weimar 1863
[473] Wegele, H.; Eggert, H., Die Hauptbahnhofsanlagen in Frankfurt a.M. und das Empfangsgebäude des Hauptbahnhofs, Berlin 1892
[474] Weitgespannte Flächentragwerke, 2. Internationales Symposium, Stuttgart 1979, Berichtsheft 2, Stuttgart 1979
[475] Wendehorst, Reinhard; Achten, Hubert, Bautechnische Zahlentafeln, mit 245 Beispielen, 27. neubearbeitete und erweiterte Auflage, Stuttgart/Köln 1996
[476] Werk, Bauen + Wohnen 4/1990
[477] Werk, Bauen + Wohnen 5/1991
[478] Werk, Bauen + Wohnen 6/1992
[479] Werk, Bauen + Wohnen 7/1992
[480] Werk, Bauen + Wohnen 12/1992
[481] Werk, Bauen + Wohnen 6/1993
[482] Werk, Bauen + Wohnen 7/1993
[483] Werk, Bauen + Wohnen 11/1993
[484] Werk, Bauen + Wohnen 3/1997
[485] Wiedemann, Johannes, Leichtbau, Band 2, Elemente, 1. Auflage, Berlin/Heidelberg/New York/Tokio 1986
[486] Wiedemann, Johannes, Leichtbau, Band 1, Konstruktion, 1. Auflage, Berlin/Heidelberg/New York/Tokio 1989
[487] Zuranski, Jerzy Antoni, Windeinflüsse auf Baukonstruktionen, 2. stark erweiterte und neu bearbeitete Auflage, Köln-Braunsfeld 1978

Vorschriften und Normen für den Stahlbau

Die nachstehende Zusammenstellung enthält die Titel und Bezeichnungen der für den Stahlbau wichtigen Vorschriften und Normen. DIN-Blätter sind vom Beuth-Verlag, Burggrafenstraße 6, 10787 Berlin, zu beziehen. DASt-Richtlinien über die Stahlbau-Verlagsgesellschaft mbH, Postfach 10 09 45, 50449 Köln. Bundesbahnvorschriften sind erhältlich bei der Bundesbahndirektion Karlsruhe, Drucksachenzentrale der Deutschen Bundesbahn, Stuttgarter Straße 61a, 76137 Karlsruhe, ausländische Vorschriften über den Deutschen Normenausschuß, Auslandsarchiv, Burggrafenstraße 4-7, 10787 Berlin, Tel. (030) 2601-231.

I. Werkstoffvorschriften

DIN 1627 Warm gefertigte Stahlhohlprofile für den Stahlbau
T. 1: Allg. Angaben, Eigenschaften (St37-2, St44-2, St52-3)
T. 2: Quadratische und rechteckige Querschnitte
T. 3: Kreisförmige Querschnitte

DIN 1681 Stahlguß für allg. Verwendungszwecke; Techn. Lieferbed. (Ausg.6.85.)

DIN 1691 Gußeisen mit Lamellengraphit (Grauguß) (Ausgabe 5.85.)

DIN 17111 Kohlenstoffarme, unlegierte Stähle für Schrauben, Muttern und Niete Technische Lieferbedingungen

DIN 17172 Stahlrohre für Rohrleitungen für brennbare Medien

DIN 17173 Nahtlose, kreisförmige Rohre aus kaltzähen Stählen

DIN 17174 Geschweißte, kreisförmige Rohre aus kaltzähen Stählen

DIN 17175 Nahtlose Rohre aus warmfesten Stählen

DIN 17177 Elektrisch preßgeschweißte Rohre aus warmfesten Stählen

DIN 17182 Stahlgußsorten mit verbesserter Schweißeignung und Zähigkeit für allg. Verwendungszwecke, Technische Lieferbedingungen

DIN 17210 Einsatzstähle, Technische Lieferbedingungen

DIN 17243 Schmiedestücke und gewalzter oder geschmiedeter Stabstahl aus warmfesten, schweißgeeigneten Stählen, Technische Lieferbedingungen

DIN 17445 Nichtrostender Stahlguß

DIN 17455 Geschweißte, kreisförmige Rohre aus nichtrostenden Stählen für allgemeine Anforderungen

DIN 17456 Nahtlose, kreisförmige Rohre aus nichtrostenden Stählen für allgemeine Anforderungen

DIN 17457 Geschweißte, kreisförmige Rohre aus austenitischem, nichtrostenden Stahl für besondere Anforderungen

DIN 17458 Nahtlose, kreisförmige Rohre aus austenitischem, nichtrostenden Stahl für besondere Anforderungen

DIN 17465 Hitzebeständiger Stahlguß, Technische Lieferbedingungen

DIN 50125 Zugproben

DIN 50190 Härtetiefe wärmebehandelter Teile

DIN 50601 Ermittlung der Ferrit- oder Austenitkorngröße von Stahl- und Eisenwerkstoffen

DIN 50900 Teil 1: Korrosion der Metalle, allgemeine Begriffe
Teil 2: Korrosion der Metalle, Elektrochemische Begriffe
Teil 3: Korrosion der Metalle, Begriffe der Korrosionsuntersuchung

DIN EN 895 Querzugversuch

DIN EN 910 Zerstörende Prüfung von Schweißnähten an metallischen Werkstoffen, Biegeprüfungen

DIN EN 1043 Teil 1: Härteprüfungen, Härteprüfung für Lichtbogenschweißverbindungen
Teil 2: Härteprüfungen, Mikrohärteprüfung an Schweißverbindungen

DIN EN 10002 Zugversuch

DIN EN 10021 Allg. Techn. Lieferbed. für Stahl- und Stahlerzeugnisse (Ausg.10.93).

DIN EN 10025 Warmgewalzte Erzeugnisse aus unlegierten Baustählen, Techn. Lieferbedingungen (Ausgabe 3.94).

DIN EN 10027 T.1 Bezeichnungssysteme für Stähle, Hauptsymbole (Ausgabe 9.92)
T.2 Bezeichnungssysteme für Stähle, Nummernsystem (Ausgabe 9.92.)

DIN EN 10028 Flacherzeugnisse aus Druckbehälterstählen
Teil 1: Allgemeine Anforderungen
Teil 2: Unlegierte und legierte warmfeste Stähle
Teil 3: Schweißgeeignete Feinkornbaustähle
Teil 4: Nickellegierte kaltzähe Stähle
Teil 5: Schweißgeeignete Feinkornbaustähle thermomechanisch gewalzt
Teil 6: Schweißgeeignete Feinkornbaustähle vergütet
Teil 7: Nichtrostende Stähle

DIN EN 10045 Kerbschlagbiegeversuch nach Charpy

DIN EN 10083 Vergütungsstähle
Teil 1: Technische Lieferbedingungen für Edelstähle
Teil 2: Technische Lieferbedingungen für unlegierte Qualitätsstähle
Teil 3: Technische Lieferbedingungen für Borstähle

DIN EN 10113. T.1 Warmgewalzte Erzeugnisse aus schweißgeeigneten Feinkornbaustählen, Lieferbedingungen für normalgeglühte/normalisierend gewalzte Stähle (Ausgabe 4.93).
T.2 Warmgewalzte Erzeugnisse aus schweißgeeigneten Feinkornbaustählen. Lieferbedingungen für normalgeglühte/normalisierend gewalzte Stähle (Ausgabe 4.93).
T.3 Warmgewalzte Erzeugnisse aus schweißgeeigneten Feinkornbaustählen. Lieferbed. für thermomechanisch gewalzte Stähle (Ausg.4.93).

DIN EN 10204. Metallische Erzeugnisse; Arten von Prüfbescheinigungen (Ausg.8.94).

DIN EN 10210 Warmgefertigte Hohlprofile für den Stahlbau aus unlegierten Baustählen und aus Feinkornbaustählen

DIN EN 10219 Kaltgefertigte, geschweißte Hohlprofile für den Stahlbau aus unlegierten Baustählen und aus Feinkornbaustählen

DIN EN 22063 Thermisches Spritzen, Zink, Aluminium und ihre Legierungen

DASt-Ri.007 Wetterfeste Baustähle (Ausgabe 5/93.)

DASt-Ri.009 Empfehlungen zur Wahl der Stahlgütegruppen für geschweißte Stahlbauten (wird überarbeitet)

DASt-Ri.014 Empfehlungen zum Vermeiden von Terrassenbrüchen in geschweißten Konstruktionen aus Baustahl (Ausgabe 1.81.)

SEW 410 Nichtrostender Stahlguß

SEW 510/ SEW 515 Vergütungsstahlguß bis 100 mm bzw. über 100 mm Wanddicke

SEW 685 Kaltzäher Stahlguß

II. Allgemeine Vorschriften für Berechnung und Ausführung von Stahlbauten

DIN 824 Technische Zeichnungen; Faltung auf Ablageformat (Ausgabe 3.81.)

DIN 1080 T.1 Begriffe, Formelzeichen und Einheiten im Bauingenieurwesen Grundlagen (Ausgabe 6.76.)
T.2 Statik (Ausgabe 3.80.)
T.3 Beton- und Stahlbetonbau, Mauerwerksbau (Ausgabe 3.80.)
T.4 Stahlbau, Stahlverbundbau und Stahlträger im Beton (Ausgabe 3.80.)
T.5 Holzbau (Ausgabe 3.80.)
T.6 Bodenmechanik und Grundbau (Ausgabe 3.80.)
T.7 Wasserwesen (Ausgabe 3.79.)
T.9 Begriffe, Formelzeichen und Einheiten im Bauingenieurwesen (2.81)

DIN 1353. T.2 Abkürzungen von Benennungen für Halbzeug (4.71.)

DIN 1356. Bauzeichnungen (10.88.)

DIN 2310. T.1 Thermisches Schneiden; Begriffe und Bemerkungen (Ausgabe 11.87.)
T.2 Ermitteln der Güte von Brennschnitten (Ausgabe 11.87.)
T.3 Thermisches Schneiden; Autogenes Brennschneiden, Verfahrensgrundlagen, Güte, Maßabweichungen (Ausgabe 11.87.)

DIN 6771. T1 Technische Zeichnungen, Blattgrößen (Ausgabe 12.70.)

DIN 8563 Sicherung der Güte von Schweißverbindungen

DIN 8567 Vorbereitung von Oberflächen metallischer Werkstücke und Bauteile für das thermische Spritzen

DIN 8580 Fertigungsverfahren, Einteilung

DIN 8582 Fertigungsverfahren Umformen. Einordung, Unterteilung, alphabetische Übersicht

DIN 8583 Blatt 1: Fertigungsverfahren Druckumformen. Einordnung, Unterteilung, Begriff

DIN 8583 Blatt 2: Fertigungsverfahren Druckumformen. Walzen. Unterteilung, Begriffe

DIN 8583 Blatt 3: Fertigungsverfahren Druckformen. Freiformen. Unterteilung, Begriffe

DIN 8583 Blatt 4: Fertigungsverfahren Druckumformen. Gesenkformen. Unterteilung, Begriffe

DIN 8583 Blatt 5: Fertigungsverfahren Druckumformen. Eindrücken. Unterteilung, Begriffe

DIN 8583 Blatt 6: Fertigungsverfahren Druckumformen. Durchdrücken. Unterteilung, Begriffe

DIN 8584 Blatt 1: Fertigungsverfahren Zugdruckumformen: Einordnung, Unterteilung, Begriff

DIN 8584 Blatt 2: Fertigungsverfahren Zugdruckumformen: Durchziehen, Unterteilung, Begriffe

DIN 8584 Blatt 3: Fertigungsverfahren Zugdruckumformen: Tiefziehen, Unterteilung, Begriffe

DIN 8584 Blatt 4: Fertigungsverfahren Zugdruckumformen: Drücken, Unterteilung, Begriffe

DIN 8584 Blatt 5: Fertigungsverfahren Zugdruckumformen: Kragenziehen, Begriff

DIN 8584 Blatt 6: Fertigungsverfahren Zugdruckumformen: Knickbauchen, Begriff

DIN 8585 Blatt 1: Fertigungsverfahren Zugumformen: Einordnung, Unterteilung, Begriff

DIN 8585 Blattv 2: Fertigungsverfahren Zugumformen: Längen, Unterteilung,Begriffe

DIN 8585 Blatt 3: Fertigungsverfahren Zugumformen: Weiten, Unterteilung, Begriffe

DIN 8585 Blatt 4: Fertigungsverfahren Zugumformen: Tiefen, Unterteilung, Begriffe

DIN 8586 Fertigungsverfahren Biegeumformen: Einordnung, Unterteilung, Begriffe

DIN 8587 Fertigungsverfahren Schubumformen: Einordnung, Unterteilung, Begriffe

DIN 8588 Fertigungsverfahren Zerteilen: Einordnung, Unterteilung, Begriffe

DIN 8589 Teil 0: Fertigungsverfahren Spanen: Einordnung, Unterteilung, Begriffe
Teil 1: Fertigungsverfahren Spanen: Drehen
Teil 2: Fertigungsverfahren Spanen: Bohren, Senken, Reiben
Teil 3: Fertigungsverfahren Spanen: Fräsen
Teil 4: Fertigungsverfahren Spanen: Hobeln, Stoßen
Teil 5: Fertigungsverfahren Spanen: Räumen
Teil 6: Fertigungsverfahren Spanen: Sägen
Teil 7: Fertigungsverfahren Spanen: Feilen, Raspeln
Teil 8: Fertigungsverfahren Spanen: Bürstspanen
Teil 9: Fertigungsverfahren Spanen: Schaben, Meißeln

DIN 17162 Feuerverzinktes Band und Blech, Technische Lieferbedingungen, weiche, unlegierte Stähle

DIN 18335 Stahlbauarbeiten (VOB, Teil C) (Ausgabe 9.88.)

DIN 18364 Oberflächenschutzarbeiten an Stahl und Oberflächenschutzarbeiten an Aluminium (Ausgabe 9.88.)

DIN 18800 T.1 Stahlbauten, Bemessung und Konstruktion (Ausgabe 3.81.)

DIN 18800 T.1 Stahlbauten, Bemessung und Konstruktion (Ausgabe 11.90.)
T.2 Stahlbauten, Stabilitätsfälle, Knicken von Stäben und Stabwerken (Ausgabe 11.90.) T.3 Stahlbauten; Stabilitätsfälle, Plattenbeulen (Ausgabe 11.90.)
T.4 Stahlbauten; Stabilitätsfälle, Schalenbeulen (Ausgabe 11.90.)
T.7 Stahlbauten; Herstellen, Eignungsnachw. z. Schweißen (Ausg. 5.83.)

DIN 50902 Behandlung von Metalloberflächen für den Korrosionsschutz durch anor-- ganische Schichten; Begriffe (Ausgabe 7.94.)

DIN 50959 Hinweise auf das Korrosionsverhalten galvanischer Überzüge auf Eisenwerkstoffen unter verschiedenen Klimabeanspruchungen

DIN 50960 Galvanische und chemische Überzüge

DIN 50976 Korrosionsschutz; Feuerverzinken von Einzelteilen (Stückverzinken); aufgebrachte Überzüge; Anforderungen und Prüfungen (Ausgabe 5.89.)

DIN 54150 Abdruckverfahren für die Oberflächenprüfung (Replica Technik)

DIN 55928 Korrosionsschutz von Stahlbauten durch Beschichtungen und Überzüge
T.1 Allgemeines (Ausgabe 5.91.)
T.2 Korrosionsschutzgerechte Gestaltung (Ausgabe 5.91.)
T.3 Planung der Korrosionschutzarbeiten (Ausgabe 5.91.)
T.4 Vorbereitung und Prüfung der Oberflächen (Ausgabe 5.91.)
T.5 Beschichtungsstoffe und Schutzsysteme (Ausgabe 5.91.)
T.6 Ausführung und Überwachung der Korrosionsschutzarbeiten (Ausgabe 5.91.)
T.7 Technische Regeln für Kontrollflächen (Ausgabe 5.91.)
T.8 Korrosionsschutz von tragenden, dünnwandigen Bauteilen (Stahlleichtbau) (Ausgabe 7.94.)

DIN ISO 5261 Technische Zeichnungen für den Metallbau (1981)

DIN ISO 6410 Technische Zeichnungen; Darstellung von Gewinden
T.1,2 und 3 (5.93.)

DIN ISO 6433 Technische Zeichnungen, Positionsnummern (9.82.)

DASt-Ri.006 Überschweißen von Fertigungsbeschichtungen (FB) im Stahlbau (Ausg. 1.80)

DASt-Ri 012 Beulsicherheitsnachweise für Platten (Ausgabe 10.78.) 1)

DASt-Ri 013 Beulsicherheitsnachweise für Schalen (Ausgabe 7.80.) 1)

DASt-Ri 015 Träger mit schlanken Stegen (Ausgabe 1990)

DASt-Ri 016 Bemessung und konstruktive Gestaltung von Tragwerken aus dünnwandigen kaltgeformten Bauteilen (Ausgabe 1992)

DASt-Ri 017 Entwurf Beulsicherheitsnachweise für Schalen - spez. Fälle - (Ausg. 1992)
Richtlinien für die Bemessung und Ausführung von Stahlverbundträgern (Ausgabe 3.81.)

III. Hochbau- und Kranbau-Vorschriften

DIN 1055 T.1 Lastannahmen für Bauten, Lagerstoffe, Baustoffe und Bauteile (Ausgabe 7.78.)
T.2 Lastannahmen für Bauten, Bodenkenngrößen, Wichte, Reibungswinkel, Kohäsion, Wandreibungswinkel (Ausgabe 2.76.)
T.3 Lastannahmen für Bauten; Verkehrslasten (Ausgabe 6.71.)
T.4 Lastannahmen im Hochbau; Verkehrslasten, Windlasten (Ausgabe 8.86.)
(Teil 4 A 1, 6.87)
T.5 Lastannahmen für Bauten; Schneelast und Eislast (Ausgabe 6.75.)
T.6 Lastannahmen für Bauten; Lasten in Silozellen (Ausgabe 5.87.)

DIN 4102 Brandverhalten von Baustoffen und Bauteilen (siehe auch Kapitel Brandschutz im Stahlbau)
T.1 Baustoffe, Begriffe, Anforderungen und Prüfungen (Ausgabe 5.81.)
T.2 Bauteile, Begriffe, Anforderungen und Prüfungen (Ausgabe 9.77.)
T.3 Brandwände und nichttragende Außenwände, Begriffe
Anforderungen und Prüfungen (Ausgabe 9.77.)
T.4 Zusammenstellung und Anwendung klassifizierter Baustoffe, Bauteile und Sonderbauteile (Ausgabe 3.94.)
1) Anwendung nur im Zusammenhang mit DIN 18800 T.1 (Ausgabe 3.81.)

DIN 4108 Wärmeschutz im Hochbau; T.1 bis 5 (Ausgabe T.1,2,3 und 5, 8.81,T.4, 11.91.)

DIN 4109 Schallschutz im Hochbau; (Ausgabe 11.89). Bbl. 1 (11.89.) Bbl. 1 (11.89.)

DIN 4112 Fliegende Bauten; Richtlinien für Bemessung und Ausführung (Ausgabe 2.83.)

DIN 4113 T.1 Aluminiumkonstruktionen unter vorwiegend ruhender Belastung; Berechnung und bauliche Durchbildung (Ausgabe 5.80.)

DIN 4118 Fördergerüste und Fördertürme für den Bergbau; Lastannahmen und Berechnungs- und Konstruktionsgrundlagen (Ausgabe 6.81.)

DIN 4119 T.1 Oberirdische zylindrische Flachboden-Tankbauwerke aus metallischen Werkstoffen; Grundlagen, Ausführung, Prüfung. (Ausgabe 6.79.)
T.2 Oberirdische zylindrische Flachboden-Tankbauwerke aus metallischen Werkstoffen; Berechnung (Ausgabe 2.80.)

DIN 4131 Antennentragwerke aus Stahl, Berechnung und Ausführung (Ausgabe 11.91.)

DIN 4132 Kranbahnen, Stahltragwerke, Grundsätze für Berechnung, bauliche Durchbildung und Ausführung (Ausgabe 2.81.)

DIN 4133 Schornsteine aus Stahl; statische Berechnung und Ausführung (Ausgabe 11.91.)

DIN 4149 T.1 Bauten in deutschen Erdbebengebieten; Lastannahmen, Bemessung und Ausführung üblicher Hochbauten (Ausgabe 4.81.)

DIN 4172 Maßordnung im Hochbau (Ausgabe 7.55.)

DIN 4420 T.1 Arbeits- und Schutzgerüste (ausgenommen Leitergerüste), Berechnung und bauliche Durchbildung (Ausgabe 12.90.)
T.2 Arbeits- und Schutzgerüste; Leitergerüste (Ausgabe 12.90.)

DIN 15018 T.1 Krane; Grundsätze für Stahltragwerke, Berechnung (Ausgabe 11.84.)
T.2 Krane; Grundsätze für die bauliche Durchbildung (Ausgabe 11.84.)

DIN 15019 T.1 Krane; Standsicherheit für alle Krane außer gleislosen Fahrzeugkranen und außer Schwimmkranen (Ausgabe 9.79.)

DIN 15020 T.1 Hebezeuge; Grundsätze für Seiltriebe; Berechnung und Ausführung (Ausgabe 2.74.)
T.2 Hebezeuge; Grundsätze für Seiltriebe; Überwachung im Gebrauch (Ausgabe 4.74.)

DIN 18230 Baulicher Brandschutz im Industriebau (siehe auch Kapitel Brandschutz im Stahlbau)
T.1 Rechnerisch erforderliche Feuerwiderstandsdauer (Vornorm Ausg. 9.87.)
Beiblatt zu DIN V 18230 Abbrandfaktoren m (Ausg. 11.89.)
T.2 Ermittlung des Abbrandfaktors m (Ausgabe 9.87)

DIN 18801 Stahlhochbau; Bemessung, Konstruktion, Herstellung (Ausgabe 9.83.)

DIN 18806 T.1 Verbundkonstruktionen,Verbundstützen (Ausgabe 3.84.)

DIN 18807 Trapezprofile im Hochbau, Stahltrapezprofile
T.1 Allgemeine Anforderungen, Ermittlung der Tragfähigkeitswerte durch Berechnung (Ausgabe 6.87.)
T.2 Durchführung und Auswertung von Tragfähigkeitsversuchen (Ausgabe 6.87.)
T.3 Festigkeitsnachweis und konstruktive Ausbildung (Ausgabe 6.87.)

DIN 18808 Stahlbauten, Tragwerke aus Hohlprofilen unter vorwiegend ruhender Beanspruchung (Ausgabe 10.84.)

DIN 19700 T.10 Stauanlagen; gemeinsame Festlegungen (Ausgabe 1.86.)
T.13 Stauanlagen; Staustufen (Ausgabe 1.86.)

DIN 19702 Berechnung der Standsicherheit von Wasserbauten; Richtlinien (Ausgabe 10.92.)

DIN 19704 Stahlwasserbauten; Berechnungsgrundlagen (Ausgabe 9.76.)

DIN 19705 Stahlwasserbauten; Bauliche Durchbildung (Ausgabe 9.76.)

IV. Straßenbrücken-Vorschriften

DIN 1072 Straßen- und Wegbrücken. Lastannahmen (Ausgabe 12.85.)

DIN 1076 Ingenieurbauwerke im Zuge von Straßen und Wegen, Überwachung und Prüfung (Ausgabe 3.83.)

DIN 18809 Stählerne Straßen- und Wegbrücken; Bemessung, Konstruktion, Herstellung (Ausgabe 9.87.)

V. Deutsche Bundesbahn-Vorschriften

DS 804(1.83) Vorschrift für Eisenbahnbrücken und sonstige Ingenieurbauwerke (VEI) (Fassung 1.6.93.) (Bekanntgabe B 3)

DS 805 Bestehende Eisenbahnbrücken. Bewertung der Tragsicherheit und konstruktive Hinweise (Ausgabe 3.91).

DS 80002 Vorschrift für das Entwerfen von Bahnanlagen - Neubaustrecke - (Ausg. 7.91).

Technische Lieferbedingungen (TL) Nr. 91802 Allgemeine Baustähle, Kaltprofile und kaltgefertigte geschweißte Hohlprofile (Ausgabe 10.84.)

Technische Lieferbedingungen (TL) Nr. 918164 Stahlmaste für Fahrleitungen und 110 kV-Bahnstromleitungen (Ausgabe 9.68.)

Technische Lieferbedingungen (TL) Nr. 918300 Blatt 85. Für Beschichtungsstoffe mit Alkali-Silikat Grundlage (1.90. 12.92 Datum des Inhaltsverzeichnisses)

VI. Normen für Walzerzeugnisse

DIN 536 T.1 Kranschienen; Form A (mit Fußflansch); Maße, statische Werte, Stahlsorten (Ausgabe 9.91)
DIN 536 T.2 Kranschienen; Form F (flach); Maße, statische Werte, Stahlsorten(Ausgabe 12.74.)
DIN 997 Wurzelmaße (Anreißmaße) für Stab- und Formstähle (Ausgabe 10.70.)
DIN 998 Lochabstände für ungleichschenklige Winkelstähle (Ausgabe 10.70.)
DIN 999 Lochabstände für gleichschenklige Winkelstähle (Ausgabe 10.70.)
DIN 1013 T.1 Stabstahl; Warmgewalzter Rundstahl für allgemeine Verwendung, Maße, zulässige Maß- und Formabweichungen (Ausgabe 11.76.)
T.2 Stabstahl; warmgewalzter Rundstahl für besondere Verwendung, Maße, zulässige Maß- und Formabweichungen (Ausgabe 11.76.)
DIN 1017 T.1 Warmgewalzter Flachstahl (Ausgabe 4.67.)
T.2 Warmgewalzter Flachstahl (Ausgabe 3.64.)
DIN 1018 Halbrundstahl und abgeflachter Halbrundstahl (Ausgabe 10.63.)
DIN 1022 Scharfkantiger L-Stahl (Ausgabe 10.63.)
DIN 1024 Stabstahl; warmgewalzter rundkantiger T-Stahl; Maße, Gewichte, zulässige Abweichungen, statistische Werte (Ausgabe 3.82.)
DIN 1025 T.1 I-Träger (Ausgabe 10.63.)
T.2-4 IPB-Träger (Ausgabe 3.94.)
T.5 IPE-Träger (Ausgabe 3.94.)
DIN 1026 I-Stahl (Ausgabe 10.63.)
DIN 1027 Z-Stahl (Ausgabe 10.63.*)
DIN 1028 Gleichschenkliger L-Stahl (Ausgabe 3.94.
DIN 1029 Ungleichschenkliger L-Stahl (Ausgabe 3.94.)
DIN 1544 Kaltbänder aus Stahl, Maße (Ausgabe 8.75.)
DIN 1626 Geschweißte kreisförmige Rohre aus unlegiertenStählen für besondere Anforderungen; Technische Lieferbedingungen (Ausgabe 10.84.)
DIN 1628 Geschweißte kreisförmige Rohre aus unlegierten Stählen für besonders hohe Anforderungen; Technische Lieferbedingungen (Ausgabe 10.84.)
DIN 1629 Nahtlose kreisförmige Rohre aus unlegierten Stählen für besondere Anforderungen; Technische Lieferbedingungen (Ausgabe 10.84.)
DIN 1630 Nahtlose kreisförmige Rohre aus unlegierten Stählen für besonders hohe Anforderungen; Technische Lieferbedingungen (Ausgabe 10.84.)
DIN 2448 Nahtlose Stahlrohre; Maße, längenbezogene Massen (Ausgabe 2.81.)
DIN 2458 Geschweißte Stahlrohre (Ausgabe 2.81.)
DIN 17121 Nahtlose kreisförmige Rohre aus allgemeinen Baustählen für den Stahlbau (Ausgabe 6.84.)
DIN 59 051 Scharfkantiger T-Stahl (Ausgabe 8.81.)
DIN 59200. Flachzeug aus Stahl; warmgewalzter Breitflachstahl, Maße, zulässige Maß-, Form- und Gewichtsabweichungen (Ausgabe 10.75.)

DIN EN 10130 Kaltgewalzte Flacherzeugnisse aus weichen Stählen zum Kaltumformen; Technische Lieferbedingungen (Ausgabe 10.91.)
DIN EN 10210 T.2 Hohlprofile für den Stahlbau, warmgefertigte quadratische und rechteckige Stahlrohre; Maße, Gewichte, zulässige Abweichungen, statische Werte (Ausgabe 96.)
DIN EN 10219 T.2 Hohlprofile für den Stahlbau, kaltgefertigte quadratische und rechteckige Stahlrohre; Maße, Gewichte, zulässige Abweichungen, statische Werte (96.)

VII. Normen für Verbindungsmittel

DIN 101 Niete; technische Lieferbedingungen (Ausgabe 5.93.)
DIN 124 Halbreundniete; 10 bis 36 mm Durchmesser (Ausgabe 5.93.)
DIN 267 T.1 Mechanische Verbindungselemente, Technische Lieferbedingungen
DIN 267 T.2 Technische Lieferbedingungen, Ausführungen und Maßgenauigkeit (Ausgabe 11.84.)
DIN 302 Senkniete von 10 bis 36 mm Nenndurchmesser (Ausgabe 5.93.)
DIN 1732 Schweißzusätze für Aluminium und Aluminiumwerkstoffe
DIN 1733 Schweißzusätze für Kupfer und Kupferlegierungen
DIN 1736 Schweißzusätze für Nickel und Nickellegierungen
DIN 1910 T.1 Schweißen, Begriffe, Einteilung der Schweißverfahren (7.83.)
T.2 Schweißen; Schweißen von Metallen,Verfahren (Ausgabe 8.77.)
T.4 Schweißen; Schutzgasschweißen, Verfahren (Ausgabe 4.91.)
T.5 Schweißen; Schweißen von Metallen; Widerstandsschweißen, Verfahren (Ausgabe 12.86.)
DIN 1912 T.1 Zeichnerische Darstellung, Schweißen, Löten
Begriffe und Benennung der Schweißstöße, -fugen, -nähte (Ausgabe 6.76.)
T.2 Arbeitspositionen, Nahtneigungswinkel, Nahtdrehwinkel (Ausgabe 9.77.)
DIN 1913 T.1 Stabelektroden für das Verbindungsschweißen von Stahl, unlegiert und niedriglegiert; Einteilung, Bezeichnung, technische Lieferbedingungen (Ausgabe 6.84.) (E. 5.91.)
DIN 6914 Sechskantschrauben mit großen Schlüsselweiten für Stahlkonstruktionen (HV-Verbindungen) (Ausgabe 10.89.)
DIN 6915 Sechskantmuttern mit großen Schlüsselweiten für Stahlkonstruktionen (HV-Verbindungen) (Ausgabe 10.89.)
DIN 6916 Scheiben für Stahlkonstruktionen (HV-Verbindungen) (Ausgabe 10.89.)
DIN 6917 Vierkantscheiben für I-Träger (HV-Verbindungen) (Ausgabe 10.89.)
DIN 6918 Vierkantscheiben für U-Träger (HV-Verbindungen) (Ausgabe 4.90.)
DIN 7513 Gewinde-Schneidschrauben (Sechskantschrauben, Schlitzschrauben) Maße, Anforderungen, Prüfung
DIN 7968 Sechskant-Paßschrauben für Stahlkonstruktionen (Ausgabe 10.89.)
DIN 7969 Senkschrauben mit Schlitz für Stahlkonstruktionen (Ausgabe 10.89.)
DIN 7989 Scheiben (Ausgabe 7.74.)
DIN 7990 Sechskantschrauben mit Sechskantmuttern für Stahlkonstruktionen (Ausgabe 10.89.)
DIN 7999 Sechskant-Paßschrauben, hochfest, mit großen Schlüsselweiten für Stahlkonstruktionen (Ausgabe 12.83.)

DIN 8522 Fertigungsverfahren der Autogentechnik
DIN 8524 Fehler in Schweißverbindungen aus metallischen Werkstoffen
DIN 8528. T.1 Schweißbarkeit; metallische Werkstoffe, Begriffe (Ausgabe 6.73.)
DIN 8551 T.4 Schweißnahtvorbereitung; Fugenform an Stahl, Unter-Pulver-Schweißen (Ausgabe 11.76.)
DIN 8558 T.1 Richtlinien für Schweißverbindungen an Dampfkesseln, Behältern und Rohrleitungen aus unlegierten und legierten Stählen; Ausführungsbeispiel (Ausgabe 5.67.) (E. DIN 12.87.)
DIN 8562 Schweißen am Behälterbau; Behälter aus Stahl; Schweißtechnische Grundsätze (Ausgabe 1.75.)
DIN 50121 Teil 3: Technologischer Biegeversuch an Schweißverbindungen und Schweißplattierungen
DIN 53281 Teil 1: Prüfung von Metallklebstoffen und Metallklebungen. Proben - Klebflächenvorbehandlung (Entwurf vom März 1978)
DIN 53281 Teil 2: Prüfung von Metallklebstoffen und Metallklebungen. Proben - Herstellung
DIN 53282 Prüfung von Metallklebstoffen und Metallklebungen. Winkelschälversuch
DIN 53284 Prüfung von Metallklebstoffen und Metallklebungen. Zeitstandsversuch an einschnittig überlappten Klebungen
DIN 53286 Prüfung von Metallklebstoffen und Metallklebungen. Bedingungen für die Prüfung bei verschiedenen Temperaturen
DIN 53287 Prüfung von Metallklebstoffen und Metallklebungen. Bestimmung der Beständigkeit gegenüber Flüssigkeiten
DIN 53288 Prüfung von Metallklebstoffen und Metallklebungen. Zugversuch
DIN 53 290–
DIN 53 297 Prüfung von Kernverbunden
DIN 65118 Teil 1: Luft- und Raumfahrt; Geschweißte metallische Bauteile, Angaben in Zeichnungen
DIN 65118 Teil 2: Luft- und Raumfahrt; Geschweißte metallische Bauteile, Konstruktionshinweise
DIN 65118 Teil 3: Luft- und Raumfahrt; Abnahmeprüfung für Vorrichtungen und Zusatzausrüstungen zum Schmelzschweißen, Führungs- und Bewegungsgenauigkeit
DIN EN 760 Pulver zum Unterpulverschweißen
DIN EN 439 Schutzgase zum Lichtbogenschweißen und Schneiden
DIN EN 440 Schweißzusätze, Drahtelektroden und Schweißgut zum Metall - Schutzgasschweißen von unlegierten Stählen und Feinkornstählen
DIN EN 719 Schweißaufsicht, Aufgaben und Verantwortung
DIN EN 756 Drahtelektroden und Draht - Pulver - Kombinationen zum Unterpulverschweißen von unlegierten Stählen und Feinkornstählen
DIN EN 758 Schweißzusätze, Fülldrahtelektroden zum Metall - Lichtbogenschweißen mit und ohne Schutzgas von unlegierten Stählen und Feinkornstählen
DIN EN 759 Schweißzusätze, Technisch Lieferbedingungen für metallische Schweißzusätze
DIN EN 895 Zerstörende Prüfung von Schweißverbindungen an metallischen Werkstoffen, Querzugversuch
DIN EN 910 Zerstörende Prüfung von Schweißnähten an metallischen Werkstoffen, Biegeprüfungen
DIN EN 1599 Umhüllte Stabelektroden zum Lichtbogenhandschweißen von warmfesten Stählen
DIN EN 1600 Umhüllte Stabelektroden zum Lichtbogenschweißen von nichtrostenden und hitzebeständigen Stählen
DIN EN 1668 Schweißzusätze, Stäbe, Drähte und Schweißgut zum Wolfram - Schutzgasschweißen von unlegierten Stählen und Feinkornstählen

DIN EN
20898. T.1 Mechanische Eigenschaften von Verbindungselementen,Schrauben (Ausgabe 4.02), ISO 898-1;1988
T.2 Mechanische Eigenschaften von Verbindungselementen, Muttern mit festgelegten Prüfkräften, Regelwinde (Ausgabe 2.94), ISO 898-2;1992
DIN EN ISO Elektronen- und Laserstrahl-Schweißverbindungen, Leitfaden für
3919-1 Bewertungsgruppen für Unregelmäßigkeiten
DIN ISO
8992 Verbindungselemente, allgemeine Anforderungen für Schrauben und Muttern
EN 1464 Bestimmung des Schälwiderstandes von hochfesten Klebungen, Rollenschälversuch
EN 1465 Bestimmung der Zugscherfestigkeit hochfester Überlappungsklebungen

VIII. Euronormen

19 IPE-Träger, I-Träger mit parallelen Flanschflächen
Ausgabe 4.57
24 Schmale I-Träger, U-Stahl, zulässige Abweichungen
Ausgabe 5.62
44 Warmgewalzte mittelbreite I-Träger, IPE-Reihe, zulässige Abweichungen
Ausgabe 9.63
53 Warmgewalzte breite I-Träger (I-Breitflanschträger), mit parallelen Flanschflächen
Ausgabe 7.62
54 Warmgewalzter kleiner U-Stahl
Ausgabe 5.80
55 Warmgewalzter gleichschenkliger, rundkantiger I-Stahl
Ausgabe 5.80
56 Warmgewalzter gleichschenkliger, rundkantiger Winkelstahl
Ausgabe 5.77
57 Warmgewalzter ungleichschenkliger, rundkantiger Winkelstahl
Ausgabe 5.78
58 Warmgewalzter Flachstahl für allgemeine Verwendung
Ausgabe 11.78
59 Warmgewalzter Vierkantstahl für allgemeine Verwendung
Ausgabe 11.78
60 Warmgewalzter Rundstahl für allgemeine Verwendung
Ausgabe 5.77

Eurocode-Programm

Gegenwärtig befinden sich folgende Eurocodes für den Konstruktiven Ingenieurbau in
Bearbeitung, wobei jeder in der Regel mehrere Teile umfaßt;

EN 1991
Eurocode 1 Grundlagen von Entwurf, Berechnung und Bemessung sowie Einwirkungen auf Tragwerke
EN 1992
Eurocode 2 Entwurf, Berechnung und Bemessung von Stahlbeton- und Spannbetontragwerken
EN 1993
Eurocode 3 Entwurf, Berechnung und Bemessung von Tragwerken aus Stahl
EN 1994
Eurocode 4 Entwurf, Berechnung und Bemessung von Verbundtragwerken aus Stahl und Beton
EN 1995
Eurocode 5 Entwurf, Berechnung und Bemessung von Holztragwerken
EN 1996
Eurocode 6 Entwurf, Berechnung und Bemessung von Tragwerken aus Mauerwerk
EN 1997
Eurocode 7 Geotechnik, Bemessung
EN 1998
Eurocode 8 Maßnahmen und Bemessungsregeln zur Ermittlung der Erdbebenbeanspruchbarkeit von Tragwerken

Darüber hinaus kann das Programm erweitert werden um;
EN 1999
Eurocode 9 Entwurf, Berechnung und Bemessung von Tragwerken ausAluminium.
Nationale Anwendungsdokumente (NADs);
Richtlinie zur Anwendung von Eurocode 2 (Ausgabe 6.95)
DASt-Richtlinie 103 - Richtlinie zur Anwendung von Eurocode 3 (Ausgabe 11.93)
DASt-Richtlinie 104 - Richtlinie zur Anwendung von Eurocode 4 (Ausgabe 2.94)
Richtlinie zur Anwendung von Eurocode 5 (Ausgabe 2.95)

Belgien

NBNB 51-001 Charpentes en acier (1977) Calcul par la méthode des contraintes admissibles (5ème édition)
NBNB 03-001 Principles généraux de détermination de la sécurité et de l'aptitude au service des structures 2e éd., décembre 1988
NBNB 51-002 Charpentes en acier. Calcul par la méthode des états-limites le éd., août 1988
NBN 1.01 Conditions générales applicables aux charpentes métalliques (1ère édition 1968)
NBN 1.50 Charpentes en alliage d'aluminium (1968)
NBN B 52001 Ponts métalliques (4ème édition. 1969) in Überarbeitung
NBN E 52-001 Engins de levage - Disposition générales (1974)
NBN E 52-002 Engins de levage Sollicitations et combinaisons de sollicitations (1980)
NBN E 52-003 Engins de levage - Charpente métallique (1 éd.)(avec erratum).
NBN E 52-004 Engins de levage - Equipement mécanique (1 éd.)(avec erratum).
NBN E 52.004. 1 Addendum à NBN E 52-004 (1980).
NBN E 52-005 Engins de levage - Equipements électriques (1977)
NBN E 52-006 Engins de levage - Stabilité (1997)
NBN E 52-006. 1 Addendum à NBN E 52-006.
NBN E 52-006. 2 Addendum2 à NBN E 52-006.
NBN E 52-007 Engins de levage- Exigences constructives en rapport avec al sécurité (1974)
NBN E 52-008 Engins de levage - Documents, mise en service, exploitation et entretien (1974)
NBN E 52-009 Gestes de commandement pour engins de levage (1 éd.)
NBN E 52-010 Engins de levage - Appareillage de limitation automatique (3 éd.)
NBN E 52-010Q Addendum à NBN E 52-010 (1982).
NBN E 27-071 Boulons à haute résistance, à larges surplats, pour constructions en acier. Conception et calcul des assemblages, 1e éd., avril 1987
NBN E 27-072 Boulons à haute résistance, à larges surplats, pour constructions enacier. Exécution des assemblages, 1e éd., juin 1987
NBN E 27-073 Boulons à haute résistance, à larges surplats, pour constructions enacier. Réception-Livraison, 1e éd., novembre 1988

Frankreich

Einheitliche Technische Bestimmungen (Documents Techniques Unifiés -DTU)

DTU P 22-701 Règles de calcul des constructions en acier, encore appelés »règles CM66« (déc. 1966) Règles de calcul des constructions en acier, additif 80 (mars 1981)
DTU P 06-002 Règles définissant les effets de la neige et du vent sur constructions et annexes (nov. 1965, révisées 1967, 1970, 1974, 1975 et. 1976, 1994)
DTU P 06-006 Règles N 84 - modificer 95, Actions de la neige sur les constructions (1996)
P 92-702 Règles de calcul. Méthode de prévision par le calcul du comportement au feu des structures en acier et annexe (Méthodologie de caractérisation de produits de protection (1993)
DTU P 22-703 Règles de calcul des constructions ou éléments à parois minces en acier (déc. 1978)
DTU 40.35 Couvertures en plaques nervurées issues de tôle d'acier galvanisés prelaqués ou de tôles d'acier gravanisés. CSTB. (1983)
DTU P 22-201 Construction métallique -Charpente en acier (1964) DTU 32.1
DTU P 92-704 Règles FPM 88 - Méthodes de prévision par le calcul du comportement au feu des poteaux mixtes (acier + béton) (1988)

Normen

NF P 22-202-1 Travaux de bâtiments - Construction métallique - charpentes en alliages d'aluminium - Partie 1;cahier des clauses techniques (1993).
NF P 22-202-2 Traveaux de bâtiments - Marchés privés - Construction métallique - Charpentes en alliages d'aluminium - Partie 2; cahier des clauses spéciales (1993)
NE P 22-250 Assemblages soudés de profils creux circulaires avec découpes d'inter-- section - Conception et vérification des assemblages (1978).
NF P 22-251 Assemblages spudés de profils creux circulaires avec découpes d'intersection - Dispositions constructives (1978).
NF P 22-252 Assemblages soudés de profils creux circulaires avec découpes d'intersection - Compléments aux normes NF P 22-250/251 (1978).
NF P 22-255 Assemblages soudés de profils creux, ronds ou rectangulaires sur profils de types 1 et H -Conception et vérification (1979).
NF P 22-258 Assemblages soudés de profils creux sur profils creux rectangulaires soumis à un chargement statique - Conception et vérification (1982)
P 22-311 Eurocode 3 »Calcul de structures en acier« et Document d'Application Nationale - Partie 1.1; Règles générales et règles pour les bâtiments (1992).
NF PO6-013 Règles de constructions parasismique décembre 1995 Règles P5 applicables aux bâtiments, dites Règles PS92
NFP 84.206-1 Travaux de bâtiment. Mise en oeuvre des toitures en toles d'acier
DTU 43.3 nervuvées avec revêtement d'etancheité -
Partie 1; cahier des clauses juin 1995 techniques
NF P 84-206.2 Travaux de bâtiments
DTU 43.3
Partie 2; Cahier des clauses speciales Juin 1995

P 22-391
Eurocode 4 » Conception et dimensionnement des structures mixtes acier-béton« et Document d'Application Nationale; Partie 1.1; Règles générales et règles pour les bâtiments (1994).
NF P 22-410 Assemblages rivés - Dispositions constructives - Calcul des rivets (1982)
NF P 22-411 Assemblages rivés - Exécution des assemblages (1978)
NF P 22-430 Assemblages par boulons non précontraints - Disposition constructives et calculs des boulons (1982)
NF P 22-431 Assemblages par boulons non précontraints - Exécution des assemblages (1978)
NF P 22-460 Assemblages par boulons à serrage contrôlé - Dispositions constructives et vérification des assemblages(1979)
NF P 22-461 Assemblages par boulons à serrage contrôlé - Détermination du coefficient conventionnel de frottement (1979)
NF P 22-462 Assemblages par boulons à serrage contrôlé - Usinage et préparation des pièces (1978)
NF P 22-463 Assemblages par boulons à serrage contrôlé - Exécution des assemblages (1978)
NF P 22-464 Assemblages par boulons à serrage contrôlé - Programme de pose des boulons (1991)
NF P 22-466 Assemblages par boulons à serrage contrôlé - Méthodes de serrage et de contrôlé de boulons (1979)
NF P 22-468 Assemblages par boulons à serrage contrôlé - Serrage par rotation contrôlée de l'ecrou - Détermination de l'angle de rotation (1987)
NF P 22-469 Assemblages par boulons à serrage contrôlé - Etalonnage des clés dynamométriques (1978)
NF P 22-470 Assemblages spudés. Dispositions constructives et justification des soudures (1989)
NF P 22-471 Assemblages soudés - Fabrication (1984)
NF P 22-472 Consruction métallique - Assemblages soudés - Qualification des modes opératoires de soudage (1994)
NF P 22-473 Assemblages soudés - Etendue des contrôles non destructifs (1986)
NF P 22-615 Poutres de roulement de ponts roulants - Déformation en service et tolérances (1978)
P 22-630 Silos en acier - Calcul des actions dans les cellules (1992)
NF P 22-800 Préparation des pièces en atelier (1981)
P 22-810 Ouvrages d'art - Tolérances dimensionnelles (1994)
P 22-474 Assemblages soudés - Guide de choix de la classe de qualité
NF P 06-014 Règles de Construction parasismique. Construction parasimique des maisons individuelles et des bâtiments assimiles. Règles PS-Mi 89 reviseás 1992 - Domaine d'application-conception - Exécution.c

Empfehlungen (Recommandations)

Planchers mixtes acier-béton (CTICM, Construction métallique, no. 3, 1965).
Calcul et exécution des chemins de roulement de ponts roulants (CTICM, Construction Métallique, no. 3, 1967; no.4, 1970 et no.1, 1973.)
Calcul des âmes de poutres (CTICM, Construction Mètallique, no.1 et no.3, 1969).

Großbritannien

DD ENV 1993;
Eurocode 3 Design of steel structures.
DD ENV
1993-1-1; General rules and rules for buildings (together with United Kingdom National Application Document)

DD ENV 1994;
Eurocode 4. Design of composite steel and concrete structures.
DD ENV
1994-1-1; 1994; General rules and rules for buildings (together with United Kingdom National Application Document)
CP3; Code of basic data for the design of buildings Chapter V Part 2; 1972; Wind loads. (replaced by BX 6399; Part 2; 1995, but remains current so as to allow an overlap period)
BS 4 Part 1;1993; Structural steel sections. Specification for hot-rolled sections
BS 449; Specification for the use of structural steel in building. Part 2; 1969; Metric units
BS 499; Welding terms and symbols Part 1; 1991; Glossary for welding, brazing and thermal cutting
BS 709;
1983; Methods of destructive testing fusion welded joints and weld metal in steel
BS 729;
1986 (1994); Specification for hot dip galvanized coatings on iron and steel articles
BS 3692;
1967 (Obsolescent) Specification for ISO metric precision hexagon bolts, screws and nuts. Metric units
BS 4165;
1984; Specification for electrode wires and fluxes for the submerged are welding of carbon steel and medium-tensile steel
BS 4190;
1967; (Obsolescent) Specification for ISO metric black hexagon bolts, screws and nuts
B 4360; Specification for weldable structural steels. (Withdrawn,Replaced by BS 7613);
1994, BS 7668; 1994, BS EN 10029; 1991, Parts 1-3 of BS EN 10113; 1993, BS EN 10137; 1996, BS EN 10155; 1993 and BS EN 10210-1; 1994)
BS 4395; Specification for high strength friction grip bolts and associated nuts and washers for structural engineering.
Part 1; 1969 General grade
Part 2; 1969 Higher grade bolts and nuts and general grade washers
BS 4604; Specification for the use of high strength friction grip bolts in structural steelwork. Metric series.
Part 1; 1970; General grade
Part 2; 1970 Higher grade (parallel shank)
BS 4848; Hot rolled structural steel sections.
Part 2; 1991; Specification for hot finished hollow sections
Part 4; 1972 (1986); Equal and unequal angles
Part 5; 1980; Bulb flats
BS 4872; Specification for approval testing of welders when welding procedure approval is not required. Part 1; 1982 (1995); Fusion welding of steel
BS 5135;
1984; Specification for arc welding of carbon and carbon manganese steels
BS 5400; Steel concrete and composite bridges.
Part 1; 1988; General statement
Part 2; 1978; Specification for loads
Part 3; 1982; Code of practice for design of steel bridges
Part 5; 1979; Code of practice for design of composite bridges
Part 6; 1980; Specification for materials and workmanship, steel
Part 9; 1983; Bridge bearings
Part 10; 1980; Code of practice for fatigue.
BS 5493; 1977; Code of practice for protective coating of iron and steel structures against corrosion
BS 5531;
1988; Code of practice for safety in erecting structural frames

BS 5950; Structural use of steelwork in building
Part 1; 1990; Code of practice for design in simple and continuous construction; hot rolled sections
Part 2; 1992; Specification for materials, fabrication and erection; hot rolled sections
Part 3; Section 3.1; 1990; Design of simple and continuous composite beams
Part 4; 1994; Code of practice for design of floors with profiled steel sheeting
Part 5; 1987; Code of practice for design of cold-formed sections
Part 6; 1995; Code of practice for design of light gauge profiled steel sheeting
Part 7; 1992; Specification for materials and workmanship; cold formed sections
Part 8; 1990; Code of practice for fire resistant design
Part 9; 1994; Code of practice for stressed skin design
BS 6363
1983; Welded cold formed steel structural sections
BS 6399; Loading for buildings
Part 1; 1996; Code of practice for dead and imposed loads
Part 2; 1895; Code of practice for wind loads
Part 3; 1988; Code of practice for imposed roof loads
BS 8202 Coatings for fire protection of building elements
Part 1; 1985; Code of practice for the selection and installation of sprayed mineral coatings
Part 2; 1992; Code of practice for the use of intumenscent coating systems to metallic substrates for providing fire resistance
BS EN 287; Approval testing of welders for fusion welding.
BS EN 287-1;
1992; Steels
BS EN 288; Specification and approval of welding procedures for metallic materials
BS EN 288-3;
1992; Welding procedures specification for arc welding
BS EN 729; Quality requirements for welding. Fusion welding of metallic materials
BS EN 729-1;
1995; Guidelines for selection and use
BS EN 729-2;
1995; Comprehensive quality requirements
BS EN 729-3;
1995; Standard quality requirements
BS EN 729-4;
1995; Elementary quality requirements
BS EN 10024;
1995; Hot rolled taper flange I sections - Tolerances on shape and dimensions
BS EN 10025;
1993; Hot-rolled products for non-alloy structural steels - Technical delivery conditions
BS EN 10034;
1993; Structural steel I and H sections - Tolerances on shape and dimensions.
BS EN 10113; Hot-rolled products in weldable fine grain structural steels
BS EN 10113-1;
1993; General delivery conditions
BS EN 10113-2;
1993; Delivery conditions for normalized/normalized rolled steels
BS EN 10113-3;
1993; Delivery conditions for thermomechanical rolled steels
BS EN 10155; 1993; Structural steels with improved atmospheric corrosion resistance. Technical delivery conditions
BS EN 10163; Specification for delivery requirements for surface conditions of hotrolled steel plates, wide flats and sections

BS EN 10163-1;
1991; General requirements
BS EN 10163-2;
1991; Plates and wide flats
BS EN 10163-3;
1991; Sections
BS EN 10210-1;
1994; Hot finished structural hollow sections of non-alloy and fine grain structural steels. Technical delivery requirements.
BS EN 24014;
1992; Hexagon head bolts - Product grades A and B
BS EN 24016;
1992; Hexagon head bolts - Product grade C
BS EN 24017;
1992; Hexagon head screws - Product grades A and B
BS EN 24018;
1992; Hexagon head screws - Product grade C
BS EN 24032;
1992; Hexagon nuts, style 1 - Products grades A and B
BS EN 24033;
1992; Hexagon nuts, style 2 - Produts grade A and B
BS EN 24034;
1992; Hexagon nuts - Product grade C
BS EN ISO 9000; Quality management and quality assurance standards (See also BS 5750)
BS EN ISO 9001;
1994; Quality systems. Model for quality assurance in design, development, production, installation and servicing.
BS EN ISO 9002;
1994; Quality systems. Model for quality assurance in production, installation and servicing.
BS EN ISO 9003;
1994; Quality systems. Model for quality assurance in final inspection and test.
BS EN ISO 9004;
Quality management and quality assurance standards (See also BS 5750)
BS EN ISO 9004-1; a994; Guidelines

Niederlande

NEN-ENV 109-1 Het vervaardigen van staalconstructies Deel 1; Algemene regels en regels voor gebouwen (1997)
NVN-ENV 109-3 Vervaardigen van staalconstructies Deel 3; Aanvullende regels voor staalsoorten met een hoge treksterkte (1997)
NEN 2008 Voorschriften voor het vervaardigen van stalen bruggen VVSB 1977 (1;1979)
NEN 6072 Rekenkundige bepaling van de brandwerendheid van bouwdelen Staalconstructies (1991/A 1;1997)
NEN 6770 TGB 1990 Staalconstructies Basiseisen en basis rekenregels voor overwegend statisch belaste constructies (1997)
NEN 6771 TGB 1990 Staalconstructies Stabiliteit (1991/A 1;1997)
NEN 6772 Staalconstructies TGB 1990 Verbindingen (1991/A 1;1997)
NEN 6773 Technische grondslagen voor bouwconsructies TGB 1990 Staalconstructies Basiseisen, rekenregels en beproevingen voor overwegend statisch be-laste dunwandige koudgevormde stalen profielen en geprofileerde platen (1997 Ontw.)
NEN 6774 Technische grondslagen voor bouwconstructies TB 1990 Staalconstructies Eisen voor de staalsoorten volgens NEN-EN 100215 en NEN-EN 10113 in relatie tot het brosse-breukgedrag, voor overwegend statisch belaste constructies (1996 Ontw.)
NEN 6786 Voorschriften voor het ontwerpen van beweegbare bruggen - VOBB -. (1995 Ontw.)
NEN 6788 Het ontwerpen van stalen bruggen Basiseisen en eenvoudige rekenregels VOSB 1995
NVN-ENV 1991-1
Eurocode 1 Ontwerpgrondslagen en belastingen op constructies Deel 1; Ontwerpgrondslagen (1995)
NVN-ENV 1991-2-1
Eurocode 1 Ontwerpsgrondslagen en belastingen op constructies Deel 2-1; Belastingen op constructies Dichtheden, eigengewicht en opgerlegde belastingen (1995)
NVN-ENV 1991-2-2
Eurocode 1 Ontwerpgrondslagen en belastingen op constructies Deel 2-2; Belastingen op aan brand bloodgestelde constructies (1995)
NVN-ENV 1991-2-3
Eurocode 1 Ontwerpgrondslagen en belastingen op constructies Deel 2-3; Sneeuwbelastingen (1995)
NVN-ENV 1991-2-4
Eurocode 1 Ontwerpgrondlagen en belastingen op constructies Deel 2-4; Belastingen op constructies Windbelastingen (1995)
NVN-EV 1991-2-5
Eurocode 1 Ontwerpgrondslagen en belastingen op constructies Deel 2-5; Thermische belastingen (1997)
NVN-ENV 1991-2-6
Eurocode 1 Ontwerpgrondslagen en belastingen op constructies Deel 2-6; Belastingen op constructies Belastingen in de bouwfase (1997)
NVN-ENV 1991-3
Eurocode 1 Ontwerpgrondslagen en belastingen op constructies Deel 3; Verkeersbelastingen op bruggen (1995)
NVN-ENV 1991-4
Eurocode 1 Ontwerpgrondslagen en belastingen op constructies Deel 4; Belastingen in silo's en opslagtanks (1995)
NVN-ENV 1993-1-1
Eurocode 3 Ontwerp en berekening van staalconstructies Deel 1-1; Algemene regels en regels voor gebouwen (1995/A 1; 1995)
NVN-ENV 1993-1-1-NAD Richtlijnen voor het gebruik van
NVN-ENV 1993-1-1 Eurocode 3 Ontwerp en berekening van staalconstructies Deel 1-1; Algemene regels en regels voor bebouwen NAD STAAL (1995)
NVN-ENV 1993-1-2
Eurocode 3 constructies Ontwerp en berekening van staal- Deel 1-2; Algemene regels Constructieve brandveiligheid (1995)
NVN-EN 1993-1-3
Eurocode 3 Ontwerp en berekening van staalcostructies Deel 1-3; Algemene regels Aanvullende regels voor koudgevormde dunwandige profielen en platen (1996)
NVN-ENV 1993-1-4
Eurocode 3 constructies Ontwerp en berekening van staal- Deel 1-4; Algemene regels Aanvullende regels voor corrosievaste staalsorten (1997)
NVN-ENV 1994-1-1
Eurocode 4 Ontwerp en berekening van staal betonconstructies Deel 1-1; Algemene regels en regels voor gebouwen (1995)
NVN-ENV 1994-1-1 NAD Richtlijnen voor het gebruik van
NVN-ENV 1994-1-1
Eurocode 4 Ontwerp en berekening van staal-betonconstructies Deel 1-1; Algemene regels en regels voor gebouwen NAD STAAL-BETON (1995)
NVN-ENV 1994-1-2
Eurocode 4 Ontwerp en berekening van staal-betonconstructies Deel 1-2; Algemene regels Constructieve brandbeveiliging (1995/C1;1997)
NVN-ENV 1994-1-2
NVN-ENV 1994-2
Eurocode 4; Ontwero en berekening van staal-betonconstructies Deel 2; Staal-betonbruggen (1997 Ontw.) (C1 = eerste correctieblad, A1 = eerste aanvullinsblad)

Italien

CNR-10011/86 »Costruzioni di acciaio. Istruzioni per il calcolo, l'esecuzione, il collaudo e la manutenzione« (n. 164, 1992)
CNR-10012/85 »Istruzioni per la valutazione delle; Azioni sulle costruzioni« (n. 117-27 maggio 1986)
CNR-10016/85 »Travi composte di acciaio e calcestruzzo. Istruzioni per l'impiego nelle costruzioni« (4.1985)
CNR-10021/85 »Strutture di acciaio per apparecchi di sollevamento. Isruzioni per il calcolo, l'esecuzione, il collaudo e la manutenzione« (n. 127-18 maggio 1988)
CNR-10022/84 »Profili formati e freddo. Istruzioni per l'impiego nelle costruzioni« (n. 126-3 maggio 1988)
CNR 10026/85 »Piattaforme di lavoro elevabili. Istruzioni per il calcolo e la manutenzione« (n. 115-23 aprile 1986)
CNR-10027/85 »Strutture di acciaio per opere provvisionali. Istruzioni per il calcolo, l'esecuzione, il collaudo e la manutenzione« (n. 116-26 aprile 1986)
CNR-10028/85 »Strutture in leghe di alluminio per apparechi di sollevamento, Istruzioni per il calcolo, l'esecuzione, il collaudo e la manutenzione« (4.1986)
CNR-10030/87 »Anime irrigidite di travi e parete piena« (n. 163, 1992)
CNR-10029/87 »Costruzione di acciaio ad elevata resistenza. Istruzioni per il calcolo, l'esecuzione, il collaudo e la manutenzione (n° 162, 1992)
CNR-10018/87 »Apparecchi d'apoggio in comma e PTFE nelle costruzioni. Istruzioni per il calcolo e l'impiego (n° 161/1992)
CNR-10024/86 »Analisi di strutture mediente elaborature; impostazione e redazione delle relazioni di calcolo« (n° 160, 1992)

Österreich

ÖNORM Nr.
A 6230 Technische Zeichnungen für den Stahlbau (12.87)
B 3800 Teil 1 Vornorm; Brandverhalten von Baustoffen und Bauteilen; Baustoffe; Anforderungen, Prüfungen (V; 12.88)
Teil 1; Brandverhalten von Baustoffen und Bauteilen; Bauteile; Begriffsbestimmungen, Anforderungen, Prüfungen (12.82)
Teil 3; Brandverhalten von Baustoffen und Bauteilen; Sonderbauteile; Begriffsbestimmungen, Anforderungen, Prüfungen (10.83)
Teil 4; Brandverhalten von Baustoffen und Bauteilen; Bauteile; Einreihung in die Brandwiderstandsklassen (1990 03 01)
B 4001 Belastungsannahmen imBauwesen; Allgemeine Berechnungsgrundlagen für den Hochbau (10.81)
B 4002 Straßenbrücken; Allgemeine Grundlagen für die Berechnung und Ausführung der Tragwerke.
B 4003 Eisenbahn- und Straßenbahnbrücken: Allgemeine Grundlagen für die Berechnung und Ausführung.

B 4004 Teil 1; Krane und Kranbahnen; Berechnung und Ausführung der Tragwerke; Allgemeine Grundlagen (04.85)
Teil 2; Krane und Kranbahnen; Berechnung der Standsicherheit (05.85)
Teil 3; Krane und Kranbahnen; Windkräfte (5.81)
Teil 4; Krane und Kranbahnen; Berechnung der Tragwerke von Kranbahnen; Wöhlerfestigkeitsnachweis; Lastannahmen und Einstufung in Beanspruchungsklassen (12.85)
B 4007 Gerüste, Allgemeines; Verwendung, Bauart und Belastung (07.88)
B 4010 Belastungsannahmen im Bauwesen; Eigenlasten von Baustoffen und Bauteilen (5.82)
B 4011 Teil 1; Belastungsannahmen im Bauwesen; Lagergüter, Lastwirkung und Winkel der inneren Reibung von Schüttgütern sowie Druck von Flüssigkeiten (5.82)
Teil 2; Belastungsannahmen im Bauwesen; Lagergüter, Lastwirkung von Stapelgütern (5.82)
Teil 3; Belastungsannahmen im Bauwesen; Lagergüter, Lastgüter
Lastwirkung von Füllgut in Silos (V; 05.87)
B 4012 Belastungsannahmen im Bauwesen; veränderliche Einwirkungen; Nutzlasten (11.88)
B 4013 Belastungsannahmen im Bauwesen; Schnee und Eislasten (12.83)
B 4014 Belastungsannahmen im Bauwesen;
Teil 1; Statische Windwirkungen (5.93)
Teil 2; Dynamische Windwirkungen (10.93)
B 4015 Teil 1; Belastungsannahmen im Bauwesen; Erdbebenkräfte an nicht schwingungsanfälligen Bauwerken (4.79)
B 4016 Belastungsannahmen im Bauwesen; außergewöhnliche Einwirkungen; Horizontalstöße von Fahrzeugen (11.88)
B 4020 Bevorzugte Maßeinheiten im konstruktiven Bauwesen (3.79)
B 4300 Stahlbau
Teil 1; Berechnung und Konstruktion der Tragwerke (3.94)
Teil 2; Knicken von Stäben und Stabwerken (4.93)
Teil 3; Plattenbeulen (4.93)
Teil 5; Ermüdungsfestigkeit (4.94)
Teil 7; Ausführung der Stahltragwerke (4.94)
B 4303 Stahlbau; Eisenbahnbrücken (3.94)
B 4500 Teil 1; Verbundbau, Maß- und Kennbuchstaben, Formelzeichen (8.72)
Teil 2; Verbundbau, Berechnung und Konstruktion der Tragwerke (5.74)
B 4502 Verbundbau: Straßenbrücken, Berechnung und Ausführung (5.81)
B 4600 Teil 2; Stahlbau, Berechnung der Tragwerke (8.78)
Teil 3; Stahlbau, Wöhlerfestigkeitsnachweis (6.79)
Teil 4; Stahlbau, Stabilitätsnachweis, Grundfälle (10.78)
Teil 7; Ausführung der Stahltragwerke (8.75)
Teil 11; Stahlbau; Schraubenverbindungen (6.82)
B 4601 Stahlbau, Tragwerke des Hochbaus, Berechnung und Ausführung der Tragwerke (11.69)
B 4602 Stahlbau; Straßenbrücken (8.75)
B 4604 Teil 1; Stahlbau; Krantragwerke; Berechnung und Ausführung (01.87)
Teil 2; Stahlbau; Krantragwerke; Anforderungen anSchweißverbindungen (V; 01.87)
B 4605 Stahlbau; Maste, Berechnung und Ausführung der Tragwerke (7.84)
B 4650 Teil 1; Stahlbau; Tabellen für den Stabilitätsnachweis (6.79)
Teil 3; Stahlbau; Spannungsnachweis nach Theorie 2.Ordnung (12.76)
Teil 4; Stahlbau; Beulung von Kreiszylinderschalen (11.77)
Teil 5; Stahlbau; Beulung von Kreiszylinderschalen mit abgestufter Wanddicke (8.80)
Teil 7; Stahlbau; Beulung von Kugelschalen (12.80)
B 8110 Teil 1; Wärmeschutz im Hochbau; Anforderungen an die Wärmedämmung (V; 2.83)
B 8115 Teil 1; Schallschutz und Raumakustik im Hochbau; Begriffe und Einheiten (1992 11 01) Teil 2; Schallschutz und Raumakustik im Hochbau; Anforderungen an den Schallschutz (1992 11 01)
Teil 3; Schallschutz und Raumakustik im Hochbau; Raumakustik (7.81)
C 2125 Teil 1; Oberirdische zylindrische Flachbodenbehälter aus metallischen Werkstoffen; Grundlagen, Ausführungen, Prüfungen (11.82)
Teil 2; Oberirdische zylindrische Flachbodenbehälter aus metallischen Werkstoffen; Berechnung (11.82)
Teil 3; Oberirdische zylindrische Behälter aus metallischen Werkstoffen; einwandig, mit Flachboden und festem Dach (04.85)
C 2540 Korrosionsschutz von Eisenwerkstoffen durch thermisches Spritzen von Zink oder Aluminium (2.81)
E 4015 Feuerverzinkung von Bauteilen aus Stahl und sonstigen Eisenwerkstoffen (10.82)
M 7800 Symbole für Schweißverbindungen; Schmelzschweißen (4.81)
Beiblatt 1: Symbole für Schweißverbindungen, Stahlkonstruktionsbau, Schmelzschweißen (11.81)
M 7805 Schweißtechnisches Personal; Einteilungen und Anforderungen (5.84)
M 7812 Teil 1; Sicherung der Güte von Schweißarbeiten; Anforderungen an Betriebe, in denen Schweißarbeiten der Güteklasse 1 bis 3 durchgeführt werden (1989 02 01)
Teil 2; Sicherung der Güte von Schweißarbeiten; Güteklassen (03.85) (Bbl. 1;03.85)
M 7813 Schweißerpaß (1.78) (Bbl. 1; 01.78)

Als ÖNORM für den Korrosionsschutz von Stahlbauten gilt die Deutsche Norm DIN 55 928.

Richtlinien und Merkblätter des österreichischen Stahlverbandes

Bezugsquelle; Österreichischer Stahlverband
Eschenbachgasse 9/3, A-1010 Wien,
Tel. 0043-1-585 2774, Fax 0043-1-585 2865

RICHTLINIEN für die Ausmaßermittlung von Korrosionsschutzarbeiten, 2. Ausgabe, Dezember 1984.
RICHTLINIEN für die Erstellung, Dokumentation und Prüfung statischer Berechnungen,1. Ausgabe, Juli 1982.
RICHTLINIEN für die Gütesicherung der Festigkeitseigenschaften von Kaltprofilen und Formrohren (Hohlprofilen), deren Kaltverfestigung bei der Querschnittsbemessung ausgenützt wird. 1. Ausgabe, 1975.
RICHTLINIEN für die Berechnung und Ausführung von Stahlleichtbauten, 2.Ausgabe 1984.
RICHTLINIEN zur Festlegung der zulässigen Beanspruchung nicht genormter Stähle, 2. Ausgabe, Mai 1981.
MERKBLATT für die Ausführung von Verbindungen mit hochfesten vorgespannten Schrauben, 3. Ausgabe, Juli 1976. Teilweise ersetzt durch ÖNORM B 4600, Teil 11, »Schraubenverbindungen im Stahlbau«.
RICHTLINIEN für die Verwendung reibfester Anstriche für die Berührungsflächen von HV- und HVP-Verbindungen, 1. Ausgabe, August 1976.
RICHTLINIEN für die Ausbildung und Berechnung von Stahlprofilblechdecken mit und ohne Verbund, 1. Ausgabe, Jänner 1980.
RICHTLINIEN für die Bemessung von Aluminiumkonstruktionen, 2. Auflage, Juni 1980.
RICHTLINIEN für den Korrosionsschutz durch Beschichtungen (Anstriche), 4. Ausgabe, September 1991.
RICHTLINIEN für den Korrosionsschutz durch Feuerverzinkung, 4. Ausgabe, Juli 1987.
RICHTLINIEN für die Erstellung und Prüfung von Zeichnungen im Stahlbau. 1. Ausgabe, Juli 1984.
RICHTLINIEN für die Verbundkonstruktionen im Hochbau, 2. Ausgabe, September 1988.
MERKBLATT zur CAD/CAM-Einführung, 1. Ausgabe, August 1988.
RICHTLINIE zur Berechnung ermüdungsbeanspruchter Konstruktionen aus Stahl, 1. Ausgabe, November 1988.
RICHTLINIEN für den rechnerischen Brandwiderstandsnachweis von Stahlkonstruktionen, 1. Ausgabe, Dezember 1989.
EMPFEHLUNGEN zur bruchmechanischen Bewertung von Fehlern in Konstruktionen aus metallischen Werkstoffen, 2. Ausgabe, Juni 1992.
RICHTLINIEN für die Berechnung und Ausführung von-Tragwerken aus nichtrostenden, austenitischen Stählen, 1.Ausgabe, Oktober 1991.
RICHTLINIEN für den Brandwiderstandsnachweis von Blechverbunddecken, 1. Ausgabe, Mai 1993.
RICHTLINIEN für die Bau-Biologie und Bau-Ökologie im Stahlhochbau, 1. Ausgabe April 1995.
RICHTLINIEN für den Schallschutz im Stahlhochbau, 1. Ausgabe, April 1996.
Merkblatt zur Festlegung von Beanspruchungswerten der Stahlgüten S 460 und S 420, nach ÖNORM ENV 1993-1-1/A, 1. Ausgabe, Dezember 1996.

Schweiz

Norm SIA 118 »Allgemeine Bedingungen für Bauarbeiten« (Ausgabe 1977/1991).
Norm SIA 160 Einwirkung auf Tragwerke (Ausgabe 1989).
Norm SIA 161 »Stahlbauten«, Verständigung, Grundsätze der Projektierung und der Ausführung, Berechnung, Bemessung und Nachweise, Bemessung von Bauteilen, Werkstoffe, Herstellung und Montage, Aufgaben der beteiligten Fachleute (Ausgabe 1990).
Norm SIA 161/1 »Stahlbauten«, Qualitätsmanagement, Betriebsausweise, Prüfungen, Werkstoffe (Ausgabe 1990/1995).
Norm SIA 230 »Stahlbauten«, Leistung und Lieferung (Ausgabe 1979).

Veröffentlichungen der Technischen Kommission der Schweizerischen Zentralstelle für Stahlbau

- Stahlbautabellen (1997)
- Konstruktive Details im Stahlhochbau
  Konstruktionsregeln im Stahlhochbau, Typenkatalog (1996)
- Bemessungstafeln für den Stahlbau (1995)
- Verbundträger im Hochbau
  Theoretische Grundlagen, Beispiele, Bemessungstabellen (1982) mit Ergänzungsheft (1993)
- Stahlbaupraxis 1 (1983)
  Stirnplattenverbindungen mit hochfesten Schrauben
  Trägeranschlüsse mit Doppelwinkeln
  Rippenlose Trägerauflager
- Feuerwiderstand von Bauteilen aus Stahl
  Rechnerisches Verfahren zur Klassierung (Dokumentation SIA 82, 1985)
- Feuerwiderstand von Bauteilen aus Stahl (Kurzfassung 1991)
- Verbundstützen aus quadratischen und rechteckigen Hohlprofilen (1993)
- Oberflächenschutz von Stahlkonstruktionen (1990/93)
- Stahlhochbauten/Gewichte (1965)
- Wegleitung für die Befestigung vonStahlprofilblechen (1993)
- Bauen in Stahl für jedermann (Einführung in den Stahlbau, 1988)
- Stahlbauzeichnungen - Zeichnungsrichtlinien für den Stahlbau (1996)
- Brandsichere Stahl-Beton-Verbundtragwerke (1997)
- Modell-Lehrgang Stahlbauzeichner - Programm und Inhalte der Stahlbauzeichner-
  Ausbildung im Lehrbetrieb (1995)

Sachwortregister

Personenregister

Bildnachweis

Allen, die durch Überlassung ihrer Bildvorlagen, durch Erteilung von Reproduktionserlaubnis und durch Auskünfte am Zustandekommen dieses Werkes mitgeholfen haben, sagen die Autoren aufrichtigen Dank. Sämtliche Zeichnungen in diesem Werk sind eigens angefertigt. Nicht nachgewiesene Fotos stammen aus dem Archiv der Architekten, die im Personenregister genannt sind, oder aus dem Archiv der Zeitschrift DETAIL.
Die Nummern beziehen sich auf die Abbildungen im Buchteil 1. Alle Fotografien aus den Buchteilen 2 bis 5 stammen aus dem Archiv des Instituts für Leichte Flächentragwerke in Stuttgart.

Von Fotografen und aus Bildarchiven
Architekturmuseum, München: 1.104
Archiv der Luftschiffbau Zeppelin GmbH: 1.123, 1.124
Art Institute of Chicago, Chicago: 1.139, 1.140
Bartenbach, Peter, München: S. 345 rechts
Bayerische Staatsbibliothek, München: 1.36, 1.38, 1.79, 1.80
Bednorz, Achim, Köln: 1.120
Berengo Gardin, G., Genua: S. 305 unten rechts
Betschart, Anton-Peter, Bad Boll: S. 329 links unten
Bibliothèque Nationale de France, Paris: 1.81
Bingham Hall, Patrick, Sidney: S. 306, 307 Mitte
Blunck, Reiner, Tübingen: S. 228, 229 rechts, 248–250, 262, 263
Brohm, Joachim, Essen: 1.146
Bryant, Richard/Arcaid, Kingston on Thames: 1.91, 1.92, S. 308 unten, 310 oben u. Mitte
Busam, Friedrich, Düsseldorf: S. 288
Callahan, Harry, Chicago: 1.197
Charles, Martin, Isleworth: 1.39, 1.40
Chicago Historical Society, Chicago, Taylor, J.W.: 1.138; Collection Hedrich Blessing 1.155
Chicago Sun Times, Chicago: 1.141
Collection Centre Canadien d'Architecture/Canadian Centre for Architecture, Montréal, Fonds Phyllis Lambert: 1.151
Connor, Jay, Santa Monica, Kalifornien: 1.184
Cook, Peter, London: S. 332 unten
Couturier, Stéphane/Archipress, Paris: S. 302
Davies, Richard, London: 1.70, S. 333, 335 links, 387 oben
Demonfaucon, Christophe, Chateaufort: S. 276
Denancé, Michel/Archipress, Paris: S. 296, 297, 341
Deutsches Museum, München: 1.53, 1.106, 1.107, 1.108, 1.127
Dudley-Smith, Richard, London: S. 255 links
Esch, Hans Georg, Köln: S. 348
Eustache, Franck/Archipress, Paris: S. 303
Fessy, Georges, Paris: S. 274, 275, 277 unten
Fondation Le Corbusier/VG Bild-Kunst, Bonn: 1.57
Fortin, Philippe, Paris: 1.105
Foster, Norman and Partners, London: 1.64
Foto Marburg, Marburg: 1.145, S. 43
Frahm, Klaus, Hamburg: S. 282 unten, 283 oben u. unten, 350 oben, 352, 355
Gartner, Gundelfingen: S. 298, 299
Gericke, Wolf Dieter, Stuttgart: S. 328, 329 rechts
Gilbert, Dennis, London: S. 254, 255 Mitte und rechts, 356, 358
Görner, Reinhard/Contur, Berlin: S. 294
Graefe, Rainer, Innsbruck: 1.84
Grimmenstein, Bernadette, Hamburg: S. 353 rechts, 354 rechts
Habermann, Karl J., München: 1.41, 1.42, 1.43, 1.47, 1.48, 1.93, 1.152, 1.193, 1.194, 1.195, 1.199, 1.200, S. 9, 20, 29, 37, 63, 241 rechts, 365, 366 Mitte u. rechts
Hadden, David: S. 279
Hamilton Knight, Martine, West Bridgford: S. 364, 366 links
Harmer, Paul, London: S. 293
Haut, Wolfgang, Frankfurter Allgemeine Zeitung: 1.22
Hempel, Jörg, Aachen: S. 289
Herzog-Loibl, Verena, München: S. 344 Mitte
Hinrichs, Dieter, München: S. 252
Hirayuki, Hirai, Tokyo: S. 265
Holzmann AG, Philipp, Düsseldorf: S. 319 links
Institut für Leichte Flächentragwerke, Stuttgart: 1.60, 1.61
Ishida, Shunji, Genua: S. 359 oben links u. unten links
Johnson, Ben, London: S. 372, 373 oben u. unten rechts
Kandzia, Christian, Esslingen: S. 301, 318, 319 Mitte u. unten
Kenny, Simon, Sydney: S. 307 rechts
Kinumaki, Yutaka, Osaka: S. 357
Kirkwood, Ken, London: 1.130, S. 310 unten, 313, 314
Kitajima, Toshihara: S. 359 rechts
Kolar, Walter, Linz: S. 345 links
Lamb, René, Radolfzell: S. 260, 261
Lambot, Ian, Wiltshire: 332 oben, 334 Mitte, 381–385, 387 unten
Leistner, Dieter/Architekton, Mainz: S. 342, 343, 380
Lemoine, Bertrand, Paris: 1.96
Lenz, A., Mastrils: S. 347 oben rechts, 347 unten rechts
Linden, John Edward, Marina del Rey: S. 281 unten
Meschede, Michael, Kaufungen: S. 349
Minetti, E.: S. 340 oben
Neubert, Sigrid, München: 1.125, 1.126
Neulinger, Walter, Linz: S. 344 rechts
Nye, John: S. 386 rechts
Ortmeyer, Klemens, Dortmund: S. 286, 287
Ove Arup & Partners, London: 1.72
Photothèque des Musées de la Ville de Paris, Cliché: Ladet: 1.21
Prugger, Max, München: 1.69
Reid, Jo & Peck, John, Newport: S. 278, 280, 281 oben, 316, 317 oben, 360
Retoria: Y. Futagawa + Associated Photographers: 1.82, 1.85, 1.122
Rista, Simo, Helsinki: S. 258, 259
Roger-Viollet, Documentation Photographique, Paris: 1.19, 1.35
Ruault, Philippe, Nantes: S. 246, 247 oben
Schittich, Christian, München: S. 334 links u. rechts, 335 rechts, 340 unten, 361 oben, 363
Schmidt, Jürgen, Köln: S. 282 oben, 283 Mitte
Schöner, Jörg, Dresden: S. 320
Schulitz, Helmut C., Braunschweig: S. 345 links unten, 347 unten, 353 links unten, 375, 386 links
Sekiya, Masaaki: S. 378, 379
Shulman, Julius, Los Angeles: 1.183
Siskind, Aaron, Institute of Design Chicago: 1.198
Soar, Timothy, London: S. 292
Springer, Frank, Düsseldorf: S. 236, 237
Skidmore, Owings & Merrill LLP, Chicago:1.132, 1.156
Stadtmuseum, München: 1.99; 1.168 (Josef Albert)
Sugden, Derek, Arup Associates, London: 1.23
Suzuki, Hisao, Barcelona: S. 247 unten
Tuchschmid AG, Frauenfeld: S. 347 unten links u. Mitte
Urbanietz, Henryk, Aachen: S. 321
Valentin, Christophe, Paris: 1.73
Valentin, Emmanuel, Paris: 1.74
van der Vlugt, Ger, Amsterdam: S. 230
Versnel, Jan & Fridjof, Amsterdam: S. 270 unten, 271, 272 links
Vincent, B., Genua: S. 305 unten links
WESTOK Structural Services Ltd., Wakefield/GB: 1.12
Willebrand, Jens, Köln: S. 317 unten
Wise, Chris, London: S. 373 unten links
Wortmann, Michael, Hamburg: S. 323, 325

Aus Büchern und Zeitschriften
Allgemeine Bauzeitung, 8/1843, Tafel DXIV: 1.20
Allgemeine Bauzeitung, Wien 1845, S. 111: 1.2
Allgemeine Bauzeitung, 1856, Bl. 10: 1.98; Bl.9: 1.100
Badger, D. D., Illustrations of Iron Architecture made by the Architectural Iron Works of the City of New York, New York 1865, S. 154: 1.101
Barnes, G. W. and Stevens, Thomas, The History of Clifton Suspension Bridge, Nineteenth Edition 1977, S. 2:1.46
Barthes, Roland, Der Eiffelturm, München 1970: 1.114
Bauen in Stahl 2, Schweizer Stahlbauverband, Zürich 1962, S. 310: 1.153
Birkmire, William H., Skeleton Construction in Buildings, Fourth Edition, New York/London 1907, S. 184: 1.134; S. 196: 1.135; S. 199: 1.136; S. 202: 1.137
Brandt, E., Lehrbuch Der Eisen-Constructionen, Berlin 1876, S. 389, Fig. 707: 1.78; S. 474, Fig. 951: 1.103
Buch der Erfindungen, Gewerbe und Industrien I, Leipzig 1896, S. 386, Tafel 296: 1.169, 1.170
Casabella, Nr. 548, Jg. 52, Jul./Aug. 1988, Milano, S. 47: 1.147, 1.148
Crystal Palace Exhibition, Illustrated Catalogue, London 1851, New York 1979, S. 19: 1.167
Dietrich, Richard J., Faszination Brücken, München 1998: 1.116
Durm, Jospeh, Handbuch der Architektur, 1905: 1.1
Engeneering (May 3, 1889): 1.109, 1.110, 1.111
Gottgetreu, Rudolph, Lehrbuch der Hochbaukonstruktionen, 3. Teil, Eisenkonstruktionen, Berlin 1885, Tafel I: 1.13; Dachkonstruktionen aus Holz und Eisen: 1.77
Graefe, Rainer u.a, V.G. Šuchov 1853–1939, Kunst der Konstruktion, Stuttgart 1990, S. 95, Abb. 178: 1.131; S. 32, Abb. 36: 1.55, Abb. 37: 1.54; S. 33, Abb. 43: 1.56; S. 55, Abb. 93: 1.86
Grube, Oswald W., Industriebauten – international, Stuttgart 1971, S. 90: 1.129; S. 195: 1.190, 1.191, 1.192
Handbuch der Ingenieurswissenschaften in fünf Bänden, Zweiter Band, Der Brückenbau, Hg. von Th. Landsberg, Leipzig 1906, Fünfte Abteilung, Tafel V: 1.45; Tafel IV: 1.51, 1.52
Hauptbahnhofsanlagen in Frankfurt a. M., Sonderdruck aus der Zeitschrift für Bauwesen, Berlin 1892: 1.117, 1.118, 1.119
Jesberg, Paulgerd, Die Geschichte der Ingenieurbaukunst, Stuttgart 1996, S. 130: 1.18, 1.44; S. 200: 1.133
Lemoine, Bertrand, L'Architecture Du Fer, France: XIXe Siècle, Seyssel 1986, S. 33: 1.24; S. 110: 1.113
Lemoine, Bertrand, Gustave Eiffel Basel/Boston 1988, S. 81: 1.115
Luckenbacher, Roth, Zöllner, Buch der Erfindungen, Gewerbe und Industrien, Bd. 4, 7. Auflage, Leipzig und Berlin 1877: 1.5 , 1.6, 1.7, 1.8, 1.9
McKean, John, Crystal Palace, Joseph Paxton and Charles Fox, Architecture in Detail, London 1994, S. 52–55: 1.161, 1.162, 1.163, 1.164, 1.165; S. 22: 1.166
Meyer, Alfred Gotthold, Eisenbauten, Ihre Geschichte und Ästhetik, Gebr. Mann Verlag, Berlin 1997, Tafel XXIII: 1.121
Mittag, Martin, Thyssenhaus, Essen/Detmold 1962, S. 35: 1.154
Modern Steelwork, The British Steelwork Association, 1933, S. 37: 1.157
Nouvelles Annales de la Construction. T 15, 1869, pl. 21: 1.37
Ogg, Alan, Architecture in Steel, The Australien Context, hrsg. von The Royal Australien Institute of Architects, 1989, S. 60, Fig. 3: 1.94; 1.178
Peters, Tom Frank, Time is Money. Die Entwicklung des modernen Bauwesens, Stuttgart 1981, S. 110: 1.49; S. 107: 1.50
Picton, Antoine, L'Art de l'ingénieur, Editions du Centre Pompidou, Paris 1997, S. 175: 1.95
Prouvé, Jean, Meister der Metallformung. Das Neue Blech 15, Arcus, Köln 1991, S. 28: 1.176, 1.177
Renaissance der Bahnhöfe, Wiesbaden 1996, S. 266: 1.112
Roisecco, Giulio, l'architettura del ferro, l'inghliterra 1688–1914, Rom 1972, S. 19, Abb. 172: 1.97; S. 118: 1.16; S. 119: 1.17
Schulitz + Partner, Bauten und Projekte, Berlin 1996, S. 24: 1.187
Spiegel, Hans, Der Stahlhausbau, 1 Wohnbauten aus Stahl, Leipzig 1928, S. 93: 1.171; S. 139: 1.172; S. 138: 1.173, 133: 1.174, 1.175
Sugden, Derek, Ein Rückblick über transparentes Bauen in Großbritannien, Düsseldorf 1990: 1.25
Thiersch, Friedrich von, Die Eisenkonstruktion der Ausstellungs- und Festhalle zu Frankfurt am Main, Frankfurt a.M. 1909: 1.142, 1.143, 1.144
Viollet-le-Duc, Eugène-Emmanuel, Lectures on Architecture, London 1877–81, New York 1987, Band II, S. 63: 1.15
Waite, John G., Iron Architecture in New York City – Two Studies in Industrial Archeology, New York 1972: 1.26, 1.27, 1.28, 1.29, 1.30, 1.31, 1.32, 1.33, 1.34
Wilkinson, Chris, Supersheds, Oxford 1991, S. 48: 1.128